Massimo Bergamini   Graziella Barozzi

1 Matematica multimediale.verde

- TEORIA CON VIDEO E ANIMAZIONI
- ESERCIZI SULLA MATEMATICA INTORNO A NOI
- IL MENU DELLE COMPETENZE

W0031263

PER IL COMPUTER E PER IL TABLET

L'eBook multimediale

1 REGÌSTRATI

Vai su **my.zanichelli.it** e regìstrati come studente

2 ATTIVA IL TUO LIBRO

Una volta entrato in **myZanichelli**, inserisci la **chiave di attivazione** che trovi sul bollino argentato in questa pagina

3 CLICCA SULLA COPERTINA

Puoi:
- **scaricare l'eBook offline** sul tuo computer o sul tuo tablet
- **sfogliare un'anteprima** dell'eBook online

ompetenze chiave di cittadinanza	Esempi nel libro
...ARE A IMPARARE	L'**Animazione** della dimostrazione a pag. G40
PROGETTARE	Il **Laboratorio** *Chi ha vinto?*, Matematica al computer (pag. 97)
COMUNICARE	L'esercizio **Chi ha ragione?**, es. 48 pag. G94
COLLABORARE E PARTECIPARE	Il **Laboratorio** *Quanti bambini nascevano a Londra nel 1700?*, Matematica e storia (pag. 463)
AGIRE IN MODO AUTONOMO E RESPONSABILE	Il **Laboratorio** *Obiettivo Ibiza*, Matematica ed economia (pag. 285)
RISOLVERE PROBLEMI	Tutti i **Laboratori**, gli esercizi **Intorno a noi**, gli esercizi **INVALSI** (*I cm del metro*, es. 117 pag. G31)
INDIVIDUARE COLLEGAMENTI E RELAZIONI	Il **Laboratorio** *Evoluzione e dimensioni corporee*, Matematica e biologia (pag. 219)
ACQUISIRE E INTERPRETARE LE INFORMAZIONI	Il **Laboratorio** *Fra ossa e polinomi*, Matematica e antropologia (pag. 234)
COMUNICARE NELLE LINGUE STRANIERE	Il **Laboratorio** *The airport problem*, You & Maths (pag. G49) Tutti gli esercizi **You & Maths** (*Julie's bank account*, es. 59 pag. 51)

Prove autentiche per le competenze | Esempi nel libro

Sono problemi in situazioni reali che mettono in gioco conoscenze e abilità: come scelgo e decido di usare ciò che so e ciò che so fare.

Esercizi **Intorno a noi**
(*Piccole spese*, es. 155 pag. 302)

Laboratori
(*Calcolo dell'IRPEF*, Matematica ed economia, pag. 336)

ZANICHELLI

Realizzazione editoriale:

– Coordinamento redazionale: Giulia Laffi, Marinella Lombardi
– Redazione: Fabio Bettani, Valentina Franceschi, Isabella Malacari, Damiano Maragno, Roberta Maroni
– Collaborazione redazionale: Massimo Armenzoni, Parma
– Segreteria di redazione: Deborah Lorenzini
– Progetto grafico: Miguel Sal & C., Bologna
– Composizione e impaginazione: Litoincisa, Bologna
– Ricerca iconografica: Luca Malagoli
– Disegni: Graffito, Cusano Milanino

Realizzazione delle risorse digitali:

– Coordinamento redazionale: Giulia Laffi
– Redazione: Fabio Bettani, Valentina Franceschi, Marinella Lombardi, Isabella Malacari, Roberta Maroni
– Progettazione esecutiva e sviluppo software: duDAT s.r.l., Bologna
– Revisione: Giulia Tosetti

Copertina:

– Progetto grafico: Miguel Sal & C., Bologna
– Realizzazione: Roberto Marchetti
– Immagine di copertina: Artwork Miguel Sal & C., Bologna

Prima edizione: marzo 2014

Ristampa:

6				2018

 Zanichelli garantisce che le risorse digitali di questo volume sotto il suo controllo saranno accessibili, a partire dall'acquisto dell'esemplare nuovo, per tutta la durata della normale utilizzazione didattica dell'opera. Passato questo periodo, alcune o tutte le risorse potrebbero non essere più accessibili o disponibili: per maggiori informazioni, leggi my.zanichelli.it/fuoricatalogo

 File per sintesi vocale
L'editore mette a disposizione degli studenti non vedenti, ipovedenti, disabili motori o con disturbi specifici di apprendimento i file pdf in cui sono memorizzate le pagine di questo libro.
Il formato del file permette l'ingrandimento dei caratteri del testo e la lettura mediante software screen reader. Le informazioni su come ottenere i file sono sul sito
www.scuola.zanichelli.it/bisogni-educativi-speciali

Suggerimenti e segnalazione degli errori
Realizzare un libro è un'operazione complessa, che richiede numerosi controlli: sul testo, sulle immagini e sulle relazioni che si stabiliscono tra essi. L'esperienza suggerisce che è praticamente impossibile pubblicare un libro privo di errori. Saremo quindi grati ai lettori che vorranno segnalarceli. Per segnalazioni o suggerimenti relativi a questo libro scrivere al seguente indirizzo:

lineauno@zanichelli.it

Le correzioni di eventuali errori presenti nel testo sono pubblicate nel sito www.zanichelli.it/aggiornamenti

Zanichelli editore S.p.A. opera con sistema qualità
certificato CertiCarGraf n. 477
secondo la norma UNI EN ISO 9001:2008

Contributi:

– Stesura di testi: Paolo Maurizio Dieghi (Statistica); Giuseppe Di Palma, Fiorenzo Formichi e Giorgio Meini (Elementi di informatica)
– Revisione dei testi e degli esercizi: Francesca Ferlin, Claudia Piesco, Renata Schivardi, Chiara Severini
– Coordinamento della stesura delle schede di Laboratorio e dei problemi per competenze: Luca Malagoli
– Stesura delle schede di Laboratorio: Anna Baccaglini-Frank (*The airport problem*), Silvia Benvenuti (*Fra ossa e polinomi*, *Gli esaflexagoni*, *Origami*, esercizio in più di *The airport problem*, *Il quadrilatero articolato*), Daniela Boni (*Tanti calendari*, *La garanzia*, *A ognuno il suo*, *Il trenino elettrico*), Adriano Demattè (*Matematica e storia*, *Una questione di posizione*, *25 secondi netti!*, *Sulla via dei crucinumeri*, *Il punto di rendez-vous*, *Un problema di costi*, *Rette da un esperimento*, *Risoluzioni alternative*, *Corde e canne di bambù*), Paolo Maurizio Dieghi (*Domanda e offerta*, *Calcolo dell'IRPEF*, *Il cuculo imbroglione*, *La quotazione dell'oro*), Maria Falivene (*L'aquilone*), Silvia Gerola (traduzione in inglese *The airport problem*), Nadia Moretti (*La mappa del tesoro*), Marta Novati (*Le spese condominiali*, *Obiettivo Ibiza*, *Il piastrellista*, *Bimbi in festa!*, *Il pontile*, *Calcio a 5*), Marta Parroni (*Il cartamodello*, *Il pantografo*, esercizio in più di *Geometria dinamica con i quadrilateri*), Antonio Rotteglia (*Matematica al computer con il foglio elettronico e Wiris*), Raffaele Santoro (*Matematica al computer con software di geometria dinamica*), Giacomo Tommei (*Approfondimento*, *Cresci*, *Hoagy!*, *Evoluzione e dimensioni corporee*, *Mobilità sostenibile*)
– Stesura degli esercizi: Annamaria Bartolucci, Silvana Calabria, Francesca Ferlin, Chiara Francia, Ferdinando Galdi, Lorenzo Ghezzi, Mario Luciani, Domenico Pedullà, Claudia Piesco, Laura Polenta, Monica Prandini, Maria Pia Riva, Chiara Severini
– Coordinamento della revisione degli esercizi: Francesca Anna Riccio
– Revisione degli esercizi: Silvano Baggio, Angela Capucci, Elisa Capucci, Barbara Di Fabio, Elisa Garagnani, Francesca Incensi, Luca Malagoli, Isabella Malacari, Elena Meucci, Erika Meucci, Monica Prandini, Angela Prinzi, Daniele Ritelli, Elisa Targa
– Stesura dei problemi per competenze: Daniela Boni, Paolo Maurizio Dieghi, Maria Falivene, Nadia Moretti, Marta Novati, Marta Parroni
– Stesura dei problemi Eureka!: Andrea Betti
– Stesura dei box CLIL e degli esercizi in lingua inglese: Anna Baccaglini-Frank
– Rilettura dei testi: Marco Giusiano, Francesca Incensi, Luca Malagoli, Francesca Anna Riccio
– Realizzazione audio: formicablu s.r.l., Bologna
– Redazione e realizzazione dei video: Christian Biasco, Piero Chessa
– Stesura degli esempi digitali: Chiara Tannoia, Davide Disanti
– Revisione degli esempi digitali: Davide Disanti
– Stesura delle animazioni interattive: Davide Bergamini
– Revisione delle animazioni interattive: Davide Disanti

 Questo libro è stampato su carta che rispetta le foreste.
www.zanichelli.it/chi-siamo/sostenibilita

Stampa:: L.E.G.O. S.p.A.
Via G. Galilei 11, 38015 Lavis, Trento (TN)
per conto di Zanichelli editore S.p.A.
Via Irnerio 34, 40126 Bologna

INDICE

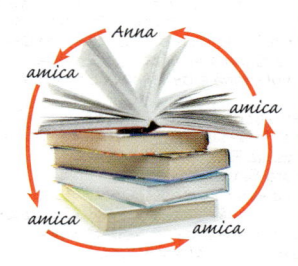

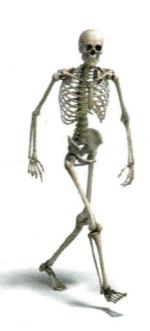

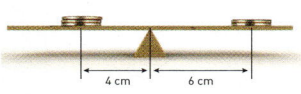

**LABORATORIO
MATEMATICA E TOPOGRAFIA**
La mappa del tesoro,
a pagina G33

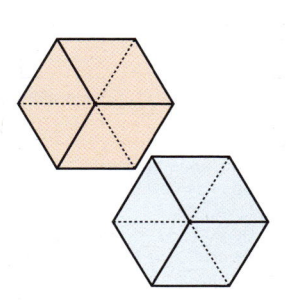

**LABORATORIO
MATEMATICA E GIOCHI**
Gli esaflexagoni,
a pagina G46

**LABORATORIO
MATEMATICA INTORNO A NOI**
Origami,
a pagina G73

**LABORATORIO
MATEMATICA E TECNOLOGIA**
Il quadrilatero articolato,
a pagina G93

FONTI DELLE ILLUSTRAZIONI

22: Diana Taliun*
23: Nancy Hixson*
28: Skylines*
32 (a): bergamont*
32 (b): nito*
32 (c): hsagencia*
32 (d): Maksim Chaikou*
32 (e): Stephen Finn*
36: oksix*
37: Loredana Cirstea*
50: Luis Santos*
51 (a): Yurumi*
51 (b): mexrix*
52 (a, f): Stefan Petru Andronache*
52 (b, g): Eric Isselee*
52 (c, d): Dmitry Kalinovsky*
52 (e): oksana2010*
52 (h): djem*
62: vsl*
77 (a): Ljupco Smokovski*
77 (b): PaulPaladin*
79: Mishchenko Mikhail*
90: Kotomiti Okuma*
93: Danny Smythe*
95 (a): szefei*
95 (b): Sashkin*
95 (c): Vania Georgieva*
96 (a): Erik Lam*
96 (b): Africa Studio*
96 (c): Gtranquillity*
96 (d): Volodymyr Krasyuk*
96 (e): silver-john*
97 (a): RT Design Studio*
97 (b): Dmitry Kalinovsky*
98: bitt24*
99: Ivonne Wierink*
112: Richard Peterson*
122 (a): JeniFoto*
122 (b): Picsfive*
123: Nadja1*
124 (a): Svetlana Privezentseva*
124 (b): Pakhnyushcha*
125 (a): donatas1205*
125 (b): discpicture*
127: Rob Byron*
150 (a): alexjuve10*
150 (b): homydesign*
150 (c): Oliver Hoffmann*
154: Roman Malyshev*
174 (a): Aptyp_koK*
174 (b): Alexia Khruscheva*
174 (c): pio3*
174 (d): s_oleg*

184 (a): Alexandr Vlassyuk*
184 (b): Feng Yu*
184 (c): Evgeny Karandaev*
184 (d): anaken2012*
185: Vlue*
191: Sabphoto*
218 (a): Khomulo Anna*
218 (b): Michael Dechev*
218 (c): bogdan ionescu*
219 (a): Luis Santos*
219 (b): Piotr Marcinski*
219 (c): DWaschnig*
219 (d): Juraj Kovac*
221: Africa Studio*
233: auremar*
234: Ralf Juergen Kraft*
236: Max Topchii*
242: tairen*
243: vectorlib.com*
247: J Marshall-Tribaleye Images / Alamy
254: kornnphoto*
255 (a): Coprid*
255 (b): Alex459*
255 (c): Luis Louro*
257: alexsl / iStockphoto
268: eans*
282 (a): Matthias G. Ziegler*
282 (b): ollyy*
283 (a): Dimitar Sotirov*
283 (b): Tatyana Vyc*
283 (c): Elena Butinova*
283 (d): Petr Student*
284 (a): ArchMan*
284 (b): Ingvar Bjork*
285 (a): Piotr Adamowicz*
285 (b): Andrey Bayda*
287: Soimule*
295: Luca Pacioli, *Summa de Arithmetica, Geometria, Proportioni e Proportionalità*, c. 3
299 (a): Kulish Viktoriia*
299 (b): Ivonne Wierink*
299 (c): imagedb.com*
299 (d): Kulish Viktoriia *
299 (e): Anastasiia Markus*
299 (f): Ivonne Wierink*
299 (g): Dontree*
299 (h): Natalia Klenova*
302 (a): daffodilred*
302 (b): Dimedrol68*
302 (c): zirconicusso*
303 (a): CGissemann*

303 (b): Wire_man*
304: gualtiero boffi*
310: VectorPic*
311 (a): Maksim Shmeljov*
311 (b): -V-*
328: monticello*
330: daffodilred*
331: luchschen*
333 (a): Petr Student*
333 (b): Vince Clements*
336: Irena Misevic*
337 (a): JZhuk*
337 (b): dekede*
338: Johnny Adolphson*
339: Naypong*
341 (a): Creation*
341 (b): Mariya Ermolaeva*
341 (c): photka*
342: Prixel Creative*
343: Margo Harrison*
360: JoLin*
369: vectorlib.com*
401: Kalmatsuy*
424 (a): Michael Shake*
424 (b): Bonninstudio*
424 (c): any_keen*
432: Helder Monteiro*
457: Carlos Romero*
459: Valentyn Volkov*
462: Africa Studio*
463: Irina Rogova*
464 (a): arka38*
464 (b): Chatchai Kritsetsakul*
465: AdStock RF*
466: Yelena Panyukova*
467: Edwin Verin*
468 (a): Cienpies Design*
468 (b): Sashkin*
469: Maxx-Studio*
G21: Christian Draghici*
G22: illusionstudio*
G23 (a): Nomad_Soul*
G23 (b): Petr Malyshev*
G23 (c): Eleonora Kolomiyets*
G23 (d): Byjeng*
G25: Mega Pixel*
G26: ajt*
G27: antpkr*
G29: OZaiachin*
G31: Gavran333*
G32: Vladimir Caplinskij*
G47: 501room*
G48: NagyDodo*

G49 (a): bloomua*
G49 (b): A.Krotov*
G49 (c): withGod*
G49 (d): mexrix*
G49 (e): Jari Hindstroem*
G49 (f): Sergiy Kuzmin*
G51: Matusciac Alexandru*
G53 (a): Kanuman*
G53 (b): Calvin Chan*
G54: viritphon*
G56 (a): LingHK*
G56 (b): Andrey_Popov*
G57 (a): Jonathan Lewis*
G57 (b): In Green*
G58: Olha Insight*
G59: Marsel82*
G72: Dmitry Kolmakov*
G73 (a): syamsul bahri muhammad*
G73 (b): iofoto*
G73 (c): Alexandra Lande*
G73 (d): Swapan Photography*
G75 (a): Dan Kosmayer*
G75 (b): clivewa*
G76 (a): Gena73*
G76 (b): Gwoeii*
G77: Jens Ottoson*
G78 (a): Mario7*
G78 (b): 7yonov*
G78 (c): Sarah2*
G79: John Dorado*
G90 (a): photka*
G90 (b): Igor Petrov*
G91: marekuliasz*
G92 (a): Nonnakrit*
G92 (b): photka*
G93: Hiper Com*
G95: telesniuk*
G96 (a): PaintDoor*
G96 (b): crystalfoto*
G96 (c): Mars Evis*
G97: DenisNata*
G99: Mauro Carli*
G100: Rudy Bagozzi*
G101 (a): gualtiero boffi*
G101 (b): OZaiachin*
G102: Werner Muenzker*
G103 (a): Seregam*
G103 (b): windu*
G103 (c): Sarah2*

* da archivio Shutterstock

COME ORIENTARSI NEL LIBRO

Tanti tipi di esercizi

AL VOLO
Esercizi veloci
Per esempio: esercizi dal 264 al 268, pagina 245.

CACCIA ALL'ERRORE
Evita i tranelli
Per esempio: esercizio 148, pagina 57.

CHI HA RAGIONE?
Dimmi il perché
Per esempio: esercizio 74, pagina 81.

COMPLETA
Inserisci la risposta giusta
Per esempio: esercizi 77 e 78, pagina 114.

EDUCAZIONE FINANZIARIA
Tra matematica ed economia
Per esempio: esercizio 15, pagina 98.

EUREKA!
Una sfida per metterti alla prova
Per esempio: esercizio 157, pagina 214.

FAI UN ESEMPIO
Se lo sai fare, hai capito
Per esempio: esercizio 84, pagina 54.

IN FORMA GRAFICA
Per visualizzare la matematica
Per esempio: esercizio 196, pagina 120.

INTORNO A NOI
La matematica di tutti i giorni
Per esempio: esercizio 284, pagina 282.

INVALSI
Dalle prove nazionali
Per esempio: esercizio 2, pagina 221.

YOU & MATHS
La matematica in inglese
Per esempio: esercizio 63, pagina 81.

Tante risorse digitali

VIDEO
2 ore e 50 minuti di video
Per esempio: esercizio 5, pagina 169.

ANIMAZIONE
180 animazioni interattive
Per esempio: esercizio 2, pagina 161.

VERO O FALSO? **TEST** **ASSOCIA**
Esercizi interattivi
Per esempio: esercizi dal 208 al 210, pagina 217.

ESEMPIO DIGITALE
Esercizi risolti passo passo
Per esempio: esercizio 446, pagina 253.

Il Tutor

✓ CHECKER
L'assistente online di algebra
Tutti gli esercizi blu.
Per esempio: esercizi dal 26 al 36, pagina 111.

157 **EUREKA!** **Un forte aumento** Quale numero aumenta del 500% quando se ne fa il quadrato?

| A | 6 | B | 10 | C | 7 | D | 8 | E | 5 |

[Kangourou Italia, 2006]

Problemi **INTORNO A NOI**

284 Carlo possiede € 480 e Francesca ne possiede 150 in meno. Dopo quanti giorni i due ragazzi saranno in possesso della stessa cifra? [10]

al giorno spende € 40   *al giorno spende € 25*

2 **INVALSI 2006**

Da un quadrato di lato $4a$ sono stati ritagliati quattro triangoli rettangoli isosceli come nella figura. Quanto vale l'area della parte colorata?

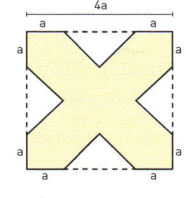

| A | $8a^2$ | B | $12a^2$ | C | $14a^2$ | D | $15a^2$ |

1 NUMERI NATURALI

1. ORDINAMENTO E OPERAZIONI

NUMERI NATURALI, RAPPRESENTAZIONE, ORDINAMENTO

➡ Esercizi a pagina **16**

Conosci già i **numeri naturali**:

$$0, \quad 1, \quad 2, \quad 3, \quad 4, \quad 5, \quad 6, \quad 7, \quad 8, \quad 9, \quad 10, \quad 11, \quad \dots$$

Indichiamo il loro insieme con $\mathbb{N}$.

I numeri naturali possono essere rappresentati su una *semiretta orientata*, cioè una semiretta sulla quale segniamo con una freccia il verso di percorrenza.
All'origine facciamo corrispondere il numero 0.
Fissiamo poi un segmento come unità di misura e facciamo corrispondere il numero 1 al punto che dista dall'origine una unità, il 2 a quello che dista due unità e così via.

La rappresentazione sulla semiretta fa vedere che l'insieme dei numeri naturali è **ordinato** e possiamo sempre confrontare due numeri naturali fra loro.
I simboli per indicare le relazioni d'ordine sono:

$<$ minore; $>$ maggiore; $\leq$ minore o uguale; $\geq$ maggiore o uguale.

$$3 < 5 \quad 7 > 2$$
$$4 \leq 4 \quad 8 \geq 1$$

Per ogni numero naturale diverso da 0 esistono il **precedente** e il **successivo**.
Il numero naturale 0 ha 1 come successivo, ma non ha il precedente.

L'insieme $\mathbb{N}$ è **discreto**: fra due numeri naturali qualsiasi, che non siano consecutivi, esiste un numero *finito* di numeri naturali.

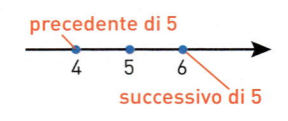

OPERAZIONI E OPERANDI ➡ Esercizi a pagina **17**

Con i numeri naturali si eseguono le **operazioni** di addizione, sottrazione, moltiplicazione e divisione. I due numeri con i quali si opera, cioè gli **operandi**, assumono nomi particolari, così come i risultati delle operazioni.

Nell'**addizione** il primo e il secondo operando sono gli **addendi**, il risultato è la **somma**.
Nella **sottrazione** il primo operando è il **minuendo**, il secondo operando è il **sottraendo**, il risultato è la **differenza**.
Nella **moltiplicazione** il primo e il secondo operando sono i **fattori**, il risultato è il **prodotto**.
Nella **divisione** il primo operando è il **dividendo**, il secondo operando è il **divisore**, il risultato è il **quoziente**.

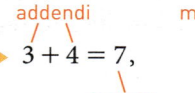 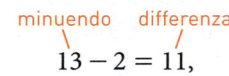 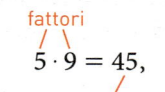 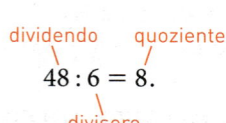

▸ addendi $3 + 4 = 7$, somma   minuendo $13 - 2 = 11$ differenza, sottraendo   fattori $5 \cdot 9 = 45$, prodotto   dividendo $48 : 6 = 8$. quoziente, divisore

Definiamo anche l'operazione di potenza.

> A **power** is the result obtained by the *repeated multiplication* of a natural number by itself.

Potenza

Se a e n sono numeri naturali:

- $a^n = \underbrace{a \cdot a \cdot a \cdot a \cdot \ldots \cdot a}_{n \text{ volte}}$ se $n > 1$;

- $a^0 = 1$ se $a \neq 0$;

- $a^1 = a$.

Non si definisce 0^0.

si legge: «tre alla quarta»

$3^4 = \underbrace{3 \cdot 3 \cdot 3 \cdot 3}_{4 \text{ volte}} = 81$

$26^0 = 1$

$9^1 = 9 \qquad 0^1 = 0$

Nella potenza a^n, a è la **base**, n è l'**esponente**.

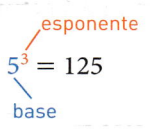

esponente

$5^3 = 125$

base

ESPRESSIONI ➡ Esercizi a pagina **18**

Un'espressione con i numeri naturali indica un insieme di operazioni da svolgere in un ordine preciso.

Nel calcolo, la potenza ha la precedenza su tutte le altre operazioni.

Moltiplicazioni e divisioni hanno la precedenza su addizioni e sottrazioni.

Le precedenze possono essere cambiate utilizzando parentesi. Vanno svolti prima i calcoli relativi a operazioni fra parentesi tonde, poi quelli fra parentesi quadre e per ultimi quelli fra parentesi graffe.

Per **semplificare** un'espressione, eseguiamo i calcoli, seguendo le precedenze, e poi la sostituiamo con un'espressione più semplice che ha lo stesso valore. Ripetiamo il procedimento fino a giungere al risultato.

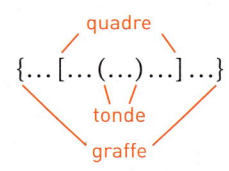

quadre

$\{\ldots[\ldots(\ldots)\ldots]\ldots\}$

tonde

graffe

Semplifichiamo l'espressione $4 \cdot [3 + 2 \cdot (7 - 4)]$.

$4 \cdot [3 + 2 \cdot (7 - 4)] = 4 \cdot [3 + 2 \cdot 3] = 4 \cdot [3 + 6] = 4 \cdot 9 = 36$

prima l'operazione nelle tonde

prima la moltiplicazione

prima l'operazione nelle quadre

È anche possibile considerare **espressioni letterali**, in cui le lettere sono dette **variabili**, nome che indica che al posto di ognuna di esse possiamo sostituire numeri che possono cambiare di volta in volta.

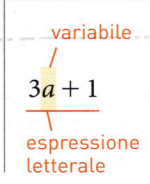

variabile

$3a + 1$

espressione letterale

ESERCIZI PER COMINCIARE

1 ANIMAZIONE Dati i numeri a e b, scrivi in simboli le seguenti espressioni, calcolando poi il loro valore per i valori assegnati ad a e b.

a. La differenza fra il cubo di a e il cubo del doppio di b; $a = 3$, $b = 1$.

b. La somma del triplo prodotto di a e b e del doppio della loro differenza; $a = 5$, $b = 4$.

c. Il prodotto fra il quadrato della somma di a e b e la somma dei loro quadrati; $a = 1$, $b = 2$.

2 VIDEO **Dalle parole alle espressioni** Scrivi in simboli l'espressione: «Dati due numeri a e b, al doppio del successivo di a aggiungi il prodotto tra il quadrato del precedente di b e 8». Calcola il valore dell'espressione per $a = 7$ e $b = 11$.

Confronta la tua risoluzione con quella proposta nel video.

2. PROPRIETÀ DELLE OPERAZIONI

→ Esercizi a pagina **25**

Proprietà dell'addizione e della moltiplicazione

L'addizione e la moltiplicazione sono **operazioni interne** all'insieme $\mathbb{N}$ perché la somma e il prodotto di due numeri naturali sono sempre numeri naturali. Diciamo anche che $\mathbb{N}$ è **chiuso** rispetto all'addizione e alla moltiplicazione.

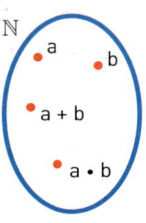

$\forall\, a, b \in \mathbb{N}$

0 è l'**elemento neutro** dell'addizione, perché sommando 0 a un numero qualsiasi si ottiene come risultato il numero stesso.

▶ $5 + 0 = 5;\quad 0 + 7 = 7;\quad 4 + 0 = 4;\quad 0 + 9 = 9;\quad …$

$a + 0 = 0 + a = a$

elemento neutro

1 è l'**elemento neutro** della moltiplicazione, perché moltiplicando 1 per un numero qualsiasi si ottiene come prodotto il numero stesso.

▶ $6 \cdot 1 = 6;\quad 1 \cdot 8 = 8;\quad 11 \cdot 1 = 11;\quad 1 \cdot 3 = 3;\quad …$

$a \cdot 1 = 1 \cdot a = a$

elemento neutro

0 è l'**elemento assorbente** rispetto alla moltiplicazione, perché moltiplicando 0 per un numero qualsiasi si ottiene come prodotto 0.

▶ $0 \cdot 15 = 0;\quad 132 \cdot 0 = 0;\quad 0 \cdot 2 = 0;\quad 100 \cdot 0 = 0;\quad …$

$a \cdot 0 = 0 \cdot a = 0$

elemento assorbente

D'altra parte, se il prodotto di due numeri è 0, almeno uno dei due fattori deve essere 0. Esprimiamo in modo sintetico queste proprietà dello zero con la seguente legge.

PROPRIETÀ	**Legge di annullamento del prodotto** Il prodotto di due fattori è 0 *se e solo se* almeno uno dei fattori è 0. $$a \cdot b = 0 \leftrightarrow a = 0 \text{ o } b = 0$$

Per l'addizione e la moltiplicazione vale la proprietà commutativa.

PROPRIETÀ	**Proprietà commutativa dell'addizione** Cambiando l'ordine degli addendi, la somma non cambia. $$a + b = b + a$$	**Proprietà commutativa della moltiplicazione** Cambiando l'ordine dei fattori, il prodotto non cambia. $$a \cdot b = b \cdot a$$
ESEMPIO	$3 + 2 = 2 + 3$	$7 \cdot 4 = 4 \cdot 7$

Per l'addizione e la moltiplicazione vale anche la proprietà associativa.

PROPRIETÀ	**Proprietà associativa dell'addizione** La somma di tre numeri non cambia se associamo diversamente gli addendi. $$(a + b) + c = a + (b + c)$$	**Proprietà associativa della moltiplicazione** Il prodotto di tre numeri non cambia se associamo diversamente i fattori. $$(a \cdot b) \cdot c = a \cdot (b \cdot c)$$
ESEMPIO	$(5 + 9) + 1 = 5 + (9 + 1)$	$(2 \cdot 5) \cdot 3 = 2 \cdot (5 \cdot 3)$

Le proprietà commutativa e associativa possono essere utili nel calcolo a mente.

$$\underset{\text{associativa}}{7+8+3+2} = 7+\underset{\text{commutativa}}{(8+3)}+2 = 7+\underset{\text{associativa}}{(3+8)}+2 = (7+3)+(8+2) = 10+10 = 20$$

$$2\cdot9\cdot5 = \underset{\text{associativa}}{(2\cdot9)}\cdot5 = \underset{\text{commutativa}}{(9\cdot2)}\cdot5 = 9\cdot\underset{\text{associativa}}{(2\cdot5)} = 9\cdot10 = 90$$

Vale inoltre la seguente proprietà distributiva.

PROPRIETÀ	ESEMPIO
Proprietà distributiva della moltiplicazione rispetto all'addizione Il prodotto di un numero per una somma è uguale alla somma dei prodotti fra il numero e ognuno degli addendi. La proprietà è distributiva a sinistra e a destra a seconda della posizione del fattore rispetto alla somma. $a\cdot(b+c) = a\cdot b + a\cdot c$ distributiva a sinistra $(a+b)\cdot c = a\cdot c + b\cdot c$ distributiva a destra	$5\cdot(2+3) = 5\cdot2 + 5\cdot3$ distributiva a sinistra $(4+5)\cdot2 = 4\cdot2 + 5\cdot2$ distributiva a destra

Se leggiamo una delle uguaglianze che esprimono la proprietà distributiva da destra verso sinistra, abbiamo un **raccoglimento a fattore comune**:

$$a\cdot b + a\cdot c = a\cdot(b+c).$$

$$\underset{\text{fattore comune}}{7\cdot3 + 7\cdot5} = 7\cdot\overset{\text{fattore raccolto}}{(3+5)}$$

Valgono inoltre le seguenti leggi di monotonia, per le uguaglianze e per le disuguaglianze.

PROPRIETÀ	ESEMPIO
Prima legge di monotonia Aggiungendo uno stesso numero naturale ai due membri di un'uguaglianza o di una disuguaglianza, otteniamo un'uguaglianza o una disuguaglianza con lo stesso verso. $a = b \leftrightarrow a+c = b+c$; $\underset{\text{stesso verso}}{a < b \leftrightarrow a+c < b+c};\ \underset{\text{stesso verso}}{a > b \leftrightarrow a+c > b+c}.$	$4 = 3+1 \leftrightarrow 4+8 = (3+1)+8$ $5 > 2 \leftrightarrow 5+6 > 2+6$ $12 > 3 \leftrightarrow 12+7 > 3+7$
Seconda legge di monotonia Moltiplicando per uno stesso numero naturale *diverso da zero* i due membri di un'uguaglianza o di una disuguaglianza, otteniamo un'uguaglianza o una disuguaglianza con lo stesso verso. Con $c \neq 0$: $a = b \leftrightarrow a\cdot c = b\cdot c$; $\underset{\text{stesso verso}}{a < b \leftrightarrow a\cdot c < b\cdot c};\ \underset{\text{stesso verso}}{a > b \leftrightarrow a\cdot c > b\cdot c}.$	$6 = 9-3 \leftrightarrow 6\cdot5 = (9-3)\cdot5$ $1 < 2 \leftrightarrow 1\cdot3 < 2\cdot3$ $8 > 7 \leftrightarrow 8\cdot3 > 7\cdot3$

Proprietà della sottrazione e della divisione

La *sottrazione* può essere definita come **operazione inversa** dell'addizione: la differenza di due numeri è quel numero che sommato al sottraendo dà il minuendo.

▸ $9 - 4 = 5$ perché $5 + 4 = 9$.

$a - b = d$

perché

$d + b = a$

In $\mathbb{N}$ la sottrazione *non* è un'operazione interna: è possibile eseguirla solo se il sottraendo è minore o uguale al minuendo.

$5 - 8 = ?$

non ha risultato in $\mathbb{N}$

La *divisione* è l'**operazione inversa** della moltiplicazione: il quoziente fra due numeri è quel numero che moltiplicato per il divisore dà il dividendo. *Il divisore deve sempre essere diverso da zero.*

con $b \neq 0$:

$a : b = q$

perché

$q \cdot b = a$

▸ $14 : 2 = 7$ perché $7 \cdot 2 = 14$.

$9 : 0$ non viene definita — perché nessun numero moltiplicato per 0 può dare 9

$0 : 0$ non viene definita — perché qualsiasi numero moltiplicato per 0 dà 0

Anche escludendo 0 come divisore, in $\mathbb{N}$ la divisione *non* è un'operazione interna.

▸ $23 : 5$ non ha risultato in $\mathbb{N}$, perché non esiste un numero naturale che moltiplicato per 5 dà 23.

È invece sempre possibile la **divisione con resto**, in cui la relazione fra dividendo a, divisore b, quoziente q e resto r è la seguente.

$$a : b = q \text{ con resto } r \leftrightarrow a = b \cdot q + r$$

$23 : 5 = 4$ con resto 3

perché

$23 = 5 \cdot 4 + 3$.

Se $r = 0$, la divisione è **esatta** e diciamo che a è **divisibile** per b. Valgono i seguenti criteri di divisibilità.

n è divisibile per …	se e solo se	
2	l'ultima cifra è divisibile per 2	divisibili per 2 132**0**; 271**4**; 31**6**.
3	la somma delle cifre è divisibile per 3	3642 $3 + 6 + 4 + 2 = 15$ e 15 è divisibile per 3
4 o 25	n termina con 00 o il numero formato dalle ultime due cifre è divisibile per 4 o per 25	divisibile per 4 37**00**; 23**12**; 71**50**. divisibile per 4 e 25 divisibile per 25
5	termina con 0 o 5	29**0**; 37**5**.
9	la somma delle cifre è divisibile per 9	2952 $2 + 9 + 5 + 2 = 18$ e 18 è divisibile per 9
11	la differenza fra la somma delle cifre di posto pari e quella delle cifre di posto dispari (o viceversa) è divisibile per 11	$5 + 0 = 5$ 35607 $16 - 5 = 11$ e 11 è divisibile per 11 $3 + 6 + 7 = 16$

PROPRIETÀ

ESEMPIO

Per la sottrazione vale la proprietà distributiva della moltiplicazione.

PROPRIETÀ

Proprietà distributiva della moltiplicazione rispetto alla sottrazione

Con $b \le a$:

$c \cdot (a - b) = c \cdot a - c \cdot b$;

$(a - b) \cdot c = a \cdot c - b \cdot c$.

ESEMPIO

$3 \cdot (7 - 1) = 3 \cdot 7 - 3 \cdot 1$ distributiva a sinistra

$(12 - 3) \cdot 2 = 12 \cdot 2 - 3 \cdot 2$ distributiva a destra

Per la divisione vale la proprietà distributiva rispetto all'addizione e alla sottrazione, ma soltanto a destra.

PROPRIETÀ

Proprietà distributiva della divisione rispetto all'addizione e alla sottrazione

Con $c \ne 0$ e quando le sottrazioni e le divisioni sono possibili:

$(a + b) : c = a : c + b : c$;

$(a - b) : c = a : c - b : c$.

ESEMPIO

$(6 + 8) : 2 = 6 : 2 + 8 : 2$ distributiva a destra

$(15 - 9) : 3 = 15 : 3 - 9 : 3$ distributiva a destra

Per la sottrazione e la divisione vale la proprietà invariantiva.

PROPRIETÀ

Proprietà invariantiva della sottrazione
La differenza fra due numeri non cambia se a ognuno si aggiunge o si toglie lo stesso numero.

Quando le sottrazioni sono possibili:

$a - b = (a + c) - (b + c)$;

$a - b = (a - c) - (b - c)$.

Proprietà invariantiva della divisione
Il quoziente fra due numeri non cambia se ognuno viene moltiplicato o diviso per uno stesso numero diverso da 0.

Con $c \ne 0$ e quando le divisioni sono possibili:

$a : b = (a \cdot c) : (b \cdot c)$;

$a : b = (a : c) : (b : c)$.

ESEMPIO

$32 - 4 = (32 + 6) - (4 + 6)$

$24 - 7 = (24 - 4) - (7 - 4)$

$120 : 40 = (120 \cdot 5) : (40 \cdot 5)$

$480 : 20 = (480 : 2) : (20 : 2)$

ESERCIZI PER COMINCIARE

1  **ANIMAZIONE** Completa le seguenti uguaglianze e scrivi la proprietà applicata.

a. $(14 + 8) + \boxed{9} = \boxed{14} + (8 + 9)$; ASSOCIATIVA

b. $\boxed{8} \cdot (\boxed{5} + 2) = 8 \cdot 5 + 8 \cdot \boxed{2}$; DISTRIBUTIVA RISP. ALL'ADDIZIONE

c. $46 - \boxed{18} = (46 + \boxed{2}) - (18 + 2)$; PROP. INVARIANTIVA DELLA SOTTRAZIONE

d. $(60 + \boxed{8}) : 4 = \boxed{60} : 4 + 8 : \boxed{4}$; DISTR. RISP ALLA SOTTR. B ALLA ADD

e. $(15 + \boxed{3}) \cdot 4 = \boxed{4} \cdot (15 + 3)$; COMMUTATIVA

f. $\boxed{270} : 45 = (270 : 9) : (45 : \boxed{9})$. INVARIANTIVA DELLA DIVISIONE

2 **VIDEO** **Le proprietà dell'addizione e della moltiplicazione** Lo schema della figura interpreta graficamente la proprietà commutativa della moltiplicazione. Inventa altri schemi grafici che interpretino le proprietà commutativa e associativa dell'addizione, la proprietà associativa della moltiplicazione, la proprietà distributiva della moltiplicazione rispetto all'addizione.
Confrontali con quelli che proponiamo nel video.

3. PROPRIETÀ DELLE POTENZE

→ Esercizi a pagina **27**

The **product of two powers with the same base** is a power with that base and exponent equal to the sum of the exponents.

Per le potenze valgono cinque proprietà.

PROPRIETÀ	ESEMPIO
1. Prodotto di potenze con la stessa base Il prodotto di potenze con la stessa base è una potenza che ha la stessa base e come esponente la somma degli esponenti. $$a^m \cdot a^n = a^{m+n}$$	▸ $5^3 \cdot 5^4 = 5^{3+4} = 5^7$
2. Quoziente di potenze con la stessa base Il quoziente di potenze con la stessa base è una potenza che ha la stessa base e come esponente la differenza degli esponenti. $$a^m : a^n = a^{m-n}, \quad \text{con } a \neq 0 \text{ e } n \leq m$$	▸ $12^5 : 12^3 = 12^{5-3} = 12^2$
3. Potenza di potenza La potenza di una potenza è una potenza che ha la stessa base e come esponente il prodotto degli esponenti. $$(a^m)^n = a^{m \cdot n}$$	▸ $(4^3)^2 = 4^{3 \cdot 2} = 4^6$
4. Prodotto di potenze con lo stesso esponente Il prodotto di potenze con lo stesso esponente è una potenza che ha lo stesso esponente e come base il prodotto delle basi. $$a^m \cdot b^m = (a \cdot b)^m$$	▸ $4^2 \cdot 5^2 = (4 \cdot 5)^2 = 20^2$
5. Quoziente di potenze con lo stesso esponente Il quoziente di potenze con lo stesso esponente è una potenza che ha lo stesso esponente e come base il quoziente delle basi. $$a^m : b^m = (a : b)^m, \quad \text{con } b \neq 0 \text{ e } a \text{ divisibile per } b$$	▸ $6^2 : 3^2 = (6 : 3)^2 = 2^2$

Giustifichiamo le proprietà considerando degli esempi in cui scriviamo le potenze come moltiplicazioni ripetute. Per gli esempi relativi alla seconda e alla quinta proprietà, utilizziamo la definizione della divisione come operazione inversa della moltiplicazione.

▸ Prima proprietà

$$3^2 \cdot 3^3 = (\underbrace{3 \cdot 3}_{2 \text{ volte}}) \cdot (\underbrace{3 \cdot 3 \cdot 3}_{3 \text{ volte}}) = \underbrace{3 \cdot 3 \cdot 3 \cdot 3 \cdot 3}_{2 + 3 = 5 \text{ volte}} = 3^5$$

▸ Seconda proprietà

$$\underbrace{2^6}_{a} : \underbrace{2^4}_{b} = \underbrace{2^{6-4}}_{q} \text{ perché } \underbrace{2^{6-4}}_{q} \cdot \underbrace{2^4}_{b} = 2^{(6-4)+4} = \underbrace{2^6}_{a}$$

▸ Terza proprietà

$$(2^3)^4 = \underbrace{2^3 \cdot 2^3 \cdot 2^3 \cdot 2^3}_{4 \text{ volte}} = 2^{3+3+3+3} = 2^{3 \cdot 4}$$

prima proprietà

▶ Quarta proprietà

$$7^3 \cdot 2^3 = (7 \cdot 7 \cdot 7) \cdot (2 \cdot 2 \cdot 2) = (7 \cdot 2) \cdot (7 \cdot 2) \cdot (7 \cdot 2) = (7 \cdot 2)^3$$

proprietà associativa e commutativa

▶ Quinta proprietà

quarta proprietà

$$8^5 : 2^5 = (8 : 2)^5 \text{ perché } (8 : 2)^5 \cdot 2^5 = [(8 : 2) \cdot 2]^5 = 8^5$$

$a : b = q \qquad q \cdot b = a$

Le proprietà valgono anche nei casi in cui la potenza non si può scrivere come moltiplicazione ripetuta.

Le definizioni di $a^0 = 1$ e $a^1 = a$ sono state date proprio per fare in modo che valga la seconda proprietà.

▶ $2^5 : 2^4 = 2$ perché $2 \cdot 2^4 = 2 \cdot (2 \cdot 2 \cdot 2 \cdot 2) = 2^5$.

$a : b = q \qquad q \cdot b = a$

D'altra parte, se vogliamo che valga la seconda proprietà delle potenze:

$2^5 : 2^4 = 2^{5-4} = 2^1$.

Confrontando i due risultati, deve essere:

$2^1 = 2$.

$\boxed{a^1 = a}$

▶ $3^4 : 3^4 = 1$ perché $1 \cdot 3^4 = 3^4$.

D'altra parte, se vogliamo che valga la seconda proprietà delle potenze:

$3^4 : 3^4 = 3^{4-4} = 3^0$.

Confrontando i due risultati, deve essere:

$3^0 = 1$.

$\boxed{a^0 = 1, \text{ con } a \neq 0.}$

ESERCIZI PER COMINCIARE

1 Calcola il risultato delle seguenti espressioni, indicando le proprietà delle potenze utilizzate.

a. $2^3 \cdot 2^2$; **c.** $9^{13} : 9^{11}$; **e.** $(2^3)^2$; **g.** $2^4 \cdot 5^4$; **i.** $8^5 : 8^3$.

b. $10^3 : 5^3$; **d.** $(12^5 : 12^4)^2$; **f.** $(7^2)^3 : 7^4$; **h.** $(3^4 : 3^3)^2 \cdot (3^7 : 3^5)^2$;

2 Applicando le proprietà delle potenze, scrivi il risultato delle seguenti espressioni come potenza di 2, di 3 o di 5.

a. $8^3 : 2^4$; **b.** $25^5 \cdot 125^2$; **c.** 128^7; **d.** $81^2 : 9^3$; **e.** $256^2 \cdot 64^3$; **f.** $16^3 : 4^2$.

3 📱 ANIMAZIONE Applicando le proprietà delle potenze semplifica la seguente espressione:

$$[(4^{13} \cdot 4^8) : 4^2] : (4^3)^6 + [(44^5 : 11^5) \cdot (16^2 : 4^3)^{13}] : 256^4.$$

4 📱 VIDEO **Proprietà delle potenze** Semplifica la seguente espressione: $[(3^3 \cdot 2^7 \cdot 3^4)^3 : 6^{17}] : 3^4$.

Confronta la tua risoluzione con quella proposta nel video.

4. MULTIPLI, DIVISORI, MCD, mcm

➡ Esercizi a pagina **29**

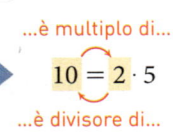 If a natural number a can be expressed as the number b times another number, then a is a **multiple** of b.

Multipli e divisori

<table>
<tr><td>**DEFINIZIONE**</td><td>Consideriamo i numeri naturali a e b. Se esiste un numero naturale q tale che $a = b \cdot q$, diciamo che:
• a è **multiplo** di b;
• b è **divisore** di a.</td><td>…è multiplo di…

$10 = 2 \cdot 5$

…è divisore di…</td><td>**ESEMPIO**</td></tr>
</table>

I multipli di un numero sono infiniti e si ottengono moltiplicando il numero stesso per ognuno dei numeri naturali.
Invece, i divisori di un numero sono in numero finito.

► Multipli di 42:

$42 \cdot 0$	$42 \cdot 1$	$42 \cdot 2$	$42 \cdot 3$	$42 \cdot 4$	$42 \cdot 5$	
0,	42,	84,	126,	168,	210,	…

Divisori di 42: 1, 2, 3, 6, 7, 14, 21, 42.

<table>
<tr><td>**DEFINIZIONE**</td><td>Un numero naturale diverso da 0 e da 1 è un **numero primo** se ha come divisori solo se stesso e 1.</td><td>numeri primi

$2, 3, 5, 7, 11, 13, 17, 19, \ldots$</td><td>**ESEMPIO**</td></tr>
</table>

Se un numero non è primo, esiste sempre ed è unica la sua **scomposizione in fattori primi** che possiamo ottenere con divisioni successive.

► $60 = 2 \cdot 2 \cdot 3 \cdot 5 = 2^2 \cdot 3 \cdot 5$

dividiamo per…

60	2
30	2
15	3
5	5
1	

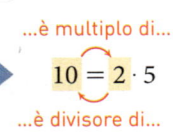 If you have two or more natural numbers (different from zero), their **greatest common divisor** (GCD) is the largest natural number that divides them all, and their **least common multiple** (lcm) is the smallest natural number that is a multiple of all of them.

MCD e mcm

<table>
<tr><td rowspan="2">**DEFINIZIONE**</td><td colspan="2">Fra due o più numeri naturali diversi da 0:</td></tr>
<tr><td>il **massimo comune divisore (MCD)** è il più grande fra i loro divisori comuni.</td><td>il **minimo comune multiplo (mcm)** è il più piccolo fra i loro multipli comuni diversi da 0.</td></tr>
<tr><td rowspan="3">**ESEMPIO**</td><td>Divisori di 12: 1, 2, 3, 4, 6, 12.
divisori comuni
Divisori di 18: 1, 2, 3, 6, 9, 18.</td><td>Multipli di 12: 12, 24, 36, 48, 60, 72, …
multipli comuni
Multipli di 18: 18, 36, 54, 72, 90, …</td></tr>
<tr><td>MCD(12; 18) = 6.</td><td>mcm(12; 18) = 36.</td></tr>
</table>

Per la ricerca del massimo comune divisore e del minimo comune multiplo è utile la scomposizione in fattori primi.

Se scomponiamo in fattori primi due o più numeri naturali:

il **MCD** è il prodotto dei *fattori comuni*, presi una sola volta, con l'*esponente minore*.

il **mcm** è il prodotto di tutti i *fattori comuni e non comuni*, presi una sola volta, con l'*esponente maggiore*.

Per calcolare MCD e mcm di 120 e 140, scomponiamo i numeri in fattori primi. Mettiamo poi i fattori in colonna.

$$
\begin{array}{r|l}
120 & 2 \\
60 & 2 \\
30 & 2 \\
15 & 3 \\
5 & 5 \\
1 &
\end{array}
\qquad
\begin{array}{r|l}
140 & 2 \\
70 & 2 \\
35 & 5 \\
7 & 7 \\
1 &
\end{array}
$$

$$120 = 2^3 \cdot 3 \cdot 5$$
$$140 = 2^2 \cdot 5 \cdot 7$$
$$MCD = 2^2 \cdot 5$$
$$mcm = 2^3 \cdot 3 \cdot 5 \cdot 7$$

fattori comuni con l'esponente minore

fattori comuni e non comuni con l'esponente maggiore

Il MCD è 20, il mcm è 840.

Se due numeri non hanno fattori in comune diversi da 1, diciamo che sono **primi tra loro**. Il loro MCD è 1 e il loro mcm è il prodotto dei due numeri.

▶ 10 e 21 sono primi tra loro.

Algoritmo di Euclide

Con un **algoritmo** descriviamo l'insieme delle istruzioni da eseguire per passare dai dati di un problema ai risultati.

Euclide, negli *Elementi*, descrive un algoritmo per il calcolo del MCD fra due numeri mediante sottrazioni successive.

Il metodo si basa sul seguente teorema.

Divisibilità della differenza
Se due numeri naturali a e b, con $a > b$, sono divisibili per uno stesso numero c, allora anche $a - b$ è divisibile per c.

130 e 40 sono divisibili per 5.

$130 - 40 = 90$ è divisibile per 5.

DIMOSTRAZIONE

Se a è divisibile per c, allora $a : c = q_1 \;\rightarrow\; a = q_1 \cdot c$.

Se b è divisibile per c, allora $b : c = q_2 \;\rightarrow\; b = q_2 \cdot c$.

Consideriamo la differenza:

$$a - b = q_1 \cdot c - q_2 \cdot c \;\rightarrow\; a - b = (q_1 - q_2) \cdot c \;\rightarrow\; a - b \text{ è divisibile per } c.$$

raccogliamo c

Dati a e b, con $a > b$, per il teorema precedente, quando a e b hanno un divisore comune, anche $a - b$ ha lo stesso divisore, quindi, in particolare, possiamo scrivere:

$$\textbf{MCD}(\boldsymbol{a}; \boldsymbol{b}) = \textbf{MCD}(\boldsymbol{a} - \boldsymbol{b}; \boldsymbol{b}), \quad \text{con } a > b.$$

Nell'algoritmo utilizziamo anche il fatto che il MCD fra un numero e se stesso è ancora il numero stesso:

$$\text{MCD}(a; a) = a.$$

Esaminiamo ora l'algoritmo.

ALGORITMO

MCD con sottrazioni successive
Consideriamo a e b, con $a > b$;
calcoliamo $a - b$;
se $a - b = b$, allora $a - b$ è il $\text{MCD}(a; b)$ e ci fermiamo;
altrimenti sostituiamo il maggiore fra i numeri $a - b$ e b al posto di a e il minore al posto di b, e ripetiamo il procedimento precedente, calcolando la differenza.

ESEMPIO

Calcoliamo MCD(58; 18).

$58 - 18 = \boxed{40}$; — 40 è maggiore di 18, quindi sostituiamo 40 a 58

$\boxed{40} - 18 = \boxed{22}$; — 22 è maggiore di 18, quindi sostituiamo 22 a 40

$\boxed{22} - \boxed{18} = \boxed{4}$; — 4 è minore di 18, quindi sostituiamo 4 a 18 e 18 a 22

sono uguali: ci fermiamo

$\boxed{18} - \boxed{4} = 14$; $\quad 14 - 4 = 10$; $\quad 10 - 4 = 6$; $\quad 6 - 4 = 2$; $\quad 4 - \boxed{2} = \boxed{2}$.

2 è il MCD.

Ecco come abbiamo applicato le proprietà precedenti:

$$\text{MCD}(58; 18) = \text{MCD}(40; 18) = \text{MCD}(22; 18) = \text{MCD}(18; 4) = \text{MCD}(14; 4) =$$

$$\underset{58-18}{\qquad} \underset{40-18}{\qquad} \underset{22-18}{\qquad} \underset{18-4}{\qquad}$$

$$\text{MCD}(10; 4) = \text{MCD}(6; 4) = \text{MCD}(4; 2) = \text{MCD}(2; 2) = 2$$

$$\underset{14-4}{\qquad} \underset{10-4}{\qquad} \underset{6-4}{\qquad} \underset{4-2}{\qquad}$$

Otteniamo il MCD = 2 quando i due numeri sono uguali.

Nell'esempio precedente, da 58 abbiamo tolto 18 per 3 volte fino a giungere a 4:

3 sottrazioni

$$[(58 - 18) - 18] - 18 = 4.$$

Queste 3 sottrazioni ripetute equivalgono a dividere 58 per 18, ottenendo 4 come resto. Quindi, utilizzando il teorema della divisibilità della differenza, ma evitando sottrazioni ripetute, diciamo che se 58 e 18 sono divisibili per uno stesso numero, anche 4, resto di $58 : 18$, è divisibile per lo stesso numero.
L'esempio giustifica il seguente teorema.

$$[(58 - 18) - 18] - 18 = 4$$

$$58 : 18 = 3 \quad \text{resto } 4$$

TEOREMA

Divisibilità del resto
Se due numeri naturali a e b, con $a > b$, sono divisibili per uno stesso numero c, allora anche r, resto della divisione $a : b$, è divisibile per c.

ESEMPIO

130 e 40 sono divisibili per 5.

$130 : 40 = 3$ con resto 10

10 è divisibile per 5

Nell'algoritmo di Euclide, per diminuire il numero di operazioni da eseguire, possiamo allora procedere mediante **divisioni successive**, invece che sottrazioni, e utilizzare i resti ottenuti.

ESEMPIO

Calcoliamo MCD(58; 18) con divisioni ripetute.

$58 : 18 = 3$ con resto 4 →   MCD(58; 18) = MCD(18; 4);

$18 : 4 = 4$ con resto 2 →   MCD(18; 4) = MCD(4; 2);

$4 : 2 = 2$ con resto 0   →   MCD(4; 2) = 2.

Abbiamo ottenuto di nuovo MCD(58; 18) = 2.

Nell'esempio ci siamo fermati quando abbiamo ottenuto resto 0, perché in questo caso il secondo numero è divisore del primo e quindi è anche il MCD. In generale:

$\text{MCD}(a; b) = b$, se $r = 0$.

Una proprietà fra mcm e MCD di due numeri

Il minimo comune multiplo e il massimo comune divisore di due numeri sono legati anche dalla seguente proprietà:

$$\mathbf{mcm}(a; b) = \frac{a \cdot b}{\mathbf{MCD}(a; b)}.$$

▶ Consideriamo $84 = 2^2 \cdot 3 \cdot 7$ e $105 = 3 \cdot 5 \cdot 7$.
Il MCD, scomposto in fattori, è $3 \cdot 7$, e il mcm è $2^2 \cdot 3 \cdot 5 \cdot 7$.
Esprimiamo il prodotto dei due numeri, lasciandoli scomposti in fattori:

$$84 \cdot 105 = (2^2 \cdot 3 \cdot 7) \cdot (3 \cdot 5 \cdot 7).$$

Vediamo che $3 \cdot 7$, cioè il MCD, è ripetuto due volte, mentre nel mcm dobbiamo considerarlo una volta sola. Quindi:

$$2^2 \cdot 3 \cdot 5 \cdot 7 = \frac{(2^2 \cdot 3 \cdot 7) \cdot (3 \cdot 5 \cdot 7)}{3 \cdot 7} \quad \rightarrow \quad \text{mcm}(84; 105) = \frac{84 \cdot 105}{\text{MCD}(84; 105)}.$$

La proprietà permette di calcolare il mcm se si è calcolato il MCD, per esempio con l'algoritmo di Euclide.

▶ Con l'algoritmo di Euclide abbiamo calcolato che MCD(58; 18) = 2, quindi:

$$\text{mcm}(58; 18) = \frac{58 \cdot 18}{2} = 522.$$

ESERCIZI PER COMINCIARE

1   ☐ **ANIMAZIONE** Calcola mcm e MCD di 96, 72, 180.

2   ☐ **ANIMAZIONE** Utilizzando l'algoritmo di Euclide, calcola il MCD fra 330 e 90.

3   Calcola il mcm dei due numeri dell'esercizio precedente.   [990]

Utilizza il mcm o il MCD per risolvere i seguenti problemi.

4   Andrea, Bruno e Carlo percorrono un circuito in bicicletta. Andrea fa un giro in 8 minuti, Bruno in 6 e Carlo in 4. In un punto del circuito si trovano insieme. Dopo quanto tempo si ritrovano insieme nello stesso punto?   [24 minuti]

5   Un apicoltore ha prodotto 360 vasetti di miele millefiori, 320 di acacia, 200 di castagno. Vuole ottenere il maggior numero di confezioni uguali, ciascuna contenente lo stesso numero di vasetti di ognuno dei tre tipi. Quante sono le confezioni? Quanti vasetti di ogni tipo contengono?   [40; 9, 8, 5]

5. SISTEMI DI NUMERAZIONE

→ Esercizi a pagina **33**

In base dieci

Di solito scriviamo i numeri naturali utilizzando dieci cifre:

0, 1, 2, 3, 4, 5, 6, 7, 8, 9.

Il sistema che usiamo è **posizionale**, perché una cifra ha significato diverso a seconda della posizione che occupa.

▸ 3035 = tremila + trenta + cinque, ovvero:

centinaia / unità / decine / migliaia

$$3035 = 3 \cdot 1000 + 0 \cdot 100 + 3 \cdot 10 + 5 \cdot 1 = 3 \cdot 10^3 + 0 \cdot 10^2 + 3 \cdot 10^1 + 5 \cdot 10^0.$$

La scrittura 3035 è dunque un modo sintetico per esprimere la somma dei prodotti dei numeri rappresentati dalle cifre per le potenze di dieci a cui corrispondono, ossia la scrittura in **forma polinomiale** del numero.
Dieci è la **base** del sistema, che viene detto *sistema di numerazione in base dieci*.

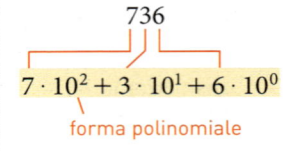

736

$$7 \cdot 10^2 + 3 \cdot 10^1 + 6 \cdot 10^0$$

forma polinomiale

In altre basi

Possiamo scrivere un numero naturale utilizzando anche come base un qualsiasi numero diverso da dieci. Cosa cambia rispetto alla base dieci?

Se, per esempio, scriviamo un numero in base 4, abbiamo a disposizione solo le cifre 0, 1, 2, 3, che sono collegate alle potenze 4^0, 4^1, 4^2, 4^3, 4^4, 4^5, …

Per distinguere la nuova scrittura da quella in base dieci, la mettiamo fra parentesi e indichiamo, come pedice, la base.

▸ Scriviamo il numero degli oggetti della figura con:

$(213)_4$ —— si legge: «due uno tre in base quattro»

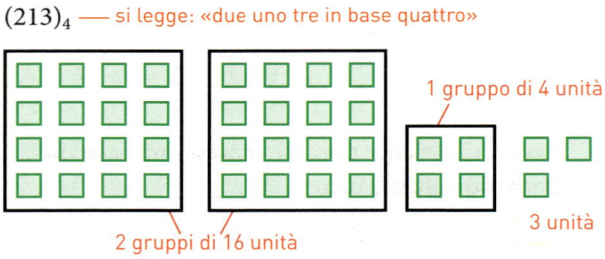

1 gruppo di 4 unità

3 unità

2 gruppi di 16 unità

Le cifre sono collegate a potenze di 4:

2 gruppi da 16 unità, 1 gruppo da 4 unità, 3 unità.

4^2 4^1 4^0

Per passare allora da una base diversa alla base dieci usiamo la forma polinomiale.

▸ $(213)_4 = 2 \cdot 4^2 + 1 \cdot 4^1 + 3 \cdot 4^0 = 2 \cdot 16 + 4 + 3 = 39$

    $(213)_4$ e 39 sono due modi diversi di scrivere lo stesso numero.

In una qualsiasi base n, la scrittura 10, che leggiamo «uno zero», indica la base stessa; 100, cioè «uno zero zero», indica un gruppo da n^2 unità e così via.

▸ $(10)_7 = 1 \cdot 7 + 0 = 7$; $(100)_7 = 1 \cdot 7^2 + 0 \cdot 7 + 0 = 49$.

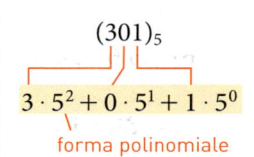

$(301)_5$

$$3 \cdot 5^2 + 0 \cdot 5^1 + 1 \cdot 5^0$$

forma polinomiale

Se la base è maggiore di dieci, oltre alle solite cifre, usiamo le lettere dell'alfabeto:

0, 1, 2, 3, 4, 5, 6, 7, 8, 9, A, B, C, D, …

           10 11 12 13

▶ $(15B)_{16} = 1 \cdot 16^2 + 5 \cdot 16 + 11 = 256 + 80 + 11 = 347$

Da base dieci a base diversa

Per passare dalla base dieci a un'altra base usiamo il metodo delle divisioni ripetute.

▶ Come si scrive 25 in base 3?

$25 : 3 = 8$ con   resto   1

8 gruppi di 3 unità

1 unità

$8 : 3 = 2$ con   resto   2

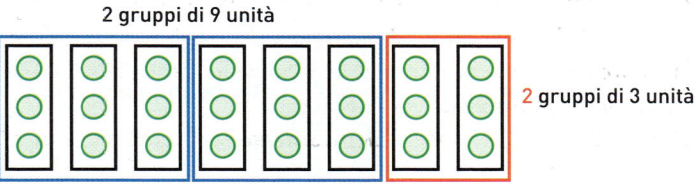

2 gruppi di 9 unità

2 gruppi di 3 unità

$2 : 3 = 0$ con   resto   2

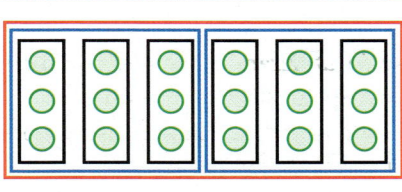

2 gruppi di 9 unità

I resti, letti dal basso verso l'alto, sono le cifre del numero in base 3:

$25 = (221)_3$.

ESERCIZI PER COMINCIARE

Scrivi i numeri la cui forma polinomiale è la seguente.

1 $9 \cdot 10^2 + 5 \cdot 10$; $3 \cdot 10^4 + 2 \cdot 10^3 + 1 \cdot 10^0$.

2 $8 \cdot 10^5 + 7 \cdot 10^4 + 9$; $4 \cdot 10^2 + 3 \cdot 10^3 + 5 \cdot 10$.

3   📱 **ANIMAZIONE**   Scrivi:

    a. $(10\,210)_3$ in base dieci;

    b. 3615 in base 4.

Scrivi in base dieci i seguenti numeri.

4 $(11000)_2$; $(200)_3$; $(211)_4$.

5 $(312)_5$; $(10A)_{12}$; $(1002)_5$.

Scrivi i seguenti numeri espressi in base dieci nella base indicata a fianco.

6   143 in base 2;   218 in base 5.

                         $[(10\,001111)_2; (1333)_5]$

7   3612 in base 3;   1322 in base 4.

                     $[(11\,221\,210)_3; (110\,222)_4]$

8   📱 **VIDEO**   **Sistemi di numerazione**   Scrivi il numero 179 in base 5 e in base 2. Confronta la tua risoluzione con quella proposta nel video.

9   Quali numeri naturali rappresentano i numeri $(102)_3$, $(102)_4$, $(102)_5$?

Come si scrive invece in base 5 il numero naturale 102?

ESERCIZI

1. ORDINAMENTO E OPERAZIONI

NUMERI NATURALI, RAPPRESENTAZIONE, ORDINAMENTO → Teoria a pagina 2

1 **VERO O FALSO?** In una biblioteca è sempre espresso da un numero naturale:

a. il numero dei libri presenti. ☒V ☐F

b. il numero delle pagine di un libro. ☒V ☐F

c. il prezzo di copertina di un libro. ☐V ☒F

d. il numero di tessera di un utente. ☒V ☐F

e. il rapporto tra il numero dei libri gialli e quello dei libri di storia. ☐V ☒F

2 **YOU & MATHS** **Numbers in words** Write the following numbers in words if they are in digits, and write them in digits if they are given in words.

a. Four hundred and two. *402*

b. One thousand two hundred three. *1203*

c. Fifteen hundred twenty four. *1524*

d. 2005. *TWO THOUSAND AND FIVE*

e. 43 010. *FOURTY THREE THOUSAND AND TEN*

f. 10 002. *TEN THOUSAND AND TWO*

3 Traduci in simboli le seguenti frasi.

a. 8 è maggiore di 1. *8 > 1*

b. 10 è minore di 12. *10 < 12*

c. 7 è diverso da 6. *7 ≠ 6*

d. 5 è compreso tra 2 e 9. *2 < 5 < 9*

e. x è minore o uguale a 6. *x ≤ 6*

f. a è maggiore o uguale a 15. *a ≥ 15*

Scrivi i numeri naturali n che verificano le seguenti condizioni.

4 Sono minori di 7. *1-2-3-4-5-6*

5 Sono minori o uguali a 6. *1-2-3-4-5-6*

6 Sono maggiori di 2 e minori o uguali a 5. *3-4-5*

7 $93 < n \leq 100$. *94-95-96-97-98-99-*

8 $22 \leq n < 27$. *22-23-24-25-26-*

9 $0 < n < 2$. *1*

COMPLETA inserendo i simboli $<, >$ $(n \in \mathbb{N})$.

10 $13 < 18$; $0 < 5$; $101 < 110$; $99 > 0$.

11 $n < n+1$; $n+3 < n+5$; $n < 7+n$; $8+n > n$.

12 **COMPLETA** inserendo il numero corretto.

Il precedente di 1000 è *999*.

Il successivo di 77 è *78*.

Il successivo di *1009* è 1010.

Il precedente di *2* è 1.

13 Se n è un numero naturale, scrivi:

a. il precedente di $n+2$; *n+1*

b. il successivo di $n+3$; *n+4*

c. il precedente di $n+1$; *n*

d. il successivo di $n-4$; *n-3*

e. il successivo del successivo di $n+1$. *n+3*

Scrivi in ordine crescente e decrescente i seguenti numeri.

14 22; 202; 2; 20; 1002; 102.

15 1001; 1010; 1101; 1110; 1011; 1121.

IN FORMA GRAFICA

Rappresenta sulla semiretta orientata i seguenti numeri, scegliendo un'opportuna unità di misura.

16 1; 5; 12; 16; 7; 8.

17 0; 1000; 2500; 3000; 500; 250.

18 Per ogni punto indicato scrivi il numero corrispondente.

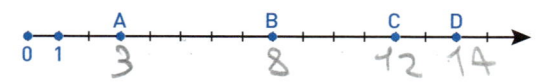

OPERAZIONI E OPERANDI → Teoria a pagina 2

19 Scrivi il nome degli operandi e del risultato di ciascuna operazione.

   a. $7 + 6 = 13$ **d.** $10 : 5 = 2$

   b. $7 - 6 = 1$ **e.** $2^4 = 16$

   c. $10 \cdot 5 = 50$

20 **COMPLETA** inserendo il segno di operazione.

   a. $10 \boxed{+} 2 = 12$ **c.** $10 \boxed{-} 2 = 8$

   b. $10 \boxed{\cdot} 2 = 20$ **d.** $10 \boxed{:} 2 = 5$

In ciascuno dei seguenti casi, in base alle informazioni fornite, imposta e risolvi l'operazione corrispondente.

21 Sottrazione con minuendo 89 e sottraendo 63; sottrazione con minuendo 18 e differenza 11; sottrazione con differenza 48 e sottraendo 29.

22 Divisione con dividendo 104 e quoziente 13; divisione con divisore 3 e quoziente 17; divisione con dividendo 105 e divisore 7.

23 Potenza con base 6 ed esponente 2; potenza con base 0 ed esponente 11; potenza con esponente 0 e base 13.

24 **VERO O FALSO?**

   a. Elevare alla terza potenza un numero equivale a moltiplicare quel numero per 3.   V ☒F

   b. Elevando a 0 un qualsiasi numero naturale, si ottiene 1.   ☒V F

   c. $(3 - 3)^0 = 1$ V ☒F

   d. $0^3 = 0$ ☒V F

   e. $4^2 = 2^4$ ☒V F

   f. $n^2 = 2^n$, con $n \in \mathbb{N}$.   V ☒F

Calcola le seguenti potenze.

25 2^7; 2^5; 3^4; 5^2; 5^3; 6^2; 2^6.

26 12^2; 4^3; 7^0; 13^2; 1^5; 2^{10}; 10^2.

27 Indica quali, tra i seguenti numeri, sono potenze di 5.

   1; ⑤; 10; 15; ㉕; 55; ⑫⑤; 225; 500; ⑥㉕

28 Tra i seguenti numeri, indica quali sono potenze di 2 e quali sono potenze di 4.

   1; ②; ④; 6; ⑧; 12; ⑯; 24; ㉔; 128; 400.

   Che cosa noti? _CHE I M. DI 4 SONO SEMPRE 2-- ANCHE 4-_

29 **VERO O FALSO?** Sia b un numero naturale.

   a. $0^0 = 1$ V ☒F

   b. $1^b = 1$ ☒V F

   c. $b^0 = 1$ se $b \neq 0$ ☒V F

   d. $1^0 = 1^b$ ☒V F

   e. $b^1 = b$ ☒V F

   f. $b^2 \geq b$ V ☒F

COMPLETA le seguenti espressioni.

30 $6 + \boxed{4} = 10$; $9 + \boxed{12} = 21$;

   $8 - \boxed{3} = 5$; $10 - \boxed{10} = 0$.

31 $\boxed{1} \cdot 15 = 15$; $10 \cdot \boxed{6} = 60$;

   $\boxed{0} \cdot 5 = 0$; $\boxed{0} \cdot 0 = 0$.

32 $\boxed{0} : 5 = 0$; $(\boxed{3} + 7) : 5 = 2$;

   $(\boxed{10} - 8) : 2 = 1$; $\boxed{144} : 12 = 3 \cdot 4$.

33 $(\boxed{8} - 1)^2 = 49$; $(\boxed{14} : 7)^5 = 4 \cdot 8$;

   $12^{\boxed{0}} = 1$; $2^{\boxed{3}} = 8$; $\boxed{6}^2 = 36$.

34 $(\boxed{0} : 3)^7 = 0$; $(\boxed{12} - 12)^3 = 0$;

   $(42 : 6)^{\boxed{0}} = 1$; $(3 + \boxed{2})^3 = 125$.

35 INVALSI 2006 Sono dati due numeri di due cifre *a*2 e 4*b* in cui *a* rappresenta la cifra delle decine del primo numero e *b* la cifra delle unità del secondo. Sapendo che $23 + 4b = a2$, quanto vale la somma di *a* e *b*?

A 15   B̶ 16   C 17   D 18

36 COMPLETA i quadrati magici in modo che la somma dei numeri in ogni riga, colonna e diagonale sia costante. Inserisci i numeri da 1 a 9 per il quadrato 3×3 e da 1 a 16 per quello 4×4.

6	1	8
7	5	3
2	9	4

16	3	2	13
5	10	11	8
9	6	7	12
4	15	14	1

37 La somma tra un numero e il suo successivo è 45. Trova i due numeri.

38 Scrivi tutte le coppie di numeri naturali la cui somma è 6.

39 Scrivi tutte le coppie di numeri naturali il cui prodotto è 44.

40 La somma tra due numeri pari consecutivi è 54. Trova i due numeri.

41 COMPLETA la stella magica in modo che nei cerchi compaiano i numeri da 1 a 12, ciascuno una sola volta, e che la somma dei numeri in quattro cerchi allineati in tutti i casi sia 26.

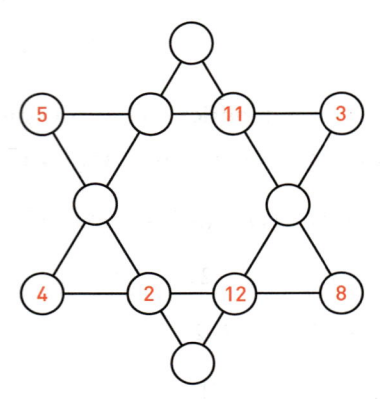

42 CHI HA RAGIONE? Marco: «Le coppie di numeri naturali la cui differenza è 2 sono molte: per scriverle tutte mi servirà una pagina di quaderno!». Sara: «Non credo ti basteranno tutti i quaderni del mondo…». Tu che cosa ne dici?

ESPRESSIONI   → Teoria a pagina **3**

43 YOU & MATHS Working backwards

  a. Write at least 3 expressions that, calculated, give 16.

  b. Now write 3 more expressions that give 16, making sure to use the structure $a \cdot (b \pm c) = 16$.

44 TEST Solo in una delle seguenti coppie di espressioni la differente posizione delle parentesi *non* influisce sul risultato. In quale?

A $5 \cdot (3 + 12 : 16)$; $5 \cdot 3 + 12 : 6$.

B $80 : 10 - 2^3$; $80 : (10 - 2^3)$.

C $14 : 2 + 3 \cdot 5 - 4$; $14 : 2 + (3 \cdot 5 - 4)$.

D $(2^5 + 4) : 4 - 2$; $2^5 + 4 : (4 - 2)$.

Semplifica le seguenti espressioni, osservando come i risultati cambiano in base alla posizione delle parentesi.

45 $22 + 48 - 6 \cdot 8 : 2$; $22 + (48 - 6) \cdot 8 : 2$; $22 + (48 - 6 \cdot 8) : 2$.   [46; 190; 22]

46 $2 \cdot 3^2 + 15 - 4 \cdot 3$; $2 \cdot (3^2 + 15) - 4 \cdot 3$; $(2 \cdot 3)^2 + 15 - 4 \cdot 3$.   [21; 36; 39]

47 $72 : 2 \cdot 3^2 + 1$; $72 : (2 \cdot 3)^2 + 1$; $72 : 2 \cdot 3^{(2+1)}$.   [325; 3; 972]

48 $168 : 2^3 + 6 : 3 - 2$; $168 : (2^3 + 6) : 3 - 2$; $(168 : 2^3 + 6) : (3 - 2)$.   [21; 2; 27]

Semplifichiamo l'espressione $\{[(15+16):3] \cdot (15-13) + 2^4\}:5 + 8^0$.

$\{[(15+6):3] \cdot (15-13) + 2^4\}:5 + 8^0 =$ ⟩ eseguiamo le operazioni nelle parentesi tonde e le potenze

$\{[21:3] \cdot 2 + 16\}:5 + 1 =$ ⟩ svolgiamo l'operazione nelle parentesi quadre

$\{7 \cdot 2 + 16\}:5 + 1 =$ ⟩ nelle graffe calcoliamo prima il prodotto, poi la somma

$30:5 + 1 =$ ⟩ eseguiamo la divisione e poi l'addizione

7

✓ **CHECKER** **Semplifica le seguenti espressioni.**

49 $[13-(7+2)]:2 + [10 - 3 \cdot (2+1) + 5]$ [8]

50 $\{(5+11):[17-(3+8+4)+2]+1\} \cdot 3$ [15]

51 $3 + (7-5) \cdot 4 - 2[(15-5):2-1]:(13-2 \cdot 5 + 1)$ [9]

52 $[(10-2):4 + 7 \cdot 2 - (2+8-3)]:(4+5) + (14-8):2$ [4]

53 $[12+(13-4):3]:[25-2 \cdot (15-4)] - (7 \cdot 2 - 10)$ [1]

54 $[(10-7+4):7] \cdot (5 \cdot 6) - (8-5) \cdot (4+10-6)$ [6]

55 $[(29+5):2+3]:2 - [(45-12):11+7]$ [0]

56 $1 + 5 \cdot [(17-2):3] - 15 \cdot (95:5-4-2 \cdot 7)$ [11]

57 $27 - \{(8 \cdot 3 - 4):5 + [19-6+3-4 \cdot (7-5)] \cdot 2 + 7\}$ [0]

58 $\{[3+(8-2+7-1):(28:7)] \cdot [(10-2+7):(27:9) - 3 + 1]\}:6$ [3]

59 $(2^0 + 1^0 \cdot 4) \cdot 2 + [2^3 + 21:3 - 4 \cdot 3 + (2 \cdot 5 - 7)]$ [16]

60 📱 **ESEMPIO DIGITALE** $[(5-2):3+2] \cdot [4-(3^2-9)] + [36:(1+11)-1]$

61 $24:\{[3 \cdot (3+2) - 14] \cdot [16:2+3-2 \cdot 5] + 2\}$ [8]

62 $(5 \cdot 4:10) - \{13 - 2 \cdot [(22:2-8) + (5+80:4) - 23]\}:(4 \cdot 3 - 63:7)$ [1]

63 $\{[(22-3 \cdot 7) + 5 \cdot 7]:18\} \cdot \{[(5+14:2) - 8] \cdot 5 - 7 + (42:3-11)\}$ [32]

64 $(2 \cdot 4 + 2 - 21:7) \cdot 5 + [7 \cdot (1+3):2 + 4 \cdot 2 + 8]:[36:(15-3) \cdot 2]$ [40]

65 $[(5 \cdot 6:2 + 18:3):(20:4 - 14:7)] \cdot \{2 \cdot 10:5 + [7-(8-3)]\}$ [42]

66 $(160-10) \cdot (5-3):[(15+6):(14:2)]:\{[12-2-(6+3)] \cdot [39:3-(15-4)]\}$ [50]

67 $12:3 + 7 \cdot 4 - 5 \cdot 2 + 2^3$ [30]

68 $3^2 + 125:5 - 18:6 + 4^2:2 - 1$ [38]

69 $7^2 + 10^2:2^2 - 7 \cdot 5 \cdot 2 - 3:1 + 5^2$ [26]

70 $127:127 + 39:13 + 128:2^4 - 3 \cdot 2^2$ [0]

71 $(2^3 \cdot 3^1 - 2):2 + (7^2 + 5^1):(3^2 - 3) - [6^2 + 5 - (6^2 + 2)]$ [17]

72 $\{2^3 \cdot (2^4 - 2^2) : 3 \cdot (5 - 3) - 7 - [(2 \cdot 3) \cdot (2^2 + 2) + 2]\} \cdot 2^2$ [76]

73 $[6^2 + 34 - (10 - 4) \cdot 5] : [7 + 5 \cdot 3^2 - 6 \cdot (8 - 2 \cdot 3)]$ [1]

74 $(3 \cdot 5 - 3^2) : 3 + 4^2 \cdot 5 - (81 : 27 + 2^2) \cdot (6^2 - 5^2)$ [5]

75 $7^2 - 2^3 \cdot \{2^2 + 5 - 2^2 \cdot [3^2 - 2^3 \cdot (5^2 - 3 \cdot 2^3)]\}$ [9]

76 $(8 + 10^2 : 5 : 2 - 10^2 : 25 \cdot 2) : 2 + 4^2 - 20 : 4 \cdot 3$ [6]

77 $\{[(21 : 3)^2 - 5 \cdot 2^3] : 3 + 2 \cdot 13 - 1\} : 2^2$ [7]

78 $1 + [3^2 - 7 \cdot (2^2 - 3)] : (5 \cdot 3 + 2^4 - 5^2 - 4) + (13 \cdot 3 + 1) : 8$ [7]

79 $[12 \cdot 3 - 2 - (7 - 5)] : (5^0 + 3) \cdot (3^2 - 7) - (2^2 + 11 \cdot 3 - 5^2)$ [4]

80 $\{[12 \cdot (3 - 1) + (2^3 \cdot 3^1 - 10) : 7] : (11^0 + 2 \cdot 6)\} - [3 - (3 \cdot 2^1 - 2^0 \cdot 3)]$ [2]

81 📱 **ESEMPIO DIGITALE** $3 + 12 \cdot (4^2 - 3^2) + 2^4 \cdot (2^3 - 8)^3 - 2^2 \cdot [(5^2 - 8 \cdot 3)^2 + 3^2 \cdot 2]$

82 $28 + 100 : \{[3 \cdot 2 + 64 : (64 : 8 : 2)^2] : 5 + (3^4 : 27) \cdot 2^4\}$ [30]

83 $[2^3 \cdot 3^2 - (5^2 + 7 \cdot 5) : 2] : 3 - [(9 \cdot 3 - 2^4 : 2) \cdot 2 - 30]$ [6]

84 $\{[(7^2 - 3^2) : 10 - 2] \cdot 8 + 3^3 \cdot 2^2 : 6\} : (4^2 + 1)$ [2]

85 $\{[(42 : 3 : 2 + 35 : 5 \cdot 2) : 3 + 25 \cdot 3 : 5 - 8] : 2\}^2 - 19 \cdot 2$ [11]

86 $\{[(5^0 + 3 \cdot 2^3) : 5]^2 + 6^2 : 4 : 3 - 12^2 : 9\} : 6 \cdot 2 \cdot 7^0 - 1$ [3]

87 $\{15 \cdot \{[7 \cdot 8 - (12 : 3)^2 - 2^4 \cdot 3^2 + 2^3 \cdot 3^4]^0\}^5 : 5 \cdot 4 + 2 \cdot 3^2\} : 6$ [5]

88 $\{[4^3 - (2 \cdot 5^2) - 8]^2 + (18 : 6 \cdot 4)^2\} : (3^0 + 3 \cdot 5 + 80 : 8 \cdot 2)$ [5]

89 $\{[3^2 + (2^2 - 1)^3 - (17 - 2) : 3] \cdot 2\} : 6^0 + (24 \cdot 2 - 6^2)^2 : 3^2 - 4^3 - 2^2 \cdot 3$ [2]

90 $[12 + (3^2 - 1)^2] : \{[29 - (5^3 - 10^2) + (6 + 2 \cdot 5)^2] : (2^2 \cdot 5) - 11\}^2 - (2 \cdot 3^2 + 1)$ [0]

Dalle parole ai simboli

91 📱 **INVALSI 2011** Qual è l'espressione numerica che corrisponde alla frase: «Al 3 aggiungi il prodotto di 5 e 9, poi dividi per 6 e quindi sottrai 2»?

A $[3 + (4 + 9)] : (6 + 2)$

B $3 + 5 \cdot 9 : 6 - 2$

C $3 \cdot (5 + 9) : 6 - 2$

D $(3 + 5 \cdot 9) : 6 - 2$

> **ESEMPIO**
>
> Traduciamo la seguente frase in espressione e calcoliamone il valore:
> «Dividi per 6 la differenza tra 28 e il quadrato di 2».
>
> «Dividi per 6 la differenza… → $(\dots - \dots) : 6$
>
> …tra 28… → $(28 - \dots) : 6$
>
> …e il quadrato di 2» → $(28 - 2^2) : 6$
>
> Semplifichiamo l'espressione ottenuta: $(28 - 2^2) : 6 = (28 - 4) : 6 = 24 : 6 = 4$.

Traduci le seguenti frasi in espressioni e calcolane il valore.

92 Sottrai a 15 il rapporto tra 20 e 4. [10]

93 Somma a 2 il prodotto tra 8 e 4. [34]

94 Somma il rapporto tra 16 e 2 con il prodotto tra 5 e 4. [28]

95 Moltiplica per 5 la differenza tra 8 e 6. Somma al risultato il prodotto tra 2 e 4. [18]

96 Moltiplica per 2 il prodotto tra la differenza tra 5 e 4 e il doppio di 6. Dividi il risultato per 8. [3]

97 Somma 5 alla metà del rapporto tra 44 e il doppio di 11. [6]

98 Aggiungi il quadrato di 2 alla somma del cubo di 3 con 5. Dividi poi il risultato per il quadrato di 6. [1]

99 Dividi il cubo della differenza tra 15 e 11 per il quadrato della somma tra il quadrato e il doppio di 2. [1]

100 Somma 2 al doppio prodotto tra la somma tra 5 e 4 e la differenza tra 8 e 5. Dividi il risultato per il prodotto tra 4 e 7 ed eleva l'espressione ottenuta alla quinta potenza. [32]

101 Somma 5 alla differenza tra 15 e 10. Eleva il risultato alla quarta potenza e poi dividilo per il quadrato del doppio di 10. [25]

Dai simboli alle parole

ESEMPIO

Traduciamo in parole l'espressione: $1 + 8 : (14 - 4 \cdot 3)^3$.

$1 + \dots$	$\rightarrow$	«Somma a 1…
$1 + 8 : (\dots - \dots)^3$	$\rightarrow$	…il rapporto tra 8 e il cubo della differenza…
$1 + 8 : (14 - \dots)^3$	$\rightarrow$	…tra 14…
$1 + 8 : (14 - 4 \cdot 3)^3$	$\rightarrow$	…e il prodotto tra 4 e 3»

Traduci in parole le seguenti espressioni.

102 $2 + 3 \cdot 5$

103 $16 - 15 : 3$

104 $25 : 5 + 2^2 \cdot 5$

105 $(15 : 5 + 3^2) : 6$

106 $(15 - 2^3) \cdot 2 + 2$

107 $11 - (3 + 2 \cdot 5 + 2) : 5$

108 $20 - [23 - 2 \cdot 3^2]$

109 $[5 + (2 \cdot 3)^2 : 12]^2$

110 $(8^2 \cdot 2^3)^2 - (2^8 \cdot 3^2)^2$

Diagrammi ad albero

ESEMPIO

Scriviamo l'espressione relativa al diagramma ad albero e calcoliamone il valore.

Il diagramma si legge dal basso verso l'alto: va eseguita prima l'addizione fra 8 e 4; la somma va divisa per 3 e il risultato va moltiplicato per 2.
Traducendo in espressione, otteniamo:

$[(8 + 4) : 3] \cdot 2$.

Semplifichiamo l'espressione: $[(8 + 4) : 3] \cdot 2 = (12 : 3) \cdot 2 = 4 \cdot 2 = 8$.

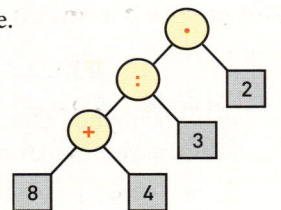

Scrivi e semplifica le espressioni relative ai seguenti diagrammi ad albero.

111

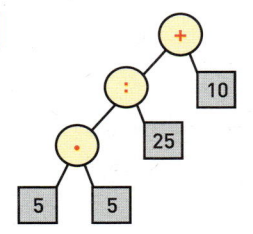

[11]

112

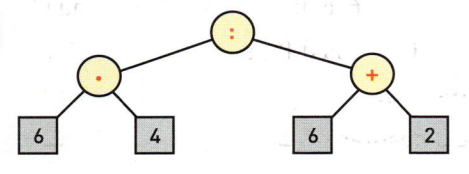

[3]

113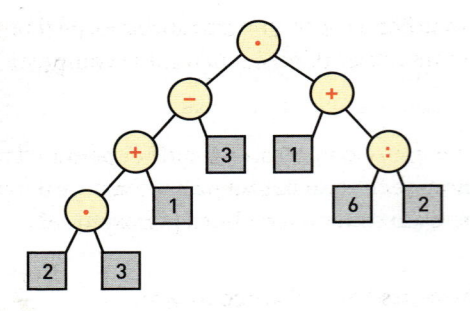

[16]

115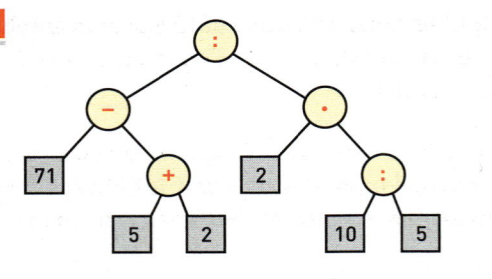

[16]

114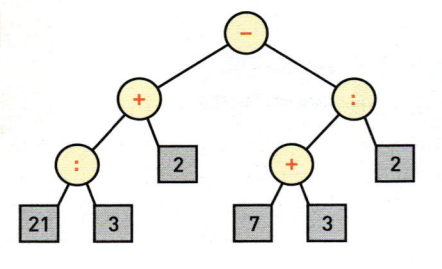

[4]

116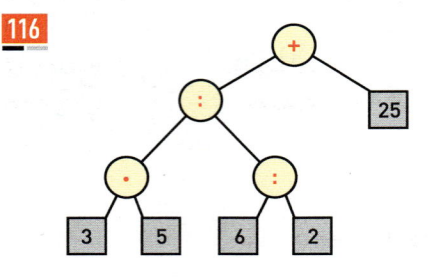

[30]

IN FORMA GRAFICA Traduci in un diagramma ad albero le seguenti espressioni e semplificale.

117 $(18 - 6) : 4$

118 $[26 : (2 \cdot 4 + 5)]$

119 $7 \cdot (6 - 2 \cdot 3) + 7 \cdot 2$

120 $[(7 \cdot 6 - 2) \cdot 3 + 7] \cdot 2$

121 $(5 - 1) \cdot 2 - (16 + 4) : (9 \cdot 2 + 2)$

122 $[24 : 6 + (5 + 3) : 4] - 1$

Problemi INTORNO A NOI

ESEMPIO

Scriviamo l'espressione che permette di risolvere il problema: «Sandro ha 2 banconote da € 5 e 4 monete da € 2. Si ferma a pranzare e compra 2 tranci di pizza da € 2 ciascuno e una bottiglietta d'acqua da € 1. Nel pagare si accorge di avere in tasca anche altre tre monete da € 1. Quanto denaro resta a Sandro?».

$$\underset{\substack{\text{2 banconote}\\\text{da € 5}}}{2 \cdot 5} + \underset{\substack{\text{4 monete}\\\text{da € 2}}}{4 \cdot 2} \overset{\text{spende}}{-} \underset{\substack{\text{2 tranci}\\\text{da € 2}}}{2 \cdot 2} - \underset{\substack{\text{bottiglietta}\\\text{da € 1}}}{1} \overset{\text{trova}}{+} \underset{\substack{\text{3 monete}\\\text{da € 1}}}{3 \cdot 1}$$

Semplifichiamo l'espressione: $2 \cdot 5 + 4 \cdot 2 - 2 \cdot 2 - 1 + 3 \cdot 1 = 10 + 8 - 4 - 1 + 3 = 16$.
A Sandro restano 16 euro.

Risolvi i seguenti problemi scrivendo un'espressione e semplificandola.

123 Una pasticceria vende dei deliziosi amaretti ripieni in confezioni da tre. Quanti amaretti ha venduto in una giornata, considerando i dati in figura?

[51]

inizio giornata: 243 amaretti

fine giornata: 64 confezioni

124 Ogni settimana Cristina fa 12 viaggi in autobus su un percorso urbano e 4 su uno extraurbano. Se il biglietto urbano costa € 1 e quello extraurbano € 2, quanto spende in un mese? (Considera il mese composto da 4 settimane.)

[€ 80]

125 **Luca si organizza…** Luca è in vacanza. Sa che tra un'ora deve uscire con gli amici, quindi pensa: «Ho un sacco di tempo! Posso giocare ai videogiochi per 40 minuti, suonare il basso per un po', consultare un social network per 5 minuti. Poi farò la doccia in 3 minuti e uscirò». Quanto tempo ha Luca per suonare?

126 Giorgio parte per un'escursione, con la sua borraccia da un litro, assieme all'amico Marco. In base alle seguenti informazioni, quanta acqua rimane nella borraccia di Giorgio? [40 cL]

| 80 cL iniziali | beve metà acqua | aggiunge 60 cL a una fontana | beve 20 cL | cede metà acqua a Marco |

Lettere e numeri

> **ESEMPIO**
>
> Calcoliamo il valore dell'espressione letterale $(4a - a^2)^{b-1} \cdot (2b - 3a)$ quando $a = 3$ e $b = 5$.
>
> $(4a - a^2)^{b-1} \cdot (2b - 3a)$ → $(4 \cdot 3 - 3^2)^{5-1} \cdot (2 \cdot 5 - 3 \cdot 3) = (12 - 9)^4 \cdot (10 - 9) = 3^4 \cdot 1 = 81$
>
> sostituiamo 3 ad a e 5 a b — semplifichiamo l'espressione

Per ciascuna delle seguenti espressioni calcola il valore che si ottiene sostituendo alle lettere i numeri indicati.

127 $3ab - 2a^2 : (b + 1)$; $\quad a = 2, b = 3$. [16]

128 $(3a)^b + a : (3 + b)$; $\quad a = 12, b = 0$. [5]

129 $a \cdot 4b^2 - 5^{b+2} : a$; $\quad a = 25, b = 1$. [95]

130 $3b^2 : (a^2 - 1) + (3b - 5a - 2)^2 : (b - a)$; $\quad a = 2, b = 5$. [28]

Dalle parole ai simboli

> **ESEMPIO**
>
> Scriviamo la frase seguente in simboli e calcoliamone il valore per $a = 3$ e $b = 2$.
> «Moltiplica la somma tra a e il doppio di b per il successivo del quadrato di a.»
>
> «Moltiplica la somma… → $(\ldots + \ldots) \cdot \ldots$
>
> …tra a e il doppio di b… → $(a + 2 \cdot b) \cdot \ldots$
>
> …per il successivo… → $(a + 2 \cdot b) \cdot (\ldots + 1)$
>
> …del quadrato di a» → $(a + 2 \cdot b) \cdot (a^2 + 1)$
>
> Sostituiamo i valori $a = 3$ e $b = 2$: $(a + 2 \cdot b) \cdot (a^2 + 1) \rightarrow (3 + 2 \cdot 2) \cdot (3^2 + 1)$.
>
> Semplifichiamo l'espressione: $(3 + 2 \cdot 2) \cdot (3^2 + 1) = (3 + 4) \cdot (9 + 1) = 7 \cdot 10 = 70$.

Scrivi in forma simbolica le frasi seguenti e poi calcolane il valore per i numeri indicati.

131 Sottrai al doppio di n la sua quarta parte; $n = 20$, $n = 28$. [35; 49]

132 Aggiungi al quadruplo di a il quintuplo di b; $a = 6$ e $b = 10$, $a = 5$ e $b = 2$. [74; 30]

133 Sottrai il triplo di x dalla terza parte di y; $x = 2$ e $y = 30$, $x = 1$ e $y = 15$. [4; 2]

134 Dividi la somma tra s e t per il successivo di t; $s = 5$ e $t = 3$, $s = 1$ e $t = 9$. [2; 1]

135 A b aumentato di 2 aggiungi la differenza dei cubi di c e b; $c = 2$ e $b = 0$, $c = 4$ e $b = 3$. [10; 42]

136 Dividi la somma tra x e y per la differenza dei quadrati di y e x; $x = 2$ e $y = 3$, $x = 4$ e $y = 5$. [1; 1]

137 Al quadruplo di x sottrai la differenza tra x e y aumentata di 2; $x = 8$ e $y = 2$, $x = 10$ e $y = 8$. [24; 36]

138 ☐ **ESEMPIO DIGITALE** Moltiplica il quadrato della differenza tra a e b per la differenza dei quadrati di a e b diminuita di 2; $a = 5$ e $b = 4$, $a = 6$ e $b = 3$.

139 Moltiplica il prodotto di a e b per il rapporto tra il triplo di a e la metà di b; $a = 2$ e $b = 4$, $a = 1$ e $b = 6$. [24; 6]

140 Sottrai al triplo prodotto tra a e il suo successivo il quadrato di x; $a = 2$ e $x = 4$, $a = 5$ e $x = 5$. [2; 65]

141 Dividi il prodotto tra a e il doppio di b per la somma tra a e il triplo di b; $a = 11$ e $b = 0$, $a = 2$ e $b = 2$. [0; 1]

142 Eleva al quadrato la differenza tra il triplo di x e il successivo del doppio di y; $x = 2$ e $y = 1$, $x = 3$ e $y = 4$. [9; 0]

Dai simboli alle parole

Per ogni espressione scrivi la frase che la descrive.

143 ☐ **ESEMPIO DIGITALE** $a^3 \cdot (3b + 1)$

144 $(n + 1)^2$; $[a(a - 1)]^3$.

145 $2xy - y^3 : 3$; $3a : 4b + 1$.

146 $(a^3 + x^3)^2$; $(a^2 - b^2) : 2$.

Dall'immagine ai simboli

ESEMPIO

Scriviamo l'espressione letterale che corrisponde alla misura dell'area colorata e calcoliamone il valore per $a = 27$, $b = 9$, $c = 18$, $d = 6$.

$$[(a + b) \cdot (c + d)] : 2 - (a \cdot c) : 2 \quad \rightarrow \quad [(27 + 9) \cdot (18 + 6)] : 2 - (27 \cdot 18) : 2$$

area (ABC)   area (ADE) $a = 27$, $b = 9$, $c = 18$, $d = 6$

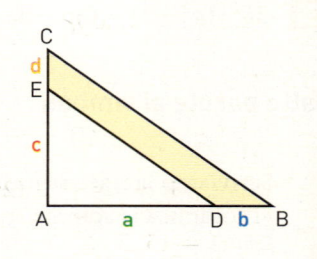

Calcoliamo il valore dell'espressione ottenuta:

$$[(27 + 9)(18 + 6)] : 2 - (27 \cdot 18) : 2 = [36 \cdot 24] : 2 - 486 : 2 = 432 - 243 = 189.$$

Scrivi l'espressione letterale che corrisponde alla grandezza richiesta e calcolane il valore per i numeri indicati.

147

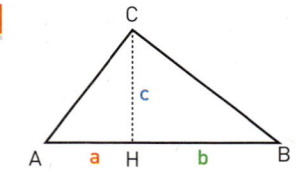

area (ABC)?
area (HBC)?
$a = 3$, $b = 5$, $c = 4$. [16; 10]

148

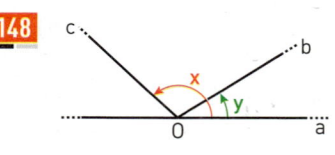

$c\widehat{O}b$?
$\widehat{x} = 145°$, $\widehat{y} = 32°$. [113]

149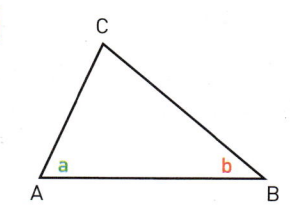

$\widehat{C}$?
$\widehat{a} = 66°, \widehat{b} = 41°.$

[73]

150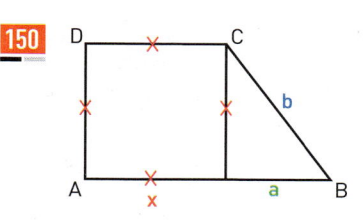

perimetro $(ABCD)$?
area $(ABCD)$?
$x = 4, a = 3, b = 5.$
[20; 22]

2. PROPRIETÀ DELLE OPERAZIONI → Teoria a pagina 4

Operazioni interne in un insieme

151 **VERO O FALSO?** Considera un numero naturale a diverso da 0.

a. $0 - a$ è un numero naturale.   V [F]̸

b. 0 è l'elemento neutro della moltiplicazione.   V [F]̸

c. $a - a = 0.$ [V]̸ F

d. $1 \cdot a = a \cdot 1 = a.$ [V]̸ F

e. $0 : a$ è impossibile.   V [F]̸

f. $a : a = a.$ V [F]̸

g. a^a è un numero naturale.   [V]̸ F

152 **COMPLETA** inserendo il numero corretto ($a, b \in \mathbb{N}$).

a. $0 \cdot 5 = \boxed{0}$; $\boxed{1} \cdot 13 = 13$; $6 + \boxed{0} = 6$; $0 + \boxed{15} = 15.$

b. Se $a \cdot 2 = 0$, allora $a = \boxed{0}$.

c. Se $a \cdot b = 0$ e $a = 7$, allora $b = \boxed{0}$.

d. Se $a = 0$, allora $a \cdot b = \boxed{0}$.

Proprietà delle operazioni

153 **INVALSI 2004** Siano m e n due numeri naturali diversi da zero. Se si scambia m con n, quale delle seguenti espressioni modifica il proprio valore?

[A] $m + n$ [B] $m \cdot n$ [X]̸ m^n [D] $m^0 - n^0$

Indica quali proprietà delle operazioni sono state applicate nelle seguenti uguaglianze.

154 $36 + 19 = 19 + 36$ COMMUTATIVA ADDIZIONE

155 $2 \cdot 5 + 1 = 1 + 5 \cdot 2$ COMMUTATIVA. MOLT.

156 $23 - 5 = (23 - 3) - (5 - 3)$ INV. SOTTRAZIONE

157 $(13 + 25) + 3 = 13 + (25 + 3)$ ASS. ADDIZIONE

158 $3 \cdot 15 = 15 \cdot 3$ COMMUTATIVA MOLTIPLICAZIONE

159 $(5 + 1) + 8 = 5 + 9$

160 $(12 + 7) + 4 = 4 + (12 + 7)$

161 $16 \cdot (2 + 5) = (2 + 5) \cdot 16$

162 $(18 + 3) : 3 = 18 : 3 + 3 : 3$

163 $23 + (15 + 2) = (23 + 15) + 2$

164 $100 : 20 = (100 : 10) : (20 : 10)$

165 $(45 - 15) : 3 = 45 : 3 - 15 : 3$

166 $22 \cdot (5 + 4) = 22 \cdot 5 + 22 \cdot 4$

167 $(12 \cdot 4) \cdot 25 = 12 \cdot (4 \cdot 25)$

168 $(18 + 4) \cdot 2 = 18 \cdot 2 + 4 \cdot 2$

169 $88 - 3 \cdot 5 = 88 - 5 \cdot 3$ COMMUTATIVA MOLT.

170 $81 - 74 = (81 - 1) - (74 - 1)$ INV. DELLA. SOTTR.

171 $(6 \cdot 13) : (3 \cdot 13) = 6 : 3$ INV. DELLA DIVISIONE

172 $3 \cdot 14 + 3 \cdot 5 = 3 \cdot (14 + 5)$ DISTRIBUTIVA DELLA MOLTIPLICAZIONE RISP. ALLA ADDIZIONE

173 $11 \cdot 3 \cdot 5 = 11 \cdot 15$ ASS. DELLA MOLT.

174 $19 - 6 = 20 - 7$ INV. DELLA SOTTRAZIONE

175 $400 : 20 = 40 : 2$ INV. DELLA DIVISIONE

1 NUMERI NATURALI

176 VERO O FALSO?

a. $(7 + 11) \cdot 3 = 11 \cdot 3 + 7 \cdot 3$ — V F

b. $30 : (2 + 3) = 30 : 2 + 30 : 3$ — V F

c. $20 - 15 = (20 : 5) - (15 : 5)$ — V F

d. $14 + (1 + 6) = (14 + 1) + (14 + 6)$ — V F

e. $25 + 2 \cdot 6 = 6 \cdot 2 + 25$ — V F

177 TEST Una delle seguenti uguaglianze è *falsa* (non è stata applicata correttamente la proprietà invariantiva). Quale? Motiva la risposta.

A $10 - 8 = 12 - 10$

B $80 : 4 = 40 : 2$

C $60 : 4 = 64 : 8$

D $150 : 25 = 600 : 100$

178 AL VOLO Calcola nel modo più veloce possibile il risultato delle seguenti operazioni, indicando quali proprietà delle operazioni applichi.

a. $38 + 11 + 16 + 21$; $22 \cdot 25$.

b. $55 \cdot 57 + 57 \cdot 23 + 57 \cdot 22$; $21100 : 25$.

c. $28 \cdot 50$; $20 \cdot 67 \cdot 5$.

d. $143 - 15$; $40 \cdot 12 \cdot 50$.

179 COMPLETA le seguenti uguaglianze e indica la proprietà applicata.

a. $16 - 7 = (\underline{} - 6) - (7 - \underline{})$.

b. $13 \cdot \underline{} \cdot 4 = \underline{} \cdot (5 \cdot \underline{})$.

c. $\underline{} \cdot (5 + 8) = 11 \cdot \underline{} + 11 \cdot \underline{}$.

d. $5 \cdot \underline{} + 5 \cdot 18 = \underline{} \cdot (2 + \underline{})$.

e. $(11 + 6) + \underline{} = \underline{} + (6 + 44)$.

180 CACCIA ALL'ERRORE a. $1750 : 25 : 5 = 1750 : 5 = 350$; b. $(16 \cdot 4) : 2 = (16 : 2) \cdot (4 : 2) = 8 \cdot 2 = 16$;
c. $5 \cdot (3 \cdot 2) = (5 \cdot 3) \cdot (5 \cdot 2) = 15 \cdot 10 = 150$; d. $30 : (3 + 2) = 30 : 3 + 30 : 2 = 10 + 15 = 25$.

Divisione con resto

Determina quoziente e resto delle seguenti divisioni.

181 $15 : 2$; $34 : 5$; $37 : 11$.

182 $102 : 10$; $156 : 13$; $335 : 25$.

183 COMPLETA la seguente tabella inserendo il numero opportuno.

Dividendo	Divisore	Quoziente	Resto
46	4		
	6	5	2
202		15	7
567		25	17

184 VERO O FALSO? Se $x : y = 5$ con resto 3, allora:

a. $5 \cdot x + 3 = y$. — V F

b. $5 \cdot y + 3 = x$. — V F

c. anche $(x \cdot 2) : (y \cdot 2) = 5$ con resto 3. — V F

d. $(x \cdot 4) : (y \cdot 4) = 5$ con resto 7. — V F

e. $(x : 3) : (y : 3) = 5$ con resto 1. — V F

f. $(x + 5) : (y + 5) = 5$ con resto 8. — V F

Criteri di divisibilità

Stabilisci quali dei seguenti numeri sono divisibili per il numero indicato a fianco.

185 166, 720, 2871, 3974, 4516. 2

186 2153, 3927, 4128, 4949, 6216. 3

187 1964, 2268, 3302, 5376, 5849. 4

188 1036, 1215, 1373, 1442, 2545. 5

189 1560, 2475, 3283, 5554, 5733. 9

190 1151, 2022, 3234, 4481, 5786. 11

191 1020, 2200, 3025, 4330, 5156. 25

192 Stabilisci se i numeri 396, 999, 2028, 3950 sono divisibili per 2, 3, 4, 5, 9, 11, 25.

193 **INTORNO A NOI** Manuel è un po' distratto e, mentre fa i compiti, cancella in un'espressione una cifra scritta male, ma dimentica di riscriverla. Il giorno dopo si accorge della dimenticanza, ma non ricorda la cifra mancante; ricorda solo che il risultato dell'addizione è divisibile per 9. Aiuta Manuel trovando la cifra.

$11 \circledast 5 + 132$

3. PROPRIETÀ DELLE POTENZE → Teoria a pagina **8**

194 **TEST** $(2 \cdot 5^2 \cdot 3^3)^3 =$

A $6 \cdot 5^5 \cdot 3^6$

B $2 \cdot 5^6 \cdot 3^9$

C $8 \cdot 5^6 \cdot 3^9$

D $8 \cdot 5^5 \cdot 3^6$

195 **INVALSI 2006** Quale delle seguenti espressioni rappresenta il doppio di 2^{16}?

A 2^{17} B 2^{32} C 4^{16} D 4^{32}

196 **INVALSI 2012** La decima parte di 10^{20} è:

A 10^{10}. B 1^{20}. C 100. D 10^{19}.

197 **TEST** Qual è il quadruplo di 2^{30}?

A 2^{120} B 2^{60} C 2^{34} D 2^{32}

198 **TEST** La quarta parte del cubo di 4 è:

A 16. B 4^4. C 4. D 4^3.

Calcola il risultato delle seguenti espressioni, indicando le proprietà delle potenze utilizzate.

199 $15^4 : 5^4$; $\quad 2^2 \cdot 2^4$.

200 $7^{14} : 7^{12}$; $\quad 2^3 \cdot 3^3$.

201 $(4^2)^3 : 4^4$; $\quad (4^2)^3 : (2^3)^2$.

202 $(8^3)^2 : 4^6$; $\quad (5^2)^2 \cdot 2^4$.

203 $(11^5 : 11^4)^2$; $\quad [(2^{11})^0]^3$.

204 $(5 \cdot 5^6)^2 : (5^2 \cdot 5^4)^2$; $\quad (13^3)^4 : 13^{10}$.

205 $(9^4 \cdot 10^4) : (90 \cdot 90^2)$; $\quad [3^4 \cdot (3^2)^3]^3 : [(3^5)^2]^3$.

206 $(5^{400} : 5^{300}) : [(5^{25})^2]^2 \cdot 5$; $\quad [(3^{11} \cdot 3^9) : 3^{19}]^2$.

207 $(6^{12} : 6^{10})^5 : (6^2 \cdot 6^3)^2$; $\quad (10^3 : 10) \cdot [(10^2)^3 : 10^5]$.

208 $(2^2 \cdot 7^2) : [14^5 : (28^4 : 2^4)]$; $\quad 4^5 \cdot 25^5 : 5^5 : 20^5$.

COMPLETA **le seguenti uguaglianze.**

209 $5^8 \cdot 5^{\square} = 5^{16}$; $\quad 7^7 \cdot {\square}^7 = 14^7$.

210 $4^6 \cdot \square = 4^9$; $\quad (6^{\square})^3 = 6^6$.

211 $10^5 : \square^5 = 2^5$; $\quad 20^{\square} : 20^{15} = 20^{11}$.

212 $12^5 \cdot 12^{\square} = 12^5$; $\quad [(2^5)^{\square}]^3 = 2^{30}$.

213 $9^{12} : 9^{\square} = 1$; $\quad 8^4 : {\square}^4 = 8^4$.

214 ${\square}^7 : 5^7 = 7^7$; $\quad {\square}^{30} \cdot 11^{30} = 33^{30}$.

215 $21^3 : {\square} = 3^3$; $\quad 8^2 \cdot 4^2 \cdot {\square}^2 = 64^2$.

216 **VERO O FALSO?**

a. $8^3 : 2^3 = 4^3$ V F

b. $5^3 \cdot 2^3 = 10^6$ V F

c. $[(3^2)^0]^4 = 0$ V F

d. $6^2 \cdot 6^6 = 6^8$ V F

e. $10^3 - 10^2 = 10$ V F

217 **CACCIA ALL'ERRORE**

a. $5^3 + 5^4 = 5^7$

b. $8^{10} : 8^2 = 8^5$

c. $(6^5)^2 = 6^7$

d. $7^3 \cdot 2^3 = 14^9$

e. $13^2 \cdot 13^0 \cdot 13^4 = 1$

f. $3^{12} - 3^2 \cdot 3^5 \cdot 3^4 = 3$

TEST $(n \in \mathbb{N})$

218 $7 \cdot 7^n =$

A 7^n B 7^{n+1} C 1 D 7

219 $(8^2)^n =$

A 8^{2+n} B 8^{2^n} C $8^{2 \cdot n}$ D 8^{n^2}

220 $3^5 \cdot n^5 =$

A $(3 \cdot n)^{25}$

B $(3 \cdot n)^{10}$

C $(3 \cdot n)^5$

D $(3 \cdot n)^0$

221 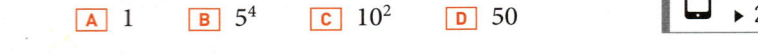 **INVALSI 2005** $2^3 + 2^6 =$

   A 2^9 B 2^{18} C 4^9 D $9 \cdot 2^3$

Considera a, b, c numeri naturali. Indica quali proprietà delle operazioni e delle potenze giustificano le seguenti uguaglianze. Verifica poi ciascuna di esse per i valori indicati a fianco.

222 $a^4 : a^2 = a^2$; $a = 2$.

223 $(a^b)^c = a^{bc}$; $a = 2, b = 3, c = 2$.

224 $a^2 : b^2 = (a^2 \cdot c) : (b^2 \cdot c)$; $a = 3, b = 6, c = 2$.

225 $a^2 \cdot a^b \cdot a^3 = a^{5+b}$; $a = 2, b = 3$.

226 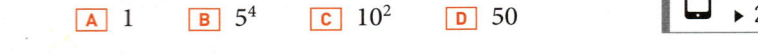 **INVALSI 2006** $(5^9 : 5^4) : 5^3 + 5^2 =$

   A 1   B 5^4 C 10^2 D 50

MATEMATICA INTORNO A NOI

Scambio libri

Anna, Bianca e Carla organizzano una catena di scambio libri...

▸ Problema e risoluzione.
▸ 2 esercizi in più.

✓ **CHECKER** Semplifica le seguenti espressioni applicando le proprietà delle potenze.

227 $2^2 \cdot 2^3 - 2^4 : 2^2 + 2^1$ [30]

228 $5^7 : 5^4 - 5^2 \cdot 5^0 - 10^2$ [0]

229 $(3^5 \cdot 3^2) : 3^4 + 3^2 \cdot 3^0 - 3^7 : 3^4$ [9]

230 $(5 \cdot 5^2)^3 : 5^7 \cdot 5^0 - 5^4 : 5^2$ [0]

231 $(3^2 \cdot 7^3)^0 + (6^3)^2 : 6^4 - 3^3$ [10]

232 $(2^6 : 2^4) \cdot 2^3 - (5^3 : 5^3) \cdot (3^2 \cdot 3)$ [5]

233 $[(6^4 : 3^4)^2 : (14^2 : 7^2)^3]^2$ [16]

234 $[(3^3 + 3^0) : 7 + 2^4]^2 : 10^2$ [4]

235 $(3^5 \cdot 2^5) : 6^3 : (2 \cdot 2^3 : 2^2)$ [9]

236 $[(2^6 : 2^5)^3 : 2^2 \cdot 2^4 - 2] : (3 \cdot 5)$ [2]

237 $[(2+1)^4 \cdot 2^7 \cdot 3^3] : (6^{10} : 6^8)^3 - 6$ [0]

238 $(3^3)^6 : (3^3)^2 \cdot [(3^2)^7 : (3^4)^2] : (3^3)^5$ [27]

239 $5^3 \cdot [(5^2)^4 : 5] : [(5^2)^3 \cdot (5^2)^2]$ [1]

240 $[(2^3)^3]^3 : \{[(4^2)^3]^2 : 4\}$ [32]

241 $[(2^2)^3]^2 : [(2^5 \cdot 2^5) : (2^4 \cdot 2^0)] - 8^2$ [0]

242 $[(4^3 + 6^2) : (5^6 : 5^3 : 5) + (2 \cdot 3^3 - 7^2)]^2$ [81]

243 $\{[(8^2 \cdot 4^3) : (2^3)^3] : (32^2 : 8^3)\} : (8^4 : 4^3 : 2^5)$ [2]

244 $(3^2 - 2^2) \cdot (25^2 : 5^3) + 14^3 : 7^3 : 2 : 4$ [26]

245 $(3^2)^5 : 3^8 \cdot 3 - [(5^2)^5 : 5^8 : 5]^2 + 3[(5^4 : 5)^0]^5$ [5]

246 $\{7^5 \cdot 7^3 : 7^6 + [2^0 + (3^2)^3 - 3^5 \cdot 3]^5\}^3 : 25^3$ [8]

---

247 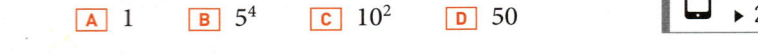 **ESEMPIO DIGITALE** $64^4 : (2^2 \cdot 4^2)^3 - [(12^5 : 3^5) \cdot 4] : 16^2$

248 $(5^2 : 5)^2 - [2^0 \cdot (8^3 : 4^2) - (4 \cdot 7 - 5^2) \cdot (3^4 : 3^3)]$ [2]

249 **AL VOLO** $(5^3 \cdot 5 \cdot 5^{10} \cdot 5^{12} \cdot 5^6) : (5^8 \cdot 5^{10} \cdot 5^{12}) + [(18^7)^2 : 18^3]^0$ [26]

250 $3^2 + 6^2 : 3^2 - (4 + 2^3) : \{5 - [(5^3)^2]^0 + 14^3 : 7^3\}$ [12]

251 $(25 \cdot 5^3)^4 : [(10^3 : 2^3)^3]^2 \cdot 5^4 - (15^3)^2 : [(4^2 - 13)^2]^3$ [0]

252 $\{[(3^2 + 9^2) : 3^2]^3 \cdot 10^2\} : \{[(4^3)^4 : (4^2)^5 - 11]^1\}^5 - 18^0$ [31]

253 $[(13^4 : 13^2 - 10^2 + 1) : 7 - 7]^2 + [(13^3 \cdot 13^2)^0]^3 \cdot \{[(13 + 7) : 10]^2\}^2$ [25]

254 $9^4 : 3^4 - \{[(3^2 \cdot 2 - 7)^3 : 11] : [2^2 \cdot 6^2 - (5^2 \cdot 2^2 + 3 \cdot 11)]\}$ [70]

255 $[(5^{12} : 5^7 : 5^3) \cdot (2^{15} : 4^5 : 2^2) : 10^2] \cdot \{7^{30} : [(7^2)^3]^4 : 49^2 - 10 \cdot 7 : 2\}$ [28]

Traduci le seguenti frasi in simboli e semplifica le espressioni applicando le proprietà delle potenze.

256 Dividi il prodotto tra il quadrato e il cubo di 25 per la quinta potenza di 5. $[5^5]$

257 Somma al doppio del quadrato di 2 la metà del rapporto tra il quadrato del cubo di 2 e 32. $[9]$

4. MULTIPLI, DIVISORI, MCD, mcm ➔ Teoria a pagina 10

Multipli e divisori

258 TEST **L'intrusa** Le seguenti espressioni riguardanti due numeri naturali a e b sono tutte tra loro equivalenti tranne una. Quale?

- A «a è multiplo di b».
- B «a divide b».
- C «b divide a».
- D «b è divisore di a».
- E «a è divisibile per b».

259 VERO O FALSO?

- **a.** Ogni numero diverso da 0 è divisore di 0. V F
- **b.** 0 non è divisore di nessun numero. V F
- **c.** I numeri multipli di 12 sono divisibili per 2 e per 3. V F
- **d.** Se un numero è multiplo di 7, allora è dispari. V F

260 VERO O FALSO?

- **a.** Se un numero è divisibile per 9, lo è anche per 3. V F
- **b.** Se un numero è divisibile per 4 e per 9, lo è anche per 18. V F
- **c.** Se un numero è divisibile per 2, i suoi multipli sono divisibili per 4. V F
- **d.** Se un numero è multiplo di 2 e di 4, allora è divisibile per 8. V F
- **e.** Un numero pari multiplo di 3 è divisibile per 6. V F

261 Scrivi tutti i divisori dei seguenti numeri.

| *16* | *25* | *34* | *66* |

262 Scrivi i primi cinque multipli dei seguenti numeri.

| *6* | *11* | *15* | *16* |

Stabilisci quali dei seguenti numeri sono divisibili per quello indicato a fianco.

263 ESEMPIO DIGITALE
466, 1308, 2502, 5248. *12*

264 1113, 2460, 3115, 4339. *15*

265 1548, 2124, 2634, 5445. *18*

266 1122, 1458, 2354, 3267. *99*

267 Scrivi i multipli di 6 maggiori di 15, minori di 50 e divisibili per 9.

268 INTORNO A NOI **Compito per casa** Devo svolgere 21 espressioni numerate da 1 a 21 in 3 giorni. Se il primo giorno svolgo gli esercizi contrassegnati da un numero multiplo di 3 e il secondo gli esercizi contrassegnati da un numero multiplo di 7, quanti esercizi mi rimangono da fare? $[12]$

269 EUREKA! **Quante cifre!** Stabilisci se il numero $10^{14} - 1$ è divisibile per 99.

270 EUREKA! **Numeri e cartoncini** Hai 18 cartoncini su ciascuno dei quali sta scritto un solo numero: 4 oppure 5. La somma di tutti i numeri sui cartoncini è divisibile per 17. Su quanti cartoncini è scritto il numero 4?

- A 4
- B 5
- C 6
- D 7
- E 9

[Kangourou Italia, 2010]

271 INVALSI 2011 In un torneo di calcio fra scuole una squadra guadagna 3 punti se vince, 1 punto se pareggia e nessun punto se perde. Una squadra ha vinto tante partite quante ne ha pareggiate. Quale dei seguenti punteggi *non* può aver totalizzato la squadra?

A 24   B 28   C 30   D 32

272 EUREKA! **Numeri pari superstiti!** Luca scrive sulla lavagna tutti i numeri pari consecutivi da 2 a 2010 (compresi). Poi Giovanni cancella tutti i numeri che sono multipli di 3. Quanti numeri rimangono?

A 670   B 710   C 840   D 905   E 1005

[Giochi di Archimede, 2010]

Scomposizione in fattori primi

273 VERO O FALSO?

a. 2^3 è un numero primo.   V F
b. I numeri primi sono tutti dispari.   V F
c. Il prodotto tra due numeri primi non è mai un numero primo.   V F
d. 2 è il primo numero primo.   V F

274 INVALSI 2011 Considera l'affermazione «Per ogni numero naturale n, $2^n + 1$ è un numero primo». Mostra con un esempio che l'affermazione è falsa.

275 EUREKA! **Una sola è falsa** Una sola tra le seguenti affermazioni relative ai numeri primi è *falsa*. Quale?

A La somma di due numeri primi può essere un numero primo.

B La somma di tre numeri primi non può essere un numero primo.

C La differenza fra due numeri primi distinti può essere un numero primo.

D Il prodotto di due numeri primi non è mai un numero primo.

MATEMATICA AL COMPUTER

I numeri di Fibonacci

Nella successione di Fibonacci:

$$1 \quad 1 \quad 2 \quad 3 \quad 5 \quad 8 \quad 13 \quad \ldots$$

ogni numero (a parte i primi due 1) è ottenuto dalla somma dei due numeri che lo precedono.

Wiris ti aiuta a scoprirne le proprietà.

▸ Problema e risoluzione.
▸ 6 esercizi in più.

Scomponi in fattori primi i seguenti numeri.

276 ESEMPIO DIGITALE 1500; 312; 7250; 4096.

277 44; 60; 64; 102.

278 52; 72; 85; 98.

279 120; 169; 208; 759.

280 117; 429; 608; 1728.

281 1580; 2040; 2205; 4096.

282 1792; 1815; 5720; 8820.

✓ CHECKER **Utilizzando la scomposizione in fattori primi e le proprietà delle potenze, semplifica le seguenti espressioni.**

283 $110^3 : (121 \cdot 125)$ [88]

284 $(169 \cdot 308) : (77 \cdot 26)$ [26]

285 $[(51 \cdot 4)^3 : 68^2] : 6^2$ [51]

286 $68^2 : (34 \cdot 8) - 45 : (270^2 : 1620)$ [16]

Utilizzando la scomposizione in fattori primi, stabilisci se i seguenti numeri sono divisibili per quelli indicati a fianco.

287 2160; 32, 24, 360, 150.

288 2925; 39, 195, 1125, 1755.

289 5040; 144, 432, 560, 1680.

Modifica le seguenti scomposizioni in modo che ogni fattore sia la potenza di un numero primo.

290 $18 \cdot 3$; $\quad 8 \cdot 5$; $\quad 21 \cdot 14$; $\quad 16 \cdot 24$.

292 $15 \cdot 30 \cdot 4$; $\quad 2 \cdot 11 \cdot 22$; $\quad 9 \cdot 3^3 \cdot 81$; $\quad 2^2 \cdot 5 \cdot 100$.

291 12^4; $\quad 6 \cdot 5 \cdot 2$; $\quad 34 \cdot 17^2$; $\quad 7 \cdot 5 \cdot 20$.

293 $13^2 \cdot 69^3$; $\quad 121 \cdot 11^2 \cdot 3$; $\quad 17 \cdot 13 \cdot 26$; $\quad 49^3 \cdot 14$.

MCD e mcm

Determina MCD e mcm dei seguenti gruppi di numeri utilizzando la scomposizione in fattori primi.

294 AL VOLO $\quad 30, 4$; $\quad 36, 8$; $\quad 33, 22$.

297 ESEMPIO DIGITALE $\quad 240, 150, 54$.

295 $10, 14, 20$; $\quad 12, 20, 24$; $\quad 16, 64, 128$.

298 $15, 150, 60$; $\quad 4, 8, 1300$; $\quad 20, 16, 100$.

296 $6, 12, 15$; $\quad 14, 6$; $\quad 77, 121$.

299 $26, 52, 130$; $\quad 30, 60, 500$; $\quad 30, 66, 111$.

300 $65, 130, 910$; $\quad 84, 840, 1080$; $\quad 12, 120, 600, 720$.

301 $56, 210, 280, 1680$; $\quad 45, 81, 270, 648$; $\quad 9, 48, 108, 216, 648$.

Determina il MCD dei seguenti gruppi di numeri utilizzando gli algoritmi di Euclide delle sottrazioni successive e delle divisioni successive. Determina poi il mcm utilizzando la formula che lo lega al MCD.

302 $4, 16$; $\quad 15, 20$; $\quad 22, 7$.

304 $56, 70$; $\quad 72, 99$; $\quad 45, 300$.

303 $20, 40$; $\quad 32, 44$; $\quad 35, 72$.

305 $10, 1000$; $\quad 60, 1500$; $\quad 5, 1080$.

▶ **LABORATORIO**   MATEMATICA E STORIA

Divisione e resto nella Firenze del '300

Paolo dell'Abbaco, matematico, astronomo e poeta italiano del '300, scrisse il *Trattato d'Aritmetica*, da cui è ricavato questo problema:

> «Truova uno numero che partito per 2 ne rjmanghj uno, e partito per 3 ne rjmanghj 2, e partito per 4 ne rjmanghj 3, e partito per 5 ne rjmanghj 4, e coxj per insino in 10».

a. Ecco come dell'Abbaco risolve il problema (completa il testo):

> «Moltiplica 2 per 3 che fa 6, 4 per 6 che fa 24, 5 per 24 che fa 120, 6 per …… che fa ……, 7 per …… che fa ………, 8 per ……… che fa …………, 9 per ………… che fa ……………, 10 per …………… che fa ……………… . Ora puoi dire: ho trovato un numero che diviso per 2 dà resto …, per 3 dà resto …, e così per 4, per 5, per 6, fino a 10. E ora dì: sottraendo 1 da quel numero [ne troverò un altro che] diviso per 2 dà resto …, per 3 dà resto …, per 4 dà resto … e così via».

Ambrogio Lorenzetti, *Effetti del Buon Governo in città* (particolare), affresco su parete (1339 circa), Palazzo Pubblico, Siena.

b. Il numero che si ottiene col ragionamento di dell'Abbaco non è l'unica soluzione del problema, trovane almeno altre due.

▶ Risoluzione.   ▶ Attività di ricerca: Scuole d'abaco e società.

1 NUMERI NATURALI

Problemi sui numeri

306 Siano a e b numeri naturali tali che MCD$(a; b) = 4$ e mcm$(a; b) = 120$.
Qual è una possibile coppia di valori per a e b? Esistono altre coppie di valori possibili?

307 Il MCD di due numeri naturali è 3. Determina il MCD dei due numeri moltiplicati per 5.   [15]

308
> MCD$(a; b) = 10$ $a = 30$
> mcm$(a; b) = 210$ $b = ?$ [70]

309
> mcm$(a; b) = 360$ $b = 60$
> MCD$(a; b) = 12$ $a = ?$ [72]

Problemi INTORNO A NOI

310 **INVALSI 2010** Filippo si prepara per una gara di triathlon. Si allena nel nuoto ogni 3 giorni, nella corsa a piedi ogni 6 giorni e nella corsa in bicicletta ogni 8 giorni. Se oggi si è allenato in tutti e tre gli sport, tra quanti giorni gli accadrà di nuovo di allenarsi nei tre sport nella stessa giornata?

A 8   B 12   C 17   D 24

311 **ESEMPIO DIGITALE** **Coincidenze** Due treni viaggiano sullo stesso percorso; uno di essi completa il tragitto di andata e ritorno in 4 ore, l'altro in 6. Se in questo momento si trovano nella stessa stazione, tra quanto tempo si incontreranno di nuovo nella stessa stazione?

312 **Momenti unici** Una cometa ha un periodo di 75 anni, un'altra di 100. Se le due comete erano entrambe visibili dalla Terra 100 anni fa, tra quanti anni si potranno rivedere insieme?   [200]

313 **Super spuntino!** In un campeggio estivo è ora di fare merenda. Se gli educatori hanno a disposizione formaggio, salume, pomodoro e insalata nelle quantità indicate, qual è il numero massimo di panini imbottiti uguali che possono preparare? Quante foglie di insalata ci sono in ogni panino?   [54; 5]

108 fette   *162 fette*   *54 fette*   *270 foglie*

314 **INVALSI 2013** In un quartiere di una città, il calendario della raccolta differenziata (carta, vetro e plastica) prevede che la raccolta della carta avvenga ogni 28 giorni, quella del vetro ogni 21 giorni e quella della plastica ogni 14 giorni. Oggi sono state effettuate le raccolte di carta, vetro e plastica. La prossima volta in cui la raccolta di carta, vetro e plastica verrà fatta contemporaneamente sarà fra ___ giorni.

315 **TEST** **Dal dottore** Loretta si reca ogni 13 giorni in un ambulatorio per una cura. Il giovedì, e solo il giovedì, nell'ambulatorio presta servizio Franco, l'infermiere preferito di Loretta. Sapendo che oggi, giovedì, Loretta è andata all'ambulatorio, tra quanti giorni rivedrà Franco?

A 14   B 35   C 53   D 65   E 91

[Giochi di Archimede, 2012]

MATEMATICA INTORNO A NOI

Missione umanitaria

Un'associazione ONLUS organizza una missione umanitaria in Congo.

> volontari missione:
> 30 medici
> 30 infermieri
> 12 insegnanti
> 18 elettricisti
> 24 muratori
> 18 idraulici
> 12 cuochi

▸ Problema e risoluzione.
▸ Un esercizio in più.

5. SISTEMI DI NUMERAZIONE → Teoria a pagina **14**

In base dieci

Scrivi la forma polinomiale dei seguenti numeri in base dieci.

316 2; 532; 129; 401; 1002.

317 909; 11011; 1011; 1111; 2000.

COMPLETA

318 $\boxed{} \cdot 10^4 + \boxed{} \cdot 10^2 + 6 \cdot 10^{\boxed{}} = 10\,060$; $\boxed{} \cdot 10^3 + 7 \cdot 10^4 + 5 \cdot 10^{\boxed{}} + \boxed{} = 72\,051$.

319 $\boxed{} \cdot 10^5 + \boxed{} \cdot 10^4 + \boxed{} \cdot 10^2 + 2 \cdot 10^{\boxed{}} = 310\,002$; $\boxed{} \cdot 10^{\boxed{}} + 3 \cdot 10^{\boxed{}} + \boxed{} \cdot 10 + \boxed{} = 50\,324$.

---

320 📱 **YOU & MATHS** **What number is it?** Below are some descriptions of numbers given by a child who is still learning about decimal positional notation. Rewrite the numbers in correct decimal positional notation.
a. Four units and eleven tens.
b. Twenty three hundreds and forty units.
c. Two thousands, thirty two hundreds, fifty one units.

In altre basi

321 Indica le scritture *non* corrette.

$(5100)_6$; $(2000)_2$; $(1012)_3$; $(139)_{16}$; $(410)_4$.

322 Scrivi tutte le cifre che si usano nella numerazione in base 5 e in base 12.

323 📱 **VERO O FALSO?**
a. In ogni base il numero 10 rappresenta la base. V F
b. Nella base $n < 10$ non compare mai la cifra n. V F
c. In qualunque base a il quadrato della base si scrive 100. V F
d. Il numero 11 in base a rappresenta il successivo di a. V F

---

324 Scrivi in base 2 i primi cinque numeri naturali.

325 Scrivi in base 3 i primi nove numeri naturali.

Scrivi la forma polinomiale dei seguenti numeri.

326 $(2)_3$; $(2)_4$; $(2)_5$; $(2)_7$.

329 $(230)_4$; $(2122)_4$; $(1011)_2$; $(1100)_2$.

327 $(11)_2$; $(11)_3$; $(11)_6$; $(11)_4$.

330 $(1022)_4$; $(11001)_2$; $(2110)_3$; $(2001)_4$.

328 $(101)_2$; $(101)_3$; $(100)_3$; $(120)_3$.

331 $(AB1)_{16}$; $(2BA)_{16}$; $(144)_5$; $(1001)_8$.

---

332 📱 **VERO O FALSO?**
a. In un sistema a base 8 si utilizzano come cifre i numeri naturali minori o uguali a 8. V F
b. 104 non può rappresentare un numero in base 4. V F
c. In base 3 il numero 3 si scrive 10. V F
d. In base 16 il numero 100 rappresenta 16^2. V F

1 NUMERI NATURALI

Scrivi in base dieci i seguenti numeri.

333 $(110)_2$; $(1011)_2$; $(1111)_2$.

334 $(101)_3$; $(2222)_3$; $(1020)_3$.

335 $(121)_4$; $(321)_4$; $(100)_4$.

336 $(440)_5$; $(100)_5$; $(411)_5$.

337 $(10)_{12}$; $(AB)_{12}$; $(1AB)_{12}$.

338 $(1\,100\,011)_2$; $(1200)_8$; $(188)_9$.

---

339 EUREKA! **Due basi** Del numero naturale x si sa che rispetto alla base a la sua scrittura è 12; rispetto alla base b è invece 23. Quale tra le seguenti affermazioni è *falsa*?

- **A** La base a è maggiore della base b.
- **B** Esistono infinite coppie possibili di basi a e b che soddisfano le ipotesi.
- **C** La base a può essere 6.
- **D** Se $b = 4$, allora $a = 9$.

Da base dieci a base diversa

ESEMPIO

Scriviamo il numero 147, espresso in base dieci, in base 4.

Eseguiamo divisioni ripetute, mettendo in evidenza i resti, fermandoci quando il quoziente è 0.

I resti, letti nella direzione della freccia, sono le cifre cercate:

$147 = (2\,1\,0\,3)_4$.

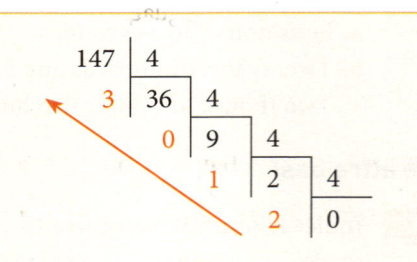

Scrivi i seguenti numeri espressi in base dieci nella base indicata a fianco.

340 7, 10, 11, 31, 33, 128. *base 2*

341 5, 16, 18, 22, 33, 40. *base 3*

342 6, 12, 17, 19, 21, 44. *base 4*

343 11, 25, 27, 30, 100, 126. *base 5*

344 21, 28, 43, 100, 1002. *base 2*

345 35, 47, 87, 103, 201. *base 3*

346 52, 67, 93, 104, 1200. *base 4*

347 380, 438, 805, 901, 1020. *base 5*

Da una base all'altra

348 Scrivi in base due i numeri $(100)_3$, $(11)_4$, $(10)_{16}$, $(11)_5$.

COMPLETA

349
a. $(111)_2 = (\underline{\hspace{2cm}})_4$;
b. $(103)_4 = (\underline{\hspace{2cm}})_3$;
c. $(AB)_{16} = (\underline{\hspace{2cm}})_4$;
d. $(2001)_3 = (\underline{\hspace{2cm}})_2$;
e. $(1111)_2 = (\underline{\hspace{2cm}})_5$.

350
a. $(1010)_2 = (\underline{\hspace{2cm}})_{16}$;
b. $(403)_5 = (\underline{\hspace{2cm}})_2$;
c. $(1011)_3 = (\underline{\hspace{2cm}})_4$;
d. $(11011)_2 = (\underline{\hspace{2cm}})_7$;
e. $(CDA)_{12} = (\underline{\hspace{2cm}})_4$.

Operazioni in altre basi

ESEMPIO

a. Costruiamo la tabella di addizione in base 3 e calcoliamo $(221)_3 + (20)_3$.

+	0	1	2
0	0	1	2
1	1	2	10
2	2	10	11

$\rightarrow$

$$\begin{array}{r} 1 \\ 2\,2\,1\, + \\ 2\,0 \\ \hline 1\,0\,1\,1 \end{array}$$

$2 + 1 = 3 \rightarrow (3)_{10} = (10)_3$

b. Costruiamo la tabella di moltiplicazione in base 3 e calcoliamo $(201)_3 \cdot (12)_3$.

•	0	1	2
0	0	0	0
1	0	1	2
2	0	2	11

$\rightarrow$

$$\begin{array}{r} 2\,0\,1\, \cdot \\ 1\,2 \\ \hline 1\,1\,0\,2 \\ 2\,0\,1\,- \\ \hline 1\,0\,1\,1\,2 \end{array}$$

$2 \cdot 2 = 4 \rightarrow (4)_{10} = (11)_3$

351 Costruisci le tabelle di addizione e moltiplicazione in base 4 e calcola:

a. $(301)_4 + (1002)_4$;   **b.** $(103)_4 \cdot (12)_4$.

352 **COMPLETA** le uguaglianze in base 4 utilizzando le tabelle di addizione e moltiplicazione in base 4.

a. $11 + \boxed{} = 31$;   **c.** $3 \cdot \boxed{} = 30$;   **e.** $20 : 10 = \boxed{}$;

b. $12 - 3 = \boxed{}$;   **d.** $13 \cdot 10 = \boxed{}$;   **f.** $\boxed{} : 3 = 12$.

Esegui le seguenti operazioni utilizzando le tabelle di addizione e moltiplicazione della base indicata.

353 $1010 + 101$, $1100 + 1111$, $1110 + 111 + 1000$, $11 \cdot 101$, $1101 \cdot 100$, $1011 \cdot 111$.   **base 2**

354 $102 + 122$, $1012 + 12$, $101 + 1122$, $222 \cdot 101$, $201 \cdot 220$, $20 \cdot 111$.   **base 3**

355 $13 + 1102$, $1312 + 2011$, $1123 + 1033$, $13 \cdot 101$, $133 \cdot 201$, $102 \cdot 333$.   **base 4**

356 Costruisci le tabelle di addizione e moltiplicazione in base 5 e calcola:

a. $12 + 4$;

b. $12 \cdot 4$;

c. $110 + 14$;

d. $123 \cdot 31$.

357 In quale base è stata eseguita l'operazione?
$233 + 414 = 1202$

Semplifica le espressioni.

358 $(101 + 10) \cdot 110 + 11 \cdot 10$

base 2

359 $[2 \cdot (30 + 103) - 11 \cdot (23)] + 3$

base 4

360 $21 \cdot 22 + [201 \cdot (10 + 21) - 2]$

base 3

Semplifica le seguenti espressioni in base 2 e poi trasforma il risultato in base 10.

361 $(1010 + 10 + 11) - (111 - 10)$

362 $111 \cdot 10 + 110 \cdot 11 - 11$

363 $[(1001 + 111) \cdot 101 - 11] + 110 : 10$

364 $[(1111 - 110) \cdot 10 + (101 + 11) \cdot 11] \cdot 111$

365 $(11 \cdot 111 + 10 \cdot 110) \cdot (110 - 11) + 110$

366 $(11010 - 1100) \cdot 11 - 110 \cdot 101 - 11$

Esegui le operazioni e poi trasforma il risultato in base 10.

367 $(1A3)_{16} - (B2)_{16} + (129)_{16}$

368 $(112)_3 \cdot (12)_3$

369 $(124)_8 \cdot (100)_8 + (117)_8$

370 $(134)_5 - (14)_5 + (44)_5 \cdot (23)_5$

VERIFICA DELLE COMPETENZE ALLENAMENTO

▶ Competenza **1** (abilità **1, 2**)

1 **TEST** Solo una delle seguenti espressioni *non* ha valore 0. Quale?

A $(2^0 - 4^0)^7 - 0^3$ **C** $[(1 - 3^0)^0]^2$

B $(16^0 + 3^0 \cdot 2^0)^2 - 8^0 \cdot 4$ **D** $(5^0 \cdot 5 - 1)^2 - 2^4$

2 **INVALSI 2006** Nell'insieme dei numeri naturali, quale delle seguenti espressioni corrisponde a un quadrato perfetto?

A $3^2 \cdot 2^3 \cdot 5^2$ **C** $3^2 \cdot 4^3 \cdot 5^2$

B $3^2 \cdot 2^2 \cdot 5^3$ **D** $3^3 \cdot 4^3 \cdot 5^2$

3 Scrivi i seguenti numeri in ordine crescente:
8^7; 4^5; 16^3; 256^2; 64^4.

4 **COMPLETA** inserendo i simboli $<$, $=$, $>$ senza calcolare le potenze.

a. $100^2 \boxed{>} 32^2$ **c.** $36^2 \boxed{<} 6^3 \cdot 2^3 \cdot 3^3$

b. $1600 \boxed{=} 2^4 \cdot 10^2$ **d.** $8^7 \boxed{=} 128^3$

5 **INVALSI 2011** L'espressione $10^{37} + 10^{38}$ è anche uguale a

A 20^{75} **B** 10^7 **C** $11 \cdot 10^{37}$ **D** $10^{37 \cdot 38}$

✓ CHECKER Calcola il valore delle seguenti espressioni.

6 $\{[(4^3 - 4^2) : 2 - 3 \cdot 7] : 3\}^3 + 3 \cdot 5 - \{[(2^2)^3]^1\}^2 : (4^2 \cdot 4^3)$ [12]

7 $(6^3 \cdot 6^5 \cdot 2^8) : (3^5 \cdot 4^5 \cdot 12^4)^8 + [(7^0)^3]^5 \cdot (3^2 \cdot 2^0 : 3)$ [4]

8 $[(15^3 : 3^3)^2 \cdot 2^6] : [(5^0)^4 \cdot 5]^6 - 3 \cdot (2^2 \cdot 5)$ [4]

9 $(8^3 : 4^3 \cdot 2^5) : (2^4)^2 + (4^3 \cdot 2^3)^4 : (4 \cdot 4^3)^3 - 2^2 \cdot (2^5)^2$ [1]

10 $[(36 : 3^2)^3 : 2^2] \cdot [(36 : 2^2)^3 : 3] : 144 - 144 : (7^0 + 5^2 - 3^2 - 2^0)$ [18]

11 $[21 : 7 \cdot 4 - (2^3 - 2^2)^0 + 26 \cdot 2^2 : 13 - (6 - 2^2 - 9 : 3^2)] : [6 \cdot 4 - 2^4 + (32 : 2^5)^4]$ [2]

12 $13 - 3 \cdot [81 : 3^3 + (3 \cdot 2^2 - 3^2)^3 + 3] : (25 - 2^4 + 2) - 2 \cdot \{2^3 - [6 + (5^2 - 3^2 - 4^2)^5] + 3 \cdot 6\} : 10$ [0]

13 $\{[(72 : 8)^7 \cdot (3^2)^3]^2 : [(75 : 5)^{10} : 25^5]^3\}^2 \cdot (162 : 9^2) : (9^5)^2$ [2]

14 $\{[17^2 - (15^2 + 8^2)]^4 + 8^4 : 4^5 + (3^4 : 3^2 - 1^2)^2\} : [(2^5 - 5^2)^2 - 8^2 : 2]$ [4]

▶ Competenza **3** (abilità **1, 2**)

Traduci le seguenti frasi in simboli e poi calcola il valore delle espressioni ottenute.

15 Dividi per il quadrato di 4 il prodotto tra il quadrato di a e il doppio del cubo di b; $a = 4$, $b = 2$. [16]

16 Dividi il cubo del quadrato di a per il quadruplo di b e aumenta di 5 il risultato ottenuto; $a = 2$, $b = 8$. [7]

17 A quale potenza di 16 equivale il cubo del cubo del doppio di 8? [9]

18 Determina la metà del quoziente tra il quadrato del cubo del quadruplo di 256 e il cubo del cubo di 64. [32]

19 **INTORNO A NOI** Qual è il numero massimo di braccialetti identici che Martina può confezionare con le perline che ha a disposizione? [45]

450 fucsia   585 azzurre   1575 viola   450 arancioni

20 **TEST** $(201)_3$ equivale a:

A $(11)_{10}$.   **B** $(10010)_2$.   **C** $(11)_{16}$.   **D** $(23)_8$.

VERIFICA DELLE COMPETENZE PROVE

TUTOR | PROVA A (10 esercizi) | PROVA B (10 esercizi) | 🕐 IN MEZZ'ORA

PROVA C ▸ Competenze **1, 3** | 🕐 IN UN'ORA

1 | VERO O FALSO?

- **a.** Un numero è divisibile per 21 se è divisibile per 3 o per 7. V F
- **b.** I multipli di 8 minori di 50 divisibili per 3 sono tre. V F
- **c.** In una divisione in $\mathbb{N}$, il quoziente è sempre minore o uguale al dividendo. V F
- **d.** Nessun multiplo di 2 è un numero primo. V F

2 Semplifica la seguente espressione: $[(2^2)^2 \cdot 2^4] : (2^3)^2 + (3^3)^2 : [(3^4)^3 : (3^5)^2]^2$.

3 Traduci la seguente frase in espressione e calcolane il valore: «Sottrai al prodotto tra il quadrato di 2 e il quadrato di 3 il rapporto tra 45 e la differenza tra 12 e la sua quarta parte».

4 Determina MCD e mcm dei seguenti gruppi di numeri: **a.** 4, 25, 33; **b.** 15, 60, 225.

5 Scrivi in base dieci i numeri $(230)_4$, $(230)_5$, $(230)_8$. Scrivi poi in base 5 il numero che in base dieci è 230.

PROVA D ▸ Competenze **1, 3** | 🕐 IN UN'ORA

1 **Pasta in più** Pongo su una bilancia digitale un recipiente che contiene della pasta e leggo 320 g sul display. Poiché all'improvviso arrivano degli amici, aggiungo della pasta in modo da quadruplicarne la quantità e leggo 740 g. Quanto pesa il recipiente? Risolvi il problema scrivendo un'espressione e semplificandola.

2 **Dati in salvo** Tre amici decidono di configurare il loro computer personale in modo che esegua automaticamente il backup dei dati.
Anna sceglie di salvare i dati ogni settimana, Barbara ogni quattro giorni, Andrea ogni due settimane. Se il primo salvataggio automatico avviene per tutti venerdì 9 agosto, in quale giorno si verificherà di nuovo l'evento? In quale giorno avverrà il primo salvataggio per Andrea e Anna ma non per Barbara?

3 | INVALSI 2011 **Cifre coperte** In ciascuna delle seguenti operazioni una delle cifre è coperta.

1. $50 \blacksquare \times 22 =$ | **2.** $98 \times 8 \blacktriangledown =$ | **3.** $143 \blacktriangle \times 4 =$ | **4.** $3 \times 25 \blacklozenge 3 =$

Rispondi alle domande che seguono mettendo una crocetta per ogni riga.

	1	2	3	4
a. Quale delle operazioni dà il risultato maggiore?	☐	☐	☐	☐
b. Quale delle operazioni dà il risultato minore?	☐	☐	☐	☐
c. Quale delle operazioni dà come risultato un numero dispari?	☐	☐	☐	☐

4 Traduci la seguente frase in simboli e calcola il valore dell'espressione ottenuta.
«Dividi il cubo del quadrato di 2 per la somma tra il quadrato di 3 e 7.»

2 NUMERI INTERI

1. DEFINIZIONI → Esercizi a pagina 46

Per ogni numero naturale diverso da zero, consideriamo due **numeri relativi**, ottenuti dal numero considerato facendolo precedere dal segno + e dal segno −.

$$1 \begin{cases} +1 \\ -1 \end{cases} \quad 2 \begin{cases} +2 \\ -2 \end{cases} \quad 3 \begin{cases} +3 \\ -3 \end{cases} \quad 4 \begin{cases} +4 \\ -4 \end{cases} \quad 5 \begin{cases} +5 \\ -5 \end{cases} \quad \ldots$$

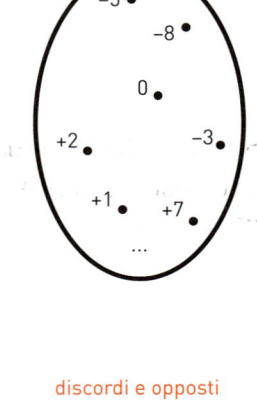

Chiamiamo **numeri interi** i numeri così ottenuti, uniti al numero zero, che non ha segno. Indichiamo con $\mathbb{Z}$ il loro insieme.

Un numero intero è **positivo** se ha segno +, **negativo** se ha segno −.
Indichiamo con $\mathbb{Z}^+$ l'insieme degli interi positivi, con $\mathbb{Z}^-$ quello degli interi negativi, con $\mathbb{Z}_0^+$ quello degli interi non negativi, cioè i positivi e zero.

Diciamo **opposti** i numeri con segno diverso ottenuti dallo stesso numero naturale.

▸ $+21$ e -21 sono opposti.

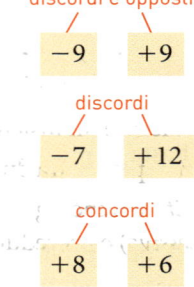

discordi e opposti

$-9 \qquad +9$

discordi

$-7 \qquad +12$

concordi

$+8 \qquad +6$

Due interi diversi da zero sono **concordi** se hanno lo stesso segno, **discordi** se hanno segno diverso.

Creiamo una corrispondenza che associ a ogni numero naturale uno e un solo numero intero non negativo e viceversa, cioè una corrispondenza biunivoca fra $\mathbb{N}$ e $\mathbb{Z}_0^+$, facendo corrispondere 0 a 0, 1 a $+1$, 2 a $+2$, 3 a $+3$ e così via. Nell'insieme dei numeri interi, i due simboli, con e senza segno, indicano lo stesso numero.

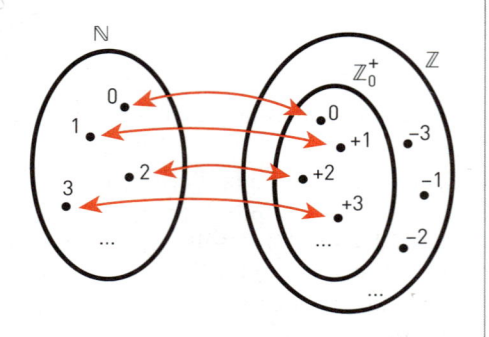

▸ 12 indica sia il numero naturale 12, sia l'intero $+12$.

Chiamiamo **valore assoluto** o **modulo** di un numero intero:

• il numero stesso, se è positivo o è zero;
• l'opposto del numero, se è negativo.

Indichiamo il valore assoluto di a con $|a|$.
Di solito, scriviamo il risultato del valore assoluto senza segno +, servendoci della corrispondenza creata con i numeri naturali.

se a positivo o zero

$$|a| = \begin{cases} a \\ -a \end{cases}$$

se a negativo

▸ $|+5| = 5, \qquad |0| = 0, \qquad |-16| = 16.$

L'insieme $\mathbb{Z}$ è ordinato mediante la seguente relazione.

Relazione d'ordine

- 0 è maggiore di ogni intero negativo e minore di ogni intero positivo.
- Ogni intero negativo è minore di ogni intero positivo.
- Il *minore* di due interi *positivi* è quello con il valore assoluto *minore*.
- Il *minore* di due interi *negativi* è quello con il valore assoluto *maggiore*.

$0 > -5$ $0 < +9$

$-1 < +2$

$+3 < +7$ perché $3 < 7$

$-8 < -6.$ perché $8 > 6$

È possibile rappresentare $\mathbb{Z}$ su una *retta orientata*:

- fissiamo l'origine, corrispondente a 0, e l'unità di misura;
- associamo $+1, +2, +3, \ldots$ ai punti che distano dall'origine 1, 2, 3, … unità verso destra;
- associamo $-1, -2, -3, \ldots$ ai punti che distano dall'origine 1, 2, 3, … unità verso sinistra.

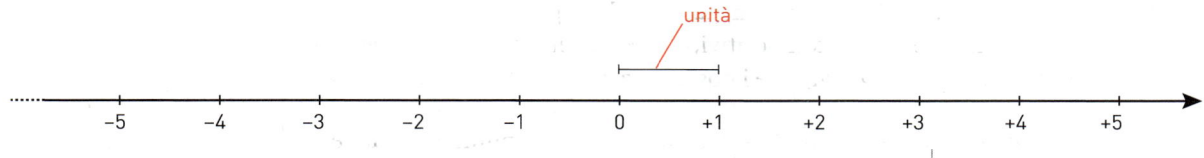

L'insieme $\mathbb{Z}$ è un insieme:

- *discreto* perché fra due interi c'è un numero finito di interi;
- *infinito* perché ogni intero è seguito da un intero (il suo *successivo*) e preceduto da un intero (il suo *precedente*).

> The set of integers is **discrete**, because between any two integers there is always a finite number of integers, and it is **infinite**, because every integer has a *successor* and a *precedent*.

ESERCIZI PER COMINCIARE

1 Scrivi tre numeri interi, uno positivo e due negativi, in modo che due di essi siano opposti. Per ognuno, scrivi il precedente e il successivo. Indica se fra i numeri ottenuti ci sono numeri opposti.

2 **ANIMAZIONE** Ordina e rappresenta sulla retta orientata:

$-2; \quad +4; \quad -5; \quad +7; \quad +3; \quad -6.$

3 Scrivi tutti i numeri interi a che hanno valore assoluto minore o uguale a 3, ossia:

$|a| \leq 3.$

4 Scrivi, se esistono, i numeri interi che sono *contemporaneamente*:

a. maggiori di -2 e minori di $+4$;

b. maggiori di -7 e minori di -3;

c. maggiori di $|-7|$ e minori di -3;

d. maggiori di -1 e minori di $|-5|$;

e. maggiori di $+1$ e minori di $|-2|$.

2. ADDIZIONE E SOTTRAZIONE

> The **sum** of two integers with the *same* sign is an integer with absolute value that is the sum of the addends' absolute values, and their same sign.

DEFINIZIONI E PROPRIETÀ ➡ Esercizi a pagina **48**

Addizione

DEFINIZIONE

La **somma di due interi concordi** è un intero che ha:
- *segno* uguale a quello degli addendi;
- *valore assoluto* uguale alla somma dei valori assoluti dei due numeri.

ESEMPIO

$$3+5$$
$$(-3)+(-5)=-8$$

$$9+12$$
$$(+9)+(+12)=+21$$

> The **sum** of two integers with *different* signs is an integer with absolute value that is the difference of the addends' absolute values (the larger minus the smaller), and the sign of the addend whose absolute value is larger.

DEFINIZIONE

La **somma di due interi discordi** è un intero che ha:
- *segno* uguale a quello dell'addendo con valore assoluto maggiore;
- *valore assoluto* uguale alla differenza tra il valore assoluto maggiore e quello minore.

ESEMPIO

$$7-3$$
$$(-7)+(+3)=-4$$
perché 7 > 3

$$9-4$$
$$(-4)+(+9)=+5$$
perché 9 > 4

Possiamo scrivere le addizioni sottintendendo le parentesi e il segno +.

▸ $(-8)+(-6)=-8-6=-14;$ $(-15)+(+7)=-15+7=-8.$

In $\mathbb{Z}$ l'operazione di addizione è *interna*: la somma di due numeri interi è sempre un numero intero. Inoltre:

- esiste l'*elemento neutro*, che è lo *zero*;

- valgono le proprietà *commutativa* e *associativa*.

La somma di un numero intero e del suo opposto è zero, cioè l'elemento neutro. Questa proprietà si indica anche dicendo che *per ogni intero esiste il simmetrico*.

▸ $(+7)+(-7)=0$

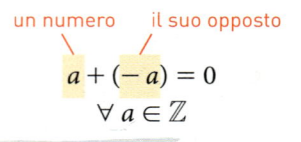

un numero · il suo opposto
$$a+(-a)=0$$
$$\forall\, a \in \mathbb{Z}$$

> The **difference** of two integers is the sum of the first plus the opposite of the second.

Sottrazione

DEFINIZIONE

La **differenza di due interi** è la somma del minuendo con l'opposto del sottraendo:
$$a-b=a+(-b).$$

ESEMPIO

$$(-12)-(-3)=(-12)+(+3)=-9$$

$$(+9)-(+4)=(+9)+(-4)=+5$$

La definizione dice che le sottrazioni si trasformano in addizioni. Per un calcolo più rapido, eliminiamo le parentesi e cambiamo il segno del sottraendo.

▸ $(-5) - (+8) = -5 - 8 = -13;$ $(+3) - (-7) = +3 + 7 = +10.$

Poiché la sottrazione si trasforma in addizione, in $\mathbb{Z}$ possiamo considerare addizione e sottrazione come una stessa operazione, l'**addizione algebrica**, e chiamare **somma algebrica** il suo risultato.

In $\mathbb{Z}$ *l'operazione di sottrazione è interna*, mentre non lo è in $\mathbb{N}$: infatti, le sottrazioni che non sono possibili in $\mathbb{N}$ hanno invece sempre risultato in $\mathbb{Z}$.

▸ $8 - 14 = (+8) - (+14) = (+8) + (-14) = -6.$

In $\mathbb{Z}$ la sottrazione gode della *proprietà invariantiva*, come in $\mathbb{N}$.

ESPRESSIONI ➡ Esercizi a pagina 52

Esaminiamo con un esempio come procedere per semplificare un'espressione con addizioni e sottrazioni tra interi.

ESEMPIO		
$5 - \{3 - [4 + (-2 - 7)]\} + [8 - (5 - 9)] - (-7) =$	⟩	eliminiamo le parentesi tonde svolgendo i calcoli relativi
$5 - \{3 - [4 - 9]\} + [8 + 4] + 7 =$	⟩	eliminiamo le parentesi quadre
$5 - \{3 + 5\} + 12 + 7 =$	⟩	eliminiamo le parentesi graffe
$5 - 8 + 12 + 7 =$	⟩	sommiamo algebricamente
$+16$		

ESERCIZI PER COMINCIARE

1 **COMPLETA** le seguenti addizioni algebriche:

a. $(-3) + (-4) = \boxed{};$ **d.** $(\boxed{}) + (-2) = +3;$ **g.** $(-6) - (-1) = \boxed{};$

b. $(+4) + (\boxed{}) = 0;$ **e.** $(\boxed{}) - (+8) = -3;$ **h.** $(-6) - (\boxed{}) = -6;$

c. $(-12) - (\boxed{}) = -24;$ **f.** $(-4) - (\boxed{}) = +9;$ **i.** $(\boxed{}) - (-15) = 0.$

2 **COMPLETA**

a	b	c	$a - b + c$	$a - (b + c)$	$c - (b - a)$	$c + (a - b)$
-2	$+3$	-10				
-1	0			$+2$		
$+4$	-3		$+9$			
-6		-1			$+5$	
	-2	$+5$				$+7$

3 **ANIMAZIONE** Semplifica la seguente espressione:

$$28 - (-15) - \{-(+2 - 6) - [-12 - (-19 + 13) - 4] + 54\} - (-47 + 25 - 8).$$

3. MOLTIPLICAZIONE E DIVISIONE

DEFINIZIONI E PROPRIETÀ

→ Esercizi a pagina **53**

> The **product** of two integers is an integer that is *positive* if the factors have the same sign and *negative* if the factors have different signs. Its absolute value is equal to the product of the absolute values of the factors.

Moltiplicazione

DEFINIZIONE

Il **prodotto di due interi** è un intero che ha:

- *segno* positivo se i fattori sono concordi, segno negativo se sono discordi;
- *valore assoluto* uguale al prodotto dei valori assoluti dei fattori.

ESEMPIO

$$3 \cdot 5$$
$$(-3) \cdot (-5) = +15 \quad \text{concordi}$$

$$7 \cdot 2$$
$$(-7) \cdot (+2) = -14 \quad \text{discordi}$$

La **regola dei segni** della definizione si può esprimere anche mediante una tabella a doppia entrata. Usiamo la regola dei segni in qualche esempio.

▶ $(+2) \cdot (+5) = +10$; $(+4) \cdot (-1) = -4$; $(-7) \cdot (-8) = +56$
  $+ \cdot + = +$ $+ \cdot - = -$ $- \cdot - = +$

Il segno di moltiplicazione · può essere sottinteso.

▶ $(-6) \cdot (-8) = (-6)(-8) = +48$

In $\mathbb{Z}$ l'operazione di moltiplicazione è *interna*. Inoltre:

- esistono l'*elemento neutro*, che è $+1$, e l'*elemento assorbente*, che è 0;
- valgono le *proprietà commutativa* e *associativa* e la *proprietà distributiva* rispetto all'addizione e alla sottrazione, e vale la legge di annullamento del prodotto.

Nel *prodotto di più fattori* il segno è:

- *positivo* se il numero di fattori negativi è pari;
- *negativo* se il numero di fattori negativi è dispari.

Questo perché possiamo raggruppare a coppie i fattori negativi e ogni coppia fornisce un segno $+$.

▶ 4 fattori negativi: $(-1)(-2)(+3)(-2)(-1) = +12 \quad \rightarrow \quad$ prodotto positivo
  pari $- \cdot - = +$ $- \cdot - = +$

▶ 5 fattori negativi: $(-1)(-2)(-3)(-2)(-1) = -12 \quad \rightarrow \quad$ prodotto negativo
  dispari $- \cdot - = +$ $- \cdot - = +$

Moltiplicando un numero intero qualsiasi, diverso da zero, per -1, otteniamo il suo opposto.

▶ $(+13)(-1) = -13$; $(-6)(-1) = +6$.

REGOLA DEI SEGNI

●	−	+
−	+	−
+	−	+

0 è elemento assorbente

$$0 \cdot (-5) = (-5) \cdot 0 = 0$$

legge di annullamento del prodotto

$$a \cdot b = 0 \text{ se e solo se}$$
$$a = 0 \text{ o } b = 0$$

un numero

$$a \cdot (-1) = -a$$

il suo opposto

Un segno − davanti a una parentesi può essere considerato come la moltiplicazione per −1. Possiamo allora eliminare le parentesi cambiando il segno degli addendi che esse contengono.

▶ $-(+3-5+7) = (-1) \cdot (+3-5+7) = -3+5-7 = -5$

proprietà distributiva

> 🎧 The **quotient** of two integers, when it exists, is an integer with a *positive* sign if the terms have the same sign or with a *negative* sign if the terms have different signs. Its absolute value is equal to the quotient of the absolute values of the terms.

Divisione

DEFINIZIONE

Il **quoziente di due interi**, con il divisore diverso da 0, se esiste, è un intero che ha:
- *segno* positivo se divisore e dividendo sono concordi, segno negativo se sono discordi;
- *valore assoluto* uguale al quoziente dei valori assoluti del dividendo e del divisore.

ESEMPIO

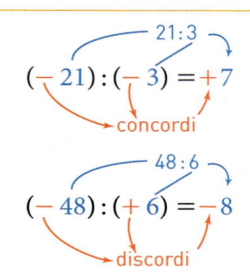

$21:3$
$(-21):(-3) = +7$
concordi

$48:6$
$(-48):(+6) = -8$
discordi

In $\mathbb{Z}$ l'operazione di divisione *non è interna*.

▶ $(+5):(-3)$ non ha risultato in $\mathbb{Z}$, perché 5 non è multiplo di 3.

Anche in $\mathbb{Z}$ la divisione gode delle *proprietà invariantiva* e *distributiva* a destra.

ESPRESSIONI ➔ Esercizi a pagina **54**

Esaminiamo un esempio di semplificazione di un'espressione con moltiplicazioni e divisioni tra interi.

ESEMPIO

$(+3) \cdot \{(+2) \cdot [(-24):(-6)-(+72):(-9)]\} - [(-5) \cdot (-6)-(+3) \cdot (-4)] =$ ⟩ moltiplicazioni e divisioni nelle parentesi quadre

$(+3) \cdot \{(+2) \cdot [+4-(-8)]\} - [+30-(-12)] =$ ⟩ sottrazioni nelle parentesi quadre

$(+3) \cdot \{(+2) \cdot (+12)\} - (+42) =$ ⟩ moltiplicazione nelle parentesi graffe

$(+3) \cdot (+24) - (+42) =$ ⟩ moltiplicazione

$(+72) - (+42) = +30$

ESERCIZI PER COMINCIARE

1 **COMPLETA** le seguenti moltiplicazioni e divisioni:

a. $(-5) \cdot (-8) = +40$; **b.** $(-7) \cdot (+9) = -63$; **c.** $(-26):(-13) = +2$; **d.** $(0) \cdot (-7) = 0$;

e. $(+3) \cdot (-3) = -9$; **f.** $(+72):(+3) = +24$; **g.** $(-5):(-5) = +1$; **h.** $(-7):(+7) = -1$; **i.** $(0):(-3) = 0$.

2 **VIDEO** **Moltiplicazione e divisione di numeri interi** Dopo aver guardato il video che ti proponiamo, spiega, con tuoi esempi, perché nel prodotto e nel quoziente di interi il segno deve essere definito con la regola data. In particolare, spiega perché $- \cdot - = +$.

3 **ANIMAZIONE** Semplifica la seguente espressione:

$[(-1) \cdot (+6) \cdot (-14)+(-11) \cdot (+4)]:[(+12):(-3)] - [(-4) \cdot (-36)-24]:(-15)$.

4. POTENZA

DEFINIZIONE E PROPRIETÀ

→ Esercizi a pagina **56**

DEFINIZIONE

La **potenza di un intero** è un intero che ha:
- *segno* negativo solo se la base è negativa e l'esponente è dispari;
- *valore assoluto* uguale alla potenza con stesso esponente del valore assoluto della base.

ESEMPIO

$$(-5)^3 = -5^3 = -125$$
esponente dispari

$$(-7)^2 = +7^2 = +49$$
esponente pari

$$(+2)^5 = +2^5 = +32$$
segno positivo

Dalle definizioni date in $\mathbb{N}$ e dalla definizione precedente deriva che:

- $a^0 = +1$, con $a \neq 0$;
- 0^0 non è definita;
- $a^1 = a$.

La definizione è stata data in modo che, nel caso di esponente maggiore di 1, anche in $\mathbb{Z}$ la potenza possa essere considerata una *moltiplicazione ripetuta* di fattori uguali alla base.

▸ 5 fattori: $(-2)^5 = (-2) \cdot (-2) \cdot (-2) \cdot (-2) \cdot (-2) = -2^5 = -32$
dispari
$- \cdot - = +$ $\quad$ $- \cdot - = +$

4 fattori: $(-2)^4 = (-2) \cdot (-2) \cdot (-2) \cdot (-2) = +2^4 = +16$
pari
$- \cdot - = +$ $\quad$ $- \cdot - = +$

PROPRIETÀ DELLE POTENZE → Esercizi a pagina **58**

In $\mathbb{Z}$, come in $\mathbb{N}$, valgono le cinque *proprietà delle potenze*.
Semplifichiamo un'espressione applicando le proprietà delle potenze.

proprietà delle potenze

1. $a^m \cdot a^n = a^{m+n}$
2. $a^m : a^n = a^{m-n}$
   con $m \geq n$, $a \neq 0$
3. $(a^m)^n = a^{m \cdot n}$
4. $a^n \cdot b^n = (a \cdot b)^n$
5. $a^n : b^n = (a : b)^n$
   con $b \neq 0$ e
   $|a|$ multiplo di $|b|$

ESEMPIO

$(-6)^3 \cdot (-6)^2 : (-3)^5 + (+2)^8 : (+2)^6 \cdot 3^2 - (2^2)^3 =$ ⟩ 1ª, 2ª e 3ª proprietà delle potenze

$(-6)^5 : (-3)^5 + (+2)^2 \cdot 3^2 - 2^6 =$ ⟩ 4ª e 5ª proprietà delle potenze

$(+2)^5 + (+6)^2 - 2^6 =$ ⟩ definizione di potenza

$+32 + 36 - 64 =$

$+4$

ESPRESSIONI CON LE POTENZE   ➡ Esercizi a pagina 59

Semplifichiamo un'espressione con tutte le operazioni tra interi.

ESEMPIO

$(-4)^1 \cdot (-2)^3 - (+18):(-3)^2 + (-5)^4:(-7)^0 - (+3)^4 \cdot (-2)^2 =$ ⟩ potenze

$(-4) \cdot (-8) - (+18):(+9) + (+625):1 - (+81) \cdot (+4) =$ ⟩ moltiplicazioni e divisioni

$+32 - 2 + 625 - 324 =$ ⟩ addizioni algebriche

$+331$

$\mathbb{Z}$ È UN AMPLIAMENTO DI $\mathbb{N}$

Riassumiamo alcune proprietà viste nei paragrafi precedenti.

- Fra $\mathbb{Z}_0^+$ e $\mathbb{N}$ c'è una corrispondenza biunivoca.

- I numeri in corrispondenza sono ordinati allo stesso modo e le operazioni in $\mathbb{Z}$ sono state definite in modo da «conservare» i risultati ottenuti in $\mathbb{N}$.

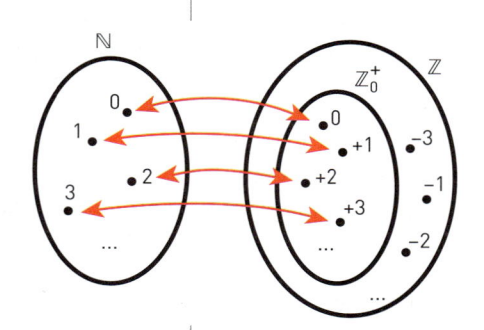

▶
$$5 > 3 \qquad 6 + 2 = 8 \qquad 4 \cdot 7 = 28$$
$$\updownarrow \quad \updownarrow \qquad \updownarrow \quad \updownarrow \quad \updownarrow \qquad \updownarrow \quad \updownarrow \quad \updownarrow$$
$$+5 > +3 \qquad (+6)+(+2)=+8 \qquad (+4)\cdot(+7)=+28$$

i risultati in $\mathbb{N}$ conservano la loro validità se consideriamo i corrispondenti in $\mathbb{Z}_0^+$

- Le proprietà delle operazioni valide in $\mathbb{N}$ restano valide in $\mathbb{Z}$.

- Rispetto a $\mathbb{N}$, in $\mathbb{Z}$ c'è un'operazione in più che è interna: la sottrazione.

▶
$$3 - 5 \qquad \text{non ha risultato in } \mathbb{N};$$
$$\updownarrow \quad \updownarrow$$
$$(+3)-(+5)=-2 \qquad \text{ha risultato in } \mathbb{Z}.$$

I punti precedenti si riassumono dicendo che **$\mathbb{Z}$ è un ampliamento di $\mathbb{N}$**.

ESERCIZI PER COMINCIARE

1 **COMPLETA** quando possibile le seguenti potenze. A volte le soluzioni sono due.

a. $(-3)^3 = \boxed{}$; c. $(\boxed{})^4 = +16$; e. $(+4-12+33)^0 = \boxed{}$; g. $(-2+6-4)^0 = \boxed{}$;

b. $(\boxed{})^1 = +7$; d. $(-2)^6 = (\boxed{})$; f. $(\boxed{})^5 = +1$; h. $(-1-2+2+1)^0 = \boxed{}$.

2 **VIDEO** **Potenze di numeri interi** Dopo aver guardato il video, spiega il perché della regola del segno data nella definizione di potenza con esempi tuoi.

Semplifica le seguenti espressioni.

3 **ANIMAZIONE** $\{(-5)^3 - (-3)^2 \cdot [(4-6) \cdot (-3-8) - (-5) \cdot (-4) \cdot (+2) - (-2)^3 + 3] + (-2) \cdot 13\}:(-2)^2$

4 **ANIMAZIONE** $(-2)^3 - (-2)^3 \cdot (-2)^4 : (-2)^5 - [(+2)^4 \cdot (-2)^7]^3 : [-(-2^6)]^5$

5 **ANIMAZIONE** $[-(-9)^2 \cdot (-27)^2 \cdot (-81)^3]:\{[(-3)^4]^2 \cdot [(-135)^7:(+15)^7]\}$

2

ESERCIZI

1. DEFINIZIONI → Teoria a pagina **38**

1 **FAI UN ESEMPIO** Scrivi una coppia di numeri interi:

a. opposti;   **b.** concordi;   **c.** discordi.

2 Considera un numero $a \in \mathbb{Z}$. È possibile che:

a. $-a > a$?   **b.** $2a < a$?   **c.** $a \geq |-a|$?

3 **VERO O FALSO?**

a. Due numeri interi con lo stesso valore assoluto sono opposti.   V F

b. Esiste un numero finito di interi con valore assoluto minore di 6.   V F

c. Ogni numero intero ha un precedente.   V F

d. Tra due numeri interi, il maggiore è quello che ha valore assoluto maggiore.   V F

4 **VERO O FALSO?**

a. $7 = |-7|$ V F   **c.** $|-6| > |-5|$ V F   **e.** $-7 > -10$ V F

b. $-6 > -5$ V F   **d.** $+7 > -10$ V F   **f.** $|-7| > |-10|$ V F

5 **COMPLETA** inserendo per ogni numero $n \in \mathbb{Z}$ l'opposto $-n$ e il valore assoluto $|n|$.

n	$+3$	-5	$+90$	-12	0	-1
$-n$						
$|n|$						

6 È vero che due numeri interi, di cui uno è il successivo dell'altro, sono sempre concordi?

7 Qual è il maggiore tra due numeri concordi negativi?

8 È vero che il triplo di un numero intero è sempre maggiore del numero stesso?

9 **TEST** Dati i numeri a, b, c, d appartenenti a $\mathbb{Z}$, con $a > b$, quale tra le seguenti coppie di valori di c e d rende sicuramente vera la disuguaglianza $a + c > b + d$?

A $c = 1, d = 3$.   B $c = -1, d = -3$.   C $c = -1, d = 1$.   D $c = -2, d = -1$.

10 **a.** Quanti sono i numeri interi che hanno valore assoluto minore di 5?

b. Quanti sono quelli che hanno valore assoluto maggiore di 5?

11 Scrivi il successivo di ognuno dei seguenti numeri.

-7 -1 $+3$ -9 a $-a + 2$

12 Scrivi il precedente di ognuno dei seguenti numeri.

$$-2 \qquad -5 \qquad 0 \qquad +8 \qquad 2n \qquad n+4$$

FAI UN ESEMPIO

13 Scrivi due numeri discordi che abbiano valori assoluti differenti tra loro e minori di 3.

14 Scrivi due numeri interi con valore assoluto maggiore di 3 e minore di 7.

15 **VERO O FALSO?** Supponi che a sia un numero negativo con valore assoluto maggiore di 5:

a. $-a < 5$ ☐V ☐F **d.** $a < -6$ ☐V ☐F **g.** $-a > a$ ☐V ☐F

b. $a < -4$ ☐V ☐F **e.** $|-a| < |-5|$ ☐V ☐F **h.** $-a > 0$ ☐V ☐F

c. $a > 5$ ☐V ☐F **f.** $|-a| > 5$ ☐V ☐F **i.** $2a < a$ ☐V ☐F

COMPLETA inserendo uno dei simboli $<, =, >$.

16 **a.** $+40 \boxed{>} |-39|$ **c.** $-|-5| \boxed{<} -4$ **e.** $-|+4| \boxed{<} |-4|$

b. $|-4| \boxed{=} +4$ **d.** $-8 \boxed{<} -4$ **f.** $|-7| \boxed{>} |-4|$

17 **a.** $|-12| \boxed{} -|-1|$ **c.** $-|-5| \boxed{} -9$ **e.** $|-4| + 3 \boxed{} 4 - |-3|$

b. $|8 - |-3|| \boxed{} |-5|$ **d.** $|27 - 9| \boxed{} |-2 \cdot 3^2|$ **f.** $|-6| \boxed{} -|-|7-2||$

√ CHECKER Semplifica le seguenti espressioni.

18 $|-2| + |-3|;$ $|-8| - |3-1|.$

19 $|2^4 \cdot 3| - |-2^3| - |-5^2|;$ $|-2|^3 - |-2|^2.$

Trova i valori di $a \in \mathbb{Z}$, se esistono, che verificano le uguaglianze.

20 $|a| = 8;$ $-|a| = 3.$

22 $|-a - 3| = 4;$ $|a - 1| = 1.$

21 $|a + 2| = 5;$ $|1 - 2a| = 9.$

23 $-|a| + 2 = 0;$ $-|4 - a| + 4 = 0.$

24 Scrivi tutti i numeri interi $a \in \mathbb{Z}$ tali che:

a. $|a| < 6;$ **b.** $|a| \le 2;$ **c.** $3 \le |a| < 7.$

25 **ESEMPIO DIGITALE** Disponi in ordine decrescente $-12; -1; +42; -8; -5; 0; +1; +9.$

26 Disponi in ordine crescente i seguenti numeri: $-12, +45, +4, -200, -14, +79, -80.$

27 Disponi sulla retta orientata i seguenti numeri: $+4, -8, -5, 0, +3, -3, +8.$

28 Rappresenta sulla retta orientata gli opposti dei numeri dell'esercizio precedente.

29 Rappresenta sulla retta orientata: $-10; +6; -2; -7; +9; -3.$

IN FORMA GRAFICA

30 Associa a ciascun punto evidenziato sulla retta orientata il numero corrispondente.

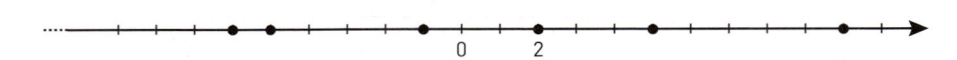

31 Osserva il seguente diagramma, in cui sono inseriti i numeri interi a, b, c, d:

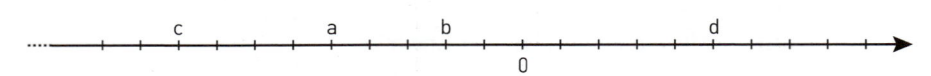

a. Qual è il minimo tra i quattro numeri?

b. Qual è il minimo in valore assoluto?

c. Qual è il massimo dei quattro?

d. Qual è il massimo in valore assoluto?

e. Assegna il valore corretto ai numeri a, b, c, d, supponendo che la distanza tra due tacche consecutive valga 1.

f. Quanti sono i numeri naturali n tali che: $a < n \le d$?

32 **CHI HA RAGIONE?** Barbara: «Ho trovato due numeri interi x e y tali che $x > y$ e $|x| < |y|$». Cristina: «Non è difficile: ce ne sono infiniti!». A cosa sta pensando Cristina?

33 **EUREKA!** **Il passo dell'incerto** Pierino deve salire una scalinata composta da più di 1000 gradini. Sale saltando due gradini alla volta (cioè facendo i gradini tre a tre), partendo dalla base della scala (dunque il primo gradino della scala su cui mette piede è il numero 3), ma quando mette il piede su un gradino pari scende di uno per poi continuare la sua salita. Toccherà il gradino numero 699?

[Kangourou Italia, 2010]

2. ADDIZIONE E SOTTRAZIONE

DEFINIZIONI E PROPRIETÀ ➡ Teoria a pagina **40**

> *per esempio:*
> $+2 + 5 = +7$ $+2 - 5 = -3$
> $-2 - 5 = -7$ $-2 + 5 = +3$

34 **VERO O FALSO?**

a. Il valore assoluto della somma di due numeri interi è uguale alla somma dei valori assoluti. `V` `F`

b. La differenza di due numeri concordi dipende dal loro ordine. `V` `F`

c. La differenza di due numeri discordi è sempre negativa. `V` `F`

d. Se la somma di due numeri interi è positiva, allora i due numeri sono entrambi positivi. `V` `F`

e. Sottraendo da un numero diverso da zero il suo opposto, si ottiene il suo doppio. `V` `F`

35 **VERO O FALSO?**

a. $(-3) - (-3) = -6$ `V` `F`

b. $5 - |-3| = +2$ `V` `F`

c. $-8 + (-7) = -1$ `V` `F`

d. $13 + (-1) - (+1) = +13$ `V` `F`

e. $(+10) - (-11) = +1$ `V` `F`

f. $-|-5| + |5| = 0$ `V` `F`

36 **ASSOCIA** l'operazione al risultato corretto.

a. $(-3) - (+4)$ **b.** $(-3) - (-4)$ **c.** $(+3) - (+4)$ **d.** $(+3) - (-4)$

1. $+1$ **2.** $+7$ **3.** -7 **4.** -1

37 **COMPLETA**

a	$+1$	-3	-5	$+8$	0	-7	-8
b	-5	$+3$	-5	-9	$+4$	0	-13
$a+b$							
$a-b$							
$\lvert -a-b \rvert$							

COMPLETA

38 **a.** $(-5) + (\underline{}) = +7$

b. $(-1) - (\underline{}) = 0$

c. $(+32) + (\underline{}) = 0$

d. $(\underline{}) - (-7) = +14$

e. $(\underline{}) + (+4) = +1$

39 **a.** $(\underline{}) - (-8) = +3$

b. $(+10) + (\underline{}) = -2$

c. $(+12) - (\underline{}) - (-6) = +4$

d. $(-4) + (\underline{}) - (-15) = -3$

e. $(\underline{}) - (+7) + (-2) = +2$

40 **a.** Quante sono le coppie di numeri interi *concordi* la cui somma è uguale a $+10$?

b. Quante sono le coppie di numeri *discordi* la cui somma è $+10$?

41 **VERO O FALSO?**

a. $(-2) - (-5) + (-1) = -2 + 5 - 1$ ☐V ☐F

c. $-a - (-a) = 0$ ☐V ☐F

b. L'opposto dell'opposto del numero a è a. ☐V ☐F

d. $\lvert (-8) - (-5) \rvert = 3$ ☐V ☐F

42 **INVALSI 2005** Quale delle seguenti operazioni dà sempre come risultato un numero positivo?

☐A La somma di due numeri negativi.

☐B La differenza tra due numeri positivi.

☐C La differenza tra un numero negativo e uno positivo.

☐D La differenza tra un numero positivo e un numero negativo.

43 Due numeri a e b sono tali che $\lvert a \rvert = 4$ e $\lvert b \rvert = 7$. Calcola i possibili valori di $a+b$, $a-b$, $\lvert a \rvert - b$.

COMPLETA i seguenti quadrati magici. Un quadrato è magico se si ottiene lo stesso risultato quando si sommano i numeri di ciascuna riga o di ciascuna colonna o di ciascuna diagonale.

44

$+2$	-6	$+1$
	-1	
-3	$+4$	

45

-12		
	-5	
-4		$+2$

46

	-7	
-5	-6	-10

47 COMPLETA

a	b	c	$(a + b) - c$	$a - (b - c)$	$c - a + b$
-4	$+9$	-3			
$+2$		$+7$	-11		
	-1	$+5$		$+9$	
-6	-2				-4

48 EUREKA! **Uno meno l'altro** In una sequenza di 2011 numeri, il primo è 1 e il secondo è 0; ogni altro termine è uguale alla differenza dei due termini precedenti: il terzo termine è il secondo meno il primo, il quarto è il terzo meno il secondo e così via. Quanto vale l'ultimo termine della sequenza?

A -2010 B -1 C 0 D 1 E 2011

[Giochi di Archimede, 2011]

49 YOU & MATHS **Matching lines** Match each sum in line 1 with an equal sum in line 2.

Line 1	$3 + (-20)$	$-21 + 26$	$(-14) + (-14)$	$1 + 13$
Line 2	$32 + (-18)$	$-42 + 14$	$13 + (-8)$	$-15 + (-2)$

Problemi INTORNO A NOI

50 Un autobus parte vuoto dal capolinea. A ogni fermata successiva sale e scende il numero di persone indicato in figura. Quante persone sono rimaste sull'autobus, escluso l'autista, dopo la quinta fermata?

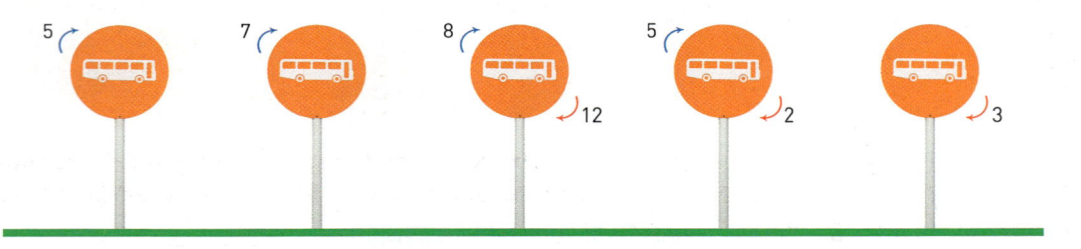

[8]

51 La temperatura massima di Mercurio raggiunge i 427 °C. Sapendo che sul pianeta la temperatura può variare di circa 600 °C, quale temperatura minima può raggiungere?

52 Posiziono su una bilancia digitale un recipiente contenente mezzo kg di pasta. Azzero la bilancia e aggiungo poi pasta fino a leggere sul display 250 g; rimuovo il recipiente e leggo sul display -1303 g. Quanto pesa il recipiente?

53 Un alpinista si trova a una quota di 1500 metri sul livello del mare e sceglie di imboccare un sentiero che, per i primi 2 km, aumenta la sua quota di 850 metri. Percorre poi i successivi 3 km in piano, senza variazioni di quota, e i seguenti 5 km su un sentiero che, inizialmente, scende di 300 metri di quota, poi risale di 450 metri e infine scende di altri 230 metri. A quale quota si trova l'alpinista alla fine del sentiero? Quanti kilometri di sentiero ha percorso? [2270 m sul livello del mare; 10 km]

54 **Più freddo, meno freddo** In questi giorni la temperatura varia notevolmente di giorno in giorno. Lunedì il termometro segnava -7 °C. Martedì la temperatura è aumentata di 11 °C. Mercoledì è diminuita di 7 °C. Giovedì è aumentata di 8 °C. Qual è la temperatura di venerdì se, rispetto a giovedì, è calata di 10 °C? [-5 °C]

55 Una sbarra di rame, per effetto di variazioni di temperatura, si dilata di 2 mm e poi si contrae di 3 mm. Quanto vale la differenza tra la lunghezza finale e quella iniziale della sbarra?

56 **EUREKA!** **Nel 2050** Un aspirapolvere robot può essere comandato a distanza per pulire una scala. È sufficiente premere ogni volta un singolo pulsante, che funziona nel modo seguente: premendo la prima volta, il robot sale un gradino; premendo la seconda volta, il robot sale di due gradini e poi scende di 1; premendo la terza volta, sale di 3 gradini e poi scende di 2 e così via.
Se all'inizio il robot si trova ai piedi della scala (gradino 0), su quale gradino si trova dopo che il pulsante è stato premuto 10 volte?

[gradino 10]

MATEMATICA INTORNO A NOI

Tanti calendari

Noi usiamo il calendario *gregoriano*, ma ne esistono molti altri...

I segni zodiacali dell'oroscopo cinese.

▶ Problema e risoluzione.

---

57 Ieri con € 68 in tasca ho acquistato l'abbonamento mensile per l'autobus, per € 36. Poi ho incontrato un mio amico, che mi ha restituito € 17 che gli avevo prestato. Successivamente, ho comprato dei guanti a € 12 e un berretto a € 7. Infine, facendo la spesa al supermarket dove avrei dovuto pagare € 26, con la carta fedeltà ho ottenuto uno sconto di € 4. Quanti euro mi sono rimasti?
Descrivi la risoluzione del problema mediante un'espressione.

[€ 8]

58 **Gioco dell'oca** Luca e Giulia stanno giocando al gioco dell'oca e Giulia è in vantaggio di 7 caselle rispetto a Luca. Al turno successivo Luca avanza di 5 caselle mentre Giulia, dopo essere avanzata di 2 caselle, è costretta a retrocedere di 8. Dove si trova ora Giulia rispetto a Luca?

[−4, cioè 4 caselle indietro]

59 **YOU & MATHS** **Julie's bank account** Julie opened a bank account on the 19th of May and she recorded her withdrawals and deposits, but she did not check her account for a week and received a notice on the 27th of May from the bank saying she had overdrawn her account.

Date	Purpose	Payment	Deposit
May 19th	Initial deposit		$100
May 24th	Hair cut	$45	
May 24th	Book shop	$73	
May 26th	Sushi dinner	$24	

a. When did Julie overdraw her account?

b. How much does Julie need to deposit to reach a positive balance again?

60 **INVALSI 2006** Sulla cima del Monte Amiata il 5 aprile del 2004, alle ore 6:00, è stata registrata una temperatura di 5 gradi sotto lo zero; alle ore 13:00 la temperatura era salita di 10 gradi; la misurazione delle ore 21:00 registrava una diminuzione di 12 gradi rispetto alle ore 13:00. Quale delle seguenti espressioni esprime correttamente la temperatura alle 21:00?

A $(-5) + (+10) + (-12)$

B $(-5) - (+10) + (-12)$

C $(-5) + (-10) - (-12)$

D $(-5) + (-10) + (+12)$

▶ **LABORATORIO**   **MATEMATICA E GIOCHI**

Una questione di posizione

Fibonacci ha proposto un problema con coppie di conigli per giocare con la sua successione. Giochiamo anche noi provando a usare anche i numeri negativi…

📱   ▶ Problema e risoluzione.   ▶ 2 esercizi in più.

61 📱 **INVALSI 2003**   Un ascensore parte dal secondo piano, sale di tre piani, scende di due e poi di altri quattro, infine sale di due piani. A che piano è arrivato?

A Al piano terra.   **B** Al primo.   **C** Al secondo.   **D** Al terzo.   **E** Al quarto.

62   **EUREKA!**   **Il meteo settimanale**   La seguente tabella riporta, giorno per giorno, le variazioni della temperatura nel corso di una settimana di un dato luogo rispetto al giorno precedente, alla stessa ora.

Lu	Ma	Me	Gi	Ve	Sa	Do
$+3\ °C$	$-2\ °C$	$0\ °C$	$+4\ °C$	$+1\ °C$	$-3\ °C$	$-1\ °C$

Sapendo che la temperatura nell'ultimo giorno registrato (domenica) è stata di 22 °C, qual è stata la temperatura del secondo giorno (martedì)? È possibile che la temperatura nella domenica che ha preceduto il primo giorno registrato sia stata di 19 °C?   [21 °C; no, è stata di 20 °C]

ESPRESSIONI   ➔ Teoria a pagina 41

✓ **CHECKER**   Semplifica le seguenti espressioni con addizioni e sottrazioni.

63 $(10-11)+(+8-7)-(7-13+2)$

66 $(9-1-9+1)+8+3-(6+5-7)-(11-1-1)$

64 $-21+(1-9+13-1)-(2+8-12-8)$

67 $-(25-5)+7-2-(-10)-(+1)$

65 $+15-(-5)-(-3-3)-(1+7+8)-(+1+9)$

68 $+5-\{[73-29+(-52)]+6+(-3)\}$

69 📱 **ESEMPIO DIGITALE** $\{16-[7+(-4)+3]+(-2)\}-(-3)+[7-(-5+2)]$

70 $+18-(24+7)+[(-12)+(-5)]+41-(-8)$ $[+19]$

71 $[2-(-3)-(+1)]-[51-62-(-7)]+[1-35-(-15)+8-(-3)]$ $[0]$

72 $+5-3-\{2-[15+(-3)-(-7)+1]-(37-13)-(12-50)\}$ $[+6]$

73 $\{25-[18-(-4)]+37-[11+(-2)]\}-17+4-(-5)$ $[+23]$

74 $-(-56)+12-\{-(3-9)-[-6-(18-25)-9]+33\}-(72-85-3)$ $[+37]$

75 **YOU & MATHS** **Which are true?** Identify the equalities that are true.

a. $166 + (-117) = 166 - 117$ ☐T ☐F

b. $300 - (-92) = 300 + 92$ ☐T ☐F

c. $421 - (17 + 43) = 421 - 17 - 43$ ☐T ☐F

d. $166 - (5 + 13) = 166 - 5 + 13$ ☐T ☐F

e. $-36 - [-(5 - 3)] = -38$ ☐T ☐F

f. $96 - [-(-2 + 3)] = 96 + 1$ ☐T ☐F

3. MOLTIPLICAZIONE E DIVISIONE

DEFINIZIONI E PROPRIETÀ → Teoria a pagina **42**

per esempio:
$(+2) \cdot (+3) = +6$ $(-8) : (+4) = -2$
$(-2) \cdot (-3) = +6$ $(+8) : (-4) = -2$

76 **VERO O FALSO?** Considera $a \in \mathbb{Z}$ e $b \in \mathbb{Z}$.

a. Se $a \cdot b = 0$, allora $a : b = 0$. ☐V ☐F

b. Se $a : b = 0$, allora $ab = 0$. ☐V ☐F

c. Se $ab > 0$, allora $a : b > 0$. ☐V ☐F

d. Se $|a| = 2$ e $|b| = 6$, allora $ab = 12$. ☐V ☐F

e. Se $|a \cdot b| = 1$, allora $a = 1$ e $b = 1$. ☐V ☐F

f. Se $|a| = 8$ e $a : b = 4$, allora $b = 2$. ☐V ☐F

AL VOLO **Calcola, quando è possibile.**

77 $(-5) : (-7 + 3 + 4)$;

$0 : (-3 + 5 - 2)$;

$0 : (-3 + 8)$;

$0 : [(+15) : (-3) + 1]$.

78 $(-7 + 16) : (+8 - 10 + 2)$;

$[+15 : (-1) + (-3)(-5)] : [(-8) : (-6 + 2)]$;

$[-24 - (-4)(-2)(-3)] : (-7)$.

COMPLETA

79 a. $(-2) \cdot (\underline{}) = -16$;

b. $(\underline{}) \cdot (+15) = +45$;

c. $(\underline{}) \cdot (+12) = -48$;

d. $(-4) \cdot (\underline{}) = 0$;

e. $(+7) \cdot (\underline{}) = -91$;

f. $(\underline{}) \cdot (+3 - 8) = 75$.

80 a. $(\underline{}) : (-6) = +12$;

b. $(\underline{}) : (-8) = 0$;

c. $(-7) : (\underline{}) = -7$;

d. $[(-84) : (-4)] : (\underline{}) = -3$;

e. $(\underline{}) : (-5) = -5$;

f. $(-51 - 3) : (\underline{}) = +6$.

81 **VERO O FALSO?**

a. $|-x| \cdot |y| = -|xy|$. ☐V ☐F

b. Il prodotto di due numeri interi discordi è minore di ciascuno dei due. ☐V ☐F

c. $-(-a) : (-a) = -1$, $\forall a \in \mathbb{Z}$. ☐V ☐F

d. Se il quoziente di due numeri è positivo, allora è positivo anche il quoziente degli opposti. ☐V ☐F

e. Se due numeri sono discordi, il loro prodotto è negativo e la loro somma è positiva. ☐V ☐F

82 **INVALSI 2007** Se $a + b > 0$ e $ab < 0$, quale delle seguenti affermazioni è *vera*?

☐A a e b sono entrambi positivi.

☐B a e b sono entrambi negativi.

☐C a e b hanno segno diverso, e quello positivo è il più piccolo in valore assoluto.

☐D a e b hanno segno diverso, e quello positivo è il più grande in valore assoluto.

83 COMPLETA

a	b	c	$a \cdot (-c)$	$a:b$	$(-a) \cdot c$	$(-a):b$
-9		$+4$		$+3$		
-16				$+4$	-32	
		-9			$+36$	$+2$
		-2	$+72$	$+6$		
	-15	-9		-3		

84 FAI UN ESEMPIO Scrivi due numeri interi che hanno:

a. prodotto negativo e somma positiva;

b. prodotto positivo e somma positiva;

c. prodotto negativo e somma negativa.

85 ESEMPIO DIGITALE Determina due numeri interi che hanno prodotto $+36$ e somma -20.

86 Trova due numeri interi che hanno prodotto -12 e somma -4.

87 EUREKA! **Prodotto nascosto** La somma di due numeri interi a e b è $+8$. Se al quadruplo del prodotto dei due numeri aggiungiamo 1, otteniamo $+49$. Trova a e b. $[+2; +6]$

88 Se il prodotto di due numeri a e b è -24, calcola quanto vale il prodotto:

a. del triplo di a per l'opposto di b;

b. dell'opposto di a con il doppio dell'opposto di b. $[a) +72; b) -48]$

89 La somma di tre numeri interi a, b, c, con $a < b < c$, è $+48$, il doppio di c è $+60$, mentre la divisione di b per a dà come risultato -4. Trova i tre numeri. $[-6; +24; +30]$

90 Determina i tre numeri interi che soddisfano *tutte* le seguenti condizioni.

$a - b \cdot c = 0$ $a : c = -3$ $c : 2 = 2$ $[-12; -3; 4]$

91 Se il quoziente di due numeri interi è -1, quanto valgono la somma, la differenza e il prodotto dei due numeri?

ESPRESSIONI → Teoria a pagina **43**

√ CHECKER **Semplifica le seguenti espressioni.**

92 $[(-32):(-16)] \cdot [(+12):(-6)]$

93 $-9 \cdot [(-6):(-3)] \cdot (-1)(+2)$

94 $[(+25):(-5)] \cdot [-(-3)]:(-5)$

95 $[(+4)(-4)(-3)]:[(-8)(+3)]$

96 $[-2(-3)(-4)(+6)]:[(-12)(+3)]$

97 $[(-100):(+25)]:[(+84):(-21)]$

98 $[(+8)(-3)(+4)]:(-6)$

99 $[(+50)(-6)]:[(-15)(+4)]$

100 COMPLETA inserendo una volta sola i numeri $-2, -3, -4$.

$(-1) - \{[(\underline{\quad})][(\underline{\quad}) - (-5)] : (\underline{\quad})\} = -5$

101 **COMPLETA**

a	b	c	$(a-b) \cdot c$	$ab - c$	$(-a) : c + b$
$+12$	-2	-3			
-25	-3			$+70$	
-72	-4		$+544$		
-6		-3			-1

102 📱 **YOU & MATHS** **Prove it!** Prove that the following statements are true.

a. $(5+3)(5-3) = 5 \cdot 5 - 3 \cdot 3$ **b.** $(4+5)(4-5) = 4 \cdot 4 - 5 \cdot 5$

Which is the general rule that holds in this case?

✓ **CHECKER** Semplifica le seguenti espressioni con le quattro operazioni.

103 $(-8) \cdot 2 + [13 + 1 - 6 \cdot (7-3)] : (-5) + (-7) \cdot (-2)$ $[0]$

104 $7 \cdot 8 - (-7) \cdot (-9) + [(2+12) : 7] : 2 + 6 \cdot 7 - 5 \cdot 6$ $[6]$

105 $(6 - 2 \cdot 2)(21 - 3 \cdot 6) \cdot [8 \cdot (2+4) - 6 \cdot (3+3)]$ $[72]$

106 $64 : (8 \cdot 9 - 7 \cdot 8) + (42 - 9 \cdot 4) \cdot 2 - 21 : 3$ $[9]$

107 $[(-21) : (-7)](-3) + [(+2)(-5)(+4)] : (-10)$ $[-5]$

108 $[(+30)(-2)(-3) + (+4)(-5)] : [(+5)(-8)]$ $[-4]$

109 📱 **ESEMPIO DIGITALE** $\{[(-22)(-6)] : (+3)\} : [(-2)(-2)] + (+26) : (-13)$

110 $[(-12)(+3) + (-6)(+4)] : (+10) - (-220) : (+22)$ $[+4]$

111 $1 + 5 \cdot (3-2) + (7-4-8) + 2 \cdot (-1-4)$ $[-9]$

112 $3 \cdot (6 - 10 + 1) - 4 \cdot (4 + 3 - 5) - 4 \cdot (-12 + 3 + 8)$ $[-13]$

113 $71 - [53 - (-7)] + \{3 \cdot (18 - 15) + 5 \cdot [2 \cdot (-7 + 5)]\}$ $[0]$

114 $-48 + [(-2)(-19)] + \{[15 - (-8)] + 7 \cdot [(-6) + 2 \cdot 2]\}$ $[-1]$

115 $-[24 - (-3)] - [12 + 3 \cdot (18 - 2 \cdot 8) - 25] - 4 : \{(-8) - [2 \cdot (-3)]\}$ $[-18]$

116 📱 **ESEMPIO DIGITALE** $-21 : (-3) + (-12) : (+6) - (-1)(-6) - (-40) : 8 - (+4) : (-2)$

117 $[+5 \cdot (-7 + 4 - 1) - 8 : (-2)] : (1 - 5) - (-1)$ $[+5]$

118 $(2-7) \cdot 3 + (3+9) : 2 - [4 \cdot 2 + 5 : (-1)]$ $[-12]$

119 $(-2)[13 + (-8) - (-7)] : (+3) - [(2 - 23) : (-7)](-2)$ $[-2]$

120 $1 - [25 - (-3)(-5) + (-2)(+4)][(-6)(-7) + 5(-8) - (-6)]$ $[-15]$

121 $[4 \cdot 12 - 7 \cdot (2 + 3 - 5)] : (-8) + [-15 : (-3) + 8 \cdot (-2) - (7 + 1 - 4)] : (-3)$ $[-1]$

122 $1 \cdot (-8) : [-10 + 4 \cdot (+12) : (+6) - 4 + 7 \cdot (+2 - 11 : 11)] - \{-[-(-1)]\}$ $[-7]$

123 $[(-9)|-12|(+4)]:[|-6|(-8)] +|-7|(-5)$ $\qquad [-26]$

124 $\{[|1-8|(+3)(+4)]:|+21|-23\cdot|+2|\}:(+7\cdot|-3|)-|+8-|-11||$ $\qquad [-5]$

125 $\{[14:2-3\cdot(4-1)](8-15+3)-[42:(-19-1+14)-(25:5-2\cdot8)]\}:(-2)$ $\qquad [-2]$

126 $-6:(-2)[-(-3)]-\{[+5\cdot(+2)-10]:(+4-12)-2\cdot(+15):(-6)+(-8+7-14+20)\}:(-5)$ $\quad [+11]$

127 $+7+[-10+4\cdot(-1):(+2)(-3)]-7(+2):(+7)-\{+2\cdot[(-5+7):(-2)(+4)-1]-6\}$ $\qquad [+17]$

128 $\{[35:(-5)+(-49):(-7)]+[28:(-4)-(-21):(-3)]\}:(-7)(-2)-[(17-2):(-3)]$ $\qquad [+1]$

129 $\{(12-15):(-3)[-5-(-5)]-14+17:(-15-2)(-10-4)\}:\{-[-(-2)]-(-1)(-3)\}$ $\qquad [0]$

130 $\{[1-28:(-7)]-[1-15:(+5)]+[1-(-45):(-5)]+[1+63:(-9)]\}:(-7)+(-3)\{-[-(-5)(-2)]\}$
$\qquad [-29]$

4. POTENZA

DEFINIZIONE E PROPRIETÀ → Teoria a pagina **44**

per esempio:
$(+2)^4 = +16$ $\quad (-3)^2 = +9$
$(+2)^3 = +8$ $\quad (-3)^3 = -27$

Indica il segno delle seguenti potenze.

131 $(-3)^9, (-6)^6, (+4)^{15}, (-9)^{81}, (+12)^7, (-5)^{20}$. $\qquad$ **132** $-[-(-8)]^2, -10^8, -[-(-7)^3], -1^{12}, -7^7$.

133 📱 **VERO O FALSO?**

  a. Una potenza con base negativa ed esponente pari è positiva. $\qquad$ V F

  b. Una potenza con base negativa ed esponente multiplo di 3 è negativa. $\qquad$ V F

  c. Il quadrato di un numero negativo non è mai negativo. $\qquad$ V F

  d. Il quadrato di un numero dispari è positivo. $\qquad$ V F

  e. Una potenza è negativa solo se la base è negativa e l'esponente è dispari. $\qquad$ V F

  f. La somma di una potenza con il suo valore assoluto può risultare uguale a zero. $\qquad$ V F

134 📱 **VERO O FALSO?**

  a. $(-4)^6 = -4^6$ $\qquad$ V F $\qquad$ **d.** $(-19)^2 = 19^2$ $\qquad$ V F

  b. $(-1)^7 = -1$ $\qquad$ V F $\qquad$ **e.** $(-8)\cdot(-8)\cdot(-8)\cdot(-8) = -8^4$ $\qquad$ V F

  c. $-10^4 = -(-10)^4$ $\qquad$ V F $\qquad$ **f.** $-144 = (-12)^2$ $\qquad$ V F

135 📱 **ASSOCIA** ogni potenza al risultato corrispondente.

  a. $(-2)^4$ $\qquad$ **b.** -2^4 $\qquad$ **c.** -2^2 $\qquad$ **d.** $(-2)^2$

  1. $+4$ $\qquad$ **2.** $+16$ $\qquad$ **3.** -16 $\qquad$ **4.** -4

Calcola le seguenti potenze.

136 $(-3)^3; (+2)^5; (-4)^2; (+2)^6; (-5)^1$. $\qquad$ **139** $0^2; (-1)^2; (-2)^{2^3}; 0^5; 5^0; (-11)^{30}$.

137 $(-1)^{17}; -1^{17}; -(-1)^{17}; -(-2)^3; -2^3$. $\qquad$ **140** $(-8+5)^3; |-8+5|^3; (-6+6)^0; -6^0; (-6)^0$.

138 $(-5)^2; (-2)^4; (-2)^7; -(-3)^2; (-7)^1$. $\qquad$ **141** $[-(-2)^2]^3; (1-3^2)^2; (-2-3)^3; (-16:8)^2$.

142 **COMPLETA** le uguaglianze (a volte c'è più di una risposta possibile).

a. $(-2)^5 = \underline{\quad}$

c. $(\underline{\quad})^3 = -27$

e. $(\underline{\quad})^2 = +64$

b. $-5^{\underline{\quad}} = -25$

d. $-(-6)^2 = \underline{\quad}$

f. $(-1)^{\underline{\quad}} = -1$

143 **COMPLETA** le uguaglianze (a volte c'è più di una risposta possibile).

a. $(\underline{\quad})^2 = +169$

c. $(\underline{\quad})^1 = -23$

e. $(\underline{\quad})^3 = -64$

b. $(\underline{\quad})^3 = -8$

d. $(\underline{\quad})^4 = +16$

f. $(\underline{\quad})^2 = +225$

144 **AL VOLO** Determina il segno del risultato senza eseguire le operazioni.

a. $(-3)^5 \cdot (-4)^6 : (-2)$

c. $(-5)^6 \cdot (-7)^3 \cdot (-10)^8$

e. $(+6)^5 - (-6)^3 + (-6)^2(-6)$

b. $-5^8 \cdot (-5)^4 : [-(-3)^9]$

d. $(-9)^3 + (-9)^5 + (-9)^7$

f. $-\{-[-(-8)^5]\} \cdot \{-[-(-5)]^7\}$

145 **COMPLETA** la tabella, con $a \in \mathbb{Z}$ e $b \in \mathbb{N}$.

a	-2	$+3$	-1		-5	-7	-8
b			5	4	3		
a^b	-32						
$-a^b$		-9		0		-49	
$(-a)^b$			$+1$				$+1$

146 **COMPLETA** inserendo i simboli $=, \neq$.

$-(-2)^5 \underline{\quad} + 2^5$

$2^5(-7^2) \underline{\quad} -(-2)^5 \cdot 7^2$

$-12^4 \cdot (-3)^2 \underline{\quad} 12^4 \cdot 3^2$

$(-4)^6 : (-2^3) \underline{\quad} -(4^6) : (2^3)$

147 **COMPLETA** quando è possibile, la tabella.

a	b	$a^{|b|}$	$a^2 \cdot (-b)^3$	$3b^{|a|}$	$a^3 b$
-1	0				
0	0				
-2	-3				
$+4$	-2				
-3	$+3$				

148 **CACCIA ALL'ERRORE**

$-(-4)^3 \cdot (-4)^2 = -4^5$; $(-2)^8 + (+2)^8 = 0$; $[(-3)^5 : (+3)^5 + 1]^0 = +1$; $[(-2)^3]^3 = +2^6$.

149 **EUREKA!** **Tra cubi e quadrati** Quale deduzione, con $a \in \mathbb{Z}$, è *falsa*?

A $(-a)^3 > 0 \rightarrow a < 0$ B $(-a)^2 > 0 \rightarrow a > 0$ C $-(a)^2 \geq 0 \rightarrow a = 0$ D $-(a^3) < 0 \rightarrow a > 0$

PROPRIETÀ DELLE POTENZE ➔ Teoria a pagina **44**

150 CACCIA ALL'ERRORE Trova l'errore quando c'è.

a. $(-4)^2 \cdot 5^2 = +20^2$

c. $-14^3 \cdot 2^3 = (-28)^3$

e. $-(-2)^{20} : (-2)^{15} = +2^5$

b. $(-8)^3 : (-8)^2 = +8$

d. $-7^2(-5)^2 = (-35)^2$

f. $-(-4^3)^2 = +4^6$

151 VERO O FALSO? Considera $a \in \mathbb{Z}$.

a. $a^5 \cdot (-a)^3 = a^2$ V F

c. $-a^4 \cdot a^3 = (-a)^7$ V F

e. $(-a^5) : [(-a)^3] = a^2$ V F

b. $a^2 + a^3 = a^5$ V F

d. $a^7 - a^4 = a^3$ V F

f. $(-a^2)^3 = -a^6$ V F

✓ CHECKER Semplifica le seguenti espressioni applicando le proprietà delle potenze.

152 $[(-5)^2]^3 : [(-5)^3 : (-5)^2]^4$; $(-6)^4 : (-6)^2 : (+3)^2$; $(-3)^4 \cdot (-3)^3 : (-3)^6$.

153 $(-5)^2 \cdot (-5)^0 \cdot (-5)^3 : (-5)^4$; $[(+4)^4 \cdot (-3)^4]^2 : (-2)^8$; $[(-7^4)^3 : (-7)^5] : [(-7)^7 : (-7)^2]$.

154 $(3)^{15} : (3)^6 : (3)^3$; $(-5)^2 \cdot (-5)^4 : (5)^6$; $(12)^6 : (4)^6$.

155 $(7)^3 \cdot (7)^3 : (7)^2$; $(64)^3 : (-16)^3$; $(6)^6 \cdot (-6)^{12} : (6)^{10}$.

156 $(-2)^4 \cdot (7)^4 \cdot (3)^4$; $(36)^4 : (6)^4 \cdot (6)^3$; $(2)^4 \cdot [(2)^3]^3 : (2)^3$.

157 $[(3)^2]^3 : 3^3$; $(4)^2 \cdot (-4)^2 \cdot (4)^0$; $(-3)^2 \cdot (8)^2 \cdot (2)^2$.

158 $\{[(2)^2]^2\}^3 : 2^4 \cdot 2^0$; $[(-4)^2 \cdot (-5)^2]^3 : 20^5$; $[(-3)^2 \cdot 3^2]^4 : 3^3$.

159 $[(30)^2 : (-6)^2]^2 : 5^3$; $2^7 \cdot [(2)^2]^4 : \{[(2)^2]^3\}^2$; $[(12)^2 : (3)^2]^2 : 2^2$.

160 ESEMPIO DIGITALE $\{[(-2)^4]^2\}^3 : \{(-2)^7 \cdot (-2)^3 \cdot [(-2)^4]^3\}$

161 $\{[(-108)^5 : (+12)^5] \cdot [(+36)^3 : (-4)^3]\} : (-9)^7$ $[-9]$

162 COMPLETA

a. $(-2)^{\square} \cdot (-2)^4 = (-2)^{11}$

d. $(-2^3)^{\square} = (\underline{}2)^6$

b. $(-3)^2 \cdot (\underline{})^2 = 36$

e. $[(+5)^{\square} \cdot (+5)^2]^3 = (+5)^{15}$

c. $(-7)^{\square} \cdot (+7)^3 = (\underline{}7)^5$

f. $(-2)^3 + (-2)^4 = \underline{}$

Semplifichiamo, applicando le proprietà delle potenze.

a. $(-7)^4 \cdot (+7)^2 = (+7)^4 \cdot (+7)^2 = (+7)^{4+2} = (+7)^6$

$(-7)^4 = (+7)^4$ prima proprietà delle potenze

b. $(-2)^9 \cdot (+2)^7 : (+2)^4 = -(+2)^9 \cdot (+2)^7 : (+2)^4 = -(+2)^{9+7-4} = -(+2)^{12} = -2^{12}$

$(-2)^9 = -(+2)^9$ prima e seconda proprietà delle potenze

✓ **CHECKER** Semplifica le seguenti espressioni.

163 $[(-3)^3]^3 \cdot (+3)^7 : [(+3)^5]^3$ $\qquad [-3]$

165 $-(+8)^5 \cdot (-8)^3 : [(-8)^3 \cdot (+8)^4]$ $\qquad [-8]$

164 $-[-(-4)^8]^3 \cdot [-(-4)^3]^5 : [-(-4)^4]^9$ $\qquad [-64]$

166 $-[-(-7)^4]^2 : [(+7)^2 \cdot (-7)^2 \cdot 7^2]$ $\qquad [-49]$

167 $[(-10)^3 \cdot (+10)^4]^5 : [-(-10)^8]^4 : (-10)^2$ $\qquad [-10]$

168 $\{(+5)^{10} : [(-5)^3]^3 \cdot [(+5)^4 \cdot (-5)^6]\}^2 : (-5)^{20}$ $\qquad [+25]$

169 $\{[(-11)^9 \cdot (+11)^5] : [(-11)^7 \cdot (+11)^6]\}^6 : [(+11)^3 \cdot (-11)^2]$ $\qquad [+11]$

170 $\{[(10)^2]^7 : [-(2)^2 \cdot (-5)^2]^3\} : [(100)^3 \cdot (-10)^2]$ $\qquad [-1]$

Scrivi le seguenti potenze in modo che abbiano tutte la *stessa* base.

171 $(-64)^2; (+32)^5; (-4)^7; (+8)^8; (-16)^5; (+4)^6.$

172 $(9)^5; (-27)^3; (-81)^4; (-9)^5; (+243)^3.$

ESEMPIO

Semplifichiamo la seguente espressione.

$(-128)^2 \cdot (-4)^3 : (-8)^5 : (+2)^3 =$ ❭ scriviamo le potenze in modo che abbiano la stessa base

$(-2^7)^2 \cdot (-2^2)^3 : (-2^3)^5 : (+2)^3 =$ ❭ terza proprietà delle potenze

$(+2)^{14} \cdot [-(+2)^6] : (-2)^{15} : (+2)^3 =$ ❭ per la regola dei segni:
$+ \cdot - : - : + = +$

$(+2)^{14} \cdot (+2)^6 : (+2)^{15} : (+2)^3 =$ ❭ prima e seconda proprietà delle potenze

$(+2)^2 = 4$

✓ **CHECKER** Semplifica le seguenti espressioni.

173 $(-512)^3 : (64)^4$ $\qquad [-8]$

176 $(-5)^3 \cdot (-125)^6 : (-25)^9$ $\qquad [+125]$

174 $(343)^2 : (-49)^2$ $\qquad [+49]$

177 $[(-4)^5 \cdot (-8)^3] : [(+16)^2 \cdot (-2)^5 \cdot (+4)]$ $\qquad [-16]$

175 $(-16)^2 \cdot (-64)^2 \cdot (-256)^3$ $\qquad [-4^{22}]$

178 $[(-3) \cdot (-81)^2 \cdot (+27)^3] : [(+3)^2 \cdot (+27)^2]^2$ $\qquad [-9]$

179 $(-49)^2 : \{[(-7)^3 \cdot (+49)] : (+343)\}$ $\qquad [-49]$

180 $\{[(-36)^3]^3 : [(-3)^5 \cdot (-2)^5]^3\} : \{(-36)^{12} : [(+6)^3]^2\}^{10}$ $\qquad [-216]$

ESPRESSIONI CON LE POTENZE ➡ Teoria a pagina 45

✓ **CHECKER** Semplifica le seguenti espressioni di riepilogo applicando le proprietà delle potenze quando è possibile.

181 $(-2)^3 \cdot (2+3) + 3^2 \cdot 2^3 - 6^2 + (3+4) \cdot 2^2$ $\qquad [24]$

182 $(4)^2 - (-5)^2 + (6+7) \cdot 2^0 - (8+3) \cdot 2^2 - 2^5$ $\qquad [-72]$

183 $[3 + (6-5)^6 + (7 \cdot 3) \cdot (-5)^0 + 7] : 2^5$ $\qquad [1]$

184 $2^4 - 3^2 + [(-2 \cdot 3 \cdot 4 + 4^2):(-2)^3 + 2^3]:(-3)^2 + (-8)^0$ $\quad [9]$

185 $(3^3 - 5 \cdot 2^2) \cdot [(5^3 - 10^2):5 - (2^3 - 7) \cdot (-2)^0]:(2^3 \cdot 2 - 3^1 \cdot 5)$ $\quad [28]$

186 $(-3^3:3^2 - 10^2:5^2) \cdot (-7)^2:(6 \cdot 7 + 7)$ $\quad [-7]$

187 $[5^0 \cdot 5^2 - (-2^2)^3 + (-5)^0]:(-9^2:9)$ $\quad [-10]$

188 $(3^2)^5:(3^4)^2 - [8^4:8^2 - 8^2]:(4^3:4^2)$ $\quad [9]$

189 $(-72)^2:9^2 - [(10^3 - 10^2):10^2 - 2^3] \cdot 2^6$ $\quad [0]$

190 $[(15)^2:(5)^2]^2:3^3 + [7^4:7^3 \cdot 7 - 6^2]:(2^3 + 5)$ $\quad [4]$

191 $[(-3)^4(-3)^3:(-3)^5] \cdot (9^2 \cdot 9^3:9^4)^3:(-9)^2$ $\quad [81]$

192 $(-7)^0 + 7 \cdot (7^4:7^3) + [(35:7)^2 \cdot 4^2]:(15 \cdot 2 - 10)$ $\quad [70]$

193 $[(-6)^2 \cdot (6)^5]:(-6)^4 - (6^2 \cdot 5^2 \cdot 4^2)^2:(6^3 \cdot 2^3 \cdot 10^3)$ $\quad [96]$

194 $[(-2^3)^2 \cdot 2^5]^2:(-2^5)^4 + 2^5:(-2^2)^2 + (-180)^3:(+45)^3$ $\quad [-58]$

195 $\{[(-4)^2]^1\}^6:[(+2)^4]^3 - (-8)^3 \cdot (-2)^3$ $\quad [0]$

196 $[(-7)^8 \cdot (+7)^3:(+7)^4]:[(+7)^6:(+7)^3 \cdot (-7)^4]$ $\quad [+1]$

197 $\{[(-3)^2 \cdot (+3)^3]^2:[(+3)^5 \cdot (+3)^3]\} + [(24)^8:(-8)^8]:[(-3)^3]^2$ $\quad [+18]$

198 $2^4 - 5^2 + \{[(-3)^2]^4:[(+3)^3]^2\} - \{(-2)^5:[(-2)^2]^2\}$ $\quad [+2]$

199 $[(12)^4 \cdot (-12)^3]^3:(-12)^{18}:(4)^3 + 2^{2^2} \cdot [(-2)^3 \cdot (+2)]:(+2)^6$ $\quad [-31]$

200 $[(-20)^3:5^2:(-2)^3]^2:(-10)^2 - (-2^2)^2$ $\quad [0]$

201 $\{[180:(-2^2)]^3:(-5^2):(-3)^4 - 3^0\}:[-(-2)^2]$ $\quad [-11]$

202 $[(-21)^2:(-9)]^2:[-(-7)^3] - 49^2:(-7)^4$ $\quad [+6]$

203 $\{(-3)^3 \cdot (+3)^2 \cdot [(-3)^3]^2\}:(-9)^5$ $\quad [+3]$

204 📱 **ESEMPIO DIGITALE** $(4^3 - 8^2)^{15} - \{25^2:[(-2)^2 + 2^0]^3 \cdot [6^9:(+2^3)^3:(-3^4)^2]\}$

205 $(-5^6):[-25^2:(-5^3)]^3 \cdot (-1)^{13} - (-7^3)^2:(-49)^2$ $\quad [+76]$

206 $\{[(45^2)^3:(-5)^6 \cdot (3)^2]^2:(-3)^{25} + 6^2\}:(-9)^0$ $\quad [+9]$

207 $(3^2)^4 \cdot [(4^8 - 4^6):(-2^3)^2]:[-5^3:5^2 \cdot 18^3]$ $\quad [-216]$

208 $\{-[4^3 \cdot (-4)^3]^2\}:(-8)^5:(-2)$ $\quad [-256]$

209 $\{-[+18:(-6)]^2\}^3:[(-45):(-5)]$ $\quad [-81]$

210 $\{[(-2)^4 \cdot (7)^4]^2:(49)^4\}^4:\{[(-16)^2:(-2)^2]^3 \cdot [-25^2:(-5)^4 + 3^7:3^5]^3\}$ $\quad [+32]$

211 $6^7:\{(-2)^6 \cdot [(+3)^2]^3\}:\{(+3)^5:[(-3)^2]^2\} \cdot (+2)^3 - (+4)^2 - 7^0$ $\quad [-1]$

212 $[144:(-4^2):(-3)]^4 \cdot (-2)^5:6^{2^2} - \{11 - [200 - 13^2 - (-3)^3]:(+2)\}$ $\quad [+16]$

213 $\{[(-5^6):(-5)^4 + (-5)(-2^2) - 5^0]:[(-3)^4:(-3)^3]\}^3 \cdot [48:(-2)^4]$ $\quad [+24]$

214 📱 **ESEMPIO DIGITALE** $\{2 \cdot (3^2 - 5) + [(15 - 1):(-7)]^3 - 26:[(-2)^2 \cdot 3 + 4^0]\}^2 - [(-5^2 - 3 \cdot 5):(-2)^3]$

215 $(-3)^3 \cdot [(-9^2)^5:(-3^{3^2}):(-3^3)^2]:(-9^{2^2}) \cdot \{[-(66^3:11^3)^2]^3:[(-6^{2^2}) \cdot (6^5)^2 \cdot (-36)]\}$ $\quad [-36]$

216 $[(-27)^4:(9^2)^3]^{13} - \{(-8)^3:(-4)^4 + 81^2:[2^0 + 2^5:(2^2)^2]^7\}$ $\quad [0]$

217 $[-(256^3:32^3)^2]:[-2^{3^2}\cdot(-2)^3\cdot(-2^2)^2]\cdot[(15^4:5^4)\cdot(-3^2):9^2]$ $[+36]$

218 $[(+16)^3:(-8)^2\cdot(+4)^2:(+2)^5\cdot(+4)]:\{(-32)^4:[(-4)^3\cdot(-8)^4]\cdot(-2)\}$ $[+16]$

219 $\{[(+243)^5:(-81)^5]\cdot(-3)\}:\{(-3)^6:[(-363)^4:(+121)^4]\}+3^{3^2}:(-3^{2^3})-3^{10^0}$ $[+75]$

220 $[3^2-3^3+(-2)^4]^7:(-2)^4+\{7^3\cdot(-7)^2:[(-4)+(-3)]^4\}^{11}:\{-7^0+(-3)^2-4^2:[5+(-3)]^4\}^9$ $[+41]$

221 $\{[(-2)^5\cdot(-7)^5]:[(-2)^3\cdot(+14)^2\cdot(+7)^3]-[(+36)^2\cdot(-6)^3]:(+216)^2\}^{12}:(-25)^5$ $[-25]$

222 $[(+25)^3(-5)^2(-125)^2]:[(+25)^3(-625)^2]-\{-10\cdot(10)^0-[(+15)^3:(+3)^2]:(+5)^2\}$ $[+26]$

223 $\{81^2:[3^{15}:(3^2)^4]\}^6:[-9^2\cdot(3^4)^2:81^2]+[(4^4-2^6):(-2^4\cdot3)]^3-\{[7^2+49]:[2^9:(2^2)^4\cdot(-7)]\}$ $[-66]$

224 $[(-225)(+15)^3(-3)^2(+5)^2]:[(-15)^2]^3-[(-16)^3(-256)^2(+512)(-8)^4]:[(-32)^7(+4)^3(+64)]$ $[-19]$

Calcola il valore delle seguenti espressioni, dopo aver sostituito alle lettere i valori scritti a fianco.

225 📱 **ESEMPIO DIGITALE** $ab-a^2+2b(a+b)+3b$ $a=+1$ $b=-2$

226 $-2x+x^2y-x(x-3y)-5y$ $x=-4$ $y=+1$ $[-9]$

227 $a^2-2ab-b^2-(a+b)(a-b)+ab^3$ $a=+3$ $b=-1$ $[+3]$

228 $-ab[4a+b(3a^2-b^2)]+2ab-3(a^3+b)$ $a=-3$ $b=+5$ $[+6]$

229 $(x-2y)^2+x^2y:xy+3x(x-y)+x^3$ $x=-2$ $y=-3$ $[0]$

Traduci in espressioni simboliche e poi calcola il valore.

230 📱 **ESEMPIO DIGITALE** Sottraendo il prodotto di -3 e del numero successivo a -3 alla metà della metà di -4, che numero si ottiene?

231 Dividi la differenza tra -8 e $+10$ per il quadrato di -3. $[-2]$

232 Aggiungi a 4 il prodotto tra -3 e la differenza tra 16 e il prodotto di 2 per 6; sottrai poi al risultato il cubo di 2. $[-16]$

233 Dividi per 10 la somma tra -6 e il prodotto di -7 per 2. Calcola poi il triplo prodotto del risultato così ottenuto per -5. $[+30]$

234 Moltiplica per -5 la differenza tra 7 e -2, poi dividi il risultato per il triplo prodotto tra -3 e -5. $[-1]$

235 Addiziona la differenza tra -5 e -7 al prodotto di -6 e $+2$ e poi sottrai il doppio di -3. $[-4]$

236 Calcola la differenza tra il prodotto di -5 e -3 e il quoziente tra -110 e $+22$. $[+20]$

Traduci in espressioni simboliche e poi calcola il loro valore dopo aver assegnato alle lettere i valori indicati.

237 Somma il prodotto di a e b alla differenza tra a e il triplo di b. $a=-10$ $b=+2$ $[-36]$

238 Dividi a moltiplicato per 5 per la differenza tra a e b. $a=+20$ $b=-5$ $[+4]$

239 Moltiplica il quadrato della differenza tra a e b per il loro doppio prodotto. $a=-3$ $b=-1$ $[+24]$

VERIFICA DELLE COMPETENZE ALLENAMENTO

▶ Competenza **1** (abilità **1, 2**)

1  **VERO O FALSO?**

a. $[-12:(-2)^2+3]^0 = +1$ V F   **c.** Se $a^2 = b^2$, allora $a = b$.   V F

b. $(-6)^{2013} > 0$ V F   **d.** Se $a^3 = b^3$, allora $a = b$.   V F

2 Scrivi le seguenti espressioni come potenze aventi la stessa base e poi disponile in ordine crescente.
$$-4^6:(-4)^2; \quad -(2^5)^3; \quad -\left|-8^4\right|; \quad [-(-16)^3]^2; \quad -(-32)^2; \quad -2^{2^3}.$$

✓ **CHECKER** Semplifica le seguenti espressioni.

3 $-3 \cdot \{2^2 + 7 : [2 \cdot (9-1) + 15 : 3 - 5^2 - 18 : (5 \cdot 2 - 4)]\} + 2 \cdot [(-8):4+5]$ $[-3]$

4 $[-24 + 3 \cdot (-4)] : [+6 + (-14):(-5-2) - 2] - [-3 - 7 + 5 \cdot (-2)] : (-2)^2$ $[-1]$

5 $(-4)^2 + (-10):(+5) - 64:(-4)^2 + 5^2 \cdot (+5)^0 + (-3)^2 \cdot (-3)$ $[+8]$

NO TORNA **6** $[(+5)^3:(-5) \cdot 2 + 7 \cdot (13 - 2 \cdot 3)] \cdot \{[(-4)^3 - 6^2 \cdot (-4) + 5 \cdot 24]:10^2\}$ $[-2]$

7 $[(+2)^3:(+2) + (-3)^2:(-3) + (-2)^4:(-2)^3]^2 - [(+2-7)^2 - (+5-3)^3 - (-3)^2]$ $[-7]$

8 $(-15)^3:5^3 - [9 \cdot 4:(-6) - 14]:5 \cdot 5^2 + \{[(-20^2)^4:(5)^8]:(-4)^6 - 2^3\} \cdot (-2)^3$ $[+9]$

9 $(-2)^5 \cdot (-2)^2 : \{-9 + 3 \cdot (-12+5) + 24 : [(-3)^4 - 5^3 + 2 \cdot 16]\} + (2^2 \cdot 35 - 12^2)$ $[0]$

10 $\{[(-6)^3:(+3)^3 \cdot (-2)^3 - (-2)^2]:(9^2:3 - 3 \cdot 7)\}^2 - 11 \cdot (-3)^2 - (-6)^2:2^2$ $[-8]$

11 $\{-[-(-2^2)^2]^3\} : \{[50:(-5)^2]^3\}^3 + \{-[-(-3^2)]^3\}^3 : \{[(-48):(-2^4)]^4\}^4$ $[-1]$

Calcola il valore delle seguenti espressioni, dopo aver sostituito alle lettere i valori scritti a fianco.

NO TORNA **12** $[(b-2a)^2 \cdot (b+2a)^2 - (b^2 + 4a^2)^2] : (-2ab)$ $a = -1$ $b = -2$ $[+16]$

13 $(4ab - b)^3 - (ab - 4b)^3 - 9b^3[a^2(7a-4) - (4a-7)]$ $a = +1$ $b = -1$ $[0]$

▶ Competenza **3** (abilità **1, 2**)

Traduci in espressioni simboliche e poi calcola il loro valore dopo aver assegnato alle lettere i valori indicati.

14 Dividi -9 elevato alla a per -3 elevato alla a e poi alla b. $a = +3$ $b = +2$ $[-1]$

15 Eleva -2 al doppio di b e dividi il risultato per il quadruplo di a. $a = -4$ $b = +3$ $[-4]$

Risolvi i seguenti problemi.

16 **INTORNO A NOI** **Grandi menti** Archimede nacque nel 287 a.C. e morì all'età di 75 anni; in quale anno? Anche Pitagora visse 75 anni e morì nel 495 a.C.; in quale anno nacque? Talete invece nacque nel 624 a.C. e morì nel 547 a.C.; a quale età?

17 **INTORNO A NOI** **Ora di pranzo** Prendo dal freezer una porzione di lasagne a $-18\ °C$ e la metto in forno, aumentandone la temperatura di $230\ °C$. Prima di mangiarla aspetto che la temperatura diminuisca di $161\ °C$. Quale temperatura hanno raggiunto le lasagne? $[51\ °C]$

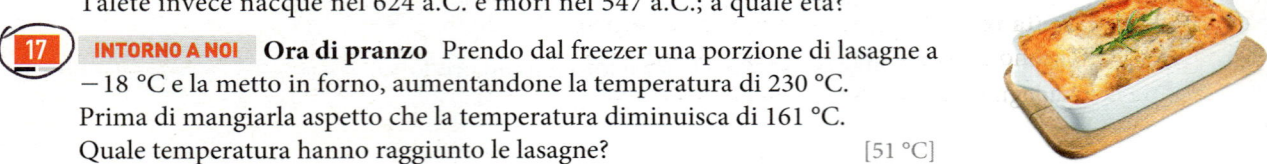

VERIFICA DELLE COMPETENZE PROVE

TUTOR | **PROVA A** (10 esercizi) | **PROVA B** (10 esercizi) | ⏱ IN MEZZ'ORA

PROVA C ▶ Competenze **1, 3** | ⏱ IN UN'ORA

1 **VERO O FALSO?**

a. La somma tra due numeri discordi è zero. ▢V ▢F

b. I numeri interi minori di 4 sono quattro. ▢V ▢F

c. Un numero intero a è sempre maggiore di $-a$. ▢V ▢F

d. Il quoziente di due numeri discordi è negativo. ▢V ▢F

Semplifica le seguenti espressioni.

2 $\{(-34):[(-7)+(-10)]\}^3+[(+9)(-4):(-6)]^2-(+7)(-3)(-2)$

3 $\{(-12)^5:[(+3)^2(-4)^2]\}:\{[(12)^5(-12)^3]:[(-12)^3]^2\}$

4 $[(-28):(-7)-6]^3-[(-4)^2]^6:[(-4)^4(-4)^5]-[(-6)(-2^3+4)]$

5 Un inventore ha creato una macchina del tempo. Decide quindi di viaggiare fino al 1630 per conoscere Galileo Galilei e poi di tornare ancora indietro nel tempo di 2383 anni per assistere alla fondazione di Roma. Infine decide di tornare ulteriormente indietro di 61 anni per assistere alla fondazione di Cartagine. In quali anni sono state fondate Roma e Cartagine?

6 Calcola il valore della seguente espressione dopo aver sostituito alle lettere i valori scritti a fianco:

$$-ab^2+5b+(a:b)^2:3+a^2:(-b) \qquad a=-6, b=-2.$$

PROVA D ▶ Competenze **1, 3** | ⏱ IN UN'ORA

1 **INVALSI 2011** **Più due, meno uno** Antonio e Giada partecipano a una gara a quiz. Per ogni risposta esatta si assegnano due punti, mentre per ogni risposta sbagliata si toglie un punto. L'esito della gara è il seguente:

Antonio ha dato 11 risposte esatte e 9 sbagliate; Giada ha dato 6 risposte esatte e 14 sbagliate.

Quali sono i punteggi finali dei due ragazzi?

▢A $+13; +2$. ▢B $+13; -2$. ▢C $+2; +8$. ▢D $+2; -8$.

2 **Brrr...!** La temperatura può essere espressa in gradi Celsius (°C) o in kelvin (K), e tra le due temperature vale la seguente relazione: $t_{°C}=T_K-273$.

a. Qual è la misura in kelvin della temperatura indicata dal termometro come -4 °C?

b. Se l'acqua diventa ghiaccio a 0 °C, congela a temperatura più alta l'acqua o l'alcol, che ha una temperatura di congelamento di 158 K?

3 **Poca spesa, tanta resa?** Nel mese di gennaio sui registri di una ditta ci sono le voci (in euro) segnate nel biglietto. La ditta ha guadagnato o è andata in perdita? Di quanto?

−23455	*costi di produzione*
+25091	*ricavo delle vendite*
−1200	*manutenzione macchinari*
−752	*spese di gestione*

3 NUMERI RAZIONALI ASSOLUTI

1. CHE COS'È UN NUMERO RAZIONALE ASSOLUTO

> 🎧 A **fraction** is a number defined by two non-negative integers: the denominator, different than zero, is written on the *bottom* and it indicates how many equal parts a unit is divided into, while the numerator is on the *top* and it indicates how many equal parts to consider.

FRAZIONI ➡ Esercizi a pagina **76**

Ci sono problemi che si risolvono mediante coppie di numeri naturali.
Per esempio, se dobbiamo dividere tre pizze fra quattro ragazzi, procediamo tagliando ogni pizza in 4 parti uguali e ne diamo 3 a ogni ragazzo.

Diciamo anche che ogni ragazzo ha avuto $\frac{3}{4}$ di pizza. $\frac{3}{4}$ è una coppia di numeri naturali in cui il denominatore 4 indica il numero di parti uguali in cui dividere l'unità e il numeratore 3 indica le parti da considerare.

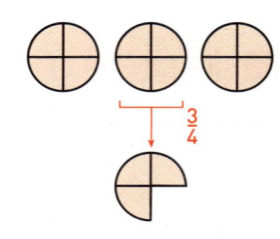

DEFINIZIONE
Una **frazione** è una coppia ordinata di numeri naturali, con *il secondo diverso da zero*.

Il primo numero è il **numeratore** della frazione, il secondo è il **denominatore**.

ESEMPIO
$$\frac{3}{4} \text{ è una frazione}$$
con numeratore e denominatore

$$\frac{5}{0} \text{ non è una frazione}$$

Una frazione $\frac{m}{n}$, con $m, n \in \mathbb{N}$, $n \neq 0$, è:

- **propria** se $m < n$;
- **apparente** se m è multiplo di n;
- **impropria** se $m > n$ e m non è multiplo di n.

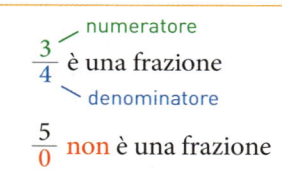

frazioni improprie
$$\frac{4}{5}, \quad \frac{8}{3}, \quad \frac{2}{6}, \quad \frac{12}{6}, \quad \frac{7}{4}, \quad \frac{21}{7}$$
frazioni proprie · frazioni apparenti

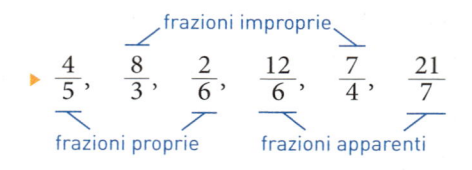

$\frac{2}{3}$ propria

apparente $\frac{10}{5}$

$\frac{7}{4}$ impropria

FRAZIONI EQUIVALENTI ➡ Esercizi a pagina **77**

> 🎧 You can check if two fractions $\frac{m}{n}$ and $\frac{p}{q}$ are **equivalent** by calculating the products m times q and n times p, and verifying that they are equal.

DEFINIZIONE
Due **frazioni**, $\frac{m}{n}$ e $\frac{p}{q}$, sono **equivalenti** se e solo se:

$$m \cdot q = n \cdot p.$$

ESEMPIO

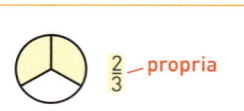

equivalenti
$$\frac{2}{8} = \frac{1}{4} \qquad 2 \cdot 4 = 8 \cdot 1$$

non equivalenti
$$\frac{1}{2} \neq \frac{4}{10} \qquad 1 \cdot 10 \neq 2 \cdot 4$$

Per indicare che due frazioni sono equivalenti usiamo il simbolo =.

Vale la seguente proprietà.

PROPRIETÀ

Proprietà invariantiva
Moltiplicando o dividendo numeratore e denominatore di una frazione per uno stesso numero *diverso da zero*, si ottiene una frazione equivalente.

ESEMPIO

$$3 \cdot (5 \cdot 7) = 5 \cdot (3 \cdot 7)$$
$$\frac{3}{5} = \frac{3 \cdot 7}{5 \cdot 7} = \frac{21}{35}$$
$$\frac{56}{32} = \frac{56 : 8}{32 : 8} = \frac{7}{4}$$
$$56 \cdot (32 : 8) = 32 \cdot (56 : 8)$$

DIMOSTRAZIONE

- Dimostriamo che $\dfrac{m}{n}$ è equivalente a $\dfrac{m \cdot p}{n \cdot p}$, con $p \neq 0$.

  Consideriamo il prodotto fra il numeratore m della prima frazione per il denominatore $n \cdot p$ della seconda. Se applichiamo le proprietà associativa e commutativa della moltiplicazione fra numeri naturali,

  proprietà commutativa

  $$m \cdot (n \cdot p) = (m \cdot n) \cdot p = (n \cdot m) \cdot p = n \cdot (m \cdot p),$$

  proprietà associativa · proprietà associativa

  otteniamo il prodotto fra il denominatore n della prima frazione per il numeratore $m \cdot p$ della seconda frazione, quindi le frazioni sono equivalenti.

- Dimostriamo che $\dfrac{m}{n}$ e $\dfrac{m : p}{n : p}$, con $p \neq 0$, sono equivalenti:

  per la proprietà dimostrata

  $$\frac{m : p}{n : p} = \frac{(m : p) \cdot p}{(n : p) \cdot p} = \frac{m}{n}.$$

  per la definizione di quoziente

Una frazione è **irriducibile** o **ridotta ai minimi termini** se numeratore e denominatore sono primi fra loro.

▶ $\dfrac{11}{8}$ è irriducibile; $\dfrac{8}{6}$ non lo è. — 8 e 6 hanno 2 come divisore comune

Chiamiamo **semplificazione** di una frazione il passaggio da una frazione a una equivalente quando *dividiamo* numeratore e denominatore per uno stesso numero diverso da zero.
Di solito cerchiamo di semplificare fino a ottenere una frazione irriducibile.

▶ Se consideriamo $\dfrac{90}{12}$, il numeratore e il denominatore sono divisibili sia per 2 sia per 3, quindi dividiamo per 6:

$$\frac{90}{12} = \frac{90 : 6}{12 : 6} = \frac{15}{2};$$

proprietà invariantiva $6 = \text{MCD}(90; 12)$

in breve: $\dfrac{\overset{15}{90}}{\underset{2}{12}}$.

NUMERI RAZIONALI ASSOLUTI ➡ Esercizi a pagina **80**

🎧 The number set that contains all equivalence classes of fractions is the set of **absolute rational numbers**.

Se consideriamo l'insieme di tutte le frazioni e le raggruppiamo in sottoinsiemi, ognuno dei quali contiene le frazioni fra loro equivalenti, otteniamo una *partizione* dell'insieme delle frazioni perché:

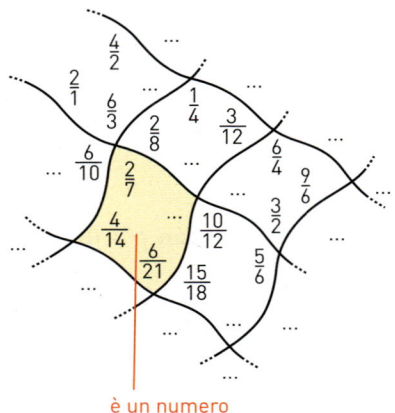

è un numero razionale assoluto

- ogni sottoinsieme non ha elementi comuni con gli altri;
- ogni frazione appartiene a un sottoinsieme.

Chiamiamo **numero razionale assoluto** ogni insieme formato da tutte le frazioni fra loro equivalenti.

Indichiamo con $\mathbb{Q}_a$ l'insieme dei numeri razionali assoluti.

Per indicare un numero razionale assoluto, possiamo utilizzare una qualsiasi delle frazioni equivalenti che appartengono all'insieme associato al numero.

▸ $\frac{5}{4}$ e $\frac{10}{8}$ sono frazioni equivalenti.

Ognuna può essere scelta per rappresentare lo *stesso numero razionale*.

Per questo utilizziamo il simbolo = e scriviamo $\frac{5}{4} = \frac{10}{8}$: le due frazioni sono modi diversi di scrivere lo stesso numero razionale.

ESERCIZI PER COMINCIARE

1 Indica le frazioni fra:

$$\frac{3}{5}, \quad \frac{2+4}{6}, \quad \frac{5+1}{4-4}, \quad \frac{2 \cdot 0}{2+2}, \quad \frac{7 \cdot 1}{0 \cdot 5}, \quad \frac{15}{3}.$$

2 Indica le frazioni proprie, apparenti e improprie fra:

$$\frac{5}{7}, \quad \frac{6}{4}, \quad \frac{1}{5}, \quad \frac{8}{2}, \quad \frac{6}{3}, \quad \frac{9}{4}, \quad \frac{3}{2}, \quad \frac{15}{6}, \quad \frac{21}{30}, \quad \frac{17}{1}.$$

3 📱 **ANIMAZIONE** Completa le uguaglianze, se possibile, applicando la proprietà invariantiva.

a. $\frac{7}{8} = \frac{\square}{48}$;

b. $\frac{27}{5} = \frac{51}{\square}$;

c. $\frac{\square}{10} = \frac{35}{50}$;

d. $\frac{18}{21} = \frac{\square}{35}$;

e. $\frac{21}{\square} = \frac{49}{14}$;

f. $\frac{5}{4} = \frac{\square}{12}$.

4 Semplifica, quando è possibile:

$$\frac{16}{8}; \quad \frac{8}{9}; \quad \frac{25}{10}; \quad \frac{7}{42}; \quad \frac{15}{35}; \quad \frac{30}{105}; \quad \frac{60}{80};$$

$$\frac{126}{147}; \quad \frac{54}{48}; \quad \frac{16}{3}; \quad \frac{360}{180}; \quad \frac{56}{98}; \quad \frac{64}{128}.$$

5 📱 **VIDEO** **Frazioni equivalenti e numeri razionali** Considera un quadrato e verifica che la parte che corrisponde ai suoi $\frac{4}{6}$ è la stessa che corrisponde ai suoi $\frac{8}{12}$. Ci sono altre frazioni che corrispondono alla stessa parte? Come chiamiamo l'insieme di tutte queste frazioni? Confronta le tue risposte con le considerazioni proposte nel video.

2. CONFRONTO E RAPPRESENTAZIONE

CONFRONTO

→ Esercizi a pagina **80**

Ordiniamo l'insieme $\mathbb{Q}_a$ aggiungendo alla definizione di frazioni equivalenti la seguente.

Given two fractions $\frac{m}{n}$ and $\frac{p}{q}$, $\frac{m}{n}$ is **less than** $\frac{p}{q}$ if the product of m times q is less than the product of n times p; $\frac{m}{n}$ **is greater** than $\frac{p}{q}$ if the product of m times q is greater than the product of n times p.

DEFINIZIONE

Frazione maggiore, frazione minore

Due frazioni, $\frac{m}{n}$ e $\frac{p}{q}$, sono:

- $\frac{m}{n} < \frac{p}{q}$ se $m \cdot q < n \cdot p$;

- $\frac{m}{n} > \frac{p}{q}$ se $m \cdot q > n \cdot p$.

ESEMPIO

$$\frac{3}{4} < \frac{5}{6} \qquad \text{minore} \qquad 3 \cdot 6 < 4 \cdot 5$$

$$\frac{8}{5} > \frac{3}{2} \qquad 8 \cdot 2 > 5 \cdot 3 \qquad \text{maggiore}$$

L'ordine di due frazioni si può stabilire immediatamente se hanno lo stesso denominatore. In questo caso basta confrontare i numeratori.

▶ $\frac{7}{6} < \frac{9}{6}$ perché $7 \cdot 6 < 6 \cdot 9$, ossia $7 < 9$.

Portando le frazioni allo stesso denominatore, possiamo sempre confrontare due numeri razionali senza utilizzare direttamente la definizione precedente.

ESEMPIO

Disponiamo in ordine crescente $\frac{7}{3}$, $\frac{5}{6}$, $\frac{3}{2}$, $\frac{5}{4}$, $\frac{9}{6}$.

Trasformiamo le frazioni in altre equivalenti e aventi per denominatore il minimo comune multiplo dei denominatori mcm(3; 6; 2; 4) = 12, cioè il minimo comune denominatore.

$$\overset{\cdot 4}{\frac{7}{3}} = \underset{\cdot 4}{\frac{28}{12}}; \quad \overset{\cdot 2}{\frac{5}{6}} = \underset{\cdot 2}{\frac{10}{12}}; \quad \overset{\cdot 6}{\frac{3}{2}} = \underset{\cdot 6}{\frac{18}{12}}; \quad \overset{\cdot 3}{\frac{5}{4}} = \underset{\cdot 3}{\frac{15}{12}}; \quad \overset{\cdot 2}{\frac{9}{6}} = \underset{\cdot 2}{\frac{18}{12}}.$$

Le frazioni trovate sono nello stesso ordine dei loro numeratori:

$$\frac{10}{12} < \frac{15}{12} < \frac{18}{12} = \frac{18}{12} < \frac{28}{12}.$$

Quindi: sono lo stesso numero razionale

$$\frac{5}{6} < \frac{5}{4} < \frac{3}{2} = \frac{9}{6} < \frac{7}{3}.$$

Se le frazioni hanno lo stesso numeratore, allora è maggiore quella che ha denominatore minore.

▶ $\frac{6}{9} < \frac{6}{4}$ perché $6 \cdot 4 < 9 \cdot 6$, ossia $4 < 9$.

RAPPRESENTAZIONE SULLA SEMIRETTA ORIENTATA

→ Esercizi a pagina **82**

> 🎧 You can **place** fractions on the number line by *dividing* the segment from 0 to 1 in as many equal parts as the denominator indicates, and then considering as many parts as the numerator indicates.

Per rappresentare una frazione $\frac{m}{n}$ sulla semiretta orientata, procediamo come quando operiamo con le frazioni nei problemi della realtà:

- dividiamo l'unità in n parti;
- ne prendiamo m.

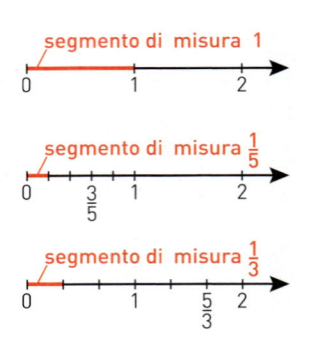

▸ Per rappresentare $\frac{3}{5}$, dividiamo l'unità in 5 parti e ne prendiamo 3, facendo corrispondere a $\frac{3}{5}$ il punto che è secondo estremo del segmento con primo estremo in 0 e con misura $\frac{3}{5}$.

Analogamente, per rappresentare $\frac{5}{3}$, dividiamo l'unità in 3 parti e ne prendiamo 5. In pratica, abbiamo diviso ciascuna delle prime due unità in 3 parti, e di tutte le parti ottenute complessivamente ne abbiamo poi considerate 5.

Se rappresentiamo sulla semiretta orientata delle frazioni equivalenti, otteniamo lo stesso punto: ogni numero razionale è rappresentato da un solo punto.

▸ Rappresentiamo:

$$\frac{2}{5}, \frac{4}{10}, \frac{6}{15}, \dots; \qquad \frac{7}{4}, \frac{14}{8}, \frac{21}{12}, \dots; \qquad \frac{8}{3}, \frac{16}{6}, \frac{24}{9}, \dots .$$

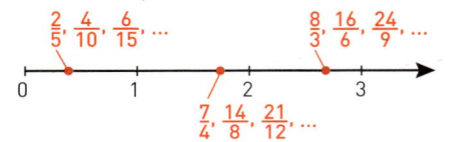

CORRISPONDENZA FRA NUMERI NATURALI E FRAZIONI

> 🎧 There is a **one to one correspondence** between the natural numbers and the set of fractions with denominator 1, so all natural numbers can be written as fractions with denominator 1, and vice versa.

Sulla semiretta orientata, i punti corrispondenti ai numeri naturali sono anche quelli dei numeri razionali le cui frazioni ridotte ai minimi termini hanno denominatore 1.

C'è una corrispondenza biunivoca fra $\mathbb{N}$ e un sottoinsieme di $\mathbb{Q}_a$.

In $\mathbb{Q}_a$, useremo 0, 1, 2, 3 … come modi diversi di scrivere

$$\frac{0}{1}, \quad \frac{1}{1}, \quad \frac{2}{1}, \quad \frac{3}{1}, \quad \dots$$

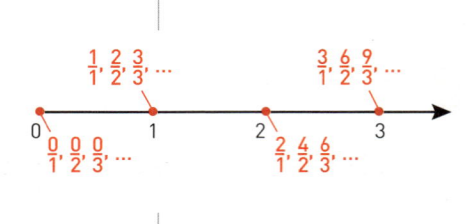

ESERCIZI PER COMINCIARE

1 📱 **ANIMAZIONE** Disponi in ordine crescente $\frac{4}{5}, \frac{5}{3}, \frac{7}{4}, \frac{11}{8}, \frac{1}{2}$.

2 Disponi in ordine decrescente $\frac{4}{7}, \frac{9}{2}, \frac{5}{7}, \frac{4}{15}, \frac{5}{2}$, confrontando numeratori o denominatori.

3 Rappresenta sulla semiretta orientata $\frac{1}{2}, \frac{6}{7}, \frac{8}{6}, \frac{12}{5}, \frac{3}{4}, \frac{2}{8}, \frac{6}{3}$.

3. OPERAZIONI

ADDIZIONE E SOTTRAZIONE

➔ Esercizi a pagina **82**

La somma, o la differenza, di due frazioni con lo stesso denominatore è una frazione che ha per denominatore lo stesso denominatore e per numeratore la somma, o la differenza, dei numeratori.

DEFINIZIONE

Somma e differenza

Consideriamo le frazioni con lo stesso denominatore $\frac{a}{b}$ e $\frac{c}{b}$:

- $\frac{a}{b} + \frac{c}{b} = \frac{a+c}{b}$;

- $\frac{a}{b} - \frac{c}{b} = \frac{a-c}{b}$, con $a \geq c$.

ESEMPIO

$$\frac{4}{5} + \frac{2}{5} = \frac{4+2}{5} = \frac{6}{5}$$

stesso denominatore

$$\frac{6}{7} - \frac{2}{7} = \frac{6-2}{7} = \frac{4}{7}$$

stesso denominatore

Se le frazioni non hanno lo stesso denominatore, otteniamo la somma o la differenza trasformandole in frazioni equivalenti che abbiano denominatore comune.
Conviene considerare frazioni che abbiano per denominatore il mcm dei denominatori, cioè il minimo comune denominatore.

ESEMPIO

Per eseguire $\frac{5}{6} + \frac{1}{4}$:

$$\frac{5}{6} = \frac{10}{12}, \quad \frac{1}{4} = \frac{3}{12}. \quad 12 = \text{mcm}(6; 4)$$

Quindi:

$$\frac{5}{6} + \frac{1}{4} = \frac{10}{12} + \frac{3}{12} = \frac{13}{12}.$$

Scriviamo anche:

$$\frac{5}{6} + \frac{1}{4} = \frac{10+3}{12} = \frac{13}{12}.$$

Analogamente:

$$\frac{3}{2} - \frac{1}{3} = \frac{9-2}{6} = \frac{7}{6}.$$

$$\frac{9}{6} - \frac{2}{6} \quad \text{mcm}(2; 3)$$

MOLTIPLICAZIONE E DIVISIONE

➔ Esercizi a pagina **83**

Il prodotto di due frazioni è una frazione che ha per numeratore il prodotto dei numeratori e per denominatore il prodotto dei denominatori.

DEFINIZIONE

Prodotto

Date le frazioni $\frac{a}{b}$ e $\frac{c}{d}$:

$$\frac{a}{b} \cdot \frac{c}{d} = \frac{a \cdot c}{b \cdot d}.$$

ESEMPIO

$$\frac{3}{7} \cdot \frac{2}{5} = \frac{3 \cdot 2}{7 \cdot 5} = \frac{6}{35}$$

Se ci sono fattori in comune fra numeratori e denominatori, è utile anticipare la semplificazione prima di calcolare i prodotti a numeratore e a denominatore.

▶ Invece di scrivere

$$\frac{21}{25} \cdot \frac{5}{6} = \frac{\overset{7}{\cancel{21}} \cdot \overset{1}{\cancel{5}}}{\underset{5}{\cancel{25}} \cdot \underset{2}{\cancel{6}}} = \frac{7}{10},$$

scriviamo in modo più sintetico:

$$\frac{\overset{7}{\cancel{21}}}{\underset{5}{\cancel{25}}} \cdot \frac{\overset{1}{\cancel{5}}}{\underset{2}{\cancel{6}}} = \frac{7}{10}.$$

Chiamiamo **reciproca** o **inversa** di una frazione $\frac{c}{d}$, con $c \neq 0$, la frazione $\frac{d}{c}$.

Il prodotto di una frazione per la sua reciproca è 1.

▶ $\frac{\overset{1}{\cancel{2}}}{\underset{1}{\cancel{3}}} \cdot \frac{\overset{1}{\cancel{3}}}{\underset{1}{\cancel{2}}} = \frac{1}{1} = 1$

> 🎧 The **reciprocal** of a fraction is a fraction that multiplied by the original one gives 1 as a product.
> To **divide** two fractions you can multiply the first by the reciprocal of the second.

Come per i numeri naturali, vogliamo che nella divisione fra due frazioni il quoziente sia quel numero che moltiplicato per il divisore dia il dividendo, quindi il quoziente deve essere il prodotto fra il dividendo e l'inverso del divisore.

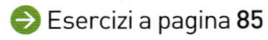

▶ $\underset{\text{dividendo}}{\underline{\frac{2}{3}}} : \underset{\text{divisore}}{\underline{\frac{4}{5}}} = \overset{\text{quoziente}}{\frac{2}{3} \cdot \frac{5}{4}}$ perché $\left(\frac{2}{3} \cdot \frac{5}{4}\right) \cdot \frac{4}{5} \overset{\text{proprietà associativa}}{=} \frac{2}{3} \cdot \left(\frac{5}{4} \cdot \frac{4}{5}\right) \overset{\text{proprietà del reciproco}}{=} \frac{2}{3} \cdot 1 = \underline{\frac{2}{3}}.$

DEFINIZIONE

Quoziente

Date le frazioni $\frac{a}{b}$ e $\frac{c}{d}$, con $c \neq 0$:

$$\frac{a}{b} : \frac{c}{d} = \frac{a}{b} \cdot \frac{d}{c}.$$

ESEMPIO

$$\frac{5}{11} : \frac{7}{6} = \frac{5}{11} \cdot \frac{6}{7} = \frac{30}{77}$$

moltiplichiamo per la frazione reciproca

POTENZA ➡ Esercizi a pagina **85**

Anche per le frazioni vogliamo che, per esponenti diversi da 0 e 1, la potenza sia una moltiplicazione ripetuta.

▶ $\left(\frac{2}{3}\right)^5 = \frac{2}{3} \cdot \frac{2}{3} \cdot \frac{2}{3} \cdot \frac{2}{3} \cdot \frac{2}{3} = \frac{2 \cdot 2 \cdot 2 \cdot 2 \cdot 2}{3 \cdot 3 \cdot 3 \cdot 3 \cdot 3} = \frac{2^5}{3^5}$

Diamo allora la seguente definizione.

DEFINIZIONE

Potenza

Data la frazione $\frac{a}{b}$:

$$\left(\frac{a}{b}\right)^n = \frac{a^n}{b^n}, \text{ con } n \in \mathbb{N}.$$

ESEMPIO

$$\left(\frac{12}{5}\right)^2 = \frac{12^2}{5^2} = \frac{144}{25}$$

distribuiamo l'esponente

La definizione, per $n = 0$ e $n = 1$, fa ottenere gli stessi risultati che abbiamo nei numeri naturali:

$$\left(\frac{a}{b}\right)^0 = \frac{a^0}{b^0} = \frac{1}{1} = 1; \quad \left(\frac{a}{b}\right)^1 = \frac{a^1}{b^1} = \frac{a}{b}.$$

In $\mathbb{Q}_a$ valgono le cinque proprietà delle potenze già esaminate in $\mathbb{N}$.

$$\left(\frac{3}{2}\right)^8 \cdot \left(\frac{3}{2}\right)^2 : \left[\left(\frac{3}{2}\right)^2\right]^3 = \left(\frac{3}{2}\right)^{10} : \left(\frac{3}{2}\right)^6 = \left(\frac{3}{2}\right)^4 = \frac{81}{16}$$

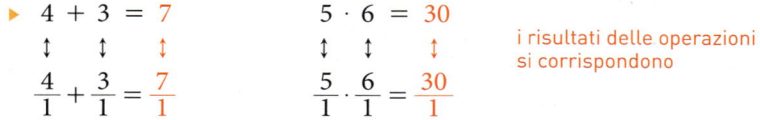

- terza proprietà delle potenze
- definizione di potenza
- prima proprietà delle potenze
- seconda proprietà delle potenze

$\mathbb{Q}_a$ COME AMPLIAMENTO DI $\mathbb{N}$

- L'insieme $\mathbb{N}$ è in corrispondenza biunivoca con il sottoinsieme di $\mathbb{Q}_a$ rappresentato dalle frazioni con denominatore 1.

- In $\mathbb{Q}_a$ valgono tutte le proprietà delle operazioni che valgono in $\mathbb{N}$.

- Le operazioni definite in $\mathbb{Q}_a$ «mantengono» la corrispondenza.

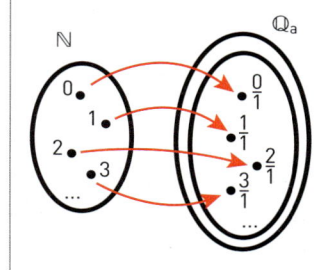

$$4 + 3 = 7 \qquad\qquad 5 \cdot 6 = 30$$
$$\updownarrow \quad \updownarrow \quad \updownarrow \qquad\qquad \updownarrow \quad \updownarrow \quad \updownarrow$$
$$\frac{4}{1} + \frac{3}{1} = \frac{7}{1} \qquad\qquad \frac{5}{1} \cdot \frac{6}{1} = \frac{30}{1}$$

i risultati delle operazioni si corrispondono

- In $\mathbb{Q}_a$ possiamo eseguire divisioni come $3 : 4 = \frac{3}{1} : \frac{4}{1} = \frac{3}{1} \cdot \frac{1}{4} = \frac{3}{4}$, che non erano possibili in $\mathbb{N}$.

  Escluso lo zero, l'operazione di divisione è interna in $\mathbb{Q}_a$, mentre non lo era in $\mathbb{N}$.

I punti precedenti si riassumono dicendo che $\mathbb{Q}_a$ è **un ampliamento di** $\mathbb{N}$.

C'è un'altra proprietà che vale in $\mathbb{Q}_a$ e non in $\mathbb{N}$: dati due numeri razionali, è sempre possibile trovare un numero razionale che è compreso fra i due.

Per esprimere questa proprietà, diciamo che $\mathbb{Q}_a$ è un insieme **denso**.

ESERCIZI PER COMINCIARE

1 Calcola:

$$\frac{1}{6} - \frac{1}{10}; \quad 1 + \frac{6}{5}; \quad \frac{8}{3} \cdot \frac{5}{2}; \quad \frac{11}{12} \cdot 3.$$

2 Calcola:

$$\frac{6}{7} : \frac{5}{21}; \quad \frac{8}{55} : \frac{2}{33}; \quad \left(\frac{7}{3}\right)^2; \quad \left(\frac{1}{10}\right)^3.$$

3 Semplifica:

$$\frac{5}{3} \cdot \frac{2}{30} - \left[\frac{1}{6} \cdot \frac{20}{3} \cdot \frac{1}{10} - \left(\frac{1}{10} - \frac{5}{3} \cdot \frac{1}{25}\right)\right]. \quad \left[\frac{1}{30}\right]$$

4 Semplifica:

$$\frac{2}{3} : \left[\frac{4}{11} : \left(\frac{1}{3} \cdot \frac{11}{5} - \frac{13}{22} : \frac{39}{2}\right) - \frac{14}{3} : \frac{8}{3}\right]. \quad \left[\frac{8}{15}\right]$$

5 📱 **VIDEO** **Addizione e moltiplicazione di frazioni** Nel video trovi un'interpretazione geometrica dell'addizione e della moltiplicazione di frazioni. Utilizzala per rappresentare graficamente le seguenti operazioni:

$$\frac{2}{9} + \frac{5}{9}; \qquad \frac{1}{6} + \frac{2}{5}; \qquad \frac{5}{9} \cdot \frac{2}{7}.$$

6 📱 **ANIMAZIONE** Semplifica: $\frac{5}{27} \cdot \left(\frac{1}{2} + \frac{2}{5}\right) + \frac{3}{20} : \left[\frac{36}{5} \cdot \left(2 - \frac{3}{2} - \frac{1}{3}\right)^2 - \left(\frac{1}{2} - \frac{1}{4}\right) \cdot \frac{2}{3}\right] + \frac{1}{5} : \frac{3}{20}.$

7 📱 **ANIMAZIONE** Semplifica: $\left\{\left(\frac{2}{5}\right)^6 \cdot \left[\left(\frac{2}{5}\right)^3\right]^3\right\}^2 : \left[\left(\frac{4}{25}\right)^4 \cdot \left(\frac{8}{125}\right)^7\right] + \left(\frac{4}{5}\right)^8 \cdot \left(\frac{3}{2}\right)^8 : \left(\frac{6}{5}\right)^7.$

8 📱 **ANIMAZIONE** Considera $\frac{3}{5}$ e $\frac{4}{5}$. Calcola $\frac{1}{2}\left(\frac{3}{5} + \frac{4}{5}\right)$. Il risultato è compreso fra $\frac{3}{5}$ e $\frac{4}{5}$?

Considera il risultato al posto di uno dei due numeri, per esempio $\frac{4}{5}$, e ripeti il calcolo. Quante volte puoi ripetere questo procedimento? Cosa puoi concludere?

4. NUMERI DECIMALI

DALLA FRAZIONE AL NUMERO DECIMALE

→ Esercizi a pagina **89**

Un numero decimale è la somma della sua parte intera con frazioni che hanno le cifre decimali per numeratori e potenze di 10 per denominatori.

▶ $2,35 = 2 + \dfrac{3}{10} + \dfrac{5}{100} = \dfrac{235}{100}$

> 🎧 A **decimal** is a fraction with denominator 10 or a power of 10. A **decimal number** is the sum of an integer plus decimals. It can be *finite* if the decimals are a finite number or *periodical* if a sequence of decimals is repeated infinitely.

Data una frazione, possiamo trasformarla in un numero decimale dividendo il numeratore per il denominatore.

Se nella divisione otteniamo un resto uguale a zero, il numero è **decimale finito**.

▶ $\dfrac{67}{50} = 67 : 50 = 1,34$

Se non c'è un resto uguale a zero, i resti sono tuttavia sempre minori del divisore, quindi, prima o poi, incontreremo di nuovo lo stesso resto e otterremo le stesse cifre decimali. Allora, quando il numero non è decimale finito, ha cifre che si ripetono periodicamente: il numero è **decimale periodico**. Chiamiamo **periodo** il gruppo di cifre che si ripete.

Un numero decimale periodico è:

• **semplice** se le cifre si ripetono subito dopo la virgola;

• **misto** se le cifre si ripetono ma non subito dopo la virgola.

Chiamiamo **antiperiodo** il gruppo di cifre decimali che precede il periodo.

▶ $\dfrac{41}{11} = 41 : 11 = 3,7272\ldots = 3,\overline{72}$;

periodo

numero decimale periodico **semplice**

$\dfrac{58}{45} = 58 : 45 = 1,2888\ldots = 1,2\overline{8}.$

periodo

antiperiodo

numero decimale periodico **misto**

Frazioni e numeri decimali generati

Consideriamo una frazione ridotta ai minimi termini.

Se il denominatore, scomposto in fattori primi, contiene:	la frazione genera un numero decimale:
solo potenze di 2 o di 5	finito
solo fattori diversi da potenze di 2 e di 5	periodico semplice
fattori diversi da potenze di 2 e di 5 *e* potenze di 2 o di 5	periodico misto

a. $\dfrac{22}{24}$; **b.** $\dfrac{213}{50}$; **c.** $\dfrac{14}{9}$.

Riconosciamo quale frazione genera un numero decimale finito, un periodico semplice o un periodico misto e otteniamo i numeri decimali generati.

a. $\dfrac{22}{24} = \dfrac{11}{12} = \dfrac{11}{3 \cdot 2^2}$ ⟶ potenza di 2 e fattore diverso da potenze di 2 e di 5 ⟶ numero decimale periodico misto ⟶ $11 : 12 = 0,91\overline{6}$

semplifichiamo

b. $\dfrac{213}{50} = \dfrac{213}{2 \cdot 5^2}$ ⟶ solo potenze di 2 e di 5 ⟶ numero decimale finito

$$\dfrac{213}{50} = \dfrac{213}{2 \cdot 5^2} = \dfrac{426}{2^2 \cdot 5^2} = \dfrac{426}{(2 \cdot 5)^2} = \dfrac{426}{100} = 4,26$$

$\cdot 2$ · 2 ⟶ potenze di 2 e di 5 con lo stesso esponente

c. $\dfrac{14}{9} = \dfrac{14}{3^2}$ ⟶ solo fattori diversi da potenze di 2 e di 5 ⟶ numero decimale periodico semplice ⟶ $14 : 9 = 1,\overline{5}$

DAL NUMERO DECIMALE ALLA FRAZIONE ➡ Esercizi a pagina **90**

Numero decimale finito

Un numero decimale finito può essere scritto come frazione in cui il numeratore è il numero senza virgola e il denominatore è la potenza di 10 che ha come esponente il numero delle cifre decimali.

▶ $0,\underset{\text{2 cifre}}{24} = \dfrac{0,24 \cdot 10^2}{10^2} = \dfrac{0,24 \cdot 100}{100} = \dfrac{\left(2 \cdot \frac{1}{10} + 4 \cdot \frac{1}{100}\right) \cdot 100}{100} = \dfrac{24}{100}$

Numero decimale periodico

Anche un numero decimale periodico può sempre essere trasformato in una frazione, da cui possiamo pensare sia generato. La regola è piuttosto articolata. Ne diamo una giustificazione nel video che ti proponiamo nell'esercizio 4.

REGOLA

Numeri decimali periodici e frazioni
In una frazione che genera un numero decimale periodico:
- il **numeratore** è la differenza fra il numero scritto senza virgola e il numero formato dalle cifre non periodiche;
- il **denominatore** ha tanti 9 quante sono le cifre del periodo, seguiti da tanti 0 quante sono le cifre dell'antiperiodo.

ESEMPIO

$4,\overline{52} = \dfrac{452 - 4}{99} = \dfrac{448}{99}$

$0,2\overline{58} = \dfrac{258 - 25}{900} = \dfrac{233}{900}$

ESERCIZI PER COMINCIARE

1 **ANIMAZIONE** Riconosci quali fra le seguenti frazioni danno origine a un numero decimale finito, periodico semplice o periodico misto e trasformale in numeri decimali:

a. $\dfrac{51}{340}$; **b.** $\dfrac{14}{15}$; **c.** $\dfrac{16}{18}$.

2 **ANIMAZIONE** Semplifica.
$$\dfrac{0,3 \cdot 0,\overline{3} + 0,9}{0,\overline{3} + 0,5} - \dfrac{1 - 0,6\overline{3}}{11} - 0,4\overline{6}$$

3 Scrivi in forma decimale il risultato della seguente espressione.
$$[(2,\overline{13} - 0,\overline{2}) : 1,\overline{27}]^2 \qquad [2,25]$$

4 **VIDEO** **Decimali periodici** Nel video che ti proponiamo diamo una giustificazione alla regola di trasformazione di un numero decimale periodico. Dopo aver compreso il metodo nell'esempio del video, applicalo a $3,1256\overline{4}$.

5. PROPORZIONI E PERCENTUALI

PROPORZIONI ➡ Esercizi a pagina **92**

> 🎧 An equality between fractions can be called a **proportion**. Proportions have properties that are derived from the properties of fractions. A fundamental property of a proportion $a : b = c : d$ is that the product of a and d, the end terms, is equal to the product of b and c, the middle terms.

L'uguaglianza fra due frazioni può essere scritta sotto forma di **proporzione**.

▶ $\dfrac{5}{6} = \dfrac{20}{24}$ → $5 : 6 = 20 : 24$ si legge: 5 *sta a* 6 *come* 20 *sta a* 24

Nella figura ci sono i nomi che usiamo per indicare i termini di una **proporzione**.

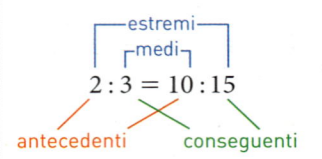

estremi
medi
$2 : 3 = 10 : 15$
antecedenti   conseguenti

La proprietà fondamentale delle proporzioni deriva dalla definizione di frazioni equivalenti.

PROPRIETÀ	
Proprietà fondamentale In ogni proporzione il prodotto degli estremi è uguale al prodotto dei medi. $a : b = c : d \leftrightarrow a \cdot d = b \cdot c$	$7 : 9 = 14 : 18$ $\updownarrow$ $\dfrac{7}{9} = \dfrac{14}{18}$ quindi $7 \cdot 18 = 9 \cdot 14$

ESEMPIO

Le altre proprietà delle proporzioni si possono dimostrare utilizzando la proprietà fondamentale o l'equivalenza tra frazioni.

Altre proprietà

$a : b = c : d$ se e solo se:	proprietà	$12 : 8 = 6 : 4$ se e solo se:
$(a + b) : a = (c + d) : c$ $(a + b) : b = (c + d) : d$	del comporre	$(12 + 8) : 12 = (6 + 4) : 6$ $(12 + 8) : 8 = (6 + 4) : 4$
$(a - b) : a = (c - d) : c$ $(a - b) : b = (c - d) : d$	dello scomporre (con $a \geq b$, $c \geq d$)	$(12 - 8) : 12 = (6 - 4) : 6$ $(12 - 8) : 8 = (6 - 4) : 4$
$a : c = b : d$ $d : b = c : a$	del permutare i medi gli estremi	$12 : 6 = 8 : 4$ $4 : 8 = 6 : 12$
$b : a = d : c$	dell'invertire	$8 : 12 = 4 : 6$

PROPRIETÀ   *ESEMPIO*

Le proprietà delle proporzioni sono utili per determinare un termine incognito di una proporzione.

▶ Determiniamo x nella proporzione $22 : 8 = (x + 35) : x$.

$$22 : 8 = (x + 35) : x \to (22 - 8) : 8 = (x + 35 - x) : x \to 14 : 8 = 35 : x \to 14 \cdot x = 8 \cdot 35 \to x = \frac{8 \cdot 35}{14} = 20$$

proprietà dello scomporre   proprietà fondamentale

PERCENTUALI ➡ Esercizi a pagina **93**

Possiamo scrivere una frazione con denominatore 100 come una percentuale.

> A fraction that has 100 as its denominator can be written as a **percentage**.

▸ $\dfrac{13}{100} = 0,13 = 13\%$

Alcuni problemi caratteristici delle percentuali

ESEMPIO

a. Calcoliamo il 20% di 3600:

$$\dfrac{20}{100} \cdot 3600 = 720.$$ *dividiamo 3600 in 100 parti e ne prendiamo 20*

b. Il 15% di A è 180; calcoliamo A:

$$\dfrac{15}{100} \cdot A = 180 \quad \rightarrow \quad A = \dfrac{180}{15} \cdot 100 = 1200.$$

180 è 15 parti delle 100 in cui è diviso A

per calcolare A dobbiamo dividere 180 in 15 parti e prenderne 100

c. Quale percentuale di 2300 è 621?

$$\dfrac{621}{2300} = 0,27 = 27\%.$$

Problemi come quelli precedenti si possono risolvere anche utilizzando le proporzioni.

▸ Il 28% di C è 2016. Determiniamo C:

$$28 : 100 = 2016 : C \quad \rightarrow \quad 28 \cdot C = 100 \cdot 2016 \quad \rightarrow \quad C = \dfrac{100 \cdot 2016}{28} = 7200.$$

ESERCIZI PER COMINCIARE

1 | **ANIMAZIONE** Applicando le proprietà delle proporzioni determina:

a. x nella proporzione $5 : x = 180 : 252$;

b. x e y, sapendo che $x : y = 4 : 3$ e $x + y = 112$;

c. il medio proporzionale x fra 12 e 75, ossia x tale che $12 : x = x : 75$.

2 | **ANIMAZIONE** **Scorporare l'IVA** Un negoziante vuole vendere un televisore al prezzo di 260 euro, IVA inclusa. Quale deve essere il prezzo IVA esclusa, nell'ipotesi che l'aliquota IVA per questo tipo di prodotti sia il 22%? Se indichi con S il prezzo senza IVA, con C il prezzo con IVA e con p la percentuale, qual è la formula che permette di calcolare S conoscendo C e p?

3 | **ANIMAZIONE** **Stipendio, affitto e altro** Lo stipendio lordo mensile del signor Giovanni viene tassato al 25%. Giovanni impiega il 40% dello stipendio netto per l'affitto e l'80% di ciò che resta per le altre spese. Esprimi in percentuale rispetto allo stipendio lordo: lo stipendio netto, la spesa per l'affitto, le altre spese e quanto risparmia. Calcola poi quale percentuale dello stipendio netto rappresenta il risparmio.

4 | **VIDEO** **Un problema con le percentuali** Acquistata nei negozi del centro, una borsa prodotta da Laura costa € 200. Per le vendite online, Laura considera due proposte:

- *Ah, la mode!* prevede un prezzo di vendita ancora di € 200; il sito ne trattiene il 30% e versa a Laura la differenza;

- *BestSellers* propone un prezzo maggiorato del 15% rispetto a quello dei negozi, mentre la trattenuta è il 40% del ricavato.

Qual è il partner più conveniente per Laura?

3

ESERCIZI

1. CHE COS'È UN NUMERO RAZIONALE ASSOLUTO

FRAZIONI → Teoria a pagina **64**

1 ◻ **VERO O FALSO?**

a. Le frazioni $\frac{6}{13}$ e $\frac{6}{5}$ hanno lo stesso denominatore.   V ☒

b. $\frac{7}{4}$ è una frazione impropria.   ☒ F

c. $\frac{10}{2}$ è una frazione apparente.   ☒ F

d. In una frazione propria il denominatore è minore o uguale al numeratore.   V ☒

2 ◻ **VERO O FALSO?**

a. $\frac{3}{0}$ è una frazione impropria.   ☒ F

b. $\frac{5}{3-0}$ *non* è una frazione.   V ☒

c. $\frac{11}{5-5}$ *non* è una frazione.   V ☒

d. $\frac{0}{a} = 0 \quad \forall a \in \mathbb{N}, a \neq 0$.   ☒ F

3 Disegna un segmento *AB* e poi rappresenta il segmento $CD = \frac{5}{8} AB$. Se $AB = 32$ cm, determina la lunghezza di *CD*.

4 Scrivi quale frazione rappresenta ogni zona colorata della figura.

a

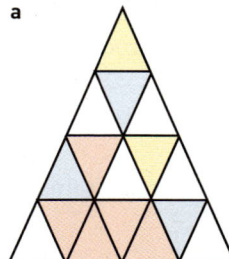

b

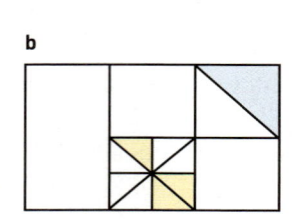

5 Indica in ogni figura la parte corrispondente alla frazione scritta a fianco.

$\frac{3}{8}$ $\frac{4}{9}$ $\frac{3}{10}$

6 Disegna i segmenti corrispondenti alle frazioni $\frac{2}{3}, \frac{5}{6}, \frac{1}{4}, \frac{1}{2}$, del segmento *PQ*.

P   Q

Se *PQ* è lungo 6 cm, quali sono le loro lunghezze?

7 Disegna un segmento *AB* e rappresenta i segmenti di lunghezza $\frac{5}{12}, \frac{3}{4}, \frac{3}{2}, \frac{5}{4}, \frac{17}{12}$ di *AB*, indicando se le frazioni sono proprie, improprie, apparenti.

8 Calcola:

a. $\frac{5}{6}$ di 720 cm; $\frac{3}{7}$ di 441 kg.

b. $\frac{9}{22}$ di 396 km; $\frac{7}{12}$ di 2160 m.

c. $\frac{3}{52}$ di 130 g; $\frac{2}{15}$ di 900 dm.

d. $\frac{3}{68}$ di 510 s; $\frac{5}{16}$ di 90 h.

9 **COMPLETA**

a. $\frac{3}{5}$ di ⬚ è 450; $\frac{7}{3}$ di ⬚ è 756.

b. $\frac{9}{4}$ di ⬚ è 108; $\frac{8}{7}$ di ⬚ è 1400.

c. $\frac{11}{4}$ di ⬚ è 220; $\frac{3}{7}$ di ⬚ è 63.

d. $\frac{2}{9}$ di ⬚ è 12; $\frac{6}{11}$ di ⬚ è 330.

Problemi INTORNO A NOI

10 Elisa deve preparare la sua torta preferita. La ricetta per 4 persone richiede 240 g di farina e 160 g di zucchero. Se la farina indicata nella ricetta è i $\frac{3}{8}$ di quella che si trova in dispensa, mentre lo zucchero è i $\frac{4}{5}$, riuscirà Elisa a fare una torta per 7 persone? [no]

11

$$8 \text{ corni} + 4 \text{ trombe} + 2 \text{ tromboni} + 1 \text{ tuba} = \frac{5}{16} \text{ del totale}$$

Che fiati! Un'orchestra è composta da una sezione di ottoni come descritto sopra. Quanti sono gli altri elementi dell'orchestra? [33]

12 Per confezionare un dolce occorrono 180 g di zucchero, di cui $\frac{3}{4}$ vanno mescolati con dei tuorli d'uovo e il rimanente deve essere frullato con gli albumi. Quanti grammi di zucchero vengono frullati insieme agli albumi? [45 g]

13 Un autobus può contenere 80 passeggeri. Riusciranno una scolaresca di 16 alunni e 2 insegnanti a salirvi, sapendo che è pieno per i $\frac{3}{4}$? [sì]

14 65 bambini devono partire per un campeggio. $\frac{3}{5}$ di loro raggiungeranno la destinazione stabilita a bordo di un pullman, mentre gli altri verranno accompagnati da alcuni genitori volontari in macchina. Se ogni genitore può trasportare nella sua automobile 4 bambini, qual è il numero minimo di macchine richiesto? [7]

15 **Compito in classe** L'insegnante di matematica comunica alla classe che nella verifica sulle frazioni ci saranno 16 esercizi. Di questi $\frac{5}{8}$ sono espressioni, $\frac{1}{4}$ esercizi di riepilogo degli argomenti precedenti e, per finire, dei problemi. Quanti problemi dovranno risolvere gli studenti? [2]

16 Ieri ho fatto $\frac{1}{3}$ degli esercizi di matematica, mentre oggi ne ho svolti 2. La mia compagna di banco ne ha risolti 7 due giorni fa e metà di quelli che le rimanevano ieri pomeriggio. Se a me ne restano da svolgere 12, quanti ne rimangono a lei? [7]

17 INVALSI 2005 Sul pianeta Xenox il giorno è diviso in 24 parti (le ore del pianeta Xenox) e dura $\frac{3}{4}$ del giorno terrestre. Quanti minuti dura un'ora del pianeta Xenox?

- [A] 80
- [C] 45
- [B] 60
- [D] 18

FRAZIONI EQUIVALENTI → Teoria a pagina 64

$$\frac{a}{b} = \frac{c}{d} \leftrightarrow a \cdot d = b \cdot c$$

18 Indica le coppie di frazioni equivalenti: $\frac{5}{12}, \frac{15}{36}$; $\frac{12}{32}, \frac{3}{4}$; $\frac{6}{45}, \frac{2}{15}$; $\frac{8}{18}, \frac{4}{6}$; $\frac{10}{6}, \frac{20}{12}$.

19 COMPLETA applicando la definizione di frazioni equivalenti.

a. $\frac{2}{5} = \frac{14}{\square}$; **b.** $\frac{14}{21} = \frac{\square}{6}$; **c.** $\frac{24}{16} = \frac{3}{\square}$; **d.** $\frac{3}{4} = \frac{27}{\square}$; **e.** $\frac{3}{8} = \frac{\square}{32}$.

La proprietà invariantiva

Completiamo, se possibile, ogni frazione in modo che sia equivalente a quella data, applicando la proprietà invariantiva.

a. $\frac{2}{5} = \frac{12}{\square}$; **b.** $\frac{35}{21} = \frac{\square}{3}$; **c.** $\frac{2}{7} = \frac{\square}{10}$.

a. $\frac{2}{5} \overset{\cdot 6}{=} \frac{12}{\square} \to \frac{2}{5} = \frac{12}{30}$; **b.** $\frac{35}{21} \overset{:7}{=} \frac{\square}{3} \to \frac{35}{21} = \frac{5}{3}$; **c.** $\frac{2}{7} = \frac{\square}{10} \to$ impossibile.

non esiste un numero naturale che moltiplicato per 7 dia 10

ESEMPIO

20 COMPLETA se possibile, in modo che le frazioni siano equivalenti.

a. $\dfrac{9}{5} = \dfrac{72}{\square}$;   **b.** $\dfrac{6}{7} = \dfrac{\square}{63}$;   **c.** $\dfrac{2}{13} = \dfrac{\square}{51}$;   **d.** $4 = \dfrac{\square}{2}$;   **e.** $\dfrac{4}{9} = \dfrac{\square}{108}$;   **f.** $\dfrac{7}{2} = \dfrac{84}{\square}$.

21 Tra tutte le frazioni equivalenti a $\dfrac{3}{5}$ trova quella in cui la somma tra il numeratore e il denominatore è 24.

22 COMPLETA in modo che tutte le frazioni siano equivalenti.

$$\dfrac{2}{9} = \dfrac{\square}{27} = \dfrac{4}{\square} = \dfrac{14}{\square} = \dfrac{\square}{54} = \dfrac{10}{\square} = \dfrac{\square}{72}$$

23 Trova per quale valore di $n \in \mathbb{N}$ le due frazioni $\dfrac{7}{3}$ e $\dfrac{n+5}{6}$ sono equivalenti.

24 📱 YOU & MATHS **Fractions on the 0-1 segment**

a. Draw a horizontal segment that is 24 squares long, on graph paper.

b. Label the endpoints 0 and 1.

c. Put marks on the 0-1 segment for:

- halves;
- thirds;
- fourths;
- sixths.

Which points have multiple labels? Why?

Riduzione di una frazione ai minimi termini

Riduciamo ai minimi termini la frazione $\dfrac{100}{8}$.

Calcoliamo il MCD tra il numeratore e il denominatore e applichiamo la proprietà invariantiva:

$$\text{MCD}(100; 8) = 4 \quad \rightarrow \quad \dfrac{100}{8} = \dfrac{100:4}{8:4} = \dfrac{25}{2}.$$

proprietà invariantiva

$4 = \text{MCD}(100; 8)$

Possiamo procedere anche scomponendo in fattori primi numeratore e denominatore:

$$\dfrac{100}{8} = \dfrac{2^2 \cdot 5^2}{2^3} = \dfrac{25}{2}.$$

scomponiamo   semplifichiamo

Riduci ai minimi termini le seguenti frazioni.

25 $\dfrac{16}{24}$; $\dfrac{14}{49}$; $\dfrac{72}{16}$; $\dfrac{21}{9}$; $\dfrac{48}{12}$.

29 $\dfrac{700}{490}$; $\dfrac{144}{176}$; $\dfrac{616}{882}$; $\dfrac{60}{150}$; $\dfrac{990}{165}$.

26 $\dfrac{64}{24}$; $\dfrac{56}{16}$; $\dfrac{6}{54}$; $\dfrac{15}{95}$; $\dfrac{90}{18}$.

30 $\dfrac{42}{4}$; $\dfrac{121}{33}$; $\dfrac{315}{45}$; $\dfrac{190}{76}$; $\dfrac{112}{280}$.

27 $\dfrac{48}{144}$; $\dfrac{26}{104}$; $\dfrac{42}{30}$; $\dfrac{105}{200}$; $\dfrac{130}{39}$.

31 $\dfrac{8 \cdot 3^2}{6}$; $\dfrac{2^4 \cdot 10}{32}$; $\dfrac{5^2 \cdot 7}{5^3}$; $\dfrac{2^4 \cdot 3^4}{144}$.

28 $\dfrac{176}{540}$; $\dfrac{13}{39}$; $\dfrac{36}{15}$; $\dfrac{154}{22}$; $\dfrac{444}{60}$.

32 $\dfrac{125 \cdot 10}{5^4 \cdot 2}$; $\dfrac{3^8}{9^4}$; $\dfrac{2^2 \cdot 3^2}{72}$; $\dfrac{40}{2^2 \cdot 25}$.

ESEMPIO

33 **EDUCAZIONE FINANZIARIA** **Viva le nonne!** Una nonna vuole regalare € 250 ai 4 nipoti dividendo la somma in parti uguali. Una volta fatto il conto, decide di aggiungere denaro in modo da dare a ciascun nipote solo banconote. Qual è la minima cifra che dovrà aggiungere complessivamente? Esprimila anche in forma di frazione rispetto al totale. $\left[€\,10;\dfrac{1}{25}\right]$

34 **EUREKA!** **Bianco e nero** In figura è riprodotto un logo disegnato accostando archi semicircolari i cui raggi misurano 2 cm, 4 cm o 8 cm. Quale frazione del logo è ombreggiata?

A $\dfrac{1}{3}$ B $\dfrac{1}{4}$ C $\dfrac{1}{5}$ D $\dfrac{3}{4}$ E $\dfrac{2}{3}$

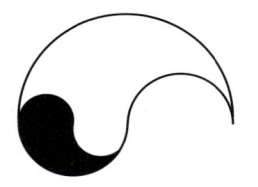

[Kangourou Italia, 2010]

Riduci ai minimi termini le seguenti frazioni e sottolinea quelle equivalenti tra loro.

35 $\dfrac{20}{24}$; $\dfrac{8}{10}$; $\dfrac{10}{12}$; $\dfrac{16}{20}$; $\dfrac{30}{36}$; $\dfrac{15}{18}$; $\dfrac{18}{30}$.   **37** $\dfrac{21}{27}$; $\dfrac{14}{30}$; $\dfrac{49}{63}$; $\dfrac{21}{49}$; $\dfrac{35}{45}$; $\dfrac{35}{75}$; $\dfrac{21}{45}$.

36 $\dfrac{10}{25}$; $\dfrac{14}{21}$; $\dfrac{16}{40}$; $\dfrac{100}{150}$; $\dfrac{8}{40}$; $\dfrac{12}{30}$; $\dfrac{4}{10}$.   **38** $\dfrac{36}{48}$; $\dfrac{24}{16}$; $\dfrac{36}{24}$; $\dfrac{35}{28}$; $\dfrac{27}{36}$; $\dfrac{45}{30}$; $\dfrac{40}{32}$.

39 **YOU & MATHS** **Which are equivalent?** Identify the fractions equivalent to 9.

a. $\dfrac{27}{3}$ d. $\dfrac{3}{27}$ g. $\dfrac{9}{1}$

b. $\dfrac{9}{3}$ e. $\dfrac{36}{4}$ h. $\dfrac{81}{9}$

c. $\dfrac{9}{81}$ f. $\dfrac{81}{27}$ i. $\dfrac{729}{81}$

40 Semplifica, se è necessario, e trasforma le seguenti frazioni in frazioni equivalenti con denominatore 12.

$\dfrac{91}{26}$; $\dfrac{54}{8}$; $\dfrac{125}{10}$; $\dfrac{7}{4}$; $\dfrac{4}{16}$; $\dfrac{21}{14}$.

41 Trasforma, se possibile, le seguenti frazioni in frazioni equivalenti con numeratore 30.

$\dfrac{7}{14}$; $\dfrac{65}{39}$; $\dfrac{33}{121}$; $\dfrac{18}{9}$; $\dfrac{15}{4}$; $\dfrac{111}{185}$.

42 **COMPLETA** se possibile, in modo che le frazioni siano equivalenti.

a. $\dfrac{34}{85}=\dfrac{8}{\Box}$;   b. $\dfrac{\Box}{16}=\dfrac{132}{33}$;   c. $\dfrac{18}{108}=\dfrac{14}{\Box}$;   d. $\dfrac{4}{98}=\dfrac{6}{\Box}$;   e. $\dfrac{2}{\Box}=\dfrac{15}{105}$;   f. $\dfrac{80}{48}=\dfrac{\Box}{15}$.

Riduci le frazioni di ogni gruppo al minimo comune denominatore.

43 $\dfrac{1}{6}$, $\dfrac{2}{15}$; $\dfrac{8}{18}$, $\dfrac{1}{12}$; $\dfrac{3}{8}$, $\dfrac{5}{36}$.   **45** $\dfrac{3}{4}$, $\dfrac{1}{12}$, $\dfrac{5}{16}$; $\dfrac{1}{20}$, $\dfrac{4}{5}$, $\dfrac{3}{25}$.

44 **ESEMPIO DIGITALE** $\dfrac{23}{28}$, $\dfrac{1}{21}$, $\dfrac{2}{3}$; $\dfrac{3}{10}$, $\dfrac{2}{35}$, $\dfrac{1}{8}$.   **46** 2 , $\dfrac{7}{6}$, $\dfrac{1}{4}$, $\dfrac{5}{18}$; $\dfrac{5}{2}$, $\dfrac{3}{50}$, 3 , $\dfrac{4}{5}$.

Riduci le frazioni allo stesso denominatore dopo averle eventualmente semplificate.

47 $\dfrac{6}{8}$; $\dfrac{12}{56}$; $\dfrac{10}{14}$; $\dfrac{2}{7}$; $\dfrac{15}{12}$.   **48** $\dfrac{27}{12}$; $\dfrac{14}{40}$; $\dfrac{75}{45}$; $\dfrac{4}{30}$; $\dfrac{14}{24}$.

NUMERI RAZIONALI ASSOLUTI → Teoria a pagina **66**

Stabilisci se ciascuno dei seguenti insiemi di frazioni rappresenta un numero razionale e in caso affermativo scrivi la frazione irriducibile che lo rappresenta.

49 $\left\{\dfrac{8}{10}, \dfrac{36}{45}, \dfrac{32}{40}, \dfrac{16}{20}, \dots\right\}$.

50 $\left\{\dfrac{36}{90}, \dfrac{16}{40}, \dfrac{96}{240}, \dfrac{18}{45}, \dots\right\}$.

51 $\left\{\dfrac{36}{15}, \dfrac{65}{25}, \dfrac{52}{30}, \dfrac{104}{40}, \dots\right\}$.

52 📱 **VERO O FALSO?**

a. Il numero razionale 2 è rappresentato da tutte le frazioni che hanno il numeratore doppio del denominatore. ☐V ☐F

b. Il numero razionale $\dfrac{2}{5}$ può essere rappresentato dalla frazione $\dfrac{12}{60}$. ☐V ☐F

c. Il numero razionale 1 è rappresentato da tutte le frazioni che hanno numeratore e denominatore uguali. ☐V ☐F

d. Una frazione è irriducibile quando il MCD tra il numeratore e il denominatore è 1. ☐V ☐F

2. CONFRONTO E RAPPRESENTAZIONE

CONFRONTO → Teoria a pagina **67**

> **ESEMPIO**
>
> Confrontiamo le frazioni $\dfrac{7}{12}, \dfrac{13}{18}, \dfrac{5}{8}$.
>
> Poiché mcm(12; 18; 8) = 72, applicando la proprietà invariantiva, scriviamo le frazioni equivalenti a quelle date con denominatore 72:
>
> $$\dfrac{7}{12} = \dfrac{\dots}{72} \rightarrow \overset{\cdot 6}{\dfrac{7}{12}} = \dfrac{42}{72}; \qquad \dfrac{13}{18} = \dfrac{\dots}{72} \rightarrow \overset{\cdot 4}{\dfrac{13}{18}} = \dfrac{52}{72}; \qquad \dfrac{5}{8} = \dfrac{\dots}{72} \rightarrow \overset{\cdot 9}{\dfrac{5}{8}} = \dfrac{45}{72}.$$
>
> Ordiniamo le frazioni ottenute, confrontando fra loro i numeratori:
>
> $$\dfrac{42}{72} < \dfrac{45}{72} < \dfrac{52}{72}, \text{ quindi: } \dfrac{7}{12} < \dfrac{5}{8} < \dfrac{13}{18}.$$

Confronta le seguenti frazioni.

53 $\dfrac{2}{42}, \dfrac{5}{12}, \dfrac{4}{21}; \qquad \dfrac{6}{30}, \dfrac{5}{15}, \dfrac{2}{3}$.

54 $\dfrac{8}{22}, \dfrac{13}{33}, \dfrac{50}{132}; \qquad \dfrac{15}{70}, \dfrac{2}{8}, \dfrac{33}{140}$.

55 📱 **VERO O FALSO?**

a. $\dfrac{1}{3} < \dfrac{2}{7} < \dfrac{11}{9}$. ☐V ☐F

c. $\dfrac{2}{7} < \dfrac{1}{3} < \dfrac{11}{9}$. ☐V ☐F

b. $\dfrac{1}{3}$ è equivalente a $\dfrac{21}{63}$. ☐V ☐F

d. $\dfrac{2}{7}$ è equivalente a $\dfrac{8}{21}$. ☐V ☐F

56 📱 **INVALSI 2007** Quale delle seguenti disuguaglianze è *vera*?

☐A $\dfrac{13}{11} < 1$ ☐B $\dfrac{13}{11} < \dfrac{13}{12}$ ☐C $\dfrac{13}{11} > \dfrac{13}{10}$ ☐D $\dfrac{13}{11} > \dfrac{12}{11}$

COMPLETA inserendo uno dei simboli $<, =, >$.

57 $\frac{4}{7} \square \frac{5}{3};$ $\frac{4}{10} \square \frac{3}{5};$ $\frac{9}{5} \square 2.$

59 $\frac{3}{11} \square \frac{9}{33};$ $\frac{4}{3} \square \frac{48}{39};$ $\frac{7}{3} \square \frac{14}{5}.$

58 $\frac{8}{5} \square \frac{9}{10};$ $\frac{7}{13} \square \frac{29}{52};$ $\frac{3}{4} \square \frac{7}{10}.$

60 $\frac{43}{50} > \frac{17}{20};$ $\frac{2}{7} < \frac{3}{8};$ $4 < \frac{17}{4}.$

61 ▢ **VERO O FALSO?**

a. $\frac{3}{5} < \frac{5}{3}.$ ▢V ▢F

c. $\frac{a}{b} < \frac{a}{b+1}$ $\forall a, b \in \mathbb{N}, a, b \neq 0.$ ▢V ▢F

b. $\frac{a}{b} < \frac{b}{a}$ $\forall a, b \in \mathbb{N}, a, b \neq 0.$ ▢V ▢F

d. Se due frazioni hanno lo stesso numeratore, la minore è quella con denominatore maggiore. ▢V ▢F

62 ▢ **INVALSI 2011** Quale fra le seguenti disuguaglianze è quella corretta?

▢A $\frac{3}{10} < \frac{3}{5} < \frac{3}{20}$

▢B $\frac{4}{10} < \frac{3}{5} < \frac{11}{20}$

▢C $\frac{5}{10} < \frac{3}{5} < \frac{13}{20}$

▢D $\frac{7}{10} < \frac{3}{5} < \frac{13}{20}$

63 ▢ **YOU & MATHS** **Less than or greater than 1?** Complete the following with an inequality or equal sign.

a. $\frac{2}{10} < 1$ **b.** $\frac{23}{15} > 1$ **c.** $\frac{3}{7} < 1$ **d.** $\frac{2}{8} < 1$ **e.** $\frac{215}{40} > 1$

Scrivi in ordine crescente le seguenti frazioni dopo averle ridotte allo stesso denominatore.

64 $\frac{3}{2}, \frac{1}{2}, \frac{1}{3}.$

65 $\frac{6}{7}, \frac{1}{8}, \frac{1}{9}.$

66 $\frac{5}{9}, \frac{4}{7}, \frac{1}{2}.$

67 ▢ **ESEMPIO DIGITALE** $\frac{3}{2}, \frac{6}{5}, \frac{7}{8}, \frac{2}{3}, \frac{8}{5}, 2.$

68 $\frac{5}{6}, \frac{11}{4}, \frac{40}{9}, \frac{7}{15}, \frac{6}{5}, \frac{15}{2}.$

Scrivi in ordine decrescente le seguenti frazioni dopo averle ridotte allo stesso denominatore.

69 $\frac{3}{4}, \frac{1}{2}, \frac{6}{4}.$

70 $\frac{6}{10}, \frac{4}{5}, \frac{6}{8}.$

71 $\frac{7}{9}, \frac{8}{10}, \frac{7}{10}.$

72 $\frac{1}{2}, \frac{11}{5}, \frac{3}{5}, \frac{2}{3}, \frac{5}{6}, \frac{3}{4}.$

73 $\frac{3}{14}, \frac{1}{4}, 1, \frac{20}{77}, \frac{1}{2}, \frac{9}{28}.$

74 **CHI HA RAGIONE?** Stefano: «C'è un solo numero razionale fra $\frac{4}{11}$ e $\frac{6}{11}$». Pia: «Direi invece che ce ne sono infiniti…». Tu cosa dici? Motiva la tua risposta.

Per ogni coppia di frazioni, trova almeno una terza frazione compresa tra le due della coppia.

75 $\frac{5}{8}, \frac{11}{8};$ $\frac{5}{7}, \frac{6}{7};$ $\frac{3}{4}, \frac{7}{8}.$

76 $\frac{7}{9}, 1;$ $\frac{15}{8}, 2;$ $\frac{6}{11}, \frac{7}{11}.$

77 ▢ **INVALSI 2004** Quale dei seguenti numeri *non* è compreso tra 2 e 3?

▢A $\frac{15}{7}$ ▢B $\frac{63}{27}$ ▢C $\frac{39}{12}$ ▢D $\frac{7}{3}$

RAPPRESENTAZIONE SULLA SEMIRETTA ORIENTATA → Teoria a pagina **68**

IN FORMA GRAFICA

Rappresenta su una semiretta orientata.

78 $\dfrac{1}{2}$;　$\dfrac{4}{5}$;　$\dfrac{3}{2}$;　2;　$\dfrac{7}{4}$;　$\dfrac{10}{3}$.

79 $\dfrac{8}{3}$;　1;　$\dfrac{13}{5}$;　$\dfrac{19}{15}$;　$\dfrac{1}{5}$;　$\dfrac{14}{3}$.

80 Scrivi i numeri che corrispondono ai punti.

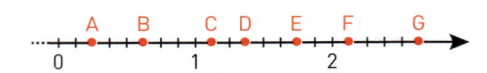

81 📱 **YOU & MATHS** **Fractions on the number line**
Place the following rational numbers on the number line.

$$\dfrac{3}{4}, \quad \dfrac{5}{2}, \quad \dfrac{1}{3}, \quad \dfrac{5}{4}.$$

82 📱 **YOU & MATHS** **Something's wrong** Philip drew the following number line. Explain what is wrong and then draw an accurate one containing the same numbers.

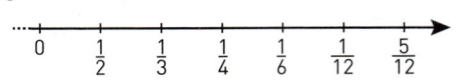

3. OPERAZIONI

ADDIZIONE E SOTTRAZIONE → Teoria a pagina **69**

$$\dfrac{a}{b} + \dfrac{c}{b} = \dfrac{a+c}{b}$$
$$\dfrac{a}{b} - \dfrac{c}{b} = \dfrac{a-c}{b}, \text{ con } a \geq c$$

ESEMPIO

Calcoliamo: **a.** $\dfrac{2}{15} + \dfrac{7}{20}$; **b.** $9 - \dfrac{13}{4}$.

Trasformiamo in frazioni equivalenti con lo stesso denominatore e poi sommiamo i loro numeratori.

a. $\dfrac{2}{15} + \dfrac{7}{20} = \dfrac{2 \cdot 4}{60} + \dfrac{7 \cdot 3}{60} = \dfrac{8 + 21}{60} = \dfrac{29}{60}$
　　60 : 15　60 : 20
　mcm(15; 20) = 60

b. $9 - \dfrac{13}{4} = \dfrac{9 \cdot 4}{4} - \dfrac{13}{4} = \dfrac{36 - 13}{4} = \dfrac{23}{4}$
　4 : 1
　mcm(1; 4) = 4

✓ **CHECKER** Esegui le seguenti addizioni e sottrazioni.

83 $\dfrac{5}{4} + \dfrac{9}{4}$;　$\dfrac{3}{7} + \dfrac{11}{7}$;　$\dfrac{7}{8} - \dfrac{3}{8}$.

84 $\dfrac{1}{6} + \dfrac{7}{6} + \dfrac{5}{6}$;　$\dfrac{4}{5} + \dfrac{9}{5} - \dfrac{3}{5}$.

85 $\dfrac{3}{2} + \dfrac{1}{4}$;　$\dfrac{2}{3} - \dfrac{1}{6}$;　$\dfrac{3}{14} + \dfrac{2}{7}$.

86 $1 + \dfrac{1}{3}$;　$2 - \dfrac{1}{4}$;　$5 + \dfrac{3}{7}$.

87 $\dfrac{5}{18} - \dfrac{1}{4}$;　$\dfrac{11}{9} + \dfrac{7}{6}$;　$\dfrac{3}{5} - \dfrac{1}{2}$.

88 $\dfrac{3}{10} + \dfrac{2}{15}$;　$6 + \dfrac{3}{4}$;　$\dfrac{11}{3} - \dfrac{8}{15}$.

89 $2 - \dfrac{5}{7}$;　$\dfrac{4}{15} - \dfrac{1}{12}$;　$\dfrac{12}{5} - 1$.

90 $\dfrac{7}{15} + \dfrac{12}{25} - \dfrac{9}{20}$;　$8 - \dfrac{1}{6} - \dfrac{7}{8}$.

91 $\dfrac{8}{7} - \dfrac{5}{10} - \dfrac{3}{21}$;　$\dfrac{3}{2} - \dfrac{1}{3} - \dfrac{1}{6}$.

92 $\dfrac{8}{5} - \dfrac{3}{10} - \dfrac{49}{50}$;　$\dfrac{7}{4} - \dfrac{1}{20} - \dfrac{2}{3}$.

93 $\dfrac{1}{2} - \left(\dfrac{1}{2} + \dfrac{1}{3} - \dfrac{5}{6} \right) + \dfrac{3}{4} - \dfrac{5}{12}$

94 $\left[\left(\dfrac{9}{8} - \dfrac{1}{6} \right) + \dfrac{1}{24} \right] - \left(\dfrac{5}{8} - \dfrac{1}{4} \right) + \dfrac{3}{8}$

95 $\left(\dfrac{9}{7} + \dfrac{5}{21} \right) - \left(1 - \dfrac{1}{3} \right) + 3$

96 $\left(\dfrac{3}{4} + 8 \right) - \left(\dfrac{1}{2} + \dfrac{1}{4} \right) - \left(5 - \dfrac{1}{2} \right)$

97 $\left[1 - \left(\dfrac{3}{2} - 1 \right) + 2 \right] - \left[\left(\dfrac{4}{3} + 1 \right) + 1 \right]$

98 $2 - \left\{ 1 - \left[\dfrac{11}{7} - \left(3 - \dfrac{5}{3} \right) \right] \right\}$

99 $\left(\frac{7}{4} - 1\right) + \left(\frac{1}{2} + \frac{1}{4}\right) - \frac{3}{2}$; $\left(4 - \frac{2}{3}\right) - \left(\frac{15}{9} - \frac{1}{2}\right) + \frac{1}{6}$. $\left[0; \frac{7}{3}\right]$

100 $1 + \left(\frac{2}{3} - \frac{1}{9}\right) - \left(\frac{6}{5} + \frac{3}{10}\right)$; $\left(1 - \frac{4}{5}\right) + \left(1 - \frac{1}{2}\right) - \left(1 - \frac{2}{3}\right)$. $\left[\frac{1}{18}; \frac{11}{30}\right]$

101 $4 - \left[4 - \left(\frac{2}{5} + \frac{5}{2}\right)\right] - \frac{1}{2}$; $6 + \left[\left(2 + \frac{1}{2}\right) + \left(3 + \frac{9}{2}\right)\right]$. $\left[\frac{12}{5}; 16\right]$

102 $2 - \left[8 - \left(9 - \frac{4}{3}\right)\right] + \frac{1}{3}$; $\left(\frac{2}{3} + \frac{1}{2}\right) + \left[4 - \left(\frac{2}{3} + 1\right)\right]$. $\left[2; \frac{7}{2}\right]$

103 $\left\{\frac{19}{3} - \left[4 - \left(1 - \frac{2}{3}\right)\right] + 3\right\}$; $\frac{15}{2} - \left\{\frac{8}{3} - \left[2 - \left(1 - \frac{1}{3}\right)\right]\right\}$. $\left[\frac{17}{3}; \frac{37}{6}\right]$

COMPLETA le seguenti uguaglianze.

104 $\frac{5}{8} + \boxed{} = \frac{45}{24}$; $\boxed{} - \frac{1}{3} = \frac{7}{18}$; $\boxed{} + \frac{5}{12} = \frac{4}{3}$; $\frac{2}{5} - \frac{1}{15} = \boxed{}$.

105 $\frac{13}{30} - \boxed{} = \frac{11}{60}$; $\frac{7}{18} = \boxed{} - \frac{1}{3}$; $\frac{1}{6} = \boxed{} - \frac{3}{34}$; $\frac{6}{7} + \boxed{} = \frac{7}{6}$.

MOLTIPLICAZIONE E DIVISIONE   → Teoria a pagina 69

$$\frac{a}{b} \cdot \frac{c}{d} = \frac{a \cdot c}{b \cdot d}; \quad \frac{a}{b} : \frac{c}{d} = \frac{a}{b} \cdot \frac{d}{c}$$

ESEMPIO

Calcoliamo: **a.** $\frac{8}{15} \cdot \frac{25}{12}$; **b.** $\frac{21}{10} : \frac{14}{5}$.

Nella moltiplicazione, dopo aver semplificato, moltiplichiamo i numeratori fra loro e i denominatori fra loro. Nella divisione moltiplichiamo il dividendo per il reciproco del divisore.

moltiplichiamo

a. $\dfrac{\overset{2}{\cancel{8}} \cdot \overset{5}{\cancel{25}}}{\underset{3}{\cancel{15}} \cdot \underset{3}{\cancel{12}}} = \frac{10}{9}$

semplifichiamo

b. $\frac{21}{10} : \frac{14}{5} = \frac{21}{10} \cdot \frac{5}{14} = \dfrac{\overset{3}{\cancel{21}} \cdot \overset{1}{\cancel{5}}}{\underset{2}{\cancel{10}} \cdot \underset{2}{\cancel{14}}} = \frac{3}{4}$

moltiplichiamo per la frazione reciproca

✓ **CHECKER** Esegui le seguenti moltiplicazioni.

106 $\frac{12}{25} \cdot \frac{50}{20}$; $\frac{4}{21} \cdot \frac{7}{6}$; $\frac{44}{9} \cdot \frac{45}{132}$; $8 \cdot \left(\frac{3}{36}\right)$; $\frac{3}{44} \cdot \frac{66}{15}$.

107 $\frac{3}{4} \cdot \frac{8}{9} \cdot \frac{6}{7}$; $\frac{12}{21} \cdot 28 \cdot \frac{3}{64}$; $\frac{36}{25} \cdot \frac{10}{9} \cdot \frac{5}{4}$; $8 \cdot \frac{3}{64} \cdot \frac{7}{9}$.

Scrivi il reciproco dei seguenti numeri.

108 $\frac{4}{3}$; $\frac{1}{5}$; $\frac{5}{12}$; 9; $\frac{7}{11}$.

109 6; $\frac{1}{10}$; $\frac{8}{3}$; $\frac{20}{13}$; 10.

110 $\frac{7}{8}$; 3; $2 + \frac{1}{2}$; $\frac{4}{5} - \frac{1}{2}$; $\frac{1}{6}$.

111 $8 - \frac{13}{2}$; $\frac{2}{5} + \frac{4}{15}$; $\left(\frac{4}{5} + 2\right) - \frac{3}{5}$.

✓ **CHECKER** Esegui le seguenti divisioni.

112 $3 : \frac{9}{2}$; $\frac{1}{4} : \frac{1}{8}$; $\frac{12}{5} : 16$; $\frac{3}{28} : \frac{9}{49}$; $1 : \frac{4}{5}$.

113 $\frac{3}{16} : \frac{1}{2}$; $\frac{100}{3} : \frac{25}{6}$; $\frac{5}{7} : \frac{2}{3}$; $2 : \frac{4}{5}$; $\frac{9}{4} : 18$.

3 NUMERI RAZIONALI ASSOLUTI

✓ **CHECKER** Calcola il valore delle seguenti espressioni.

114 $\dfrac{3}{4} \cdot \left(\dfrac{7}{9} + 1\right) \cdot \dfrac{1}{2}$; $\qquad \dfrac{1}{2} \cdot \left(\dfrac{1}{2} + 1\right) \cdot \dfrac{1}{2}$; $\qquad \dfrac{3}{8} : \left(\dfrac{5}{2} - \dfrac{1}{4}\right)$; $\qquad \dfrac{5}{4} : \left(\dfrac{23}{6} - \dfrac{1}{12}\right)$.

115 $\dfrac{2}{3} \cdot \left(\dfrac{1}{2} + \dfrac{1}{3}\right) \cdot \dfrac{3}{2}$; $\qquad \left(\dfrac{1}{2} + \dfrac{1}{3} + \dfrac{1}{4}\right) \cdot 6$; $\qquad \left(\dfrac{1}{2} + \dfrac{1}{3}\right) : \dfrac{5}{3}$; $\qquad \left(\dfrac{3}{2} + \dfrac{3}{4}\right) : \dfrac{3}{4}$.

116 $\left(\dfrac{3}{4} - \dfrac{1}{12} - \dfrac{1}{3}\right) \cdot 3$; $\qquad \left(\dfrac{2}{3} + \dfrac{5}{6} - \dfrac{1}{4}\right) \cdot \dfrac{1}{5}$; $\qquad \dfrac{8}{3} : \left(5 + \dfrac{1}{3}\right)$; $\qquad \left(4 + \dfrac{1}{8}\right) : \dfrac{1}{8}$.

117 $\left(\dfrac{2}{3} + 1\right) \cdot \dfrac{2}{5}$; $\qquad \dfrac{3}{4} \cdot \left(1 + \dfrac{1}{3}\right)$; $\qquad \dfrac{27}{16} \cdot \dfrac{4}{9} \cdot \dfrac{2}{5} \cdot \dfrac{15}{6}$; $\qquad \left(\dfrac{3}{20} \cdot \dfrac{12}{11}\right) : \left(\dfrac{14}{22} \cdot \dfrac{9}{7}\right)$; $\qquad \left(4 \cdot \dfrac{9}{2}\right) : \left(\dfrac{36}{5}\right)$.

118 $\dfrac{7}{9} \cdot \left(2 + \dfrac{4}{7}\right)$; $\qquad \left(\dfrac{1}{3} + \dfrac{1}{2}\right) \cdot \dfrac{1}{5}$; $\qquad 3 : \left(\dfrac{4}{3} \cdot \dfrac{6}{5}\right)$; $\qquad \left(\dfrac{2}{15} : \dfrac{2}{3}\right) \cdot \left(\dfrac{25}{6} : \dfrac{10}{5}\right)$; $\qquad \dfrac{16}{3} \cdot \dfrac{6}{5} \cdot \dfrac{25}{2} : \dfrac{5}{3}$.

119 $\left(\dfrac{1}{3} + \dfrac{1}{4}\right) \cdot \dfrac{3}{7}$; $\qquad \left(\dfrac{5}{6} + \dfrac{7}{2}\right) \cdot 3$; $\qquad \dfrac{8}{5} : \dfrac{1}{5} \cdot 2 \cdot \dfrac{10}{3}$; $\qquad \dfrac{3}{5} \cdot 7 \cdot \dfrac{6}{5} \cdot \dfrac{25}{14} \cdot 2 \cdot \dfrac{1}{8}$; $\qquad \left(4 : \dfrac{3}{4}\right) \cdot \dfrac{1}{16}$.

120 $\left(\dfrac{3}{2} - \dfrac{4}{5}\right) : \dfrac{7}{5}$; $\qquad \left(\dfrac{5}{4} - \dfrac{1}{8}\right) : \dfrac{3}{4}$; $\qquad \dfrac{13}{2} : \dfrac{26}{3} : \dfrac{3}{4}$; $\qquad \left(\dfrac{5}{4} : \dfrac{5}{3}\right) : \left(\dfrac{7}{8} : 16\right)$; $\qquad \left(\dfrac{11}{3} \cdot \dfrac{18}{33}\right) : \dfrac{1}{4} : \left(5 \cdot \dfrac{8}{3} \cdot \dfrac{1}{20}\right)$.

121 ✓ **CHECKER** Calcola:

$\dfrac{5}{\frac{1}{5}}$; $\qquad \dfrac{\frac{1}{4}}{\frac{9}{4}}$; $\qquad \dfrac{\frac{7}{12}}{4}$; $\qquad \dfrac{4 - \frac{1}{2}}{\frac{25}{3} + 1}$.

122 Trova quale numero, sostituito all'asterisco, rende vera l'uguaglianza:

$\left(\dfrac{*}{5} - \dfrac{*}{7}\right) \cdot \dfrac{3}{*} = \dfrac{*}{35}$.

COMPLETA

123 $\dfrac{12}{5} \cdot \dfrac{\square}{\square} = \dfrac{3}{7}$; $\qquad \dfrac{18}{11} \cdot \dfrac{\square}{\square} = 27$.

124 $\dfrac{4}{15} : \dfrac{\square}{\square} = \dfrac{6}{7}$; $\qquad \dfrac{\square}{\square} : \dfrac{8}{25} = \dfrac{15}{8}$.

125 $\dfrac{1}{2} \cdot \left(\dfrac{1}{3} + \dfrac{\square}{\square}\right) = 1$; $\qquad \left(\dfrac{7}{5} - \dfrac{\square}{\square}\right) \cdot \dfrac{5}{2} = \dfrac{1}{4}$.

126 $\dfrac{2}{3} : \left(3 - \dfrac{\square}{\square}\right) = \dfrac{5}{6}$; $\qquad \left(\dfrac{8}{3} - \dfrac{\square}{\square}\right) : \dfrac{5}{4} = 2$.

127 **CACCIA ALL'ERRORE**

a. $4 \cdot \dfrac{7}{11} = \dfrac{28}{44}$

b. $\dfrac{2}{3} : \left(1 + \dfrac{1}{9}\right) = \dfrac{2}{3} \cdot (1 + 9)$

c. $\dfrac{20 - 8}{8} = \dfrac{20 - \cancel{8}^{1}}{\cancel{8}_{1}} = 19$

d. $\dfrac{1}{\frac{2}{5} + \frac{4}{3}} = \dfrac{5}{2} + \dfrac{3}{4}$

e. $5 \cdot \dfrac{1}{6} - \dfrac{1}{6} = 0$

f. $\dfrac{140 + 3}{50} = \dfrac{14 + 3}{5}$

▶ **LABORATORIO** **MATEMATICA E STORIA**

Le frazioni nell'antico Egitto

Per rappresentare le frazioni del tipo $\dfrac{1}{n}$, gli anti-chi Egizi sovrapponevano al geroglifico del numero n un geroglifico a forma di bocca; ecco alcuni esempi a fianco.

Alcune frazioni erano denotate da simboli speciali.

Come scrivevano gli Egizi le altre frazioni?

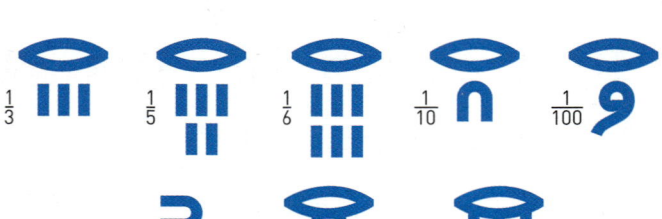

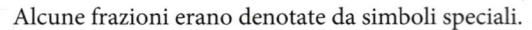

▶ Problema e risoluzione. ▶ 2 esercizi in più. ▶ Attività di ricerca: L'importanza dei papiri.

POTENZA → Teoria a pagina **70**

$$\left(\frac{a}{b}\right)^n = \frac{a^n}{b^n}, con\ n \in \mathbb{N}$$

✓ **CHECKER** Calcola le seguenti potenze.

128 $\left(\frac{1}{3}\right)^3$; $\left(\frac{6}{5}\right)^2$; $\left(\frac{1}{4}\right)^0$; $\left(\frac{2}{3}\right)^4$.

130 $\left(\frac{1}{5}\right)^3$; $\left(\frac{8}{3}\right)^2$; $\left(\frac{1}{3}\right)^4$; $\left(\frac{3}{4}\right)^3$.

129 $\left(\frac{5}{7}\right)^2$; $\left(\frac{1}{2}\right)^6$; $\left(\frac{5}{4}\right)^3$; $\left(\frac{4}{11}\right)^2$.

131 $\left(\frac{1}{2}+\frac{1}{3}\right)^2$; $\left(1-\frac{1}{3}\right)^3$; $\left(2-\frac{3}{2}\right)^4$.

132 $\left(\frac{3}{5}+\frac{1}{10}\right)^2$; $\left(\frac{2}{3}+\frac{1}{6}+\frac{1}{2}\right)^3$; $\left(\frac{1}{3}+\frac{1}{2}+\frac{1}{12}\right)^2$; $\left(3-\frac{1}{5}-\frac{5}{2}\right)^2$; $\left(\frac{11}{6}-\frac{4}{3}+1\right)^4$.

133 **COMPLETA** $\left(\frac{1}{2}\right)^{\square} = \frac{1}{32}$; $\left(\frac{\square}{\square}\right)^3 = \frac{27}{64}$; $\left(\frac{2}{\square}\right)^5 = \frac{\square}{243}$; $\left(\frac{\square}{3}\right)^4 = \frac{1296}{\square}$.

✓ **CHECKER** Semplifica le seguenti espressioni.

134 $\left(\frac{3}{2}\right)^3 \cdot \left(\frac{4}{3}\right)^2$; $\left(\frac{1}{5}\right)^6 \cdot \left(\frac{5}{2}\right)^3$; $\left(\frac{3}{4}\right)^2 : \left(\frac{7}{2}-2\right)^2$; $\left(1-\frac{1}{2}-\frac{1}{3}\right)^2 \cdot \frac{2^4 \cdot 3^2}{5}$.

135 $\left(\frac{2}{5}\right)^3 \cdot \left(\frac{7}{6}:\frac{7}{10}\right)^2$; $\left[1-\frac{7}{6}:\left(4-\frac{10}{3}+\frac{1}{2}\right)^2\right]^2$; $\left\{\frac{11}{2}:\left[\left(\frac{4}{5}\right)^2-\left(\frac{3}{10}\right)^2\right]\right\}^2$.

136 $\left(\frac{1}{2}\right)^2 + \left(\frac{7}{3}-2\right)^2 \cdot \left(\frac{3}{2}-1\right)^2$; $\left(\frac{1}{9}+\frac{1}{3}\right)^2 + \left(\frac{1}{16}\right)^0 + \left[\left(\frac{1}{3}\right)^2 - \left(\frac{1}{9}\right)^2\right]^1$.

137 $\left(\frac{1}{10}\right)^3 + \left(\frac{1}{10}\right)^4 + \left[\left(\frac{1}{5}\right)^2 - \left(\frac{1}{10}\right)^2\right]^2$; $\left[\left(\frac{7}{6}\right)^2 + \left(\frac{3}{2}\right)^2 - \left(\frac{2}{3}\right)^2 - \left(1+\frac{1}{2}\right)^2\right]^2$.

Proprietà delle potenze

✓ **CHECKER** Semplifica, applicando le proprietà delle potenze.

138 $\left(\frac{1}{3}\right)^2 \cdot \left(\frac{1}{3}\right)^3$; $\left(\frac{2}{5}\right)^7 : \left(\frac{2}{5}\right)^4$; $\left(\frac{3}{4}\right)^3 \cdot \left(\frac{40}{3}\right)^3$.

143 $\left[\left(\frac{2}{3}\right)^3\right]^4 \cdot \left(\frac{3}{4}\right)^{12} : \left(\frac{1}{2}\right)^{10}$ $\left[\frac{1}{4}\right]$

139 $\left[\left(\frac{1}{2}\right)^3\right]^2$; $\left(\frac{5}{2}\right)^2 \cdot \left(\frac{5}{2}\right)$; $\left(\frac{7}{11}\right)^5 : \left(\frac{7}{11}\right)^3$.

144 $\left(\frac{3}{5}\right)^6 \cdot \left(\frac{3}{5}\right)^5 : \left(\frac{3}{5}\right)^9$ $\left[\frac{9}{25}\right]$

140 $\left[\left(\frac{1}{2}\right)^2 \cdot \left(\frac{1}{2}\right)^5\right] : \left(\frac{1}{2}\right)^4$; $\left(\frac{5}{6}\right)^2 \cdot \left[\left(\frac{5}{6}\right)^{12} : \left(\frac{5}{6}\right)^{11}\right]$.

145 $\left[\left(\frac{1}{4}\right)^2 + \left(\frac{1}{2}\right)^2 + \left(\frac{1}{4}\right)^3 : \left(\frac{1}{4}\right)^2\right] : \left(\frac{3}{4}\right)^2$ $[1]$

141 $\left[\left(\frac{7}{4}\right)^{23} \cdot \left(\frac{7}{4}\right)^{19}\right] : \left[\left(\frac{7}{4}\right)^7\right]^6$; $\left[\left(\frac{4}{3}\right)^2\right]^4 : \left(\frac{4}{3}\right)^6$.

146 $(-3)^2 \cdot \frac{1}{10} \cdot \left[\left(\frac{5}{3}\right)^3\right]^3 : \left(\frac{5}{3}\right)^8$ $\left[\frac{3}{2}\right]$

142 $\left(\frac{3}{2}\right)^4 : \left(\frac{3}{2}\right)^3 - \left(\frac{1}{2}\right)^3 \cdot \left(\frac{1}{2}\right)^3$ $\left[\frac{95}{64}\right]$

147 $\left[\left(\frac{2}{7}\right)^6 \cdot \left(\frac{2}{7}\right)^4\right]^2 : \left[\left(\frac{4^3}{7^5}\right)^2\right]^2$ $\left[\frac{1}{16}\right]$

148 $\left(\frac{1}{3}\right)^{12} \cdot \left(\frac{1}{3}\right)^2 : \left(\frac{1}{3}\right)^{13}$; $\left[\left(\frac{2}{3}\right)^2\right]^6 : \left[\left(\frac{2}{3}\right)^2\right]^5$; $\left\{\left[\left(\frac{1}{2}\right)^2\right]^2\right\}^2$. $\left[\frac{1}{3}; \frac{4}{9}; \frac{1}{256}\right]$

149 $\left(\frac{8}{9}\right)^2 \cdot \left(\frac{3}{4}\right)^2$; $\left(\frac{25}{16}\right)^3 : \left(\frac{5}{8}\right)^3$; $\left(\frac{2}{5}\right)^{10} : \left(\frac{2}{5}\right)^{10}$. $\left[\frac{4}{9}; \frac{125}{8}; 1\right]$

150 📱 **ESEMPIO DIGITALE** $\left\{\left[\left(\frac{5}{2}\right)^4 \cdot \left(\frac{5}{2}\right)^3\right]^2 : \left(\frac{5}{2}\right)^{12}\right\}^2 : \left[\left(\frac{5}{2}\right)^2 : \frac{5}{2}\right]^3$

151 $\left\{\left[\left(\frac{1}{2}\right)^{12} : \left(\frac{1}{2}\right)^8\right]^2 \cdot \left[\left(\frac{1}{2}\right)^{13} : \left(\frac{1}{2}\right)^8\right]\right\} : \left(\frac{1}{2}\right)^{10}$ $\left[\frac{1}{8}\right]$

152 📱 **INVALSI 2011** Qual è la metà del numero $\left(\frac{1}{2}\right)^{50}$?

A $\left(\frac{1}{4}\right)^{50}$ C $\left(\frac{1}{2}\right)^{51}$

B $\left(\frac{1}{2}\right)^{25}$ D $\left(\frac{1}{2}\right)^{49}$

153 📱 **INVALSI 2003** Qual è la millesima parte di 10^{15}?

A 10^5 C $10^{\frac{15}{1000}}$

B 10^{12} D 10^{18}

3 NUMERI RAZIONALI ASSOLUTI

Espressioni con i razionali assoluti

√ **CHECKER** Calcola il valore delle seguenti espressioni.

154 $\left[\left(\frac{2}{3}+\frac{1}{9}\right)\cdot\frac{1}{8}+\frac{1}{4}\right]:\left(\frac{5}{16}\right)$ $\left[\frac{10}{9}\right]$

155 $\frac{4}{9}+\left[\frac{1}{4}+\left(\frac{1}{4}+\frac{1}{5}\right)\cdot\left(\frac{4}{3}+2\right)\right]:\left(\frac{3}{2}\right)$ $\left[\frac{29}{18}\right]$

156 $\left(\frac{1}{2}\cdot4\right)\cdot\left[\left(3+\frac{1}{3}\right)+\left(1+\frac{1}{4}\right)\right]:\left(\frac{7}{2}+\frac{1}{4}\right)$ $\left[\frac{22}{9}\right]$

157 $\left(\frac{21}{25}:\frac{7}{5}\right):\left[\frac{2}{5}+\left(\frac{2}{3}+\frac{2}{7}\right)\cdot\left(\frac{3}{5}+\frac{3}{2}\right)\right]$ $\left[\frac{1}{4}\right]$

158 $\left[\frac{5}{4}+\left(\frac{3}{8}+\frac{4}{16}\right)\right]:\left[3\left(\frac{4}{8}+\frac{1}{3}\right)\right]$ $\left[\frac{3}{4}\right]$

159 $2\cdot\left(\frac{1}{9}+\frac{1}{3}\right)\cdot\left[\frac{1}{3}+\left(\frac{3}{8}+\frac{1}{4}\right):\frac{10}{3}\right]:\frac{1}{2}$ $\left[\frac{25}{27}\right]$

160 $\left(\frac{1}{5}-\frac{1}{10}\right)\cdot\left[\left(\frac{19}{21}-\frac{3}{7}\right)+\frac{2}{3}\right]:\frac{2}{5}$ $\left[\frac{2}{7}\right]$

161 $\left[\frac{1}{12}+\left(\frac{3}{4}+\frac{2}{3}\right)-\frac{1}{6}\right]:\left(\frac{8}{3}-\frac{7}{6}\right)$ $\left[\frac{8}{9}\right]$

162 $\frac{9}{8}+\frac{1}{4}-\left[\frac{9}{4}-\left(\frac{3}{4}-\frac{1}{4}\right)\cdot2\right]+\left(\frac{8}{9}\cdot\frac{3}{4}\right)$ $\left[\frac{19}{24}\right]$

163 $\left(\frac{1}{3}+\frac{4}{3}-\frac{2}{3}\right)\cdot\left[\left(\frac{5}{6}-\frac{1}{3}+\frac{1}{12}\right)\cdot\frac{6}{7}+\frac{1}{2}\right]$ $[1]$

164 $4\left[\left(1-\frac{21}{5}:7\right)\cdot\frac{5}{4}+\frac{3}{2}\right]:\left[\frac{38}{19}-\left(3+\frac{1}{2}\right):\left(1+\frac{3}{4}\right)+\frac{1}{4}\right]$ $[32]$

165 $\frac{9}{2}:\frac{4}{3}+\left(\frac{1}{3}+\frac{5}{6}-\frac{1}{4}\right)\cdot\frac{3}{22}-\frac{7}{2}\cdot\left(2-\frac{11}{7}\right)-\left(\frac{2}{3}+\frac{1}{36}\right)$ $\left[\frac{47}{36}\right]$

166 $\left(\frac{5}{3}\right)^{2}\cdot\left[\left(\frac{1}{10}:\frac{3}{19}+\frac{1}{5}\right)^{2}:\left(\frac{1}{3}+\frac{1}{2}\right)^{2}-1\right]+\left(1-\frac{1}{2}\right)^{2}$ $\left[\frac{1}{4}\right]$

167 $\left(2-\frac{4}{3}\right)^{2}:\left(\frac{4}{3}\right)^{2}+\left[\left(\frac{9}{12}:\frac{18}{20}+1\right)^{2}-\left(\frac{7}{6}\right)^{2}\right]:2^{3}+\frac{3}{2}$ $[2]$

168 $\frac{5}{4}\left\{\left[\frac{1}{2}+\frac{1}{2}\cdot\left(1+\frac{5}{6}:\frac{1}{2}\right)\right]:\left(\frac{7}{3}-\frac{1}{2}\right)+\frac{1}{4}\right\}^{2}:\left[\left(\frac{5}{2}-\frac{5}{12}\right)\cdot\frac{3}{4}\right]+\frac{2}{3}$ $\left[\frac{23}{12}\right]$

169 $\left\{\left(\frac{5}{6}\right)^{2}\cdot\left[\left(3-\frac{2}{3}\right)^{2}:\left(4-\frac{1}{3^{2}}\right)+\frac{2}{5}\right]-\frac{1}{5}\cdot\left(\frac{5}{3}\right)^{2}\right\}-\left(\frac{2}{3}:\frac{5}{2}\cdot\frac{15}{2^{4}}\right)$ $\left[\frac{4}{9}\right]$

170 $\frac{3}{22}\cdot\left[\left(\frac{2}{9}+\frac{3}{4}-\frac{5}{18}\right)+\left(\frac{1}{4}+\frac{2}{3}+2\right)+\frac{7}{18}-\frac{2}{9}\right]:\frac{4}{11}\cdot\frac{9}{17}$ $\left[\frac{3}{4}\right]$

171 $\left[4+\left(\frac{1}{2}+\frac{3}{5}\right)\cdot\frac{5}{3}\right]:\left[\frac{4}{3}-\frac{24}{13}\cdot\left(\frac{2}{3}-\frac{13}{20}+\frac{1}{5}\right)\right]-5+\left(2-\frac{1}{4}\right)$ $[3]$

172 $\left[\left(\frac{2}{5}\right)^{12}\cdot\left(\frac{2}{5}\right)^{4}\right]^{2}:\left[\left(\frac{2}{5}\right)^{4}\cdot\left(\frac{2}{5}\right)^{2}\right]^{5}+\left(\frac{4}{5}\right)^{2}$ $\left[\frac{4}{5}\right]$

173 $\frac{4}{5}\cdot\left(\frac{7}{5}\right)^{3}:\left(1+\frac{2}{5}\right)^{2}-\left[\left(\frac{1}{5}\right)^{3}:\left(\frac{1}{5}\right)^{2}\right]^{2}$ $\left[\frac{27}{25}\right]$

174 $\left\{\left[\left(\frac{8}{3}-1\right)^{2}\cdot\left(\frac{3}{5}\right)\right]^{2}:\frac{5}{6}-\frac{1}{3}\right\}^{3}-5^{2}$ $[2]$

175 $2 \cdot \left\{ \left[\left(\frac{16}{45} + 3 \right)^3 \right]^0 \right\}^{17} + \left\{ \left[\left(\frac{5}{4} - \frac{4}{5} \right) : \frac{3}{10} \right]^2 \cdot \left(\frac{5}{3} \right)^2 : \left(\frac{5}{3} \right) \right\}^2 - 4^2$ $\left[\frac{1}{16} \right]$

176 $\left[\left(\frac{7}{5} - \frac{1}{8} - \frac{3}{4} \right) : \frac{7}{10} \right]^7 : \left(\frac{3}{4} \right)^5 + \left[\left(\frac{7}{5} - 1 \right)^0 \right]^3$ $\left[\frac{25}{16} \right]$

177 $5 \cdot \left\{ \left[\frac{6}{5} + \left(\frac{3}{2} - 1 \right)^2 - 1 \right] : \frac{3}{5} + \frac{1}{20} \right\}^2 - 2 + \left(\frac{4}{5} \right)^5 \cdot \frac{25^2}{2^{10}}$ $\left[\frac{7}{5} \right]$

178 **ESEMPIO DIGITALE** $\left\{ \left[3 \cdot \left(\frac{18}{7} - \frac{2}{3} + 1 \right) \cdot \left(\frac{2}{5} + 1 \right) \cdot \frac{1}{61} \right]^3 + \frac{4}{25} \right\} : \frac{7}{5}$

179 $\left[5 \cdot \left(\frac{7}{13} \cdot \frac{4}{5} : \frac{7}{26} + 8 - \frac{9}{5} \right)^2 - 19 \right] : 713 + \left(\frac{8}{125} \right)^2 \cdot \left(\frac{25}{4} \right)^2 \cdot \frac{5}{2}$ $\left[\frac{4}{5} \right]$

180 $3 \cdot \left[\frac{2^5}{3^7} \cdot \frac{3^5}{4^2} + \left(\frac{5}{4} - 1 \right)^2 \right] : \left(\frac{1}{4} \right)^2 + \left(2 - \frac{5}{12} : \frac{1}{4} \right) : \frac{1}{7} + 7$ $[23]$

181 $\frac{7}{15} : \left[\left(\frac{5}{8} - \frac{1}{2} : \frac{4}{3} \right) : \frac{1}{4} + \frac{2}{5} \right] : \left[\frac{1}{6} + \frac{3}{4} \cdot \left(\frac{7}{5} \right)^3 : \left(\frac{7}{5} \right) : \left(\frac{7}{5} \right)^2 \right]$ $\left[\frac{4}{11} \right]$

182 $\left[\left(\frac{8}{3} \right)^5 : \left(1 + \frac{5}{3} \right)^3 : \frac{64}{3} - \left(\frac{5}{9} + \frac{1}{3} \right) \right]^2 : \left(\frac{5}{3} \right)^3 + \left(\frac{11}{2} - 5 \right)^2 \cdot \frac{4}{3}$ $\left[\frac{2}{5} \right]$

183 $\left[\left(\frac{1}{5} + 1 \right) \cdot \frac{250}{3} \cdot \left(7 + \frac{4}{5} \cdot \frac{25}{7} + \frac{1}{7} \right) \cdot \frac{1}{10} : \frac{5}{2} : \frac{2}{3} \right] \cdot \frac{2}{3} : \frac{20}{7} \cdot \frac{1}{7}$ $[2]$

184 $\left\{ \left[\left(5 + \frac{5}{6} \right) : \left(\frac{4}{5} + \frac{1}{2} - \frac{7}{6} \right) \cdot \left(\frac{2}{5} \right)^2 : \frac{14}{3} \right]^3 - 2 \right\} : \frac{33}{2} \cdot 7$ $\left[\frac{7}{12} \right]$

185 $\left(\frac{4^2}{3} \cdot \frac{9^3}{2^5} : \frac{3^4}{2^6} \cdot \frac{27}{4^3} \cdot \frac{1}{3^4} \right)^2 + \left(\frac{5}{3} : \frac{25^2}{6} : \frac{2}{5} \cdot \frac{5}{4} \right)^2 - \frac{1}{400}$ $\left[\frac{1}{4} \right]$

186 $\left[\frac{1}{3} + \left(\frac{1}{2} \right)^2 - \left(\frac{2}{3} \right)^2 - \frac{1}{4} \left(\frac{1}{3} \right)^2 \right]^2 + \frac{8}{81} + \left(\frac{1}{3} + \frac{3}{2} - 1 \right) \cdot \left(2 - \frac{1}{3} \right)$ $\left[\frac{3}{2} \right]$

187 $\left(\frac{7}{6} \right)^5 : \left(\frac{7}{6} \right)^2 : \left(\frac{7}{6} \right) \cdot \left(\frac{7}{6} \right)^3 : \left(\frac{7}{6} \right)^4 - \left(\frac{1}{2} \right)^6 : \left(\frac{1}{2} \right)^5 \cdot \left(\frac{1}{2} \right)$ $\left[\frac{11}{12} \right]$

188 $\frac{7}{4} + \left(\frac{7}{4} \right)^{10} : \left[\left(\frac{7}{4} \right)^3 \right]^3 + \left[\left(\frac{3}{2} \right)^5 \right]^6 : \left[\left(\frac{3}{2} \right)^3 \right]^{10} - \frac{3}{2}$ $[3]$

189 $\frac{3}{8} \cdot \left\{ \left(\frac{3}{8} \right)^4 \cdot \left[\left(\frac{3}{8} \right)^2 \right]^3 \cdot \frac{3}{8} \right\}^2 : \left\{ \left[\left(\frac{3}{8} \right)^3 \right]^2 \cdot \left[\left(\frac{3}{8} \right)^4 \right]^4 \right\} + \frac{3}{8}$ $\left[\frac{3}{4} \right]$

190 $\left[\left(\frac{5}{4} \right)^5 : \left(\frac{5}{4} \right)^4 \right]^2 : \frac{25}{44} + \left(\frac{1}{2} \right)^3 : \left[\left(\frac{1}{3} \right)^3 \right]^0 - \left(\frac{5}{8} - \frac{1}{3} \right) + 3 \cdot \frac{1}{2^2}$ $\left[\frac{10}{3} \right]$

191 $\left[\left(\frac{1}{4} \right)^2 \right]^3 : \left(\frac{1}{8} \right)^3 + \left[\left(\frac{1}{16} \right)^4 : \left(\frac{1}{2} \right)^5 \right] : \left(\frac{1}{32} \right)^2 - \left(\frac{1}{2} \right)^2 + \frac{1}{8}$ $\left[\frac{1}{2} \right]$

192 $\left\{ \left(\frac{3}{2} \right)^3 \cdot \left[\left(\frac{2}{3} \right)^3 \cdot \left(\frac{4}{9} \right)^4 : \left(\frac{16}{81} \right)^2 \right] \right\} : \left\{ \left[\left(\frac{45}{22} \right)^4 \cdot \left(\frac{11}{15} \right)^4 \right] : \left(\frac{3}{2} \right) \right\}$ $\left[\frac{8}{27} \right]$

193 **EUREKA!** **Aguzzare la vista…** Considera l'espressione

$1 + \left(1 - \frac{1}{2} \right) + \left(\frac{1}{2} - \frac{1}{3} \right) + \left(\frac{1}{3} - \frac{1}{4} \right) + \dots$

a. Osserva come si susseguono gli addendi, aggiungine altri tre e calcola il risultato.

b. Trova il risultato con 100 e con 1000 addendi.

c. Aumentando ancora il numero di addendi, a quale numero si avvicina il risultato?

$\left[a) \frac{13}{7}; b) \frac{199}{100} \text{ e } \frac{1999}{1000}; c) 2 \right]$

3 NUMERI RAZIONALI ASSOLUTI

Dalle parole ai simboli

194 **VERO O FALSO?**

a. Il doppio di $\frac{5}{8}$ è $\frac{10}{16}$. V☒ F

b. La metà di $\frac{12}{7}$ è $\frac{6}{7}$. V☒ F☒

c. Il quadrato del reciproco di $\frac{2}{5}$ è $\frac{25}{4}$. V☒ F

d. La somma dei quadrati dei reciproci di $\frac{1}{3}$ e di $\frac{1}{4}$ è $\frac{1}{25}$. V☒ F☒

Nei seguenti esercizi, scrivi in simboli le espressioni che proponiamo con le parole. Calcola il loro valore.

195 Calcola la somma del doppio di $\frac{5}{4}$ con il triplo di $\frac{1}{2}$ e sottrai al risultato $\frac{1}{4}$. $\left[\frac{15}{4}\right]$

196 **ESEMPIO DIGITALE** Moltiplica $\frac{9}{16}$ per il cubo di $\frac{2}{3}$ e sottrai al risultato la somma dei quadrati di $\frac{1}{6}$ e di $\frac{1}{4}$.

197 Calcola la quinta parte della somma tra 1 e il quadrato di $\frac{3}{4}$. $\left[\frac{5}{16}\right]$

198 Sottrai a 1 il risultato della divisione tra il cubo di $\frac{1}{3}$ e il quadrato di $\frac{2}{3}$. $\left[\frac{11}{12}\right]$

199 Dividi $\frac{2}{5}$ per il cubo della metà di 3 e sottrai $\frac{1}{15}$ al risultato ottenuto. $\left[\frac{7}{135}\right]$

200 Dividi il quadrato del quadrato di $\frac{4}{3}$ per il cubo della somma di 1 e $\frac{1}{3}$ e aggiungi 2 al risultato ottenuto. $\left[\frac{10}{3}\right]$

201 Moltiplica il cubo di $\frac{16}{9}$ per il cubo di $\frac{3}{8}$ e dividi il risultato per il quadrato di $\frac{2}{3}$. $\left[\frac{2}{3}\right]$

Calcola il valore delle seguenti espressioni dopo aver sostituito i valori indicati.

202 $\left(\frac{2ab}{7} + \frac{1}{b}\right) : [4(a+b)]$; $a = \frac{1}{4}$, $b = \frac{2}{7}$.

203 $\dfrac{a-b+c}{\frac{c}{b}} - a^2$; $a = \frac{1}{3}$, $b = \frac{7}{6}$, $c = \frac{5}{2}$.

204 $c \cdot [(a^2 : b \cdot c) : 4]^3$; $a = \frac{4}{3}$, $b = 3$, $c = \frac{9}{2}$.

205 Togli 3 a un numero dato e dividi il risultato per il doppio prodotto del numero con $\frac{9}{20}$. Scrivi l'espressione e poi calcola il suo valore se il numero vale $\frac{10}{3}$. $\left[\frac{1}{9}\right]$

206 Al quadrato della differenza tra il doppio di un numero e 1 aggiungi il numero stesso. Scritta l'espressione, calcola il suo valore se il numero è $\frac{3}{5}$. $\left[\frac{16}{25}\right]$

Problemi **INTORNO A NOI**

207 **ESEMPIO DIGITALE** In Italia una famiglia su tre possiede un cane o un gatto. Sapendo che la popolazione è costituita da circa 22 500 000 famiglie, quanti animali domestici sono presenti? Quanti sono i cani se il loro numero è uguale ai $\frac{4}{11}$ di quello dei gatti?

208 **In forma!** Da un'indagine sulle attività sportive degli studenti di una classe emerge che $\frac{1}{3}$ pratica il nuoto; tra i rimanenti $\frac{1}{4}$ gioca solo a calcio, $\frac{1}{4}$ solo a pallavolo, mentre 6 ragazzi praticano altri sport. Da quanti alunni è composta la classe? [18]

209 **Avvita la vite** Con un movimento della mano riesco a far fare $\frac{3}{4}$ di giro a una vite. Con 4 movimenti della mano riesco ad avvitarla per $\frac{2}{3}$ della lunghezza. Con quanti giri completi si avvita completamente la vite? [4 giri e mezzo]

210 **Che pizza...** Un pizzaiolo prepara 24 kg di impasto per una serata e usa metà di questo impasto per le pizze margherita, $\frac{1}{3}$ per quelle ai funghi e $\frac{1}{12}$ per altre varietà. Se per ogni pizza è solito utilizzare 250 g di impasto, quante pizze potrebbe ancora fare per finire tutto l'impasto? [8]

211 **INVALSI 2005** In una prova di ammissione bisogna superare due test. $\frac{2}{3}$ dei candidati superano il primo test e $\frac{1}{6}$ di quelli che l'hanno superato passa anche il secondo test. Su 360 candidati, quanti saranno ammessi?

A 40 B 60 C 120 D 280

4. NUMERI DECIMALI

DALLA FRAZIONE AL NUMERO DECIMALE → Teoria a pagina **72**

212 **VERO O FALSO?**

a. Ogni frazione può essere rappresentata da un numero decimale. V F

b. $1,5\overline{72} = 1,57\overline{72}$. V F

c. $\frac{1}{12}$ è una frazione che rappresenta un numero decimale finito. V F

d. $\frac{42}{18}$ è una frazione che rappresenta un numero decimale periodico misto. V F

e. $6,\overline{132} \cdot 100 = 613,\overline{213}$. V F

213 **INVALSI 2004** Un numero decimale è composto da 5 cifre e gode delle seguenti proprietà:

- la cifra dei centesimi è 2;
- la cifra delle decine è uguale alla cifra dei centesimi aumentata di 7;
- la cifra delle unità è il doppio della cifra dei decimi;
- la cifra dei decimi è uguale alla cifra delle decine diminuita di 6;
- la cifra delle centinaia è uguale alla cifra delle unità.

Qual è il numero?

A 292,32 C 484,82

B 292,12 D 696,32

214 **TEST** Una sola delle seguenti frazioni rappresenta un numero decimale periodico. Quale?

A $\frac{242}{44}$ C $\frac{3}{180}$

B $\frac{12}{300}$ D $\frac{8}{50}$

215 **TEST** I seguenti numeri sono tutti uguali a $1,\overline{3}$ *tranne* uno. Quale?

A $\frac{4}{3}$ C $1,3333$

B $1,3\overline{3}$ D $100 \cdot 0,01\overline{3}$

Trasforma le seguenti frazioni in numeri decimali, senza eseguire la divisione.

216 $\frac{1}{100}$; $\frac{3}{1000}$; $\frac{13}{10}$; $\frac{22}{200}$; $\frac{18}{90}$.

217 $\frac{3}{20}$; $\frac{7}{2^3 \cdot 5}$; $\frac{9}{50}$; $\frac{11}{5^4 \cdot 2}$; $\frac{7}{56}$.

218 Trasforma in numeri decimali le seguenti frazioni eseguendo la divisione.

$\frac{3}{7}$; $\frac{7}{6}$; $\frac{4}{9}$; $\frac{5}{3}$; $\frac{1}{12}$.

219 **YOU & MATHS** **Transforming fractions into decimal numbers** Before transforming the following fractions into decimal numbers, predict the maximum number of decimals they could have in their period and explain your reasoning.

$\frac{181}{7}$; $\frac{43}{6}$.

Senza eseguire la divisione, indica per ogni frazione se rappresenta un numero decimale finito, periodico semplice o periodico misto.

220 ⬜ **ESEMPIO DIGITALE** $\dfrac{3}{14}$; $\dfrac{5}{4}$; $\dfrac{1}{20}$; $\dfrac{1}{21}$.

221 $\dfrac{3}{150}$; $\dfrac{7}{6}$; $\dfrac{14}{18}$; $\dfrac{126}{105}$.

222 $\dfrac{1}{8}$; $\dfrac{3}{50}$; $\dfrac{5}{9}$; $\dfrac{1}{10}$.

223 $\dfrac{4}{27}$; $\dfrac{9}{30}$; $\dfrac{21}{12}$; $\dfrac{1}{36}$.

Stabilisci il tipo di numero decimale rappresentato dalle seguenti frazioni e trasforma ogni frazione in numero decimale.

224 $\dfrac{2}{5}$; $\dfrac{1}{2}$; $\dfrac{4}{9}$; $\dfrac{11}{44}$; $\dfrac{1}{6}$.

225 $\dfrac{12}{25}$; $\dfrac{7}{60}$; $\dfrac{18}{45}$; $\dfrac{24}{22}$; $\dfrac{3}{20}$.

226 $\dfrac{9}{4}$; $\dfrac{7}{35}$; $\dfrac{3}{24}$; $\dfrac{3}{40}$; $\dfrac{5}{12}$.

227 $\dfrac{8}{12}$; $\dfrac{5}{18}$; $\dfrac{13}{65}$; $\dfrac{7}{15}$; $\dfrac{15}{60}$.

MATEMATICA E STORIA

Frazioni e numeri decimali

In Europa, per lungo tempo, si rimase fedeli alle frazioni, spesso usate assieme ai numeri naturali. Ecco un esempio ricavato dal *Liber abbaci* di Leonardo Fibonacci detto Leonardo Pisano (ca. 1170-ca. 1250):

$$\dfrac{3}{4} \quad \dfrac{7}{10} \quad \dfrac{9}{20}\,1 \qquad \dfrac{3}{4} \quad \dfrac{9}{10} \quad \dfrac{13}{20}\,1$$

Ma Stevino…

Una veduta della città natale di Stevino (Bruges, in Belgio).

⬜ ▸ Problema e risoluzione.
▸ Un esercizio in più.
▸ Attività di ricerca: Scambi culturali.

DAL NUMERO DECIMALE ALLA FRAZIONE ➡ Teoria a pagina **73**

ESEMPIO

Trasformiamo in frazioni: **a.** 1,56; **b.** $4,\overline{2}$; **c.** $8,3\overline{12}$.

numero decimale finito

a. $1,56 = \dfrac{1,56 \cdot 10^2}{10^2} = \dfrac{\left(1 + 5 \cdot \dfrac{1}{10} + 6 \cdot \dfrac{1}{100}\right) \cdot 100}{100} \xrightarrow{\text{proprietà distributiva}} \dfrac{100 + 50 + 6}{100} = \dfrac{156}{100} = \dfrac{39}{25}$.

2 cifre   semplifichiamo

numero decimale periodico semplice   numero decimale periodico misto

b. $4,\overline{2} = \dfrac{42 - 4}{9} = \dfrac{38}{9}$.   **c.** $8,3\overline{12} = \dfrac{8312 - 83}{990} = \dfrac{8229}{990} = \dfrac{2743}{330}$.

1 cifra   1 nove   1 cifra   2 cifre   2 nove   1 zero   semplifichiamo

Trasforma i seguenti numeri decimali in frazioni.

228 $7,1$; $44,2$; $0,03$.

229 $0,0\overline{6}$; $6,04$; $1,2\overline{13}$.

230 $0,52$; $0,5\overline{2}$; $0,\overline{52}$.

231 $1,2\overline{34}$; $7,5$; $0,4\overline{5}$.

232 $5,71$; $3,\overline{6}$; $3,75$.

233 $11,\overline{12}$; $4,15\overline{6}$; $4,05$.

234 ⬜ **YOU & MATHS** **From decimal numbers to fractions** Convert the decimal numbers to fractions in lowest terms.

    a. $0,48$;   **b.** $2,47$;   **c.** $3,333$;   **d.** $0,\overline{8}$;   **e.** $0,2$;   **f.** $0,\overline{41}$.

COMPLETA inserendo uno dei simboli $<, =, >$.

235 $1,2 \,\square\, \dfrac{6}{5}$; $\quad 2,\bar{6} \,\square\, 2,6\bar{6}$; $\quad 1,4\bar{3} \,\square\, 1,44$. **236** $2,3\bar{9} \,\square\, 2,4$; $\quad 3,7 \,\square\, 3,\bar{7}$; $\quad \dfrac{7}{9} \,\square\, 0,777$.

Disponi in ordine crescente i seguenti numeri razionali.

237 $1,3$; $\quad \dfrac{4}{3}$; $\quad \dfrac{7}{5}$; $\quad \dfrac{1}{0,8\bar{3}}$; $\quad \dfrac{7}{6}$. **238** $\dfrac{1}{0,3}$; $\quad 2,6$; $\quad 3,\bar{3}$; $\quad \dfrac{11}{3}$; $\quad \dfrac{13}{5}$.

Rappresenta i numeri indicati su una semiretta orientata.

239 $\dfrac{2}{5}$; $\quad 1,4$; $\quad 1,3\bar{2}$; $\quad \dfrac{7}{4}$; $\quad \dfrac{13}{9}$. **240** $1,\bar{6}$; $\quad \dfrac{16}{5}$; $\quad \dfrac{51}{9}$; $\quad \dfrac{18}{25}$; $\quad \dfrac{1}{2,4\bar{2}}$.

Espressioni con i numeri decimali

241 **INVALSI 2011** Quale numero si ottiene aggiungendo 1 millesimo a 4,3699?

242 **TEST** Moltiplicare un numero per 4 è la stessa cosa che dividerlo per:

A 0,25. **B** 0,4. **C** 0,5. **D** 0,2.

243 **INVALSI 2012** Osserva questa moltiplicazione: $17 \cdot 36 = 612$. Ora scrivi il risultato delle seguenti moltiplicazioni.

a. $17 \cdot 3,6 = \rule{2cm}{0.4pt}$; **b.** $17 \cdot 0,36 = \rule{2cm}{0.4pt}$; **c.** $1,7 \cdot 360 = \rule{2cm}{0.4pt}$; **d.** $1,7 \cdot 3,6 = \rule{2cm}{0.4pt}$.

✓ **CHECKER** Trasforma i numeri decimali in frazioni e calcola il valore delle seguenti espressioni.

244 $4,75 \cdot 1,6 - \dfrac{1}{2} \cdot 2,4$ $\qquad \left[\dfrac{32}{5}\right]$

245 $(1,2)^2 \cdot 1,5 + \left(1,\bar{3} - \dfrac{1}{3}\right) : 2$ $\qquad \left[\dfrac{133}{50}\right]$

246 $0,\overline{36} \cdot 2,4 + 4,05 : (1,5)^2$ $\qquad \left[\dfrac{147}{55}\right]$

247 $(0,1\bar{5} - 0,00\bar{5}) \cdot 6,\bar{6} + \dfrac{5}{8} \cdot 7,2$ $\qquad \left[\dfrac{11}{2}\right]$

248 $(3,\bar{2} + 5,\bar{7}) \cdot 0,\bar{3} + 25(0,\bar{6} - 0,6) \cdot \dfrac{0,5}{0,\bar{5}}$ $\qquad \left[\dfrac{9}{2}\right]$

249 $\dfrac{2 - 1,6\bar{3}}{0,2 + 0,9} + \dfrac{0,\bar{2}}{1,\bar{9} + 0,\bar{3}}$ $\qquad \left[\dfrac{3}{7}\right]$

250 $0,6 + \dfrac{1,\bar{3} - 0,\bar{6}}{0,\bar{6} - 0,\bar{3}} - 1,6$ $\qquad [1]$

251 $\dfrac{0,2}{0,\bar{2}} + 0,1 + \dfrac{0,4}{0,\bar{4}} : \dfrac{1}{0,\bar{3}} + \dfrac{1,75}{0,5}$ $\qquad \left[\dfrac{24}{5}\right]$

252 **ESEMPIO DIGITALE**

$\dfrac{0,25}{1,\bar{6} - 0,5} : \dfrac{1}{7} + \dfrac{2,\bar{3} - 2}{31,\bar{3} - 30} : \dfrac{1}{2}$

253 $\left[\left(1,\overline{148} - \dfrac{10}{9}\right) \cdot 54\right]^5 - 22,5 + \dfrac{3}{2}$ $\qquad [11]$

254 $2^7 - \left\{\left[\left(0,875 : \dfrac{1}{8}\right)^2 - 7,\bar{6}\right] : \left(\dfrac{2}{3}\right)^2\right\} - 30$ $\qquad [5]$

255 $1 + \left\{\left[\left(0,8\bar{3} - \dfrac{1}{6}\right)^2 + 1,\bar{6} - 1,\bar{8}\right] \cdot \dfrac{3}{4}\right\}^2 - \dfrac{1}{6^2}$ $\qquad [1]$

256 $\left(1,\overline{09} - \dfrac{1,01}{10^2} : \dfrac{0,11}{10}\right) \cdot (0,\bar{9})^4$ $\qquad \left[\dfrac{19}{110}\right]$

257 $\left(0,0\overline{14} \cdot \dfrac{5}{7} : 0,1\overline{36} \cdot 1,5 + 2\right) \cdot 0,5$ $\qquad \left[\dfrac{19}{18}\right]$

258 $\left(3,\bar{6} : \dfrac{33}{2} + 0,\bar{6}\right)\left(0,5 \cdot \dfrac{2}{7} + \dfrac{0,05}{7}\right)$ $\qquad \left[\dfrac{2}{15}\right]$

259 $[(0,\bar{6})^5 \cdot (0,\bar{6})^3]^2 : [(0,\bar{6})^2]^7 - \dfrac{0,4}{0,\bar{4}} \cdot \dfrac{0,\bar{6}}{0,6} \cdot 0,\bar{1}$ $\quad \left[\dfrac{1}{3}\right]$

260 $[(0,2)^6 \cdot (0,1 \cdot 0,6 \cdot 0,\bar{6})^7] : [(0,2)^9]^2 + 4 \cdot 0,04$ $\quad \left[\dfrac{1}{5}\right]$

261 **INVALSI 2011** Un bicchiere contiene $\frac{1}{4}$ di litro di acqua. Se si vuole riempire una bottiglia da 1,5 litri, quanti bicchieri di acqua bisogna versare nella bottiglia?

262 📱 **INVALSI 2008** Una mamma deve somministrare al figlio convalescente 150 mg di vitamina C ogni giorno. Avendo a disposizione compresse da 0,6 g, quante compresse al giorno deve dare al figlio?

    A Un quarto di compressa.

    B Una compressa.

    C 2 compresse e mezzo.

    D 4 compresse.

5. PROPORZIONI E PERCENTUALI

PROPORZIONI ➡️ Teoria a pagina **74**

$$a : b = c : d \leftrightarrow a \cdot d = b \cdot c$$

✓ **CHECKER** Determina x nelle seguenti proporzioni.

263 $8 : x = 15 : 225$

264 $x : \frac{1}{3} = \frac{4}{9} : \frac{1}{18}$

265 $x : 0,6 = 6 : 96$

266 $14 : x = 35 : 10$

267 $\left(\frac{2}{5} - x\right) : x = \frac{1}{3} : \frac{1}{15}$

268 $2x : 72 = 2 : \frac{x}{2}$

269 $(x + 14) : 14 = 9 : 2$

270 $\left(x + \frac{3}{4}\right) : x = \frac{5}{4} : \frac{1}{16}$

271 $(12 + x) : 11 = x : 3$

272 $(x + 5) : 9 = x : 4$

273 $x : 6 = (x + 15) : 11$

274 $2,\overline{7} : x = 2,\overline{5} : \frac{1}{2,5}$

275 📱 **ESEMPIO DIGITALE** $x : \frac{1}{8} = (6 + 2x) : \frac{5}{4}$

276 $\left(\frac{1}{2} + \frac{5}{4}\right) : \left(3 - \frac{15}{8}\right) = x : \left(\frac{11}{7} + 1\right)$

277 $x : \frac{2^4 \cdot 16}{125 \cdot 9} = \frac{3^4 \cdot 5}{8^4} : x$

Calcola il medio proporzionale tra i numeri assegnati.

278 6 e 54; $\frac{8}{5}$ e $\frac{2}{45}$;   2,88 e 2,42.

279 $\left(1 + \frac{5}{3}\right)$ e $\left(\frac{1}{3} - \frac{7}{27}\right)$; $3,\overline{8}$ e $15,\overline{5}$.

Determina i valori incogniti nelle seguenti proporzioni applicando le proprietà delle proporzioni.

280 $a : b = 8 : 14$, con $a + b = 154$. $[a = 56; b = 98]$

281 $x : y = 27 : 11$, con $x - y = 144$. $[x = 243; y = 99]$

282 $24 : a = 15 : b$, con $a + b = \frac{4}{5}$. $\left[a = \frac{32}{65}; b = \frac{4}{13}\right]$

283 **EUREKA!** **Al quadrato** Se vale la proporzione $x : y = 7 : 5$, con $x^2 - y^2 = 864$, calcola x e y. $[42; 30]$

284 Il rapporto tra due numeri è $\frac{5}{3}$ e la loro somma è 56. Trova i due numeri. $[35; 21]$

285 Trova due numeri il cui rapporto è $\frac{7}{5}$ e che hanno per differenza 16. $[56; 40]$

286 Dividi il numero 210 in due parti proporzionali a 8 e 27. $[48; 162]$

287 Dividi il numero 600 in due parti che stanno nel rapporto 7 a 5. $[350; 250]$

288 In un triangolo un lato è medio proporzionale tra gli altri due, che misurano in centimetri 24 e 54. Trova il perimetro del triangolo. $[114 \text{ cm}]$

Problemi INTORNO A NOI

289 **Un budino per 7** Sulla base degli ingredienti indicati a fianco, quali dosi sono necessarie per preparare il budino al cioccolato per 7 persone?

[1,75 L; 280 g; 175 g; 210 g; 161 g]

dosi per 4 persone:
1 L   latte
160 g   cacao in
         polvere
100 g   zucchero
120 g   burro
92 g   farina

290 **A passeggio** Un turista sta passeggiando per una città. Consultando una mappa in scala 1:7800 scopre che per arrivare alla sua destinazione deve percorrere due vie. Queste nella mappa misurano rispettivamente 12 cm e 14 cm. Qual è la distanza in metri che deve percorrere? [2028 m]

291 Un frutteto di forma rettangolare, riprodotto su una mappa in scala 1:8000, ha le dimensioni di 25 cm e 18 cm. Se in ogni ettaro (1 ettaro = 10 000 m²) vengono piantati 420 alberi, quante piante occorrono? [120 960]

292 In una carta geografica è indicata la scala 1:250 000, cioè 1 cm nella carta corrisponde a 250 000 cm nella realtà. Se due paesi distano tra loro 13,8 km, a che distanza si trovano nella carta? [5,52 cm]

293 In un forno con 24 kg di farina si preparano 144 panini del peso di 200 g. Quanti kg di farina occorrono per confezionare 480 panini del peso di 175 g? [70 kg]

294 **Pomodori** L'anno scorso due fratelli si sono divisi i pomodori del loro orto in rapporto 4:5. Se quest'anno la produzione è triplicata rispetto a quella dell'anno scorso, in quale rapporto devono dividersi i pomodori affinché il fratello che ne aveva ricevuti meno ne prenda la stessa quantità dell'anno passato? [4:23]

295 TEST Sbucciando un'arancia mi accorgo che il suo peso cala da 250 g a 150 g. Se le arance che erano in una cassetta pesano, dopo essere state sbucciate, 6 kg, quanto pesano le bucce che sono state tolte?

A 3 kg | B 3,6 kg | C 4 kg | D 5 kg

296 INVALSI 2005 La nonna ha messo da parte la somma di € 165 per fare un regalo ai suoi nipoti Marco e Andrea. Vuole suddividere la somma in modo proporzionale alle età rispettive dei due nipoti, che hanno uno 12 e uno 10 anni. Quale sarà la suddivisione?

A € 100 e € 65 | B € 95 e € 70 | C € 90 e € 75 | D € 85 e € 80

PERCENTUALI → Teoria a pagina 75

297 VERO O FALSO?

a. Il 100% di un numero è uguale al suo doppio. V F

b. Il 20% di 900 è 180. V F

c. Il 42% di x è uguale a $0,42 \cdot x$. V F

d. 27% equivale a 0,27%. V F

e. Il 3% del 10% di un numero a equivale al 30% di a. V F

f. Il 5% del 20% di 400 è uguale a 4. V F

298 COMPLETA

a. Il 27% di ⎣4800⎦ è uguale a 1296.

b. Il ⎣___⎦% di 6500 è uguale a 208.

c. Il 4% del 10% di 200 è uguale a ⎣0,8⎦.

d. Se aumentiamo 284 del 30%, otteniamo ⎣369,2⎦.

e. Se diminuiamo 5400 del 4,2%, otteniamo ⎣5626,8⎦.

299 Indica le percentuali che rappresentano le parti colorate di ciascuna figura.

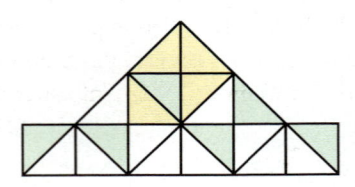 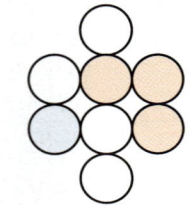

300 🔲 **INVALSI 2005** Quale percentuale della figura è colorata?

- **A** 80%
- **B** 50%
- **C** 45%
- **D** 40%

301 🔲 **INVALSI 2008** Da una lamiera a forma rettangolare viene eliminata la parte non quadrettata come in figura. Quale percentuale della superficie della lamiera è rimasta?

- **A** 60%
- **B** 70%
- **C** 75%
- **D** 80%

302 Trasforma in percentuali le seguenti frazioni:
$$\frac{3}{8}; \quad \frac{1}{5}; \quad \frac{3}{10}; \quad \frac{7}{50}; \quad \frac{11}{25}.$$

303 🔲 **INVALSI 2005** A quale delle seguenti percentuali equivale la frazione $\frac{24}{30}$?

- **A** 60%
- **B** 70%
- **C** 72%
- **D** 80%

Trasforma in frazioni irriducibili le percentuali.

304 14%; 0,2%; 6%; 3%.

305 31%; 2,4%; 12%; 8,4%.

306 📱 **YOU & MATHS** **Fractions as percentages**

- **a.** Maria gave her friends «three fourths» of her pizza. What percentage of her pizza did she distribute?
- **b.** Write the following fractions as percentages:
$$\frac{3}{4}; \quad \frac{5}{100}; \quad \frac{1}{3}; \quad \frac{5}{4}.$$

Calcola i valori richiesti.

307 8% di 850; 4,8% di 1276;
70% di 2850; 6% di 32.

308 8% del 15% di 32; 0,4% di 9827;
20% di 65; 10% del 42% di 2000.

309 Se il 16% di un numero corrisponde a 1712, qual è il numero?

310 Il 14,2% di un numero equivale a 1349. Trova il numero.

311 Un numero viene aumentato del 15% e poi subisce una diminuzione del 15%. Si ottiene lo stesso risultato se invece il numero subisce prima una diminuzione del 15% e poi un aumento del 15%?
[sì]

312 **EUREKA!** **Lato per lato** I lati di un rettangolo misurano 60 cm e 40 cm. Se entrambi i lati venissero diminuiti del 5%, di quanto diminuirebbe, in percentuale, l'area del rettangolo? Quale sarebbe invece la diminuzione in percentuale dell'area se i lati venissero entrambi diminuiti di 5 cm?
[9,75%; 19,79%]

313 **EUREKA!** **Verde, giallo, bianco** Nella figura le parti colorate rappresentano: in verde gli $\frac{11}{15}$ dell'area del quadrato; in giallo i $\frac{7}{12}$ dell'area del triangolo.

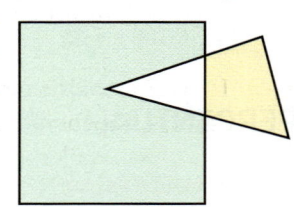

- **a.** Scrivi quale percentuale del quadrato e quale del triangolo è rappresentata dalla parte non colorata.
- **b.** Calcola il rapporto tra l'area del quadrato e quella del triangolo.
- **c.** Se il lato del quadrato è 30 cm, quanto misura l'area del triangolo?

$$\left[a) \ 26,\overline{6}\%; \ 41,\overline{6}\%; \ b) \ \frac{25}{16}; \ c) \ 576 \ cm^2 \right]$$

Problemi INTORNO A NOI ed EDUCAZIONE FINANZIARIA

314 **La bolletta cresce** Il prezzo del gas ha subìto in un anno tre aumenti del 4%. Puoi dire che complessivamente l'aumento è stato del 12%? [no]

315 Un capitale di € 12 000 è investito in azioni. Ieri la Borsa ha perso il 3%, mentre oggi ha riguadagnato il 3%. Il capitale investito è rimasto invariato? [no]

316 ESEMPIO DIGITALE Un negozio di arredamento vende una cucina a € 11 430, realizzando un utile del 27%. Calcola il costo di produzione della cucina. L'acquirente riesce poi a farsi scontare ancora € 430. Che guadagno percentuale realizza così il negozio?

317 **Sconti elettrici** Martina compra una chitarra elettrica a € 650. Dopo qualche tempo decide di rivenderla con uno sconto del 12%, ma, non trovando acquirenti, abbassa del 12% la cifra già scontata. A quanto rivende la chitarra Martina? Qual è la percentuale di sconto rispetto alla cifra iniziale?

[€ 503,36; 22,56%]

318 **Shopping!** In periodo di saldi Luisa compra in un negozio una gonna a € 27, una maglietta a € 46 e un paio di pantaloni a € 53. Sapendo che ha risparmiato € 54 rispetto ai prezzi originali, qual è la percentuale di sconto applicata? [30%]

319 Un automobilista deve percorrere una distanza di 340 km. Sapendo che ha percorso il 70% del tragitto, quanti kilometri deve ancora percorrere? [102 km]

320 Un computer costa € 700. Se viene scontato del 18%, qual è il suo prezzo finale? A quanto ammonta lo sconto? [€ 574; € 126]

321 **Sotto esame** A un appello di un esame 135 candidati vengono promossi. Sapendo che il tasso di bocciatura è stato del 25%, quanti studenti sono stati bocciati? [45]

322 Due amiche stanno programmando una vacanza. Il costo per i biglietti aerei e l'alloggio è mostrato sotto. Poiché prenotano con largo anticipo hanno diritto allo sconto indicato. Quanto spendono in totale? [€ 1020,80]

€ 546   € 730   – 20%

323 Un negoziante acquista una macchina fotografica a € 300. Se vuole ricavarne un utile del 25%, a quanto deve rivenderla? [€ 375]

324 Una città ha 214 000 abitanti. Si stima un tasso di crescita della popolazione del 2,1% per i prossimi due anni e dell'1,9% per l'anno successivo a questi. Calcola la popolazione stimata fra 3 anni. [circa 227 320]

325 In una classe l'84% dei ragazzi conosce un'unica lingua straniera, mentre i rimanenti 4 studenti conoscono due lingue. Da quanti studenti è composta la classe? [25]

326 Su un cartello in biblioteca c'è scritto: «È possibile riprodurre per uso personale fino a un massimo del 15% di un'opera letteraria». A quante pagine dell'eserciziario, che ne contiene 276, devo rinunciare? [235]

327 ESEMPIO DIGITALE Una ragazza compra una maglietta scontata dell'8% pagandola € 33,12. Una settimana dopo vede la stessa maglietta scontata del 15% rispetto al prezzo originario. Quanto avrebbe risparmiato se avesse aspettato a comprarla?

328 **Non è tutto oro...** L'oro utilizzato per i gioielli è puro al 750‰, cioè il 25% della lega è costituito da un altro elemento. Se un orafo vuole produrre un gioiello contenente 20 g di oro puro, quanti grammi di altro materiale deve aggiungere per ottenere la lega? [6,67 g]

329 Vorrei comprare un libro il cui prezzo di copertina è € 26,50. In una libreria l'ho visto scontato del 9%, mentre in un'altra potrei comprarlo usufruendo di un buono sconto del valore di € 3. In quale libreria mi conviene acquistarlo?

[nella seconda libreria]

MATEMATICA INTORNO A NOI

Cresci, Hoagy!

Un allevatore cinofilo di «bovari del bernese» sta studiando la crescita di Hoagy, uno degli ultimi cuccioli nati, e per fare questo registra ogni mese il suo peso…

▸ Problema e risoluzione. ▸ 5 esercizi in più.

330 Un mio amico ha vinto alla lotteria € 2500 e ha deciso di depositare la somma in un libretto di risparmio avente tasso di interesse annuo del 2%. Dopo un anno esatto preleva € 500. Quanti soldi avrà nel libretto alla fine del secondo anno?
[€ 2091]

331 Calcola quante tasse dovrebbe pagare una persona, sapendo che le sue entrate complessive sono di € 50 000 all'anno e che la tassazione è progressiva, con le seguenti aliquote:
- 23% fino a € 15 000;
- 27% da € 15 000 a € 28 000;
- 38% da € 28 000 a € 55 000. [€ 15 320]

332 📱 INVALSI 2006 Un'automobile ha un prezzo di listino di 10 000 euro. Il concessionario offre uno sconto del 20%; inoltre un cliente può risparmiare un ulteriore 5% su tale prezzo scontato se paga in contanti. Quanto è lo sconto complessivo fatto a un cliente che paga in contanti?

A 24%   B 25%   C 26%   D 30%

333 **Organizzazione** Devo studiare 60 pagine di storia in tre giorni. Siccome oggi ho tempo, decido di studiarne il 45%; dato che domani avrò allenamento, riuscirò a studiarne solo 13. Se intendo rispettare i miei piani, quale percentuale del totale delle pagine devo studiare l'ultimo giorno?
[$33,\overline{3}\%$]

334 Al supermercato viene applicato lo sconto «Prendi tre paghi due». Che percentuale di sconto è? Nel comprare 8 pacchetti di patatine, che costerebbero € 1,83 ciascuno, quanto si risparmia?
[$33,\overline{3}\%$; € 3,66]

335 Giovanni si accorge di aver letto 128 pagine del libro che deve leggere per le vacanze. Sapendo che il libro ha 400 pagine, quale percentuale gli manca da leggere?
[68%]

336 **Questi ragazzi…** Al padre di Thomas, che percepisce uno stipendio mensile di € 1750, viene concesso un aumento di € 162. Thomas chiede allora al padre lo stesso aumento percentuale sulla sua «paghetta» settimanale, che è di € 25. Quanto riceverà ogni settimana? [€ 27,31]

337 Per la ristrutturazione di un vecchio casolare ereditato dal padre, a Simone servono € 150 000, di cui possiede il 90%. Per la cifra rimanente si rivolge a due banche, in modo da estinguere il suo debito in un anno: nella prima dovrebbe pagare un interesse annuo pari al 6%, nella seconda dovrebbe restituire € 16 250. A quale banca conviene rivolgersi? Qual è il tasso di interesse applicato dalla seconda banca?
[prima; $8,\overline{3}\%$]

338 **Alcol test!** Se a un uomo adulto si consiglia di assumere non più di 30 mL di alcol al giorno, determina quanti mL delle bevande a fianco contengono tale quantità di alcol.

birra: grado alcolico 5,5%

vino: grado alcolico 11,5%

liquore: grado alcolico 45%

[birra: 545,45 mL; vino: 260,87 mL; liquore: 66,67 mL]

339 **INVALSI 2012** Nelle ultime elezioni svoltesi in un Paese europeo è andato a votare il 70% degli aventi diritto al voto. Di questi il 20% ha votato per il partito A. Quale percentuale di aventi diritto al voto ha votato per il partito A?

- **A** 60%
- **B** 50%
- **C** 20%
- **D** 14%

340 **INVALSI 2003** Marco ha acquistato un libro con lo sconto del 25% e lo ha pagato 24 euro. Qual è il prezzo di copertina del libro?

- **A** 6 euro
- **C** 32 euro
- **E** 36 euro
- **B** 30 euro
- **D** 34 euro

MATEMATICA AL COMPUTER

Chi ha vinto?

Un foglio elettronico può essere utilizzato per risolvere problemi con le percentuali.
Come esempio, impostiamo un foglio di calcolo che riceva il numero di voti ottenuti dalle liste in un'elezione di un Consiglio di quartiere e fornisca le percentuali ottenute dalle singole liste e la ripartizione dei seggi.

▸ Problema e risoluzione.
▸ 4 esercizi in più.

---

341 I biglietti per la proiezione di un film costano € 8 per gli adulti, mentre i minorenni godono di uno sconto. Se sono stati venduti 195 biglietti, di cui 120 ad adulti, per un incasso totale di € 1410, quale sconto viene praticato ai minorenni?

[25%]

342 **EUREKA!** **Numeri nell'orto** Un agricoltore decide di suddividere in questo modo il proprio terreno:

$\frac{3}{5}$ seminato a grano; del rimanente, il 35% seminato a mais e il 45% a erba medica. I residui 1800 m² verranno utilizzati per l'orto. Qual è, in m², la superficie totale del terreno coltivabile? E quella seminata a erba medica?

[22 500 m²; 4050 m²]

343

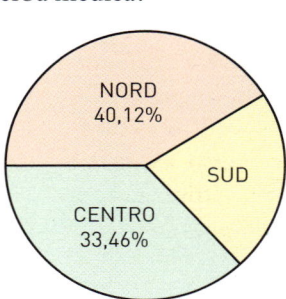

La popolazione italiana La figura rappresenta la distribuzione geografica della popolazione italiana nel 2013.

a. Indica la percentuale degli abitanti al Sud.

b. Calcola gli abitanti del Centro e del Nord se al Sud sono 15 799 160.

c. Calcola l'ampiezza degli angoli dei settori corrispondenti a Nord, Centro e Sud.

d. Quante persone dovrebbero trasferirsi dal Centro-Sud al Nord per avere un aumento del 2% circa della popolazione al Nord?

[a) 26,42%; b) Centro: 20 009 080; Nord: 23 991 760; c) Nord: 144,43°; Centro: 120,46°; Sud: 95,11°; d) 479 835]

---

344 **EUREKA!** **Canestro!** Ieri Filippo, Gabriele, Luca e Marco si sono allenati con tiri a canestro e, alla fine, hanno scritto i risultati su un foglio. Chi ha fatto meglio fra Filippo, Gabriele e Luca? Marco ottiene un risultato migliore di Filippo ma peggiore di Gabriele. Quanti centri ha fatto?

[16]

	tiri	centri
Filippo	25	21
Gabriele	28	24
Luca	26	20
Marco	19	?

MATEMATICA ED ECONOMIA

Le spese condominiali

I proprietari degli appartamenti di un condominio contribuiscono alle spese di gestione e manutenzione delle parti comuni in proporzione ai millesimi…

▸ Problema e risoluzione.
▸ 2 esercizi in più.

VERIFICA DELLE COMPETENZE ALLENAMENTO

▶ Competenza **1** (abilità **1**)

1 Trasforma i seguenti numeri in frazioni e disponili in ordine crescente:

$0,52$; $\quad 54\%$; $\quad \dfrac{7}{12}$; $\quad 0,4\overline{8}$; $\quad \dfrac{11}{6}$; $\quad 1,3\overline{8}$.

2 Trasforma i seguenti numeri in numeri decimali e disponili in ordine crescente:

$\dfrac{5}{3}$; $\quad 2,3$; $\quad 75\%$; $\quad \dfrac{8}{5}$; $\quad \dfrac{7}{20}$.

3 Scrivi le frazioni che generano i numeri:

$0,0\overline{4}$; $\quad 0,\overline{44}$; $\quad 0,00\overline{4}$; $\quad 0,\overline{4}$; $\quad 0,\overline{04}$; $\quad \dfrac{1}{0,\overline{4}}$.

4 **INVALSI 2004** Il quoziente di 11 diviso 4 è 2 con resto 3. Quale delle seguenti espressioni è corretta?

A $\dfrac{11}{4} = 2 \cdot \dfrac{3}{4}$ C $\dfrac{11}{4} = 2 + 3$

B $\dfrac{11}{4} = 2 + \dfrac{3}{4}$ D $\dfrac{11}{4} = \dfrac{2}{3}$

✓ **CHECKER** Risolvi le seguenti espressioni.

5 $\left[\left(\dfrac{2}{3}\right)^3 : \dfrac{1}{9} + \dfrac{1}{6} - 1\right] : \dfrac{11}{2} + \dfrac{2}{3} \cdot 2^4 \left[\left(\dfrac{1}{2}\right)^0\right]^4 \cdot \left(\dfrac{1}{2}\right)^4 - \left(\dfrac{1}{3}\right)^2$ $\left[\dfrac{8}{9}\right]$

6 $\left[\left(3 - \dfrac{89}{33}\right) : \dfrac{2}{11} + \dfrac{5}{6} \cdot \left(\dfrac{2}{5}\right)^4 : \left(\dfrac{2}{5}\right)^2 : \left(\dfrac{4}{5}\right) - 1\right]^2 - \left(\dfrac{2}{3}\right)^2$ $\left[\dfrac{1}{4}\right]$

7 $\left[\left(\dfrac{4}{3} + 3 - \dfrac{1}{6} + \dfrac{1}{2}\right) : \dfrac{7}{6}\right]^2 \cdot \dfrac{1}{24} - \dfrac{1}{24} + \left[\left(\dfrac{1}{2}\right)^3\right]^5 : \left(\dfrac{1}{8}\right)^4$ $\left[\dfrac{3}{4}\right]$

8 $\left[\dfrac{4}{3} - \dfrac{25}{11} \cdot \left(\dfrac{1}{3} + \dfrac{2}{5}\right)^2\right]^2 + \dfrac{2}{9} + \left(\dfrac{1}{3}\right)^6 \cdot 9^{10} \cdot \dfrac{1}{81^4} - \dfrac{1}{3}$ $\left[\dfrac{1}{81}\right]$

9 $\left\{\left[\left(\dfrac{7}{4}\right)^8 \cdot \left(\dfrac{7}{4}\right)^4\right] : \left(\dfrac{7}{4}\right)^5\right\}^3 : \left[\left(\dfrac{7}{4}\right)^3 \cdot \left(\dfrac{7}{4}\right)\right]^5 + \left(1 + \dfrac{3}{4}\right)^5 : \left(\dfrac{7}{4}\right)^4$ $\left[\dfrac{7}{2}\right]$

10 $\left\{\dfrac{1}{4} + \left(\dfrac{1}{2}\right)^5 - \left[\left(\dfrac{1}{2}\right)^{12} : \left(\dfrac{1}{2}\right)^{10}\right] \cdot \left(\dfrac{1}{2}\right)^3 - \left(\dfrac{1}{2}\right)^3\right\}^4 : \left[\left(\dfrac{1}{2}\right)^3\right]^3 - \left(\dfrac{1}{8}\right)$ $[0]$

▶ Competenza **3** (abilità **1, 2**)

11 Moltiplica per $\dfrac{2}{9}$ il cubo di $\dfrac{1}{2}$ e somma al risultato ottenuto il quadrato della differenza tra $\dfrac{1}{3}$ e la sua metà. $\left[\dfrac{1}{18}\right]$

12 Dividi per $\dfrac{2}{3}$ il quadrato di un numero e somma la metà del numero al risultato ottenuto. Scrivi l'espressione e calcolane il valore se il numero è $\dfrac{4}{3}$. $\left[\dfrac{10}{3}\right]$

13 Un libro di geometria ha 200 pagine. Di esse, $\dfrac{3}{10}$ hanno una sola figura, $\dfrac{1}{4}$ ne ha due, $\dfrac{7}{20}$ ne hanno tre o più. Quante pagine sono prive di figure? $[20]$

14 **Scacco matto** All'inizio di una partita a scacchi metà delle 64 caselle è occupata da pezzi. Se alla ventitreesima mossa la partita finisce e $\dfrac{11}{16}$ delle caselle sono libere, quanti pezzi sono stati catturati? $[12]$

15 **EDUCAZIONE FINANZIARIA** Due anni fa Gianluca ha depositato € 30 000 in una banca che gli offre un tasso di interesse del 3,6% annuo netto. Un anno fa Gianluca ha prelevato € 4000, ma oggi versa € 10 000. A quanto ammonterà la somma fra un anno? [€ 39 424,86]

VERIFICA DELLE COMPETENZE PROVE

 **TUT⚙R** | **PROVA A** (10 esercizi) | **PROVA B** (10 esercizi) | ⏱ **IN MEZZ'ORA**

PROVA C ▶ Competenze **1, 3** ⏱ **IN UN'ORA**

1   **a.** Disponi in ordine crescente le frazioni:

$$\frac{3}{4}; \qquad \frac{4}{5}; \qquad \frac{17}{12}; \qquad \frac{9}{20}; \qquad \frac{2}{3}.$$

     b. Indica se rappresentano numeri decimali finiti, periodici semplici o misti.

Semplifica le seguenti espressioni.

2 $\left(3 - \frac{8}{9}\right) : \left[\left(1 - \frac{2}{3} + \frac{1}{4}\right)^2 - \left(\frac{5}{4} - 0,\bar{3}\right)\left(2 - \frac{5}{3} - \frac{1}{4}\right)\right] - 15\left(\frac{1}{2}\right)^3 - \left(\frac{1}{2}\right)^3$

3 $6 \cdot \left(\frac{1}{6}\right)^9 : \left(\frac{1}{6}\right)^8 - \frac{1}{6^2} \cdot \left[\left(\frac{3}{5}\right)^2 \cdot \left(\frac{25}{3}\right)^2\right] : \left(\frac{5}{6}\right)^2 + \left[\left(\frac{1}{2}\right)^2\right]^3$

4   L'inflazione in Italia nel 2012 è stata del 3%. In una città il prezzo del biglietto urbano dell'autobus è passato da € 1,10 a € 1,15.

     a. Di quanto avrebbe dovuto aumentare per essere in linea con l'inflazione?

     b. Qual è stato invece l'aumento in percentuale? E con quale maggiorazione rispetto all'inflazione?

5   Trasforma la frase in un'espressione e poi calcola il risultato: aggiungi al cubo di $\frac{1}{2}$ il doppio del prodotto di $\frac{3}{4}$ per $\frac{7}{15}$ e dividi il risultato per il triplo di $\frac{3}{10}$.

6   Dividi il numero 124 in due parti proporzionali a 11 e 20.

PROVA D ▶ Competenze **1, 3** ⏱ **IN UN'ORA**

1   **Dolce problema** Quattro amici si recano in pasticceria e dicono: «Dovremmo organizzare un buffet per una festa con 120 persone e vorremmo offrire una media di 5 pasticcini a testa. Vorremmo che $\frac{2}{3}$ dei pasticcini fossero alla crema, $\frac{1}{6}$ al cioccolato e la parte rimanente al caffè». Quanti pasticcini al caffè dovrà preparare il pasticciere? Il pasticciere decide di preparare 10 vassoi uguali; quanti pasticcini alla crema metterà in ogni vassoio?

2   **Duemilaventi** In un giornale del 2020 si legge: «Le vendite di automobili in Italia nel primo semestre del 2020 sono diminuite del 15,4% rispetto al 2019 e nel secondo semestre hanno subìto un'ulteriore flessione dell'8,3% rispetto al primo semestre, ma con una previsione di un leggero aumento dell'1,5% nel 2021».

     a. Il calo del 2020 è del 23,7%?

     b. Se nel 2019 sono state vendute 1 750 420 auto, quante ne sono state vendute, all'incirca, nel 2020?

     c. Quante auto si prevede approssimativamente di vendere nel 2021?

3   **INVALSI 2012** **Investimenti** Luigi e Paolo investono la stessa somma di denaro. Dopo il primo anno, la somma investita da Luigi è aumentata del 10% e quella investita da Paolo è diminuita del 5%. Luigi e Paolo decidono di reinvestire per un altro anno ancora le somme ottenute dopo il primo anno. Nel secondo anno Luigi perde il 5%, mentre Paolo guadagna il 10%. Se Luigi e Paolo hanno investito inizialmente una somma di 1000 euro ciascuno, quanto avrà ciascuno dei due alla fine del secondo anno?

4

NUMERI RAZIONALI E NUMERI REALI

1. NUMERI RAZIONALI

NUMERI RAZIONALI RELATIVI E LORO RAPPRESENTAZIONE ➔ Esercizi a pagina 110

Come dai numeri naturali siamo passati ai numeri interi, così dai numeri razionali assoluti possiamo ottenere i **numeri razionali relativi**.

▶ $\dfrac{7}{8}$ ⟵ razionale assoluto $-\dfrac{7}{8}$ $+\dfrac{7}{8}$ ⟵ razionali relativi

Chiamiamo **opposti** i numeri con segno diverso ottenuti dallo stesso numero razionale assoluto.

In generale, possiamo indicare un numero razionale relativo con $+\dfrac{a}{b}$ o $-\dfrac{a}{b}$, con a e b numeri naturali e $b \neq 0$.

Come negli interi, anche nei razionali relativi abbiamo quindi, oltre allo zero, numeri **positivi** e numeri **negativi**.

I numeri razionali relativi sono detti, più in breve, **numeri razionali**.

Il loro insieme si indica con $\mathbb{Q}$. Indichiamo inoltre l'insieme dei numeri razionali positivi con $\mathbb{Q}^{+}$, quello dei numeri razionali negativi con $\mathbb{Q}^{-}$.

C'è una corrispondenza biunivoca fra razionali assoluti e razionali positivi uniti allo zero, se identifichiamo $+\dfrac{a}{b}$ in $\mathbb{Q}$ con $\dfrac{a}{b}$ in $\mathbb{Q}_{a}$.

▶ $+\dfrac{3}{11}$ e $\dfrac{3}{11}$ in $\mathbb{Q}$ indicano lo stesso numero.

Anche fra numeri interi e numeri razionali con denominatore 1 c'è corrispondenza biunivoca.

▶ -5 e $-\dfrac{5}{1}$ in $\mathbb{Q}$ indicano lo stesso numero.

Inoltre, il concetto di frazione può essere ampliato se si considerano numeri interi invece che naturali al numeratore e al denominatore.

Per ottenere il numero razionale rappresentato da una frazione di questo tipo, scriviamo davanti alla linea di frazione un solo segno, utilizzando la regola dei segni.

▶ $\dfrac{+4}{-5} = -\dfrac{4}{5}$; $\dfrac{+3}{+2} = +\dfrac{3}{2}$; $\dfrac{-6}{-11} = +\dfrac{6}{11}$; $\dfrac{-12}{+7} = -\dfrac{12}{7}$.

Come in $\mathbb{Z}$, in $\mathbb{Q}$ diamo queste definizioni:

- due numeri razionali sono **concordi** se hanno lo stesso segno, sono **discordi** se hanno segno diverso;
- il valore assoluto di un numero razionale è il numero stesso se è positivo o zero, l'opposto del numero se il numero è negativo.

$+\dfrac{4}{7}$ $-\dfrac{4}{7}$

opposti

positivo

$+\dfrac{5}{8}$ $-\dfrac{8}{3}$ ⟵ negativo

🎧 **Rational numbers** are numbers that can be expressed as fractions of two integers, with a *non zero* denominator.

concordi   discordi

$-\dfrac{3}{4}$ $-\dfrac{2}{9}$ $+\dfrac{5}{7}$

$\left|+\dfrac{5}{3}\right| = \dfrac{5}{3}$ $\left|-\dfrac{6}{9}\right| = \dfrac{6}{9}$

CONFRONTO DI NUMERI RAZIONALI ➜ Esercizi a pagina 110

Rappresentazione su una retta orientata

Per rappresentare un numero razionale $+\dfrac{a}{b}$ o $-\dfrac{a}{b}$ su una retta orientata:

- prendiamo come verso positivo quello verso destra;
- fissiamo l'origine, corrispondente a 0, e l'unità di misura;
- consideriamo il segmento ottenuto dividendo l'unità in b parti e prendendone a;
- associamo a $+\dfrac{a}{b}$ il punto a destra dell'origine e a $-\dfrac{a}{b}$ quello a sinistra, con distanza dall'origine uguale alla lunghezza del segmento.

unità di misura

Confronto

Zero è maggiore di ogni numero negativo e minore di ogni numero positivo.

▶ $-\dfrac{5}{3} < 0; \qquad 0 < +\dfrac{4}{9}.$

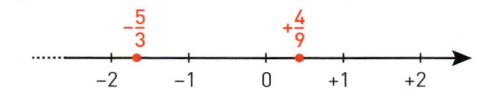

Se i numeri sono *discordi*, il maggiore è quello positivo.

▶ $-\dfrac{4}{6} < +\dfrac{3}{2}.$

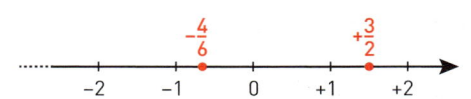

Se invece i due numeri razionali sono *concordi*, per confrontarli, li scriviamo mediante frazioni con lo stesso denominatore e con i segni al numeratore: a numeratore maggiore corrisponde numero razionale maggiore.

> 🎧 To **compare** rational numbers with the *same* sign, you can check their relative positions on the number line, or you can transform them into fractions with the same denominator and simply compare their numerators with signs.

> **ESEMPIO**
>
> Per confrontare i numeri razionali $-\dfrac{1}{4}$ e $-\dfrac{13}{6}$, li trasformiamo in frazioni che hanno per denominatore comune il mcm dei denominatori, scrivendo i segni a numeratore:
>
> $-\dfrac{1}{4} = \dfrac{-3}{12}; \qquad -\dfrac{13}{6} = \dfrac{-26}{12}.$
>
> $12 = \text{mcm}(4; 6)$
>
> Confrontiamo i numeratori: $-26 < -3 \quad \rightarrow \quad \dfrac{-26}{12} < \dfrac{-3}{12}.$
>
> Concludiamo che: $-\dfrac{13}{6} < -\dfrac{1}{4}.$

ESERCIZI PER COMINCIARE

1 Rappresenta sulla retta orientata:

$-0,5; \qquad \dfrac{1}{4}; \qquad -\dfrac{12}{3}; \qquad +2,3; \qquad -\dfrac{10}{8}; \qquad +\dfrac{5}{2}; \qquad -0,\overline{3}.$

2 Ordina e rappresenta sulla retta orientata:

a. $\dfrac{1}{2}; \quad -\dfrac{1}{5}; \quad 0;$ **b.** $+2,1; \quad -\dfrac{1}{6}; \quad \dfrac{5}{2};$ **c.** $\dfrac{1}{8}; \quad -0,\overline{3}; \quad -\dfrac{2}{3}.$

3 📱 **ANIMAZIONE** Disponi in ordine crescente i seguenti numeri:

$-3; \quad 1,5; \quad -2,\overline{6}; \quad -\dfrac{11}{4}; \quad +\dfrac{5}{4}.$

2. OPERAZIONI

DAI RAZIONALI ASSOLUTI AI RAZIONALI RELATIVI → Esercizi a pagina 111

Per eseguire le quattro operazioni e le potenze nell'insieme dei numeri razionali utilizziamo le stesse regole studiate per i numeri razionali assoluti e teniamo conto delle regole dei segni viste nei numeri interi:

- se l'esponente è pari, la potenza ha sempre segno positivo;
- se l'esponente è dispari, la potenza è negativa solo se la base è negativa.

ESEMPIO

$$-\frac{7}{6}+\left(+\frac{3}{10}\right)=\frac{-35+9}{30}=-\frac{26^{13}}{30_{15}}=-\frac{13}{15}$$

$$+\frac{9}{8}-\left(+\frac{3}{5}\right)=+\frac{9}{8}-\frac{3}{5}=\frac{+45-24}{40}=+\frac{21}{40}$$

$$\left(-\frac{27}{50}\right)\cdot\left(-\frac{100}{3}\right)=+\frac{27^{9}}{50}\cdot\frac{100^{2}}{3}=+18$$

$$\left(-\frac{3}{4}\right):\left(+\frac{5}{2}\right)=-\frac{3}{4^{2}}\cdot\frac{2}{5}=-\frac{3}{10}$$

esponente pari — esponente dispari

$$\left(-\frac{7}{5}\right)^{2}=+\frac{49}{25}; \quad \left(-\frac{2}{3}\right)^{3}=-\frac{8}{27}.$$

POTENZE CON ESPONENTE NEGATIVO → Esercizi a pagina 115

Oltre alle quattro operazioni e alle potenze con esponente positivo, nei numeri razionali si possono eseguire anche potenze con esponente negativo.
Per giustificare la definizione che daremo, partiamo da un esempio.

▶ In $\mathbb{Q}$ calcoliamo $4^{3}:4^{5}$, che in $\mathbb{Z}$ non è possibile eseguire:

$$4^{3}:4^{5}=4^{3}\cdot\frac{1}{4^{5}}=\frac{4\cdot4\cdot4}{4\cdot4\cdot4\cdot4\cdot4}=\frac{1}{4^{2}}=\left(\frac{1}{4}\right)^{2}.$$ — il risultato, $\frac{1}{16}$, appartiene a $\mathbb{Q}$

D'altra parte, se vogliamo applicare la seconda proprietà delle potenze, anche se $3 < 5$:

$$4^{3}:4^{5}=4^{3-5}=4^{-2}.$$ — applichiamo $a^{m}:a^{n}=a^{m-n}$

Confrontando i due risultati, concludiamo che dobbiamo porre:

$$4^{-2}=\left(\frac{1}{4}\right)^{2}.$$

In generale, le potenze con esponente negativo hanno sempre significato in $\mathbb{Q}$ e diamo la seguente definizione.

🎧 A **power with a negative exponent** is equal to a power whose base is the inverse of the original base and whose exponent is the same exponent as the original one but with a positive sign.

DEFINIZIONE

Potenza con esponente negativo

$$q^{-n}=\left(\frac{1}{q}\right)^{n}$$ con: q numero razionale e $q \neq 0$;
n numero naturale.

Esprimendo il numero razionale nella forma $\frac{a}{b}$:

$$\left(\frac{a}{b}\right)^{-n}=\left(\frac{1}{\frac{a}{b}}\right)^{n}=\left(\frac{b}{a}\right)^{n},$$ con $a, b \in \mathbb{Z}$ e $b \neq 0$.

ESEMPIO

$$2^{-3}=\left(\frac{1}{2}\right)^{3}=\frac{1}{8}; \quad (-4)^{-2}=\left(\frac{1}{-4}\right)^{2}=+\frac{1}{16}; \quad \left(+\frac{5}{3}\right)^{-3}=\left(+\frac{3}{5}\right)^{3}=\frac{27}{125}; \quad \left(-\frac{3}{2}\right)^{-4}=\left(-\frac{2}{3}\right)^{4}=+\frac{16}{81}.$$

Anche per le potenze con esponente negativo *valgono le cinque proprietà delle potenze.*

ESEMPIO

$$\left(-\frac{1}{3}\right)^{-1} \cdot \left(-\frac{1}{3}\right)^{-3} = \left(-\frac{1}{3}\right)^{-1-3} = \left(-\frac{1}{3}\right)^{-4} = +3^4 = +81$$

prima proprietà delle potenze

$$(-2)^2 : (-2)^{-3} = (-2)^{2-(-3)} = (-2)^5 = -32$$

seconda proprietà delle potenze

$$\left[\left(+\frac{3}{5}\right)^2\right]^{-1} = \left(+\frac{3}{5}\right)^{2\cdot(-1)} = \left(+\frac{3}{5}\right)^{-2} = \left(+\frac{5}{3}\right)^2 = +\frac{25}{9}$$

terza proprietà delle potenze

$$\left(\frac{4}{3}\right)^{-2} \cdot \left(\frac{9}{2}\right)^{-2} = \left(\frac{\overset{2}{4}}{\underset{3}{3}} \cdot \frac{\overset{3}{9}}{\underset{2}{2}}\right)^{-2} = 6^{-2} = \frac{1}{36}$$

quarta proprietà delle potenze

$$(7)^{-1} : \left(\frac{1}{7}\right)^{-1} = \left(7 : \frac{1}{7}\right)^{-1} = 49^{-1} = \frac{1}{49}$$

quinta proprietà delle potenze

ℚ È UN AMPLIAMENTO DI ℤ

ℚ è un ampliamento di ℤ perché:

- c'è corrispondenza biunivoca fra ℤ e il sottoinsieme di ℚ rappresentato dalle frazioni con denominatore 1;

- le operazioni definite in ℚ hanno le stesse proprietà di quelle definite in ℤ e mantengono la corrispondenza biunivoca appena descritta;

▶ $-\dfrac{3}{1} + \dfrac{5}{1} = +\dfrac{2}{1}$

$\quad\updownarrow \qquad \updownarrow \qquad \updownarrow$

$\quad -3 \;+\; 5 \;=\; +2$

- in ℚ possiamo eseguire operazioni non possibili in ℤ, cioè potenze con esponenti interi negativi e divisioni come la seguente.

▶ $(-3) : (-4) = \left(-\dfrac{3}{1}\right) : \left(-\dfrac{4}{1}\right) = +\dfrac{3}{1} \cdot \dfrac{1}{4} = +\dfrac{3}{4}$

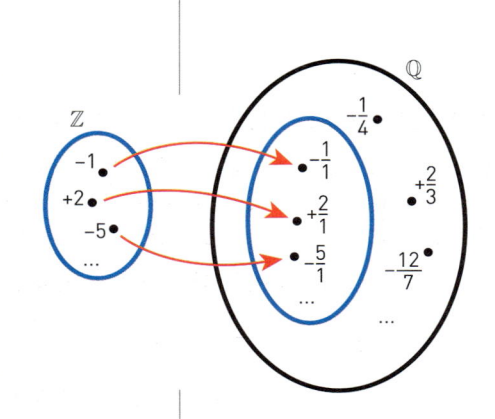

ESERCIZI PER COMINCIARE

Semplifica le seguenti espressioni.

1 $\left(-\dfrac{7}{6} + \dfrac{1}{3} - \dfrac{3}{2}\right)^2 \cdot \left(\dfrac{1}{7} - 1\right);$ $\qquad \left[\left(\dfrac{1}{5} + \dfrac{1}{6}\right) : \left(-\dfrac{11}{15}\right)\right]^5 + \left(-\dfrac{5}{6}\right)^2 : \left(-\dfrac{10}{9}\right)$ $\qquad \left[-\dfrac{14}{3}\,;\,-\dfrac{21}{32}\right]$

2 ▭ **ANIMAZIONE** $\left[1 - \left(1 - \dfrac{2}{5}\right)^2 \cdot \left(+\dfrac{5}{3}\right)^2 + \left(-\dfrac{15}{4}\right) : \left(-\dfrac{3}{2}\right)^2\right] : \left\{\left[\dfrac{8}{3} \cdot \left(-\dfrac{1}{2}\right)^3\right]^2 - \dfrac{7}{9}\right\}^2$

3 Calcola: $3^{-2};$ $\quad (0{,}5)^{-5};$ $\quad (-4)^{-3};$ $\quad \left(-\dfrac{3}{10}\right)^{-3};$ $\quad \left(-\dfrac{5}{2}\right)^{-2};$ $\quad \dfrac{5}{2^{-3}};$ $\quad -\dfrac{8^{-1} \cdot 3^2}{2^{-2}};$ $\quad \left(\dfrac{5^{-1}}{2^{-2}}\right)^{-2}.$

Semplifica le seguenti espressioni, applicando le proprietà delle potenze.

4 ▭ **ANIMAZIONE** $\left(+\dfrac{2}{5}\right)^{-2} \cdot \left(+\dfrac{2}{5}\right)^{-1};$ $\left(-\dfrac{3}{4}\right)^{-1} : \left(-\dfrac{3}{4}\right)^{-3};$ $\left[\left(-\dfrac{1}{8}\right)^{-2}\right]^{-1};$ $\left(-\dfrac{6}{7}\right)^{-1} \cdot \left(-\dfrac{21}{4}\right)^{-1};$ $\left(-\dfrac{4}{25}\right)^{-4} : \left(+\dfrac{2}{25}\right)^{-4}.$

5 ▭ **ANIMAZIONE** $\left[6 \cdot \left(+\dfrac{3}{4}\right)^{-2}\right]^{-1} : \left[\left(+\dfrac{2}{9}\right)^{-2} : \left(+\dfrac{3}{2}\right)^4\right]^{-1} + 2^{-3} \cdot \dfrac{1}{3^{-3}} \cdot (+3)^{-2}$

6 ▭ **ANIMAZIONE** $\left[\left(-\dfrac{2}{5}\right)^2 \cdot \left(\dfrac{1}{4}\right)^2\right]^2 : (5^2 \cdot 2^2)^{-2} - \left(+\dfrac{4}{5}\right)^{-5} \cdot \left(-\dfrac{4}{5}\right)^{-4} : \left(+\dfrac{4}{5}\right)^{-7}$

3. NUMERI REALI ➔ Esercizi a pagina **120**

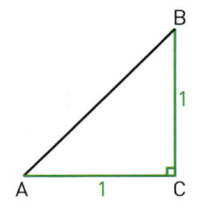

Consideriamo il triangolo *ABC* isoscele e rettangolo in *C*, con i cateti che misurano 1. Applicando il teorema di Pitagora, otteniamo che $\overline{AB} = \sqrt{2}$.

Si può dimostrare che $\sqrt{2}$ non è un numero razionale, perché non è possibile rappresentarlo mediante una frazione. Puoi farlo con il laboratorio di pagina 120.

$$\overline{AB}^2 = \overline{AC}^2 + \overline{CB}^2$$
$$\overline{AB}^2 = 1 + 1 = 2$$
$$\overline{AB} = \sqrt{2}$$

DEFINIZIONE

> Chiamiamo **numero irrazionale** ogni numero che non è esprimibile mediante una frazione, cioè ogni numero che non è razionale.

I numeri irrazionali sono infiniti e corrispondono ai *numeri decimali con un numero infinito di cifre* e *non periodici*.

▶ Si può dimostrare che sono numeri irrazionali:
- tutte le radici quadrate di numeri naturali che non siano quadrati perfetti; per esempio: $\sqrt{2} = 1,414\ldots$; $\quad \sqrt{3} = 1,732\ldots$; $\quad \sqrt{5} = 2,236\ldots$;
- $\pi = 3,141\ldots$, cioè il rapporto fra le misure di una circonferenza e del suo diametro.

> An **irrational number** is a number that *cannot* be written as a fraction.
> A **real number** is a number that is *either* a rational *or* an irrational number.

DEFINIZIONE

> Chiamiamo **numero reale** ogni numero che sia razionale o irrazionale e indichiamo con $\mathbb{R}$ l'insieme dei numeri reali.

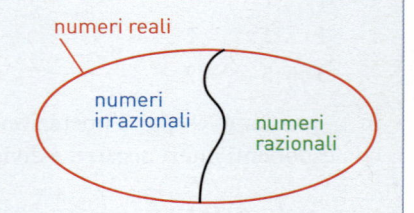

Anche i numeri irrazionali possono essere rappresentati sulla retta orientata.

▶ Per rappresentare $\sqrt{2}$ sulla retta orientata, costruiamo un triangolo rettangolo e isoscele, come quello iniziale, che abbia un cateto con gli estremi in 0 e 1; riportiamo poi con il compasso la lunghezza della sua ipotenusa sulla retta orientata. Il punto ottenuto è quello che corrisponde a $\sqrt{2}$.

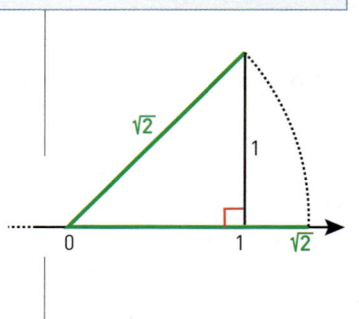

Si può dimostrare che i punti della retta e i numeri reali sono in corrispondenza biunivoca.

ESERCIZI PER COMINCIARE

1 📱 **ANIMAZIONE** La figura può suggerirti come costruire geometricamente un segmento di misura $\sqrt{2}$ e un segmento di misura $\sqrt{3}$. Costruisci anche segmenti che misurino $\sqrt{5}$ e $\sqrt{6}$.

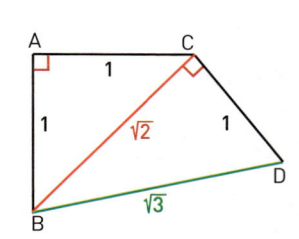

2 📱 **VIDEO** **Insiemi numerici** Costruisci uno schema in cui indichi gli insiemi numerici che abbiamo introdotto finora e, per ogni insieme, quali operazioni sono interne, fornendo esempi.

4. APPROSSIMAZIONI ED ERRORI

When numbers have an infinite number of decimals, it can be useful to **approximate** them; you can do this by rounding up or rounding down.

APPROSSIMAZIONI E LORO ERRORI ➔ Esercizi a pagina **121**

Approssimazioni

Per operare con numeri che hanno molte cifre, e in particolare con numeri decimali con infinite cifre, si può utilizzare una loro *approssimazione*.

DEFINIZIONE	ESEMPIO
Rispetto al numero v, il numero a è una **approssimazione**: • **per difetto** se $a < v$; • **per eccesso** se $a > v$.	$\pi = 3,1415\dots$ è approssimato per difetto da 3,14. $\sqrt{5} = 2,2360\dots$ è approssimato per eccesso da 2,24.

Di solito, si sceglie l'approssimazione procedendo per **arrotondamento**.
Se la *prima cifra che trascuriamo* è:

• *maggiore o uguale a* 5, approssimiamo per eccesso, aumentando di 1 l'ultima cifra che consideriamo;

• *minore di* 5, approssimiamo per difetto, confermando l'ultima cifra considerata.

ESEMPIO

Arrotondiamo alle centinaia 3718:

$$3718 \simeq 3700$$

1 < 5 — confermiamo 7
centinaia — circa uguale

Arrotondiamo a meno di un centesimo:

$$\sqrt{8} = 2,8284\dots$$

$$2,8284\dots \simeq 2,83$$

8 > 5 — aumentiamo 2 di 1
centesimi

Errori

Possiamo valutare l'errore che si ha se al posto di un numero utilizziamo una sua approssimazione. Un primo modo per farlo è considerare la differenza fra il numero e l'approssimazione, presa in valore assoluto, perché per il calcolo dell'errore non interessa se l'approssimazione è per difetto o per eccesso.

The **absolute error** of an approximation, or *roundoff error*, is the absolute value of the difference between the approximation and the exact value.

DEFINIZIONE	ESEMPIO
Dato un numero v e una sua approssimazione a, chiamiamo **errore assoluto** E il valore assoluto della differenza tra v e a: $$E = \lvert v - a \rvert.$$	1. Approssimiamo 3800 con 4000. $E_1 = \lvert 3800 - 4000 \rvert = 200$ errore assoluto 2. Approssimiamo 12 300 con 12 000. $E_2 = \lvert 12\,300 - 12\,000 \rvert = 300$ errore assoluto

L'errore assoluto non dice se l'errore commesso è grande o piccolo rispetto al valore approssimato che consideriamo.

Per ottenere un'informazione di questo tipo, consideriamo l'errore relativo, definito nel modo seguente.

The **relative error** of an approximation is the *ratio* between its absolute error and the absolute value of the approximation.

Dato un numero v e una sua approssimazione a, chiamiamo **errore relativo** e il rapporto fra l'errore assoluto E e il valore assoluto di a:

$$e = \frac{E}{|a|}.$$

Consideriamo anche l'**errore relativo percentuale**: $e \cdot 100$.

1. Approssimiamo 3800 con 4000.

$$e = \frac{200}{4000} = 0,05 \quad \rightarrow \quad 5\%$$

errore relativo

errore relativo percentuale

2. Approssimiamo 12 300 con 12 000.

$$e = \frac{300}{12\,000} = 0,025 \quad \rightarrow \quad 2,5\%$$

errore relativo

errore relativo percentuale

Se confrontiamo gli errori dei due esempi, ci accorgiamo che, pur essendo $E_2 > E_1$, l'errore relativo della seconda approssimazione è la metà di quello della prima, quindi l'errore commesso rispetto al valore approssimato nel secondo caso è minore.

MISURA, ERRORE ASSOLUTO, ERRORE RELATIVO   ➔ Esercizi a pagina 122

I concetti di *errore assoluto* ed *errore relativo* sono utilizzati anche quando si opera con le *misure di grandezze fisiche*.

In questo caso l'errore assoluto è la differenza, in valore assoluto, fra il valore vero di una grandezza e la sua misura.

Se per la misura in metri di una lunghezza scriviamo

$l = 3,7 \pm 0,1,$

l'errore assoluto che stimiamo ci sia nella misura è 0,1 m, e pensiamo che il valore vero sia compreso fra 3,6 e 3,8 m:

$3,6 \leq v \leq 3,8.$

L'errore relativo è

$\frac{0,1}{3,7} \simeq 0,027 = 2,7\%.$

L'errore relativo è utile per valutare la *precisione* della misura.

Abbiamo misurato in metri due lunghezze diverse e ottenuto:

$l_1 = 2 \pm 0,5; \qquad l_2 = 40 \pm 2.$

Se confrontiamo i due errori assoluti, potremmo concludere (sbagliando!) che la prima misura sia più precisa della seconda, perché $0,5 < 2$.

Confrontiamo invece gli errori relativi:

$e_1 = \frac{0,5}{2} = 0,25 = 25\%; \qquad e_2 = \frac{2}{40} = 0,05 = 5\%.$

$5\% < 25\% \rightarrow$ la seconda misura è più precisa.

PROPAGAZIONE DEGLI ERRORI  Esercizi a pagina **123**

Si dimostrano le seguenti regole, utili per calcolare gli errori commessi quando otteniamo le misure di grandezze derivandole, mediante calcoli, da altre misurate direttamente.

> **REGOLA**
>
> **Operazioni con le misure ed errori**
> Se a e b sono le misure di due grandezze, E_a ed E_b gli errori assoluti, e_a ed e_b gli errori relativi:
> - l'errore assoluto della somma $a + b$ o della differenza $a - b$ è la somma degli errori assoluti:
>
> $$E_{a+b} = E_{a-b} = E_a + E_b;$$
>
> - l'errore relativo del prodotto $a \cdot b$ o del quoziente $\dfrac{a}{b}$ è la somma degli errori relativi:
>
> $$e_{a \cdot b} = e_{\frac{a}{b}} = e_a + e_b.$$

ESEMPIO

Le misure in centimetri dei lati di un rettangolo sono:

$$l_1 = 2,5 \pm 0,1 \quad e \quad l_2 = 6,2 \pm 0,1.$$

Calcoliamo il semiperimetro e l'area del rettangolo con i loro errori assoluti:

$$l_1 + l_2 = 2,5 + 6,2 = 8,7; \qquad E_{l_1 + l_2} = 0,1 + 0,1 = 0,2 \quad \rightarrow \quad \text{il semiperimetro è } (8,7 \pm 0,2) \text{ cm}.$$

$$\mathcal{A} = l_1 \cdot l_2 = 6,2 \cdot 2,5 = 15,5;$$

$$e_{l_1} = \frac{0,1}{2,5} = 0,04; \qquad e_{l_2} = \frac{0,1}{6,2} \simeq 0,02; \qquad e_{\mathcal{A}} = 0,04 + 0,02 = 0,06.$$

$$e_{\mathcal{A}} = \frac{E_{\mathcal{A}}}{\mathcal{A}} \quad \rightarrow \quad E_{\mathcal{A}} = \mathcal{A} \cdot e_{\mathcal{A}} \quad \rightarrow \quad E_{\mathcal{A}} = 15,5 \cdot 0,06 \simeq 0,9 \quad \rightarrow \quad \text{l'area è } (15,5 \pm 0,9) \text{ cm}^2.$$

Osserviamo che per una potenza l'errore relativo può essere calcolato con la regola del prodotto, considerando la potenza come moltiplicazione ripetuta.

▶ Il lato di un cubo è $l = (5 \pm 0,2)$ cm. Determiniamo il suo volume.

$$V = l^3 = 5^3 = 125; \quad e_l = \frac{0,2}{5} = 0,04; \quad e_V = e_l + e_l + e_l = 3e_l = 3 \cdot 0,04 = 0,12.$$

$$E_V = V \cdot e_V = 125 \cdot 0,12 = 15.$$

Il volume del cubo è (125 ± 15) cm^3.

ESERCIZI PER COMINCIARE

1 Determina l'errore assoluto e l'errore relativo (in percentuale) che si hanno se si arrotondano i seguenti numeri:

1,34 ai decimi; 56,7 alle unità; 3618 alle migliaia; 53 821 alle decine di migliaia.

2 Le masse di tre oggetti, espresse in grammi, sono: $a = 34 \pm 0,5$; $b = 35 \pm 0,5$; $c = 36 \pm 0,5$.
Puoi dire qual è l'oggetto di massa minore e quale quello di massa maggiore?

3 Metti in ordine crescente di precisione: 520 ± 10; $0,3 \pm 0,01$; 1850 ± 20; $12,5 \pm 0,5$.

4 📱 **ANIMAZIONE** Le misure in centimetri dei lati di un rettangolo sono: 500 ± 5 e 300 ± 5. Determina l'area del rettangolo e il suo errore assoluto in cm^2.

5 Dati $a = 52 \pm 1$ e $b = 36 \pm 1$, calcola $a + b$, $3a$, $a - b$, $a \cdot b$, b^4, $\dfrac{a}{b}$ e i loro errori assoluti.

5. NOTAZIONE SCIENTIFICA E ORDINE DI GRANDEZZA

NOTAZIONE SCIENTIFICA ➔ Esercizi a pagina **123**

Nelle discipline scientifiche si studiano spesso grandezze le cui misure sono numeri molto grandi o molto piccoli.

Per leggere meglio tali misure, confrontarle e svolgere calcoli è usuale scriverle utilizzando potenze di 10.

> **ESEMPIO**
>
> La massa della Terra è circa:
>
> 5 970 000 000 000 000 000 000 000 kg.
>
> È preferibile scrivere:
>
> $5,97 \cdot 10^{24}$ kg.
>
> La massa di un protone è circa:
>
> 0,00000000000000000000000000167 kg.
>
> È preferibile scrivere:
>
> $1,67 \cdot 10^{-27}$ kg.

Scientific notation is a way of writing very large or very small numbers. A number written in scientific notation is the product of a number between 1 and 10 (excluding 10) multiplied by a power of 10.

Diamo allora la seguente definizione.

> **DEFINIZIONE**
>
> Un numero in **notazione scientifica** è espresso con il prodotto tra:
> - un *numero decimale d* maggiore o uguale a 1 e minore di 10, detto *coefficiente*;
> - una *potenza di 10*.

> **ESEMPIO**
>
> $2,6 \cdot 10^{-3}$ e $5,4 \cdot 10^{12}$
>
> sono in notazione scientifica.
>
> $0,6 \cdot 10^{2}$ e $41 \cdot 10^{-3}$
>
> non sono in notazione scientifica perché
>
> $0,6 < 1$ e $41 > 10$.

Per scrivere un numero in notazione scientifica, quando non lo è, dobbiamo *spostare la virgola* fino a ottenere un numero decimale d tale che $1 \le d < 10$.

Se spostiamo la virgola di n posti:
- a sinistra, la potenza di 10 per cui viene moltiplicato d è 10^{n};
- a destra, la potenza di 10 per cui viene moltiplicato d è 10^{-n}.

> **ESEMPIO**
>
> $3\,240\,000 = 3,24 \cdot 10^{6}$
>
> virgola a sinistra di 6 posti
>
> $0,000038 = 3,8 \cdot 10^{-5}$
>
> virgola a destra di 5 posti

ORDINE DI GRANDEZZA ➔ Esercizi a pagina **125**

The **order of magnitude** of a number is the closest power of 10 to the number.

Se vogliamo confrontare i numeri $2,4 \cdot 10^{5}$ e $1,7 \cdot 10^{2}$, di solito quello che ci interessa non sono i due coefficienti, ma gli esponenti delle potenze di 10. Diciamo allora che i numeri differiscono di tre ordini di grandezza, perché una potenza si ottiene dall'altra moltiplicando per 10^{3}, ossia il loro rapporto è 10^{3}.

In generale, per confrontare due numeri scritti in notazione scientifica basta spesso confrontare il loro *ordine di grandezza*.

DEFINIZIONE

L'**ordine di grandezza** di un numero è la potenza di 10 *più vicina* al numero.

Chiariamo cosa intendiamo per essere *più vicino*, con un paio di esempi.

▶ 4 è *più vicino* a $10^0 = 1$ o a $10^1 = 10$?

Per rispondere confrontiamo i rapporti $\dfrac{4}{10^0}$ e $\dfrac{10^1}{4}$, cioè:

$$\frac{4}{1} = 4, \qquad \frac{10}{4} = 2,5.$$

Per passare da 10^0 a 4 dobbiamo moltiplicare per 4, per passare da 4 a 10^1 moltiplichiamo per un fattore più piccolo, cioè 2,5. Allora 4 è *più vicino* a 10^1.

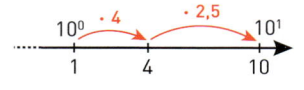

▶ Qual è il valore *x ugualmente vicino* a 10^0 e a 10^1?

I due rapporti $\dfrac{x}{1}$ e $\dfrac{10}{x}$ devono essere uguali, cioè:

$$x : 1 = 10 : x \quad \to \quad x^2 = 10 \quad \to \quad x = \sqrt{10} = 3,16227\ldots$$

$\sqrt{10}$ è vicino a 10^0 tanto quanto a 10^1. Per convenzione diciamo che il suo ordine di grandezza è 10^0.

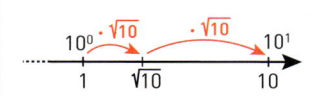

Possiamo allora dare questa regola.

REGOLA

Un numero, espresso in notazione scientifica con il prodotto $d \cdot 10^n$, ha **ordine di grandezza**:

- 10^n se $|d| \leq \sqrt{10}$;
- 10^{n+1} se $|d| > \sqrt{10}$.

ESEMPIO

Numero	Ordine di grandezza
$1,4 \cdot 10^{-9}$	10^{-9}
$2,1 \cdot 10^5$	10^5
$3,9 \cdot 10^7$	10^8
$4,3 \cdot 10^{-4}$	10^{-3}

ESERCIZI PER COMINCIARE

1 Scrivi i seguenti numeri in notazione scientifica.

    a. 735;   **b.** 42 000;   **c.** 5;   **d.** 10;   **e.** 0,7;   **f.** 12,4;   **g.** 0,00021;   **h.** 16,001;   **i.** 2,02.

2   **ANIMAZIONE**

    a. Scrivi in notazione scientifica:

      $-0,00032 \cdot 10^{-3}$; $5242 \cdot 10^{-9}$; $250\,000 \cdot 0,008$.

    b. Scrivi come numeri decimali:

      $2,3 \cdot 10^5$; $7,1 \cdot 10^{-3}$; $-4,6 \cdot 10^0$.

3 Determina l'ordine di grandezza dei seguenti numeri.

    a. $6 \cdot 10^4$;   **b.** $0,3 \cdot 10^2$;   **c.** $3,5 \cdot 10^6$;   **d.** $0,04 \cdot 10^{-5}$;   **e.** 4,9;   **f.** $718 \cdot 10^3$;   **g.** $0,32 \cdot 10^9$.

4 I capelli crescono circa 14,4 cm all'anno. Esprimi in metri, utilizzando la notazione scientifica, la crescita mensile e quella giornaliera.

                            $[1,2 \cdot 10^{-2} \text{ m}; 3,9 \cdot 10^{-4} \text{ m}]$

ESERCIZI

1. NUMERI RAZIONALI

NUMERI RAZIONALI RELATIVI E LORO RAPPRESENTAZIONE ➡ Teoria a pagina **100**

1 ☐ **VERO O FALSO?**

a. $-\dfrac{2}{3}$ e $-\dfrac{3}{2}$ sono discordi. ☐V ☒F

d. Per ogni razionale $a \neq 0$ è $a > -a$. ☐V ☒F

b. $\left|\dfrac{13}{-4}\right| = \dfrac{|-13|}{|4|}$. ☒V ☐F

e. Se $a < -1$, allora $\dfrac{1}{a} > -1$. ☐V ☒F

c. $-\left|\dfrac{4}{5}\right| = \left|-\dfrac{4}{5}\right|$. ☐V ☒F

f. $\dfrac{4}{5}$ e $-\dfrac{4}{5}$ sono opposti. ☒V ☐F

COMPLETA trasformando il numero assegnato nelle frazioni equivalenti.

2 $-\dfrac{3}{5} = \dfrac{-3}{\square} = \dfrac{\square}{-5} = \dfrac{\square}{10} = \dfrac{-27}{\square} = \dfrac{-6}{\square}$

3 $-5 = \dfrac{-40}{\square} = \dfrac{\square}{10} = \dfrac{15}{\square} = \dfrac{5}{\square} = \dfrac{\square}{-3} = \dfrac{\square}{-4}$

Determina tra quali numeri interi consecutivi è compresa ciascuna delle seguenti frazioni.

4 $\dfrac{11}{3}$; $-\dfrac{5}{4}$; $-\dfrac{2}{3}$; $-\dfrac{7}{5}$.

5 $-\dfrac{4}{3}$; $\dfrac{33}{12}$; $-\dfrac{12}{5}$; $\dfrac{7}{6}$.

CONFRONTO DI NUMERI RAZIONALI ➡ Teoria a pagina **101**

Ordinamento

COMPLETA inserendo uno dei seguenti simboli: $<$, $=$, $>$.

6 $-\dfrac{3}{7} \boxed{<} -0,4$; $\qquad -0,03 \boxed{>} -0,1$.

8 $-2,1\bar{6} \square -\dfrac{13}{6}$; $\qquad \dfrac{8}{3} \square 2,7$.

7 $0,8\bar{3} \square \dfrac{7}{6}$; $\qquad -\dfrac{12}{5} \square -2,2$.

9 $-\dfrac{3}{11} \square -0,\overline{18}$; $\qquad \dfrac{0,\bar{2}}{3} \square \dfrac{2}{27}$.

10 Disponi in ordine crescente:

2; $-\dfrac{4}{5}$; $-1,2$; $\dfrac{2}{3}$; -1; $-1,\bar{3}$; $-\dfrac{3}{2}$.

11 Disponi in ordine decrescente:

$\dfrac{4}{5}$; $-\dfrac{1}{10}$; $-\dfrac{7}{8}$; $1,\bar{6}$; $-0,7$; 2; $-\dfrac{3}{7}$.

La retta orientata

IN FORMA GRAFICA Rappresenta sulla retta orientata i seguenti numeri razionali.

12 $-\dfrac{8}{5}$; $-\dfrac{10}{5}$; -1; $\dfrac{3}{5}$; $\dfrac{8}{5}$.

15 -3; $\dfrac{5}{6}$; $\dfrac{1}{4}$; $-\dfrac{1}{3}$; $\dfrac{7}{2}$.

13 ☐ **ESEMPIO DIGITALE** $-\dfrac{7}{3}$; $\dfrac{3}{2}$; $\dfrac{5}{6}$; $-\dfrac{5}{3}$; -1.

16 $\dfrac{5}{3}$; $-\dfrac{4}{9}$; $-\dfrac{2}{3}$; 0; $-\dfrac{9}{2}$.

14 $\dfrac{5}{2}$; -2; 3; $-\dfrac{4}{3}$; $\dfrac{4}{2}$.

17 $-\dfrac{3}{7}$; $-\dfrac{3}{2}$; -1; $\dfrac{3}{14}$; $\dfrac{9}{4}$.

2. OPERAZIONI

DAI RAZIONALI ASSOLUTI AI RAZIONALI RELATIVI → Teoria a pagina 102

Addizione e sottrazione

✓ **CHECKER** Calcola le seguenti somme algebriche.

18 $-\dfrac{1}{4}-\left(-\dfrac{7}{2}\right);\qquad -\dfrac{2}{3}+\left(-\dfrac{13}{5}\right).$

19 $2+\left(-\dfrac{11}{3}\right);\qquad -\dfrac{1}{4}-\left(-\dfrac{5}{6}\right)-3.$

20 $-\dfrac{16}{24}-\left(-\dfrac{16}{25}\right);\qquad +\dfrac{1}{12}-\dfrac{3}{4}+\dfrac{7}{3}.$

21 $-\dfrac{3}{10}+\dfrac{6}{45}+\left(-\dfrac{7}{6}\right);\qquad -\left(-\dfrac{7}{28}\right)+\dfrac{2}{24}-1.$

22 $\dfrac{22}{121}-\dfrac{3}{4}+\dfrac{5}{22};\qquad -1+\dfrac{5}{6}-\dfrac{25}{10}+\dfrac{2}{3}.$

23 **COMPLETA** la tabella.

a	b	$a+b$	$-a-(-b)$	$a-b$
$-\dfrac{3}{2}$	$-\dfrac{12}{16}$			
$+\dfrac{4}{10}$		$-\dfrac{8}{5}$		
	$-\dfrac{5}{6}$			$-\dfrac{13}{6}$

24 Se $a=-\dfrac{2}{3}$, calcola:

$|a|,\ |-a|,\ |a-1|,\ \left|\dfrac{4}{5}-a\right|,\ |-2-(-a)|.$

25 **CHI HA RAGIONE?** Fabio: «La somma dei valori assoluti di due numeri razionali è uguale al valore assoluto della somma». Marinella: «Proprietà vera, ma solo se aggiungi qualcosa». Tu cosa diresti?

✓ **CHECKER** Semplifica le seguenti espressioni.

26 $-3-\left[\dfrac{1}{2}-\left(-2+\dfrac{1}{3}-\dfrac{1}{6}\right)-1\right]+\left(\dfrac{3}{5}-\dfrac{1}{10}\right)$ $\qquad\left[-\dfrac{23}{6}\right]$

27 $-\dfrac{4}{3}+\left[\dfrac{1}{5}-\left(-2+\dfrac{6}{9}-\dfrac{4}{15}\right)\right]-\dfrac{3}{5}$ $\qquad\left[-\dfrac{2}{15}\right]$

28 $-\dfrac{4}{7}+\dfrac{3}{2}-\left[-\dfrac{3}{14}-\left(+2-\dfrac{1}{7}\right)+\dfrac{6}{21}+\dfrac{5}{14}+1\right]$ $\qquad\left[\dfrac{19}{14}\right]$

29 $-1+\dfrac{5}{3}-\left\{\dfrac{3}{2}-\dfrac{2}{3}-\left[-5+\left(\dfrac{1}{9}+\dfrac{1}{3}\right)-\left(\dfrac{1}{6}-\dfrac{2}{3}\right)\right]-\dfrac{8}{9}\right\}$ $\qquad\left[-\dfrac{10}{3}\right]$

30 $\dfrac{1}{3}+\left[-2-\left(-1+\dfrac{1}{6}\right)+\left(\dfrac{1}{2}-\dfrac{3}{10}\right)\right]-\left[\dfrac{1}{15}-1-\left(\dfrac{4}{6}-\dfrac{7}{3}\right)\right]+\dfrac{11}{30}$ $\qquad[-1]$

Moltiplicazione e divisione

✓ **CHECKER** Esegui le seguenti moltiplicazioni e divisioni.

31 $\left(-\dfrac{35}{9}\right)\cdot\left(-\dfrac{6}{77}\right);\qquad \left(+\dfrac{10}{3}\right)\cdot\left(-\dfrac{15}{8}\right).$

32 $\dfrac{9}{32}\cdot\left(-\dfrac{52}{15}\right)\cdot\dfrac{4}{3};\qquad -2\cdot\left(-\dfrac{24}{21}\right)\cdot\left(+\dfrac{15}{64}\right).$

33 $\dfrac{22}{35}:\left(-\dfrac{66}{5}\right);\qquad \left(-\dfrac{18}{25}\right):(-9).$

34 $(-8):\left(-\dfrac{28}{3}\right);\qquad -\left(+\dfrac{7}{3}\right):\left(-\dfrac{7}{2}\right).$

35 $(+6):\left(-6-\dfrac{3}{2}\right);\qquad (-25):\left(\dfrac{10}{3}\right).$

36 $\left(\dfrac{35}{6}\cdot\dfrac{4}{15}\right):\left(-\dfrac{7}{12}\right);\qquad \left(\dfrac{20}{33}:\dfrac{28}{11}\right)-\left(-\dfrac{9}{14}\right)\cdot\dfrac{4}{27}.$

37 Trova il numero che, sostituito all'asterisco, rende vera l'uguaglianza.

$\left(3\dfrac{*}{*}-\dfrac{15}{*}\right):\left(\dfrac{3}{*}\right)=-3$

38 📱 **YOU & MATHS** **(In)equalities** Insert parentheses to make each equality true.

a. $-\dfrac{3}{2}+\dfrac{3}{5}\cdot\dfrac{5}{2}+5=3$

b. $2+\dfrac{3}{4}-\dfrac{4}{3}=1$

c. $-\dfrac{3}{2}+\dfrac{3}{5}\cdot\dfrac{5}{2}+5=\dfrac{11}{4}$

d. $2+\dfrac{3}{4}-\dfrac{4}{3}=-\dfrac{7}{6}$

39 **COMPLETA** la tabella.

a	b	$-a \cdot b$	$a : (-b)$	$-(a \cdot b) + 2$
-2	$-\dfrac{3}{8}$			
$+\dfrac{6}{5}$		$+3$		
	$+\dfrac{1}{2}$			$+\dfrac{1}{4}$
	$-\dfrac{2}{5}$		$-\dfrac{3}{4}$	

40 **COMPLETA** la tabella.

a	b	$3a\,(-b)$	$\dfrac{1}{a} \cdot \dfrac{1}{b}$	$|a| : 2b$
-1	$-\dfrac{1}{3}$			
$-\dfrac{4}{9}$		$+8$		
	$+\dfrac{1}{2}$		$-\dfrac{3}{2}$	
-9	$\dfrac{1}{4}$			

41 **VERO O FALSO?**

a. Il numero razionale a è sempre maggiore di $\dfrac{1}{a}$. ⬜V ⬜F

b. Il prodotto di un numero razionale per il suo opposto è 1. ⬜V ⬜F

c. Il quoziente di due numeri razionali concordi è positivo. ⬜V ⬜F

d. Il reciproco di -8 è $+8$. ⬜V ⬜F

e. Se il prodotto di due numeri è negativo, allora i due numeri sono opposti. ⬜V ⬜F

MATEMATICA ED ECONOMIA

Domanda e offerta

Un negozio di torrefazione vende caffè in grani. Aumenti successivi del prezzo a confezione hanno comportato una continua diminuzione della quantità media venduta mensilmente. La matematica può aiutarci a capire meglio che cosa sta succedendo?

▸ Problema e risoluzione.
▸ Un esercizio in più.

✓ **CHECKER** Semplifica le seguenti espressioni.

42 $\dfrac{-\dfrac{2}{3} - 1}{\dfrac{17}{9} - 3}$; $\dfrac{8 - \dfrac{1}{2}}{8 - \dfrac{1}{4}}$; $\dfrac{5\left(-\dfrac{5}{8}\right)}{\left(-\dfrac{15}{4}\right) \cdot \left(-\dfrac{3}{4}\right)}$.

43 $\dfrac{\dfrac{4}{16}}{3}$; $2 - \dfrac{1}{1 + \dfrac{1}{2}}$; $\dfrac{\dfrac{5}{8}}{45}$; $\dfrac{-4 + \dfrac{2}{3}}{-\dfrac{5}{9}} : \left(\dfrac{42}{5}\right)$.

Espressioni con addizioni, sottrazioni, moltiplicazioni e divisioni

✓ **CHECKER** Semplifica le seguenti espressioni.

44 $\left\{\left[\dfrac{9}{8} - \left(1 - \dfrac{5}{4}\right)\right] \cdot \left(-\dfrac{2}{5}\right) + \left[\dfrac{7}{4} \cdot \left(-\dfrac{3}{5}\right) + \dfrac{1}{2}\right]\right\} : \left(-\dfrac{1}{2}\right)$ $\left[\dfrac{11}{5}\right]$

45 $\dfrac{15}{11} - \left[\left(\dfrac{3}{4} - \dfrac{6}{5} + \dfrac{1}{2}\right) \cdot \left(\dfrac{2}{11} - 2\right) - \left(\dfrac{7}{4} - \dfrac{13}{4}\right)\right]$ $\left[-\dfrac{1}{22}\right]$

46 $\left[\left(1 - \dfrac{7}{5}\right) \cdot \left(\dfrac{11}{12} - \dfrac{4}{3}\right) + \dfrac{2}{3} - \dfrac{5}{6}\right] \cdot \dfrac{1}{3} + \left(\dfrac{3}{4} + \dfrac{1}{2} - \dfrac{6}{5}\right) \cdot \left(\dfrac{1}{2} + 12\right)$ $\left[\dfrac{5}{8}\right]$

47 $\left(\dfrac{7}{2} - 1\right) - \left[\left(\dfrac{1}{7} + \dfrac{1}{35}\right) \cdot \left(2 - \dfrac{15}{4}\right) + \dfrac{1}{5}\right] : \left(-\dfrac{1}{5}\right)$ $[2]$

48 $\left[\left(\dfrac{1}{3} - \dfrac{2}{15}\right) \cdot \left(\dfrac{1}{6} + \dfrac{13}{12}\right) + \dfrac{1}{2}\right] : \left(-\dfrac{1}{4} - \dfrac{7}{8}\right) + \left(-\dfrac{1}{24}\right) \cdot \left(-\dfrac{40}{3}\right)$ $\left[-\dfrac{1}{9}\right]$

49 $\left[\left(\dfrac{1}{7} - \dfrac{48}{252}\right) : \left(-\dfrac{1}{3} - \dfrac{1}{2}\right)\right] \cdot \left[\left(1 + \dfrac{4}{3}\right) \cdot \left(\dfrac{1}{2} - 2\right)\right]$ $\left[-\dfrac{1}{5}\right]$

50 $-\left[\left(\frac{7}{3}-\frac{1}{6}\right)\cdot\frac{1}{2}-\left(\frac{5}{12}-\frac{1}{6}\right)\right]:\left(-\frac{3}{2}\right)-\left[\left(\frac{5}{4}-\frac{1}{3}\right)-\frac{5}{6}\right]\cdot\frac{8}{3}$ $\left[\frac{1}{3}\right]$

51 $\left(\frac{3}{2}-\frac{5}{4}-1\right)+\left[1+\left(\frac{1}{8}-\frac{1}{6}\right)\cdot2-\left(\frac{1}{3}-\frac{4}{5}-\frac{1}{15}\right)\right]-\left(\frac{1}{4}+\frac{3}{5}\right)+\frac{30}{27}\cdot\frac{9}{25}$ $\left[\frac{1}{4}\right]$

52 $\frac{1}{15}-\frac{7}{5}-\left\{\left(\frac{1}{3}+\frac{2}{7}-1\right)\cdot\left[\left(\frac{7}{2}+2-\frac{3}{2}+\frac{2}{3}\right)\cdot\frac{3}{4}\right]\right\}$ $[0]$

53 $\left[\left(\frac{1}{3}-2\right)\cdot\left(\frac{5}{2}-\frac{1}{4}\right)\right]:\left[\left(\frac{3}{8}+\frac{1}{2}\right):\frac{1}{4}\right]+\frac{28}{63}\cdot\left(-\frac{36}{56}\right)$ $\left[-\frac{19}{14}\right]$

54 $3\cdot\left[\left(\frac{3}{25}\cdot\frac{10}{9}\right):\frac{1}{3}\right]\cdot\left[\left(\frac{1}{5}+\frac{1}{2}\right)\cdot\left(-\frac{5}{3}\right)\right]+(-6)\cdot\left(-\frac{5}{8}\right)\cdot\left(-\frac{4}{25}\right)$ $[-2]$

55 ☐ **ESEMPIO DIGITALE** $4\cdot\left(\frac{3}{4}+1-\frac{5}{8}\right)+\frac{21}{2}:\left\{\left[\left(2-\frac{3}{5}\right)\cdot10+\frac{7}{2}\right]:5\right\}-\frac{(-3)\cdot(-5)}{16}\cdot(-8)$

56 $\frac{3}{7}+\left(-\frac{2}{5}+\frac{1}{15}\right)\cdot\left[\left(\frac{3}{4}-\frac{1}{8}\right):\frac{7}{8}+\frac{5}{4}-\frac{1}{7}\right]-\left(-\frac{3}{16}+\frac{1}{8}\right):\frac{3}{4}$ $\left[-\frac{2}{21}\right]$

57 $-\frac{5}{4}-\left(\frac{1}{3}+\frac{1}{9}\right)\cdot\left[\left(\frac{5}{7}-\frac{1}{14}\right):\frac{1}{21}+\frac{3}{2}-\left(-\frac{3}{10}+\frac{9}{5}\right)\right]+\left(\frac{5}{6}-\frac{1}{18}\right):\frac{7}{9}$ $\left[-\frac{25}{4}\right]$

58 $\left[\left(2-\frac{1}{5}\right)\cdot\left(5-\frac{1}{2}\right)-\left(5+\frac{1}{2}\right)\cdot\left(2+\frac{1}{5}\right)\right]\cdot\left(-\frac{1}{8}+\frac{5}{16}\right)$ $\left[-\frac{3}{4}\right]$

59 $\left[\frac{1}{3}\cdot\left(\frac{7}{5}-\frac{1}{2}\right)-\frac{3}{5}\cdot\left(\frac{13}{6}-3\right)+\left(\frac{9}{4}+\frac{1}{6}\right)\cdot(-2)\right]\cdot\frac{3}{11}$ $\left[-\frac{11}{10}\right]$

60 $\left\{\left[\frac{1}{2}-\left(1+\frac{5}{2}\right)\left(\frac{2}{3}-\frac{19}{33}\right)\right]\cdot\left(3+\frac{7}{5}\right)\right\}+\frac{1}{3}-2$ $\left[-\frac{13}{15}\right]$

61 $\left\{\left(\frac{2}{3}+\frac{1}{5}\right)\cdot\left(\frac{3}{2}-\frac{2}{13}\right)-\left[\left(\frac{9}{4}-\frac{3}{2}\right)+\frac{1}{5}\cdot\left(\frac{2}{3}+\frac{2}{9}\cdot\frac{3}{4}\right)\right]\right\}\cdot\left(\frac{7}{4}-\frac{1}{2}+1\right)$ $\left[\frac{9}{16}\right]$

62 $\left\{\left[\frac{2}{3}-\left(-\frac{3}{2}\right)\right]\cdot\left[-\frac{7}{13}-\left(-\frac{3}{2}\right)\right]-\frac{5}{2}\right\}\cdot(-2)-\frac{6}{5}+\frac{3}{10}$ $\left[-\frac{1}{15}\right]$

63 $\frac{1}{2}-\left\{\frac{4}{9}-\left[\frac{11}{3}+\left(\frac{5}{6}-\frac{2}{3}\right)\cdot\left(\frac{1}{5}+1\right)-\frac{38}{15}\right]+\frac{28}{15}\right\}$ $\left[-\frac{43}{90}\right]$

64 $\frac{1}{3}:\left[\left(\frac{2}{3}:\frac{10}{9}\right)\cdot\frac{5}{6}+\frac{1}{3}\cdot\left(\frac{9}{4}:\frac{1}{2}\right)-\left(\frac{3}{2}:\frac{15}{8}\right):\left(\frac{9}{5}\cdot\frac{10}{3}\right)\right]:\left(-\frac{1}{7}\right)$ $\left[-\frac{5}{4}\right]$

65 $\left\{\left[\left(\frac{9}{10}+\frac{2}{4}\right):\frac{7}{2}-3-\left(\frac{1}{9}+\frac{1}{2}\right)\cdot\frac{3}{11}\right]-\left[\left(\frac{7}{6}-\frac{1}{3}\right)\cdot\frac{1}{25}-\left(\frac{5}{7}-\frac{1}{21}\right)+\frac{1}{3}\right]+\frac{7}{2}-\frac{1}{2}\right\}\cdot15$ $[8]$

✓ **CHECKER** **Trasforma i numeri decimali in frazioni e semplifica le seguenti espressioni.**

66 $1,4-\left(\frac{3}{5}+\frac{1}{15}\right)\cdot\frac{1}{2}-0,8:\left(\frac{2}{3}-\frac{2}{5}\right)$ $\left[-\frac{29}{15}\right]$

67 $\left(1,\overline{6}-\frac{1}{3}\right)\cdot\left(0,25+\frac{3}{4}\right)\cdot\left(\frac{3}{4}-\frac{1}{3}\right)$ $\left[\frac{5}{9}\right]$

68 $3,\overline{6}-\left[\left(0,8-\frac{3}{5}\right)\cdot\frac{5}{6}-\frac{1}{4}\right]:\left(\frac{1}{3}-\frac{1}{12}\right)$ $[4]$

69 $1-0,3\cdot\left\{0,\overline{4}\cdot\left[13-\left(0,2-\frac{1}{4}\right):\left(1,2-\frac{5}{4}\right)\right]\right\}+0,8$ $\left[\frac{1}{5}\right]$

70 ☐ **ESEMPIO DIGITALE** $(-0,\overline{4})\cdot\left(-\frac{33}{7}\right):\left(-\frac{11}{14}\right)-(-1,1\overline{6}):\left(-\frac{21}{8}\right)\cdot(-3,375)$

71 $(-5,\overline{3})\cdot\left[\frac{3}{4}:\left(\frac{8}{5}+1-1,5\right)\cdot3,\overline{6}-0,875-\frac{7}{4}\right]$ $\left[\frac{2}{3}\right]$

72 $\left[\left(\dfrac{1}{10}-\dfrac{2}{15}\right):\left(\dfrac{1}{6}-2\right)\right]:\left[\dfrac{3}{11}\cdot\left(1,\overline{6}\cdot1,5\right)\right]$ $\left[\dfrac{2}{75}\right]$

73 $\left(-0,7+2,\overline{3}\right)+\left[\dfrac{4}{3}-\left(\dfrac{5}{2}+1,\overline{3}\right)\right]+\left[1,0\overline{3}+\left(\dfrac{7}{3}-0,8\right)\right]$ $\left[\dfrac{17}{10}\right]$

74 $\left\{\left[\left(\dfrac{1}{3}-\dfrac{2}{13}\right)\cdot\left(\dfrac{5}{7}-\dfrac{1}{4}\right)+0,\overline{3}\right]:0,5-0,4\right\}:0,1\overline{6}-2,2+\dfrac{7}{5}$ $\left[\dfrac{9}{5}\right]$

75 $\dfrac{3-2,\overline{6}}{1,8\overline{8}}+\dfrac{1}{17}\cdot\left\{0,\overline{2}-1,\overline{3}\cdot\left[(-3,2):0,16+\dfrac{56}{3}\right]\right\}$ $\left[\dfrac{5}{17}\right]$

76 $\left[\left(1,\overline{09}-\dfrac{3}{11}\right)\cdot0,\overline{1}-1+0,\overline{63}\right]\cdot\left(-\dfrac{11}{6}\right)-3,\overline{6}$ $\left[-\dfrac{19}{6}\right]$

Potenze con esponente positivo o nullo

COMPLETA inserendo uno dei seguenti simboli: $<,=,>$.

77 $\left(-\dfrac{4}{5}\right)^4\;\square\;\left(+\dfrac{4}{5}\right)^4$; $-\left(-\dfrac{1}{2}\right)^7\;\square\;+\left(+\dfrac{1}{2}\right)^7$; $-\left(+\dfrac{2}{3}\right)^3\;\square\;\left(-\dfrac{2}{3}\right)^3$; $\left(-\dfrac{1}{3}\right)^6\;\square\;\dfrac{1}{3^6}$.

78 $\left(-\dfrac{8}{3}\right)^3\;\square\;-\dfrac{2^6}{3^3}$; $\left(-\dfrac{1}{5}\right)^4\;\square\;\left(-\dfrac{1}{5}\right)^5$; $\left(-\dfrac{2}{5}\right)^4\;\square\;\left(-\dfrac{2}{5}\right)^6$; $-\left(-\dfrac{2}{7}\right)^0\;\square\;-\dfrac{2}{7}$.

✓ **CHECKER** Calcola il valore delle seguenti potenze.

79 $\left(-\dfrac{1}{4}\right)^2$; $\left(-\dfrac{3}{2}\right)^3$; $-\left(\dfrac{9}{27}\right)^4$; $\left(-\dfrac{4}{5}\right)^0$.

80 $\left(+\dfrac{1}{3}-\dfrac{1}{2}\right)^3$; $(-1,\overline{3})^3$; $\left(-\dfrac{0,\overline{6}}{0,6}\right)^2$; $\left(\dfrac{1}{2-\dfrac{5}{2}}\right)^3$.

COMPLETA

81 $\left(\dfrac{2}{3}\right)^{\square}=\dfrac{8}{\square}$; $\left(-\dfrac{5}{\square}\right)^2=\dfrac{\square}{16}$; $\left(\dfrac{\square}{\square}\right)^3=-\dfrac{3^6}{64}$.

82 $\left(\dfrac{\square}{\square}\right)^3=\dfrac{27}{125}$; $\left(\dfrac{\square}{3}\right)^{\square}=-\dfrac{64}{27}$; $\square\left(-\dfrac{2}{5}\right)^{\square}=-1$.

✓ **CHECKER** Semplifica le seguenti espressioni.

83 $\left[\left(-\dfrac{5}{2}+\dfrac{1}{4}\right)^2\cdot\left(\dfrac{8}{9}\right)^2-\left(\dfrac{4}{3}\right)^2\right]^2\cdot\left(-\dfrac{6}{5}\right)^2\cdot\left(\dfrac{1}{2^4}\right)-1$ $\left[-\dfrac{5}{9}\right]$

84 $12\cdot\left\{\left[\left(\dfrac{4}{7}-1\right)^2-\dfrac{2}{7}\right]\cdot\left(\dfrac{3}{4}+2-\dfrac{4}{5}\right):\left(\dfrac{11}{7}-2\right)^2+1\right\}$ $[-1]$

85 ▯ **ESEMPIO DIGITALE** $\left[\left(\dfrac{6}{19}-4\right)\cdot\dfrac{1}{5}-\dfrac{5}{19}\right]^6+\left(\dfrac{5}{3}-\dfrac{1}{6}\right)^2-\dfrac{7}{12}-\left(-\dfrac{2}{3}-1\right)^2$

86 $-\left\{-\left[\left(\dfrac{1}{8}+3\right)^0\right]^2+\left(-\dfrac{6}{5}+5-\dfrac{7}{15}\right)^2:\left(-\dfrac{5}{2}\right)^2\right\}+2$ $\left[\dfrac{11}{9}\right]$

87 $-\left[-\left(\dfrac{7}{13}+1\right)\cdot\dfrac{13}{5}\right]^2+\left[\left(\dfrac{5}{4}-\dfrac{1}{2}-\dfrac{5}{6}\right):\left(-\dfrac{1}{72}\right)\right]^2+(-3)^3$ $[-7]$

88 $\left(-\dfrac{1}{2}\right)^2-\left(-\dfrac{1}{2}\right)^0+7\cdot\left(-\dfrac{3}{2}\right)^2:\left[+5-\dfrac{2}{3}\cdot(-17)\right]-\dfrac{3}{14}$ $[0]$

89 $\left[-\left(-\dfrac{5}{2}\right)^2\cdot\left(-\dfrac{4}{25}\right)-\left(\dfrac{1}{3}\right)^2-\dfrac{4}{27}\right]:\left[\left(-\dfrac{2}{3}\right)^3-\left(-\dfrac{2}{3}\right)^2\right]$ $[-1]$

90 $-\left\{\dfrac{21}{10}:\left[(-2)^2+\dfrac{1}{5}\right]\right\}^2-\left[\left(-\dfrac{1}{3}\right):\left(1-\dfrac{2}{6}\cdot\dfrac{3}{4}\right)^3+2\right]:2\cdot\left(-\dfrac{9}{7}\right)^2$ $\left[-\dfrac{5}{4}\right]$

POTENZE CON ESPONENTE NEGATIVO

→ Teoria a pagina **102**

$$q^{-n} = \left(\frac{1}{q}\right)^n, q \in \mathbb{Q}, q \neq 0, n \in \mathbb{N}$$

91 📱 **VERO O FALSO?**

    a. $0^{-4} = 0$.   V F

    b. Ogni numero razionale diverso da zero è minore del suo quadrato.   V F

    c. $a^{-1} < a$, $\forall a \in \mathbb{Q}$ e $a \neq 0$.   V F

    d. $-a^{-1} = \dfrac{1}{a}$, $\forall a \in \mathbb{Q}$ e $a \neq 0$.   V F

    e. $\dfrac{1}{a^{-1}} = a$, $\forall a \in \mathbb{Q}$ e $a \neq 0$.   V F

92 Indica se 0^n, con $n \in \mathbb{Z}$, esiste, e in caso affermativo quanto vale, nei seguenti casi:

    a. $n = 0$;

    b. $n < 0$;

    c. $n > 0$.

ESEMPIO

Calcoliamo: **a.** $\left(-\dfrac{5}{9}\right)^{-2}$; **b.** $\left(\dfrac{1}{3}\right)^{-3}$; **c.** $(-4)^{-2}$.

Applichiamo $\left(\dfrac{a}{b}\right)^{-n} = \left(\dfrac{b}{a}\right)^n$ e poi calcoliamo le potenze.

a. $\left(-\dfrac{5}{9}\right)^{-2} = \left(-\dfrac{9}{5}\right)^2 = +\dfrac{81}{25}$ **b.** $\left(\dfrac{1}{3}\right)^{-3} = (3)^3 = 27$ **c.** $(-4)^{-2} = \left(-\dfrac{1}{4}\right)^2 = +\dfrac{1}{16}$

✓ **CHECKER**   **Calcola le seguenti potenze.**

93 3^{-3}; $(-6)^{-2}$; -5^{-2}; $\left(\dfrac{2}{7}\right)^{-1}$; 1^{-11}.

94 $\left(-\dfrac{4}{9}\right)^{-2}$; $\left(\dfrac{2}{5}\right)^{-3}$; 10^{-2}; $\dfrac{1}{10^{-3}}$.

95 $(0,2)^{-3}$; $\left(-\dfrac{1}{4}\right)^{-3}$; $\dfrac{-2^{-2}}{2}$; $\dfrac{1}{4^{-2}}$.

96 $\left(-\dfrac{1}{2}\right)^{-4}$; $(1,1\overline{6})^{-2}$; $\left(1 - \dfrac{1}{2}\right)^{-2}$; $\dfrac{1}{\left(\dfrac{1}{2} + \dfrac{1}{3}\right)^{-1}}$.

97 $(-0,\overline{6})^{-3}$; -6^{-2}; $(-6)^{-2}$; $-\dfrac{1}{(-6)^{-1}}$; $(-0,6)^{-2}$.

COMPLETA

98 $\left(\dfrac{3}{4}\right)^{\square} = \dfrac{\square}{9}$; $\left(-\dfrac{3}{2}\right)^{\square} = 16$; $8^{\square} = \dfrac{1}{64}$.

99 $\left(\dfrac{\square}{\square}\right)^{-3} = 1000$; $\left(\dfrac{\square}{\square}\right)^{-2} = 0,04$; $(-0,1)^{-3} = \square$.

100 $\left(\dfrac{1}{3}\right)^{\square} = 81$; $\left(\dfrac{7}{3}\right)^{\square} = \dfrac{\square}{49}$; $5^{\square} = \dfrac{1}{125}$.

101 $\left(-\dfrac{3}{5}\right)^{-4} = \left(\dfrac{25}{9}\right)^{\square}$; $\left(-\dfrac{2}{\square}\right)^{\square} = \dfrac{27}{8}$; $\left(\dfrac{1}{2}\right)^{\square} = 64$.

102 **AL VOLO**   Senza svolgere i calcoli, indica quali potenze sono positive e quali negative:

$\left(-\dfrac{1}{4}\right)^{-28}$; $(-2)^{-15}$; $-\left(-\dfrac{2}{5}\right)^{-3}$; $\dfrac{1}{-2^8}$; -5^{-10}; $(-5)^{-10}$.

Disponi in ordine crescente le seguenti potenze.

103 $\left(-\dfrac{1}{3}\right)^{-2}$; $\dfrac{1}{-(-3)^{-2}}$; $(+3)^{-3}$; $-\left(-\dfrac{1}{3}\right)^3$.

104 $-\left(\dfrac{5}{2}\right)^{-2}$; $\left(\dfrac{5^{-1}}{2}\right)^{-2}$; $\left(-\dfrac{2}{5}\right)^{-3}$; $-\left(\dfrac{2^2}{5}\right)^{-2}$.

105 📱 **TEST**

$\left(-\dfrac{3}{4}\right)^{-3} : \left(-\dfrac{9}{4}\right)^{-2} =$

   A $-\dfrac{3^2}{4}$ B $\dfrac{1}{3}$ C -12 D -3

106 📱 **INVALSI 2005**

$\dfrac{2^{-1} + 3^{-2}}{2^{-2} + 3^{-1}} =$

   A $\dfrac{11}{7}$ B $\dfrac{3}{2}$ C $\dfrac{22}{21}$ D $\dfrac{2}{3}$

✓ **CHECKER** **Semplifica le seguenti espressioni.**

107 $\left(\dfrac{2^2}{2^4} - 2^{-2}\right)^8 + 2^{-4}$ $\left[\dfrac{1}{16}\right]$

108 $(3^{-2} + 3^{-1}) \cdot \dfrac{3}{2} + 2^{-2}$ $\left[\dfrac{11}{12}\right]$

109 $\dfrac{4^{-1} + 2^{-2} + 2^{-1}}{5^{-2} + 2^{-2}}$ $\left[\dfrac{100}{29}\right]$

110 $\dfrac{7^{-1} - 7^{-2}}{2^{-3}} \cdot \left(-\dfrac{7}{8}\right)^2$ $\left[\dfrac{3}{4}\right]$

111 $\left\{\left[\left(\dfrac{3}{2}\right)^3 \cdot \left(\dfrac{9}{4}\right)^{-2}\right]^2\right\}$ $\left[\dfrac{9}{4}\right]$

112 $\left\{\left[\left(\dfrac{7}{5}\right)^{-2} \cdot \left(\dfrac{14}{15}\right)^2\right]^{-1}\right\}^{-3}$ $\left[\dfrac{64}{729}\right]$

113 $\left\{\left(\dfrac{11}{3}\right)^{-2} : \left[\left(\dfrac{6}{7}\right)^{-3} \cdot \left(\dfrac{7}{11}\right)^{-2}\right]^{-1}\right\}^{-2} \cdot \left(-\dfrac{30}{35}\right)^{-3}$ $\left[-\dfrac{56}{3}\right]$

114 📱 **ESEMPIO DIGITALE**

$\left\{\left[\left(\dfrac{4}{3}\right)^{-3} : \left(\dfrac{10}{6}\right)^{-2}\right]^{-1} \cdot \left(-\dfrac{15}{16}\right)^2\right\}^{-2}$

115 $\left(-\dfrac{1}{3}\right)^{-3} \cdot \left[(-3)^{-2}\right]^2 : \left(\dfrac{3}{2}\right)^{-3} \cdot \left(-\dfrac{1}{6}\right)^{-2}$ $\left[-\dfrac{81}{2}\right]$

116 $\left(\dfrac{3}{10}\right)^{-1} \cdot \left(\dfrac{4}{5}\right)^3 : \left(\dfrac{3}{5}\right)^3 : \dfrac{2^3}{5^{-2}} : \left(\dfrac{1}{9}\right)^2 : 10^{-1}$ $[32]$

117 📱 **YOU & MATHS** **Possible equalities** Which of the following expressions equals $\dfrac{x^3}{x^{21}}$?

  A x^7 D x^{-7}

  B $\dfrac{1}{x^7}$ E x^{24}

  C $\dfrac{1}{x^{18}}$ F $\dfrac{1}{x^{-18}}$

118 📱 **INVALSI 2004**

$\dfrac{5}{2} \cdot \dfrac{10^{-3}}{10^{-2}} =$

  A 25 C $0,25$

  B $\dfrac{5}{2}$ D $0,00025$

Proprietà delle potenze

✓ **CHECKER** **Semplifica le seguenti espressioni applicando le proprietà delle potenze.**

119 $\left(-\dfrac{1}{4}\right)^3 \cdot \left(-\dfrac{1}{4}\right)^2;$ $\left(-\dfrac{2}{3}\right)^7 : \left(\dfrac{2}{3}\right)^4;$ $\left[\left(-\dfrac{7}{8}\right)^3\right]^3.$ $\left[-\dfrac{1}{1024}; -\dfrac{8}{27}; -\dfrac{7^9}{8^9}\right]$

120 $(-2)^{-4} : (-2)^{-3} : (-2)^2;$ $\left[\left(-\dfrac{2}{3}\right)^5 \cdot \left(-\dfrac{2}{3}\right)^{-3}\right]^{-1}.$ $\left[-\dfrac{1}{8}; \dfrac{9}{4}\right]$

121 $\left(+\dfrac{3}{4}\right)^{-2} : \left(+\dfrac{3}{4}\right)^{-3} : \left(+\dfrac{3}{4}\right)^{-2};$ $\left(-\dfrac{1}{3}\right)^{-2} \cdot \left(-\dfrac{1}{3}\right)^{-2} : \left(-\dfrac{1}{3}\right)^{-4}.$ $\left[\dfrac{27}{64}; 1\right]$

122 $\left(\dfrac{1}{3}\right)^{-4} \cdot \left(\dfrac{1}{3}\right)^6 \cdot \left(\dfrac{1}{3}\right);$ $\left(-\dfrac{5}{2}\right)^2 : \left(-\dfrac{5}{2}\right)^{-3};$ $\left[\left(-\dfrac{1}{10}\right)^{-2}\right]^{-1}.$ $\left[\dfrac{1}{27}; -\dfrac{3125}{32}; \dfrac{1}{100}\right]$

123 $\left[\left(-\dfrac{7}{4}\right)^{-2} \cdot \left(\dfrac{7}{4}\right)^8\right] : \left[\left(\dfrac{7}{4}\right)^{-1}\right]^{-4};$ $\left[\left(-\dfrac{1}{5}\right)^3 \cdot \left(\dfrac{1}{5}\right)^{-8}\right] : \left(-\dfrac{1}{5}\right)^{-7}.$ $\left[\dfrac{49}{16}; \dfrac{1}{25}\right]$

124 $\left[\left(\dfrac{3}{5}\right)^{-4} : \left(\dfrac{3}{5}\right)^{-2} : \left(\dfrac{3}{5}\right)^{-3}\right]^{-1};$ $\left(-\dfrac{2}{3}\right)^{-4} : \left[\left(-\dfrac{2}{3}\right)^{+2} \cdot \left(-\dfrac{2}{3}\right)^{+1}\right]^{-2}.$ $\left[\dfrac{5}{3}; \dfrac{4}{9}\right]$

125 $\left(-\dfrac{36}{25}\right)^4 \cdot \left(-\dfrac{5}{24}\right)^4 : \left(\dfrac{27}{100}\right)^4;$ $\left(-\dfrac{9}{2}\right)^3 \cdot \left(\dfrac{9}{2}\right)^4 \cdot \left(\dfrac{8}{45}\right)^7.$ $\left[\dfrac{10000}{6561}; -\dfrac{4^7}{5^7}\right]$

126 $\left(-\dfrac{1}{2}\right)^{-3} \cdot \left(-\dfrac{8}{9}\right)^{-3} \cdot \left(\dfrac{81}{16}\right)^{-3};$ $\left(-\dfrac{125}{48}\right)^8 \cdot \left(\dfrac{12}{25}\right)^8 : \left(-\dfrac{5}{4}\right)^6.$ $\left[\dfrac{64}{729}; \dfrac{25}{16}\right]$

127 $7^5 \cdot 7^{-3} \cdot 7^{-4} \cdot 7^3;$ $3^{-4} \cdot 7^{-4} : 42^{-4}.$ $[7; 16]$

128 $-(4)^{-2} \cdot (-4)^{-4} \cdot (-4)^5;$ $-3^{-2} : 3^{-6};$ $10^{-4} \cdot 10^{-2} : 10^{-7}.$ $\left[\dfrac{1}{4}; -81; 10\right]$

129 $\left[\left(\dfrac{5}{2}\right)^{-3}\right]^2 \cdot \left(-\dfrac{5}{2}\right)^3 : \left(\dfrac{5}{2}\right)^{-5};$ $\left\{\left[\left(\dfrac{4}{3}\right)^3 : \left(\dfrac{4}{3}\right)^{-2}\right]^{-1} \cdot \left(\dfrac{3}{4}\right)^{-3}\right\} : \left(\dfrac{4}{3}\right)^{-3}.$ $\left[-\dfrac{25}{4}; \dfrac{4}{3}\right]$

130 $\left[\left(\dfrac{1}{2}\right)^3 \cdot \left(\dfrac{1}{2}\right)^{-6}\right]^{15} : \left[\left(\dfrac{1}{2}\right)^{-3}\right]^{3^2} : \left[\left(\dfrac{1}{2}\right)^3\right]^{-5}$ $[8]$

131 📱 **ESEMPIO DIGITALE** $\left(\dfrac{1}{3}\right)^2 \cdot \left(-\dfrac{1}{3}\right)^3 \cdot (3^3) \cdot (-3)^5 : \left[\left(-\dfrac{1}{3}\right)^3\right]^2 : (-3)^7$

COMPLETA

132 $5^{-2} \cdot 5^{\square} = 5^6$; $\left(\frac{1}{2}\right)^{-4} \cdot \left[\left(\frac{1}{2}\right)^{-2}\right]^{\square} = \left(\frac{1}{2}\right)^2$; $2^{-4} : 2^{\square} = \frac{1}{64}$.

133 $\left(\frac{1}{7}\right)^{-2} : \left(\frac{1}{7}\right)^{-5} = 7^{\square}$; $3^{12} \cdot 3^{\square} = 3^8$; $15^{-3} : \left(\frac{1}{3}\right)^{\square} = 75^{-3}$.

134 $\left(\frac{16}{9}\right)^{-3} = \left(\frac{\square}{\square}\right)^6$; $\left(-\frac{1}{9}\right)^{\square} = 81$; $\left(-\frac{1}{3}\right)^{\square} = 9^{-3}$.

Potenze che si riducono alla stessa base

ESEMPIO

Semplifichiamo la seguente espressione applicando le proprietà delle potenze.

$\left(81^4 \cdot \frac{1}{9^3} \cdot 27^{-2} \cdot 3^5\right) : (9^{-2} \cdot 243^2) =$ ⟩ riduciamo alla stessa base

$\left[(3^4)^4 \cdot \frac{1}{(3^2)^3} \cdot (3^3)^{-2} \cdot 3^5\right] : [(3^2)^{-2} \cdot (3^5)^2] =$ ⟩ terza proprietà delle potenze

$\left(3^{16} \cdot \frac{1}{3^6} \cdot 3^{-6} \cdot 3^5\right) : (3^{-4} \cdot 3^{10}) =$ ⟩ $\left(\frac{a}{b}\right)^n = \left(\frac{b}{a}\right)^{-n}$

$(3^{16} \cdot 3^{-6} \cdot 3^{-6} \cdot 3^5) : (3^{-4} \cdot 3^{10}) =$ ⟩ prima proprietà delle potenze

$3^{16 + (-6) + (-6) + 5} : 3^{-4 + 10} = 3^9 : 3^6 =$ ⟩ seconda proprietà delle potenze

$3^{9 + 6} = 3^3 = 27$

✓ **CHECKER** Semplifica le seguenti espressioni.

135 $\left[\left(\frac{2}{5}\right)^4 : \left(\frac{4}{15}\right)^4\right]^2 : \left(\frac{27}{8}\right)^2$ $\left[\frac{9}{4}\right]$

136 $\left[\left(-\frac{7}{3}\right)^2 \cdot \left(\frac{49}{9}\right)^2\right]^2 : \left(-\frac{7}{3}\right)^{13}$ $\left[-\frac{3}{7}\right]$

137 $\left[-\left(\frac{64}{125}\right)^{-2}\right]^{-3} \cdot \left(\frac{5}{4}\right)^2 : \left(-\frac{25}{16}\right)^{-7}$ $\left[\frac{16}{25}\right]$

138 $\left[\left(\frac{4}{9}\right)^{-2} \cdot \left(\frac{81}{16}\right)^{-3}\right]^2 : \left[\left(\frac{2}{3}\right)^7\right]^2$ $\left[\frac{4}{9}\right]$

139 $[9 : (-3)^{-3} : (27)^2]^{-4} : [(-81)^{-2}]^{-1}$ $\left[\frac{1}{81}\right]$

140 $\frac{4}{32^2} \cdot (-8^4) \cdot \left[16^{-5} : \left(\frac{1}{128}\right)^3\right] \cdot 4^{-2}$ $[-2]$

141 $\left[-\left(-\frac{8}{27}\right)^{-2} \cdot \left(\frac{4}{9}\right)^3\right] : \left[-\left(\frac{2}{3}\right)^2\right]$ $\left[\frac{9}{4}\right]$

142 📱 **ESEMPIO DIGITALE** $\left(\frac{25}{4}\right)^2 \cdot \left(\frac{2}{5}\right)^3 \cdot \left(\frac{8}{125}\right)^{-3} : \left[\left(\frac{2}{5}\right)^{-1}\right]^7$

143 $\left\{\left[2^4 \cdot \frac{1}{16^2} \cdot (-8)^3 \cdot 4^{-6}\right] : [32^{-3}(-2^4)^3]\right\}^2 \cdot \left(-\frac{1}{4}\right)^{-5}$ $[-4]$

Espressioni di riepilogo

✓ **CHECKER** Semplifica le seguenti espressioni.

144 $\left[\frac{6}{5} \cdot \left(\frac{1}{2} - \frac{1}{3}\right) + \frac{3}{2} : \left(\frac{3}{2} + \frac{9}{4}\right)\right] \cdot \frac{1}{3} - \left(\frac{1}{5} + \frac{3}{2}\right)$ $\left[-\frac{3}{2}\right]$

145 $\left[\left(\frac{2}{5} + \frac{1}{10}\right) : \frac{5}{3} + \frac{3}{2} + \frac{3}{5} - \frac{3}{10}\right] \cdot \frac{5}{7} + \frac{1}{2}$ $[2]$

146 $\left\{\frac{1}{7} + \left[\left(\frac{2}{7} + \frac{3}{21}\right) : \frac{6}{7} - \frac{1}{3}\right] + \frac{7}{2}\right\} : \left(\frac{1}{3} + \frac{3}{7}\right)$ $[5]$

147 $\left[\frac{1}{2} + \left(\frac{5}{2} + \frac{4}{3} + \frac{1}{5}\right) : \left(-\frac{11}{15}\right)\right] : \frac{5}{4} + \left(\frac{1}{2} - \frac{1}{3}\right)$ $\left[-\frac{23}{6}\right]$

148 $\left[\left(1 - \frac{1}{3}\right)^3 \cdot \left(1 - \frac{3}{2}\right)^3 + \left(\frac{1}{3}\right)^4 : \left(\frac{1}{3}\right)^3 \cdot \left(\frac{1}{3}\right)^2\right] - \left(\frac{1}{3} - 2\right) : 2$ $\left[\frac{5}{6}\right]$

149 $\left[1-\left(-\dfrac{1}{2}\right)^2\right]:\left(-\dfrac{1}{2}\right)^3+(-3)^4\cdot\left(\dfrac{1}{3}\right)^4:\left(\dfrac{1}{3}\right)^3-\left(1+\dfrac{3}{2}-2\right)$ $\left[\dfrac{41}{2}\right]$

150 $\left(-\dfrac{1}{2}-\dfrac{1}{3}\right)^2\cdot\left(\dfrac{2}{5}-2\right)^2+\left[\left(\dfrac{7}{9}-\dfrac{2}{3}\right):\left(\dfrac{1}{2}-\dfrac{9}{22}\right)\right]-\dfrac{5}{6}\left(2+\dfrac{2}{5}\right)$ $[1]$

151 $\left[\left(1+\dfrac{1}{2}\right)^2-\left(1-\dfrac{1}{4}\right)^2\right]\cdot\left(\dfrac{1}{3}+1\right)^2+\left[\left(\dfrac{2}{7}+\dfrac{3}{14}\right)^3:\left(1-\dfrac{1}{2}\right)^2\right]^2-\dfrac{7}{2^2}$ $\left[\dfrac{3}{2}\right]$

152 $\dfrac{2}{3}-\left(1+\dfrac{1}{2}\right)^2\left(1-\dfrac{1}{2}\right)^2\cdot\left(-\dfrac{2}{3}\right)^2+\left[\left(-\dfrac{1}{6}\right)^2\cdot\left(\dfrac{1}{6}\right)^3\right]^2:\left(\dfrac{1}{6}\right)^8-\dfrac{1}{6}$ $\left[\dfrac{5}{18}\right]$

153 $\left(\dfrac{2}{3}\right)^2-\left[\dfrac{3}{7}-\left(\dfrac{2}{7}+\dfrac{3}{14}\right)^2+\left(1-\dfrac{3}{4}\right)^2:\left(\dfrac{1}{2}\right)^5\right]:\dfrac{9}{7}$ $\left[-\dfrac{5}{4}\right]$

154 $-\left[\dfrac{1}{4}-\left(\dfrac{1}{2}-\dfrac{3}{4}\right):\left(\dfrac{1}{2}\right)^4-\left(\dfrac{3}{5}+1\right):\left(\dfrac{4}{5}\right)^2\right]:\left(\dfrac{3}{4}\right)^2-\dfrac{1}{3}$ $\left[-\dfrac{31}{9}\right]$

155 $\left(1-\dfrac{1}{3}-\dfrac{1}{4}\right)^2:\dfrac{5}{12}-\left(\dfrac{8}{3}\right)\cdot\left[\left(-\dfrac{1}{4}+\dfrac{5}{8}\right)\cdot\left(\dfrac{1}{2}\right)^4\right]:\left(\dfrac{1}{4}\right)^2$ $\left[-\dfrac{7}{12}\right]$

156 $\left[\left(\dfrac{2}{3}\right)^2-\left(\dfrac{8}{9}+\dfrac{8}{3}\right)+\left(\dfrac{7}{3}\right)^2\right]\cdot\left[\left(\dfrac{1}{7}\right)^2+\left(\dfrac{4}{7}-1\right)-\left(+\dfrac{2}{7}\right)^2\right]$ $\left[-\dfrac{8}{7}\right]$

157 📱 **ESEMPIO DIGITALE** $\left\{\dfrac{4}{3}-\left[\left(\dfrac{5}{2}\right)^2\cdot\left(-\dfrac{5}{2}\right)^3\right]^2:\left[-\dfrac{5}{2}\cdot\left(\dfrac{5}{2}\right)^3\right]^2\right\}:\left(\dfrac{3}{2}\right)^2+\left(\dfrac{2}{5}-\dfrac{3}{10}\right)+\left(\dfrac{1}{3}+\dfrac{2}{5}\right)$

158 $\left(\dfrac{5}{3}-\dfrac{3}{5}\right)\cdot\left(\dfrac{1}{4}+\dfrac{1}{16}\right)\cdot\left(\dfrac{3}{2}\right)^2+\dfrac{1}{4}\cdot\left(\dfrac{2}{3}-2\right)-\dfrac{1}{3}\cdot\left[\left(\dfrac{1}{16}\right)^2:\left(\dfrac{1}{2}\right)^7\right]^2$ $\left[\dfrac{1}{3}\right]$

159 $\left\{\left[\left(\dfrac{4}{5}\right)^4:\left(\dfrac{8}{5}\right)^4\right]^2\cdot\left(-\dfrac{1}{2}\right)^3\right\}:\left(-\dfrac{1}{2}\right)^6:\dfrac{1}{16}$ $\left[-\dfrac{1}{2}\right]$

160 $\left\{\left(\dfrac{13}{4}\right)^3:\left(-\dfrac{26}{3}\right)^3\cdot\left(-\dfrac{8}{3}\right)^2+\left[\left(\dfrac{1}{2}\right)^2+\left(\dfrac{1}{4}\right)^2\right]\right\}:\left[\left(\dfrac{3}{4}\right)^2+1\right]$ $\left[-\dfrac{1}{25}\right]$

161 $\left[\left(\dfrac{5}{9}\right)^4:\left(-\dfrac{5}{9}\right)^2\right]^2:\left(\dfrac{10}{9}\right)^4+\left(-\dfrac{3}{4}\right)^2$ $\left[\dfrac{5}{8}\right]$

162 $\left\{\left[\left(1+\dfrac{2}{5}\right)^2\cdot\left(-1+\dfrac{12}{5}\right)^3\right]^4\cdot\left(\dfrac{25}{49}\right)^9-\dfrac{33}{25}\right\}:\dfrac{4}{5}$ $\left[\dfrac{4}{5}\right]$

163 $\left[\left(-\dfrac{3}{2}+\dfrac{5}{14}+\dfrac{1}{21}\right)\cdot\dfrac{35}{69}\right]^3:\left(\dfrac{5}{3}\right)^3:\left(1-\dfrac{2}{3}\right)^2+1$ $\left[\dfrac{2}{3}\right]$

164 $\left(2-\dfrac{3}{5}\right)^4\cdot\left(\dfrac{5}{21}\right)^4:\left[\left(1-\dfrac{1}{3}\right)^2\cdot\left(-1+\dfrac{5}{3}\right)-\dfrac{5}{27}\right]^2$ $[1]$

165 $\left(\dfrac{13}{15}-\dfrac{1}{5}-1\right)^2:\left(\dfrac{1}{10}+\dfrac{8}{30}+\dfrac{2}{15}\right)^2-\left(1-\dfrac{2}{3}+\dfrac{1}{4}-\dfrac{1}{6}\right)-3\cdot\left(\dfrac{1}{20}-\dfrac{3}{10}\right)$ $\left[\dfrac{7}{9}\right]$

166 $\left(\dfrac{3}{10}+\dfrac{5}{8}+\dfrac{1}{5}\right)\left(1+\dfrac{1}{3}\right)^2+\left[\left(\dfrac{3}{2}\right)^2\cdot\left(-\dfrac{3}{2}\right)\right]-2+\left(\dfrac{1}{6}-\dfrac{8}{3}\right)\left(\dfrac{1}{2}-\dfrac{8}{5}\right)$ $\left[-\dfrac{5}{8}\right]$

167 $\left\{\left[\left(1-\dfrac{8}{15}\right)-\left(\dfrac{3}{2}\right)^4:\left(\dfrac{3}{2}\right)^5\right]^4:\left(\dfrac{1}{5}\right)^3\right\}\cdot\left(\dfrac{7}{3}+\dfrac{7}{6}-1\right)^2+\dfrac{1}{8}$ $\left[\dfrac{11}{8}\right]$

168 📱 **ESEMPIO DIGITALE** $\left(\dfrac{7}{2}\right)^{-6}\cdot\left(-\dfrac{4}{21}\right)^{-6}:\left[\left(-\dfrac{5}{4}\right)^4\cdot\left(\dfrac{8}{15}\right)^4\right]^{-2}+\left[\left(\dfrac{7}{3}\right)^5:\left(-\dfrac{3}{7}\right)^{-5}\right]^{-2}$

169 $\left\{\left[\left(-\dfrac{3}{5}\right)^6\cdot\left(\dfrac{25}{9}\right)^2\right]^4:\left(\dfrac{9}{5}\right)^6\cdot27^2\right\}:\left(-\dfrac{3}{25}\right)$ $[-3]$

170 $\left\{\left[\left(\dfrac{2}{9}\right)^4\cdot\left(\dfrac{3}{14}\right)^4\right]^2:\left[\left(-\dfrac{1}{7}\right)^2\right]^4\right\}\cdot\left[\left(-\dfrac{5}{6}\right)^3:\left(\dfrac{5}{18}\right)^3\right]^3$ $[-3]$

171 $\left\{\left[\left(-\dfrac{6}{7}\right)^2:2^3\right]+\left[\left(-\dfrac{6}{7}\right)^3:3^2\right]\right\}\cdot\left[\left(-\dfrac{7}{3}\right)^3:\left(\dfrac{5}{3}\right)^2\cdot(-5)\right]$ $\left[\dfrac{1}{2}\right]$

172 $\left[\left(\dfrac{3}{4}\right)^2\cdot\left(-\dfrac{1}{9}\right)^3\cdot\left(\dfrac{12}{5}\right)^2\right]:\dfrac{1}{[(-2)^4-1]^2}+\dfrac{(-3)^2-1}{(-2)^4}$ $\left[-\dfrac{1}{2}\right]$

173 $\left\{\left(\dfrac{16}{5}\right)^3:\left[\left(\dfrac{8}{5}\right)^2\right]^{-1}\cdot\left(\dfrac{4}{5}-4\right)^{-4}\right\}^3\cdot\left(-\dfrac{2}{5}\right)^{-1}:\left(-\dfrac{4}{5}\right)^4$ $\left[-\dfrac{25}{8}\right]$

Dalle parole ai simboli

Traduci le seguenti frasi in espressioni e poi calcola il loro valore.

174 Moltiplica la differenza dei quadrati di $-\frac{1}{3}$ e $-\frac{1}{2}$ per il reciproco del quadrato della loro somma. $\left[-\frac{1}{5}\right]$

175 Dividi $-\frac{4}{3}$ per il quadrato di $\left(-\frac{3}{2}\right)^{-1}$ ed eleva il risultato a -3. $\left[-\frac{1}{27}\right]$

176 📱 **ESEMPIO DIGITALE** Moltiplica il quadrato dell'opposto di $\frac{2}{5}$ per la somma di $\frac{1}{2}$ e $\frac{21}{8}$, poi sottrai al risultato il prodotto della differenza tra $\frac{1}{3}$ e 1 per l'opposto di $\frac{3}{4}$.

177 Aggiungi $\frac{1}{3}$ alla somma di $\frac{1}{9}$ con il quoziente tra $\frac{4}{9}$ e 2. Moltiplica poi il risultato per l'opposto di 2. $\left[-\frac{4}{3}\right]$

178 Sottrai $\frac{5}{3}$ al prodotto di $\frac{2}{3}$ per la somma tra $\frac{2}{5}$ e il reciproco di 2. Eleva poi al quadrato il risultato e dividilo per $\frac{8}{5}$. $\left[\frac{32}{45}\right]$

179 Moltiplica $-0,5$ per il cubo della sua metà e per il quadrato della quinta potenza del suo quadruplo. $[8]$

Calcola il valore delle seguenti espressioni assegnando alle lettere i valori indicati a fianco.

180 $\dfrac{x^2 - y^2}{x - y}$ $x = -\dfrac{1}{5}$ $y = \dfrac{1}{4}$ $\left[\dfrac{1}{20}\right]$

181 $\dfrac{1}{x+4} - \dfrac{1}{x-4} + 1$ $x = \dfrac{1}{2}$ $\left[\dfrac{95}{63}\right]$

Traduci le seguenti frasi in espressioni e calcola il loro valore dopo aver sostituito alle lettere i valori indicati.

182 Calcola il cubo della differenza tra il doppio di a e il risultato della divisione tra la somma della metà di b e del triplo di c e la somma tra a e il doppio di c. $a = \dfrac{1}{4}$ $b = \dfrac{1}{3}$ $c = \dfrac{1}{12}$ $\left[-\dfrac{1}{8}\right]$

183 Ai $\frac{4}{5}$ della somma fra il triplo del quadrato di a e i $\frac{5}{6}$ di b sottrai il doppio della somma fra a e i $\frac{25}{12}$ del cubo di b. $a = \dfrac{1}{3}$ $b = \dfrac{2}{5}$ $\left[-\dfrac{2}{5}\right]$

184 Aggiungi il quadrato della somma di a e b alla differenza tra il quadrato di a e il cubo di b. $a = -\dfrac{3}{2}$ $b = -\dfrac{1}{2}$ $\left[\dfrac{51}{8}\right]$

185 📱 **ESEMPIO DIGITALE** Sottrai il quoziente tra il quadrato di b e i $\frac{5}{3}$ di c al prodotto del reciproco del quadrato di c con i $\frac{3}{5}$ della somma tra b e l'opposto di c. Dividi poi il risultato per il quadrato del doppio di a. $a = -\dfrac{1}{6}$ $b = \dfrac{5}{6}$ $c = \dfrac{3}{4}$

186 Moltiplica la somma tra i $\frac{3}{2}$ di a e $\frac{1}{3}$ di b per i $\frac{4}{5}$ di a. Al risultato aggiungi il quoziente tra la somma di a con il quadrato di b e il triplo della differenza tra a e b. $a = \dfrac{1}{3}$ $b = -\dfrac{2}{3}$ $\left[\dfrac{1}{3}\right]$

3. NUMERI REALI → Teoria a pagina **104**

187 📱 **VERO O FALSO?**

   a. Un numero razionale è reale.   V F

   b. Un numero decimale illimitato non periodico è un numero irrazionale.   V F

   c. Il successivo di π è $\pi + 1$.   V F

   d. Un numero decimale può anche non essere un razionale.   V F

   e. Il quadrato di un numero irrazionale può essere razionale.   V F

188 📱 **TEST** Una delle seguenti affermazioni è *falsa*. Quale?

   A Un numero irrazionale è un numero decimale illimitato non periodico.

   B Non esiste alcun numero razionale il cui quadrato sia 7.

   C Un numero reale o è razionale o è irrazionale.

   D Un numero con infinite cifre decimali non nulle è irrazionale.

Riconosci i numeri irrazionali fra i seguenti.

189 $\sqrt{8}$; 7^{-2}; $\sqrt[3]{27^{-1}}$; 2π; $\sqrt{3}$.

191 $\sqrt{\pi^2}$; $\left(-\dfrac{1}{2}\right)^{-2}$; $\sqrt{4+9}$; $\sqrt{4 \cdot 9}$; $\dfrac{1}{5^{-3}}$.

190 $\sqrt{3^5 : (3 \cdot 3^2)}$; $2,4\overline{3}$; $\sqrt{2^{-1}+\dfrac{7}{2}}$; $\sqrt{5}$.

192 $7,8\overline{23}$; $\dfrac{1}{4}$; $\sqrt{7^2+3^2}$; $1,2457$; $\dfrac{1}{9,2}$.

---

193 Calcola la misura dell'ipotenusa di un triangolo rettangolo ABC, noti i cateti AB e AC nei seguenti casi:

   a. $\overline{AB} = 6$, $\overline{AC} = 8$;   **b.** $\overline{AB} = 1$, $\overline{AC} = 3$.

   Indica se sono numeri reali razionali o no.

194 **FAI UN ESEMPIO** Scrivi in forma decimale un numero reale che non sia razionale.

195 Spiega perché $\sqrt{2} + 1$ e $\pi - 1$ sono numeri irrazionali.

196 **IN FORMA GRAFICA** Rappresenta sulla retta orientata i seguenti numeri reali.

$$-\sqrt{3}; \quad -3,2; \quad -\pi; \quad -\sqrt{10}; \quad 2,1; \quad \frac{5}{2}.$$

Disponi in ordine decrescente i seguenti numeri reali.

197 $-1,1\overline{2}$; $-\dfrac{10}{9}$; $0,\overline{6}$; $-\dfrac{5}{4}$; 66%; $\sqrt{3}$.

198 $-\dfrac{2}{3}\pi$; $1 - \pi$; $-2\sqrt{3}$; $\dfrac{3}{2}\sqrt{2}$; $\dfrac{7}{3}$; -2.

Ordina i seguenti numeri reali in senso crescente.

199 $-0,37\overline{6}$; $-\dfrac{3}{8}$; $-\dfrac{\pi}{6}$; $-\dfrac{\sqrt{2}}{2}$; $-2^{-1}-3^{-1}$.

200 $\dfrac{\sqrt{3}}{4}$; $0,4\overline{3}$; $\dfrac{1,7}{4}$; $\dfrac{\pi}{2}$; $2\sqrt{2} - 1$.

APPROFONDIMENTO

Che assurdo, Pitagora!

La scoperta che $\sqrt{2}$ è un numero irrazionale mise in crisi l'idea di Pitagora che tutto potesse essere ricondotto ai numeri razionali.

$$\frac{a}{b} \overset{?}{=} \sqrt{2}$$

Per dimostrare che $\sqrt{2}$ non si può scrivere come numero razionale $\dfrac{a}{b}$ bisogna ragionare per assurdo...

📱 ▸ Problema e risoluzione.
    ▸ Attività di ricerca: Pitagora nei guai.

4. APPROSSIMAZIONI ED ERRORI

APPROSSIMAZIONI E LORO ERRORI → Teoria a pagina 105

201 📱 **INVALSI 2010** Quale dei seguenti numeri interi è più vicino al risultato di questa moltiplicazione?

$2,98 \cdot 12,84$

A 24 B 26 C 39 D 45

202 📱 **INVALSI 2002** Qual è il risultato approssimato di $0,215 \cdot 0,04193$?

A 0,08 B 0,8 C 0,09 D 0,009 E 0,008

AL VOLO Stabilisci qual è, tra quelli proposti, il risultato corretto delle seguenti operazioni.

203 $10,3 \cdot 5,2$ 65,06; 53,56; 42,16.

(*Suggerimento.* Arrotonda $10,3 \cdot 5,2 \simeq 10 \cdot 5 = 50$.)

204 $0,9 \cdot 5,43$ 6,107; 3,077; 4,887.

205 $1,1 : 0,98$ 1,375; 0,495; 2,075.

206 $\dfrac{10,1 \cdot 30,2}{2,9}$ 105,18; 125,07; 140,14.

ESEMPIO

a. *Approssimiamo* per difetto e per eccesso a meno di un centesimo i numeri $31,9\overline{7}$ e $\dfrac{7}{3}$.

Per difetto trascuriamo le cifre successive a quella dei centesimi:

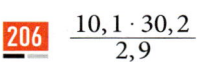
centesimi
$31,9\overline{7} = 31,9777... \simeq 31,97$

centesimi
$\dfrac{7}{3} = 2,\overline{3} = 2,3333... \simeq 2,33$

Per eccesso trascuriamo le stesse cifre e aumentiamo di 1 quella dei centesimi:

centesimi
$31,9\overline{7} = 31,9777... \simeq 31,98$

centesimi
$\dfrac{7}{3} = 2,\overline{3} = 2,3333... \simeq 2,34$

b. *Arrotondiamo* i numeri precedenti a meno di un millesimo.

millesimi 7 > 5 approssimiamo per eccesso
$31,9\overline{7} = 31,97777... \simeq 31,978$

millesimi 3 < 5 approssimiamo per difetto
$\dfrac{7}{3} = 2,\overline{3} = 2,3333... \simeq 2,333$

---

207 Approssima per difetto e per eccesso a meno di un centesimo e a meno di un millesimo i seguenti numeri.

a. $2,73\overline{52}$;   **b.** $12,568$;   **c.** $\dfrac{11}{9}$;   **d.** $1,\overline{5}$;   **e.** $-7,4\overline{2}$.

208 Arrotonda a meno della potenza di 10 indicata a fianco.

$4,95731$, 10^{-3}; $7,2\overline{53}$, 10^{-6}; $\dfrac{798}{1000}$, 10^{-3}; $-\dfrac{2}{7}$, 10^{-3}.

209 📱 **TEST** Qual è il valore arrotondato alla seconda cifra decimale di $3,14\overline{6}$?

A 3,14 B 3,147 C 3,15 D 3,1

210 📱 **EUREKA!** **Pi babilonese** Gli antichi Babilonesi usavano $3 + \dfrac{1}{8}$ come valore di π. Arrotonda $\pi = 3,1415...$ con un'accuratezza di 0,001 e determina di quanto questo valore differisce in percentuale da $3 + \dfrac{1}{8}$. Arrotonda il risultato allo 0,01%.

A 0,48% B 0,50% C 0,53% D 0,54% E 0,55%

[USA Louisiana State University High School Math Contest, 2012]

Errore assoluto

211 ESEMPIO DIGITALE Arrotonda i seguenti numeri a meno della potenza di 10 indicata a fianco e calcola l'errore assoluto.

$0,0174$, 10^{-3}; $\dfrac{13}{7}$, 10^{-3}; $4,5\bar{8}$, 10^{-2}; $\dfrac{5}{6}$, 10^{-2}.

212 Calcola l'errore assoluto commesso nel considerare per ciascun numero l'approssimazione per difetto a meno di un decimo.

$121,354$; $6,\bar{5}$; $\dfrac{1}{7}$; $-\dfrac{1}{8}$.

213 Determina l'errore assoluto che si commette nel considerare i seguenti numeri decimali finiti al posto di quelli scritti a fianco di ciascuno di essi.

$1,2$, $\dfrac{7}{6}$; $1,1666$, $\dfrac{7}{6}$; $0,06$, $\dfrac{37}{625}$; $1,88$, $\dfrac{15}{8}$; $87,16$, $87,1\bar{6}$.

Errore relativo

214 Considera i seguenti numeri e i loro valori approssimati a fianco. Calcola l'errore relativo percentuale.

$65,13$, 65; 4480, 4000; $0,03486$, $0,035$; $173,4$, 170. [0,2%; 12%; 0,4%; 2%]

215 ESEMPIO DIGITALE Arrotonda a meno di $\dfrac{1}{100}$ i seguenti numeri ed esprimi in percentuale l'errore relativo commesso.

a. $3,143$; **b.** $\dfrac{15}{8}$; **c.** $2,6\bar{2}$; **d.** $15,7868$; **e.** $\dfrac{7}{6}$.

216 È dato il numero $12,5\bar{6}$. Approssimalo per eccesso a meno di $\dfrac{1}{100}$ e per difetto a meno di $\dfrac{1}{1000}$. Arrotondalo a meno di $\dfrac{1}{100}$.

In ognuno dei tre casi calcola l'errore assoluto e l'errore relativo percentuale.

MISURA, ERRORE ASSOLUTO, ERRORE RELATIVO ➔ Teoria a pagina **106**

Metti in ordine crescente di precisione le seguenti misure.

217 739 ± 3; 850 ± 5; $0,072 \pm 0,002$.

218 $12\,420 \pm 20$; 570 ± 10; $2,100 \pm 0,005$.

219 $0,007 \pm 0,001$; 1532 ± 4; $16,05 \pm 0,05$.

220 INTORNO A NOI I lati di una fotografia e di un portafoto misurano come indicato a lato. Stabilisci se si riesce sicuramente a inserire la fotografia nel portafoto.

(14,9±0,1) cm
(11,8±0,1) cm
(12,2±0,2) cm
(15,4±0,2) cm

PROPAGAZIONE DEGLI ERRORI → Teoria a pagina 107

221 ☐ **ESEMPIO DIGITALE** Dati $a = 36,3 \pm 0,6$ e $b = 15 \pm 1$, calcola $\dfrac{a}{b}$ e $a - 2b$ e determina i corrispondenti errori assoluti.

Dati $a = 3,3 \pm 0,1$, $b = 4,2 \pm 0,2$, $c = 6,4 \pm 0,1$, calcola i risultati delle seguenti operazioni e i corrispondenti errori assoluti.

222 $a + c$; $b - c$; $a + b - c$.

223 $\dfrac{a}{b}$; bc; c^2.

224 $ab - c$; $\dfrac{bc}{a}$; $b^2 + a$.

Problemi INTORNO A NOI

225 In un paese di montagna, alle 10 del mattino si rileva una temperatura di $(10,5 \pm 0,5)$ °C. Alle 2 del pomeriggio la temperatura risulta $(17,5 \pm 0,5)$ °C. Calcola la variazione di temperatura e il suo errore assoluto. [7 °C; 1 °C]

226 Un motociclista percorre (1440 ± 1) m in (60 ± 1) s. Calcola la velocità media del motociclista e il corrispondente errore relativo percentuale.

$\left(Suggerimento.\ \text{velocità media} = \dfrac{\text{spazio}}{\text{tempo}} \cdot\right)$

[24 m/s; 1,74%]

227 **Errori in cartolina** Calcola perimetro e area della cartolina e i corrispondenti errori assoluti.

$(13,0 \pm 0,5)$ cm

$(22,5 \pm 0,5)$ cm

$[(71 \pm 2)$ cm$;\ (292,5 \pm 17,6)$ cm$^2]$

5. NOTAZIONE SCIENTIFICA E ORDINE DI GRANDEZZA

NOTAZIONE SCIENTIFICA → Teoria a pagina 108

Scrivi i seguenti numeri come potenze di 10.

228 $10\,000$; $\dfrac{1}{100\,000}$; $\dfrac{10^2}{1000}$; $0,001$.

229 $(1000)^{-2}$; $\dfrac{(0,001)^3}{(0,1)^{-2}}$; $\dfrac{1}{100^4}$; $\dfrac{10^{-3}}{10^5 \cdot 0,001}$.

Scrivi in notazione scientifica i seguenti numeri.

230 $78\,000$; 18; $486\,000\,000$; $\dfrac{1}{25\,000} \cdot$

231 Quattro miliardi; due milioni e seicentoventimila; dieci millesimi; duecento milioni.

232 $842\,000\,000$; $78,3$; $250\,000$; $124,9$.

233 ☐ **ESEMPIO DIGITALE**

$576\,000$; $0,000052$; $0,12 \cdot 10^7$; $8473 \cdot 10^{-43}$.

234 $0,0075 \cdot 10^{-2}$; $1,4$; $2,02 \cdot 10^{12}$; 1023.

235 $0,012$; $23\,750$; $16,2 \cdot 10^{-4}$; $15 \cdot 10^3$.

236 $0,0003$; $147,2$; $0,02 \cdot 10^{-2}$; $0,15 \cdot 10^6$.

237 ☐ **INVALSI 2006** Quale tra le seguenti espressioni ha lo stesso valore di $8,35 \cdot 10^4$?

A $83,5 \cdot 10^2$ B $8,035 \cdot 10^5$ C $0,835 \cdot 10^5$ D $0,835 \cdot 10^3$

238 EUREKA! xy **fratto** z Riscrivi i seguenti numeri razionali in forma decimale e in notazione scientifica:

$$x = 0,000000375, \qquad y = 45\,600\,000, \qquad z = \frac{1}{2500}.$$

Scrivi in notazione scientifica il numero $\dfrac{x \cdot y}{z}$.

239 INVALSI 2010 La massa del pianeta Saturno è $5,68 \cdot 10^{26}$ kg, quella del pianeta Urano $8,67 \cdot 10^{25}$ kg e quella del pianeta Nettuno $1,02 \cdot 10^{26}$ kg.
Metti in ordine i tre pianeti da quello di massa minore a quello di massa maggiore.

240 Scrivi in forma decimale i seguenti numeri, espressi in notazione scientifica.

$$1,27 \cdot 10^3; \quad 5,62 : 10^{-2}; \quad -2,4 \cdot 10^4; \quad 7,81 \cdot 10^{-5}.$$

✓ CHECKER **Determina il risultato delle seguenti espressioni ed esprimilo in notazione scientifica.**

241 $\dfrac{26 \cdot 10^4 \cdot 5 \cdot 10^7}{10^{-2}}$ $\qquad\qquad [1,3 \cdot 10^{15}]$

242 $(2 \cdot 10^8 + 583 \cdot 10^8) \cdot 10^{-3}$ $\qquad\qquad [5,85 \cdot 10^7]$

243 $52 \cdot 10^3 + 0,3 \cdot 10^4 - 7 \cdot 10^3$ $\qquad\qquad [4,8 \cdot 10^4]$

244 $(60 \cdot 10^{-2}) \cdot (2 \cdot 10^{-4})$ $\qquad\qquad [1,2 \cdot 10^{-4}]$

245 $[(7,3 \cdot 10^5) + (37 \cdot 10^4)] \cdot [(8,2 \cdot 10^2) - (6,2 \cdot 10^2)]$ $\qquad\qquad [2,2 \cdot 10^8]$

246 $[(8,3 \cdot 10^{-7}) - (0,25 \cdot 10^{-6})] : (2 \cdot 10^{-3})$ $\qquad\qquad [2,9 \cdot 10^{-4}]$

247 $(0,7 \cdot 10^3)^2 : (0,07 \cdot 10^3) \cdot 0,03$ $\qquad\qquad [2,1 \cdot 10^2]$

248 $(9 \cdot 10^4 \cdot 0,002)^2 : (0,3 \cdot 10^3)^2$ $\qquad\qquad [3,6 \cdot 10^{-1}]$

249 $[(1,72 \cdot 10^{-6}) + (0,3 \cdot 10^{-5})] : (0,8 \cdot 10^4)$ $\qquad\qquad [5,9 \cdot 10^{-10}]$

Problemi INTORNO A NOI

Risolvi i seguenti problemi esprimendo i risultati in notazione scientifica.

250 Quanti secondi ci sono nel mese di aprile?
$$[2,6 \cdot 10^6 \text{ s}]$$

251 Qual è la massa del nostro pianeta?

massa sole = $1,99 \cdot 10^{30}$ kg

333 000 volte quella terrestre

$$[6,0 \cdot 10^{24} \text{ kg}]$$

252 **Particelle** La massa dell'elettrone è $9,1 \cdot 10^{-31}$ kg. Determina la massa del protone, sapendo che è 1836 volte quella dell'elettrone. $\quad [1,67 \cdot 10^{-27} \text{ kg}]$

253 ESEMPIO DIGITALE La frequenza cardiaca media di una donna è di 80 battiti al minuto. Anna oggi compie 72 anni. Calcola il numero di battiti che ha fatto il suo cuore dalla nascita a oggi.

254 YOU & MATHS **Licence plates** Some states in the USA, like California, issue some licence plates in the form 3ZMZ254. Each plate starts with a digit followed by three letters and then three more digits. Both the letters and digits may repeat, so 0MCX111 is a valid number. Which expression equals the maximum number of licence plates the state of California can issue using this scheme?

A $\;10^3 \cdot 26^4$ C $\;10^4 \cdot 26^3$

B $\;10^7$ D $\;10^7 \cdot 26^7$

255 **Dichiarazione** Mia sorella Lea ha ricevuto dal suo ragazzo l'anello di fidanzamento a lato. Qual è la massa, in grammi, del brillante?

$[1,74 \cdot 10^{-1} \text{ g}]$

brillante = 0,87 carati
1 carato = 2 · 10⁻⁴ kg

256 Quanti grammi di grassi insaturi sono contenuti in 1 kg di latte?
Quanti grammi di grassi sono contenuti in 380 kg di latte?

latte intero:
4% di grassi,
di cui
33% grassi insaturi   67% grassi saturi

$[1,3 \cdot 10 \text{ g}; 1,5 \cdot 10^4 \text{ g}]$

257 **Che velocità!** La luce viaggia nel vuoto alla velocità di 300 000 km/s. Qual è la distanza in metri tra il Sole e la Terra se la luce inviata dal Sole impiega 8 minuti e 20 secondi per arrivare sulla Terra? $[1,5 \cdot 10^{11} \text{ m}]$

ORDINE DI GRANDEZZA → Teoria a pagina **108**

258 **ESEMPIO DIGITALE** Determina l'ordine di grandezza di 51 532 e $238 \cdot 10^5$.

Stabilisci l'ordine di grandezza dei seguenti numeri.

259 $17,8 \cdot 10^6$; 1023; $0,67 \cdot 10^{-2}$.

260 41; 5 000 000; $0,27 \cdot 10^{-5}$.

261 2^{-8}; $503 \cdot 10^2$; $0,035 \cdot 10^{-2}$.

262 5; $1,5 \cdot 10^{-2}$; 75 000 000.

263 **INTORNO A NOI** Una formica ha una massa di circa 10^{-4} kg. Sapendo che una molecola ha una massa dell'ordine di 10^{-25} kg, di quante molecole circa è fatta la formica?

A 10^{-29}

B 10^{-21}

C 10^{21}

D 10^{29}

264 **INVALSI 2011** L'età della Terra è valutata intorno ai $4,5 \cdot 10^9$ anni. L'*Homo Erectus* è comparso circa 10^6 anni fa. Qual è la stima che più si avvicina all'età che la Terra aveva quando è comparso l'*Homo Erectus*?

A $4,5 \cdot 10^9$ anni.

B $3,5 \cdot 10^9$ anni.

C $4,5 \cdot 10^6$ anni.

D $4,5 \cdot 10^3$ anni.

265 **INVALSI 2011** Le dimensioni di una piazza rettangolare di una grande città sono circa 620 m · 120 m. Le stime comparse sui giornali sul numero di partecipanti a una manifestazione che ha riempito la piazza variano da 100 000 a oltre 1 000 000.

a. Sapendo che diverse fotografie scattate durante la manifestazione evidenziano una densità di circa 4 persone al metro quadro, che cosa si può concludere circa l'effettivo numero dei partecipanti?

A Le stime dei giornali sono tutte errate perché dalle informazioni disponibili i partecipanti non potevano essere più di 20 000.

B Una stima ragionevole è circa 300 000 partecipanti.

C Ha ragione chi ha parlato di più di un milione di partecipanti.

D La piazza non può contenere molte persone più di uno stadio, quindi c'erano meno di 150 000 partecipanti.

b. Mostra i calcoli che hai fatto per trovare la risposta.

4 NUMERI RAZIONALI E NUMERI REALI

VERIFICA DELLE COMPETENZE ALLENAMENTO

▶ Competenza **1** (abilità **1, 2**)

1 📱 **TEST** Solo una delle seguenti uguaglianze è *errata.*

A $\left(-\frac{2}{7}\right)^{-2} = \left(+\frac{7}{2}\right)^2$

B $(-0,3)^{-1} + 0,\overline{3} = -3$

C $\left[\frac{2}{3} - \frac{11}{12} + \left(-\frac{1}{2}\right)^2\right]^0 = 1$

D $\left(\frac{1}{2}\right)^{-2} : \left(\frac{1}{2}\right)^{-3} = 2^{-1}$

Disponi in ordine crescente i seguenti numeri reali.

2 $\frac{8}{400}$; $-0,25$; 4%; $25 \cdot 10^{-3}$; 4^{-2}; $-0,2\overline{5}$.

3 $-0,51$; 5%; $\left(-\frac{1}{2}\right)^{-1}$; $-0,1\overline{6}$; $-\frac{\pi}{6}$.

4 📱 **TEST** Dati $x = -\frac{2}{5}$ e $y = -\frac{1}{10}$, quale tra i seguenti è il numero minore?

A $x - y$ B $\frac{x}{y}$ C $-\frac{y}{x}$ D $-xy$

✓ **CHECKER** Semplifica le seguenti espressioni.

5 $\left\{\frac{2}{3} \cdot \left(-\frac{3}{4}\right)^2 - \left[1 + \left(\frac{5}{4}\right)^2 : \left(-\frac{1}{16}\right)\right]\right\} \cdot \left[\left(-\frac{12}{5}\right)^4 \cdot \left(\frac{5}{12}\right)^4 - \left(-\frac{3}{11}\right)^3 \cdot \left(-\frac{11}{3}\right)^3\right]$ [0]

6 $\left[\left(\frac{2}{3}\right)^{-2}\right]^{-5} : \left(\frac{4}{9}\right)^4 + \left(-\frac{2}{5}\right)^3 \cdot 5^3 : 3^3 - \left[\left(\frac{3}{8}\right)^2 : (2^{-1} \cdot 2^2 \cdot 2^{-4})^2\right]^{-1}$ $\left[\frac{1}{27}\right]$

7 $\left(-\frac{1}{3}\right)^{-1} \cdot \left(-\frac{1}{3}\right)^{-3} \cdot \left\{\left[\left(\frac{3}{2}\right)^2\right]^3 \cdot \left[\left(-\frac{2}{3}\right)^2\right]^2 : \left(-\frac{27}{4}\right)\right\}^7 : \left(\frac{1}{3}\right)^2$ $\left[-\frac{1}{3}\right]$

Calcola il valore delle seguenti espressioni assegnando alle lettere i valori indicati a fianco.

8 $\frac{x+y-3}{xy+5}$ $x = -\frac{1}{2}$ $y = -0,\overline{6}$ $\left[-\frac{25}{32}\right]$ **9** $\frac{3a^2-b}{a+b}$ $a = -0,\overline{3}$ $b = 0,8\overline{3}$ $[-1]$

▶ Competenza **3** (abilità **1, 2**)

Traduci le seguenti frasi in simboli e poi calcola il loro valore.

10 Moltiplica il quadrato del reciproco di $\frac{5}{4}$ per la differenza fra 3 e il prodotto della differenza dell'opposto di $\frac{1}{3}$ e 2 per l'opposto di $\frac{3}{7}$. $\left[\frac{32}{25}\right]$

11 Somma 2,5 al quadrato del prodotto di -3^{-1} per 0,6. $\left[\frac{127}{50}\right]$

▶ Competenza **4** (abilità **5**)

12 Le lunghezze della base e dell'altezza di un triangolo sono $(8,4 \pm 0,2)$ cm e $(3,5 \pm 0,1)$ cm. Trova l'area e il suo errore assoluto. $[(14,7 \pm 0,8)\,\text{cm}^2]$

13 Scrivi $\frac{1}{8}$ in notazione scientifica e dividilo per $2 \cdot 10^5$. $[6,25 \cdot 10^{-7}]$

14 ✓ **CHECKER** Semplifica ed esprimi il risultato in notazione scientifica. $(2,5 \cdot 10^{-3}) \cdot (0,2 \cdot 10^{-2})$ $[5,0 \cdot 10^{-6}]$

15 Stabilisci l'ordine di grandezza dei seguenti numeri: 27; $2 \cdot 10^4$; 420; $0,55 \cdot 10^{-7}$.

VERIFICA DELLE COMPETENZE PROVE

 **TUTOR** **PROVA A** (10 esercizi) **PROVA B** (10 esercizi) ⏱ **IN MEZZ'ORA**

PROVA C ▶ Competenze **1, 3, 4** ⏱ **IN UN'ORA**

1 **TEST** Quale delle seguenti affermazioni è vera?

A $\pi - 3 = 0,14$.

B Ogni numero reale è periodico.

C $\frac{3}{2}\sqrt{2}$ è un numero razionale.

D La somma di un numero intero e di un numero irrazionale è irrazionale.

2 Disponi in ordine crescente: $-3,5$; $\quad \frac{7}{3}$; $\quad 15 \cdot 10^{-1}$; $\quad 2,33$; $\quad -\frac{5}{2}$; $\quad 15\%$.

Semplifica le seguenti espressioni.

3 $\left\{ \left[\frac{11}{3} - \left(-1 + \frac{2}{3} \right)^2 \right] : \left(\frac{2}{3} \right)^5 - (-5)^2 \right\} : \left[\frac{12}{5} - \left(-\frac{2}{5} \right)^2 \cdot \left(4 - \frac{2}{3} \right) \right]$

4 $\left[\left(\frac{1}{3} \right)^3 \cdot \left(-\frac{1}{3} \right)^5 \cdot \left(-\frac{1}{3} \right)^2 \right]^3 : \left[-\left(-\frac{1}{3} \right)^7 \right]^4 - \left(-\frac{1}{3} \right)^2 - \left(-\frac{3}{13} \right)^4 \cdot \left(\frac{13}{9} \right)^4$

5 $\left(\frac{5}{2} \right)^{-2} \cdot \left(\frac{5}{2} \right)^{-3} \cdot \left(-\frac{2}{5} \right)^{-4} - 3 \left[\left(1 - \frac{1}{5} \right) \cdot \frac{1}{2} - \frac{3}{5} \right] + \left[\left(-\frac{1}{2} \right)^2 \right]^{-2}$

6 Il pianeta Saturno ha massa $57 \cdot 10^{25}$ kg e volume $0,83 \cdot 10^{24}$ m³. Calcola la sua densità media in kg/m³ e in g/m³, sapendo che la densità è il rapporto tra massa e volume. Esprimi i risultati in notazione scientifica.

PROVA D ▶ Competenze **1, 3** ⏱ **IN UN'ORA**

1 **Pentamisure** Le misure dei lati di un pentagono, espresse in centimetri, sono:

$a = 5,7 \pm 0,1$;

$b = 8,4 \pm 0,4$;

$c = 12,5 \pm 0,5$;

$d = 6,0 \pm 0,4$;

$e = 5,4 \pm 0,6$.

Calcola le seguenti misure e i loro errori assoluti:

perimetro del pentagono; $b - a + d$; $2ab$.

2 **Maggiore o minore?** Sommando $-\frac{19}{2}$ al quadrato del prodotto di $0,\overline{6}$ per il quadrato di 3 si ottiene un numero. Stabilisci se è maggiore o minore di $\frac{80}{3}$.

3 **Bianchi e rossi** Calcola quanti sono i globuli rossi e quanti i bianchi in due litri di sangue. Esprimi i risultati in notazione scientifica e indica l'ordine di grandezza.

in 1 cm³: circa $5 \cdot 10^9$ globuli rossi; globuli bianchi = 0,2% di quelli rossi

5 INSIEMI E LOGICA

1. INSIEMI

CHE COS'È UN INSIEME ➔ Esercizi a pagina 140

 A **set** is a collection of objects (*not* necessarily physical ones) that are called **elements** of the set.

Un **insieme** è un raggruppamento di oggetti. Ognuno di questi oggetti è un **elemento** dell'insieme e diciamo che **appartiene** all'insieme.

Per poter parlare di un insieme, e operare con esso, è necessario sapere con certezza se un qualsiasi oggetto appartiene o non appartiene all'insieme.

▸ È un insieme:

«I numeri naturali maggiori di 2 e minori di 7». — sappiamo che gli elementi sono 3, 4, 5, 6

Non è un insieme:

«I cinque film migliori nella storia del cinema». — ognuno di noi potrebbe indicare elementi diversi

Per descrivere un insieme possiamo fornire la **proprietà caratteristica**, oppure procedere per **elencazione**, scrivendo tutti gli elementi dell'insieme separati da virgole e fra parentesi graffe.

Indichiamo un insieme con una lettera maiuscola; usiamo il simbolo $\in$, «appartiene», per dire che un oggetto è un elemento dell'insieme, e il simbolo $\notin$, che significa «non appartiene», per dire che l'oggetto non è un elemento dell'insieme.

Se $A = \{a, b, c, d\}$:

$a \in A$ — appartiene — insieme — elemento

$g \notin A$ — non appartiene

Proprietà caratteristica	Elencazione	$\in$ o $\notin$
Le vocali dell'alfabeto.	$V = \{a, e, i, o, u\}$	$e \in V$; $q \notin V$
I tre fiumi più lunghi che scorrono in Francia.	$F = \{\text{Reno, Loira, Mosa}\}$	Loira $\in F$; Po $\notin F$.
I numeri pari.	$P = \{0, 2, 4, 6, \dots\}$	$12 \in P$; $7 \notin P$.

Se rappresentiamo un insieme per elencazione, ogni elemento deve essere presente una sola volta nell'elenco.

L'ordine con cui gli elementi compaiono non ha importanza.

Facciamo riferimento ai diversi insiemi numerici usando per ognuno una lettera.

$\mathbb{N}$ indica i numeri naturali, $\mathbb{Z}$ gli interi, $\mathbb{Q}$ i razionali, $\mathbb{R}$ i reali.

Rappresentiamo graficamente un insieme con un **diagramma di Eulero-Venn** o, più brevemente, **diagramma di Venn**.

▸ Tracciamo i diagrammi di Venn degli esempi precedenti.

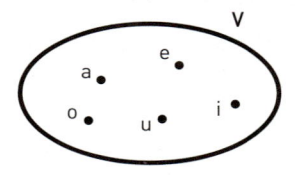 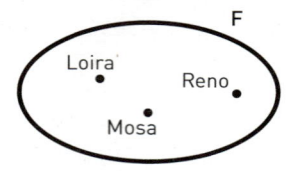 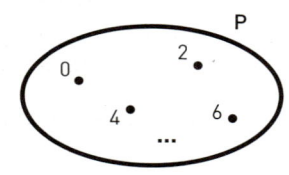

Come abbiamo visto negli esempi, esistono **insiemi finiti**, con un numero finito di elementi, e **insiemi infiniti**, con un numero infinito di elementi.

Utilizziamo una lettera minuscola per indicare un elemento generico di un insieme; inoltre, spesso possiamo scrivere in modo sintetico la proprietà caratteristica nella forma dell'esempio seguente.

▸ $\{x \in \mathbb{N} \mid x > 3\}$ indica l'insieme $\{4, 5, 6, 7, 8, \ldots\}$.

       si legge: «tale che»

Chiamiamo **insieme vuoto** un qualsiasi insieme che non ha elementi e lo indichiamo con $\varnothing$.

▸ Sono l'insieme vuoto:
   l'insieme dei quadrati con angoli acuti;
   l'insieme dei numeri dispari divisibili per 4.

SOTTOINSIEMI   ➡ Esercizi a pagina **141**

DEFINIZIONE

- Se ogni elemento di B appartiene ad A, diciamo che B è **sottoinsieme** di A; indichiamo questo con:
  $B \subseteq A$.
  Diciamo anche che B è **incluso** in A.
- Se B è sottoinsieme di A e almeno un elemento di A non appartiene a B, diciamo che B è **sottoinsieme proprio** di A; indichiamo questo con: $B \subset A$.
  Diciamo anche che B è incluso **strettamente** in A.

ESEMPIO

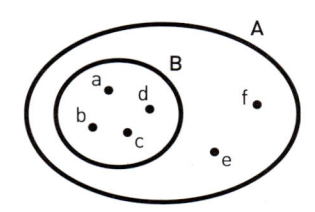

$B \subseteq A$ perché se $x \in B$, allora $x \in A$;

$B \subset A$ perché $B \subseteq A$ e, per esempio,

$f \in A$ ma $f \notin B$.

Il simbolo $\not\subseteq$ indica che un insieme non è sottoinsieme di un altro.

Ogni insieme è sottoinsieme di se stesso, ma non sottoinsieme proprio.

L'insieme vuoto è sottoinsieme di un qualsiasi insieme, ma non sottoinsieme proprio.

Diciamo anche che, per un insieme A, l'insieme vuoto e l'insieme A sono **sottoinsiemi impropri**.

Diciamo che due insiemi A e B sono **uguali**, e scriviamo $A = B$, se hanno gli stessi elementi. $A = B$ se e solo se $A \subseteq B$ e $B \subseteq A$: ogni elemento di A appartiene a B e viceversa.

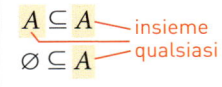

ESERCIZI PER COMINCIARE

1   **ANIMAZIONE**   Rappresenta per elencazione e mediante diagrammi di Venn gli insiemi:

$A = \{x \in \mathbb{N} \mid x \leq 8\}$, $B = \{x \in \mathbb{N} \mid 6 < x < 10\}$, $C = \{x \in \mathbb{N} \mid x^2 = -4\}$,

$D = \{x \in \mathbb{N} \mid x \text{ è pari e } x < 2\}$, $E = \{x \in \mathbb{N} \mid x \text{ è dispari e } 1 \leq x \leq 5\}$.

Indica se B, C, D, E sono sottoinsiemi di A.

2   **VIDEO**   **L'albergo di Hilbert**   Per gli insiemi infiniti valgono proprietà che possono sembrare paradossali, perché diverse da quelle che siamo abituati a osservare per gli insiemi finiti.
Guarda il video che proponiamo e riassumi il suo contenuto.

3   I due insiemi $A = \{ape\}$ e $B = \{a, p, e\}$ sono uguali?
Scrivi tutti i loro sottoinsiemi.

2. OPERAZIONI CON GLI INSIEMI

UNIONE E INTERSEZIONE

➡ Esercizi a pagina 142

🎧 Given two sets A and B, we can consider their **union**, a set that contains *all* the elements of both A and B, or their **intersection**, a set that contains *only* the elements that belong to both sets.

DEFINIZIONE

Dati gli insiemi A e B:

- l'**unione** di A e B è l'insieme $A \cup B$ degli elementi che appartengono ad A **o** a B;

- l'**intersezione** di A e B è l'insieme $A \cap B$ degli elementi che appartengono ad A **e** a B.

ESEMPIO

Consideriamo, fra i numeri naturali minori di 10, in A i multipli di 2 e in B i multipli di 3.

$A \cup B$ contiene i multipli di 2 o di 3.

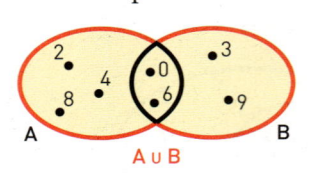

$A \cap B$ contiene i multipli di 2 e di 3.

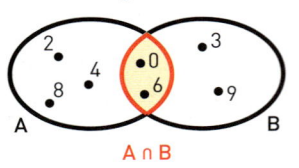

Se $B \subset A$:

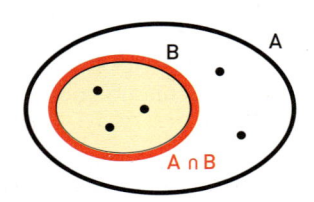

$A \cup B = A$; $A \cap B = B$

Inoltre: $A \cup \varnothing = A$; $A \cap \varnothing = \varnothing$.

Se due insiemi non hanno elementi in comune, la loro intersezione è l'insieme vuoto e diciamo che gli insiemi sono **disgiunti**.

Valgono le seguenti proprietà.

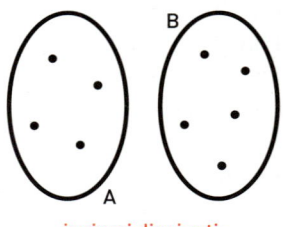

insiemi disgiunti:
$A \cap B = \varnothing$

Proprietà commutativa dell'unione:
$A \cup B = B \cup A$.

Proprietà associativa dell'unione:
$(A \cup B) \cup C = A \cup (B \cup C)$.

Proprietà distributiva dell'unione rispetto all'intersezione:
$A \cup (B \cap C) = (A \cup B) \cap (A \cup C)$; $(A \cap B) \cup C = (A \cup C) \cap (B \cup C)$.

Proprietà commutativa dell'intersezione:
$A \cap B = B \cap A$.

Proprietà associativa dell'intersezione:
$(A \cap B) \cap C = A \cap (B \cap C)$.

Proprietà distributiva dell'intersezione rispetto all'unione:
$A \cap (B \cup C) = (A \cap B) \cup (A \cap C)$; $(A \cup B) \cap C = (A \cap C) \cup (B \cap C)$.

ESEMPIO

Consideriamo:

$A = \{2, 6, 8, 10, 30\}$, $B = \{3, 6, 9, 15, 30\}$, $C = \{5, 10, 15, 25, 30\}$.

Verifichiamo che $A \cap (B \cup C) = (A \cap B) \cup (A \cap C)$.

Consideriamo:

$A = \{2, 6, 8, 10, 30\}$,
$B \cup C = \{3, 5, 6, 9, 10, 15, 25, 30\}$.

Quindi:

$A \cap (B \cup C) = \{6, 10, 30\}$.

Consideriamo:

$A \cap B = \{6, 30\}$,
$A \cap C = \{10, 30\}$.

Quindi:

$(A \cap B) \cup (A \cap C) = \{6, 10, 30\}$.

Abbiamo ottenuto lo stesso risultato, quindi la proprietà è verificata.
Vediamolo anche con i diagrammi di Venn.

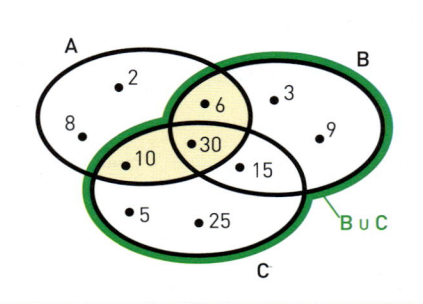 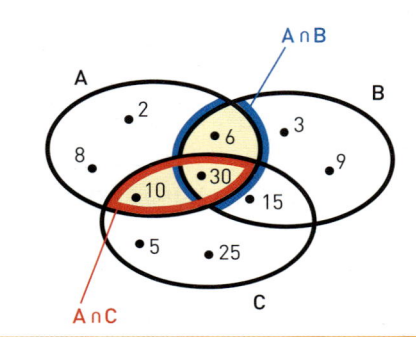

PRODOTTO CARTESIANO   ➡ Esercizi a pagina **145**

DEFINIZIONE

Dati gli insiemi A e B, il **prodotto cartesiano** $A \times B$ è l'insieme delle coppie ordinate $(a; b)$, con a che appartiene all'insieme A e b che appartiene all'insieme B.

$$A \times B = \{(a; b) \mid a \in A \text{ e } b \in B\}$$

Consideriamo un esempio in cui calcoliamo sia $A \times B$ sia $B \times A$.

▶ Se $A = \{a, b, c\}$ e $B = \{1, 2\}$:

$A \times B = \{(a; 1), (a; 2), (b; 1), (b; 2), (c; 1), (c; 2)\}$;
$B \times A = \{(1; a), (2; a), (1; b), (2; b), (1; c), (2; c)\}$.

Le coppie di $A \times B$ sono diverse da quelle di $B \times A$.
Per esempio, $(b; 2) \in A \times B$ e $(2; b) \in B \times A$, ma $(b; 2) \neq (2; b)$. Quindi $A \times B$ e $B \times A$ sono insiemi diversi, pur avendo lo stesso numero di elementi.

In generale, $A \times B \neq B \times A$: il prodotto cartesiano *non* gode della proprietà commutativa.
Rappresentiamo graficamente il prodotto cartesiano mediante un **diagramma cartesiano**.

ESEMPIO

Tracciamo il diagramma cartesiano di $A \times B$, con $A = \{r, s\}$ e $B = \{a, b, c\}$.

Ogni coppia del prodotto cartesiano

$A \times B = \{(r; a), (r; b), (r; c), (s; a), (s; b), (s; c)\}$

è rappresentata da un punto.

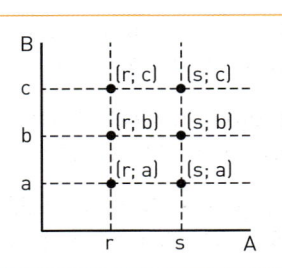

DIFFERENZA ● Esercizi a pagina 146

DEFINIZIONE

Dati gli insiemi A e B, la **differenza** $A - B$ è l'insieme degli elementi che appartengono ad A ma non a B.

$$A - B = \{x \mid x \in A \text{ e } x \notin B\}$$

ESEMPIO

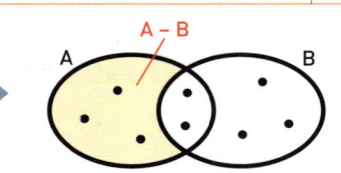

Casi particolari:

$A \subseteq B \quad \rightarrow \quad A - B = \varnothing$

non ci sono elementi di A che non appartengono a B

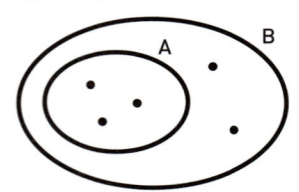

$A \cap B = \varnothing \quad \rightarrow \quad A - B = A$

tutti gli elementi di A non appartengono a B

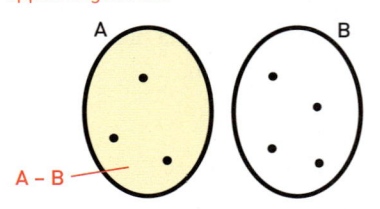

COMPLEMENTARE DI UN INSIEME ● Esercizi a pagina 148

DEFINIZIONE

Dati gli insiemi A e B, con $B \subseteq A$, l'**insieme complementare** di B rispetto ad A è $A - B$. Lo indichiamo con $\overline{B}_A$.

Se $B \subseteq A$, $\overline{B}_A = A - B$.

ESEMPIO

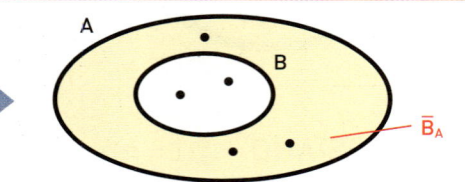

Casi particolari:

$\overline{A}_A = \varnothing; \qquad \overline{\varnothing}_A = A.$

perché $A - A = \varnothing$ \qquad perché $A - \varnothing = A$

INSIEME DELLE PARTI ● Esercizi a pagina 148

DEFINIZIONE

L'**insieme delle parti** $\mathscr{P}(A)$ di un insieme A è l'insieme di tutti i sottoinsiemi di A.

▶ Se $A = \{a, b\}, \quad \mathscr{P}(A) = \{A, \{a\}, \{b\}, \varnothing\}$.

🎧 A **partition** of a set A is a set of subsets whose union is A and that pairwise have empty intersection.

PARTIZIONE DI UN INSIEME ● Esercizi a pagina 148

DEFINIZIONE

Una **partizione** dell'insieme A è un insieme di sottoinsiemi di A tale che:

• l'unione dei sottoinsiemi è A;

• i sottoinsiemi sono disgiunti tra loro;

• nessun sottoinsieme è vuoto.

ESEMPIO

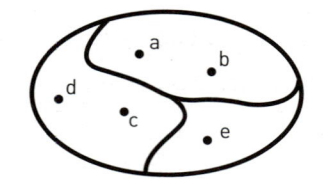

Una partizione di $A = \{a, b, c, d, e\}$ è: $\{\{a, b\}, \{d, c\}, \{e\}\}$.

Una partizione è utile per dividere un insieme in sottoinsiemi di elementi che hanno una stessa proprietà.

ESEMPIO

L'insieme A della figura è stato diviso mediante due partizioni diverse, una relativa al colore dei poligoni, l'altra relativa al numero di lati.

Stesso colore:
$\{\{\blacktriangle, \blacklozenge\}, \{\text{✦}\}, \{\text{▸}, \text{⬟}\}\}$

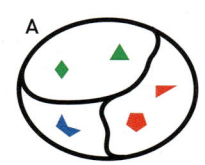

Stesso numero di lati:
$\{\{\blacktriangle, \text{▸}\}, \{\blacklozenge\}, \{\text{✦}, \text{⬟}\}\}$

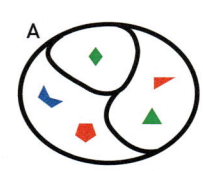

ESERCIZI PER COMINCIARE

1 **COMPLETA** le tabelle seguenti considerando come insiemi $P = \{x \mid x \text{ è divisore di } 9\}$ e $Q = \{2, 9\}$.

∩	P	Q	∅
P			
Q			
∅			

∪	P	Q	∅
P			
Q			
∅			

Dati gli insiemi

$A = \{x \mid x = n^2, \text{con } n \in \mathbb{N} \text{ e } 1 \leq n < 5\}$,

$B = \{x \mid x = 3n, \text{con } n \in \mathbb{N} \text{ e } 1 < n \leq 5\}$,

$C = \{x \mid x = 2n, \text{con } n \in \mathbb{N} \text{ e } 1 \leq n \leq 6\}$,

rappresentali con un diagramma di Venn e determina i seguenti insiemi.

2 $B \cap A$, $A \cap C$, $(B \cup C) \cap A$, $(C \cap A) \cup A$, $A \cup (B \cap C)$, $(A \cup B) \cap C$.

3 $(B \cap C) \times (A \cap B)$, $(A \cap B) \times (A \cap C)$, $(C \cap A) \times (C \cap B)$.

4 $A - B$, $B - A$, $(B - C) - A$, $C - (C - A)$, $B - (C - B)$.

5 **ANIMAZIONE** Verifica mediante i diagrammi di Venn che:

$A \cup (B \cap C) = (A \cup B) \cap (A \cup C)$.

6 **ANIMAZIONE** Nella tabella abbiamo indicato quanti studenti, in una classe di 23, leggono gialli, fumetti e romanzi.

a. Quanti studenti leggono fumetti o gialli?

b. Quanti gialli o romanzi ma non fumetti?

c. Quanti un solo genere?

Gialli, fumetti e romanzi	1
Fumetti	16
Romanzi e gialli	3
Fumetti e gialli	5
Romanzi	8
Gialli	10
Fumetti e romanzi	4

3. ENUNCIATI E CONNETTIVI LOGICI

ENUNCIATI LOGICI ➡ Esercizi a pagina 151

Un **enunciato** logico, o **proposizione**, è una frase a proposito della quale possiamo dire con certezza se è vera o falsa.

Diciamo anche che a un enunciato logico è possibile attribuire un **valore di verità**: o *vero*, che indichiamo con V, o *falso*, che indichiamo con F.

Per indicare un enunciato usiamo una lettera maiuscola.

▸ Sono enunciati logici	Non sono enunciati logici
A: «$2 + 2 = 4$» B: «Un triangolo ha sei lati.» C: «Lo yen è la moneta europea.» D: «Il 2000 era un anno bisestile.»	«Andiamo al mare?» «Studia!» «Questa minestra è salata.» «Vedrai che ci riusciamo.»

A e D hanno valore di verità V, B e C hanno valore di verità F.

CONNETTIVI LOGICI ➡ Esercizi a pagina 151

Come con le operazioni tra numeri, con gli enunciati logici si possono eseguire delle operazioni che hanno per risultati altri enunciati.

Chiamiamo **connettivi logici** gli operatori usati.

I risultati che si ottengono nelle diverse operazioni possono essere rappresentati mediante **tavole di verità**.

Esaminiamo i connettivi che utilizzeremo.

Negazione

<table>
<tr><td rowspan="3">DEFINIZIONE</td><td>Dato un enunciato A, la negazione di A è l'enunciato che è vero se A è falso, è falso se A è vero.
La indichiamo con $\overline{A}$, che leggiamo «non A».</td></tr>
</table>

A	$\overline{A}$
V	F
F	V

▸ L'enunciato A: «Sta piovendo.» ha per negazione:

$\overline{A}$: «Non sta piovendo.» — enunciato vero se A è falso e falso se A è vero

Il connettivo si indica anche con NOT, oppure $\neg$. Invece di $\overline{A}$, possiamo scrivere NOT A, oppure $\neg A$.

Congiunzione

<table>
<tr><td rowspan="4">DEFINIZIONE</td><td>Dati gli enunciati A e B, la congiunzione di A e B è l'enunciato che è vero se A e B sono entrambi veri, altrimenti è falso.
Lo indichiamo con $A \wedge B$, che leggiamo «A e B».</td></tr>
</table>

A	B	$A \wedge B$
V	V	V
V	F	F
F	V	F
F	F	F

▸ Se A: «Oggi studio inglese.» e B: «Oggi studio storia.»:

$A \wedge B$: «Oggi studio inglese e storia.» — è vero solo se studio sia inglese sia storia

Il connettivo $\wedge$ si indica anche con *et* oppure con AND.
Per esempio, possiamo scrivere A *et* B, oppure A AND B.

Disgiunzione inclusiva

DEFINIZIONE

Dati gli enunciati A e B, la **disgiunzione inclusiva** di A e B è l'enunciato che è falso se A e B sono entrambi falsi, altrimenti è vero.
Lo indichiamo con $A \vee B$, che leggiamo «A o B».

A	B	$A \vee B$
V	V	V
V	F	V
F	V	V
F	F	F

La disgiunzione inclusiva è quindi vera se *almeno* uno degli enunciati è vero e, in particolare, quando sono veri entrambi.

▸ Riprendiamo gli enunciati A e B dell'esempio precedente.
L'enunciato $A \vee B$: «Oggi studio matematica o storia.» è vero se studio solo matematica, se studio solo storia, ma anche se studio sia matematica sia storia.

Il connettivo $\vee$ si indica anche con *vel* oppure OR. Possiamo quindi scrivere A *vel* B, oppure A OR B.

Nella lingua italiana, anche la congiunzione «e/o» ha la stessa tavola di verità della disgiunzione inclusiva.

▸ Se leggiamo questo annuncio:
«Cercasi segretaria che conosca l'inglese e/o il tedesco.»,
riteniamo che sia accettata anche una segretaria che conosca entrambe le lingue.

Disgiunzione esclusiva

DEFINIZIONE

Dati gli enunciati A e B, la **disgiunzione esclusiva** di A e B è l'enunciato che è vero se è A vero e B falso oppure se è A falso e B vero, altrimenti è falso.
Lo indichiamo con $A \veebar B$, che leggiamo «o A o B».

A	B	$A \veebar B$
V	V	F
V	F	V
F	V	V
F	F	F

Rispetto alla disgiunzione inclusiva, nella disgiunzione esclusiva escludiamo come vero il caso in cui entrambi gli enunciati siano veri.

▸ $A \veebar B$: «Oggi studio o matematica o storia.» è un enunciato falso nel caso in cui io non studi entrambe le materie, ma è anche falso se studio sia matematica sia storia.

Il connettivo $\veebar$ si indica anche con *aut* oppure XOR. Possiamo scrivere A *aut* B, oppure A XOR B.
Nella lingua italiana la «o» viene spesso usata in modo esclusivo, per connettere due proposizioni che si escludono fra loro.

▸ In «o la va o la spacca», «o la borsa o la vita», «o stai con me o contro di me», la disgiunzione è esclusiva.

Implicazione materiale

Dati gli enunciati A e B, l'**implicazione materiale** $A \to B$, che leggiamo «A implica B», oppure «Se A, allora B», è l'enunciato che è falso se A è vero e B è falso, altrimenti è vero.

A	B	$A \to B$
V	V	V
V	F	F
F	V	V
F	F	V

Utilizziamo «se A, allora B» quando vogliamo dire che tutte le volte che è vera la proposizione A è vera anche la B. Se è vera B, non è detto invece che sia vera A.

▸ Consideriamo A: «Ho la febbre alta.» e B: «Sono malato.»
L'enunciato $A \to B$: «Se ho la febbre alta, allora sono malato.» è vero anche nel caso in cui A sia falso e B vero: può succedere che io sia malato, ma non abbia la febbre alta.
In modo analogo, dicendo «Se nevica, non mi muovo di casa.», non esclùdo di restare in casa anche se non nevica.

Coimplicazione materiale

Dati gli enunciati A e B, la **coimplicazione materiale** $A \leftrightarrow B$, che leggiamo «A coimplica B», oppure «A se e solo se B», è l'enunciato che è vero se A e B sono entrambi veri o entrambi falsi, altrimenti è falso.

A	B	$A \leftrightarrow B$
V	V	V
V	F	F
F	V	F
F	F	V

▸ Consideriamo A: «Ti faccio un regalo.» e B: «Sei promosso.»
L'enunciato $A \leftrightarrow B$ è: «Ti faccio un regalo se e solo se sei promosso.»
Questo enunciato è vero se sei promosso e ti faccio un regalo oppure se non sei promosso e non ti faccio un regalo.

ESPRESSIONI LOGICHE   ➔ Esercizi a pagina 152

Come con le operazioni tra numeri scriviamo espressioni numeriche, così nella logica scriviamo **espressioni logiche**, utilizzando i connettivi.

Nelle espressioni logiche l'operatore che ha la precedenza su tutti gli altri è quello della negazione, seguono poi quelli di congiunzione e disgiunzione, e infine quelli di implicazione e coimplicazione naturale. Inoltre, come nel caso delle espressioni numeriche, utilizziamo le parentesi per cambiare l'ordine con cui si eseguono le operazioni e usiamo le lettere, dette **variabili logiche**, per indicare enunciati generici.

Ordine di precedenza degli operatori logici:

$$\neg, \; \wedge, \; \vee, \; \underline{\vee}, \; \to, \; \leftrightarrow.$$

Di un'espressione logica possiamo compilare la tavola di verità, a partire dai valori di verità delle variabili presenti.

Per ottenere la tavola di verità dell'espressione $\overline{A} \vee B$, dopo aver scritto tutte le possibili coppie di valori di verità per A e B, scriviamo la colonna di $\overline{A}$, ottenendola da A con la negazione, e poi, guardando le colonne di $\overline{A}$ e B, scriviamo quella di $\overline{A} \vee B$.

A	B	$\overline{A}$	$\overline{A} \vee B$
V	V	F	V
V	F	F	F
F	V	V	V
F	F	V	V

Due espressioni logiche con le stesse variabili sono **equivalenti** se, per qualsiasi valore di verità attribuito alle variabili, una assume sempre lo stesso valore dell'altra.

Per indicare l'equivalenza, usiamo il simbolo =; per verificarla utilizziamo una tavola di verità.

ESEMPIO

Verifichiamo con una tavola di verità che $(A \wedge B) \vee B = (A \vee B) \wedge B$.

Per ottenere $(A \wedge B) \vee B$, ci serve prima calcolare la colonna di $A \wedge B$, da utilizzare poi con B. Per calcolare $(A \vee B) \wedge B$, abbiamo bisogno della colonna di $A \vee B$. Quindi dobbiamo compilare la seguente tavola di verità.

A	B	$A \vee B$	$A \wedge B$	$(A \wedge B) \vee B$	$(A \vee B) \wedge B$
V	V	V	V	V	V
V	F	V	F	F	F
F	V	V	F	V	V
F	F	F	F	F	F

Le colonne di $(A \wedge B) \vee B$ e $(A \vee B) \wedge B$ sono uguali, quindi le espressioni sono equivalenti.

ESERCIZI PER COMINCIARE

1 Stabilisci quali, tra i seguenti, sono enunciati logici. Per quelli che lo sono, indica il valore di verità.

   a. «€ 15 è un prezzo basso per una T-shirt.»;
   c. «Il doppio di $\frac{3}{4}$ è 1,5.»;

   b. «$2^4 < 4^2$»;
   d. «Marzo ha 30 giorni.».

2 **ANIMAZIONE** Compila le tabelle a doppia entrata relative a congiunzione, disgiunzione inclusiva, disgiunzione esclusiva, implicazione materiale, coimplicazione materiale.

Dati gli enunciati A: «Oggi fa caldo.», B: «Oggi piove.», C: «Esco con l'ombrello.» e D: «Vado a scuola in bicicletta.», **traduci in parole le seguenti espressioni.**

3 $A \to \overline{B}$; $\overline{C} \to B$; $\overline{D \to A}$; $C \to \overline{A}$.
    4 $\overline{A} \leftrightarrow D$; $\overline{B} \to \overline{D}$; $(\overline{A} \wedge D) \leftrightarrow \overline{C}$; $D \to \overline{(B \vee A)}$.

5 Dati gli enunciati: A: «7 è il quarto numero primo.» e B: «7 è un divisore di 165.», attribuisci il valore di verità a:

   a. $A \vee B$;   **b.** $A \wedge B$;   **c.** $A \underline{\vee} B$;   **d.** $A \to B$;   **e.** $B \leftrightarrow A$.

Considera le seguenti proposizioni tutte vere: A: «sono in vacanza», B: «non lavoro», C: «faccio delle passeggiate», D: «sono al mare».
Traduci in parole le seguenti proposizioni e determina il loro valore di verità.

6 $\overline{B} \to \overline{C}$, $A \wedge C$, $D \to \overline{B}$, $C \to \overline{B}$.

7 $A \underline{\vee} \overline{B}$, $D \wedge C$, $A \vee D$, $A \to C$.

8 **ANIMAZIONE** Determina la tavola di verità dell'espressione $(\overline{A} \wedge B) \vee \overline{A \vee B}$.

Per ciascuna delle seguenti espressioni, costruisci la tavola di verità considerando A e B proposizioni generiche.

9 $\overline{A \wedge \overline{B}}$; $(A \wedge \overline{A}) \wedge B$; $A \wedge (\overline{A} \wedge B)$; $(A \wedge \overline{B}) \wedge B$.

10 $\overline{A \vee \overline{B}}$; $(\overline{A} \vee A) \vee B$; $\overline{A} \vee (A \vee B)$; $(A \vee \overline{B}) \vee B$.

4. ENUNCIATI APERTI E QUANTIFICATORI

ENUNCIATI APERTI ➡ Esercizi a pagina 155

Consideriamo l'enunciato: «x è un numero dispari.», con $x \in \mathbb{N}$.
Non possiamo dire se è vero o falso fino a quando non mettiamo un numero al posto della variabile x.
Per esempio:

«6 un numero dispari.» è falso; «3 è un numero dispari.» è vero.

Di fianco all'enunciato abbiamo indicato il **dominio**, ossia l'insieme in cui scegliere il valore da sostituire.
Per enunciati come quello esaminato, diamo la seguente definizione.

DEFINIZIONE

Un enunciato che contiene una o più variabili, ognuna con valori scelti in un dominio, è un **enunciato aperto** o **predicato**.

ESEMPIO

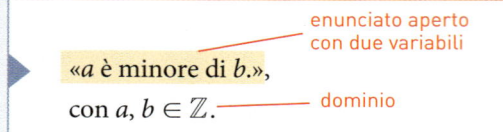

«a è minore di b.»,

con $a, b \in \mathbb{Z}$.

enunciato aperto con due variabili

dominio

INSIEME DI VERITÀ ➡ Esercizi a pagina 155

Per semplicità, nelle considerazioni che seguono prendiamo in esame enunciati aperti con una sola variabile.
Chiamiamo U l'insieme dominio, che è anche detto **insieme universo**.

DEFINIZIONE

Dato un enunciato aperto $A(x)$, con $x \in U$, chiamiamo **insieme di verità** A il sottoinsieme di U degli elementi che sostituiti a x rendono vero l'enunciato.

ESEMPIO

$A(x)$: «x ha due cifre.»

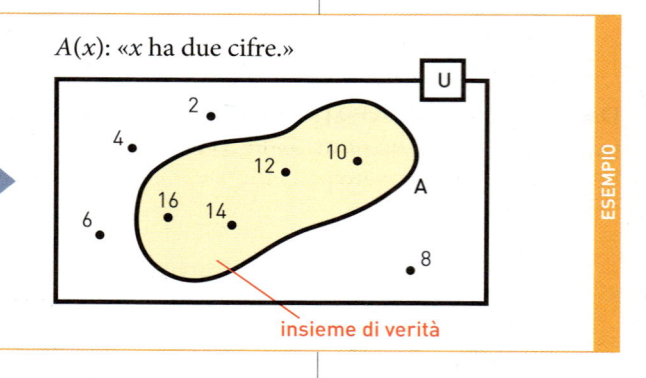

insieme di verità

CONNETTIVI LOGICI E INSIEMI ➡ Esercizi a pagina 155

Consideriamo un enunciato aperto $A(x)$, con dominio U e insieme di verità A. L'enunciato $\overline{A}(x)$, negazione di $A(x)$, ha come insieme di verità $\overline{A}_U$, complementare di A rispetto a U.

▸ Dato il dominio U della figura, i cui elementi sono alcuni poligoni, e l'enunciato

$A(x)$: «x è un triangolo.»,

abbiamo segnato l'insieme di verità A e il suo complementare $\overline{A}_U$ che è l'insieme di verità di

$\overline{A}(x)$: «x non è un triangolo.».

Analogamente, considerati due enunciati aperti $A(x)$ e $B(x)$, con lo stesso dominio U e i loro insiemi di verità A e B:

- l'insieme di verità di $A(x) \vee B(x)$ è $A \cup B$;
- l'insieme di verità di $A(x) \wedge B(x)$ è $A \cap B$.

▶ Riprendiamo l'esempio precedente e, con $A(x)$: «x è un triangolo.», consideriamo $B(x)$: «x è colorato di arancione.».

$A(x) \vee B(x)$: «x è un triangolo o è colorato di arancione.» è vero per gli elementi di $A \cup B$;

$A(x) \wedge B(x)$: «x è un triangolo colorato di arancione.» è vero per gli elementi di $A \cap B$.

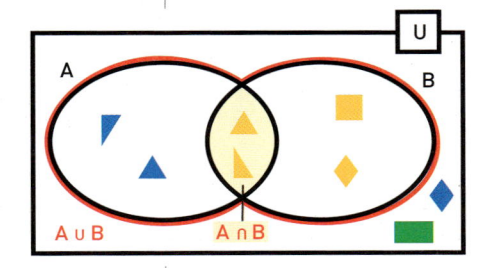

A **universal quantifier** is a type of quantifier that is interpreted as «given any» or «for all».
An **existential quantifier** is a type of quantifier that is interpreted as «there exists» or «there is at least one».

QUANTIFICATORI ➡ Esercizi a pagina 156

Il **quantificatore universale** serve per affermare che una proprietà è vera per *tutti* gli elementi di un insieme.
Lo indichiamo con $\forall$, che leggiamo «per ogni» o «qualsiasi».

Il **quantificatore esistenziale** serve per affermare che una proprietà è vera almeno in un caso, e dunque che esiste almeno un elemento dell'insieme considerato per cui la proprietà è vera.
Lo indichiamo con $\exists$, che leggiamo «esiste un» o «esiste almeno un».

> **ESEMPIO**
>
> Dato l'insieme $A = \{1, 2, 3, 4, 5, 6\}$:
> «$\forall x \in A$, x è un numero primo.»
> è un enunciato falso perché 1, 4 e 6 appartengono ad A, ma non sono primi;
> «$\exists x \in A \mid x$ è un numero dispari.»
> è un enunciato vero perché 1, 3 e 5 sono numeri dispari.

ESERCIZI PER COMINCIARE

1 Ricopia più volte la figura e colora gli insiemi di verità dei seguenti enunciati aperti:

$\overline{A(x)}$, $\overline{B(x)}$, $A(x) \wedge B(x)$, $A(x) \vee \overline{B(x)}$, $\overline{A(x)} \wedge B(x)$, $\overline{A(x) \vee B(x)}$, $\overline{A(x)} \wedge \overline{B(x)}$, $\overline{A(x)} \vee B(x)$, $\overline{A(x) \wedge B(x)}$.

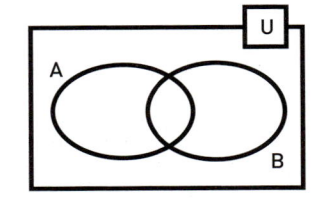

2 📱 **VIDEO** **Connettivi logici e insiemi** Considera $U = \{x \in \mathbb{N} \mid 1 \leq x \leq 20\}$, $A(x)$: «x è un multiplo di 2» e $C(x)$: «x è un multiplo di 3». Scrivi gli enunciati $B(x)$ negazione di $A(x)$, $D(x)$ congiunzione di $A(x)$ e $C(x)$, $E(x)$ disgiunzione inclusiva e $F(x)$ disgiunzione esclusiva di $A(x)$ e $C(x)$. Indica gli insiemi verità A, B, C, D, E, F e scrivi B, D, E, F con operazioni fra gli insiemi U, A, C.

3 Utilizzando i quantificatori, scrivi in simboli le seguenti proposizioni e stabilisci il valore della verità.

a. «Ogni numero intero è razionale.»;

b. «Ogni numero razionale non è intero.»;

c. «Esiste un triangolo equilatero che non è isoscele.»;

d. «Ogni quadrato è anche un rettangolo.».

5

ESERCIZI

1. INSIEMI

CHE COS'È UN INSIEME   → Teoria a pagina 128

1 📱 **VERO O FALSO?** È un insieme:

a. i ragazzi della tua classe il cui nome inizia con la lettera M. V F

b. le montagne alte del Piemonte. V F

c. le regioni italiane bagnate dal mare. V F

d. i numeri naturali minori di 1. V F

e. le definizioni più difficili di questo capitolo. V F

f. gli studenti con la media alta della tua classe. V F

2 **FAI UN ESEMPIO** Fai tre esempi di insiemi e tre di raggruppamenti che non sono insiemi. Motiva le tue scelte.

I simboli ∈ e ∉

3 Scrivi le seguenti frasi in forma simbolica.

a. x appartiene ad A.

b. b non appartiene a B.

c. -7 appartiene all'insieme dei numeri interi.

d. -12 e $\frac{3}{5}$ non appartengono all'insieme dei numeri naturali.

e. $-\frac{2}{5}$ è un numero reale.

f. $\sqrt{13}$ non è un numero razionale.

4 Scrivi a parole:

a. $a \in A$;

b. $b \notin A$;

c. $-\frac{4}{3} \in \mathbb{R}$;

d. $85 \in \mathbb{N}$;

e. $-\frac{7}{5} \notin \mathbb{Z}$;

f. $-\sqrt{8} \notin \mathbb{Q}$.

5 **CACCIA ALL'ERRORE** Indica le scritture formalmente non corrette.

$\{-1\} \in \{-1, 1, 2\}$; $0 \in \{0\}$; $14 \notin \{13\}$;

$\{7\} \in \mathbb{N}$; $\sqrt{5} \notin \mathbb{Q}$; $\left\{-\frac{1}{2}\right\} \in \mathbb{Q}$.

6 **COMPLETA** inserendo ∈ o ∉.

a. $\sqrt{3} \ \square \ \mathbb{R}$;

b. $-\frac{8}{4} \ \square \ \mathbb{Z}$;

c. $\sqrt{4} \ \square \ \mathbb{Z}$;

d. $-1 \ \square \ \mathbb{Q}$;

e. $-3^3 \ \square \ \mathbb{Z}$;

f. $-(-2)^8 \ \square \ \mathbb{N}$.

Rappresentazioni di un insieme

Rappresenta per elencazione i seguenti insiemi.

7 a. I divisori di 100.

b. Gli articoli determinativi della lingua italiana.

c. I multipli di 4 maggiori di 6 e minori di 20.

8 a. Le lettere doppie in «cicciottello».

b. I numeri primi che sono divisori di 60.

c. Le cifre del numero 120 102.

Rappresenta attraverso la proprietà caratteristica i seguenti insiemi.

9 a. $A = \{$pollice, medio, anulare, indice, mignolo$\}$;

b. $B = \{$quadri, fiori, picche, cuori$\}$;

c. $C = \{$Alpi, Appennini$\}$;

d. $D = \{$incisivi, canini, premolari, molari$\}$;

e. $E = \{$do, re, si, fa, sol, mi, la$\}$.

10 a. $A = \{2, 4, 6, 8, 10\}$;

b. $B = \{4, 5, 6, 7, 8, 9\}$;

c. $C = \{9, 12, 15, 18, 21, 24\}$;

d. $D = \left\{-\frac{1}{2}, -\frac{1}{4}, -\frac{1}{8}, -\frac{1}{16}\right\}$.

11
a. $A = \{-1, -8, -27, -64, -125, \ldots\}$;

b. $B = \{11, 12, 13, 14, 15, \ldots, 100\}$.

12 ESEMPIO DIGITALE

a. $C = \left\{\ldots, -\dfrac{7}{9}, -\dfrac{6}{8}, -\dfrac{5}{7}, -\dfrac{4}{6}, -\dfrac{3}{5}, -\dfrac{2}{4}, -\dfrac{1}{3}\right\}$;

b. $D = \{0, 5, 10, 15, 20, 25, 30, 35, 40, 45, \ldots\}$.

13
a. $E = \left\{1, \dfrac{1}{8}, \dfrac{1}{27}, \dfrac{1}{64}, \dfrac{1}{125}, \dfrac{1}{216}\right\}$;

b. $F = \{1, 4, 7, 10, 13, 16, 19\}$.

Scrivi in simboli la proprietà caratteristica, indicata a parole per descrivere i seguenti insiemi.

14
a. I numeri razionali che, elevati al quadrato, sono minori o uguali a se stessi.

b. I primi dieci numeri interi negativi dispari.

15
a. I numeri razionali non negativi.

b. I numeri naturali divisibili per 11.

16
a. I numeri interi compresi tra -2 e 4, estremi inclusi.

b. I multipli di 3 minori di 33.

Rappresenta i seguenti insiemi in tutti i modi possibili.

17 L'insieme dei multipli di 8 minori di 46.

18 L'insieme dei numeri interi con valore assoluto minore di 4.

19 L'insieme delle lettere della parola «divertente».

20 L'insieme dei divisori di 20.

21 L'insieme dei numeri interi il cui quadrato è minore di 10.

22 L'insieme delle potenze di 2 comprese tra 5 e 65.

23 L'insieme dei numeri naturali il cui reciproco è maggiore di $\dfrac{1}{6}$.

24 L'insieme dei quadrati dei numeri naturali compresi fra 3 e 6, inclusi 3 e 6.

SOTTOINSIEMI → Teoria a pagina **129**

25 VERO O FALSO? Considera $A = \{x \mid x$ è una lettera della parola «valanga»$\}$.

a. $\{x \mid x$ è una lettera della parola «lava»$\} \subseteq A$ — V F

b. $\{alga\} \subseteq A$ — V F

c. $\{v, a, n\} \not\subset A$ — V F

d. $\varnothing \subseteq A$ — V F

e. $\{n, a, l, g, v\} \subseteq A$ — V F

26 IN FORMA GRAFICA Dai una possibile rappresentazione con diagrammi di Venn degli insiemi A, B, C, D, sapendo che $A \subset B \subset D$ e $C \subset D$.

27 TEST Quale dei seguenti è un sottoinsieme di $A = \{x \in \mathbb{N} \mid x$ è un numero pari e $21 \le x < 32\}$?

A $\{x \in \mathbb{N} \mid x = 2n, n \in \mathbb{N}$ e $10 \le n \le 14\}$

B $\{x \in \mathbb{N} \mid x$ è un multiplo di 4$\}$

C $\{22, 24, 26, 28, 30, 32\}$

D $\{22, 24, 26, 28\}$

28 CACCIA ALL'ERRORE Indica fra le seguenti scritture quelle che non sono corrette.

$\dfrac{1}{2} \in \left\{0, \dfrac{1}{2}, 1\right\}$; $2 \notin \mathbb{N}$; $\{0\} \in \varnothing$; $\{0\} \subset \varnothing$; $A \subset A$; $9 \in \{9\}$; $\{6\} \in \{4, 6\}$.

---

29 VERO O FALSO? Dato l'insieme $A = \{2, 3, 5, 7, 11, 13, 17, 19, 23\}$, si ha:

a. $\{2, 3, 5\} \subseteq A$. — V F

b. $\{7\} \subset A$. — V F

c. $\{7\} \in A$. — V F

d. $\varnothing \subseteq A$. — V F

e. $\{235\} \subset A$. — V F

f. $2 \subset A$. — V F

30 Scrivi tutti i sottoinsiemi di $I = \{$bianco, rosso, verde$\}$.

31 FAI UN ESEMPIO Scrivi mediante la proprietà caratteristica tre sottoinsiemi dei numeri naturali A, B e C tali che $C \subset B \subset A$.

Stabilisci se gli insiemi A, B e C sono sottoinsiemi dell'insieme H e, in caso affermativo, specifica se propri o impropri.

32 $A = \{-1, 0, 2, 3\}$; $C = \varnothing$;
$B = \{2, 3\}$; $H = \{-2, -1, 1, 2, 3, 4\}$.

33 $A = \{x \in \mathbb{N} \mid x < 3\}$; $C = \{x \in \mathbb{N} \mid x^2 = -4\}$;
$B = \{x \in \mathbb{Z} \mid x^2 \leq 9\}$; $H = \{x \in \mathbb{Z} \mid -3 \leq x < 4\}$.

34 $A = \{x \in \mathbb{N} \mid x$ è un numero pari$\}$;
$B = \mathbb{R}$; $C = \mathbb{N}$; $H = \mathbb{Q}$.

35 $A = \{x \mid x$ è un poligono$\}$;
$B = \{x \mid x$ è un triangolo equilatero$\}$;
$C = \{x \mid x$ è un triangolo isoscele$\}$;
$H = \{x \mid x$ è un triangolo$\}$.

36 Scrivi i sottoinsiemi propri dell'insieme:
a. vuoto;
b. $A = \{x \in \mathbb{N} \mid x = 4n - 1, n = 1, 2, 3\}$;
c. $B = \{x \mid x$ è un punto cardinale$\}$.

37 Scrivi i sottoinsiemi propri formati da 2 elementi degli insiemi
$A = \{x \in \mathbb{N} \mid x < 4\}$ e $B = \{x \in \mathbb{Z} \mid x^2 = 1\}$.

38 Scrivi i sottoinsiemi propri e impropri dell'insieme:
a. vuoto;
b. $A = \left\{x \in \mathbb{Q} \mid x = \dfrac{1 + n}{2n}, n = 1, 2, 3\right\}$;
c. $B = \{x \mid x$ è una vocale della parola «fiore»$\}$.

2. OPERAZIONI CON GLI INSIEMI

UNIONE E INTERSEZIONE ➔ Teoria a pagina **130**

Determina l'unione e l'intersezione di ogni coppia di insiemi, rappresentandole per elencazione e con un diagramma di Venn.

39 ☐ **ESEMPIO DIGITALE** $A = \{x \in \mathbb{N} \mid x$ è dispari e $x < 10\}$; $B = \{x \mid x = 3n, n \in \mathbb{N}$ e $1 \leq n \leq 5\}$.

40 **a.** $A = \{x \mid x$ è una lettera della parola «marte»$\}$; $B = \{x \mid x$ è una lettera della parola «cartellina»$\}$.
b. $A = \{x \mid x$ è una lettera della parola «varia»$\}$; $B = \{x \mid x$ è una lettera della parola «arriva»$\}$.

41 **a.** $A = \{x \in \mathbb{N} \mid x < 8\}$; $B = \{x \in \mathbb{Z} \mid -1 < x \leq 6\}$.
b. $A = \{x \in \mathbb{N} \mid x$ è multiplo di 6 e minore di 20$\}$; $B = \{x \in \mathbb{N} \mid x$ è divisore di 18$\}$.

42 **a.** $A = \{x \mid x$ è maggiorenne$\}$; $B = \{x \mid x$ ha meno di 26 anni$\}$.
b. $A = \{x \mid x$ è un colore della bandiera inglese$\}$; $B = \{x \mid x$ è un colore della bandiera italiana$\}$.

43 **a.** $A = \{x \mid x = 5n, n \in \mathbb{N}\}$; $B = \{x \mid x = 60n, n \in \mathbb{N}\}$.
b. $A = \{x \mid x$ è divisore di 15$\}$; $B = \{x \mid x$ è divisore di 120$\}$.

44 Determina $A \cap B$ e $A \cup B$, sapendo che A è l'insieme dei triangoli isosceli e B quello dei triangoli equilateri.

45 **FAI UN ESEMPIO** Fai due esempi di insiemi A e B tali che la loro intersezione sia uguale all'insieme A e la loro unione sia uguale a B. Che relazione c'è tra A e B?

46 ☐ **YOU & MATHS** **Sketch Venn diagrams** Consider the following sets:
$A = \{x \in \mathbb{N} \mid 0 < x \leq 3\}$, $B = \{x \in \mathbb{N} \mid x > 10$ or $x \leq 4\}$, and $C = \{x \in \mathbb{N} \mid 5 < x \leq 17\}$,
and represent:
a. $A \cup C$; **b.** $B \cap C$.

47 **CHI HA RAGIONE?** Anna: «Esiste una sola coppia di insiemi tali che $A \cup B = \{x \in \mathbb{N} \mid 0 < x \leq 7\}$ e $A \cap B = \{1, 2, 3\}$». Luigi: «...o più di una?». Tu cosa ne pensi?

Dopo aver ricopiato più volte la figura, colora i seguenti insiemi.

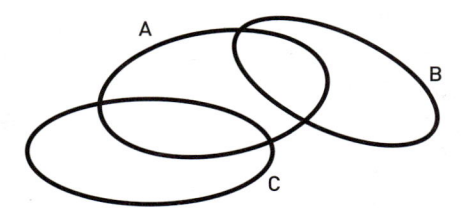

48 $A \cup C$; $(A \cup C) \cap B$; $(A \cap B) \cup C$.

49 $A \cup (A \cap B)$; $(A \cap C) \cup B$; $(A \cup B) \cap (A \cup C)$.

50 Inserisci negli insiemi A, B e C della figura i numeri 1, 2, 4, 6, 8, 10, 12 in modo che sia:
$A \cup B = \{1, 2, 4, 6, 8, 10\}$; $B \cup C = \{1, 2, 4, 8, 12\}$;
$A \cap B = \{1\}$; $B \cap C = \{4, 8\}$.

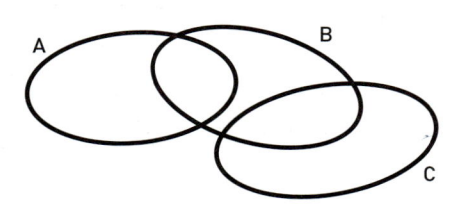

51 Dati $A = \{x \in \mathbb{Q} \mid 5 < x \leq 8\}$, $B = \{x \in \mathbb{Q} \mid 4 < x \leq 6\}$ e $C = \{x \in \mathbb{Q} \mid 4 \leq x < 6\}$, determina:

a. $A \cup B \cup C$; **b.** $A \cap B \cap C$.

Dati gli insiemi $A = \{x \in \mathbb{N} \mid x$ è pari, $x \leq 10\}$, $B = \{1, 2, 3\}$, $C = \{x \in \mathbb{N} \mid x$ è multiplo di 3, $x \leq 12\}$, determina i seguenti insiemi.

52 $(A \cup B) \cap C$

53 $A \cup (B \cap C)$

54 $A \cap (B \cup C)$

55 $(A \cup B) \cup C$

Dati gli insiemi $A = \left\{x \mid x = \dfrac{2}{n}, n = 1, 2, 4, 8, 10\right\}$, $B = \left\{1, \dfrac{1}{2}, \dfrac{1}{3}, \dfrac{1}{4}, \dfrac{1}{5}\right\}$, $C = \left\{\dfrac{1}{2}, 1, \dfrac{3}{2}, 2, \dfrac{5}{2}, 3, \dfrac{7}{2}, 4\right\}$, determina i seguenti insiemi.

56 $A \cap B \cap C$

57 $A \cap (B \cap C)$

58 $(A \cap B) \cap (A \cup C)$

59 $(A \cup B) \cap (A \cup C)$

Dati gli insiemi $A = \{x \mid x$ è una lettera della parola «paura»$\}$, $B = \{x \mid x$ è una lettera della parola «trappola»$\}$, $C = \{x \mid x$ è una lettera della parola «cielo»$\}$, determina i seguenti insiemi.

60 $(A \cap B) \cup (B \cap C)$

61 $(A \cup B) \cap C$

62 $(A \cup B) \cap (B \cup C)$

63 $(A \cap C) \cup B$

64 ☐ **VERO O FALSO?** Sia A un insieme generico.

a. $A \cup A = \varnothing$ ☐V ☐F
b. $A \cap A = A$ ☐V ☐F
c. $A \cap \varnothing = \varnothing$ ☐V ☐F
d. $A \cup \varnothing = \varnothing$ ☐V ☐F

65 ☐ **VERO O FALSO?** Siano A e B due insiemi generici tali che $A \subset B$.

a. $A \cup B = B$ ☐V ☐F
b. $A \cap B = B$ ☐V ☐F
c. $A \cap (A \cup B) = A$ ☐V ☐F
d. $B \cup (A \cap B) = \varnothing$ ☐V ☐F

66 **COMPLETA** le seguenti espressioni con A e B insiemi generici.

a. $A \cup (A \cap A) = $ ☐;
b. $A \cap (A \cup B) = $ ☐;
c. $\varnothing \cup (A \cap A) = $ ☐;
d. $(A \cap B) \cup (B \cup \varnothing) = $ ☐.

67 **COMPLETA** le seguenti espressioni con A e B insiemi generici tali che $A \subset B$.

a. $A \cup (A \cap B) = $ ☐;
b. $[(B \cap \varnothing) \cap (A \cup B)] \cap B = $ ☐;
c. $[(A \cap B) \cap (B \cup \varnothing)] \cup B = $ ☐.

Dato $A \subset B$, con A e B insiemi generici, calcola il risultato delle seguenti espressioni.

68 $(A \cap B) \cap B$; $(A \cap B) \cap A$.

69 $[(A \cap \varnothing) \cup (B \cup \varnothing)] \cap (B - A)$.

Sia $A \cap B = C$, con A, B insiemi generici. Calcola il risultato delle seguenti espressioni.

70 $(A \cup B) \cap C$; $\quad (A \cap C) \cup (B \cap C)$.

71 $(A \cap B) \cup C$; $\quad (A \cup C) \cap (B \cup C)$.

72 $[(B \cap C) \cup \varnothing] \cap (C \cap A)$

73 $[(B \cap C) \cup (A \cap \varnothing)] \cup [(B \cap \varnothing) \cup (A \cap C)]$

Per ognuno dei seguenti diagrammi di Venn scrivi, utilizzando i simboli di unione e intersezione, un'espressione che rappresenti la parte colorata.

74

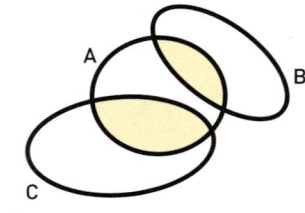
a

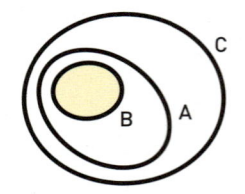
b

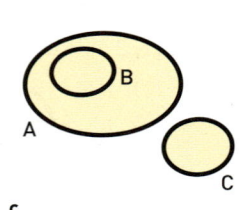
c

75

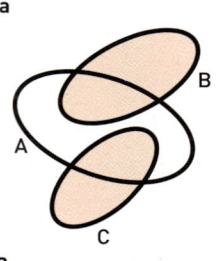
a

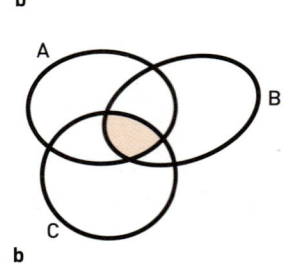
b

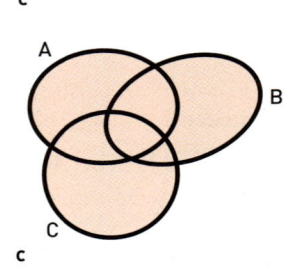
c

76 Considera gli insiemi $A = \{x \mid x \text{ è una vocale}\}$, $B = \{b, d, m\}$ e $C = \{a, b, m, o, p, u\}$. Calcola i risultati delle espressioni: $A \cap B \cap C$; $(A \cup B) \cap C$; $(A \cap C) \cup B$; $A \cup (B \cap C)$; $A \cap (B \cup C)$.

$[\varnothing; \{a, b, m, o, u\}; \{a, b, d, m, o, u\}; \{a, b, e, i, m, o, u\}; \{a, o, u\}]$

77 Considera l'insieme A delle 26 lettere dell'alfabeto e l'insieme B costituito dalle lettere che formano le seguenti tre parole: Roma, Genova, Firenze.
a. Determina l'intersezione e l'unione dei due insiemi.
b. Rappresenta per elencazione il sottoinsieme C di A, sapendo che $B \cap C = \{e, o\}$. C'è solo una possibile scelta per C?
c. Determina gli elementi del sottoinsieme D di A, sapendo che $D \cap A = \{a, i, v\}$. C'è solo una possibile scelta per D?

$[a) A \cup B = A, A \cap B = B; b) C = \{b, e, o\}, \text{no}; c) D = \{a, i, v\}, \text{sì}]$

78 **Per mari e/o monti** Fra i ragazzi di una classe, 15 hanno passato alcuni giorni di vacanza fuori casa, e precisamente: 11 al mare, 6 in montagna. Quanti sono stati sia al mare sia in montagna? Quanti hanno usufruito di una sola opzione? $[2; 13]$

79 Una ditta ha effettuato un'indagine sul consumo di due prodotti analoghi. Fra chi ha risposto, il 77% ha dichiarato di utilizzare il prodotto A, il 49% il prodotto B. Determina la percentuale di chi ha dichiarato di utilizzare:
a. solo il prodotto A; $\quad$ c. solo B;
b. sia A sia B; $\quad [a) 51\%; b) 26\%; c) 23\%]$

80 📱 **EUREKA!** **Blab, blib e blub** Supponi che ci siano alcuni «blab», alcuni «blib» e alcuni «blub». Sapendo che tutti i blab sono blib e che alcuni blub sono blab, quali affermazioni X, Y, Z devono essere *vere*?

X: Tutti i blab sono blub.

Y: Alcuni blab non sono blub.

Z: Alcuni blib sono blub.

A Solo X. $\qquad$ D Solo X e Y.

B Solo Y. $\qquad$ E Solo Y e Z.

C Solo Z.

[USA University of Maryland High School
Mathematics Competition, 2001]

ESEMPIO

Utilizzando gli insiemi $A = \{1, 2, 6\}$, $B = \{2, 3, 5, 7\}$ e $C = \{2, 3, 6, 9\}$, verifichiamo la proprietà associativa dell'unione di insiemi scrivendo gli insiemi per elencazione e rappresentandoli con i diagrammi di Venn.

Dobbiamo verificare che $(A \cup B) \cup C = A \cup (B \cup C)$.

Primo membro: $(A \cup B) \cup C = \{1, 2, 3, 5, 6, 7\} \cup C = \{1, 2, 3, 5, 6, 7, 9\}$.

Secondo membro: $A \cup (B \cup C) = A \cup \{2, 3, 5, 6, 7, 9\} = \{1, 2, 3, 5, 6, 7, 9\}$.

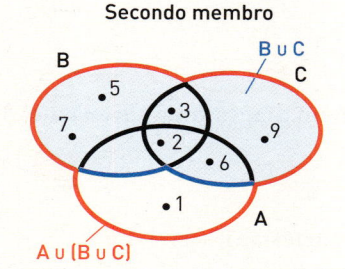

Poiché l'insieme ottenuto come risultato è lo stesso, l'uguaglianza è verificata.

Utilizzando gli insiemi $A = \{1, 2, 4, 6, 8\}$, $B = \{2, 3, 5, 7\}$, $C = \{1, 3, 6, 9, 12\}$, **verifica le seguenti proprietà scrivendo gli insiemi per elencazione e rappresentandoli con i diagrammi di Venn.**

81 **a.** Commutativa dell'unione: utilizza A e C. **b.** Commutativa dell'intersezione: utilizza B e C.

82 **a.** Associativa dell'unione. **b.** Commutativa dell'intersezione.

83 **a.** Distributiva dell'unione rispetto all'intersezione. **b.** Distributiva dell'intersezione rispetto all'unione.

84 Ripeti gli esercizi precedenti considerando tre insiemi generici A, B, C e utilizzando soltanto i diagrammi di Venn.

PRODOTTO CARTESIANO ➡ Teoria a pagina 131

ESEMPIO

Dati gli insiemi $A = \{x \in \mathbb{N} \mid x = 2n, n = 1, 2, 3\}$ e $B = \{x \in \mathbb{Z} \mid |x| \leq 1\}$, rappresentiamo il prodotto cartesiano $A \times B$ per elencazione e mediante un diagramma cartesiano.

Rappresentiamo A e B per elencazione:

$A = \{2, 4, 6\}$, $B = \{-1, 0, 1\}$.

Il prodotto cartesiano $A \times B$ è l'insieme di tutte le coppie ordinate aventi il primo elemento che appartiene ad A e il secondo che appartiene a B.

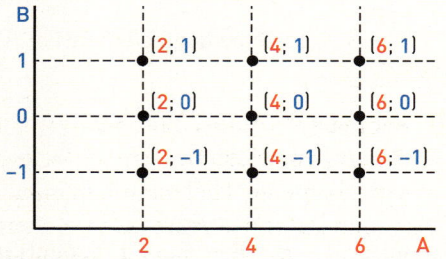

$A \times B = \{(2; -1), (2; 0), (2; 1), (4; -1), (4; 0), (4; 1), (6; -1), (6; 0), (6; 1)\}$.

$(a; b) \mid a \in A, b \in B$

Per ogni coppia di insiemi A e B, rappresenta $A \times B$ e $B \times A$ per elencazione e con un diagramma cartesiano.

85 $A = \{0, 1\}$; $B = \{x, y\}$.

86 $A = \{2, 3, 5, 7, 11\}$; $B = \{1\}$.

87 $A = \{x\}$; $B = \{1, 2\}$.

88 $A = \{x \mid x$ è una lettera della parola «casa»$\}$; $B = \{x \mid x$ è una vocale della parola «villa»$\}$.

Per ogni coppia di insiemi A e B, rappresenta per elencazione $(A \times B) \cap (B \times A)$.

89 **AL VOLO** $A = \{2, 3, 5\}$; $B = \{a, 1\}$.

90 $A = \{c, a, s\}$; $B = \{a, b, c\}$.

Rappresenta per elencazione e con un diagramma cartesiano l'insieme $A \times A$.

91 $A = \{0\}$

94 $A = \{(2; 8)\}$

92 $A = \{a, 1\}$

95 $A = \{x \mid x$ è una lettera della parola «aria»$\}$

93 $A = \varnothing$

Rappresenta per elencazione e con un diagramma cartesiano $A \times A$, $B \times B$, $A \times B$, $B \times A$.

96 $A = \{0, 1\}$; $B = \{x, y, z\}$.

97 $A = \{-1, 1\}$; $B = \{a, b, c\}$.

Per ognuno dei seguenti prodotti cartesiani, scrivi A e B.

98 $A \times B = \{(\text{Maria}; \text{Luca}), (\text{Maria}; \text{Paolo}), (\text{Maria}; \text{Marco}), (\text{Chiara}; \text{Luca}), (\text{Chiara}; \text{Paolo}), (\text{Chiara}; \text{Marco})\}$.

100 **FAI UN ESEMPIO** Considera un insieme A di n elementi e un insieme B di m elementi a piacere. Verifica se $A \times B$ contiene $n \cdot m$ o $n + m$ elementi.

99 $A \times B = \{(a; 1), (a; 2), (a; 3), (a; 4), (b; 1), (b; 2), (b; 3), (b; 4), (c; 1), (c; 2), (c; 3), (c; 4)\}$.

101 Se l'insieme $A \times B$ ha 5 elementi, quanti possono essere gli elementi di A e B?

Considera gli insiemi $A = \{0, 3\}$, $B = \{-2, 0, 3\}$, $C = \{x, y\}$ e determina i seguenti insiemi.

102 $(A \times B) \cap (B \times A)$; $A \times (A \cap B)$.

103 $(A \times B) \times C$; $(A \times C) \cap (A \times B)$.

104 Dati gli insiemi $A = \{a, b\}$, $B = \{0, 1\}$, $C = \{1, 2\}$, verifica se:

a. $A \times (B \cup C) = (A \times B) \cup (A \times C)$;

b. $A \times (B \cap C) = (A \times B) \cap (A \times C)$.

DIFFERENZA ➡ Teoria a pagina 132

> **ESEMPIO**
>
> Dati gli insiemi $A = \{-1, 0, 1, 3\}$ e $B = \{-1, 0, 2, 5, 7\}$, determiniamo $A - B$ e $B - A$.
>
> $A - B$ è l'insieme degli elementi di A che non appartengono a B:
>
> $A - B = \{1, 3\}$.
>
> In modo analogo: $B - A = \{2, 5, 7\}$.

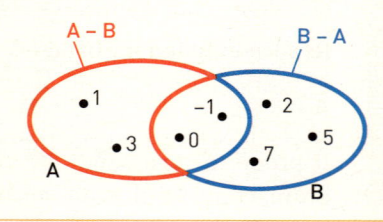

Determina $A - B$ e $B - A$ con i seguenti insiemi.

105 $A = \{-2, -1, 4, 5\}$, $B = \{-2, 4\}$.

107 $A = \{x \in \mathbb{N} \mid 5 \le x \le 10\}$,

106 $A = \{1, 8\}$, $B = \{0, 3\}$.

$B = \{x \in \mathbb{N} \mid x$ è un divisore di 20$\}$.

Dati gli insiemi $A = \{x \in \mathbb{N} \mid x \le 10\}$, $B = \{x \in \mathbb{Z} \mid 1 \le |x| \le 10\}$ e $C = \{x \in \mathbb{N} \mid x$ è un numero pari e $x > 6\}$, calcola i risultati delle seguenti espressioni.

108 $A - B$; $B - A$; $A - C$; $C - A$.

109 $B - (C - A)$; $(B - C) - A$.

110 Dati gli insiemi $A = \{x \in \mathbb{N} \mid x \le 2\}$, $B = \{x \in \mathbb{Z} \mid 1 \le |x| \le 2\}$ e $C = \{2\}$, calcola:

a. $(A - C) \times B$;   **b.** $(B - C) \times A$;   **c.** $(A - C) \times (B - C)$.

111 Dati gli insiemi $A = \{x \mid x$ è una lettera di «cane»$\}$, $B = \{a, b, c\}$ e $C = \{x \mid x$ è una lettera di «Ada»$\}$, calcola:

a. $(A \times C) \cap (B \times C)$;   **b.** $(B \times C) - (A \times B)$;   **c.** $(A \times B) \cup (B \times C)$.

112 Dati gli insiemi $A = \{0, 5, 10\}$, $B = \{5\}$ e $C = \{5, 10, 15\}$, calcola:

a. $(A - B) \times (C - B) \cap (A \times B)$;   **b.** $A \times (B \cap C)$;   **c.** $(A \times B) - (A \times C)$.

113   **CHI HA RAGIONE?**   Antonio: «Per favore, prestami il bianchetto: ho scritto $A - B$ anziché $B - A$…». Gloria: «Che pignolo che sei! Fa lo stesso, come per unione e intersezione!». Ad Antonio il bianchetto serve?

114   **AL VOLO**   Dati gli insiemi $A = \{x \in \mathbb{N} \mid x$ è multiplo di 7$\}$, $B = \{x \in \mathbb{N} \mid x$ è multiplo di 14$\}$ e $C = \{x \in \mathbb{N} \mid x$ è pari$\}$, determina:

a. $A \cup B \cup C$;   **b.** $A \cap B \cap C$;   **c.** $(A - B) \cup C$.

115   **ESEMPIO DIGITALE**   Dati i seguenti insiemi, rappresentati mediante la proprietà caratteristica:
$A = \{x \in \mathbb{N} \mid x$ è divisore sia di 48 sia di 32$\}$, $B = \{x \in \mathbb{N} \mid x = 2^n, n = 0, 1, 2, 3\}$, $C = \{x \in \mathbb{N} \mid x = 4n, n = 0, 1, 2, 3\}$, determina:

a. $A \cap B$;   **b.** $(A - B) \cap C$;   **c.** $C - (A \cup B)$;   **d.** $(C \cap B) - A$.

Dati gli insiemi $A = \{x \in \mathbb{N} \mid 2 < x \le 9\}$, $B = \{x \in \mathbb{N} \mid x$ è un divisore di 18$\}$ e $C = \{x \in \mathbb{N} \mid x = 2n + 1, n < 6\}$, scrivi per elencazione e rappresenta con i diagrammi di Venn i seguenti insiemi.

116 $(A \cap B) \cup C$; $(A - B) \cup C$; $(A \cap C) \cap (B \cup C)$; $A - C$.

117 $(B - A) \times (A - C)$; $(A \cup C) \cap B$; $(A \cap B) \times (C - A)$; $(A \cup B) \cap C$.

118 $B \cap (C \cup A)$; $(C - A) \times (A - B)$; $(A \cap B) \cap (A \cup C)$; $(B \cup C) \cap A$.

119   **INVALSI 2002**   Esamina il diagramma di Eulero-Venn a lato. In base ad esso quale delle seguenti proposizioni è sicuramente *vera*?

   A   Paolo colleziona barattoli.

   B   Paolo colleziona barattoli e francobolli.

   C   Paolo colleziona francobolli ma non barattoli.

   D   Paolo colleziona farfalle ma non francobolli.

   E   Paolo colleziona barattoli, francobolli e farfalle.

120 Scrivi le espressioni che rappresentano ognuno degli insiemi colorati.

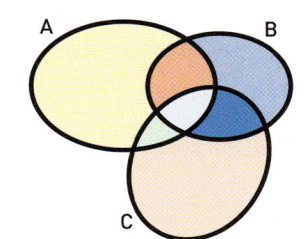

121 Osservando il diagramma, scrivi le rappresentazioni per elencazione degli insiemi:
$A, B, C, A \cap B, A \cup B, A - B, B - A$.

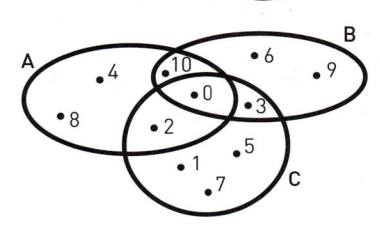

COMPLEMENTARE DI UN INSIEME ➡ Teoria a pagina 132

Per ogni insieme A, determina il complementare rispetto all'insieme U.

122 $U = \{x \mid x$ è un abitante dell'Italia$\}$; $A = \{x \mid x$ è un abitante della Puglia$\}$.

123 $U = \{x \mid x$ è l'insieme dei poligoni$\}$; $A = \{x \mid x$ è l'insieme dei quadrilateri$\}$.

124 $U = \{x \in \mathbb{Z} \mid |x|$ è pari$\}$; $A = \{x \mid x = 2n, n \in \mathbb{N}\}$.

125 $U = \{x \in \mathbb{N} \mid x = 2n + 1, n \leq 4\}$; $A = \{$numeri primi minori di $10\}$.

126 **IN FORMA GRAFICA** Considera gli insiemi A e B e i loro complementari rispetto a un insieme U di cui sono sottoinsiemi propri. Rappresenta con un diagramma di Venn ognuna delle seguenti situazioni.

a. $B \subset \overline{A}$;   **b.** $\overline{B} \subset A$;   **c.** $\overline{A \cup B} = \varnothing$.

Dato l'insieme $U = \{x \in \mathbb{Z} \mid -3 \leq x \leq 6\}$ e gli insiemi $A = \{x \in \mathbb{Z} \mid x^2 \leq 4\}$, $B = \{x \in \mathbb{N} \mid x$ è un divisore di $6\}$, determina e rappresenta con i diagrammi di Venn i seguenti insiemi, dove i complementari di A e B sono rispetto a U.

127 $\overline{B}$; $\overline{A} - B$; $A \cap \overline{B}$; $\overline{A} \cup \overline{B}$.

128 $(A - B) \times \overline{A}$; $A \cup \overline{B}$; $(A \cap B) \cup \overline{A}$.

129 $\overline{A} - \overline{B}$; $\overline{A \cap B}$; $\overline{A \cup B} \cap \overline{A}$.

130 $\overline{A} \times \overline{B}$; $(A \cup B) \cap \overline{A}$; $\overline{B - A}$.

MATEMATICA AL COMPUTER

Wiris e gli insiemi

Wiris può esserti utile per esaminare le proprietà delle operazioni con gli insiemi. Ti proponiamo alcuni esercizi, iniziando con il complementare di un insieme.

▸ Problema e risoluzione.
▸ 6 esercizi in più.

INSIEME DELLE PARTI ➡ Teoria a pagina 132

131 **TEST** Quale dei seguenti *non* può essere l'insieme delle parti di un insieme?

A $\{\{1\}, \{a\}, \{1, a\}\}$ **C** $\{\varnothing\}$

B $\{\{a\}, \varnothing\}$ **D** $\{\{+, \star\}, \{\star\}, \varnothing, \{+\}\}$

Determina l'insieme delle parti dei seguenti insiemi e indica il numero dei suoi elementi.

132 $A = \{9, 12\}$; $B = \{\alpha, \beta, \pi\}$.

133 $A = \{x \mid x$ è una lettera della parola «sette»$\}$; $B = \{x \in \mathbb{N} \mid x \leq 3\}$.

134 $A = \{x \mid x$ è un divisore dispari di $36\}$; $B = \varnothing$.

135 Stabilisci quali, tra i seguenti, sono elementi dell'insieme delle parti di $\mathbb{Z}$.

8; $\{x \mid x$ è multiplo di $6\}$; $\{0, -5\}$; $\mathbb{N}$; $\{-1 : 4\}$; $\varnothing$.

136 **COMPLETA** la tabella, dove sono indicati quanti sono gli elementi di A e di $\mathscr{P}(A)$.

A	2	3		4		n
$\mathscr{P}(A)$			32		128	

137 Rappresenta per elencazione l'insieme delle parti di $A = \{\cup, \cap, \times, -\}$.

138 Dati $A = \{y, z\}$ e $B = \{4, 5, 7\}$, qual è il numero di elementi di $\mathscr{P}(A) \times \mathscr{P}(B)$?

PARTIZIONE DI UN INSIEME ➡ Teoria a pagina 132

FAI UN ESEMPIO **Determina almeno una partizione dei seguenti insiemi.**

139 L'insieme dei tuoi compagni di classe.

140 $\mathbb{N}$; $\mathbb{Q}^+$; $\mathbb{Z}$.

141 L'insieme dei divisori di 40.

142 $A = \{x \in \mathbb{N} \mid 5 \leq x < 15\}$; $B = \{x \in \mathbb{N} \mid x \leq 10\}$.

143 Trova tutte le possibili partizioni dell'insieme $A = \{x \mid x$ è una lettera della parola «aria»$\}$.

144 Determina almeno tre possibili partizioni dell'insieme dei poligoni.

145 Considera l'insieme $A = \{x \in \mathbb{N} \mid x \leq 10\}$. Scegli fra i seguenti sottoinsiemi di A quelli che costituiscono una sua partizione: $B = \{1, 3, 5, 7\}$, $C = \{0, 2\}$, $D = \{0, 10\}$, $E = \{0, 2, 4\}$, $F = \{6, 8\}$, $G = \{0, 1\}$, $H = \{9, 10\}$.

PROBLEMI CON GLI INSIEMI

Dai diagrammi alle parole

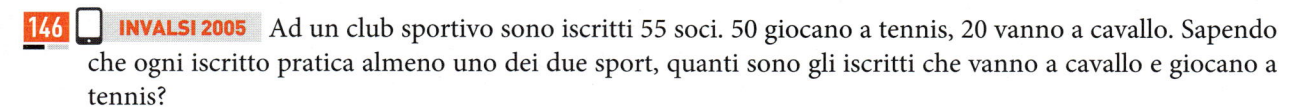

ESEMPIO

Descriviamo a parole l'insieme colorato in figura, sapendo che:
- U è l'insieme degli studenti di un liceo;
- A è l'insieme degli studenti che vanno a scuola in autobus;
- B è l'insieme degli studenti che sono figli unici;
- C è l'insieme degli studenti che hanno la media del 7.

L'insieme colorato è: $(A - C) \cup (B \cap C)$.

Rappresentiamo l'insieme mediante la proprietà caratteristica:

$\{x$ è uno studente del liceo $\mid \ldots$ $x \in U$

$\ldots x$ va a scuola in autobus **e non** ha la media del 7... $(A - C) \ldots$

$\ldots$**o** x è figlio unico **e** ha la media del 7$\}$. $\cup (B \cap C)$

A parole: gli studenti del liceo che vanno a scuola in autobus e non hanno la media del 7 oppure che sono figli unici e hanno la media del 7.

Problemi   INTORNO A NOI

146   INVALSI 2005   Ad un club sportivo sono iscritti 55 soci. 50 giocano a tennis, 20 vanno a cavallo. Sapendo che ogni iscritto pratica almeno uno dei due sport, quanti sono gli iscritti che vanno a cavallo e giocano a tennis?

   A 5   **B** 15   **C** 30   **D** 35

147 In una classe di 24 studenti, 10 praticano il nuoto e 8 la pallacanestro. Sapendo che 4 studenti praticano sia il nuoto sia la pallacanestro, quanti studenti nella classe non praticano nessuno dei due sport? Quanti praticano solamente la pallacanestro?   [10; 4]

148 In una piscina, nel mese di settembre, ci sono state 120 nuove persone iscritte. Si sa che 56 persone si sono iscritte solo al corso di nuoto, mentre 37 persone si sono iscritte sia al corso di nuoto sia al corso di acquagym. Quante persone si sono iscritte solo al corso di acquagym?   [27]

149 Nella 1ª B ci sono 18 ragazze e 10 studenti che portano gli occhiali. Sapendo che i ragazzi che non portano gli occhiali sono 7 e le ragazze che hanno gli occhiali sono 5, quanti sono gli alunni della classe?   [30]

150 Devono essere istituiti i corsi di recupero per i 146 alunni delle classi prime, e le materie coinvolte sono inglese, matematica e latino. Risulta che:
94 devono partecipare a quello di matematica, 88 a quello di inglese, 73 a quello di latino, 62 a quelli di matematica e inglese, 45 a quelli di matematica e latino, 28 a quelli di latino e inglese, 24 a tutti e tre i corsi.

   a. Quanti alunni dovranno seguire un solo corso di recupero? Quanti solo matematica? Quanti solo inglese?

   b. Quanti alunni non dovranno seguire il corso di latino? Quanti né il corso di matematica né quello di inglese?

                                            [a) 57, 11, 22; b) 73, 26]

151 Un pizzaiolo effettua un'indagine tra 350 clienti per stabilire quali pizze piacciono di più tra margherita, verdure e marinara. Ottiene i risultati indicati a lato. Sapendo che tutti i clienti hanno espresso almeno una preferenza, calcola quante persone hanno dato la loro preferenza per solo margherita e marinara. Quale pizza ha raggiunto il maggior numero di preferenze?

[126; marinara]

63 margherita, verdure e marinara
50 solo verdure
37 solo margherita
12 solo margherita e verdure
25 solo marinara
37 solo verdure e marinara

152 **Vacanza in apnea** I membri di un'associazione di subacquei composta da 40 persone vogliono organizzare una vacanza. È loro intenzione soggiornare per una parte del periodo in una località e poi, eventualmente, continuare in un'altra. Il comitato direttivo propone tre alternative: Amalfi, Elba, Lipari. 3 soci disapprovano tutte le proposte; 6 considerano valide tutte e tre le alternative; 7 preferiscono solo Amalfi; 8 solo l'Elba; 4 solo Amalfi e Lipari; 3 solo Amalfi ed Elba; 4 solo Elba e Lipari. Quanti preferiscono solo Lipari? Quali sono state le due mete prescelte?

[5; Amalfi ed Elba]

153 📱 **ESEMPIO DIGITALE** **Cosa fai nel tempo libero?** A 30 studenti di una classe viene sottoposto un questionario in cui si chiede di indicare una o più attività eventualmente svolte nel tempo libero, barrando le caselle di una lista con tre opzioni:

☐ leggo libri; ☐ ascolto musica; ☐ guardo la televisione.

Si sa che: 8 studenti non hanno dato alcuna risposta; il numero di quelli che leggono è lo stesso di quelli che guardano la televisione e di quelli che ascoltano musica; solo 4 studenti svolgono tutte e tre le attività; 5 studenti leggono e ascoltano musica; 6 studenti ascoltano musica e guardano la televisione; 7 studenti leggono e guardano la televisione.

Quanti sono gli studenti che hanno dichiarato di impiegare il tempo libero esclusivamente nella lettura? Qual è il numero totale di caselle barrate nel complesso del questionario?

154 Un vivaio ha in esposizione vari tipi di piante. 17 di queste sono coltivate in vaso, hanno foglia larga ma non infiorescenze; 15 sono coltivate in vaso, hanno infiorescenze ma foglie non larghe; 5 hanno foglie larghe e infiorescenze ma non sono coltivate in vaso. Sapendo che, tra tutte le piante esposte, 45 hanno almeno due delle caratteristiche citate (foglia larga, infiorescenza, coltivata in vaso), quante sono le piante che le hanno tutte e tre? Sapendo che tutte le piante esposte hanno almeno una caratteristica e che quelle che hanno esattamente una caratteristica sono 23, quante sono le piante esposte?

[8; 68]

155 **Buongiorno!** Un'indagine commerciale ha fornito i risultati a lato, relativi alle abitudini a colazione di un campione di 100 consumatori. Quanti consumatori del campione mangiano solo biscotti? Quanti non mangiano né biscotti né cereali?

[42; 22]

15: sia biscotti sia cereali
78: cereali o biscotti
21: solo cereali

3. ENUNCIATI E CONNETTIVI LOGICI

ENUNCIATI LOGICI → Teoria a pagina 134

156 📱 **VERO O FALSO?** È un enunciato logico:

a. «Lucia è arrivata prima alla maratona.» ☐V ☐F

b. «Non è vero che Giove è una galassia.» ☐V ☐F

c. «3 è minore di 0.» ☐V ☐F

d. «A che ora ci incontriamo questa sera?» ☐V ☐F

e. «Paolo è molto carino.» ☐V ☐F

f. «La passeggiata in montagna è stata faticosa.» ☐V ☐F

g. «Che buono! Che ricetta hai seguito?» ☐V ☐F

h. «Il quadrato è un particolare rombo.» ☐V ☐F

Attribuisci a ciascuna delle seguenti proposizioni il valore di verità.

157
a. «Tutti i multipli di 4 sono anche multipli di 16.»

b. «L'uguaglianza $x^2 = 6$ non è mai verificata in $\mathbb{N}$.»

c. «Il prodotto di due numeri dispari è sempre un numero pari.»

d. «Venere è una stella.»

e. «Il rettangolo è un particolare parallelogramma.»

158
a. «La disuguaglianza $7 + x > 0$ può non essere verificata in $\mathbb{N}$.»

b. «Il massimo comune divisore fra due numeri pari è un numero pari.»

c. «Il Sole è un satellite del pianeta Terra.»

d. «L'opposto di 4 è $\frac{1}{4}$.»

e. «Il prodotto cartesiano tra insiemi è commutativo.»

159 **COMPLETA** le seguenti frasi in modo che risultino enunciati veri.

a. «Il numero ☐ è maggiore di 0.»

b. «L'uguaglianza ☐ è sempre verificata in $\mathbb{Q}$.»

c. «I numeri ☐ sono i divisori di 42.»

d. «Il numero ☐ è pari e multiplo di 7.»

e. «Ogni ☐ ha tre angoli congruenti.»

CONNETTIVI LOGICI → Teoria a pagina 134

160 Scrivi ognuno dei seguenti enunciati nella forma di due distinti enunciati legati da un connettivo logico.

a. «Il numero 28 è pari ed è divisibile per 7.»

b. «Oggi è giovedì o è venerdì.»

c. «Le lettere "a" e "i" sono vocali.»

d. «Il numero dei tuoi anni è maggiore o uguale a 14.»

161 Date le seguenti proposizioni, scrivi per ciascuna la sua negazione.

a. «Il rettangolo è un particolare quadrato.»

b. «Il numero 18 è un multiplo di 3 e 9.»

c. «Il numero 14 non è pari.»

d. «L'esagono regolare ha sei angoli uguali.»

e. «Non tutti i numeri primi sono dispari.»

162 📱 **INVALSI 2013** Indica se ciascuna delle seguenti proposizioni è vera o falsa.

a. Se un numero è multiplo di 9, allora è multiplo di 3. ☐V ☐F

b. Un numero è multiplo di 6 solo se è pari. ☐V ☐F

c. Un numero è multiplo di 5 se e solo se è multiplo di 10. ☐V ☐F

d. Se un numero è pari, allora è multiplo di 4. ☐V ☐F

163 Le seguenti proposizioni sono proposizioni composte, costituite da enunciati distinti (componenti) legati da connettivi logici. Riscrivile in simboli, indicando con una lettera maiuscola ogni componente.

a. «Torino è una città piemontese ed è stata la prima capitale d'Italia.»

b. «I palloni da calcio non sono sferici e nemmeno quelli da basket.»

c. «Il numero 7 è positivo ed è un numero primo.»

d. «Un numero o è pari o è 42.»

e. «I giorni dell'anno sono 365 o 366.»

f. «O vado al mare o sul Monte Bianco.»

g. «Il numero 2 è minore di 3 e metà di 4.»

Considera le proposizioni A: «$3 > 9$», B: «3 è un numero primo.» e C: «$9 = 3^2$». **Traduci in parole le seguenti proposizioni e attribuisci a ciascuna di esse il valore di verità.**

164 $\overline{A}$; $A \wedge B$; $B \vee A$; $\overline{B}$; $A \vee C$.

165 $A \to B$; $B \to A$; $A \leftrightarrow B$; $C \leftrightarrow B$; $C \to B$.

166 Considera gli enunciati A: «Laura ha 18 anni.» e B: «Laura ha la patente.». In quali casi gli enunciati $A \wedge B$ e $A \vee B$ sono veri e in quali falsi? E $\overline{A \wedge B}$?

167 Sono dati gli enunciati A: «16 è un multiplo di 4.» e B: «16 è una potenza di 2.». Determina gli enunciati $A \wedge B$, $A \vee B$, $A \vee B$, $\overline{A} \wedge \overline{B}$ e indicane il valore di verità.

168 Dati gli enunciati A: «15 è multiplo di 10.», B: «15 è multiplo di 3.» e C: «15 è minore di 14.», determina gli enunciati $A \vee B$, $A \wedge C$, $B \vee C$, $\overline{B}$, $B \wedge C$, $A \vee C$, $\overline{C}$ e indicane il valore di verità.

ESPRESSIONI LOGICHE ➜ Teoria a pagina 136

Dati gli enunciati A, B e C, traduci in parole le espressioni che li seguono.

169 A: «Vado in vacanza in montagna.», B: «Leggo molti libri.», C: «Vado in vacanza al mare.».
$\overline{A} \wedge B$; $A \wedge \overline{B}$; $\overline{A \wedge B}$; $\overline{A} \wedge \overline{B}$; $C \wedge \overline{B}$; $\overline{C} \wedge B$; $A \wedge \overline{C}$; $\overline{A \vee C}$.

170 A: «Il numero 56 è pari.», B: «Il numero 56 è divisibile per 7.», C: «Il numero 56 è il risultato di $7 \cdot 8$.».
$A \wedge B \wedge C$; $B \wedge \overline{C}$; $(\overline{A} \wedge B) \vee C$; $\overline{\overline{A} \wedge C}$; $(A \wedge \overline{B}) \wedge \overline{C}$.

171 A: «Compro il giornale.», B: «Compro il pane.», C: «Compro un paio di scarpe.».
$\overline{A \vee C}$; $A \vee \overline{B}$; $\overline{\overline{C} \vee B}$; $\overline{A} \vee \overline{B}$; $(\overline{A} \vee C) \wedge B$.

172 A: «Telefono a Marco.», B: «Non vado al corso di musica.», C: «Studio storia.».
$A \wedge B$; $\overline{B} \wedge \overline{C}$; $\overline{A} \wedge C$; $(A \wedge \overline{B}) \wedge \overline{C}$; $C \wedge \overline{B}$; $\overline{A \wedge B}$; $A \wedge \overline{B}$; $(\overline{A} \wedge B) \wedge C$.

Riscrivi in simboli le seguenti espressioni, indicando con una variabile logica ogni enunciato componente.

173 **a.** «Luisa va al mare ma non fa il bagno.»

b. «Oggi vedo Stefano e lo invito a cena.»

c. «Maria non legge giornali e non guarda la televisione.»

d. «Il numero $\frac{7}{5}$ non è razionale, è positivo e maggiore di 1.»

e. «Luca deve risolvere un problema, portare fuori il cane, telefonare a Rita e a Paolo.»

174 **a.** «Il cubo è un solido, ha otto facce e le sue facce sono quadrati.»

b. «Il numero 6 non è divisibile per 4 ed è pari.»

c. «Non è vero che o porti la pizza o non partecipi alla festa.»

d. «18 è multiplo di 9, divisore di 36 ma non è divisibile per 5.»

175 INTORNO A NOI **L'ascensore** Negli ascensori di solito è presente un'etichetta con una frase simile a quella indicata a lato. Individua tre proposizioni P, Q, R in modo da poter scrivere l'avviso come espressione in cui P, Q e R sono legate con connettivi logici. Qual è l'espressione in simboli?

> **NON POSSONO USARE L'ASCENSORE PERSONE MINORI DI 12 ANNI SE NON ACCOMPAGNATE.**

176 ESEMPIO DIGITALE **Quando ulula e quando abbaia** Sono date le proposizioni:

A: «Il mio cane abbaia.»; C: «Piove.»;

B: «La luna è piena.»; D: «Il mio cane ulula.».

Utilizza le variabili logiche e i connettivi adeguati per rappresentare schematicamente le seguenti proposizioni:

a. «Se la luna è piena, il mio cane o abbaia o ulula.»;

b. «Che piova o che la luna sia piena, il mio cane abbaia.»;

c. «Se il mio cane ulula allora la luna è piena e se piove allora il mio cane abbaia.».

Espressioni e valori di verità

Date le proposizioni A: «63 è un multiplo di 7.», B: «3 è un divisore di 63.» e C: «63 è un numero pari.», stabiliamo il valore di verità di: $\overline{A \wedge B}$, $\overline{B} \vee \overline{C}$, $\overline{B} \vee C \rightarrow A$.

Costruiamo la tavola di verità.

A	B	C	$A \wedge B$	$\overline{A \wedge B}$	$\overline{B}$	$\overline{C}$	$\overline{B} \vee \overline{C}$	$\overline{B} \vee C$	$\overline{B} \vee C \rightarrow A$
V	V	F	V	F	F	V	V	F	V

63 = 7 · 9   63 : 3 = 21   63 non è un numero pari

Dati gli enunciati A: «5 è maggiore di 6.», B: «$\frac{1}{3}$ è un numero intero.» e C: «I numeri multipli di 2 sono pari.», traduci in parole e stabilisci il valore di verità di ciascuna delle seguenti espressioni.

177 $\overline{A \wedge B}$; $\overline{B} \wedge C$; $\overline{A} \vee B$; $\overline{A} \vee \overline{C}$; $A \wedge \overline{B}$.

178 $\overline{C \vee A}$; $\overline{A} \vee C$; $\overline{A} \wedge B$; $\overline{B} \vee \overline{C}$; $B \wedge \overline{C}$.

Dati gli enunciati A: «5 < 7», B: «Febbraio è il primo mese dell'anno.», C: «Febbraio è il mese con più giorni.» e D: «7 è un numero primo.», traduci in parole e stabilisci il valore di verità di ciascuna delle seguenti espressioni.

179 $A \wedge \overline{\overline{C}}$; $\overline{B \vee \overline{D}}$; $\overline{C} \wedge D$; $\overline{D} \vee \overline{B}$.

180 $\overline{A} \vee B$; $A \wedge \overline{D}$; $\overline{C \vee B}$; $\overline{B} \wedge \overline{C}$.

Attribuisci il valore di verità alle seguenti espressioni, a partire da quello delle proposizioni A, B, C.

181 A: «$\frac{1}{4}$ è un quadrato perfetto.», B: «21 è un numero primo.», C: «7 è un divisore di 28.».

$A \vee \overline{B}$; $\overline{B \wedge C}$; $\overline{A} \vee C$; $\overline{A \wedge C}$; $\overline{A} \vee \overline{B} \vee \overline{C}$.

182 A: «12 111 è un multiplo di 11.», B: «66 è un multiplo di 6.», C: «12 111 e 66 sono primi tra loro.».

$\overline{A} \vee \overline{B}$; $\overline{B} \vee \overline{C}$; $A \wedge \overline{C}$; $A \wedge \overline{B} \vee C$; $\overline{A} \vee B \vee \overline{C}$; $A \vee \overline{B} \wedge C$.

183 A: «I giorni dell'anno sono 300.», B: «I mesi dell'anno sono 13.», C: «I giorni della settimana sono 7.».

$A \vee B \vee C$; $A \vee C \vee \overline{B}$; $\overline{A \vee B} \wedge C$; $\overline{A} \wedge B \vee C$; $A \vee \overline{B} \vee \overline{C}$; $\overline{A} \wedge \overline{B} \wedge C$; $\overline{A} \vee \overline{B \wedge C}$.

184 ESEMPIO DIGITALE Attribuisci il valore di verità ad A, B e C, quindi determina il valore di verità delle espressioni indicate.

A: «12 ha sei divisori.»; B: «14 e 27 sono primi tra loro.»; C: «Ogni triangolo isoscele è acutangolo.».

a. $(A \wedge C) \rightarrow B$; **b.** $(A \vee C) \wedge \overline{B}$; **c.** $A \rightarrow (\overline{B} \wedge \overline{C})$.

Attribuisci il valore di verità ad A, B, C, quindi determina il valore di verità delle espressioni indicate.
A: «7 è un divisore di 2870.»; B: «9185 è un multiplo di 11.»; C: «6303 è divisibile per 6.».

185 $A \wedge B$; $A \vee B$; $A \wedge C$; $A \wedge \overline{C}$; $\overline{B} \wedge \overline{C}$; $A \to B$; $B \leftrightarrow A$.

186 $(A \vee B) \wedge \overline{C}$; $A \vee [(A \vee B) \wedge C] \vee (B \leftrightarrow A) \wedge \overline{A \to B}$.

Espressioni e tavole di verità

Date due proposizioni generiche A e B, costruiamo la tavola di verità dell'espressione $\overline{A} \vee (B \wedge A)$.

A	B	$\overline{A}$	$B \wedge A$	$\overline{A} \vee (B \wedge A)$
V	V	F	V	V
V	F	F	F	F
F	V	V	F	V
F	F	V	F	V

tutti i possibili casi per A e B

aggiungiamo le colonne $\overline{A}$ e $B \wedge A$

Per ciascuna delle seguenti espressioni, costruisci la tavola di verità considerando A e B proposizioni generiche.

187 $\overline{A} \wedge B$; $A \wedge \overline{B}$; $\overline{A} \wedge \overline{B}$; $\overline{A} \vee B$; $A \vee \overline{B}$.

188 $\overline{A} \vee B$; $A \vee \overline{B}$; $\overline{A} \vee \overline{B}$; $\overline{A \vee B}$; $\overline{\overline{A} \vee B}$.

189 $\overline{A} \to B$; $A \to \overline{B}$; $\overline{A \to B}$; $\overline{\overline{A} \to B}$.

190 $\overline{A} \leftrightarrow B$; $A \leftrightarrow \overline{B}$; $\overline{A \leftrightarrow B}$; $\overline{\overline{A} \leftrightarrow B}$.

Per ciascuna delle seguenti espressioni, costruisci la tavola di verità considerando A e B e C proposizioni generiche.

191 📱 **ESEMPIO DIGITALE**
$(A \vee B) \wedge C$; $\overline{A} \wedge (B \vee C)$; $(A \to B) \vee (C \to A)$.

192 $B \vee (A \wedge C)$; $\overline{A} \vee (\overline{B} \wedge \overline{C})$; $(A \leftrightarrow C) \wedge (C \leftrightarrow B)$.

193 $A \wedge (\overline{B \vee C})$; $(\overline{B} \to C) \vee A$; $\overline{\overline{A} \to B} \vee C$.

194 $B \wedge (\overline{C} \wedge A)$; $(A \vee C) \wedge (B \wedge C)$; $(A \leftrightarrow B) \wedge C$.

Espressioni logiche equivalenti

Verifica le seguenti equivalenze utilizzando il metodo che preferisci.

195 $(A \vee B) \wedge A = A \vee (A \wedge B)$

196 $\overline{\overline{B}} \wedge (B \vee A) = B \vee (B \wedge A)$

197 $\overline{\overline{A} \wedge B} \vee \overline{B} = A \vee \overline{B}$

198 $\overline{A \vee (\overline{\overline{B}} \wedge B)} = \overline{A} \wedge \overline{B}$

199 $\overline{A \vee (B \wedge A)} = \overline{A} \vee (\overline{A} \wedge \overline{B})$

200 $\overline{(A \vee \overline{B}) \wedge (\overline{A} \vee B)} = (\overline{B} \wedge A) \vee (\overline{A} \wedge B)$

MATEMATICA INTORNO A NOI

La garanzia

A volte, la logica può aiutarci a capire meglio le clausole di un certificato di garanzia…

📱 ▸ Problema e risoluzione.
▸ 3 esercizi in più.

Scrivi le seguenti proprietà delle operazioni logiche mediante una equivalenza fra espressioni logiche e verificale utilizzando una tavola di verità.

201 Negazione della negazione.

202 Associativa della disgiunzione.

203 Commutativa della disgiunzione.

204 Associativa della congiunzione.

205 Distributiva della congiunzione rispetto alla disgiunzione.

206 Distributiva della disgiunzione rispetto alla congiunzione.

4. ENUNCIATI APERTI E QUANTIFICATORI

ENUNCIATI APERTI E INSIEME DI VERITÀ ➡ Teoria a pagina 138

207 Dato l'enunciato aperto $A(x)$: «$8 \leq x$», attribuisci il valore di verità alle proposizioni che si ottengono per i seguenti valori di x: 5, $\dfrac{25}{3}$, 0, $\dfrac{48}{6}$.

Dato il dominio U indicato, per ognuno dei seguenti enunciati aperti rappresenta, mediante un diagramma di Venn, l'insieme di verità. Indica poi qualche elemento di U per il quale l'enunciato non risulta vero.

208 $A(x)$: «x è un divisore di 12.»

$B(x)$: «x è un multiplo di 9.»

$U = \{x \in \mathbb{N} \mid x \leq 20\}$

209 $A(x)$: «x è un rettangolo.»

$B(x)$: «x è un rombo.»

U è l'insieme dei quadrilateri.

CONNETTIVI LOGICI E INSIEMI ➡ Teoria a pagina 138

210 ⬜ **VERO O FALSO?** Considera due enunciati aperti $A(x)$ e $B(x)$, definiti sullo stesso dominio U e aventi insiemi di verità A e B, rispettivamente. L'insieme di verità di:

a. $A(x) \wedge B(x)$ è $A \cup B$. V F

b. $A(x) \vee B(x)$ è $A \cup B$. V F

c. $A(x) \wedge B(x)$ è $A \cap B$. V F

d. $A(x) \wedge B(x)$ è $A - B$. V F

e. $\overline{A}(x)$ è $\overline{A}_U$. V F

f. $\overline{A}(x)$ è $\overline{A}_B$. V F

Rappresentare insiemi di verità

Per ogni terna $A(x)$, $B(x)$, $C(x)$, dato il dominio U indicato, rappresenta con diagrammi di Venn l'insieme di verità: a. dei tre enunciati; b. degli enunciati $\overline{C}(x)$, $A(x) \vee B(x)$, $A(x) \wedge C(x)$, $\overline{A}(x) \vee C(x)$, $[A(x) \vee C(x)] \wedge B(x)$.

211 $A(x)$: «x è un poligono equilatero.»; $B(x)$: «x è un rettangolo.»; $C(x)$: «x è un quadrato.»; U è l'insieme dei poligoni.

212 $A(x)$: «x è un uomo.»; $B(x)$: «x è una donna.»; $C(x)$: «x è suocera.»; U è l'insieme delle persone.

213 $A(x)$: «x è un erbivoro.»; $B(x)$: «x è un carnivoro.»; $C(x)$: «x è un onnivoro.»; U è l'insieme degli animali.

Per ogni coppia di enunciati, dato il dominio U indicato, rappresenta in forma grafica l'insieme di verità dei due enunciati. Con i diagrammi ottenuti, verifica le *leggi di De Morgan*: $\overline{A \vee B} = \overline{A} \wedge \overline{B}$, $\overline{A \wedge B} = \overline{A} \vee \overline{B}$.

214 $A(x)$: «x è un multiplo di 3.»; $B(x)$: «x è un divisore di 81.»; $U = \{x \in \mathbb{N} \mid x \leq 30\}$.

215 $A(x)$: «x è un maggiorenne.»; $B(x)$: «x è uno studente.»; U è l'insieme delle persone.

216 $A(x)$: «x è un triangolo.»; $B(x)$: «x è un pentagono.»; U è l'insieme dei poligoni.

QUANTIFICATORI → Teoria a pagina **139**

217 ☐ **INVALSI 2003** Quale delle seguenti affermazioni è *falsa*?

[A] Alcuni multipli di 4 sono anche multipli di 8.

[B] Tutti i multipli di 8 sono anche multipli di 4.

[C] Tutti i numeri pari sono fra i multipli di 8.

[D] Alcuni numeri pari non sono multipli di 8.

[E] Alcuni numeri pari sono multipli di 8.

218 ☐ **INVALSI 2004** Quale delle seguenti proposizioni è *vera*?

[A] Ogni numero intero divisibile per 3 è divisibile per 9.

[B] Ogni numero intero divisibile per 4 è divisibile per 2.

[C] Se il prodotto di due numeri interi è divisibile per 5, ognuno dei due interi è divisibile per 5.

[D] Se la somma di due numeri interi è divisibile per 5, ognuno degli addendi è divisibile per 5.

219 Indica per ogni enunciato il suo valore di verità.

a. $\forall x \in \mathbb{Z}, x + 3 = 0$.

b. $\exists x \in \mathbb{N} \mid x$ è un numero primo.

c. $\exists x \in \{\text{rette del piano}\} \mid x$ è parallela a una retta r data.

d. $\forall x \in \mathbb{Z}, x^2 > 0$.

220 ☐ **TEST** Dato il dominio U composto dalle figure del piano e l'enunciato $A(x)$: «x è un quadrilatero» con $x \in U$, quale enunciato è *falso*?

[A] $\forall x \in U, x$ è un quadrilatero.

[B] $\forall x \in A, x$ è una figura del piano.

[C] $\exists x \in U \mid x$ è un quadrilatero.

[D] $\exists x \in A \mid x$ è una figura del piano.

MATEMATICA E STORIA

Venn, Eulero o Leibniz?

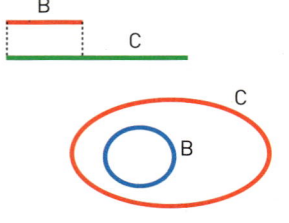

I due diagrammi della figura rappresentano la stessa situazione riguardante gli insiemi B e C…

☐ ▸ Problema e risoluzione.
▸ Un esercizio in più.
▸ Attività di ricerca: Logica, studi millenari.

Traduci in simboli le seguenti proposizioni e stabilisci il valore di verità.

221 «Esiste un numero naturale che non ha il successivo.»

222 «Ogni quadrato è un rettangolo.»

223 «Per ogni numero razionale esiste il reciproco.»

224 «Esiste un numero reale che non è razionale.»

225 «Per ogni numero intero esiste l'opposto.»

Traduci in parole le seguenti proposizioni e stabilisci il valore di verità.

226 «$\forall x \in \mathbb{Z}, x^2 > x$»

227 «$\exists x \in \mathbb{N}, x^2 > x$»

228 «$\exists x \in \{x \in \mathbb{N} \mid x$ è un divisore di 15$\} \mid x$ è pari.»

229 «$\forall x \in \{x \in \mathbb{N} \mid x$ è multiplo di 10$\} \mid x$ è divisibile per 5.»

230 «$\exists x \in \{x \mid x$ è un poligono regolare di lato 6$\} \mid x$ ha perimetro 40.»

Scriviamo le proposizioni che si ottengono dall'enunciato $A(x)$: «x è minore del suo doppio.» utilizzando i quantificatori $\forall$ e $\exists$ nell'insieme universo U dei numeri interi. Stabiliamo il valore di verità delle proposizioni ottenute.

quantificatore	proposizione	valore di verità
$\forall$	$\forall x \in U, \ x < 2x$	F —— per esempio, $-3 \in \mathbb{Z}$ ma $-3 > 2 \cdot (-3)$
$\exists$	$\exists x \in U \mid x < 2x$	V —— per esempio, $2 \in \mathbb{Z}$ e $2 < 2 \cdot 2$

Per ognuno dei seguenti enunciati, scrivi le proposizioni che si ottengono utilizzando i quantificatori $\forall$ e $\exists$ e stabilisci il corrispondente valore di verità.

231 $U = \{x \in \mathbb{N} \mid x$ è multiplo di 8$\}$; $A(x)$: «x è un numero pari.», $B(x)$: «x è un divisore di 16.», $\overline{B}(x)$.

232 $U = \{x \mid x$ è un felino$\}$; $A(x)$: «x è una lince.», $B(x)$: «x è un quadrupede.», $\overline{B}(x)$.

233 $U = \{x \mid x$ è una figura piana di area 16$\}$; $A(x)$: «x è un quadrato.», $B(x)$: «x è un cerchio.», $C(x)$: «x è un rettangolo di dimensioni 2 e 8.».

Sono date le proposizioni:

A: «**Ogni** pagina del libro ha una figura.»;
X

B: «**Esiste una** pagina del libro in cui *non* compare il colore blu.».
Y

Scriviamo la loro negazione:

$\overline{A}$: «**Esiste una** pagina del libro che *non* ha una figura.»;
$\overline{X}$

$\overline{B}$: «In **ogni** pagina del libro compare il colore blu.».
$\overline{Y}$

Per ognuna delle seguenti proposizioni scrivi la negazione.

234 «Ogni tavolo ha quattro gambe.»

235 «Non esiste un multiplo di 5 che non termina per 0.»

236 «Tutti i numeri naturali sono interi.»

237 «Esiste un numero naturale che è minore del suo cubo.»

238 📱 **INVALSI 2012** Quale tra le seguenti frasi è la negazione della proposizione «Tutti i numeri naturali sono dispari.»?

- [A] Tutti i numeri naturali sono pari.
- [B] Nessun numero naturale è dispari.
- [C] Almeno un numero naturale non è dispari.
- [D] Qualche numero naturale è dispari.

VERIFICA DELLE COMPETENZE ALLENAMENTO

▶ Competenza **1** (abilità **2, 3**) | ▶ Competenza **4** (abilità **1**)

1 Nell'insieme $\mathbb{N}$ dei numeri naturali, considera il sottoinsieme A costituito dai multipli di 2 e il sottoinsieme B costituito dai multipli di 3. Rappresenta mediante la proprietà caratteristica:
$A \cap B$; $A - B$; $(A \cup B) - A$.

2 Dati gli insiemi A, composto dai numeri naturali divisori di 20, B, composto dai numeri interi pari minori di 20, e C, composto dai multipli di 3, determina $(A - B) \times (A \cap C)$.

Dati A, B e C insiemi qualsiasi, verifica le seguenti uguaglianze utilizzando un diagramma di Venn.

3 $B \cap (A - C) = (A \cap B) - (B \cap C)$

4 $C - (A \cup B) = (C - A) \cap (C - B)$

5 Sapendo che A, B e C sono enunciati semplici con valori di verità rispettivamente F, V, V, stabilisci i valori di verità delle seguenti espressioni.

a. $A \land B$;
b. $\overline{A} \lor C$;
c. $B \lor C$;
d. $C \to B$;
e. $A \leftrightarrow \overline{B}$;
f. $(\overline{A} \land C) \leftrightarrow \overline{B}$;
g. $(A \land C) \lor B$;
h. $(A \lor B) \land \overline{C}$.

6 Compila la tavola di verità delle proposizioni $(\overline{A} \lor B) \land \overline{\overline{B}}$ e $(B \lor A) \to C$.

7 Stabilisci se le proposizioni $A \lor B$ e $\overline{A} \to B$ sono equivalenti.

▶ Competenza **3** (abilità **7**) | ▶ Competenza **4** (abilità **1**)

8 **Da Torino a...?** Una nuova compagnia ferroviaria vuole investire su una nuova tratta estera. Esegue un'indagine su un campione di 100 persone per conoscere la loro preferenza fra le tratte Torino-Tolosa (TT), Torino-Praga (TP) e Torino-Barcellona (TB).
7 persone hanno dato la loro preferenza per tutte le tratte, 27 per TT e TP, 12 per TT e TB, 20 solo per TB, 52 per TT, 45 per TB. 3 persone non hanno dato nessuna preferenza.
Indica quante persone hanno dato la preferenza per:

a. TB e TP, ma non per TT;
b. TP;
c. TT e TP, ma non per TB;
d. TB e TT, ma non per TP;
e. la sola TP;
f. una sola tratta.

[a) 13; b) 52; c) 20; d) 5; e) 12; f) 52]

9 **Tifo a pedali** Su un tratto in salita del percorso del *Giro d'Italia* vengono intervistati alcuni tifosi e viene chiesto loro chi preferiscono tra Cavendish, Evans e Nibali.
Tutti hanno espresso almeno una preferenza.
Ci sono 62 persone che sostengono Evans, 52 Cavendish, 25 persone che tifano solo per Nibali, 23 solo per Cavendish ed Evans, 22 per Nibali e Cavendish, 12 solo per Nibali ed Evans. Coloro che tifano per tutti e tre sono 15.
Indica quante persone:

a. tifano solo per Evans;
b. tifano solo per Cavendish;
c. tifano per Nibali e Cavendish, ma non per Evans;
d. hanno espresso più di una preferenza;
e. sono state intervistate.

[a) 12; b) 7; c) 7; d) 57; e) 101]

VERIFICA DELLE COMPETENZE PROVE

TUTOR   **PROVA A** (10 esercizi)   **PROVA B** (10 esercizi)   🕐 **IN MEZZ'ORA**

PROVA C ▸ Competenze **1, 3**   🕐 **IN UN'ORA**

1   Dati gli insiemi $A = \{x \in \mathbb{N} \mid x$ è un divisore di $8\}$, $B = \{x \mid x$ è una cifra del numero $8424\}$ e $C = \{x \in \mathbb{N} \mid x < 5\}$, rappresenta per elencazione:

   a. $A \cup B \cup C$;   **b.** $(C - A) \cup (A - C)$;   **c.** $(C \cap B) \times B$.

2   Considera P, Q, R generici insiemi tali che $P \subset Q \subset R$. Calcola:

   a. $(P \cup Q) \cap R$;   **b.** $(P \cap Q) \cap (R - P)$.

3   Considera il diagramma di Venn in figura.

   a. Scrivi un'espressione che rappresenti l'insieme colorato in verde.

   b. Colora di giallo l'insieme $\overline{A}_C$.

   c. Supponendo che non siano vuoti, stabilisci se i due insiemi verde e giallo costituiscono una partizione dell'insieme $B \cup C$.

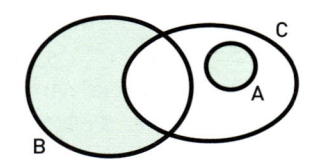

4   Rappresenta per elencazione l'insieme delle parti di $A = \{x \mid x$ è una lettera della parola «ozio»$\}$.

5   In una classe di 28 studenti, 11 hanno conseguito la patente A1, 17 il PET o la patente A1, 3 l'ECDL e il PET, 4 l'ECDL e la patente A1, 2 solo l'ECDL e il PET, 3 il PET e la patente A1, 2 solo l'ECDL. Indica quanti studenti:

   a. non hanno alcun certificato;   **b.** li hanno tutti e tre;   **c.** hanno un solo certificato.

PROVA D ▸ Competenze **1, 3**   🕐 **IN UN'ORA**

1   **Questione di geni** In una scuola ci sono 200 bambini. Ciascuno di loro può avere o non avere i lobi delle orecchie attaccati (O), la fossetta sul mento (F), le lentiggini sul volto (L).
Si sa che: 25 hanno solo O, 33 solo F, 67 solo una delle tre caratteristiche, 59 solo due di esse (di cui 15 hanno O e L, 18 hanno L e F), 128 hanno almeno uno dei tre tratti. Indica quanti bambini:

   a. hanno tutte e tre le caratteristiche;

   b. hanno solo le lentiggini;

   c. non hanno alcuna caratteristica;

   d. ne hanno più di una.

2   **Dovere e piacere** Date le proposizioni A: «Studio inglese.», B: «Esco per fare commissioni.», C: «Suono la batteria.», D: «Aiuto a riordinare la casa.», scrivi in simboli le seguenti espressioni e per ognuna compila la relativa tavola di verità:

   a. «Se studio inglese e aiuto a riordinare la casa, allora suono la batteria.»;

   b. «Se aiuto a riordinare la casa, allora o esco per fare commissioni o suono la batteria.»;

   c. «Se studio inglese, esco per fare commissioni oppure se non studio inglese, aiuto a riordinare la casa.»;

   d. «O studio inglese ed esco per fare commissioni o se non studio inglese, non suono la batteria.».

3   Considerato come dominio

$$U = \{x \in \mathbb{N} \mid 0 < x < 10\}$$

e dati gli enunciati aperti

$A(x)$: «x è multiplo di 3»,

$B(x)$: «x è multiplo di 2»,

   a. scrivi per elencazione gli insiemi di verità di A, B, $\overline{A}$, $\overline{B}$ e rappresenta con un diagramma gli insiemi U, A e B;

   b. scrivi gli enunciati aperti relativi ad $A \wedge B$, $A \vee B$, $\overline{A} \wedge B$, $\overline{A \vee B}$ e, per elencazione, i loro insiemi di verità.

6 RELAZIONI E FUNZIONI

1. RELAZIONI

A **relation** can be defined as a mapping of elements from a set A onto elements of a set B.

DEFINIZIONE DI RELAZIONE ➡ Esercizi a pagina 172

> **DEFINIZIONE**
>
> Dati gli insiemi A e B, non vuoti, diciamo che è definita una **relazione** da A a B se è indicato un procedimento che associa elementi di B a elementi di A.
> A è l'**insieme di partenza** della relazione, B è l'**insieme di arrivo**.

▶ Dati gli insiemi $A = \{1, 2, 4, 8, 10\}$ e $B = \{-2, -1, 0, +1, +2\}$, consideriamo $a \in A$ e $b \in B$ e la relazione $\mathcal{R}$:

$$a \, \mathcal{R} \, b \leftrightarrow a \text{ è il quadrato di } b.$$

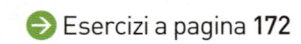 se e solo se

Alcuni elementi di A sono in relazione con elementi di B, altri no. In simboli:

$$1 \, \mathcal{R} \, -1; \quad 1 \, \mathcal{R} \, +1; \quad 4 \, \mathcal{R} \, -2; \quad 4 \, \mathcal{R} \, +2; \quad 2 \, \cancel{\mathcal{R}} \, -2; \quad 10 \, \cancel{\mathcal{R}} \, 0; \quad \ldots$$

è in relazione con   non è in relazione con

Se $a \, \mathcal{R} \, b$, diciamo che b è **immagine** di a e che a è **controimmagine** di b.

> ▶ Nell'esempio precedente -1 è immagine di 1, 4 è controimmagine sia di -2, sia di $+2$.

In una relazione $\mathcal{R}$ da A a B, le coppie $(a; b)$, con $a \, \mathcal{R} \, b$, sono un *sottoinsieme del prodotto cartesiano* $A \times B$.

Data una relazione da A a B, chiamiamo:

- **dominio** il sottoinsieme di A degli elementi che hanno almeno una immagine in B;
- **codominio** il sottoinsieme di B degli elementi che sono immagini di elementi di A.

> ▶ Nell'esempio precedente: $D = \{1, 4\}$ è il dominio, $C = \{-2, -1, +1, +2\}$ è il codominio di $\mathcal{R}$.

Una relazione è **definita in un insieme** se l'insieme di partenza e l'insieme di arrivo coincidono.

> ▶ Se A è l'insieme degli studenti di una classe, un esempio di relazione in A è:
>
> $$x \, \mathcal{R} \, y \leftrightarrow x \text{ è più alto di } y.$$

In una relazione definita in un insieme A, le coppie in relazione sono un sottoinsieme di $A \times A$.

immagine

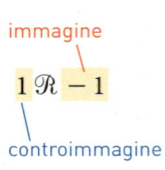

controimmagine

RAPPRESENTAZIONE DI UNA RELAZIONE ➡ Esercizi a pagina 172

Per una relazione, possiamo utilizzare le rappresentazioni caratteristiche del prodotto cartesiano, alle quali aggiungiamo il *diagramma a frecce*.

Consideriamo $A = \{4, 5, 6\}$, $B = \{1, 2, 3\}$ e la relazione $\mathcal{R}$ da A a B: $a \, \mathcal{R} \, b \leftrightarrow a - b$ è dispari. Abbiamo le seguenti rappresentazioni.

Elencazione

Scriviamo l'insieme delle coppie in relazione, che indichiamo con $\mathcal{R}$, elencando tutte le coppie $(a; b)$, con $a \in A$ e $b \in B$, tale che $a \, \mathcal{R} \, b$.

$\mathcal{R} = \{(4; 1), (4; 3), (5; 2), (6; 1), (6; 3)\}$

Diagramma a frecce

Per ogni coppia $(a; b)$, con $a \, \mathcal{R} \, b$, disegniamo una *freccia* che parte da a e termina in b.

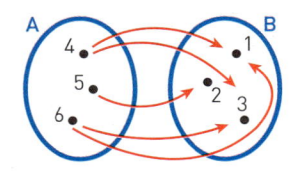

Tabella a doppia entrata

Scriviamo gli elementi di A nella prima colonna, quelli di B nella prima riga e segniamo le *caselle* delle coppie in relazione.

$\mathcal{R}$	1	2	3
4	X		X
5		X	
6	X		X

Diagramma cartesiano

Rappresentiamo gli elementi di A sulla semiretta orizzontale, quelli di B sulla semiretta verticale e segniamo i *punti* delle coppie in relazione.

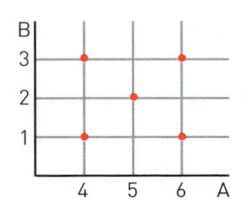

Nel caso di una *relazione definita in un insieme*, possiamo effettuare la rappresentazione, oltre che nei modi precedenti, anche con un **grafo**.
Disegniamo dei punti, detti **nodi** del grafo, e una freccia per ogni coppia in relazione. Se un elemento è in relazione con se stesso, la freccia parte e arriva nello stesso punto, quello dell'elemento.

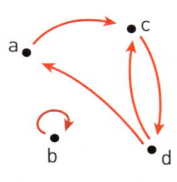

$A = \{a, b, c, d\}$

▶ Nella figura c'è il grafo di $\mathcal{R} = \{(a; c), (b; b), (c; d), (d; c), (d; a)\}$ in A.

RELAZIONE INVERSA ➔ Esercizi a pagina **175**

Data una relazione $\mathcal{R}$ dall'insieme A all'insieme B, la relazione inversa $\mathcal{R}^{-1}$ dall'insieme B all'insieme A è la relazione tale che:

$b \, \mathcal{R}^{-1} \, a \leftrightarrow a \, \mathcal{R} \, b,$

con $a \in A$ e $b \in B$.

$a \, \mathcal{R} \, b \leftrightarrow a$ è la metà di b

ha come relazione inversa:

$b \, \mathcal{R}^{-1} \, a \leftrightarrow b$ è il doppio di a

In una relazione e nella sua inversa dominio e codominio sono scambiati.

ESERCIZI PER COMINCIARE

1 Dati gli insiemi $A = \{-2, -1, 0\}$, $B = \{-1, 0, +1, +2\}$ e la relazione $a \, \mathcal{R} \, b \leftrightarrow a \cdot b > 0$, con $a \in A$ e $b \in B$, scrivi tutte le coppie in relazione, il dominio e il codominio. In ogni coppia indica l'immagine e la controimmagine.

2 **ANIMAZIONE** Dati gli insiemi $A = \{6, 7, 9, 10\}$ e $B = \{2, 3, 5\}$ e la relazione $\mathcal{R}$, da A a B, $a \, \mathcal{R} \, b \leftrightarrow a$ è divisibile per b, rappresenta la relazione nei modi possibili.

3 Scrivi le relazioni inverse delle seguenti, definite in $\mathbb{N}$:
$a \, \mathcal{R} \, b \leftrightarrow a = 4b$; $\quad a \, \mathcal{R} \, b \leftrightarrow a = b - 7$; $\quad a \, \mathcal{R} \, b \leftrightarrow a$ è il successivo di b; $\quad a \, \mathcal{R} \, b \leftrightarrow a$ è multiplo di b.

2. PROPRIETÀ DELLE RELAZIONI

PROPRIETÀ RIFLESSIVA E ANTIRIFLESSIVA → Esercizi a pagina 176

🎧 A relation defined in a set *A* is **reflexive** if every element of *A* is mapped to itself.

Proprietà riflessiva

DEFINIZIONE

Una relazione $\mathcal{R}$ definita in un insieme A è **riflessiva** se *ogni* elemento di A è in relazione con se stesso:

$x \mathcal{R} x, \forall x \in A$.

ESEMPIO

In un insieme di amici:

$x \mathcal{R} y \leftrightarrow x$ è coetaneo di y

è riflessiva

$x \mathcal{R} y \leftrightarrow x$ è più anziano di y

non è riflessiva

Possiamo stabilire se una relazione è riflessiva osservando le sue rappresentazioni. Esaminiamo un esempio, con $A = \{a, b, c\}$.

ESEMPIO

Elencazione

$\mathcal{R} = \{(a; a), (a; b), (b; b), (c; c), (c; a)\}$.

Sono presenti *tutte* le coppie in cui gli elementi sono uguali.

Grafo

Ci sono *tutte* le frecce che partono e arrivano nello stesso elemento.

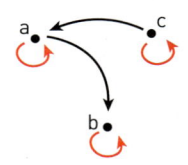

Tabella a doppia entrata

Tutte le caselle della diagonale sono segnate.

$\mathcal{R}$	a	b	c
a	X	X	
b		X	
c	X		X

Diagramma cartesiano

Tutti i punti della bisettrice sono segnati.

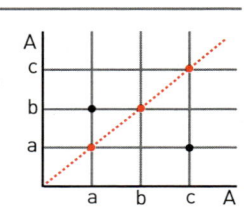

Proprietà antiriflessiva

DEFINIZIONE

Una relazione $\mathcal{R}$ definita in un insieme A è **antiriflessiva** se *ogni* elemento di A *non* è in relazione con se stesso:

$x \not\mathcal{R} x, \forall x \in A$.

ESEMPIO

Nell'insieme degli abitanti di un palazzo:

$x \mathcal{R} y \leftrightarrow x$ è padre di y

è antiriflessiva

$x \mathcal{R} y \leftrightarrow x$ ha la stessa madre di y

non è antiriflessiva

Ci sono relazioni che non sono né riflessive né antiriflessive.

▶ La relazione del grafo della figura:
- **non** è riflessiva, perché $b \not\mathcal{R} b$;
- **non** è antiriflessiva, perché, per esempio, $a \mathcal{R} a$.

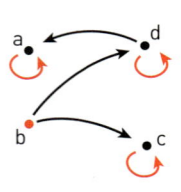

PROPRIETÀ SIMMETRICA E ANTISIMMETRICA ➲ Esercizi a pagina 177

Proprietà simmetrica

🎧 A relation defined in a set *A* is **symmetric** if, whenever an element *x* is related to *y*, it is also true that *y* is related to *x*.

DEFINIZIONE

Una relazione $\mathcal{R}$ definita in un insieme A è **simmetrica** se, per *ogni* coppia x e y di elementi con x *in relazione con* y, anche y è in relazione con x:

se $x \mathcal{R} y$, allora $y \mathcal{R} x$.

ESEMPIO

Nell'insieme dei residenti in Italia:

$x \mathcal{R} y \leftrightarrow x$ è concittadino di y

è simmetrica

$x \mathcal{R} y \leftrightarrow x$ è più giovane di y

non è simmetrica

Possiamo stabilire se una relazione è simmetrica osservando le sue rappresentazioni.

ESEMPIO

Elencazione

$\mathcal{R} = \{(a; b), (b; a), (a; c), (c; a)\}$.

Per ogni coppia $(x; y)$ presente, c'è anche la coppia $(y; x)$.

Grafo

Per *ogni* freccia *da un primo elemento a un secondo*, c'è anche la freccia *dal secondo al primo*.

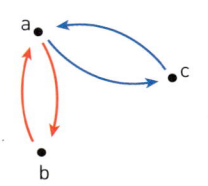

Tabella a doppia entrata

Per *ogni* casella segnata, c'è la casella *simmetrica* rispetto alla diagonale.

$\mathcal{R}$	a	b	c
a		X	X
b	X		
c	X		

Diagramma cartesiano

Per *ogni* punto segnato, c'è il punto *simmetrico* rispetto alla bisettrice.

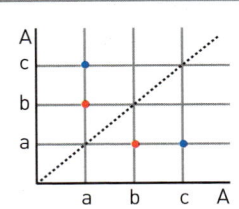

Proprietà antisimmetrica

DEFINIZIONE

Una relazione $\mathcal{R}$ definita in un insieme A è **antisimmetrica** se, per *ogni* coppia x e y di elementi diversi tra loro con x *in relazione con* y, y *non* è in relazione con x:

se $x \mathcal{R} y$, allora $y \not\mathcal{R} x$, con $x \neq y$.

ESEMPIO

Nell'insieme degli studenti di una classe:

$x \mathcal{R} y \leftrightarrow x$ è nel banco davanti a quello di y

è antisimmetrica

$x \mathcal{R} y \leftrightarrow x$ è nel banco di fianco a quello di y

non è antisimmetrica

Ci sono relazioni che non sono né simmetriche né antisimmetriche.

▶ La relazione del grafo della figura:

- **non** è simmetrica, perché $d \mathcal{R} c$ ma $c \not\mathcal{R} d$;
- **non** è antisimmetrica, perché $b \mathcal{R} d$ e $d \mathcal{R} b$.

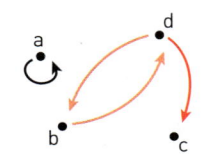

PROPRIETÀ TRANSITIVA → Esercizi a pagina **178**

> A relation defined in a set *A* is **transitive** if, whenever an element *x* is related to *y* and *y* is related to *z*, then *x* is also related to *z*.

DEFINIZIONE

Una relazione $\mathcal{R}$ definita in un insieme *A* è **transitiva** se *ogni* volta che *x è in relazione con y* e *y è in relazione con z*, è vero che *x è in relazione con z*:

se $x \mathcal{R} y$ e $y \mathcal{R} z$, allora $x \mathcal{R} z$.

ESEMPIO

In un insieme di persone:

$x \mathcal{R} y \leftrightarrow x$ è nato prima di *y*

↳ è transitiva

$x \mathcal{R} y \leftrightarrow x$ è zio di *y*

↳ *non* è transitiva

Fra le rappresentazioni di una relazione, soltanto il grafo fornisce informazioni immediate per capire se una relazione è transitiva.

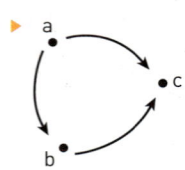

La relazione è transitiva: da *a* si può arrivare a *c* in modo indiretto ($a \mathcal{R} b$ e $b \mathcal{R} c$) o diretto ($a \mathcal{R} c$).

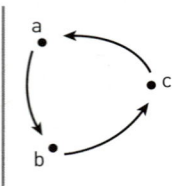

La relazione *non* è transitiva: per esempio, da *b* si può arrivare ad *a* in modo indiretto ($b \mathcal{R} c$ e $c \mathcal{R} a$), ma non in modo diretto ($b \not\mathcal{R} a$).

ESERCIZI PER COMINCIARE

1 ☐ **ANIMAZIONE** Nell'insieme $A = \{a, b, c, d\}$ sono date le seguenti relazioni. Stabilisci di quali proprietà godono.

a. $\mathcal{R} = \{(a; a), (a; b), (b; b), (b; d), (c; c), (d; d), (d; c)\}$

b.

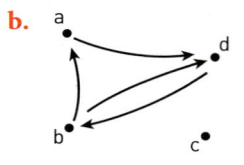

2 ☐ **ANIMAZIONE** Esamina, inventando esempi di relazioni definite nell'insieme $A = \{a, b, c, d\}$, le particolarità delle rappresentazioni mediante grafo, tabella a doppia entrata e diagramma cartesiano quando una relazione gode delle proprietà:

a. riflessiva;   **b.** simmetrica.

3 Individua le proprietà di cui godono le seguenti relazioni.

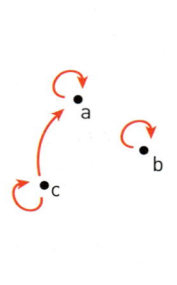

a

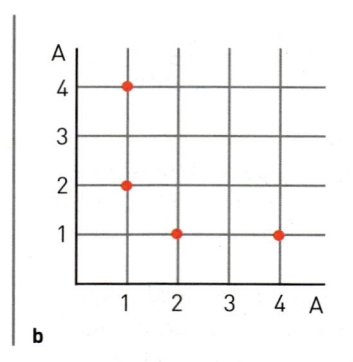

b

$\mathcal{R}$	a	b	c	d
a	X			X
b		X	X	
c		X	X	
d	X			X

c

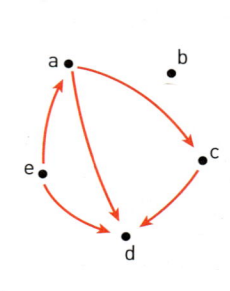

d

3. RELAZIONI DI EQUIVALENZA E D'ORDINE

RELAZIONE DI EQUIVALENZA ⊖ Esercizi a pagina 181

DEFINIZIONE

Una relazione definita in un insieme è una **relazione di equivalenza** se è *riflessiva*, *simmetrica* e *transitiva*.

ESEMPIO

Nell'insieme degli studenti di una città:

$x \mathcal{R} y \leftrightarrow x$ e y sono nella stessa scuola

è di equivalenza

$x \mathcal{R} y \leftrightarrow x$ conosce y

non è di equivalenza perché *non* è transitiva

Consideriamo un esempio nell'insieme delle rette del piano.

▸ $x \mathcal{R} y \leftrightarrow x$ è parallela a y

è una relazione di equivalenza, perché è riflessiva (ogni retta è parallela a se stessa), simmetrica (date due rette a e b, se $a \mathbin{/\!/} b$, allora $b \mathbin{/\!/} a$) e transitiva (date tre rette a, b e c, se $a \mathbin{/\!/} b$ e $b \mathbin{/\!/} c$, allora $a \mathbin{/\!/} c$).

CLASSI DI EQUIVALENZA E INSIEME QUOZIENTE ⊖ Esercizi a pagina 182

Nella figura è rappresentata una relazione di equivalenza.
L'insieme $A = \{a, b, c, d, e, f\}$ è diviso dalla relazione in tre sottoinsiemi costituiti da elementi in relazione.
In generale, data una relazione di equivalenza, definita in un insieme A, se consideriamo tutti i sottoinsiemi di A, ognuno contenente gli elementi fra loro equivalenti, abbiamo che:

- ogni sottoinsieme non è vuoto;
- presi due sottoinsiemi qualsiasi, essi non hanno elementi in comune;
- l'unione dei sottoinsiemi è l'insieme A.

Diciamo allora che la relazione di equivalenza ha generato in A una *partizione*.
Ognuno dei sottoinsiemi degli elementi in relazione è una **classe di equivalenza** e l'insieme dei sottoinsiemi, cioè l'insieme delle classi di equivalenza, è detto **insieme quoziente**.

▸ Nella relazione della figura precedente l'insieme quoziente è: $\{\{a\}, \{b, d\}, \{c, e, f\}\}$. Ognuno dei suoi tre elementi, $\{a\}$, $\{b, d\}$ e $\{c, e, f\}$, è una classe di equivalenza.

Se dividiamo gli elementi di un insieme in base a una proprietà che genera una partizione, abbiamo ottenuto una *classificazione*: ogni classe è un insieme di elementi equivalenti.

▸ Gli animali vertebrati possono essere classificati con la partizione della figura. I sottoinsiemi sono le classi di equivalenza e, per esempio, da questo punto di vista, un cane e un gatto sono equivalenti, perché entrambi sono mammiferi.

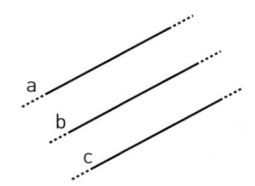

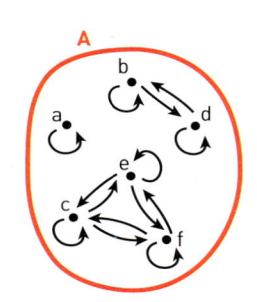

classi di equivalenza

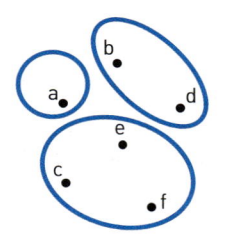

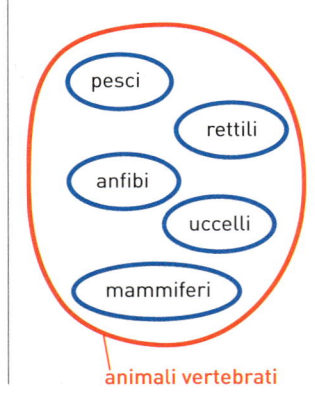

animali vertebrati

RELAZIONE D'ORDINE ⊙ Esercizi a pagina **183**

Una relazione definita in un insieme è una **relazione d'ordine** se è *antisimmetrica* e *transitiva*. È d'ordine:
- **largo** se è anche *riflessiva*;
- **stretto** se è anche *antiriflessiva*.

Nei numeri naturali:

$$x \, \mathcal{R} \, y \leftrightarrow x \geq y$$

è d'ordine largo

$$x \, \mathcal{R} \, y \leftrightarrow x > y$$

è d'ordine stretto

Vediamo un esempio collegato al modo di archiviare file in un computer.

▸ Nei computer di Alice e di Bob i file sono archiviati in cinque cartelle secondo gli schemi della figura. I percorsi descrivono la relazione di ordine stretto:
$x \, \mathcal{R} \, y \leftrightarrow$ la cartella x contiene la cartella y.

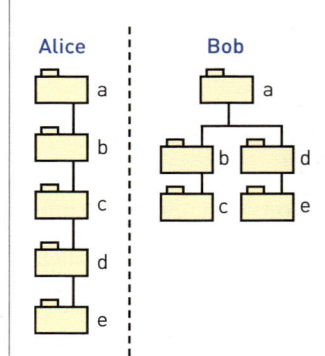

Nell'esempio, ognuna delle cartelle del computer di Alice è confrontabile con *tutte* le altre. Per esempio, b contiene d. In casi come questo, parliamo di *ordine totale* e il percorso è *lineare*. Invece, nel computer di Bob, alcune cartelle non sono in relazione con altre. Per esempio, b non contiene d e d non contiene b. In casi come questo, diciamo che c'è un *ordine parziale*.

Una **relazione** d'ordine $\mathcal{R}$ in un insieme A è:
- **d'ordine totale** o **lineare** se, presi due elementi a e b di A, o $a \, \mathcal{R} \, b$ o $b \, \mathcal{R} \, a$;
- **d'ordine parziale** se non è d'ordine totale.

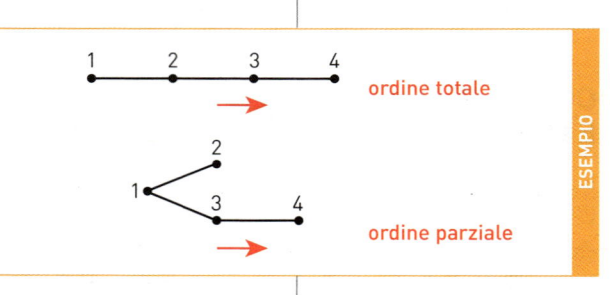

ordine totale

ordine parziale

ESERCIZI PER COMINCIARE

1 **ANIMAZIONE** Nell'insieme $A = \{a, b, c, d, e, f\}$ fai un esempio di relazione $\mathcal{R}$ di equivalenza, rappresentandola mediante grafo, tabella a doppia entrata e diagramma cartesiano. Indica le classi di equivalenza.

2 Stabilisci se la relazione definita in $A = \{$Terra, Via Lattea, sistema solare, universo$\}$:

$a \, \mathcal{R} \, b \leftrightarrow a$ è meno vasto di b

è d'ordine. In caso affermativo, specifica se largo o stretto, totale o parziale e ordina gli elementi.

3 Fai almeno due rappresentazioni grafiche delle seguenti relazioni che descriviamo mediante elencazione. Indica per ognuna se è una relazione di equivalenza e, in caso affermativo, le classi di equivalenza.

a. $\mathcal{R} = \{(a; e), (b; b), (c; c), (c; d), (d; d), (e; e), (e; a)\}$.

b. $\mathcal{R} = \{(a; a), (b; b), (b; c), (c; c), (c; b), (c; d), (d; d), (d; c)\}$.

c. $\mathcal{R} = \{(1; 1), (1; 4), (2; 2), (3; 3), (4; 4), (4; 1)\}$.

4 **VIDEO** **Classi di equivalenza e insieme quoziente** Fai almeno due esempi di relazioni di equivalenza. Individua le classi di equivalenza e l'insieme quoziente.

4. FUNZIONI

DEFINIZIONI → Esercizi a pagina 185

DEFINIZIONE

Una relazione dall'insieme A all'insieme B è una **funzione** se a *ogni* elemento di A associa *un solo* elemento di B.

ESEMPIO

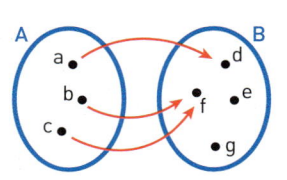

La relazione è una funzione: da ogni elemento di A parte una sola freccia.

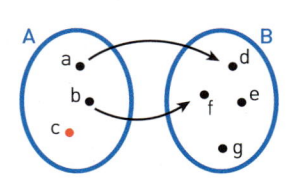

La relazione *non* è una funzione: c'è un elemento di A che *non* è in relazione.

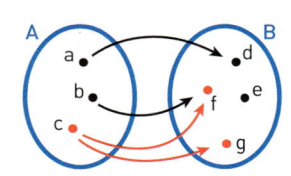

La relazione *non* è una funzione: a un elemento di A corrispondono *due* elementi di B.

Indichiamo una funzione con una lettera minuscola (di solito, f, g, h…) e con una scrittura del tipo:

$$f : A \to B.$$ —— si legge: «f è una funzione da A a B»

Se una funzione f fa corrispondere a un elemento x di A un elemento y di B, diciamo che y è **immagine** di x e x è **controimmagine** di y.
Per indicare che y è immagine di x, scriviamo: $y = f(x)$.
Il **dominio** di una funzione da A a B è l'insieme A, il **codominio** è il sottoinsieme di B costituito dagli elementi che sono immagini degli elementi di A.

Chiamiamo **funzione numerica** una funzione in cui dominio e codominio sono insiemi di numeri.

Particolari funzioni numeriche sono quelle che possono essere descritte mediante una **espressione analitica**, cioè un'espressione algebrica che lega gli elementi del dominio a quelli del codominio.

▸ $y = 2x + 3$, con x, $y \in \mathbb{N}$.

La variabile del dominio è detta **variabile indipendente**, quella del codominio **variabile dipendente**.

▸ $y = x^2$

variabile indipendente
variabile dipendente

Se una funzione numerica ha dominio e codominio che sono sottoinsiemi di $\mathbb{R}$, diciamo che è una **funzione reale di variabile reale**.

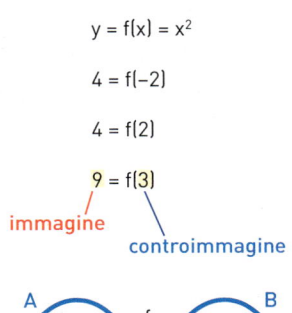

$y = f(x) = x^2$

$4 = f(-2)$

$4 = f(2)$

$9 = f(3)$

immagine
controimmagine

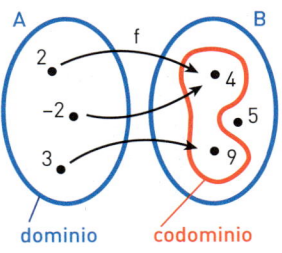

dominio
codominio

FUNZIONI SURIETTIVE, INIETTIVE, BIIETTIVE ➡ Esercizi a pagina 188

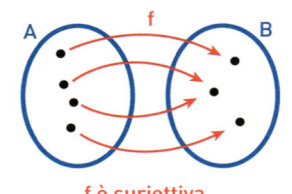

A function from set *A* to set *B* is **surjective** if for every element of *B* there is *at least one* element of *A* that is mapped onto it.

Funzione suriettiva

DEFINIZIONE

Una funzione da *A* a *B* è **suriettiva** se *ogni* elemento di *B* è l'immagine di *almeno* un elemento di *A*.

ESEMPIO

f è suriettiva

in *ogni* elemento di *B* arriva *almeno* una freccia

In una funzione suriettiva da *A* a *B*, il codominio coincide con *B*. Per rendere suriettiva una funzione che non lo è basta restringere al codominio il suo insieme di arrivo.

▶ La funzione da $\mathbb{N}$ a $\mathbb{N}$ $y = 10x$ non è suriettiva, perché, per esempio, 14 non fa parte del codominio. Tuttavia, se consideriamo la stessa funzione da $\mathbb{N}$ all'insieme dei naturali con zero come ultima cifra, la funzione è suriettiva.

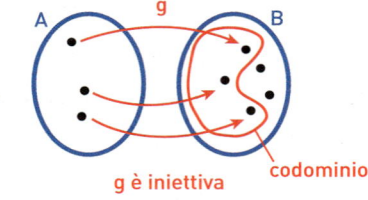

A function from set *A* to set *B* is **injective** if for every element of *B* there is *at most one* element of *A* that is mapped onto it; in other words, an injective function never maps two distinct elements of *A* onto the same element of *B*.

Funzione iniettiva

DEFINIZIONE

Una funzione è **iniettiva** se *ogni* elemento del suo codominio è immagine di *un solo* elemento del dominio.

ESEMPIO

g è iniettiva

codominio

due frecce vanno sempre in due distinti elementi di *B*

Consideriamo due esempi di funzione numerica, da $\mathbb{Z}$ a $\mathbb{Z}$.

▶ $y = x^2$ *non* è iniettiva perché, per esempio, $+4$ è immagine sia di -2, sia di $+2$. $y = x^3$ è iniettiva perché ogni *y* che è il cubo di un numero intero è immagine di un solo *x*. Per esempio, $+27$ è immagine di $+3$, -27 è immagine di -3 e così via.

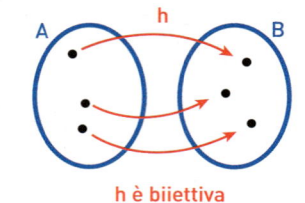

A function that is injective and surjective is called **bijective**.

Funzione biiettiva

DEFINIZIONE

Una funzione è **biiettiva** se è *suriettiva* e *iniettiva*.

ESEMPIO

h è biiettiva

la corrispondenza è *uno a uno*

Una funzione biiettiva da *A* a *B* è anche detta **corrispondenza biunivoca** o **corrispondenza uno a uno**, perché a *ogni* elemento di *A* corrisponde *un solo* elemento di *B* e *ogni* elemento di *B* è immagine di *un solo* elemento di *A*.

FUNZIONE INVERSA ➡ Esercizi a pagina 189

La relazione inversa di una funzione $f: A \to B$ è ancora una funzione se e solo se f è biiettiva. In questo caso, diciamo che f ammette la funzione inversa, che indichiamo con f^{-1}. La funzione inversa f^{-1} ha come insieme di partenza B e come insieme di arrivo A: $f^{-1}: B \to A$.

▸ La funzione f, da $\mathbb{Q}$ a $\mathbb{Q}$, $y = 2x$ è biiettiva. La sua inversa f^{-1} è $y = \dfrac{x}{2}$.

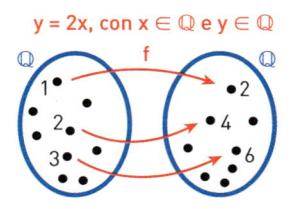 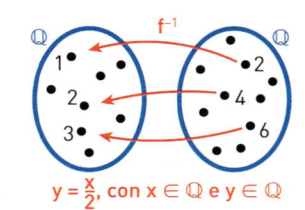

ESERCIZI PER COMINCIARE

1 📱 ANIMAZIONE Considerata la funzione $y = f(x) = -x^2 + 4$, con $x, y \in \mathbb{Z}$, $-2 \le x \le 2$ e $0 \le y \le 5$, rappresenta la funzione mediante un diagramma cartesiano e un diagramma a frecce. Scrivi il codominio e indica le controimmagini dei suoi elementi.

2 Considera gli insiemi $A = \{x \in \mathbb{N} \mid x \le 4\}$ e $B = \{y \in \mathbb{Z} \mid -2 \le y \le 5\}$ e la relazione $\mathcal{R}$ che associa $x \in A$ a $y \in B \leftrightarrow y = x - 1$.

a. Qual è l'immagine di 0? E la controimmagine di 2?

b. Rappresenta $\mathcal{R}$ con un diagramma cartesiano e dimostra che è una funzione.

c. Indica il codominio C della funzione.

3 📱 ANIMAZIONE Per ognuna delle relazioni da A a B rappresentate nei seguenti diagrammi cartesiani, indica se la relazione è una funzione e, in caso affermativo, se è suriettiva e iniettiva.

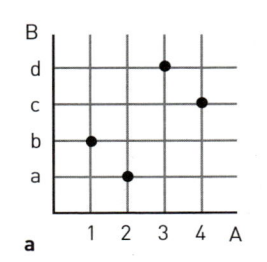 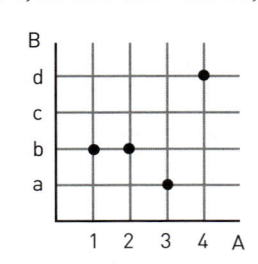 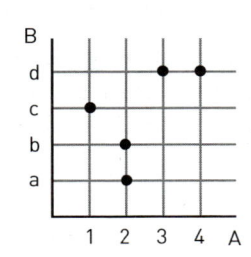

a   b   c

4 Stabilisci se ognuna delle funzioni rappresentate dai seguenti diagrammi è iniettiva, suriettiva, biiettiva.

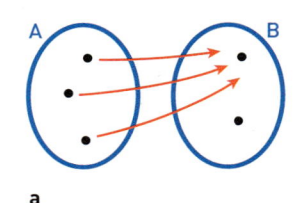 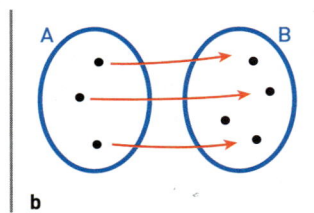 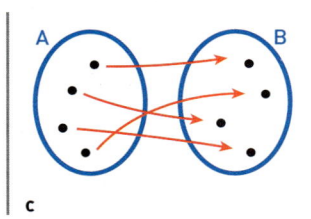

a   b   c

5 📱 VIDEO **Funzione inversa** Fai almeno due esempi di funzione invertibile. In generale, quali caratteristiche deve avere una funzione per essere invertibile?

5. PIANO CARTESIANO E GRAFICO DI UNA FUNZIONE

PIANO CARTESIANO → Esercizi a pagina 190

Per rappresentare una funzione reale di variabile reale utilizziamo il **piano cartesiano**. Descriviamolo riferendoci alla figura.

L'**asse delle ascisse**, o **asse *x***, e l'**asse delle ordinate**, o **asse *y***, sono due rette perpendicolari, che si incontrano nell'**origine *O***.

Entrambi gli assi sono orientati, su di essi è fissata un'unità di misura, l'origine corrisponde a zero ed è possibile rappresentare su ognuno degli assi un qualsiasi numero reale.

C'è corrispondenza biunivoca fra i punti del piano e le coppie del prodotto cartesiano $\mathbb{R} \times \mathbb{R}$:

- a ogni coppia di numeri reali $(x_P; y_P)$ corrisponde un punto P;
- a ogni punto P corrisponde una coppia $(x_P; y_P)$.

Diciamo che x_P è l'**ascissa** e y_P è l'**ordinata** di P o anche che P ha **coordinate** x_P e y_P. Indichiamo il punto con $P(x_P; y_P)$, che leggiamo: *P di coordinate x_P e y_P*.

▶ Nella figura è rappresentato il punto $P(2; 3)$.

Chiamiamo **quadranti** i quattro angoli retti in cui il piano cartesiano è diviso dagli assi; ordiniamo i quadranti come in figura.

Se un punto ha:

- ascissa e ordinata positive, appartiene al primo quadrante;
- ascissa negativa e ordinata positiva, appartiene al secondo quadrante;
- ascissa e ordinata negative, appartiene al terzo quadrante;
- ascissa positiva e ordinata negativa, appartiene al quarto quadrante.

GRAFICO DI UNA FUNZIONE → Esercizi a pagina 191

 The **graph** of a function *f* is the set of ordered pairs (x, y) in which $y = f(x)$.

DEFINIZIONE

Data una funzione reale di variabile reale $y = f(x)$, chiamiamo **grafico** della funzione l'insieme di tutti i punti del piano cartesiano che rappresentano le coppie $(x; y)$ della funzione.

ESEMPIO

Rappresentiamo *per punti*, in modo approssimato, il grafico di $y = \frac{1}{2} x^2 - 5$.

Costruiamo una tabella, assegnando a x alcuni valori e determinando i corrispondenti valori di y mediante l'espressione analitica. Le coppie ottenute sono le coordinate di punti del grafico. Tracciamo la linea del *grafico probabile* che passa per tutti i punti trovati.

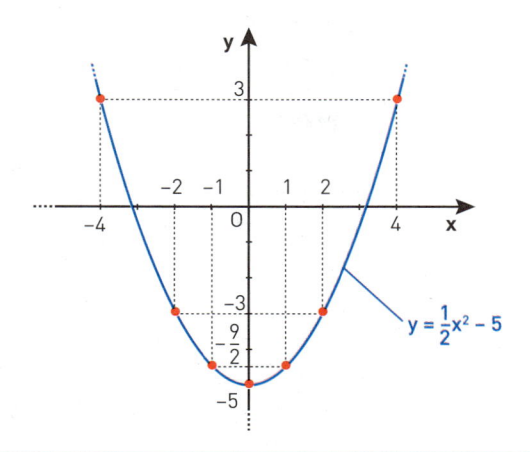

x	y
-4	3
-2	-3
-1	$-\dfrac{9}{2}$
0	-5
1	$-\dfrac{9}{2}$
2	-3
4	3

$3 = \dfrac{1}{2}(-4)^2 - 5$

$-\dfrac{9}{2} = \dfrac{1}{2}(-1)^2 - 5$

$y = \dfrac{1}{2}x^2 - 5$

ANALISI DI UN GRAFICO ➡ Esercizi a pagina **192**

Un grafico cartesiano fornisce in modo immediato informazioni.
In particolare, data una relazione da $\mathbb{R}$ a $\mathbb{R}$, se è noto il suo grafico, possiamo capire se è una funzione. Se immaginiamo di far scorrere nel piano una retta parallela all'asse y, essa interseca sempre il grafico di una funzione in un solo punto.

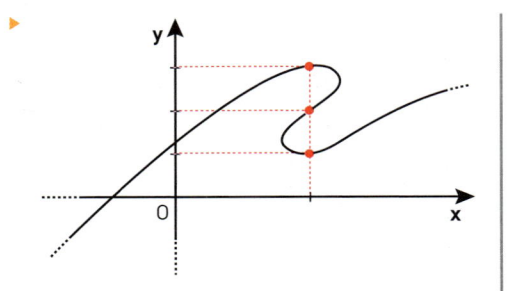

Il grafico non rappresenta una funzione: ci sono valori di x a cui corrispondono più valori di y.

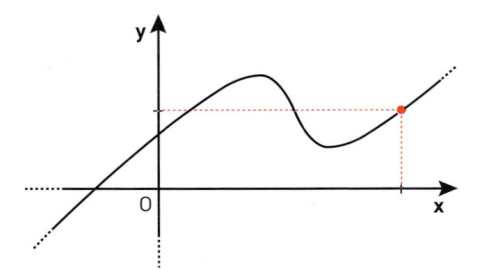

Il grafico rappresenta una funzione: a ogni valore di x corrisponde un solo valore di y.

ESERCIZI PER COMINCIARE

1 ▢ **ANIMAZIONE**

a. Date le coordinate $(2; 3)$, segna il punto P corrispondente nel piano cartesiano.

b. Dato il punto Q segnato in figura, determina le sue coordinate.

c. Insieme ai punti precedenti, rappresenta $R(-3; 1)$, $S(-1; -3)$, $T(4; -2)$ e indica i quadranti in cui si trovano.

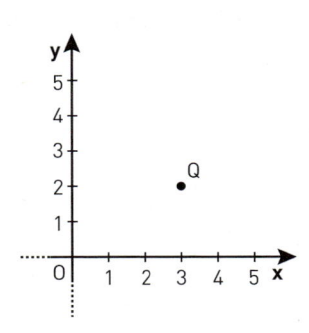

2 Rappresenta per punti il grafico delle seguenti funzioni:

a. $y = 4x$;   **b.** $y = -\dfrac{3}{2}x - 5$;   **c.** $y = -\dfrac{1}{3}x^2 + 1$.

ESERCIZI

1. RELAZIONI

> per esempio:
> $A = \{7, 8, 10\}$ $B = \{2, 3, 4\}$
> $a \mathcal{R} b \leftrightarrow a$ è multiplo di b
> $8 \mathcal{R} 2, 8 \mathcal{R} 4, 10 \mathcal{R} 2$

DEFINIZIONE DI RELAZIONE → Teoria a pagina 160

1 Dati gli insiemi $A = \{a, b, c, d, e\}$ e $B = \{a, b, c, f\}$, indica quali fra i seguenti insiemi indicano relazioni definite da A a B.

$\mathcal{R}_1 = \{(a; b), (d; c), (e; f), (c; c)\}$

$\mathcal{R}_2 = \{(a; a), (b; c), (a; e), (c; a)\}$

$\mathcal{R}_3 = \{(b; f), (d; c), (f; a)\}$

$\mathcal{R}_4 = \{(a; c), (c; a), (e; f), (d; b)\}$

2 Sono dati $A = \{-3, -2, 0, 1\}$ e $B = \{-1, -2, 4, 5\}$. Scrivi le coppie delle seguenti relazioni da A a B.

$a\mathcal{R}_1 b \leftrightarrow a$ è il precedente di b;

$a\mathcal{R}_2 b \leftrightarrow a$ è non maggiore di b;

$a\mathcal{R}_3 b \leftrightarrow a + b \geq 2$.

3 Dati gli insiemi $A = \{4, 6, 7, 12\}$ e $B = \{0, 6, 8, 5\}$ e la relazione $\mathcal{R}$:

$a\mathcal{R}b \leftrightarrow$ la somma di a e b è multipla di 4.

a. Scrivi le immagini di 12.

b. Scrivi le controimmagini di 8.

c. Qual è il dominio di $\mathcal{R}$?

4 **VERO O FALSO?** Considera gli insiemi

$A = \{-2, 0, 1, 2, 3, 4, 9\}$ e $B = \{0, 1, 4, 9, 25, 81\}$ e la relazione da A a B: $a\mathcal{R}b \leftrightarrow b$ è il quadrato di a.

a. -2 non ha immagine. V F

b. $1\mathcal{R}1$. V F

c. $9\mathcal{R}3$. V F

d. Il codominio è $\{0, 1, 4, 9\}$. V F

e. Esistono due elementi che non hanno immagine. V F

f. $\mathcal{R}$ è un insieme formato da cinque coppie. V F

5 **CHI HA RAGIONE?** $A = \{1, 2, 3, 4, 5\}$, $B = \{a, b, c\}$ e $\mathcal{R}$ è la relazione da A a B:

$\mathcal{R} = \{(1; b), (3; a), (3; b), (4; a), (4; c)\}$.

Giulia: «Esistono elementi di A che hanno almeno una immagine, quindi A è il dominio».

Giuseppe: «Ogni elemento di B ha almeno una controimmagine, quindi B è il codominio».

Chi non ha capito bene una delle definizioni?

Dati gli insiemi $A = \left\{-\dfrac{2}{3}, +4, -\dfrac{5}{2}, 0\right\}$ e $B = \left\{\dfrac{1}{2}, -\dfrac{1}{6}, -3\right\}$, per ciascuna delle relazioni seguenti, definite da A a B, scrivi le coppie e determina dominio e codominio.

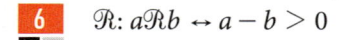

6 $\mathcal{R}: a\mathcal{R}b \leftrightarrow a - b > 0$

7 $\mathcal{R}: a\mathcal{R}b \leftrightarrow a < b$

8 $\mathcal{R}: a\mathcal{R}b \leftrightarrow a + b > 1$

RAPPRESENTAZIONE DI UNA RELAZIONE → Teoria a pagina 160

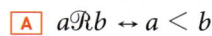

9 **TEST** Dati $A = \{1, 4, 5, 11\}$ e $B = \{1, 3, 8, 11\}$, indica quale delle seguenti relazioni, definite da A a B, è rappresentata dal diagramma cartesiano in figura.

A $a\mathcal{R}b \leftrightarrow a < b$

B $a\mathcal{R}b \leftrightarrow a \leq b$

C $a\mathcal{R}b \leftrightarrow a > b$

D $a\mathcal{R}b \leftrightarrow a \geq b$

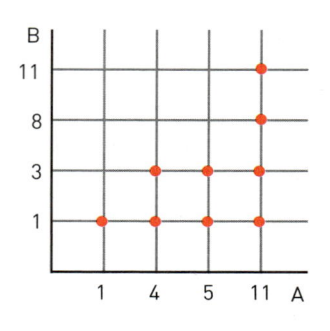

Dati $A = \{1, 3, 8, 9\}$ e $B = \{n \in \mathbb{N} \mid 4 \leq n < 8\}$, rappresentiamo in tutti i modi possibili la relazione $\mathcal{R}$, definita da A a B, $a\mathcal{R}b \leftrightarrow$ la somma di a e b è divisibile per 3.

Rappresentiamo B per elencazione: $B = \{n \in \mathbb{N} \mid 4 \leq n < 8\} = \{4, 5, 6, 7\}$.

Rappresentiamo ora $\mathcal{R}$ per elencazione: $\mathcal{R} = \{(1; 5), (3; 6), (8; 4), (8; 7), (9; 6)\}$.

Otteniamo le coppie anche con le altre rappresentazioni.

DIAGRAMMA A FRECCE	TABELLA A DOPPIA ENTRATA	DIAGRAMMA CARTESIANO
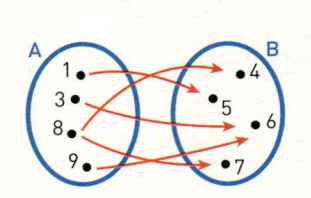	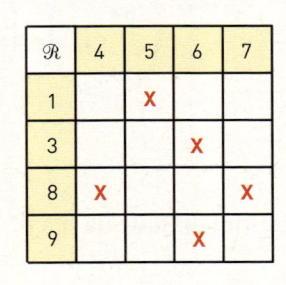	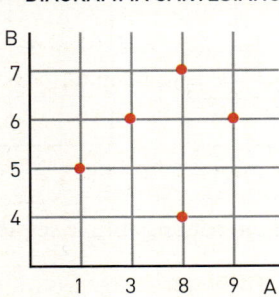

Dati $A = \{a \in \mathbb{Z} \mid -4 < a \leq 1\}$ e $B = \{b \in \mathbb{N} \mid b \leq 3\}$, **rappresenta le seguenti relazioni, definite da A a B, per elencazione e con un diagramma cartesiano.**

10 $\quad a\mathcal{R}b \leftrightarrow a + b > -2$

11 $\quad a\mathcal{R}b \leftrightarrow a > b$

12 $\quad a\mathcal{R}b \leftrightarrow ab > 0$

13 $\quad a\mathcal{R}b \leftrightarrow |a| > b$

14 Rappresenta la seguente relazione per elencazione, con un diagramma cartesiano e con una tabella a doppia entrata.

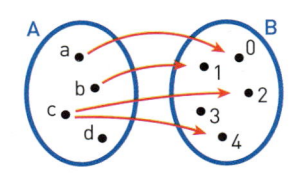

15 Rappresenta $\mathcal{R}$ per elencazione, con un diagramma a frecce e con una tabella a doppia entrata.

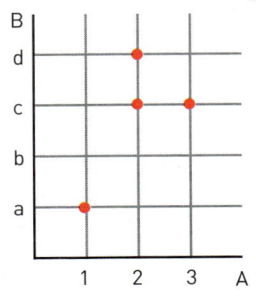

Dati $A = \{1, 3, 4, 6, 8\}$ e $B = \{2, 3, 4, 5\}$, **rappresenta le relazioni seguenti, definite da A a B, per elencazione e con un diagramma a frecce.**

16 $\quad a\mathcal{R}_1 b \leftrightarrow a$ è doppio di b

17 $\quad a\mathcal{R}_2 b \leftrightarrow a + b$ è un numero dispari

18 Rappresenta la relazione $\mathcal{R}$ da A a B per elencazione e con un diagramma cartesiano.

$\mathcal{R}$	1	2	3	4
a			X	
b	X			
c			X	
d		X		X

Dati $A = \{a \in \mathbb{N} \mid a \leq 10 \wedge a \text{ pari}\}$ e $B = \{b \in \mathbb{N} \mid 2 \leq b \leq 5\}$, **rappresenta le seguenti relazioni con un diagramma a frecce e con un diagramma cartesiano. Scrivi poi dominio e codominio di ciascuna di esse.**

19 $a\mathcal{R}_1 b \leftrightarrow a + b$ è multiplo di 5

20 $a\mathcal{R}_2 b \leftrightarrow b$ è la metà di a

21 Inserisci gli elementi grafici mancanti nelle tre figure in modo da rappresentare in tre modi diversi la stessa relazione. Scrivi le coppie mancanti in ognuna delle rappresentazioni.

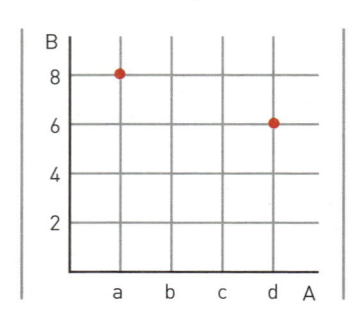 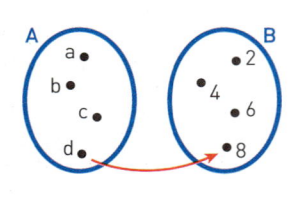

Rappresenta in tutti i modi possibili le seguenti relazioni definite da A a B.

22 ▢ **ESEMPIO DIGITALE** $a\mathcal{R}b \leftrightarrow a : b$ è un numero intero, $A = \left\{-\frac{1}{4}, +2, 0, -\frac{1}{3}\right\}$, $B = \left\{+4, -\frac{1}{4}, +\frac{1}{2}, -1\right\}$.

23 $a\mathcal{R}b \leftrightarrow ab$ è un numero dispari, $A = \{a \in \mathbb{N} \mid 0 < a < 4\}$, $B = \{b \in \mathbb{N} \mid 2 \leq b < 5\}$.

24 $a\mathcal{R}b \leftrightarrow a^3$ ha lo stesso numero di cifre di b^2, $A = \{3, 2, 5, 1\}$, $B = \{0, 4, 10\}$.

25 $a\mathcal{R}b \leftrightarrow a$ è un sesto di b, $A = \left\{6, -\frac{1}{6}, 12, 1\right\}$, $B = \{72, 6, +1, -1, 36\}$.

Grafi

Per ciascuna delle relazioni seguenti definite in A, traccia il grafo che le rappresenta.

26 ▢ **ESEMPIO DIGITALE** $a\mathcal{R}b \leftrightarrow a + b$ è un numero pari minore di 20, $A = \{a \in \mathbb{N} \mid 6 < a \leq 11\}$.

27 $a\mathcal{R}b \leftrightarrow a \cdot b > 0$, $A = \left\{-1, +3, -\frac{1}{2}, -\frac{1}{4}\right\}$.

28 $a\mathcal{R}b \leftrightarrow a + b$ è un numero pari, $A = \{a \in \mathbb{N} \mid 2 \leq a \leq 5\}$.

29 $a\mathcal{R}b \leftrightarrow a : b$ è un numero naturale, $A = \left\{-\frac{1}{2}, 2, -2, -4\right\}$.

30 $a\mathcal{R}b \leftrightarrow a$ ha lo stesso ordine di grandezza di b, $A = \{\text{tre milioni}, 14 \cdot 10^5, 0, 11 \cdot 10^4, 10^3\}$.

31 $a\mathcal{R}b \leftrightarrow a^b < 0$, $A = \{-1, -2, -250, -435, -8\}$.

32 **INTORNO A NOI** $a\mathcal{R}b \leftrightarrow a$ ha un numero di zampe doppio rispetto a quello di b, con A rappresentato in figura.

33 Rappresenta con un diagramma cartesiano le relazioni rappresentate dai grafi.

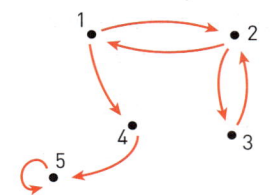 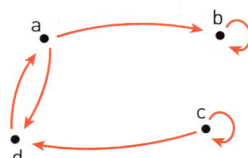

34 Rappresenta con una tabella a doppia entrata le relazioni dei grafi.

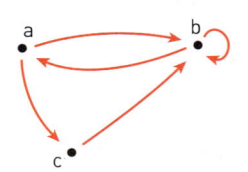 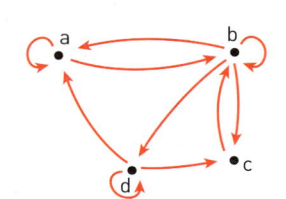

RELAZIONE INVERSA → Teoria a pagina 161

35 Data una relazione $\mathcal{R}$, stabilisci se:

a. esiste sempre la relazione inversa $\mathcal{R}^{-1}$;

b. la relazione $\mathcal{R}^{-1}$, se esiste, è unica.

36 Data la relazione $\mathcal{R}$ rappresentata in figura, scrivi le coppie di $\mathcal{R}$ e di $\mathcal{R}^{-1}$.

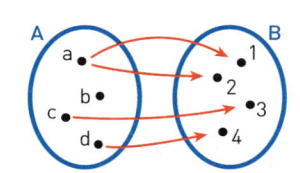

37 La tabella a doppia entrata in figura rappresenta la relazione inversa $\mathcal{R}^{-1}$ di una relazione $\mathcal{R}$. Scrivi le coppie di $\mathcal{R}$ e di $\mathcal{R}^{-1}$.

$\mathcal{R}^{-1}$	a	b	c	d
1	X			
2	X	X		X
4	X		X	

Dati gli insiemi $A = \{1, 2, 3, 6\}$, $B = \{n \in \mathbb{N} \mid n \le 5\}$ e la relazione, definita da A a B, $\mathcal{R} = \{(a; b) \mid a(b + 1) = 6\}$:

a. scriviamo le coppie di $\mathcal{R}$ e $\mathcal{R}^{-1}$;

b. esprimiamo mediante proprietà l'insieme di $\mathcal{R}^{-1}$;

c. indichiamo dominio e codominio di $\mathcal{R}$ e $\mathcal{R}^{-1}$ e rappresentiamo le due relazioni con un diagramma a frecce.

a. Rappresentiamo B per elencazione: $B = \{0, 1, 2, 3, 4, 5\}$.
Moltiplichiamo ogni elemento $a \in A$ per il successivo di ogni elemento $b \in B$; se il prodotto è 6, la coppia $(a; b) \in \mathcal{R}$.
Per esempio, la coppia $(1; 5) \in \mathcal{R}$ perché $1 \cdot (5 + 1) = 6$, mentre $(1; 0) \notin \mathcal{R}$ perché $1 \cdot (0 + 1) \neq 6$.
Otteniamo: $\mathcal{R} = \{(1; 5), (2; 2), (3; 1), (6; 0)\}$.
Quindi: $\mathcal{R}^{-1} = \{(5; 1), (2; 2), (1; 3), (0; 6)\}$.

b. La relazione inversa, definita da B ad A, è $\mathcal{R}^{-1} = \{(b; a) \mid a(b + 1) = 6\}$, con $b \in B$ e $a \in A$.

c. **Relazione $\mathcal{R}$**
Dominio:
$D = \{1, 2, 3, 6\}$.
Codominio:
$C = \{0, 1, 2, 5\}$.

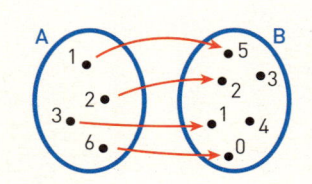

Relazione $\mathcal{R}^{-1}$
Dominio:
$D' = \{0, 1, 2, 5\}$.
Codominio:
$C' = \{1, 2, 3, 6\}$.

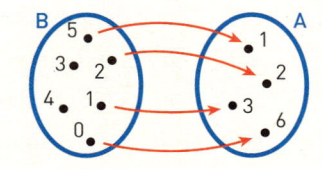

6 RELAZIONI E FUNZIONI

Dati gli insiemi $A = \{1, 4, 10, 9, 3\}$ e $B = \{2, 5, 3, 8, 1\}$, per ognuna delle relazioni seguenti, definite da A a B, scrivi le coppie di $\mathcal{R}$ e $\mathcal{R}^{-1}$, esprimi mediante proprietà l'insieme di $\mathcal{R}^{-1}$, indica dominio e codominio di $\mathcal{R}$ e di $\mathcal{R}^{-1}$ e rappresenta le due relazioni con un diagramma a frecce.

38 $\mathcal{R} = \{(a; b) \,|\, a = 2b\}$

39 $\mathcal{R} = \{(a; b) \,|\, a + 3b = 12\}$

40 $\mathcal{R} = \left\{(a; b) \,\middle|\, \dfrac{a}{b} \text{ è una frazione impropria}\right\}$

41 $\mathcal{R} = \left\{(a; b) \,\middle|\, \dfrac{a+b}{2} \text{ è una frazione apparente}\right\}$

42 $\mathcal{R} = \{(a; b) \,|\, a - b = 0\}$

43 $\mathcal{R} = \{(a; b) \,|\, b - a \geq 0\}$

44 $\mathcal{R} = \{(a; b) \,|\, a \text{ è il quadrato di } b\}$

45 $\mathcal{R} = \{(a; b) \,|\, ab \geq 20\}$

46 $\mathcal{R} = \{(a; b) \,|\, a > b\}$

47 $\mathcal{R} = \{(a; b) \,|\, a = b + 2\}$

2. PROPRIETÀ DELLE RELAZIONI

> $\mathcal{R}$, definita in A, è riflessiva se: $x\,\mathcal{R}\,x, \; \forall x \in A$.

PROPRIETÀ RIFLESSIVA E ANTIRIFLESSIVA → Teoria a pagina 162

ESEMPIO

Stabiliamo se vale la proprietà riflessiva o quella antiriflessiva per le seguenti relazioni nell'insieme $A = \{1, 2, 3\}$.

a. $\mathcal{R}_1 = \{(1; 1), (1; 3), (2; 2), (3; 2), (3; 3)\}$

b. $\mathcal{R}_2$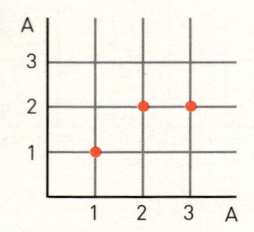

c. $\mathcal{R}_3$

$\mathcal{R}_3$	1	2	3
1			X
2	X		
3		X	

d. $\mathcal{R}_4$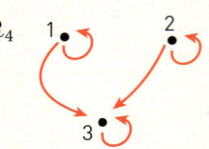

a. $\mathcal{R}_1$ è riflessiva perché contiene *tutte* le coppie del tipo $(a; a)$, con $a \in A$, ovvero: $(1; 1)$, $(2; 2)$, $(3; 3)$.

b. $\mathcal{R}_2$ *non* è riflessiva perché, se osserviamo i punti della bisettrice, non contiene la coppia $(3; 3)$; *non* è antiriflessiva perché contiene le coppie $(1; 1)$ e $(2; 2)$.

c. $\mathcal{R}_3$ è antiriflessiva perché, se osserviamo le caselle della diagonale, nessuna di esse è occupata.

d. $\mathcal{R}_4$ è riflessiva perché ogni nodo è collegato a se stesso.

48 📱 **TEST** Quale di queste relazioni, definite nell'insieme $\mathbb{Z}$ dei numeri interi, è riflessiva?

- **A** $a\mathcal{R}b \leftrightarrow a$ è maggiore di b.
- **B** $a\mathcal{R}b \leftrightarrow a$ è maggiore o uguale a $b + 1$.
- **C** $a\mathcal{R}b \leftrightarrow a$ è minore di b.
- **D** $a\mathcal{R}b \leftrightarrow a$ è minore o uguale a b.

49 📱 **TEST** Quale di queste relazioni è antiriflessiva?

- **A** $a\mathcal{R}b \leftrightarrow ab \leq 0$ definita in $\mathbb{N}$.
- **B** $a\mathcal{R}b \leftrightarrow ab \leq 0$ definita in $\mathbb{Z}$.
- **C** $a\mathcal{R}b \leftrightarrow ab \leq 0$ definita in $A = \{a \in \mathbb{Z} \,|\, a \leq -2\}$.
- **D** $a\mathcal{R}b \leftrightarrow ab \leq 0$ definita in $A = \{a \in \mathbb{Z} \,|\, -3 < a \leq 4\}$.

Stabilisci se le seguenti relazioni godono della proprietà riflessiva o della proprietà antiriflessiva, motivando la risposta.

50 Nell'insieme degli abitanti della regione Piemonte: $a\mathcal{R}b \leftrightarrow a$ abita nella stessa città di b.

51 Nell'insieme dei rettangoli: $a\mathcal{R}b \leftrightarrow a$ e b hanno la stessa area.

52 Nell'insieme $A = \{1, 4; a\}$: $\mathcal{R} = \{(1; 1), (1; a), (4; 4), (4; 1), (a; a)\}$.

53 Nell'insieme $A = \{a, b, c, d\}$: $\mathcal{R} = \{(a; a), (a; d), (a; c), (b; b), (c; d)\}$.

54 Nell'insieme $A = \{1, 2, 4, 6\}$: $\mathcal{R} = \{(1; 2), (2; 4), (4; 1), (6; 4)\}$.

55

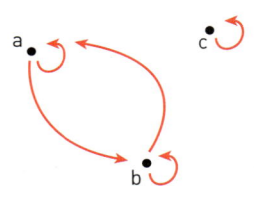

a

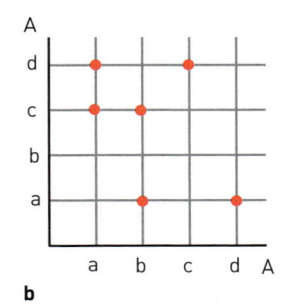

b

$\mathcal{R}$	a	b	c	d
a		X		
b	X		X	
c		X		X
d		X		

c

PROPRIETÀ SIMMETRICA E ANTISIMMETRICA

→ Teoria a pagina **163**

> $\mathcal{R}$, definita in A, è simmetrica se: se $x \mathcal{R} y$, allora $y \mathcal{R} x$.

Stabiliamo se vale la proprietà simmetrica o quella antisimmetrica per le seguenti relazioni nell'insieme $A = \{a, b, c\}$.

a. $\mathcal{R}_1 = \{(a; b), (b; b), (b; a), (a; a), (c; c)\}$

b. $\mathcal{R}_2$

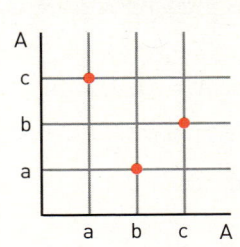

c. $\mathcal{R}_3$

$\mathcal{R}_3$	a	b	c
a		X	X
b	X		
c			

d. $\mathcal{R}_4$

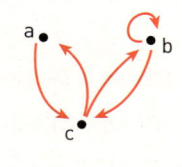

a. $\mathcal{R}_1$ è simmetrica perché l'unica coppia costituita da due elementi diversi è $(a; b)$ e $\mathcal{R}_1$ contiene anche $(b; a)$.

b. $\mathcal{R}_2$ è antisimmetrica perché per ogni punto della relazione non esiste il punto a esso simmetrico rispetto alla bisettrice.

c. $\mathcal{R}_3$ *non* è simmetrica perché la casella $(a; c)$ è occupata, ma non lo è la casella simmetrica rispetto alla diagonale $(c; a)$; *non* è antisimmetrica perché sono occupate sia la casella $(a; b)$ sia la sua simmetrica rispetto alla diagonale $(b; a)$.

d. $\mathcal{R}_4$ è simmetrica perché per ogni freccia che collega un nodo a un altro c'è anche la freccia che collega il secondo al primo.

56 📱 **TEST** Quale di queste relazioni è simmetrica?

- **A** $a\mathcal{R}b \leftrightarrow a \subset b$ nell'insieme delle parti di un insieme.
- **B** $a\mathcal{R}b \leftrightarrow a$ ha più capitoli di b nell'insieme dei libri.
- **C** $a\mathcal{R}b \leftrightarrow a - b > 2$ nell'insieme $\mathbb{Z}$.
- **D** $a\mathcal{R}b \leftrightarrow a + b < 3$ nell'insieme $\mathbb{Z}$.

57 📱 **TEST** Quale di queste relazioni, definite in un insieme di persone, è antisimmetrica?

- **A** $a\mathcal{R}b \leftrightarrow a$ è cugino/cugina di b.
- **B** $a\mathcal{R}b \leftrightarrow a$ è parente di b.
- **C** $a\mathcal{R}b \leftrightarrow a$ è genitore di b.
- **D** $a\mathcal{R}b \leftrightarrow a$ è fratello/sorella di b.

Stabilisci se le seguenti relazioni godono della proprietà simmetrica o di quella antisimmetrica.

58 Nell'insieme delle figure piane: $a\mathcal{R}b \leftrightarrow a$ ha perimetro minore di b.

59 Nell'insieme degli studenti di una classe: $a\mathcal{R}b \leftrightarrow a$ è vicino di banco di b.

60 Nell'insieme degli abitanti di una città: $a\mathcal{R}b \leftrightarrow a$ è cugino/cugina di b.

61 Nell'insieme $A = \{a, b, c, d\}$, $\mathcal{R} = \{(a; a), (b; c), (c; c), (c; b), (d; a)\}$.

62 Nell'insieme $A = \{1, 2, 3, c\}$, $\mathcal{R} = \{(1; 2), (2; c), (c; 1), (2; 3)\}$.

63 Nell'insieme $A = \{3, a, b\}$, $\mathcal{R} = \{(a; a), (3; a), (b; a), (a; 3), (a; b)\}$.

64

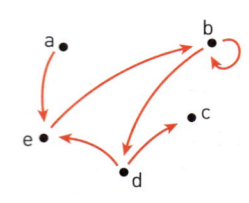

a

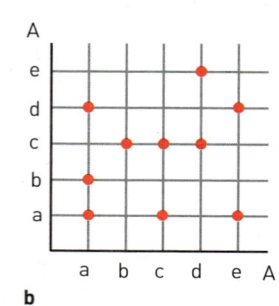

b

$\mathcal{R}$	a	b	c
a		X	
b	X		
c		X	

c

PROPRIETÀ TRANSITIVA ➡ Teoria a pagina **164**

> $\mathcal{R}$, definita in A, è transitiva se: se $x\,\mathcal{R}\,y$ e $y\,\mathcal{R}\,z$, allora $x\,\mathcal{R}\,z$.

Stabiliamo se vale la proprietà transitiva per le seguenti relazioni nell'insieme $A = \{1, 2, 3, 4\}$.

a. $\mathcal{R}_1 = \{(1; 1), (1; 2), (2; 4), (2; 3), (2; 2)\}$

b. $\mathcal{R}_2$

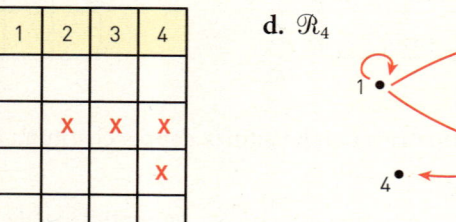

c. $\mathcal{R}_3$

$\mathcal{R}_3$	1	2	3	4
1				
2		X	X	X
3				X
4				

d. $\mathcal{R}_4$

a. $\mathcal{R}_1$ *non* è transitiva perché, per esempio, $1\mathcal{R}_1 2$ e $2\mathcal{R}_1 4$ ma $1\cancel{\mathcal{R}_1}4$ ($(1; 4) \notin \mathcal{R}_1$).

b. $\mathcal{R}_2$ è transitiva perché, se consideriamo *tutti* i casi del tipo $a\mathcal{R}_2 b$, $b\mathcal{R}_2 c$:
$1\mathcal{R}_2 1$, $1\mathcal{R}_2 3$ e $1\mathcal{R}_2 3$; $\quad$ $4\mathcal{R}_2 1$, $1\mathcal{R}_2 1$ e $4\mathcal{R}_2 1$; $\quad$ $4\mathcal{R}_2 1$, $1\mathcal{R}_2 3$ e $4\mathcal{R}_2 3$.

c. $\mathcal{R}_3$ è transitiva perché, se consideriamo *tutti* i casi del tipo $a\mathcal{R}_3 b$, $b\mathcal{R}_3 c$:
$2\mathcal{R}_3 2$, $2\mathcal{R}_3 3$ e $2\mathcal{R}_3 3$; $\quad$ $2\mathcal{R}_3 2$, $2\mathcal{R}_3 4$ e $2\mathcal{R}_3 4$; $\quad$ $2\mathcal{R}_3 3$, $3\mathcal{R}_3 4$ e $2\mathcal{R}_3 4$.

d. $\mathcal{R}_4$ *non* è transitiva perché, per esempio, $2\mathcal{R}_4 3$, $3\mathcal{R}_4 4$ ma $2\cancel{\mathcal{R}_4}4$ (non c'è la freccia che collega 2 a 4).

65 □ **TEST** Quale delle seguenti relazioni $\mathcal{R}$ in un insieme di persone *non* soddisfa la proprietà transitiva?

A $\ a\mathcal{R}b \leftrightarrow a$ è fratello germano di b.

B $\ a\mathcal{R}b \leftrightarrow a$ è figlio di b.

C $\ a\mathcal{R}b \leftrightarrow a$ è discendente di b.

D $\ a\mathcal{R}b \leftrightarrow a$ è coetaneo di b.

66 □ **TEST** Quale di queste relazioni è transitiva?

A $\ a\mathcal{R}b \leftrightarrow a \perp b$ nell'insieme delle rette di un piano.

B $\ a\mathcal{R}b \leftrightarrow a + b > 0$ nell'insieme $\mathbb{Z}$.

C $\ a\mathcal{R}b \leftrightarrow a$ ha meno zampe di b nell'insieme degli animali.

D $\ a\mathcal{R}b \leftrightarrow a$ è padre di b in un insieme di persone.

Stabilisci se le seguenti relazioni godono della proprietà transitiva.

67 Nell'insieme degli studenti di una classe: $a\mathcal{R}b \leftrightarrow a$ ha preso un voto più alto di b.

68 Nell'insieme degli abitanti di un palazzo: $a\mathcal{R}b \leftrightarrow a$ abita allo stesso piano di b.

69 Nell'insieme $A = \{1, 2, 3\}$: $\mathcal{R} = \{(1; 2), (1; 3), (2; 3), (3; 2)\}$.

70 Nell'insieme $A = \{a, b, c, d\}$: $\mathcal{R} = \{(a; b), (d; c), (c; b), (b; c), (a; c)\}$.

71 Nell'insieme $A = \{1, 3, b\}$: $\mathcal{R} = \{(3; b), (1; 3), (3; 1), (b; 1), (1; 1)\}$.

72

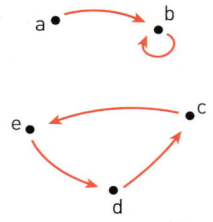

a

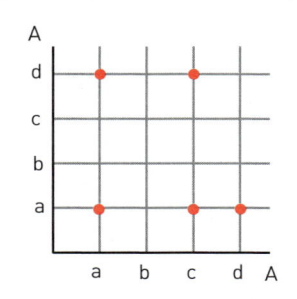

b

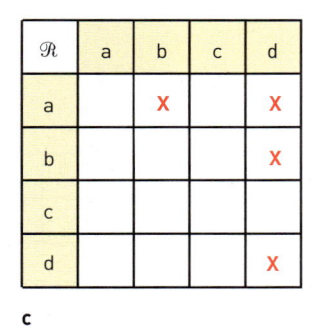

c

Riepilogo sulle proprietà delle relazioni

Individua le proprietà delle seguenti relazioni definite nell'insieme $A = \{a, b, c\}$.

73 $\mathcal{R} = \{(a; a), (a; b), (b; b), (c; b), (c; a), (c; c)\}$.

74 $\mathcal{R} = \{(c; a), (c; b), (b; a)\}$.

75 □ **ESEMPIO DIGITALE**
$\mathcal{R} = \{(a; b), (b; a), (a; c), (c; b), (c; a), (b; c)\}$.

76 $\mathcal{R} = \{(a; a)\}$.

77 $\mathcal{R} = \{(a; a), (a; b), (b; b)\}$.

Individua le proprietà delle seguenti relazioni nell'insieme indicato.

78 Nell'insieme delle rette del piano, la relazione di perpendicolarità.

79 In un insieme di persone, la relazione $\mathcal{R}$:
$a\mathcal{R}b \leftrightarrow a$ ha età non minore di b.

80 In un insieme di studenti, la relazione $\mathcal{R}$:
$a\mathcal{R}b \leftrightarrow a$ frequenta la stessa scuola di b.

81 In un insieme di persone, la relazione $\mathcal{R}$:
$a\mathcal{R}b \leftrightarrow a$ è nato nello stesso mese di b.

Individua le proprietà delle seguenti relazioni definite nell'insieme $\mathbb{N}$.

82 $\mathcal{R}: a\mathcal{R}b \leftrightarrow a$ è il doppio di b.

83 $\mathcal{R}: a\mathcal{R}b \leftrightarrow a + b$ è dispari.

84 $\mathcal{R}: a\mathcal{R}b \leftrightarrow a$ è potenza di b.

85 $\mathcal{R}: a\mathcal{R}b \leftrightarrow ab = 25$.

86 $\mathcal{R}: a\mathcal{R}b \leftrightarrow a$ è divisore di b.

87 $\mathcal{R}: a\mathcal{R}b \leftrightarrow ab < 6$.

88 $\mathcal{R}: a\mathcal{R}b \leftrightarrow a \leq b$.

6 RELAZIONI E FUNZIONI

Individua le proprietà delle seguenti relazioni nell'insieme A indicato.

89 Nell'insieme $A = \{0, 2, 6, 10\}$, la relazione $\mathcal{R}: a\mathcal{R}b \leftrightarrow a + b$ è divisibile per 4.

90 Nell'insieme $A = \left\{-2, -1, 0, \frac{1}{3}, \frac{2}{5}\right\}$, la relazione $\mathcal{R}: a\mathcal{R}b \leftrightarrow ab \geq 0$.

91 Nell'insieme $A = \{3, 7, 9, 18, 19, 28, 35, 36\}$, la relazione $\mathcal{R}: a\mathcal{R}b \leftrightarrow a$ è divisibile per b.

92 Nell'insieme $A = \{5, 18, 365, 9740\}$, la relazione $\mathcal{R}: a\mathcal{R}b \leftrightarrow$ il numero delle cifre di a è maggiore del numero delle cifre di b.

Individua le proprietà delle seguenti relazioni.

93
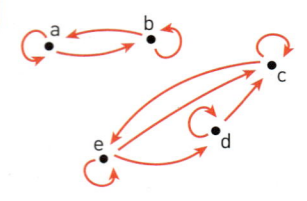
a

b

94
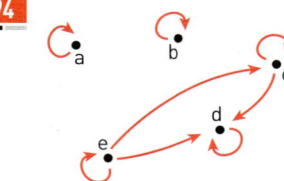
a

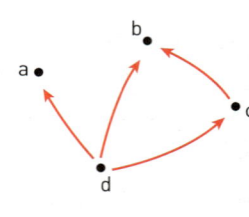
b

95
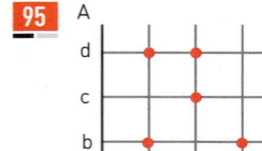
a

b

96
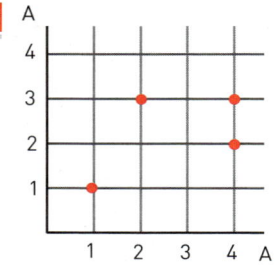
a

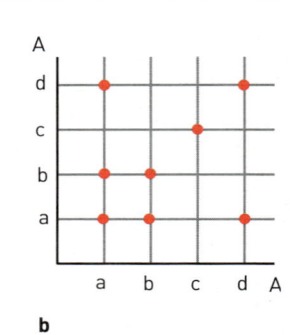
b

97

$\mathcal{R}$	1	2	3	4
1	X			
2	X	X		
3	X	X		
4				X

a

$\mathcal{R}$	a	b	c	d
a	X	X		
b	X	X		
c			X	X
d			X	X

b

98

$\mathcal{R}$	a	b	c	d
a				
b			X	
c				X
d		X		X

a

$\mathcal{R}$	1	2	3	4
1	X	X		
2			X	
3	X			X
4		X		X

b

99 **EUREKA!** **Triangoli in relazione** Considera l'insieme $T = \{$triangoli del piano$\}$ e in T la relazione $\mathcal{R}: t_1\mathcal{R}t_2 \leftrightarrow t_1$ e t_2 hanno almeno una coppia di lati ordinatamente congruenti.
Quale, tra le proprietà riflessiva, simmetrica, transitiva, è verificata per $\mathcal{R}$? Se la stessa relazione fosse definita nell'insieme $T' = \{$triangoli isosceli$\}$, quali proprietà avrebbe?

180

3. RELAZIONI DI EQUIVALENZA E D'ORDINE

RELAZIONE DI EQUIVALENZA → Teoria a pagina 165

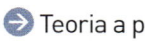
relazione di equivalenza:
✓ riflessiva,
✓ simmetrica,
✓ transitiva.

100 Quali delle seguenti relazioni, definite nell'insieme delle parole della lingua italiana, sono di equivalenza e quali non lo sono?

a. Avere lo stesso numero di lettere.

b. Essere una l'anagramma dell'altra.

c. Avere una lettera in comune.

d. Differire per una sola lettera.

> **ESEMPIO**
>
> Stabiliamo se la relazione $\mathscr{R}: a\mathscr{R}b \leftrightarrow a$ è alto come b, nell'insieme dei dipendenti di un'azienda, è di equivalenza. La relazione $\mathscr{R}$ è:
> - riflessiva (ogni dipendente è alto come se stesso);
> - simmetrica (se a è alto come b, allora b è alto come a);
> - transitiva (se a è alto come b e b è alto come c, allora a è alto come c).
>
> Concludiamo che la relazione $\mathscr{R}$ è di equivalenza.

Stabilisci se le seguenti relazioni sono di equivalenza.

101 Nell'insieme degli studenti della tua classe, $\mathscr{R}: a\mathscr{R}b \leftrightarrow a$ e b hanno lo stesso numero di applicazioni sul tablet.

102 In $\mathbb{N}$, $\mathscr{R}: a\mathscr{R}b \leftrightarrow a$ è un divisore di b.

103 In $\mathbb{N}$, $\mathscr{R}: a\mathscr{R}b \leftrightarrow a$ e b divisi per 4 danno lo stesso resto.

104 In $\mathbb{Z}$, $\mathscr{R}: a\mathscr{R}b \leftrightarrow$ la differenza tra a e b è divisibile per 4.

105 In $\mathbb{N}$, $\mathscr{R}: a\mathscr{R}b \leftrightarrow a$ è la metà di b.

106 In $A = \{a, b, c\}$: $\mathscr{R} = \{(a; a), (a; c), (b; b), (c; c), (c; b), (c; a), (b; c)\}$.

107 **FAI UN ESEMPIO** Fornisci almeno tre esempi di relazioni di equivalenza.

108 Indica quali di questi grafi rappresentano una relazione di equivalenza.

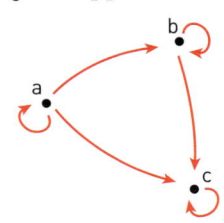
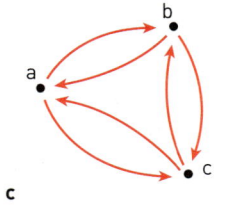
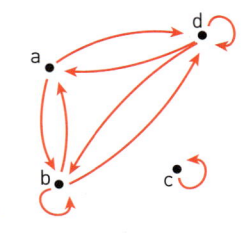

a   b   c   d

109 Indica quali dei seguenti diagrammi cartesiani rappresentano una relazione di equivalenza.

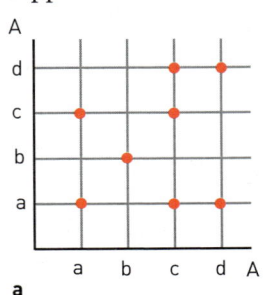
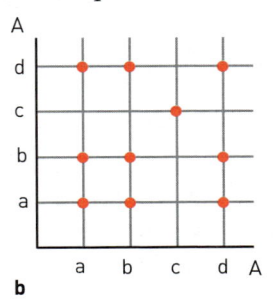

a   b

110 Indica quale di queste tabelle rappresenta una relazione di equivalenza.

$\mathscr{R}$	a	b	c	d
a	X			X
b		X		
c	X		X	
d				X

a

$\mathscr{R}$	1	2	3	4
1	X	X		X
2	X	X		
3			X	
4	X			X

b

CLASSI DI EQUIVALENZA E INSIEME QUOZIENTE ➲ Teoria a pagina 165

111 📱 **VERO O FALSO?** Considera una relazione di equivalenza $\mathcal{R}$, definita in A, tale che l'insieme quoziente Q di $\mathcal{R}$ sia costituito da quattro classi di equivalenza: $Q = \{A_1, A_2, A_3, A_4\}$.

a. Se $a \in A_1$, allora $a \notin A_4$. ☐V ☐F
b. $A_3 \in Q$. ☐V ☐F
c. $A_4 \subset A$. ☐V ☐F
d. $A_1 \cap A_2 = \varnothing$. ☐V ☐F
e. $A_1 \cup A_2 \cup A_3 \cup A_4 \subset Q$. ☐V ☐F
f. Se $a \in A_4$, allora $a \in A$. ☐V ☐F

Verifica che le seguenti relazioni sono di equivalenza e determina per ognuna di esse le classi di equivalenza e l'insieme quoziente.

112 📱 **ESEMPIO DIGITALE** In $A = \{4, 13, 14, 16, 22, 32, 43, 63\}$, $\mathcal{R}: a\mathcal{R}b \leftrightarrow$ la somma delle cifre di a è uguale alla somma delle cifre di b.

113 Nell'insieme degli studenti della tua scuola, $\mathcal{R}: a\mathcal{R}b \leftrightarrow a$ è in classe con b.

114 In $A = \left\{1, \bar{6}, 6^{-2}, 5 \cdot 3^{-1}, \dfrac{1}{6 \cdot 10^{-1}}, \dfrac{2^{-2}}{18}, 0,02\bar{7}\right\}$, $\mathcal{R}: a\mathcal{R}b \leftrightarrow a = b$.

115 In $A = \{a \in \mathbb{Z} \,|\, -8 \le a < 9\}$, $\mathcal{R}: a\mathcal{R}b \leftrightarrow a$ e b hanno lo stesso valore assoluto.

116 In $\mathbb{N}$, $\mathcal{R}: a\mathcal{R}b \leftrightarrow a$ e b divisi per 6 danno lo stesso resto.

117 In $A = \{6, 12, 26, 46, 52, 63\}$, $\mathcal{R}: a\mathcal{R}b \leftrightarrow a$ e b hanno la stessa cifra delle unità.

118 In $A = \{a \in \mathbb{N} \,|\, 1 < a \le 7\}$, $\mathcal{R}: a\mathcal{R}b \leftrightarrow a + b + 1$ è dispari.

119 **EUREKA!** **È un'equivalenza?** Per ciascuna delle seguenti relazioni, indica se si tratta di una relazione di equivalenza. In caso affermativo, specifica il numero delle classi di equivalenza che costituiscono l'insieme quoziente.

a. Nell'insieme $A = \{\text{rette del piano}\}$, $\mathcal{R}: r\mathcal{R}s \leftrightarrow r$ e s hanno almeno un punto in comune.
b. Nell'insieme $A = \{-1, 1\}$, $\mathcal{R}: x\mathcal{R}y \leftrightarrow x \cdot y = 1$.
c. Nell'insieme $A = \mathbb{Z}$, $\mathcal{R}: x\mathcal{R}y \leftrightarrow (x - y)$ è un multiplo di 2.
d. Nell'insieme $A = \mathbb{N} - \{0\}$, $\mathcal{R}: x\mathcal{R}y \leftrightarrow x$ è un divisore di y.

Determina le classi di equivalenza e l'insieme quoziente delle seguenti relazioni di equivalenza.

120

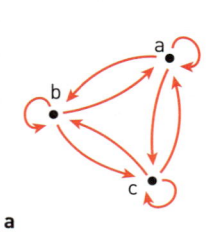

a

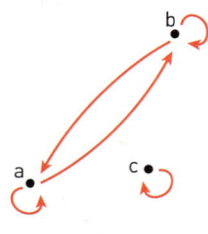

b

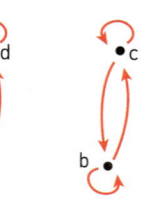

c

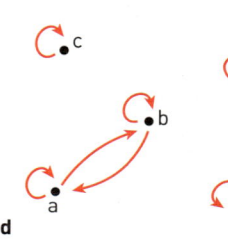

d

121

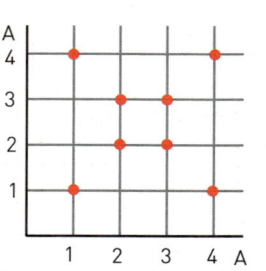

a

b

122

a

$\mathcal{R}$	a	b	c	d
a	X			X
b		X		
c			X	
d	X			X

b

$\mathcal{R}$	1	2	3	4
1	X	X		
2	X	X		
3			X	
4				X

123 **COMPLETA** La tabella seguente rappresenta una relazione di equivalenza nell'insieme {*a*, *b*, *c*, *d*, *e*}, ma sono state dimenticate otto crocette. Dove vanno inserite? Determina le classi di equivalenza.

$\mathcal{R}$	a	b	c	d	e
a	X				X
b			X		
c				X	
d				X	
e					

124 Considera $\mathcal{R}$ definita in $A = \{1, 2, 3, 4, 5\}$ dalla tabella seguente.

  a. Rappresentala con un grafo.
  b. Verifica che è una relazione di equivalenza.
  c. Scrivi le classi di equivalenza.

$\mathcal{R}$	1	2	3	4	5
1	X				
2		X	X		
3		X	X		
4				X	X
5				X	X

125 **EUREKA!** **Equivalenze fra sei** In una stanza ci sono sei persone, Anna, Bice, Bruno, Chiara, Carlo e Andrea. Considera i seguenti possibili insiemi di sottoinsiemi dell'insieme S avente per elementi i loro nomi:

$A = \{\{n \in S \mid n \text{ inizia per B}\}, \{n \in S \mid n \text{ ha 4 lettere}\}, \{n \in S \mid n \text{ è maschile}\}\}$;

$B = \{\{n \in S \mid n \text{ inizia per A}\}, \{n \in S \mid n \text{ inizia per B}\}, \{n \in S \mid n \text{ inizia per C}\}\}$;

$C = \{\{n \in S \mid n \text{ ha 4 lettere}\}, \{n \in S \mid n \text{ ha 5 lettere}\}, \{n \in S \mid n \text{ ha 6 lettere}\}\}$;

$D = \{\{n \in S \mid n \text{ è maschile}\}, \{n \in S \mid n \text{ è femminile}\}, \{n \in S \mid n \text{ inizia per C}\}\}$.

In quali casi tale insieme di sottoinsiemi può essere l'insieme quoziente di una relazione di equivalenza su S? Motiva la risposta e in caso affermativo esprimi la relazione con una proprietà.

RELAZIONE D'ORDINE ➡ Teoria a pagina 166

> relazione d'ordine:
> √ antisimmetrica,   √ transitiva.

ESEMPIO

Stabiliamo se la relazione $\mathcal{R}: a\mathcal{R}b \leftrightarrow a$ è multiplo di b, nell'insieme $A = \{4, 6, 10, 12, 24, 28\}$ è d'ordine. In caso affermativo ordiniamo gli elementi di A e stabiliamo se $\mathcal{R}$ è di ordine largo o stretto, totale o parziale.

La relazione $\mathcal{R}$ è:

- riflessiva, perché ogni numero è multiplo di se stesso;

- antisimmetrica, perché se a è multiplo di b, con $a \neq b$, b non è multiplo di a (per esempio: $12\mathcal{R}6$ ma $6\mathcal{\not R}12$);

- transitiva, perché, comunque si scelgano tre numeri, se a è multiplo di b e b è multiplo di c, allora a è multiplo di c (per esempio: $24\mathcal{R}12$, $12\mathcal{R}4$ e $24\mathcal{R}4$).

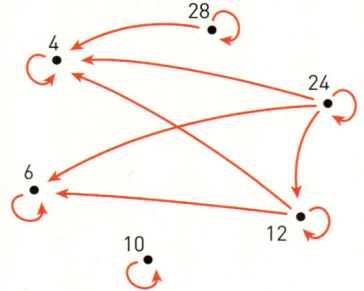

Di conseguenza, poiché $\mathcal{R}$ è antisimmetrica e transitiva, è una relazione d'ordine; poiché $\mathcal{R}$ è anche riflessiva, è una relazione di ordine largo. Inoltre $\mathcal{R}$ è di ordine parziale, poiché esistono degli elementi a e b distinti di A non confrontabili, ovvero tali che $a\mathcal{\not R}b$ e $b\mathcal{\not R}a$ (per esempio: $4\mathcal{\not R}6$ e $6\mathcal{\not R}4$).

Ordiniamo infine gli elementi di A come nello schema a fianco.

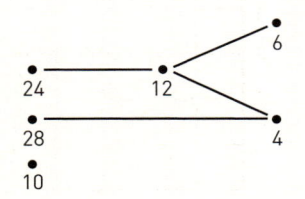

6 RELAZIONI E FUNZIONI

Stabilisci se le seguenti relazioni sono relazioni d'ordine nell'insieme assegnato. In caso affermativo ordina gli elementi dell'insieme e specifica se le relazioni sono di ordine largo o stretto, totale o parziale.

126 **INTORNO A NOI** Nell'insieme A dei recipienti della figura,
$\mathcal{R}: a\mathcal{R}b \leftrightarrow a$ è più capiente di b.

127 In $A = \{$acqua, vapore, ghiaccio$\}$,
$\mathcal{R}: a\mathcal{R}b \leftrightarrow a$ ha temperatura maggiore o uguale a b.

128 In $A = \{$minuto, secondo, ora, anno, decennio, secolo, giorno$\}$, $\mathcal{R}: a\mathcal{R}b \leftrightarrow a$ ha durata maggiore di b.

129 In $A = \{a \in \mathbb{N} \mid 1 \leq a < 19\}$, $\mathcal{R}: a\mathcal{R}b \leftrightarrow a$ è il triplo di b.

130 In $A = \{a \in \mathbb{N} \mid 15 \leq a \leq 45\}$, $\mathcal{R}: a\mathcal{R}b \leftrightarrow a$ è sottomultiplo di b.

131 In $A = \{a \in \mathbb{N} \mid 0 < a < 9\}$, $\mathcal{R}: a\mathcal{R}b \leftrightarrow \mathrm{MCD}(a; b) = 1$.

132

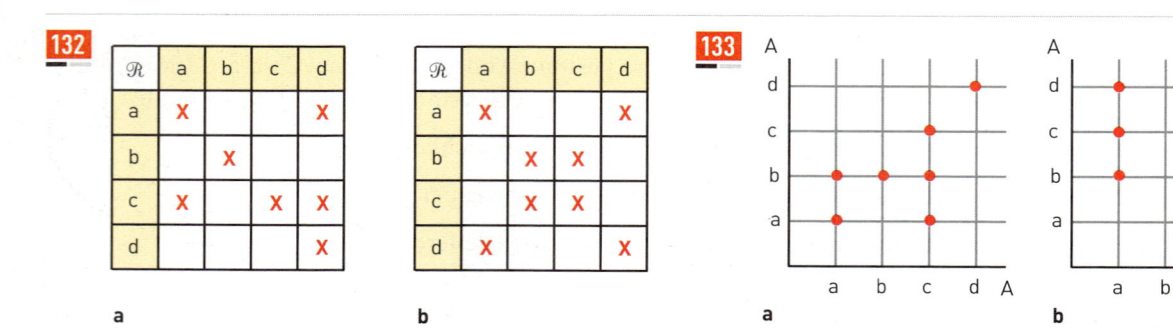

133

134 **FAI UN ESEMPIO** Fornisci tre esempi di relazioni d'ordine, specificando per ognuna se è di ordine largo o stretto, totale o parziale.

135 **EUREKA!** **I primi cento** Nell'insieme $A = \{x \in \mathbb{N} \mid 0 \leq x \leq 99\}$ dei primi 100 numeri naturali, considera le seguenti relazioni.
$\mathcal{R}_1: x\mathcal{R}_1 y \leftrightarrow$ cifra delle decine di $x >$ cifra delle decine di y; $\mathcal{R}_2: x\mathcal{R}_2 y \leftrightarrow 3x > 2y$; $\mathcal{R}_3: x\mathcal{R}_3 y \leftrightarrow x^2 > y^2$.
Quali tra queste sono relazioni d'ordine? Si tratta di ordine totale o parziale?

Stabilisci quali delle seguenti relazioni sono relazioni d'ordine.
Per quelle che lo sono, specifica se sono di ordine largo o stretto, totale o parziale.

136

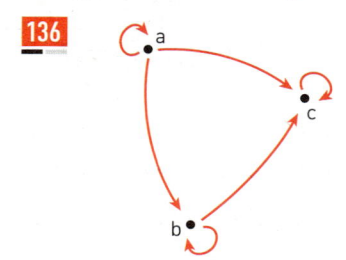 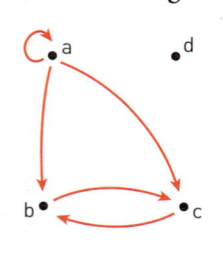 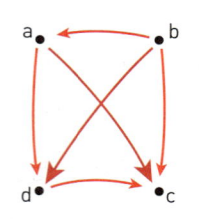 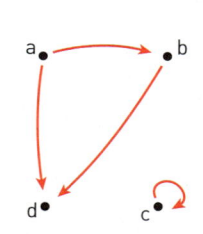

137

 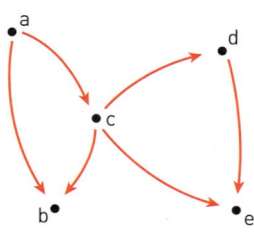 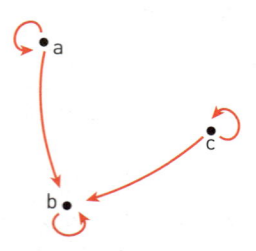 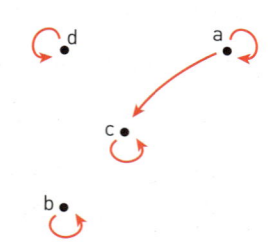 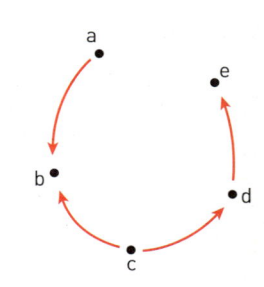

138 **EUREKA!** **Che ordine?** Considera l'insieme $\mathbb{Z} - \{0\}$ dei numeri interi non nulli e la relazione $\mathcal{R}$:

$x\mathcal{R}y \leftrightarrow x$ è divisore di y.

Verifica che si tratta di una relazione d'ordine. L'ordine è stretto o largo? Parziale o totale?

MATEMATICA INTORNO A NOI

A ognuno il suo

Per classificare i libri di una biblioteca il metodo più adottato è la «classificazione decimale Dewey», il cui criterio di base è quello di identificare l'argomento del libro con un numero di tre cifre…

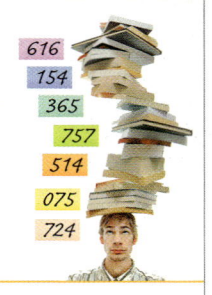

▸ Problema e risoluzione.
▸ 4 esercizi in più.

139 Considera il diagramma di Venn e le relazioni definite in $\{A, B, C, D, E, F\}$:

$a\mathcal{R}_1 b \leftrightarrow a \subset b$;
$a\mathcal{R}_2 b \leftrightarrow a \subseteq b$.

a. Rappresenta $\mathcal{R}_1$ e $\mathcal{R}_2$ con un grafo.

b. Stabilisci se $\mathcal{R}_1$ e $\mathcal{R}_2$ sono relazioni d'ordine e, in caso affermativo, specifica se sono di ordine stretto o largo, totale o parziale.

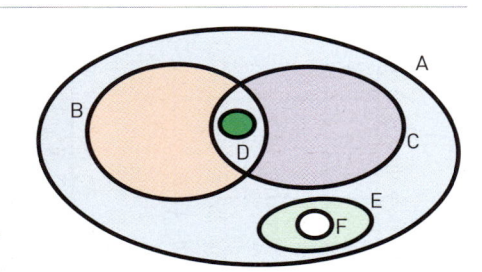

140 **INTORNO A NOI** **Serata tra amici** Quattro amici, Lucia (L), Mario (M), Piero (P) e Carla (C), si sfidano a un gioco in cui si vince o si perde. Il grafo in figura rappresenta la relazione:

$a\mathcal{R}b \leftrightarrow a$ ha perso contro b.

a. Quante partite ha vinto ciascun giocatore?

b. Stabilisci se la relazione è d'ordine e, in caso affermativo, se di ordine totale o parziale, largo o stretto.

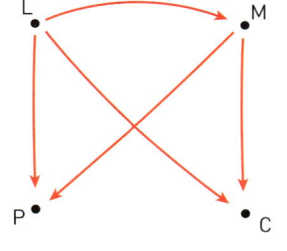

4. FUNZIONI

funzione da A a B: a ogni elemento di A associa un solo elemento di B.

DEFINIZIONI ➡ Teoria a pagina 167

141 **TEST** Solo una delle seguenti relazioni $\mathcal{R}$ è una funzione. Quale? $\mathcal{R}$ associa:

A a ogni persona il proprio coniuge.

B a ogni padre il proprio figlio.

C a ogni classe della tua scuola i suoi studenti.

D a ogni persona il proprio padre.

Indica quali delle seguenti relazioni rappresentano una funzione.

142 $\mathcal{R}$ associa a ogni insegnante la classe in cui insegna.

143 $\mathcal{R}$ associa a ogni persona residente in una città il suo indirizzo di residenza.

144 $\mathcal{R}$ associa a ogni parola della lingua italiana la lettera iniziale.

145 $\mathcal{R}$ associa a ogni giorno del mese di marzo 2013 i nati in quel giorno.

146 $\mathcal{R}$ associa a ogni giorno del mese di marzo 2013 il numero dei nati in quel giorno.

147 Dati $A = \{a, b, c\}$ e $B = \{d, e, f\}$, la relazione $\mathcal{R} = \{(a; d), (b; f), (c; e)\}$.

Dati $A = \{a \in \mathbb{N} \mid 1 < a \le 4\}$ e $B = \{b \in \mathbb{N} \mid b < 3\}$, indica quali delle seguenti relazioni da A a B sono funzioni.

148 $a\mathcal{R}b \leftrightarrow a + b = 4$.

149 $a\mathcal{R}b \leftrightarrow a$ è il successivo di b.

150 $a\mathcal{R}b \leftrightarrow a < 2b$.

Indica quali relazioni rappresentate dai seguenti diagrammi rappresentano funzioni.

151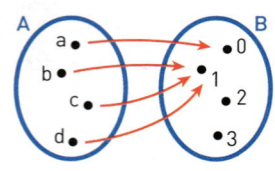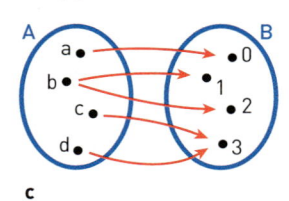

a   b   c

152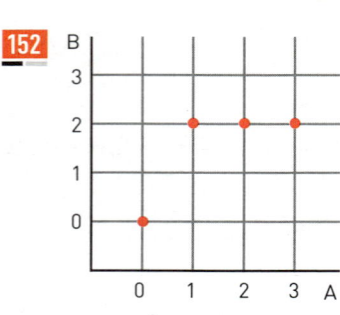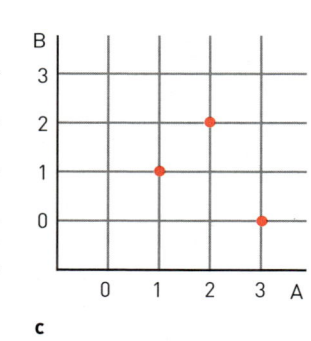

a   b   c   d

153 Indica quali delle seguenti relazioni sono funzioni da $\mathbb{Q}$ a $\mathbb{Q}$.
   a. $\mathcal{R}$ associa a ogni x il suo reciproco.
   b. $\mathcal{R}$ associa a ogni x il suo quadrato diminuito di 8.
   c. $\mathcal{R}$ associa a ogni x il reciproco del suo quadrato.

154 YOU & MATHS **Is it a function?** Consider the rule «subtract 6 from the input and divide by 3» defined in the set of integers. Which of the following statements are true?
   a. The rule is a function because each input gives exactly one output.
   b. The rule is not a function because the input 12 has two images: 2 and -2.
   c. The rule is not a function because the input 4 has output $-\frac{2}{3}$.
   d. The rule is a function because each input gives a positive output.

155 VERO O FALSO?
   a. Il codominio di una funzione non coincide con l'insieme di arrivo.   V F
   b. Data una funzione $f: A \to B$, B è detto codominio di f.   V F
   c. Data una funzione $f: A \to B$, A è detto dominio di f.   V F
   d. Il codominio di una funzione $f: A \to B$ è un sottoinsieme proprio di B.   V F

156 COMPLETA osservando il diagramma.
   a. Il codominio della funzione è _____.
   b. Il dominio della funzione è _____.
   c. Le controimmagini di d sono _____.
   d. L'immagine di 3 è _____.

157 **VERO O FALSO?** Il diagramma rappresenta una funzione.

  a. Il dominio della funzione è $A = \{a, b, c, d, e\}$. V F

  b. Il codominio della funzione coincide con B. V F

  c. L'immagine di b è 5. V F

  d. Esistono due elementi del dominio la cui immagine è 5. V F

  e. 3 non ha controimmagini. V F

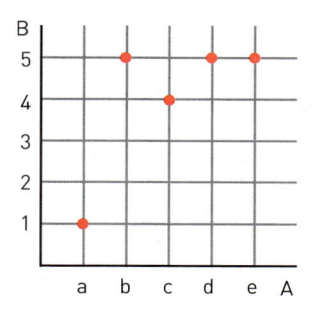

158 **COMPLETA** considerando gli insiemi $A = \{a, b, c, d\}$ e $B = \{1, 2, 3, 4\}$ e la funzione $f: A \to B$ rappresentata dal diagramma.

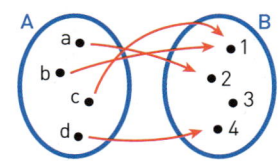

  a. $f(a) = \rule{1cm}{0.15mm}$, $f(b) = \rule{1cm}{0.15mm}$, $f(c) = \rule{1cm}{0.15mm}$, $f(d) = \rule{1cm}{0.15mm}$.

  b. $f(\rule{0.6cm}{0.15mm}) = 2$, $f(\rule{0.6cm}{0.15mm}) = 4$, $f(\rule{0.6cm}{0.15mm}) = 3$.

  c. Il codominio è $C = \rule{2cm}{0.15mm}$.

159 Considera la funzione $f: \mathbb{Q} \to \mathbb{Q}$ che associa a ogni x il suo triplo e calcola $f(x)$ quando:

$$x = \boxed{0} \;,\; \boxed{\frac{1}{9}} \;,\; \boxed{-4} \;,\; \boxed{-\frac{1}{3}} \;.$$

160 Dato l'insieme

$$A = \left\{-1, -\frac{1}{2}, 0, 1, \frac{1}{2}\right\},$$

considera la funzione $f: A \to \mathbb{Z}$ definita dalla legge $f(x) = 4x^2 - 1$.

Trova il codominio di f.

161 Dati gli insiemi $A = \{-3, -1, 0, 1, 2\}$ e $B = \left\{-1, 0, 1, \frac{1}{2}, \frac{1}{3}, \frac{1}{4}\right\}$, considera la funzione $f: A \to B$ tale che $y = \dfrac{1}{x+2}$. Calcola $f(x)$ quando:

$$x = \boxed{-3} \;,\; \boxed{0} \;,\; \boxed{1} \;,\; \boxed{2} \;.$$

162 Considera la funzione $f: A \to B$ tale che

$f(x) = -x^2 - x$, con $A = \{-3, -2, -1, 0, 1\}$ e $B = \{y \in \mathbb{Z} \mid -6 \leq y < 1\}$.

Calcola $f(-3)$, $f(-2)$, $f(-1)$, $f(0)$, $f(1)$. Da quanti elementi è costituito il codominio?

163 Data la funzione $f: \mathbb{Z} \to \mathbb{Z}$ tale che $y = -x^3 + 2x^2 - x - 1$, calcola $f(-2)$, $f(-1)$, $f(0)$, $f(1)$.

164 Data la funzione $f: \mathbb{Q} \to \mathbb{Q}$ tale che $y = -\dfrac{1}{2}x^2 + 2x + 3$:

  a. calcola $f(-2)$, $f\left(-\dfrac{1}{2}\right)$, $f(0)$, $f\left(\dfrac{1}{4}\right)$;

  b. trova $4f(2^{-1}) - \dfrac{1}{4}f(2)$.

165 **YOU & MATHS** **Four functions** Consider the following four functions:

$f(x) = 3x + 1$, $h(x) = x^3 + 1$, $g(x) = 3x + 2$, $k(x) = 2x + 7$.

  a. Jean chooses one of these functions. When she uses the number 1 as an input, she gets 2. Which function did she choose?

  b. Bruce chooses one of these functions. When he uses the number 3 as an input, he gets 13. Which function did he choose?

166 **COMPLETA** le seguenti tabelle relative alle funzioni indicate a fianco.

$f: \mathbb{N} \to \mathbb{N}$
$y = 4x + 1$

x	0	1	2	4
y	☐	☐	☐	☐

$f: \mathbb{Z} \to \mathbb{Z}$
$y = x^2 - 4x$

x	-3	-2	0	1
y	☐	☐	☐	☐

$f: \mathbb{Q} \to \mathbb{Q}$
$y = \dfrac{3x - 5}{2}$

x	$-\dfrac{1}{3}$	$-\dfrac{1}{2}$	-1	2
y	☐	☐	☐	☐

167 **COMPLETA** usando il diagramma della funzione.

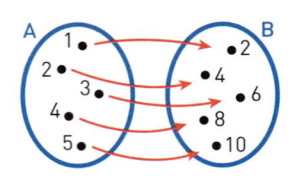

$f(2) = $ ☐; $f(4) = $ ☐; $f(3) = $ ☐.

Il codominio è ☐.

La controimmagine di 4 è ☐.

L'immagine di 5 è ☐.

168 **INVALSI 2011** Nelle prime due colonne di un foglio elettronico sono state calcolate alcune coppie di valori $(x; y)$ di una funzione.
Quale tra le seguenti è la funzione di cui sono stati calcolati i valori $(x; y)$?

	A x	B y	C
1	1	0	
2	2	1	
3	5	2	
4	10	3	
5	17	4	
6	26	5	
7	37	6	

A $y = \sqrt{x} - 1$

B $y = \sqrt{x + 1}$

C $y = \sqrt{x - 1}$

D $y = 1 + \sqrt{x}$

169 **EUREKA!** **Quanto vale?** Sia $f: \mathbb{R} \to \mathbb{R}$ una funzione tale che $f(x) + f\left(\dfrac{1}{1-x}\right) = x$ per ogni x diverso da 0 e da 1. Qual è il valore di $f(2)$?

A $\dfrac{1}{4}$ B $\dfrac{3}{4}$ C $\dfrac{5}{4}$ D $\dfrac{7}{4}$ E $\dfrac{9}{4}$

[USA University of South Carolina: High School Math Contest, 2006]

FUNZIONI SURIETTIVE, INIETTIVE, BIIETTIVE → Teoria a pagina 168

Stabilisci se ognuna delle funzioni rappresentate dai seguenti diagrammi è suriettiva, iniettiva, biiettiva.

170

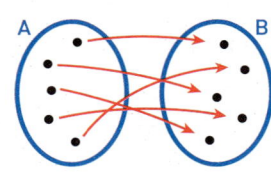

a

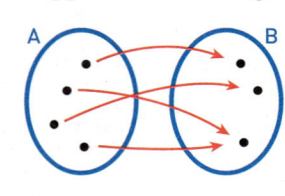

b

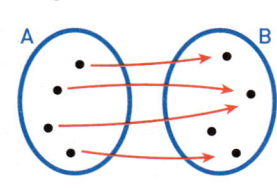

c

171 **ESEMPIO DIGITALE**

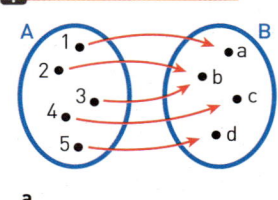

a

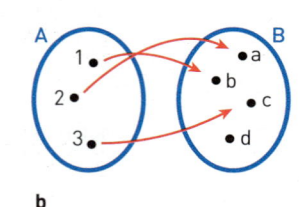

b

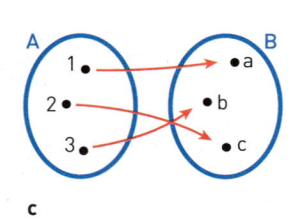

c

172 **TEST** Quale delle seguenti funzioni tra $\{a, b, c\}$ e $\{1, 2, 3\}$ è biiettiva?

A $f(a) = 1, f(b) = 1, f(c) = 1.$

B $f(a) = 3, f(b) = 2, f(c) = 3.$

C $f(a) = 1, f(b) = 3, f(c) = 2.$

D $f(a) = 1, f(b) = 2, f(c) = 2.$

Rappresenta con un diagramma a frecce le seguenti funzioni $f: A \to B$ e poi stabilisci se sono suriettive, iniettive, biiettive.

173 $A = \{4, 5, 6, 7, 11\}$, $B = \{12, 10, 77\}$ e $y = f(x)$ tale che x è divisore di y.

174 $A = \{0, 1, 2, 3\}$, $B = \{0, 12\}$ e f definita da: $\{(0; 12), (1; 0), (2; 12), (3; 0)\}$.

175 $A = \mathbb{Z}$, $B = \mathbb{Z}$ e $y = f(x)$ tale che y è l'opposto di x.

176 $A = \mathbb{N}$, $B = \mathbb{N}$ e $y = f(x)$ tale che y è il quadruplo di x.

177 $A = \{x \in \mathbb{Z} \mid -2 \leq x < 2\}$, $B = \{0, 1, 2\}$ e f che associa a ogni x il suo valore assoluto y.

178 $A = \{$Capodanno, Natale, Epifania, Ognissanti, Santo Stefano$\}$, $B = \{$novembre, dicembre, gennaio$\}$ e f che associa a ogni festività $x \in A$ il mese $y \in B$ in cui ricorre.

179 $A = \{2, 4, 5, 1\}$, $B = \{0, 8, 2, 6\}$ e $y = f(x)$ tale che y è il doppio di $x - 1$.

180 $A = \{2^6, 10^4, 5^3, 2000\}$, $B = \{y \in \mathbb{N} \mid y \leq 5\}$ e $y = f(x)$ tale che y è il numero di cifre di x diminuito di 1.

181 ☐ **EUREKA!** **Iniettiva?** Considerata una generica funzione f dall'insieme A all'insieme B, indica se le seguenti affermazioni sono vere o false.

a. La funzione f è iniettiva se a ogni $x \in A$ associa uno e un solo $y \in B$. ☐V ☐F

b. La funzione f è iniettiva se, per ogni $a, b \in A$, $f(a) = f(b) \Rightarrow a = b$. ☐V ☐F

c. La funzione f è iniettiva se e solo se f realizza una corrispondenza biunivoca tra il dominio A e il codominio. ☐V ☐F

182 Analizza le relazioni rappresentate dai seguenti diagrammi cartesiani, indica se sono funzioni e, in caso affermativo, stabilisci se sono suriettive, iniettive, biiettive.

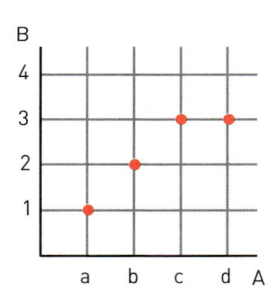

a

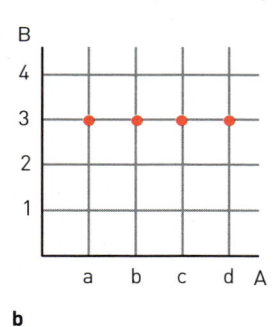

b

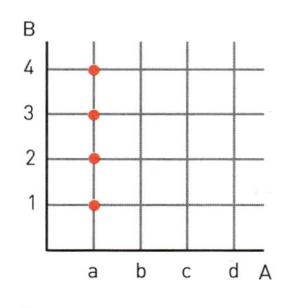

c

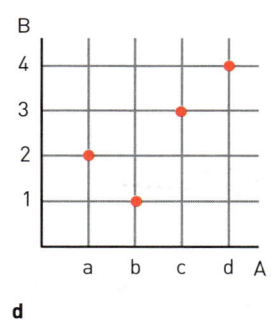

d

FUNZIONE INVERSA ➡ Teoria a pagina 169

183 ☐ **VERO O FALSO?**

a. Ogni funzione invertibile è una funzione biiettiva. ☐V ☐F

b. Il dominio della funzione inversa f^{-1} coincide con il codominio della funzione f. ☐V ☐F

c. La funzione $f: \mathbb{Z} \to \mathbb{Z}$, la cui legge è $y = x + 2$, è invertibile. ☐V ☐F

d. La funzione $f: \mathbb{N} \to \mathbb{N}$, la cui legge è $y = x + 2$, non è invertibile. ☐V ☐F

184 Individua tra le seguenti rappresentazioni le funzioni e le funzioni invertibili.

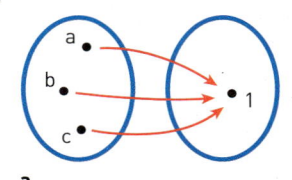

a

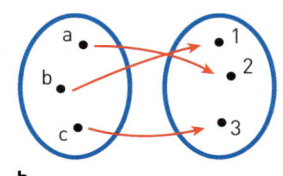

b

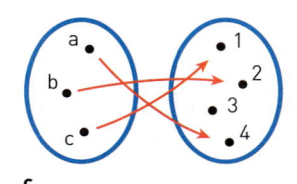

c

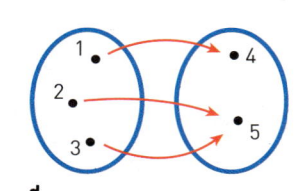

d

6 RELAZIONI E FUNZIONI

Indica se le relazioni seguenti da A a B sono funzioni e, in caso affermativo, se sono invertibili.

185 $A = \{2, 3, 4\}$, $B = \{-4, -5, -6\}$, $\mathcal{R}: x\mathcal{R}y \leftrightarrow x + y = -2$.

186 $A = \{x \in \mathbb{N} \mid x \leq 5\}$, $B = \{14, 17, 8, 11, 5\}$, $\mathcal{R}: x\mathcal{R}y \leftrightarrow y = 3x + 5$.

187 $A = \{-8, +3, 0, -2, -1\}$, $B = \{0, -3, 2, 8, 14\}$, $\mathcal{R}: x\mathcal{R}y \leftrightarrow y$ è l'opposto di x.

188 $A = \{10^3, 1, 10^2, 10^{-1}\}$, $B = \{0,1, 10^{-2}, 100, 10, 1\}$, $\mathcal{R}: x\mathcal{R}y \leftrightarrow y$ è il 10% di x.

189 $A = \left\{3^{-1}, 5 \cdot 3^{-2}, -\frac{2}{3}, 1, \bar{3}\right\}$, $B = \left\{-0,\bar{6}, 0,\bar{5}, \frac{4}{3}, \frac{1}{3}\right\}$, $\mathcal{R}: x\mathcal{R}y \leftrightarrow y = x$.

190 $A = \{-7, -10, 5, 7\}$, $B = \{23, 98, 47\}$, $\mathcal{R}: x\mathcal{R}y \leftrightarrow y = x^2 - 2$.

5. PIANO CARTESIANO E GRAFICO DI UNA FUNZIONE

PIANO CARTESIANO → Teoria a pagina **170**

191 **VERO O FALSO?**

    a. L'ascissa del punto $P(-7; 9)$ è 9.   V F

    b. Il punto $A(-2; -1)$ si trova nel IV quadrante.   V F

    c. Se un punto si trova sull'asse y, ha ascissa uguale a 0.   V F

    d. I punti con coordinate entrambe positive appartengono al I quadrante.   V F

    e. Il punto $P\left(2; -\frac{1}{2}\right)$ ha ordinata minore di quella di $Q\left(1; -\frac{3}{8}\right)$.   V F

Rappresenta nel piano cartesiano i seguenti punti.

192 $A(-4; 1)$, $B(0; 3)$, $C(5; 2)$, $D(2; -3)$, $E(-3; -3)$.

193 $A(-10; 5)$, $B(0; 25)$, $C(8; 15)$, $D(10; -30)$, $E(0; -10)$.

194 $A\left(-\frac{5}{2}; -2\right)$, $B\left(-\frac{3}{4}; \frac{7}{4}\right)$, $C\left(4; \frac{3}{2}\right)$, $D\left(\frac{7}{4}; 5\right)$, $E(2; -4)$.

195 Disegna il triangolo di vertici: $A(1; -1)$, $B(4; 0)$, $C(3; 2)$.

196 Rappresenta il quadrilatero di vertici: $A(-2; 0)$, $B(3; -4)$, $C(7; 0)$, $D(1; 6)$.

---

197 Deduci dai dati indicati nella figura le coordinate dei punti A, B, C, D, E, F, G. Trova l'area della figura.

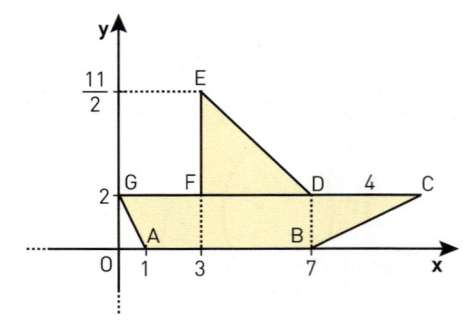

198 Scrivi le coordinate dei vertici dei poligoni rappresentati nella figura.

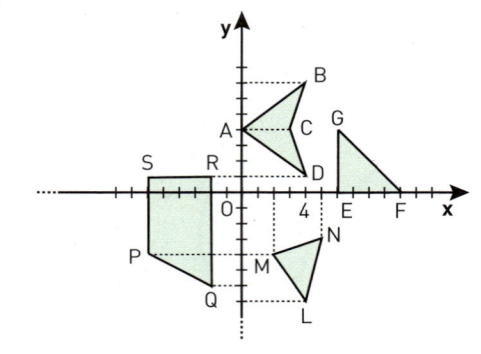

199 Un rettangolo ha tre vertici di coordinate $A(-3; 2)$, $B(1; 2)$, $C(1; -1)$. Trova le coordinate del quarto vertice D.

GRAFICO DI UNA FUNZIONE → Teoria a pagina 170

Traccia per punti i grafici delle seguenti funzioni.

200 **ESEMPIO DIGITALE**
$$y = -\frac{3}{2}x + 2$$

203 $y = -3x - 4$

204 $y = -\frac{1}{2}x + 3$

207 $y = 2x$

208 $y = -2x + 8$

211 $y = x^2$

212 $y = -2x^2$

201 $y = \frac{1}{2}x + 2$

205 $y = x - 5$

209 $y = \frac{2}{3}x + 1$

213 $y = x^2 - 1$

202 $y = 4x + 1$

206 $y = -x - 2$

210 $y = -\frac{1}{4}x + 4$

214 $y = x^3$

215 Data la funzione $y = -4x^2 + 2x$, indica quale dei seguenti punti appartiene al suo grafico:
$$A(-1; 2), B(2; -12), C\left(\frac{1}{2}; 0\right), D\left(\frac{1}{4}; \frac{1}{4}\right).$$

216 Quale dei punti
$$P(0; 1), Q\left(1; \frac{1}{2}\right), R(-1; 0), S\left(-\frac{3}{2}; -2\right), T(0; -1)$$
appartiene al grafico di $y = \frac{x}{x+1}$?

217 Considera la funzione $f: \mathbb{R} \to \mathbb{R}$ che fa corrispondere a un numero la sua metà aumentata di 3. Scrivi l'espressione analitica di f e rappresentala graficamente nel piano cartesiano. Calcola $f(4)$, $f(0)$, $f\left(-\frac{2}{3}\right)$ e indicali nel grafico. Evidenzia poi nel grafico i punti che hanno entrambe le coordinate negative.

218 Considera la funzione $f: \mathbb{R} \to \mathbb{R}$ che fa corrispondere a un numero i $\frac{2}{5}$ del suo quadrato.

  a. Scrivi l'espressione analitica di f.

  b. Traccia il grafico della funzione.

  c. Evidenzia nel grafico i punti di ascissa 0, 5, −5, −1.

  d. Esistono punti con ordinata negativa?

219 Considera la funzione $f: \mathbb{R} \to \mathbb{R}$ che fa corrispondere a un numero il suo opposto diminuito di 7.

  a. Scrivi l'espressione analitica di f.

  b. Traccia il grafico della funzione.

  c. Calcola $f(-7)$, $f(7)$, $f(0)$, $f\left(\frac{6}{5}\right)$, $f\left(-\frac{8}{3}\right)$.

220 Quali tra le seguenti funzioni hanno il grafico che passa per il punto $A\left(-\frac{1}{2}; \frac{3}{2}\right)$?

  a. $y = 3x + 3$,

  c. $y = -4x - \frac{1}{2}$,

  b. $y = 2x^2 + 1$,

  d. $y = -8x^3 + \frac{5}{2}$.

221 **TEST** Considera la funzione $f: A \to B$ rappresentata dal diagramma a frecce della figura.

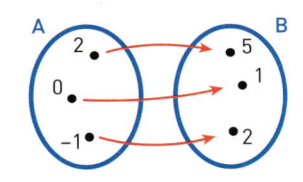

La sua espressione analitica è:

  A $y = 2x + 1$.

  C $y = \frac{8}{x} + 1$.

  B $y = x^2 + 1$.

  D $y = x^3 - 3$.

ANALISI DI UN GRAFICO → Teoria a pagina 171

Riconoscere le funzioni

Stabilisci se ciascuno dei seguenti grafici rappresenta una funzione. In caso affermativo, indica il codominio.

222 📱 **ESEMPIO DIGITALE**

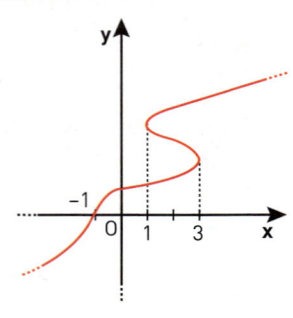

a

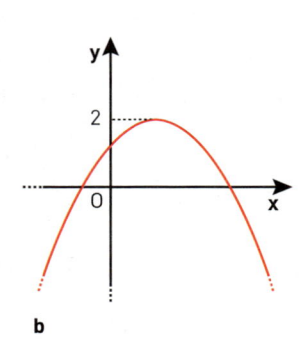

b

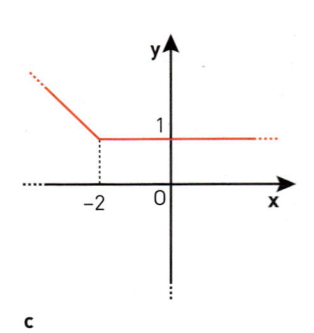

c

223

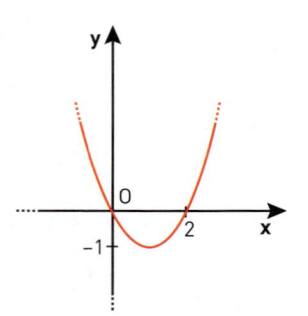

a

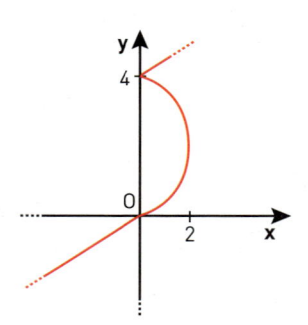

b

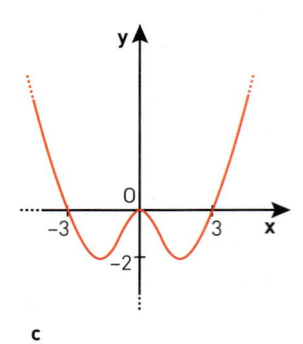

c

224

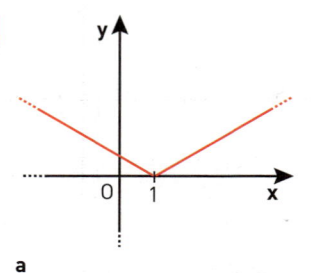

a

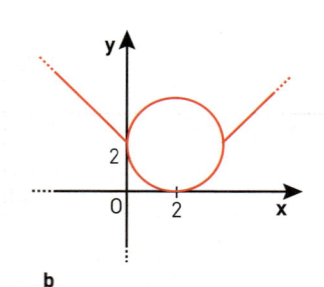

b

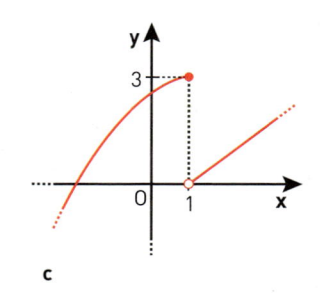

c

225

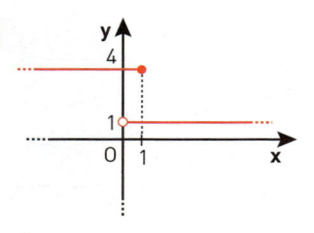

a

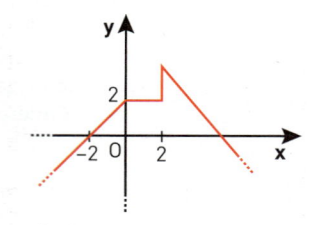

b

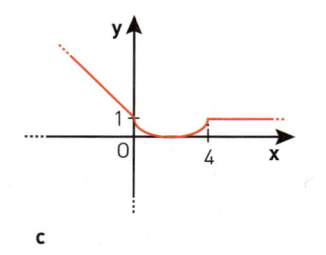

c

226 Quali grafici rappresentano una funzione? In caso affermativo, determinane il dominio e il codominio.

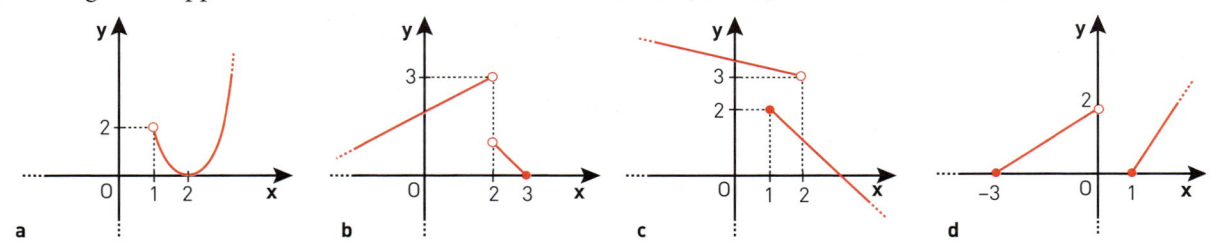

Funzioni iniettive, suriettive, biiettive

Per ognuna delle seguenti funzioni da $\mathbb{R}$ in $\mathbb{R}$ determina il codominio e stabilisci se sono iniettive, suriettive, biiettive.

227 **ESEMPIO DIGITALE**

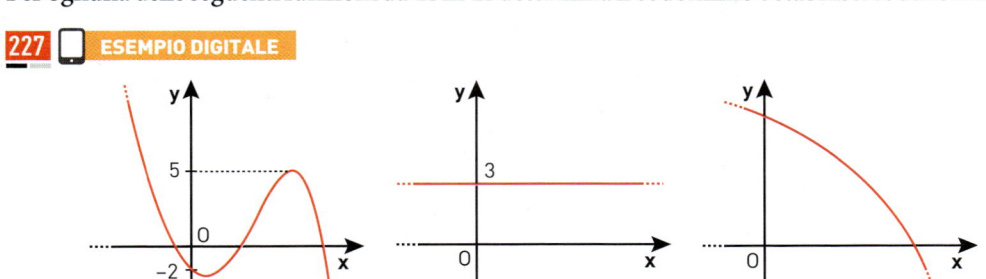

AL VOLO

228

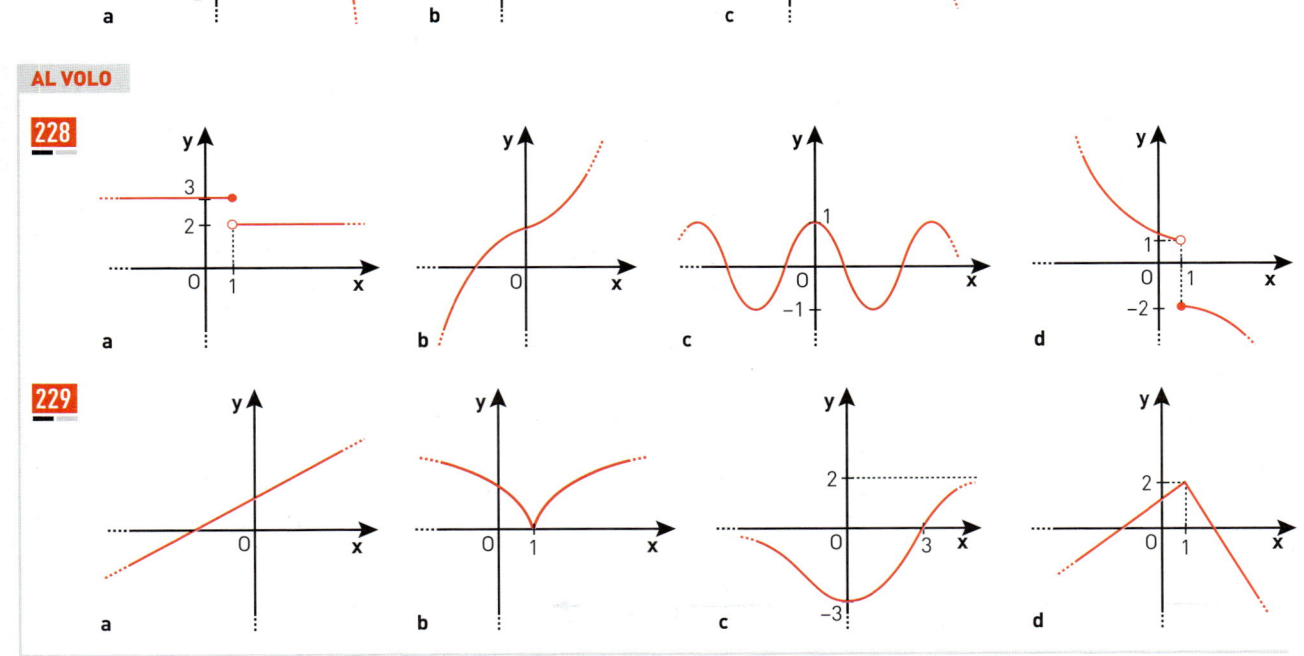

229

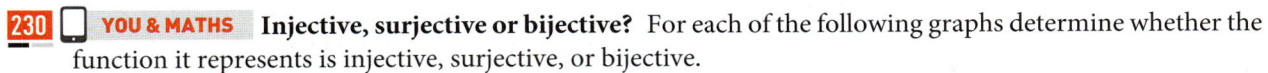

230 **YOU & MATHS** **Injective, surjective or bijective?** For each of the following graphs determine whether the function it represents is injective, surjective, or bijective.

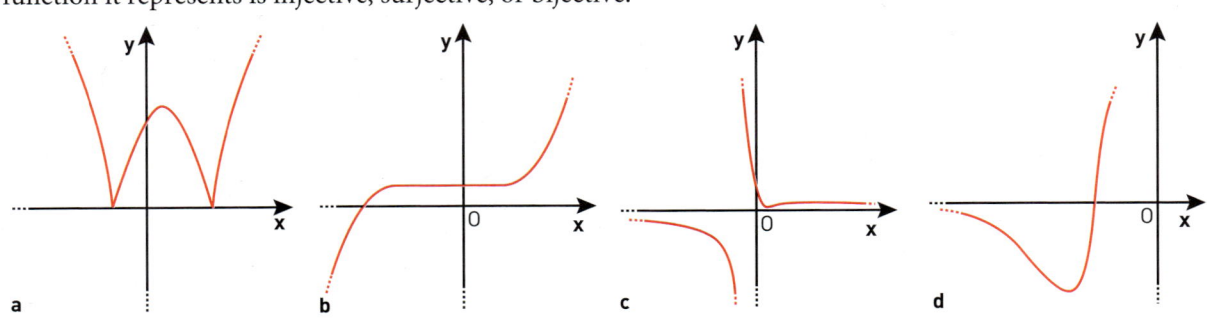

VERIFICA DELLE COMPETENZE ALLENAMENTO

▶ Competenza **4** (abilità **1, 2**)

1 📱 **INVALSI 2007** È data la tabella di valori a lato. Da quale delle seguenti relazioni è rappresentata?

x	0	1	2
y	2	3	6

A $y = x + 2$ **B** $y = x^2 + 2$ **C** $y = 2x + 2$ **D** $y = 2x^2 - 2$

Studia le proprietà delle seguenti relazioni. Indica inoltre se sono relazioni di equivalenza e, in caso affermativo, l'insieme quoziente.

2 $\mathcal{R}_1$ e $\mathcal{R}_2$ definite in $A = \{1, 2, 3, 4\}$.

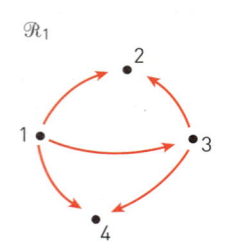

$\mathcal{R}_2$	1	2	3	4
1	X			
2		X		
3	X		X	
4		X		X

3 $\mathcal{R}_1$ e $\mathcal{R}_2$ definite in $A = \{a, b, c, d\}$.

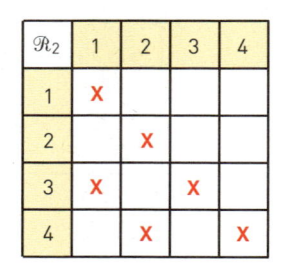
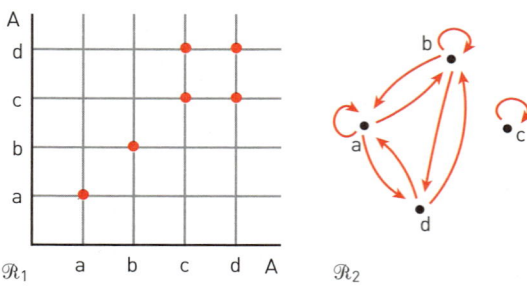

4 Nell'insieme $A = \{(-4)^2, 2^{-3}, 16^2, (-2^{-2})^2, (2^2)^{-3}\}$, considera le relazioni:

$\mathcal{R}_1: a\mathcal{R}_1 b \leftrightarrow 8a - b < 0$, $\mathcal{R}_2: a\mathcal{R}_2 b \leftrightarrow ab$ è un numero naturale.

a. Riscrivi gli elementi di A, calcolando le potenze.

b. Rappresenta $\mathcal{R}_1$ e $\mathcal{R}_2$ con un diagramma cartesiano.

c. Studia le proprietà di ciascuna relazione e indica quale delle due è una relazione d'ordine, specificando se è di ordine largo o stretto, parziale o totale.

▶ Competenza **3** (abilità **4**)

Date le seguenti relazioni, definite negli insiemi indicati, stabilisci quali rappresentano funzioni e, in caso affermativo, specifica se sono suriettive, iniettive, biiettive.

5 $\mathcal{R}_1$

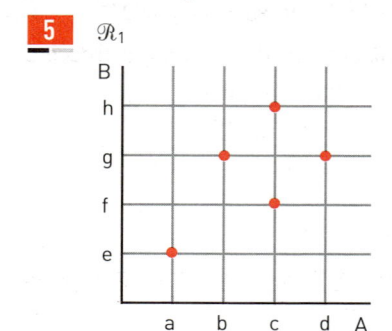
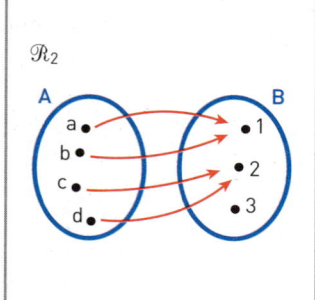

$\mathcal{R}_3$	a	b	c	d	e
1			X		
2	X				
3				X	
4		X			
5					X

Determina dominio e codominio delle seguenti funzioni e stabilisci se la relazione inversa è una funzione.

6 $x\mathcal{R}y \leftrightarrow y = 2x$, con x numero naturale.

7 $x\mathcal{R}y \leftrightarrow y = x^4$, con x numero intero.

8 $x\mathcal{R}y \leftrightarrow y$ è opposto di x, con x numero intero.

9 $x\mathcal{R}y \leftrightarrow y = (x - 1)^2$, con x numero intero.

VERIFICA DELLE COMPETENZE PROVE

 **TUTOR**   **PROVA A** (10 esercizi)   **PROVA B** (10 esercizi)   🕐 **IN MEZZ'ORA**

PROVA C ▶ Competenze **3, 4**   🕐 **IN UN'ORA**

1 Sono dati gli insiemi

$A = \{a \in \mathbb{Z} \mid -3 \leq a < 2\}$,

$B = \{0, 2, 3, -3, -1\}$

e la relazione, definita da A a B,

$a\mathcal{R}b \leftrightarrow a$ è l'opposto di b.

a. Rappresenta $\mathcal{R}$ in tutti i modi possibili.

b. Determina la relazione inversa $\mathcal{R}^{-1}$.

c. Trova dominio e codominio di $\mathcal{R}$ e di $\mathcal{R}^{-1}$.

2 Individua le proprietà delle relazioni $\mathcal{R}_1$ e $\mathcal{R}_2$:

$\mathcal{R}_1$: $a\mathcal{R}_1b \leftrightarrow$ il quadrato della somma di a e b è maggiore di 20, in $A = \{1, 3, 4\}$;

$\mathcal{R}_2 = \{(1;1), (1;2), (3;4), (3;3), (2;4), (1;4), (2;2), (4;4)\}$, in $A = \{1, 2, 3, 4\}$.

3 Stabilisci se la relazione $\mathcal{R}$, definita in $\mathbb{N}$,

$a\mathcal{R}b \leftrightarrow a$ e b danno lo stesso resto se divisi per 5,

è di equivalenza. In caso affermativo, trova classi di equivalenza e insieme quoziente.

4 Stabilisci se le relazioni della figura sono relazioni d'ordine o di equivalenza.

Se sono di equivalenza, determina l'insieme quoziente; se sono d'ordine, specifica se di ordine largo o stretto, totale o parziale.

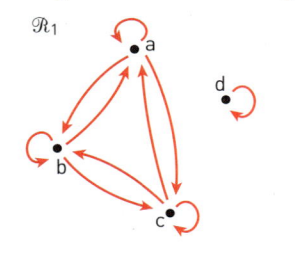   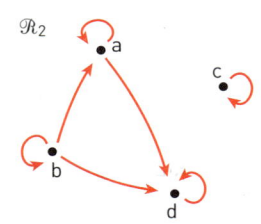

PROVA D ▶ Competenze **3, 4**   🕐 **IN UN'ORA**

1 Individua le proprietà della relazione

$\mathcal{R}$: $a\mathcal{R}b \leftrightarrow ab$ è un numero dispari maggiore o uguale a 15, nell'insieme $A = \{3, 8, 7, 5\}$.

2 Stabilisci se le relazioni $\mathcal{R}_1$ e $\mathcal{R}_2$ sono relazioni d'ordine o di equivalenza nell'insieme assegnato. Se sono di equivalenza, determina l'insieme quoziente; se sono d'ordine, specifica se di ordine largo o stretto, totale o parziale.

$\mathcal{R}_1$: $a\mathcal{R}_1b \leftrightarrow a$ e b hanno la stessa cifra delle decine, in $A = \{5^3, 27, 11^2, 44, 22, 7^2\}$.

$\mathcal{R}_2$: $a\mathcal{R}_2b \leftrightarrow a$ ha meno lati di b, in $A = \{$quadrato, triangolo, pentagono$\}$.

3 Indica se la seguente funzione da A a B è suriettiva, iniettiva, biiettiva.

$f: A \rightarrow B$, con $A = \{x \in \mathbb{N} \mid x < 4\}$ e $B = \{x \in \mathbb{N} \mid 2 \leq x < 9\}$:

$y = f(x) \leftrightarrow y$ è il doppio del successivo di x.

4 Dati gli insiemi

$A = \{x \in \mathbb{Z} \mid -2 \leq x \leq 3\}$,

$B = \left\{4, 2, \dfrac{1}{2}, \dfrac{1}{4}, 16, 1, \dfrac{1}{8}, 8\right\}$

e la relazione $\mathcal{R}$, da A a B, $x\mathcal{R}y \leftrightarrow y = 2^{2-x}$:

a. rappresenta $\mathcal{R}$ con un diagramma a frecce e spiega perché è una funzione;

b. indica il codominio C della funzione.

5 Dati $A = \{1, 0, -2, -1, 3\}$

e $B = \{2, -4, -10, -7, -13\}$,

considera la funzione $f: A \rightarrow B$ la cui espressione analitica è $y = -7 + 3x$.

a. Rappresenta la funzione con un diagramma a frecce.

b. Determina il codominio della funzione.

c. Stabilisci se la funzione è suriettiva, iniettiva, biiettiva, invertibile.

7 MONOMI

1. DEFINIZIONI

A **monomial** is a *product* of numbers and *powers* of variables, with positive integer exponents.

DEFINIZIONE DI MONOMIO
→ Esercizi a pagina **204**

Utilizzare lettere al posto dei numeri è utile per esprimere proprietà matematiche.

▸ $a \cdot b = b \cdot a$, $\forall a, b \in \mathbb{R}$: proprietà commutativa della moltiplicazione.

Consente di scrivere relazioni per risolvere problemi matematici o della realtà.

▸ L'area $\mathscr{A}$ di un triangolo in funzione della misura b della base e h dell'altezza è:

$\mathscr{A} = \frac{1}{2}bh$.

▸ Come calcoliamo lo sconto S sul prezzo p di un prodotto quando lo sconto in percentuale è $r\%$?

$S = \frac{r}{100} \cdot p$.

Negli esempi precedenti abbiamo utilizzato espressioni in cui le lettere sono solo fattori all'interno di moltiplicazioni. Queste sono le espressioni più semplici che incontreremo e sono alla base di tutto il calcolo letterale. Le chiamiamo *monomi*.

Altri esempi di monomi sono espressioni come $6xy^2$, $4a\frac{5}{7}b$, $-\frac{2}{3}a^2b^3$, che contengono solo moltiplicazioni fra numeri e potenze, con esponente naturale, di lettere.

DEFINIZIONE		ESEMPIO
Un **monomio** è un'espressione letterale in cui compaiono soltanto moltiplicazioni fra numeri e potenze di lettere con numeri naturali per esponenti.	▸	Sono monomi: $9ab$; $2a^2$; $3^{-1}xy$. *Non* sono monomi: $a + b$; $\frac{2x}{y}$; $x^{-1}y^{-2}$.

Un monomio è scritto in **forma normale** quando è espresso come prodotto di un solo fattore numerico, il **coefficiente**, e una o più potenze letterali con lettere tutte diverse fra loro, la **parte letterale**.

Osserviamo che, nella definizione di monomio, abbiamo escluso addizioni, sottrazioni e divisioni fra lettere (o fra numeri e lettere), ma non che queste operazioni siano presenti nel coefficiente.
Quindi espressioni come $(5 + 3)x^5y$, $(6 - 2)ab^2$, $\left(\frac{1}{2} : 4\right)x$ sono monomi.

Tutti i numeri sono monomi.

▸ 2 si può scrivere come $2x^0$ (con $x \neq 0$) oppure $2a^0b^0x^0$ (con a, b, $x \neq 0$) e così via, quindi è un monomio.

0 è il **monomio nullo**.

Se il coefficiente è 1, può essere sottinteso.

▸ a^2b è un monomio con coefficiente 1.

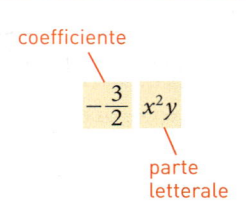

coefficiente
$-\frac{3}{2} \, x^2y$
parte letterale

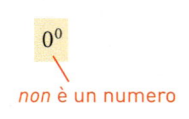

0^0
non è un numero

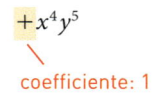

$+x^4y^5$
coefficiente: 1

GRADO DI UN MONOMIO → Esercizi a pagina 204

Per i monomi *in forma normale* diamo queste definizioni.

Il **grado di un monomio rispetto a una lettera** è l'esponente che la lettera ha nel monomio.

Il **grado (complessivo) di un monomio** è la somma dei gradi rispetto a tutte le lettere del monomio.

$\frac{2}{7}a^3bc^2$ è di grado 3 rispetto ad a, grado 1 rispetto a b, grado 2 rispetto a c.

Il grado del monomio è 6, infatti $3 + 1 + 2 = 6$.

Un numero diverso da 0 è un monomio di grado 0.

0 non ha grado perché si può scrivere come $0 = 0x^0 = 0x^8 = 0x^2 = \dots$

MONOMI SIMILI, OPPOSTI, UGUALI → Esercizi a pagina 205

Due monomi sono:

- **simili**, se hanno la stessa parte letterale, quando sono in forma normale;

- **opposti**, se sono simili e hanno coefficienti opposti;

- **uguali**, se sono simili e hanno lo stesso coefficiente.

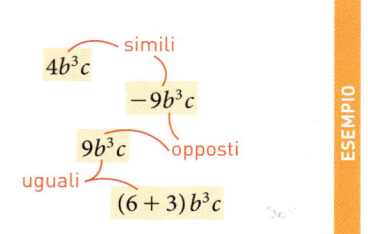

ESERCIZI PER COMINCIARE

1 Indica fra le seguenti espressioni quali sono monomi e quali no. Motiva la risposta.

xz^2; $\quad -9$; $\quad a^{-1}b^2$; $\quad 2a - 3$; $\quad 2xaxy$;

$a^3b^2 - a^2b^0$; $\quad \dfrac{2xa^2}{y}$.

2 Indica il coefficiente e la parte letterale dei seguenti monomi.

ax^2y; $\quad -\dfrac{1}{2}a^3bc$; $\quad 2a$; $\quad -\dfrac{1}{3}$; $\quad 12$; $\quad a^2mn$.

3 Indica il grado complessivo e il grado rispetto a ciascuna lettera dei monomi dell'esercizio 2.

4 **COMPLETA** ciascun monomio in modo che abbia il grado indicato a fianco.

$2a^{\square}b$, 1° grado;

$-\dfrac{1}{3}xby^{\square}$, 4° grado;

$2a^4b^2x^{\square}$ stesso grado di a^6y;

$\dfrac{7}{8}x^2y^{\square}z^4$, 8° grado.

5 Tra le seguenti espressioni individua i monomi, evidenziando quelli con lo stesso grado.

a. $\dfrac{1}{3}xy^{-1}$; $\quad -2\dfrac{x}{y}$; $\quad 5a^2bc$; $\quad -x^4$;

$\dfrac{1}{3}ab^2$; $\quad -7xyz$; $\quad 10^{-1}a^3x$.

b. $2a + x$; $\quad 2a^3xy^4$; $\quad -\dfrac{1}{3}(a^3 + b^4)$; $\quad y^4c^4$;

$-\dfrac{4}{7}ax$; $\quad \dfrac{1}{10}x^2$; $\quad x^8z$.

6 **COMPLETA** in modo da rendere vere le seguenti affermazioni.

a. $5a^{\square}b^{\square}x^{\square}$ è simile a $\dfrac{1}{2}b^3x^2$;

b. $\square x^{\square}y^{\square}c$ è opposto a $\dfrac{1}{3}x^2y^3c$;

c. $\square a^{\square}b^{\square}$ è uguale a $2ab^2a^3$;

d. $4m^{\square}n^{\square}p^{\square}$ è simile a $-2m^3n^2p^4$;

e. $-7a^{\square}b^{\square}c^{\square}$ è simile a $3b^5$.

2. ADDIZIONE E MOLTIPLICAZIONE

SOMMA E DIFFERENZA DI MONOMI SIMILI ➔ Esercizi a pagina 206

Nell'insieme dei monomi l'addizione *non* è un'operazione interna.

Espressioni come $5a + 2b$, in cui i monomi non sono simili, non possono essere semplificate in modo da ottenere un monomio. Sono espressioni che studieremo nel prossimo capitolo, che tratta i polinomi.

Se invece i monomi sono simili, nell'addizione otteniamo come risultato un monomio simile a quelli dati, utilizzando la proprietà distributiva della moltiplicazione rispetto all'addizione, letta come raccoglimento.

raccogliamo un fattore
$$a \cdot c + b \cdot c = (a + b) \cdot c$$
distribuiamo un fattore

La **somma** di due o più **monomi simili** è un monomio che ha:
- per *coefficiente* la somma dei coefficienti;
- la stessa *parte letterale*.

$9a - 2a + 3a =$ ⟩ raccogliamo a

$(9 - 2 + 3)a =$

$10a$ è un monomio simile a $9a$, $-2a$, $3a$

Dato un insieme di monomi simili, l'addizione è un'*operazione interna*.

Monomi opposti hanno per somma 0.

▸ $7xy^2 + (-7xy^2) = (7 - 7)xy^2 = 0xy^2 = 0$

0 è l'*elemento neutro* dell'addizione fra monomi.

▸ $7x^3 + 0 = 0 + 7x^3 = 7x^3$

Come abbiamo visto per i numeri relativi, anche nel caso dei monomi la sottrazione può essere considerata come un'addizione con l'opposto del sottraendo.
La **differenza fra due monomi** è data dalla somma del primo monomio con l'opposto del secondo.

▸ $4a^2b - (-5a^2b) = 4a^2b + 5a^2b = (4 + 5)\,a^2b = 9a^2b$.
                                             4−(−5)

Un'espressione contenente solo addizioni e sottrazioni di monomi può quindi essere ricondotta a un'*addizione algebrica*.

$$4a^2 + \left(\frac{2}{5}b - 5ab\right) - \left(a^2 - \frac{3}{5}b\right) + 5ab \;=\; 4a^2 + \frac{2}{5}b - 5ab - a^2 + \frac{3}{5}b + 5ab \;=\; 3a^2 + b$$

eliminiamo le parentesi   sommiamo i monomi simili   il risultato *non* è un monomio

PRODOTTO DI MONOMI ➔ Esercizi a pagina 207

Per ottenere il prodotto di due o più monomi, poiché tutti i termini sono legati da moltiplicazioni, possiamo applicare più volte la proprietà associativa e quella commutativa, per avvicinare i coefficienti e le potenze con ugual base.
Applichiamo poi la prima proprietà delle potenze, $a^m \cdot a^n = a^{m+n}$.

Il **prodotto** di due o più monomi è un monomio in cui:

- il *coefficiente* è il prodotto dei coefficienti;
- nella *parte letterale* ogni lettera ha per esponente la somma degli esponenti con cui la lettera compare nei fattori.

$$3x^4 \cdot 5x^3 =$$ proprietà commutativa e associativa

$$(3 \cdot 5)(x^4 x^3) =$$ $a^m \cdot a^n = a^{m+n}$

$$15x^{4+3} = 15x^7$$

Il prodotto fra due monomi è sempre un monomio, quindi nell'insieme dei monomi la moltiplicazione è un'*operazione interna*.

Nell'insieme dei monomi, 1 è l'*elemento neutro* della moltiplicazione.

▶ $2a^3 \cdot 1 = 1 \cdot 2a^3 = 2a^3$

Nell'insieme dei monomi, 0 è l'*elemento assorbente* della moltiplicazione.

▶ $3y^2 \cdot 0 = 0 \cdot 3y^2 = 0$

Il procedimento impiegato per ottenere il prodotto è lo stesso che utilizziamo per ridurre in forma normale un monomio che non lo è.

▶ Riduciamo in forma normale $a\frac{1}{2}b^2 3a^3$:

$$a\frac{1}{2}b^2 3a^3 = \left(\frac{1}{2} \cdot 3\right) \cdot (a \cdot a^3) \cdot b^2 = \frac{3}{2}a^4 b^2.$$

Vediamo un esempio di come si procede per semplificare un'espressione con addizioni di monomi simili e moltiplicazioni di monomi.

$$y^4 + 2y(-y + 5y) - (y^2 - 3y^2)y^2 = y^4 + 2y \cdot 4y - (-2y^2)y^2 = \underline{y^4 + 8y^2 + 2y^4} = 3y^4 + 8y^2$$

calcoliamo le somme nelle parentesi calcoliamo i prodotti sommiamo i monomi simili

ESERCIZI PER COMINCIARE

Semplifica le seguenti espressioni.

1 $2a^2 b - 3a^2 b$; $\qquad 4xy^3 + (-2xy^3)$; $\qquad 5a^4 b^2 - (+2a^4 b^2)$; $\qquad 6x^5 y - (-3x^5 y)$.

2 $-\frac{1}{2}a + a - \frac{2}{3}a$; $\qquad xy^2 - \left(-\frac{1}{7}xy^2\right)$; $\qquad \frac{1}{4}b^3 - \left(5b^3 - \frac{1}{2}b^3\right)$; $\qquad \frac{1}{2}x - (-0,5x)$.

3 $4a^2 - \left(-\frac{3}{5}b\right) - 5ab + \frac{2}{5}b - a^2 - (-5ab)$ $\hfill [3a^2 + b]$

4 $2x^2(-3x^3)$; $\qquad -4ab \cdot 2ab^2$; $\qquad -(2ab)(-4a)$; $\qquad -5ab^2 \cdot 5ab^2$.

5 $ax(-2x - 2x) + 2x(-3ax) + x(3a - 7a)(-x) - (-3x^2)a$ $\hfill [-3ax^2]$

6 📱 ANIMAZIONE $\left(-\frac{2}{3}x^2 y + \frac{4}{5}x^2 y\right)\left(-\frac{5}{8}xy^3\right)(-12x^2 y) + \left(-x^3 y - \frac{1}{2}x^3 y\right)(-x^2 y^4) - x^4 y^5$

7 📱 VIDEO **Operazioni con i monomi** Utilizzando degli esempi, spiega perché nell'insieme dei monomi la moltiplicazione è un'operazione interna, mentre l'addizione non lo è. Può aiutarti guardare il video che proponiamo sulle operazioni fra monomi, nella prima e nell'ultima parte.

3. DIVISIONE E POTENZA

QUOZIENTE DI DUE MONOMI → Esercizi a pagina **211**

Si può dimostrare che: $(a \cdot b) : (c \cdot d) = (a : c) \cdot (b : d)$.

Verifichiamolo con un esempio numerico:

$(10 \cdot 12) : (5 \cdot 3) = 120 : 15 = 8;$ $(10 : 5) \cdot (12 : 3) = 2 \cdot 4 = 8.$

Sfruttiamo la proprietà per eseguire una divisione fra monomi:

$(21a^{11}) : (7a^5) = (21 : 7) \cdot (a^{11} : a^5) = 3a^{11-5} = 3a^6.$

$(a \cdot b) : (c \cdot d) = (a : c) \cdot (b : d)$ $a^m : a^n = a^{m-n}$, con $m \geq n$

A monomial P is **divisible** by a second monomial Q if and only if the letters in P are all raised to a power *greater or equal* to the corresponding powers in Q.

Il risultato è un monomio perché 11 è maggiore di 5, quindi l'esponente del risultato non è negativo. Diamo allora la seguente definizione.

DEFINIZIONE

Se A e B sono due monomi, con $B \neq 0$, A è **divisibile** per B se e solo se ha nella parte letterale tutte le lettere di B, ognuna con esponente maggiore o uguale a quello con cui compare in B.

ESEMPIO

$4a^5b^4c^2$ è divisibile per $-3a^2b^3c^2$ perché gli esponenti delle lettere a, b, c sono $5 > 2$, $4 > 3$, $2 = 2$.
$6x^3b^5$ *non* è divisibile per $2x^2b^7$ perché gli esponenti di b sono $5 < 7$.

Nell'insieme dei monomi la divisione *non* è un'operazione interna. Dati due monomi A e B, possiamo calcolare $A : B$ solo se A è divisibile per B.
Se il monomio A è divisibile per il monomio B, diremo che A è **multiplo** di B.

REGOLA

Dati i monomi A e B, con A divisibile per B e $B \neq 0$, il **quoziente** di A diviso B è un monomio in cui:
• il **coefficiente** è il quoziente dei coefficienti;
• nella **parte letterale** ogni lettera ha per esponente la differenza tra gli esponenti con cui la lettera compare in A e B.

ESEMPIO

$(2x^6) : (3x^2) =$ $(a \cdot b) : (c \cdot d) = (a : c) \cdot (b : d)$

$(2 : 3) \cdot (x^6 : x^2) =$ $a^m : a^n = a^{m-n}$

$\dfrac{2}{3}x^{6-2} = \dfrac{2}{3}x^4$

Il quoziente di due monomi simili è uguale al quoziente dei loro coefficienti.

▸ $(8ab^2) : (3ab^2) = (8 : 3)a^{1-1}b^{2-2} = \dfrac{8}{3}$

Il quoziente di due monomi uguali è 1; quello di due monomi opposti è -1.

▸ $(6x^4) : (6x^4) = (6 : 6)x^{4-4} = 1;$ $(3c^5) : (-3c^5) = [3 : (-3)]c^{5-5} = -1.$

POTENZA DI UN MONOMIO → Esercizi a pagina **212**

Per calcolare la potenza di un monomio, sfruttiamo la terza e la quarta proprietà delle potenze.

▸ $\left(\dfrac{7}{3}a^5b^6\right)^2 = \left(\dfrac{7}{3}\right)^2 \cdot (a^5)^2 \cdot (b^6)^2 = \dfrac{49}{9}a^{5\cdot2}b^{6\cdot2} = \dfrac{49}{9}a^{10}b^{12}$

$(a \cdot b \cdot c)^n = a^n \cdot b^n \cdot c^n$ $(a^m)^n = a^{mn}$

REGOLA

Per calcolare la potenza con esponente n di un monomio:
- eleviamo a esponente n il suo coefficiente;
- moltiplichiamo per n ognuno degli esponenti delle sue lettere.

ESEMPIO

$$(-2x^4y^3)^3 =$$
$$) \ (a \cdot b)^m = a^m \cdot b^m$$
$$(-2)^3(x^4)^3(y^3)^3 =$$
$$) \ (a^m)^n = a^{m \cdot n}$$
$$-8x^{12}y^9$$

La potenza è un'*operazione interna* all'insieme dei monomi.
La potenza con esponente 0 di un monomio diverso da 0 è uguale a 1.

▶ $(4x^3)^0 = 4^0x^{3 \cdot 0} = 1$

La potenza con esponente 1 di un monomio è uguale al monomio stesso.

▶ $(11y^4)^1 = 11^1 \cdot y^{4 \cdot 1} = 11y^4$

Esaminiamo come si semplifica un'espressione con tutte le operazioni fra monomi.

ESEMPIO

$(4a^2b^3c)^2 : (16a^3b^5c) + 16a^4b^5c^4 : (2abc)^2 - 2ab \cdot (-b)^2 \cdot 2ac^2 =$) calcoliamo le potenze

$16a^4b^6c^2 : (16a^3b^5c) + 16a^4b^5c^4 : (4a^2b^2c^2) - 2ab \cdot b^2 \cdot 2ac^2 =$) eseguiamo le divisioni e le moltiplicazioni

$abc + 4a^2b^3c^2 - 4a^2b^3c^2 =$) sommiamo i monomi simili

abc

ESERCIZI PER COMINCIARE

Determina, quando esiste, il monomio quoziente delle seguenti divisioni fra monomi.

1 $12a^3b : (-4ab)$; $15x^3y^2 : (3x^4y)$; $3ab^5c^2 : (2ab^2c^2)$; $5a^4xy^7 : (7a^2xy^5)$.

2 $\frac{3}{4}x^{11}y^3 : \left(\frac{1}{2}x^6y\right)$; $\frac{1}{5}a^8y^7 : (-10a^7y^6)$; $13a^4b^9 : (13a^5b^{10})$; $-2x^8b^6c^2 : (-4x^4b^2c)$.

3   Calcola le seguenti potenze di monomi.

   $(-2a^3bc^2)^2$; $(5xy^5)^3$; $\left(-\frac{1}{2}x^2y^3\right)^3$; $\left(\frac{2}{3}ab^2c\right)^2$; $-(-4x^3yt)^2$; $-\left(\frac{1}{3}a^2bc^3\right)^4$; $-\left(-\frac{1}{2}a^3cy\right)^3$.

Semplifica le seguenti espressioni.

4   **ANIMAZIONE** $\frac{1}{2}a^3b \cdot \left[\frac{1}{2}a^2b^2 : (2a)\right] - (5a^8b^9 - a^8b^9) : \left(-\frac{1}{5}a^5b^5\right) + \frac{2}{3}a^7b^6 : \left(-ab^2 \cdot \frac{8}{3}a^2b\right)$

5   **ANIMAZIONE** $\left(-\frac{3}{2}a^2x^3\right)^3 : \left(\frac{3}{2}ax^3\right)^2 - (-2a^3x^2)^3 : \left(\frac{4}{9}a^5x^5\right)\left(-\frac{2}{3}x\right)^2 + \left(-\frac{1}{2}a\right)^3$

6 $\left[\frac{1}{4}xy + \left(\frac{1}{2}x^3y^5\right) : (-2xy^2)^2\right] : \left(\frac{1}{4}y\right) + 3(-x)^2y + \frac{1}{3}x^3y^4 : \left(\frac{1}{9}xy^3\right) - \frac{1}{2}x$ $[x + 6x^2y]$

7   **VIDEO**   **Operazioni con i monomi**   Guarda il video sulle operazioni fra monomi nella parte centrale, dove parliamo di potenze e divisioni.
Fornisci esempi per spiegare perché nell'insieme dei monomi la potenza è un'operazione interna, mentre la divisione non lo è.

4. MCD E mcm → Esercizi a pagina **217**

Il **massimo comune divisore** (MCD) di due o più monomi è un monomio con il grado massimo possibile che è divisore di tutti i monomi.

> 🎧 The **greatest common factor** (GCF) of two or more monomials is a monomial that has the *highest* possible degree among all the factors of the monomials.

Nel **calcolo del MCD** di monomi, prendiamo:
- come **coefficiente**:
  - il numero 1 se qualche monomio non ha coefficiente intero;
  - il MCD dei valori assoluti dei coefficienti se sono tutti interi;
- come **parte letterale**: il prodotto delle lettere comuni a tutti i monomi, ognuna presa con l'esponente minimo.

Calcoliamo $MCD(6a^3b^3c^2; 4a^2b^4c; 3ab^2)$.

2	3	a^3	b^3	c^2
2^2		a^2	b^4	c
	3	a	b^2	

mettiamo in colonna i coefficienti (scomposti in fattori) e le lettere dei monomi

$$MCD = \quad a \quad b^2$$
coefficiente: 1

nel MCD:
- coefficiente: MCD dei coefficienti
- lettere comuni con esponente minimo

Il **minimo comune multiplo** (mcm) di due o più monomi è un monomio con il grado minimo possibile che è divisibile per tutti i monomi.

> 🎧 The **least common multiple** (lcm) of two or more monomials is a monomial that has the lowest possible degree among the monomials that are divisible by all of the original monomials.

Nel **calcolo del mcm** di monomi, prendiamo:
- come **coefficiente**:
  - il numero 1 se qualche monomio non ha coefficiente intero;
  - il mcm dei valori assoluti dei coefficienti se sono tutti interi;
- come **parte letterale**: il prodotto di ciascuna delle lettere presenti in almeno uno dei monomi, ognuna presa con l'esponente massimo.

Calcoliamo $mcm(6a^3b^3c^2; 4a^2b^4c; 3ab^2)$.

2	3	a^3	b^3	c^2
2^2		a^2	b^4	c
	3	a	b^2	

mettiamo in colonna i coefficienti e le lettere dei monomi

$$mcm = 12 \quad a^3 \quad b^4 \quad c^2$$
$2^2 \cdot 3$

nel mcm:
- coefficiente: mcm dei coefficienti
- tutte le lettere con esponente massimo

ESERCIZI PER COMINCIARE

1 📱 **VIDEO** **MCD di monomi** Dopo aver guardato il video che proponiamo, fai le stesse considerazioni, ma riferite al mcm, con le stesse coppie di monomi del video.

2 📱 **ANIMAZIONE** Determina il MCD e il mcm dei seguenti monomi.

a. $-10x^3y^5;$ $\quad 2x^4y;$ $\quad -4x^2y^3.$

b. $\frac{4}{3}a^{10}b^8c^6;$ $\quad 8a^4b^2;$ $\quad 12a^6b^6c^6.$

5. PROBLEMI E MONOMI → Esercizi a pagina **218**

Osservando i dati della figura (le misure sono espresse in centimetri) e dopo alcuni calcoli, Luca afferma di poter dire rapidamente il valore dell'area per qualsiasi valore di x assegnato. Perché?

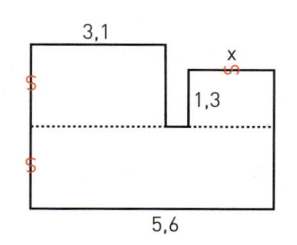

L'area $\mathscr{A}$ della figura può essere calcolata sommando le aree di tre rettangoli, due con altezza x e basi rispettivamente 3,1 e 5,6, e uno di altezza 1,3 e base x:

$\mathscr{A} = 3{,}1x + 5{,}6x + 1{,}3x$ ⟩ sommiamo i monomi simili

$\mathscr{A} = 10x$.

L'area è, in cm^2, dieci volte il valore di x; quindi, fissato un valore di x, si può determinare immediatamente l'area invece di dover calcolare separatamente le tre aree e poi sommarle.

ESERCIZI PER COMINCIARE

1 Esprimi in funzione di a il perimetro di un triangolo isoscele di base $8a$ e con il lato uguale ai $\dfrac{5}{8}$ della base.

2 Utilizza le indicazioni poste a fianco della figura e scrivi il perimetro e l'area del trapezio in funzione di a.
Determina il perimetro per:

$a = \dfrac{1}{4}, \qquad a = 2, \qquad a = 3.$

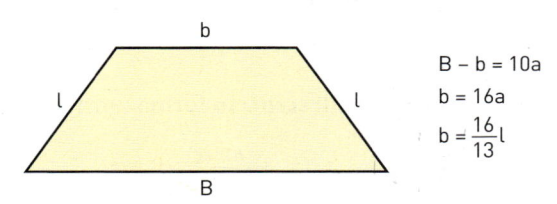

$B - b = 10a$
$b = 16a$
$b = \dfrac{16}{13}l$

3 Indica con a, b, c le misure delle dimensioni di un parallelepipedo e sfruttando la moltiplicazione fra monomi dimostra che, se ognuna delle dimensioni raddoppia, il volume diventa 8 volte più grande. Se ogni dimensione diminuisce del 10%, di quale percentuale diminuisce il volume?

4 Dati due numeri a e b, dimostra che la differenza fra il quadrato del doppio del loro prodotto e il prodotto dei loro quadrati è equivalente al triplo del quadrato del prodotto.

5 Tre amici gestiscono insieme un archivio di foto online. La cartella di Chiara contiene il triplo delle foto di Luigi, mentre ha il doppio delle foto di Maria. Esprimi il numero di foto dell'archivio complessivo in funzione del numero, indicato con x, di quelle di Luigi.

$\left[\dfrac{11}{2}x \right]$

foto
Chiara
Luigi
Maria

6 Considera l'arco $\overset{\frown}{AB}$ quarta parte di una circonferenza di raggio $2a$ e centro O e la semicirconferenza $\overset{\frown}{AO}$ con centro nel punto medio di AO. Dimostra che le due parti colorate hanno la stessa area. Hanno anche lo stesso perimetro?

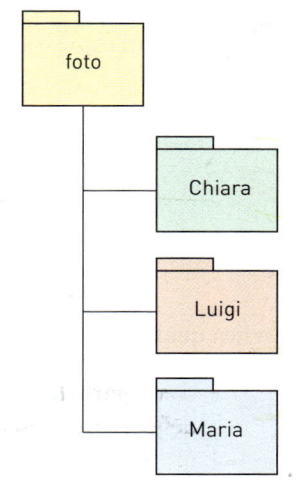

7 ESERCIZI

1. DEFINIZIONI

DEFINIZIONE DI MONOMIO → Teoria a pagina 196

1 ▢ **VERO O FALSO?**

a. L'espressione $\dfrac{3a^2b}{4}$ non è un monomio. ▢V ▢F

b. Nel monomio x^2y^3 il coefficiente è un numero qualunque. ▢V ▢F

c. L'espressione $\dfrac{1}{2}a^{n-4}$ è un monomio solo se $n \in \mathbb{N}$ e $n > 4$. ▢V ▢F

d. In un monomio non possono comparire lettere con esponente negativo. ▢V ▢F

2 ▢ **TEST** Solo una delle seguenti espressioni *non* è un monomio. Quale?

　　A. 6　　　　　B　$4^{-2}ab^2$　　　　　C　$\dfrac{2a}{xy}$　　　　　D　$\dfrac{5xy}{2}$

Fra le seguenti espressioni sottolinea i monomi.

3　$-\dfrac{by}{9}$;　　　$\dfrac{1}{4}a + 2b$;　　　$\dfrac{1}{2}\dfrac{x^2y}{a}$;　　　-4^2ac^2;　　　2.

4　$2x(-z)$;　　　$8b^{-1}c^2$;　　　$8^{-1}bc^3$;　　　$0x^2$;　　　$\dfrac{3}{x^{-2}}$.

5　5^0x^3;　　　$0a^2b$;　　　$(2-2)^0y^3$;　　　$(12-8)^2b^0$;　　　$\dfrac{x^3}{6-6}$.

Indica quali delle seguenti espressioni sono monomi e, tra essi, sottolinea quelli scritti in forma normale.

6　$\dfrac{x}{2a}$;　　$-x^2yx\left(-\dfrac{2}{3}y\right)$;　　$\dfrac{2}{3}abb$;　　$\left(\dfrac{4}{3}\right)^{-1}a^2x$;　　$-\dfrac{m^2n^3}{2}$.

7　$6a - 6$;　　$-\dfrac{1}{2}a^3b(-8)ab$;　　$3x^2\left(-\dfrac{1}{6}\right)$;　　$\dfrac{3y^3t}{5}$;　　$-p^2q^4$.

GRADO DI UN MONOMIO → Teoria a pagina 197

8 ▢ **VERO O FALSO?**

a. Il monomio $2a$ ha grado 0. ▢V ▢F

b. I monomi x^3y e a^2b^2 hanno lo stesso grado. ▢V ▢F

c. Nel monomio $7a^2xy^3$ il grado rispetto alla lettera b è 0. ▢V ▢F

d. Il monomio $3^4a^2b^3$ ha grado 9. ▢V ▢F

e. Il monomio $\dfrac{4}{3}\pi r^3$ ha grado 3. ▢V ▢F

Indica il grado complessivo e il grado rispetto a ciascuna lettera dei seguenti monomi.

9 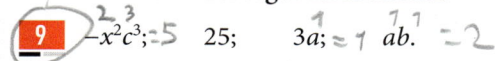 $-x^2c^3$; $=5$ 25; $3a$; $=1$ ab. $=2$

10 $-\dfrac{3}{8}x^4ay$; $\dfrac{1}{7}x^7$; $2^5a^2b^3$; $-9a$.

11 3^4a^3x; $=8$ $-\dfrac{1}{10}x^2y^3z$; $=6$ $5^{-2}x^3$; $=1$ $\dfrac{25}{16}m^2n^2$. $=4$

12 Scrivi tutti i monomi di decimo grado nelle tre variabili a, b, c, con coefficiente 1, in cui l'esponente di b è il doppio di quello di a.

13 Scrivi tutti i possibili monomi di terzo grado nelle variabili a e b con coefficiente 6.

Disponi i seguenti monomi in ordine decrescente:
a. secondo il grado complessivo;
b. secondo il grado rispetto alla lettera y.

14 $-2a^2xy^2$; a^3y; $\dfrac{1}{4}x^2$; $6y^3$; a^4x^8; $9a$.

15 📱 **ESEMPIO DIGITALE** $9^2x^2y^4$; $-\dfrac{yz}{2}$; $7z^7$; $3xyz^2$; $4y^3z^3$; 25.

16 Trova $n \in \mathbb{N}$ in modo che il monomio $2ax^3y^n$ sia di settimo grado.

17 Se il monomio $3^4x^2y^3z^n$ è di settimo grado, quanto vale n?

MONOMI SIMILI, OPPOSTI, UGUALI ➡ Teoria a pagina **197**

18 📱 **VERO O FALSO?**

a. $\dfrac{5}{4}xy$ è il monomio opposto di $\left(\dfrac{3}{4}-\dfrac{8}{5}\right)xy$. ☐V ☐F

b. Due monomi uguali sono simili e viceversa. ☐V ☐F

c. Due monomi simili possono avere grado diverso. ☐V ☐F

d. $\dfrac{11}{2}a$ e $\dfrac{11}{2}b$ sono monomi simili. ☐V ☐F

19 Due monomi di primo grado sono sempre simili?

20 Due monomi di grado uguale e con coefficienti opposti sono opposti?

21 Due monomi opposti possono non essere simili?

22 Quando due monomi simili sono uguali?

23 Due monomi sono opposti se e solo se sono simili?

Sottolinea i monomi simili nei seguenti gruppi. Per ogni monomio scrivi il suo opposto.

24 $-4a$; $\dfrac{1}{7}ax^2$; 2^3a; $-\dfrac{1}{2}a^2x$; $\dfrac{ax^2}{9}$.

25 $\dfrac{6}{5}xy^2z$; $-2xy^2$; $-zxy^2$; xz; $\dfrac{2}{3}y^2x$.

26 **FAI UN ESEMPIO** Scrivi un esempio di:

a. tre monomi con le stesse lettere e lo stesso grado, ma non simili tra loro;

b. monomi opposti con due lettere e grado 4;

c. un monomio in cui ci sono un esponente -1 e un esponente 0;

d. un monomio con una linea di frazione;

e. monomi simili di grado 0.

27 📱 **VERO O FALSO?**

a. $3abx$ e $-3aby$ sono monomi opposti. ☐V ☐F

b. Il grado di $2^3x^2y^5z$ è 8. ☐V ☐F

c. $\dfrac{1}{2}$ e -25 sono monomi simili. ☐V ☐F

d. $\dfrac{1}{2}a^2xabx^3$ è di grado 2 rispetto ad a. ☐V ☐F

e. $6a^4b$ e $-6ab^4$ sono monomi opposti. ☐V ☐F

f. Il numero 0 è un monomio di grado 0. ☐V ☐F

2. ADDIZIONE E MOLTIPLICAZIONE

SOMMA E DIFFERENZA DI MONOMI SIMILI → Teoria a pagina **198**

per esempio:
$5x^3 + 2x^3 = 7x^3$

28 **ASSOCIA** a ciascuna espressione il suo risultato.

1. $3xy + 2xy$ 2. $3x^2 + 2y^2$ 3. $3x^2y^2 + 2x^2y^2$ 4. $3x + 2y$

a. $3x + 2y$ b. $5x^2y^2$ c. $5xy$ d. $3x^2 + 2y^2$

29 **COMPLETA** inserendo dei monomi in modo da rendere vere le uguaglianze.

$7a^2b + (\underline{\quad}) = -3a^2b;$ $xy^3 + (\underline{\quad}) = 0;$ $\frac{1}{4}a - (\underline{\quad}) = -a;$ $6ax - (\underline{\quad}) = 8ax.$

Calcola la somma e la differenza dei seguenti monomi.

30 a. $-\frac{1}{2}xyz;$ $-\frac{7}{4}xyz;$ b. $8a^2x;$ $-23a^2x;$ c. $\frac{1}{3}x^3y;$ $-\frac{2}{15}x^3y;$ d. $-10b^4y;$ $\frac{7}{2}b^4y.$

31 a. $7x^5;$ $-12x^5;$ b. $1,\bar{3}ab;$ $\frac{8}{3}ab;$ c. $-0,5x^4;$ $-0,25x^4;$ d. $-4m^2p;$ $-\frac{3}{5}m^2p.$

Espressioni con addizioni e sottrazioni

ESEMPIO

Semplifichiamo la seguente espressione:

$-\left[-\left(-3a + \frac{15}{2}a - 6x^2\right)\right] + x^2 - \left(\frac{13}{3}a - x^2\right) =$ ⟩ eliminiamo le parentesi tonde

$-\left[3a - \frac{15}{2}a + 6x^2\right] + x^2 - \frac{13}{3}a + x^2 =$ ⟩ sommiamo alcuni monomi simili

$-\left[-\frac{9}{2}a + 6x^2\right] + 2x^2 - \frac{13}{3}a =$ ⟩ eliminiamo le parentesi quadre

$\frac{9}{2}a - 6x^2 + 2x^2 - \frac{13}{3}a =$ ⟩ sommiamo i monomi simili

$\frac{27 - 26}{6}a - 4x^2 = \frac{1}{6}a - 4x^2$

✓ **CHECKER** Semplifica le seguenti espressioni. Le lettere a esponente rappresentano numeri naturali.

32 $3x + 9x - 8x + 4x - 2x$ $[6x]$

33 $2a + 11a + 8a - 3a + 4a$ $[22a]$

34 $ab + 2ab + 3ab + ab + ab$ $[8ab]$

35 $-8b + 6b - 4b + 2b - 9b$ $[-13b]$

36 $2xy + 4xy + 2z - 5xy - z - 2z$ $[xy - z]$

37 $\frac{1}{3}ab^2 - \frac{1}{2}ab^2 + \frac{1}{3}a^2b + \frac{1}{2}a^2b + \frac{1}{6}ab^2 + \frac{1}{6}a^2b$ $[a^2b]$

38 $-3t - (-4t) + 7t + 2t - 5t + (-3t) - (-t)$ $[3t]$

39 $x^2y + 3x^2y - (-12x^2y) - 6x^2y + (-7x^2y)$ $[3x^2y]$

40 $2a^2b^2 - (-4a^2b^2) + 9a^2b^2 - (+11a^2b^2) - 14a^2b^2$ $\qquad$ $[-10a^2b^2]$

41 $6ax - \dfrac{1}{2}ax - (-3ax) - \left[(-8ax) + \left(-\dfrac{3}{2}ax\right)\right]$ $\qquad$ $[18ax]$

42 $-\dfrac{2}{3} + \dfrac{5}{3}b^3 - \left(-\dfrac{1}{6}\right) + 1 - \left(-\dfrac{1}{7}b^3\right) + \dfrac{1}{2} - \left(\dfrac{2}{7}b^3 - \dfrac{2}{3}b^3\right)$ $\qquad$ $\left[\dfrac{46}{21}b^3 + 1\right]$

43 $0,\overline{6}by - by - \left(2by - \dfrac{5}{3}by\right) - (-0,\overline{3}by)$ $\qquad$ $\left[-\dfrac{1}{3}by\right]$

44 $2xy - [5x - (+3x)] - [-2x - (-4xy + 2xy)]$ $\qquad$ $[0]$

45 $7b^2 + [11b^2 - (-4b^2 + 8b^2)] - \left[\dfrac{5}{2}b^2 - \left(-\dfrac{9}{2}b^2\right)\right]$ $\qquad$ $[7b^2]$

46 ☐ **ESEMPIO DIGITALE** $xy - \left(y - \dfrac{1}{2}y\right) - (-xy) + \left(\dfrac{1}{2}x + x\right) - \dfrac{3}{2}y + \dfrac{1}{2}x - (2xy)$

47 $\dfrac{1}{3}ax^2 - \left(ax - \dfrac{2}{3}ax\right) - \left[-\left(\dfrac{2}{3}ax^2 - ax^2\right)\right] + ax - \left(-\dfrac{1}{3}ax\right) + ax^2$ $\qquad$ $[ax + ax^2]$

48 $9x + x^2 - [-2x^3 - (-3x^3)] + 7x + \dfrac{3}{4}x^3 - 15x + (-x) + \dfrac{1}{4}x^3 + 3x^2$ $\qquad$ $[4x^2]$

49 $-\dfrac{8}{3}x^3 + \left[\dfrac{4}{3}x - (-2x)\right] + (-2x^3) + 4x^3 - \left[4x - \left(-\dfrac{1}{3}x\right)\right] - \left(\dfrac{1}{3}x^3 - x^3\right)$ $\qquad$ $[-x]$

50 $\dfrac{3}{4}a^2 - (-a^2) + a - \left[-\left(-\dfrac{1}{2}a^2 - \dfrac{7}{4}a^2\right) - 2a^2\right] + 3a - \left(-\dfrac{a^2}{2}\right) - \left(-\dfrac{a}{4}\right) - \dfrac{a}{2} - a^2$ $\qquad$ $\left[a^2 + \dfrac{15}{4}a\right]$

51 $-p + \dfrac{(-2)^7}{(-2)^4}p^2q - \dfrac{(-3)^2(+3)^5}{(-9)^3}p^2q + 2p^2q + 6\left(\dfrac{p}{2} - \dfrac{p}{3}\right) + \dfrac{(-3)^4}{3^2}p^2q$ $\qquad$ $[6p^2q]$

52 $\dfrac{3}{5}a^n - \dfrac{1}{10}a^n + \left(\dfrac{7}{2}a^{2n} - 3a^{2n}\right) - \dfrac{1}{2}a^n - \dfrac{2}{5}a^{2n}$ $\qquad$ $\left[\dfrac{1}{10}a^{2n}\right]$

53 **COMPLETA** inserendo dei monomi in modo da rendere vere le uguaglianze.

a. $8x + 3x - (\boxed{}) + 2x = 9x;$

b. $4a + 7a + 2a + (\boxed{}) - a = 18a;$

c. $6a - 2a + \left(-\dfrac{1}{2}a\right) + (\boxed{}) = 10a;$

d. $\dfrac{2}{3}x^2y - 4 - 2x^2 + (\boxed{}) + x^2y + 2x^2 = -4;$

e. $3a^2b - \left(-\dfrac{1}{2}a^2b + 4a^2b\right) + (\boxed{}) = 5a^2b;$

f. $-b - 4a - [(\boxed{}) + b] + 5a = a + b.$

PRODOTTO DI MONOMI → Teoria a pagina **198**

> *per esempio:*
> $(2x^2) \cdot (3x^3) = 6x^5$

54 ☐ **TEST** Solo una delle seguenti uguaglianze è *falsa*. Quale?

A $\dfrac{1}{2}x^2(-8x) = -4x^3$

B $\dfrac{6}{5}a^2b\left(-\dfrac{15}{2}ab\right) = -9a^3b^2$

C $12a\left(-\dfrac{3}{4}bx\right)(-b) = 9ab^2x$

D $\dfrac{7}{6}x^3y\left(-\dfrac{4}{21}x^2y\right) = -\dfrac{2}{9}x^5y$

55 **CHI HA RAGIONE?** Stefano: «Il prof di mate vuole che cerchiamo una proprietà sul grado del prodotto di due monomi. Io dico che il grado del prodotto è la somma dei gradi dei due monomi». Alice: «E allora il prodotto di due monomi simili è un monomio di grado doppio».
Hanno ragione entrambi. Spiega perché.

56 Scrivi in forma normale i seguenti monomi.

$3x7xy; \qquad \dfrac{1}{4}abca^4; \qquad 2x^2\left(-\dfrac{1}{2}\right)ax; \qquad 6b^4c^2\left(-\dfrac{1}{2}\right)b; \qquad \left(-\dfrac{2}{3}\right)^2y^2z^2\left(-\dfrac{2}{3}\right)yz.$

Eseguiamo la seguente moltiplicazione.

$$(-2at^2)\left(-\frac{7}{8}a^2\right)\left(+\frac{4}{21}t^4y\right) = (-2at^2)\cdot\left(-\frac{7}{8}a^2\right)\left(+\frac{4}{21}t^4y\right) = +\frac{1}{3}a^{1+2}t^{2+4}y = \frac{1}{3}a^3t^6y$$

semplifichiamo pensando i coefficienti moltiplicati fra loro

$a^m \cdot a^n = a^{m+n}$

✓ **CHECKER** **Esegui le seguenti moltiplicazioni. Le lettere a esponente rappresentano numeri naturali.**

57 $(+3x)(-4x);$ $(+2x)(-3y^2).$

58 $(-4a^2)(+3a^2);$ $(-2ab^2)(-8ab).$

59 $(+2ab^2)(-2a^3b^2);$ $(+3x^2y)(-3x^2y^2).$

60 $(-4x)(+2x);$ $(+5y^2)(-2y).$

61 $(-6a^2)\left(-\frac{1}{2}a\right);$ $\left(+\frac{3}{14}x^2\right)\left(-\frac{21}{5}x^4\right).$

62 $2xy(-10xy^2);$ $\left(-\frac{3}{2}ab^2\right)\left(\frac{2}{9}abc\right).$

63 $-\frac{1}{3}y^3t\left(\frac{18}{5}yt^2\right);$ $\frac{6}{5}a^4x^2\left(-\frac{15}{8}axy\right).$

64 $(0,\overline{6}abc)\left(-\frac{3}{4}a^3b\right);$ $(-12b^4)\left(\frac{1}{16}ab^4\right).$

65 $\left(\frac{4}{5}a^2b\right)\left(-\frac{1}{8}bc^2\right)(-10a);$ $2x(-x^2y)(-x^2).$

66 $(-6x)(-2x)(-x);$ $(4^2ay^2)(-4a^3)(2^{-3}y^3).$

67 ☐ **ESEMPIO DIGITALE** $(-1,2x^8)\left(-\frac{5}{4}x^4\right)(2x^3);$ $(-2k^3)\left(\frac{1}{10}k\right)(1,5k^8).$

68 $\left(-\frac{24}{5}m^2n^3\right)\left(-\frac{25}{3}mn^2z\right)\left(\frac{1}{10}m^3nz\right);$ $\left(-\frac{1}{2}at^2\right)(-4t^4)\left(-\frac{3}{2}a^2t^3\right).$

69 $\left(-\frac{1}{4}a^n\right)(+2a^n)\left(\frac{6}{5}a\right);$ $(-2x^{2n}y^2)(-3x^{2n}y)\left(+\frac{1}{6}x^ny^n\right).$

70 **COMPLETA**

a. $(3x)(\underline{\hspace{1cm}}) = 12x;$

b. $(9ab)(\underline{\hspace{1cm}}) = 36ab;$

c. $(2x^2y)(\underline{\hspace{1cm}}) = -16x^2y^3;$

d. $\left(-\frac{1}{4}a^4\right)(\underline{\hspace{1cm}}) = 4a^5b;$

e. $(10a^3x)(\underline{\hspace{1cm}}) = -a^4x;$

f. $\frac{3}{4}ax^2(\underline{\hspace{1cm}}) = -2a^2x^5;$

g. $-\frac{1}{2}x^2y^2(\underline{\hspace{1cm}})(-4x^4y^3) = -\frac{2}{3}x^6y^8;$

h. $(-ab)(\underline{\hspace{1cm}})\left(-\frac{8}{3}a^3b^4\right) = \frac{3}{4}a^6b^6.$

71 ☐ **YOU & MATHS** **A mysterious volume** What is the volume of a parallelepiped with dimensions that are twice, three times, and four times a given length a?

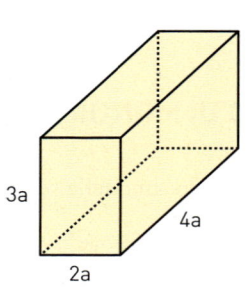

3a 4a 2a

72 **CACCIA ALL'ERRORE**

a. $3x^4 \cdot 5x^2 = 15x^8;$

b. $2x^2(4x) = 8x^2;$

c. $-\frac{1}{2}ab^3(8b) = 4ab^4;$

d. $2xy(4xy) = 8xy;$

e. $(a-4a)(2x+x) = 2ax - 4ax;$

f. $a^n \cdot a^n = a^{n^2};$

g. $a^{2n} \cdot a^2 = a^{4n};$

h. $a^n \cdot a = a^n.$

73 **YOU & MATHS** **Pyramids of products** Complete the pyramids below so that each box contains the product of the two boxes below it that touch it.

a

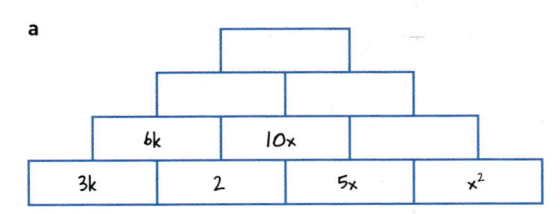

b

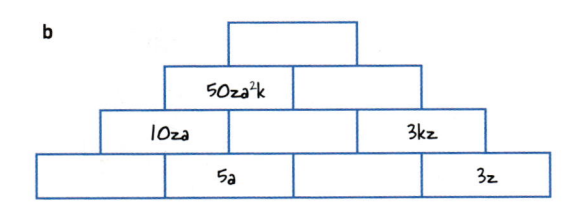

Espressioni con moltiplicazioni

☑ **CHECKER** **Semplifica le seguenti espressioni.**

74 $(2x^2 + 8x^2)(x - 2x)$; $2y^2(y^2 + y^2)(y - y)$.

75 $(b^3 + b^3)(a - 8a)$; $3a^2(a^2 + 2a^2 + 3a^2)(a + 2a)$.

76 $8\left(-x^2 + \frac{1}{2}x^2\right)\left(-a - \frac{1}{4}a\right)$; $(a^4 - 4a^4)(a^2 - 3a^2 + a^2)$.

77 $(xy - 6xy)2x^3\left(\frac{1}{8}y - 2y\right)$; $-9a^3\left(-ab - \frac{ab}{3}\right)\left(\frac{b}{3} - 3b\right)$.

78 $(-2x)(-3y) - 6y(-2x) + 4(-x)(-y) - 21xy$

79 $a^2 + (-4a)(+3a) + a(-7a) + 3a(-2a)$

80 $2x^2 + (-3x)(-4x) - 8(-2x)(-x)$ $[-2x^2]$

81 $3x^2y + x(-x)(-y) + x^2(-y)$ $[3x^2y]$

82 $(2a^3 - a^3) - (a^2 - 2a^2)(-a) + 1$ $[1]$

83 $(3ab + 5ab + 2ab)(2ab) - (2a)(2b)(ab)$ $[16a^2b^2]$

84 $(8x^3 - 3x^3 - 6x^3) + (9x^3 - 2x^3 - 6x^3)$ $[0]$

85 $16xy - (2x)(6y) + 8xy - (6x)(2y)$ $[0]$

86 $-x^3y + 2xy\left(-\frac{2}{3}x^2\right) + 6x^2\left(-\frac{3}{8}xy\right) - y\left(-2x^3 - \frac{1}{4}x^3\right)$ $\left[-\frac{7}{3}x^3y\right]$

87 $(-y^2)(-y) + \frac{5}{18}y\left(-\frac{9}{5}y^2\right) - (-2y)(3y^2) - 4y^3$ $\left[\frac{5}{2}y^3\right]$

88 $3a^3 - \frac{2}{3}a(-a^2) + \left(-\frac{1}{4}a^2\right)(-a) + \frac{7}{8}a(-6a^2) - a^3$ $\left[-\frac{7}{3}a^3\right]$

89 $-\frac{x}{4}(-2xy) + \frac{5}{2}y(-x^2)\frac{1}{5} + \frac{x^2}{2}(-8y) + \frac{3}{2}x^2\left(-\frac{1}{3}y\right)$ $\left[-\frac{9}{2}x^2y\right]$

90 $\left(a^2 - \frac{1}{3}a^2 - \frac{4}{3}a^2\right)\left[\left(\frac{1}{2}ab^2\right)(-8a^3) - (-a^2b^2)(4a^2)\right]$ $[0]$

91 $\left\{3a^3\left(-\dfrac{1}{2}b\right)+ab\left[5a^2-(-a^2)\right]\right\}\left(-\dfrac{2}{3}a\right)-b(-8a^4+2a^4)$ $\qquad$ $[3a^4b]$

92 ☐ **ESEMPIO DIGITALE** $\left(-1-\dfrac{1}{4}\right)ab^2-\left(-\dfrac{1}{2}a\right)(+b^2)+\left(-3-\dfrac{1}{2}\right)\left(-\dfrac{3}{7}ab^2\right)+\left(-\dfrac{1}{4}b\right)(-3ab)-2ab^2$

93 $\left(\dfrac{1}{10}x^3+2x^3-0,3x^3\right)(-5y^2)-\left(\dfrac{2}{3}-1\right)(3x^3y^2)-\dfrac{15}{4}xy^2\left(-\dfrac{2}{3}x^2+\dfrac{2}{5}x^2\right)$ $\qquad$ $[-7x^3y^2]$

94 $\dfrac{2}{5}x^2\left(-\dfrac{1}{2}xy^3\right)+\left(1-\dfrac{2}{5}\right)x^3y^3-\left(-\dfrac{2}{3}xy\right)\left(-\dfrac{3}{10}x^2y^2\right)-2x^3y^3$ $\qquad$ $\left[-\dfrac{9}{5}x^3y^3\right]$

95 $x^4b^3-\left(-\dfrac{17}{4}bx\right)\left(-\dfrac{5}{34}b^2x\right)\left(-\dfrac{2}{5}x^2\right)+(-x^2b)\left(-\dfrac{x^2b^2}{2}\right)-x^4b^2\left(-2b+\dfrac{b}{2}\right)$ $\qquad$ $\left[\dfrac{13}{4}b^3x^4\right]$

96 $\left(-x+\dfrac{1}{2}x\right)\left(-4x^2+\dfrac{3}{2}x^2\right)-\left(\dfrac{2}{9}x\right)(-3x^2)-\left[\left(x^2+\dfrac{x^2}{4}\right)(8x)+\left(-\dfrac{1}{2}x^3\right)\right]-x^3$ $\qquad$ $\left[-\dfrac{103}{12}x^3\right]$

97 ☐ **ESEMPIO DIGITALE** $2x^2-2x^2\left(\dfrac{1}{4}ax-\dfrac{3}{2}ax\right)+4\left(-\dfrac{1}{2}x+\dfrac{3}{8}x\right)(4x)+\left(-\dfrac{1}{2}x\right)\left(2ax^2-\dfrac{7}{8}ax^2\right)$

98 $\left[(-2abx)\left(bx-\dfrac{1}{2}bx\right)+ab^2x^2\right](-a)+\left[\left(3a-\dfrac{a}{2}\right)(-bx)-\dfrac{1}{3}abx\right](-2abx)$ $\qquad$ $\left[\dfrac{17}{3}a^2b^2x^2\right]$

---

99 ☐ **YOU & MATHS** **Represent this** A piece of rope is cut into two pieces: one piece is $\dfrac{3}{2}$ the length of the second piece. Represent the total length of the rope with a monomial with an integer coefficient.

100 ☐ **YOU & MATHS** **Mix up the monomials** Use the following monomials to write:

a. an addition that gives $4x^5$;

b. a multiplication that gives $24x^9$.

$$4x^2; \qquad x^5; \qquad 3x^2; \qquad 6x^2; \qquad 2x^5; \qquad 3x^5.$$

---

101 **EUREKA!** **Uno e uno solo** Esiste un monomio A tale che la seguente uguaglianza sia verificata?

$$\dfrac{2}{3}x^2y^3+2x^2y^3=\dfrac{1}{7}xy\cdot A+\dfrac{5}{7}xy\cdot A.$$

In caso affermativo, tale monomio è unico?

Semplifica le espressioni seguenti, dove A, B e C sono i monomi: $A=-\dfrac{1}{4}xy$, $B=\dfrac{1}{3}xy^2$, $C=-x^2y^3$.

102 $5A-(B-4B)-A;$ $\quad 4A(-B)-\dfrac{1}{3}C.$

103 $-\left(-\dfrac{1}{4}C+C\right)+3AB;$ $\quad (9A-A)(3B)-6C.$

---

104 Calcola perimetro e area della figura utilizzando i dati indicati e sapendo che $DE\cong EC$ e $AD\cong BC$.

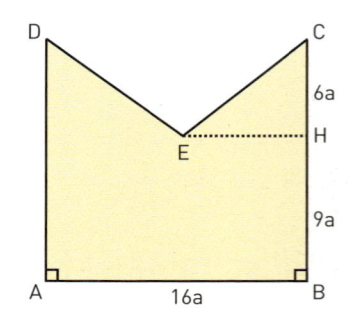

$[66a;\ 192a^2]$

105 ☐ **INVALSI 2011** In un prato (rettangolo più grande) è stata costruita una piscina (rettangolo più piccolo) come vedi in figura.

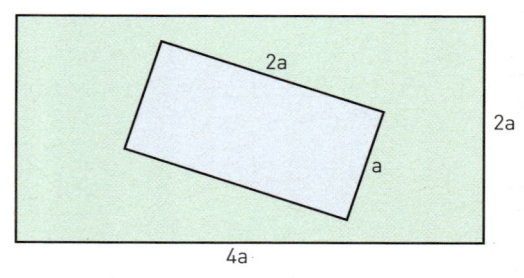

La superficie di prato rimasta è:

$\boxed{A}$ $8a^2$. $\quad$ $\boxed{B}$ $6a^2$. $\quad$ $\boxed{C}$ $9a$. $\quad$ $\boxed{D}$ $3a$.

3. DIVISIONE E POTENZA

QUOZIENTE DI DUE MONOMI → Teoria a pagina 200

> **per esempio:**
> $10x^{10} : (2x^2) = 5x^8$

106 **VERO O FALSO?**

a. Il monomio $3a^4b^2$ è divisibile per il monomio $8a^4b$. [V] [F]

b. Il quoziente di due monomi simili non è un monomio. [V] [F]

c. Il monomio $16a^2x^4y$ è multiplo di $4ax^2y^2$. [V] [F]

d. $-ab^2c$ è il quoziente di $(-a^3b^3c):(a^2b)$. [V] [F]

e. Il quoziente di due monomi opposti è sempre -1. [V] [F]

107 Spiega perché il monomio $\frac{3}{4}a^3b^4c$ è divisibile per $2a^2b^4$, mentre non lo è per $\frac{3}{4}a^4b^3$.

108 **CACCIA ALL'ERRORE**

a. $9x^8 : 3x^4 = 3x^2$

c. $(-0,5y^2b^8):(0,2y^2b^8) = -0,25$

b. $\frac{1}{8}a^5b^2:\left(+\frac{3}{4}a^3\right) = \left(\frac{1}{8}\cdot\frac{4}{3}\right)a^5b^2a^3$

d. $2x^4 : 2x^4y = y$

ESEMPIO

Eseguiamo, quando possibile, le seguenti divisioni.

a. $25a^5x : (5a^3x^2)$
esponente: 1 — esponente: 2

→ La divisione *non* è possibile perché l'esponente di x nel dividendo è minore di quello nel divisore.

b. $\frac{8}{21}p^2q^7 : \left(-\frac{2}{3}p^2q^3\right)$

→ La divisione è possibile perché gli esponenti nel dividendo sono maggiori o uguali a quelli corrispondenti nel divisore.

$$\frac{8}{21}p^2q^7 : \left(-\frac{2}{3}p^2q^3\right) = \frac{8}{21}\cdot\left(-\frac{3}{2}\right)p^{2-2}q^{7-3} = -\frac{4}{7}q^4$$

$a^m : a^n = a^{m-n}$

✓ CHECKER Esegui, se possibile, le seguenti divisioni.

109 $18x^2y^2 : (9xy)$; $24ab^3 : (b^2)$.

110 $36a^2b : (-4a)$; $9x^3y^3 : (-3x^2y^2)$.

111 $16x^4y^5 : (4x^2y^3)$; $20a^4b^3 : (-5a^2b)$.

112 $72xyz : (2xyz)$; $88a^2b^2c^2 : (-11abc)$.

113 **ESEMPIO DIGITALE** $-\frac{3}{7}x^5y^8z^8 : \left(-\frac{1}{14}x^5y^6z^6\right)$; $\left(\frac{6}{5}x^3y^4zt^8\right):\left(\frac{5}{3}x^3y^3zt^7\right)$.

114 $-\frac{2}{3}x^4yz^3:\left(-\frac{1}{9}x^2z^2\right)$; $2a^3b^4 : (-3a^2b)$; $\frac{5}{8}a^4b^8:\left(-\frac{5}{8}a^4b^8\right)$; $a^5x^2y : (3a^5x)$.

115 $-\frac{8}{9}a^4b^2c:\left(-\frac{2}{3}a^2b^2c\right)$; $\left(-\frac{1}{9}a^5b^7c^2\right):\left(-\frac{4}{3}a^5b^5c^2\right)$; $\frac{1}{2}b^2x^3:\left(\frac{1}{4}bcx\right)$.

116 **COMPLETA**

a. $(16x^2y^2):(\underline{\quad}) = 2xy;$

b. $(8x^3y^4z):(\underline{\quad}) = x^2y^2;$

c. $(\underline{\quad}):(0,4a^3bc^2) = +\dfrac{3}{4}b^2c;$

d. $(\underline{\quad}):\left(\dfrac{1}{3}x^3yz^2\right) = -3x^2y^2;$

e. $(\underline{\quad}):(2a^2b) = b;$

f. $(-6a^3b^2c):(\underline{\quad}) = +2b;$

g. $(\underline{\quad}):(-8b^2x^2) = 3a^2x;$

h. $-\dfrac{3}{2}a^3b^2:(\underline{\quad}) = \dfrac{5}{2}a^2b.$

Espressioni con divisioni

CHECKER Semplifica le seguenti espressioni.

117 $(6a^3b^3 + 11a^3b^3):(ab^2);\qquad (8x^3y^2 + 4x^3y^2):(xy).$ $\hfill [17a^2b; 12x^2y]$

118 $(a^2b^5 + 8a^2b^5):(a^2b^3 + 2a^2b^3);\qquad (x^2y + 9x^2y):(5xy).$ $\hfill [3b^2; 2x]$

119 $(6a^3b^4 + 12a^3b^4):(3ab^2) - (7a^4b^3 + 3a^4b^3):(5a^2b)$ $\hfill [4a^2b^2]$

120 $(8xy)(2x^3y^3):(4x^2y^2) + (21x^4y^4 + 11x^4y^4):(8x^2y^2)$ $\hfill [8x^2y^2]$

121 $(ab^2c^2 - ab^2c^2 + ab^2c^2):(bc) - (a^4b^3c^2):(a^3b^2c)$ $\hfill [0]$

122 $(xy^2):(y) + (x^2y):(x) + (-x^2)(-y^2):(xy)$ $\hfill [3xy]$

123 $\left(\dfrac{6}{5}a^3b - \dfrac{7}{10}a^3b\right):\left(-\dfrac{1}{4}ab\right) + \left(\dfrac{6}{7}a^3 + \dfrac{1}{14}a^3\right):\left(\dfrac{13}{7}a\right)$ $\hfill \left[-\dfrac{3}{2}a^2\right]$

124 $\left[(15x^3)\left(\dfrac{2}{3}x\right) - 4x^4\right]:(3x) - \left(\dfrac{14}{9}x\right)\left(\dfrac{3}{2}x^2\right)$ $\hfill \left[-\dfrac{1}{3}x^3\right]$

125 $\left\{\left[\left(\dfrac{7}{6}b\right)\left(\dfrac{3}{5}b^2\right)\right]:(-b^2) + b\right\}[3b - (-4b)] - \dfrac{1}{2}b^2$ $\hfill \left[\dfrac{8}{5}b^2\right]$

126 $a^5b^3:(a^3b) + 9a^6b^4:(3a^4b^2) + 10a^4b^3:(2a^2b)$ $\hfill [9a^2b^2]$

127 **ESEMPIO DIGITALE** $\left(\dfrac{1}{2}x^6y^2\right):\left(\dfrac{1}{4}x^4y\right) + \dfrac{1}{6}(-x)^2y + \dfrac{5}{3}x^4y:(2x^2)$

128 $\left[\left(\dfrac{1}{8}x^2y^2\right):\left(\dfrac{1}{4}xy\right) + \dfrac{1}{4}x(2y - 6y)\right]:\left(\dfrac{1}{2}xy\right)$ $\hfill [-1]$

129 $-a^4b^2:b + a^4b^2:(-a) - a^4b^3:(a^2b) + (a^2b)(ab) + a^2(a^2b) + a^2b(-b)$ $\hfill [-2a^2b^2]$

130 $-\left(-\dfrac{1}{2}a^2\right):\left(-\dfrac{1}{3}a\right) + \left\{-2\left[a^4:(a^2) + \dfrac{1}{2}a^2\right]\right\}:(-a) + 2\left(\dfrac{1}{2}a - a\right)$ $\hfill \left[\dfrac{1}{2}a\right]$

POTENZA DI UN MONOMIO → Teoria a pagina 200

per esempio:
$(4a^3)^2 = 16a^6$

131 **VERO O FALSO?**

a. $(a^3)^3 = a^6$ $\qquad$ V F

b. $(-x^5)^2 = x^{10}$ $\qquad$ V F

c. $(-x^2)^5 = -x^7$ $\qquad$ V F

d. $(a^2b^3)^4 = a^6b^7$ $\qquad$ V F

e. $(b^n)^n = b^{2n} \ (n \in \mathbb{N})$ $\qquad$ V F

f. $-(a^4) = (-a)^4$ $\qquad$ V F

ESEMPIO

Calcoliamo le seguenti potenze ($n \in \mathbb{N}$, nell'esempio **b**).

a. $(-2a^4)^3 = (-2)^3 \cdot (a^4)^3 = -8a^{12}$

$(ab)^n = a^n b^n$ — $(a^m)^n = a^{mn}$

b. $\left(\dfrac{1}{3}x^n y^{2n}\right)^2 = \left(\dfrac{1}{3}\right)^2 (x^n)^2 (y^{2n})^2 = \dfrac{1}{9}x^{2n}y^{4n}$

$2n \cdot 2$

✓ **CHECKER** Calcola le seguenti potenze ($n, m, x \in \mathbb{N}$).

132 $(a^4)^4$; $\quad (-2b)^3$; $\quad (-3c^5)^2$.

133 $(-3x)^3$; $\quad (-4a^3)^2$; $\quad (3ab^2x)^2$.

134 $(-2yz^2)^4$; $\quad (3abc)^3$; $\quad (-2a)^3$.

135 $\left(\dfrac{1}{4}abc^3\right)^2$; $\quad \left(-\dfrac{1}{3}x^8 t^5\right)^2$; $\quad (b^2 y^3 z^5)^7$.

136 $-(-6x^3 y)^2$; $\quad -(-0{,}2p^2 q)^3$; $\quad [-(a^2 k)^3]^3$.

137 $\left(-\dfrac{1}{2}ab^2\right)^3$; $\quad (8x^5 b^7 c^3)^2$; $\quad (-5a^2 b^2)^2$.

138 **ESEMPIO DIGITALE** $[(-2xy^2)^2]^3$; $\quad [(-3a)^3]^2$; $\quad \left\{\left[-\left(\dfrac{1}{4}m^2\right)^2\right]^0\right\}^3$.

139 $\left[-\dfrac{1}{2}(-2a^2)^2\right]^3$; $\quad [-(-2x^4)^3]^2$; $\quad [-(-3^2 c^3)^2]^3$.

140 $-2\left[-2\left(-\dfrac{1}{2}a\right)^2\right]^3$; $\quad -[-(x^2)^3]^3$; $\quad \left[-\dfrac{1}{5}(y^2)^4\right]^2$.

141 $(-4x^m y^{7m})^2$; $\quad -\left(\dfrac{1}{2}a^x b^{2x}\right)^5$; $\quad (3x^{2n}y^{3m})^2$.

Trova, se possibile, i monomi i cui quadrati sono i seguenti monomi ($n \in \mathbb{N}$).

142 $\dfrac{1}{4}a^2 y^8$; $\quad 9x^2 y^6 z^9$; $\quad 0{,}25b^{12}x^8$; $\quad 81a^6 b^4$.

143 $16x^{4n}$; $\quad \dfrac{1}{9}a^{6n}b^4 c^{12n}$; $\quad 4x^{n^2}$; $\quad y^{2(n+4)}$.

Trova, se possibile, i monomi i cui cubi sono i seguenti monomi ($n \in \mathbb{N}$).

144 $-a^6 y^{12}$; $\quad x^6 b^{12}$; $\quad \dfrac{1}{8}x^{15}y^3 z^9$; $\quad \dfrac{1}{27}a^{18}b^9 c$.

145 x^{9n}; $\quad -\dfrac{1}{125}a^{3(n+1)}$; $\quad a^3 b^{6n}$; $\quad 8x^{6n}$.

146 Quale monomio elevato al cubo è uguale al quadrato di $-\dfrac{1}{8}x^3 y^6$?

Riconosci tra i seguenti monomi quelli che sono quadrati e quelli che sono cubi di altri monomi.

147 x^8; $\quad 125a^6 b^{18}$; $\quad -a^{30}b^{12}$; $\quad 64p^6 q^4$.

148 $m^4 n^8$; $\quad -x^{12}$; $\quad \dfrac{1}{64}x^{12}y^{15}$; $\quad \dfrac{1}{729}a^6 b^{12}c^3$.

149 **CHI HA RAGIONE?** Quali tra le seguenti potenze non sono state calcolate correttamente?

$\left(-\dfrac{3}{2}a^2\right)^3 = -\dfrac{27}{8}a^5$; $\quad -(-2ax^2)^2 = 4a^2 x^4$;

$\left[\left(-\dfrac{1}{2}a^2 b\right)^2\right]^4 = \dfrac{1}{64}a^{12}b^6$; $\quad [-2a-(-2a)]^0 = 1$.

Eva: «Sono tutti sbagliati!». Luca: «Uno solo è giusto». Chi ha ragione?

150 **COMPLETA** le seguenti uguaglianze.

$\left(\dfrac{1}{2}b^3 x^{\square}\right)^{\square} = \dfrac{1}{8}b^{\square}x^{12}$; $\quad (2a^{\square}b^2)^{\square} = \square a^4 b^8$;

$(\square x^{\square}y^4)^{\square} = \dfrac{9}{25}x^{10}y^8$.

MATEMATICA E GIOCHI

Sulla via dei crucinumeri

Con espressioni letterali e, in particolare, con i monomi possiamo costruire *crucinumeri* come quello della figura...

ORIZZONTALI
1. a^2; **3.** 2^n; **4.** $10h+1$; **6.** $8a$; **7.** 21^q; **9.** $10a$; **10.** $10k+2$.

VERTICALI
1. $7b$; **2.** $5 \cdot (2^q)^q$; **3.** d^2; **4.** q^4; **5.** $25b$; **6.** $2n^2+1$; **8.** a^2-1; **9.** $3^q \cdot 2^r$.

▶ Problema e risoluzione. ▶ 3 esercizi in più.

151 **COMPLETA**

$a^{12} = (\underline{})^2 = (\underline{})^3$

$64x^6y^{18} = (\underline{})^2 = (\underline{})^3$

$a^{24}b^{30} = (\underline{})^2 = (\underline{})^3$

$729x^{12}t^6 = (\underline{})^2 = (\underline{})^3$

152 **YOU & MATHS** **Maths is easier** Translate from words into mathematical symbols:

a. the square of a^3;

b. the cube of x^2y;

c. the square of the cube of p^4q^2.

153 Esprimi il perimetro e l'area della figura, sapendo che il lato del quadrato maggiore è il triplo del lato del quadrato minore.

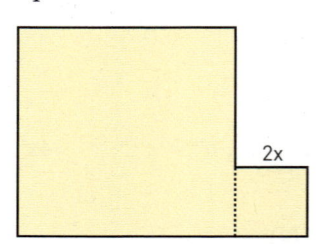

2x

154 **INVALSI 2012** **Un arco di cubi** L'arco mostrato in figura è formato da sei cubi di lato L e da un parallelepipedo di dimensioni L, L, $4L$.

Si vuole dipingere l'arco; quanto misura la superficie da colorare?

A $42L^2$ B $40L^2$ C $38L^2$ D $36L^2$

Scrivi i seguenti monomi sotto forma di potenze con il massimo esponente.

155 $32x^{10}y^{15}$; $\dfrac{1}{81}a^8$; $-y^{12}b^{24}$; $\dfrac{1}{16}a^4$.

156 $-a^{12}b^6$; $a^{12}b^6$; $\dfrac{1}{64}x^4y^8z^{12}$; $-p^{14}q^{28}$.

157 **EUREKA!** **Un forte aumento** Quale numero aumenta del 500% quando se ne fa il quadrato?

A 6   B 10   C 7   D 8   E 5

[Kangourou Italia, 2006]

158 **COMPLETA**

$(a^3b^{\square})^2 = a^{\square}b^6$

$(-m^2n^4)^{\square} = -m^6n^{12}$

$\left(+\dfrac{1}{2}x^{\square}y^3\right)^{\square} = \dfrac{1}{16}x^8y^{12}$

$(\underline{}a^{\square}b^2c^{\square})^3 = -27a^9b^{\square}c^{12}$

159 **COMPLETA**

$\dfrac{1}{2}(-2p^{\square}q^{\square})^{\square} = 8p^8q^4$

$(\underline{}a^{\square}b^{13})^3 = -\dfrac{1}{8}a^3b^{\square}$

$-\dfrac{1}{3}(-3a^{\square}b^{\square})^3 = \underline{}a^9b^3$

$[-(-a^{\square}b^{\square})^2]^3a = \underline{}a^{13}b^{18}$

160 **COMPLETA**

$(ab^{\square})^2 = a^2b^4$

$x^8 \cdot y^6 = (x^{\square}y^3)^2$

$(a^{\square}bc^{\square})^3 = a^3b^3c^6$

$64x^2y^4 = (\underline{}xy^{\square})^2$

161 **INVALSI 2007** L'espressione $16a^{10}b^6$ è il quadrato di…

A $4a^3b^5$

B $-8a^5b^3$

C $8a^5b^3$

D $-4a^5b^3$

Espressioni con tutte le operazioni

✓ **CHECKER** Semplifica le seguenti espressioni. Le lettere a esponente rappresentano numeri naturali.

162 $(2a^2b^3c):(-a^2b^3c);$ $(16a^2c^4)^2:(8c^8).$

163 $(-3x^2yz^3)^2:(xyz^2)^2;$ $(2a^4b^3c^2)^2:(2abc)^3.$

164 $(-9a^3b^3):(3a^2b^2);$ $(20x^5y^3z^2)^2:(-5x^{10}y^4).$

165 $(3xz)^3\cdot(3y)^3;$ $(-5y)^5\cdot(5yx)^2.$

166 $\left(-\dfrac{1}{5}a^3b^5\right)^2:(0,3a^6b^8);$ $\left(-\dfrac{3}{4}a^5b^7c\right)^3:\left(\dfrac{3}{5}a^7b^9c\right)^2.$ $\left[\dfrac{2}{15}b^2;-\dfrac{75}{64}ab^3c\right]$

167 $\left(-\dfrac{1}{2}abc\right)^3:[2(abc)^2];$ $\left(\dfrac{1}{2}x^2y^3\right)^3:\left(\dfrac{3}{2}x^3y^2\right)^2.$ $\left[-\dfrac{1}{16}abc;\dfrac{1}{18}y^5\right]$

168 $\left\{\left[(a^2b^3)^2\right]^2\right\}^2:\left[(ab^2)^4\right]^2;$ $\left(-\dfrac{1}{2}x^5y^3\right)^4:\left(\dfrac{1}{4}x^3y^2\right)^4.$ $[a^8b^8;16x^8y^4]$

169 $(-4a^3b^4)^2:[2a^3b^2:(3a^2)]^3$ $[54a^3b^2]$

170 $2(a^3)^2-(a^2)^3-(-a)^6+(2a^2+8a^2)^2:a^4$ $[100]$

171 $(x^2)(-x^2)^2:(x^2)+(3x-6x+7x)^2\cdot x^2$ $[17x^4]$

172 $b^4(b^5:b^2)^2+(-b)^2(-b)^5(-b)^3+(b^2)^3(-b^3)^2:b^2$ $[3b^{10}]$

173 $(xy)^4:x^2y^2+(-xy^2+9xy^2)^2:x^2y^2+(-xy)^5:(xy)^3$ $[64y^2]$

174 $-(8ab)^2:(ab)+b(6a+7a)+(b+2b)(-a+2a)^3:a^2$ $[-48ab]$

175 $(xyz)^3:z^2+(4xyz)^3:(z+4z+3z)^2$ $[2x^3y^3z]$

176 $\left\{(3a^3b)^4:\left[\left(\dfrac{1}{2}ab\right)(-6b)^2\right]\right\}:(-a)^5$ $\left[-\dfrac{9}{2}a^6b\right]$

177 $\left\{2ab^3+(-15b^5)\left(\dfrac{1}{5}a^3\right):[-(ab)^2]\right\}:\left(\dfrac{1}{5}b\right)$ $[25ab^2]$

178 $\left[a^7+\left(\dfrac{3}{2}a^4b\right)^2:\left(-\dfrac{1}{6}ab^2\right)\right]:[a^2b^6:(-2b^2)^3]$ $[100a^5]$

179 📱 **ESEMPIO DIGITALE** $\left\{\left[\left(\dfrac{3}{5}xy\right)^2:\left(\dfrac{3}{5}x\right)\right]^3:\left(\dfrac{3}{5}x\right)^2\right\}:\left(\dfrac{3}{5}y^2\right)$

180 $(12b^3c^2)\left(-\dfrac{1}{4}bc\right)^2:\left(\dfrac{3}{2}b\right)^3-3c^3[b^4c:(-6b)^2]$ $\left[\dfrac{5}{36}b^2c^4\right]$

181 $(3a^2)^3:\left(-\dfrac{1}{3}a\right)^5-a(a^{12}:a^7)+(-9)^4a+(-5a^3)^2$ $[24a^6]$

182 $3b\left(-\dfrac{1}{3}ab^2\right)^3+(a^3+3a^3)^2-ab\left(-\dfrac{1}{3}ab^3\right)^2+2(-2a^2)^3$ $\left[-\dfrac{2}{9}a^3b^7\right]$

183 $-\dfrac{3}{5}a^3b^2+\left[\dfrac{1}{2}a^2b^2-\dfrac{5}{4}(ab)^2\right]\cdot\dfrac{4}{5}a-\left[\dfrac{7}{6}(ab)^3:\left(-\dfrac{5}{12}b\right)\right]$ $\left[\dfrac{8}{5}a^3b^2\right]$

184 $\left(-\dfrac{2}{3}xy^2\right)^3:\left(\dfrac{4}{9}x^3y^4\right)-\left[-\dfrac{4}{5}(ay)^2+\dfrac{3}{10}a^2y^2\right]:\left(\dfrac{3}{4}a^2\right)$ $[0]$

185 $\left(\frac{2}{3}ab^2\right)^2 + \frac{3}{2}(-ab)^4 : \frac{(3a)^2}{2} + ab\left(\frac{1}{3}ab\right)(-b)^2$ $\qquad \left[\frac{10}{9}a^2b^4\right]$

186 $[(x^2yz^3)^3y + (x^3y)^2(-z^3)^2y^2] : (x^3yz^3) + 2(-x^3yz^2)^3 : [(xz)^2(z)(x^2)^2]$ $\qquad [0]$

187 $(4a^2b^2)(a^2b)^2 : [(-a^3b)^2b] + [(2ab)^3 : (ab)] : (2a^2b) + (-2ab^2)^2 : (-a^2b^3)$ $\qquad [4b]$

188 📱 ESEMPIO DIGITALE $-5(-4b^3x^2)\left(-\frac{1}{3}bx^2\right)^2\left(-\frac{1}{2}b^2\right)^2 + \left[-\frac{3}{2}(-b)^3(-x^2)\right]^3 - 7\left(-\frac{1}{2}b^3x^2\right)^3$

189 $[(a^2b^3c^2)^2]^3 : \left(\frac{1}{6}a^2b^2c^2\right) : [(-ab^2c)^2]^3 - 2[-(-a)^2]^3[-(-b)^2]^3[-(-c)^3]^2 : (a^2b^2c^2)$ $\qquad [4a^4b^4c^4]$

190 $\left[2xy^2 + x(-y)^2 + \left(\frac{2}{5}x^3y^4\right) : \left(\frac{1}{10}x^2y^2\right) + (-xy)^2 : x\right]^2 : (4xy^3)$ $\qquad [16xy]$

191 $\left(-\frac{a}{2}\right)^3 + \left(-\frac{1}{2}ab\right)^3 : \left\{\left[\frac{4}{3}(ab)^3c^2 - (2c)^2a^3b^3\right] : \left[(2a)^3 \cdot \frac{1}{6}c^2\right]\right\}$ $\qquad \left[-\frac{1}{16}a^3\right]$

192 $\left(-\frac{1}{3}xy^2\right) : (-0,5y)^2 + \left[\frac{1}{5}x - \left(\frac{3}{2}xz^2\right) : (3z)^2\right] - \left(\frac{2}{5}x - \frac{1}{2}x\right)^2 : (0,3x)$ $\qquad \left[-\frac{4}{3}x\right]$

193 $\left\{(-ab^2)^2 + \left[-a^5\left(\frac{1}{4}ab^3\right)^2 + \frac{1}{8}a^7b^6\right] : [a^5(-b)^2]\right\}^2 : \left[17a\left(-\frac{1}{4}ab^2\right)^3\right]$ $\qquad \left[-\frac{17}{4}b^2\right]$

194 $[-(-5x^3)]\left(-\frac{1}{5}x^2y\right)^5 : [(-x)^3]^3 + \left(\frac{2}{5}x^2y^4\right)^3 : (-8x^2y^7)$ $\qquad \left[-\frac{4}{625}x^4y^5\right]$

195 📱 ESEMPIO DIGITALE $-[7(-a)^2 - 14a^2] + [4a^2bc : (-4bc)] + \frac{1}{2}a^2 - \left(-\frac{3}{2}ab\right)^3 : (-3ab^3) \cdot 4$

196 $\left\{\left[-a^2b^5\left(-\frac{1}{2}ab\right)^4\right] : \left(\frac{3}{6}ab\right)^6 - \frac{1}{3}b^3 - 6(-b)^3\right\}^2 - 3b^6$ $\qquad \left[-\frac{2}{9}b^6\right]$

197 $\frac{3}{5}(xy^4)^2 - 4(-x)^2(-y)^3 + \frac{2}{5}x^2(-y^2)^4 + 5(10x)^2\left(-\frac{1}{5}y\right)^3$ $\qquad [x^2y^8]$

198 $\left(-\frac{125}{8}y\right)^2\left[\left(-\frac{2}{5}x\right)^2\right]^3 - (-2x^2y)^2(-x)^2 + \left[(-4y)\left(\frac{1}{2}x\right)^3\right]^2$ $\qquad \left[-\frac{11}{4}x^6y^2\right]$

199 📱 ESEMPIO DIGITALE $[(-2p^4q^2)^3 : (-2p^5q^2)^2]^3 : \left\{[(6p^6)^2 : (18p^5)^2]\left(\frac{1}{3} + \frac{1}{6}\right)^{-1}\frac{(-3)^3}{2}\right\}^3$

200 $\left(\frac{11}{2}xy\right)^2[(11)^{-1}(-z)]^2 + \left(\frac{27}{8}x^2z\right)\left(-\frac{2}{3}y\right)^2\left(-\frac{1}{3}z\right) - (2xyz)^2$ $\qquad \left[-\frac{17}{4}x^2y^2z^2\right]$

201 $\left(\frac{1}{2}xy^2\right)^2(-3x)^3 : \left(-\frac{9}{2}x^2y\right)^2 + \left[\frac{3}{2}x^2y^3 - (5xy)^2\frac{1}{4}y\right] : \left(\frac{57}{2}xy\right)$ $\qquad \left[-\frac{1}{2}xy^2\right]$

202 $\frac{3}{2}\left(\frac{3}{5}xy^2\right)^2 : \left(\frac{3}{2}y\right)^3 - \left(\frac{1}{2}xy\right)\left(-\frac{1}{5}\right)^2(-2x) - [(-xy)^2 : (5y)]$ $\qquad [0]$

203 $\left[\left(-\frac{5}{2}a^2b\right)^2 + (-a)^3(4ab^2)\right] : \left(\frac{3}{4}ab\right)^2 - (6ab)^2 : (-2b)^2$ $\qquad [-5a^2]$

204 📱 ESEMPIO DIGITALE $\frac{1}{5}bc^3 + (3b^2c)(-2b^2c^2) : \left(-\frac{2}{3}b^3\right) + \left(-\frac{8}{5}b\right)\left[\left(\frac{1}{2}b^2c\right)^2\right]^3 : \left(\frac{1}{2}b^4c\right)^3$

205 $\left[\frac{1}{2}(-xy^2)(0,\bar{5}x^2yz - 1,\bar{2}x^2yz)3z\right]^2 : [(0,\bar{6}xzy^2)^0(-x^4y^4z^2)]$, con $x \neq 0$, $y \neq 0$, $z \neq 0$. $\qquad [-x^2y^2z^2]$

206 $\left(-\frac{1}{3}ay^2\right)^2(-2ay) : (-6ay^3) - \left\{-[(-a)^2(-y^2)]^2\right\}^2 : \left(-\frac{3}{2}a^3y^3\right)^2 - \frac{1}{3}a^2y^2$ $\qquad \left[-\frac{20}{27}a^2y^2\right]$

207 $\frac{2}{3}[(-xy)^m]^2 - [(x^2y)^2]^m : (3x^{2m}) - 0,\bar{3}(x^my^m)^2$ $\qquad [0]$

4. MCD E mcm → Teoria a pagina 202

208 📱 **VERO O FALSO?**

a. Il monomio $4x^4ab^2$ è divisibile per $3x^2b$. ☐V ☐F

b. $7abc$ è divisore di $\frac{1}{3}a^2b^2c^3$. ☐V ☐F

c. I monomi $2a$, $\frac{1}{3}b$, $5c$ *non* hanno un divisore comune. ☐V ☐F

d. $6a^5x$ è multiplo di $2a^5x$. ☐V ☐F

e. a^7b^3 è multiplo dei monomi $2a^4$, $\frac{1}{2}ab$, $3b^2$. ☐V ☐F

209 📱 **TEST** Uno solo dei seguenti monomi è divisore di $15x^2yz^3$. Indica quale.

A $3xy^2$ C $5x^3y$

B y D $15x^2z^4$

210 📱 **TEST** I seguenti monomi sono tutti multipli di $2a^2x$ *tranne* uno. Indica quale.

A $\frac{1}{2}a^2x$ C $8ax$

B $4a^2x^4$ D $\frac{1}{3}a^4x^2$

211 Scrivi tutti i divisori con coefficiente 2 di ciascuno dei seguenti monomi.

$4a^2b$; $6xyz$; $8p^2q^2$.

212 Scrivi tre divisori di ciascun monomio.

xy; ab^4; $12c^3d$; $15k^2x^2$.

213 Scrivi tre multipli di ciascun monomio.

$2x^2y^2z$; a^4b^2; $3ax^3$; $-abc^2$.

Per ogni coppia di monomi scrivi tre divisori comuni.

214 $3x^2y^2t$; $12xy^2$.

215 $16a^3b$; $4ab^2c$.

Per ogni coppia di monomi scrivi tre multipli comuni.

216 $2ax^2$; $5a^3xy$.

217 xyz; y^3t.

FAI UN ESEMPIO Inserisci un possibile monomio che renda vere entrambe le uguaglianze.

218 $\text{MCD}(6a^4x^2y^2; \square) = 2a^2y$;

$\text{mcm}\left(\frac{1}{2}xy^3; \square\right) = xy^4z^2$.

219 $\text{MCD}(x^3y^2t; \square) = xy^2$;

$\text{mcm}(12a^2b; \square) = 36a^3bcz$.

220 **EUREKA!** **Tutte uguali!** Il numero a è un intero positivo tale che la somma

$$a + 2a + 3a + 4a + \dots + 9a$$

è un numero in cui tutte le cifre sono uguali. Qual è il minimo valore di a?

[Kangourou Italia, 2004]

Calcola MCD e mcm dei seguenti monomi.

221 x^3; x^2; x^7.

222 $2a$; b; $6a$.

223 $4a^2b$; $2a$; $3ab^3$.

224 a^6b^4c; ab^2c; a^4bc^2.

225 $3x^2$; x^5; $5x^4$.

226 $8xy^3$; $12yz^2$; $6x^2z$.

227 $4ab$; $2a^3b^2$; $4a^2b^3$.

228 $15xy$; $5xz$; $25yz$.

229 📱 **ESEMPIO DIGITALE** $\frac{1}{3}a^5x^2$; $9a^3xy$; $6a^2xy^3$.

230 $6c^3xy$; $\frac{1}{8}cx^2$; $-3c^2y$.

231 $4a$; $2a^3$; a^2b; ab^4.

232 📱 **TEST** Quali sono il MCD e il mcm dei monomi $2a^2x$ e $4ay^2x$?

A $\text{MCD} = 1$ e $\text{mcm} = 4a^2xy^2$.

B $\text{MCD} = 2ax$ e $\text{mcm} = 4a^2xy^2$.

C $\text{MCD} = a^2x$ e $\text{mcm} = 4a^3y^2x^2$.

D $\text{MCD} = x$ e $\text{mcm} = 8a^3x^2y^2$.

5. PROBLEMI E MONOMI → Teoria a pagina **203**

Dalle parole ai simboli

Scrivi in simboli le espressioni che proponiamo con le parole.

233 Il quadrato di un numero a moltiplicato per il doppio di un numero b.

234 Il triplo prodotto dei cubi di due numeri x e y.

235 Il prodotto fra il doppio prodotto di due numeri a e b e il quadrato di c.

236 Il quadrato del prodotto di a con il cubo del suo opposto.

237 Dividi il doppio prodotto dei cubi di a e b per il triplo del quadrato dell'opposto di a. Che cosa ottieni?

Scrivi in simboli le uguaglianze che proponiamo con le parole e verificale.

238 Se al cubo di a sottraiamo il cubo del suo opposto e dividiamo il risultato per il doppio del quadrato di a, otteniamo a.

239 Il quadrato del prodotto tra la metà di x e il quadruplo di y è uguale al quadruplo del prodotto dei quadrati di x e y.

240 Scrivi e semplifica l'espressione che rappresenta la somma dei due numeri indicati sotto.

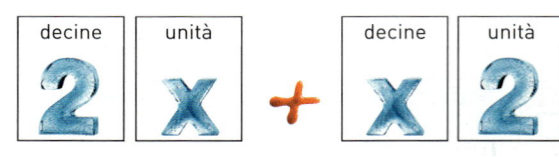

Problemi geometrici

Scrivi le formule per calcolare le misure delle grandezze richieste indicando quali sono monomi.

241

Rettangolo: base $6x$, altezza $\frac{3}{2}y$

perimetro
area

243

Trapezio: base maggiore $10a$, base minore $7a$, lato $4a$

perimetro
area

242

Triangolo: base $16a$, altezza $6a$

perimetro
area

244

Figura: base $12x$, altezza $4x$

perimetro
area

245 Perimetro e area di ogni busta chiusa.

altezza $= a = \frac{2}{3}$ della base

$\left[5a; \frac{3}{2}a^2 \right]$

246 Area del trancio di pizza triangolare.

base $= 6a$

altezza $= \frac{5}{4}$ della base

$\left[\frac{45}{2}a^2 \right]$

247 In un rettangolo la base supera di $10a$ il triplo dell'altezza che vale $2a$.
Trova il perimetro e l'area. $[36a; 32a^2]$

248  ESEMPIO DIGITALE

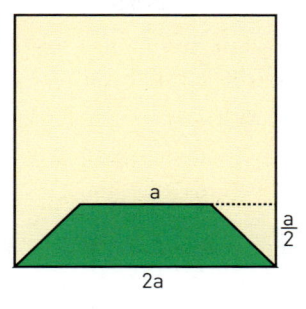

a. Considera il quadrato della figura, esprimi l'area di ciascuna delle due sue parti colorate e calcola il loro rapporto.

b. Se si raddoppia l'altezza del trapezio e si dimezza la sua base minore, cambia il rapporto tra le aree delle due parti colorate?

249 In un rettangolo la base è $6y$ e l'altezza è $\frac{8}{3}y$.

a. Quanto vale il lato del quadrato che ha la stessa area del rettangolo?

b. Se aumentiamo la base del rettangolo di $\frac{3}{4}y$ e l'altezza di $\frac{4}{9}y$, di quanto aumenta l'area del rettangolo? $[a) \, 4y; b) \, 5y^2]$

250 Esprimi in funzione di r il perimetro e l'area della parte colorata della figura, indicando se le espressioni trovate rappresentano dei monomi.

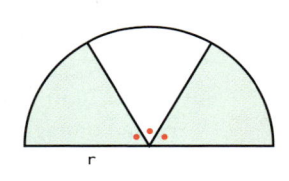

251 Un trapezio rettangolo ha la base maggiore che è cinque volte la base minore di lunghezza x e l'altezza che è il triplo della base minore. Determina area e perimetro del trapezio. $[9x^2; 14x]$

Problemi INTORNO A NOI

252 ESEMPIO DIGITALE **Fra interessi e tasse** Investendo in banca una quota di x euro per un anno, si ottiene un interesse del 3%. Sul capitale riscosso si paga però una tassa dello 0,5%.
Quale cifra avranno a disposizione a fine anno Angelo, Paola e Gianni, con gli investimenti indicati?

Angelo: € 15 000 *Paola: € 50 000* *Gianni: € 78 000*

253 Un orologio viene venduto in uno Stato a 30 monete e il rapporto tra il valore della moneta e quello dell'euro è 0,9. Se fra 6 mesi l'orologio costasse 40 monete e il rapporto tra il valore della moneta e quello dell'euro fosse diminuito di 0,1, che variazione subirebbe il prezzo di una quantità pari a x orologi?

[aumento di $5x$ euro]

254 Matteo ha x fumetti. Ne vende i $\frac{3}{5}$, però il giorno dopo ne acquista dei nuovi in numero pari al triplo di quelli rimasti. Quanti ne deve ancora acquistare per raddoppiare il numero iniziale di fumetti?

$\left[i \, \frac{2}{5} \text{ del numero iniziale} \right]$

MATEMATICA E BIOLOGIA

Evoluzione e dimensioni corporee

Perché non esistono formiche giganti?
Perché non possiamo rimpicciolire un uomo di 20 volte, se non con la fantasia?

▸ Problema e risoluzione. ▸ 3 esercizi in più.

VERIFICA DELLE COMPETENZE ALLENAMENTO

▶ Competenza **1** (abilità **2, 3**)

1 **COMPLETA** indicando quale operazione è stata eseguita.

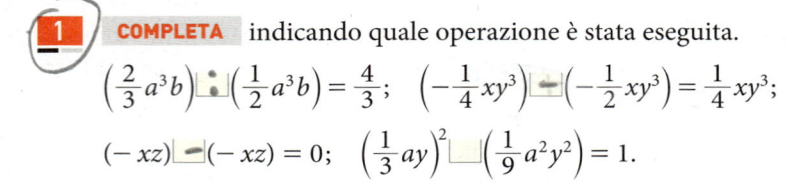

$$\left(\frac{2}{3}a^3b\right) \boxed{\ } \left(\frac{1}{2}a^3b\right) = \frac{4}{3}; \quad \left(-\frac{1}{4}xy^3\right) \boxed{\ } \left(-\frac{1}{2}xy^3\right) = \frac{1}{4}xy^3;$$

$$(-xz) \boxed{\ } (-xz) = 0; \quad \left(\frac{1}{3}ay\right)^2 \boxed{\ } \left(\frac{1}{9}a^2y^2\right) = 1.$$

2 Verifica l'uguaglianza svolgendo separatamente i calcoli nei due membri.

$$15a^2 : (-5a) - 5a - (9ab^2)^2 : (-3b)^4 = [(-ab)(-a^2)(-b)^3] : (ab^4) + (-2a)^3 : a^2$$

✓ **CHECKER** **Semplifica le seguenti espressioni.**

3 $\frac{1}{8}x(-4x^2y) + (-1,2x)\left(-\frac{5}{6}x^2y\right) - \frac{1}{2}x^2(-xy) + x(-3x^2y) + xy(-4x^2) - 2y(-7x^3)$ $\qquad [8x^3y]$

4 $\left(\frac{1}{7}ab^4\right)^2 : \left(\frac{1}{14}ab\right) + \left\{\frac{3}{7}(b^3)^2[(-a)(-b)] + (-7a)\left(\frac{2}{7}b^4\right)^2 : (-b)\right\}$ $\qquad \left[\frac{9}{7}ab^7\right]$

5 $\left\{\left\{\left[\frac{1}{2}a^2b^3 - (-ab)^2\left(-\frac{1}{2}b\right)\right] : [(-a)(-b)]\right\}^2\right\}^5 : \{[3a^3(-b)^4 - 2(-ab^3)(-a^2b)]\}^3$ $\qquad [ab^8]$

6 $10ax - [(2a)^2 3(-ax^2)^3 : (-6a^3x^3)]^2 : (a^3x^5) + \left(\frac{2}{3}a\right)\left(-\frac{3}{2}x\right)$ $\qquad [5ax]$

7 $-\left[(2x^2y)^3 : \left(-\frac{4}{3}xy\right)^2 - y\left(\frac{7}{3}x^2\right)^2\right] : \left(\frac{17}{3}\right)^2 - 2(2x^2)^2\left(-\frac{1}{17}y\right)$ $\qquad \left[\frac{1}{2}x^4y\right]$

8 $\left[2a - (3a)^2 : \left(\frac{1}{2}a\right)\right] + \left[\frac{1}{2}b^2 - \left(\frac{1}{3}b^2\right)^2 : (2b^2)\right] - (2a)^4 : (-a)^3 + \left(\frac{2}{3}b^2\right)^3 : \left(\frac{4}{9}b^4\right)$ $\qquad \left[\frac{10}{9}b^2\right]$

▶ Competenza **3** (abilità **1, 2, 4**)

9 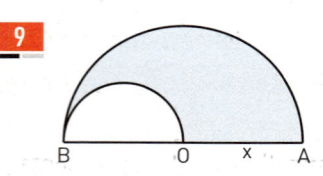 La semicirconferenza $\overgroup{AB}$ rappresentata in figura ha raggio x; la semicirconferenza $\overgroup{OB}$ ha centro nel punto medio di OB. Determina a quali monomi corrispondono l'area e il perimetro della parte colorata.

$$\left[\frac{3}{8}\pi x^2; \left(\frac{3}{2}\pi + 1\right)x\right]$$

10 📱 **INVALSI 2004** Indicando con A l'area e con P il perimetro della figura a lato: quale tra le seguenti coppie di uguaglianze è *vera*?

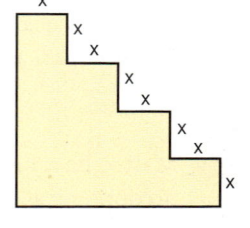

[A] $A = 13x^2$; $P = 16x$.

[C] $A = 36x^2$; $P = 14x$.

[B] $A = 10x^2$; $P = 16x$.

[D] $A = 10x^2$; $P = 14x$.

11 📱 **INVALSI 2006** Quale delle seguenti espressioni rappresenta un numero intero che è contemporaneamente un cubo e un quadrato se a e x sono numeri naturali qualsiasi?

[A] $-64a^6x^{12}$ [B] a^6x^4 [C] $64a^6x^{12}$ [D] $64a^8x^6$

12 📱 **INVALSI 2004** Se S è l'area di un quadrato di lato a, l'area del quadrato di lato $2a$ è espressa da...

[A] $8S$ [B] $4S$ [C] $3S$ [D] $2S$

VERIFICA DELLE COMPETENZE PROVE

 **TUTOR** | **PROVA A** (10 esercizi) | **PROVA B** (10 esercizi) | 🕐 IN MEZZ'ORA

PROVA C ▸ Competenze **1, 3** 🕐 IN UN'ORA

1 **COMPLETA**

$$\frac{1}{2}x^4 - 3x(\boxed{}) = -x^4;$$

$$(-9x^2yz)(\boxed{}) = \frac{1}{9}x^3yz^4;$$

$$\left(-\frac{1}{3}x^9\right)(\boxed{}\,x^2y\boxed{}) = 8x\boxed{}y^6;$$

$$(\boxed{}\,m^8n^5):(-6m\boxed{}n) = \frac{6}{5}m^2n\boxed{}.$$

Semplifica le seguenti espressioni.

2 $\quad 4a^2 - 4a^2(-ax + 3ax) - 6(-2a + 3a)\left(\frac{1}{6}a\right) - 2x(a^3 - 5a^3)$

3 $\quad -2(-5by)(-2b^3y) + 8b^6y^4 : (-2b^2y^2) - \frac{7}{3}b^4(-9y^2)$

4 $\quad (-3x^3)^3 : (-x^2)^3 - \left[(2xy^2)\cdot(x^2y)^3\right] : \left[\left(\frac{1}{2}x^2 - \frac{1}{3}x^2\right)^2 \cdot (18y^5)\right]$

5 Trova MCD e mcm dei seguenti monomi.
$$4x^2y^2; \qquad 6xy^2z; \qquad 18xy^3z^3.$$

6 Esprimi la seguente frase utilizzando i monomi e semplifica l'espressione trovata.
Dati due numeri, moltiplica il cubo del primo per il doppio del quadrato del secondo e dividi il risultato per il quadrato del prodotto dei due numeri.

PROVA D ▸ Competenze **1, 2, 3** 🕐 IN UN'ORA

1

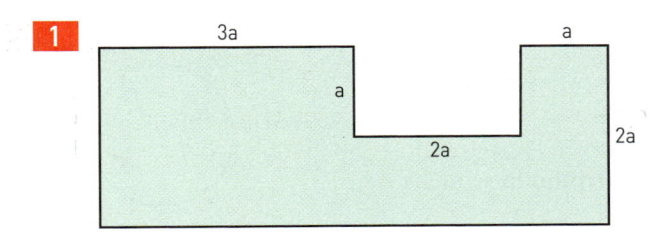

Un pannello di legno di forma rettangolare viene ritagliato come in figura.

a. Trova perimetro e area della figura in funzione di a.

b. Se la base del pannello misura 48 cm, qual è l'area della sagoma?

c. Che percentuale del pannello iniziale rappresenta la parte colorata?

2 **INVALSI 2006**

Da un quadrato di lato $4a$ sono stati ritagliati quattro triangoli rettangoli isosceli come nella figura. Quanto vale l'area della parte colorata?

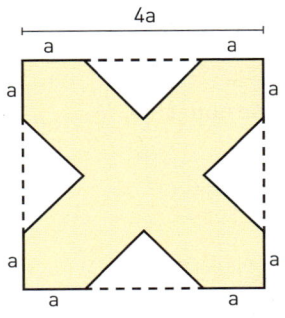

A $\;8a^2$ B $\;12a^2$ C $\;14a^2$ D $\;15a^2$

3 **EDUCAZIONE FINANZIARIA** Grazie a un buono acquisto, Catia riceve un ulteriore sconto del 20% sul prezzo dei jeans, già scontato per saldi.
Qual è lo sconto complessivo?
Quanto pagherà Catia?

Prezzo di listino: x
Sconto saldi: 30%

8 POLINOMI

1. DEFINIZIONI

A **polynomial** is an expression made up of monomials, called **terms**. It contains letters and numbers. Letters are combined using algebraic sum and multiplication, *but not division*.

DEFINIZIONE DI POLINOMIO 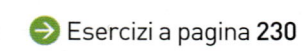 Esercizi a pagina **230**

DEFINIZIONE

Un **polinomio** è una somma algebrica di monomi.
Ognuno dei monomi che compongono il polinomio si dice **termine** del polinomio.

ESEMPIO

$4x^3 + \dfrac{2}{3}ax^5$ è un polinomio.

$2a^{-4} + 3a^{-1}$ e $\dfrac{a^2}{b}$ *non* sono polinomi.

I monomi sono un sottoinsieme dei polinomi. Infatti, ogni monomio può essere visto come la somma di se stesso con il monomio nullo, quindi è un polinomio.

▶ $3ab^2 = 3ab^2 + 0$.

Anche ogni numero, essendo un monomio, è un polinomio.

0 è il **polinomio nullo**.

Un polinomio è **ridotto a forma normale** (o, brevemente, **ridotto**) se i suoi termini sono monomi in forma normale e non ci sono monomi simili.

▶ $5x^3 - 3x + 2$ è un polinomio ridotto a forma normale,
$7a^2ba + ab^2a$ e $6y^4 - 2y + y^4$ *non* lo sono.

Un polinomio ridotto si chiama **binomio** se ha due termini, **trinomio** se ne ha tre, **quadrinomio** se ne ha quattro.

▶ $x^2 - y^2$ è un binomio;
$a^2 + 2a + 1$ è un trinomio;
$y^3 - 3xy^2 + 3x^2y - x^3$ è un quadrinomio.

I coefficienti dei monomi di un polinomio ridotto sono i **coefficienti del polinomio**. Il termine costituito soltanto da un numero è il **termine noto**.

▶ Il trinomio $4b^2c^2 + bc - 3$ ha coefficienti 4, 1, −3. Il termine noto è −3.

Due polinomi ridotti a forma normale sono:

- **uguali** se sono composti dagli stessi termini,
- **opposti** se uno è composto dai termini opposti dell'altro.

▶ Rispetto a $6x^4 + 2x^3 - 5x + 1$:
il polinomio $2x^3 - 5x + 1 + 6x^4$ è uguale;
il polinomio $-6x^4 - 2x^3 + 5x - 1$ è opposto.

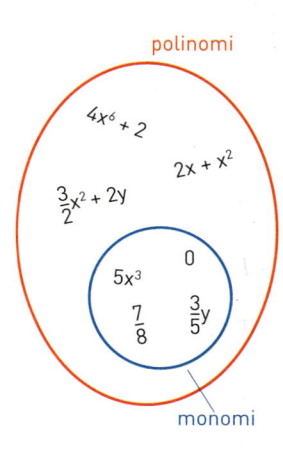

polinomi

$4x^6 + 2$

$2x + x^2$

$\dfrac{3}{2}x^2 + 2y$

$5x^3$ 0 $\dfrac{3}{5}y$

$\dfrac{7}{8}$

monomi

GRADO DI UN POLINOMIO 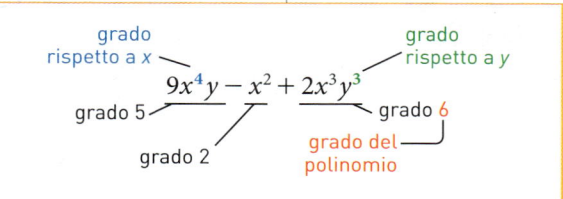 Esercizi a pagina 231

DEFINIZIONE

Dato un polinomio ridotto e non nullo chiamiamo:

- **grado rispetto a una lettera** il massimo esponente di tale lettera nel polinomio;
- **grado del polinomio** il maggiore tra i gradi dei suoi termini.

ESEMPIO

Un polinomio è **omogeneo** se tutti i suoi termini hanno lo stesso grado.

▸ $3x^3y - x^2y^2$ è omogeneo, $a^3b^2 - 7a^2b$ *non* lo è.

Rispetto a una lettera, un polinomio è:

- **ordinato** se ha i termini disposti in modo che gli esponenti di quella lettera siano decrescenti o crescenti;
- **completo** se i suoi termini hanno tutte le potenze di tale lettera, da quella con esponente massimo a quella con esponente 0 (termine noto).

▸ Rispetto alla lettera x il polinomio $5x^3y + x^2y^2 + xy^3$ è ordinato (in ordine decrescente), ma *non* completo (manca il termine noto); il polinomio $6 + ax^2 + bx$ è completo rispetto a x, ma *non* ordinato.

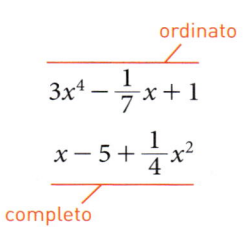

POLINOMI COME FUNZIONI Esercizi a pagina 233

Ogni polinomio in una variabile è una *funzione* della lettera che contiene.
Il dominio di una funzione polinomiale è $\mathbb{R}$.

▸ Il polinomio $P(x) = x^3 - 4x$ è una funzione nella variabile x.
  Possiamo calcolare i valori del polinomio al variare di x:

$$P(5) = 5^3 - 4 \cdot 5 = 105; \quad P(0) = 0 - 0 = 0; \quad P(-1) = -1 + 4 = 3;$$

$$P(2) = 8 - 8 = 0; \quad P\left(\frac{1}{2}\right) = \frac{1}{8} - 4 \cdot \frac{1}{2} = -\frac{15}{8}; \quad \dots$$

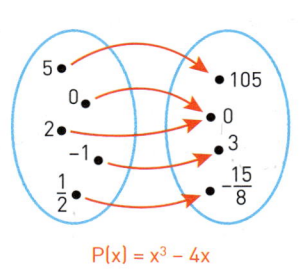

$P(x) = x^3 - 4x$

I valori che annullano un polinomio si chiamano **zeri** del polinomio.

▸ 0 e 2 sono zeri di $P(x)$ del precedente esempio.

Un polinomio con più lettere è una funzione delle variabili che contiene.
In particolare, un polinomio con due lettere è una funzione con dominio $\mathbb{R} \times \mathbb{R}$.

▸ $Q(a; b) = 2a + 3b$ è funzione di a e b:

$$Q(1; -2) = 2 \cdot 1 + 3 \cdot (-2) = -4; \quad Q\left(\frac{1}{3}; \frac{1}{6}\right) = 2 \cdot \frac{1}{3} + 3 \cdot \frac{1}{6} = \frac{7}{6}; \quad \dots$$

Principio di identità dei polinomi

- Se due polinomi P e Q sono uguali, allora senz'altro le corrispondenti funzioni polinomiali $P(x)$ e $Q(x)$ assumono lo stesso valore per *qualsiasi* valore attribuito a x.
- Viceversa, si può dimostrare che, se due funzioni polinomiali $P(x)$ e $Q(x)$ assumono valori uguali per qualsiasi valore di x, cioè sono la stessa funzione, allora i polinomi corrispondenti sono uguali.

In sintesi, vale il seguente principio.

Principio di identità dei polinomi
Due polinomi P e Q, nella variabile x, sono uguali se e solo se le corrispondenti funzioni polinomiali $P(x)$ e $Q(x)$ assumono valori uguali per qualsiasi valore attribuito a x.

Vogliamo che $A(x) = ax^2 + (a + 2)x + 3$ e $B(x) = 3x^2 + 5x + b - 7$ siano la stessa funzione. Quali valori devono avere a e b?

I polinomi devono essere uguali, quindi, considerando i coefficienti di ognuna delle potenze di x:

$a = 3$, $a + 2 = 5$, $b - 7 = 3$,

relazioni verificate per

$a = 3$ e $b = 10$.

ESERCIZI PER COMINCIARE

1 Fra le seguenti espressioni indica i polinomi e scrivi gli opposti di quelli ridotti a forma normale.

$\frac{1}{2}x^2 + 4x$; $y - 2x + 3y$; $\frac{a+3}{a-2}$;

$7a$; $b^2 - b^{-2}$; 12;

$ab^3a^2 - 1$; $a^7 - 1$;

$3 + 5$; $x - \frac{1}{x}$.

2 Indica il grado di ciascuno dei seguenti polinomi e sottolinea quelli omogenei.

$3a^2 + a^4 + 2$; $5 + x - y$; $4x^3 - 9y^3$;

6; $1 - b^3$; $5ab + a^2$;

$ax + a^2x^2 - 3$; $x^3 + \frac{1}{3}x^2y$.

3 Rispetto a ciascuna lettera, scrivi il grado e indica se il polinomio è completo e/o ordinato.

$x^3y - 4xy^2 + 5$;

$b^5y + b^2y^2 - y^3$;

$6 - \frac{1}{3}a^4b + a^2b^2 - \frac{2}{7}a^3b^3 - ab^4$;

$a^2x^2 + 2axy + y^2$.

4 Dato $P(b) = b^2 - 3b + 1$, calcola

$P(1)$, $P(-1)$, $P(3)$, $P\left(\frac{1}{2}\right)$, $P\left(-\frac{4}{3}\right)$, $P(0,1)$.

Indica gli eventuali zeri trovati.

5 📱 VIDEO **Un problema con i polinomi** Il progetto di una villetta con un solo piano ha la pianta della figura.

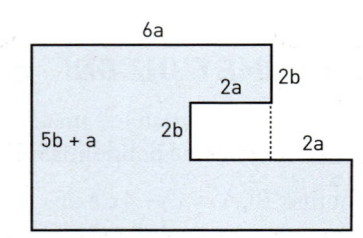

a e b sono le misure in metri di due lunghezze. Per disporre di almeno 150 m², possiamo scegliere $a = 2$ e $b = 3$? E $a = 1$ e $b = 4$?

6 📱 ANIMAZIONE Date le funzioni

$P(x) = 5x^2 + 2x - 9$ e $Q(x) = x^3 + 15$,

per quale o quali fra i valori

$x = -2$, $x = 0$, $x = 1$

si ha $P(x) = Q(x)$?

7 Ci sono valori di h e k per cui le funzioni polinomiali

$P(y) = 4y^5 + (k + 2)y^3 + y$ e

$Q(y) = (h + 1)y^5 + 6y^3 + hy$

sono uguali?
Motiva la risposta.

2. ADDIZIONE E MOLTIPLICAZIONE

ADDIZIONE E SOTTRAZIONE DI POLINOMI ⮕ Esercizi a pagina 236

L'addizione fra polinomi si basa sulla regola della somma di monomi simili.
Come abbiamo visto per i numeri relativi e per i monomi, la sottrazione viene trasformata in addizione, considerando l'opposto del sottraendo.

REGOLA

Dati due polinomi, la loro:
- **somma** è la somma algebrica dei termini del primo polinomio con quelli del secondo;
- **differenza** è la somma del primo polinomio con l'opposto del secondo.

ESEMPIO

$$\left(\frac{1}{2}y + x^2\right) \overset{\text{addizione}}{+} (-x^2 + 1 + y) =$$ ⟩ eliminiamo le parentesi

$$\frac{1}{2}y + x^2 - x^2 + 1 + y =$$ ⟩ sommiamo i monomi simili

$$\frac{3}{2}y + 1$$

$$(a^4 - 3a^2) \overset{\text{sottrazione}}{-} \left(2a - a^2 + \frac{3}{4}a^4\right) =$$ ⟩ cambiamo i segni

$$a^4 - 3a^2 - 2a + a^2 - \frac{3}{4}a^4 =$$ ⟩ sommiamo i monomi simili

$$\frac{1}{4}a^4 - 2a^2 - 2a$$

Sommando o sottraendo polinomi, otteniamo sempre dei polinomi: *l'addizione è una operazione interna nell'insieme dei polinomi*, mentre non lo è in quello dei monomi.

MOLTIPLICAZIONE DI UN MONOMIO PER UN POLINOMIO ⮕ Esercizi a pagina 238

La moltiplicazione di un monomio per un polinomio si basa sulla proprietà distributiva della moltiplicazione rispetto all'addizione.

REGOLA

Il **prodotto di un monomio per un polinomio** è la somma dei prodotti del monomio per ognuno dei termini del polinomio.

ESEMPIO

$$(-8ax) \cdot \left(9a - \frac{3}{4}x^3\right) = (-8ax) \cdot 9a + (-8ax) \cdot \left(-\frac{3}{4}x^3\right) = -72a^2x + 6ax^4$$

applichiamo la proprietà distributiva   moltiplichiamo i monomi

Poiché vale la proprietà commutativa, la regola è la stessa se il primo fattore è il polinomio e il secondo è il monomio: $(a + b) \cdot c = c \cdot (a + b) = ac + bc$.

▶ $(x^3 - 2y) \cdot (-4xy) = -4x^4y + 8xy^2$.

MOLTIPLICAZIONE DI POLINOMI ⮕ Esercizi a pagina 240

Per moltiplicare fra loro due polinomi, utilizziamo la proprietà distributiva più volte.

▶ 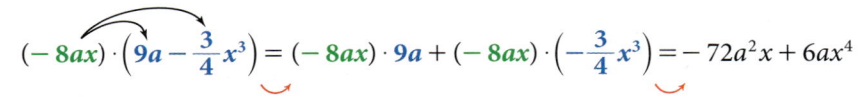 $(a + c) \cdot (b + d) = a \cdot (b + d) + c \cdot (b + d) = ab + ad + cb + cd$

distribuiamo $(b + d)$ distribuiamo a e c

Il **prodotto fra due polinomi** è la somma dei prodotti di ognuno dei termini del primo polinomio per ognuno dei termini del secondo.

$$(3x + y) \cdot (x - 2y) = 3x \cdot x + 3x \cdot (-2y) + y \cdot x + y \cdot (-2y) = 3x^2 - 6xy + xy - 2y^2 = 3x^2 - 5xy - 2y^2$$

ogni termine del primo polinomio per ogni termine del secondo · moltiplichiamo i monomi · sommiamo i monomi simili

ESERCIZI PER COMINCIARE

Semplifica le seguenti espressioni.

1 $\left(\dfrac{1}{5}ab - \dfrac{1}{10}a^2b + 4ab^2\right) + \left(\dfrac{2}{5}ab - ab^2 + \dfrac{1}{2}a^2b\right)$ $\left[\dfrac{3}{5}ab + \dfrac{2}{5}a^2b + 3ab^2\right]$

2 $(9a^5 - a^4 + 2a^2 - 7a) - (5a^5 - a^4 + 4a^3 - 5a + 2)$ $[4a^5 - 4a^3 + 2a^2 - 2a - 2]$

3 $5x^5 - [(x^2y^2 - 8) - (2y^3 - 3x^2y^2 + x^5) - y^3] + (2x^2y^2 - 3y^3)$ $[6x^5 - 2x^2y^2 + 8]$

4 $a^3b(a^2 + ab^4);$ $\left(-\dfrac{1}{2}xy\right) \cdot \left(-2ax + \dfrac{3}{2}y^2 - 2\right);$ $\left(\dfrac{4}{9}a + 2ab - \dfrac{1}{3}c^2\right) \cdot \left(\dfrac{3}{2}abc\right).$

5 COMPLETA $(\underline{\quad}) \cdot (3a - 2a^3b + \underline{\quad}) = \underline{\quad} - 12a^5b^2 + 3a^2b.$

6 ANIMAZIONE Completa l'uguaglianza algebrica e, se $x > 0$ e $y > 0$, interpretala geometricamente, utilizzando l'uguaglianza fra le aree dei rettangoli.

$y(\underline{\quad} + 5) = xy + \underline{\quad}$

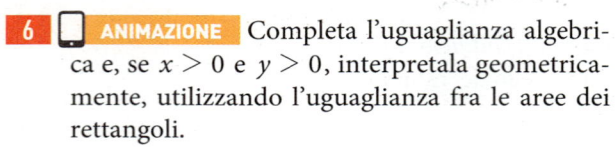

Semplifica le seguenti espressioni.

7 $2a(a - 2b) + ab(3a + 1) - 3a^2(b - 1) - a(2a - 3b)$ $[3a^2]$

8 ANIMAZIONE $\dfrac{1}{2}bx(x + 3b) - \dfrac{1}{4}(x^3 + 3b^3) - \dfrac{3}{4}b^2(2x - b) + \dfrac{1}{4}x^2(9x - b)$

9 VIDEO **Moltiplicazione di polinomi** $(2x + a^2)(-3y - 5a);$ $(a + 1) \cdot (2a - 1).$

10 ANIMAZIONE Completa l'uguaglianza algebrica e, se $x > 0$ e $y > 0$, interpretala geometricamente.

$(x + \underline{\quad})(\underline{\quad} + 7) = xy + \underline{\quad} + 3y + \underline{\quad}.$

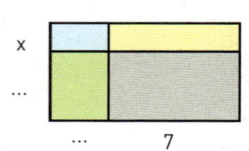

11 COMPLETA $(4x^2 + \underline{\quad}) \cdot (\underline{\quad} - x) = 12x^2y^2 - \underline{\quad} + \underline{\quad} - xy.$

Semplifica le seguenti espressioni.

12 $a^2(3a - 1) + (a - 4)(2a^2 - 1) + a$ $[5a^3 - 9a^2 + 4]$

13 $(a + b)(a^2 - ab + b^2) + (a - b)(a^2 + ab + b^2)$ $[2a^3]$

14 ANIMAZIONE $-ax[2a^2x - (2a^2 + 1)(x - a) - a] + x\left(\dfrac{3}{2}a^2 - x\right)\left(\dfrac{4}{3}a^2 + a\right) - \dfrac{3}{2}a^3x$

3. PRODOTTI NOTEVOLI

QUADRATO DI UN BINOMIO → Esercizi a pagina 243

Per calcolare il quadrato di un binomio utilizziamo il fatto che è il prodotto del binomio per se stesso.

$$(A + B)^2 = (A + B)(A + B) = \quad \text{moltiplichiamo i binomi}$$

$$A^2 + \underline{AB} + \underline{AB} + B^2 = \quad \text{sommiamo i monomi simili}$$

$$A^2 + 2AB + B^2$$

The **square of a binomial** is the sum of the *squares* of each term *plus twice the product* of the terms.

Il **quadrato di un binomio** è uguale alla somma dei quadrati dei due termini e del loro doppio prodotto.

$$(A + B)^2 = A^2 + 2AB + B^2$$

$$(3x^2 + 5y)^2 =$$

$$\underbrace{(3x^2)^2}_{\text{quadrati dei due termini}} + \overbrace{2 \cdot 3x^2 \cdot 5y}^{\text{doppio prodotto}} + (5y)^2 =$$

$$9x^4 + 30x^2y + 25y^2$$

Possiamo applicare la regola anche quando uno dei due termini è negativo o lo sono entrambi.

▸ $(4 - a)^2 = [4 + (-a)]^2 = 4^2 + 2 \cdot 4 \cdot (-a) + (-a)^2 = 16 - 8a + a^2$

la differenza è uguale alla somma con l'opposto

▸ $(-y - 6b)^2 = (-y)^2 + 2 \cdot (-y) \cdot (-6b) + (-6b)^2 = y^2 + 12by + 36b^2$

$$(A - B)^2 = A^2 - 2AB + B^2$$

$$(-A - B)^2 = (A + B)^2$$

SOMMA DI DUE TERMINI PER LA LORO DIFFERENZA
→ Esercizi a pagina 245

$$(A + B)(A - B) = \quad \text{moltiplichiamo i binomi}$$

$$A^2 - \underline{AB} + \underline{AB} - B^2 = \quad \text{eliminiamo i termini opposti}$$

$$A^2 - B^2$$

The **sum of two terms times the difference** of the first term minus the second equals *the difference of the square of the first* term *minus the square of the second*.

Il prodotto della somma di due termini per la loro differenza è uguale alla differenza tra il quadrato del primo termine e il quadrato del secondo.

$$(A + B)(A - B) = A^2 - B^2$$

$$(x + 7y)(x - 7y) = x^2 - (7y)^2 = x^2 - 49y^2$$

$$\left(a^5 - \frac{2}{3}\right)\left(a^5 + \frac{2}{3}\right) = (a^5)^2 - \left(\frac{2}{3}\right)^2 = a^{10} - \frac{4}{9}$$

se la differenza precede la somma, la regola non cambia, per la proprietà commutativa della moltiplicazione

CUBO DI UN BINOMIO 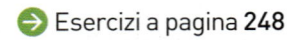 Esercizi a pagina 248

Calcoliamo il cubo di un binomio utilizzando la formula del quadrato di un binomio.

$(A + B)^3 =$

$(A + B)(A + B)^2 =$ ⟩ calcoliamo il quadrato

$(A + B)(A^2 + 2AB + B^2) =$ ⟩ moltiplichiamo

$A^3 + \underline{2A^2B} + \underline{AB^2} + \underline{A^2B} + \underline{2AB^2} + B^3 =$ ⟩ sommiamo i termini simili

$A^3 + 3A^2B + 3AB^2 + B^3$

> The **cube of a binomial** equals the sum of the following:
> • the *cube* of the first term,
> • *three times* the product of the *square* of the first term and the second,
> • *three times* the product of the first term and the *square* of the second,
> • the *cube* of the second term.

REGOLA

Il **cubo di un binomio** è uguale alla somma di:
• cubo del primo termine;
• triplo prodotto del quadrato del primo termine per il secondo;
• triplo prodotto del primo termine per il quadrato del secondo;
• cubo del secondo termine.

$$(A + B)^3 = A^3 + 3A^2B + 3AB^2 + B^3$$

ESEMPIO

$(2a + y)^3 = (2a)^3 + 3 \cdot (2a)^2 \cdot y + 3 \cdot 2a \cdot y^2 + y^3 = 8a^3 + 12a^2y + 6ay^2 + y^3$

Utilizziamo la regola anche se uno dei due termini è negativo o lo sono entrambi.

▸ $(x^2 - 2)^3 = [x^2 + (-2)]^3 =$
  $= (x^2)^3 + 3 \cdot (x^2)^2 \cdot (-2) + 3 \cdot x^2 \cdot (-2)^2 + (-2)^3 = x^6 - 6x^4 + 12x^2 - 8$

$(A - B)^3 =$
$A^3 - 3A^2B + 3AB^2 - B^3$

▸ $(-b - 5)^3 = (-b)^3 + 3 \cdot (-b)^2 \cdot (-5) + 3 \cdot (-b) \cdot (-5)^2 + (-5)^3 =$
  $= -b^3 - 15b^2 - 75b - 125 = -(b^3 + 15b^2 + 75b + 125)$

$(-A - B)^3 = -(A + B)^3$

QUADRATO DI UN TRINOMIO 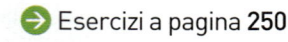 Esercizi a pagina 250

Per calcolare il quadrato di un trinomio, possiamo considerarlo costituito dalla somma di due addendi: il primo termine e la somma degli altri due.

$(A + B + C)^2 =$ ⟩ applichiamo la proprietà associativa

$[A + (B + C)]^2 =$ ⟩ sviluppiamo il quadrato

$A^2 + 2A(B + C) + (B + C)^2 =$ ⟩ calcoliamo il prodotto e il quadrato

$A^2 + 2AB + 2AC + B^2 + C^2 + 2BC =$ ⟩ riordiniamo

$A^2 + B^2 + C^2 + 2AB + 2AC + 2BC$

> The **square of a trinomial** equals the sum of the *squares* of the terms plus the sum of the *doubles* of the products of each term with the terms following it.

Il **quadrato di un trinomio** è uguale alla somma dei quadrati dei tre termini e dei doppi prodotti di ogni termine per ognuno di quelli che lo seguono.

$$(A + B + C)^2 = A^2 + B^2 + C^2 + 2AB + 2AC + 2BC$$

$$(x - 3y - 2)^2 = x^2 + (-3y)^2 + (-2)^2 + 2x(-3y) + 2x(-2) + 2(-3y)(-2) =$$
$$= x^2 + 9y^2 + 4 - 6xy - 4x + 12y$$

ESERCIZI PER COMINCIARE

Calcola i seguenti prodotti notevoli.

1 ANIMAZIONE $\left(x + \dfrac{1}{2}\right)^2$; $(a - 5b)^2$;

$(y^3 + x^4)^2$; $\left(\dfrac{1}{4}a - 8\right)^2$; $(-a^3 + 2)^2$.

2 ANIMAZIONE $(2 - 3x)(2 + 3x)$;

$\left(b^3 + \dfrac{a^2}{3}\right)\left(\dfrac{a^2}{3} - b^3\right)$; $(-1 + y^4)(1 + y^4)$;

$(-c^5 - 5)(-c^5 + 5)$.

3 ANIMAZIONE $(3 + a)^3$; $(b - 1)^3$;

$(x^2 - y^2)^3$; $\left(-\dfrac{1}{3} + y\right)^3$.

4 $(2a + b + 1)^2$; $(x - 3y + 2)^2$; $\left(-a + \dfrac{b}{2} - 2\right)^2$.

Interpreta geometricamente le formule dei prodotti notevoli utilizzando le seguenti figure.

5 ANIMAZIONE

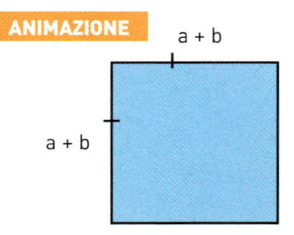

6 ANIMAZIONE

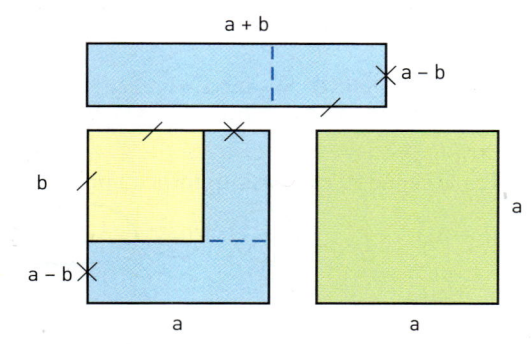

7 VIDEO **Interpretazione geometrica del cubo di un binomio**

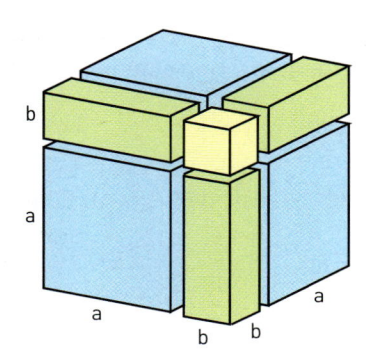

Semplifica le seguenti espressioni.

8 ANIMAZIONE $(-4x + 1)^2 - (2 - x)^3 - 5(2x - 1)(2x + 1) - x(x^2 + 4)$

9 $(a + 2)^2 - (2a - 1)^2 + 3a(a - 4)$ $\hfill [3 - 4a]$

10 $(y + 3)^2 - (y + 3)(y - 3) - 6(y + 3)$ $\hfill [0]$

11 ANIMAZIONE $(y + 2)^3 - (y + 3)(y - 3) - 2(y - 2)^2 - (2y - 1 - y^2)^2 - y^2(-y^2 + 5y - 3)$

12 $5(-2x^2)^2 + [(x - y)(x + y) - 3(x^2 - y^2)] \cdot (2x^2 + 2y^2) - 16\left(\dfrac{1}{2}y^2 - x^2\right)^2$ $\hfill [16x^2y^2]$

13 $(2x + y - 1)^2 - (2x + y + 1)^2 - 4x(x - 2) + y(4 + y)$ $\hfill [-4x^2 + y^2]$

8

ESERCIZI

1. DEFINIZIONI

DEFINIZIONE DI POLINOMIO → Teoria a pagina 222

1 ☐ **TEST** Quale delle seguenti espressioni *non* è un polinomio?

A $2x$ B $\dfrac{y^2}{6} + ay - 1$ C $\dfrac{1}{4}$ D $\dfrac{1}{a}$

2 **CHI HA RAGIONE?** Susanna: «L'insieme dei polinomi e quello dei monomi sono disgiunti». Ugo: «No, quello dei monomi è un sottoinsieme dell'insieme dei polinomi». Tu cosa ne dici? Spiega perché.

3 Tra le seguenti espressioni indica i polinomi.

a. -3; $\dfrac{a}{b}$; $\dfrac{1}{4}x - y$; $3^{-1} \cdot a^4 + b$; $\dfrac{1}{10}y$; $\dfrac{x^2y + x}{2}$.

b. $2a^{-4} + 1$; x^2; $\dfrac{1}{8}ay^2 - \dfrac{1}{2}$; $2\dfrac{x^4}{x} + y$; $\dfrac{1}{3}t^2$; $\dfrac{2y^2 - xy}{x}$.

4 ☐ **VERO O FALSO?**

a. Il polinomio nullo è un polinomio in cui tutti i termini hanno coefficiente 0. V F

b. Un trinomio è la somma di tre monomi non simili. V F

c. Il numero 5 non è un polinomio. V F

d. $-3xy^2 + \dfrac{1}{2}x^2y + 3xy^2 + 3x^2y - \dfrac{7}{2}x^2y$ è il polinomio nullo. V F

5 ☐ **TEST** Quale dei seguenti polinomi è ridotto a forma normale?

A $2a^3y - \dfrac{1}{2}ya^3$ B $-6x^2 + x^4 + 2x^2 - 1$ C $4axa^2 + 2ax^2 - x$ D $-bc^2 + 2cb^2$

Riduci i seguenti polinomi a forma normale e indica quali di questi sono monomi, binomi, trinomi, quadrinomi.

6 $2a - x + \dfrac{1}{2}a$; $3 + ax$; $1 + a - 2ax + 3$;

$a^2 - 4ax + x^2$; $\dfrac{1}{3}axa^2 + \dfrac{2}{3}a^3x$.

7 $\dfrac{1}{2}a^2a - a$; $5a^3 + 2$; $7a - 2b + \dfrac{4}{3}c$;

$3a^2 - a^2$; $2 - 8$; $x^4 - x^3 - 1$.

8 $4xy - 5x^2 + 3xy + 2$; $3y - 9 + 2x - a^2$;

$3a^4$; $2a^5x - \dfrac{3}{2}a^3xa$; $(-a^3)^3 + a^6 + (-a^2)^3$.

9 Trova $n \in \mathbb{N}$ in modo che $\dfrac{1}{2}x^3y - 2x^2 + 5x^{n-4}$:

a. abbia il termine noto;

b. sia un trinomio.

10 Trova $n \in \mathbb{N}$ in modo che $x^4y^5 - 3x^4y^{n+2} + x^n$:

a. abbia il termine noto uguale a 1;

b. sia un binomio.

11 ☐ **TEST** L'opposto del polinomio $-x^2 + 2ax - y^2$ è:

A $x^2 - 2ax - y^2$. C $-y^2 + 2ax - x^2$.

B $-(x^2 - 2ax + y^2)$. D $x^2 - 2ax + y^2$.

GRADO DI UN POLINOMIO → Teoria a pagina 223

ESEMPIO

Determiniamo il grado complessivo e il grado rispetto a ogni lettera del polinomio $8a^2b^4 - 2ab^3 + b^2 + a^5$.

Determiniamo il grado di ogni monomio:

$$\underbrace{8a^2b^4}_{\text{ha grado } 2+4=6} - 2ab^3 + \underbrace{b^2}_{\text{ha grado } 2} + \overbrace{a^5}^{\text{ha grado } 5}$$

ha grado $1+3=4$

Il grado complessivo è il maggiore tra i gradi dei suoi termini, cioè 6.
Il grado relativo alla lettera a è l'esponente maggiore con cui compare, quindi 5. Analogamente quello rispetto alla lettera b è 4.

Determina il grado complessivo e quello relativo rispetto a ogni lettera dei polinomi seguenti.

12 $a^2 + b$ GC = 2 GRa = 2 GRb = 1

13 $x + y + y^2$

14 $4a + 4a^4 + ab + a^4b$ a = 4 b = 1 com = 5

15 $6xy^2 + 2y + 3xy$

16 $a^2 + 2ab + b^2$

17 $\frac{2}{3}x^5y^2 - 3x + 2y^4$

18 $\frac{5}{3}x^2y^4 - 3xy^5 + 6y^3$

19 $4ab^2 - 6a^2b + 4b^3$ a = 2 b = 3 com = OMOGENEO

20 $5x^3yt - 2xy^2t + 4$

21 ☐ **VERO O FALSO?**

 a. Il polinomio $x^4 + 2a^2xy + ax^3y + 2a$
  è di quarto grado. V F

 b. Un polinomio di grado zero non esiste. V F

 c. Il grado di un polinomio è determinato
  dalla lettera che ha l'esponente
  maggiore. V F

 d. I polinomi $ax + a$ e $b^2 + 1$ hanno lo
  stesso grado. V F

22 Quali dei seguenti polinomi sono omogenei?

 a. $x + y$; $a^3 + 2a^2 + a - 1$; $25a^2 - 25$.

 b. $xt^4 + t^5 - x^2t^2$; $a^3 + 2^3$.

23 ☐ **TEST** Quale dei seguenti polinomi *non* è omogeneo?

 A $2a^2b - b^2a + abc$

 B $x^4y + 2x^5 + x^2y^3$

 C $-ay + 2ax + 1$

 D $\frac{x^4}{4} + a^2x^2 - a^3x$

24 **COMPLETA** in modo che i seguenti polinomi siano omogenei.

 a. $a^{\boxed{2}}b^{\boxed{1}} + 2a^3$;

 b. $-x^{\boxed{2}} + xy$;

 c. $2x^4 - a^{\boxed{3}}x + 2a^2y^{\boxed{2}} - a^4$;

 d. $3x^5 - \frac{2}{5}xy^{\boxed{4}} - 4y^{\boxed{5}} + 2x^2y^3$;

 e. $7a^2b + 5a^{\boxed{3}} - 2ab^{\boxed{2}} + \frac{7}{3}b^3$.

25 **FAI UN ESEMPIO** Scrivi due trinomi omogenei di terzo grado nelle variabili x e y.

Riconosci fra i seguenti polinomi quelli ordinati, specificando rispetto a quale lettera.

ORDINATO RISPETTO ALLE LETTERA a

26 $\frac{7}{5}ab^4 - \frac{2}{3}a^2b + \frac{2}{5}a^4b^5 - 7a^7b$; $t^3x + 2t^2x^2 - t^4$.   NON ORDINATO

27 $\frac{2}{3}xy^3z - 4x^2y^2z^3 + \frac{2}{5}xyz$; $-b^4 + b^2y + 2b^3y^3$.

Ordina i seguenti polinomi secondo le potenze decrescenti di y.

28 $2y^3 - y^5 + 2y - y^2$; $\quad a^3y + a^2y - \frac{1}{2}y^4 + ay^2$.

29 $xy^2 + 6x^2y + 2x^5 - 6y^2 - x$; $\quad a^2 + a^2y + 1$.

Ordina i seguenti polinomi rispetto a ciascuna lettera secondo le potenze decrescenti.

30 $\frac{1}{4}ax^3 + x^4 + a^2 + 2a^3x$; $\quad 2xy + x^3 + x^2y^2$.

31 $\frac{2}{5}ay^6 - 3x^3y^3 + 4ax^2y - 6$; $\quad 2a^2b - 7b^5 + 2ab^4$.

32 $x^2 + y^2 - 2x + y - 1$; $\quad a^2b^2 + ab^3 + a^4$.

33 $xyz^2 - x^2 + 3y^2$; $\quad a^6bc^2 - 3a^2b^2 + 4c^3$.

Indica se i seguenti polinomi sono completi rispetto a ogni lettera che vi compare.
Individua i polinomi omogenei.

34 $a^2 + 2ab + b^2$

35 $x^2 - y^2 - 2xy - 4$

36 $kx - k^2x^2 + 2$

37 $\frac{1}{2}a^3x - 2ax^3 + a^2x^2 - 4a^4$

38 $a^2y^2 + a^4 + y^4 + 5a^3y - 6a$

39 $x^5 + 2x^3y^2 - 8x^2y^3$

40 ▢ **VERO O FALSO?**

   a. Un polinomio completo di terzo grado è un trinomio.   V F

   b. Un polinomio omogeneo è completo almeno rispetto a una lettera.   V F

   c. Se un polinomio è ordinato è anche completo.   V F

   d. Un polinomio di primo grado è sempre omogeneo.   V F

41 ▢ **TEST** I seguenti polinomi sono tutti completi tranne uno. Quale?

   A $\frac{7}{3}x^2 - 2 + 4x$

   B $x^2 + 9$

   C $\frac{2}{5}x^3 - 3x + 2x^2 - 5$

   D $3x - 2$

42 ▢ **TEST** Dati i polinomi

   1. $3x^2y - 4xy^2$,

   2. $5x^3 - 4xy^5 + y^6$,

   3. $5xy^2 - 4x^3$,

possiamo affermare che:

   A   sono tutti di terzo grado.

   B   1 e 3 sono omogenei.

   C   2 e 3 sono ordinati rispetto a x, secondo le potenze crescenti.

   D   2 e 3 sono completi.

43 **COMPLETA** i seguenti polinomi in modo che siano completi rispetto a ciascuna lettera presente.

$a^4 - 2a + a^{\square} - 4a^2 + 1$;

$2a^4x^2 + 6ax^{\square} - a^{\square}x + 2a^3x^3 - 3$;

$y^2 + 3x^2 + 2x^{\square} + y$.

Indica quali dei seguenti polinomi sono omogenei, completi e ordinati rispetto alla lettera x.

44 $t^2 - xt$; $\quad x^2y^3 - 2y^2x + y^4$.

45 $x^3 + 2x^2 + xy$; $\quad a^2x + a^3 + ax^2$.

46 $x^3 - 5x + 2x^2 + 1$; $\quad 6 - 3x + 2yx^2 - x^3$.

47 **FAI UN ESEMPIO** Scrivi un trinomio, nelle lettere a e b, omogeneo e ordinato rispetto a entrambe le lettere;

48 Scrivi un polinomio ordinato e completo di quinto grado rispetto alla lettera a e di grado zero rispetto a qualunque altra lettera.

49 Scrivi un polinomio omogeneo di quarto grado nelle variabili a e b che sia ordinato rispetto alle potenze crescenti di b e che sia completo.

POLINOMI COME FUNZIONI → Teoria a pagina **223**

Con una variabile

ESEMPIO

Dato il polinomio $P(x) = -2x^2 - x + 1$, calcoliamo $P(2)$, $P(-1)$, $P(0)$, ossia il valore che il polinomio assume per $x = 2$, $x = -1$ e $x = 0$.

Sostituiamo alla x il valore indicato:

$P(2) = -2(2)^2 - (2) + 1 = -9$; $P(-1) = -2(-1)^2 - (-1) + 1 = 0$; $P(0) = -2(0)^2 - (0) + 1 = 1$.

Per ogni polinomio calcola i valori richiesti.

50 $P(a) = a^2 + a + 1$; $P(2)$, $P(-1)$.

51 $P(x) = x^2 + 1$; $P(1)$, $P(-5)$.

52 $P(a) = a^3 - 8$; $P(2)$, $P(-2)$.

53 $P(x) = x^3 + x^2 + 1$; $P(2)$, $P(-3)$.

54 $P(x) = 2x - 3$; $P(4)$, $P\left(-\dfrac{1}{4}\right)$.

55 $P(a) = -a^3 + \dfrac{1}{2}a^2 - 1$; $P(-2)$, $P\left(\dfrac{2}{3}\right)$.

56 $A(x) = x^4 + x^2 - x$; $A(-1)$, $A(2)$.

57 $P(x) = -4x^2 + 6x$; $P(-2)$, $P\left(\dfrac{1}{2}\right)$.

58 $B(y) = -y^3 + \dfrac{1}{6}y^2 + y$; $B(0)$, $B\left(-\dfrac{2}{3}\right)$.

59 $A(t) = t^4 - \dfrac{1}{2}t^2 + 2$; $A(-2)$, $A\left(\dfrac{1}{2}\right)$, $A(-1)$.

Esprimi perimetro e area delle seguenti figure in funzione di x e trova il loro valore per i valori di x indicati.

60 **ESEMPIO DIGITALE**

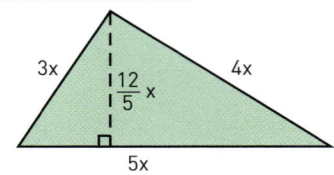

$x = 2$, $x = 5$, $x = 0,4$.

61

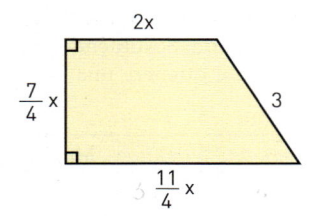

$x = 2$, $x = 4$, $x = 1,5$.

$$\left[2p = \frac{13}{2}x + 3;\ A = \frac{133}{32}x^2;\ 16,\ ... \right]$$

62 **EDUCAZIONE FINANZIARIA** **A fine mese**

a. Scrivi lo stipendio di Luca in funzione di x.

b. Calcola quanto riceve nei mesi di gennaio, febbraio e dicembre, in cui ha ricavato dalle vendite rispettivamente € 7500, € 8200 e € 11 000.

c. Per avere uno stipendio di € 2500, quanto dovrebbe ricavare dalle vendite?

stipendio mensile di Luca:
fisso € 400 +
12% del ricavo x
delle vendite mensili

[b) € 1300, € 1384, € 1720; c) € 17 500]

63 TEST Se $P(x)$ per $x = -1$ vale -3, quale potrebbe essere $P(x)$ tra i seguenti polinomi?

A $2x^2 + x$ 　　　　B $3x^2 + 6x$ 　　　　C $-x^4 - 2x - 3$ 　　　　D $3x^2 - 3x - 3$

64 TEST Per il polinomio $P(a) = \frac{1}{4}a^3 - \frac{1}{2}a^2 + 2$, i valori $P(2)$ e $P(-4)$ sono:

A 6 e $\frac{7}{4}$. 　　　　B 2 e 10. 　　　　C 2 e -22. 　　　　D 6 e $\frac{11}{4}$.

65 TEST Uno dei seguenti polinomi assume valore 3 per $x = 0$ e valore 2 per $x = 1$. Quale?

A $x^2 + 2x + 3$ 　　　　B $x^2 - 2x + 3$ 　　　　C $x^2 + 2x - 3$ 　　　　D $x^2 - 2x - 3$

66 Dato il polinomio $P(x) = x^3 - 4x^2 + x + 6$, verifica se $P(2) = P(3)$.

67 Dati $A(x) = x^3 - 4x + 6$ e $B(x) = -x^2 + x + a + 6$, trova per quale valore di a si ha $A(-1) = B(2)$.　　　[5]

68 Dato il polinomio $P(x) = -2x^4 - x^3 + 1$, calcola $P(a)$ e $P(-x)$.　　　$[-2a^4 - a^3 + 1; -2x^4 + x^3 + 1]$

69 Dato $A(a) = \frac{3}{2}a^2 + a - 1$, calcola $A(2)$, $A(-a)$, $A(2a)$.　　　$\left[7; \frac{3}{2}a^2 - a - 1; 6a^2 + 2a - 1\right]$

70 TEST Data la funzione polinomiale $P(x) = 3x^3 - 2x^2 + x - 5$, qual è l'espressione della funzione $P(-x)$?

A $P(-x) = -3x^3 - 2x^2 - x - 5$ 　　　　C $P(-x) = -3x^3 + 2x^2 - x - 5$

B $P(-x) = -3x^3 + 2x^2 - x + 5$ 　　　　D $P(-x) = -3x^3 - 2x^2 + x - 5$

▶ **LABORATORIO**　　**MATEMATICA E ANTROPOLOGIA**

Fra ossa e polinomi

Il corpo umano rispetta, approssimativamente, determinate proporzioni: un adulto molto alto avrà presumibilmente un femore abbastanza lungo, mentre un bambino molto piccolo avrà una tibia molto corta. Sostituendo le lunghezze di tibia, omero, radio e femore nelle seguenti formule, puoi ottenere una stima dell'altezza H, in pollici, della persona corrispondente.

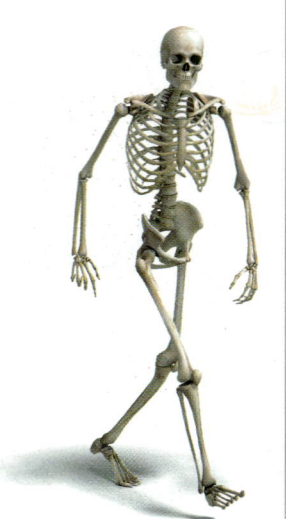

Osso	Maschi	Femmine
Tibia (t)	$H = 32{,}2 + 2{,}4t$	$H = 28{,}6 + 2{,}5t$
Omero (o)	$H = 29{,}0 + 3{,}0o$	$H = 25{,}6 + 3{,}1o$
Radio (r)	$H = 31{,}7 + 3{,}7r$	$H = 28{,}9 + 3{,}9r$
Femore (f)	$f = 0{,}449H - 12{,}05$	$f = 0{,}432H - 10{,}44$

a. Converti le formule in modo da usare le lunghezze in centimetri (1 pollice = 2,54 cm).
b. Usa la lunghezza approssimata al centimetro del tuo radio, della tua tibia e del tuo omero per stimare la tua altezza. Ti aspetti che il valore previsto da (almeno) una delle formule coincida con la tua altezza reale? Perché?
c. In una fattoria abbandonata viene rinvenuta una tibia umana lunga 18 pollici. Pensi che si tratti dell'osso di una donna o di un uomo? Perché?
d. Da alcuni reperti un antropologo stima che l'altezza di una persona fosse di 165 cm. Poco distante rinviene un femore lungo 18 cm. Ritieni che l'osso appartenga alla stessa persona? Perché?

▶ Risoluzione.　　▶ Un esercizio in più.　　▶ Attività di ricerca: *Bones*.

71 Dato il polinomio $P(x) = x - 6$, calcola $P(1 - a) - P(5)$. $\qquad [-a - 4]$

72 Dato $P(x) = x^4 + 3x^3 + 2x^2 - 1$, calcola $P(0) + P(-1) + P(2) - P(-3)$. $\qquad [28]$

73 Dato $P(a) = a^5 - \dfrac{2}{3}a^2 + 2a + 2$, calcola $P(0) + P(-1) + P(1) + \dfrac{3}{11}P(-2)$. $\qquad \left[-\dfrac{16}{3}\right]$

Per ciascuno dei seguenti polinomi, indica se i valori scritti a fianco sono zeri del polinomio.

74 $a^2 - a;$ *1, 2, 3.*

75 $x^3 + 3x^2 - x - 3;$ *−1, 0, 3.*

76 $a^3 - 4a^2 + 2a - 1;$ *−1, 0, 2.*

77 $a^3 - 3a - 2;$ *0, 1, 2.*

78 Determina a nel polinomio $-4x^3 - x^2 + a + 1$ in modo che -1 sia un suo zero, rispetto alla variabile x. $[-4]$

Con due variabili

Dato il polinomio $P(x; y) = x^2 y - xy^2 + x - 1$,
calcoliamo $P(-1; 2)$ sostituendo -1 a x e 2 a y: $\qquad P(-1; 2) = (-1)^2 \cdot 2 - (-1) \cdot (2)^2 + (-1) - 1 = 4$.

Analogamente, per $P(3; 0)$: $\qquad P(3; 0) = (3)^2 \cdot 0 - 3 \cdot 0 + 3 - 1 = 2$.

Per ogni polinomio calcola i valori richiesti.

79 $P(a; b) = -2a - 4b;\qquad P(0; 1), P(3; -2)$.

80 $P(x; y) = x + 2 + y;\qquad P(1; 10), P(5; -6)$.

81 $P(x; y) = x^2 + 2x + y;\qquad P(2; 1), P(-1; 4)$.

82 $P(x; y) = -3x^2 y + \dfrac{1}{2}x + \dfrac{4}{3}y;\qquad P(-2; 3), P(0; 2)$.

83 $P(x; y) = -\dfrac{7}{3}xy^2 + \dfrac{1}{4}xy - 2;\qquad P(-1; 0), P(2; -1)$.

84 $P(a; b) = 2ab - 3a^2 + \dfrac{4}{3}b;\qquad P(-1; -1), P(2; -3)$.

85 ☐ **ESEMPIO DIGITALE** Scrivi i due polinomi che esprimono il perimetro e l'area della figura e trova i valori che assumono per

$x = 12$ e $y = 5$,

$x = 0,6$ e $y = 0,2$,

$x = 8$ e $y = 3$.

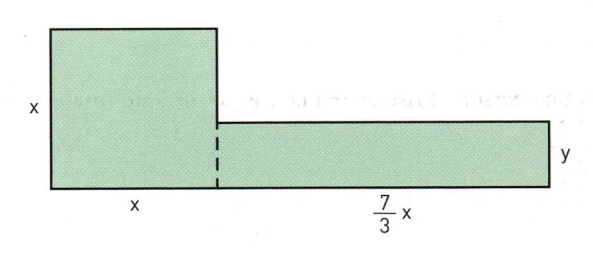

86 Scrivi il polinomio che esprime l'area della figura e trova il suo valore per

$x = 3$ e $y = 2$,

$x = 3,5$ e $y = 0,5$,

$x = 0,\bar{3}$ e $y = 0,2$.

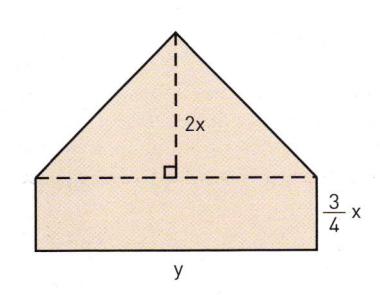

87 EDUCAZIONE FINANZIARIA **Tempo libero**

a. Scrivi una funzione polinomiale con due variabili che esprima la spesa mensile di Giorgio per i suoi svaghi.

b. Determina la spesa se Giorgio va 4 volte al cinema e 6 in piscina.

c. Se può disporre in tutto di € 170 e va 3 volte in piscina, quante volte può andare al cinema?

spese mensili di Giorgio:
€ 80 per lezioni chitarra
€ 8 per ogni ingresso cinema
€ 6 per ogni ingresso piscina

2. ADDIZIONE E MOLTIPLICAZIONE

ADDIZIONE E SOTTRAZIONE DI POLINOMI → Teoria a pagina 225

88 VERO O FALSO?

a. La somma di due polinomi non è mai un monomio.   V F

b. Se due polinomi sono opposti, la loro differenza è il polinomio nullo.   V F

c. $a - (-b + 2c) = a + b + 2c$.   V F

d. Sommando due polinomi dello stesso grado si ottiene un polinomio dello stesso grado.   V F

✓ CHECKER **Calcola le seguenti somme e differenze di polinomi.**

89 $(x^2 - 2a) + (-y - x^2)$ $[-2a - y]$

90 $(-a + 2) - (4 - 2a)$ $[a - 2]$

91 $(x^4 - 8x + 1) + (3x - 1 - x^4)$ $[-5x]$

92 $(2x^4 - 3x^2 + x - 5) + (-x^4 + 6x^3 - 4x + x + 1)$ $[x^4 + 6x^3 - 3x^2 - 2x - 4]$

93 $\left(\frac{1}{3}a + 2b\right) - \left(-\frac{11}{3}a - b\right)$ $[4a + 3b]$

94 $\left(\frac{2}{5}y^2 - \frac{1}{6}y\right) - \left(y + \frac{3}{4}y^2 + 4\right)$ $\left[-\frac{7}{20}y^2 - \frac{7}{6}y - 4\right]$

95 $\left(6 - \frac{3}{10}x + 0,9x^4\right) - \left(0,5 + 0,1x - \frac{3}{10}x^4\right)$ $\left[\frac{6}{5}x^4 - \frac{2}{5}x + \frac{11}{2}\right]$

96 $\left(0,\bar{3}xy + \frac{1}{2}a\right) + \left(2xy - \frac{5}{2}a + 2\right)$ $\left[\frac{7}{3}xy - 2a + 2\right]$

97 $(a^n - 4) - \left(\frac{3}{2}a^n + a^{n+1} - 4\right)$, con $n \in \mathbb{N}$. $\left[-\frac{1}{2}a^n - a^{n+1}\right]$

COMPLETA

98 $(3a^2 + \square) + (\square - x) = -2a^2 + x$

99 $(p - 2t) - (\square + \square) = -6p$

100 $\left(\square + \square + \frac{1}{3}\right) - (x^2 + 2y + \square) = \frac{1}{2}y + 4$

101 $(-x^2 + x) + (\square + \square) = \frac{2}{3}x^2 + 3x$

Espressioni

$$-(a + 2b) + \left\{(2a^6)^2 : (2a^3)^3 + \left[\left(-b - \frac{a^3}{2}\right) - (2b - a)\right]\right\} =$$

⟩ calcoliamo le potenze e togliamo le parentesi tonde

$$-a - 2b + \left\{4a^{12} : 8a^9 + \left[\underline{-b} - \frac{a^3}{2} \underline{- 2b + a}\right]\right\} =$$

⟩ sommiamo i monomi simili ed eseguiamo la divisione

$$-a - 2b + \left\{\frac{1}{2}a^3 + \left[-3b - \frac{a^3}{2} + a\right]\right\} =$$

⟩ togliamo le parentesi quadre

$$-a - 2b + \left\{\frac{1}{2}a^3 - 3b - \frac{a^3}{2} + a\right\} =$$

⟩ sommiamo i monomi simili e togliamo le graffe

$$-a - 2b - 3b + a = -5b$$

✓ **CHECKER** **Semplifica le seguenti espressioni.**

102 $\quad 2a + (a^2 - 2a^2) + (3a - 5a)$ $\hfill [-a^2]$

103 $\quad (x - x^2) - (x - 2x^2) - (-x)$ $\hfill [x^2 + x]$

104 $\quad (2a + a) - (a^2 - 1) - (1 - 2a^2)$ $\hfill [a^2 + 3a]$

105 $\quad (4x^2 + 2x) - (2x + 3x^2 - 10 + 1)$ $\hfill [x^2 + 9]$

106 $\quad (3ab^2 - a) - (2ab^2 - a + 5ab) + 6ab$ $\hfill [ab^2 + ab]$

107 $\quad -a^2 - (2a - 1) + (2a^2 - 2a) + 2$ $\hfill [a^2 - 4a + 3]$

108 $\quad 8b^2 + (9b^2 + 2a) + (2a^2 - 2a + b^2)$ $\hfill [18b^2 + 2a^2]$

109 $\quad (3x^2 - x) - (-1 - x - 7x^2)$ $\hfill [10x^2 + 1]$

110 $\quad (a^2b + ab^2) + (ab - a^2b) + (ab - ab^2)$ $\hfill [2ab]$

111 $\quad (4ab - b + 11ab) - (10b - 12b + 15ab)$ $\hfill [b]$

112 $\quad (2x^2 - 5y^3 - xy) + (11x^2 + y^3 - 2xy) - (6x^2 - 9y^3 + xy)$ $\hfill [7x^2 + 5y^3 - 4xy]$

113 $\quad (3x^2y - 5xy^2 + 7x^2y) + (6xy^2 - 3x^2y - xy^2 + 1)$ $\hfill [7x^2y + 1]$

114 $\quad (x - 2) + (x^2 - 3x + 4) + (2x^2 + 2x - 2)$ $\hfill [3x^2]$

115 $\quad \left(0,25a^2 + \frac{1}{2}b^2 - 1,5\right) - \left(\frac{1}{3}b^2 + \frac{18}{8}a^2 - \frac{9}{4}\right)$ $\hfill \left[-2a^2 + \frac{1}{6}b^2 + \frac{3}{4}\right]$

116 $\quad \left(\frac{1}{3}x^2 - \frac{2}{4}x^2 + 2x + \frac{1}{2}\right) - \left(\frac{5}{6}x - \frac{1}{5}x^2 - 1\right) - \left(\frac{7}{6}x + \frac{1}{2}\right)$ $\hfill \left[\frac{1}{30}x^2 + 1\right]$

117 $\quad 5x^5 - [x^2y^2 - 8 - (2y^3 - 3x^2y^2 + x^5) - y^3] + (2x^2y^2 - 3y^3)$ $\hfill [6x^5 - 2x^2y^2 + 8]$

118 $\quad \frac{1}{14}a^3b + \left[a^3b^2 - \left(\frac{1}{7}a^4b + \frac{1}{14}a^3b\right)\right] - \left(\frac{1}{5}x^3 - \frac{1}{7}a^4b\right)$ $\hfill \left[a^3b^2 - \frac{1}{5}x^3\right]$

119 $\quad 3a^2 - \left(\frac{1}{2}a^2 - \frac{1}{3}a + 4\right) + \left[\frac{1}{4}a^2 - a - \left(5a^2 - \frac{1}{6}a - 6 - 4a^2\right)\right]$ $\hfill \left[\frac{7}{4}a^2 - \frac{1}{2}a + 2\right]$

120 $-3a - [-(5a + 7b) + (2a - 3b) + 8b]$ $[2b]$

121 $\left(-\frac{1}{3}ab^2\right)^2 - [2a(-3ab^2)]^2 - [(2ab^2)^2 \cdot (-9a^2) + a^2b^4]$ $\left[-\frac{8}{9}a^2b^4\right]$

122 📱 **ESEMPIO DIGITALE** $3x + [(2x^2y)^2 : (-x)^3 - (5x + 1)] + (8x^2y^2 + 4x^2y^2):(3x)$

123 $ab - (2ab)^2 + [(3a^2b)^3 - b(2a^3b)^2 - 2a^6b^3]:(7a^4b) - \frac{1}{2}ab$ $\left[\frac{1}{2}ab - a^2b^2\right]$

124 $\left(x^2 - \frac{1}{2}x\right) - \left[3x + \frac{1}{2}x^3 - \left(\frac{1}{2}x^2 + 7x + x^3\right) + (-2x^3)^2 : (2x)^3\right]$ $\left[\frac{3}{2}x^2 + \frac{7}{2}x\right]$

125 $[x^2 - xy + (2xy - x^2)] - \{xy - [2xy + (xy - x^2)]\} + x^2$ $[3xy]$

126 $[(-3x)^5 : (3x)^4]^2 - (6x - y) - [(3x)^2 - (2x + 3y)] + (8y - 5x)$ $[-9x + 12y]$

127 $(-x^n + 2x^2) - (2 + 2x^2 - 6x^n)$, con $n \in \mathbb{N}$, $n > 0$. $[5x^n - 2]$

Dati i polinomi $A = a^2 + a - 1$, $B = a^4 - a$, $C = 2a^2 - 1$, determina e semplifica le espressioni.

128 $A - B - [C - (B + 2)]$ $[-a^2 + a + 2]$ **129** $-(A - C) - (C + A - B)$ $[a^4 - 2a^2 - 3a + 2]$

130 📱 **INVALSI 2011** **Chi ha ragione?** L'insegnante chiede: «Se n è un numero naturale qualsiasi, cosa si ottiene addizionando i tre numeri $2n + 1$, $2n + 3$ e $2n + 5$?».

Mario afferma: «Si ottiene sempre il triplo di uno dei tre numeri». Luisa risponde: «Si ottiene sempre un numero dispari». Giovanni dice: «Si ottiene sempre un multiplo di 3». Chi ha ragione?

A Tutti e tre.   **B** Solo Mario.   **C** Solo Luisa.   **D** Solo Giovanni.

MOLTIPLICAZIONE DI UN MONOMIO PER UN POLINOMIO → Teoria a pagina 225

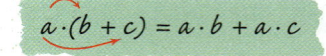
$a \cdot (b + c) = a \cdot b + a \cdot c$

> **ESEMPIO**
>
> $-\frac{3}{4}xy^2 \cdot \left(4x - \frac{1}{3}y^2 + 8x^3y^3\right) =$ ⟩ moltiplichiamo $-\frac{3}{4}xy^2$ per ogni termine del polinomio
>
> $-3x^2y^2 + \frac{1}{4}xy^4 - 6x^4y^5$

✓ **CHECKER** **Esegui le seguenti moltiplicazioni.**

131 $-4(x + y)$; $\frac{1}{2}(4b - c)$.

132 $2(-a + 2b)$; $x(-x^2 + x)$.

133 $-2a(a + 2b)$; $x(x^2 + 2x)$.

134 $-3b(b + a)$; $4a(a + 4a^2)$.

135 $2x(x^2 + 1 - x)$; $-b^2(b - b^3)$.

136 $ab(a + b^2 + c)$; $-6x^2(x - 2x^3 + x)$.

137 $-2xy(y + x)$; $a(ab^2 + 1)$.

138 $-6ab^2(1 - a^2b)$; $x(xy + y^2 + x^2y)$.

139 $x(x + 1)$; $x^3(x^2 - 2x + 1)$.

140 $-\frac{4}{3}y\left(\frac{9}{2}y - 3b + \frac{3}{4}\right)$; $x^2(-x - 1)$.

141 $a^3(a - a^2b)$; $-6b\left(\frac{1}{2}x - \frac{2}{3}b^3\right)$.

142 $2x^2y\left(\frac{1}{2}y - \frac{1}{4}x\right)$; $xyz(x + y + z)$.

143 📱 **ESEMPIO DIGITALE** $\frac{2}{3}ab\left(\frac{3}{8}a^2 - \frac{1}{2}b^2\right)$;
$-\frac{3}{4}xy^3\left(2xy - \frac{8}{3}x^2y^2 - \frac{4}{9}x^3y^2\right)$.

COMPLETA

144 $2a^3x \cdot (ax + \underline{}) = \underline{} + a^4x^5$

145 $\underline{}\left(\dfrac{1}{2}ab + \underline{}\right) = -\dfrac{3}{10}a^3b^4 + a^4b^5$

146 $\underline{}\left(\underline{} + \dfrac{1}{2}b + 1\right) = 6a^3 + 2a^2b + \underline{}$

147 $\dfrac{1}{3}x^2y\left(\underline{} + y + \dfrac{3}{2}\right) = x^3y + \underline{} + \underline{}$

148 **TEST** Quale delle seguenti espressioni *non* è equivalente al polinomio $x^2y + x^2 + xy^2$?

- **A** $x(xy + y^2 + x)$
- **B** $y(x^2 + xy) + x^2$
- **C** $x^2(y + 1) + xy^2$
- **D** $y^2(x^2 + x) + x^2$

149 **TEST** Individua l'uguaglianza *errata*.

- **A** $2a(a^3 - a^2 - 1) = 2a^4 - 2a^3 - 2a$
- **B** $-x^2y(x + y) = -x^3y + x^2y^2$
- **C** $\dfrac{1}{2}by(8c + 2b^2) = 4byc + b^3y$
- **D** $-x(y - 5) = -xy + 5x$

150 Data la funzione $P(a) = -a^3 - 2a^2 + 1$, verifica se $P(2a) - P(-a) = 3a^2(3a + 2)$.

151 **TEST** Sono dati i polinomi $A(x) = 3x^2 - 7x - 1$ e $B(x) = 2x^3 - 5x^2 - 1$.
L'espressione $C(x) = 2x \cdot A(x) - 3 \cdot B(x)$:

- **A** *non* è un polinomio.
- **B** è il polinomio $C(x) = x^2 - 2x + 3$.
- **C** è il polinomio $C(x) = x^3 - x^2 + 2x - 3$.
- **D** è il monomio $C(x) = x^2$.

152 **YOU & MATHS** **Increasing diameters** The length of a circumference is measured in metres. How much does it increase if its diameter increases by a metre? And by a kilometre? What happens when the diameter doubles?

153 **YOU & MATHS** **A yellow rectangle** Write an expression that represents the area of the rectangle and simplify it.
Then write an expression for its perimeter and simplify it as well.

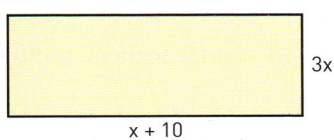

$3x$

$x + 10$

CHECKER Semplifica le seguenti espressioni.

154 $6(x + y^2) - 5(y^2 + x)$ $[x + y^2]$

155 $2a(3a + b) - (6a^2 + ab)$ $[ab]$

156 $x^2(x + 1) + 9x(x + x^2)$ $[10x^3 + 10x^2]$

157 $8(a^2 - a + 2) - 2a(4a - 2)$ $[-4a + 16]$

158 $2(9b^2 - 7a^2) + 18b^2(a^2 - 1)$ $[18a^2b^2 - 14a^2]$

159 $3x(2y - x) - y(2x^2 - x) - 3(-2x^2y + xy - x^2)$ $[4x^2y + 4xy]$

160 $ab(a + b) + 3a(b^2 - ab) - 2b(3b - a^2)$ $[4ab^2 - 6b^2]$

161 $(-2xy)\left(x^2 - 2xy + \dfrac{1}{4}xy^2\right) - 2x(xy^2 - 3x^2y) + \left(3x - \dfrac{1}{2}xy\right)(-xy^2)$ $[4x^3y - x^2y^2]$

162 $\left(\dfrac{3}{2}b - a\right)(-6b) + 2a(2a - 3b) - 9[a(a - b) - b(b - a)]$ $[-5a^2]$

163 $\left(-\dfrac{1}{3}xy\right)[3x^2 + (12xy^3) : (-4xy)] + x\left[-6xy\left(-\dfrac{1}{2}x\right) - y^3\right]$ $[2x^3y]$

164 $2ab(a^2 - b^2) - 2ab(b^2 - a^2) + b^2(ab - a^2) + a^2(b^2 - ab)$ $\qquad [3a^3b - 3ab^3]$

165 $\left(-\dfrac{1}{2}x^2\right)\{(-2x)[5xy - (4xy)^2 : (8y)]\} + (-2y)(3x^4 - x^5)$ $\qquad [-x^4y]$

166 $-ax^2\{-a[(3-x)(a^2x) + (-2ax)^2]\} + 2(ax)^4 - x^3[-a^4(1-x)]$ $\qquad [4a^4x^3 + 4a^4x^4]$

167 $[(2pq)^2(p-q) + 2pq(p^2q + 2pq^2)] : (2p)^3$ $\qquad \left[\dfrac{3}{4}q^2\right]$

168 $a^nx^2(a^3x^n + xa^n) + 2x(-a^nx)^2 - a^3x^2(ax)^n$ con $n \in \mathbb{N}$. $\qquad [3x^3a^{2n}]$

MOLTIPLICAZIONE DI POLINOMI → Teoria a pagina 225 $(a+b)\cdot(c+d) = a\cdot c + a\cdot d + b\cdot c + b\cdot d$

ESEMPIO

$(x+2)(x^2 - x - 4)(2x - 1) =$ $\qquad$) moltiplichiamo ogni termine del primo polinomio per ogni termine del secondo

$(x^3 - x^2 - 4x + 2x^2 - 2x - 8)(2x - 1) =$ $\qquad$) sommiamo i monomi simili

$(x^3 + x^2 - 6x - 8)(2x - 1) =$

$2x^4 - x^3 + 2x^3 - x^2 - 12x^2 + 6x - 16x + 8 =$ $\qquad$) ripetiamo il procedimento

$2x^4 + x^3 - 13x^2 - 10x + 8$

✓ **CHECKER** **Esegui le seguenti moltiplicazioni ($n \in \mathbb{N}$).**

169 $(x-2)(x+1); \quad (a+1)(a+1)$.

170 $(2x+2)(x-1); \quad (b+2)(b+4)$.

171 $(4x+2)(y+1); \quad (y+1)(x+2)$.

172 $(1-a^2)(1-a); \quad (b^2-1)(ab+1)$.

173 $(a-3)(2a-1); \quad (x+1)(x-4)$.

174 $(x-5)(x-1); \quad (a^2-3)(3-4a)$.

175 $(2abx-a)(a^2-3); \quad (b-4)(b^2+2)$.

176 $\left(\dfrac{5}{3}a^4 - \dfrac{1}{6}\right)(3a^2 + 12); \quad \left(x^2 - \dfrac{a}{2}\right)(2a + 4x)$.

177 $(0{,}04x - 1)\left(25x + \dfrac{1}{2}\right); \quad (9a^2 + 27)(0{,}\overline{2}a - 0{,}\overline{4})$.

178 $(3^{-1}a + 1)(3 - 6a); \quad (b^3 + b^2 - 2)(b - b^2 + 3)$.

179 $\left(0{,}\overline{3}a - \dfrac{2}{5}b\right)(12a - 0{,}6b); \quad (x^2 + 2x - 1)(x - 1)$.

180 $-x(x^2 + 4x)(x - 1); \quad (y - 1)(y + 1)(y^4 + y^2 + 1)$.

181 $(a^2 - a)(a^2 + a)(a^4 + a^2); \quad (b^4 - b)b^2(b + 1)$.

MATEMATICA AL COMPUTER

Wiris e le operazioni con i polinomi

Dopo aver semplificato un'espressione con polinomi, per verifica puoi sostituire un valore numerico nell'espressione iniziale e nel risultato e vedere se ottieni lo stesso valore.

Puoi aiutarti con Wiris.

▶ Problema e risoluzione.
▶ 4 esercizi in più.

182 $(a^{2n} - 2)(a^n + 3); \quad (y + y^n)(y^{2n} - 1).$ $\qquad [a^{3n} + 3a^{2n} - 2a^n - 6; \; y^{2n+1} - y + y^{3n} - y^n]$

183 $a(a^{n-2} + 1)(a - a^2)(1 + a), \text{ con } n \geq 2.$ $\qquad [a^n - a^{n+2} + a^2 - a^4]$

184 ▢ **TEST** Qual è il risultato della moltiplicazione tra i polinomi $2a + b$ e $a - 2b$?

    ▢A $2a^2 - 2b^2$ ▢B $2a^2 - 3ab - 2b^2$ ▢C $2a^2 - 3ab + 2b^2$ ▢D $2a^2 + 3ab - 2b^2$

✓ **CHECKER** Semplifica le seguenti espressioni ($n \in \mathbb{N}$).

185 $(a - 1)(1 - a) + (a + 2)(a + 3)$ $\qquad [7a + 5]$

186 $(b^2 + 1)(-b) + (-b + 1)(1 - b^2)$ $\qquad [-b^2 - 2b + 1]$

187 $x(x + 1)(x + 2) + (x - 1)(x - 2)$ $\qquad [x^3 + 4x^2 - x + 2]$

188 $(ab + 1)(ab - a^2b^2) + (a^2b^2 - ab)(ab + 1)$ $\qquad [0]$

189 $(x + y)(1 - x) + (1 - y)(1 - x)$ $\qquad [1 - x^2]$

190 $(2a - 5)(a - 1) + (3a + 4)(2a + 1) - 3$ $\qquad [8a^2 + 4a + 6]$

191 $(x^4 - 2x)(x^2 + 1) - (x^3 - 3y)(x^3 + 3y) + 2x - 9y^2$ $\qquad [x^4 - 2x^3]$

192 $x[2y - (-x^2 + xy - 3)y - x^2y + x(y^2 - x)] + x^3$ $\qquad [5xy]$

193 $\left(\frac{1}{2}a - 3\right)\left(\frac{1}{3}a + 1\right) + (2a + 4)\left(\frac{1}{4}a - 6\right) + 27 + \frac{1}{2}a\left(1 + \frac{2}{3}a\right)$ $\qquad [a^2 - 11a]$

194 ▢ **ESEMPIO DIGITALE** $(3a^2 - 5ab + 7b^2) - \left[\left(\frac{1}{3}a - b\right)(a + 2) - (4a - 2)\left(b - \frac{2}{3}a\right)\right]$

195 $\left(x + y - \frac{1}{3}\right)(-xy) - (2x - y + 1)(-3x) + x(y^2 + xy - 6x - 3)$ $\qquad \left[-\frac{8}{3}xy\right]$

196 $x^3\left(-\frac{1}{4}x + 1\right) + \frac{1}{2}x^2\left(\frac{1}{2}x^2 - x + 3\right) - x\left(\frac{3}{2}x - 5\right)$ $\qquad \left[\frac{1}{2}x^3 + 5x\right]$

197 $-\frac{3}{2}a^2b(2a + b) + (-3a^2)(a + b)(-b) - ab\left(\frac{3}{2}ab - \frac{1}{3}\right)$ $\qquad \left[\frac{1}{3}ab\right]$

198 $y(3 - xy)(3 + x) - y(9 - x^2y) + x(3y - 2)\left(y - \frac{1}{3}\right)$ $\qquad \left[\frac{2}{3}x\right]$

199 $[2a(a - b) + b(2a - 3b)]\left[3b(a - b) - 6a\left(\frac{1}{2}b + \frac{1}{3}a\right)\right]$ $\qquad [9b^4 - 4a^4]$

200 ▢ **ESEMPIO DIGITALE** $b - b\left(3b^2 - \frac{1}{4}y^2\right) + y(1,5b - 0,\bar{3}y)\left(\frac{3}{2}y - b\right) - \left(b - \frac{1}{2}y\right)(3b^2 + y^2)$

201 $(a - 1)(2a + 1) + (-a)^2 + (5a + 1)(-a) + \left(-\frac{1}{3}a\right)^3 : \left(-\frac{1}{3}a\right)^2 + 1$ $\qquad \left[-2a^2 - \frac{7}{3}a\right]$

202 $(1 + x^2 - x)(1 - x^2 - x) + (1 + x)(1 - x^2) - \{-[(-x)^2]^2 + (-x)^3\}$ $\qquad [2 - x]$

203 $(x + 3y)(x - 3y)(x^4 + 9x^2y^2 + 81y^4) - (-3y^2)^2(-81y^2 + x)$ $\qquad [x^6 - 9xy^4]$

204 ▢ **ESEMPIO DIGITALE** $(x - y)\left\{[18(x^2y)^3 - y(3x^3y)^2 + (-2y)^3x^6] : \left(\frac{1}{2}x^6y\right) - xy\right\} + y^2(2y - 3x)$

205 $(a^{n+1} + a)(a - a^{n+1}) + (a^2 - 1)(1 + a^{2n}) + (a^n)^2$ $\qquad [2a^2 - 1]$

206 **EUREKA!** **Trinomi speciali** Ilaria afferma che per moltiplicazioni del tipo

$$(x+5)(x+2), \qquad (x+3)(x-7), \qquad (x-1)(x-6), \qquad \dots$$

il risultato è sempre un trinomio di secondo grado in cui un coefficiente è 1 e gli altri due si ottengono con particolari operazioni fra i due numeri che compaiono nei fattori della moltiplicazione.

a. Indica e giustifica la regola scoperta da Ilaria. **b.** Applicala per calcolare i tre prodotti proposti.

Considera i polinomi $A = x^3 - 2x$, $B = \frac{1}{2}x + 1$, $C = x^2 + 2x$. Semplifica le seguenti espressioni.

207 $2B(A - C) - 4C$
$$[x^4 + x^3 - 10x^2 - 16x]$$

208 $C(A + B) - A$
$$\left[x^5 + 2x^4 - \frac{5}{2}x^3 - 2x^2 + 4x\right]$$

209 $(A + C)(2B + C) - 2A(B - 1)$
$$[x^5 + 3x^4 + 5x^3 + 4x^2]$$

Problemi

Esprimi con un polinomio ridotto le seguenti grandezze geometriche.

210 Il perimetro e l'area di un rettangolo di lati $4a + 3$ e $a + 7$.

211 Il perimetro e l'area di un rombo di lato $2y + 4$, con la diagonale minore che supera di 5 la metà del lato e la diagonale maggiore doppia della minore.

212 L'area di un trapezio con base minore $x + 4$, base maggiore doppia della minore e con altezza che supera di 6 la base maggiore.

213 La superficie e il volume di un parallelepipedo rettangolo a base quadrata di lato $3x$ e con altezza $\frac{1}{4}x - 2$.

214 **EDUCAZIONE FINANZIARIA** **Rifare il parquet** La figura rappresenta la pianta di una stanza dell'appartamento del signor Ferri.

a. Calcola l'area in funzione di a.

b. Se $a = 2{,}2$ m, quanto spende il signor Ferri per sostituire la pavimentazione con un parquet che costa € 90 + IVA (10%) al m²?

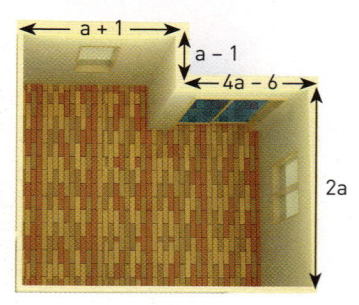

$$[11a^2 - 10a - 1; \text{ € } 2993{,}76]$$

215 **EUREKA!** **Più 1 e meno 2** Un parallelepipedo rettangolo ha spigoli che misurano x, y e z. Esprimi con un polinomio ridotto la differenza dei volumi V_1 e V_2 dei parallelepipedi che si ottengono rispettivamente aumentando di 1 e diminuendo di 2 ogni spigolo del parallelepipedo di partenza.

$$[3xy + 3xz + 3yz - 3x - 3y - 3z + 9]$$

216 **EUREKA!** **Sommare 1 a uno** Quattro numeri positivi a, b, c, d sono tali che $a < b < c < d$. Devi sommare 1 a uno di essi in modo che, moltiplicati fra loro i tre numeri rimasti inalterati e quello aumentato di 1, il prodotto ottenuto sia il più piccolo possibile. A quale dei quattro numeri devi sommare 1?

A a C c E b oppure c

B b D d

[Kangourou Italia, 2011]

217 **YOU & MATHS** **A blue shape** Write an expression for the area of the shape and simplify it.

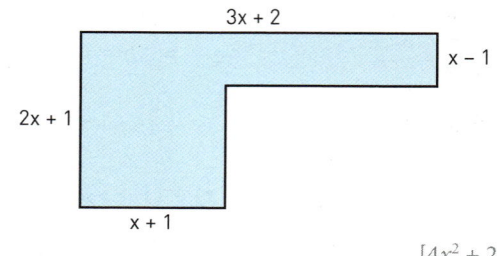

$$[4x^2 + 2x]$$

3. PRODOTTI NOTEVOLI

QUADRATO DI UN BINOMIO → Teoria a pagina 227

$$(A + B)^2 = A^2 + 2AB + B^2$$

218 TEST $(-x - y)^2$ è uguale a:

- A $x^2 + y^2$.
- B $-x^2 - y^2 + 2xy$.
- C $x^2 + y^2 - 2xy$.
- D $(x + y)^2$.

219 TEST Uno solo dei seguenti trinomi *non* è il quadrato di un binomio. Indica quale.

- A $a^2 + a + \dfrac{1}{4}$
- B $4x^2 + 2x + \dfrac{1}{4}$
- C $4y^2 + 2y + 1$
- D $a^2 + \dfrac{a}{2} + \dfrac{1}{16}$

220 VERO O FALSO?

a. $(a - 2)^2 = (-a + 2)^2$ V F

b. $(3x + y)^2 = 9x^2 + y^2$ V F

c. $-(x + 1)^2 = (-x - 1)^2$ V F

d. $(a^3 + 3)^2 = a^9 + 9 + 6a^3$ V F

e. $(2b - y)(y - 2b) = -(2b - y)^2$ V F

f. $(2x + 2z)^2 = 2(x + z)^2$ V F

Sviluppare quadrati di binomi

> **ESEMPIO**
>
> Calcoliamo i seguenti quadrati di binomi, applicando $(A \pm B)^2 = A^2 \pm 2AB + B^2$:
>
> a. $\left(a - \dfrac{1}{2}\right)^2 = a^2 - 2 \cdot a \cdot \dfrac{1}{2} + \left(\dfrac{1}{2}\right)^2 = a^2 - a + \dfrac{1}{4}$;
>
> b. $(x^3 + 3a)^2 = (x^3)^2 + 2 \cdot x^3 \cdot 3a + (3a)^2 = x^6 + 6ax^3 + 9a^2$;
>
> c. $(x - x^n)^2 = x^2 - 2 \cdot x \cdot x^n + (x^n)^2 = x^2 - 2x^{n+1} + x^{2n}$.

221 YOU & MATHS **In the cloud** Determine the correct answers choosing from the cloud.

$(x - 1)^2 = \boxed{}$

$(9 + x)^2 = \boxed{}$

$(9x - 1)^2 = \boxed{}$

$x^2 - x + 1$
$x^2 - 2x + 1$ $18 + 18x + x^2$
$9x^2 - 18x + 1$ $81 + 18x + x^2$
$81x^2 - 18x + 1$ $x^2 - 2x - 1$

> **ESEMPIO**
>
> Calcoliamo $(3x - 2y^2)(-3x + 2y^2)$.
>
> $(3x - 2y^2)(-3x + 2y^2) = -(3x - 2y^2)^2 = -(9x^2 - 12xy^2 + 4y^4) = -9x^2 + 12xy^2 - 4y^4$
>
> osserviamo che $(A - B)(-A + B) = -(A - B)(A - B) = -(A - B)^2$

✓ **CHECKER** **Calcola i seguenti quadrati di binomi e prodotti particolari.**

222 $(x+1)^2$; $(a-2)^2$; $(x+2)^2$.

223 $(b+1)^2$; $(a-4)^2$; $(b+3)^2$.

224 $(-a+b)^2$; $(5-a)^2$; $(-a-b)^2$.

225 $(b-a)^2$; $(6-b)^2$; $(2a+b)^2$.

226 $(x+2y)^2$; $(2x-9)^2$; $(3x+1)^2$.

227 $(a+10)^2$; $(b^2+7)^2$; $(a^2+b^2)^2$.

228 $(a^2+1)^2$; $(b^2+8)^2$; $(a^2-b^2)^2$.

229 $(xy+1)^2$; $(x+yx)^2$; $(xyz+1)^2$.

230 $(xz+1)^2$; $(1-xy)^2$; $(2-2xy)^2$.

231 $(xz+y)^2$; $(z-xy)^2$; $(xy+xz)^2$.

232 $(b+4)^2$; $(2a-x)^2$; $(a-3)^2$.

233 $\left(\frac{1}{2}xy-c\right)^2$; $\left(-4-\frac{1}{2}y^2\right)^2$; $(x^2-4)^2$.

234 $(a-8b)^2$; $\left(a^2x^2+\frac{5}{2}c\right)^2$; $\left(\frac{2}{3}b+\frac{3}{2}c\right)^2$.

235 📱 **ESEMPIO DIGITALE**

$(x^3-3b)^2$; $(-y^4-2ab)^2$; $\left(1-\frac{1}{4}ax\right)^2$.

236 $\left(-\frac{1}{4}a+6b\right)^2$; $\left(\frac{9}{2}+\frac{2}{3}a^2x\right)^2$; $(y^3-3)^2$.

237 $(-3y^2+2b)(3y^2-2b)$; $(x^2-y^2)^2$; $\left(b^3c-\frac{y}{2}\right)^2$.

---

238 📱 **YOU & MATHS** **What is missing?** Write the binomial that is missing.

a. $(\underline{\quad})^2 = 14a^2 + a^4 + 49$

b. $(\underline{\quad})^2 = x^{10} - 6x^5 + 9$

c. $(\underline{\quad})^2 = \frac{1}{64} + y^8 - \frac{1}{4}y^4$

239 📱 **TEST** Sostituendo, nell'espressione $(n^2+1)(n-2)$, il numero naturale n con il suo successivo, si ottiene:

A $(n^2+2n+2)(n-1)$.

B $(n^2+2)(n-3)$.

C $(n^2+n+2)(n-3)$.

D $(n^2+2)(n+1)$.

COMPLETA

240 $(\,2x\, + \,1\,)^2 = 4a^2 + 1 + 4a$

241 $(\underline{\quad} - \underline{\quad})^2 = x^2 - 2x + 1$

242 $(\underline{\quad} + \underline{\quad})^2 = b^2 + 9 + 6b$

243 $(\underline{\quad} + \underline{\quad})^2 = 4x^6 + y^6 + 4x^3y^3$

244 $(\underline{\quad} - \underline{\quad})^2 = 9x^8 - 12x^4y^2 + 4y^4$

245 $(\underline{\quad} + \underline{\quad})^2 = 25a^2 + b^2 + 10ab$

COMPLETA **inserendo un monomio in modo da ottenere lo sviluppo del quadrato di un binomio ($n \in \mathbb{N}$, $n > 0$).**

246 $b^2 + 4 + \underline{\quad}$

247 $a^2 + b^2 + \underline{\quad}$

248 $4x^2 + 1 + \underline{\quad}$

249 $9x^2 + 9 + \underline{\quad}$

250 $10y + 25 + \underline{\quad}$

251 $16a^2 + 9 + \underline{\quad}$

252 $x^4 - 6x^2y^2 + \underline{\quad}$

253 $\frac{9}{4}a^2 + 6ab + \underline{\quad}$

254 $4a^4b^6 - a^3b^7 + \underline{\quad}$

255 $\underline{\quad} + \frac{1}{25}b^2c^2 + 4y^2$ (2 possibili risposte)

256 $16 - y + \underline{\quad}$

257 $x^4 - \frac{1}{4}x^2 + \underline{\quad}$

258 $4 - 9a^2 + \underline{\quad}$

259 $4a^{2n+1} + a^{2n} + \underline{\quad}$

260 $2^{2n} + 2^{n+2} + \underline{\quad}$

261 **EUREKA!** **Grandi numeri** Calcola il valore dell'espressione

$$(2014+a)^2 - 2(2014+a)(2014-a) + (2014-a)^2$$

per $a = 1$ e per $a = 2000$. $\qquad [4; 16 \cdot 10^6]$

262 **INVALSI 2005** $(a+b)^2 + (a-b)^2 =$

A $\quad 2a^2 + 2b^2$

C $\quad 4ab$

B $\quad (a+b)^2$

D $\quad 0$

263 **INVALSI 2005** Per quali valori di a, b, c vale l'uguaglianza $2x^2 + 6x + 5 = a(x+b)^2 + c$?

A $\quad a = 2 \qquad b = 3 \qquad c = 4$

B $\quad a = 2 \qquad b = 6 \qquad c = 5$

C $\quad a = 2 \qquad b = 3 \qquad c = -4$

D $\quad a = 2 \qquad b = \dfrac{3}{2} \qquad c = \dfrac{1}{2}$

AL VOLO **Calcola le seguenti potenze.**

264 98^2 (*Suggerimento.* $98^2 = (100-2)^2 = 100^2 + \dots$)

265 105^2

266 95^2

267 110^2

268 56^2

CHECKER **Semplifica le seguenti espressioni** ($n \in \mathbb{N}$).

269 $(ax+y)^2 + (x-ay)^2 - (x^2+y^2)(a^2+2)$ $\qquad [-x^2 - y^2]$

270 $-48 + [4(x-1)]^2 - (5x+2)^2 + 9(x+2)^2$ $\qquad [-16x]$

271 $(y^2 - xy)^2 - (x^2 - 2xy)^2 + (2x^2 + 2xy)^2 - 3x^3(x+4y)$ $\qquad [x^2y^2 - 2xy^3 + y^4]$

272 $(2a-b)^2 - 12ab + 4(a-b)(b-a) + 4(a+b)^2$ $\qquad [4a^2 + b^2]$

273 $[x^2 - (x-1)^2]^2 - [2(x-1)]^2 - 4x(x+1) + 3$ $\qquad [-4x^2]$

274 $\left(\dfrac{1}{2}y - 2\right)^2 - [(1-2y)^2 - 4y^2]^2 - y^4 : (-2y)^2 - 3(1+y)^2$ $\qquad [-19y^2]$

275 $\left(\dfrac{1}{4} + 2b^2\right)^2 + 3b^2\left(\dfrac{4}{3}b - 2\right) + (b^2+1)^2 + (b^2-2b)^2 - \dfrac{17}{16}$ $\qquad [6b^4 + b^2]$

276 $(x^n - 2)^2 - (x^n + 1)^2 + 5 - [(x^n - 3)^2 - (1 - x^n)^2]$ $\qquad [-2x^n]$

SOMMA DI DUE TERMINI PER LA LORO DIFFERENZA → Teoria a pagina **227**

$(A + B)(A - B) = A^2 - B^2$

ESEMPIO

Calcoliamo: **a.** $(5-2a)(5+2a)$; **b.** $(-b+3)(b+3)$; **c.** $\left(-\dfrac{1}{2}x - 8y\right)\left(8y - \dfrac{1}{2}x\right)$.

a. $(5-2a)(5+2a) = 25 - 4a^2$.

b. $(-b+3)(b+3) = (3-b)(3+b) = 9 - b^2$.

applichiamo la proprietà commutativa

c. $\left(-\dfrac{1}{2}x - 8y\right)\left(8y - \dfrac{1}{2}x\right) = \left(-\dfrac{1}{2}x - 8y\right)\left(-\dfrac{1}{2}x + 8y\right) = \dfrac{1}{4}x^2 - 64y^2$.

277 **YOU & MATHS** **A little trick** Calculate these products in your mind. Be careful: they require a little trick! Can you figure it out?

a. $(5+d)(d-5)$; **b.** $(a+k)(-k+a)$; **c.** $(-b+13)(-13-b)$.

8 POLINOMI

✓ **CHECKER** **Calcola i seguenti prodotti** ($n \in \mathbb{N}$).

278 $(a+1)(a-1)$; $(x-2)(x+2)$; $(-b-7)(-b+7)$.

279 $(b-6)(b+6)$; $(y-3)(3+y)$; $(9+x)(x-9)$.

280 $(-1+y)(y+1)$; $(x-8)(x+8)$; $(-b+1)(1+b)$.

281 $(2a+1)(2a-1)$; $(2+3x)(3x-2)$; $(3+y)(3-y)$.

282 $(1-2b)(1+2b)$; $(-2x-1)(-2x+1)$; $(5-a)(a+5)$.

283 $(3a+b)(3a-b)$; $(4+2b)(4-2b)$; $(2b+a)(a-2b)$.

284 $(b+2a)(-b+2a)$; $(-4x+3y)(-3y-4x)$; $(-9+6a)(6a+9)$.

285 $(1+xy)(xy-1)$; $(x+3z)(x-3z)$; $(1+x^2)(1-x^2)$.

286 $(xy+xz)(-xy+xz)$; $(1+xyz)(1-xyz)$; $(y^2+4)(4-y^2)$.

287 $(-2+x)(2+x)$; $(x^2+y)(y-x^2)$; $(2x^2+y^2)(-y^2+2x^2)$.

288 📱 **ESEMPIO DIGITALE** $(ab-3)(3+ab)$; $\left(\dfrac{a^2}{2}+1\right)\left(\dfrac{a^2}{2}-1\right)$; $(-x^2-y^3)(-x^2+y^3)$.

289 $(2x+b)(2x-b)$; $(3a+7b)(3a-7b)$; $(1-x)(1+x)$.

290 $(a^4+a^2)(a^2-a^4)$; $(x^2-1)(x^2+1)$; $\left(\dfrac{2}{7}x-\dfrac{1}{3}y\right)\left(\dfrac{2}{7}x+\dfrac{1}{3}y\right)$.

291 $(-4ax-y)(4ax-y)$; $(5p^2q-a)(a+5p^2q)$; $(-b^3-8)(b^3-8)$.

292 $\left(\dfrac{xy}{4}-\dfrac{1}{3}a\right)\left(\dfrac{xy}{4}+\dfrac{1}{3}a\right)$; $\left(-\dfrac{a^4}{2}+5\right)\left(-\dfrac{a^4}{2}-5\right)$; $\left(-a-\dfrac{1}{3}\right)\left(-a+\dfrac{1}{3}\right)$.

293 $(3^{-1}x-2^{-1}y)(3^{-1}x+2^{-1}y)$; $(0,2y^2-2)(0,2y^2+2)$; $(2y^3-0,5y)(2y^3+0,5y)$.

294 $(a^{2n}-b)(a^{2n}+b)$; $(x^n-1)(x^n+1)$.

---

295 📱 **YOU & MATHS** **No blanks, please!** Fill in the blanks.

a. $(5+a)(5-a) = \square^2 - \square^2$;

b. $(x+\square)(\square-1) = x^2-1$;

c. $(b+3)(b-\square) = \square^2-9$;

d. $(-5+\square)(\square-y) = 25-y^2$.

COMPLETA

296 $(5a+2b)(5a\underline{\quad\quad}) = 25a^2-4b^2$

297 $(3a+y)(\underline{\quad\quad}) = y^2-9a^2$

298 $(6x-b)(\underline{\quad\quad}) = b^2-36x^2$

299 $(2a^\square + x^\square)(2a^\square - x^\square) = 4a^6-x^8$

300 $(\underline{\quad}+\underline{\quad})(\underline{\quad}-\underline{\quad}) = a^4-y^6$

301 $(\underline{\quad}-t^3)(\underline{\quad}+\underline{\quad}) = \dfrac{16}{9}-t^\square$

302 $(x+\underline{\quad})\left(\dfrac{1}{4}y\underline{\quad}\right) = \dfrac{1}{16}y^2-x^2$

303 **CACCIA ALL'ERRORE**

$(2a-b)(-2a-b) = -4a^2-b^2$

$(-x-y)(y-x) = y^2-x^2$

$(x^4-4)(x^4+4) = x^{16}-16$

$\left(\dfrac{1}{3}a^3-1\right)\left(\dfrac{1}{3}a^3+1\right) = \dfrac{1}{9}a^9-1$

304 📱 **VERO O FALSO?**

a. $(2a-3b)(3a+2b) = 6a^2-6b^2$ [V] [F]

b. $(8x-1)(1+8x) = 64x^2-1$ [V] [F]

c. $(-2a-1)(1-2a) = -(1-4a^2)$ [V] [F]

d. $(1-x)(1+x)(1+x^2) = 1-x^4$ [V] [F]

e. $\left(4x-\dfrac{1}{2}\right)\left(4x+\dfrac{1}{2}\right) = 4x^2-\dfrac{1}{4}$ [V] [F]

f. $(a-1)(a+1)(a^2-1) = (a^2-1)^2$ [V] [F]

g. $(3y^3-1)(1-3y^3) = 9y^9-1$ [V] [F]

AL VOLO Calcola il valore delle seguenti espressioni.

305 $98 \cdot 102$

(*Suggerimento.*

$98 \cdot 102 = (100 - 2)(100 + 2) = \dots$)

306 $26 \cdot 34$

307 $85 \cdot 75$

308 $109 \cdot 91$

309 $61 \cdot 59$

310 $92^2 - 8^2$

MATEMATICA E STORIA

Polinomi, non solo con i simboli

I simboli dell'algebra hanno solo 400 anni, eppure già il matematico arabo del IX secolo al-Khuwarizmi sapeva come svolgere il quadrato di un binomio.

▸ Problema e risoluzione.
▸ Un esercizio in più.
▸ Attività di ricerca: I simboli: perché proprio nel Seicento?

I due termini non sempre sono monomi

ESEMPIO

Calcoliamo $\left(\frac{1}{2}a - x + y\right)\left(\frac{1}{2}a - x - y\right)$.

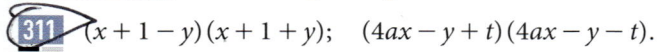

$\left(\frac{1}{2}a - x + y\right)\left(\frac{1}{2}a - x - y\right) = \left[\left(\frac{1}{2}a - x\right) + y\right]\left[\left(\frac{1}{2}a - x\right) - y\right] = \left(\frac{1}{2}a - x\right)^2 - y^2 = \frac{1}{4}a^2 + x^2 - ax - y^2.$

raggruppiamo $(A - B)(A + B) = A^2 - B^2$ calcoliamo il quadrato di binomio

A B A B A^2 B^2

✓ **CHECKER** Calcola i seguenti prodotti.

311 $(x + 1 - y)(x + 1 + y);$ $(4ax - y + t)(4ax - y - t).$ $[x^2 + 2x + 1 - y^2; \ 16a^2x^2 + y^2 - 8axy - t^2]$

312 $(a^2 - 2x - b)(2x + b + a^2);$ $\left(\frac{1}{4}a + b^2 - 1\right)\left(+\frac{1}{4}a - b^2 + 1\right).$ $\left[a^4 - 4x^2 - b^2 - 4xb; \ \frac{1}{16}a^2 - b^4 - 1 + 2b^2\right]$

313 📱 **ESEMPIO DIGITALE** $\left(3z - \frac{1}{2} + b\right)\left(3z - b - \frac{1}{2}\right);$ $(x^3 - 2x^2 + 1)(1 - 2x^2 - x^3).$

314 $(a + b - 9)(a - b + 9);$ $(y^2 - y - 1)(y^2 + y + 1).$ $[a^2 - b^2 - 81 + 18b; \ y^4 - y^2 - 1 - 2y]$

315 $(x + y + z - 1)(x + y - z + 1);$ $(x^4 - x^2 + x - 1)(x^4 + x^2 - x - 1).$

$[x^2 + 2xy + y^2 - z^2 - 1 + 2z; \ x^8 - 3x^4 + 2x^3 - x^2 + 1]$

316 **YOU & MATHS** **Can you simplify this?** Fully simplify $(1 + x)(1 + x^2)(1 + x^4)(1 + x^8)(1 - x).$

[USA Texas A&M University Math Contest, 2012]

✓ **CHECKER** Semplifica le seguenti espressioni ($n \in \mathbb{N}$).

317 $(a - 1)(a + 1)(a^2 + 1)$ $[a^4 - 1]$

318 $(b - 3)(b + 3)(b^2 + 9)$ $[b^4 - 81]$

319 $(x + 2)(x - 2) - x^2 + 4$ $[0]$

320 $(a + 2)(a - 2)(4 + a^2)$ $[a^4 - 16]$

321 $(xy + 4)(xy - 4) + 16 + x^2y^2$ $[2x^2y^2]$

322 $(x+y)(x-y)-(x+2y)(x-2y)$ $[3y^2]$

323 $(2a^2+b)(2a^2-b)(4a^4+b^2);\quad (x^2+4y^2)(x-2y)(x+2y)(x^4+16y^4).$ $[16a^8-b^4;\ x^8-256y^8]$

324 $(-1+ab)(-1-ab)(a^2b^2+1)-(2a^2b^2+3)(3-2a^2b^2)+8$ $[3a^4b^4]$

325 $(2+x)(-x+2)(4+x^2)+(3x-4)(3x+4)-(2x^2+5)(-5+2x^2)$ $[-5x^4+9x^2+25]$

326 $(x+1)(x^4+1)(x^2+1)(x-1)-2\left(x^4-1,\bar{3}\right)-(x^4-1)^2$ $\left[\dfrac{2}{3}\right]$

327 $\{[(x^2-y^2)^2+2x^2y^2](x^4-y^4)+2x^4y^4\}+(x-y)^2(x+y)^2(x^2+y^2)^2$ $[2x^8]$

328 $[(-3y^2-x^2)(x^2-3y^2)]^2-2(1-3x^2y^2)(1+3x^2y^2)-(-x^2)^4$ $[81y^8-2]$

329 $(x-2y)^2(x+2y)^2-(x^2+xy-y^2)(x^2-xy+y^2)+(-3xy)^2-2y(-xy^2+8y^3+x^2y)$ $[y^4]$

330 $a^2(a^2+4)-(1-2a^2)(1+2a^2)-4a^2(a-3)(a+3)-16\left(1-\dfrac{a}{2}\right)^2\left(1+\dfrac{a}{2}\right)^2$ $[48a^2-17]$

331 $(-y+3a)(-y-3a)-\dfrac{1}{3}a(-9a+24)+(a-y+2)(a+y-2)-4(y-1)$ $[-5a^2-8a]$

332 📱 **ESEMPIO DIGITALE** $4a^2+(2ax+3a^3)^2+4a^2\left(x-\dfrac{1}{2}a+1\right)\left(\dfrac{1}{2}a+x-1\right)-3x(-2a^2)^2-a^4(3a-1)(3a+1)$

333 $(x-2)(-x-2)(-x^2-4)(x^4+16)-x^2(x^3-1)(x^3+1)$ $[x^2-256]$

334 $(2a^6-1)(2a^6+1)-2[a^2(a-2)(a+2)+4a^2]^3+(1-a^3)(1+a^3)$ $[2a^{12}-a^6]$

335 $(x^{n+1}+a^n)(x^{n+1}-a^n)+3x^2+x^2(2-x^n)(x^n+2)-(2x-a^n)(2x+a^n)$ $[3x^2]$

CUBO DI UN BINOMIO ➡ Teoria a pagina 228

$(A+B)^3=A^3+3A^2B+3AB^2+B^3$

ESEMPIO

Calcoliamo $\left(\dfrac{2}{3}a-b^2\right)^3$ applicando $(A-B)^3=A^3-3A^2B+3AB^2-B^3$:

$$\left(\dfrac{2}{3}a-b^2\right)^3=\left(\dfrac{2}{3}a\right)^3-3\left(\dfrac{2}{3}a\right)^2(b^2)+3\left(\dfrac{2}{3}a\right)(b^2)^2-(b^2)^3=\dfrac{8}{27}a^3-3\cdot\dfrac{4}{9}a^2b^2+2ab^4-b^6=$$

$$=\dfrac{8}{27}a^3-\dfrac{4}{3}a^2b^2+2ab^4-b^6.$$

✓ **CHECKER** Calcola i seguenti cubi di binomi ($n\in\mathbb{N},\ n>0$).

336 $(a-1)^3;\quad (2-b)^3.$

337 $(2b+1)^3;\quad (2b+5)^3.$

338 $(4-2b)^3;\quad (-3-3b)^3.$

339 $(-2x+y)^3;\quad (xy+1)^3.$

340 $(a+3)^3;\quad (2+x)^3.$

341 $\left(3a^2b^2-\dfrac{1}{3}\right)^3;\quad (1-y)^3.$

342 $(2m-1)^3;\quad \left(\dfrac{1}{3}p-t\right)^3.$

343 $(xy+x)^3;\quad (0,\bar{3}-3a^2)^3.$

344 📱 **ESEMPIO DIGITALE** $(p^2-q)^3;\quad (3x^2y+2xy^2)^3.$

345 $(-ab^3+1)^3;\quad (-2+y^3)^3.$

346 $(a^n+a^{n+1})^3;\quad (1-x^n)^3$

347 $(3^n-3)^3;\quad (2^n-2^{2n})^3$

COMPLETA i seguenti cubi di binomi.

348 $(\underline{\qquad})^3 = 8x^3 + 12x^2 + 6x + 1$

349 $(\underline{\qquad})^3 = a^3 - 9a^2 + 27a - 27$

350 $(\underline{\qquad})^3 = a^6 - \underline{\qquad} + 3a^2 - 1$

351 $(\underline{\qquad})^3 = 8 - 12x^2 + \underline{\qquad} - x^6$

352 $(\underline{\qquad})^3 = \underline{\qquad} - 12b^2 + 6b - 1$

353 $(\underline{\qquad})^3 = 125 - 75y^2 + \underline{\qquad} - y^6$

354 $(\underline{\qquad})^3 = a^3b^3 - \underline{\qquad} + \underline{\qquad} - 1$

355 $(\underline{\qquad})^3 = 1 - \underline{\qquad} + \underline{\qquad} - 64b^6$

356 $(\underline{\qquad})^3 = a^6 + 3a^4b^2 + b^6 + \underline{\qquad}$

357 $(\underline{\qquad})^3 = 1 - 3x^4 + 3x^8 - \underline{\qquad}$

358 $(\underline{\qquad})^3 = 8a^3x^3 - 12a^2x^2 + \underline{\qquad} - \underline{\qquad}$

359 $(\underline{\qquad})^3 = \underline{\qquad} + 3b^3 + 3b^6 + \underline{\qquad}$

360 $\left(\dfrac{2}{3}x - \underline{\qquad}\right)^3 = \underline{\qquad} - 4x^2 + \underline{\qquad} - \underline{\qquad}$

361 $(2b^2 + \underline{\qquad})^3 = \underline{\qquad} + \underline{\qquad} + \underline{\qquad} + \dfrac{1}{27}$

362 $(\underline{\qquad})^3 = \underline{\qquad} - y^2 + \underline{\qquad} - 27$

363 $(\underline{\qquad} - 1)^3 = \underline{\qquad} - 12a^2 + \underline{\qquad} - 1$

AL VOLO Calcola nel modo più rapido le seguenti espressioni.

364 $(2a - 1)^3(2a + 1)^3$

365 $\left(1 + \dfrac{1}{3}b\right)^3\left(1 - \dfrac{1}{3}b\right)^3$

366 $(x - 1)^3(x + 1)^3(x^2 + 1)^3$

367 $(x - y)^3(x + y)^3(x^2 + y^2)^3$

✓ **CHECKER** Semplifica le seguenti espressioni.

368 $(a + b)^3 - (a - b)^3 - 6b(a - b)^2 - 12b^2(a - b)$ $\qquad [8b^3]$

369 $(a^2 + b^2)^3 - (a^3 - b^3)^2 + 4a^3b^3 - 3a^2b^2(a + b)^2$ $\qquad [0]$

370 $(a + b)^3 - (a - b)^3 - 2b[(a + b)^2 + (a + b)(a - b) + (a - b)^2]$ $\qquad [0]$

371 $(3 - x)^3 - 2x(x - 3)(9 + x) - (x + 3)^3 + (-2x)^2(x + 2)$ $\qquad [-4x^2]$

372 $9[(x - y)^3 - xy^2] - (x - 2y)^3 - (2x - y)^3$ $\qquad [-9x^2y]$

373 $(a + 2b)^3 - (-2b + a)^3 - 3b(-2a)^2 + (-2b)^3$ $\qquad [8b^3]$

374 $(1 - y)^3(1 + y)^3 + (1 + y^2)^3 + (-y^2)^3 : \left(\dfrac{1}{6}y^2\right) + \dfrac{1}{2}(3y - 4)$ $\qquad \left[\dfrac{3}{2}y\right]$

375 📱 **TEST** $[(a + b)^3 - (a - b)^3 - 2b^3]^2 =$

   A 0   B $4b^3$ C $36a^4b^2$ D $36a^2b^2 + 4b^6 - 24ab^4$

376 📱 **TEST** Dati due numeri, a e b, se si sottrae al cubo della loro somma il triplo prodotto tra il loro prodotto e la loro somma, qual è il risultato?

   A $a^3 + b^3$ B $a^3 - b^3$ C $(a - b)^3$ D $a^3 - 2a^2b - 2ab^2 + b^3$

QUADRATO DI UN TRINOMIO → Teoria a pagina 228

$$(A + B + C)^2 = A^2 + B^2 + C^2 + 2AB + 2AC + 2BC$$

ESEMPIO

Calcoliamo $\left(\frac{1}{2}a + b - ab\right)^2$ applicando $(A + B + C)^2 = A^2 + B^2 + C^2 + 2AB + 2AC + 2BC$:

$$\left(\frac{1}{2}a + b - ab\right)^2 = \left(\frac{1}{2}a\right)^2 + (b)^2 + (-ab)^2 + 2 \cdot \frac{1}{2}ab + 2 \cdot \frac{1}{2}a(-ab) + 2b(-ab) =$$

$$= \frac{1}{4}a^2 + b^2 + a^2b^2 + ab - a^2b - 2ab^2.$$

✓ **CHECKER** **Calcola i seguenti quadrati di trinomi.**

377 $(2x + 1 - y)^2$; $(x + 3 + y)^2$.

378 $(2 - a - b)^2$; $(a + 2 + 2b)^2$.

379 $(2x + 1 + 2y)^2$; $(3x - 2 + 3y)^2$.

380 $(5y - 2x - 1)^2$; $(x + 6 + 3y)^2$.

381 $(-4a + 3 + 2b)^2$; $(3a + 2 - 2b)^2$.

382 $(-7 + 6x - y)^2$; $(4x + 8 - 3y)^2$.

383 $(4a - b - ab)^2$; $(2 + x + xy)^2$.

384 $(3x + y + z)^2$; $(4a + 2 + 3x)^2$.

385 $(a - 2b + 4)^2$; $(2 - x - 6ay)^2$.

386 📱 **ESEMPIO DIGITALE** $(x^2 + x + 2)^2$; $\left(a^2 - \frac{3}{2}y + b^2\right)^2$.

387 $\left(\frac{5}{2}xy + x - 7y^2\right)^2$; $\left(3 - 4b + \frac{3}{2}b^2\right)^2$.

388 $(2a^2 - ab + b^2)^2$; $(3x + y - 5x^2y)^2$.

389 $(a^3 - a^2 - a)^2$; $(2x - y^3 + 4c^2)^2$.

390 $(-3 - x^3 - y^3)^2$; $\left(\frac{2}{3}a + \frac{3}{2}b - 3\right)^2$.

COMPLETA **i seguenti quadrati di trinomi.**

391 $(\underline{\quad} + \underline{\quad} + \underline{\quad})^2 = 9x^2 + y^2 + 1 + 6xy + 6x + 2y$

392 $(\underline{\quad} + \underline{\quad} + \underline{\quad})^2 = a^2 + 4b^2 + 4 + 4ab + 4a + 8b$

393 $(2a + \underline{\quad} + 1)^2 = \underline{\quad} + \underline{\quad} + 1 + 8ab + \underline{\quad} + 4b$

394 $(\underline{\quad} - 3y + 2z)^2 = \underline{\quad} + 9y^2 + 4z^2 - \underline{\quad} + 4xz - \underline{\quad}$

395 $(\underline{\quad} + 2b + \underline{\quad})^2 = 9a^2 + \underline{\quad} + \underline{\quad} + 12ab + 18a + \underline{\quad}$

396 $(\underline{\quad} - 4y + \underline{\quad})^2 = \underline{\quad} + 16y^2 + \underline{\quad} - 16xy + 4xz - 8yz$

397 $(x^4 + x^2 + \underline{\quad})^2 = \underline{\quad} + \underline{\quad} + \underline{\quad} + \underline{\quad} + 2x^4 + 2x^2$

398 $(\underline{\quad} + \underline{\quad} + \underline{\quad})^2 = \frac{1}{4}a^2 + b^2 + 4 + \underline{\quad} + \underline{\quad} + \underline{\quad}$

399 $(3x^3 + \underline{\quad} - \underline{\quad})^2 = 9x^6 + \underline{\quad} + 16 + 12x^3y - \underline{\quad} - \underline{\quad}$

400 $\left(\underline{\quad} - \underline{\quad} + \frac{1}{2}\right)^2 = 4x^2 + \underline{\quad} + \underline{\quad} - 20xy + 2x - \underline{\quad}$

✓ **CHECKER** Semplifica le seguenti espressioni.

401 $(2a + ab + 3b^2)^2 - a(3ab + 4b^2) - ab(a + ab + 8b + 6b^2)$ $[4a^2 + 9b^4]$

402 $(a^3 + 2ax + x^3)^2 - (x^3 - a^3 + 2ax)^2 - (2a)^3 \left(ax + \dfrac{1}{4}\right)$ $[4a^3x^3 - 2a^3]$

403 $\left(\dfrac{1}{2}a^2 + x^2 - x\right)^2 - (x - x^2 - a^2)^2 - a^2\left[x(1 - x) + \dfrac{1}{4}a^2\right]$ $[-a^4]$

404 $(a - x - y)(x + y - a) + (x - y - a)^2 + 4y(x - a)$ $[0]$

405 $(3x - 2y + 1)^2 + (2x - y + 2)(-2 + y - 2x) - x(5x - 8y - 2)$ $[3y^2 - 3]$

406 ☐ **TEST** $(a + b - c)^2 - (a + b)^2 - (b - c)^2 =$

A $a^2 + b^2 - 2bc$ B $-b^2 - 2ac$ C $b^2 + 2ac$ D $-a^2$

Espressioni con i prodotti notevoli

✓ **CHECKER** Semplifica le seguenti espressioni ($n, m \in \mathbb{N}$).

407 $2(x + 2)(x - 2) - (x - 2)^2 + x(2 - x)$ $[-12 + 6x]$

408 $(3 - a)(-a - 3) - (a + 3)^2 + 3(2a - 6)$ $[-36]$

409 $(x - 8)^2 - (x - 2)^3 - 8(9 + x^2) + x^2(x - 1)$ $[-28x - 2x^2]$

410 $(x - 1)^3 + (x - 1)^2 + x(2x - 1)$ $[x^3]$

411 $4(a + b)(a - b) + (2a + 2b - 1)^2 - 4(2a^2 + 2ab + b)$ $[1 - 4a - 8b]$

412 $(4x - 1)(4x + 1) - (4x + 1 - y)^2 + (y - 1)^2 + 8x(1 - y)$ $[-1]$

413 $(a + 3b)^2 + (b - a)(b + a) - 5b(2b - a)$ $[11ab]$

414 $(x + y - 2)^2 - (x + 2)^2 - (y - 2)^2 + 4(2x + 2)$ $[2xy + 4]$

415 $(2x + y)^3 - 8x(x - 1)(x + 1) - y(12x^2 + y^2)$ $[6xy^2 + 8x]$

416 $(a + 2b)^2 - a(a + 4b) - (2b - 1)^2$ $[4b - 1]$

417 $\dfrac{1}{2}x(3 - x) + 3(x + 1)(x - 1) - x(x - 1)^2 + (x - 1)^3 - \dfrac{1}{2}(7x - 8)$ $\left[\dfrac{3}{2}x^2\right]$

418 $\left\{\dfrac{1}{4}\left[(2x - y)^2 + (x - 2y)^2 - (x + y)^2 + 10xy\right]\right\}^3 - 3x^2y^2(x^2 + y^2)$ $[x^6 + y^6]$

419 $a^3(1 - a) + (1 + a)^3 - 3(2 - a)^2 + (a + 3)(a - 3) + (a + 1 - a^2)^2$ $[17a - 19]$

420 $(a - b)^3 + (a + b)^3 + 3(a + b)(a - b)^2 + 3(a - b)(a + b)^2$ $[8a^3]$

421 $[(-x + y)^2 - (x + y)^2][(-x + y)^2 + (-x + y)(x + y) + (x + y)^2] + 12xy^3$ $[-4x^3y]$

NON TORNA

422 $(x-y)^3 + (y-z)^3 + (z-x)^3 - 3(x-y)(y-z)(z-x) - (-2x)^3$ $\qquad [8x^3]$

423 $[(3a-2b)^2 - (3a+b)(3a-b)]^2 + 12ab^2(10b-2a)$ $\qquad [120a^2b^2 + 25b^4]$

424 $(x+2y)^2 + (3x-y)^2 - (x+2y)(x-2y) - (3x+3y+1)^2 + 6(x+y)$ $\qquad [-20xy-1]$

425 $(2a+b)^2 - (2a-b)^2 + 7a^2 + b^2 - 4(a+b)^2 + 3(-b-a-2)(a-b-2) - 12b$ $\qquad [12]$

426 $1 + (3x+2a)^2 + (3x+2a)(3x-2a) - (1+3x+a)^2 + 2(3x+a) - (3x)^2$ $\qquad [6ax - a^2]$

427 $\left(\dfrac{a}{2} - b\right)\left(b + \dfrac{a}{2}\right) + b^2 - (a-2)(a+2) - \left(4 - \dfrac{11}{4}a^2\right) - \dfrac{1}{2}\left(2a - \dfrac{1}{4}\right)^2 + 2^{-5}$ $\qquad \left[\dfrac{1}{2}a\right]$

428 $(x-y)^3 - 3(x-y)^2(x+y) + 3(x-y)(x+y)^2 - (x+y)^3 - (-2x^2y)^3 : (-2^{-1}x^3)^2$ $\qquad [24y^3]$

429 $(3xy+y^2)(3xy-y^2) - [(x-3y)(x+y) - x^2]^2 - 6y^2(x-y)^2$ $\qquad [-x^2y^2 - 16y^4]$

430 $\left(a^2 - \dfrac{1}{3}ab\right)\left(\dfrac{1}{3}ab + a^2\right) - \left(\dfrac{1}{3}a^2 - ab\right)^2 + \dfrac{1}{9}a^2(10b^2 + a^2)$ $\qquad \left[a^4 + \dfrac{2}{3}a^3b\right]$

431 $\dfrac{-2^4(-2)^5}{-2^7}\left(2b^2 + \dfrac{a^4}{2}\right)^2 + [(a^2-2b)(a^2+2b) - 3a^2b][(a^2+2b)^2 - b(8b+a^2)]$ $\qquad [-25a^4b^2]$

432 $\left[\left(\dfrac{1}{2}b + x\right)\left(\dfrac{1}{2}b - x\right)\right]^2 + \left(\dfrac{1}{2}b^2 + x^2\right)\left(\dfrac{1}{2}b^2 - x^2\right) - 20\left(-\dfrac{1}{2}b\right)^6 : (-b)^2$ $\qquad \left[-\dfrac{1}{2}b^2x^2\right]$

433 $(5a-b)^2 + (5a-b)(b+5a) - (b+5a)^2 + 5(a+b)^2 - 5(a-b)^2$ $\qquad [25a^2 - b^2]$

434 $y^6 + (x^2-y^2)^3 - (x^3-y^3)^2 + 2y^3(y^3-x^3) - 3(-xy)^2(y-x)(x+y)$ $\qquad [y^6]$

435 $\{[(x^n-y^n)(-x^n-y^n) - (x^n+y^n)^2]x^n - 2(-x^n)^3\} : \left(-\dfrac{1}{2}x^{2n}\right)$, con $n > 0$. $\qquad [4y^n]$

PROBLEMI E POLINOMI

Parole ed espressioni

Trasforma le seguenti frasi in espressioni algebriche ed esegui i calcoli.

436 Dato un numero a, alla differenza tra il cubo del suo successivo e il cubo del suo precedente sottrai 2. $\qquad [6a^2]$

437 Aggiungi al prodotto della somma di due numeri a e b per la loro differenza il doppio del quadrato dell'opposto di b. $\qquad [a^2 + b^2]$

438 Alla differenza dei cubi di due numeri x e y sottrai il cubo della differenza e al risultato aggiungi il triplo prodotto dei due numeri moltiplicato per la loro somma. $\qquad [6x^2y]$

439 Verifica che, se al quadrato della somma di due numeri si sottrae il quadrato della differenza, si ottiene il quadruplo del prodotto dei due numeri.

440 **INVALSI 2005** Quale delle seguenti relazioni algebriche può essere descritta con la frase: *Il cubo di un numero, aumentato di 2, è uguale al quadrato della differenza tra lo stesso numero e 2*?

A $x^3 + 2 = (x-2)^2$

B $(x+2)^3 = x^2 - 2$

C $(x+2)^3 = (x-2)^2$

D $x^3 + 2 = x^2 - 2$

Problemi geometrici

Calcola il perimetro e l'area delle figure esprimendo il risultato con un polinomio ridotto a forma normale.

441
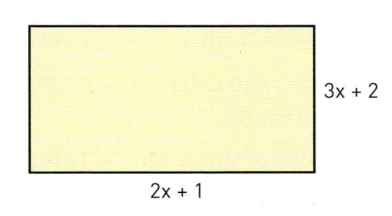
3x + 2
2x + 1

442
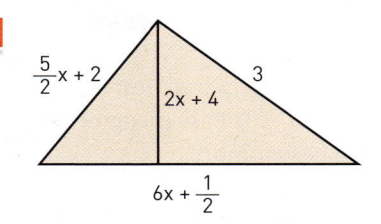
$\frac{5}{2}x + 2$
2x + 4
3
$6x + \frac{1}{2}$

443 **YOU & MATHS** **School overview** The figure represents an overview of a school with a courtyard. Write and simplify an expression for the area of the courtyard.

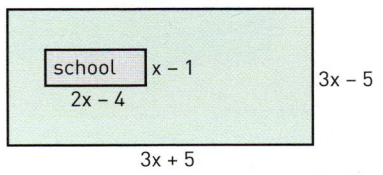
school
x − 1
2x − 4
3x − 5
3x + 5

$[7x^2 + 6x - 29]$

444 **INVALSI 2007** In un triangolo rettangolo un cateto supera l'altro di 3 cm. Indicando con x la misura in centimetri del cateto minore, quale tra le seguenti espressioni rappresenta l'area del triangolo?

A $x \cdot (x + 3)$

B $\dfrac{x + (x + 3)}{2}$

C $\dfrac{x \cdot (x + 3)}{2}$

D $x \cdot (x - 3)$

445 In un rettangolo la base supera di $\frac{1}{2}$ il quadruplo dell'altezza, che misura h. Trova il perimetro e l'area in funzione di h.

$\left[10h + 1; \ \frac{1}{2}h + 4h^2\right]$

446 **ESEMPIO DIGITALE** Un triangolo rettangolo ha i cateti che misurano $5a$ e $2a + 1$. Se si aumenta il primo di $3a + 2$ e si diminuisce il secondo di a, qual è la differenza tra la seconda e la prima area?

$\left[-a^2 + \frac{5}{2}a + 1\right]$

447 Il lato di un quadrato che misura $a + 2$ viene aumentato di $2a + 1$. Esprimi con un polinomio ridotto di quanto aumentano il perimetro e l'area.

$[8a + 4; \ 8a^2 + 14a + 5]$

448 **EDUCAZIONE FINANZIARIA** **Adesso chi paga?** Una vetrata si è rotta. Trova l'area della finestra in funzione di a; calcola il suo valore per $a = 1{,}5$ dm. Quanto si spende a sostituire il vetro se il costo è € 28 al m² ($\pi \simeq 3{,}14$) e se puoi comprare solo mattonelle di 1 m²?

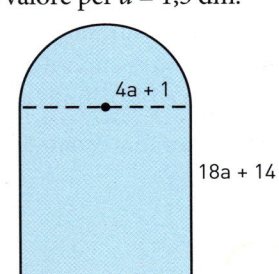
4a + 1
18a + 14

$\left[(144 + 8\pi)a^2 + (148 + 4\pi)a + 28 + \frac{\pi}{2}; \ \left(574 + \frac{49}{2}\pi\right)\text{dm}^2; \ € \ 196\right]$

Trova l'area delle zone colorate nelle seguenti figure esprimendole come polinomi ridotti.

449

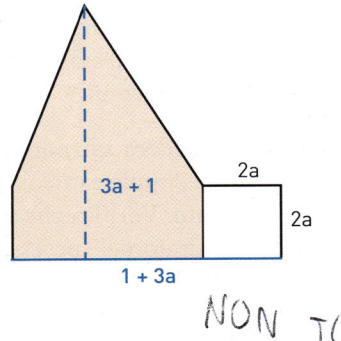
3a + 1
2a
2a
1 + 3a

$\left[\frac{5}{2}a^2 + 3a + \frac{1}{2}\right]$

450

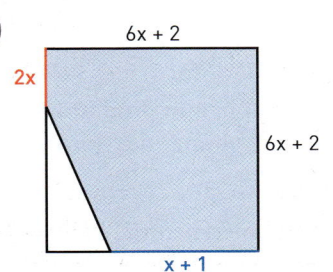
6x + 2
2x
6x + 2
x + 1

$[26x^2 + 17x + 3]$

NON TORNA

451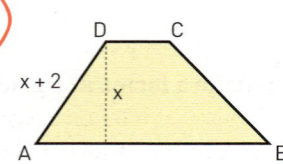

Nel trapezio in figura la base minore è la metà del lato obliquo AD e la base maggiore supera di 2 il triplo della base minore.

a. Trova l'area A del trapezio in funzione di x.

b. Se $x = 8$, quanto vale A?

[a) $x^2 + 3x$; b) 88]

452 Dimostra che il triangolo i cui lati misurano $x + \dfrac{3}{2}$, $\dfrac{4}{3}x + 2$, $\dfrac{5}{3}x + \dfrac{5}{2}$, con $x \geq 0$, è rettangolo.

(*Suggerimento*. Verifica che vale il teorema di Pitagora.)

453 Un triangolo ha i lati che misurano $x^2 - y^2$, $x^2 + y^2$, $2xy$, con $x, y > 0$ e $x > y$. Dimostra che è rettangolo. Sostituendo a x e y valori numerici trova tre terne pitagoriche primitive.

454 Un parallelepipedo rettangolo ha le dimensioni che misurano $x + 1$, $2x + 1$, $x + 3$, con $x \geq 0$. Trova la superficie totale e il volume in funzione di x ed esprimili come polinomi ridotti. Che valori assumono quando $x = 1$ cm e quando $x = \dfrac{1}{2}$ cm?

$$\left[\begin{array}{l} S(x) = 10x^2 + 28x + 14; \ V(x) = 2x^3 + 9x^2 + 10x + 3; \\ S(1) = 52 \ \text{cm}^2, \ V(1) = 24 \ \text{cm}^3; \\ S\left(\dfrac{1}{2}\right) = \dfrac{61}{2} \ \text{cm}^2, \ V\left(\dfrac{1}{2}\right) = \dfrac{21}{2} \ \text{cm}^3 \end{array} \right]$$

455 **EDUCAZIONE FINANZIARIA** **Vacanze in cornice**

Laura vuole inserire una foto scattata in vacanza in una cornice di legno larga x.

a. Trova l'area della cornice in funzione di x.

b. Se $x = 5$ cm e il costo della cornice è di € 4,5 al dm^2, quanto spende?

c. Dato che la foto è molto nitida, Laura pensa di farla ingrandire raddoppiandone le dimensioni. Se usa lo stesso tipo di cornice la spesa relativa raddoppia rispetto alla precedente?

[a) $A(x) = 4x^2 + 120x$; b) € 31,50; c) no]

456 **ESEMPIO DIGITALE** In un parallelepipedo rettangolo uno spigolo di base misura $2a + 4$, l'altro spigolo supera di 1 la metà del primo e l'altezza è la somma dei due spigoli di base.
Trova il volume $V(a)$ ed esprimilo come polinomio ridotto.
Calcola $V(a)$ per $a = 0$ e per $a = 1$.

[$V(a) = 6a^3 + 44a^2 + 106a + 84$; $V(0) = 84$, $V(1) = 240$]

457 Le dimensioni di un parallelepipedo rettangolo misurano $2a + 1$, $4a$, $a - 2$, con $a > 2$. Se ciascuna di esse viene aumentata di 2, di quanto aumentano la superficie e il volume del parallelepipedo? Esprimi il risultato con polinomi ridotti.

[$56a + 16$; $28a^2 + 14a$]

Problemi numerici

458 Verifica che, se si somma a un numero naturale di due cifre il numero ottenuto scambiando la cifra delle unità con quella delle decine, si ottiene sempre un multiplo di 11.

459 Due numeri naturali hanno prodotto 84 e somma 19. Trova la somma dei loro quadrati.

[193]

460 La somma di due numeri naturali è 27 e quella dei loro quadrati è 369. Trova il loro prodotto.

[180]

461 Dimostra che il prodotto di due numeri dispari è dispari, mentre la somma è un numero pari.

462 Aggiungi al prodotto di tre numeri naturali consecutivi il numero intermedio. Cosa trovi? Verifica la proprietà con alcuni esempi.

463 **ESEMPIO DIGITALE** Considera un numero naturale x, aggiungi 2 al suo doppio e calcola il quadrato del numero ottenuto. Verifica che si ottiene il quadruplo del quadrato del successivo del numero x.

Problemi INTORNO A NOI ed EDUCAZIONE FINANZIARIA

464 **Tazze e bicchieri** Un'azienda produce bicchieri e tazze di plastica e sostiene, mensilmente, i costi indicati in figura. Considera il mese di 30 giorni commerciali, indica con y la spesa giornaliera complessiva e con x il numero di oggetti prodotti in un giorno. Scrivi il polinomio che esprime y.

€ 1200 spesa fissa mensile
€ 0,10 a pezzo prodotto

$$[y = 0,10x + 40]$$

465 **A ciascuno il suo** Una somma di $10x$ euro viene divisa fra tre amici: il primo riceve x euro e il secondo ottiene una quota che supera di $4a$ i $\frac{3}{5}$ della prima. Quanto riceve il terzo? Se $x = 100$ e $a = 50$, quali sono le tre quote?

$$\left[\frac{42}{5}x - 4a; 100, 260, 640\right]$$

466 **Cuscinetti** Un'azienda che produce cuscinetti deve affrontare i costi mensili indicati in figura.

a. Indicata con y la spesa mensile complessiva e con x il numero di dipendenti, scrivi il polinomio che descrive y.

b. Quanto spende in un anno l'azienda se ha 20 dipendenti?

per ogni dipendente:
€ 1200
per acqua e luce:
€ 1500

$$[a) y = 1200x + 1500; b) € 306\,000]$$

467 EUREKA! **A gradoni** Una piramide a gradoni è formata da n parallelepipedi rettangoli a base quadrata sovrapposti, ciascuno alto 1 metro. Il primo gradone ha spigolo di base n metri, il secondo di $(n-1)$ metri e così via fino all'ultimo, che è un cubo di spigolo 1 metro. Esprimi come polinomio ridotto la superficie esterna totale della piramide (esclusa la faccia della base che poggia sul terreno).

$\left(Suggerimento. \text{ La somma dei primi } n \text{ numeri naturali positivi è } \frac{n(n+1)}{2}.\right)$ $[3n^2 + 2n]$

468 **Quante ruote?** In un parcheggio sono presenti automobili, biciclette, scooter. Si contano 15 biciclette in più rispetto agli scooter, mentre le auto sono il triplo delle biciclette. Indicando con x il numero degli scooter, quante ruote si hanno in tutto? $[210 + 16x]$

469 EUREKA! **Ricavo e contributi** Una ditta produce e vende automobili. Il ricavo realizzato dalla vendita di ciascuna automobile è di € 6000, al quale si aggiunge un contributo statale per ogni automobile venduta pari a € $\frac{x}{100}$, dove x è il numero di automobili vendute in un anno.

a. Qual è, in media, il ricavo mensile totale della ditta? Esprimilo sotto forma di polinomio.

b. Di quanto aumenterebbe tale ricavo medio mensile se si vendesse un'automobile in più nel corso dell'anno?

$\left[a) \frac{1}{1200}x^2 + 500x; b) \frac{1}{600}x + \frac{600\,001}{1200}\right]$

470 **Aumenti** In una impresa di costruzioni lavorano n dipendenti con uno stipendio medio mensile di € 1300. Il consiglio di amministrazione decide di incrementare il personale del 4% e inoltre aumenta lo stipendio del 2% a tutti. Scrivi in funzione di n l'aumento di spesa annuale sostenuto dall'azienda. $[948,48n]$

VERIFICA DELLE COMPETENZE ALLENAMENTO

▶ Competenza **1** (abilità **2, 3**)

1 📱 **VERO O FALSO?** Il polinomio

$P(x; y) = x^6 - 6x^4y^2 + 12x^2y^4 - 8y^6$:

a. è il cubo di $x^2 - 2y^2$.   V F

b. è omogeneo.   V F

c. è completo rispetto a x.   V F

d. è ordinato rispetto a y.   V F

e. è tale che $P(2; -1) = 8$.   V F

f. ha grado 6.   V F

2 Se $A = x^2 - \dfrac{1}{2}$, calcola e semplifica l'espressione

$$\frac{1}{4} + A^2 - 2A^3 - 2A^2(1 - A). \qquad [-x^4 + x^2]$$

3 Dati $P(x) = -\dfrac{x^2}{2} + x$ e $R(x) = x^3 - 2x + 3$, verifica se $P(-2) < R(1)$.
Calcola $2P(x) + R(x) + R(-x) - 2R(0)$.
$$[\text{vero}; -x^2 + 2x]$$

4 Considera il polinomio $P(x) = 2 - x + x^2$.
Calcola $P(a) + P(2) - P(a - 1)$. $\qquad [2a + 2]$

✓ **CHECKER** **Semplifica le seguenti espressioni.**

5 $\left(\dfrac{2}{3}x^2 - \dfrac{3}{4}xy\right)^2$; $\left(2a - \dfrac{1}{5}b^2 - 3\right)\left(\dfrac{1}{5}b^2 - 3 + 2a\right)$; $\left(-y^4 - \dfrac{1}{3}a^3\right)^3$; $\left(-a - x + \dfrac{1}{2}\right)^2$.

6 $(-2b)^2 + \left(2a - 3b + \dfrac{1}{2}\right)^2 - \left(\dfrac{1}{2}a + 3b\right)^2 - [-(a - 2b)(a + 2b)] + 3b(5a + 1) - \dfrac{1}{4}$ $\qquad \left[\dfrac{19}{4}a^2 + 2a\right]$

7 $8a^2b(2b + 1) - (1 + 4ab + a)^2 + (3a - 2b)^2 - 4b(b - 5a) - (3a - 1)(3a + 1)$ $\qquad [-a^2 - 2a]$

8 $4\left[\left(x - \dfrac{1}{2}\right)^2 + x - \dfrac{1}{4}\right]^4 : (-x)^7 - 8y^3 + (x + 2y)^3 - x(x + 3y)^2 + 3x(y + 1)(1 - y)$ $\qquad [-x]$

9 $a^2\left(a^2 + 2 + \dfrac{7}{9}x^2\right) - \left[\left(\dfrac{2}{3}x - \dfrac{1}{2}\right)\left(\dfrac{1}{2} + \dfrac{2}{3}x\right) - \left(a - \dfrac{2}{3}x\right)^2 - \dfrac{3}{4}\right]^2 - \left(ax - \dfrac{1}{3}\right)^3 + a^3x\left(x^2 - \dfrac{8}{3}\right)$ $\quad \left[\dfrac{7}{3}ax - \dfrac{26}{27}\right]$

10 $7 - (5x - 1)(5x + 1) + (1 + x)^2 - (x - 2x^2 + 1)^2 - (2 - x^2)^3 - 2x^3(2 - 5x)$ $\qquad [-9x^2 + x^6]$

11 $\left(\dfrac{1}{2} + 2a - a^3\right)^2 + (2a^2 - 1)^2 + (1 - a^2)^3 - 3a^2(a - 1)(a + 1) + (-a)(2 - a^2)$ $\qquad \left[\dfrac{9}{4}\right]$

12 $\left[(2a + b)(b - 2a) - (a + 3b)^2 + 8b\left(\dfrac{3}{4}a + b\right) - (1 + 2a)(1 - 2a)\right]^3 + 3a^2(1 + a^2)$ $\qquad [-a^6 - 1]$

13 $(x - 2)^3 - x(x + 2)^2 + x^2(x - 2) - (x + 2)(x - 2)(x + 1)$ $\qquad [-13x^2 + 12x - 4]$

▶ Competenza **3** (abilità **1, 2**)

14 Dimostra che la differenza dei quadrati di due numeri dispari consecutivi è sempre un multiplo di 8, mentre quella dei quadrati di due numeri pari consecutivi è sempre un multiplo di 4.

15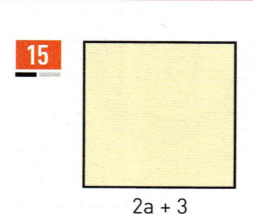

2a + 3

Se si trasforma il quadrato della figura in un rettangolo, aumentando la base di $a + 1$ e diminuendo l'altezza di $a + 1$, l'area resta uguale? E il perimetro?

VERIFICA DELLE COMPETENZE PROVE

 **PROVA A** (10 esercizi)   **PROVA B** (10 esercizi)   🕐 **IN MEZZ'ORA**

PROVA C ▶ Competenze **1, 3**   🕐 **IN UN'ORA**

1 Semplifica le espressioni:

    a. $(x - 4a)(a + x) + x(3a - x) - (-2a)^3$;

    b. $b - b\left(3b^2 - \dfrac{1}{4}y^2\right) - (b + 2)(1 - 3b^2) - 2b(3b - y^2)$.

2 Dati i polinomi $P(x) = x^4 - \dfrac{x}{2} + 1$ e $Q(x) = 3x^3 - 4x$, calcola:

    a. $P(2) - \dfrac{1}{4}Q(x) - Q(2)$;   **b.** $Q(-2) \cdot P\left(-\dfrac{1}{2}\right)$.

3 Calcola le espressioni applicando le regole dei prodotti notevoli.

    a. $\left(2x - \dfrac{1}{4}y\right)^2$;   **b.** $(a - 2x)(2x + a)$;   **c.** $(b + y - 2)^2$;   **d.** $(x - 3y)^3$.

Semplifica le espressioni applicando, se possibile, le regole dei prodotti notevoli.

4 $(2ax - 3)^2 + 4ax(3 - x) + \left(x - \dfrac{3}{2}\right)\left(x + \dfrac{3}{2}\right) - x^2(2a - 1)^2$

5 $\left(\dfrac{2}{3} - by\right)^2 + \left(by - \dfrac{1}{3}\right)^3 - by[(by - 2)(by + 2) + 3] + 3\left(\dfrac{4}{9} - by\right)\left(by + \dfrac{4}{9}\right)$

6 Verifica che, se sottrai 3 al triplo di un numero naturale n e moltiplichi il risultato per il successivo di n, ottieni il triplo del precedente del quadrato di n.

PROVA D ▶ Competenze **1, 3, 4**   🕐 **IN UN'ORA**

L'operatore più conveniente

Devi scegliere il piano tariffario per il tuo cellulare. Cercando in Internet, trovi le seguenti offerte fornite da un noto operatore del mercato.

- La tariffa TELE SEMPLICE propone un costo di 23 centesimi/min, senza scatto alla risposta e con tariffazione al secondo, 10 centesimi per ogni SMS e possibilità di utilizzare Internet senza limiti a € 3 alla settimana.
- La tariffa TELE12 propone un costo di 12 centesimi/min, con scatto alla risposta di 16 centesimi e tariffazione ogni 30 secondi, 12 centesimi per ogni SMS e possibilità di utilizzare Internet senza limiti a € 12 al mese.

a. Considerando la tariffa TELE SEMPLICE, scrivi un'espressione letterale che ti permetta di calcolare la tua spesa mensile, indicando con a il numero delle telefonate che effettui mediamente ogni giorno, con b la durata media in secondi della telefonata, con c il numero di SMS che invii mediamente in un giorno.

b. Calcola quanto spenderesti mensilmente con la tariffa TELE SEMPLICE, considerando che effettui in media 2 telefonate al giorno, ciascuna di 3 minuti e 10 secondi, e invii 7 SMS.

c. Valuta se ti conviene di più la tariffa TELE SEMPLICE o la TELE12.

d. Mostra come imposteresti un foglio elettronico per rispondere ai quesiti precedenti.

9 EQUAZIONI LINEARI

1. CHE COS'È UN'EQUAZIONE

→ Esercizi a pagina **266**

Identità

Per semplificare le espressioni letterali ci serviamo di uguaglianze che sono vere per qualsiasi valore numerico sostituito alle lettere.

▶ $(a+1)(a-1) = a^2 - 1$

è un'uguaglianza vera per qualsiasi valore attribuito ad a.
Quando *affermiamo* la validità di un'uguaglianza di questo tipo, scriviamo una *identità*.

DEFINIZIONE		ESEMPIO
Un'**identità** è un'uguaglianza fra due espressioni letterali vera per qualsiasi valore attribuito alle lettere.	$(a+b)^2 = a^2 + 2ab + b^2 \quad \forall a, b \in \mathbb{R}$ è un'identità	

Chiamiamo **primo membro** l'espressione a sinistra del segno $=$, **secondo membro** quella a destra.

Di solito sottintendiamo che l'insieme numerico in cui consideriamo vera un'identità è $\mathbb{R}$, privato eventualmente dei valori per cui le espressioni letterali non hanno significato. In questo caso, dobbiamo scivere le **condizioni di esistenza** (C.E.).

$$\text{primo membro} \quad \text{secondo membro}$$
$$a(b+c) = ab + ac$$
$$\forall a, b, c \in \mathbb{R}$$

▶ $\dfrac{1}{a} + \dfrac{1}{a} = \dfrac{2}{a}$ è un'identità con C.E.: $a \neq 0$.

Equazioni

Usiamo le uguaglianze fra espressioni letterali anche in un modo diverso.

▶ Se ci *chiediamo* quando l'uguaglianza

$a^2 - 1 = 8$

è vera, stiamo proponendoci di risolvere un'*equazione*.

> An **equation** is an equality between two expressions (called *terms*) containing letters, which can be true for certain numbers substituted to the letters.

DEFINIZIONE		ESEMPIO
Un'**equazione** è un'uguaglianza fra due espressioni letterali per la quale ci chiediamo se esistono valori che, sostituiti a una o più lettere, la rendono vera.	Per quali valori di a, $(a+1)^2 = 16$ **?** è un'equazione	

Dal punto di vista della logica, un'equazione è quindi un *enunciato aperto* per il quale cerchiamo l'insieme di verità, cioè i valori che lo rendono vero.
Chiamiamo:

- **soluzioni** o **radici** i valori, da attribuire alle lettere, che rendono uguali il primo e il secondo membro dell'equazione;

- **incognite** le lettere per le quali cerchiamo le soluzioni.

In questo capitolo studieremo le equazioni con una sola incognita.

Risolvere un'equazione vuol dire trovarne tutte le soluzioni, cioè trovare tutti gli elementi che appartengono all'**insieme delle soluzioni** dell'equazione. Se non daremo indicazioni diverse, cercheremo le soluzioni nell'insieme $\mathbb{R}$ dei numeri reali.

Per **verificare** se un numero è soluzione, basta sostituirlo e calcolare separatamente i valori del primo e secondo membro, per controllare se sono uguali.

▶ L'equazione nell'incognita x

$$2x = 3$$

ha soluzione $x = \dfrac{3}{2}$ in $\mathbb{R}$. Infatti, sostituendo $\dfrac{3}{2}$ nell'equazione, si ottiene l'uguaglianza vera

$$2 \cdot \frac{3}{2} = 3.$$

L'equazione non ha invece soluzioni in $\mathbb{Z}$.

$$4x - 1 = 3x + 1$$

incognita

2 è soluzione?

Verifica:

$$4 \cdot 2 - 1 \overset{?}{=} 3 \cdot 2 + 1$$

VERO!
$$8 - 1 = 6 + 1$$

2 è soluzione

Diversi tipi di equazioni

Un'equazione è **intera** se le incognite non compaiono nei denominatori, altrimenti è **fratta** (o **frazionaria**).

▶ $5x + 3 = \dfrac{1}{4}x$ è intera; $\dfrac{6}{x} + 1 = 2x$ è fratta.

Un'equazione è **numerica** se non contiene altre lettere oltre alle incognite, altrimenti è **letterale**. Le lettere che non sono incognite sono dette **parametri** e possono assumere qualsiasi valore nell'insieme numerico considerato.

▶ $\dfrac{4}{3}x - 1 = 7x$ è numerica;

$9x + 2a = 4a$ è letterale nell'incognita x, se a è un parametro.

Equazioni determinate, indeterminate, impossibili

Un'equazione è:

- **determinata** se ha un numero finito di soluzioni;
- **indeterminata** se le soluzioni sono infinite;
- **impossibile** se non ha soluzioni.

Chiamiamo S l'insieme delle soluzioni dell'equazione:

▶ $3x = 15$ è determinata, con una sola soluzione: $x = 5$;

$2x + 3x = 5x$ è indeterminata: l'uguaglianza è vera $\forall x \in \mathbb{R}$;

$\sqrt{x^2} = x$ è indeterminata: l'uguaglianza è vera $\forall x \in \mathbb{R}$ tale che $x \geq 0$;

$x + 2 = x$ è impossibile; non ha soluzioni.

$3x = 15 \rightarrow S = \{5\}$;

$2x + 3x = 5x \rightarrow S = \mathbb{R}$;

$\sqrt{x^2} = x \rightarrow S = \mathbb{R}_0^+$;

$x + 2 = x \rightarrow S = \varnothing$.

ESERCIZI PER COMINCIARE

1 ▢ **ANIMAZIONE** Stabilisci quale dei valori indicati è soluzione dell'equazione $-x(x+3)^2 = -5(x+8)$.

Ⓐ $x = -3$ Ⓑ $x = 2$

2 Per ognuna delle seguenti equazioni nell'incognita x, indica se è numerica o letterale, intera o fratta.

$$\dfrac{x+2}{a} = 1; \quad \dfrac{1}{x} = 8; \quad \dfrac{12}{x+2} = a+3; \quad 4x + 3 = \dfrac{x}{4}.$$

2. PRINCIPI DI EQUIVALENZA

EQUIVALENZA → Esercizi a pagina 269

> **Equivalent equations** are equations that have the same unknowns and the same solutions.

DEFINIZIONE

Due equazioni nelle stesse incognite sono **equivalenti** se hanno le stesse soluzioni.

ESEMPIO

sono equazioni equivalenti

$$x + 1 = 2 \qquad 3x = 3$$

Entrambe hanno come unica soluzione $x = 1$.

Due equazioni non sono equivalenti se una o più soluzioni non sono in comune.

> $x + 4 = 5$ e $2x = 6$ *non* sono equivalenti: la prima ha soluzione $x = 1$, la seconda $x = 3$.
>
> $x^2 - 1 = 0$ e $x - 1 = 0$ *non* sono equivalenti: hanno come soluzione comune $x = 1$ ma non $x = -1$, che è soluzione soltanto della prima equazione.

Per passare da un'equazione a una equivalente valgono due **princìpi di equivalenza**.

Primo principio di equivalenza

Nelle *uguaglianze fra numeri* vale la **prima legge di monotonia**:

se a entrambi i membri di un'uguaglianza fra espressioni numeriche aggiungiamo o togliamo uno stesso numero, otteniamo ancora un'uguaglianza.

> $7 + 6 = 8 + 5 \quad \leftrightarrow \quad 7 + 6 + 2 = 8 + 5 + 2$

Su questa legge si basa il primo principio di equivalenza per le equazioni.

> You can obtain an *equation equivalent* to a given one by **adding or subtracting** the same number or expression with letters from both terms.

PRINCIPIO

Primo principio di equivalenza
Aggiungendo o sottraendo a entrambi i membri di un'equazione uno stesso numero, o espressione letterale, otteniamo un'equazione equivalente.

ESEMPIO

$$3x + 3 = 2x - 1$$
equivalenti
$$3x + 3 - x = 2x - 1 - x$$

Dobbiamo precisare che, se aggiungiamo o togliamo un'espressione che perde significato per particolari valori della variabile, non è detto che otteniamo un'equazione equivalente.

> $x + 3 = 3$ non è equivalente a $x + 3 + \dfrac{1}{x} = 3 + \dfrac{1}{x}$, con C.E.: $x \neq 0$.
>
> La prima equazione ha soluzione 0, che non è invece soluzione della seconda.

Dal primo principio derivano due regole, per le quali valgono le stesse considerazioni appena fatte sulle espressioni che perdono significato.

REGOLA

Regola del trasporto
Data un'equazione, ne otteniamo una equivalente se trasportiamo un termine da un membro all'altro cambiandogli segno.

▶ $2x + 3 = x \rightarrow 2x + 3 - 3 = x - 3 \rightarrow 2x = x - 3$

aggiungiamo −3 a entrambi i membri   +3 trasportato al secondo membro diventa −3

In generale, applicando il primo principio di equivalenza:

$$A(x) + a = B(x) \rightarrow A(x) = B(x) - a \qquad \textbf{Regola del trasporto}$$

aggiungiamo − a a entrambi i membri
$A(x) + a - a = B(x) - a$

> **REGOLA**
>
> **Regola di cancellazione**
> Data un'equazione, ne otteniamo una equivalente se in entrambi i membri cancelliamo termini uguali.

▶ $3x + 1 = 2 + x + 1 \rightarrow 3x + 1 - 1 = 2 + x + 1 - 1 \rightarrow 3x = 2 + x$

aggiungiamo −1 a entrambi i membri   otteniamo la cancellazione di +1

In generale, applicando il primo principio di equivalenza:

$$A(x) + a = B(x) + a \rightarrow A(x) = B(x) \qquad \textbf{Regola di cancellazione}$$

aggiungiamo − a a entrambi i membri
$A(x) + a - a = B(x) + a - a$

Secondo principio di equivalenza

Nelle uguaglianze fra numeri vale la **seconda legge di monotonia**:

se moltiplichiamo o dividiamo entrambi i membri di un'uguaglianza numerica per un numero *diverso da zero*, otteniamo ancora un'uguaglianza.

▶ $4 - 5 = 2 - 3 \leftrightarrow (4 - 5) \cdot 2 = (2 - 3) \cdot 2$

Da questa legge deriva il secondo principio di equivalenza per le equazioni.

> 🎧 You can obtain an *equation equivalent* to a given one by **multiplying or dividing** both terms by the same number or expression with letters (different from zero).

> **PRINCIPIO**
>
> **Secondo principio di equivalenza**
> Moltiplicando o dividendo entrambi i membri di un'equazione per uno stesso numero o espressione letterale diversi da zero, otteniamo un'equazione equivalente.

> **ESEMPIO**
>
> $4x + 8 = 16$
>
> equivalenti
>
> $x + 2 = 4$
>
> Entrambe hanno come unica soluzione $x = 2$.

Precisiamo che, se moltiplichiamo o dividiamo per un'espressione che perde significato per particolari valori della variabile, non è detto che otteniamo un'equazione equivalente.

▶ $5 = x + 5$ non è equivalente a $5 \cdot \dfrac{1}{x} = (x + 5) \cdot \dfrac{1}{x}$, con C.E.: $x \neq 0$.

La seconda equazione non ha soluzione 0, che invece è soluzione della prima.

Dal secondo principio deriva la seguente regola.

> **REGOLA**
>
> **Regola del cambiamento di segno**
> Da un'equazione otteniamo un'equazione equivalente se cambiamo segno a tutti i suoi termini.

▶ $-x + 2 = -3 \rightarrow (-x+2)\cdot(-1)=(-3)\cdot(-1) \rightarrow +x-2=+3$

    moltiplichiamo entrambi   tutti i termini cambiano
    i membri per −1   di segno

In generale, se applichiamo il secondo principio di equivalenza, moltiplicando entrambi i membri per -1:

$$A(x) = B(x) \rightarrow -A(x) = -B(x) \qquad \textbf{Regola del cambiamento di segno}$$

Il secondo principio è utile anche quando:

- tutti i termini di un'equazione hanno un fattore comune;

  ▶ $8x + 16 = 24 \rightarrow x + 2 = 3$

        dividiamo per 8
        tutti i termini

- ci sono termini con coefficienti frazionari e vogliamo ottenere coefficienti interi.

  ▶ $\dfrac{x}{2} + \dfrac{1}{3} = \dfrac{x}{9} + 2 \rightarrow \dfrac{9x+6}{18} = \dfrac{2x+36}{18} \rightarrow 9x + 6 = 2x + 36$

        stesso denominatore: moltiplichiamo per 18
        mcm(2; 3; 9)   entrambi i membri

FORMA NORMALE E GRADO DI UN'EQUAZIONE

→ Esercizi a pagina **270**

Se i membri di un'equazione nell'incognita x sono polinomi, utilizzando il primo principio di equivalenza, possiamo riscrivere l'equazione come un solo polinomio $P(x)$ ridotto a forma normale e uguagliato a zero:

$$P(x) = 0.$$

In questo modo si ottiene la **forma normale** dell'equazione.
Chiamiamo **grado** dell'equazione il grado di $P(x)$.

                                   grado dell'equazione

▶ $5x^2 - 3x + x^3 = 2 + x^3 + 4x \rightarrow \underline{5x^2 - 7x - 2 = 0}$

                                   forma normale

In questo capitolo e nel capitolo 14 studiamo le equazioni di primo grado, dette anche **equazioni lineari**.

ESERCIZI PER COMINCIARE

Risolvi le seguenti equazioni precisando per ogni passaggio quale principio di equivalenza, o regola da esso derivata, applichi.

1 $8x - 5 = 5 + 3x; \quad 4\left(x + \dfrac{1}{2}\right) = 2 + 3x.$ $[2; 0]$

2 $7x + 14 = -21(-x - 2); \quad -\dfrac{8x+1}{2} = -4x - 2(x - 1).$ $\left[-2; \dfrac{5}{4}\right]$

3   VIDEO   **Risoluzione di equazioni numeriche intere e princìpi di equivalenza**

    $\dfrac{4}{5}x - \dfrac{7}{15} - 8x = \dfrac{2}{3}x - 8x$

4 Scrivi in forma normale, indicando il grado, le seguenti equazioni nell'incognita x:

    $x^2 + 1 = x(1 + x); \quad x^2 = (x - 1)^3; \quad (x^2 - 1)(x^2 + 1) = a^6.$

3. EQUAZIONI NUMERICHE INTERE

→ Esercizi a pagina **270**

Per risolvere un'equazione numerica intera di primo grado, svolgiamo i calcoli, utilizzando i princìpi di equivalenza fino a giungere alla forma

$$ax = b,$$

e distinguiamo poi tre casi.

Equazione determinata

Se $a \neq 0$, allora dividiamo ambedue i membri per a:

$$ax = b \rightarrow x = \frac{b}{a}.$$

L'equazione è **determinata**, con soluzione $x = \dfrac{b}{a}$.

▶ $5x - 3 = 7x + 2 \rightarrow 5x - 7x = +2 + 3 \rightarrow -2x = 5 \rightarrow x = -\dfrac{5}{2}$

    portiamo i termini in x al primo membro, quelli senza x al secondo   svolgiamo i calcoli   dividiamo entrambi i membri per -2

$ax = b$
se $a \neq 0$
$x = \dfrac{b}{a}$

equazione determinata

Equazione indeterminata

Se $a = 0$ e $b = 0$, l'equazione è nella forma:

$$0x = 0.$$

L'equazione è **indeterminata** e ha per soluzioni tutti i numeri reali: qualsiasi numero moltiplicato per 0 dà 0.

▶ $2x + 1 + 5x = 3 + 7x - 2 \rightarrow 2x + 5x - 7x = 3 - 2 - 1 \rightarrow 0x = 0.$

L'insieme delle soluzioni è $\mathbb{R}$: l'equazione è indeterminata.

$0x = 0$

equazione indeterminata

Equazione impossibile

Se $a = 0$ e $b \neq 0$, l'equazione è nella forma:

$$0x = b, \text{ con } b \neq 0.$$

L'equazione è **impossibile** perché non ha soluzioni: nessun numero moltiplicato per 0 può dare un numero diverso da 0.

▶ $12x - 4(2 + 3x) = 0 \rightarrow 12x - 8 - 12x = 0 \rightarrow 0x = 8.$

Nessun numero moltiplicato per 0 dà 8: l'equazione è impossibile.

$0x = b$
se $b \neq 0$

equazione impossibile

ESERCIZI PER COMINCIARE

Risolvi le seguenti equazioni.

1 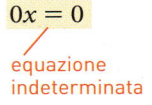 **a.** $6x - 1 + 2(4 - x) = -3(1 - 2x) - 2x$

   b. $-2(x - 1) = 8 + 2(2x - 3) - 6x$

2 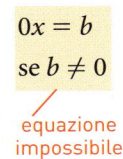 $\dfrac{x - 3}{4} - \left[2\left(x - \dfrac{1}{3}\right) + 2\right] = \dfrac{1 - x}{2} - \dfrac{1}{12}$

4. PROBLEMI ED EQUAZIONI

➔ Esercizi a pagina **276**

Esaminiamo com'è possibile risolvere problemi mediante le equazioni, affrontandone alcuni.

Un problema con i numeri

ESEMPIO

Due numeri naturali sono tali che il secondo supera il primo di 2 e la somma fra il quadruplo del primo e il secondo è 27.
Troviamo i due numeri.

Se chiamiamo x il primo numero e traduciamo le informazioni in simboli ed equazioni, si ha che $x \in \mathbb{N}$, il secondo numero è rappresentato da $x + 2$ e la seconda relazione fornita dal problema diventa:

secondo numero

$$4x + (x + 2) = 27.$$

quadruplo del primo numero

Risolviamo l'equazione:

$$4x + (x + 2) = 27 \rightarrow 5x + 2 = 27 \rightarrow 5x = 25 \rightarrow x = \frac{25}{5} = 5.$$

Quindi:

il primo numero è $x = 5$;

il secondo numero è $x + 2 = 5 + 2 = 7$.

I numeri cercati sono 5 e 7.

Non sempre un problema ammette soluzioni.
A volte l'equazione che otteniamo è impossibile.
Altre volte le soluzioni dell'equazione non sono soluzioni del problema, perché non soddisfano particolari richieste espresse nel testo.

ESEMPIO

Cerchiamo due numeri naturali tali che la loro somma sia 20 e uno superi il doppio dell'altro di 26.

Il procedimento è analogo a quello dell'esempio precedente. Se chiamiamo a e b i due numeri, in simboli abbiamo:

$a \in \mathbb{N}, b \in \mathbb{N}$;

prima relazione: $a + b = 20$;
seconda relazione: $b = 2a + 26$.

Se pensiamo a come incognita, utilizzando la prima relazione come equazione e sostituendo a b l'espressione data dalla seconda relazione, otteniamo:

$$a + (2a + 26) = 20.$$

b

Risolviamo l'equazione:

$$a + (2a + 26) = 20 \rightarrow 3a + 26 = 20 \rightarrow 3a = 20 - 26 \rightarrow 3a = -6 \rightarrow a = -2.$$

Se $a = -2$, allora $b = 2 \cdot (-2) + 26 = 22$.

Poiché a non è un numero naturale, come richiesto dal problema, il problema è *impossibile*.

Un problema geometrico

ESEMPIO

In un triangolo rettangolo, la somma fra l'ipotenusa e un cateto è 24 cm e l'altro cateto è 12 cm. Cerchiamo le lunghezze dell'ipotenusa e del cateto.

Disegniamo la figura e scriviamo le informazioni date dal problema:

$\overline{BC} + \overline{AC} = 24; \quad \overline{AB} = 12.$

Se poniamo

$\overline{AC} = x,$

dalla prima relazione otteniamo:

$\overline{BC} = 24 - \overline{AC} = 24 - x.$

Per ottenere l'equazione, utilizziamo la relazione fornita dal teorema di Pitagora:

$\overline{AB}^2 + \overline{AC}^2 = \overline{BC}^2.$

Scriviamo l'equazione e la risolviamo:

$12^2 + x^2 = (24 - x)^2 \rightarrow 144 + x^2 = 576 - 48x + x^2 \rightarrow 48x = 576 - 144 \rightarrow 48x = 432 \rightarrow x = \dfrac{432}{48} = 9.$

Otteniamo: $\overline{AC} = 9$ e $\overline{BC} = 24 - 9 = 15.$

La lunghezza dell'ipotenusa è 15 cm, quella del cateto è 9 cm.

Un problema dalla realtà

I problemi risolvibili con le equazioni possono trarre spunto da situazioni della realtà. Quello che risolviamo ora è stato formulato da Alcuino di York (735-804) nella sua opera *Propositiones Arithmeticae ad acuendos iuvenes*.

ESEMPIO

Un cane insegue una lepre. All'inizio, la loro distanza è 150 piedi. A ogni salto, il cane fa 9 piedi, la lepre 7. In quanti salti il cane raggiunge la lepre?

Se chiamiamo x il numero di salti cercato, deve essere:

$9x = 150 + 7x \rightarrow 2x = 150 \rightarrow x = 75.$

distanza percorsa dal cane

distanza percorsa dalla lepre

Il cane raggiunge la lepre dopo 75 salti.

ESERCIZI PER COMINCIARE

1 **ANIMAZIONE** In un numero di due cifre, la cifra delle decine supera di 2 quella delle unità. Scambiando le cifre si ottiene un numero il cui doppio differisce dal numero iniziale di 28. Qual è il numero?

2 **ANIMAZIONE** In un triangolo ABC l'angolo α è il doppio dell'angolo β e β supera γ di 20°. Determina i tre angoli.

3 **VIDEO** **Un problema con le equazioni lineari** Per Natale, i nonni prelevano in banca € 1800 per i regali ai nipoti. Dopo pochi giorni, con il 27% di ciò che è rimasto nel conto, acquistano una nuova automobile. Nel conto restano € 13 286. Quanto c'era prima dei due prelievi? Qual è stata la spesa per l'auto?

ESERCIZI

1. CHE COS'È UN'EQUAZIONE → Teoria a pagina 258

Identità

> **ESEMPIO**
>
> Verifichiamo se l'uguaglianza
>
> $(2x-1)^2 - (x-1)(x+1) - 2 = 3x(x-2) + 2x$
>
> è un'identità.
>
> Semplifichiamo il primo membro: | Semplifichiamo il secondo membro:
>
> $(2x-1)^2 - (x-1)(x+1) - 2 =$ $3x(x-2) + 2x =$
>
> $4x^2 - 4x + 1 - (x^2 - 1) - 2 =$ $3x^2 - 6x + 2x =$
>
> $4x^2 - 4x + 1 - x^2 + 1 - 2 =$ $\underline{3x^2 - 4x}.$
>
> $\underline{3x^2 - 4x}.$
>
> uguali
>
> Poiché le espressioni semplificate del primo e del secondo membro sono uguali, l'uguaglianza è un'identità.

Verifica se le seguenti uguaglianze sono identità.

1 $-x(-x)^2 + 6x = x(6 - x^2)$

2 $-3 + x + 1 + (-2x)^3 = -3x - 8x^3 + 2(2x - 1)$

3 $x(3 - x) + (3x - 2)^2 = 4(2x^2 + 1) - 9x$

4 $(2 - x)(x^2 + 1) + (x - 1)^3 - 2 = -(x - 1)^2$

5 $\left(y - \dfrac{1}{2}\right)^3 + \dfrac{5}{2}y^2 = (y + 1)^2(y - 1) + \dfrac{1}{4}\left(\dfrac{7}{2} - y\right)$

6 $\dfrac{3}{2}x - 5\dfrac{x + 1}{3} = -\left(\dfrac{x}{6} + 2\right) + \dfrac{1}{3}$

7 $\dfrac{8}{5}\left(x + 1 + \dfrac{x^2}{2^3}\right) = \dfrac{x + 6}{3} - \dfrac{(x + 2)(1 - x)}{5}$

8 $\left(\dfrac{x - 1}{2}\right)^2 = -(x - 1)\left[1 + 2^{-1}(x + 1)\right]$

9 $-2b^2(3 - b) - (b + 1)^2 + b^4 + 6(b^2 + 1) + 1 = (b^2 + b - 1)^2 + 5$

10 $-(a + 1)(2 - a) + \left(a + \dfrac{1}{2}\right)^2 + 1 = 2(a + 2)^2 - 8\left(a + \dfrac{35}{32}\right)$

11 📱 **YOU & MATHS** **Making an identity** Make the following equalities into identities.

a. $6x + 2 = \boxed{} + \dfrac{5}{3} - \dfrac{1}{2}x$ **b.** $\dfrac{1}{3} + 2x = x + \boxed{} + x^2$

COMPLETA l'espressione in modo che l'uguaglianza risulti un'identità.

12 $9\left(x - \dfrac{1}{3}\right)^2 - (1 - 3x)(1 + 3x) = 6x \cdot \boxed{}$

13 $2x\left(x + \dfrac{3}{2}\right) - \boxed{} = (x - 2)^2 - 4$

Soluzioni di un'equazione

> −2 è soluzione di $x^4 = 16$
> perché $(-2)^4 = 16$

ESEMPIO

Stabiliamo se $x = -3$ e $x = 6$ sono soluzioni dell'equazione

$$-x(x-3) - (2-x)(2+x) = 8+x.$$

- Sostituiamo il valore -3 a x:

$$-(-3)[(-3)-3] - [2-(-3)][2+(-3)] \overset{?}{=} 8+(-3) \to 3 \cdot (-6) - 5 \cdot (-1) \overset{?}{=} 5 \to$$

$$-18 + 5 \overset{?}{=} 5 \to -13 \overset{\text{FALSO!}}{=} 5 \to \text{l'uguaglianza } non \text{ è verificata} \to x = -3 \; non \text{ è soluzione.}$$

- Sostituiamo il valore 6 a x:

$$-6(6-3) - (2-6)(2+6) \overset{?}{=} 8+6 \to -6 \cdot 3 - (-4) \cdot 8 \overset{?}{=} 14 \to -18 - (-32) \overset{?}{=} 14 \to$$

$$14 \overset{\text{VERO!}}{=} 14 \to \text{l'uguaglianza è verificata} \to x = 6 \text{ è soluzione.}$$

Stabilisci quali dei valori indicati a fianco sono soluzioni dell'equazione.

14 $2x - 7 = -3x + 3;$ $x = 0,$ $\boxed{x = 2.}$

15 $x^2 - 4x = -3;$ $x = -2,$ $\boxed{x = 1.}$

16 $x^2 - x^3 = 2;$ $x = 2,$ $x = 1,$ $x = -1.$

17 $\dfrac{1}{6}x - \dfrac{1}{3} = 2 - x;$ $x = 6,$ $x = 2.$

18 $x(-x+1) + (2-x)^2 = -2;$ $\boxed{x = 2,}$ $x = 0.$

19 $\dfrac{2}{x} + \dfrac{1}{x-1} = 0;$ $x = 0,$ $x = -1,$ $x = \dfrac{2}{3}.$

20 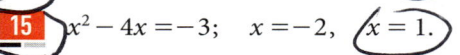 **ESEMPIO DIGITALE**

$$\dfrac{2-3x}{4} + \dfrac{1}{2} = \dfrac{x}{4};$$ $x = \dfrac{1}{4},$ $x = -1,$ $x = 1.$

21 $4\left(\dfrac{1}{2}x - 1\right)^2 + (1-x)(1+x) = 3;$ $x = \dfrac{1}{2},$ $x = 2.$

22 **TEST** $x = 0$ è soluzione di *una sola* delle seguenti equazioni. Quale?

A $\dfrac{3}{x} = 0$ **B** $\dfrac{x^2 - x}{x} = 0$ **C** $4x = 0$ **D** $x = 4 + x$

23 **INVALSI 2008** Qual è il valore di x che soddisfa l'equazione $3(2x-1) + 2x = 21$?

A -3 **B** $-\dfrac{11}{4}$ **C** $\dfrac{11}{4}$ **D** $\cancel{3}$

24 Verifica che $x = -2$, $x = 0$, $x = 1$, $x = 2$ sono soluzioni dell'equazione $x^2(x^2 - x - 3) - x^2 + 4x = 0$, mentre $x = -1$ non lo è.

Diversi tipi di equazioni

Indica se le seguenti equazioni nell'incognita x sono intere o fratte, numeriche o letterali, e indica le loro condizioni di esistenza.

25 $\dfrac{1}{4}x - 2 = x;$ $xy - 2y = 7;$ $\dfrac{x}{a} + \dfrac{a}{x} = 3.$

26 $\left(x - \dfrac{1}{3}\right)^2 = \dfrac{x+2}{4};$ $x = (x-a)^2;$ $2k - x = 3x.$

27 $\dfrac{x+2}{2x-1} = 6;$ $x - 2 + \dfrac{2x}{x} = 5;$ $\dfrac{2x}{a+1} + \dfrac{6}{a} = 0.$

28 $\dfrac{2}{y} - x = 9;$ $7tx + 13 = x;$ $\dfrac{5}{4-x} + ax = 16.$

Indica se le seguenti equazioni nell'incognita riportata a fianco sono intere o fratte e determina le condizioni di esistenza.

29 $2ay + \dfrac{3}{a} = 0$, $\boxed{y}$; $\quad x + z = \dfrac{1}{z-3}$, $\boxed{z}$.

30 $7k - \dfrac{1}{2} = \dfrac{2}{b}$, $\boxed{k}$; $\quad \dfrac{2}{x} + y - z = 8$, $\boxed{x}$.

31 $a + 2 = \dfrac{1}{b-3}$, $\boxed{a}$; $\quad y = kx + \dfrac{3}{k}$, $\boxed{x}$.

32 **FAI UN ESEMPIO** Scrivi un'equazione:
- **a.** numerica, intera, a coefficienti frazionari nell'incognita y;
- **b.** letterale, fratta, nell'incognita x;
- **c.** letterale, intera, nell'incognita t;
- **d.** numerica, fratta, nell'incognita b.

Equazioni determinate, indeterminate, impossibili

33 **VERO O FALSO?**
- **a.** Se $a = 0$, l'equazione $ax = -9$ è indeterminata. ☐V ☐F
- **b.** Se $b = 0$, l'equazione $8x = b$ è impossibile. ☐V ☐F
- **c.** $8x = 4x$ è un'equazione impossibile. ☐V ☐F
- **d.** L'equazione $2x - 3 = 0$ è impossibile in $\mathbb{Z}$, ma determinata in $\mathbb{Q}$. ☐V ☐F

AL VOLO Indica le equazioni impossibili tra le seguenti.

34 $13x = 0$; $\quad x^2 + 1 = 0$; $\quad \dfrac{8}{x} = 0$; $\quad 0x = 0$; $\quad x = 4 + x$.

35 $x = -x$; $\quad 7x = 8x$; $\quad 3x - x = 2x$; $\quad 0x = 6$; $\quad 3x = -6 + 3x$.

36 **TEST** Fra le seguenti equazioni numeriche intere, quali sono impossibili?

1. $3x - 2 = -2$ **2.** $3x - 2 = 5x + 1$ **3.** $2x - 6 = 2(x - 3)$ **4.** $4x - 3 = 2(2x - 1)$

- ☐A La 1, la 3, la 4.
- ☐B Solo la 1.
- ☐C Solo la 3.
- ☐D Solo la 4.

AL VOLO

37 Quali delle seguenti equazioni sono determinate nell'insieme $\mathbb{Z}$, ma impossibili nell'insieme $\mathbb{N}$?

$-x = 3$; $\quad 6x = 54$; $\quad 15x = -45$; $\quad 4x - 28 = 0$; $\quad 7x - 3x = 16$; $\quad 12x - 7x = -5$.

38 Indica le equazioni indeterminate tra le seguenti.

$\dfrac{2x}{x} = 2$; $\quad -7x = -7$; $\quad \left(\dfrac{1}{8} - 2^{-3}\right)x = 0$; $\quad x(2 + x) = x^2 + 2x$.

39 **INTORNO A NOI** Flavio vuole distribuire 24 matite in due portapenne in modo che nel primo siano il doppio di quelle contenute nel secondo. Ci riesce? Giustifica la tua risposta mediante un'equazione.

40 Da un cartoncino quadrato di lato 4 cm viene ritagliato in un angolo un quadrato in modo che la figura che si ottiene abbia perimetro 16 cm. Che misura deve avere il lato del quadrato eliminato? Giustifica la risposta scrivendo un'equazione.

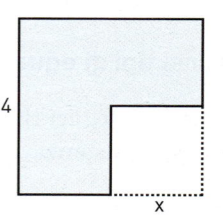

2. PRINCIPI DI EQUIVALENZA

EQUIVALENZA ➔ Teoria a pagina 260

Primo principio di equivalenza

41 ☐ **TEST** Solo una delle seguenti equazioni può essere ottenuta da $5(x-2)-1=-2x$ applicando il primo principio di equivalenza. Quale?

A $5(x-2)+2x=-1$

C $5(x-2)-2=1-2x$

B $2x+5(x-2)=1$

D $4x+5(x-2)=2x-1$

Risolvi le seguenti equazioni applicando le regole di trasporto e cancellazione. A ogni passaggio, scrivi quale regola stai applicando.

42 $3-12\left(\dfrac{1}{2}-x\right)=5x-6$ $\left[-\dfrac{3}{7}\right]$

44 $(a+2)(a-1)+6a=(a+3)^2$ $[11]$

43 $6x+(4+x)(x-4)=x(x+2)-8(2-x)$ $[0]$

45 $2x(1-x)-(4x+x^2)=(x+2)(1-2x)-x^2$ $[2]$

Secondo principio di equivalenza

46 ☐ **TEST** Solo una delle seguenti equazioni non può essere ottenuta da $12(x-1)-4x=-24(2x+1)$ applicando il secondo principio di equivalenza. Quale?

A $3(x-1)-x=-6(2x+1)$

C $-3(x-1)+x=6(2x+1)$

B $-6(x-1)+2x=12(2x+1)$

D $-12(1-x)+4x=24(2x+1)$

Risolvi le seguenti equazioni e, per ogni passaggio, scrivi quale principio di equivalenza, o regola da esso derivata, stai applicando.

47 $15x-9=30(x-1)$ $\left[\dfrac{7}{5}\right]$

52 $5^3(10x+1)=5^4x$ $\left[-\dfrac{1}{5}\right]$

48 $6x(4-x)=-2x(3x-1)+14x$ $[0]$

53 $-15[2(x+1)-3]=[3-4(2x-1)]\cdot 15$ $[1]$

49 $2(x+7)+4=4+3(1-x)$ $\left[-\dfrac{11}{5}\right]$

54 $7(x+4)-2(x+4)=4+x$ $[-4]$

50 ☐ **ESEMPIO DIGITALE** $5\left(3x+\dfrac{1}{2}\right)=-10(1-3x)$

55 $-\dfrac{a+3}{5}-\dfrac{2a-5}{15}=a-\dfrac{3}{5}$ $\left[\dfrac{1}{4}\right]$

51 $\dfrac{2}{3}(x+2)=\dfrac{4}{30}(2x+1)$ $[-3]$

56 $\dfrac{x}{3}(x-5)=\dfrac{(x+5)(2x-1)}{6}$ $\left[\dfrac{5}{19}\right]$

---

57 ☐ **ASSOCIA** le equazioni equivalenti.

1. $-(x+5)=3(x-5)$ **2.** $-5x+4=3$ **3.** $2(1-5x)=4$ **4.** $3-4x=3$

a. $4x=0$ **b.** $-5x=1$ **c.** $2x=5$ **d.** $5x=1$

Per ognuna delle seguenti equazioni scrivi un'equazione equivalente che soddisfi la condizione assegnata.

58 $\dfrac{8-5x}{2}=\dfrac{7x}{4}-x$;   tutti i coefficienti siano interi.

59 $(b+1)^2=b\left(b+\dfrac{5}{2}\right)$;   tutti i termini in b siano al primo membro e tutti quelli numerici al secondo.

60 $2^{-1}x+\dfrac{3+x}{2}+\dfrac{8-x}{3}=\dfrac{1}{6}x$;   non ci siano denominatori.

61 **CACCIA ALL'ERRORE** Sottolinea in ogni riga il passaggio sbagliato.

a. $5x + 3 = 2 \ \rightarrow \ 5x = 2 + 3 \ \rightarrow \ 5x = 5 \ \rightarrow \ x = 1$.

b. $\dfrac{x+7}{2} + \dfrac{x}{6} = 1 \ \rightarrow \ 3(x+7) + x = 1 \ \rightarrow \ 3x + 21 + x = 1 \ \rightarrow \ 4x = -20 \ \rightarrow \ x = -5$.

c. $\dfrac{2x+1}{5} = \dfrac{3x}{10} \ \rightarrow \ \cancel{5} \cdot \dfrac{2x+1}{\cancel{5}} = \dfrac{3x}{\cancel{10}} \cdot \cancel{10} \ \rightarrow \ 2x + 1 = 3x \ \rightarrow \ x = 1$.

d. $-\dfrac{1}{5}x = 0 \ \rightarrow \ x = -5$.

e. $x + 2(x - 1) = 6 - (3 + 2x) \ \rightarrow \ x + 2x - 2 = 6 - 3 - 2x \ \rightarrow \ x = 5$.

FORMA NORMALE E GRADO DI UN'EQUAZIONE → Teoria a pagina 262

Riconosci le equazioni nell'incognita x scritte in forma normale e indicane il grado.

62 $\dfrac{3}{2}x - 2 = 0$; $\quad 3x^3 - x + 2x^3 = 0$; $\quad 4a^2x^2 - x = 0$; $\quad \dfrac{1}{3}x = \dfrac{2}{3}$.

63 $x - 9 = 2x + 6$; $\quad x(x-1) - 2x^2 = 0$; $\quad k^4 - x = 0$; $\quad a^2 + 2ax + 1 = 0$.

> grado
> $3x^2 + x - 5 = 0$
> è in forma normale:
> $P(x) = 0$

Scrivi in forma normale le seguenti equazioni e indicane il grado.

64 $x(x-3) - 2x = x^2 - 1$

65 **ESEMPIO DIGITALE**

$x + (1 - 2x)^2 - 6x(1-x)(1+x) = 0$

66 $\dfrac{1}{2}(x+2)^2 - 8x = \dfrac{3}{2}$

67 $3(x+1)(k+2) - x = k(x^2 + x)$, incognita k.

68 $a(a+x) - (a-1)^2 = x$, incognita x.

3. EQUAZIONI NUMERICHE INTERE → Teoria a pagina 263

69 **TEST** Quale fra le seguenti equazioni *non* è numerica intera?

A $\dfrac{5x}{2} = 4$ **B** $3x - 5 = \dfrac{2}{15}$ **C** $7x + \dfrac{1}{2x} = \dfrac{4}{3}$ **D** $\dfrac{x-1}{6} = \dfrac{2x}{15}$

ESEMPIO

Risolviamo le seguenti equazioni.

a. $3(x+2) + 5(1-x) = -2(3x+2) + x + 6$ ⟩ svolgiamo i calcoli

$3x + \cancel{6} + 5 - 5x = -6x - 4 + x + \cancel{6}$ ⟩ regole di cancellazione e trasporto

$3x - 5x + 6x - x = -4 - 5$

$3x = -9$ ⟩ secondo principio di equivalenza

$x = -\dfrac{9}{3}$

$x = -3$.

L'equazione è **determinata**: la soluzione è $x = -3$.

> $ax = b$
> se $a \neq 0$, $x = \dfrac{b}{a}$

b. $7(2 + 3x) - 10x = 3(2x - 1) + 5(x + 1) + 12$ ⟩ svolgiamo i calcoli

$14 + 21x - 10x = 6x - 3 + 5x + 5 + 12$ ⟩ regola del trasporto

$21x - 10x - 6x - 5x = -3 + 5 + 12 - 14$

$0x = 0$.

L'equazione è **indeterminata**: ogni numero reale moltiplicato per 0 dà 0.

> $0x = 0$
> indeterminata

c. $4x - 12(1 - x) + 2 = 5 - 2(3 - 8x)$ ⟩ svolgiamo i calcoli

$4x - 12 + 12x + 2 = 5 - 6 + 16x$ ⟩ regola del trasporto

$4x + 12x - 16x = 5 - 6 + 12 - 2$

$0x = 9.$

$$0x = b$$
$$se\ b \neq 0,\ impossibile$$

L'equazione è **impossibile**: non esiste un numero che, moltiplicato per 0, dia come risultato 9.

✓ **CHECKER** **Risolvi le seguenti equazioni.**

70 $6x - 54 = 0;$ $-20x + 4 = 0.$ $\left[9; \frac{1}{5}\right]$

71 $-\frac{7}{2}x = 0;$ $9x + 7 = 0.$ $\left[0; -\frac{7}{9}\right]$

72 $3 - x = 8x;$ $2x - 21 = -9.$ $\left[\frac{1}{3}; 6\right]$

73 $7 = 15 - 4x;$ $14 = \frac{7}{2}x.$ $[2; 4]$

74 $-\frac{x}{3} + 8 = 5;$ $\frac{y}{4} - 2 = -3.$ $[9; -4]$

75 $\frac{a}{9} - 7 = 2;$ $-2 - x = -12.$ $[81; 10]$

76 $3x - 5 = 7 - 3x;$ $\frac{x}{3 - \frac{2}{3}} = 0.$ $[2; 0]$

77 $2 + x = -2 - x;$ $-12x - 7 = -3x + 2.$ $[-2; -1]$

78 $10^3 x - 4 \cdot 10^4 = 0;$ $\frac{x}{1 - \frac{1}{3}} = \frac{9}{4}.$ $\left[40; \frac{3}{2}\right]$

79 $-2^5 x + 4^6 = 0;$ $0,7x = 0,07.$ $\left[128; \frac{1}{10}\right]$

80 $0,06x = 600 \cdot 10^{-2};$ $\frac{-10x}{3} = -3^{-1}.$ $\left[100; \frac{1}{10}\right]$

81 $10^2 x - 10^4 = -2 \cdot 10^3;$ $\frac{(2^{-1} + 1)}{2}x = 0.$ $[80; 0]$

82 $4x = 4^{-1};$ $[27 + (-3)^3]x = 9.$ $\left[-\frac{1}{16}; impossibile\right]$

83 $-8a = (-2)^3;$ $-5^3 x = -(-5)^3.$ $[1; -1]$

84 $4(1 - x) - 3(x + 2) = 4 - x$ $[-1]$

85 $5(x + 3) + 12x = 4 - 7(2 - x)$ $\left[-\frac{5}{2}\right]$

86 $-8(3 + x) + 3(3 - x) - 5 = -6x - 10(x + 2)$ $[0]$

87 $-2(3y - 1) + 4y = 3(1 - 5y)$ $\left[\frac{1}{13}\right]$

88 $3(1 + 2x) = -5[-x + 2(-x - 3)]$ $[-3]$

89 $4[x - 3(1 - x)] = 5x + 3[2x + 5(2 - 3x)]$ $\left[\frac{21}{25}\right]$

90 $3x(x - 2) = x - 2 + 3x^2$ $\left[\frac{2}{7}\right]$

91 $(x - 2)^2 - (x - 3)(x + 3) = 2x + 4$ $\left[\frac{3}{2}\right]$

92 $(x - 1)^3 - 4(x + 1)^2 = x^2(x - 7)$ $[-1]$

93 $(2t - 1)(2t + 1) - (4t - 3) = 4t(t - 2)$ $\left[-\frac{1}{2}\right]$

94 $3 - (x - 5)^2 = (2 - x)(2 + x) + 1$ $\left[\frac{27}{10}\right]$

95 $(3x - 2)(9x^2 + 6x + 4) = 9x(3x^2 - 2) - 8$ $[0]$

96 $4\left(x - \frac{1}{2}\right)^2 - 3x + 1 = (2x + 3)^2 - 19x + 2$ $[impossibile]$

97 $-[11(x + 2) - 10^2] = [10(x - 5) + 3x](-2) + x$ $\left[\frac{11}{7}\right]$

98 $(x - 4)^2 - 3(x - 2)(x + 1) = -2x(x + 1) - 4x$ $[-22]$

99 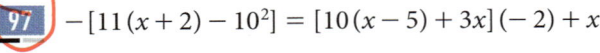 **ESEMPIO DIGITALE** $(a - 2)^3 + (a - 5)(a + 5) - a(1 + a^2) = -5a^2 + 4a - 2$

100 $2x(x - 3)(x + 1) + (2x - 3)^2 = (x + 1)^2 + 2x^3 - x^2$ $\left[\frac{2}{5}\right]$

101 $(x - 1)^3 - (x - 2)(x + 1)(x - 4) = 2x^2 + x + 1$ $[impossibile]$

102 $(a - a^2 - 1)^2 - 3(a + 2)^2 = a^3(a - 1) + a[(a + 2)(1 - a) + a]$ $\left[-\frac{11}{16}\right]$

Trova per quale valore di _a_ le seguenti equazioni risultano indeterminate.

103 $5(a+2)x = 4a+8$ $[-2]$

105 $2ax - a = 3x + 3a - 6$ $\left[\dfrac{3}{2}\right]$

104 $a^3(a^2+1)x = a^5 + a$ $[0]$

106 $(a-2)(x-a) = -a(x+5) + 6$ $[1]$

Trova per quali valori di _a_ le seguenti equazioni ammettono la soluzione indicata a fianco.

107 $4(x+a) = a(3-x) - 2(2x-a) + 6; \quad x = 0.$ $[-6]$

108 $5(3x - ax^2) + ax^2 = a(1-2x)(2x+1); \quad x = -\dfrac{1}{15}.$ $[-1]$

ESEMPIO

Risolviamo la seguente equazione.

$\dfrac{1}{2}(x+1) + 1 = -\dfrac{3(x-2)}{10} + \dfrac{2}{5}\left[\dfrac{1}{2}(3x+2) + x\right]$ ⟩ svolgiamo i calcoli

$\dfrac{x+1}{2} + 1 = -\dfrac{3x-6}{10} + \dfrac{3x+2}{5} + \dfrac{2}{5}x$ ⟩ mcm (2; 10; 5) = 10; riduciamo allo stesso denominatore

$\dfrac{5(x+1) + 10 \cdot 1}{10} = \dfrac{-(3x-6) + 2(3x+2) + 2 \cdot 2x}{10}$ ⟩ secondo principio: moltiplichiamo i due membri per 10

$5(x+1) + 10 \cdot 1 = -(3x-6) + 2(3x+2) + 2 \cdot 2x$ ⟩ svolgiamo i calcoli

$5x + 5 + 10 = -3x + 6 + 6x + 4 + 4x$ ⟩ regola del trasporto

$5x + 3x - 6x - 4x = 6 + 4 - 5 - 10$

$-2x = -5$ ⟩ secondo principio

$x = \dfrac{5}{2}.$

L'equazione è **determinata** e la soluzione è $x = \dfrac{5}{2}$.

✓ **CHECKER** **Risolvi le seguenti equazioni.**

109 $3(1-x) = 2(1-x) + x + 3$ $[-1]$

110 $3(x+2) - 4(x-2) = 2(2-x)$ $[-10]$

111 $4x + 6 - 2(2x+3) = 3(2x-3)$ $\left[\dfrac{3}{2}\right]$

112 $8 + 2(3 - 4x + 5) = 6(x+6) - 3(x-7)$ $[-3]$

113 $3 - 2[x - 6(x-1)] + 5x = 8x - (3-x)$ $[1]$

114 $x + 7 - 7x[2x - 2(1+x)] = 5x + 3$ $\left[-\dfrac{2}{5}\right]$

115 $\dfrac{1}{4} + \dfrac{2x-1}{2} = 1 - \left(x - \dfrac{1}{4}\right)$ $\left[\dfrac{3}{4}\right]$

116 $\dfrac{1}{3}\left(x - \dfrac{9}{2}\right) + \dfrac{x}{2} = 1 - x$ $\left[\dfrac{15}{11}\right]$

117 $\dfrac{3x-1}{4} - \dfrac{1}{2}x = -\dfrac{1}{4} + x - 3$ $[4]$

118 $\dfrac{1}{6}(2x-1) - 1 = \dfrac{5}{6} - \dfrac{2-x}{3}$ $[\text{impossibile}]$

119 $2 - \dfrac{5+2x}{10} + \dfrac{7}{5}x = \dfrac{12}{5}\left(1 - \dfrac{x}{4}\right)$ $\left[\dfrac{1}{2}\right]$

120 $\dfrac{1}{4}\left[\dfrac{2}{5}(5x-10)-4x\right]+\dfrac{1}{2}(x+1)=3$ [impossibile]

121 $(x-3)^2+2x-1=x^2-4x+\dfrac{2}{3}x$ [12]

122 $\left(\dfrac{1}{2}-x\right)^2+3x=\dfrac{1}{4}+x(x+2)$ [indeterminata]

123 $3\left(\dfrac{2}{3}x-\dfrac{1}{2}\right)^2=\dfrac{2x(2x-1)}{3}-\dfrac{4}{3}x$ [impossibile]

124 $\dfrac{x+5}{2}-\dfrac{3x-4}{3}=\dfrac{x}{2}+\dfrac{23}{6}$ $[x=0]$

125 $\dfrac{2}{3}(a-3)+\dfrac{1}{2}(a+1)=\dfrac{5}{2}(a+2)-\dfrac{1}{4}$ $\left[-\dfrac{75}{16}\right]$

126 $\dfrac{x-5}{3}-\dfrac{x+1}{4}=\dfrac{2x-3}{4}-\dfrac{1}{2}$ $\left[-\dfrac{8}{5}\right]$

127 $\dfrac{3x+2}{6}+\dfrac{2x+1}{12}=\dfrac{3x-1}{4}-\dfrac{2x+1}{2}$ $\left[-\dfrac{14}{11}\right]$

128 $\dfrac{x-1}{5}-\dfrac{2+3x}{2}+\dfrac{7}{10}=-x$ $\left[-\dfrac{5}{3}\right]$

129 $2\left(1+\dfrac{3}{4}x\right)-\dfrac{x-1}{4}-\dfrac{5}{2}=\dfrac{1+x}{2}$ [1]

130 $2x-\dfrac{1}{3}\left[2(3x-1)-x\right]=\dfrac{1}{2}x-1$ [10]

131 $\dfrac{2}{3}x+\dfrac{x}{2}(x+1)-\dfrac{1}{3}-x=\dfrac{5}{6}-\dfrac{4-x^2}{2}$ $[-5]$

132 $6x\left(\dfrac{x-1}{3}\right)-\dfrac{1}{2}\left[3-(7x+1)\right]=2x(x-3)+4$ $\left[\dfrac{2}{3}\right]$

133 $2\left(2+\dfrac{3x}{2}\right)-2x-\left(-\dfrac{1}{6}\right)(x-12)=\dfrac{5}{3}\left(\dfrac{x-2}{2}\right)$ $[-11]$

134 $\dfrac{x-9}{2}-\dfrac{1}{3}(6-2x)=\dfrac{x}{3}+\dfrac{1}{6}$ [8]

135 $\dfrac{1}{4}(12-5x)-\dfrac{1-x}{2}=\dfrac{1}{2}\left(x-\dfrac{1}{2}\right)-1$ [3]

136 $5(x^2+4)=(x-2)\left[x+4(x-4)\right]$ $\left[\dfrac{6}{13}\right]$

137 $\dfrac{(x-1)(x+1)}{2}+\dfrac{3}{2}=\dfrac{(x-4)^2}{2}+6$ $\left[\dfrac{13}{4}\right]$

138 $\left(x-\dfrac{1}{3}\right)^2-5x(x+1)=x\left(\dfrac{2}{3}-4x\right)+\dfrac{7}{9}$ $\left[-\dfrac{2}{19}\right]$

139 $\dfrac{(2-x)(x+4)}{2}+x=\dfrac{(x+5)(5-2x)}{4}$ $\left[\dfrac{9}{5}\right]$

140 $2\left(\dfrac{3}{2}-\dfrac{1}{3}x\right)^2=\left(\dfrac{3}{2}-\dfrac{1}{3}x\right)\left[-\dfrac{1}{3}(x-1)+\dfrac{1}{3}(1-x)\right]$ $\left[\dfrac{9}{2}\right]$

141 $\left(\dfrac{1}{5}-x\right)\left(\dfrac{1}{5}+x\right)+\dfrac{1}{5}=2x\left(x-\dfrac{1}{5}\right)-3\left(x-\dfrac{1}{5}\right)^2$ $\left[\dfrac{9}{20}\right]$

142 $\dfrac{(3x-3)(3x+3)}{9}-3(x+1)=\dfrac{(3x+3)^2}{9}-3(x-1)$ $[-4]$

143 $\dfrac{(y+2)^2}{2}-\dfrac{1}{4}(y+1)^2=-y\left[\dfrac{1}{2}\left(1-\dfrac{1}{2}y\right)-2\right]$ [impossibile]

144 $5 - \dfrac{2t-3}{3} = (t+1)^2 - \dfrac{3t^2+1}{3}$ $\qquad$ $[2]$

145 $\left(x - \dfrac{2}{3}\right)\left(x + \dfrac{2}{3}\right) = x^2 - \dfrac{5x+1}{3}$ $\qquad$ $\left[\dfrac{1}{15}\right]$

146 $\dfrac{2x-1}{4} - 2 + \dfrac{1}{3} = \dfrac{2x-1}{2} - \dfrac{3x-1}{6}$ $\qquad$ [impossibile]

147 $\dfrac{x}{2} + 9\left[\left(2x - \dfrac{1}{3}\right)\left(2x + \dfrac{1}{3}\right) - \left(2x - \dfrac{1}{3}\right)^2\right] = \dfrac{3x-2}{6}$ $\qquad$ $\left[\dfrac{5}{36}\right]$

148 $\dfrac{2}{3}[x - (x+5)(x-5)] = -2\left(\dfrac{1}{3}x^2 + 4x - 1\right)$ $\qquad$ $\left[-\dfrac{22}{13}\right]$

149 $\dfrac{(x-3)(x+1)}{5} - \dfrac{x^2-4x}{2} = 3(x-4) + \dfrac{-3x^2+4x-6}{10}$ $\qquad$ $\left[\dfrac{20}{3}\right]$

150 $\dfrac{1}{2}(x+1)^2 + \dfrac{x}{6}(6x-1) = x^2 + \left(\dfrac{x+2}{3}\right)\left(\dfrac{3x-1}{2}\right)$ $\qquad$ [impossibile]

151 $(x+1)^2 + x(x-1) + x\left(\dfrac{x}{3} - 2\right) = 2x(x-1) + \dfrac{x^2}{3}$ $\qquad$ $[-1]$

152 $\left(2x - \dfrac{1}{3}\right)^2 - \dfrac{1}{2}\left(x + \dfrac{2}{3}\right)^2 = x\left(\dfrac{7x-1}{2}\right)$ $\qquad$ $\left[-\dfrac{2}{27}\right]$

153 $\left(\dfrac{x+2}{2}\right)^3 - (x+1)^2 + x^2 = x^2\left(\dfrac{x}{8} + \dfrac{3}{4}\right)$ $\qquad$ $[0]$

154 $\dfrac{x-2}{3} - \left(x + \dfrac{x+2}{3}\right) = \dfrac{2}{3}[(x+2)(x-3) - (x+1)^2]$ $\qquad$ $\left[-\dfrac{10}{3}\right]$

155 $-\dfrac{1}{2}\left(1 - \dfrac{3x}{4}\right) + \dfrac{1}{3}\left(\dfrac{3}{2} + x\right) = \dfrac{7}{12} - \dfrac{2-x}{2} + \dfrac{1}{4}\left(\dfrac{1}{2}x + 2\right)$ $\qquad$ $[1]$

156 $\dfrac{2x-1}{3} + \dfrac{1}{2}\left(x + \dfrac{1-x}{2}\right) = (1-2x)(-2x-1) - \dfrac{2x+(1-4x)^2}{4}$ $\qquad$ $[2]$

157 $x(x-1) + \dfrac{1}{12} = \left(x - \dfrac{1}{2}\right)\left(x + \dfrac{1}{2}\right) + \dfrac{3}{2}x - \dfrac{2}{3}[(1-x)(2x+1) + x(2x-1) - 3]$ $\qquad$ $\left[-\dfrac{2}{5}\right]$

158 $\left(\dfrac{b+1}{5}\right)^2 - \left(\dfrac{b+1}{5}\right)\left(\dfrac{1-b}{5}\right) - \left(\dfrac{1-b}{5}\right)^2 = \dfrac{b^2}{25} + \dfrac{3}{5}$ $\qquad$ $[4]$

159 $\dfrac{2}{5}x\left(4 + \dfrac{2}{5}x\right) + \left(\dfrac{4}{5}x - 1\right)^2 = \dfrac{1}{5}(2x+5)(2x-5)$ $\qquad$ [impossibile]

160 $\dfrac{4}{7} + \dfrac{1}{4}x = \dfrac{3x+\frac{1}{4}}{7} - \dfrac{x-\frac{1}{7}}{4}$ $\qquad$ $[-7]$

161 $\dfrac{x^2-9}{3} - \dfrac{2x+1}{4} = \left(x + \dfrac{1}{2}\right)^2 - \dfrac{2}{3}x^2$ $\qquad$ $\left[-\dfrac{7}{3}\right]$

162 📱 **ESEMPIO DIGITALE** $\dfrac{0,1}{0,\overline{6}}x = \dfrac{0,5x+0,3}{0,\overline{3}+1}$

163 $\dfrac{4}{5}(2^{-3}x + 4^{-2}) - \dfrac{1}{5}[2x - (-2)^{-3}] = \dfrac{5^{-1}}{2^{-3}}$ $\qquad$ $\left[-\dfrac{21}{4}\right]$

164 $\dfrac{2x}{0,4} - \dfrac{x+4}{2} = \dfrac{1,2}{1,8}$ $\qquad$ $\left[\dfrac{16}{27}\right]$

165 $\dfrac{1}{0,5} + \dfrac{x-1}{2-0,8} = \dfrac{13}{6}x$ $\qquad$ $\left[\dfrac{7}{8}\right]$

166 $0,\overline{3}x = \dfrac{2}{3}\left(x - \dfrac{1}{0,\overline{6}}\right) + 1$ $\qquad$ $[0]$

167 $8 \cdot 0,2 - x = \dfrac{2+x}{1-0,4} - \dfrac{10}{3}$ $\qquad$ $\left[\dfrac{3}{5}\right]$

168 $\left(\dfrac{1}{3}y - \dfrac{1}{4}\right)\left(\dfrac{1}{3}y + \dfrac{1}{4}\right) - \left(\dfrac{1}{3}y - \dfrac{1}{4}\right)^2 = 2y^2 - [3y(y-1) - (y-1)^2]$ $\qquad$ $\left[-\dfrac{27}{20}\right]$

169 $\dfrac{3}{2}\left[-\dfrac{x+4}{2}\left(\dfrac{1}{3}-1\right) + \dfrac{x-3}{3}\right] : 6 = 3\left(\dfrac{1}{2}-x\right) + x - \dfrac{1}{4}x - \dfrac{17}{12}$ $\qquad$ $[0]$

170 $\dfrac{9x-2}{3} - 2 + 2\left[\left(x-\dfrac{1}{2}\right)^2 - \left(x-\dfrac{1}{2}\right)\left(x+\dfrac{1}{2}\right)\right] + 1 - \dfrac{3x-2}{3} = 0$ $\qquad$ $[\text{indeterminata}]$

171 $\dfrac{100}{3}\left[\left(\dfrac{2x}{3} + \dfrac{x}{2}\right) \cdot \dfrac{6}{5} + \left(\dfrac{x}{4} - \dfrac{x}{2}\right) : 2^{-1}\right] = -3x$ $\qquad$ $[0]$

172 ☐ **ESEMPIO DIGITALE** $\left(\dfrac{2}{3} - \dfrac{1}{2}\right)^{-1} + 3x(x-2) = 3\left[\left(x-\dfrac{1}{2}\right)^2 - \left(x-\dfrac{1}{3}\right)\left(x+\dfrac{1}{3}\right)\right] + 3x^2$

173 $4x\left(x-\dfrac{1}{2}\right) - (2x+1)^2 + \dfrac{(x-3)(x+1)}{4} = 3(x-2) - \dfrac{x}{2} + \dfrac{1}{4}(x^2-3)$ $\qquad$ $\left[\dfrac{5}{9}\right]$

174 $\dfrac{x}{2}(x^3-1) + \left(\dfrac{5x^2-1}{4}\right)(x-3) + 3x^2 = x^2\left(\dfrac{1}{2}x - \dfrac{1}{4}\right)(x+3)$ $\qquad$ $[1]$

175 $\left(x-\dfrac{1}{3}\right)\left(x+\dfrac{1}{3}\right) + \left(x-\dfrac{1}{3}\right)^3 + x^2 = \left(x+\dfrac{1}{3}\right)^2 + \dfrac{1}{3}\left(3x^3 - \dfrac{1}{9} + x\right)$ $\qquad$ $\left[-\dfrac{1}{3}\right]$

176 $\left(\dfrac{1}{3} + \dfrac{1}{3}x\right)\left(\dfrac{1}{3}x - \dfrac{1}{3}\right) + 2(2x-3)^2 = \dfrac{8}{9}(1-3x)^2 + \left(\dfrac{1}{3}x - 1\right)^2$ $\qquad$ $\left[\dfrac{8}{9}\right]$

Risolvi le seguenti equazioni nell'insieme indicato a fianco.

177 $(x-2)^2 - x = 4(x-2) + x(x-1) - 4$ $\quad$ $\mathbb{N}$ $\qquad$ $[2]$

178 $2x + (1-x)(x-2) - (x-3)(x+3) = -2(1-x)^2$ $\quad$ $\mathbb{N}$ $\quad$ $\mathbb{Z}$ $\qquad$ $[\text{impossibile}; -9]$

179 $\dfrac{3x+1}{2} + 4(x-2x) = \dfrac{2x}{3} - \dfrac{3(6x-2)}{2}$ $\quad$ $\mathbb{Q}^+$ $\quad$ $\mathbb{Z}$ $\qquad$ $\left[\dfrac{3}{7}; \text{impossibile}\right]$

Equazioni e proporzioni

✓ **CHECKER** **Trova il valore di x nelle seguenti proporzioni.**

180 $8 : 2x = \dfrac{1}{4} : (x-3)$ $\qquad$ $\left[\dfrac{16}{5}\right]$ $\qquad$ **183** $\left[2\left(\dfrac{x}{5} + 1\right)\right] : \left(\dfrac{1}{2} + x\right) = 3 : 5$ $\qquad$ $\left[\dfrac{17}{2}\right]$

181 $\left(2 - \dfrac{1}{3}x\right) : (-6x) = 5 : 9$ $\qquad$ $\left[-\dfrac{2}{3}\right]$ $\qquad$ **184** $(2-x)^2 : (x+1) = (x-1) : 1$ $\qquad$ $\left[\dfrac{5}{4}\right]$

182 $x : 7 = (2x-1) : 3$ $\qquad$ $\left[\dfrac{7}{11}\right]$ $\qquad$ **185** $\dfrac{1}{2} : (2-x) = \left(\dfrac{1}{3} - 2x\right) : (1-2x)^2$ $\qquad$ $\left[\dfrac{1}{14}\right]$

Equazioni e funzioni

186 Calcola per quale valore di x per la funzione $f(x) = -4x + \dfrac{1}{3}$ si ha $f(x) = -5$. $\qquad$ $\left[\dfrac{4}{3}\right]$

187 Trova il valore di x tale che per la funzione $f(x) = x \cdot \dfrac{3+2x}{2} - x^2$ risulti $f(x) = f(4) - f(2)$. $\qquad$ $[2]$

188 Trova il valore di x tale che $f(x) = g(x)$, con $f(x) = (2x-2)(x+3)$ e $g(x) = \dfrac{x(1+4x)}{2} + 1$. $\qquad$ $[2]$

189 Trova il valore di x per il quale i polinomi
$A(x) = 2x - 3(x - 4) - [-(2x + 3)]$,

$B(x) = -\left[-\left(-2x + \dfrac{1}{2}\right)\right] - \dfrac{1}{2}x + 10$

assumono valori numerici:

a. uguali; **b.** opposti. $\left[\text{a) } -\dfrac{9}{7}; \text{ b) } 17\right]$

190 Trova il valore di b per il quale il polinomio
$P(x) = (5b - 1)x^3 + 2bx + 3(b + 1)$:

a. è tale che $P(2) = -52$;

b. si annulla per $x = -\dfrac{1}{2}$;

c. è tale che $P(1) + P(0) = P(-1)$.

$\left[\text{a) } -1; \text{ b) } -\dfrac{25}{11}; \text{ c) } -\dfrac{1}{17}\right]$

✓ **CHECKER** Risolvi le seguenti equazioni di grado superiore al primo utilizzando la legge di annullamento del prodotto.

191 $4x\left(\dfrac{1}{4}x + 2\right) = 0$ $[-8; 0]$

192 $(-2x + 2)\left(\dfrac{1}{5}x + 1\right) = 0$ $[-5; 1]$

193 $\dfrac{x^4}{3}(6x - 4) = 0$ $\left[0; \dfrac{2}{3}\right]$

194 $(7 - x)^2\left(-\dfrac{1}{2} - 3x\right) = 0$ $\left[-\dfrac{1}{6}; 7\right]$

195 $\dfrac{6 + x}{6} \cdot \dfrac{-x + 2}{2} = 0$ $[-6; 2]$

196 $2\left(\dfrac{x - 1}{4}\right)\left(\dfrac{1}{2}x + \dfrac{3}{4}\right) = 0$ $\left[-\dfrac{3}{2}; 1\right]$

197 $-2x(x - 3)(2x + 1) = 0$ $\left[-\dfrac{1}{2}; 0; 3\right]$

198 $\left[\left(\dfrac{1}{2}x + 1\right) - x\right](x - 4) = 0$ $[2; 4]$

199 $\dfrac{1}{3}x(x - 4)^2(x + 9) = 0$ $[-9; 0; 4]$

200 $(4x - 2)(10x - 20) = 0$ $\left[\dfrac{1}{2}; 2\right]$

201 $7x^2\left(x + \dfrac{1}{3}\right) = 0$ $\left[-\dfrac{1}{3}; 0\right]$

202 $(2x - 6)\left[\left(3x - \dfrac{1}{2}\right)2 - 2\right] = 0$ $\left[\dfrac{1}{2}; 3\right]$

4. PROBLEMI ED EQUAZIONI

→ Teoria a pagina 264

Espressioni ed equazioni

Traduci in simboli matematici le seguenti affermazioni.

203 Il successivo di un numero dispari.

Due numeri pari consecutivi.

Il precedente di un numero.

Il quadrato del triplo di un numero.

204 Tre numeri consecutivi.

Tre numeri dispari consecutivi.

Il quadrato di un numero pari.

Il doppio del successivo di un numero.

205 📱 **TEST** Indica quale delle seguenti equazioni è la traduzione in simboli di: «La semisomma tra un numero e la metà del suo successivo è uguale alla differenza tra il doppio del numero e 6».

A $x + \dfrac{1}{2}(x + 1) = 2x - 6$

B $\dfrac{1}{2}x + \dfrac{1}{2}(x + 1) = 2x - 6$

C $\dfrac{1}{2}\left[x + \dfrac{1}{2}(x + 1)\right] = 2x - 6$

D $\dfrac{1}{2}x + \dfrac{1}{2}x + 1 = 2x - 6$

206 📱 **TEST** Solo una delle seguenti equazioni traduce in simboli: «Se si aumenta la metà di un numero del 40%, si ottiene il doppio della differenza tra il numero e 13». Quale?

A $\dfrac{x}{2} + \dfrac{40}{100} = 2x - 13$

B $\dfrac{x}{2} + \dfrac{40}{100} \cdot \dfrac{x}{2} = 2(x - 13)$

C $\dfrac{x}{2} + \dfrac{40}{100} \cdot \dfrac{x}{2} = 2x - 13$

D $\dfrac{x}{2} + \dfrac{40}{100} = 2(x - 13)$

207 📱 **INVALSI 2006** Quale tra le seguenti espressioni algebriche corrisponde all'espressione verbale: «Aggiungendo 3 a un numero n e moltiplicando il risultato per 4 si ottiene 20»?

A $4 \cdot n + 3 = 20$ B $4 \cdot (n + 3) = 20$ C $4 + n \cdot 3 = 20$ D $(4 + n) \cdot 3 = 20$

Problemi sui numeri

Il prodotto tra un numero naturale e il suo successivo è uguale al quadrato del numero maggiore diminuito di 15. Troviamo i due numeri.

Chiamiamo x il numero minore e $x + 1$ il suo successivo.
Traduciamo la frase nell'equazione risolvente:

$$\underbrace{x(x+1)}_{\text{Il prodotto tra un numero naturale e il suo successivo...}} \overset{\text{...è uguale...}}{=} \underbrace{(x+1)^2}_{\text{... al quadrato del numero maggiore...}} \overset{\text{...diminuito...}}{-} \underbrace{15}_{\text{...di 15.}}$$

con la condizione $x \in \mathbb{N}$ (se x è un numero naturale, anche $x + 1$ lo è).

Risolviamo l'equazione:

$$x(x+1) = (x+1)^2 - 15 \rightarrow x^2 + x = x^2 + 2x + 1 - 15 \rightarrow x = 14.$$

svolgiamo i calcoli

La soluzione è accettabile perché 14 è un numero naturale.

Il successivo di 14 è 15, quindi i numeri cercati sono 14 e 15.

---

208 **INVALSI 2003** La somma fra i $\dfrac{5}{6}$ di un numero e 5 è uguale al numero aumentato di $\dfrac{1}{2}$. Di quale numero si tratta?

A 21 B 27 C 30 D 33 E 39

---

209 Se ai $\dfrac{3}{4}$ di un numero naturale si aggiungono i suoi $\dfrac{2}{3}$, si ottiene 34. Determina il numero. [24]

210 Di un numero naturale di due cifre si sa che la somma della cifra delle decine con quella delle unità è 12 e che la cifra delle decine è uguale a quella delle unità aumentata di 2. Trova il numero. [75]

211 Il prodotto di due numeri dispari consecutivi è uguale al quadrato del primo numero aumentato di 42. Determina i due numeri. [21; 23]

212 Il triplo di un numero naturale aumentato della sua terza parte è uguale a 50. Qual è il numero? [15]

213 Determina quel numero che sommato alla sua metà è uguale al suo triplo diminuito di 39. [26]

214 Se a $\dfrac{1}{8}$ di un numero naturale sommiamo la sua metà otteniamo il suo doppio diminuito di 44. Qual è il numero? [32]

215 Se al quadrato di un numero naturale non nullo sottraiamo il triplo del numero, otteniamo il suo quadruplo. Qual è il numero? [7]

216 Determina quel numero naturale che sommato al suo successivo dà come risultato 25. [12]

217 Il doppio prodotto di un numero naturale per il suo successivo è uguale al doppio della somma tra il quadrato del numero e 9. Determina il numero. [9]

218 La metà di un numero aumentata della sua terza parte è uguale a un quarto del numero aumentato di 21. Qual è il numero? [36]

219 Determina due numeri pari consecutivi, sapendo che la metà del secondo diminuita dell'ottava parte del primo è uguale alla somma dei due numeri diminuita di 53. [32; 34]

220 Determina la frazione in cui il numeratore è uguale al denominatore aumentato di 7 e la somma tra numeratore e denominatore vale 17. $\left[\dfrac{12}{5}\right]$

221 CHI HA RAGIONE? «Dividendo un numero per 3, si ottiene lo stesso risultato che si ha sottraendo 21 alla metà del numero. Qual è il numero?» Stefano e Barbara hanno tradotto in equazione il problema in modi diversi. Cosa ne pensi?

Stefano
$$\frac{x}{3} = 21 - \frac{x}{2}$$

Barbara
$$\frac{x}{3} = \frac{x - 21}{2}$$

222 ESEMPIO DIGITALE La somma di due numeri vale 39. Se si divide il maggiore per il minore, si ottiene come quoziente 2 e come resto 3. Determina i due numeri.

223 La differenza tra due numeri vale 29. Se si divide il maggiore per il minore, si ottiene come quoziente 2 e come resto 13. Trova i due numeri.

[16; 45]

224 Determina un numero, sapendo che la differenza tra il prodotto di quel numero con il suo precedente e il prodotto di quel numero con il suo successivo è uguale a -16.

[8]

225 Determina il numero naturale x che diviso per 4 dà come quoziente la differenza tra $\frac{1}{3}$ del numero stesso e 8 e come resto 3.

[87]

226 Determina due numeri, sapendo che la loro differenza è 29 e che sottraendo al triplo del minore i $\frac{6}{7}$ del maggiore ottieni 48.

[34; 63]

227 La somma tra il quadrato di un numero x e il quadrato del suo successivo è uguale al doppio prodotto dei due numeri. Determina x.

[impossibile]

228 Diminuendo un numero naturale del 20% si ottiene il 60% del suo successivo. Trova il numero.

[3]

229 ESEMPIO DIGITALE In un numero di due cifre la cifra delle decine supera di 2 quella delle unità. Scambiando tra loro le due cifre, si ottiene un numero che sommato a quello iniziale dà 66. Trova il numero iniziale.

230 Un numero ha due cifre la cui somma è 12. Scambiando tra loro le cifre si ottiene un numero il cui triplo supera il numero iniziale di 24. Trova il numero.

[93]

Problemi geometrici

Angoli

> **ESEMPIO**
>
> Calcoliamo l'ampiezza degli angoli di un triangolo ABC, sapendo che $\widehat{A}$ è i $\frac{9}{4}$ di $\widehat{B}$ e che $\widehat{C}$ è il triplo di $\widehat{B}$ aumentato di 5.
>
> Poniamo come incognita la misura in gradi dell'angolo in B: $\widehat{B} = x$, con $0 < x < 180$.
>
> Utilizzando le relazioni fornite dal problema, otteniamo: $\widehat{A} = \frac{9}{4}x$; $\widehat{C} = 3x + 5$.
>
> Ricordando che la somma degli angoli interni di un triangolo è un angolo piatto, scriviamo l'equazione risolvente:
>
> $$\widehat{A} + \widehat{B} + \widehat{C} = 180 \quad \rightarrow \quad \frac{9}{4}x + x + 3x + 5 = 180.$$
>
> $$\widehat{A} = \frac{9}{4}x; \ \widehat{B} = x; \ \widehat{C} = 3x + 5$$
>
> Risolviamo l'equazione:
>
> $$\frac{9}{4}x + x + 3x + 5 = 180 \quad \rightarrow \quad 9x + 4x + 12x + 20 = 720 \rightarrow 25x = 700 \rightarrow x = 28.$$
>
> Poiché $0 < 28 < 180$, la soluzione è accettabile.
>
> Ricaviamo le ampiezze di $\widehat{A}$ e $\widehat{C}$:
>
> $$\widehat{A} = \frac{9}{4}x \quad \rightarrow \quad \widehat{A} = \frac{9}{\underset{1}{\cancel{4}}} \cdot \cancel{28}^{7} = 63; \qquad \widehat{C} = 3x + 5 \quad \rightarrow \quad \widehat{C} = 3 \cdot 28 + 5 = 89.$$
>
> Le ampiezze di $\widehat{A}$, $\widehat{B}$ e $\widehat{C}$ sono rispettivamente 63°, 28°, 89°.

231 Determina l'ampiezza di un angolo, sapendo che esso è la metà del suo complementare. [30°]

232 Un triangolo isoscele ha gli angoli alla base di ampiezza quadrupla rispetto all'angolo al vertice. Determina le ampiezze degli angoli del triangolo. [20°; 80°; 80°]

233 Se a un angolo si aggiunge la metà del suo complementare, si ottengono i $\frac{2}{5}$ di un angolo piatto. Trova l'ampiezza dell'angolo. [54°]

234 Determina l'ampiezza di un angolo, sapendo che la sua sesta parte è uguale alla terza parte del suo supplementare. [120°]

235 In un triangolo isoscele l'ampiezza dell'angolo alla base è il 25% di quella dell'angolo al vertice. Determina le ampiezze degli angoli del triangolo. [30°; 30°; 120°]

236 Un trapezio isoscele ha l'angolo minore che misura $\frac{1}{3}$ di quello maggiore. Calcola le misure dei suoi angoli. [135°; 45°]

237 In un triangolo l'angolo $\widehat{A}$ supera di 1° il quadruplo di $\widehat{B}$ e l'angolo $\widehat{C}$ supera di 3° la terza parte dell'angolo $\widehat{B}$. Determina le ampiezze degli angoli del triangolo. [133°; 33°; 14°]

238

la differenza è 40°

α   β

Calcola l'ampiezza di ciascun angolo. [110°; 70°]

Segmenti, perimetri, aree

ESEMPIO

Determiniamo la lunghezza di due segmenti, sapendo che uno è $\frac{2}{3}$ dell'altro e che la loro differenza è 6 cm.

Rappresentiamo i segmenti.

Scriviamo le relazioni: $\overline{AB} = \frac{2}{3}\overline{CD}$; $\overline{CD} - \overline{AB} = 6$.

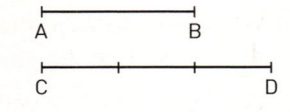

Poniamo $\overline{CD} = x$, con la condizione $x > 0$.

L'equazione risolvente è: $\overline{CD} - \overline{AB} = 6 \rightarrow x - \frac{2}{3}x = 6$.

$$\overline{CD} = x; \overline{AB} = \frac{2}{3}\overline{CD}$$

Risolviamo l'equazione: $x - \frac{2}{3}x = 6 \rightarrow \frac{1}{3}x = 6 \rightarrow x = 18$.

Ricaviamo la misura di AB: $\overline{AB} = \frac{2}{3}\overline{CD} \rightarrow \overline{AB} = \frac{2}{3}x = \frac{2}{3} \cdot 18^6 = 12$.

Le lunghezze di AB e CD sono rispettivamente 12 cm e 18 cm.

239 **INVALSI 2005** Un lato di un quadrato e un lato di un triangolo equilatero, di uguale perimetro, hanno lunghezze la cui somma è 14 m. Quanto misurano rispettivamente il lato del quadrato e quello del triangolo?

A 5 m e 9 m.   **B** 6 m e 8 m.   **C** 7 m e 7 m.   **D** 8 m e 6 m.

240 Due segmenti sono uno i $\frac{9}{5}$ dell'altro e la loro somma è pari a 56 cm. Determina la lunghezza di ognuno dei segmenti. [20 cm; 36 cm]

241 Un segmento viene diviso in due parti di cui una misura 12 cm ed è un terzo dell'altra. Quanto vale la lunghezza del segmento? [48 cm]

242 Un segmento è i $\frac{3}{5}$ di un altro e la loro differenza è 36 cm. Determina le lunghezze dei due segmenti. [54 cm; 90 cm]

243 La somma di due segmenti è 160 cm e la loro differenza è i $\frac{2}{5}$ della lunghezza del più lungo tra i due. Determina la lunghezza dei due segmenti. [100 cm; 60 cm]

244 Dividi un segmento lungo 56 cm in due parti delle quali una è i $\frac{4}{3}$ dell'altra. Quali sono le lunghezze dei segmenti che si ottengono? [24 cm; 32 cm]

245 La somma di due segmenti è 29 cm e la loro differenza è 4 cm. Determina le lunghezze dei segmenti. [12,5 cm; 16,5 cm]

246 Due segmenti sono tali che la somma tra il primo e il doppio del secondo è 90 cm e la loro differenza è 24 cm. Quanto vale la lunghezza di ogni segmento? [14 cm, 38 cm; 46 cm, 22 cm]

247 Un segmento viene diviso in due parti di cui una misura 44 cm e l'altra è i $\frac{3}{4}$ della lunghezza totale del segmento. Quanto è lungo il segmento? [176 cm]

248 Un segmento viene diviso in tre parti, di cui due hanno la stessa lunghezza. La somma delle due parti uguali è i $\frac{3}{2}$ della parte rimanente. Se il segmento misura 80 cm, determina la lunghezza delle tre parti. [24 cm; 24 cm; 32 cm]

249 Trova per quale valore di x il triangolo equilatero e il pentagono regolare hanno lo stesso perimetro. [6 cm]

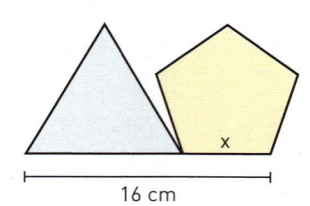

16 cm

250 Un triangolo isoscele ha perimetro 76 cm e la base è uguale al lato obliquo diminuito di 2 cm. Determina le lunghezze dei lati del triangolo. [24 cm; 26 cm; 26 cm]

251 La base di un rettangolo è i $\frac{12}{5}$ dell'altezza e il semiperimetro è 34 cm. Determina l'area del rettangolo. [240 cm²]

252 **ESEMPIO DIGITALE** In un rettangolo l'altezza è i $\frac{2}{3}$ della base e la somma tra il 25% dell'altezza e i $\frac{7}{6}$ della base è 88 cm. Trova perimetro e area del rettangolo.

253 Un quadrato di lato a è diviso in settori come in figura. Il quadrato rosso ha lato $\frac{a}{5} + 1$. Trova area e perimetro del quadrato verde, sapendo che il suo perimetro misura 16 cm in più del perimetro del quadrato rosso. [49 cm²; 28 cm]

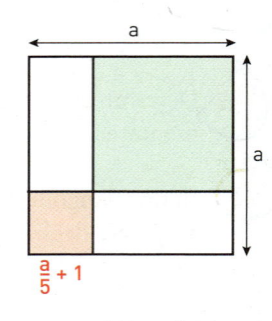

254 In un rettangolo la base supera l'altezza di 18 cm. Trova l'area del rettangolo sapendo che l'altezza è $\frac{1}{6}$ del perimetro. [648 cm²]

255 Trova il valore del raggio del cerchio bianco della figura sapendo che il perimetro della zona colorata risulta 40π. [5]

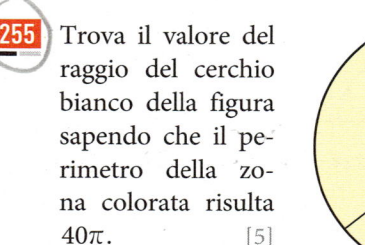

256 È dato un triangolo isoscele di perimetro 160 cm. Sapendo che la lunghezza del lato obliquo supera di 20 cm quella della metà della base, determina l'area del triangolo. [1200 cm²]

257 L'area del rettangolo della figura è il doppio di quella del quadrato. Trova i perimetri del rettangolo e del quadrato. [34; 24]

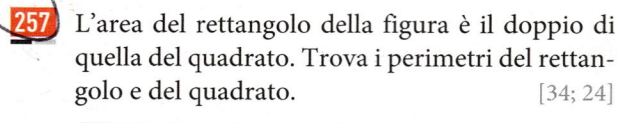

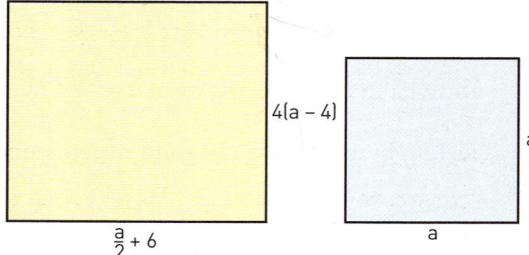

258 *ABCD* è un trapezio rettangolo. La somma delle sue basi ha lunghezza 130 m, la base maggiore supera la minore di 30 m, l'altezza è la metà della base maggiore. Calcola l'area del trapezio. [2600 m²]

259 ☐ **ESEMPIO DIGITALE** *ABCD* è un trapezio rettangolo nei vertici *A* e *D*. La base *CD* è $\frac{2}{3}$ della base *AB* e l'area è 480 m². Sapendo che l'altezza è lunga 16 m, calcola il perimetro del trapezio.

260 Determina il perimetro e l'area del rettangolo *ABCD*, sapendo che *AB* è uguale alla semidifferenza dei due lati aumentata di 4 cm e che *AD* è uguale a $\frac{3}{5}$ di *AB*.   [16 cm; 15 cm²]

261 In un rombo la somma delle diagonali è 42 cm e la diagonale maggiore diminuita di 3 è uguale a $\frac{7}{6}$ della diagonale minore. Calcola perimetro e area del rombo.   [60 cm; 216 cm²]

262 Determina la misura del perimetro del rettangolo in cui fra i lati ci sono le relazioni della figura.   [280 cm]

è i $\frac{5}{2}$ di

supera di 20 il doppio di

263 Un triangolo ha il perimetro di 23 cm. Determina la lunghezza di ogni lato, sapendo che il rapporto tra la lunghezza del lato maggiore e quella del lato minore è $\frac{3}{2}$ e che il terzo lato supera di 2 il lato minore.   [6 cm; 9 cm; 8 cm]

264 Determina il perimetro di un trapezio isoscele di area 60 cm² e di altezza pari a 8 cm, sapendo che il lato obliquo è $\frac{2}{3}$ della somma delle basi.   [35 cm]

265 In un triangolo rettangolo il rapporto dei cateti è $\frac{4}{3}$ e il rapporto tra l'ipotenusa e il cateto maggiore è $\frac{5}{4}$. Determina l'area e la lunghezza dei tre lati del triangolo, sapendo che il perimetro è 54 cm.   [121,5 cm²; 18 cm; 13,5 cm; 22,5 cm]

266 In un triangolo le misure dei lati sono numeri consecutivi. È noto poi che la metà del lato minore aumentata dei $\frac{2}{7}$ del lato maggiore è uguale a 10 cm. Trova la misura del perimetro del triangolo.   [39 cm]

267 Determina le basi di un trapezio, sapendo che la loro differenza è 4 cm, l'altezza 6 cm e l'area 60 cm².   [8 cm; 12 cm]

MATEMATICA AL COMPUTER

Un problema di geometria

In un triangolo di perimetro *p*, i lati hanno misure *a*, *b* e *c* tali che *b* supera *h* volte *a* di *s* metri e *c* è *k* volte *a*. Con un foglio elettronico raccogliamo i dati *h*, *k*, *s* e *p*, che devono essere positivi, calcoliamo *a*, *b*, *c* e verifichiamo se possono essere i lati di un triangolo.

☐ ▸ Problema e risoluzione.
▸ 5 esercizi in più.

Con il teorema di Pitagora

268 In un triangolo rettangolo un cateto è lungo 20 cm e l'ipotenusa supera di 10 cm l'altro cateto. Determina le lunghezze dell'ipotenusa e del cateto mancante.   [15 cm; 25 cm]

269 In un triangolo rettangolo un cateto è $\frac{5}{12}$ dell'altro e il perimetro è 300 cm. Trova le lunghezze dei lati del triangolo.   [50 cm; 120 cm; 130 cm]

270 In un triangolo isoscele la base è $\frac{3}{2}$ dell'altezza. Sapendo che il perimetro del triangolo è 48 cm, trova i lati del triangolo.   [15 cm; 15 cm; 18 cm]

271 In un triangolo rettangolo la differenza tra l'ipotenusa e un cateto è 3 cm. Sapendo che l'altro cateto è 12 cm, trova l'area del triangolo.   [135 cm²]

272 In un rettangolo il lato minore è il 75% del maggiore, che ha lunghezza *x*. Trova il semiperimetro del rettangolo, sapendo che l'area del quadrato costruito sulla diagonale è $\left(10 - \frac{5}{4}x\right)^2$ cm².   [7 cm]

273 In un rombo il rapporto tra la diagonale maggiore, di lunghezza 8*x*, e quella minore è $\frac{4}{3}$. Sapendo che il semiperimetro del rombo è $(20 - 10x)$ cm, calcola l'area.   [24 cm²]

274 In un trapezio rettangolo la base maggiore supera di 1 cm il lato obliquo e di 3 cm la base minore, che è congruente all'altezza. Trova il perimetro del trapezio.   [10 cm]

275 In un triangolo isoscele *ABC* di base *AB* l'altezza *CH* è $\frac{15}{8}$ di *HB*. Sapendo che il perimetro di *ABC* è uguale a quello di un rettangolo la cui base supera *CH* di 1 cm e con altezza congruente a *HB*, trova l'area del triangolo *ABC*.   [30 cm²]

9 EQUAZIONI LINEARI

Geometria solida

276 Trova il volume di un cilindro che ha altezza 10 cm e superficie laterale 100π cm².
[250π cm³]

277 Un parallelepipedo ha altezza 10 cm e spigoli di base di 4 cm e 6 cm. Aumentando gli spigoli di base di una stessa quantità x, l'area laterale risulta 400 cm². Trova il valore di x.
[5 cm]

278 Un parallelepipedo ha gli spigoli di base che si ottengono rispettivamente aumentando e diminuendo di 2 cm il lato di un cubo e altezza uguale al lato del cubo stesso. Calcola la lunghezza del lato del cubo il cui volume supera di 60 cm³ quello del parallelepipedo.
[15 cm]

Problemi INTORNO A NOI

279 📱 **INVALSI 2007** Durante la mattinata un commerciante vende metà delle uova che aveva in bottega; nel pomeriggio ne vende prima altre due dozzine e poi la metà del rimanente. Sapendo che un uovo si è rotto e che alla fine della giornata in bottega c'erano solo dodici uova, quante uova erano in bottega a inizio giornata?

A 200   B 148   C 100   D 99

280 📱 **INVALSI 2013** La stampante laser L in un minuto stampa il triplo delle pagine della stampante deskjet D. Quando L e D lavorano contemporaneamente, stampano in tutto 24 pagine al minuto. Se D viene sostituita con una stampante laser identica a L, quante pagine potranno essere stampate complessivamente in un minuto?

A 30   B 36   C 48   D 24

281 📱 **TEST** L'età media di Aldo, Bruno, Carlo e Davide è 16 anni. Se non si tiene conto di Davide, l'età media dei tre rimanenti sale a 18. Qual è l'età di Davide?

A 12   B 14   C 10   D 9

282 Maria ha 5 anni più di Marco e fra 3 anni l'età di Marco sarà pari ai $\frac{2}{3}$ di quella di Maria. Quali sono le età di Maria e Marco?
[12; 7]

283 📱 **ESEMPIO DIGITALE** Giovanni alla nascita di suo figlio Marco aveva 36 anni. 8 anni fa l'età di Giovanni era tripla di quella di Marco. Quanti anni hanno ora Giovanni e Marco?

284 **EDUCAZIONE FINANZIARIA** Carlo possiede € 480 e Francesca ne possiede 150 in meno. Dopo quanti giorni i due ragazzi saranno in possesso della stessa cifra?
[10]

al giorno spende € 40

al giorno spende € 25

285 All'inizio dell'ora di educazione fisica l'insegnante fa un sondaggio per decidere cosa fare. Risulta che $\frac{1}{4}$ degli studenti vorrebbe giocare a pallavolo, $\frac{1}{5}$ a pallamano, la metà vuole fare la corsa a ostacoli e un solo alunno vorrebbe fare il lancio del peso. Quanti sono gli alunni della classe che vogliono giocare a pallamano?
[4]

286 Paolo ha 40 anni e ha una figlia di 6 anni. Tra quanti anni l'età di Paolo sarà il triplo di quella della figlia?
[11]

287 Un padre e un figlio hanno insieme 52 anni e l'età del figlio è i $\frac{3}{10}$ di quella del padre. Fra quanti anni l'età del figlio sarà uguale agli $\frac{11}{25}$ di quella del padre?
[10]

288 📱 **YOU & MATHS** **From words to symbols** Translate the following text into an equation and solve it. Also visualize the situation with a graphic representation.
A man is on a diet and goes into a shop to buy some turkey slices. He is given 3 slices which together weigh $\frac{1}{3}$ of a pound, but his diet allows him to eat $\frac{1}{4}$ of a pound. How much of the 3 slices can he eat while staying true to his diet?

▶ **LABORATORIO**   **MATEMATICA E STORIA**

Problemi al tempo di Carlo Magno

Alcuino di York era un monaco, chiamato da Carlo Magno alla sua corte poco dopo il 780. Scrisse la raccolta di problemi e rompicapo *Propositiones Arithmeticae ad acuendos juvenes*, il cui titolo ci ricorda che essa era stata concepita come strumento per educare i giovani e rendere più acuta la loro mente. Abbiamo già esaminato un suo problema a pagina 265. Eccone un altro: parla di un piatto fatto di oro, argento, bronzo e stagno…

Dicat, qui potest…

▢   ▶ Risoluzione.   ▶ 5 esercizi in più.   ▶ Attività di ricerca: Chi altri come Alcuino, nella storia?

289   **CHI HA RAGIONE?** Lucia chiede al padre di adottare un cagnolino. Il padre le dice, ridendo:

«Lucia, se avrai buoni voti a scuola, quando avrai un sesto dei miei anni ti accontenterò».

Lucia si può fidare delle promesse del padre burlone se ora le loro età sono quelle che indichiamo? Perché?

31 anni   *6 anni*

290   **Milù e Joy** La mia gatta Milù all'età di 7 anni ha avuto un gattino che ho chiamato Joy. Fra 5 anni l'età di Milù sarà doppia di quella di Joy.
Quanti anni ha ora Joy?

[2]

291   **Ferma la gondola** Un palo per ormeggiare le gondole risulta infisso nella sabbia della laguna per metà della sua lunghezza, $\frac{1}{4}$ di esso è immerso in acqua ma fuori dalla sabbia e 2 m del palo sporgono fuori dall'acqua. Calcola la lunghezza del palo.

[8 m]

292   ▢ **EUREKA!** **Tra ragazzi** Luigi ha 4 anni più di Silvio, che, a sua volta, ha 3 anni più di Carlo. Se complessivamente hanno 34 anni, quanti anni ha il più grande?

A 12   B 15   C 17   D 18   E 20

[Giochi di Archimede, 2004]

293   La differenza di età fra due fratelli è di 4 anni. L'età della loro madre è cinque volte quella del figlio minore e tripla di quella del maggiore. Quanti anni hanno la mamma e i figli?

[30; 6; 10]

294   Due treni viaggiano sulla stessa linea in verso opposto alle velocità medie indicate in figura. Se sono partiti nello stesso momento, a quale distanza dalla stazione *A* si incontreranno? Dopo quanti minuti?

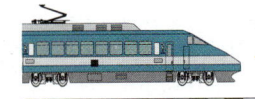 *velocità 110 km/h* *velocità 130 km/h*

A   *180 km*   *B*

[82,5 km; 45 minuti]

► LABORATORIO — MATEMATICA E FISICA

Il punto di rendez-vous

Un aereo dopo un'ora di volo percorre $\frac{1}{7}$ della distanza D tra New York e Londra, dopo due ore i $\frac{2}{7}$ e così via. Un secondo aereo dopo un'ora percorre $\frac{1}{8}$ della distanza tra Londra e New York, dopo due ore i $\frac{2}{8}$ ecc.

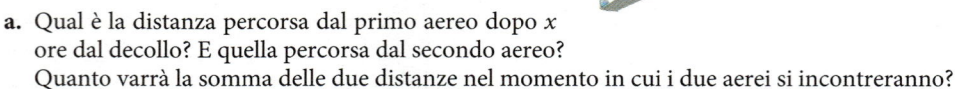

volo New York-Londra = 7 ore
volo Londra-New York = 8 ore

a. Qual è la distanza percorsa dal primo aereo dopo x ore dal decollo? E quella percorsa dal secondo aereo?
Quanto varrà la somma delle due distanze nel momento in cui i due aerei si incontreranno?
b. Se gli aerei partono nello stesso momento, stabilisci dopo quanto tempo (in ore e minuti) si troveranno nello stesso punto.

▶ Risoluzione. ▶ 3 esercizi in più.

295 **Profezia matematica** Un'indovina predice a Luca il suo futuro: «Tra $\frac{1}{3}$ degli anni che hai adesso ti sposerai e dopo due anni ti nasceranno due gemelli; quando loro avranno il doppio dell'età che hai adesso, tu avrai 72 anni». Quanti anni ha adesso Luca? [21]

296 In una scuola media i $\frac{4}{5}$ degli studenti praticano sport e, tra questi, i $\frac{2}{3}$ sono maschi. Sapendo che il numero degli studenti che non pratica sport è uguale al numero delle ragazze che praticano sport diminuito di 23, determina il numero degli studenti della scuola. [345]

EDUCAZIONE FINANZIARIA

297 La quotazione dell'oro a gennaio è stata di 40 euro al grammo. A febbraio è salita del 2% rispetto al mese precedente e a marzo è scesa dell'1% rispetto al mese precedente.

a. Calcola la quotazione dell'oro a marzo.

b. Che quantitativo di oro ha acquistato a gennaio un investitore che a marzo possiede un lingotto del valore di € 60 588?

[a) 40,392 €/g; b) 1500 g]

298 Un gruppo di quattro persone si reca a una mostra in tram, spendendo € 45. Quanti sono i bambini del gruppo? [2]

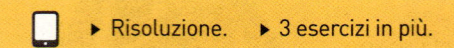

	costo mostra	costo tram
adulti	€ 11,50	€ 1,50
bambini	€ 9,50	*gratis*

299 I pezzi di un puzzle sono posizionati per metà da Giulio, per un quinto da Marco e Fabrizio in parti uguali, mentre Michele sistema solo i 90 pezzi della cornice.
Quanti pezzi posiziona Marco? [30]

300 **Problema di memoria** Fabio non ricorda mai la combinazione di tre cifre del lucchetto della sua bicicletta, quindi porta sempre con sé un indovinello per risolvere il problema.
Aiuta Fabio a risalire alla combinazione. [963]

La prima cifra è il triplo della terza, che a sua volta è la metà della seconda. Se si sottrae alla prima il doppio della seconda, si ottiene la differenza fra la terza e 6.

301 Carla investe € 8000 in due quote diverse. Sulla prima parte del capitale guadagna il 3%, sulla parte restante il 2%. Sapendo che il guadagno complessivo è stato di € 194, come ha ripartito la somma? [€ 3400; € 4600]

302 Un negoziante compra un televisore e lo rivende a un prezzo scontato in tempo di saldi. Quanto guadagna? [€ 14]

prezzo di vendita scontato € 414

saldi −10%

prezzo di vendita

+ 15%

prezzo di acquisto

303 In tempo di saldi un articolo che costa € 500 viene scontato del 12%. In seguito viene scontato ulteriormente e lo sconto complessivo risulta di € 82. Qual è il secondo sconto applicato? [5%]

304 **Matematica in famiglia** In una famiglia il padre ha 3 anni più della madre, che ha il doppio dell'età della figlia; il figlio maggiore è nato 4 anni prima della sorella. Trova le età dei componenti della famiglia, sapendo che due anni fa la somma delle loro età era 149. [53; 50; 29; 25]

305 Matteo possiede € 18 in monete da € 2, € 1, € 0,50. Sapendo che il numero di monete da € 1 supera di 3 il doppio di quello delle monete da € 2 e che le monete da € 0,50 sono il doppio di quelle da € 2, calcola quante monete possiede Matteo. [18]

306 **EUREKA!** **Al botteghino** Per una manifestazione sportiva sono stati venduti 416 biglietti. I biglietti per posti riservati erano venduti a $ 14 ciascuno, mentre i biglietti normali a $ 8 ciascuno. L'incasso totale è stato di $ 4840. Ricava il numero di biglietti normali venduti.

[USA Southern Illinois University Carbondale, Final Exam, 2004]

[164]

307 Trova la quantità di succo di frutta che può riempire 7 contenitori uguali, oppure 5 contenitori uguali di capacità superiore di 30 cL rispetto a quelli precedenti. [525 cL]

308 Si vogliono diluire 50 mL di soluzione di acqua zuccherata nella quale lo zucchero è il 2,5% del volume totale. Quanta acqua occorre aggiungere affinché lo zucchero risulti l'1% del volume totale? [75 mL]

309 **EDUCAZIONE FINANZIARIA** Nonno Piero va a comprare dei quaderni da suddividere in numero uguale fra i tre nipoti. Giunto in cartoleria, vede che un quaderno costa € 1,50 e pensa: «Se il prezzo dei quaderni non fosse aumentato di € 0,30 rispetto a quello dell'anno scorso, con la stessa cifra ne avrei potuto comprare uno in più per ogni ragazzo!». Quanti quaderni porta a ogni nipote? [4]

310 La popolazione di una città dal 2010 al 2012 è aumentata come indicato nello schema.

+ 3640 unità

2010   2011   2012

+ 2%   + 2,5%

Quanti abitanti c'erano nel 2012? [83 640]

311 **EDUCAZIONE FINANZIARIA** Mario ha investito un capitale ripartendolo in due somme. Oggi, sulla prima parte perde il 2%, mentre sulla seconda, di € 2000, guadagna l'1,5%. Se, facendo i conti, si accorge che il suo capitale è rimasto inalterato, quale cifra ha investito? [€ 3500]

312 **YOU & MATHS** $x + 10$… **What could it mean?** Think of a situation that can be described with the equation $x + 10 = 17$ and write a problem that can be solved by the equation.

MATEMATICA ED ECONOMIA

Obiettivo Ibiza

Marco sta risparmiando sulla «paghetta» che gli danno i genitori in vista di un viaggio a Ibiza da fare con gli amici dopo l'esame di maturità…

▶ Problema e risoluzione.

VERIFICA DELLE COMPETENZE ALLENAMENTO

▶ Competenza **1** (abilità **2, 3**)

1 TEST È data l'equazione $\frac{1}{5} + \frac{2}{3}x = \frac{1}{3}$. Quale, tra le seguenti affermazioni, è *falsa*?

A L'equazione è determinata.

B L'equazione ha soluzione in $\mathbb{Q}$.

C L'equazione ha soluzione in $\mathbb{Z}$.

D L'equazione non ha soluzione in $\mathbb{N}$.

✓ CHECKER **Risolvi le seguenti equazioni.**

2 $\left(\frac{1}{5}x + 1\right)\left(1 - \frac{1}{5}x\right) + \left(\frac{x}{5} - \frac{5}{3}\right)^2 = 0$ $\left[\frac{17}{3}\right]$

5 $(3 - z)(z + 3) + \left(\frac{1}{2} + z\right)^2 = 2(1 - 2z) + 1$ $\left[-\frac{5}{4}\right]$

3 $5(x + 3) = \left(\frac{1}{2}x - 3\right)^2 - \frac{(6 + x)(1 + x)}{4}$ $\left[-\frac{10}{13}\right]$

6 $x(2x + 1) - 3(x - 3)^2 = x(5 - x) + 1$ $[2]$

7 $2 \cdot 10^3 x - 5 \cdot 10^4 = 10^5 x - 10^3$ $\left[-\frac{1}{2}\right]$

4 $10^{-1}(x + 3)(5 - x) = -\frac{2}{5}\left[\left(\frac{1 + x}{2}\right)^2 + \frac{1}{2}x\right]$ $\left[-\frac{8}{3}\right]$

8 $\frac{(x - 9)(x + 9)}{27} = \frac{1}{3}\left(\frac{1}{3}x + 1\right)^2 - \frac{x + 3^{-1}}{2} + 1$ $[15]$

▶ Competenza **3** (abilità **2, 3, 4**)

9 INVALSI 2004 Data l'equazione $2x + 3 = 3x + b$, quale valore si deve dare a b perché la soluzione sia $x = -8$?

A $b = 5$ B $b = -5$ C $b = 11$ D $b = -11$

10 INVALSI 2012 È data l'equazione $(3k - 6)x - 5k + 2 = 0$, in cui x è l'incognita e k è un numero reale. La soluzione dell'equazione è 0 per $k = \boxed{}$.

11 La somma tra 8 e il 25% del quadrato della differenza tra un numero naturale e 8 è uguale al quadrato della metà del numero stesso. Trova il numero. $[6]$

12 La somma di due segmenti è i $\frac{16}{9}$ della lunghezza del primo segmento. Se il secondo segmento misura 49 cm, determina la lunghezza del primo. $[63\text{ cm}]$

13 Un triangolo ha l'angolo $\widehat{A}$ che è doppio di $\widehat{B}$ e l'angolo $\widehat{C}$ che è la semisomma di $\widehat{A}$ e $\widehat{B}$. Calcola le ampiezze degli angoli del triangolo. $[80°; 40°; 60°]$

14 Un rettangolo ha perimetro triplo di quello di un quadrato di area 441 cm². Trova l'area del rettangolo, sapendo che la base supera di 6 gli $\frac{11}{9}$ dell'altezza. $[3888\text{ cm}^2]$

15 INVALSI 2003 Luigi ha un sacchetto contenente alcune palline. Ne dà $\frac{1}{4}$ a Maria e $\frac{1}{8}$ delle rimanenti a Filippo. In questo modo gli restano 21 palline nel sacchetto. Quante ce n'erano all'inizio?

A 28   B 32   C 48   D 56   E 64

16 INVALSI 2005 Carla e Anna sono due sorelle nate rispettivamente nel 1989 e nel 1997. In che anno Carla avrà il doppio dell'età di Anna?

A Nel 2021.   B Nel 2013.   C Nel 2005.   D Mai.

VERIFICA DELLE COMPETENZE PROVE

 **TUTOR** | **PROVA A** (10 esercizi) | **PROVA B** (10 esercizi) | ⏱ **IN MEZZ'ORA**

PROVA C ▸ Competenze **1, 3**   ⏱ **IN UN'ORA**

1   **VERO O FALSO?**

a. $3(x+2)-1=0$ e $x+2=\dfrac{1}{3}$ sono equazioni equivalenti.   V F

b. $(x-1)(1+x)+5=4x+(x-2)^2$ è un'identità.   V F

c. L'equazione $2[(1+3x)+8]=-3x$ è determinata in $\mathbb{Z}$ e impossibile in $\mathbb{N}$.   V F

d. L'equazione $3(3x-2)=6x+2(x-3)$ è impossibile.   V F

e. L'equazione $7x=4(x-2)+3(4+x)$ è indeterminata.   V F

Risolvi le seguenti equazioni.

2 $(x-3)^2-[2(x-1)-3]=x(x-1)-7$

3 $14-7t+3(t-2)(t+2)=2(1-t)^2+t(t-3)$

4 $3+\dfrac{x-2}{2}-\dfrac{1-2x}{4}=\dfrac{7}{4}-x$

5 $\dfrac{1}{9}x+\dfrac{2x-1}{6}-\dfrac{1}{2}(5-2x)=\dfrac{4x-7}{3}-\dfrac{9-x}{9}$

6   Giovanni e Marika ogni mattina fanno colazione al bar. Entrambi prendono una pasta, Marika con una spremuta e Giovanni con un caffè. Sapendo che il caffè costa € 1, una spremuta costa € 1,50 e una pasta € 1,10, dopo quanti giorni Marika avrà speso esattamente € 4 in più di Giovanni?

PROVA D ▸ Competenze **1, 3, 4**   ⏱ **IN UN'ORA**

1   **Fino a mezzanotte** In un casello autostradale, mediamente, il numero dei camion che attraversa il casello è il doppio del numero delle automobili e quest'ultimo supera di 20 il numero delle motociclette.
In un'ora, 140 veicoli hanno complessivamente attraversato il casello autostradale. Quanti di questi sono motociclette? Supponendo che la stima oraria dell'afflusso medio dei veicoli al casello sia stata effettuata alle 7 del mattino e che rimanga invariata durante l'intera giornata, quante automobili hanno attraversato il casello allo scoccare della mezzanotte?

2   **Tante focacce** Un forno industriale produce focacce uguali.
Il costo complessivo della produzione settimanale, in euro, è espresso dalla relazione $C=500+k\cdot q$, dove q indica il numero dei pezzi prodotti, k il costo del singolo pezzo e 500 le spese fisse, in euro, indipendenti dal numero dei pezzi. Producendo 1000 pezzi il ricavo è di € 3000 e il costo unitario è di € 1,20. Portando la produzione a 1500 pezzi, il ricavo sale a € 3900 e il guadagno aumenta del 30%. Di quanto varia il costo unitario?

3   **Il giorno più bello** In un ristorante, in occasione di un matrimonio, sono state disposte 10 sedie in più del numero di invitati previsti dalla lista. Durante gli ultimi preparativi, però, il 5% degli invitati ha comunicato la propria assenza, così gli sposi, per evitare che ci fossero posti vuoti nei tavoli del ristorante, hanno invitato altre 20 persone al ricevimento. Sapendo che, al momento del pranzo, tutte le sedie del ristorante erano occupate, quanti erano gli invitati previsti inizialmente dalla lista?

10 DISEQUAZIONI LINEARI

1. DISUGUAGLIANZE E DISEQUAZIONI

You can express **strict inequalities** between numbers with the symbols $<$ and $>$.

DISUGUAGLIANZE NUMERICHE → Esercizi a pagina 294

Le disuguaglianze fra numeri possono essere espresse mediante uno di questi simboli:

$$< \qquad \leq \qquad > \qquad \geq$$

minore   minore o uguale   maggiore   maggiore o uguale

Come nelle uguaglianze, chiamiamo *primo membro* l'espressione a sinistra del simbolo di relazione, *secondo membro* quella a destra.

$$-5 > -7 \qquad 8 > 6$$
stesso verso

verso contrario

$$3 < 4 \qquad -1 > -9$$
primo membro
$$5 + 3 < 7 + 8$$
secondo membro

Proprietà delle disuguaglianze

PROPRIETÀ	ESEMPIO
1. Se ai due membri di una disuguaglianza **sommiamo** o **sottraiamo** uno stesso numero, otteniamo una disuguaglianza con lo stesso verso: se $a < b$ $\begin{cases} a + c < b + c \\ a - c < b - c \end{cases}$	$-5 < 1$ $\begin{cases} -5 + 2 < 1 + 2 \\ -5 - 3 < 1 - 3 \end{cases}$
2. Se **moltiplichiamo** o **dividiamo** i due membri di una disuguaglianza per un numero: • *positivo*, otteniamo una disuguaglianza con lo *stesso verso*: se $a < b$ e $c > 0$ $\begin{cases} a \cdot c < b \cdot c \\ \dfrac{a}{c} < \dfrac{b}{c} \end{cases}$	$+2 > -7$ $\begin{cases} (+2) \cdot (+3) > (-7) \cdot (+3) \\ \dfrac{+2}{+5} > \dfrac{-7}{+5} \end{cases}$
• *negativo*, otteniamo una disuguaglianza con *verso contrario*: se $a < b$ e $c < 0$ $\begin{cases} a \cdot c > b \cdot c \\ \dfrac{a}{c} > \dfrac{b}{c} \end{cases}$	$+4 > +1$ $\begin{cases} (+4) \cdot (-2) < (+1) \cdot (-2) \\ \dfrac{+4}{-6} < \dfrac{+1}{-6} \end{cases}$
3. Data una disuguaglianza fra due numeri *diversi da zero* e *concordi*, la disuguaglianza fra i loro **reciproci** ha *verso contrario*: $a < b \rightarrow \dfrac{1}{a} > \dfrac{1}{b}$, se a e b concordi e $a, b \neq 0$.	$3 < 4 \rightarrow \dfrac{1}{3} > \dfrac{1}{4}$ $-5 < -4 \rightarrow -\dfrac{1}{5} > -\dfrac{1}{4}$

<table>
<tr>
<td>

PROPRIETÀ

4. Se **eleviamo a n**, con $n \in \mathbb{N}$ e $n \neq 0$, i due membri *non negativi* di una disuguaglianza, otteniamo una disuguaglianza con lo stesso verso:

$a < b \rightarrow a^n < b^n$,

con $a, b \geq 0$, $n \in \mathbb{N}$ e $n \neq 0$.

</td>
<td>

ESEMPIO

$+2 < +3 \rightarrow (+2)^4 < (+3)^4$

$+4 > +2 \rightarrow (+4)^3 > (+2)^3$

</td>
</tr>
</table>

DISEQUAZIONI   → Esercizi a pagina **296**

Il concetto di disequazione è analogo a quello di equazione.

> In an inequality letters can appear on both sides, and you can look for numbers that, substituted to the letters, make the inequality *true*.

<table>
<tr>
<td>

DEFINIZIONE

Una **disequazione** è una disuguaglianza fra due espressioni letterali per la quale cerchiamo quali valori, sostituiti a una o più lettere, rendono vera la disuguaglianza stessa.

</td>
<td>

ESEMPIO

Per quali valori di a:

$a - 3 > 15$?

è una disequazione

</td>
</tr>
</table>

Chiamiamo:

- **soluzioni** i valori che rendono vera la disuguaglianza;
- **incognite** le lettere per le quali cerchiamo le soluzioni.

In questo capitolo studiamo le disequazioni di primo grado, o lineari, con una sola incognita.
Come nelle equazioni, **risolvere** una disequazione significa trovare *tutte* le sue soluzioni. Cerchiamo le soluzioni in un insieme che, se non diamo altre indicazioni, è $\mathbb{R}$.

incognita

$5x - 3 > 7$

4 è soluzione perché:

$5 \cdot 4 - 3 > 7$.

1 non è soluzione perché:

$5 \cdot 1 - 3 < 7$.

Rappresentazione delle soluzioni

Per scrivere o rappresentare graficamente le soluzioni di una disequazione sono spesso necessari **intervalli** di numeri reali. Un intervallo può essere di due tipi:

- **illimitato** se è costituito da tutti i numeri che precedono un certo numero (intervallo illimitato **inferiormente**) o che lo seguono (intervallo illimitato **superiormente**);
- **limitato** se è formato da tutti i valori compresi fra due numeri.

Il numero o i numeri con i quali inizia o termina l'intervallo sono detti **estremi**.
Rispetto a un estremo un intervallo può essere **aperto**, se non comprende l'estremo, o **chiuso**, se lo comprende.
Esaminiamo alcuni esempi, fornendo tre tipi di rappresentazione.
Con x indichiamo la variabile relativa ai valori dell'intervallo.
I simboli $+\infty$ e $-\infty$ si leggono *più infinito* e *meno infinito* e si usano per indicare che un intervallo è illimitato a destra o a sinistra, rispettivamente.

$x < -5$

intervallo illimitato inferiormente

$x > 1$

intervallo illimitato superiormente

$8 < x < 10$

intervallo limitato

<table>
<tr>
<td rowspan="3">**ESEMPIO**</td>
<td>Intervallo limitato, aperto a sinistra, chiuso a destra.</td>
<td>aperto   chiuso
2 —————— 5</td>
<td>chiuso
$2 < x \leq 5$
aperto</td>
<td>chiuso
$]2; 5]$
aperto</td>
</tr>
<tr>
<td>Intervallo illimitato, chiuso a sinistra.</td>
<td>–7 ●————·····</td>
<td>$x \geq -7$</td>
<td>$[-7; +\infty[$</td>
</tr>
<tr>
<td>Intervallo illimitato, aperto a destra.</td>
<td>·····————○ 3</td>
<td>$x < 3$</td>
<td>$]-\infty; 3[$</td>
</tr>
</table>

Diversi tipi di disequazioni

Una disequazione è:

- **intera** se l'incognita non compare nei denominatori, altrimenti è **fratta**;
- **numerica** se non contiene altre lettere oltre all'incognita, altrimenti è **letterale** e, in questo caso, le altre lettere sono i *parametri* della disequazione.

▶ $3x - 1 < 5$ è una disequazione numerica intera;

$5a + \dfrac{x}{2} \geq \dfrac{1}{a+1}$, nell'incognita x, è una disequazione letterale intera con parametro a;

$\dfrac{7}{x+1} \leq \dfrac{5}{x-1}$ è una disequazione numerica fratta;

$\dfrac{1}{x} > b$, nell'incognita x, è una disequazione letterale fratta, con parametro b.

numerica fratta
$$\frac{1}{x} = 6$$
incognita *parametro*
$$3x = b$$
letterale intera

PRINCIPI DI EQUIVALENZA → Esercizi a pagina **297**

→ Esercizi a pagina **297**

DEFINIZIONE

Due disequazioni sono **equivalenti** se hanno le stesse soluzioni.

ESEMPIO

sono equivalenti

$x - 3 > 0$ e $2x > 6$

entrambe hanno per soluzioni $x > 3$

Per ottenere da una disequazione una disequazione equivalente, utilizziamo due princìpi di equivalenza, analoghi a quelli delle equazioni. Si ottengono tenendo conto delle proprietà delle disuguaglianze numeriche.

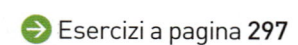

Two inequalities are **equivalent** if they have the same solutions.

PRINCIPIO

Primo principio di equivalenza
Aggiungendo o sottraendo ai due membri di una disequazione uno stesso numero, otteniamo una disequazione equivalente.

Secondo principio di equivalenza
Moltiplicando o dividendo i due membri di una disequazione per uno stesso numero diverso da 0, otteniamo una disequazione equivalente:

- mantenendo lo *stesso verso*, se il numero per cui moltiplichiamo è *positivo*;
- *cambiando verso*, se il numero è *negativo*.

ESEMPIO

secondo principio: dividiamo per 5 *5 è positivo: manteniamo lo stesso verso*

$5x - 3 > -2 \quad \rightarrow \quad 5x - 3 + 3 > -2 + 3 \quad \rightarrow \quad 5x > 1 \quad \rightarrow \quad x > \dfrac{1}{5}$

primo principio: aggiungiamo 3

secondo principio: dividiamo per −4 *−4 è negativo: cambiamo verso*

$2 - 4x > 10 \quad \rightarrow \quad -2 + 2 - 4x > 10 - 2 \quad \rightarrow \quad -4x > 8 \quad \rightarrow \quad x < -2$

primo principio: sottraiamo 2

Se, invece di un numero, in uno dei due princìpi utilizziamo un'espressione letterale, nelle disequazioni valgono considerazioni analoghe a quelle che abbiamo esaminato per le equazioni.

Dal primo principio si deduce che:

- un termine può essere *trasportato* da un membro all'altro cambiandogli il segno;
- un termine può essere *cancellato* se presente in entrambi i membri.

$$\triangleright \quad \cancel{x^2} > \cancel{x^2} + 1 - x \quad \to \quad 0 > 1 - x \quad \to \quad x > 1$$

cancellazione   trasporto

Dal secondo principio si deduce che:

se *si cambia il segno di tutti i termini, si deve cambiare il verso* della disequazione.

$$\triangleright \quad -x + 2 < 5 \quad \to \quad x - 2 > -5$$

moltiplichiamo per −1

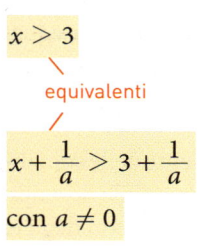

$$x > 3$$

equivalenti

$$x + \frac{1}{a} > 3 + \frac{1}{a}$$

con $a \neq 0$

Se si moltiplica o si divide per un'espressione letterale, oltre alle C.E., occorre aggiungere la condizione che l'espressione non si annulli e distinguere se assume segno positivo o negativo.

$$\triangleright \quad \frac{x}{a} > 2$$

se $a > 0$: $\cancel{a}\frac{x}{\cancel{a}} > 2a \to x > 2a$

$$\text{C.E.: } a \neq 0$$

se $a < 0$: $\cancel{a}\frac{x}{\cancel{a}} < 2a \to x < 2a$

ESERCIZI PER COMINCIARE

1   **ANIMAZIONE**   Scrivi la disuguaglianza che si ottiene da quella data, operando sui due membri come indicato.

a. $-5 < +8$, aggiungi 2;

b. $-4 > -8$, dividi per 4;

c. $+9 > -6$, moltiplica per $-\frac{1}{3}$;

d. $-3 < -2$, considera i reciproci;

e. $+\frac{1}{5} > +\frac{1}{6}$, considera i reciproci;

f. $+\frac{1}{2} > +\frac{1}{3}$, eleva al cubo.

2   Verifica se i seguenti valori sono soluzioni della disequazione $6x + 2 \leq 8$.

$$-3; \qquad \frac{4}{3}; \qquad 2; \qquad 0; \qquad 1; \qquad 0,\overline{3}.$$

3   Indica le caratteristiche dei seguenti intervalli e rappresentali graficamente.

a. $x > -3$;   **b.** $2 \leq x < 6$;   **c.** $x \leq \frac{1}{5}$;   **d.** $-9 < x < 1$;   **e.** $x \geq 0,5$;   **f.** $-8 \leq x \leq -4$.

4   **CACCIA ALL'ERRORE**   Indica il principio di equivalenza applicato quando le disequazioni sono equivalenti. Se non lo sono, spiega l'errore commesso.

$$9 - 6x \leq 3 \to 9 - 3 \leq 6x; \qquad -\frac{x}{2} < \frac{5}{2} \to x < -5; \qquad 5x > 7 \to \frac{5}{3}x > \frac{7}{3}.$$

2. DISEQUAZIONI NUMERICHE INTERE

→ Esercizi a pagina **298**

Per risolvere una disequazione di primo grado numerica intera, utilizziamo i princìpi di equivalenza fino a giungere a una delle forme seguenti:

$$ax < b, \qquad ax \le b, \qquad ax > b, \qquad ax \ge b.$$

Per l'insieme delle soluzioni distinguiamo tre casi: la disequazione può essere determinata, impossibile o sempre verificata.
Esaminiamoli con degli esempi.

ESEMPIO

Risolviamo le disequazioni:

a. $x - 6 > 3x$;   **b.** $2(x + 3) - 3x < 1 - x$;   **c.** $(x + 1)^2 - 2x > x^2 - 6$.

il verso cambia perché −2 è negativo

a. $x - 6 > 3x \quad \rightarrow \quad x - 3x > 6 \rightarrow -2x > 6 \quad \rightarrow \quad \dfrac{-2x}{-2} < \dfrac{6}{-2} \rightarrow x < -3.$

portiamo i termini in x al primo membro, quelli senza x al secondo

dividiamo entrambi i membri per −2

L'insieme delle soluzioni è un intervallo illimitato:

$x < -3$ ·····————————○
                                  −3

b. $2(x + 3) - 3x < 1 - x$
$2x + 6 - 3x < 1 - x$
$2x - 3x + x < 1 - 6$
$0x < -5$

Un qualsiasi numero moltiplicato per 0 dà 0, che *non* è minore di -5.
L'insieme delle soluzioni è vuoto e la disequazione è **impossibile**.

c. $(x + 1)^2 - 2x > x^2 - 6$
$\cancel{x^2} + 2x + 1 - 2x > \cancel{x^2} - 6$
$0x > -6 - 1$
$0x > -7$

Un numero qualsiasi moltiplicato per 0 dà 0, che è maggiore di -7.
L'insieme delle soluzioni è $\mathbb{R}$ e la disequazione è **sempre verificata**.

ESERCIZI PER COMINCIARE

1   📱 **ANIMAZIONE**   Risolvi le seguenti disequazioni:

    a. $-3(x + 1) + 5 \le 7 - x$;   **b.** $6x - 3(x + 1) > 5 + 3x$;   **c.** $2(-4 - x) + x^2 < (x - 1)^2 - 6$.

2   📱 **ANIMAZIONE**   Risolvi la seguente disequazione, indicando i princìpi di equivalenza applicati.

$$-\frac{2 + x}{3} + x^2 < (x + 1)(x - 1) + \frac{5}{6}x$$

3. SISTEMI DI DISEQUAZIONI

➜ Esercizi a pagina **306**

Date più disequazioni, possiamo chiederci se hanno in comune delle soluzioni.

▸ Date le disequazioni

$$2x > 6, \qquad x - 5 \geq 0, \qquad -x \geq -8,$$

6 è soluzione di tutte le disequazioni? E 4?

Per rispondere, possiamo sostituire 6 e 4 nelle tre disequazioni e vedere che 6 è soluzione di *tutte* le disequazioni, mentre 4 *non* lo è (*non* è soluzione della seconda).

Tuttavia un modo più rapido di procedere è quello di risolvere le disequazioni e rappresentare gli intervalli delle soluzioni in uno schema come quello della figura a lato.

I valori soluzioni di tutte le disequazioni sono quelli dell'intervallo con estremi 5 e 8; quindi 4 non è soluzione del sistema, mentre 6 lo è.

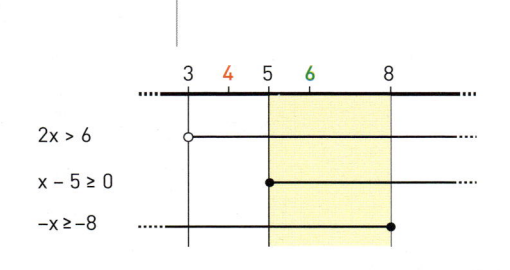

DEFINIZIONE

Un **sistema di disequazioni** è un insieme di due o più disequazioni, nella stessa incognita, per le quali cerchiamo *tutte le soluzioni comuni.*

ESEMPIO

Vogliamo risolvere il sistema di disequazioni $\begin{cases} x - 1 < 3 \\ 3x + 15 \geq 0. \\ 4x \leq 28 \end{cases}$

- Risolviamo ognuna delle disequazioni:

$$x - 1 < 3 \rightarrow x < 4; \qquad 3x + 15 \geq 0 \rightarrow x \geq -5; \qquad 4x \leq 28 \rightarrow x \leq 7.$$

- Costruiamo uno schema grafico con gli intervalli S_1, S_2 e S_3 che rappresentano gli insiemi delle soluzioni.

- Determiniamo l'intersezione dei tre insiemi di soluzioni, segnando in colore la zona del grafico in cui abbiamo soluzioni comuni alle tre disequazioni.

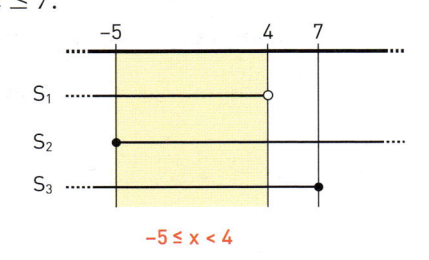

Le soluzioni del sistema sono $-5 \leq x < 4$.

ESERCIZI PER COMINCIARE

Risolvi i seguenti sistemi.

1 ▢ **VIDEO** **Sistemi di disequazioni** $\begin{cases} x < 2x + 3 \\ 4x - 2 < 6 \\ 3x + 1 \geq 0 \end{cases}$

2 ▢ **ANIMAZIONE** $\begin{cases} x^2 + 3 \leq (x + 2)^2 \\ 8x - 3(x - 2) < 2x \end{cases}$

3 ▢ **ANIMAZIONE** $\begin{cases} \dfrac{1 - x}{3} \leq x - \dfrac{1}{2}(-3 + x) \\ (-2 + x)(-2 - x) + 4 > x(8 - x) \end{cases}$

1. DISUGUAGLIANZE E DISEQUAZIONI

DISUGUAGLIANZE NUMERICHE   → Teoria a pagina **288**

1  **VERO O FALSO?**

a. $2 \leq 2$ [V] [F]

b. $-7 > -15$ [V] [F]

c. $\frac{15}{2} < 8$ [V] [F]

d. $0 > -11$ [V] [F]

e. $\frac{1}{2} - \frac{1}{3} \geq \frac{1}{6}$ [V] [F]

f. $10^{-4} < 10^{-6}$ [V] [F]

COMPLETA   inserendo gli opportuni simboli di disuguaglianza.

2 $\frac{1}{6} \ \boxed{}\ 4^{-1}$; $(-2)^4 \ \boxed{}\ 8^2$; $-7 \ \boxed{}\ -12$; $-\frac{3}{5} \ \boxed{}\ -\frac{4}{7}$.

3 $(-10)^3 \ \boxed{}\ -(5)^4$; $\frac{1}{3} \ \boxed{}\ \frac{5}{9}$; $-1,\overline{3} \ \boxed{}\ \frac{2}{3}$; $0 \ \boxed{}\ (-2)^{-3}$.

Proprietà delle disuguaglianze

4  **VERO O FALSO?**

a. $-6 > -8 \ \rightarrow \ -6 + 7 > -8 + 7$ [V] [F]

b. $14 > 3 \ \rightarrow \ 14 - 4 < 3 - 4$ [V] [F]

c. $-3 < 5 \ \rightarrow \ (-3) \cdot (-2) > 5(-2)$ [V] [F]

d. $-4 < 2 \ \rightarrow \ -4 \cdot \left(-\frac{1}{2}\right) < 2\left(-\frac{1}{2}\right)$ [V] [F]

e. $-3 > -5 \ \rightarrow \ \frac{-3}{-1} > \frac{-5}{-1}$ [V] [F]

Per ogni disuguaglianza esegui l'operazione indicata e scrivi la disuguaglianza che si ottiene.

5 $-5 < \frac{1}{6}$, somma $\frac{1}{3}$; $-1 > -3$, sottrai -5; $-2 < 0$, somma -3; $-\frac{1}{2} < -\frac{1}{3}$, moltiplica per -6.

6 $\frac{6}{5} > \frac{3}{10}$, dividi per 5^{-1}; $10 < 25$, dividi per -10; $5 > 3$, eleva al quadrato; $6 > 2$, eleva alla -1.

COMPLETA   inserendo i simboli $<, >$.

7 $4 < 7 \rightarrow 4^2 \ \boxed{}\ 7^2$; $-6 < -2 \rightarrow (-6)^2 \ \boxed{}\ (-2)^2$; $3 < 5 \rightarrow 3^3 \ \boxed{}\ 5^3$; $-5 < -3 \rightarrow (-5)^3 \ \boxed{}\ (-3)^3$.

8 $4 < 8 \rightarrow \frac{1}{4} \ \boxed{}\ \frac{1}{8}$; $-7 < -2 \rightarrow -\frac{1}{7} \ \boxed{}\ -\frac{1}{2}$; $-7 < 2 \rightarrow -\frac{1}{7} \ \boxed{}\ \frac{1}{2}$; $-\frac{3}{4} < -\frac{1}{2} \rightarrow -\frac{4}{3} \ \boxed{}\ -2$.

9   Se $-\frac{1}{2} \ \boxed{}\ 0$, allora $\frac{1}{2} \ \boxed{}\ 0$.

Se $-3 \ \boxed{}\ 5$, allora $-3 + \frac{1}{2} \ \boxed{}\ 5 + \frac{1}{2}$.

Se $7 \ \boxed{}\ 3$, allora $(-1) \cdot 7 \ \boxed{}\ (-1) \cdot 3$.

Se $\frac{3}{2} \ \boxed{}\ \frac{1}{6}$, allora $\frac{2}{3} \ \boxed{}\ 6$.

10   Se $a < 0$, allora $-a \ \boxed{}\ 0$.

Se $a > b > 0$, allora $-\frac{1}{a} \ \boxed{}\ -\frac{1}{b}$.

Se $a < b < 0$, allora $-a \ \boxed{}\ -b$.

Se $a < b$, allora $\frac{a}{7} \ \boxed{}\ \frac{b}{7}$.

▶ **LABORATORIO** — **MATEMATICA E STORIA**

Numeri *perfetti*, *abundanti*, *diminuiti*

Come scriveva nel Cinquecento il matematico Francesco Galigai, alcuni numeri sono *perfetti*, altri *abundanti*, altri *diminuiti*. L'idea era tutt'altro che nuova: come ricordava pochi decenni prima Luca Pacioli (ca. 1445-ca. 1517), essa risale a Euclide (il quale, a sua volta, riprendeva conoscenze ancora precedenti).

 Onse ancora vnaltra essentiale diuisione de numeri cómo nel.ix.esso Euclide asegna e cosi in sua arithmetica Boe.induce:cioe che de numeri alcuno e deminuto alcuno e super:luo ouero habundante secondo Euclide:altro e perfecto

Luca Pacioli, Summa de Arithmetica, Geometria, Proportioni et Proportionalità, c. 3.

Vediamo quali numeri naturali sono *perfetti*, quali *abundanti*, quali *diminuiti*:
- prendi un numero naturale n, elenca i suoi divisori (n escluso) e trova la loro somma s;
- il numero naturale n si dice allora *abundante* se $n < s$, *diminuito* se $n > s$, *perfetto* se $n = s$.

Considera i numeri naturali da 2 a 20 e stabilisci quali sono *perfetti*, quali *abundanti* e quali *diminuiti*. Giustifica le tue risposte.

▯ ▶ Risoluzione. ▶ 4 esercizi in più. ▶ Attività di ricerca: Numeri perfetti, abbondanti e difettivi.

11 ▯ **VERO O FALSO?** Essendo $5 < 8$, allora:

a. $5 - a < 8 - a \quad \forall a \in \mathbb{R}$. ▯V ▯F

b. $5a < 8a \quad \forall a \in \mathbb{R}$, con $a \neq 0$. ▯V ▯F

c. $\dfrac{5}{a} < \dfrac{8}{a} \quad \forall a \in \mathbb{R}$, con $a > 0$. ▯V ▯F

d. $5a > 8a \quad \forall a \in \mathbb{R}$, con $a \leq 0$. ▯V ▯F

12 La disuguaglianza $a + b > a - b$ è vera per ogni a e per ogni b reali? Spiega aiutandoti con esempi.

13 Individua le scritture equivalenti tra le seguenti relazioni fra x e y.

non è maggiore di	è minore di
al massimo è	non supera
non è inferiore a	non è meno di
è al più	è almeno

14 ▯ **ESEMPIO DIGITALE** Una tra le seguenti proposizioni, in cui x e y rappresentano numeri reali qualsiasi, è *falsa*. Quale?

▯A x è maggiore del suo opposto se e solo se x è positivo.

▯B Poiché $5 > 3$, allora $5x > 3x$.

▯C Se $x > y$, allora $\dfrac{x}{3} > \dfrac{y}{3}$.

▯D Se $x > y$, allora $-x < -y$.

15 Traduci ogni frase usando simboli matematici.

a. Il numero n dei passeggeri di un autobus non deve superare 55.

b. In un impianto di risalita il costo del biglietto è ridotto per bambini di età x non superiore a 10 anni e per adulti di età x non inferiore a 65 anni.

c. Il tempo t di cottura di un cibo deve essere non meno di 8 minuti e non più di 12.

Traduci in simboli matematici le frasi seguenti, usando per le variabili le lettere che preferisci.

16 **a.** Per partecipare a una gara occorre avere come minimo un'età di 6 anni e al massimo di 10.

b. L'apertura alare dell'aquila reale non supera i 2,5 metri.

17 **a.** Gianni: «Quel grattacielo non è più alto di 80 m».
Luca: «No, come minimo è 80 m».

b. n è un numero non negativo e m è un numero non superiore a 4.

18 **a.** Un consiglio del medico: «È bene bere almeno 1,5 litri di acqua al giorno».

b. Lo spessore di una lastra di vetro antisfondamento non è inferiore a 12 mm.

19 🖥 **YOU & MATHS** **From words to symbols** Translate the following sentences into mathematical sentences.

a. Roger's father must be at least 40 years old.

b. Silvia scored 64 500 points and John beat her by less than 200 points.

20 **EUREKA!** **Di sicuro** Supponiamo che siano entrambe vere le seguenti disuguaglianze, con $a, b, c, d \in \mathbb{R}$:

$$a > b, \qquad c > d.$$

Quali tra le seguenti disuguaglianze sono sicuramente vere e quali no?

a. $a + c > b + d$. **b.** $a - c > b - d$. **c.** $a \cdot c > b \cdot d$. **d.** $a + d > b + c$.

[a) vera; b) falsa; c) falsa; d) falsa]

DISEQUAZIONI ➔ Teoria a pagina **289**

Soluzioni di una disequazione

21 🖥 **TEST** Solo una delle seguenti disequazioni *non* ha $-\dfrac{1}{4}$ come soluzione. Quale?

A $-\dfrac{7}{4}x > 0$

C $4x > 1 + 16x$

B $\dfrac{8x + 5}{3} \geq 1$

D $-\left(x - \dfrac{1}{4}\right) < \dfrac{1}{3}$

Indica quali sono le soluzioni delle disequazioni seguenti tra i valori proposti a fianco.

22 $x + 4 \geq 2x$ $\quad 1; -1; 5; 10; 0.$

24 $3a + \dfrac{5a - 3}{10} \geq \dfrac{2}{5}$ $\quad -\dfrac{1}{2}; \dfrac{1}{5}; \dfrac{5}{3}; 2; \dfrac{1}{15}.$

23 $7(b - 2) + 2 < b$ $\quad 2; 0; -\dfrac{1}{2}; 3; \dfrac{1}{3}.$

25 $y - \dfrac{3}{4}(y + 2) \leq -\dfrac{y - 3}{2}$ $\quad 0; 12; -0,\bar{3}; 5.$

Intervalli

IN FORMA GRAFICA **Rappresenta i seguenti intervalli con le parentesi quadre e sulla retta orientata.**

26 🖥 **ESEMPIO DIGITALE** $x \leq -\dfrac{1}{2}; \qquad -3 < x \leq 2; \qquad x \leq 1 \vee x > \dfrac{7}{3}.$

27 $x > \dfrac{5}{2}; \qquad x \leq 7; \qquad 2 \leq x < 8; \qquad -\dfrac{3}{2} \leq x < 4.$

28 $x \leq -3; \qquad -1 < x < 9; \qquad x < -2 \vee x > \dfrac{7}{8}; \qquad x \geq 7.$

29 $x \leq -\dfrac{1}{9} \vee x > \dfrac{8}{3}; \qquad x \geq \dfrac{2}{5}; \qquad 1 < x < \dfrac{3}{2}; \qquad x < -1.$

30 $x \leq -2 \vee x \geq -\dfrac{1}{4}; \qquad x < \dfrac{7}{2}; \qquad x < -2 \vee x \geq -1; \qquad x \geq 6.$

31 $x \leq -2 \vee 2 < x < 5 \vee x \geq 6; \qquad x \leq -\dfrac{5}{2} \vee x \geq -\dfrac{3}{4}; \qquad x < -3 \vee x \geq 0.$

Per ciascuno dei seguenti intervalli scrivi le due rappresentazioni mancanti.

32 ⟵————————◦ ; $\quad x > -\dfrac{6}{7}.$
9

35 $\left]-\dfrac{1}{2}; \dfrac{7}{2}\right]; \qquad -\dfrac{1}{3} < x < 2.$

33 $]-\infty; 3[\cup]5; +\infty[; \qquad$ ————◦ •———— .
$-2 \quad -1$

36 $\left[-\dfrac{2}{3}; +\infty\right[; \qquad x \leq 3 \vee x \geq 7.$

34 $2 \leq x < 7; \qquad$ ◦————————• .
$-7 \dfrac{2}{3}$

37 ————◦ ◦————— ; $\quad x > \dfrac{8}{9}.$
$-2 \quad 0$

Rappresenta in tutti i modi possibili i seguenti intervalli.

38 I numeri reali: minori di -2; maggiori o uguali a $\frac{5}{3}$; positivi.

39 L'intervallo aperto dei numeri reali compresi tra 4 e 5; i numeri reali negativi maggiori di $-0,\overline{3}$.

40 L'intervallo dei numeri reali che non superano $\frac{9}{2}$ e che sono maggiori di 2.

41 I numeri reali compresi tra -2 e -1, escluso -1 e incluso -2; i numeri reali non negativi minori di 4.

Diversi tipi di disequazioni

42 📱 **VERO O FALSO?**

    a. Una disequazione è intera se non compaiono frazioni.   V F

    b. Una disequazione è numerica se l'incognita è l'unica lettera che vi compare.   V F

    c. $x + 3 \geq \frac{5}{2} - 4x$ è una disequazione numerica, lineare, intera.   V F

    d. $\frac{a+5}{2} - 3 \leq a$ non è una disequazione numerica intera.   V F

    e. $ax + 5 \geq 7$ è una disequazione lineare, letterale, intera.   V F

43 📱 **TEST** Solo una delle seguenti disequazioni è lineare, numerica e intera. Quale?

    A $\quad -7x^2 + 5 \geq 2x$ C $\quad 8y + \frac{5}{2y} \leq 0$

    B $\quad \frac{t}{3} + \frac{5+t}{2} > 0$ D $\quad (2a)^2 + 1 \leq 3$

PRINCIPI DI EQUIVALENZA   ➡ Teoria a pagina **290**

44 Indica il principio di equivalenza applicato in ciascuno dei seguenti casi.

    a. $4 - x < 8 \;\rightarrow\; x - 4 > -8$

    b. $-2x > \frac{3}{2} \;\rightarrow\; x < -\frac{3}{4}$

    c. $-\frac{4}{5}x \leq 0 \;\rightarrow\; x \geq 0$

45 📱 **YOU & MATHS** **Make up an inequality** Write at least 3 inequalities that have the following interval as their solution: $x > 5$.

Stabilisci se le seguenti coppie di disequazioni sono equivalenti e, in caso affermativo, indica in base a quale principio.

46 $\frac{1}{3}x < 7; \qquad -x > -21.$

47 $x + 3 \leq 2x + 2; \qquad x + 1 \leq 2x.$

48 $x > 3; \qquad x - 3 < 0.$

49 $\frac{11}{7}x \leq 0; \qquad x \geq 0.$

50 $2x - 7 \geq 3; \qquad -2x + 7 \leq -3.$

51 $-4x > 0; \qquad x > 0.$

52 📱 **TEST** Solo una delle seguenti disequazioni *non* è equivalente a $-8x - 1 \geq 0$. Quale?

    A $\quad -8x \geq 1$ C $\quad 8x + 1 \leq 0$

    B $\quad 2x \leq -\frac{1}{4}$ D $\quad 12x \geq -\frac{3}{2}$

53 📱 **TEST** Considera le disequazioni:

    a. $\frac{5}{2}(x + 7) \geq 0;$ **c.** $2x \geq 0;$

    b. $\frac{8}{3}x \leq 0;$ **d.** $-5x \geq 0.$

    Sono equivalenti:

    A a, b.   B b, d.   C b, c, d.   D c, d.

54 📱 **VERO O FALSO?** Sono equivalenti:

    a. $\frac{4}{3}x - \frac{1}{6} \leq 0$ e $8x - 1 \leq 0$.   V F

    b. $-2x + 3 \leq \frac{1}{3}$ e $-2x + \frac{8}{3} \leq 0$.   V F

    c. $\frac{1}{8}x > 0$ e $x > 8$.   V F

    d. $\frac{5}{3}x + 7 \geq 1$, $5x + 18 \geq 0$

         e $\frac{5}{-3}x - 9 \leq -3$.   V F

    e. $8x + 15 \leq 0$ e $-8x - 15 \leq 0$.   V F

Applica alle seguenti disequazioni il principio indicato e scrivi la disequazione equivalente che si ottiene.

55 $\frac{5}{4}x + 3 \leq 8x$; 1° principio: somma -2.

57 $8x - \frac{1}{3} > 0$; 2° principio: moltiplica per -3.

56 $\frac{7}{2}x > 5 - \frac{7}{2}x$; 1° principio: somma $\frac{7}{2}x$.

58 $2(x-7) + 4 \leq 8x$; 2° principio: dividi per 2.

FAI UN ESEMPIO **Applicando i princìpi di equivalenza, scrivi una disequazione equivalente a quella data che soddisfi la condizione indicata.**

59 $\frac{1}{6}x + \frac{1}{-3} \leq \frac{5}{12}$; tutti i coefficienti siano interi.

60 $2x + 5 > 7x - 6$; il secondo membro sia nullo.

61 $8 - 3x < 8x$; il primo membro contenga tutti e soli i termini in x.

62 $x + 7 \geq -3x$; tutti i coefficienti dei termini siano multipli di 5.

2. DISEQUAZIONI NUMERICHE INTERE → Teoria a pagina 292

63 **COMPLETA** **Lo zero e le disequazioni**

Disequazione	Soluzione
$0x < -2$	
$0x \geq 8$	
$0x \leq 0$	
$0x > -7$	
$-7x > 0$	

Disequazione	Soluzione
$0x > 0$	
$0x \geq 0$	
$0x < 0$	
$0x < 12$	
$12x < 0$	

64 **CACCIA ALL'ERRORE**

a. $8x > 0 \rightarrow x > -8$

d. $-2x \geq x \rightarrow$ impossibile

b. $-x - 4 \geq 2 \rightarrow x \leq 4 - 2$

e. $3x \leq 6x - 3 \rightarrow x \leq 1$

c. $7 - 3x > 0 \rightarrow x < \frac{3}{7}$

f. $x \leq x \rightarrow$ impossibile

✓ CHECKER **Risolvi le seguenti disequazioni.**

65 $7x \leq 14$ $[x \leq 2]$

72 $x - 2 < 3x$ $[x > -1]$

66 $-5x > 5$ $[x < -1]$

73 $5x + 4 \geq 14$ $[x \geq 2]$

67 $\frac{1}{3}x \geq 6$ $[x \geq 18]$

74 $-x - 2(5x + 3) > 4x$ $\left[x < -\frac{2}{5}\right]$

68 $-x \leq -7$ $[x \geq 7]$

75 $11 - x \geq 2x - (1 - x)$ $[x \leq 3]$

69 $\frac{5}{6}x < 0$ $[x < 0]$

76 $x + 1 > 3[4 - 7(x + 1)]$ $\left[x > -\frac{5}{11}\right]$

70 $-\frac{4}{3}x \leq 0$ $[x \geq 0]$

77 $4(3t - 1) \geq -3(t + 2) - 1$ $\left[t \geq -\frac{1}{5}\right]$

71 $4x \leq 1 - 3x$ $\left[x \leq \frac{1}{7}\right]$

78 $13 < 2(x + 3) - 5(2 - 3x)$ $[x > 1]$

79 $5(x-2) - [3(-3x+1) - 2] \geq 9x - 2(2x-5)$ $\left[x \geq \dfrac{7}{3}\right]$

80 $(2b+3)(3-2b) \leq -(-2b)^2 + 1$ [impossibile]

81 $(2x-3)^2 < 4(x-1)(1+x)$ $\left[x > \dfrac{13}{12}\right]$

82 $(x-2)^2 + x(4-x) > -3(1-x) + 4$ $[x < 1]$

83 $x(2x-3) - (x-1) < 2x^2 + 3x - 6$ $[x > 1]$

84 $-3[-x - (1-2x)] - (3-x)(3+x) > (x-4)^2 + 3$ $[x > 5]$

85 $5x - 3x(x+1) + 4 \leq (x-1)^2 - (2x-1)^2$ [impossibile]

86 $(x-5)(x+5) - 2(1-6x) \geq (1-x)^2 + 7(2x-5)$ $[\forall x \in \mathbb{R}]$

87 $(x - x^2 + 1)^2 - 4 + x(2x-5) \geq (x^2 - x)^2$ $[x \leq -1]$

88 $(x+5)(x-4) - (2+3x)(x-1) \geq -2(x-3)^2$ $[x \leq 0]$

89 $(x+1)^3 + (x+2)(x+3)(4-x) - 2[1 + (x-2)^2] \leq 0$ $\left[x \leq -\dfrac{3}{5}\right]$

90 $[(-x)^2]^2 - (x^2 - 2x + 1)^2 - 2x^2(2x-3) > x$ $\left[x > \dfrac{1}{3}\right]$

91 $(x-1)^3 - [(x+2)(x-2)^2 - x^2] > -1 + 3x$ $[x > 2]$

▶ **LABORATORIO**   **MATEMATICA INTORNO A NOI**

Un problema di costi

Un artigiano, per produrre vasi in ceramica, deve acquistare una nuova attrezzatura e ha due possibilità:

A) spendere subito € 256 ed avere poi un costo di produzione stimato in € 3,50 al pezzo, oppure

B) spendere subito € 110 e poi € 3,75 per ogni pezzo prodotto.

Egli riflette: «Se il numero delle formelle sarà basso, il costo minore ce l'avrò con l'opzione B, ma producendone un buon numero diventerebbe minore il costo A...».

a. Riporta in una tabella i costi sostenuti nei due casi al variare del numero x di pezzi prodotti (per esempio per $x = 0, 100, 200, ..., 800$).

b. Illustra con un diagramma in quale intervallo il «costo A» è sicuramente superiore al «costo B» e in quale intervallo è vero il contrario.

c. Traduci in disuguaglianze la situazione illustrata dal diagramma.

▶ Risoluzione. ▶ 3 esercizi in più.

92 📱 **ASSOCIA** a ogni disequazione l'insieme delle soluzioni.

1. $5x + 3 \geq 1$
2. $x \leq -x + 5$
3. $-\dfrac{5}{2}x > 0$
4. $5x \leq 2(x+1) + 3x$

a. $\overline{}\!\!\circ$
     $\qquad\qquad\quad 0$
b. $\mathbb{R}$
c. $x \geq -\dfrac{2}{5}$
d. $x \leq \dfrac{5}{2}$

93 📱 **YOU & MATHS** **Which values?** What values of a would make the following inequality true?
$$9a - 5 \geq 3a + 5$$
Represent the solutions on the real number line.

94 **COMPLETA** la disequazione a lato in modo che:

$3x - 6 < -x + 8 + \square$

a. sia impossibile;
b. sia verificata per ogni $x \in \mathbb{R}$.

95 📱 **TEST** Quale delle seguenti disequazioni è impossibile?

A $\quad 2 - 7x \leq 7(x+1)$

B $\quad -\dfrac{8}{3}x > 0$

C $\quad 5b < -2\left(3 - \dfrac{5}{2}b\right)$

D $\quad 15x + 1 < 3(2 + 5x)$

96 📱 **ESEMPIO DIGITALE** Tra le seguenti coppie di disequazioni, una sola è formata da disequazioni non equivalenti tra loro: quale?

A $\quad \dfrac{3x-5}{2} > \dfrac{2x-1}{3}; \quad \dfrac{5-3x}{2} < \dfrac{1-2x}{3}.$

B $\quad 1 - x > 2x - 3; \quad 3x < 4.$

C $\quad 3(x-1) > -x; \quad 4x > 3.$

D $\quad 2x - 3 \leq x - 2; \quad 2x + 5 \leq 3x + 4.$

✓ **CHECKER** Risolvi le seguenti disequazioni.

97 $\quad \dfrac{3}{2}x + 2 \geq \dfrac{2x+1}{8}$ $\qquad\qquad \left[x \geq -\dfrac{3}{2}\right]$

98 $\quad \dfrac{x-4}{4} - \dfrac{1+x}{2} \geq 1$ $\qquad\qquad [x \leq -10]$

99 $\quad \dfrac{5x+6}{12} + \dfrac{3}{4} > 1 - \left(-\dfrac{5}{6}x\right)$ $\quad \left[x < \dfrac{3}{5}\right]$

100 $\quad \dfrac{x+5}{3} - \dfrac{1}{2} \geq \dfrac{5}{6}(x+1)$ $\qquad \left[x \leq \dfrac{2}{3}\right]$

101 $\quad \dfrac{5}{8}x + 4 \geq \dfrac{x+3}{2} - \dfrac{1}{4}$ $\qquad [x \geq -22]$

102 $\quad k + \dfrac{1}{9}\left(3k - \dfrac{3}{2}\right) \geq -2\left(\dfrac{k}{2} + 3\right)$ $\quad \left[k \geq -\dfrac{5}{2}\right]$

103 $\quad \dfrac{4}{5} - \dfrac{x+7}{10} > -\left(2 - \dfrac{x+4}{2}\right)$ $\quad \left[x < \dfrac{1}{6}\right]$

104 $\quad \left(y + \dfrac{1}{2}\right)\left(y - \dfrac{1}{2}\right) + 3y\left(2 - \dfrac{1}{3}y\right) \geq 8$ $\quad \left[y \geq \dfrac{11}{8}\right]$

105 $\quad 2x(x+2) - \dfrac{1}{2}x(2x-3) > x^2 + x + 1$ $\quad \left[x > \dfrac{2}{9}\right]$

106 $\quad 3 - \left(-x^2 + \dfrac{1}{4}\right) \geq \dfrac{1}{2}\left(\dfrac{3}{2} + x\right)(2x-3)$ $\quad [\forall x \in \mathbb{R}]$

107 $\quad \dfrac{a}{2}\left(\dfrac{1}{3}a + 1\right) + \dfrac{5}{6}(a-2)^2 \leq 3 + a^2$ $\quad \left[a \geq \dfrac{2}{17}\right]$

108 $\quad \dfrac{x - \dfrac{1}{3}}{4} - \dfrac{7x}{\dfrac{1}{4} + 5} - \dfrac{1}{4}x \leq x$ $\quad \left[x \geq -\dfrac{1}{28}\right]$

109 $\quad \dfrac{2x+7}{5} - \dfrac{3(3x-2)}{10} < -\dfrac{8x}{15}$ $\quad [x < -60]$

110 $\quad \dfrac{x+5}{3} + \dfrac{7-x}{6} + x^2 < (x+1)(x-1)$ $\quad [x < -23]$

111 $\quad \left(\dfrac{x-5}{2} + x\right)^2 - \dfrac{1}{4}(3x+1)^2 > -3$ $\quad [x < 1]$

112 $\quad x^2 - \dfrac{2}{3} - 0{,}4(x+2) < x(x - 0{,}\overline{3}) - 1$ $\quad [x > -7]$

113 $\quad \left(\dfrac{1}{2}x - 1\right)^2 - \dfrac{1}{4}(x-1)(x+1) \leq 5 - x$ $\quad [\forall x \in \mathbb{R}]$

114 $\quad \left(\dfrac{x}{3} - \dfrac{1}{2}\right)^2 - \left(\dfrac{4x-1}{3}\right)^2 \leq -\dfrac{5}{3}x^2$ $\quad \left[x \leq -\dfrac{1}{4}\right]$

115 $\quad 4 - \left(\dfrac{1}{2} - x + x^2\right) > 1 + x^2 - x\left(2x - \dfrac{1}{2}\right)$ $\quad [x > -5]$

116 $\quad 2\left[\dfrac{4}{3}x + \dfrac{1}{6} - 2\left(\dfrac{1}{3}x - 1\right)\right] \leq 1 + \dfrac{8}{3}x$ $\quad \left[x \geq \dfrac{5}{2}\right]$

117 $\quad (2x-1)\left(x + \dfrac{1}{2}\right) + (x-1)(-x) \leq (x-2)\left(x + \dfrac{1}{2}\right) + 10$ $\qquad\qquad \left[x \leq \dfrac{19}{5}\right]$

118 $\quad 4 + \dfrac{1}{2}x - 3\left(2 + \dfrac{1}{4}x\right) < x^2 - x(-2 + x) + 1$ $\qquad\qquad \left[x > -\dfrac{4}{3}\right]$

119 📱 **ESEMPIO DIGITALE** $\quad \dfrac{3}{7}x - \dfrac{3x+2}{14} > \dfrac{5x+1}{2} - \dfrac{x-6}{7}$

120 $1 - x\left(x + \dfrac{1}{3}\right) + x\left(\dfrac{1}{6} + x\right) < -\left\{x + 2\left[x + 3\left(x - \dfrac{1}{6}\right)\right]\right\}$ $\hfill [x < 0]$

121 $\dfrac{1}{3}(3x + 1) + \dfrac{1}{2}(x - 2)(3 - 2x) < -\left(x + \dfrac{3}{2}\right)^2$ $\hfill \left[x < \dfrac{1}{18}\right]$

122 $\dfrac{3}{4}(x + 7)(1 - 2x) - \dfrac{1}{2}(x - 1)^2 \geq -2(x + 3)^2$ $\hfill [x \geq -7]$

123 $(b - 3)(1 + b) + \left(\dfrac{1}{2}b + 1\right)(2b + 1) - 2(b + 1)^2 \leq 0$ $\hfill \left[b \geq -\dfrac{8}{7}\right]$

124 $\dfrac{2}{5}\left[2\left(x + \dfrac{1}{3}\right)\left(x + \dfrac{3}{2}\right) - (x + 1)^2\right] - 2x\left(\dfrac{1}{5}x - \dfrac{1}{3}\right) \geq 0$ $\hfill [x \geq 0]$

125 $-\left(2x^2 - \dfrac{1 - x}{5}\right) + \dfrac{6x - 1}{2}x - \dfrac{\left(2x + \dfrac{1}{2}\right)\left(2x - \dfrac{1}{2}\right)}{4} < 0$ $\hfill \left[x > \dfrac{3}{8}\right]$

126 $\dfrac{\left(x - \dfrac{1}{3}\right)^2}{3} + \dfrac{1}{4}\left(-x - \dfrac{1}{2}\right)\left(x - \dfrac{1}{2}\right) - \dfrac{x^2 - 2}{12} < -\dfrac{2}{9}x$ $\hfill [\text{impossibile}]$

127 $\dfrac{(x + 3)^3}{3} \geq \dfrac{(2x - 3)^2}{2} + \dfrac{x^2}{3}(x + 3)$ $\hfill \left[x \geq -\dfrac{3}{10}\right]$

128 $(x + 2)^2 - \left(x + \dfrac{1}{3}\right)^2 - (1 - x)^3 + x^2(3 - x) \geq \dfrac{1}{3}\left(5x - \dfrac{4}{3}\right)$ $\hfill \left[x \geq -\dfrac{5}{7}\right]$

129 $\left(\dfrac{x + 1}{4} + \dfrac{2x - 1}{2}\right)^2 + x^2(x - 6) - \dfrac{\dfrac{1 - x}{2}}{4} < (x - 2)^3 + \left(\dfrac{5}{4}x + 2\right)^2$ $\hfill \left[x > \dfrac{9}{40}\right]$

Traduci in una disequazione le frasi seguenti.

130 *Il triplo di un numero non supera 39.*

131 *Il doppio del cubo di un numero diviso per il triplo del quadrato non è più di $\dfrac{4}{3}$.*

132 *Il doppio di un numero diminuito di 5 non deve essere maggiore di 7.*

133 *Il quadrato di un numero aumentato di 8 non è inferiore a 28.*

Problemi sui numeri

134 Stabilisci quali numeri naturali sono maggiori o uguali al loro triplo diminuito di 8. $\quad [0; 1; 2; 3; 4]$

135 Determina quei numeri naturali il cui quadruplo è minore del loro doppio aumentato di 7. $\quad [0; 1; 2; 3]$

136 Trova il più piccolo numero dispari tale che la somma tra il suo doppio e il suo consecutivo sia maggiore di 25. $\quad [9]$

137 Determina quali numeri naturali, diminuiti di 1, sono minori della loro metà. $\quad [0; 1]$

138 Stabilisci quali numeri naturali sono tali che il loro triplo è minore o uguale al loro doppio aumentato di 2. $\quad [0; 1; 2]$

139 Determina il massimo valore che possono assumere tre numeri pari consecutivi affinché la loro media aritmetica sia minore di 10. $\quad [6; 8; 10]$

140 Determina quali numeri naturali godono della proprietà seguente: diminuendo il numero del 25%, si ottiene un numero minore di 33. $\quad [n < 44]$

141 Determina i valori di $n \in \mathbb{N}$ per i quali la frazione $\dfrac{2n + 1}{16 - n}$ risulta propria. $\quad [n < 5]$

142 Determina i valori di $x \in \mathbb{R}$ tali che la somma tra x, la sua metà e la metà della sua metà superi il triplo di x di almeno 10. $\quad [x \leq -8]$

143 Considera il polinomio
$$P(x) = 2ax^2 - (a - 1)x + 4.$$
Calcola per quali valori del parametro a:

a. $P(-1) < 0$; $\qquad$ **b.** $P\left(\dfrac{1}{2}\right) > P(-2)$.

$\hfill \left[\text{a) } a < -1; \text{ b) } a < \dfrac{1}{4}\right]$

Problemi geometrici

144 Quali valori può assumere la misura x del lato di un triangolo equilatero affinché il suo perimetro sia minore dei $\frac{5}{2}$ di quello di un quadrato di lato 3 cm? $[x < 10]$

145 I lati di un parallelogramma sono uno i $\frac{5}{4}$ dell'altro. Stabilisci per quali valori della misura x del lato minore il semiperimetro del parallelogramma risulta maggiore di quello di un triangolo equilatero di lato 9 cm. $[x > 12]$

146 Nel triangolo ABC il lato AB è $\frac{5}{3}$ del lato BC e supera di 2 cm il lato AC. Per quali valori della misura di AB il perimetro del triangolo è maggiore di 24 cm? $[\overline{AB} > 10]$

147 Un rettangolo ha un lato che è i $\frac{5}{7}$ dell'altro. Quali valori può assumere la misura x del lato maggiore affinché il perimetro del rettangolo risulti maggiore di quello di un quadrato di lato 6 cm? $[x > 7]$

148 Determina quali valori può assumere x affinché il semiperimetro del rettangolo in figura risulti maggiore o uguale a 20 cm. $[x \geq 11]$

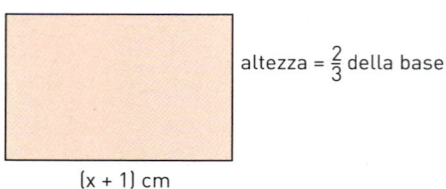

altezza = $\frac{2}{3}$ della base

$(x + 1)$ cm

149 In un triangolo ABC l'angolo $\widehat{A}$ ha ampiezza pari ai $\frac{4}{5}$ dell'angolo $\widehat{B}$. Determina quali valori può assumere l'ampiezza di $\widehat{A}$ affinché $\widehat{C}$ sia maggiore di 90°. $[0° < \widehat{A} < 40°]$

150 Il lato di un quadrato misura x cm. Un rettangolo ha un lato di x cm e il perimetro che supera di 8 cm quello del quadrato. Determina:

a. la misura del lato maggiore del rettangolo in funzione di x;

b. quali valori può assumere x affinché l'area del rettangolo superi di almeno 10 cm² quella del quadrato. $[a) \ x + 4; b) \ x \geq 2,5]$

Problemi INTORNO A NOI ed EDUCAZIONE FINANZIARIA

151 **TEST** Rodolfo, nelle quattro verifiche di matematica già sostenute, ha ottenuto i seguenti punteggi: 7, 8, 8, 7½. Qual è il voto più basso che può prendere nella prossima verifica perché la media resti superiore al 7?

A 4   B 5   C 6   D 7

152 **Sosta a pagamento** La sosta in un parcheggio a pagamento costa € 1,80 l'ora. Quanto tempo posso lasciare parcheggiata la macchina se non posso spendere più di € 4,50? [al massimo 2 ore e mezza]

153 **Bilancio** Un'azienda ha ricavato € 23 500 in gennaio e aprile, € 22 000 in febbraio, € 25 000 in marzo e maggio. Quanto dovrebbe essere il ricavo del mese di giugno affinché il ricavo medio del semestre risulti superiore a € 24 000? [più di € 25 000]

154 **Disequazione rock** Una rock band vuole far produrre delle magliette da vendere durante i concerti al prezzo di € 8 ciascuna. Se la band spende € 500 iniziali e € 5 per ogni maglietta, quante magliette deve vendere per raggiungere il guadagno minimo di € 400? [almeno 300]

155 **Piccole spese** Luigi entra in cartoleria con € 42, acquista 6 penne e poi decide di comprare dei quaderni in numero doppio rispetto a dei blocchetti di post-it. Se i prezzi sono quelli indicati, quanti quaderni in totale può comprare al massimo? [9]

penna = €1,60
post-it = €1,20
quaderno = €3,00

156 Devo parcheggiare la mia auto e sono liberi due parcheggi: quello blu, che costa € 1,50 per la prima ora e € 1 per le ore successive, e quello rosso, che costa € 1,30 per la prima ora e € 1,20 per le ore successive. Per quanto tempo mi conviene lasciare l'auto parcheggiata nel parcheggio rosso? [fino a 2 ore]

157 **Scegliere piastrelle** La signora Mara vuole pavimentare il suo appartamento di 80 m² e dispone di € 5000. La spesa prevede che al costo delle piastrelle venga aggiunto quello per la manodopera: € 15 al m² più il 25% del costo delle piastrelle stesse. Quanto possono costare al massimo le piastrelle al m²? [al massimo € 38]

158 **Non sempre conviene...** Per avere la carta fedeltà di un negozio occorre pagare una quota di € 6, ma il possesso della tessera offre l'opportunità di avere uno sconto immediato del 30% su un articolo. Quanto deve costare l'articolo perché risulti conveniente acquistare la carta fedeltà?

[più di € 20]

159 Un pasticciere che ogni settimana vende 900 cornetti sostiene una spesa fissa per la gestione del suo laboratorio e in più ha un costo di produzione variabile che dipende dai kilogrammi di cornetti prodotti. A quanto deve vendere ogni cornetto per non andare in perdita?

[almeno € 0,86]

spesa fissa = € 450
peso cornetto = 40 g
costo produzione = 9 euro/kg

160 **Noleggiare un furgone** Il noleggio di un furgone per un trasloco ha un costo fisso di € 70. Superata la soglia dei 100 km, alla tariffa vengono aggiunti € 0,80 al km. Avendo a disposizione € 90, quanti kilometri si possono percorrere al massimo? [al massimo 125 km]

161 **Meglio valutare...** Un lavoratore pendolare deve decidere se sia più conveniente spostarsi in treno con l'abbonamento mensile oppure utilizzando i biglietti di corsa semplice. Considerando che il prezzo per l'abbonamento mensile è di € 200 mentre il biglietto di corsa semplice costa € 5,50, qual è il numero minimo di viaggi che deve compiere il lavoratore perché risulti più conveniente l'abbonamento? Se il pendolare lavora cinque giorni a settimana, conviene l'abbonamento?

[37; sì]

162 Nonno Pasquale deve recintare il suo orto, che ha forma rettangolare. Sapendo che le dimensioni sono una i $\frac{4}{3}$ dell'altra e il suo perimetro non supera i 21 m, come può variare la maggiore delle due dimensioni? [0 m $<$ x $<$ 6 m]

163 **Stile in vasca** Gli allenatori della società di pallanuoto per cui gioca Pietro vorrebbero dare a ogni atleta un accappatoio con il logo della squadra stampato. Il presidente della società è d'accordo purché non si spendano più di € 800. Sapendo che, qualunque sia il numero di capi, l'azienda di abbigliamento sportivo richiede una spesa fissa di € 650 e che la stampa del logo per ogni capo costa € 7, quale numero di accappatoi può essere acquistato? [x $\leq$ 21]

164 Benedetta, iscritta al primo anno di università, per mantenere l'alloggio e il vitto nel collegio universitario deve avere almeno la media del 27 alla fine di ogni anno. Sapendo che gli esami del primo anno sono 5 e che la media dei primi 4 esami è stata 27,5, per non perdere l'alloggio quali sono i voti che potrà accettare nell'ultimo esame? [x $\geq$ 25]

165 Per la promozione al 2° anno delle superiori, i genitori di Andrea hanno deciso di regalargli uno scooter. Andrea può scegliere tra vari modelli esposti in un negozio autorizzato. Sapendo che i genitori non possono spendere più di € 1400, che ognuno dei prezzi esposti sugli scooter verrà scontato del 30% e che la cifra ottenuta verrà aumentata dell'IVA pari al 22%, fra quali prezzi Andrea può orientarsi nella scelta dello scooter?

[x $<$ € 1639,34]

166 Sergio, nelle verifiche di chimica del quadrimestre, ha ottenuto i voti indicati a lato.

voti ottenuti:
6,5 7 7,5 7,5

La settimana scorsa ha sostenuto le ultime due verifiche dell'anno e l'insegnante gli anticipa che il voto del test di teoria è di mezzo voto inferiore a quello della prova di laboratorio. Quali punteggi spera di ottenere per avere una media di almeno 7? [almeno 7 e 6,5]

167 **Temperatura media** In una località turistica invernale sono state registrate le seguenti temperature massime giornaliere dal lunedì al sabato: $+2\ °C$, $+1\ °C$, $-1\ °C$, $-3\ °C$, $-3\ °C$, $0\ °C$.

Quale dovrebbe essere la temperatura minima rilevata alla domenica per poter dire che la media delle temperature della settimana non è stata inferiore a $0\ °C$? [almeno 4 °C]

168 **Lezioni di chitarra** Due scuole di musica applicano le tariffe seguenti:

a. € 10 per la quota d'iscrizione e € 10 per ogni lezione di chitarra;

b. € 5 per la quota d'iscrizione e € 12,50 per ogni lezione di chitarra.

Dopo quante lezioni inizia a convenire la prima scuola? [3]

169 **Il compagno parsimonioso** Mattia, per risparmiare, propone ai compagni di classe di acquistare online con un unico ordine i tre libri da leggere per le vacanze, che hanno i prezzi di copertina di € 9,50, € 6,00, € 6,50. Se il sito A non prevede spese di spedizione, mentre il sito B prevede € 7,50 per la spedizione e uno sconto del 10% sul libro più economico, quanti ragazzi dovrebbero fare l'ordine perché convenga il sito B? [almeno 13]

170 **INVALSI 2010** In un laboratorio si devono riempire completamente 7 contenitori da un litro travasando il liquido contenuto in flaconi da 33 cL ciascuno. Il liquido rimanente viene gettato via.

a. Qual è il numero minimo di flaconi che occorrono per riempire tutti i sette contenitori?

b. Quanto liquido viene gettato via?

171 **INVALSI 2012** Un turista italiano in viaggio in Svizzera, prima di cambiare i suoi euro in franchi, esamina le seguenti proposte fatte da due banche:

Banca A: 1 euro viene scambiato con 1,412 franchi senza spese.

Banca B: 1 euro viene scambiato con 1,416 franchi con una commissione fissa di 2 franchi.

a. Se il turista cambia 300 euro, quanti franchi ottiene presso la banca A?

Carlo afferma che, qualunque sia la somma che si vuole cambiare, è sempre più conveniente la banca A.

b. Carlo ha ragione? Scegli una delle due risposte e completa la frase.

☐ Carlo ha ragione perché … ☐ Carlo non ha ragione perché …

▶ **LABORATORIO** **MATEMATICA INTORNO A NOI**

Mobilità sostenibile

Tutte le mattine Jacopo, per andare da casa all'ufficio, può scegliere fra auto, bicicletta o pullman. Velocità medie e tempi «morti» sono indicati a lato.

Con quale mezzo Jacopo arriva prima al lavoro, in funzione della distanza tra casa e ufficio?

Auto: velocità media 45 km/h, 10 min per trovare parcheggio.

Bicicletta: velocità media 15 km/h.

Pullman: attesa 5 min alla fermata, velocità media 30 km/h.

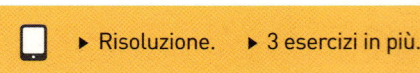

▶ Risoluzione. ▶ 3 esercizi in più.

Studio del segno di un prodotto

Studia il segno dei seguenti prodotti al variare di x in $\mathbb{R}$.

172 $5(x-1)(x+2)$

173 $\dfrac{1}{2}x(3x+5)$

174 ▢ **ESEMPIO DIGITALE** $\quad 3x(1-x)(2x+1)$

175 $(2x-3)(1+2x)(1-7x)$

176 $\dfrac{1}{2}(x+4)(x+3)$

177 $\left(1-\dfrac{3}{2}\right)x(x+1)$

178 $-(1-2x)(5-x)$

179 $-3x\left(\dfrac{2}{5}-3x\right)$

Studia il segno dei seguenti prodotti e indica quale segno assumono per i valori indicati, senza fare calcoli.

180 $-\dfrac{3}{8}(x-2)\left(\dfrac{1}{2}x+1\right);\qquad x=-3,0,1.$

181 $b(b+4)\left(b-\dfrac{1}{6}\right);\qquad b=-6,\dfrac{1}{3},2.$

182 $-2t(t-3)\left(2t+\dfrac{1}{3}\right);\qquad t=-1,0,\dfrac{1}{2}.$

183 $\left(x+\dfrac{1}{3}\right)\left(2x-\dfrac{1}{5}\right)(3-x);\qquad x=-2,\dfrac{1}{5},4.$

Prodotti e disequazioni

Risolviamo la disequazione: $-x(x+5)(2x-3)\geq 0$.

• Poniamo ciascun fattore del prodotto >0.

$-x>0 \to x<0$;

$x+5>0 \to x>-5$;

$2x-3>0 \to x>\dfrac{3}{2}$.

• Compiliamo lo schema dei segni.

• Dallo schema deduciamo che il prodotto P è ≥ 0 per $x\leq -5 \lor 0\leq x\leq \dfrac{3}{2}$.

Rappresentiamo graficamente l'insieme soluzione della disequazione.

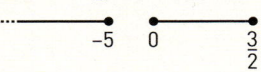

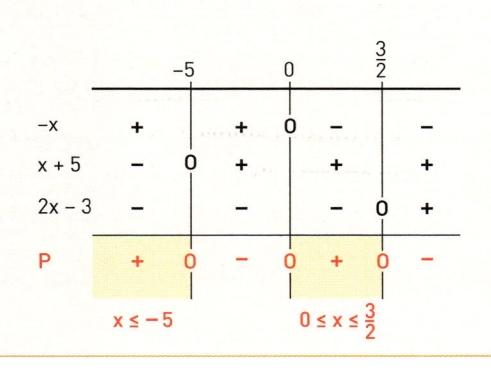

✓ **CHECKER** **Risolvi le seguenti disequazioni.**

184 $(x-3)(x+7)<0$ $\qquad [-7<x<3]$

185 $-x(2-x)<0$ $\qquad [0<x<2]$

186 $(3x-6)(x+4)>0$ $\qquad [x<-4\lor x>2]$

187 $(7-x)(2x+10)\geq 0$ $\qquad [-5\leq x\leq 7]$

188 $-(4-x)(-x-1)>0$ $\qquad [-1<x<4]$

189 $\left(2x+\dfrac{1}{3}\right)\left(2x-\dfrac{1}{3}\right)\geq 0$ $\quad \left[x\leq -\dfrac{1}{6}\lor x\geq \dfrac{1}{6}\right]$

190 $\left(\dfrac{1}{2}x+3\right)(6x-1)>0$ $\quad \left[x<-6\lor x>\dfrac{1}{6}\right]$

191 $\dfrac{1}{3}x(4x-5)\geq 0$ $\quad \left[x\leq 0\lor x\geq \dfrac{5}{4}\right]$

192 $2x(x+1)(3-x)\leq 0$ $\quad [-1\leq x\leq 0\lor x\geq 3]$

193 $-7x\left(x-\dfrac{8}{3}\right)(2-3x)\geq 0$ $\quad \left[0\leq x\leq \dfrac{2}{3}\lor x\geq \dfrac{8}{3}\right]$

194 $-4a(a-8)(8+a)>0$ $\quad [a<-8\lor 0<a<8]$

195 $-x\left(x+\dfrac{2}{3}\right)\left(x-\dfrac{2}{3}\right)<0$ $\left[-\dfrac{2}{3}<x<0\lor x>\dfrac{2}{3}\right]$

196 $\left(b+\dfrac{1}{3}\right)\left(\dfrac{3}{5}-b\right)\left(b-\dfrac{2}{7}\right)\leq 0$ $\qquad \left[-\dfrac{1}{3}\leq b\leq \dfrac{2}{7}\lor b\geq \dfrac{3}{5}\right]$

197 $-(x+5)(-2-x)(2-x)<0$ $\qquad [-5<x<-2\lor x>2]$

198 $-3\left(x+\dfrac{1}{4}\right)(1-x)\left(\dfrac{3}{2}-x\right)>0$ $\qquad \left[x<-\dfrac{1}{4}\lor 1<x<\dfrac{3}{2}\right]$

10 DISEQUAZIONI LINEARI

AL VOLO Risolvi le disequazioni senza usare lo schema dei segni.

199 $2(x-3)^2 \geq 0$ $\qquad$ $[\forall x \in \mathbb{R}]$

202 $x^8(x+1) \leq 0$ $\qquad$ $[x \leq -1 \lor x = 0]$

200 $x^2(8-x) \leq 0$ $\qquad$ $[x = 0 \lor x \geq 8]$

203 $-2x^2(-x^2-1) > 0$ $\qquad$ $[\forall x \neq 0]$

201 $(x^2+4)(x-9) > 0$ $\qquad$ $[x > 9]$

204 $(x-2)^4(-x-6) < 0$ $\qquad$ $[x > -6 \land x \neq 2]$

205 **EUREKA!** **Il quadrato che inganna** È sempre vero che il quadrato di un numero è maggiore del numero stesso? Fai qualche esempio e poi dimostra in generale la tua deduzione.

3. SISTEMI DI DISEQUAZIONI ➔ Teoria a pagina **293**

206 **VERO O FALSO?**

a. Il sistema $\begin{cases} -x \leq 0 \\ x \leq 0 \end{cases}$ è impossibile. $\qquad$ V F

b. Se la soluzione di un sistema è l'insieme $\mathbb{R}$, allora tutte le disequazioni che lo compongono hanno come soluzione l'insieme $\mathbb{R}$. $\qquad$ V F

c. L'intervallo $\underset{-3}{\circ}\!\!-\!\!-\!\!-\!\!-\!\!-\!\!\underset{0}{\bullet}$ è la soluzione del sistema $\begin{cases} -2x \leq 6 \\ -7x \geq 0 \end{cases}$. $\qquad$ V F

d. Il sistema $\begin{cases} 8x > 0 \\ ax < 0 \end{cases}$, se $a < 0$, è sempre verificato. $\qquad$ V F

e. La scrittura $-1 \leq x - 8 < 9$ è equivalente al sistema $\begin{cases} x - 8 \geq -1 \\ x - 8 < 9 \end{cases}$. $\qquad$ V F

207 Risolvi con un sistema di disequazioni: $-5 < 1 - 6x < 19$.

AL VOLO Risolvi le disequazioni senza trasformarle in un sistema.

208 $-4 < x - 2 < 7$; $\qquad -2 < x + 3 < \dfrac{1}{2}$.

209 $5 < 2x - 1 < 7$; $\qquad -3 < 4 - x < 2$.

210 **TEST** Quanti numeri interi sono tali che $7x + 2 \leq 23$ e $3x - 5 \geq 1$?

A 0. $\qquad$ B 1. $\qquad$ C 2. $\qquad$ D 3. $\qquad$ E Più di 3.

[USA North Carolina State High School Matematics Contest, 1999]

Risoluzione di sistemi di disequazioni

ESEMPIO

Risolviamo il sistema: $\begin{cases} -5x \geq 3(x-5) + 7x \\ 2 - x < \dfrac{5}{2} \end{cases}$

- Risolviamo la **prima disequazione**.

$-5x \geq 3(x-5) + 7x \;\rightarrow\; -5x \geq 3x - 15 + 7x \;\rightarrow\; -5x - 10x \geq -15 \;\rightarrow\; -15x \geq -15 \;\rightarrow\; x \leq 1$

- Risolviamo la **seconda disequazione**.

$2 - x < \dfrac{5}{2} \;\rightarrow\; -x < \dfrac{5}{2} - 2 \;\rightarrow\; -x < \dfrac{1}{2} \;\rightarrow\; x > -\dfrac{1}{2}$

- Costruiamo lo **schema** riassuntivo delle soluzioni.

Poiché le due disequazioni devono essere verificate *contemporaneamente*, l'insieme S delle soluzioni è $S = S_1 \cap S_2$:

$-\dfrac{1}{2} < x \leq 1$.

Risolvi i seguenti sistemi.

211 $\begin{cases} x + 4 > 0 \\ x - 3 > 0 \end{cases}$ $\qquad [x > 3]$

212 $\begin{cases} -x + 8 \geq 9 \\ 2x + 5 \geq 3 \end{cases}$ $\qquad [x = -1]$

213 $\begin{cases} -x > 5 \\ 3x > 12 + x \end{cases}$ $\qquad [\text{impossibile}]$

214 $\begin{cases} 2k - 2 \leq 3 - (k - 10) \\ -5k \leq 0 \end{cases}$ $\qquad [0 \leq k \leq 5]$

215 $\begin{cases} 2(x - 1) < 6 + x \\ 4x \leq -8 \end{cases}$ $\qquad [x \leq -2]$

216 $\begin{cases} 2t + 5 > 5t - 2 \\ 3(t + 4) - t \leq 0 \end{cases}$ $\qquad [t \leq -6]$

217 $\begin{cases} (3x + 5)2 - 5x \geq -9x \\ 4(7 - x) - (3 - 5x) \geq 8 \end{cases}$ $\qquad [x \geq -1]$

218 $\begin{cases} 16(x + 0,5) - 7x \geq 2,5(x - 0,\overline{6}) \\ 4x + 5 < 6x \end{cases}$ $\qquad \left[x > \dfrac{5}{2}\right]$

219 $\begin{cases} (x - 2)(3x + 1) - 3x^2 < 2\left(x + \dfrac{1}{2}\right) \\ -1 + 4x(x + 1) \leq (-2x)^2 \end{cases}$ $\left[-\dfrac{3}{7} < x \leq \dfrac{1}{4}\right]$

220 $\begin{cases} (x - 2)^2 + 3 \leq (x - 3)(x + 3) \\ x - 5 > 0 \end{cases}$ $\qquad [x > 5]$

221 $\begin{cases} 2b^2 - 2(b + 2)^2 + 8(b - 4) < -1 \\ 2b - \dfrac{4}{3}(b + 3) - \dfrac{2}{3}b < 0 \end{cases}$ $\quad [\forall b \in \mathbb{R}]$

222 $\begin{cases} x(4x + 5) - (2x - 2)^2 \geq 1 \\ (x - 1)(x + 1) > (x + 2)^2 \end{cases}$ $\quad [\text{impossibile}]$

223 $\begin{cases} \dfrac{(y + 2)(y - 3)}{6} - \dfrac{(-2y)^2}{24} > 0 \\ 3(y^2 + 1) \leq -y(1 - 3y) \end{cases}$ $\quad [y < -6]$

224 $\begin{cases} (x + 2)^3 \geq -(1 - x)^3 + 9x^2 \\ (2x + 1)^2 > 4x^2 \end{cases}$ $\left[x > -\dfrac{1}{4}\right]$

225 $\begin{cases} x\left[\left(x + \dfrac{1}{2}\right)^2 - 4x\right] \geq 1 + (x - 1)^3 \\ \left(x - \dfrac{1}{2}\right)(4x + 1) \leq (2x + 3)^2 - 3 \end{cases}$ $\left[-\dfrac{1}{2} \leq x \leq 0\right]$

226 $\begin{cases} 2x - 2 - (x + 1) + x^2 \geq x(x - 3) + 1 \\ 8x + \dfrac{3}{2}(4 - 15x) < 16 \end{cases}$ $\qquad [x \geq 1]$

227 $\begin{cases} \dfrac{1}{2}x - 3\left(\dfrac{1}{2} + x\right) - 2x^2 > x\left(\dfrac{3}{2} - 2x\right) + 2 \\ \dfrac{12}{5} - \left(-4 + \dfrac{11}{5}\right)x > x + 2 \end{cases}$ $\qquad [\text{impossibile}]$

228 $\begin{cases} \dfrac{7}{3}x + 1 - \dfrac{1}{4} - \dfrac{x + 1}{3} \geq 2x - \dfrac{11}{4} \\ (x + 2)(x - 3) < (x + 1)(x + 5) - 11 \end{cases}$ $\qquad [x > 0]$

229 $\begin{cases} \left(x + \dfrac{1}{5}\right)(2x + 5) - 2x^2 \leq \dfrac{3}{5}(1 - x) \\ \dfrac{4}{3}(x + 1) + 2 < \dfrac{1}{2}x \end{cases}$ $\qquad [x < -4]$

230 $\begin{cases} -14\left(\dfrac{1}{2}x - 1\right)\left(\dfrac{1}{2}x + 1\right) - \dfrac{1}{2}(1 - 7x^2) > 0 \\ 2x\left(x - \dfrac{1}{3}\right) < 5\left(1 + \dfrac{2}{5}x^2\right) - \dfrac{2x}{3} \end{cases}$ $\qquad [\forall x \in \mathbb{R}]$

231 $\begin{cases} 2x + \dfrac{1}{2}(x + 1) \leq 4\left(\dfrac{1}{8}x - \dfrac{1}{2}\right) + 3\left(\dfrac{2}{3}x + \dfrac{1}{2}\right) \\ \dfrac{4}{5}x - (1 + x) + \dfrac{7}{5} > 2\left(\dfrac{1}{5} - \dfrac{1}{10}x\right) \end{cases}$ $\qquad [\text{impossibile}]$

232 $\begin{cases} \dfrac{3a + 1}{2} + \dfrac{7 - a}{4} \leq \dfrac{15}{2} \\ \dfrac{8}{3}[(a + 2)(a - 6) + 3] > 8a\left(\dfrac{1}{3}a - 1\right) - 24 \end{cases}$ $\qquad [a < 0]$

233
$$\begin{cases} \left(x + \dfrac{1}{2}\right)\left(x - \dfrac{1}{2}\right) \leq [x - (2x + 1)]^2 \\ 2\left[(x + 2)(x - 1) - x^2\right] < 0 \end{cases}$$
$\left[-\dfrac{5}{8} \leq x < 2\right]$

234
$$\begin{cases} \dfrac{(x + 1)(x - 1)}{3} > -\dfrac{1}{6}(2x + 1)(2 - x) \\ \dfrac{1}{5}\left[x(x - 2) + 4x^2\right] < x^2 \end{cases}$$
$[x > 0]$

235
$$\begin{cases} (1 - 2x)^2 - (1 - 3x)(3 - x) + 5 < x(x - 4) - 8(x + 3) \\ 5(x - 2) - (x^2 + 1)(-2) > (2x + 3)(x + 1) \end{cases}$$
$[\text{impossibile}]$

236
$$\begin{cases} \dfrac{2 - 9x}{5} - x^2 + \dfrac{(5x + 2)^2}{25} \leq 0 \\ \dfrac{(3x + 2)(2 - 3x)}{6} \geq -\dfrac{3}{2}x^2 - \left(2x - \dfrac{1}{9}\right) \end{cases}$$
$\left[x \geq \dfrac{14}{25}\right]$

237
$$\begin{cases} 12(x + x^2) + 7 - 4(x - 2) > 3(2x - 1)^2 \\ \dfrac{1}{3}(2x^2 + 3) \geq \dfrac{x^2}{6} + 2\left(\dfrac{1}{2}x + 1\right)^2 \end{cases}$$
$\left[-\dfrac{3}{5} < x \leq -\dfrac{1}{2}\right]$

238
$$\begin{cases} \left(2b + \dfrac{1}{5}\right)\left(\dfrac{1}{5} - 2b\right) - 2 \leq -[(2b - 3)^2 + (-2)^3] \\ (b - 1)\left(b + \dfrac{1}{2}\right) - \dfrac{b^2}{4} < \dfrac{(b + 2)^2 \cdot 3}{4} \end{cases}$$
$\left[b \geq -\dfrac{2}{25}\right]$

239
$$\begin{cases} (x + 1)(x - 1)^2 < (x + 2)^3 - 7x(x + 1) \\ 8x(x + 2)(x - 1) > (2x + 1)^3 - 4x^2 \end{cases}$$
$\left[-\dfrac{7}{6} < x < -\dfrac{1}{22}\right]$

240
$$\begin{cases} 4(x - 1)^2 < -x(7 - 4x) \\ -x + 2 < \dfrac{1}{2}(x - 2)(x + 2) - 2\left(\dfrac{1}{2}x + 1\right)^2 \end{cases}$$
$[\text{impossibile}]$

Risolvi i seguenti sistemi di tre disequazioni.

241
$$\begin{cases} 1 - 2x \leq 3 \\ 5x - 1 < 1 \\ -x + 6 > 6 \end{cases}$$
$[-1 \leq x < 0]$

243
$$\begin{cases} -2(x + 3) < 1 - 9x \\ 5x \geq 1 \\ \dfrac{2}{3} - x + \dfrac{2x - 4}{5} > \dfrac{x - 1}{2} \end{cases}$$
$\left[\dfrac{1}{5} \leq x < \dfrac{1}{3}\right]$

242
$$\begin{cases} 5x + 1 \leq -2(x - 11) \\ 4 - 4x > 11 \\ x - 3 > -(1 - x) \end{cases}$$
$[\text{impossibile}]$

244
$$\begin{cases} -5\left(x - \dfrac{1}{2}\right) - \dfrac{x + 1}{4} > 6x \\ 7x - 2 < 2(3 - x) + 1 \\ 14\left(\dfrac{1}{2}x - \dfrac{1}{7}\right) \geq -(1 + 3x) \end{cases}$$
$\left[\dfrac{1}{10} \leq x < \dfrac{1}{5}\right]$

---

245 **FAI UN ESEMPIO** di sistema di disequazioni che abbia come soluzione $x < -4$ e in cui una delle disequazioni sia: $20 - x^2 > -(2 - x)^2$.

246 **EUREKA!** **Aggiungi una disequazione** Dato il seguente sistema di disequazioni lineari, con $x \in \mathbb{R}$:

$$\begin{cases} x - \dfrac{1}{5} > 2 - \dfrac{2x}{5} \\ x + 12 \geq 5(x - 1) \end{cases}$$

è possibile aggiungere una disequazione lineare in modo che il nuovo sistema risulti impossibile? Se sì, fai un esempio.
$\left[x - \dfrac{11}{7} \leq 0\right]$

$\dfrac{1}{23} - \dfrac{1}{2} \qquad \dfrac{2 - 23}{50} \qquad < \dfrac{1}{1} - \dfrac{23}{50} \qquad \dfrac{-50 - 23}{50}$

Problemi sui numeri

247 EUREKA! **Se esistono** Quanti e quali sono, se esistono, i numeri interi relativi, non minori di -4 e non maggiori di 1, il cui quadrato sia maggiore o uguale a 4? [tre: $-4, -3, -2$]

248 Determina quali possibili coppie di numeri dispari consecutivi verificano contemporaneamente le seguenti proprietà:
a. la loro somma non è minore di 30;
b. la differenza fra il triplo del maggiore e il doppio del minore, diminuita di 11, non supera 14.
[15 e 17; 17 e 19; 19 e 21]

249 È data la funzione $f(x) = -\dfrac{1}{2}x + 6$.
Trova per quali valori di x:
a. $f(x)$ è non negativa;
b. $-2 < f(x) \le 4$.
[a) $x \le 12$; b) $4 \le x < 16$]

250 Due numeri dispari consecutivi sono tali che:
a. la loro somma diminuita di 8 non supera 12;
b. la differenza tra il quadruplo del primo e la metà del secondo è maggiore di $\dfrac{33}{2}$.
Trova le coppie di numeri che soddisfano tali condizioni. [7 e 9; 9 e 11]

Problemi geometrici

251 Un trapezio isoscele ha la base maggiore che è il triplo di quella minore e l'altezza che è $\dfrac{1}{3}$ della base minore. Quali valori può assumere la misura b della base minore affinché la differenza tra l'area del trapezio e i $\dfrac{2}{3}$ dell'area del quadrato di lato $b - 1$ sia non negativa? [$b > 1$]

252 Il lato di un quadrato è $(x + 3)$ cm. Stabilisci quali valori può assumere x affinché il perimetro del quadrato che si ottiene aumentando il lato del 10% sia minore di 22 cm. [$-3 < x < 2$]

253 **a.** Spiega perché tre segmenti che misurano 6 cm, 12 cm e 20 cm non possono essere i lati di un triangolo.
b. Se aggiungi a ciascuno di essi lo stesso segmento, come deve essere la sua misura x affinché i segmenti ottenuti possano formare un triangolo? [b) $x > 2$]

254 Un esagono regolare ha lato $(3b + 2)$ cm. Determina quali valori può assumere b affinché il perimetro dell'esagono risulti maggiore degli $\dfrac{11}{8}$ del perimetro di un quadrato di lato $(6b - 1)$ cm.
$\left[\dfrac{1}{6} < b < \dfrac{7}{6} \right]$

255 La *disuguaglianza triangolare* dice che in un triangolo la lunghezza di un lato è sempre minore della somma degli altri due.
Trova quali valori può assumere x affinché il triangolo della figura possa esistere.

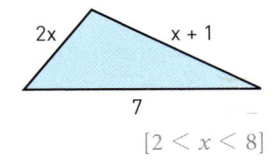

[$2 < x < 8$]

256 📱 ESEMPIO DIGITALE Per quali valori di x le quantità x, $3x - 1$, $2 - x$ possono rappresentare le misure dei lati di un triangolo? Per quali valori, tra quelli consentiti, il perimetro del triangolo risulta di almeno 3,5 cm?

257 Il lato di un quadrato misura $(3x - 1)$ dm. Sapendo che il lato obliquo del trapezio isoscele isoperimetrico al quadrato misura 10 dm e che l'altezza è uguale al lato obliquo diminuito di 2 dm, determina x in modo che l'area del trapezio non superi 144 dm². $\left[\dfrac{1}{3} < x \le 5 \right]$

258 La base di un triangolo isoscele misura $x - 3$ e l'altezza è pari alla somma tra 1 e i $\dfrac{2}{3}$ della base. Determina x in modo che l'area del triangolo sia maggiore della differenza tra l'area del quadrato costruito sulla base del triangolo e i $\dfrac{3}{2}$ dell'area del quadrato costruito sull'altezza. [$x > 3$]

VERIFICA DELLE COMPETENZE ALLENAMENTO

▶ Competenza **1** (abilità **3, 4**)

☑ **CHECKER** **Risolvi le seguenti disequazioni.**

1 $(x-2)(x+2) - \frac{1}{2}(x+1)^2 < 2\left(\frac{1}{2}x-3\right)^2 - 5$ $\qquad \left[x < \frac{7}{2}\right]$

2 $\frac{5x-1}{3} + \frac{1-5x}{2} \geq \frac{(x+2)^2}{6} - \left(\frac{1}{2}x-3\right)\left(\frac{1}{3}x-2\right)$ $\qquad \left[x \leq \frac{11}{7}\right]$

3 $(2-x)^3 + 5(x-3) - x > -(x-1)^3 + (3x-2)(x+3)$ $\qquad \left[x < -\frac{1}{6}\right]$

4 $\frac{(x-3)^2}{3} - \frac{(2x-1)^2}{12} \geq 2 + \frac{x-4}{4}$ $\qquad [x \leq 1]$

5 $-(y+2)(3+y) > (2-y)^3 + (y+1)(4-y)^2$ $\qquad [y < -30]$

6 $(8-t)^2 - (t+5-t^2)^2 + (t^2+1)^2 - 2t(t^2+6t-13) > 21$ $\qquad [\forall t \in \mathbb{R}]$

7 $(3x-1)^2 + 4(x-2)(x+2) - 2(3-5x)(1+x) \geq 5(-1-2x)(1-2x) + 3(x-4)^2 - 42$ $\qquad [x \geq 1]$

---

8 $-x(x-5)(2x+1) < 0$ $\quad \left[-\frac{1}{2} < x < 0 \lor x > 5\right]$ **10** $a(4a+1)\left(2-\frac{a}{4}\right) \leq 0$ $\quad \left[-\frac{1}{4} \leq a \leq 0 \lor a \geq 8\right]$

9 $8x(2-x)(4+3x) \geq 0$ $\quad \left[x \leq -\frac{4}{3} \lor 0 \leq x \leq 2\right]$ **11** $-5(x+2)(1-x)x^2 < 0$ $\quad [-2 < x < 1, x \neq 0]$

Risolvi i seguenti sistemi di disequazioni.

12 $\begin{cases} 2(x-1) + 5x > 4 \\ 3(x-2) > 2x - 5 \\ 4x - 1 + 2(x-3) \leq 0 \end{cases}$ $\qquad \left[1 < x \leq \frac{7}{6}\right]$ **14** $\begin{cases} \frac{(a+1)(a-2)}{3} \leq \frac{(2a+1)^2}{12} \\ (3a+1)\frac{1}{6}a > 2\left(\frac{1}{4}a^2+1\right) \end{cases}$ $\qquad [a > 12]$

13 $\begin{cases} \frac{1}{2}(x-3) - \frac{4x+5}{3} < \frac{7-2x}{6} - \frac{1}{3} \\ \frac{11x-20}{8} + \frac{1-x}{2} \geq x - \frac{3}{4} \end{cases}$ [impossibile] **15** $\begin{cases} (a+1)(a-2) \leq a^2+1 \\ 7a + 5(a-3) < 12a \end{cases}$ $\qquad [a \geq -3]$

▶ Competenza **3** (abilità **4**)

16 Determina il numero naturale che risulta minore di 60 se aumentato del 20%, maggiore di 60 se aumentato del 25%. $\qquad [49]$

17 **Il trasporto di piastrelle** Un autocarro con una massa di 12 tonnellate (vuoto) deve trasportare una partita di piastrelle e durante il tragitto deve transitare su un ponte con il limite di peso indicato in figura. Sapendo che le piastrelle vengono imballate su pallet da 500 pezzi ciascuno e che la massa della singola piastrella è di 1,28 kg, determina il numero massimo di pallet che è possibile caricare. (Trascura la massa di pallet e imballaggi.) $\qquad [12]$

18 Da un rettangolo con i lati che misurano 5 cm e 7 cm viene ritagliato un triangolo, come in figura.

Determina quali valori può assumere x affinché l'area del trapezio $AECD$ sia minore dei $\frac{4}{5}$ dell'area del rettangolo $ABCD$. $\qquad [2,8 < x < 7]$

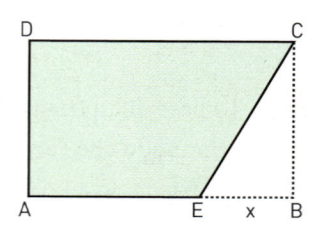

VERIFICA DELLE COMPETENZE PROVE

TUTOR   **PROVA A** (10 esercizi)   **PROVA B** (10 esercizi)   ⏱ IN MEZZ'ORA

PROVA C ▶ Competenze **1, 3**   ⏱ IN UN'ORA

1   **TEST** Solo una delle seguenti disequazioni *non* è impossibile. Quale?

- **A** $2x \leq -(1 - 2x)$
- **B** $\frac{1}{3}(x + 6) - 1 < \frac{1 + 2x}{6}$
- **C** $7x + 6 \leq 4(1 + 2x) - x$
- **D** $-3x + 1 < -2(2x - 1) + x$

Risolvi le seguenti disequazioni.

2 $2(x - 1) + 5(1 - x) \leq -(x + 2)$

3 $\frac{4}{3}(-x + 2) - \frac{x + 4}{6} > \frac{x}{2} + 2$

4 $(x - 3)(3 + x) - 4x \geq (x - 2)^2 + 2$

5   Risolvi il seguente sistema di disequazioni.

$$\begin{cases} (x + 1)(2 - x) \geq -(1 + x^2) \\ 2\left[2x - \frac{1}{4}(x - 2)\right] > 1 \end{cases}$$

6   Un rettangolo ha un lato che è il 60% dell'altro. Quali valori può assumere la misura del lato maggiore del rettangolo affinché il suo perimetro risulti maggiore di quello di un esagono regolare di lato 8 cm?

PROVA D ▶ Competenze **1, 3**   ⏱ IN UN'ORA

I compiti delle vacanze

Una professoressa assegna i compiti delle vacanze a ciascuno studente in base alla media dei suoi voti, secondo i criteri indicati a lato. Fino ad ora Guido ha ottenuto le seguenti valutazioni: 4; 7,5; 8,5; 10; e gli manca ancora una verifica da fare.

a. Calcola che voto dovrebbe prendere Guido per fare, al più, il 50% dei compiti.

b. Calcola se ha qualche possibilità di fare solo il 30% dei compiti.

c. Considerando che il voto minimo che la professoressa assegna è 1, calcola se potrebbe trovarsi a svolgere il 100% dei compiti.

> - *media ≥ 9: non farà i compiti;*
> - *8 ≤ media < 9: farà il 30% del totale dei compiti previsti;*
> - *7 ≤ media < 8: 50% dei compiti;*
> - *6 ≤ media < 7: 70% dei compiti;*
> - *media < 6: farà tutti i compiti.*

PROVA E ▶ Competenze **1, 3**   ⏱ IN UN'ORA

Maglioni artigianali

Luisa progetta di vendere maglioni fatti a mano. I suoi conti si basano sui dati riportati a lato.

a. Quanti maglioni deve confezionare e vendere in un mese per guadagnare almeno € 800?

b. Luisa vuole lavorare al massimo per 6 ore al giorno per 5 giorni alla settimana; in quanto tempo dovrà produrre ogni maglione per raggiungere questo obiettivo? (Considera il mese formato da 4 settimane.)

> *prezzo di vendita per maglione: € 130*
> *affitto mensile negozio-laboratorio: € 1000*
> *tasse quantificabili: 22% del ricavo mensile*
> *costo lana: € 215 per confezionare 4 capi*

c. Dato che in realtà impiega circa 4 ore per completare un golf, riuscirà a guadagnare almeno € 600 al mese?

d. A quanto dovrebbe vendere ogni maglione per guadagnare almeno € 600 al mese?

11 FUNZIONI NUMERICHE

1. SE LE VARIABILI SONO REALI

🎧 A **real function of a real variable** is a function whose domain and codomain are subsets of the real line.

DEFINIZIONI ➡ Esercizi a pagina 322

Riprendiamo alcuni concetti già esaminati nel capitolo 6.
Una funzione è **reale di variabile reale** se il suo dominio e il suo codominio sono sottoinsiemi di $\mathbb{R}$.
Il **grafico** di una funzione è l'insieme di tutti i punti del piano cartesiano le cui coordinate $(x; y)$ soddisfano l'uguaglianza $y = f(x)$, **espressione analitica** della funzione. Di solito, consideriamo la funzione definita nel suo **dominio naturale**, ossia nel più ampio dominio possibile che, per brevità, chiameremo anche **dominio** della funzione.

espressione analitica

$y = x - 2$

x	y
−1	−3
0	−2
2	0
3	1

tabella

RICERCA DEL DOMINIO NATURALE ➡ Esercizi a pagina 323

Se conosciamo l'espressione analitica della funzione, determiniamo il dominio naturale ponendo le *condizioni di esistenza* dell'espressione.

Teniamo conto che per l'esistenza di:

- una *frazione*, il suo denominatore deve essere diverso da zero;
- una *radice con indice pari*, e in particolare una radice quadrata, il radicando deve essere positivo o nullo.

▶ **a.** $y = \dfrac{1}{x-5}$, $x - 5 \neq 0 \to x \neq 5$; **b.** $y = \sqrt{x+3}$, $x + 3 \geq 0 \to x \geq -3$.

dominio

dominio

grafico

RICERCA DEGLI ZERI ➡ Esercizi a pagina 324

Gli **zeri** di una funzione sono i valori della variabile indipendente x in corrispondenza dei quali la variabile y dipendente si annulla.

▶ Cerchiamo gli zeri di $y = (x+3)(x-4)$, cioè i valori di x per cui $y = 0$:

$$(x+3)(x-4) = 0 \nearrow \quad x + 3 = 0 \to x = -3 \\ \searrow \quad x - 4 = 0 \to x = 4 \quad \to -3 \text{ e } 4 \text{ sono gli zeri della funzione.}$$

legge di annullamento del prodotto

Negli esercizi affrontiamo anche lo **studio del segno** di una funzione, cercando i valori di x in corrispondenza dei quali y è positiva o negativa.

ESERCIZI PER COMINCIARE

1 Determina il dominio naturale delle seguenti funzioni:

a. $y = \dfrac{3x+1}{4}$; **b.** $y = \dfrac{2}{3x(x+2)}$; **c.** $y = \sqrt{2x-5} + x$.

2 Determina gli zeri delle seguenti funzioni:

a. $y = -\dfrac{1}{4}x - 2$; **b.** $y = -2x(x+5)(3x-1)$; **c.** $y = \sqrt{x + \dfrac{1}{3}}$.

3 📱 ANIMAZIONE Studia il segno di $y = -x(x-4)(-x-1)$.

2. FUNZIONE COMPOSTA E FUNZIONE INVERSA

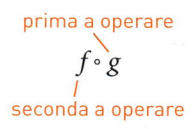
The **composition of two functions** f and g, such that $g(x)$ lies in the domain of f for every x in the domain of g, is the function $y = f(g(x))$.

FUNZIONE COMPOSTA ➜ Esercizi a pagina 326

Date le funzioni f e g, a ogni x del dominio di g associamo il corrispondente valore $g(x)$ e a ogni valore così ottenuto, se appartiene al dominio di f, associamo il valore che gli corrisponde mediante f.

La funzione così ottenuta si chiama **funzione composta** $f \circ g$ (si legge: f *composto* g). La indichiamo anche con $y = f(g(x))$.

In modo analogo, definiamo la funzione composta $g \circ f$, cioè $y = g(f(x))$.

In generale, $f \circ g$ e $g \circ f$ *non* sono la stessa funzione: $f \circ g \neq g \circ f$.

prima a operare
$f \circ g$
seconda a operare

ESEMPIO

Date le funzioni $f(x) = 4x$ e $g(x) = x^2 + 2$, determiniamo l'espressione analitica di $f \circ g$ e $g \circ f$.

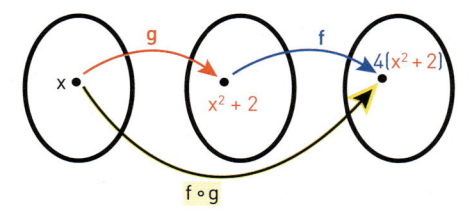

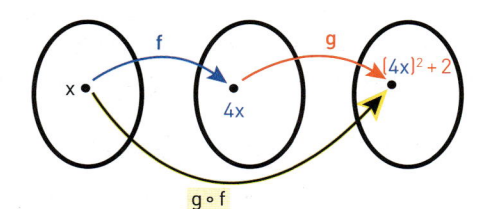

$$f(g(x)) = 4(x^2 + 2) = 4x^2 + 8$$

$$g(f(x)) = (4x)^2 + 2 = 16x^2 + 2$$

FUNZIONE INVERSA ➜ Esercizi a pagina 326

Una funzione è *invertibile*, cioè la sua relazione inversa è ancora una funzione, solo se la funzione è *biiettiva*.

Per capire se una funzione è invertibile, possiamo utilizzare il suo grafico.

▸ $y = 2x$ è invertibile perché è biiettiva: a ogni x corrisponde un solo y e viceversa (figura a).

▸ $y = x^2$ non è invertibile perché non è iniettiva e quindi non è biiettiva: a un valore di y corrispondono due valori di x (figura b).

Se conosciamo l'espressione analitica $y = f(x)$ di una funzione invertibile, otteniamo quella della sua funzione inversa f^{-1} ricavando x in funzione di y e scambiando le variabili, perché la variabile indipendente diventa quella dipendente e viceversa.

▸ Per ottenere la funzione inversa di $y = f(x) = -2x$:

ricaviamo x scambiamo le variabili
$$y = -2x \;\rightarrow\; 2x = -y \;\rightarrow\; x = -\frac{y}{2} \quad \text{da cui:} \quad y = f^{-1}(x) = -\frac{x}{2}.$$

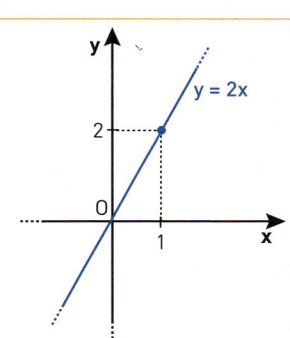
a. funzione invertibile

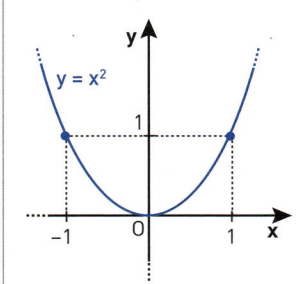
b. funzione non invertibile

ESERCIZI PER COMINCIARE

1 ☐ **ANIMAZIONE** Date le seguenti funzioni f e g, determina $f \circ g$ e $g \circ f$.

    a. $f(x) = x + 6$, $g(x) = \dfrac{4}{x}$;   **b.** $f(x) = x - 1$, $g(x) = x^3$.

2 ☐ **VIDEO** **Composizione di funzioni** Date le funzioni $f(x) = x^2$ e $g(x) = x + 3$, illustra con diagrammi a frecce come quelli dell'esempio come operano $g \circ f$ e $f \circ g$. Determina le espressioni analitiche delle due funzioni composte.

3. PROPORZIONALITÀ DIRETTA E INVERSA

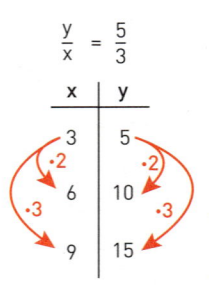

A function represents **direct proportionality** if it can be represented by an equation in the form $y = mx$, where m is *not* 0.

PROPORZIONALITÀ DIRETTA → Esercizi a pagina 327

DEFINIZIONE

Una funzione è di **proporzionalità diretta** se la sua espressione analitica è del tipo:

$$y = mx, \quad \text{con } m \in \mathbb{R} \text{ e } m \neq 0.$$

ESEMPIO

Sono funzioni di proporzionalità diretta:

$$y = 8x, \ y = -x, \ y = -\frac{1}{2}x.$$

In una funzione di proporzionalità diretta $y = mx$, le variabili x e y sono **direttamente proporzionali**. Il *rapporto* fra y e x, quando $x \neq 0$, è *costante*:

$$y = mx \ \rightarrow \ \frac{y}{x} = m, \text{ se } x \neq 0.$$

È anche vero che

$$\frac{y}{x} = \frac{2y}{2x} = \frac{3y}{3x} = \frac{4y}{4x} = \dots = m;$$

quindi, se il valore attribuito a x raddoppia, triplica, …, anche il valore corrispondente di y raddoppia, triplica, …

Il grafico di una funzione di proporzionalità diretta è una retta passante per l'origine.

$$\frac{y}{x} = \frac{5}{3}$$

x	y
3	5
6	10
9	15

ESEMPIO

Disegniamo per punti il grafico di $y = \frac{1}{2}x$.

Osserviamo che, ogni volta che x aumenta di 1, y aumenta di $\frac{1}{2}$.

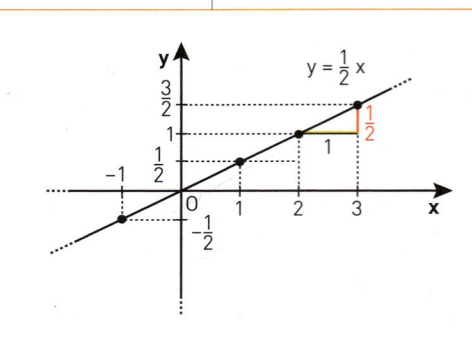

x	y
−1	$-\frac{1}{2}$
0	0
1	$\frac{1}{2}$
2	1
3	$\frac{3}{2}$

Il rapporto $\frac{y}{x} = m$ indica la *pendenza* della retta rispetto all'asse x, cioè di quanto aumenta y se x aumenta di 1.

Diciamo anche che una retta passante per l'origine *ha equazione* $y = mx$ e m è il **coefficiente angolare** della retta.

coefficiente angolare

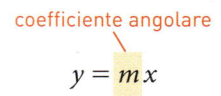

PROPORZIONALITÀ INVERSA → Esercizi a pagina 329

DEFINIZIONE

Una funzione è di **proporzionalità inversa** se la sua espressione analitica è del tipo:

$$y = \frac{k}{x}, \quad \text{con } k \in \mathbb{R} \text{ e } k \neq 0.$$

ESEMPIO

Sono funzioni di proporzionalità inversa:

$$y = \frac{3}{x}, \ y = \frac{1}{x}, \ y = -\frac{5}{x}.$$

Data una funzione di proporzionalità inversa $y = \dfrac{k}{x}$:

- il suo dominio è $x \neq 0$;
- le variabili x e y sono **inversamente proporzionali**; il loro prodotto è costante,

$$y = \frac{k}{x} \rightarrow xy = k.$$

È anche vero che

$$x \cdot y = (2x) \cdot \left(\frac{1}{2}y\right) = (3x) \cdot \left(\frac{1}{3}y\right) = \ldots = k;$$

quindi, se il valore attribuito a x raddoppia, triplica, …, il valore corrispondente di y diventa la metà, un terzo, …

Il grafico di una funzione di proporzionalità inversa è un'iperbole equilatera.

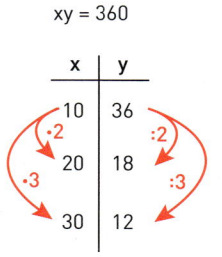

$$xy = 360$$

x	y
10	36
20	18
30	12

<table>
</table>

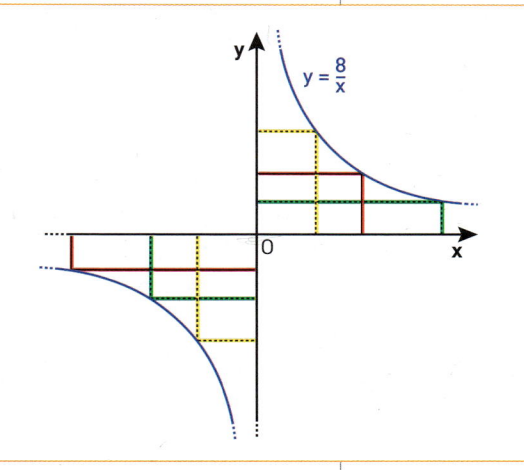

ESEMPIO

In figura è rappresentato il grafico di $y = \dfrac{8}{x}$.

Rettangoli come quelli segnati, con uno dei vertici $\left(x; \dfrac{8}{x}\right)$ che appartiene al grafico e il vertice opposto nell'origine, hanno tutti area costante uguale a 8, perché le misure dei loro lati corrispondono ai valori assoluti delle coordinate di punti del grafico.

$$y = \frac{8}{x}$$

ESERCIZI PER COMINCIARE

1 **ANIMAZIONE** Nella figura è rappresentato il grafico di una funzione. Determina l'espressione analitica della funzione, le immagini di -3 e di $\dfrac{3}{2}$, le controimmagini di $\dfrac{8}{3}$ e di $-\dfrac{4}{3}$. Rappresenta i punti corrispondenti ai valori determinati.

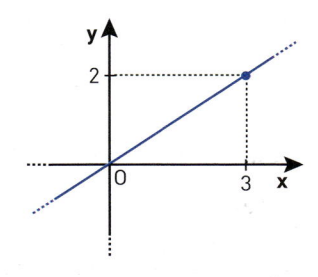

2 **VIDEO** **Proporzionalità diretta** Un'automobile consuma 46 litri di benzina per percorrere 667 km. Quanti kilometri percorre con 34 litri di benzina? E quanti litri consuma per percorrere 1073 km? Determina l'espressione analitica della funzione che lega le variabili in gioco.

3 **VIDEO** **Proporzionalità inversa** Per percorrere la distanza fra due città, un treno viaggia a 112 km/h e impiega 3 ore. Quanto tempo impiegherebbe viaggiando a 192 km/h? E a quale velocità percorrerebbe la stessa distanza in un'ora e 20 minuti? Determina l'espressione analitica della funzione che lega le variabili in gioco.

4. FUNZIONI LINEARI ➜ Esercizi a pagina 332

Una funzione è **lineare** se la sua espressione analitica è del tipo:

$$y = mx + q, \quad \text{con } m, q \in \mathbb{R}.$$

Sono funzioni lineari:

$y = 3x + 7$

$y = 9$ $m = 0$

$y = 5x$ $q = 0$: la funzione è di proporzionalità diretta

ANIMAZIONE Per rappresentare nel piano cartesiano la funzione lineare $y = mx + q$, consideriamo $y = mx$, equazione di una retta passante per l'origine. Aggiungendo all'ordinata di ognuno dei suoi punti la costante q, otteniamo il grafico cercato, che è una retta parallela a quella di equazione $y = mx$.

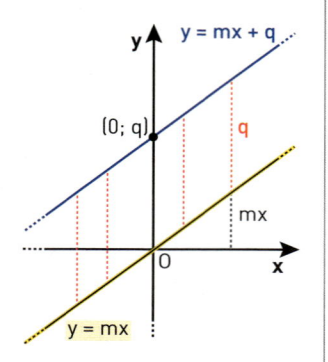

L'equazione $y = mx + q$ è rappresentata da una retta di **coefficiente angolare** m.

q è l'ordinata del punto in cui la retta interseca l'asse y, che ha ascissa 0; è detta **ordinata all'origine**.

coefficiente angolare

$$y = m\,x + q$$

ordinata all'origine

Due rette con lo stesso coefficiente angolare m sono parallele.

▸ Disegniamo i grafici di $y = -2x + 3$ e $y = -2x - 1$.
Sapendo che sono rette, per rappresentarle, basta determinare per ognuna due punti. Per esempio, nella figura a fianco abbiamo segnato i punti $(0; 3)$ e $(3; -3)$ per il grafico della prima funzione e $(0; -1)$ e $(-3; 5)$ per quello della seconda, poi abbiamo tracciato le rette.

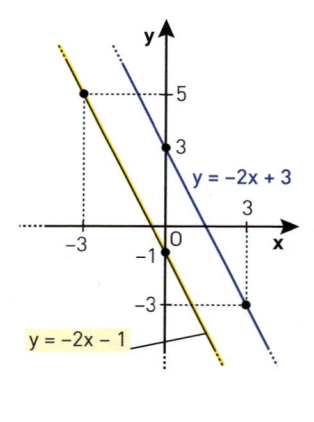

Se $m = 0$, la funzione diventa $y = q$: a ogni valore di x associa q. Il grafico corrispondente è una retta parallela all'asse x. In particolare, l'equazione dell'asse x è $y = 0$.

▸ $y = 4$ ha per grafico una retta, costituita da tutti i punti con ordinata 4.

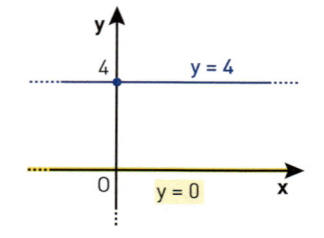

ESERCIZI PER COMINCIARE

1 **ANIMAZIONE** Verifica che i valori delle variabili della tabella sono in dipendenza lineare. Determina l'espressione analitica della funzione.

x	−1	0	1	2
y	−5	−2	1	4

2 Dopo aver rappresentato nel piano cartesiano le rette passanti per le coppie di punti

$(-2; 0), (0; 3),$ $(-3; 0), (0; 3),$ $(2; 0), (0; 4),$

scrivi le loro equazioni. Rappresenta poi la retta di coefficiente angolare 2 e passante per $(1; 0)$ e scrivi la sua equazione.

5. FUNZIONI DEFINITE A TRATTI

→ Esercizi a pagina **334**

Le **funzioni definite a tratti** sono funzioni definite con espressioni analitiche diverse in sottoinsiemi diversi del loro dominio.

ESEMPIO

Rappresentiamo il grafico della funzione:

$$y = \begin{cases} -\dfrac{x}{2} + 1 & \text{se } x \leq 0 \\ 1 & \text{se } 0 < x \leq 3 \\ x - 2 & \text{se } x > 3 \end{cases}$$

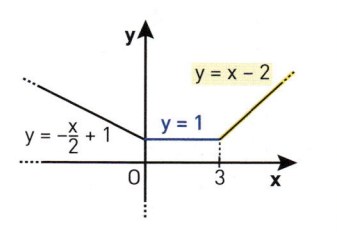

La **funzione valore assoluto** è una funzione definita a tratti.

$$y = |x| = \begin{cases} -x & \text{se } x < 0 \\ x & \text{se } x \geq 0 \end{cases}$$

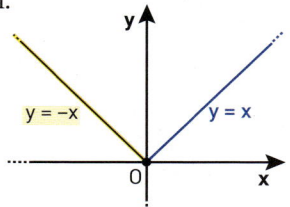

Esaminiamo un esempio di funzione definita a tratti contenente un valore assoluto.

▶ Rappresentiamo il grafico della funzione:

$$y = f(x) = \begin{cases} 3 & \text{se } x \leq \dfrac{1}{2} \\ |-2x + 4| & \text{se } x > \dfrac{1}{2} \end{cases}$$

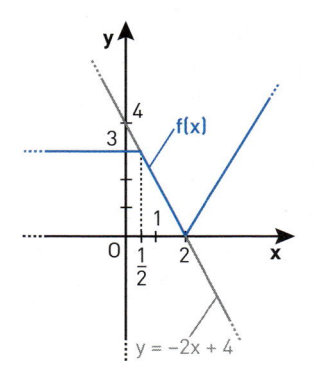

Per $\dfrac{1}{2} < x \leq 2$ la funzione ha grafico coincidente con quello di $y = -2x + 4$, mentre per $x > 2$ il suo grafico è simmetrico rispetto all'asse x di quello di $y = -2x + 4$.

ESERCIZI PER COMINCIARE

1 Scrivi le espressioni analitiche delle funzioni rappresentate dai seguenti grafici.

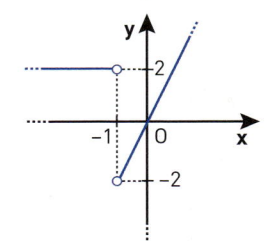 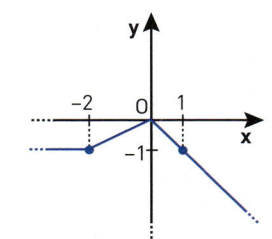 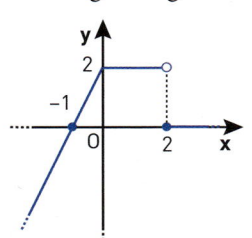

2 | **ANIMAZIONE** Rappresenta le seguenti funzioni definite a tratti.

$$y = \begin{cases} \dfrac{1}{3}x & \text{se } x \leq 0 \\ -x & \text{se } x > 0 \end{cases}$$

$$y = \begin{cases} 3x - 1 & \text{se } x < 1 \\ 0 & \text{se } x = 1 \\ \dfrac{x + 3}{2} & \text{se } x > 1 \end{cases}$$

$$y = \begin{cases} 2 - x & \text{se } x < 0 \\ 2 & \text{se } 0 \leq x < 1 \\ -x & \text{se } x \geq 1 \end{cases}$$

6. PROPORZIONALITÀ QUADRATICA E CUBICA

A function represents a **quadratic relation** if it can be written in the form $y = ax^2$.

PROPORZIONALITÀ QUADRATICA ➡ Esercizi a pagina 336

DEFINIZIONE

Una funzione è di **proporzionalità quadratica** se la sua espressione analitica è del tipo:

$$y = ax^2, \quad \text{con } a \in \mathbb{R}, a \neq 0.$$

ESEMPIO

Sono funzioni di proporzionalità quadratica:

$$y = 5x^2, \quad y = -\frac{x^2}{3}.$$

In una funzione di proporzionalità quadratica $y = ax^2$, il rapporto fra y e x^2, quando $x \neq 0$, è costante:

$$y = ax^2 \rightarrow \frac{y}{x^2} = a.$$

se $x \neq 0$

È anche vero che

$$\frac{y}{x^2} = \frac{4y}{(2x)^2} = \frac{9y}{(3x)^2} = \ldots = a;$$

quindi, se il valore attribuito a x raddoppia, triplica, …, il valore corrispondente di y diventa 4, 9, … volte più grande.

Il *grafico* di una funzione di proporzionalità quadratica è una *parabola* con il *vertice* nell'origine degli assi.

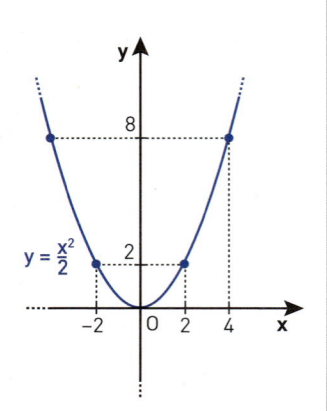

$$\frac{y}{x^2} = \frac{1}{2}$$

x	y
2	2
4	8
6	18

$y = \frac{x^2}{2}$

PROPORZIONALITÀ CUBICA ➡ Esercizi a pagina 338

DEFINIZIONE

Una funzione è di **proporzionalità cubica** se la sua espressione analitica è del tipo:

$$y = ax^3, \quad \text{con } a \in \mathbb{R}, a \neq 0.$$

ESEMPIO

Sono funzioni di proporzionalità cubica:

$$y = \frac{x^3}{4}, \quad y = -2x^3.$$

ESERCIZI PER COMINCIARE

1 📱 ANIMAZIONE Rappresenta per punti $y = \frac{1}{2}x^2$, $y = x^2$, $y = 2x^2$, e $y = -\frac{1}{2}x^2$, $y = -x^2$, $y = -2x^2$.
Come varia il grafico al variare del coefficiente di x^2?

2 📱 ANIMAZIONE Verifica che i valori delle variabili della seguente tabella sono in proporzionalità quadratica. Traccia il grafico della funzione e determina la sua espressione analitica.

x	2	3	4	6
y	$\frac{2}{3}$	$\frac{3}{2}$	$\frac{8}{3}$	6

7. FUNZIONI CIRCOLARI

ANGOLI ORIENTATI → Esercizi a pagina **340**

Nel piano cartesiano *xOy* disegniamo una circonferenza con raggio che misura 1 e centro nell'origine. La chiamiamo **circonferenza goniometrica**.
Consideriamo sull'asse *x* la semiretta *OA*, di origine *O*.

Gli angoli α e β della figura *b* sono **angoli orientati**:

• la semiretta *OA* viene presa come primo lato o lato origine dell'angolo;

• si pensa di ottenere il secondo lato dal primo con una rotazione.

Se la rotazione è in senso antiorario, l'angolo è di ampiezza positiva; se è in senso orario, l'ampiezza è negativa.

▸ Nella figura *b*: α = +30°, β = −60°.

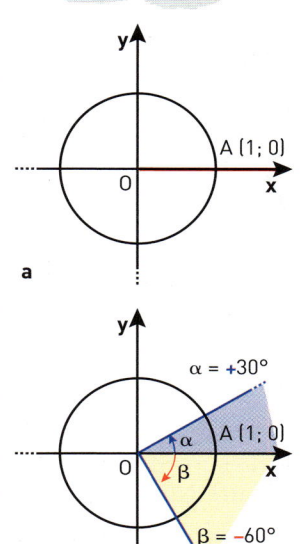

a

b

Legare il concetto di angolo alla rotazione del primo lato fino a ottenere il secondo permette anche di considerare angoli maggiori di 360°.

▸ L'angolo γ della figura sotto è di 510°.
È ottenuto facendo ruotare in senso antiorario la semiretta *OA* di un giro completo e poi di ulteriori 150°:

510° = 360° + 150°.

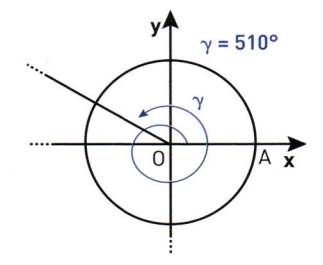

FUNZIONI CIRCOLARI → Esercizi a pagina **340**

Disegniamo l'angolo α e segniamo sulla circonferenza goniometrica il punto *P*, intersezione con il secondo lato di α.
Definiamo tre funzioni di α, dette **funzioni circolari**.

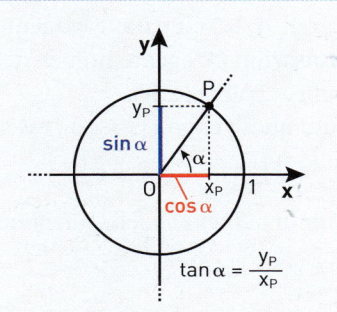

Chiamiamo:

• **seno** di α la funzione che ad α associa y_P; la indichiamo con **sin** α;

• **coseno** di α la funzione che ad α associa x_P; la indichiamo con **cos** α;

• **tangente** di α la funzione che ad α associa $\dfrac{y_P}{x_P}$, se $x_P \neq 0$; la indichiamo con **tan** α.

$$\sin \alpha = y_P \qquad \cos \alpha = x_P \qquad \tan \alpha = \frac{y_P}{x_P}$$

Seno, coseno, tangente di angoli particolari

Osservando la circonferenza goniometrica (figura a fianco), otteniamo la tabella relativa ad angoli particolari.

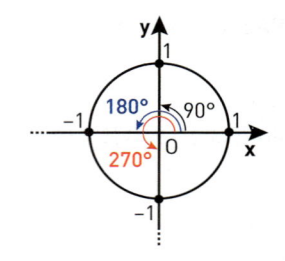

α	0°	90°	180°	270°
$\sin \alpha$	0	1	0	−1
$\cos \alpha$	1	0	−1	0
$\tan \alpha$	0	∄	0	∄

Relazioni fra seno, coseno e tangente

Dalle definizioni date ricaviamo che:

$$\tan \alpha = \frac{\sin \alpha}{\cos \alpha}, \text{ se } \cos \alpha \neq 0.$$

Inoltre, considerato il triangolo rettangolo OPA della figura, per il teorema di Pitagora:

$$\sin^2 \alpha + \cos^2 \alpha = 1.$$ sin²α e cos²α significano (sinα)² e (cosα)²

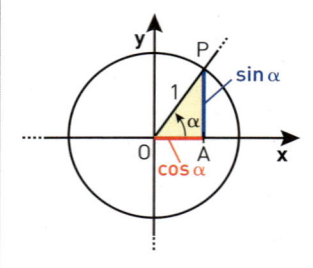

Caratteristiche delle funzioni seno e coseno

I grafici delle funzioni seno e coseno sono detti **sinusoide** e **cosinusoide**.

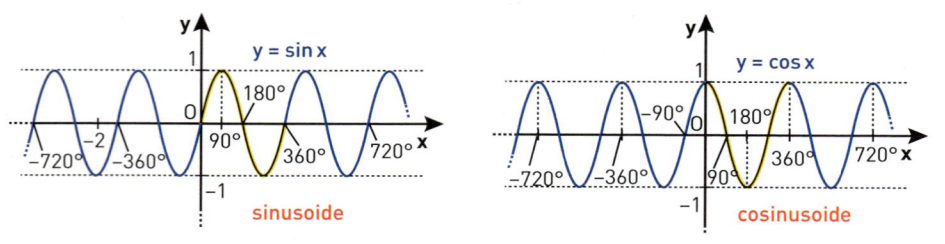

Le funzioni seno e coseno hanno *dominio* $\mathbb{R}$ e *codominio* $-1 \leq y \leq 1$.
Sono *funzioni periodiche di periodo* 360°, perché:

$$\sin x = \sin(x + 360°), \qquad \cos x = \cos(x + 360°).$$

Pertanto le parti dei loro grafici corrispondenti a intervalli di 360°, come quelle segnate in giallo nella figura, si ripetono con le stesse caratteristiche.

Caratteristiche della funzione tangente

Il grafico della funzione tangente è detto **tangentoide**.
La funzione tangente non esiste per $x = 90°, 270°, 450°, \dots$ e gli analoghi angoli negativi.
Tutti questi angoli possono essere indicati con la scrittura sintetica

$$90° + k180°, \quad \text{con } k \in \mathbb{Z}.$$

Quindi il *dominio* della funzione tangente è:

$$x \neq 90° + k180°, \quad \text{con } k \in \mathbb{Z}.$$

Il *codominio* della funzione tangente è $\mathbb{R}$.
La tangente è una *funzione periodica di periodo* 180°, perché:

$$\tan x = \tan(x + 180°).$$

Puoi verificarlo nel grafico, osservando che la parte segnata in giallo si ripete con le stesse caratteristiche.

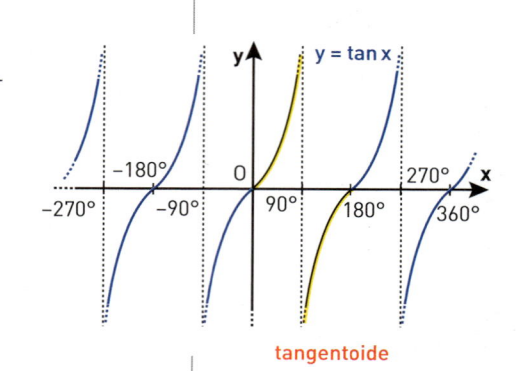

tangentoide

Funzioni goniometriche e calcolatrice

Puoi ottenere i valori delle funzioni goniometriche utilizzando i tasti *sin*, *cos*, *tan* della calcolatrice. I valori forniti sono spesso valori approssimati. Noi li utilizzeremo con un'ulteriore approssimazione alla seconda cifra decimale.

▸ $\cos 30° \simeq 0,87;$ $\sin 45° \simeq 0,71;$ $\tan 60° \simeq 1,73.$

Nella calcolatrice ci sono anche i tasti sin^{-1}, cos^{-1}, tan^{-1} per le funzioni inverse.

▸ Con la calcolatrice ottieni:

$\sin^{-1} 0,5 = 30°.$

Come puoi vedere nella figura, sulla circonferenza goniometrica ci sono due angoli, compresi fra 0° e 360°, il cui seno è 0,5.
Sono 30° e 150°.
La calcolatrice fornisce solo il valore 30° perché utilizza come codominio di $\sin^{-1}$ l'intervallo fra $-90°$ e $+90°$.

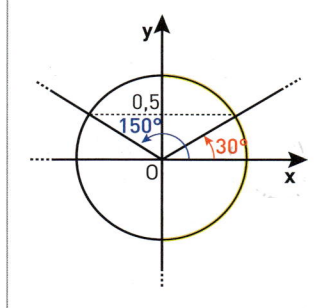

FUNZIONI GONIOMETRICHE E TRIANGOLI RETTANGOLI

➔ Esercizi a pagina **341**

Esercizi a pagina **341**

TEOREMA

In un triangolo rettangolo la misura di un cateto è uguale:

- alla misura dell'ipotenusa per il seno dell'angolo opposto al cateto; $c_1 = i \cdot \sin \beta$
- alla misura dell'ipotenusa per il coseno dell'angolo adiacente al cateto; $c_1 = i \cdot \cos \alpha$
- alla misura dell'altro cateto per la tangente dell'angolo opposto al primo cateto. $c_1 = c_2 \cdot \tan \beta$

ESEMPIO

Calcoliamo le misure dei cateti del triangolo della figura utilizzando la calcolatrice.

$\overline{AB} = \overline{CB} \cdot \sin A\widehat{C}B = 12 \cdot \sin 25° \simeq 12 \cdot 0,42 = 5,04;$

$\overline{AC} = \overline{CB} \cdot \cos A\widehat{C}B = 12 \cdot \cos 25° \simeq 12 \cdot 0,91 = 10,92.$

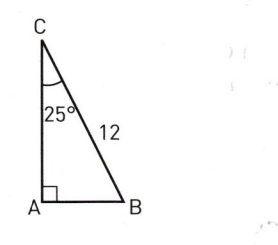

ESERCIZI PER COMINCIARE

1 Rappresenta sulla circonferenza goniometrica i seguenti angoli orientati.

90°; $-270°;$ 540°; $-135°;$ 405°;   810°.

2 ☐ ANIMAZIONE Dopo aver disegnato il grafico della funzione seno, riassumi le sue caratteristiche.
Scrivi la relazione che lega $\sin \alpha$ a:

a. $\sin(180° - \alpha);$ **b.** $\sin(180° + \alpha);$ **c.** $\sin(360° - \alpha).$

3 ☐ ANIMAZIONE Ripeti l'esercizio precedente, ma per la funzione coseno.

11

ESERCIZI

1. SE LE VARIABILI SONO REALI

DEFINIZIONI ➡ Teoria a pagina 312

1 Indica quali dei seguenti grafici rappresentano delle funzioni e, in caso affermativo, specifica il dominio e il codominio.

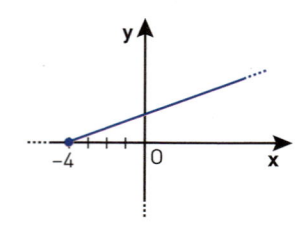
a

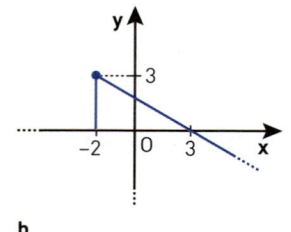
b

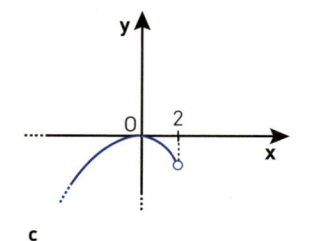
c

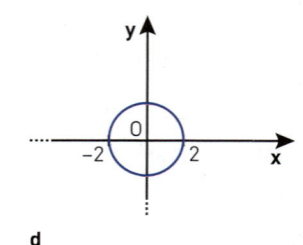
d

2 📱 **VERO O FALSO?** Analizzando il grafico della funzione $f(x)$ puoi dedurre che:

a. l'immagine di 0 è 1.   V   F

b. il dominio è $D = \{x \in \mathbb{R} \mid x < 6\}$.   V   F

c. il codominio è $C = \{y \in \mathbb{R} \mid y \geq 0\}$.   V   F

d. $f(2) = 0$, $f(4) = 3$, $f(6) = 3$.   V   F

e. $f(x)$ non è iniettiva.   V   F

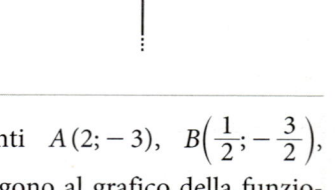

3 Rappresenta il grafico delle seguenti funzioni utilizzando almeno cinque punti.

a. $y = 4 - x$

b. $y = \dfrac{1}{2x}$

c. $y = 6x$

d. $y = -4x^2$

4 Data la funzione $f(x) = -\dfrac{x^3}{9} - 4x^2 + x$, calcola $f(0)$, $f(-3)$, $f\left(\dfrac{1}{2}\right)$, $f(1)$.

5 **COMPLETA** considerando la funzione $f(x) = 7x - 5$. ≥ 2

a. $f(\underline{\hspace{1cm}}) = 2$, $f(\underline{\hspace{1cm}}) = 0$, $f(-2) = \underline{\hspace{1cm}}$.

b. $f\left(\dfrac{1}{2}\right) = \underline{\hspace{1cm}}$, $f(\underline{\hspace{1cm}}) = 1$, $f(\underline{\hspace{1cm}}) = -1$.

6 Nella funzione $f(x) = 2x^3 + kx^2 + \dfrac{x}{3} - 3$ è $f(1) = \dfrac{7}{3}$. Trova k.   [3]

7 Verifica se i punti $A(2; -3)$, $B\left(\dfrac{1}{2}; -\dfrac{3}{2}\right)$, $C(-5; 0)$ appartengono al grafico della funzione $y = \dfrac{x - 5}{3}$.

8 📱 **EUREKA!** **Corrispondenze** Quale tra le seguenti funzioni può rappresentare la legge di corrispondenza della tabella?

x	−2	0	1	2	3
y	$\dfrac{31}{6}$	$\dfrac{1}{2}$	$-\dfrac{11}{6}$	$-\dfrac{25}{6}$	$-\dfrac{13}{2}$

A $y = -\dfrac{7}{3}x - \dfrac{1}{2}$

B $y = -\dfrac{7}{3}x + \dfrac{1}{2}$

C $y = -\dfrac{7}{3x} + \dfrac{1}{2}$

D $y = -\dfrac{7}{3}x + \dfrac{1}{6}$

9 ☐ **YOU & MATHS** **Same inputs, same outputs** Consider the following functions:

$$f(x) = 2x - 4, \ g(x) = 2x + 4, \ h(x) = 9x + 3.$$

Are there inputs that give the same outputs for functions f and g? And for functions f and h? And for g and h?

RICERCA DEL DOMINIO NATURALE → Teoria a pagina 312

ESEMPIO

Determiniamo il dominio naturale di: **a.** $y = \dfrac{x}{(2x - 32)x}$; **b.** $y = \sqrt{x - 8} - \sqrt{4x}$.

a. $y = \dfrac{x}{(2x - 32)x}$

Non semplifichiamo la x a numeratore con quella a denominatore: il dominio naturale va ricercato *prima* di fare qualsiasi calcolo nella funzione.

Per l'esistenza di una frazione il denominatore deve essere diverso da 0:

$$(2x - 32)x \neq 0 \quad \rightarrow \quad 2x - 32 \neq 0 \wedge x \neq 0 \rightarrow x \neq 16 \wedge x \neq 0.$$

legge di annullamento
del prodotto

Il dominio naturale è: $D = \left\{ x \in \mathbb{R} \mid x \neq 0 \wedge x \neq 16 \right\}$.

b. $y = \sqrt{x - 8} - \sqrt{4x}$

Per l'esistenza di una radice quadrata occorre porre il radicando maggiore o uguale a 0 e le due radici devono esistere *contemporaneamente*:

$$\begin{cases} x - 8 \geq 0 \\ 4x \geq 0 \end{cases} \rightarrow \begin{cases} x \geq 8 \\ x \geq 0 \end{cases} \rightarrow x \geq 8.$$

Il dominio naturale è: $D = \left\{ x \in \mathbb{R} \mid x \geq 8 \right\}$.

Determina il dominio naturale delle seguenti funzioni.

10 $y = \dfrac{1}{3x}$; $\quad y = \dfrac{4}{3}x + 1$; $\quad y = \dfrac{1}{x - 2}$.

11 $y = \sqrt{4x}$; $\quad y = \dfrac{16}{x^2}$; $\quad y = \dfrac{8}{x(x - 5)}$.

12 ☐ **ESEMPIO DIGITALE**

$\quad y = 2x^{-1}$; $\quad y = \dfrac{1}{8x^3}$; $\quad y = \dfrac{2}{(x - 1)^2}$.

13 $y = \dfrac{1}{7x + 9}$; $\quad y = \dfrac{2}{x + 2}$; $\quad y = \dfrac{1}{\sqrt{x}}$.

14 $y = \dfrac{3}{1 - 2x}$; $\quad y = \dfrac{x}{x - 1}$; $\quad y = \dfrac{x(x - 3)}{4x}$.

15 $y = \dfrac{1}{x^2}$; $\quad y = \dfrac{2}{3x - 6}$; $\quad y = \dfrac{9}{x(x + 6)}$.

16 $y = \dfrac{2x}{x(x - 1)(x - 3)}$; $\quad y = \dfrac{6}{9x - 6}$; $\quad y = \dfrac{x - 1}{2x^2}$.

17 $y = \sqrt{1 - x} + \dfrac{1}{2x}$; $\quad y = \dfrac{\sqrt{8 - 4x}}{3x - 2}$; $\quad y = (1 - 2x)^2$.

$$\left[x \leq 1, x \neq 0; x \leq 2, x \neq \tfrac{2}{3}; \forall x \in \mathbb{R} \right]$$

18 $y = \dfrac{1}{\sqrt{x + 3}}$; $\quad y = \dfrac{\sqrt{-x}}{x + 9}$; $\quad y = \dfrac{2}{x(x - 4)^2}$.

$$[x > -3; x \leq 0, x \neq -9; x \neq 0, x \neq 4]$$

19 $y = x^2 + \sqrt{x - 6}$; $\quad y = \dfrac{1}{x} + \dfrac{2}{6x + 9}$; $\quad y = \dfrac{x}{(x - 3)^2}$.

$$\left[x \geq 6; x \neq 0, x \neq -\tfrac{3}{2}; x \neq 3 \right]$$

20 📱 **TEST** Quale delle seguenti funzioni numeriche ha dominio naturale diverso da $\mathbb{R}$?

$\boxed{A}$ $y = 3x + \dfrac{1}{3}$ $\quad\boxed{B}$ $y = \dfrac{1}{3}x^2 - x + 1$ $\quad\boxed{C}$ $y = \dfrac{3x}{x-1}$ $\quad\boxed{D}$ $y = \dfrac{4x}{x^2+1}$

21 Per quale valore di a la funzione $y = \dfrac{1}{x + ax + 4}$ ha dominio $\mathbb{R} - \{-2\}$? Se $a = -5$, qual è il dominio?

$[1;\ x \neq 1]$

RICERCA DEGLI ZERI ➡ Teoria a pagina 312

22 Indica gli zeri delle funzioni rappresentate dai seguenti grafici.

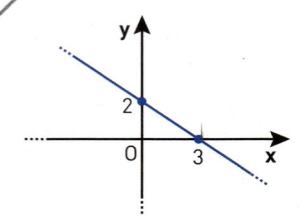
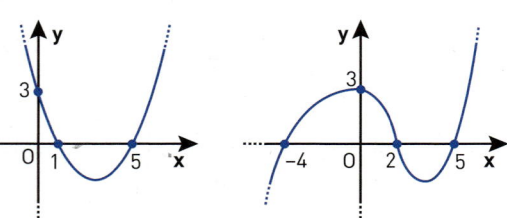
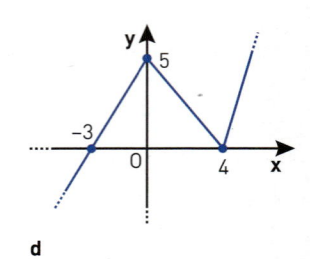

a $\qquad$ b $\qquad$ c $\qquad$ d

23 📱 **TEST** Solo uno dei seguenti numeri è uno zero della funzione $y = 3x^2 - x - 10$. Quale?

$\boxed{A}$ -2 $\qquad\qquad\boxed{C}$ 0

$\boxed{B}$ $-\dfrac{5}{3}$ $\qquad\qquad\boxed{D}$ -10

24 📱 **INVALSI 2007** Sono date le due funzioni $f(x) = x + 1$ e $g(x) = -2x + 3$. Quali sono gli zeri della funzione $f(x) \cdot g(x)$?

$\boxed{A}$ -1 e $\dfrac{3}{2}$ $\qquad\boxed{C}$ 1 e $-\dfrac{3}{2}$

$\boxed{B}$ 1 e $-\dfrac{2}{3}$ $\qquad\boxed{D}$ -1 e $\dfrac{2}{3}$

Rappresenta per punti nel piano cartesiano le seguenti funzioni, indica il dominio e gli zeri.

25 $y = 4x - 6;\quad y = -3x$.

26 $y = 2x^3;\quad y = -4x^2$.

27 $y = -x - 2;\quad y = 2x + 5$.

28 📱 **ESEMPIO DIGITALE**
$$y = \dfrac{2x(x-3)}{x};\quad y = \dfrac{4x(x-1)}{2x-2}.$$

29 $y = -|x|;\quad y = |x| - 3$.

Determina il dominio e gli zeri delle seguenti funzioni.

30 $y = 2x(2x+3)(x-1);\quad y = \dfrac{-x(x+7)}{5}$.

31 $y = \dfrac{2}{x-1};\quad y = \dfrac{8x}{3x-7}$.

32 $y = \dfrac{5x-10}{x^4(x-6)};\quad y = \dfrac{-3}{4-2x}$.

33 $y = \sqrt{x-3};\quad y = \dfrac{6x(2x-5)}{7}$.

34 **COMPLETA** osservando il grafico della funzione $y = f(x)$.

a. Il dominio è $D =$ _____.

b. Il codominio è $C =$ _____.

c. Gli zeri di $f(x)$ sono: _____.

d. $f(-4) =$ _____, $f(0) =$ _____, $f(5) =$ _____.

e. L'equazione $f(x) = 0$ ha _____ soluzioni.

f. $f($_____$) = -\dfrac{3}{2}$, $f($_____$) = 2$.

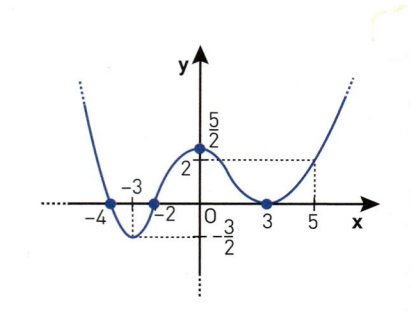

STUDIO DEL SEGNO

35 In ognuno dei grafici delle funzioni $f(x)$ indica per quali valori di x si ha $f(x) > 0$.

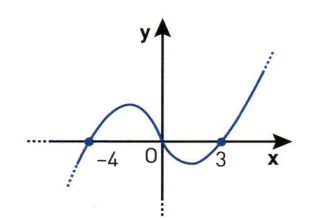 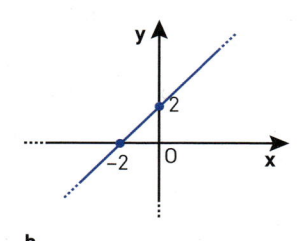 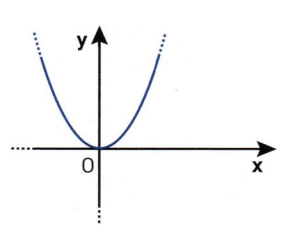 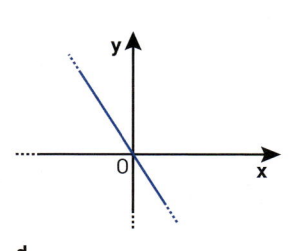

a   b   c   d

Rappresenta per punti le seguenti funzioni e indica per quali valori di x esse sono positive e per quali negative.

36 $y = -2x + \dfrac{1}{3}$ **37** $y = -8\left(x + \dfrac{1}{2}\right)$ **38** $y = 3x^2$ **39** $y = \dfrac{3}{5x}$

40 **COMPLETA** osservando il grafico della funzione $y = f(x)$.

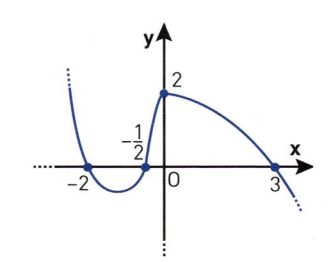

a. $f(x) \geq 0$ per x _____ .

b. $f(x) < 0$ per x _____ .

c. $f(x) = 0$ per x _____ .

d. Se $-\dfrac{1}{2} < x < 3$, allora $f(x)$ _____ .

e. Se $x \leq -2$, allora $f(x)$ _____ .

Determiniamo i valori di x per cui la funzione $y = -\dfrac{1}{2}x(4 - x)$ è positiva.

Una funzione è positiva quando $y > 0$, quindi risolviamo la disequazione:

$-\dfrac{1}{2}x(4 - x) > 0$.

Studiamo il segno dei fattori del prodotto:

$-\dfrac{1}{2}x > 0 \quad \rightarrow \quad x < 0$;

$4 - x > 0 \quad \rightarrow \quad x < 4$.

	0	4	
$-\dfrac{1}{2}x$	$+$ 0 $-$	$-$	
$4 - x$	$+$	$+$ 0 $-$	
$-\dfrac{1}{2}x(4-x)$	$+$ 0 $-$	0 $+$	

Dallo schema grafico deduciamo che i valori per cui $y > 0$ sono $x < 0 \ \lor \ x > 4$.

Trova per quali valori di x le seguenti funzioni sono positive.

41 $y = -x + 9$

42 $y = -x^2$

43 $y = x^2 + 4$

44 $y = x(2x - 8)$ $[x < 0 \ \lor \ x > 4]$

45 $y = (-x - 4)(x - 6)$ $[-4 < x < 6]$

46 $y = x(1 - 5x)(2x - 5)$ $\left[x < 0 \lor \dfrac{1}{5} < x < \dfrac{5}{2}\right]$

47 $y = \dfrac{-1}{2x}$

48 $y = \dfrac{5}{-x}$

49 $y = 2|x|$

50 $y = -3|x| - 6$

51 📱 **ESEMPIO DIGITALE** $y = 2|x - 3| - 4$

52 $y = 3 - |x|$ $[-3 < x < 3]$

2. FUNZIONE COMPOSTA E FUNZIONE INVERSA

FUNZIONE COMPOSTA ➡ Teoria a pagina 313

COMPLETA scrivendo l'espressione analitica della funzione ottenuta.

53 $x \to$ [aggiungi -4] $\to$ ____ $\to$ [eleva al quadrato] $\to$ ____ $\to$ [moltiplica per 3] $\to$ ____ .

54 $x \to$ [eleva al quadrato] $\to$ ____ $\to$ [sottrai 8] $\to$ ____ $\to$ [dividi per 5] $\to$ ____ .

Per le seguenti funzioni realizza uno schema analogo a quello degli esercizi precedenti.

55 $y = 8x + 12$; $\quad y = -\dfrac{1}{3}(x-1)^2$.

57 $y = (7x+5)^2$; $\quad y = \left(\dfrac{x}{3} - 2\right) \cdot \dfrac{1}{5}$.

56 $t = \left(\dfrac{v+2}{3}\right)^2$; $\quad a = \dfrac{b^4 - 5}{2}$.

58 $y = \left(\dfrac{x}{3}\right)^2 + 7$; $\quad y = \dfrac{1}{3}(x^3 + 4)$.

COMPLETA considerando le funzioni $f(x) = 4x$, $g(x) = x + 2$, $h(x) = -x^2$.

59 $f\big(g(x)\big) =$ ____ ; $\quad g\big(h(x)\big) =$ ____ ; $\quad h\big(f(x)\big) =$ ____ .

60 $g\big(f(-1)\big) =$ ____ ; $\quad h\left(g\left(\dfrac{1}{2}\right)\right) =$ ____ ; $\quad f\left(h\left(-\dfrac{1}{3}\right)\right) =$ ____ ; $\quad g\big(h(0)\big) =$ ____ .

61 **EUREKA!** **Sessantaquattro volte** Data la funzione $f(x) = \dfrac{4}{x}$, determina $f \circ f$ (*una* composizione di f con se stessa) e $f \circ f \circ f$ (*due* composizioni). Considera poi la funzione $g(x)$ che ottieni componendo f con se stessa sessantaquattro volte. Quanto vale $g(16)$?

Date le funzioni f e g, determina $f \circ g$ e $g \circ f$.

62 $f(x) = -x + 2$; $\quad g(x) = -x + 3$.

64 $f(x) = \dfrac{4}{x}$; $\quad g(x) = 8x - 4$.

63 $f(x) = x^2 + 3$; $\quad g(x) = -\dfrac{x^2}{2} + 6$.

65 📱 **ESEMPIO DIGITALE**
$f(x) = (x+1)^2$; $\quad g(x) = \dfrac{x}{5}$.

FUNZIONE INVERSA ➡ Teoria a pagina 313

66 Indica quali funzioni rappresentate dai seguenti grafici sono invertibili.

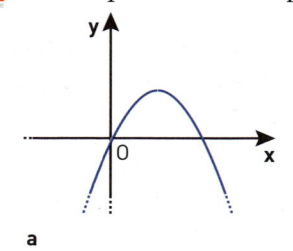
a

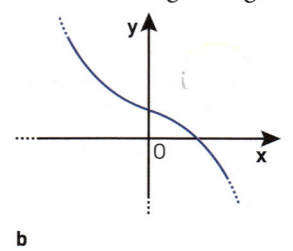
b

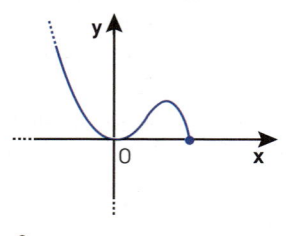
c

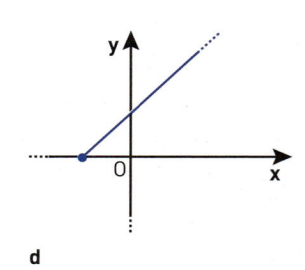
d

Traccia per punti il grafico delle seguenti funzioni e stabilisci se sono invertibili.

67 $y = -2x - 4$

68 $y = -3x^2$

69 $y = \dfrac{1}{4}x + 1$

70 $y = \dfrac{-2}{x}$

Scrivi l'espressione analitica della funzione inversa delle seguenti funzioni.

71 $y = 8x - 6$

72 📱 **ESEMPIO DIGITALE** $y = -\dfrac{1}{3}x + \dfrac{3}{2}$

73 $y = -\dfrac{2}{3}x + 4$

74 📱 **TEST** Una sola delle seguenti funzioni *non* è invertibile. Quale?

- **A** $y = -\dfrac{9}{x}$
- **B** $y = -x^2 + 4$
- **C** $y = 8x^3$
- **D** $y = \dfrac{x-4}{3}$

75 **EUREKA!** **Che valore?** Supponi che sia $f(x) = 2x^5 + 7x^3 + x - 5$ e sia $g(x)$ la funzione inversa di $f(x)$. Ricava un valore di x per il quale si abbia $g(x) = 1$. [USA Bay Area Math Meet, Bowl Sampler, 1995]

3. PROPORZIONALITÀ DIRETTA E INVERSA

PROPORZIONALITÀ DIRETTA ➡ Teoria a pagina **314**

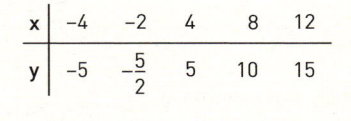

$$y = mx, \quad con\ m \in \mathbb{R}\ e\ m \neq 0$$

76 📱 **INVALSI 2005** x e y indicano due grandezze. Quale delle seguenti relazioni *non* rappresenta una proporzionalità diretta fra x e y?

- **A** $\dfrac{1}{3}y = 3x$
- **B** $y = 5x$
- **C** $\dfrac{y}{x} = 2$
- **D** $y = \dfrac{1}{2x}$

77 Indica quali delle seguenti funzioni rappresentano una proporzionalità diretta.

- **a.** $y + 4x = 0$
- **b.** $3y = 2x$
- **c.** $xy = 12$
- **d.** $y + 1 = 6x$
- **e.** $\dfrac{x}{y} = \dfrac{1}{2}$

ESEMPIO

Analizziamo la tabella per stabilire se le variabili x e y sono direttamente proporzionali. In caso affermativo, scriviamo l'espressione analitica della funzione e la rappresentiamo nel piano cartesiano.

x	−4	−2	4	8	12
y	−5	$-\dfrac{5}{2}$	5	10	15

Per ognuna delle coppie $(x; y)$ calcoliamo il rapporto $\dfrac{y}{x}$.

Per esempio:

$$\frac{-5}{-4} = \frac{5}{4}, \ \frac{15}{12} = \frac{5}{4}, \dots$$

Poiché $\dfrac{y}{x}$ è costante e uguale a $\dfrac{5}{4}$, x e y sono direttamente proporzionali e l'espressione analitica della funzione è $y = \dfrac{5}{4}x$.

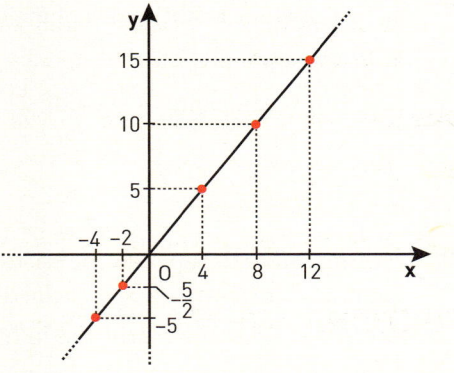

---

78 Individua in quali tabelle le variabili sono direttamente proporzionali. In caso affermativo, scrivi la legge di proporzionalità e rappresentala nel piano cartesiano.

x	y
$\dfrac{1}{2}$	$\dfrac{5}{4}$
2	5
3	$\dfrac{15}{2}$
8	20

a	b
$\dfrac{1}{8}$	12
$\dfrac{1}{6}$	9
$\dfrac{2}{3}$	1
6	$\dfrac{1}{4}$

t	v
−2	−1,5
0,2	0,15
1	0,75
4	3

COMPLETA le tabelle in modo che rappresentino funzioni di proporzionalità diretta e scrivi la legge.

79

x	y
−1	☐
0	☐
☐	1
3	2
☐	5

80

s	t
☐	−1,5
☐	0
0,5	☐
3	☐
8	6

11 FUNZIONI NUMERICHE

Traccia il grafico delle seguenti funzioni utilizzando almeno cinque punti.

81 $y = -\frac{1}{2}x$; $\quad y = 4x$; $\quad y = \frac{1}{3}x$; $\quad y = -\frac{5}{2}x$. **82** $y = \frac{2x}{5}$; $\quad y = -x$; $\quad y = \frac{x}{4}$; $\quad y = -\frac{3}{2}x$.

83 Rappresenta nel piano cartesiano *solo* le funzioni di proporzionalità diretta, assegnando alla variabile indipendente almeno quattro valori.

a. $4y - 3x = 0$ **b.** $y = -x + 1$ **c.** $s = 5t^2$ **d.** $l = 2\pi r$ **e.** $\frac{y}{x} = \frac{2}{5}$

84 ▢ **INVALSI 2004** Nella tabella è rappresentata una proporzionalità diretta tra x e y. Quali sono i valori di m e n?

x	y
5	8
10	m
n	40

A $\quad m = 13$ e $n = 16$. C $\quad m = 16$ e $n = 25$.

B $\quad m = 16$ e $n = 20$. D $\quad m = 25$ e $n = 16$.

85 Scrivi l'espressione analitica delle funzioni rappresentate nei seguenti grafici.

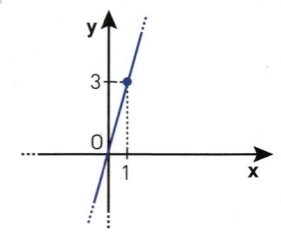 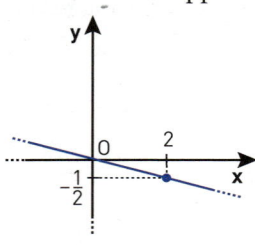 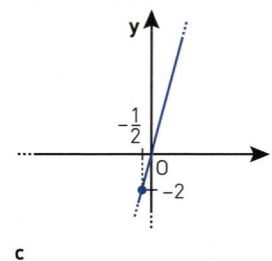 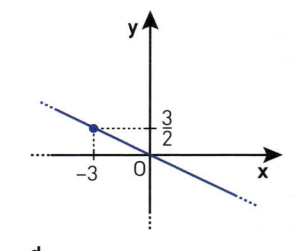

a b c d

86 Determina:

a. l'espressione analitica della funzione rappresentata nel grafico;

b. le immagini di -2 e di $\frac{8}{3}$;

c. le controimmagini di -1 e di $\frac{1}{2}$.

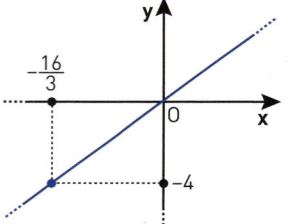
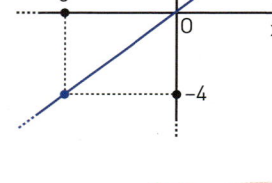

Problemi INTORNO A NOI

87 **Mmmh, buona!** Sapendo che esiste una proporzionalità diretta tra la quantità di marmellata m e quella di frutta f utilizzata per produrla:

a. scrivi la legge che esprime m in funzione di f;

b. rappresenta la funzione nel piano cartesiano;

c. calcola quanta frutta occorre per produrre 2 kg di marmellata.

$$\left[\text{a) } m = \frac{5}{7}f; \text{ c) } 2,8 \text{ kg}\right]$$

100 g prodotto finale

140 g frutta

88 **Tempo di saldi** In un megastore in tempo di saldi si decide di scontare il prezzo di tutti gli articoli in vendita del 35%.

a. Se x è il prezzo iniziale, scrivi il nuovo prezzo y in funzione di x.

b. Rappresenta il grafico della funzione y.

c. Se un articolo viene venduto a € 117, qual era il suo prezzo iniziale? $\left[\text{a) } y = \frac{13}{20}x; \text{ c) } € 180\right]$

89 ▢ **YOU & MATHS** **Efficiencies of cars** You can measure a car's efficiency in miles (mi) per gallon (gal). Car A gets 200 miles with 4 gallons; car B gets 300 miles with 10 gallons; and car C gets 100 miles with 5 gallons. Draw graphs (distance against gas used) for each type of car and determine which type is the most efficient. Explain your reasoning.

PROPORZIONALITÀ INVERSA → Teoria a pagina 314

$$y = \frac{k}{x}, \quad con\, k \in \mathbb{R} \ e\, k \neq 0$$

90 TEST Quale tra le seguenti relazioni *non* rappresenta una corrispondenza di proporzionalità inversa?

A $x = \dfrac{3}{y}$ B $x \cdot y = 3$ C $y = \dfrac{3}{x}$ D $\dfrac{x}{y} = 3$

91 INVALSI 2007 La relazione: $x \cdot y = k$ tra due variabili positive x e y può essere anche scritta in uno dei seguenti modi. Quale?

A $y = \dfrac{k}{x}$ B $y = kx$ C $\dfrac{x \cdot y}{k} = 0$ D $y = \dfrac{x}{k}$

92 Indica quali delle seguenti funzioni sono di proporzionalità inversa.

a. $\dfrac{3}{5}xy = 1$ **b.** $\dfrac{y}{x} = 5$ **c.** $xy = \dfrac{7}{4} + 1$ **d.** $y = \dfrac{5}{x}$ **e.** $x = \dfrac{8}{5}y$

ESEMPIO

Analizziamo la tabella per stabilire se le variabili x e y sono inversamente proporzionali. In caso affermativo, scriviamo l'espressione analitica della funzione e la rappresentiamo nel piano cartesiano.

y	−4	−2	3	6	15
x	−6	−12	8	4	$\frac{8}{5}$

Per ognuna delle coppie $(x; y)$ calcoliamo il prodotto $x \cdot y$.

Per esempio:

$6 \cdot 4 = 24$, $(-2) \cdot (-12) = 24$, …

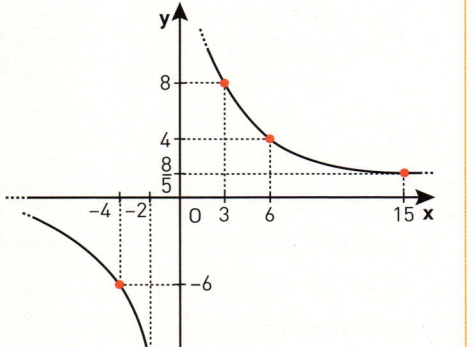

Poiché $x \cdot y$ è costante e uguale a 24, x e y sono inversamente proporzionali e l'espressione analitica della funzione è $xy = 24$.

---

93 Individua in quali tabelle le variabili sono inversamente proporzionali. In caso affermativo, scrivi la legge di proporzionalità e rappresentala nel piano cartesiano.

x	y
−7	$-\frac{8}{7}$
−1	−8
$\frac{1}{3}$	24
$\frac{5}{3}$	$\frac{24}{5}$
2	4

s	t
−5	−15
−1	−3
$\frac{1}{2}$	$\frac{3}{2}$
2	6
6	18

a	b
−10	$-\frac{3}{2}$
−2	$-\frac{15}{2}$
−1	−15
$\frac{1}{3}$	45
5	3

COMPLETA le tabelle in modo che x e y siano inversamente proporzionali e scrivi la legge che le lega.

94

x	y
	4
$\frac{1}{3}$	2
$\frac{1}{2}$	
$\frac{2}{3}$	
2	

95

x	y
$\frac{1}{5}$	4
	2
	$\frac{8}{5}$
1	
6	

Traccia il grafico delle seguenti funzioni utilizzando almeno cinque punti.

96 $xy = 25$; $xy = -12$; $y = \dfrac{10}{x}$; $y = \dfrac{5}{x}$.

97 $xy = \dfrac{5}{2}$; $xy = \dfrac{7}{4}$; $y = \dfrac{5}{8x}$; $y = -\dfrac{1}{3x}$.

98 Stabilisci quali tra le seguenti sono funzioni di proporzionalità inversa. Rappresenta le funzioni individuate nel piano cartesiano assegnando alla variabile indipendente almeno quattro valori.

a. $xy + 1 = 5$ **b.** $5a + 6b = 1$ **c.** $4ab = 6$ **d.** $\dfrac{s}{t} = 25$ **e.** $xy = \dfrac{5}{8}$

99 Scrivi l'espressione analitica delle funzioni di proporzionalità inversa rappresentate nei seguenti grafici.

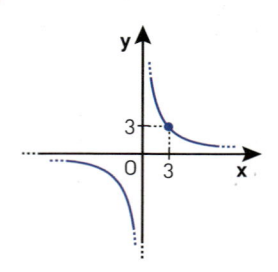

a
     b
     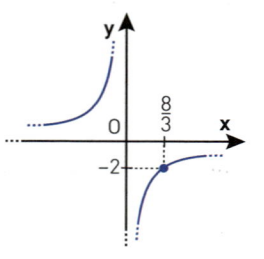 c
     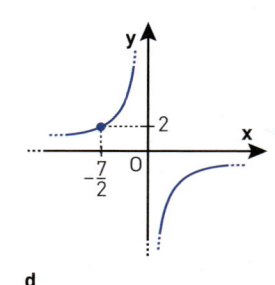 d

100 Determina:

a. l'espressione analitica della funzione di proporzionalità inversa del grafico;

b. le immagini di $-\dfrac{1}{2}$ e 3;

c. le controimmagini di -7 e $\dfrac{7}{4}$.

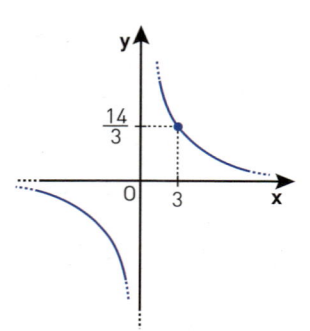

101 Una legge di proporzionalità inversa associa $x = -\dfrac{5}{3}$ a $y = 6$.

a. Determina la costante che compare nella legge di proporzionalità inversa.

b. Scrivi la legge e rappresentala nel piano cartesiano assegnando a x almeno quattro valori.

c. Trova i valori di x per i quali $y = -2$ e $y = \dfrac{1}{5}$.

Problemi INTORNO A NOI

102 **Cuochi a volontà** Per un pranzo si devono preparare dei salatini ed esiste una proporzionalità inversa tra numero dei cuochi a disposizione in cucina e tempo impiegato per completare il lavoro.
Sapendo che 10 cuochi impiegherebbero 2 ore per completare il lavoro, scrivi la legge che esprime il tempo y impiegato in funzione del numero x di cuochi e rappresentala nel piano cartesiano.
Quanti cuochi dovrebbero essere presenti per terminare il lavoro in 5 ore? $\left[y = \dfrac{20}{x}; 4 \text{ cuochi} \right]$

103 **Con la cazzuola** Per pavimentare una stanza si può scegliere una delle tre soluzioni indicate a lato.

a. Scrivi la legge che esprime il numero di piastrelle n in funzione dell'area A di una piastrella.

b. Stabilisci quale tipo di proporzionalità lega n e A.

c. Quante piastrelle di area 20 dm² occorrerebbero per pavimentare la stanza? $\left[\text{a)} n = \dfrac{1500}{A}; \text{c)} 75 \right]$

125 piastrelle di 12 dm²

50 piastrelle di 30 dm²

150 piastrelle di 10 dm²

104 **EUREKA!** **Più in fretta** Il tempo richiesto per andare in auto da Duluth a Fargo varia in modo inversamente proporzionale alla velocità dell'auto. Se per il viaggio, alla velocità di 40 mph (miglia orarie) occorrono 6,25 ore, quale velocità è richiesta per fare il viaggio in 4 ore?

A 6,4 mph   **B** 0,625 mph   **C** 25,6 mph   **D** 8,44 mph   **E** 62,5 mph

[USA Catawba College NCCTM, Mathematics Contest, 2007]

Nelle seguenti tabelle riconosci le variabili che sono direttamente o inversamente proporzionali e, per quelle che lo sono, scrivi la legge di proporzionalità che le lega.

105

x	y
−3	−22
−1	−66
2	33
11	6
12	$\frac{11}{2}$

a	b
−90	−50
−6	$-\frac{10}{3}$
−3	$-\frac{5}{3}$
1	$\frac{5}{9}$
18	10

s	t
−7	−13
−5	−9
0,5	2
3	7
10	21

106

a	b
−8	$-\frac{1}{24}$
$-\frac{1}{3}$	−1
$\frac{1}{12}$	4
$0,\overline{3}$	1
2	$\frac{1}{6}$

x	y
−2	−18
0	0
0,4	3,6
0,5	4,5
3	27

t	v
−8	$\frac{3}{20}$
−0,4	−3
$-\frac{1}{5}$	−6
0,1	12
2	$\frac{8}{5}$

Problemi geometrici con proporzionalità diretta o inversa

107 **FAI UN ESEMPIO** Fornisci un esempio di due grandezze geometriche direttamente proporzionali e di due inversamente proporzionali.

108 ☐ **TEST** Considera l'insieme dei rettangoli con lati a e b, che soddisfano la condizione $\frac{b}{a} = 2$. Quale delle seguenti grandezze *non* è direttamente proporzionale ad a?

  A Il lato b. **C** L'area del rettangolo.

  B Il perimetro del rettangolo. **D** Una diagonale del rettangolo.

109 La figura a fianco è stata costruita con quadrati di lato l e semicirconferenze di diametro l:

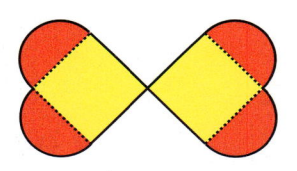

  a. Scrivi la legge che esprime il perimetro p della figura in funzione di l.

  b. Stabilisci quale proporzionalità esiste tra p e l e indica la costante di proporzionalità. [a) $p = (2\pi + 4)l$; b) $2\pi + 4$]

110 In un trapezio isoscele la base maggiore è il triplo di quella minore e il lato obliquo è i $\frac{5}{4}$ della base minore.

  a. Indica con p e x rispettivamente le misure del perimetro e della base minore, scrivi p in funzione di x e stabilisci quale tipo di proporzionalità esiste tra p e x.

  b. Quali valori deve assumere x affinché $p(x) = 65$ e $p(x) = \frac{39}{4}$? $\left[\text{a) } p = \frac{13}{2}x; \text{ b) } 10, \frac{3}{2}\right]$

111 Un pentagono ha il lato di misura x. Se ogni lato viene diminuito del 15%, si ottiene un nuovo pentagono. Scrivi la legge che esprime il perimetro p del nuovo pentagono in funzione di x e rappresentala nel piano cartesiano. Che tipo di proporzionalità esiste tra p e x? $\left[p = \frac{17}{4}x\right]$

Problemi INTORNO A NOI

112 **a.** Scrivi la legge che esprime il costo c dell'insalata, espresso in euro, in funzione della quantità acquistata p, espressa in kilogrammi.

  b. Rappresenta la funzione nel piano cartesiano.

  c. Calcola quanti kilogrammi di insalata si possono acquistare con € 4,50.

2,5 kg
€ 3,75

$$c = 1,5 \cdot p \qquad \frac{4,5}{1,5} = 3 \text{ kg}$$

[a) $c = 1,5p$; c) 3 kg]

113 📱 ESEMPIO DIGITALE **Problema al cioccolato** Luisa prepara del budino al cioccolato e lo suddivide in porzioni da 100 g ciascuna.

    a. Scrivi la legge che esprime il numero di porzioni n in funzione del peso totale p del budino preparato.

    b. Stabilisci che tipo di proporzionalità esiste tra n e p.

    c. Calcola quante porzioni si ottengono da 1 kg di budino e che quantità di budino occorre preparare per ottenere 5 porzioni.

114 **Trasferimento dati** Un computer riceve dati da un altro a velocità costante ed esiste una proporzionalità diretta tra la dimensione d del file da trasferire e il tempo t impiegato per la trasmissione. Sapendo che un file di 10 MB impiega 18 secondi per essere trasferito, scrivi la legge che esprime t in funzione di d. Quanto impiega un file di 50 MB per essere trasferito? $[t = 1{,}8d;\ 1 \text{ minuto e mezzo}]$

115 EDUCAZIONE FINANZIARIA **Caro il mio gelato…** Il prezzo del gelato artigianale è costituito per il 60% dal costo della manodopera e per il 40% dal costo degli ingredienti.
I costi di produzione subiscono poi degli aumenti: 32% per la manodopera, 52% per gli ingredienti.

    a. Scrivi la legge che esprime il prezzo a del gelato dopo gli aumenti in funzione del prezzo b del gelato prima degli aumenti e stabilisci che tipo di proporzionalità esiste tra a e b.

    b. Rappresenta la funzione nel piano cartesiano.

    c. Qual è l'aumento percentuale totale del prezzo del gelato? $\left[\text{a) } a = \dfrac{7}{5}b;\ \text{c) } 40\%\right]$

4. FUNZIONI LINEARI   → Teoria a pagina **316** $y = mx + q, \quad con\ m, q \in \mathbb{R}$

116 📱 TEST Solo una delle seguenti *non* è una funzione lineare. Quale?

   A $\dfrac{y-4}{3} = 2x$ B $y - \dfrac{x}{3} = 0$ C $\dfrac{y}{4} - \dfrac{1}{x} = 0$ D $y - 2 = -\dfrac{5}{2}x - 2$

117 📱 INVALSI 2007 La tabella esprime una relazione tra due grandezze x e y.
Quale delle seguenti equazioni esprime formalmente la relazione tra x e y?

   A $y = 2x + 3$ B $y = 2x - 3$ C $y = 3x + 1$ D $y = 4x$

x	1	3	4	6
y	5	9	11	15

118 📱 ESEMPIO DIGITALE Stabilisci se la tabella rappresenta due variabili in dipendenza lineare e, in caso affermativo, scrivi l'espressione analitica della funzione che le lega.

x	-2	-1	0	1	2	3
y	5	3	1	-1	-3	-5

119 Stabilisci se le seguenti tabelle rappresentano funzioni lineari e, in caso affermativo, scrivi la legge.

x	-5	0	1	2	3	4
y	-8	-3	-2	-1	0	1

a	-4	-2	0	$\frac{1}{2}$	1	2
t	0	$\frac{1}{2}$	1	$\frac{9}{8}$	1,25	1,5

Traccia il grafico delle seguenti funzioni utilizzando almeno quattro punti.

120 $y = -\dfrac{1}{2}x + 4;$ $y = 2x - 2;$ $y = x - \dfrac{1}{2}.$ **121** $x - y - 3 = 0;$ $2y - 4 = 3x;$ $\dfrac{y + 3x}{3} = 1.$

Determina i valori di m e q nell'espressione $f(x) = mx + q$, noti i seguenti valori.

122 $f(0) = -2;$ $f(-3) = 4.$ $[f(x) = -2x - 2]$ **123** $f(0) = \dfrac{2}{3};$ $f(1) = 5.$ $\left[f(x) = \dfrac{13}{3}x + \dfrac{2}{3}\right]$

124 Scrivi l'espressione analitica delle funzioni rappresentate nei seguenti grafici.

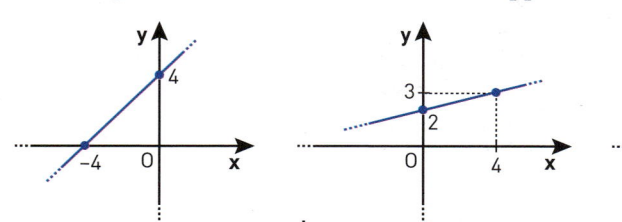 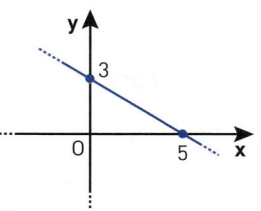 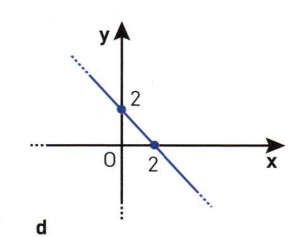

a   b   c   d

125 **YOU & MATHS** **You got the slope – find a point** Point P has coordinates $(1, 3)$ and the origin O has coordinates $(0, 0)$. Find a point A such that each of the following is true:

a. the slope between P and A is 3;

b. the slope between O and A is 3;

c. the line through P and A has equation $y = -5x + 8$;

d. the line through O and A has equation $y = 7x$.

Problemi INTORNO A NOI

126 **TEST** Una scatola di cartone di 120 g viene riempita con N biglie di 20 g ciascuna. Come si può esprimere la massa complessiva M, in grammi, della scatola piena di biglie?

   A $M = 120 + 20N$ **B** $M = (120 + 20)N$ **C** $M = 20N$ **D** $M = \dfrac{120}{20}N$

127 Il noleggio di un furgone prevede una quota fissa e una quota variabile dipendente dai kilometri percorsi. Scrivi la legge che esprime il costo y del noleggio in funzione del numero x di kilometri effettuati. Qual è il costo del noleggio se si percorrono 57 km? $[y = 140 + 0,9x; \text{€ } 191,30]$

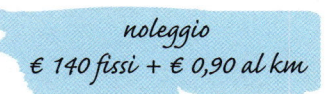

noleggio
€ 140 fissi + € 0,90 al km

▶ **LABORATORIO**   **MATEMATICA E FISICA**

Rette da un esperimento

Da un cilindro graduato contenente acqua colorata, Peter ha prelevato più volte con un contagocce la stessa quantità di liquido e ogni volta ha misurato l'acqua rimasta nel cilindro. In tabella ha riportato i seguenti dati.

Numero prelievi	0	1	2	3	4	5	6	7
Quantità acqua (mL)	10	9,6	9,2	8,8	8,4	8,0	7,6	7,2

a. Dopo aver prelevato acqua per 15 volte, quanta acqua sarebbe contenuta nel cilindro?

b. Ricava la funzione che esprime la quantità d'acqua contenuta nel cilindro in funzione del numero di prelievi.

c. Realizza un grafico cartesiano della funzione trovata.

d. Dopo quanti prelievi si svuoterebbe il cilindro?

 ▶ Risoluzione.   ▶ 6 esercizi in più.

128 **Il tuo smartphone** Non ricordi la tariffa telefonica del tuo cellulare, però sei sicuro che prevede il pagamento di una quota fissa per lo scatto alla risposta e un costo proporzionale al tempo di conversazione (che cresce a ogni secondo). Inoltre osservi che una telefonata di 30 secondi ti costa 21 centesimi, mentre una di un minuto ti costa 27 centesimi.

    a. Qual è la funzione che lega la durata x in secondi di una chiamata al suo costo y in centesimi?

    b. Quanto prevedi di pagare per una conversazione di 5 minuti?   [a) $y = 15 + 0,2x$; b) 75 centesimi]

129 **EUREKA!** **Celsius e Fahrenheit** Esiste una relazione lineare tra i gradi Fahrenheit e i gradi Celsius. Sapendo che il punto di congelamento dell'acqua corrisponde a 0 gradi Celsius e a 32 gradi Fahrenheit, e che l'acqua bolle a 100 gradi Celsius e a 212 gradi Fahrenheit, ricava la temperatura Fahrenheit che corrisponde a 22 gradi Celsius (arrotondata all'intero più vicino).

    A 69 gradi Fahrenheit.   **C** 71 gradi Fahrenheit.   **E** Nessuna delle precedenti.

    B 70 gradi Fahrenheit.   **D** 72 gradi Fahrenheit.

[USA Furman University Wylie Mathematics Tournament, Junior Examination, 1998]

Problemi geometrici

130 Un quadrato ha lato 4. Se si aumenta un lato di x e si diminuisce l'altro di $2x$, si ottiene un rettangolo. Scrivi la legge che esprime il perimetro p del rettangolo in funzione di x e rappresenta la funzione nel piano cartesiano. Quali valori può assumere x? $[p = 16 - 2x; 0 \le x \le 2]$

131 Il lato di un triangolo equilatero di perimetro 30 cm viene aumentato di una percentuale $a\%$. Esprimi il perimetro p del nuovo triangolo in funzione di a e rappresenta la funzione nel piano cartesiano. Trova il valore di a nel caso il perimetro finale risulti 39 cm. $\left[p = 30 + \dfrac{3}{10}a; 30\right]$

5. FUNZIONI DEFINITE A TRATTI   ➔ Teoria a pagina **317**

Rappresenta nel piano cartesiano le seguenti funzioni e indica il dominio e il codominio.

132 **ESEMPIO DIGITALE** $y = \begin{cases} -x & \text{se} \quad x \le 0 \\ 4x & \text{se} \quad x > 0 \end{cases}$

134 $y = \begin{cases} \dfrac{2}{x} & \text{se} \quad x \le 1 \\ 3x - 1 & \text{se} \quad x > 1 \end{cases}$

133 $y = \begin{cases} x + 4 & \text{se} \quad x \le 0 \\ 4 & \text{se} \quad 0 < x < 3 \\ \dfrac{1}{3}x + 3 & \text{se} \quad x \ge 3 \end{cases}$

135 $y = \begin{cases} x - 1 & \text{se} \quad x \le -2 \\ 2x - 6 & \text{se} \quad 0 \le x < 4 \end{cases}$

136 **AL VOLO** Scrivi l'espressione analitica delle funzioni rappresentate nei grafici seguenti.

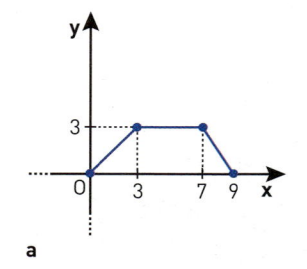

a

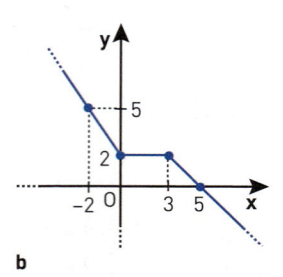

b

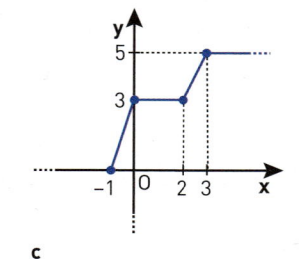

c

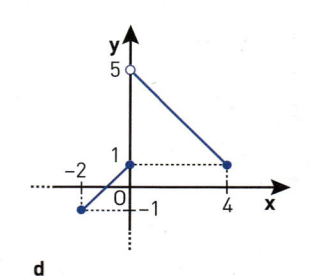

d

Problemi INTORNO A NOI

137 ▢ **INVALSI 2002** Il grafico a lato rappresenta le distanze rispetto al punto di partenza raggiunte da un'automobile nel corso di 13 ore di viaggio. Indica, in base al grafico, per quante ore in tutto l'automobile è rimasta ferma.

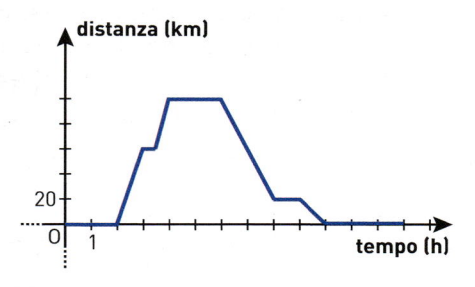

- A 1 h
- C 5 h
- E Mai.
- B 8,5 h
- D 1,5 h

138 ▢ **VERO O FALSO?** Una lepre sfida una tartaruga a una gara di corsa su un percorso di 600 passi. Il grafico qui sotto rappresenta l'andamento della gara.

Basandoci unicamente sul grafico, quali delle affermazioni risultano vere e quali no?

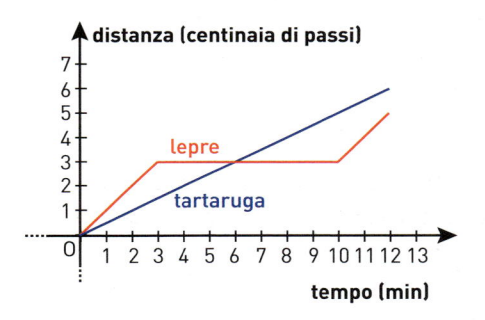

a. La lepre e la tartaruga, dopo 12 minuti, arrivano insieme al traguardo. ▢V ▢F

b. La lepre non si ferma mai. ▢V ▢F

c. La tartaruga avanza di 200 passi ogni minuto. ▢V ▢F

d. La tartaruga supera la lepre a metà corsa. ▢V ▢F

139 ▢ **INVALSI 2007** Il seguente grafico rappresenta i prezzi praticati da due tipografie A e B in funzione del numero di manifesti stampati.

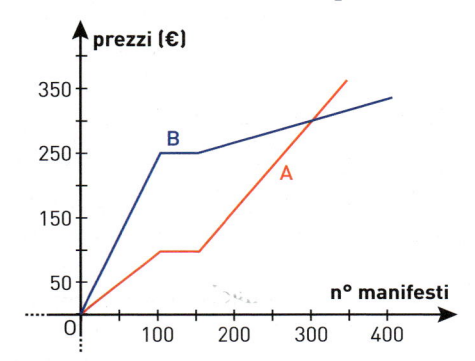

Volendo spendere la minor cifra, quale delle seguenti affermazioni è *vera*?

- A La tipografia A è da privilegiare se si vogliono stampare più di 300 manifesti.
- B La tipografia B è da privilegiare se si vogliono stampare meno di 100 manifesti.
- C La scelta è indifferente se si vogliono stampare tra i 100 e i 150 manifesti.
- D La scelta è indifferente se si vogliono stampare 300 manifesti.

Trova gli zeri e studia il segno delle seguenti funzioni. Conferma i risultati con la rappresentazione grafica delle funzioni.

140 $y = \begin{cases} 4x + 8 & \text{se} \quad x \leq 0 \\ x + 68 & \text{se} \quad x > 0 \end{cases}$

141 $y = \begin{cases} x^2 & \text{se} \quad x < -1 \\ 2x - 12 & \text{se} \quad x \geq -1 \end{cases}$

Funzione valore assoluto

Rappresenta i grafici delle seguenti funzioni.

142 $y = |x| - 2; \quad y = -|x|.$

143 ▢ **ESEMPIO DIGITALE**
$y = -\dfrac{1}{2} + |x|; \quad y = 3|x| + 3.$

144 $y = |x - 5|; \quad y = |-2x| - 4.$

145 $y = \dfrac{-2|x|}{x}; \quad y = \dfrac{|x|}{x} + x.$

146 $y = \begin{cases} -x + 1 & \text{se} \quad x \leq -3 \\ |x| & \text{se} \quad -3 < x \leq 1 \\ 2x - 1 & \text{se} \quad x > 1 \end{cases}$

▶ **LABORATORIO** **MATEMATICA ED ECONOMIA**

Calcolo dell'IRPEF

La tabella riporta le aliquote IRPEF (in percentuale) per scaglioni di reddito (dati al 2013). Ciascuna aliquota non va calcolata sul totale del reddito, ma solo sulla parte eccedente la soglia dello scaglione precedente.

Reddito (per scaglioni)		Aliquota (per scaglioni)
fino a € 15 000		23
oltre € 15 000	e fino a € 28 000	27
oltre € 28 000	e fino a € 55 000	38
oltre € 55 000	e fino a € 75 000	41
oltre € 75 000		43

a. Compila una terza colonna, chiarendo a quanto ammonta l'imposta dovuta sui redditi intermedi di ciascuno scaglione e qual è l'imposta massima di ogni fascia di reddito.

b. Giorgio, che ha un reddito imponibile di € 26 000, ritiene che la sua imposta lorda ammonti a € 7020, pari al 27% del reddito. Ha ragione? Calcola la percentuale complessiva dell'imposta sul reddito di Giorgio.

c. Determina la funzione che restituisce l'imposta IRPEF dato il reddito imponibile e rappresenta il suo grafico.

▢ ▶ Risoluzione. ▶ 2 esercizi in più.

---

147 ▢ **EUREKA!** **Compiti insoliti** La professoressa assegna a Giulia e Marco il seguente compito: comunicherà a ciascuno di loro, separatamente, un numero. Giulia dovrà poi sottrarre 2, considerare il valore assoluto del numero ottenuto e consegnare il risultato alla professoressa; Marco dovrà invece limitarsi ad aggiungere 7 al numero ricevuto, dividere per 2 il numero ottenuto e quindi consegnare il risultato. La professoressa riceve da entrambi lo stesso numero, 9. Quale delle seguenti conclusioni è *vera*?

A Il numero comunicato a Giulia e a Marco era lo stesso.

B Non è possibile che il numero comunicato a Giulia e a Marco fosse lo stesso.

C Il numero comunicato a Marco era 11.

D Il numero comunicato a Giulia era 11.

6. PROPORZIONALITÀ QUADRATICA E CUBICA

PROPORZIONALITÀ QUADRATICA → Teoria a pagina 318 $y = ax^2, \quad con\ a \in \mathbb{R}\ e\ a \neq 0$

148 Indica quali delle seguenti sono funzioni di proporzionalità quadratica.

a. $y + x^2 = 0$ b. $a + 7b^2 = 8$ c. $\dfrac{y}{x^2} = \dfrac{3}{2}$ d. $t = \dfrac{1}{2v^2}$ e. $x = -3y^2$

149 ▢ **ESEMPIO DIGITALE** Analizza la tabella per stabilire se tra le variabili x e y esiste proporzionalità quadratica. Scrivi l'espressione analitica della funzione e rappresentala nel piano cartesiano.

x	−4	−2	0	1	2
y	24	6	0	$\dfrac{3}{2}$	6

Traccia il grafico delle seguenti funzioni utilizzando almeno quattro punti.

150 $y = 7x^2;\quad y = \dfrac{1}{3}x^2;\quad y = -\dfrac{5}{3}x^2;\quad y = \dfrac{x^2}{2}.$ **151** $y = x^2;\quad y = -\dfrac{2x^2}{5};\quad y = -8x^2;\quad y = -\dfrac{1}{4}x^2.$

152 Stabilisci quale tabella rappresenta una funzione di proporzionalità quadratica. In caso affermativo, scrivi l'espressione analitica della funzione e rappresentala nel piano cartesiano.

x	−2	−1	$\frac{1}{2}$	5	25
y	$\frac{4}{5}$	$\frac{1}{5}$	$\frac{1}{20}$	5	125

s	−3	−1	0	0,5	5
t	3	3	0	0,75	75

153 Stabilisci quali tra le seguenti funzioni sono di proporzionalità quadratica.
Traccia il grafico delle leggi individuate assegnando alla variabile indipendente almeno quattro valori.

a. $y - x^2 = 0$ **b.** $y^2 - x^2 = 0$ **c.** $y = \frac{2}{x^2}$ **d.** $ab^2 = \frac{3}{5}$ **e.** $v = -\frac{7}{5}t^2$

154  **INVALSI 2006** Considera la tabella sotto.

x	0	1	2	3
y	0	b	−2	$-\frac{9}{2}$

Quale dei seguenti valori deve essere assegnato a b affinché tutti i numeri della tabella verifichino una relazione del tipo $y = ax^2$, con un valore opportuno di a?

   A 1   **B** $-\frac{1}{2}$ **C** -1 **D** $-\frac{3}{2}$

155 Scrivi l'espressione analitica delle funzioni di proporzionalità quadratica rappresentate nei seguenti grafici.

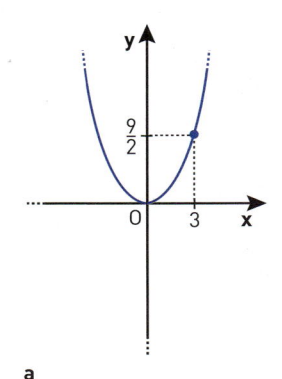

a

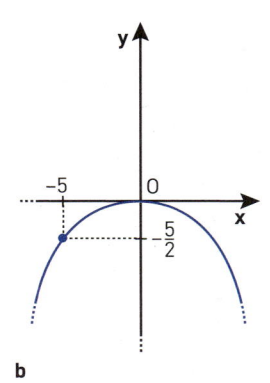

b

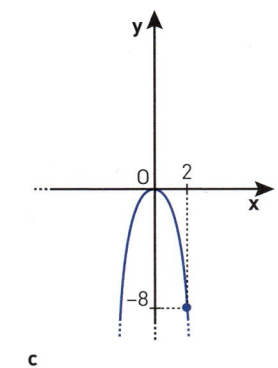

c

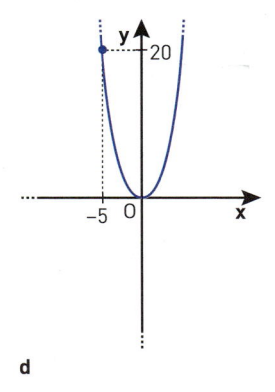

d

▶ **LABORATORIO**   **MATEMATICA E STORIA**

Datemi un punto d'appoggio e vi solleverò il mondo

È forse la più celebre fra le frasi che vengono attribuite ad Archimede di Siracusa (287 a.C.-212 a.C.). Quale sarebbe stato il formidabile strumento per realizzare l'impresa? Una leva!

La leva rappresentata in figura è in equilibrio e le monete sono tutte uguali (due nella pila di destra, tre in quella a sinistra). Spiega perché, secondo te, questo avviene. Quale uguaglianza puoi scrivere utilizzando tutti e quattro i valori 2, 3, 4, 6?

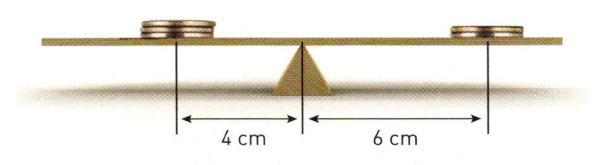

4 cm   6 cm

▶ Risoluzione.   ▶ 3 esercizi in più.   ▶ Attività di ricerca: Che cosa sappiamo di Archimede?

PROPORZIONALITÀ CUBICA ➡ Teoria a pagina 318

$$y = ax^3, \quad con\ a \in \mathbb{R}\ e\ a \neq 0$$

156 Indica quali delle seguenti sono funzioni di proporzionalità cubica.

a. $y = \dfrac{5}{3}x^2$ **b.** $a = -\dfrac{1}{2}b^3$ **c.** $y + x^3 = 1$ **d.** $v - 2t^3 = 0$ **e.** $a^3 + \dfrac{1}{2}b^3 = 0$

---

157 Analizza le seguenti tabelle e stabilisci quali rappresentano funzioni di proporzionalità cubica. In caso affermativo, scrivi la legge e rappresentala nel piano cartesiano.

x	y
-2	16
-1	2
0	0
$\frac{1}{2}$	$-\frac{1}{4}$
1	-2

a	b
-1	$\frac{2}{5}$
0	0
1	$\frac{2}{5}$
5	10
10	40

s	t
-1	$-\frac{4}{3}$
0	0
1	$1,\overline{3}$
3	36
6	288

158 **COMPLETA** le tabelle in modo che rappresentino funzioni di proporzionalità cubica e scrivi la legge.

x	y
-1	...
-3	-9
$\frac{1}{2}$	
	$\frac{1}{3}$
	9

t	v
-2	-40
	-5
	$-\frac{5}{27}$
	$\frac{5}{8}$
1	

a	b
	0,1
1	
2,5	
5	-100
	-800

Traccia il grafico delle seguenti funzioni utilizzando almeno quattro punti.

159 $y = 4x^3$; $y = \dfrac{2}{5}x^3$; $y = -\dfrac{1}{9}x^3$.

160 $y = -3x^3$; $y = -\dfrac{3x^3}{5}$; $y = \dfrac{x^3}{5}$.

Problemi INTORNO A NOI

161 Una ditta produce telai per finestrini quadrati di lato esterno variabile x e di lato interno che è i $\dfrac{9}{10}$ di quello esterno. Scrivi la legge che esprime l'area A del telaio in legno in funzione di x e stabilisci che tipo di proporzionalità esiste tra A e x. Quanto risulta l'area del telaio se il lato esterno è 70 cm?

$$\left[A = \frac{19}{100}x^2;\ 931\ \text{cm}^2 \right]$$

162 **Settimana bianca!** Lo spazio percorso da uno sciatore al passare del tempo è espresso dalla formula in figura.

a. Se lo sciatore arriva in fondo alla pista dopo 16 secondi, quanto è lunga la pista?

b. Costruisci una tabella con cinque valori e rappresenta il grafico della funzione s.

c. Quanti secondi sono trascorsi quando lo sciatore ha percorso 180 m?

[a) 460,8 m; c) 10 secondi]

spazio percorso nel tempo
$s = 1,8t^2$

163 **Mattoncini** Un bambino gioca con mattoncini di forma cubica e crea una torre sovrapponendo tre mattoncini aventi ciascuno il lato che è la metà di quello del mattoncino sottostante. Scrivi la legge che esprime il volume totale V della torre in funzione della misura x del lato del mattoncino di base. Qual è il volume totale della torre se la lunghezza del lato è 8 cm?

$$\left[V = \frac{73}{64}x^3;\ 584\ \text{cm}^3 \right]$$

164 **Di pentola in pentola** In una batteria di pentole d'acciaio, tutte le pentole hanno la stessa altezza $h = 30$ (in centimetri) e il diametro d variabile.

a. Esprimi il volume V delle pentole al variare del diametro.

b. Rappresenta la funzione ottenuta nel piano cartesiano.

c. Che diametro ha una pentola da 5 litri?

$$\left[\text{a) } V = \frac{15}{2}\pi d^2; \text{ c) } 14,6 \text{ cm}\right]$$

165 **La legge dell'ombrello** Scrivi la legge che esprime l'area y della figura a lato in funzione di x (gli archi di curva sono semicirconferenze). Che tipo di proporzionalità esiste tra x e y? Qual è la costante di proporzionalità?

$$\left[y = \left(\frac{1}{12}\pi + \frac{1}{10}\right)x^2\right]$$

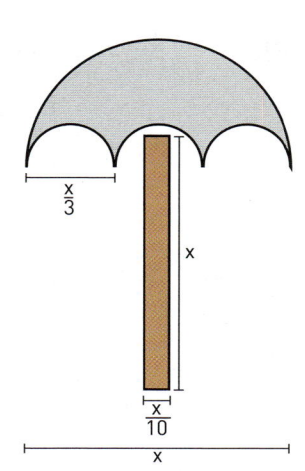

166 Scrivi la legge che esprime il volume y della scatola in funzione della misura x del lato di base più corto. Rappresenta la funzione nel piano cartesiano.

$$\left[y = \frac{3}{2}x^3\right]$$

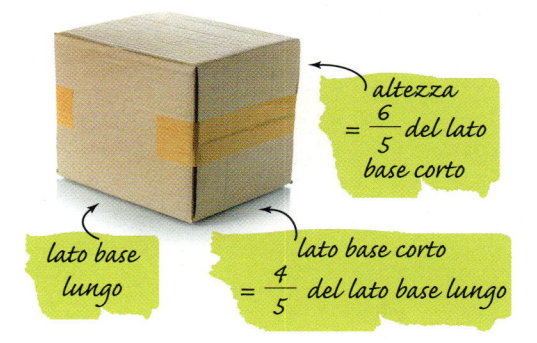

altezza $= \frac{6}{5}$ del lato base corto

lato base lungo

lato base corto $= \frac{4}{5}$ del lato base lungo

▶ **LABORATORIO** **MATEMATICA AL COMPUTER**

Disegniamo funzioni

I grafici delle funzioni numeriche possono essere disegnati mediante un foglio elettronico, osservando anche quali variazioni si hanno al variare di eventuali parametri presenti.

Costruisci un foglio elettronico che, immessi i tre valori reali a, b e c, tracci i grafici delle funzioni

$f(x) = ax^2 + bx + c$ e $g(x) = |f(x)|$

nel medesimo riferimento cartesiano, in un dato intervallo $[x_1; x_2]$.

Prova il foglio assegnando ai coefficienti a, b e c rispettivamente i valori 1, -1 e -6, e impostando come intervallo $[x_1; x_2] = [-5; 5]$.

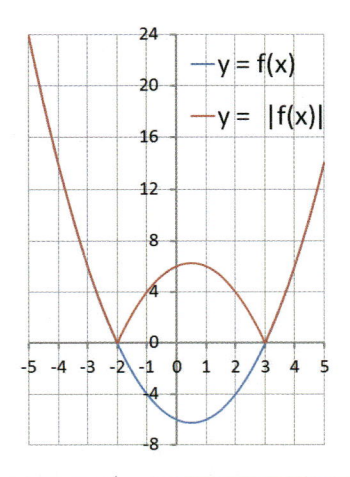

▶ Risoluzione. ▶ 2 esercizi in più.

7. FUNZIONI CIRCOLARI

ANGOLI ORIENTATI ➡ Teoria a pagina **319**

Individua, utilizzando la circonferenza goniometrica, i seguenti angoli.

167 $30°$, $-60°$, $180°$, $240°$, $360°$.

168 $1140°$, $855°$, $-405°$, $210°$, $270°$.

FUNZIONI CIRCOLARI ➡ Teoria a pagina **319**

Disegna sulla circonferenza goniometrica gli angoli individuati dai seguenti valori.

169 📱 **ESEMPIO DIGITALE** **a.** $\sin \alpha = \dfrac{1}{2}$; **b.** $\cos \alpha = -\dfrac{1}{3}$.

170 $\sin \alpha = 1$

171 $\sin \alpha = -1$

172 $\sin \alpha = -\dfrac{1}{2}$

173 $\cos \alpha = \dfrac{1}{3}$

174 $\cos \alpha = -\dfrac{1}{4}$

175 $\cos \alpha = \dfrac{3}{5}$

176 **COMPLETA**

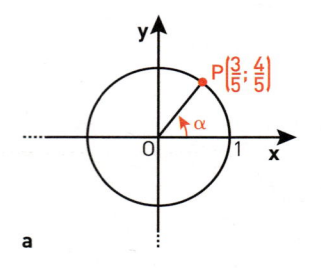

a
$\cos \alpha = \boxed{}$,
$\sin \alpha = \boxed{}$,
$\alpha \simeq \boxed{}$.

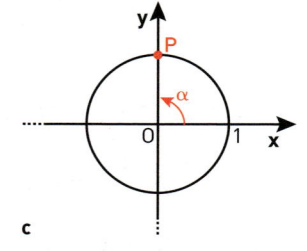

c
$\cos \alpha = \boxed{}$,
$\sin \alpha = \boxed{}$,
$\alpha = \boxed{}$.

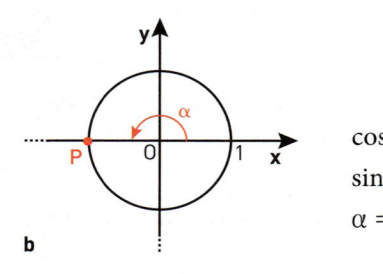

b
$\cos \alpha = \boxed{}$,
$\sin \alpha = \boxed{}$,
$\alpha = \boxed{}$.

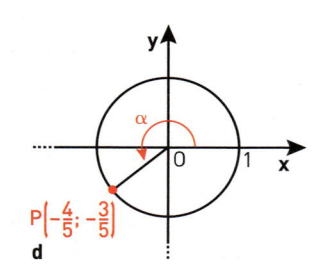

d
$\cos \alpha = \boxed{}$,
$\sin \alpha = \boxed{}$,
$\alpha \simeq \boxed{}$.

AL VOLO

177 Trova $\sin \alpha$ e $\cos \alpha$ di: $\alpha = 90°$, $\alpha = 270°$, $\alpha = 360°$, $\alpha = 450°$, $\alpha = 540°$.

178 Trova $\tan \alpha$ di: $\alpha = 45°$, $\alpha = 240°$, $\alpha = 225°$, $\alpha = 720°$, $\alpha = 150°$.

IN FORMA GRAFICA Rappresenta la sinusoide o la cosinusoide fra $-360°$ e $360°$ e indica i valori di x che verificano le seguenti relazioni.

179 $\sin x = \dfrac{1}{2}$; $\sin x = -1$.

180 $\cos x = 1$; $\cos x = -\dfrac{3}{4}$.

FUNZIONI GONIOMETRICHE E TRIANGOLI RETTANGOLI ➡ Teoria a pagina 321

Determina gli angoli e i lati incogniti nei seguenti triangoli rettangoli.

181 📱 **ESEMPIO DIGITALE**

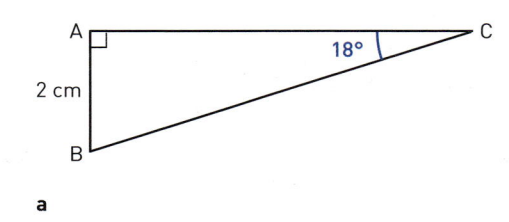

a

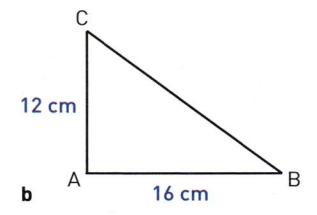

b

182

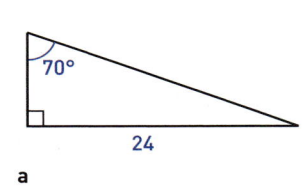

a

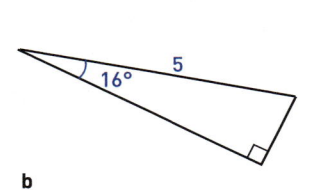

b

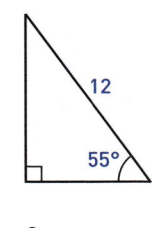

c

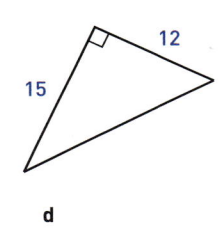

d

Problemi **INTORNO A NOI**

183 La pendenza di una strada è il rapporto tra la quota h e lo spostamento in orizzontale l.
Se una strada ha la pendenza del 18%, quanto misura l'angolo di inclinazione?

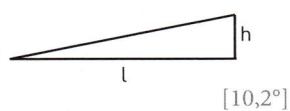

[10,2°]

184 All'inizio di una strada in salita viene posto il cartello a lato che indica la pendenza e la lunghezza della salita.
A che altezza si arriva dopo aver percorso la salita? [59,3 m]

185

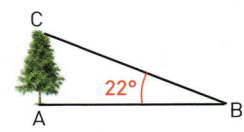

Quanto è alto l'albero della figura se dal punto B, distante da A 30 m, si vede la cima con un angolo di 22°? [12,1 m]

186 Un aquilone legato a un filo lungo 25 m vola nel cielo e in un certo istante forma un angolo di 32° con il suolo.
Calcola a quale altezza vola l'aquilone in quell'istante. [13,2 m]

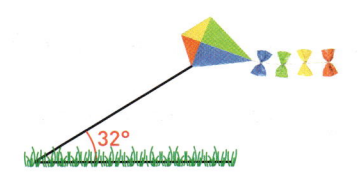

VERIFICA DELLE COMPETENZE ALLENAMENTO

▶ Competenza **4** (abilità **2, 3, 4**)

Per ognuna delle seguenti funzioni determina il dominio naturale.

1 $y = \dfrac{3x}{x\left(\dfrac{4}{5}x + 1\right)}$ $\left[x \neq 0 \wedge x \neq -\dfrac{5}{4}\right]$ **2** $y = \sqrt{1 + x^2} - \sqrt{x + \dfrac{5}{3}}$ $\left[x \geq -\dfrac{5}{3}\right]$

3 Considera le funzioni $f(x) = \dfrac{1}{2}x - 1$ e $g(x) = 4 - 2x$.

    a. Determina $g \circ f$ e rappresentala nel piano cartesiano.   **c.** Determina x tale che $g(x) = f(x)$.

    b. Calcola $f(-16)$ e $g\left(\dfrac{2}{3}\right)$. $\left[\text{a) } y = 6 - x; \text{b}) -9; \dfrac{8}{3}; \text{c}) 2\right]$

4 📱 **INVALSI 2006** Quale relazione esiste tra x e y, se si afferma che x è il 30% di y? Proporzionalità…

    A diretta.   **B** inversa.   **C** quadratica.   **D** cubica.

Determina il tipo di proporzionalità nelle seguenti relazioni e calcola la costante di proporzionalità.

5 $y = 7x;$ $xy = 4;$ $\dfrac{x}{y} = 2;$ $s = 8t;$ $a = \dfrac{b}{8}$.

6 $s = \dfrac{9}{2}t^2;$ $y + \dfrac{1}{x} = 0;$ $v + 4t = 0;$ $V = a^2 + 1$.

▶ Competenza **3** (abilità **4**)

7 📱 **TEST** Sfogliando una rivista, ti cade l'occhio sul grafico a fianco, che mostra l'andamento della grandezza y in funzione della grandezza x. Quale tra le seguenti situazioni potrebbe descrivere?

    A Il livello y dell'acqua in funzione dei litri x contenuti in una bottiglia.

    B Il costo y di un articolo in saldo in funzione del tempo x trascorso dall'inizio della svendita.

    C Il costo y pro capite, in funzione del numero x di inquilini presenti, dell'affitto fissato per un appartamento.

    D Il credito y nella scheda di un cellulare in funzione del tempo x di utilizzo.

8 **INTORNO A NOI** **Arriva l'estate!** L'abbonamento a una piscina prevede una quota fissa mensile e una quota aggiuntiva per ogni ingresso. I costi per il mese di giugno e gli aumenti di luglio sono riportati a lato.

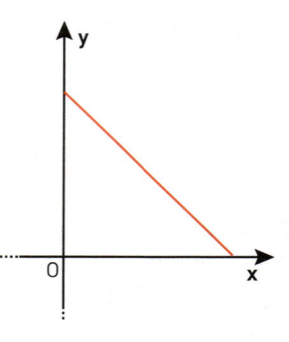

    a. Scrivi le leggi che esprimono il costo in funzione dei giorni di ingresso per il mese di giugno e per il mese di luglio e rappresentale nel piano cartesiano.

    b. Quanto spende una persona che si reca in piscina ogni giorno dal 21 giugno al 18 luglio inclusi?   [b) € 143]

abbonamento mensile piscina
giugno   *luglio*
€ 10 fisso ⟶ *+ 20%*
€ 4 a ingresso ⟶ *+ € 0,50*

VERIFICA DELLE COMPETENZE PROVE

 **TUTOR** | **PROVA A** (10 esercizi) | **PROVA B** (10 esercizi) | ⏱ **IN MEZZ'ORA**

PROVA C ▸ Competenze **3, 4** ⏱ **IN UN'ORA**

1 In figura è rappresentata una funzione $f(x)$.

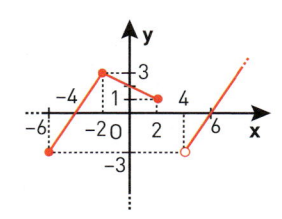

Deduci dal grafico:
a. dominio, codominio e segno di $f(x)$;
b. $f(2)$ e $f(0)$;
c. x tale che $f(x) = -3$;
d. gli zeri di $f(x)$.

2 Considera la funzione $f(x) = \dfrac{1}{2}x + a$.

a. Determina il valore di a tale che $f(-8) = 1$.
b. Rappresenta la funzione nel piano cartesiano per il valore di a trovato.
c. Trova gli zeri di $f(x)$.

3 **COMPLETA** la tabella in modo che rappresenti una funzione di proporzionalità inversa. Scrivi l'espressione analitica della funzione e rappresentala nel piano cartesiano.

x			−2	3	18
y	−1	−3	−9		

4 Determina $f \circ g$ e $g \circ f$ se:

$$f(x) = -\frac{1}{3}x - 2 \quad \text{e} \quad g(x) = \frac{3}{4}x^2.$$

5 Il compenso di un venditore è costituito dalla somma di due contributi: una quota fissa mensile di € 900 e il 15% delle entrate del mese. Scrivi la legge che esprime il compenso s in funzione delle entrate x del mese e rappresentala nel piano cartesiano.
A quanto ammonta il compenso del venditore se le entrate del mese sono € 5000?

PROVA D ▸ Competenze **1, 4** ⏱ **IN UN'ORA**

L'altalena

Aldo, bimbo di quattro anni, gioca all'altalena con i suoi amici: lui si siede sempre sul seggiolino a un'estremità, ma i suoi compagni, se hanno peso diverso, devono sedersi in posizioni diverse per raggiungere l'equilibrio.

a. Esprimi la legge di equilibrio della leva utilizzando le lettere e i dati riportati in figura.

b. Ricava dalla legge precedente la formula che fornisce la distanza d_B a cui si deve sedere un bambino più pesante di Aldo; che tipo di relazione c'è tra d_B e P_B?

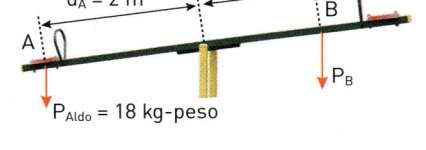

c. Aldo gioca con alcuni ragazzi che pesano rispettivamente: 21; 23; 24,5; 19,5; 26 kg-peso. Trova a quale distanza dal fulcro si deve sedere ciascuno di loro e rappresenta nel piano cartesiano il grafico della distanza in funzione del peso. Che tipo di curva ottieni?

d. Che cosa succede se il compagno di giochi di Aldo pesa 15 kg-peso? E se pesa 80 kg-peso?

12 DIVISIONE TRA POLINOMI E SCOMPOSIZIONE IN FATTORI

1. DIVISIONE TRA POLINOMI

DIVISIBILITÀ → Esercizi a pagina 356

A polynomial A is **divisible** by a polynomial B, that is *different from zero*, if there exists a polynomial Q such that A equals B times Q.

DEFINIZIONE

Un polinomio A è **divisibile** per un polinomio B, non nullo, se esiste un polinomio Q che, moltiplicato per B, dà A.

$$A : B = Q \quad \text{se e solo se} \quad B \cdot Q = A$$

ESEMPIO

$y^2 - 9x^2$ è divisibile per $y + 3x$, perché:

$$(y + 3x)(y - 3x) = y^2 - 9x^2,$$

quindi:

$$(y^2 - 9x^2) : (y + 3x) = y - 3x.$$

SE IL DIVISORE È UN MONOMIO → Esercizi a pagina 356

Per dividere, quando è possibile, un polinomio per un monomio, applichiamo la proprietà distributiva della divisione rispetto all'addizione: dividiamo ogni termine del polinomio per il monomio divisore.

proprietà distributiva
$$(A + B) : C = A : C + B : C$$

$(A + B) : C = A : C + B : C$

▶ $(a^4b^5 - 6a^3b^2) : (2a^2b^2) = (a^4b^5) : (2a^2b^2) - (6a^3b^2) : (2a^2b^2) = \dfrac{1}{2}a^2b^3 - 3a$

Nell'esempio, la divisione è possibile perché ognuno dei due termini del dividendo, cioè $a^4b^5 - 6a^3b^2$, è divisibile per il divisore $2a^2b^2$. In generale vale la seguente regola.

REGOLA

Un polinomio è divisibile per un monomio non nullo se e solo se lo è ognuno dei suoi termini.

SE IL DIVISORE È UN POLINOMIO

→ Esercizi a pagina 358

Nell'insieme dei polinomi nella variabile x, possiamo eseguire la divisione in base al seguente teorema.

If you divide a polynomial $A(x)$ by a non-zero polynomial $B(x)$ whose degree is *less than or equal* to that of $A(x)$, you will get a quotient polynomial $Q(x)$ and a remainder $R(x)$. The degree of $R(x)$ must be less than the degree of $B(x)$.

TEOREMA

Dati i polinomi $A(x)$ e $B(x)$, con B non nullo e con grado di $B \leq$ grado di A, esistono *sempre* e *soltanto* due polinomi $Q(x)$ e $R(x)$ tali che:

$$A(x) = B(x) \cdot Q(x) + R(x),$$

con grado di $R(x) <$ grado di $B(x)$ e grado di $Q(x) =$ grado di $A(x) -$ grado di $B(x)$.

In particolare, il teorema vale se $R = 0$ e in questo caso: $\qquad A(x) = B(x) \cdot Q(x)$.

Quindi, se $R = 0$, A è divisibile per B e diciamo anche che A è *scomposto nei fattori* B e Q.

Esaminiamo il **procedimento** per ottenere Q e R, con un esempio in cui A è un polinomio completo e A e B sono ordinati secondo le potenze decrescenti di x.

ESEMPIO

Cerchiamo quoziente e resto di $(8x^3 + 6x^2 - 5x - 3) : (2x^2 + x - 1)$.

1. Dividiamo
$(8x^3) : (2x^2)$

$8x^3 + 6x^2 - 5x - 3$	$2x^2 + x - 1$
	$4x$ ← primo termine del quoziente

2. Moltiplichiamo
$4x \cdot (2x^2 + x - 1)$ e **cambiamo segno**

$8x^3 + 6x^2 - 5x - 3$	$2x^2 + x - 1$
$-8x^3 - 4x^2 + 4x$	$4x$

3. Sommiamo
$(8x^3 + 6x^2 - 5x - 3)$ **+** $(-8x^3 - 4x^2 + 4x)$

$8x^3 + 6x^2 - 5x - 3$	$2x^2 + x - 1$
$-8x^3 - 4x^2 + 4x$	$4x$
$+ 2x^2 - x - 3$ ← resto parziale	

4. Dividiamo
$(2x^2) : (2x^2)$

$8x^3 + 6x^2 - 5x - 3$	$2x^2 + x - 1$
$-8x^3 - 4x^2 + 4x$	$4x$ $+1$ ← secondo termine del quoziente
$+ 2x^2 - x - 3$	

5. Moltiplichiamo
$(+1) \cdot (2x^2 + x - 1)$ e **cambiamo segno**

$8x^3 + 6x^2 - 5x - 3$	$2x^2 + x - 1$
$-8x^3 - 4x^2 + 4x$	$4x + 1$
$+ 2x^2 - x - 3$	
$- 2x^2 - x + 1$	

6. Sommiamo
$(2x^2 - x - 3)$ **+** $(-2x^2 - x + 1)$

$8x^3 + 6x^2 - 5x - 3$	$2x^2 + x - 1$
$-8x^3 - 4x^2 + 4x$	$4x + 1$
$+ 2x^2 - x - 3$	
$- 2x^2 - x + 1$	
$-2x - 2$ ← resto	

Il grado di $-2x - 2$ è minore del grado del divisore $2x^2 + x - 1$, quindi abbiamo terminato.

Il quoziente è $Q = 4x + 1$;   il resto è $R = -2x - 2$.

ESERCIZI PER COMINCIARE

1   Verifica che il quoziente di $(x^5 - x^4 + 5x - 1) : (x - 1)$ è $x^4 + 5$.

2   Spiega perché il polinomio $x^3 + 1$ *non* può essere divisibile per $x^5 + 2$.

3   Quando è possibile, esegui la divisione.

    a. $(8y^7 - 2y^6 + 10y^4) : (2y^3)$;   **b.** $(6a^2 + 9a + 3) : (3a)$;   **c.** $(4bc^4 - b^2c^2) : (3bc^2)$.

4   Determina il quoziente e il resto, ordinando i polinomi secondo le potenze decrescenti della variabile (quando non sono già ordinati). Esegui poi la verifica.

    a. $(a^4 + 2a^3 - a^2 + 5a - 2) : (a^2 - 4a + 1)$;   **b.** $(3x^2 - 4x + 2 - x^3) : (3x^2 - 1)$.

$$\left[\text{a) } Q = a^2 + 6a + 22, R = 87a - 24; \text{ b) } Q = -\frac{1}{3}x + 1, R = -\frac{13}{3}x + 3 \right]$$

5   **ANIMAZIONE**   Determina il quoziente e il resto di $(a^3 + 2a) : (2 + a)$ tenendo conto che il dividendo non è un polinomio completo: nello schema devi scriverlo con spazi vuoti per le potenze mancanti, come indichiamo a fianco. Esegui poi la verifica.

a^3 $+ 2a$	

2. REGOLA DI RUFFINI → Esercizi a pagina 361

Se nella divisione $A(x) : B(x)$ il divisore $B(x)$ è del tipo $x - a$, possiamo calcolare più velocemente quoziente e resto con la **regola di Ruffini**. Vediamo un esempio.

Per eseguire $(1 - 5x^2 - 6x + 3x^3) : (x - 2)$, ordiniamo il dividendo: $3x^3 - 5x^2 - 6x + 1$.
Applichiamo poi il seguente procedimento.

1. Costruiamo lo schema

2. Abbassiamo il 3

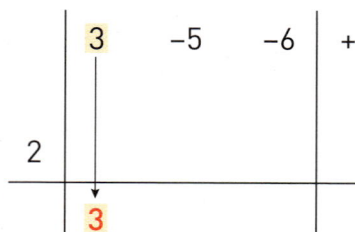

3. Calcoliamo il prodotto $3 \cdot 2$ e lo incolonniamo con -5

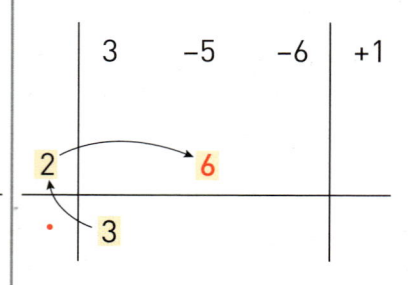

4. Sommiamo: $-5 + 6 = 1$

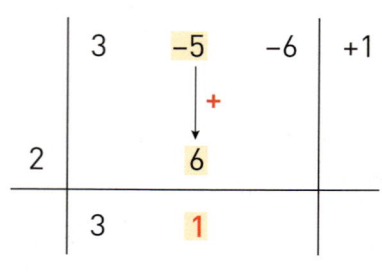

5. Ripetiamo il procedimento: $-6 + (1 \cdot 2) = -4$

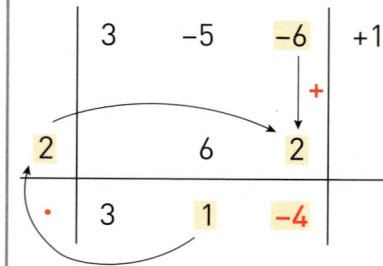

6. Ripetiamo ancora il procedimento: $+1 + (-4 \cdot 2) = -7$

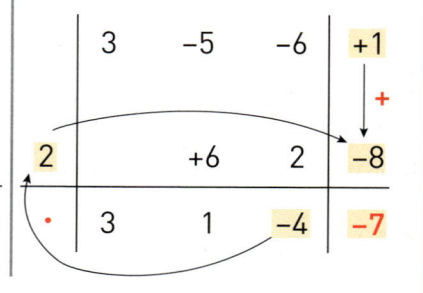

I coefficienti del quoziente sono $3, 1, -4$.
Il dividendo ha grado 3 e il divisore ha grado 1, quindi il quoziente ha grado $3 - 1 = 2$.

Il quoziente è $Q = 3x^2 + x - 4$; il resto è $R = -7$.

A pagina 362 trovi anche un esempio in cui il divisore è del tipo $(ax - b)$.

ESERCIZI PER COMINCIARE

Esegui con la regola di Ruffini le seguenti divisioni.

1 $(y^3 - 4y^4 + 1 - 2y^2 + 5y) : (y + 2)$

$$[Q = -4y^3 + 9y^2 - 20y + 45, \ R = -89]$$

2 **ANIMAZIONE** $\left(\dfrac{1}{3}x^5 - x^3 - 2x^2 - 6\right) : (x - 3)$

3 **VIDEO** L'economia della regola di Ruffini
La regola di Ruffini sintetizza il procedimento visto nel paragrafo precedente.
Esegui la divisione $(3x^4 - 9x^3 + 2x^2 - 10) : (x - 3)$ con i due metodi che conosci.
Confrontali e, in particolare, individua nei due schemi gli stessi coefficienti.

3. SCOMPOSIZIONE IN FATTORI E RACCOGLIMENTO

SCOMPOSIZIONE IN FATTORI ➔ Esercizi a pagina 364

Un polinomio è **scomposto in fattori** se lo scriviamo come prodotto di altri polinomi.

> ▶ $x^3 - 7x + 6 = (x - 1) \cdot (x^2 + x - 6)$ $x^3 - 7x + 6$ è scomposto in due fattori

If a polynomial can be written as the product of polynomials of lower degree (*factors*), then it can be **factorised**.

DEFINIZIONE

Un polinomio è:

- **riducibile** se possiamo scomporlo in fattori, ciascuno di grado inferiore al suo;
- **irriducibile** in caso contrario.

ESEMPIO

$$\underset{\text{è riducibile}}{y^3 + 2y^2 - 9y - 18} = \underset{}{(y + 2)} \; \underset{\substack{\text{è riducibile:} \\ y^2 - 9 = (y + 3)(y - 3)}}{(y^2 - 9)}$$

è irriducibile

Ci porremo soprattutto il problema di scomporre un polinomio in fattori irriducibili. Si può dimostrare che la scomposizione di un polinomio in fattori irriducibili è unica.

Non è semplice capire quando un polinomio è irriducibile.
Per il momento, osserviamo che sono irriducibili tutti i binomi di primo grado.

$$x + 3$$

è irriducibile

RACCOGLIMENTO TOTALE ➔ Esercizi a pagina 365

Il raccoglimento totale è un metodo di scomposizione che si basa sulla proprietà distributiva della moltiplicazione: $A \cdot B + A \cdot C = A \cdot (B + C)$.
Applicando questa proprietà, procediamo in senso inverso rispetto a quando moltiplichiamo un monomio per un polinomio o a quando moltiplichiamo due polinomi: se tutti i termini di un polinomio hanno un fattore comune, lo possiamo raccogliere.

ESEMPIO

Scomponiamo in fattori:

a. $12a^3 - 6a^2 b^2 + 9ab$;

b. $4x^3 + 2x^2$;

c. $5a(2x + y) - 3(2x + y)$.

a. $12a^3 - 6a^2 b^2 + 9ab = \mathbf{3a} \cdot 4a^2 - \mathbf{3a} \cdot 2ab^2 + \mathbf{3a} \cdot 3b = \mathbf{3a} \cdot (4a^2 - 2ab^2 + 3b)$

mettiamo in evidenza $3a = \text{MCD}(12a^3; 6a^2 b^2; 9ab)$ fattore comune

b. $4x^3 + 2x^2 = \mathbf{2x^2} \cdot 2x + \mathbf{2x^2} = \mathbf{2x^2}(2x + 1)$ ——— $1 = 2x^2 : 2x^2$

fattore comune

c. $5a\,\mathbf{(2x + y)} - 3\,\mathbf{(2x + y)} = \mathbf{(2x + y)}(5a - 3)$

fattore comune

RACCOGLIMENTO PARZIALE → Esercizi a pagina **366**

Scomponiamo in fattori $3ax + 3bx + ay + by$.

raccogliamo parzialmente $3x$ e y

$$3ax + 3bx + ay + by = 3x(a + b) + y(a + b) = (a + b)(3x + y)$$

fattore comune: $3x$ fattore comune: y raccogliamo $(a + b)$

Possiamo anche considerare due coppie di termini diverse:

$$3ax + 3bx + ay + by = a(3x + y) + b(3x + y) = (3x + y)(a + b).$$

Nell'esempio è stato applicato il procedimento inverso rispetto a quello della moltiplicazione tra polinomi. Chiamiamo **raccoglimento parziale** il metodo di scomposizione seguito. Esaminiamo altri esempi.

Scomponiamo in fattori:

a. $ax - a - 2bx + 2b$;   **b.** $2ay + 3by + 2a + 3b$.

raccogliamo a

a. $ax - a - 2bx + 2b = a(x - 1) - 2b(x - 1) = (x - 1)(a - 2b)$

raccogliamo $-2b$ raccogliamo $(x - 1)$

raccogliamo y

b. $2ay + 3by + 2a + 3b = y(2a + 3b) + 1(2a + 3b) = (2a + 3b)(y + 1)$

raccogliamo 1   raccogliamo $(2a + 3b)$

ESERCIZI PER COMINCIARE

1 Tra i seguenti polinomi, indica quelli scomposti in fattori.

a. $x^3(1 + x^2)$;   **b.** $a \cdot a + b \cdot b$;   **c.** $x \cdot (a + b) \cdot y$;
d. $(x^3 + 2)(y^2 + 3)$;   **e.** $3a(a + 1) - 3b$.

2 Spiega perché $x - 5$ è irriducibile.
(*Suggerimento*. Ragiona per assurdo: se fosse scomponibile, i fattori dovrebbero essere di grado..., cioè dei...)

Scomponi in fattori mediante raccoglimento totale.

3 ☐ ANIMAZIONE **a.** $\frac{3}{4}a^3b + \frac{3}{2}ab^2$;

b. $4a(x + y) - 2(x + y)^3$.

4 $-8ax^2 + \frac{24}{5}$; $a + 1 + 3(a + 1)^2$.

5 $\frac{2}{3}x^2y^2 - \frac{4}{3}xy^3$; $3x(x + y) - 6(x + y)^2$.

6 $\frac{7}{5}a^3b^3 - \frac{2}{5}a^2b$;

$\frac{3}{2}x^2 - 12x^3 - 15xy$;

$(3x - 2y) - (3x - 2y)^3$.

Scomponi in fattori tramite raccoglimento parziale.

7 ☐ ANIMAZIONE **a.** $4x^2 - 8bx + 3x - 6b$;

b. $(x - y)(x + y) + 4x - 4y + (x - y)^2$.

8 ☐ ANIMAZIONE **a.** $8a^3 - 24a - 2a^4 + 6a^2$;

b. $(2a + 2b)^3 - 3a - 3b$.

9 $a^2x + 8a^2 + x + 8$;

$xy + 3x + bx + y^2 + 3y + by$;

$3\left(a - \frac{1}{2}b\right)^2 + 3a - \frac{3}{2}b$.

4. TRINOMIO SPECIALE ➡ Esercizi a pagina 368

ESEMPIO

Scomponiamo in fattori $x^2 + 5x + 6$, osservando che $5 = 2 + 3$ e $6 = 2 \cdot 3$.

$$x^2 + 5x + 6 = x^2 + (2+3)x + 2 \cdot 3 = \underline{x^2 + 2x} + \underline{3x + 2 \cdot 3} =$$ ⟩ raccogliamo parzialmente x e 3

$$= x(x+2) + 3(x+2) =$$ ⟩ raccogliamo $x + 2$

$$= (x+2)(x+3)$$

In generale: $$x^2 + sx + p = (x + x_1)(x + x_2)$$

$s = x_1 + x_2$ $p = x_1 \cdot x_2$

perché: $$x^2 + (x_1 + x_2)x + x_1 \cdot x_2 = \underline{x^2 + x_1 \cdot x} + \underline{x_2 \cdot x + x_1 \cdot x_2} =$$ ⟩ raccogliamo parzialmente x e x_2

$$= x(x + x_1) + x_2(x + x_1) =$$ ⟩ raccogliamo $(x + x_1)$

$$= (x + x_1)(x + x_2)$$

Per la ricerca di x_1 e x_2, limitiamoci ai numeri interi.
Per trovarli, quando esistono, procediamo come nell'esempio seguente.

ESEMPIO

Scomponiamo in fattori $y^2 - 8y + 15$.

Iniziamo dal termine noto: cerchiamo y_1 e y_2 tali che il loro prodotto sia $y_1 \cdot y_2 = \underline{15}$.

Le coppie possibili sono: $+1, +15$; $-1, -15$; $+3, +5$; $-3, -5$.

Consideriamo le somme dei numeri di ogni coppia e scegliamo la coppia che ha somma -8:

$$+1 + 15 = +16; \quad -1 - 15 = -16; \quad +3 + 5 = +8; \quad \underline{-3 - 5 = -8}.$$

Riscriviamo il polinomio:

$$y^2 - 8y + 15 = y^2 - 3y - 5y + 15 = y(y - 3) - 5(y - 3) = (y - 3)(y - 5).$$

raccogliamo parzialmente y e -5 raccogliamo $(y - 3)$

Il metodo «somma e prodotto» può essere applicato anche se i coefficienti sono letterali oppure se il trinomio è del tipo $ax^2 + bx + c$, con $a \neq 1$. Puoi esaminare degli esempi negli esercizi seguenti con animazione.

ESERCIZI PER COMINCIARE

Scomponi in fattori.

1 □ VIDEO **Scomposizione in fattori del trinomio speciale**

  a. $x^2 + x - 12$;

  b. $2x^2 - x - 10$.

2 □ ANIMAZIONE **a.** $x^2 + 5x - 14$;

  b. $3x^2 + 5x - 2$;

  c. $x^2 - 2bx - 8b^2$.

3 □ ANIMAZIONE **a.** $b^2 - 4b - 21$;

  b. $2x^2 + 19x + 9$;

  c. $y^2 - 6xy - 16x^2$.

4 $x^2 - 9bx + 14b^2$;

  $x^2 - 11xy - 30y^2$;

  $a^2 - 2ab - 3b^2$.

5 $5a^2 - 17a + 6$; $3x^2 + 8x - 3$;

  $14b^2 - b - 4$; $4c^2 - 9c + 5$.

5. SCOMPOSIZIONI CON PRODOTTI NOTEVOLI → Esercizi a pagina 370

Possiamo scomporre un polinomio in fattori se riusciamo a ricondurlo a uno dei prodotti notevoli che conosciamo. Otteniamo quindi le seguenti regole:

$A^2 + 2AB + B^2 = (A + B)^2$	quadrato di un binomio;
$A^2 - B^2 = (A + B)(A - B)$	differenza di quadrati;
$A^3 + 3A^2B + 3AB^2 + B^3 = (A + B)^3$	cubo di un binomio;
$A^2 + B^2 + C^2 + 2AB + 2AC + 2BC = (A + B + C)^2$	quadrato di un trinomio.

ESEMPIO

Scomponiamo in fattori: **a.** $x^6 - 6x^3 + 9$; **b.** $4a^2 - \dfrac{1}{81}$.

a. $x^6 - 6x^3 + 9 = \overset{A^2}{(x^3)^2} + \overset{2AB}{2 \cdot x^3 \cdot (-3)} + \overset{B^2}{(-3)^2} = \overset{(A+B)^2}{(x^3 - 3)^2}$

riconosciamo i **due quadrati** e verifichiamo il **doppio prodotto**

scriviamo il **quadrato del binomio**

Abbiamo considerato B negativo. Se invece prendiamo A negativo, otteniamo la scomposizione equivalente:

$x^6 - 6x^3 + 9 = (-x^3 + 3)^2 = (3 - x^3)^2$.

b. $4a^2 - \dfrac{1}{81} = \overset{A^2}{(2a)^2} - \overset{B^2}{\left(\dfrac{1}{9}\right)^2} = \overset{(A+B)(A-B)}{\left(2a + \dfrac{1}{9}\right)\left(2a - \dfrac{1}{9}\right)}$

riconosciamo la **differenza di quadrati**

scriviamo i due fattori con **somma e differenza**

ESERCIZI PER COMINCIARE

Scomponi in fattori.

1 $x^2 + 36 - 12x$; $4 - b^2$;
$a^2 + 9 + 6a + b^2 + 2ab + 6b$;
$x^3 + 8 + 6x^2 + 12x$.

2 $a^3 - 3a^2 - 1 + 3a$; $a^8 - 4$;
$x^2 + 4y^2 + 10x - 20y + 25 - 4xy$;
$9a^2 + b^4 + 6ab^2$.

3 ☐ ANIMAZIONE **a.** $\dfrac{9}{4}x^2 - 6xy + 4y^2$;
b. $16a^4 + 4a^2b^2 + \dfrac{1}{4}b^4$;
c. $-4x^2 + 20x - 25$;
d. $(x + y)^2 + 4a^2 + 4a(x + y)$.

4 ☐ ANIMAZIONE **a.** $8a^9 + 36a^6 + 54a^3 + 27$;
b. $x^3 - 6x^2 + 12x - 8$.

5 ☐ ANIMAZIONE **a.** $xy^2 - x - 2y^2 + 2$;
b. $(x - 6)^2 - 4$;
c. $a^4 - 2a^2b + b^2 - 4a^2$;
d. $x^4 - 18x^2 + 81$.

6 ☐ ANIMAZIONE **a.** $a^9 - a^6 + \dfrac{1}{3}a^3 - \dfrac{1}{27}$;
b. $x^9 + 3x^7 + x^3 + 3x^5$;
c. $a^6 - 3a^4y^4 + 3a^2y^8 - y^{12}$.

6. TEOREMA DEL RESTO, TEOREMA DI RUFFINI

$$2x^2 - 5x + 3 \mid \underline{\quad x - 1 \quad}$$
$$\qquad\quad 0 \mid 2x - 3$$
$$\updownarrow$$
$$2x^2 - 5x + 3 = (x - 1)(2x - 3)$$

Nella divisione $(2x^2 - 5x + 3) : (x - 1)$ il resto è 0, quindi $2x^2 - 5x + 3$ è divisibile per $x - 1$ e la sua scomposizione in fattori è $(x - 1)(2x - 3)$.

TEOREMA DEL RESTO → Esercizi a pagina **375**

Nella divisione $P(x) : (x - a)$ con quoziente $Q(x)$ e resto R, se $R = 0$, allora $P(x)$ è divisibile per $x - a$ e possiamo scrivere: $P(x) = (x - a) \cdot Q(x)$, che è una scomposizione in fattori di $P(x)$.

Scoprire se il resto è 0 può quindi essere utile per scomporre in fattori un polinomio. Iniziamo questo studio esaminando il teorema del resto.

> **TEOREMA**
>
> **Teorema del resto**
>
> Il resto R della divisione $P(x) : (x - a)$ si ottiene sostituendo a nella variabile x del polinomio: $R = P(a)$.

DIMOSTRAZIONE

Se la divisione $P(x) : (x - a)$ ha quoziente $Q(x)$ e resto R, allora

$$P(x) = (x - a) \cdot Q(x) + R.$$

Nell'uguaglianza sostituiamo a x il valore a, sia nel primo, sia nel secondo membro:

$$P(a) = (a - a) \cdot Q(a) + R \ \rightarrow \ P(a) = R. \qquad \text{perché } (a - a) \cdot Q(a) = 0 \cdot Q(a) = 0$$

a è l'opposto del termine noto del divisore

> **ESEMPIO**
>
> **a.** $(5x^2 + 6x - 8) : (x - 2)$; se a x sostituiamo 2, otteniamo il resto: $P(2) = 5(2)^2 + 6 \cdot 2 - 8 = 24$.
>
> **b.** $(3y^5 - 2y + 4) : (y + 1)$; se a y sostituiamo -1, otteniamo il resto: $P(-1) = 3(-1)^5 - 2(-1) + 4 = 3$.

TEOREMA DI RUFFINI → Esercizi a pagina **376**

Utilizziamo il teorema del resto per studiare la divisibilità di $P(x)$ per $x - a$:

- **se** $P(x)$ **è divisibile per** $x - a$, **allora** il resto della divisione è 0 e, essendo $R = P(a)$, abbiamo che $P(a) = 0$;
- viceversa, **se** $P(a) = 0$, **allora** il resto è 0 e $P(x)$ è divisibile per $x - a$.

Queste due considerazioni sono sintetizzate nel teorema di Ruffini.

Ruffini's theorem: given a number a, a polynomial $P(x)$ can be divided by $x - a$ if and only if $P(a) = 0$.

> **TEOREMA**
>
> **Teorema di Ruffini**
>
> Un polinomio $P(x)$ è divisibile per $x - a$ *se e solo se* $P(a) = 0$.

Il teorema serve per sapere se c'è la divisibilità senza dover eseguire la divisione.

> **ESEMPIO**
>
> $P(x) = x^4 - 2x^3$ è divisibile per $x - 2$? Per stabilirlo calcoliamo:
>
> $P(2) = 2^4 - 2 \cdot 2^3 = 0$.
>
> Poiché $P(2) = 0$, per il teorema di Ruffini $P(x)$ è divisibile per $x - 2$.

12 DIVISIONE TRA POLINOMI E SCOMPOSIZIONE IN FATTORI

RICERCA DEGLI ZERI DI UN POLINOMIO ● Esercizi a pagina 377

Il teorema di Ruffini riconduce la ricerca dei binomi del tipo $x - a$, divisori del polinomio $P(x)$, a quella dei valori per cui il polinomio si annulla, ossia alla ricerca degli zeri di $P(x)$. Se ci limitiamo a cercare gli zeri fra i numeri interi, possiamo utilizzare la proprietà seguente.

> **REGOLA**
>
> Dato un polinomio con coefficienti interi, se un numero intero è zero del polinomio, allora quel numero è divisore del termine noto.

ESEMPIO

Consideriamo il polinomio $P(x) = 3x^3 - 4x^2 - 5x + 2$.
I suoi zeri interi sono da cercare fra i divisori del termine noto 2: $\pm 1, \pm 2$. Calcoliamo:

$P(1) = -4$; $\underline{P(-1) = \mathbf{0}}$; $\underline{P(2) = \mathbf{0}}$; $P(-2) = -28$ → gli zeri interi di $P(x)$ sono -1 e 2.

È anche possibile cercare gli zeri fra i numeri razionali sfruttando la proprietà seguente.

> **REGOLA**
>
> Dato un polinomio con coefficienti interi, un numero razionale che sia zero del polinomio è fra i numeri razionali che si ottengono considerando le frazioni che hanno:
> - un divisore del termine noto a numeratore;
> - un divisore del coefficiente del termine di grado massimo a denominatore.

ESEMPIO

Cerchiamo gli zeri razionali del polinomio $P(x) = 3x^3 - 4x^2 - 5x + 2$ dell'esempio precedente.

coefficiente del termine di grado massimo   termine noto

Gli zeri si trovano fra: $\pm \dfrac{1}{1}, \pm \dfrac{2}{1}, \pm \dfrac{1}{3}, \pm \dfrac{2}{3}$.   divisori di 2: $\pm 1, \pm 2$
divisori di 3: $\pm 1, \pm 3$

Oltre ai quattro valori interi, già considerati nell'esempio precedente, dobbiamo calcolare:

$$P\left(\frac{1}{3}\right) = \mathbf{0}; \quad P\left(-\frac{1}{3}\right) = \frac{28}{9}; \quad P\left(\frac{2}{3}\right) = -\frac{20}{9}; \quad P\left(-\frac{2}{3}\right) = \frac{8}{3}.$$

L'unico zero razionale di $P(x)$, *oltre a* -1 *e* 2 (già trovati in precedenza), è $\dfrac{1}{3}$.

Si può dimostrare che <u>gli zeri razionali</u> di un polinomio possono essere al massimo tanti quanti il grado del polinomio.

ESERCIZI PER COMINCIARE

1 Calcola il resto senza eseguire le divisioni:
$(b^6 + 3b^3 - 6) : (b - 1)$;
$(x^2 - 4x + 9) : (x + 3)$.

2 Rispondi senza eseguire la divisione.
  a. $2x^2 - 17x - 21$ è divisibile per $x - 1$?
  b. $a^3 - 27$ è divisibile per $a - 3$?

3 Cerca tutti gli zeri interi dei seguenti polinomi.
$a^4 + a^3 - 5a^2 + a - 6$; $2y^3 + 10 + 5y + 4y^2$;
$6b^2 - 2 + b$.

4 Cerca tutti gli zeri razionali dei polinomi.
$2x^5 + 2x - x^4 - 1$; $3y^3 - 2y^2 - 3y + 2$;
$18a^2 + 9a^3 - a - 2$.

7. SCOMPORRE CON IL METODO DI RUFFINI

SCOMPOSIZIONE CON IL METODO DI RUFFINI

➔ Esercizi a pagina **377**

Siamo ora in grado di tentare di scomporre in fattori un polinomio $P(x)$ seguendo il **metodo di Ruffini**:

- cerchiamo uno zero razionale a del polinomio;
- se lo troviamo, dividiamo $P(x)$ per $x - a$ con la regola di Ruffini, ottenendo il quoziente $Q(x)$ e come resto zero;
- scriviamo la scomposizione: $P(x) = (x - a) \cdot Q(x)$.

ESEMPIO

Scomponiamo in fattori $P(x) = x^3 + 4x^2 - 3$ con il metodo di Ruffini.

Divisori del termine noto: $\pm 1; \ \pm 3.$ *spesso è sufficiente limitare la ricerca agli zeri interi*

Calcoliamo: $P(+1) = 2; \ P(-1) = 0; \ldots$ *quando troviamo uno zero ci fermiamo*

Deduciamo che: $x + 1$ è divisore di $P(x)$.

Eseguiamo la divisione:

$(x^3 + 4x^2 - 3) : (x + 1)$

$$
\begin{array}{c|ccc|c}
 & 1 & +4 & 0 & -3 \\
-1 & & -1 & -3 & +3 \\
\hline
 & 1 & +3 & -3 & 0
\end{array}
\quad \rightarrow \quad Q(x) = x^2 + 3x - 3; \ R = 0.
$$

Abbiamo la scomposizione: $x^3 + 4x^2 - 3 = (x + 1)(x^2 + 3x - 3).$

Il metodo di Ruffini può essere applicato anche quando il polinomio è in due variabili, come nell'esempio seguente.

ESEMPIO

Scomponiamo in fattori $3a^2 - 2ab - b^2$ con il metodo di Ruffini.

Consideriamo il polinomio come funzione di a: $P(a) = 3a^2 - 2b \cdot a - b^2.$ *$-2b$ e $-b^2$ sono coefficienti letterali*

Calcoliamo: $P(b) = 3b^2 - 2b \cdot b - b^2 = \mathbf{0}.$ *b è uno dei divisori del termine noto $-b^2$*

Deduciamo che: $a - b$ è un divisore di $P(a)$.

Eseguiamo la divisione:

$(3a^2 - 2b \cdot a - b^2) : (a - b)$

$$
\begin{array}{c|cc|c}
 & 3 & -2b & -b^2 \\
b & & 3b & b^2 \\
\hline
 & 3 & b & 0
\end{array}
\quad \rightarrow \quad Q(a) = 3a + b; \ R = 0.
$$

Abbiamo la scomposizione: $3a^2 - 2ab - b^2 = (a - b)(3a + b).$

SOMMA O DIFFERENZA DI CUBI ➡ Esercizi a pagina 378

Scomponiamo la differenza di due cubi, utilizzando il metodo di Ruffini.

Scomponiamo $P(a) = a^3 - 8$.

8 è il cubo di 2, quindi fra i divisori del termine noto possiamo considerare $+2$.

Calcoliamo $P(2)$: $\quad\quad\quad\quad P(2) = 2^3 - 2^3 = \mathbf{0}$.

Deduciamo che: $\quad\quad\quad\quad a - 2$ è un divisore di $P(a)$.

Eseguiamo la divisione:

$(a^3 - 8) : (a - 2)$

	1	0	0	-8
2		2	4	8
	1	2	4	0

$\rightarrow \quad Q = a^2 + 2a + 4; \ R = 0.$

Abbiamo la scomposizione: $\quad a^3 - 8 = (a - 2)(a^2 + 2a + 4)$.

Si procede in modo analogo con la somma di due cubi.
Possiamo generalizzare con la seguente regola, evitando così di applicare ogni volta il metodo di Ruffini.

La somma e la differenza di cubi si scompongono in:

$$A^3 + B^3 = (A + B)(A^2 - AB + B^2),$$
$$A^3 - B^3 = (A - B)(A^2 + AB + B^2).$$

a. $\dfrac{x^3}{27} - \dfrac{y^3}{125} = \left(\dfrac{x}{3}\right)^3 - \left(\dfrac{y}{5}\right)^3 = \left(\dfrac{x}{3} - \dfrac{y}{5}\right)\left[\left(\dfrac{x}{3}\right)^2 + \dfrac{x}{3} \cdot \dfrac{y}{5} + \left(\dfrac{y}{5}\right)^2\right] = \left(\dfrac{x}{3} - \dfrac{y}{5}\right)\left(\dfrac{x^2}{9} + \dfrac{xy}{15} + \dfrac{y^2}{25}\right)$

b. $z^6 + 1 = (z^2)^3 + 1^3 = (z^2 + 1)[(z^2)^2 - z^2 \cdot 1 + 1^2] = (z^2 + 1)(z^4 - z^2 + 1)$

Trinomi del tipo $A^2 - AB + B^2$ e $A^2 + AB + B^2$ vengono anche chiamati **falsi quadrati** perché assomigliano a dei quadrati di binomi, ma non lo sono, per la mancanza del *doppio* prodotto. I falsi quadrati di secondo grado sono *irriducibili*.

$x^2 + 2x + 4$
falso quadrato

ESERCIZI PER COMINCIARE

Scomponi in fattori con il metodo di Ruffini.

1 📱 ANIMAZIONE $\quad 3x^3 - 4x^2 - 5x + 2$

2 📱 VIDEO **Scomposizione mediante il teorema di Ruffini** $\quad x^3 - 6x^2 + 3x + 10$

3 $\quad a^3 - 3a^2 + 2a - 6; \quad 5x^3 + 4x^2 + 9x - 2;$

$b^2 + b + 2b^3 - 1; \quad 4a^2 + 3ab - b^2;$

$a^2 - 3ab - 10b^2; \quad 6x^2 + 5xy - 6y^2.$

4 Scomponi in fattori le somme o differenze di cubi.

$125b^3 - 27; \quad y^3 + x^6; \quad a^{12} + 1;$

$\dfrac{1}{8}x^3 y^3 - 8; \quad 1 - b^{15}.$

5 📱 VIDEO **Scomposizione in fattori di un polinomio** A conclusione dell'esame dei metodi di scomposizione, ti proponiamo un video che può aiutarti a capire come procedere nella scomposizione con più metodi. Prima di guardarlo, scomponi: $36\, a^2 y^4 - 48ay^3 + 16y^2$.

8. MCD E mcm DI POLINOMI

→ Esercizi a pagina **382**

The **greatest common factor** (GCF) of two or more polynomials is a polynomial that has the *highest* possible degree among all the polynomials that divide the original polynomials.
The **least common multiple** (lcm) of two or more polynomials is a polynomial that has the *lowest* possible degree among the polynomials that are divisible by all of the original polynomials.

DEFINIZIONE

Chiamiamo:

- **massimo comune divisore (MCD)** di due o più polinomi un polinomio che divide tutti i polinomi e ha il grado massimo possibile;
- **minimo comune multiplo (mcm)** di due o più polinomi un polinomio che è divisibile per tutti i polinomi e ha il grado minimo possibile.

ESEMPIO

Dati i polinomi

$$xy(x+7)^4, \quad x^3(x+7)^6(y-9)^2:$$

$$\text{MCD} = x(x+7)^4;$$

$$\text{mcm} = x^3 y(x+7)^6(y-9)^2.$$

Per il calcolo di MCD e mcm di polinomi, usiamo un procedimento analogo a quello seguito con i numeri e con i monomi.

ESEMPIO

Calcoliamo MCD e mcm di: $\quad 10x^2 + 20x + 10, \quad 20x^2 - 20, \quad 2x^3 + 6x^2 + 6x + 2.$

Scomponiamo i polinomi in fattori irriducibili e mettiamo in colonna i fattori:

$$10x^2 + 20x + 10 = 10(x^2 + 2x + 1) = \qquad 2 \cdot 5 \cdot (x+1)^2$$

$$20x^2 - 20 = 20(x^2 - 1) = \qquad 2^2 \cdot 5 \cdot (x+1) \cdot (x-1)$$

$$2x^3 + 6x^2 + 6x + 2 = 2(x^3 + 3x^2 + 3x + 1) = \quad 2 \cdot \qquad (x+1)^3$$

$$\text{MCD} = \quad 2 \cdot \qquad (x+1) \qquad \text{i fattori comuni con l'esponente minore}$$

$$\text{mcm} = \quad 2^2 \cdot 5 \cdot (x+1)^3 \cdot (x-1) \qquad \text{tutti i fattori (comuni e non comuni) con l'esponente maggiore}$$

È importante ottenere fattori irriducibili, altrimenti, con il procedimento precedente, potremmo ottenere un divisore comune, ma non il massimo, e un multiplo comune, ma non il minimo.

▸ Se nell'esempio precedente in $20(x^2 - 1)$ non riconosciamo la differenza di quadrati ma scriviamo solo $2^2 \cdot 5 \cdot (x^2 - 1)$, otteniamo:

2 divisore comune, ma non MCD;

$2^2 \cdot 5 \cdot (x+1)^3 \cdot (x-1)(x^2 - 1)$ multiplo comune, ma non mcm.

ESERCIZI PER COMINCIARE

Determina MCD e mcm dei seguenti polinomi.

1 📱 **ANIMAZIONE** $2x^2 + 5x - 3; \quad 4x^5 + 24x^4 + 36x^3; \quad x^3 + 3x^2 - 4x - 12.$

2 📱 **VIDEO** **MCD e mcm di polinomi** $4x^5 - 4x^3; \quad 6x^3 + 12x^2 + 6x; \quad 8x^3 + 8x^2.$

ESERCIZI

1. DIVISIONE TRA POLINOMI

DIVISIBILITÀ → Teoria a pagina **344**

1 **VERO O FALSO?**

a. Il polinomio $x^4 + x^2$ non è divisibile per $x^8 + x$. V F

b. $x^4 - 1$ è divisibile per $x^2 - 1$. V F

c. Il quoziente di $(2a^5 + 3a^3 - 2a) : (a^2 + 2)$ è $2a^3 - a$. V F

d. Dividendo due polinomi si può ottenere come risultato 1. V F

e. Il quoziente di una divisione di polinomi può essere il polinomio nullo. V F

FAI UN ESEMPIO

2 Scrivi un polinomio divisibile sia per $a^2 - 1$ che per $a + 3$.

3 Scrivi un polinomio di quarto grado divisibile per $2x^2 + 1$.

SE IL DIVISORE È UN MONOMIO → Teoria a pagina **344**

4 **TEST** Il polinomio $2a^2x^4 - ax^3 + a^4x^2$ *non* è divisibile per uno solo dei seguenti monomi. Quale?

- **A** x
- **B** $2x^2$
- **C** $-a$
- **D** a^2x^2

5 **TEST** Quale delle seguenti divisioni *non* è possibile?

- **A** $(x^2 + 2x) : (3x)$
- **B** $(6a^4 - 12a^3 + 1) : (6a^3)$
- **C** $(2x^3 - x^2) : \left(-\frac{1}{2}x^2\right)$
- **D** $(a^2 - a) : 3$

6 **CHI HA RAGIONE?** Giulio: «Aiutami a eseguire questa divisione di un polinomio per un monomio: $(x^3y^4 + x^2y^3 + 2xy^2) : (-2x^2y^2)$». Teresa: «Guarda che non è possibile». Cosa ne pensi?

ESEMPIO

Eseguiamo, se possibile, la divisione $\left(4x^5y^2 - \frac{3}{2}x^3y^2 + 2x^2y\right) : \left(-\frac{1}{2}x^2y\right)$.

Ogni termine del polinomio dividendo contiene le variabili x e y del divisore con esponente maggiore o uguale rispetto al divisore stesso, quindi la divisione è possibile.

$$\left(4x^5y^2 - \frac{3}{2}x^3y^2 + 2x^2y\right) : \left(-\frac{1}{2}x^2y\right) =$$

⟩ dividiamo ogni termine del dividendo per il divisore

$$(4x^5y^2) : \left(-\frac{1}{2}x^2y\right) - \left(\frac{3}{2}x^3y^2\right) : \left(-\frac{1}{2}x^2y\right) + (2x^2y) : \left(-\frac{1}{2}x^2y\right) =$$

⟩ $a^m : a^n = a^{m-n}$

$$-8x^3y + 3xy - 4$$

Esegui, se possibile, le seguenti divisioni.

7 $\left(4a^3b^3 + \frac{1}{2}a^2b + 2ab^2\right) : (2ab)$

8 $(6x^3y^2 - 12x^2y^3 + 12xy) : \left(-\frac{3}{2}xy\right)$

9 $(x^8 - 4x^5 + 3x^4 + x^3) : (-2x^3)$

10 ☐ **ESEMPIO DIGITALE**

$(6x^4y^3 + 12x^2y^2 - 3x^3) : (3x^2y)$

11 $(4x^6 - 6x^4 + 8x^3 + 2x^2) : (2x^2)$

12 $(b^3a^3 + 3a^2b^3 + 3ab^3) : (ab^3)$

13 $(x^2y + x^2y^2 - xy + xy^2) : (xy)$

14 $(a^4b - a^4b^2 - a^2b + a^2b^2) : (a^2b)$

15 $\left(a^5b^2 + a^4b^3 + \frac{1}{2}b^8\right) : (2b^2)$

16 $(2x^5yz^2 - 6x^4y^2z^2 + x^3yz^2) : (xyz)$

17 $(2a^5 - 4a^4 + 2a^3 + 3) : (3a^2)$

18 $(x^{2n+1} + 2x^{n+4} - x^{n+2}) : (2x^{n+1})$, con $n \in \mathbb{N}$.

19 $(\underline{\quad\quad}) : (2x) = -x^5 + \frac{1}{2}x^4 + 2x$

20 $(8a^8 - 2a^6 + 4a^5) : (\underline{\quad}) = -2a^4 + \underline{\quad\quad}$

21 $(16x^6y^4 + \underline{\quad}) : (\underline{\quad}) = \frac{4}{3}x^4y^3 - 4x^2y^2$

22 $(5m^6 + \underline{\quad}) : (\underline{\quad}) = m^4 + 2m^2 - \frac{2}{5}$

23 $(\underline{\quad}a^{\underline{\quad}}b^{\underline{\quad}} + \underline{\quad}) : (-2a^nb) = 8a^nb^2 + 2ab$

24 $(6a^nx + \underline{\quad}) : (\underline{\quad}) = 2a^n - 3b + 4c$

✓ **CHECKER** Semplifica le seguenti espressioni in cui compaiono anche divisioni tra polinomi e monomi.

25 $[(x^2 + x)^3 - x^3 - (3x^6) : x^2] : x^3$

$[x^3 + 3x^2]$

26 $[a^3 - (a^2 + a)^2 - (a + a^2)a] : a^2$

$[-a^2 - 2a - 2]$

27 $[(2x^2 + x)(x + x^2) : x + 7x + x^2] : (2x)$

$[x^2 + 2x + 4]$

28 $[(a^2b^3 + a^3b^2) : a^2b^2][(a^3b^2 - a^2b^3) : a^2b^2]$

$[a^2 - b^2]$

29 $[(x + x^2 + x^3) \cdot (x - x^2 - x^3) + x^6] : (2x^2)$

$\left[\frac{1}{2} - \frac{1}{2}x^2 - x^3\right]$

30 $[(2a - 3b)^3 + 27b^3] : (2a) - (2a - 3b)^2$

$[-6ab + 18b^2]$

31 $\{[(3y - 1)(3y + 1)(9y^2 + 1) + 1] : y^3 - 81y\} : (3y)$

$[0]$

32 $\left\{[(x^4 - 1)^2(x^4 + 1)^2 - x^8 - 1] : \left(\frac{1}{3}x^3\right)\right\} : \left(\frac{3}{2}x^3\right)$

$[2x^{10} - 6x^2]$

33 ☐ **ESEMPIO DIGITALE** $\left[(2x - y)^2 \cdot (2x + y)^2 - y^2\left(\frac{1}{2}x - y\right)^2 - x^2(4x + 3y)^2\right] : (2xy) + \frac{1}{2}y(17x - y)$

34 $\left[\left(2a + \frac{1}{2}b\right)^3 + \left(a - \frac{1}{2}b\right)^3\right] : \left(\frac{1}{2}a\right) - \frac{1}{2}(6a + 3b)^2$

$[-9ab]$

35 $\{[(x^2 - y)^3 + (y + 2x)^2y - 4xy^2] : (x^2)\} - (x^6 - 2x^4y) : x^2$

$[3y^2 + 4y - x^2y]$

36 $[(x - x^2 + y) \cdot (x + x^2 - y) - (x + y) \cdot (x - y)] : [(3x - y) \cdot (3x + y) + (x - y)^2 + 2xy]$

$\left[-\frac{1}{10}x^2 + \frac{1}{5}y\right]$

37 $[(a^n + b^n)^2 - (a^n - b^n)(2a^n - b^n)] : a^n$, con $n \in \mathbb{N}$.

$[5b^n - a^n]$

SE IL DIVISORE È UN POLINOMIO ➡ Teoria a pagina **344**

Polinomi con coefficienti numerici

38 Il polinomio $P(x)$ è divisibile per $2x^2 - x + 1$ e il quoziente è $-x^3 + 4x$. Determina $P(x)$.

39 Trova il polinomio dividendo di una divisione in cui il divisore è $2x + 5$, il quoziente $-x^2 + x - 1$ e il resto -3.

40 Qual è il polinomio che diviso per $\frac{1}{2}a^2 + 3a$ dà come quoziente $-a^3 + a$ e come resto $a - 2$?

41 📱 **YOU & MATHS** **Dividing polynomials** Use $q(x) = 2x + 3$ and $p(x) = 2x^2 + 3x - 5$. Find $s(x)$ and $r(x)$ such that $p(x) = s(x) \cdot q(x) + r(x)$.

Eseguiamo la divisione $(3x^3 + 4x^2 + 6x^4 + x):(3x^2 + 2)$.

Ordiniamo il polinomio dividendo: $6x^4 + 3x^3 + 4x^2 + x$.
Costruiamo lo schema della divisione e risolviamo:

- dividiamo $6x^4$ per $3x^2$ e otteniamo $2x^2$, primo termine del quoziente;
- moltiplichiamo $2x^2$ per $3x^2 + 2$, cambiamo di segno e scriviamo il risultato, $-6x^4 - 4x^2$, in colonna con il dividendo;
- sommiamo ottenendo il resto parziale $3x^3 + x$;
- ripetiamo il procedimento, ottenendo $+x$ come secondo termine del quoziente, che è anche l'ultimo perché il resto $-x$ ha grado più piccolo di quello del divisore.

$6x^4 + 3x^3 + 4x^2 \; + \; x$	$3x^2 + 2$
$-6x^4 \qquad\quad -4x^2$	$2x^2 + x$
$\qquad\quad 3x^3 \qquad\quad + \; x$	
$\qquad\quad -3x^3 \qquad\quad - \; 2x$	
$\qquad\qquad\qquad\qquad - \; x$	

Il quoziente è $2x^2 + x$; il resto è $-x$.

Esegui, quando è possibile, le seguenti divisioni.

42 $(4x^3 - 3x^2 - 3x + 4):(x + 1)$

$\qquad\qquad\qquad [Q = 4x^2 - 7x + 4; \; R = 0]$

43 $(4a^3 + 2a^2 + 4a + 3):(4a + 2)$

$\qquad\qquad\qquad\qquad\qquad [Q = a^2 + 1; \; R = 1]$

44 $(b^4 + 2b^3 + 4b^2 + 4b + 1):(b^2 + 1)$

$\qquad\qquad\qquad [Q = b^2 + 2b + 3; \; R = 2b - 2]$

45 $(8x^4 + 6x^3 + 1):(x^2 + x)$

$\qquad\qquad\qquad [Q = 8x^2 - 2x + 2; \; R = -2x + 1]$

46 $(5y^6 - 10y^5 + 3y^3 - 13y^2 + 18y):(y - 2)$

$\qquad\qquad\qquad [Q = 5y^5 + 3y^2 - 7y + 4; \; R = 8]$

47 $(x^3 + 2x - 1):(x^2 - 4)$

$\qquad\qquad\qquad\qquad\qquad\qquad [Q = x; \; R = 6x - 1]$

48 📱 **ESEMPIO DIGITALE** $\left(-\frac{1}{2}x^4 + \frac{1}{4}x^3 - x - 3\right):\left(\frac{1}{4}x^2 + x\right)$

49 $\left(-\frac{1}{3}b^6 - b^5 + \frac{7}{3}b^4 + 7\right):\left(-\frac{1}{3}b^4 - 1\right)$

$\qquad\qquad\qquad [Q = b^2 + 3b - 7; \; R = b^2 + 3b]$

50 $(x^4 - 4x^2 + 4):(x^2 + 4)$

$\qquad\qquad\qquad\qquad\qquad [Q = x^2 - 8; \; R = 36]$

51 $(2x^6 + 3x^3 + 6):(x^3 + 1)$

$\qquad\qquad\qquad\qquad\qquad [Q = 2x^3 + 1; \; R = 5]$

52 $(3x^3 - 5x^2 + 4x + 2):(x - 3)$

$\qquad\qquad\qquad [Q = 3x^2 + 4x + 16; \; R = 50]$

53 $(3x^4 - 2x^3 + 5x - 1):(3x^3 - 2x - 5 + x^5)$

$\qquad\qquad\qquad\qquad\qquad\qquad\qquad [\text{impossibile}]$

54 $(2x^3 - 5x^5 - 6x + 1):(2x - x^2)$

$\qquad\qquad [Q = 5x^3 + 10x^2 + 18x + 36; \; R = -78x + 1]$

55 $(4y^3 + 3y + 3y^5 - 1):(y + y^2 + 1)$

$[Q = 3y^3 - 3y^2 + 4y - 1; R = 0]$

56 $(3x^4 - 1):(x^2 - x^3 - 3)$

$[Q = -3x - 3; R = 3x^2 - 9x - 10]$

57 $(t^4 + 4t^3 - 5):(1 - t^3)$

$[Q = -t - 4; R = t - 1]$

58 $(2a^3 - 3a^2 - 12):(2a - a^2)$

$[Q = -2a - 1; R = 2a - 12]$

59 $(x^5 - 1):(x - 1)$

$[Q = x^4 + x^3 + x^2 + x + 1; R = 0]$

60 $a^4:(a^2 - 3a + 2)$

$[Q = a^2 + 3a + 7; R = 15a - 14]$

61 $(y - 5y^3 + 2):(y^2 + y)$

$[Q = -5y + 5; R = -4y + 2]$

62 ⬜ **ESEMPIO DIGITALE** $(2 + x + 3x^2 + x^3):(x^2 + 2)$

63 $(6x^3 - 9x^2 + 3x - 4):(2x - 5)$

$[Q = 3x^2 + 3x + 9; R = 41]$

64 $(4x^3 - 2x^2 - 3x + 1):(x^2 - 3x + 1)$

$[Q = 4x + 10; R = 23x - 9]$

65 $(a^3 + 3a^2 + 5a + 2):(a^2 - a + 1)$

$[Q = a + 4; R = 8a - 2]$

66 $(10x^3 - 2x^2 - 4x + 2):(2x^2 - 1)$

$[Q = 5x - 1; R = x + 1]$

67 $\left(5x^3 - \dfrac{1}{2}x^2 + 3\right):(x^2 + 1)$

$\left[Q = 5x - \dfrac{1}{2}; R = -5x + \dfrac{7}{2}\right]$

68 $(2b^{n+2} + b^{n+1} - 2b):(b^n - 2)$, con $n \in \mathbb{N}$.

$[Q = 2b^2 + b; R = 4b^2]$

Polinomi con coefficienti letterali

ESEMPIO

Eseguiamo la divisione $(x^3 - 3ax^2 + 5a^2x - a^3):(x^2 - 2ax + a^2)$, considerando come variabile la lettera x.

Osserviamo che il polinomio è già ordinato rispetto a x. Mettiamo in colonna e risolviamo.

1. $(-ax^2):x^2$

$x^3 - 3ax^2 + 5a^2x - a^3$	$x^2 - 2ax + a^2$
$-x^3 + 2ax^2 - a^2x$	$x - a$
$-ax^2 + 4a^2x - a^3$	secondo termine del quoziente

2. $-a \cdot (x^2 - 2ax + a^2)$ e **cambiamo segno**

$x^3 - 3ax^2 + 5a^2x - a^3$	$x^2 - 2ax + a^2$
$-x^3 + 2ax^2 - a^2x$	$x - a$
$-ax^2 + 4a^2x - a^3$	
$+ax^2 - 2a^2x + a^3$	

$x^3 - 3ax^2 + 5a^2x - a^3$	$x^2 - 2ax + a^2$
$-x^3 + 2ax^2 - a^2x$	$x - a$
$-ax^2 + 4a^2x - a^3$	
$+ax^2 - 2a^2x + a^3$	
$2a^2x$	

Il quoziente è $x - a$; il resto è $2a^2x$.

Esegui le seguenti divisioni considerando come variabile quella indicata a fianco.

69 $(a^2b^3 + ab^2 - a^5b + a^4):(b^2 - a^3)$, b.

$[Q = a^2b + a; R = 2a^4]$

70 $(a^3 + 2a^2b - b^3):(a + b)$, a.

$[Q = a^2 + ab - b^2; R = 0]$

71 $(x^3y + 3x^2y - xy^2 + 4y):(x^2 - y)$, x.

$[Q = xy + 3y; R = 3y^2 + 4y]$

72 $(a^3 - a^2b - ab + b^2):(a - b)$, a.

$[Q = a^2 - b; R = 0]$

73 $(2a^3 + 9b^3 + 5a^2b - 18ab^2):(3b - 2a)$, a.

$[Q = -a^2 - 4ab + 3b^2; R = 0]$

74 $(3x^4 - 2x^3y + x^2y^2 + 2xy^3 - 3y^4):(-x^2 + xy + 3y^2)$, x.

$[Q = -3x^2 - xy - 11y^2; R = 16xy^3 + 30y^4]$

$$\frac{7}{2} + \frac{3}{1} \qquad \frac{1+6}{2}$$

75 $(a^3b^3 + 2a^2b^4 - b^6 + 1) : (a + b)$, a. $[Q = b^3a^2 + b^4a - b^5; \ R = 1]$

76 $(xy - y^2x - y^2 + x^2y + 5) : (y - x)$, x. $[Q = -yx - y; \ R = 5]$

77 $(t^5 - t^2z + tz^2 + z^3) : (z^2 - t^2)$, z. $[Q = z + t; \ R = t^5 + t^3]$

78 $(15x^2 + 4xy - 4y^2) : (5x - 2y)$, x. $[Q = 3x + 2y; \ R = 0]$

79 $(-2a^4 + 4a^3 + a^2b - 6ab + 3b^2) : (3b - 2a^2)$, a. $[Q = a^2 - 2a + b; \ R = 0]$

80 📱 **ESEMPIO DIGITALE** $(2x^3 - 9x^2y + 13xy^2 - 6y^3) : (2x - 3y)$, x e y.

81 $(11a^2b^2 - ab^3 + 2a^3b - 3b^4) : (b^2 + 2ab)$, b. $[Q = -3b^2 + 5ab + a^2; \ R = 0]$

82 $(x^2 - 8xy + 16y^2) : (x - 4y)$, x. $[Q = x - 4y; \ R = 0]$

83 $\left(\dfrac{9}{4}a^3 + \dfrac{4}{3}b^3 - \dfrac{1}{6}ab^2\right) : \left(3a^2 - \dfrac{1}{2}b^2\right)$, b. $\left[Q = -\dfrac{8}{3}b + \dfrac{1}{3}a; \ R = 8a^2b + \dfrac{5}{4}a^3\right]$

Esegui le seguenti divisioni scegliendo come variabile prima una lettera e poi l'altra.

84 $(x^3y + y^2x^2 + x^2y^3) : (x + y)$ $[Q(x) = x^2y + xy^3 - y^4, R(x) = y^5; Q(y) = x^3y - x^3, R(y) = x^5]$

85 $(a^3b^3 - a^2b^2 - b^4) : (a^2 + b^2)$ $[Q(a) = ab^3 - b^2, R(a) = -ab^5; Q(b) = -b^2 + a^3b, R(b) = -ba^5]$

86 $(a^3b + b^3a + 2a^2b^2) : (a + b)$ $[Q(a) = ba^2 + b^2a, R(a) = 0; Q(b) = ab^2 + a^2b, R(b) = 0]$

87 $(2k^3 - k^2x + x^3) : (2k - x)$ $[Q(x) = -x^2 - 2kx - 3k^2, R(x) = 8k^3; Q(k) = k^2, R(k) = x^3]$

88 $(4x^3 + xa^2 + ax^2 + 3a^3) : (x - a)$ $[Q(x) = 4x^2 + 5ax + 6a^2, R(x) = 9a^3; Q(a) = -3a^2 - 4ax - 5x^2, R(a) = 9x^3]$

89 $(4x^3 - 3xy^2 - 8x^2y + 9y^3) : (-2x + 3y)$ $[Q(x) = -2x^2 + xy + 3y^2, R(x) = 0; Q(y) = -2x^2 + xy + 3y^2, R(y) = 0]$

▶ **LABORATORIO**   **MATEMATICA INTORNO A NOI**

Il piastrellista

Marco deve pavimentare una stanza quadrata con piastrelle quadrate di lato lungo l centimetri.

a. Sapendo che da parete a parete sono necessarie n piastrelle, scrivi il polinomio che esprime l'area della stanza. Quante mattonelle avrà acquistato Marco se non ha tenuto conto di eventuali rotture durante la lavorazione?

b. Quando Marco apre le scatole delle piastrelle, si accorge che qualcosa non va: non sono quadrate! Una dimensione è più corta di 1 cm e l'altra è più lunga di 1 cm rispetto alla misura l. Scrivi il polinomio che rappresenta l'area della singola piastrella.

c. 1. Scrivi l'espressione che rappresenta il numero di piastrelle rettangolari necessarie per pavimentare la stanza.
     2. Esegui la divisione presente nell'espressione trovata.
     3. Illustra il significato, rispetto al problema posto, del quoziente e del resto ottenuti.

📱   ▶ Risoluzione.

2. REGOLA DI RUFFINI → Teoria a pagina 346

Divisore del tipo (x – a)

90 **TEST** In quale delle seguenti divisioni *non* si può applicare la regola di Ruffini?

A $x^3 : (x - 2)$ B $(x^4 - 1) : (2 + x)$ C $(x^3 + x) : (-x - 1)$ D $(x^5 - x^3) : (x^2 + 1)$

ESEMPIO

Eseguiamo la divisione $(3y^3 + 7y^2 - 8) : (y + 2)$ con la regola di Ruffini.

Il dividendo è un polinomio ordinato, ma non è completo perché manca il termine in y. Nel costruire lo schema, dobbiamo inserire 0 come coefficiente del termine mancante.
Proseguiamo poi seguendo i passi già esaminati nell'esempio fornito nella teoria.
Il quoziente è $Q = 3y^2 + y - 2$; il resto è $R = -4$.

	3	7	0	−8
−2		−6	−2	+4
	3	+1	−2	−4

Esegui le seguenti divisioni utilizzando la regola di Ruffini.

91 $(x^3 + 2x^2 + 3x + 4) : (x - 1)$ $[Q = x^2 + 3x + 6; R = 10]$

92 $(-2b^3 + 4b^2 - b + 2) : (b - 2)$ $[Q = -2b^2 - 1; R = 0]$

93 $(b^4 - 16b + 64) : (b - 2)$ $[Q = x^3 + 2x^2 + 4x - 8; R = 48]$

94 $(3x^4 - 18x^2 - 21x - 18) : (x - 3)$ $[Q = 3x^3 + 9x^2 + 9x + 6; R = 0]$

95 $(a^4 - 3a^3 + a^2 + a + 2) : (a - 2)$ $[Q = a^3 - a^2 - a - 1; R = 0]$

96 $(y^5 - y^2 + 6y - 4) : (y + 1)$ $[Q = y^4 - y^3 + y^2 - 2y + 8; R = -12]$

97 $(6x^3 + 2) : (x - 3)$ $[Q = 6x^2 + 18x + 54; R = 164]$

98 $(8b^3 - 3b^2 + 1) : \left(b - \dfrac{1}{4}\right)$ $\left[Q = 8b^2 - b - \dfrac{1}{4}; R = \dfrac{15}{16}\right]$

99 $(x^3 + 11x - 5x^2 - 15) : (x - 3)$ $[Q = x^2 - 2x + 5; R = 0]$

100 $(-14x^2 + 5x + x^4 + 35 + 5x^3) : (x + 7)$ $[Q = x^3 - 2x^2 + 5; R = 0]$

101 **ESEMPIO DIGITALE** $(x^3 + 17x - 7x^2 - 18) : (x - 4)$

102 $(2a^3 - 3a^2 - 10a - 1) : (a - 3)$ $[Q = 2a^2 + 3a - 1; R = -4]$

103 $(-x^4 + 5x^2 - x + 1) : (-1 + x)$ $[Q = -x^3 - x^2 + 4x + 3; R = 4]$

104 $\left(y^3 + \dfrac{7}{4}y + 1\right) : \left(y + \dfrac{1}{2}\right)$ $\left[Q = y^2 - \dfrac{1}{2}y + 2; R = 0\right]$

105 $(a^5 - 2a^3 + 1) : (a + 1)$ $[Q = a^4 - a^3 - a^2 + a - 1; R = 2]$

106 $(x^4y^4 - 2x^3y^3 - xy + 1) : (xy - 3)$ $[Q = x^3y^3 + x^2y^2 + 3xy + 8; R = 25]$

12 DIVISIONE TRA POLINOMI E SCOMPOSIZIONE IN FATTORI

Divisore del tipo (ax − b)

Eseguiamo la divisione $(3x^3 - 2x^2 + 2) : (3x + 1)$ applicando la regola di Ruffini.

Dividiamo tutti i coefficienti del dividendo e del divisore per il coefficiente 3 con cui la x compare nel divisore $3x + 1$:

$$\left(x^3 - \frac{2}{3}x^2 + \frac{2}{3}\right) : \left(x + \frac{1}{3}\right).$$

Applichiamo la regola di Ruffini.

Otteniamo: $Q_1 = x^2 - x + \frac{1}{3}$; $R_1 = \frac{5}{9}$.

Sappiamo che $A = B \cdot Q + R$; dividendo i due membri per 3,

otteniamo: $\frac{A}{3} = \frac{B}{3} \cdot Q + \frac{R}{3}$.

	1	$-\frac{2}{3}$	0	$\frac{2}{3}$
$-\frac{1}{3}$		$-\frac{1}{3}$	$\frac{1}{3}$	$-\frac{1}{9}$
	1	-1	$\frac{1}{3}$	$\frac{5}{9}$

Concludiamo che, se dividiamo dividendo e divisore per 3, il quoziente rimane lo stesso, mentre il resto diventa $\frac{1}{3}$ del resto iniziale.

La divisione iniziale ha quindi $Q = Q_1$ e $R = R_1 \cdot 3$:

$$Q = x^2 - x + \frac{1}{3}; \quad R = \frac{5}{9} \cdot 3 = \frac{5}{3}.$$

Esegui le seguenti divisioni applicando la regola di Ruffini.

107 $(9x^3 + 8x^2 - x - 2) : (9x - 1)$ $\qquad [Q = x^2 + x; R = -2]$

108 $(4a^3 - 2a^2 + a - 1) : (2a + 1)$ $\qquad \left[Q = 2a^2 - 2a + \frac{3}{2}; R = -\frac{5}{2}\right]$

109 $(4x^3 - 5x^2 - 7x - 4) : (4x - 1)$ $\qquad [Q = x^2 - x - 2; R = -6]$

110 $(8y^3 - 17y^2 + 10y - 1) : (8y - 1)$ $\qquad [Q = y^2 - 2y + 1; R = 0]$

111 📱 **ESEMPIO DIGITALE** $(6b^3 - 34b^2 + 52b - 18) : (3b - 5)$

112 $(12x^4 + 15x^3 + 20x^2 + 13x - 5) : (4x + 5)$ $\qquad [Q = 3x^3 + 5x - 3; R = 10]$

113 $(3a^3 + a - 2a^2 - 1) : (3a + 1)$ $\qquad \left[Q = a^2 - a + \frac{2}{3}; R = -\frac{5}{3}\right]$

114 $(5x^6 - 2x^5 - 5x^2 + 7x - 2) : (5x - 2)$ $\qquad [Q = x^5 - x + 1; R = 0]$

115 $\left(a^5 + 4a^4 - \frac{1}{4}a^3 - 2\right) : \left(\frac{1}{4}a + 1\right)$ $\qquad [Q = 4a^4 - a^2 + 4a - 16; R = 14]$

116 $\left(\frac{2}{3}y^4 - 3y^2 + 2y - \frac{1}{3}\right) : (2y - 3)$ $\qquad \left[Q = \frac{1}{3}y^3 + \frac{1}{2}y^2 - \frac{3}{4}y - \frac{1}{8}; R = -\frac{17}{24}\right]$

Divisione fra polinomi con coefficienti letterali

Eseguiamo la divisione $(-8a^2x^2 + 3a^3x - 3a^2 + x^4) : (3a + x)$ considerando come variabile la lettera x.

Ordiniamo i polinomi rispetto alla x: $(x^4 - 8a^2x^2 + 3a^3x - 3a^2) : (x + 3a)$.

Applichiamo la regola di Ruffini.

Otteniamo: $Q = x^3 - 3ax^2 + a^2x$; $R = -3a^2$.

	1	0	$-8a^2$	$+3a^3$	$-3a^2$
$-3a$		$-3a$	$+9a^2$	$-3a^3$	0
	1	$-3a$	a^2	0	$-3a^2$

Esegui le seguenti divisioni considerando come variabile la lettera indicata a fianco.

117 $(x^3 - xy^2 + 2y) : (x + y)$, x. $\qquad\qquad$ $[Q = x^2 - yx; \ R = 2y]$

118 $(b^3 + a^2b + a^3) : (b + a)$, b. $\qquad\qquad$ $[Q = b^2 - ab + 2a^2; \ R = -a^3]$

119 $(a^4 - a^3b^3 - a^2b^2 + b^6) : (a - b)$, a. $\qquad\qquad$ $[Q = a^3 + (b - b^3)a^2 - b^4a - b^5; \ R = 0]$

120 $(x^3 + x^2y^2 - xy^3 - y^3) : (x - y)$, x. $\qquad\qquad$ $[Q = x^2 + (y + y^2)x + y^2; \ R = 0]$

121 $(4x^3 + 5x^2y - 9xy^2 - 12y^3) : (x - y)$, x. $\qquad\qquad$ $[Q = 4x^2 + 9xy; \ R = -12y^3]$

122 $(a^3 - 12a^2b + 10ab^2 - 3b^3) : (a - b)$, a. $\qquad\qquad$ $[Q = a^2 - 11ab - b^2; \ R = -4b^3]$

123 $(9x^3y + 4x^2y^2 - 5xy^3 + y^4) : (x + 3y)$, x. $\qquad\qquad$ $[Q = 9x^2y - 23xy^2 + 64y^3; \ R = -191y^4]$

124 $(2x^4 - a^2x^4 - 3a^4 + 1) : (x^2 + a)$, a. $\qquad\qquad$ $[Q = -3a^3 + 3x^2a^2 - 4x^4a + 4x^6; \ R = -4x^8 + 2x^4 + 1]$

125 $[(a + 1)x^3 - ax^2] : (x - 1)$, x. $\qquad\qquad$ $[Q = (a + 1)x^2 + x + 1; \ R = 1]$

126 $\left(6ax^4 - \dfrac{2}{3}a^3x^2 + a^5\right) : \left(x - \dfrac{1}{3}a\right)$, x. $\qquad\qquad$ $[Q = 6ax^3 + 2a^2x^2; \ R = a^5]$

Riepilogo: divisione tra polinomi

FAI UN ESEMPIO

127 Scrivi un polinomio in a di quinto grado divisibile per $a + 1$.

128 Scrivi un polinomio in x di quarto grado divisibile contemporaneamente per $x + 1$ e per $\dfrac{1}{2}x^2 + 2$.

129 Scrivi il dividendo della divisione per $2x - 1$ con quoziente $5x^2 - 2$ e resto $\dfrac{1}{3}$. $\qquad$ $\left[10x^3 - 5x^2 - 4x + \dfrac{7}{3}\right]$

Esegui le seguenti divisioni applicando, quando è possibile, la regola di Ruffini.

130 $(x^2 - 2xy - 15y^2) : (x + 3y)$ rispetto alla variabile x. $\qquad\qquad$ $[Q = x - 5y; \ R = 0]$

131 $(t^4 - 3t^2 + t - 1) : (t + 2)$ $\qquad\qquad$ $[Q = t^3 - 2t^2 + t - 1; \ R = 1]$

132 $(x^6 + 4x^4 + x^3 + 6x) : (-x^3 + 2x - 1)$ $\qquad\qquad$ $[Q = -x^3 - 6x; \ R = 12x^2]$

133 $\left(\dfrac{1}{3}a^4 + \dfrac{2}{3}a^2 + \dfrac{1}{2}a^3 - 1\right) : (a^2 - 1)$ $\qquad\qquad$ $\left[Q = \dfrac{1}{3}a^2 + \dfrac{1}{2}a + 1; \ R = \dfrac{1}{2}a\right]$

134 $(2k^4 - 5k^3 - k^2 + k + 4) : (2k + 1)$ $\qquad\qquad$ $[Q = k^3 - 3k^2 + k; \ R = 4]$

135 $(x^4t - 2x^3t^2 + 5xt^4 - x^2) : (t - 2x)$ rispetto alla variabile t. $\quad$ $[Q = 5xt^3 + 10x^2t^2 + 18x^3t + 37x^4; \ R = 74x^5 - x^2]$

136 $(a^4 + 5a^3b - 3a^2b^2 - 13ab^3 + 4b^4) : (a + 5b)$ rispetto alla variabile a. $\quad$ $[Q = a^3 - 3ab^2 + 2b^3; \ R = -6b^4]$

137 $(x^5 - 5x^4 + 3x - 2) : \left(x^3 - \dfrac{1}{2}\right)$ $\qquad\qquad$ $\left[Q = x^2 - 5x; \ R = \dfrac{1}{2}x^2 + \dfrac{1}{2}x - 2\right]$

138 $(a^{2n} - 5a^n + 6) : (a^n - 2)$, con $n \in \mathbb{N}$, $n > 0$. $\qquad\qquad$ $[Q = a^n - 3; \ R = 0]$

✓ **CHECKER** Semplifica le seguenti espressioni.

139 $[(a + 3x)^2 - 5a^2 + (x^3 - 8a^3) : (x - 2a)] : (-2x)$ $\qquad\qquad [-5x - 4a]$

140 $[(2t^2 - 3 - 5t) : (2t + 1) + 2(t + 9)] : (t + 5)$ $\qquad\qquad [3]$

141 $[2 + (4x^4 + x^3 + 16x^2 - 4x - 2) : (4x + 1) - 7x] : (x^2 - 3)$ $\qquad\qquad [x]$

142 $[-1 + (x + 1)^2(1 - x)^2 - x^3 + 2x] : (x^2 - 2) : \left(\frac{1}{2}x\right)$ $\qquad\qquad [2x - 2]$

143 $[(2k^2 + 11k + 15) : (k + 3) + 3 - k^2] : (4 - k)$ $\qquad\qquad [k + 2]$

144 Dati i polinomi $A(x) = (x^9 - 1)(x + 1)$ e $B(x) = (x^2 - 1)(x^2 + x + 1)$ e trovato il polinomio $P(x)$ tale che $P(x)B(x) = A(x)$, calcola $P(1)$.
$\qquad\qquad [3]$

145 Dato il polinomio $A(x) = x^3 - 2x^2$ calcola
$\left[A(-a) - \frac{1}{2}A(2a) + 6A(a)\right] : (2a^2)$. $\qquad \left[\frac{1}{2}a - 5\right]$

146 In un triangolo ABC l'area e l'altezza BH relativa al lato AC misurano rispettivamente
$a^3 + 4a^2 + 4a + 3$ e $a + 3$, con $a > 0$.
Trova la misura di AC. $\qquad\qquad [2a^2 + 2a + 2]$

> ### MATEMATICA AL COMPUTER
>
> ## Applichiamo Ruffini
>
> Con Wiris, costruiamo un blocco che, letto il polinomio $P(x) = 2x^4 + kx^3 + 5x^2 - 7x + 3$, contenente il parametro k fra i suoi coefficienti, e assegnato il valore $a = \frac{1}{2}$, usa la regola di Ruffini per visualizzare i coefficienti del polinomio quoziente $P(x) : (x - a)$ e l'eventuale resto.
>
> ▸ Problema e risoluzione.
> ▸ 3 esercizi in più.

147 L'area di un rettangolo R è $2a^3 + 8a^2b + 3ab + 12b^2$ e la base misura $2a^2 + 3b$, con $a, b > 0$.
Trova l'area di un secondo rettangolo che ha altezza doppia rispetto a quella di R e base uguale a quella di R aumentata di $3b$. $\qquad\qquad [4a^3 + 12ab + 16a^2b + 48b^2]$

148 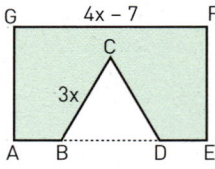 L'area del rettangolo $AEFG$ è $4x^2 - 19x + 21$. Determina il perimetro di $ABCDEFG$, sapendo che il triangolo BCD è equilatero. $\qquad [13x - 20]$

149 Trova l'altezza del trapezio $ABCD$, sapendo che la sua area misura
$2a^3 + 6a^2 + \frac{1}{2}a + \frac{3}{2}$,
con $a > 1$. $\qquad\qquad [a + 3]$

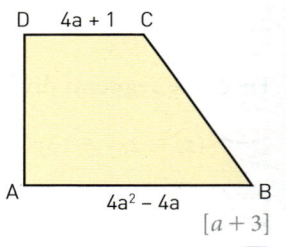

3. SCOMPOSIZIONE IN FATTORI E RACCOGLIMENTO

SCOMPOSIZIONE IN FATTORI ➡ Teoria a pagina 347

150 **VERO O FALSO?**

a. Il polinomio $2a(a + 1) + 2$ è scomposto in fattori. [V] [F]

b. $(a + b)^2$ è una scomposizione in fattori di $a^2 + b^2$. [V] [F]

c. $\frac{12}{5}xy^2\left(5x - \frac{1}{4}y^2\right)$ è una scomposizione del polinomio $12x^2y^2 - \frac{3}{5}xy^2$. [V] [F]

d. Tutti i binomi sono irriducibili. [V] [F]

RACCOGLIMENTO TOTALE → Teoria a pagina **347**

151 TEST In quale polinomio si può fare un raccoglimento totale di $2ax$ con coefficienti interi?

- A $3ax^2 - 6x$
- B $a^2x^2 + 3ax$
- C $2a^3 - 4ax$
- D $4ax + 2a^2x^3$

152 TEST Per scomporre in fattori mediante raccoglimento $2b^2y + 4b^3 + 6b^2 + 2by$, si deve raccogliere:

- A $2by$
- B $4b^2$
- C $2b$
- D $2b^2$

Scomponiamo in fattori:

a. $\dfrac{8}{3}x^4 + \dfrac{4}{9}x^2 - \dfrac{4}{3}x^3$; **b.** $y(2a-3) - 4(2a-3)^2$; **c.** $3(x-8) - y(8-x)$; **d.** $x^{3n+1} - x^{2n}$, con $n \in \mathbb{N}$.

a. $\dfrac{8}{3}x^4 + \dfrac{4}{9}x^2 - \dfrac{4}{3}x^3 = \dfrac{4}{3}x^2\left(2x^2 + \dfrac{1}{3} - x\right)$

↳ raccogliamo $\dfrac{4}{3}x^2$

risultati delle divisioni di ogni termine del polinomio per $\dfrac{4}{3}x^2$

b. $y(2a-3) - 4(2a-3)^2 = (2a-3)[y - 4(2a-3)] = (2a-3)(y - 8a + 12)$

↳ raccogliamo $(2a-3)$

c. $3(x-8) - y(8-x) = 3(x-8) + y(x-8) = (x-8)(3+y)$

$8 - x = -(x-8)$ raccogliamo $(x-8)$

d. $x^{3n+1} - x^{2n} = x^{2n}(x^{n+1} - 1)$

↳ raccogliamo x^{2n}, poiché $3n + 1 > 2n$

---

153 COMPLETA $-9x + 3y = -3\,(\underline{} - \underline{})$; $15a^3 - 25a^9 = 5a^{\underline{}}(\underline{} - \underline{})$; $-b - 8b^3 = \underline{}(\underline{} + 8\underline{})$.

✓ CHECKER **Raccogli a fattore comune** ($n \in \mathbb{N}$).

154 $2x - 4y$; $a^2 - a$.

155 $-6a + 8$; $x^4 - x^6$.

156 $4x - 2$; $2b + 4b^2$.

157 $16 + 8x$; $y^3 - y^2$.

158 $x^2 - 2x$; $a^3 - a^2 - a$.

159 $2by^2 - b^2$; $3x^2 - 6x + 9x^4$.

160 $xyz^2 - xz$; $27bcd - 9b^2d$.

161 $x^2y^3 - xy^2$; $3ab^2 - 6b$.

162 $a^2xy + aby^2 + 3ay$; $5x^2 - 10xy - 15y^2$.

163 ESEMPIO DIGITALE

$m^2n + mn^3 - 2n$; $-5ab^2 + ab^3 - 3a^4b^2$.

164 $\dfrac{1}{2}x - \dfrac{3}{4}y$; $\dfrac{4}{9}ab + \dfrac{2}{3}a^2$.

165 $\dfrac{27}{5}x^2y^3 - \dfrac{3}{10}xy^2 + \dfrac{9}{5}x^3$; $\dfrac{1}{6}t^5 - \dfrac{7}{3}t^2$.

166 $12x^5 - 4x^4 + 6x^3 - 2x^2$; $b^4 + 3b^3 + 3b^2 + b$.

167 $x^4y + 2x^3y^2 + x^5$; $\dfrac{1}{3}a^2b - \dfrac{2}{9}a^2 + \dfrac{1}{3}a^2b^2$.

168 $a^5 - 3a^3 + 5a^2 - a$; $\dfrac{1}{2}ax^2 - \dfrac{3}{4}a^2x^4 + \dfrac{1}{4}ax^3$.

169 $3x(a-c) - 2(a-c)$; $5(x^2+1) - b(x^2+1)$.

170 $(a+b)^2 + 2(a+b)$; $5(x-7) - 25(x-7)$.

171 $\dfrac{x-1}{3} + y(1-x)$; $y(b-c) + 7x(c-b)$.

172 $(2a-2)^2 + (a-1)^2$; $(3x+6y)^2 - (x+2y)$.

173 $2a^n - a^{3n}$; $b^{n+1}y - by$.

174 $(x+y)(a-3)^2 + 9(x+y)(a-3)$;
$16(t-1)^4 - 4(t-1)^3$.

175 $4a(x-2) - 7(x-2);$ $\quad 6(b-3) - x(b-3).$

176 $-y(2t^2+1) - 5(2t^2+1);$ $\quad y^2(1-y) - 8(1-y).$

177 ☐ **ESEMPIO DIGITALE** $2(c-d) + 6c(d-c) - (c-d)^2;$ $\quad x(x^2+1) - x^2(x^2+1).$

178 $b(b-1) - 2b + 2;$ $\quad 2(a-3) - (3-a)^2.$

179 $(a+1)(b-2)^3 - (a+1)(b-2)^2;$ $\quad (y+7)^2(x-3)^2 - (y+7)^2(x-3).$

180 $(x+2)(6-a) - (6-a)^2;$ $\quad (a+b)^5(a-1) - (a+b)^4(a-1)^2.$

181 **CACCIA ALL'ERRORE**

    a. $y(x+1) - (x+1)(a+2) = (x+1)(y-a+2)$

    b. $at^2 + t^2 + t = t(at + t)$

    c. $(x-3)^2 - 4(x-3)(x-1) = (x-3)[(x-3) - 4x - 4]$

    d. $b^4 - b^3 + b^2 = b^2(b^2 - b)$

    e. $(2x - 2y)^2 = 2(x-y)^2$

---

182 ☐ **INVALSI 2012** L'espressione $a^{37} + a^{38}$ è uguale a:

    A $2a^{75}$

    B a^{75}

    C $a^{37}(a+1)$

    D $a^{37 \cdot 38}$

183 ☐ **TEST** Indica quale fra le seguenti uguaglianze è *falsa*.

    A $3xy + 3x^2y = 3xy(1+x)$

    B $x^2 + ax^2 = x^2(a+1)$

    C $(2x-1)x - x = 2x(x-1)$

    D $2(a-b)x + x = x(2a - b + 1)$

Usando i dati indicati nelle figure, determina l'area della zona colorata e scrivi il risultato come prodotto di fattori.

184

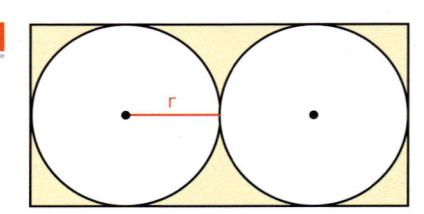

$[2r^2(4-\pi)]$

185

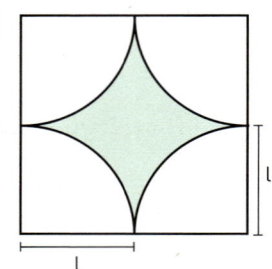

$[l^2(4-\pi)]$

RACCOGLIMENTO PARZIALE   ➔ Teoria a pagina **348**

> **ESEMPIO**
>
> Scomponiamo in fattori: **a.** $4ab - 3bx + 6ax - 8a^2$; **b.** $(x+2)^3 - 3x - 6$.
>
> **a.** $4ab - 3bx + 6ax - 8a^2 = 4a(b - 2a) - 3x(b - 2a) = (b - 2a)(4a - 3x)$
>
>   raccogliamo parzialmente $4a$ e $-3x$ raccogliamo $(b - 2a)$
>
> **b.** $(x+2)^3 - 3x - 6 = (x+2)^3 - 3(x+2) = (x+2)[(x+2)^2 - 3] = (x+2)(x^2 + 4x + 1)$
>
>   raccogliamo parzialmente -3 raccogliamo $(x+2)$ calcoliamo $(x+2)^2 - 3$

CHECKER Scomponi in fattori raccogliendo parzialmente.

186 $ay - 6a - y + 6$

187 $x^3 + 2x + x^2y + 2y$

188 $bt^2 + b + t^2 + 1$

189 $6x + 6y + x^2 + xy$

190 $ab - a + b - b^2$

191 $xy^4 - 3y^2 - xy^2 + 3$

192 $3y - 3x^2 + yx^2 - y^2$

193 $x^3 - 2x^2 + 2y^2 - y^2x$

194 $2ab^2 - 2ab + 5a^2b - 5a^2$

195 $3x^5 + 2x^2 + 9x^3 + 6$

196 $x^3 - xy + x^2 - y$

197 $2mn - m^2 - 6n + 3m$

198 📱 **ESEMPIO DIGITALE** $3bx + x - 6b^2 - 2b$

199 $2a^4b^2 + 4a^2b^3 - \dfrac{1}{3}a^2b - \dfrac{2}{3}b^2$

200 $3a^6 - a^5b + 3ab^5 - b^6$ $[(3a - b)(a^5 + b^5)]$

201 $10x^2y - 2xy^2 - 5y + 25x$ $[(5x - y)(2xy + 5)]$

202 $y^5 - y^6 - \dfrac{3}{2}x + \dfrac{3}{2}xy$ $\left[\left(y^5 - \dfrac{3}{2}x\right)(1 - y)\right]$

203 $(2a + 5)^2 - 4a - 10$ $[(2a + 5)(2a + 3)]$

204 $7a(x + 3y^2) - 8xy - 24y^3$ $[(x + 3y^2)(7a - 8y)]$

205 $3ax - ay + (y - 3x)^2$ $[(y - 3x)(y - a - 3x)]$

206 📱 **ESEMPIO DIGITALE** $(x + 7)(y - 5) + (y - 5)^2 + 10 - 2y$

207 $ay^2 + y^3 + by^2 + a^3y + a^4 + a^3b$ $[(y^2 + a^3)(y + a + b)]$

208 $2a^2 - 2ax + 3(a - x)^2 - a + x$ $[(a - x)(5a - 3x - 1)]$

209 $(x - 4)^2 - ax + 4a - 3x + 12$ $[(x - 4)(x - a - 7)]$

210 $3 - xy + 6x - 9y - 2x^2y + 3xy^2$ $[(3 - xy)(1 + 2x - 3y)]$

211 $a^{n+2} + 5a^2 + a^n + 5$, con $n \in \mathbb{N}$. $[(a^n + 5)(a^2 + 1)]$

 CHECKER Scomponi in fattori mediante raccoglimento totale o parziale.

212 $5x^2y - 10xy^2 + 3x^2 - 6xy$

213 $6a^5b^3 - 12a^4b^4 + 10ab^2 - 5a^2b$

214 $4ax^2 + 12x^2 - \dfrac{4}{5}ax - \dfrac{12}{5}x$

215 $x^7 + 2x^5 - 3x^4 - 6x^2$

216 $ab - b + ab^2 - b^2$

217 $2x^3y - 2xy + 4x^3 - 4x$

218 $4a^2b^2 - 4b^3 - 9a^4 + 9a^2b$

219 $3a^2b + 6ab + 12b + 2a^2b^2 + 4ab^2 + 8b^2$

220 $(4x - 4y)^2 + 2x - 2y$

221 $8\left(b - \dfrac{1}{3}c\right)^2 + \dfrac{8}{3}c - 8b$

222 $ay + \dfrac{3}{4}xt - \dfrac{1}{4}ty + ac - \dfrac{1}{4}tc - 3ax$

223 Determina l'area della figura ed esprimi il risultato come prodotto di fattori.

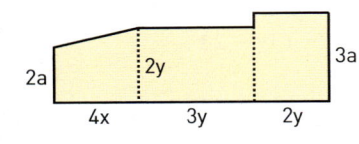

$[2(a + y)(2x + 3y)]$

367

4. TRINOMIO SPECIALE → Teoria a pagina **349**

Trova due numeri x_1 e x_2, noti la loro somma s e il loro prodotto p.

224 $s = 1;$ $\quad p = -6.$

225 $s = -4;$ $\quad p = -12.$

226 $s = -7;$ $\quad p = -30.$

227 $s = -11;$ $\quad p = 18.$

228 $s = -7a;$ $\quad p = 12a^2.$

229 $s = 9b;$ $\quad p = 20b^2.$

Il trinomio $x^2 + sx + p$

230 ▢ **ASSOCIA** a ciascun trinomio la relativa scomposizione.

> se $x_1 + x_2 = s$ e $x_1 \cdot x_2 = p$:
> $x^2 + sx + p = (x + x_1) \cdot (x + x_2)$

1. $x^2 - x - 12$

2. $x^2 + x - 12$

3. $x^2 - 7x + 12$

4. $3x^2 - 7x + 4$

a. $(x - 1)(3x - 4)$

b. $(x - 4)(x - 3)$

c. $(x - 4)(x + 3)$

d. $(x + 4)(x - 3)$

ESEMPIO

Scomponiamo i trinomi: **a.** $a^2 - 10a - 24$; **b.** $x^2 - 7xy + 10y^2$.

a. $a^2 - 10a - 24 =$ $\quad$ ⟩ $p = -24 = -12 \cdot 2$
$\quad s = -10 = -12 + 2$
$(a - 12)(a + 2)$.

b. $x^2 - 7xy + 10y^2 =$ $\quad$ ⟩ consideriamo la variabile x
$\quad p = 10y^2 = (-5y) \cdot (-2y)$
$\quad s = -7y = (-5y) + (-2y)$
$(x - 5y)(x - 2y)$.

☑ **CHECKER** Scomponi i seguenti trinomi.

231 $a^2 - 10a + 21;$ $\quad x^2 + x - 6.$

232 $y^2 + 8y + 15;$ $\quad b^2 - 5b + 6.$

233 $x^2 + 5x - 24;$ $\quad b^2 + 5b - 14.$

234 $a^2 - 9a + 8;$ $\quad b^2 + 15b + 36.$

235 $x^2 - 3x + 2;$ $\quad y^2 - 11y - 180.$

236 ▢ **ESEMPIO DIGITALE**

$m^2 + 12m + 27;$ $\quad x^2 + ax - 6a^2.$

237 $k^2 + 7k - 8;$ $\quad b^2 + 42b + 41.$

238 $k^2 + k - 90;$ $\quad m^2 - 8m - 20.$

239 $b^2 + 12b + 27;$ $\quad x^2 - 5x - 24.$

240 $t^2 - 7t - 18;$ $\quad a^2 - 3a - 40.$

241 $x^2 - 18x + 80;$ $\quad y^2 + 14y + 24.$

242 $a^2 - ay - 6y^2;$ $\quad k^2 - 2ky - 8y^2.$

---

243 ▢ **TEST** Quale dei seguenti trinomi non è scomponibile in $(x + a)(x + b)$, con a, b numeri interi?

[A] $x^2 - 9x - 36$

[B] $x^2 - 10x - 24$

[C] $x^2 - 14x + 40$

[D] $x^2 + 18x - 32$

244 **COMPLETA**

$x^2 + x - 20 = (x - \square)(x + \square)$

$a^2 - 8a + 15 = (a \,\square\,\square)(a \,\square\,\square)$

$y^2 - y - \square = (y - 5)(\square\,\square\,\square)$

$b^2 + \square - 12 = (b - 2)(b + \square)$

Il trinomio $ax^2 + bx + c$

$$s = b; \qquad p = a \cdot c$$

Scomponiamo il trinomio $4x^2 + 23x - 6$.

Consideriamo il prodotto $4 \cdot (-6) = -24$.

Cerchiamo due numeri che moltiplicati diano -24 e sommati diano $+23$.

I due numeri sono $+24$ e -1.

$$4x^2 + 23x - 6 = 4x^2 + 24x - x - 6 = 4x(x + 6) - 1(x + 6) = (x + 6)(4x - 1).$$

raccogliamo parzialmente $4x$ e -1 raccogliamo $(x + 6)$

✓ **CHECKER** **Scomponi i seguenti trinomi.**

 245 $3x^2 - 10x + 8$; $3b^2 + b - 2$.

 246 📱 **ESEMPIO DIGITALE**

$8c^2 + 10c - 3$; $2x^2 - 9x - 5$.

 247 $4x^2 - 11x - 3$; $6k^2 - 5k + 1$.

248 $2a^2 + 7a - 4$; $5x^2 - 38x + 21$.

249 $2x^2 + 7x + 3$; $3a^2 + 14a - 5$.

250 $2x^2 + 5x - 12$; $7b^2 + 57b + 8$.

251 $3y^2 - by - 6b^2$; $3x^2 - 5tx + 2t^2$.

252 $4x^2 - 25xy + 6y^2$; $2a^2 - 9ab - 5b^2$.

253 $5y^2 - 11ky + 2k^2$; $9t^2 + 35t - 4$.

---

254 📱 **YOU & MATHS** **Divisors in the cloud** Find the divisors of the polynomial $3x^2 - x - 2$ among the polynomials in the cloud.

$x - 2$ $x - 1$ $3x + 2$

$3x + 1$ $2x + 3$

$\dfrac{3}{2} + x$ $x - \dfrac{2}{3}$

Altri trinomi

Scomponiamo i trinomi: **a.** $a^4 - 7a^2 - 30$; **b.** $a^6x^2 + 3a^3x - 28$.

a. $a^4 - 7a^2 - 30 =$ $p = -30 = -10 \cdot 3$
  $s = -7 = -10 + 3$
$(a^2 - 10)(a^2 + 3)$.

b. $a^6x^2 + 3a^3x - 28 =$ consideriamo come variabile a^3x
  $p = -28 = 7 \cdot (-4)$
$(a^3x + 7)(a^3x - 4)$. $s = 3 = 7 + (-4)$

✓ **CHECKER** **Scomponi i seguenti trinomi** ($n \in \mathbb{N}$).

 255 $y^8 - 3y^4 - 10$; $x^4 - 6x^2 + 5$.

256 $2t^6 - t^3 - 15$; $2b^4 - 15b^2 + 7$.

257 $x^2y^2 + 5xy - 14$; $-x^4 + 12x^2 - 20$.

258 $x^6 + 3x^3 - 10$; $a^4 - a^2 - 72$.

259 $a^8 - a^4 - 30$; $x^8y^4 - 5x^4y^2 + 6$.

260 $y^4 + 2ay^2 - 24a^2$; $x^6 + ax^3 - 6a^2$.

261 $(a + b)^2 + 3(a + b) - 40$; $x^8 + 9x^4 + 14$.

262 $x^{2n} + 2x^n - 8$; $x^{2n} - 4x^n - 21$.

5. SCOMPOSIZIONI CON PRODOTTI NOTEVOLI ➡ Teoria a pagina 350

Quadrato di un binomio

$$A^2 + 2AB + B^2 = (A + B)^2$$

Scomponiamo i trinomi:

a. $81 + \dfrac{1}{4}b^2 - 9b$; **b.** $28ax - 4x^2 - 49a^2$; **c.** $(c + y)^2 + 6a(c + y) + 9a^2$.

a. Riconosciamo due quadrati $\underline{81 = 9^2}$ e $\dfrac{1}{4}b^2 = \left(\dfrac{1}{2}b\right)^2$ e il doppio prodotto $-9b = 2 \cdot 9 \cdot \left(-\dfrac{1}{2}b\right)$

oppure $-9b = 2 \cdot (-9)\left(\dfrac{1}{2}b\right)$. Quindi:

$$\underline{81} + \dfrac{1}{4}b^2 - 9b = \left(9 - \dfrac{1}{2}b\right)^2 \quad \text{oppure} \quad \underline{81} + \dfrac{1}{4}b^2 - 9b = \left(\dfrac{1}{2}b - 9\right)^2.$$

b. Dopo aver raccolto il segno $-$, riconosciamo due quadrati $\underline{4x^2 = (2x)^2}$ e $\underline{49a^2 = (7a)^2}$ e il doppio prodotto $-28ax = 2 \cdot 2x(-7a)$ oppure $-28ax = 2 \cdot (-2x) \cdot 7a$:

$$28ax - 4x^2 - 49a^2 = -(\underline{4x^2} - 28ax + \underline{49a^2}) = \begin{cases} -(2x - 7a)^2 \\ -(7a - 2x)^2 \end{cases}$$

c. Riconosciamo due quadrati $(c + y)^2$ e $\underline{9a^2 = (3a)^2}$ e il doppio prodotto $6a(c + y) = 2 \cdot (c + y) \cdot 3a$:

$$(c + y)^2 + 6a(c + y) + \underline{9a^2} = (c + y + 3a)^2.$$

✓ **CHECKER** **Scomponi in fattori** $(n \in \mathbb{N})$.

263 $a^2 - 6a + 9$; $x^2 + 22x + 121$.

264 $x^4 - 12x^2 + 36$; $-16y^4 - 16y^2 - 4$.

265 $4b^2 - 16b + 16$; $y^6 + 1 - 2y^3$.

266 $16x^8 + 72x^4 + 81$; $a^{10} - 10a^5 + 25$.

267 $x^2 - 14x + 49$; $a^6 + 8a^3 + 16$.

268 📱 **ESEMPIO DIGITALE**

$b^8 + 16b^4 + 64$; $9y^2 - 12y + 4$.

269 $y^4 - 10y^2 + 25$; $\dfrac{9}{4}x^2 - ax + \dfrac{1}{9}a^2$.

270 $-25a^2 + 5ab - \dfrac{1}{4}b^2$; $-x^4 - 2x^2 - 1$.

271 $25x^2 + 70xy + 49y^2$; $\dfrac{1}{4}y^6 + 1 - y^3$.

272 $a^2b^2 + 9 + 6ab$; $a^2 - 6ab + 9b^2$.

273 $9x^2 + 12xy + 4y^2$; $\dfrac{1}{36}a^2b^2 - \dfrac{1}{3}a^3b^3 + a^4b^4$.

274 $\dfrac{1}{4}a^2 - \dfrac{3}{2}ab + \dfrac{9}{4}b^2$; $\dfrac{25}{16}x^4 + \dfrac{5}{6}x^2y + \dfrac{1}{9}y^2$.

275 $49t^2 - 28tu + 4u^2$; $\dfrac{4}{9}a^6 + \dfrac{1}{4}b^2 - \dfrac{2}{3}a^3b$.

276 $(x + 3)^2 + 2(x + 3)(y - 7) + (y - 7)^2$

277 $\dfrac{1}{9}x^2y^2 - \dfrac{8}{3}xy + 16$; $121x^4 - 66x^2y^3 + 9y^6$.

278 $0,\overline{4}y^2 - 0,\overline{6}y + 0,25$; $0,16a^4 + 4a^2 + 25$.

279 $-\dfrac{16}{9}c^6 + 4c^3d - \dfrac{9}{4}d^2$; $2^{-2}x^2 + 2^4a^2 + 2^2ax$.

280 $4a^{4n} + a^{2n} + \dfrac{1}{16}$; $b^{2n} - 2b^nc^{2n} + c^{4n}$.

281 $x^{2n} + 4 + 4x^n$; $16b^2 + 4b^{n+1} + \dfrac{b^{2n}}{4}$.

282 **TEST** Quale tra i seguenti polinomi è lo sviluppo del quadrato di un binomio?

A $8a^4 - 16a^2 + 4$ B̶ $1 + 4b^4 + 4b^2$

B $4 + 4k - k^2$ D $4y^2 + 1 - 8y$

283 **TEST** Quale tra i seguenti polinomi *non* è lo sviluppo del quadrato di un binomio?

A $\frac{4}{81}x^4 - \frac{4}{9}x^2y + y^2$ C $\frac{5}{2}xy + 25x^2 + \frac{1}{16}y^2$

B $-2xy^3 + y^6 + x^2$ B̶ $\frac{1}{4}x^2 - \frac{1}{9}y^2 - \frac{1}{3}xy$

COMPLETA

284 $a^2 - 8a + 16 = (\square - \square)^2$

285 $\frac{1}{4}x^2 + x + \square = (\square + \square)^2$

286 $y^2 - by + \square = (\square - \square)^2$

287 $b^8 + b^4 + \square = (\square + \square)^2$

288 $81 + \square + x^\square = (x^3 + \square)^2$

289 $\square c^2 - \square + \frac{1}{9}a^2b^4 = \left(\frac{3}{2}c - \square\right)^2$

290 Trova a in modo che il trinomio $64y^2 - 12ay + 9$ rappresenti il quadrato di un binomio e scrivi poi la relativa scomposizione.

$[a = -4, (8y + 3)^2; a = 4, (8y - 3)^2]$

Differenza di due quadrati

$$A^2 - B^2 = (A + B)(A - B)$$

> **ESEMPIO**
>
> Scomponiamo in fattori: **a.** $16x^4 - 81$;   **b.** $a^{6n} - b^{2n}$, con $n \in \mathbb{N}$.
>
> **a.** $16x^4 - 81 = (4x^2 + 9)(4x^2 - 9) = (4x^2 + 9)(2x + 3)(2x - 3)$
>
> $16x^4 = (4x^2)^2, 81 = 9^2$ $(4x^2 + 9)$ non è scomponibile, mentre $(4x^2 - 9)$ lo è ancora
>
> **b.** $a^{6n} - b^{2n} = (a^{3n} + b^n)(a^{3n} - b^n)$
>
> $a^{6n} = (a^{3n})^2, b^{2n} = (b^n)^2$

✓ **CHECKER** Scomponi in fattori ($n \in \mathbb{N}$).

291 $x^2 - 4$; $4y^2 - 9$.

292 $b^2 - 64$; $25a^2 - b^2$.

293 $81x^2 - 4$; $9b^2 - 4a^2$.

294 $1 - 49y^2$; $4x^2 - 9y^2$.

295 $a^2 - 9b^2$; $b^2 - 36$.

296 $49x^2 - 4y^2$; $36a^2 - \frac{25}{4}$.

297 **ESEMPIO DIGITALE** $\frac{1}{4}a^2b^2 - 1$; $4 - 9x^6$.

298 $b^6 - c^{12}$; $a^8 - 1$.

299 $a^4 - 81b^6$; $-\frac{1}{9}x^2y^2 + 144$.

300 $x^6 - \frac{1}{9}y^4$; $\frac{16}{625}a^{12} - 1$.

301 $64x^4 - 1$; $9 - a^4x^2$.

302 $a^6y^{12} - 4$; $25k^2 - a^8$.

303 $81x^2y^4z^6 - a^2$; $16t^4x^4 - 4$.

304 $\frac{9}{16}x^6 - y^{4n}$; $0,25x^{2n} - 4b^{6n+2}$.

COMPLETA

305 $16 - 81x^2y^6 = (\square)^2 - (\square xy^3)^2$

306 $81a^4 - \square = (\square + b^3)(\square - b^3)$

307 $y^6 - 1 = (\square)^2 - (\square)^2$

308 $\square - \square = (a^3 + \square)(\square - b^8)$

309 $\square - 25x^2y^2 = (\square + \square)(1 - \square)$

310 $4y^6 - \square = (2y^\square + 5)(\square - \square)$

ESEMPIO

Scomponiamo in fattori: **a.** $(a-1)^2 - 9y^2$; **b.** $16x^2 - y^2 - 8x + 1$.

a. $(a-1)^2 - 9y^2 = [(a-1) - 3y][(a-1) + 3y] = (a-1-3y)(a-1+3y)$

$(a-1)^2$ è il primo quadrato, $9y^2 = (3y)^2$ eliminiamo le parentesi interne

b. $16x^2 - y^2 - 8x + 1 = (16x^2 - 8x + 1) - y^2 = (4x-1)^2 - y^2 = (4x-1-y)(4x-1+y)$

raggruppiamo tre termini che formano il quadrato di un binomio   differenza di quadrati

---

✓ **CHECKER** **Scomponi in fattori.**

311 $(x-1)^2 - 1$; $(x+9)^2 - (x+3)^2$.

312 $b^2 - (2a+b)^2$; $(2-a)^2 - (a-1)^2$.

313 $(a-7)^2 - b^2$; $(2x+5)^2 - (x+1)^2$.

314 $25(a+1)^2 - 36$; $x^4 - \dfrac{(y+3)^2}{9}$.

315 $(x+4)^2 - (5+3x)^2$; $1 - (x-y)^2$.

316 📱 **ESEMPIO DIGITALE**

$b^6 - 9(c-2)^2$; $(x+2y)^2 - 16y^2$.

317 $-(2x-y)^2 + (-6y - 5x)^2$

318 📱 **ESEMPIO DIGITALE** $16 - k^2 - 4ky - 4y^2$

319 $4x^2 - 4a^2 - 4x + 1$

320 $a^2 - b^2 - 2b - 1$

321 $m^2 y^2 - a^2 - m^2 + 2am$

322 $x^2 - 10x - 4y^2 + 25$

323 $x^2 - 4y^2 + 9 - 6x$

---

324 **CHI HA RAGIONE?**   Andrea: «Io riesco a scomporre anche $x^4 + 4y^4$!». Cristina: «Non mi sembra possibile…». Andrea: «Aggiungi e togli $4x^2 y^2$». Cosa pensi del metodo di Andrea?

Quadrato di un trinomio

$$A^2 + B^2 + C^2 + 2AB + 2AC + 2BC = (A + B + C)^2$$

ESEMPIO

Scomponiamo in fattori $\dfrac{1}{4}a^4 + b^4 + a^2 b^2 + 3a^2 x^2 + 9x^4 + 6b^2 x^2$.

$\dfrac{1}{4}a^4 + b^4 + a^2 b^2 + 3a^2 x^2 + 9x^4 + 6b^2 x^2 =$ riconosciamo tre quadrati e i doppi prodotti:

$$\left(\dfrac{1}{2}a^2 + b^2 + 3x^2\right)^2$$

$\dfrac{1}{4}a^4 = \left(\dfrac{1}{2}a^2\right)^2$, $b^4 = (b^2)^2$, $9x^4 = (3x^2)^2$,

$a^2 b^2 = 2 \cdot \left(\dfrac{1}{2}a^2\right) \cdot b^2$, $3a^2 x^2 = 2\left(\dfrac{1}{2}a^2\right) \cdot (3x^2)$, $6b^2 x^2 = 2 \cdot (b^2) \cdot (3x^2)$

✓ **CHECKER** **Scomponi in fattori.**

325 $a^2 + 16b^2 + c^2 - 8ab + 2ac - 8bc$

326 $x^2 + 4y^2 + 4z^2 + 4xy + 4xz + 8yz$

327 $25a^2 + 4b^2 + c^2 + 20ab + 10ac + 4bc$

328 $4x^2 + y^2 + z^2 - 4xy + 4xz - 2yz$

329 $4 + \dfrac{1}{4}y^2 + x^2 - 2y + 4x - xy$

330 📱 **ESEMPIO DIGITALE** $9a^2 + b^2 + \dfrac{1}{4} - 6ab + 3a - b$

331 $a^2 + 4b^2 + \dfrac{1}{4} - a - 2b + 4ab$

332 $y^2 + 4 + x^4 - 4y + 2x^2 y - 4x^2$

---

333 Quale termine occorre aggiungere al polinomio $\dfrac{1}{4}x^2 + x^2 y^4 + x^2 y^2 + \dfrac{1}{2}x + xy^2$ in modo che sia il quadrato di un trinomio?

Cubo di un binomio

$$A^3 + 3A^2B + 3AB^2 + B^3 = (A + B)^3$$

ESEMPIO

Scomponiamo in fattori $1 + 12x^6 - 8x^9 - 6x^3$.

Riconosciamo due cubi, $\underline{1 = 1^3}$ e $\underline{-8x^9 = (-2x^3)^3}$, e i tripli prodotti, $12x^6 = 3 \cdot (-2x^3)^2 \cdot 1$ e $-6x^3 = 3 \cdot (-2x^3) \cdot 1$:

$$\underline{1} + 12x^6 \underline{- 8x^9} - 6x^3 = (\underline{1} \underline{- 2x^3})^3.$$

✓ **CHECKER** **Scomponi in fattori.**

334 $b^3 - 12b^2 + 48b - 64$

335 $125x^3 - 75x^2 + 15x - 1$

336 $8x^3 + 36x^2y + 54xy^2 + 27y^3$

337 $a^3 - 6a^2b + 12ab^2 - 8b^3$

338 $-\dfrac{1}{27}x^3 - \dfrac{9}{4}xy^4 + \dfrac{1}{2}x^2y^2 + \dfrac{27}{8}y^6$

339 $m^9 - 12m^6n^2 + 48m^3n^4 - 64n^6$

340 📱 **ESEMPIO DIGITALE** $a^9b^9 + \dfrac{1}{8} + \dfrac{3}{2}a^6b^6 + \dfrac{3}{4}a^3b^3$

341 $8x^6 - 12x^4 + 6x^2 - 1$

342 $\dfrac{1}{8}a^3b^6 + \dfrac{3}{4}a^2b^4 + \dfrac{3}{2}ab^2 + 1$

343 $\dfrac{8}{27}x^3y^{12} - 4x^2y^8 + 18xy^4 - 27$

344 $-\dfrac{1}{27}a^3 - a^2b - 9ab^2 - 27b^3$

345 $x^6y^6 - 9x^4y^4 + 27x^2y^2 - 27$

COMPLETA

346 $-27 + a^9 - 9a^6 + 27a^3 = (\square\square\square)^3$

347 $\square + \dfrac{3}{4}a^2b^2 + \square + \square = \left(\dfrac{1}{2}a + \square\right)^3$

348 $-x^3 + \dfrac{1}{8} + \square - \square = (\square - \square)^3$

349 $\dfrac{8}{27}x^6 - 1 - \square + \square = (\square - \square)^3$

350 Aggiungi un termine al polinomio $+\dfrac{3}{2}a^4x - \dfrac{3}{4}a^2x^2 - a^6$ in modo da ottenere il cubo di un binomio.

Riepilogo: la scomposizione in fattori con raccoglimenti e prodotti notevoli

CACCIA ALL'ERRORE

351 $a^9 - 9 = (a^3 - 3)(a^3 + 3)$

352 $x^4 - 8x^2 + 64 = (x^2 - 8)^2$

353 $a^6 - 9a^4b - 27a^2b^2 - 27b^3 = (a^2 - 3b)^3$

354 $a^2x^4 + 2ax^3 - a^2x^2 + ax = ax(ax^3 + 2x^2 - ax)$

355 📱 **VERO O FALSO?**

a. $x^6 - 4ax^3 + 16a^2$ è il quadrato di un binomio. ⬜V ⬜F

b. $x^2 - 2xy - 2x + y^2 - 2y + 1$ scomposto è $(x + y - 1)^2$. ⬜V ⬜F

c. Il polinomio $x^4 + 4x^2 + 16$ è irriducibile. ⬜V ⬜F

d. $a^6 - (a^2 - 1)^2$ si scompone in $(a^3 - a^2 - 1)(a^3 + a^2 + 1)$. ⬜V ⬜F

356 📱 **TEST** Quale delle seguenti uguaglianze è *vera*?

Ⓐ $a^3 - 3a^2 - 1 - 3a = (a - 1)^3$

Ⓑ $8x - 1 - 16x^2 = -(1 - 4x)^2$

Ⓒ $9a^9 - b^4 = (3a^3 + b^2)(3a^3 - b^2)$

Ⓓ $3m^2 + n + nm - 3m = (3m + n)(m - 1)$

12 DIVISIONE TRA POLINOMI E SCOMPOSIZIONE IN FATTORI

☑ **CHECKER** Scomponi i seguenti polinomi.

357 $a^2b - 4b$

358 $x^2y^2 - 4yx^2 + 4x^2$

359 $a^2b^6 - a^4b^2$

360 $x^2y - 5xy + 6y$

361 $6x^3 + 18x^2 + 18x + 6$

362 $a^3b^2 - a$

363 $a^2b + 6ab + 9b$

364 $yx^2 + 9yx + 20y$

365 $2ax^6 + 8a^3x^2 - 8a^2x^4$

366 $3a^3 + 3a^2 - 6a$

367 $y^3 + ay^2 - 2a^2y$

368 $-2ka^2 + 8ak^2 - 8k^3$

369 $c^4x^2 + c^4 - 81x^2 - 81$

370 $18y^3 - 6y^2 - 4y$

371 $2x^6 + 32x^2 - 16x^4$

372 $x^2(y-1)^2 - x^2$

373 $a^3 - a(a+b)^2$

374 $x^8y^2 - 4$

375 $a^4 - a^2 - 56$

376 $x^2y + 3x^2 - 16y - 48$

377 $x^3 - x^2 + \dfrac{1}{3}x - \dfrac{1}{27}$

378 $\dfrac{1}{4}a^4b^6 - \dfrac{1}{3}a^2b^3 + \dfrac{1}{9}$

379 $x^6 - x^3 - 6$

380 $8a^3 - 6a^2b + \dfrac{3}{2}ab^2 - \dfrac{1}{8}b^3$

381 $\dfrac{1}{9}x^4y - \dfrac{1}{4}x^2y^3$

382 $a^2b + 2a - \dfrac{1}{2}ab^2 - b$

383 $2x^6 - x^5 + 2x^4 - x^3$

384 $x^4 + x^2y^2 + 2x^3y - 4x^2$

385 $a^3b^8 + 3a^2b^6 + 3ab^4 + b^2$

386 $8x^2 - 32y^2$

387 $x^4 - 8x^2y^2 + 16y^4$

388 $-\dfrac{1}{9}a^3b^2 + \dfrac{8}{3}a^2b - 16a$

389 $81y^3 - y$

390 $2a^2b^2 + ab - 3$

391 $x^8 - 4x^6 - 9x^4 + 36x^2$ $\hfill [x^2(x-2)(x+2)(x^2-3)(x^2+3)]$

392 $9a^5 - 81a^3 - 27a^2 + 3a^4$ $\hfill [3a^2(a+3)(a-3)(3a+1)]$

393 $2y^7 - \dfrac{1}{2}y^6 + \dfrac{1}{2}y^2 - 2y^3$ $\hfill \left[y^2\left(2y - \dfrac{1}{2}\right)(y^2+1)(y+1)(y-1)\right]$

394 $\dfrac{1}{2}b^3 + b^2 + 2b^2c + 4c^2 + 2bc^2 + 4bc$ $\hfill \left[\left(\dfrac{1}{2}b+1\right)(b+2c)^2\right]$

395 $2(a+x)(a+1) - 4(a+3)(x+a)$ $\hfill [-2(a+x)(a+5)]$

396 $(x^2 - y^2)(x-y) + 2(y-x)(x+y)^2$ $\hfill [(x+y)(y-x)(x+3y)]$

397 $2x^2(x-2y)^3 - 4x^3(2y-x)^2$ $\hfill [-2x^2(x-2y)^2(x+2y)]$

398 $(3x-y)^2 - (2y+3x)^2 - 72x^2 - 2y^2 - 24xy$ $\hfill [-(6x+y)(5y+12x)]$

399 $(x-7)^2 - x^2 - 4x - 4$ $\hfill [-9(2x-5)]$

6. TEOREMA DEL RESTO, TEOREMA DI RUFFINI

TEOREMA DEL RESTO → Teoria a pagina 351

400 **VERO O FALSO?** Dato il polinomio $P(x) = 2x^3 - 3x^2 + 8$, allora:

a. $P(2) = 12$.

b. $P(-2)$ è il resto della divisione di $P(x)$ per $(x - 2)$.　V　F

c. il resto della divisione di $P(x)$ per $(x + 1)$ è 3.　V　F

d. 8 è il resto della divisione di $P(x)$ per x.　V　F

ESEMPIO

Troviamo il resto della divisione $\left(-2x^3 - \dfrac{1}{2}x^2 + 3x - 1\right) : (x + 2)$.

Consideriamo $x + 2 = x - (\underline{-2})$. Se chiamiamo $P(x)$ il dividendo, il resto R è:

$$R = P(\underline{-2}) = -2(\underline{-2})^3 - \frac{1}{2}(\underline{-2})^2 + 3(\underline{-2}) - 1 = +16 - 2 - 6 - 1 = 7.$$

Calcola il resto delle seguenti divisioni senza eseguirle.

401 $(x^3 - 4x^2 + 3x + 3) : (x - 2)$ 　[1]

402 $(b^3 - 6x^2 + 6x + 8) : (b - 4)$ 　[0]

403 $(x^4 + x^3 + 2x^2 - x - 2) : (x - 1)$ 　[1]

404 $(2a^3 + 3a^2 - a - 3) : (a + 3)$ 　[−27]

405 $(3k^3 - 5k^2 + k - 1) : (k - 2)$ 　[5]

406 $(2x^4 + 3x + 1) : (x + 1)$ 　[0]

407 **ESEMPIO DIGITALE**

$\left(\dfrac{1}{2}y^5 - y^3 + 2y - 4\right) : (y + 2)$

408 $\left(96t^5 - 4t^3 + \dfrac{2}{3}t^2 - 1\right) : \left(t - \dfrac{1}{2}\right)$ 　$\left[\dfrac{5}{3}\right]$

409 $(y^4 + 3y^3 - y^2 - 7y - 5) : (y + 2)$ 　[−3]

410 $(x^3 - x) : (2x - 1)$ 　$\left[-\dfrac{3}{8}\right]$

---

411 $(x^3 - xy^2 + 2x^2y - y^3) : (2x + y)$, rispetto alla variabile y. 　$[x^3]$

412 $[bx^2 - (b + 1)x - b^2(b - 3)] : (x - b + 1)$, rispetto alla variabile x. 　$[b + 1]$

413 **YOU & MATHS** **Find a quadratic that fits** Find a quadratic polynomial $p(x)$ such that $p(2) = 0$.

414 **YOU & MATHS** **Which are divisors?** Consider the polynomial $P(x) = 4x^2 + 5x - 6$. Which of the following polynomials are divisors of $P(x)$?

a. $x + 1$ 　　b. $4x - 3$ 　　c. $x + 2$ 　　d. $x - 2$

Determina il valore di a in modo che il polinomio abbia il resto indicato a fianco.

415 $(x^2 - ax - 1) : (x - 2)$, 　　$R = 1$. 　$[a = 1]$

416 $(x^3 + ax^2 + 4x - 1) : (x - 1)$, 　　$R = 0$. 　$[a = -4]$

417 $(2x^3 + x^2 - 8x + a + 1) : (x + 3)$, 　　$R = 2$. 　$[a = 22]$

418 Per quale valore di k il resto della divisione $[(3 + k)a^3 + (2k - 1)a^2 + 1] : (2a + 1)$ è 0?

TEOREMA DI RUFFINI → Teoria a pagina 351

419 TEST Il polinomio $3y^3 + 5y^2 - 11y + 3$ è divisibile solo per uno dei seguenti binomi. Quale?

A $y + 1$ B $3y + 2$ C $3y - 1$ D $3y + 1$

420 TEST Il polinomio $b^4 - 5b^3 + 5b^2 + 5b - 6$ non è divisibile per uno dei seguenti binomi. Quale?

A $b - 3$ B $b - 1$ C $b + 3$ D $b - 2$

Verifica, senza eseguire la divisione, se i seguenti polinomi sono divisibili per i binomi scritti a fianco.

421 $x^3 - 7x + 6;$ $\qquad$ $x - 1,$ $\qquad$ $x + 3,$ $\qquad$ $x + 1,$ $\qquad$ $x - 2.$

422 $x^3 - x^2 - 10x - 8;$ $\qquad$ $x - 4,$ $\qquad$ $x - 1,$ $\qquad$ $x + 2,$ $\qquad$ $x + 1.$

423 $x^4 - 6x^3 + 6x^2 - 3x - 10;$ $\qquad$ $x - 5,$ $\qquad$ $x - 1,$ $\qquad$ $x + 1,$ $\qquad$ $x - 2.$

424 $-4a^4 - a^3 + \frac{1}{2}a^2 - 5;$ $\qquad$ $a + 2,$ $\qquad$ $a - 1,$ $\qquad$ $a + \frac{1}{2},$ $\qquad$ $a + 1.$

425 $y^5 - b^5;$ $\qquad$ $y - b,$ $\qquad$ $y + b,$ $\qquad$ $y - 2b,$ $\qquad$ $y + 3b.$

Verifica se il polinomio è divisibile per il binomio scritto a fianco e, in caso affermativo, calcolane il quoziente.

426 $a^3 - 2a^2 + 3a - 6$ $\qquad$ $a - 2$

427 ESEMPIO DIGITALE
$a^4 - 5a^2 + 8a - 208$ $\qquad$ $a - 4$

428 $x^3 - 6a^2x + 9a^3$ $\qquad$ $x + 3a$

429 $2x^4 - 7x^3 + 3x^2 + 4x - 2$ $\qquad$ $2x - 1$

430 AL VOLO Senza eseguire la divisione, verifica che il polinomio $2x^3 + 3x^2 - 5x - 6$ è divisibile per $(x + 2)(x + 1)$, ma non per $(x + 2)(x + 3)$.

Trova il valore di k affinché i polinomi indicati siano divisibili per il binomio a fianco.

431 $a^4 - 2a^3 + ka - 1$ $\qquad$ $a - 2$

433 $8a^3 + 4a^2 - 12a + k$ $\qquad$ $2a - 3$

432 $3kx^2 + 5kx - 24$ $\qquad$ $x + 3$

434 $x^4 + ka^2x^2 - 5a^3x + a^4$ $\qquad$ $x - a$

435 EUREKA! **Quali coppie?** Per quali, tra le seguenti coppie di valori di a e b, il binomio $P(x) = ax^2 + b$ risulta divisibile per il binomio $x - 2$?

a. $a = 1,$ $\quad$ $b = 4.$ $\qquad\qquad$ b. $a = -2,$ $\quad$ $b = 8.$ $\qquad\qquad$ c. $a = \frac{1}{2},$ $\quad$ $b = -2.$

Quale relazione deve esserci tra a e b affinché si realizzi la divisibilità richiesta? $\qquad$ [b) e c); $b = -4a$]

436 Dati i binomi $(x + 4)$, $(2x - 1)$, $(x - 1)$, stabilisci quale fra essi divide ognuno dei seguenti polinomi:

a. $2x^3 + x^2 - 25x + 12;$ $\qquad$ b. $2x^3 - 9x^2 + 10x - 3;$ $\qquad$ c. $2x^3 - x^2 + 2x - 1.$

437 EUREKA! **Combinare polinomi** I polinomi $A(x)$ e $B(x)$ danno lo stesso resto se divisi per $x - 2$.
Il polinomio $C(x) = A(x) - B(x) + x^2 - 4$ risulta divisibile per $x - 2$? Giustifica la risposta. $\qquad$ [sì]

Dimostra le seguenti proprietà e generalizza.

438 $a^3 + b^3$ è divisibile per $a + b$. Generalizza per $a^n + b^n$, con n dispari.

439 $a^3 - b^3$ è divisibile per $a - b$. Generalizza per $a^n - b^n$, con n dispari.

440 $a^4 + b^4$ non è divisibile per $a + b$. Generalizza per $a^n + b^n$, con n pari.

441 $a^4 - b^4$ è divisibile sia per $a + b$ sia per $a - b$. Generalizza per $a^n - b^n$, con n pari.

RICERCA DEGLI ZERI DI UN POLINOMIO ➡ Teoria a pagina 352

442 Indica quale dei seguenti numeri è uno zero del polinomio $-4x^3 - x^2 + 6x + 3$: -2, 1, -1, $\frac{1}{2}$.

443 📱 **VERO O FALSO?**

    a. Gli zeri razionali del polinomio $x^3 - 4x^2 + x - 4$ si trovano nell'insieme $\{\pm 1, \pm 2, \pm 4\}$.   V   F

    b. -2 è uno zero del polinomio $2x^3 - 4x^2 - x - 2$.   V   F

    c. Gli zeri razionali del polinomio $2x^3 + x - 3$ si trovano nell'insieme $\left\{\pm 1, \pm 3, \pm \frac{1}{2}, \pm \frac{3}{2}\right\}$.   V   F

    d. Se $P(x) = -x^3 - x - 2$, allora $P(-1) = 0$.   V   F

    e. $-a$ è uno zero del polinomio, nella variabile x, $x^3 - ax^2 - 2a^2x$.   V   F

Trova gli zeri razionali dei seguenti polinomi.

444 $x^3 + 6x^2 + 11x + 6$ $[-1, -2, -3]$ **449** $a^3 - 7a + 6$ $[1, -3, 2]$

445 $a^3 + 2a^2 - a - 2$ $[1, -1, -2]$ **450** $k^3 + 4k^2 - k - 4$ $[-4, -1, 1]$

446 $2x^3 - 2x^2 + 4$ $[-1]$ **451** $x^3 + 4x^2 + 4x + 3$ $[-3]$

447 $x^3 - 7x^2 - x + 7$ $[1, -1, 7]$ **452** $5y^2 + 4y - 1$ $\left[-1, \frac{1}{5}\right]$

448 $3x^2 + 2x - 1$ $\left[-1, \frac{1}{3}\right]$ **453** $4t^3 + t - 1$ $\left[\frac{1}{2}\right]$

454 **EUREKA!**   **Parallelepipedi (im)possibili**   Il volume di un parallelepipedo rettangolo è espresso dal polinomio $3a^3 + 7a^2 - 18a + 8$, con $a \in \mathbb{N}$ e $a \geq 2$. Sapendo che le misure degli spigoli del parallelepipedo sono numeri interi, è possibile che tali misure siano 10, 7 e 2? E che siano invece 7, 7 e 2?   [no, sì]

7. SCOMPORRE CON IL METODO DI RUFFINI

SCOMPOSIZIONE CON IL METODO DI RUFFINI ➡ Teoria a pagina 353

ESEMPIO

Scomponiamo in fattori con il metodo di Ruffini: $P(a) = a^3 - 5a^2 + 3a + 9$.

Cerchiamo gli zeri di $P(a)$ tra i divisori del termine noto: $\pm 1; \pm 3; \pm 9$.

Calcoliamo: $P(1) = 1 - 5 + 3 + 9 \neq 0$;

    $P(-1) = -1 - 5 - 3 + 9 = 0 \rightarrow a + 1$ è divisore di $P(a)$.

Eseguiamo la divisione:
$(a^3 - 5a^2 + 3a + 9) : (a + 1)$

	1	-5	3	9
-1		-1	6	-9
	1	-6	9	0

$\rightarrow Q(a) = a^2 - 6a + 9; R = 0$.

Otteniamo la scomposizione: $a^3 - 5a^2 + 3a + 9 = (a^2 - 6a + 9)(a + 1) =$ ⟩ quadrato di un binomio

    $= (a - 3)^2(a + 1)$.

✓ **CHECKER** **Scomponi in fattori.**

455 $x^3 - x^2 + x - 1$ $\qquad [(x^2 + 1)(x - 1)]$

456 $a^3 - 27a + 54$ $\qquad [(a - 3)^2(a + 6)]$

457 $x^3 - 4x - 2x^2 + 8$ $\qquad [(x - 2)(x^2 - 4)]$

458 $2y^3 + 2y^2 + 4y + 4$ $\qquad [(y + 1)(2y^2 + 4)]$

459 $a^3 - 3a^2 + 4$ $\qquad [(a + 1)(a - 2)^2]$

460 $x^3 - x^2 + 2$ $\qquad [(x + 1)(x^2 - 2x + 2)]$

461 $y^4 + y^2 - 2$ $\qquad [(y - 1)(y + 1)(y^2 + 2)]$

462 $k^3 + 4k + 5$ $\qquad [(k + 1)(k^2 - k + 5)]$

463 📱 **ESEMPIO DIGITALE** $y^4 - y^3 + y^2 - 3y + 2$

464 $a^3 - 3a + 2$ $\qquad [(a - 1)^2(a + 2)]$

465 $b^3 + 2b^2 - 5b - 6$ $\qquad [(b + 3)(b + 1)(b - 2)]$

466 $x^3 - 27$ $\qquad [(x - 3)(x^2 + 3x + 9)]$

467 $2x^3 - 9x^2 + 7x + 6$ $\qquad [(x - 3)(2x + 1)(x - 2)]$

468 $a^3 - a^2 - 8a + 12$ $\qquad [(a + 3)(a - 2)^2]$

469 $a^4 + 3a^3 - 9a^2 - 23a - 12$ $\quad [(a + 4)(a - 3)(a + 1)^2]$

470 $6b^3 + 7b^2 - b - 2$ $\qquad [(b + 1)(2b - 1)(3b + 2)]$

471 $a^3 - 7a + 6$ $\qquad [(a - 1)(a - 2)(a + 3)]$

472 $a^4 + 4a^2 - 32$ $\qquad [(a - 2)(a + 2)(a^2 + 8)]$

473 Determina a in modo che il polinomio $ax^3 + 5x^2 - x - (a + 4)$ sia divisibile per $x + 2$, e poi scomponilo in fattori. $\qquad [a = 2, (x + 2)(x - 1)(2x + 3)]$

474 **EUREKA!** **Trova a** Se $x + 2$ e $x - 3$ sono fattori del polinomio $p(x) = x^3 + 5x^2 + ax + b$, trova a.

[USA Texas A&M University Math Contest – AB Exam, 2012]

$[-12]$

SOMMA O DIFFERENZA DI CUBI ➔ Teoria a pagina **354**

$$A^3 \pm B^3 = (A \pm B)(A^2 \mp AB + B^2)$$

ESEMPIO

Scomponiamo $a^{15} - 8$.

$a^{15} - 8 = (a^5)^3 - (2)^3 = (a^5 - 2)[(a^5)^2 + a^5 \cdot 2 + 2^2] = (a^5 - 2)(a^{10} + 2a^5 + 4)$

 $A^3 - B^3 = (A - B)(A^2 + AB + B^2)$ $\qquad$ calcoliamo le potenze

✓ **CHECKER** **Scomponi in fattori ($n \in \mathbb{N}$).**

475 $y^3 - 125$; $\quad x^3y^3 - 1$.

476 $a^3 - a^3b^3c^3$; $\quad 1 - a^{12}$.

477 $x^3y^3 - y^3$; $\quad y^3 + x^6$.

478 $27a^3 - b^3$; $\quad \dfrac{1}{125}x^3 + 8y^6$.

479 $x^9 - 64a^3y^6$; $\quad \dfrac{1}{27}a^3b^3c^6 + 1$.

480 $c^3b^6z^9 - \dfrac{1}{8}$; $\quad a^6 - b^6$.

481 $a^3 - 27$; $\quad x^3 + 8$.

482 $x^6y^6 + 8$; $\quad 1 - 27b^6$.

483 $\dfrac{1}{27} - 27t^3$; $\quad 8x^9 - b^3$.

484 $125 + k^3$; $\quad a^3b^6 - 1$.

485 $8 + \dfrac{1}{8}x^3$; $\quad 64y^6 - c^3$.

486 $-64 + b^6$; $\quad t^{12} - 1000$.

487 $-x^3y^3 - \dfrac{1}{8}$; $\quad a^{15} + b^3$.

488 $\dfrac{27}{8}a^3b^6 - \dfrac{1}{125}$; $\quad y^9 - 27$.

489 $\dfrac{1}{125}t^6 - m^3$; $\quad -8^{-1}c^3 + 64$.

490 $3^{-3} + k^6$; $\quad \dfrac{64}{27}x^9 - 1$.

491 $1000y^6 + 1$; $\quad 8^{-2}a^3 - 8b^3$.

492 $1 + (x - 1)^3$; $\quad (b - 2)^3 + 8$.

493 $27^n + 1$; $\quad 1 - 8^n$.

494 📱 **YOU & MATHS** **Using tricks** Use tricks to divide each given polynomial by the one proposed without actually setting up the division between polynomials.

   a. Divide $x^6 - 1$ by $x^3 - 1$.   **b.** Divide $(s + t)^2 - (s - t)^2$ by $4s$.   **c.** Divide $x^3 + 27$ by $x^2 - 3x + 9$.

Riepilogo: la scomposizione in fattori

> ### Guida alla scomposizione di un polinomio
>
> La «tabella di marcia» seguente può esserti utile per scomporre un polinomio.
> Se un metodo non ti serve, procedi passando al successivo.
>
> 1. Raccoglimento a fattore comune.
>
> 2. Raccoglimento parziale.
>
> 3. Scomposizione con prodotti notevoli.
>
>   Se il polinomio ha:
>
> - 2 termini, può essere
>   - una differenza di quadrati $a^2 - b^2 = (a + b)(a - b)$
>   - una differenza di cubi $a^3 - b^3 = (a - b)(a^2 + ab + b^2)$
>   - una somma di cubi $a^3 + b^3 = (a + b)(a^2 - ab + b^2)$
> - 3 termini, può essere
>   - un quadrato di binomio $a^2 \pm 2ab + b^2 = (a \pm b)^2$
>   - un trinomio speciale $x^2 + (a + b)x + ab = (x + a)(x + b)$
> - 4 termini, può essere un cubo di binomio $a^3 \pm 3a^2b + 3ab^2 \pm b^3 = (a \pm b)^3$
> - 6 termini, può essere un quadrato di trinomio $a^2 + b^2 + c^2 + 2ab + 2ac + 2bc = (a + b + c)^2$
>
> 4. Scomposizione con il metodo di Ruffini.

☑ **CHECKER** Scomponi in fattori.

495 $x^9 - x^5 + 6x^4 - 6$

496 $x^3 + 6x^2y + 12xy^2 + 8y^3$

497 $3a^2 - a^2b - 12 + 4b$

498 $x^3 - 13x - 12$

499 $x^2y^2 + 9y^2 + 6xy^2$

500 $a^4 - a^3 - a + 1$

501 $9a^3 + ab^2 + 9a - 6a^2b + 18a^2 - 6ab$

502 $4xy^2 - 8y^2 - 9x + 18$

503 $x^4 - 15x^2 + 10x + 24$

504 $x^3y - y^4 - 3x^2y^2 + 3xy^3$

505 $3a^2 + 11a - 4 + (3a - 1)^2$

506 $a(a - 2)^3 - 8a$

507 $a^{12} - x^8$

508 $x^6y^6 + x^3y^3 - 6$

509 $\dfrac{1}{4}a^2 - b^2 - \dfrac{1}{4} + b$

510 $4a^3 - 7a - 3$

511 $4axy - \dfrac{1}{3} + \dfrac{2}{3}xy - 2a$ $\left[\left(2a + \dfrac{1}{3}\right)(2xy - 1)\right]$

512 $(a^7 + b - 1)3xy + 3xy(a^7 + 1 - b)$ $[6a^7xy]$

513 $30x^2y^2 - 2xy^3 - 4y^4$ $[2y^2(3x + y)(5x - 2y)]$

514 $\left(a - \dfrac{1}{2}b + c\right)^2 - \left(-a + \dfrac{1}{2}b + c\right)^2$ $[2c(2a - b)]$

12 DIVISIONE TRA POLINOMI E SCOMPOSIZIONE IN FATTORI

515 $x^5 - x^4 + 3x^2 - 2x - 1$ $\qquad [(x-1)(x^4+3x+1)]$

516 $9x^{14} + x^{10} + 9x^6 + x^2$ $\qquad [x^2(9x^4+1)(x^8+1)]$

517 $9a + 9b + 3a^2 - 3b^2 + \dfrac{3}{4}(a+b)^2$ $\qquad \left[\dfrac{3}{4}(5a-3b+12)(a+b)\right]$

518 $2(a+b)x^2 - xy(a+b) - 3ay^2 - 3by^2$ $\qquad [(a+b)(x+y)(2x-3y)]$

519 $4xy^3 - x^3y + 16xy - 16xy^2$ $\qquad [xy(2y-4+x)(2y-4-x)]$

520 $ax^4 + a^3 - a + 2a^2x^2$ $\qquad [a(x^2+a+1)(x^2+a-1)]$

521 $8x^3(x^3-1) - 27y^3(x^3-1)$ $\qquad [(x-1)(2x-3y)(x^2+x+1)(4x^2+6xy+9y^2)]$

522 $(1-2x)^2 + 8x^3 - 1$ $\qquad [4x(2x-1)(x+1)]$

523 $x^2 - 8x + 16 - 3xy + 12y$ $\qquad [(x-4)(x-4-3y)]$

524 $3a^3 + a^2b - 10ab^2$ $\qquad [a(a+2b)(3a-5b)]$

525 $x^3y - 5xy - 3y(x^4 - 5x^2)$ $\qquad [xy(x^2-5)(1-3x)]$

526 $x^2(x+2y)^3 - 8x^2y^3$ $\qquad [x^3(x^2+6xy+12y^2)]$

527 $2y^2 - x^2 - xy$ $\qquad [(y-x)(x+2y)]$

528 $a^2y^2 + aby^2 - 2y^2b^2$ $\qquad [y^2(a-b)(a+2b)]$

529 $(3x-2)^2 - (x+4)^2$ $\qquad [4(2x+1)(x-3)]$

530 $(2x^2-1)^2 - (x^2+3)^2$ $\qquad [(x-2)(x+2)(3x^2+2)]$

> ### MATEMATICA AL COMPUTER
>
> ## Divisibilità e scomposizione di polinomi
>
> Con Wiris, costruiamo un blocco che:
> - legge due polinomi D e V, con V che dipende dai parametri h e k;
> - mostra, se esistono, le coppie di numeri interi, appartenenti a due intervalli, che sostituiti a h e k rendono D divisibile per V.
>
> Ti proponiamo inoltre alcuni esercizi di applicazione alle scomposizioni.
>
> ▸ Problema e risoluzione.
> ▸ 5 esercizi in più.

Indica con un polinomio scomposto in fattori l'area della zona colorata ($a > 0$, $b > 0$).

531

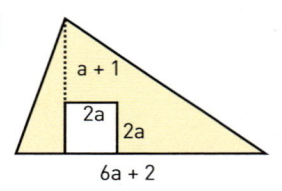

$\qquad [(a+1)(5a+1)]$

532

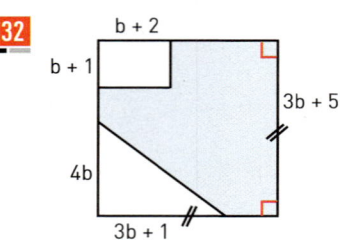

$\qquad [(b+1)(2b+23)]$

AL VOLO **Semplifica le seguenti espressioni.**

533 $430^2 - 420^2$; $\quad 1249^2 - 1251^2$.

534 $91^2 - 90^2$; $\quad 2 \cdot 12^2 - 2 \cdot 11^2$.

535 $101^2 - 1$; $\quad \dfrac{3^6 - 5^4}{(3^3 + 5^2)^2}$.

536 $\dfrac{4^8 - 1}{4 + 4^5} \cdot \dfrac{16}{16^2 - 1} - \dfrac{18(5^3+1)}{(5^7-5)} \cdot \dfrac{5^4 - 5}{3}$ $\qquad [-2]$

537 Dimostra che il numero $3^{12} - 1$ è divisibile per 7.

538 **EUREKA!** **Qualsiasi binomio?** Verifica che il polinomio $P(x) = 3x^4 + 5x^3 - 4x^2 - 2x - 2$ è divisibile per il binomio $x - 1$. Si può affermare che allora il polinomio è divisibile per qualsiasi binomio del tipo $ax - a$, con a numero reale diverso da 0? Giustifica la risposta. $\qquad [\text{sì}]$

EQUAZIONI, DISEQUAZIONI, SCOMPOSIZIONI

Equazioni e scomposizioni

> Risolviamo le seguenti equazioni, scomponendo in fattori il primo membro.
>
> **a.** $2x^2 - 16x = 0 \;\rightarrow\; 2x(x-8) = 0 \;\rightarrow\; 2x = 0 \lor x - 8 = 0 \;\rightarrow\; x = 0 \lor x = 8$.
>
>   raccogliamo   legge di annullamento
>   il fattore comune 2x   del prodotto
>
> Le soluzioni sono $x = 0$ e $x = 8$.
>
> **b.** $x^2 - 6x + 9 = 0 \;\rightarrow\; (x-3)^2 = 0 \;\rightarrow\; x - 3 = 0 \;\rightarrow\; x = 3$.
>
>   quadrato di   un quadrato è nullo
>   un binomio   quando lo è la
>   sua base
>
> La soluzione è $x = 3$.
>
> **c.** $x^2 - 5x - 6 = 0 \;\rightarrow\; (x-6)(x+1) = 0 \;\rightarrow\; x - 6 = 0 \lor x + 1 = 0 \;\rightarrow\; x = 6 \lor x = -1$.
>
>   trinomio speciale   legge di annullamento
>   del prodotto
>
> Le soluzioni sono $x = 6$ e $x = -1$.

ESEMPIO

✓ CHECKER **Risolvi le seguenti equazioni.**

539 $x^2 - 7x = 0$ $[0; 7]$ **547** $3x^3 - 18x^2 + 27x = 0$ $[0; 3]$

540 $3(x-5)(x+4) = 0$ $[5; -4]$ **548** $x^8 - 16x^6 = 0$ $[0; \pm 4]$

541 $x^2 - \dfrac{9}{4} = 0$ $\left[\pm \dfrac{3}{2}\right]$ **549** $(x+1)^2 = 9$ $[2; -4]$

542 $25x^2 - 10x + 1 = 0$ $\left[\dfrac{1}{5}\right]$ **550** $3x^3 + 6x^2 - 12x - 24 = 0$ $[\pm 2]$

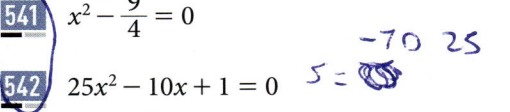

543 $x - 4 = x^2 - 16$ $[4; -3]$ **551** $(25x^2 - 9)(x+2) = 0$ $\left[-2; \pm \dfrac{3}{5}\right]$

544 $(x-3)^2(4x^2 - 20x) = 0$ $[0; 3; 5]$ **552** $2x^2 + 5x - 3 = 0$ $\left[-3; \dfrac{1}{2}\right]$

545 $x^3 + 4x^2 - x - 4 = 0$ $[\pm 1; -4]$ **553** $(x-4)^3(x-2)^2 = 0$ $[2; 4]$

546 $4x^2 - 2x - 2 = 0$ $\left[-\dfrac{1}{2}; 1\right]$ **554** $x^3 - 2x^2 - 5x + 6 = 0$ $[1; -2; 3]$

Domini delle funzioni e scomposizioni

Determina il dominio delle seguenti funzioni dopo aver scomposto il denominatore in fattori.

555 $y = \dfrac{1}{x^2 - 2x + 1};$ $y = \dfrac{6}{x^2 - 6x};$ $y = \dfrac{4}{4 - 25x^2};$ $y = \dfrac{2}{x^4 - 1};$ $y = \dfrac{8}{2x^2 - 11x + 5}.$

556 $y = \dfrac{1}{x^2 - 3x - 4};$ $y = \dfrac{2}{x^3 - 2x^2 - x + 2};$ $y = \dfrac{x}{x^3 - 6x^2 + 9x};$ $y = \dfrac{5x}{3x^3 - 3x}.$

Disequazioni e scomposizioni

Risolviamo la seguente disequazione, scomponendo il primo membro in fattori.

$$x^2 - 4x + 3 \leq 0 \quad \rightarrow \quad (x-3)(x-1) \leq 0.$$

trinomio speciale

Studiamo il segno del prodotto.

$x - 3 > 0 \rightarrow x > 3;$

$x - 1 > 0 \rightarrow x > 1.$

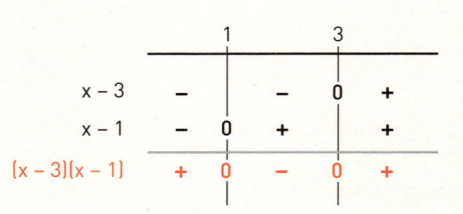

Poiché il prodotto deve essere *negativo* o *nullo*, le soluzioni sono: $1 \leq x \leq 3$.

Risolvi le seguenti disequazioni.

557 ESEMPIO DIGITALE $\quad 3 - 3x^4 < 0$

558 $\quad 4x^2 - \dfrac{1}{81} \leq 0 \qquad \left[-\dfrac{1}{18} \leq x \leq \dfrac{1}{18}\right]$

559 $\quad -3x^6 < 0 \qquad [x \neq 0]$

560 $\quad 7x^2 - 7x + \dfrac{7}{4} < 0 \qquad$ [impossibile]

561 $\quad 9x^2 + 12x + 4 \leq 0 \qquad \left[x = -\dfrac{2}{3}\right]$

562 $\quad 5x^4 - \dfrac{5}{16} > 0 \qquad \left[x < -\dfrac{1}{2} \vee x > \dfrac{1}{2}\right]$

563 $\quad (x+6)(1-x^2) > 0 \qquad [x < -6 \vee -1 < x < 1]$

564 $\quad -(x^2+1)(x^3 - 4x^2 + 4x) \geq 0 \qquad [x \leq 0 \vee x = 2]$

565 $\quad -(3x^2+2)(x^2 - 2x + 1) \geq 0 \qquad [x = 1]$

566 $\quad (2x^3 - 4x^2)(x^3 + x) < 0 \qquad [0 < x < 2]$

567 $\quad x(x^2 - 7x + 12) \geq 0 \qquad [0 \leq x \leq 3 \vee x \geq 4]$

568 $\quad \dfrac{2}{9}x^2 + 2 + \dfrac{4}{3}x \geq 0 \qquad [\forall x \in \mathbb{R}]$

569 $\quad \dfrac{1}{4}x(x + x^3) \leq 0 \qquad [x = 0]$

570 ESEMPIO DIGITALE $\quad 2x^3 - 5x^2 + x + 2 \geq 0$

571 $\quad x^2(x+5) + 7 \leq 13x \qquad [x = 1 \vee x \leq -7]$

572 $\quad 12x^2 - 3 - 4x^3 < -x \qquad \left[-\dfrac{1}{2} < x < \dfrac{1}{2} \vee x > 3\right]$

573 $\quad x^3 + 5x^2 \geq x^2 + 6 - x \qquad [-3 \leq x \leq -2 \vee x \geq 1]$

574 $\quad -6(a+1) > a(a^2 + 6a + 5) \qquad [a < -3 \vee -2 < a < -1]$

8. MCD E mcm DI POLINOMI
→ Teoria a pagina **355**

575 VERO O FALSO?

a. Il mcm di polinomi non può essere 1. [V] [F]

b. $x - 2$ è un divisore di $x^2 - 2x - 6$. [V] [F]

c. I due polinomi $\dfrac{1}{3}(x+1)$ e $\dfrac{2}{5}(a+b)$ non hanno un divisore comune. [V] [F]

d. Il mcm di $3a + 9$ e $3a + 6$ è $3a + 9$. [V] [F]

576 TEST $\quad$ Il MCD tra due polinomi è $x(x-1)$ e il loro mcm è $x^2(x-1)^2(x+1)$. I due polinomi sono:

[A] $x^2 - x$, $x^2 - 2x + 1$.

[B] $x^2 + x$, $x^4 - 2x^3 + x^2$.

[C] $x^4 - x^2$, $x^3 - 2x^2 + x$.

[D] $x^4 + x^2$, $x^2 + 2x + 1$.

Calcolo di MCD e mcm

Calcoliamo il MCD e il mcm dei polinomi:

$3x^3 + 5x^2 - 2x$, $9x^4 - 6x^3 + x^2$, $2x^3 + 4x^2$.

Scomponiamo i polinomi in fattori irriducibili e mettiamo in colonna i fattori:

$$3x^3 + 5x^2 - 2x = x(3x^2 + 5x - 2) = x(3x^2 + 6x - x - 2) =$$
$$= x[3x(x+2) - 1(x+2)] = \qquad x \quad (3x-1) \quad (x+2)$$
$$9x^4 - 6x^3 + x^2 = x^2(9x^2 - 6x + 1) = \qquad x^2 \quad (3x-1)^2$$
$$2x^3 + 4x^2 = 2x^2(x+2) = \quad 2 \quad x^2 \qquad\qquad (x+2)$$

i fattori comuni con l'esponente minore $\qquad$ MCD $= \qquad x$

tutti i fattori (comuni e non comuni) con l'esponente maggiore $\qquad$ mcm $= \quad 2 \quad x^2 \quad (3x-1)^2 \quad (x+2)$

Calcola il MCD e il mcm dei seguenti polinomi.

577 $(b+2)^2$; $(b-2)(b+2)$; $2(b+2)$.

578 $3y^2 - 12y^6$; $-6y^4 + 3y^2$; $y^2 + 2y^2$. $\qquad$ [MCD $= 3y^2$; mcm $= 3y^2(1 - 2y^2)(1 + 2y^2)$]

579 $-4x - 4 + yx + y$; $y^2 - 16$; $xy - 4x$. $\qquad$ [MCD $= y - 4$; mcm $= x(x+1)(y-4)(y+4)$]

580 $a^3b^3 + a^2b^4 - ab - b^2$; $a^2 + 2ab + b^2$; $a^2b + a + ab^2 + b$. [MCD $= a + b$; mcm $= b(ab-1)(ab+1)(a+b)^2$]

581 $6x^2 - 6x$; $2x^2 - 2$; $x^3 + x^2$. $\qquad$ [MCD $= 1$; mcm $= 6x^2(x+1)(x-1)$]

582 $\boxed{\square}$ **ESEMPIO DIGITALE** $\quad 3x^2y + 6xy$; $3x^2y - 12y$; $6x^2y^2 + 24xy^2 + 24y^2$.

583 $5x^2 + 5x - 10$; $y - x^2y$; $xy - y - 5x + 5$. $\qquad$ [MCD $= x - 1$; mcm $= 5y(x-1)(x+1)(x+2)(y-5)$]

584 $3a^3 - 12a^2 + 9a$; $a^3 - a^2 - 9a + 9$; $2a^4 - 4a^3 + 2a^2$. $\qquad$ [MCD $= a - 1$; mcm $= 6a^2(a-1)^2(a-3)(a+3)$]

585 $x^2y + xy^2$; $x^2y^3 + xy^4$; $2x + 2y$. $\qquad$ [MCD $= x + y$; mcm $= 2xy^3(x+y)$]

586 $a^2 - b^2$; $3a^2b + 3ab^2$; $b^4 + ab^3$. $\qquad$ [MCD $= a + b$; mcm $= 3ab^3(a^2 - b^2)$]

587 $x^2 - 4x + 4$; $3xy^2 - 6y^2$; $3x^2 - 12$. $\qquad$ [MCD $= x - 2$; mcm $= 3y^2(x+2)(x-2)^2$]

588 $(a+b)(9a^2 - b^2)$; $12a^2 + 8ab - 4b^2$; $9a^2 + 12ab + 3b^2$. $\qquad$ [MCD $= a + b$; mcm $= 12(a+b)(9a^2 - b^2)$]

589 $a^2b + 2ab^2$; $6a^2b^2 + 12ab^3$; $-3a^3b^2 - 6a^2b^3$. $\qquad$ [MCD $= ab(a + 2b)$; mcm $= 6a^2b^2(a + 2b)$]

590 $16x^3 - 8x^2 + x$; $2x^3 - 6x^2 + 6x - 2$; $8x^3 - 10x^2 + 2x$. $\qquad$ [MCD $= 1$; mcm $= 2x(4x-1)^2(x-1)^3$]

591 $\frac{1}{4}a^2x^2 - \frac{1}{4}$; $axy + a^2x - y - a$; $2a^2x^2 - a^4x^4 - 1$. $\qquad$ [MCD $= (ax - 1)$; mcm $= (ax-1)^2(ax+1)^2(y+a)$]

592 $\frac{1}{2}a^2 + \frac{1}{2}b^2 + ab$; $a^2 + 2b^2 + 3ab$; $4b^2 + a^2 + 4ab$. $\qquad$ [MCD $= 1$; mcm $= (a+2b)^2(a+b)^2$]

VERIFICA DELLE COMPETENZE ALLENAMENTO

▶ Competenza **1** (abilità **3**)

Divisione di polinomi

1 $(x^4 + x^2 + x + 5) : (x^2 + 1)$ $\qquad [Q = x^2;\ R = x + 5]$

2 $(x^3 + 6x^2 + 3x - 10) : (x + 5)$ $\qquad [Q = x^2 + x - 2;\ R = 0]$

3 $(a^6 + a^3 + a^2 - 6) : (a^3 + 3)$ $\qquad [Q = a^3 - 2;\ R = a^2]$

4 $(-y^3 - y^2 x + 6x + 6y) : (-y^2 + 6)$ $\qquad [Q = x + y;\ R = 0]$

5 $(x^3 - 5x^2 + 4x - 1) : (x - 2)$ $\qquad [Q = x^2 - 3x - 2;\ R = -5]$

6 $(3x^3 + 8x^2 + 3x - 2) : (3x - 1)$ $\qquad [Q = x^2 + 3x + 2;\ R = 0]$

7 $(-8x^2 + x - 3x^3 - 6 + x^4) : (6 + 3x)$ $\qquad \left[Q = \frac{1}{3}x^3 - \frac{5}{3}x^2 + \frac{2}{3}x - 1;\ R = 0 \right]$

8 $(t^3 - 2t^2 - t + 6) : (t - 4)$ $\qquad [Q = t^2 + 2t + 7;\ R = 34]$

9 $[2a^3 + 4(a^2 - 1)^2 - (a - 2)^3] : (a^2 + 2)$ $\qquad [Q = 4a^2 + a - 10;\ R = -14a + 32]$

10 $\left(2y^5 - \frac{1}{2}y^2 + \frac{3}{8}y - \frac{7}{3}\right) : \left(y^3 + \frac{1}{4}y\right)$ $\qquad \left[Q = 2y^2 - \frac{1}{2};\ R = -\frac{1}{2}y^2 + \frac{1}{2}y - \frac{7}{3} \right]$

COMPLETA eseguendo, se necessario, una divisione.

11 $x^4 - 81 = (x + 3) \cdot \boxed{}$

12 $x^5 + x^3 + x^2 + 7 = \boxed{} \cdot (x^3 + 1) + \boxed{}$

13 $2x^3 - x + 2 = \boxed{} \cdot (x - 1) + \boxed{}$

14 $x^3 - x^2 - 4x + 4 = (x - 2) \cdot \boxed{}$

Scomposizione di polinomi

15 📱 **ASSOCIA** a ogni polinomio la sua scomposizione.

1. $a^2 b - 4a$ **a.** $(a + 4b)(a - b)$

2. $ab^2 + 4ab$ **b.** $(4b + a)(a - 4b)$

3. $ab^2 - 4b$ **c.** $ab(b + 4)$

4. $a^2 + 3ab - 4b^2$ **d.** $b(ab - 4)$

5. $a^2 - 16b^2$ **e.** $a(ab - 4)$

✓ **CHECKER** Scomponi in fattori i seguenti polinomi.

16 $9a^2 - 1$

17 $16x^4 + 8x^2 + 1$

18 $x^6 - 6x^4 + 12x^2 - 8$

19 $x^3 + 2x^2 - x - 2$

20 $a^3 + a^2 - 9a - 9$

21 $9x^2 + 37x + 4$

22 $a^6 + 9 - 6a^3$

23 $x^3 - 6x^2 - 2x + 12$

24 $8a^3 + 36a^2 + 54a + 27$

25 $x^3 - 6x^2 + x + 20$

26 $x^2 + 2a^2x - 8a^4$; $\quad y^2 + 8ty + 12t^2$.

27 $9x^2 - 6xy^3 + y^6$; $\quad \dfrac{1}{16}x^2y^6 + \dfrac{1}{6}xy^3 + \dfrac{1}{9}$.

28 $-4t^8 + 81$; $16x^4 - y^4$.

29 $5a^2 - 5a - 60$; $\quad -y^2 - 30y - 144$.

30 $27x^6 - 27x^4 - 1 + 9x^2$

31 $x^4 + 4x^2y - 2x^2z^3 - 4yz^3 + 4y^2 + z^6$

32 $a^{12} + 1$; $\quad \dfrac{1}{8} - x^6$.

33 $x^2y^4 - 2xy^2z^3 + z^6$; $\quad \dfrac{1}{4}a^2 + b^6z^8 - ab^3z^4$.

34 $\dfrac{8}{125}x^9 + 1 + \dfrac{12}{25}x^6 + \dfrac{6}{5}x^3$

35 $x^2 - x - 20$; $\quad a^2 - 8a - 9$.

36 $64b^6 - 1$; $\quad a^3b^3 + \dfrac{1}{8}$.

37 $a^4 - 3a^3 + 3a^2 - a$

38 $3x^3y^3 - 27xy$

39 $9a^2b^2c^2 - 6abc^2 + c^2$

40 $36a^2y^4t - 4t$

41 $3t^5 + 6t^4 - 15t^3 - 18t^2$

42 $(x-2)^3 - 4x^2 + 16x - 16$

43 $(a - b^2) - 4(3a - 3b^2)^2$

44 $2x^3 - 5x^2 - 12x$

45 $(b-7)(a^2+4) - (7-b)(4-a^2)$

46 $2(x^4 + 2x^3 - 5x^2 - 6x)$

47 $7x^2 - 35x + 42$

48 $y^4 - 2y^3 + y - 2$ $\qquad [(y+1)(y-2)(y^2-y+1)]$

49 $x^6 - 64$ $\qquad [(x-2)(x^2+2x+4)(x+2)(x^2-2x+4)]$

50 $x^4 + 2x^3 - 13x^2 - 14x + 24$ $\qquad [(x-1)(x-3)(x+2)(x+4)]$

51 $x^3y^{18}z^5 - z^8$ $\qquad [z^5(xy^6 - z)(x^2y^{12} + xy^6z + z^2)]$

52 $a^3 - 4a^2 - 3a + 18$ $\qquad [(a+2)(a-3)^2]$

53 $4x^7y - 12x^4y + 9yx$ $\qquad [xy(2x^3 - 3)^2]$

54 $x^4y + x^2y + x^4 + x^2 - 2 - 2y$ $\qquad [(x-1)(x+1)(y+1)(x^2+2)]$

55 $\dfrac{8}{27}x^{10} - 4x^7y^2 + 18x^4y^4 - 27xy^6$ $\qquad \left[x\left(\dfrac{2}{3}x^3 - 3y^2\right)^3\right]$

Calcola il MCD e il mcm dei seguenti polinomi.

56 $x^2 - 1$; $\quad x^2 - 2x + 1$; $\quad x^2 - 3x + 2$. $\qquad [\text{MCD} = x - 1; \text{ mcm} = (x-1)^2(x+1)(x-2)]$

57 $2a + 6 + a^2 + 3a$; $\quad 3a^2 + 12a + 9$; $\quad a^3 + 3a^2 + 3a + 9$. $\qquad [\text{MCD} = a + 3; \text{ mcm} = 3(a^2 + 3)(a + 3)(a + 1)(a + 2)]$

58 $x^4 - x^3 - 6x^2$; $\quad x^4 + 8x$; $\quad x^3 + 4x^2 + 4x$. $\qquad [\text{MCD} = x(x + 2); \text{ mcm} = x^2(x - 3)(x + 2)^2(x^2 - 2x + 4)]$

59 $a^3 - 2a + 1$; $\quad a^4 - 2a^2 + 1$; $\quad a^4 + a^3 - a^2$. $\qquad [\text{MCD} = 1; \text{ mcm} = a^2(a - 1)^2(a + 1)^2(a^2 + a - 1)]$

60 $b^2 - 7b + 6$; $\quad ab - 2b + 4a - 8$; $\quad b^3 + 2b^2 - 7b + 4$. $\qquad [\text{MCD} = 1; \text{ mcm} = (b - 6)(b - 1)^2(b + 4)(a - 2)]$

12 DIVISIONE TRA POLINOMI E SCOMPOSIZIONE IN FATTORI

▶ Competenza **3** (abilità **2**)

Divisione di polinomi

61 Scrivi il polinomio $P(x)$ che diviso per $x^2 - x + 2$ dà come quoziente $x^2 - 2x + 2$ e come resto $-6x + 4$. Dimostra poi che $P(x)$ è divisibile per $x^2 + 4$.

$$[P(x) = x^4 - 3x^3 + 6x^2 - 12x + 8]$$

62 Trova per quale valore di k i polinomi $P(x) = x^3 + kx^2 - (k+3)x$ e $Q(x) = x^4 - x + 1$ divisi per $x + 1$ danno lo stesso resto e poi trova i quozienti delle due divisioni.

$$\left[\frac{1}{2}; \ x^2 - \frac{1}{2}x - 3, \ x^3 - x^2 + x - 2 \right]$$

63 L'area di un triangolo ABC è $3a^3 + 7a^2 + 3a + 2$, con $a > 0$, e il lato AB misura $a + 2$. Trova l'altezza CH relativa ad AB.

$$[6a^2 + 2a + 2]$$

64 Un rettangolo ha l'area che misura $2a^3 + 5a^2 - 4a - 3$ e base $2a + 1$, con $a > 0$. Trova il perimetro di un triangolo in cui due lati hanno le stesse misure dei lati del rettangolo e il terzo lato è 8.

$$[a^2 + 4a + 6]$$

65 La figura a fianco, di area $2x^2 + 13x + 20$, è formata da un quadrato di lato $x + 4$ e da un triangolo. Trova l'altezza CH del triangolo.

$$[2x + 2]$$

66 📱 **VERO O FALSO?**

a. Se un polinomio è divisibile per $48x^4y - 3y$, allora è divisibile per $4x^2 + 1$.   V   F

b. Se il polinomio $x^2 - 5x + 6$ è divisibile per $x - 3$, allora $-x^2 + 5x - 6$ è divisibile per $x - 3$.   V   F

c. Se un polinomio $A(x)$ è divisibile per $B(x) = x^2 - 4$, allora è divisibile anche per $-B(x)$ e per $B(-x)$.   V   F

d. Se due polinomi sono divisibili per lo stesso polinomio, allora sono identici.   V   F

Scomposizione di polinomi

67 a. Trova il perimetro P di un quadrato che ha area $A = 4x^4 + \dfrac{1}{16}a^4 + a^2x^2$.

b. Se $x = 2$ e $a = 2$, calcola A e P.

$$[a) \ 8x^2 + a^2; \ b) \ 81, \ 36]$$

68 Indica con un polinomio scomposto in fattori l'area della zona colorata.

$$[(x+4)(x+3)]$$

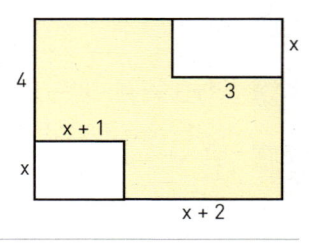

69 L'area di un triangolo è

$$2a^2 + \frac{13}{2}ab + \frac{3}{2}b^2, \quad \text{con } a, b > 0,$$

e la base e l'altezza sono rappresentate da due binomi a coefficienti interi. Trova:

a. la base e l'altezza del triangolo;

b. l'area di un quadrato che ha perimetro uguale al doppio della somma di base e altezza del triangolo.

$$\left[a) \ a + 3b, \ 4a + b; \ b) \ \frac{25}{4}a^2 + 4b^2 + 10ab \right]$$

VERIFICA DELLE COMPETENZE PROVE

TUTOR **PROVA A** (10 esercizi) **PROVA B** (10 esercizi) ⏱ **IN MEZZ'ORA**

PROVA C ▸ Competenze **1, 3** ⏱ **IN UN'ORA**

1 Esegui, se possibile, la divisione di $4b^3x^5 - 3b^4x^3 - \frac{1}{2}b^2x^2 + b^3x^4$ per ciascuno dei monomi $2b^2x^4$, $-\frac{1}{2}b^2x^2$, $\frac{4}{3}b$.

2 Esegui la divisione $\left(\frac{1}{5}a^4 + 2a^3 - \frac{78}{5}a^2 + 11a - 2\right) : (a^2 - 5a + 2)$.

3 Esegui la divisione
$$\left(-\frac{3}{2}x^3 + x^4 - \frac{1}{2}x^2 + x\right) : \left(\frac{1}{4}x^2 + 3\right)$$
e poi verificala.

4 Esegui le divisioni con la regola di Ruffini:
a. $(4x^4 - 3x^2 + 2x - 1) : (x - 3)$;
b. $\left(9a^5 - \frac{1}{9}a\right) : (3a + 2)$.

5 Calcola $(ax^2 + 2a^2x + x + 3a) : (x + 2a)$, rispetto alla variabile x.

6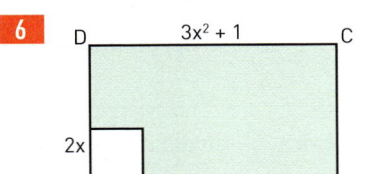

L'area della zona colorata misura

$3x^3 + 8x^2 + x + 4$.

Utilizza i dati della figura per determinare la misura di CB.

PROVA D ▸ Competenze **1, 3** ⏱ **IN UN'ORA**

1 **VERO O FALSO?**
a. $x^7 - x$ si può scomporre in cinque fattori. V F
b. $x^4 + 16x^2 + 64$ è il quadrato di un binomio. V F
c. $4^n - 1$ non è scomponibile in fattori, con $n \in \mathbb{N}$. V F
d. Il MCD tra $a^3 - 4a^2 + 4a$ e $a^3 - a^2 - 2a$ è $a(a - 2)$. V F
e. Il resto della divisione di $9x^3 - 3x^2 + x + 1$ per $3x - 1$ è $\frac{8}{3}$. V F

2 Stabilisci se $x^4 - 2x^3 + 2x^2 - 7x + 6$ è divisibile per
$x - 2$, $\quad$ $2x - 1$, $\quad$ $(x - 1)(x + 1)$.

3 Esegui la divisione $[kx^4 - (k^2 + 1)x^3 + (k^2 + 1)x + 2k] : (x - k)$ rispetto alla variabile x.

4 Scomponi in fattori:
a. $a^6 + 4a^3y + 4y^2$;
b. $a^5b - 3a^4b^2 + 3a^3b^3 - a^2b^4$;
c. $3ak^4 - 12a$;
d. $y^3 + 5y^2 - 9y - 45$.

5 Scomponi in fattori:
a. $\frac{36}{25}a^2y - 0{,}04y^5$;
b. $t^2 - 3t - 18$;
c. $k^3 - 2k^2 - 5k + 6$;
d. $ax^2 - 4a + 3(x^2 + 4x + 4)$.

6 Calcola MCD e mcm di: $x^4 - 4x^2$, $x^4 - 8x^2 + 16$, $x^5 - 8x^2$.

13 FRAZIONI ALGEBRICHE

1. CHE COS'È UNA FRAZIONE ALGEBRICA ➡ Esercizi a pagina 392

🎧 An **algebraic fraction** is the quotient of two polynomials with a non-zero denominator.

Una **frazione algebrica** è un'espressione $\dfrac{A}{B}$, con A e B polinomi e B diverso dal polinomio nullo.

$$\dfrac{a+b}{a^2-b^2}$$
è una frazione algebrica, con $a^2 - b^2 \neq 0$.

Se $B = 1$, la frazione algebrica $\dfrac{A}{B}$ diventa il polinomio A, quindi ogni polinomio può essere considerato una frazione algebrica.

Condizioni di esistenza

Le condizioni di esistenza (C.E.) di una frazione algebrica indicano l'insieme dei valori che attribuiti alle lettere non fanno perdere significato alla frazione: sono i valori per i quali il denominatore è diverso da 0.

Per determinare le C.E. di una frazione algebrica, occorre determinare i valori che annullano il denominatore e poi scartarli.

▶ Determiniamo le condizioni di esistenza delle seguenti frazioni algebriche.

a. $\dfrac{4x}{x-3} \to x - 3 \neq 0 \to$ C.E.: $x \neq 3$.

b. $\dfrac{a-b}{a+b} \to a + b \neq 0 \to$ C.E.: $a \neq -b$.

c. $\dfrac{5a}{a^2-1} \to a^2 - 1 \neq 0 \to (a-1)(a+1) \neq 0 \to$ C.E.: $a \neq 1 \wedge a \neq -1$.

scomponiamo in fattori ⎵ determiniamo i valori che annullano i fattori

Se in una frazione algebrica compare una sola variabile, allora la frazione è una funzione che ha per dominio il sottoinsieme di $\mathbb{R}$ indicato dalle condizioni di esistenza.

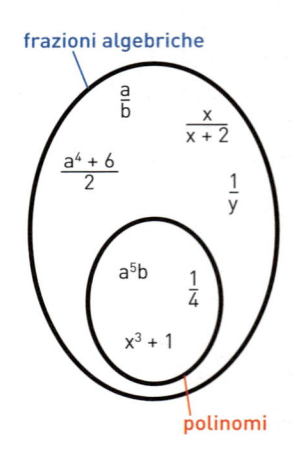
frazioni algebriche
$\dfrac{a}{b}$ $\dfrac{x}{x+2}$ $\dfrac{a^4+6}{2}$ $\dfrac{1}{y}$ a^5b $\dfrac{1}{4}$ x^3+1
polinomi

ESERCIZI PER COMINCIARE

1 📱 **ANIMAZIONE** Determina le condizioni di esistenza delle seguenti frazioni algebriche.

a. $\dfrac{a+b}{ab}$ **b.** $\dfrac{a-3}{6a-1}$ **c.** $\dfrac{y^2-1}{y^2+y-12}$ **d.** $\dfrac{5}{x^2+6x+9}$ **e.** $\dfrac{b^3}{1+b^4}$

2 **a.** Date le funzioni $f(x) = \dfrac{1-x}{1+x}$ e $g(x) = \dfrac{1}{x^2-4}$, determina i loro domini.

   b. Calcola, quando è possibile:

$$f(4) - g(3); \qquad f(0) + g(2); \qquad f(2) \cdot g(0); \qquad \dfrac{g(4)}{f(1)}.$$

2. PROPRIETÀ INVARIANTIVA E SEMPLIFICAZIONE

FRAZIONI EQUIVALENTI ➔ Esercizi a pagina 394

Come per le frazioni numeriche, passiamo da una frazione algebrica a una equivalente applicando la **proprietà invariantiva**, cioè moltiplicando o dividendo numeratore e denominatore per uno stesso polinomio diverso dal polinomio nullo.

▶ $\dfrac{a-1}{a} \overset{\cdot(a+1)}{\underset{\cdot(a+1)}{=}} \dfrac{(a-1)(a+1)}{a(a+1)} = \dfrac{a^2-1}{a^2+a}$, con C.E.: $a \neq 0 \wedge a \neq -1$.

> Due frazioni algebriche sono **equivalenti** se assumono valori numerici uguali per qualsiasi valore attribuito alle lettere che soddisfi le condizioni di esistenza di entrambe le frazioni.

SEMPLIFICAZIONE ➔ Esercizi a pagina 395

Applicando la proprietà invariantiva, possiamo semplificare una frazione algebrica per **ridurla ai minimi termini**.
È necessario scomporre in fattori numeratore e denominatore e poi dividere numeratore e denominatore per i fattori comuni, dopo averli posti diversi da 0.

raccogliamo a

▶ $\dfrac{ab-a}{b^2-6b+5} = \dfrac{a(b-1)}{(b-1)(b-5)} = \dfrac{a}{b-5}$, con C.E.: $b \neq 1 \wedge b \neq 5$.

scomponiamo il   semplifichiamo   da determinare **prima**
trinomio speciale   di semplificare

RIDUZIONE ALLO STESSO DENOMINATORE ➔ Esercizi a pagina 398

La proprietà invariantiva serve anche per ridurre più frazioni algebriche allo stesso denominatore. È necessario determinare il mcm dei denominatori.

▶ Riduciamo a denominatore comune $\dfrac{x+3}{x^2}$ e $\dfrac{2}{xy}$.

Calcoliamo il mcm$(x^2; xy) = x^2y$, con C.E.: $x \neq 0 \wedge y \neq 0$:   mcm dei denominatori

$\dfrac{x+3}{x^2} \overset{\cdot y}{\underset{\cdot y}{=}} \dfrac{(x+3)y}{x^2y}$; $\dfrac{2}{xy} \overset{\cdot x}{\underset{\cdot x}{=}} \dfrac{2x}{x^2y}$.

ESERCIZI PER COMINCIARE

Semplifica le seguenti frazioni algebriche.

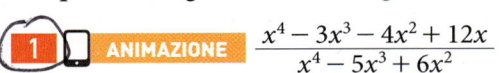

1 ANIMAZIONE $\dfrac{x^4-3x^3-4x^2+12x}{x^4-5x^3+6x^2}$

2 ANIMAZIONE $\dfrac{9x^3-x}{3x^4-x^3+3x^2-x}$

3 ANIMAZIONE Riduci allo stesso denominatore: $\dfrac{6}{a^2+a}$; $\dfrac{b}{a^2+3a+2}$; $a+1$.

3. OPERAZIONI

ADDIZIONE E SOTTRAZIONE → Esercizi a pagina **399**

Nell'addizione di frazioni algebriche, così come nelle altre operazioni, il procedimento di calcolo è analogo a quello che utilizziamo per le frazioni numeriche.

DEFINIZIONE	ESEMPIO
La **somma** algebrica di frazioni algebriche con lo stesso denominatore è una frazione algebrica in cui: • il *numeratore* è la somma algebrica dei numeratori; • il *denominatore* è lo stesso denominatore.	$$\dfrac{a}{c} + \dfrac{b}{c} = \dfrac{a+b}{c}$$

Per sommare frazioni con denominatore diverso, prima le riduciamo allo stesso denominatore, utilizzando il mcm dei denominatori.

$$\frac{2}{x-1} + \frac{x}{x^2-1} - \frac{1}{2x+2} =$$
⟩ scomponiamo in fattori i denominatori

$$\frac{2}{x-1} + \frac{x}{(x+1)(x-1)} - \frac{1}{2(x+1)} =$$
⟩ riduciamo allo stesso denominatore (mcm dei denominatori) e poniamo le C.E.

C.E.: $x \neq \pm 1$

$$\frac{2(x+1)\cdot 2}{2(x-1)(x+1)} + \frac{2\cdot x}{2(x-1)(x+1)} - \frac{x-1}{2(x-1)(x+1)} =$$
⟩ il segno – fa cambiare segno a tutti i termini del numeratore

$$\frac{4x+4+2x-x+1}{2(x-1)(x+1)} = \frac{5x+5}{2(x-1)(x+1)} = \frac{5(x+1)}{2(x-1)(x+1)} = \frac{5}{2(x-1)}$$

MOLTIPLICAZIONE → Esercizi a pagina **403**

DEFINIZIONE	ESEMPIO
Il **prodotto** di due o più frazioni algebriche è una frazione algebrica in cui: • il *numeratore* è il prodotto dei numeratori; • il *denominatore* è il prodotto dei denominatori.	$$\dfrac{a}{b} \cdot \dfrac{c}{d} = \dfrac{a\cdot c}{b\cdot d}$$

Come per le frazioni numeriche, prima di moltiplicare, cerchiamo di semplificare.

$$\frac{b^4-1}{b^2+b} \cdot \frac{2b}{b^2-3b+2} \cdot \frac{b^2+4-4b}{b^3+b} =$$
⟩ scomponiamo in fattori numeratori e denominatori e scriviamo le C.E.

$$\frac{(b^2+1)(b+1)(b-1)}{b(b+1)} \cdot \frac{2b}{(b-1)(b-2)} \cdot \frac{(b-2)^2}{b(b^2+1)} =$$
⟩ semplifichiamo

C.E.: $b \neq 0 \wedge b \neq -1 \wedge b \neq 1 \wedge b \neq 2$

$$\frac{(b^2+1)(b+1)(b-1)}{b(b+1)} \cdot \frac{2b}{(b-1)(b-2)} \cdot \frac{(b-2)^2}{b(b^2+1)} =$$
⟩ moltiplichiamo i numeratori tra loro e i denominatori tra loro

$$\frac{2(b-2)}{b}$$

DIVISIONE → Esercizi a pagina 406

🎧 The **quotient** of two algebraic fractions is the product of the first algebraic fraction times the reciprocal of the second one.

DEFINIZIONE

Il **quoziente** di due frazioni algebriche è il prodotto della prima frazione per la reciproca della seconda.

ESEMPIO

$$\frac{a}{b} : \frac{c}{d} = \frac{a}{b} \cdot \frac{d}{c} = \frac{a \cdot d}{b \cdot c}$$

Nel caso del calcolo del quoziente, alle C.E. delle due frazioni bisogna aggiungere la condizione che il divisore sia diverso da 0 (numeratore della seconda frazione diverso da 0).

ESEMPIO

scomponiamo in fattori

$$\frac{x-2}{x^2+x} : \frac{x^2-4}{x+1} = \frac{x-2}{x(x+1)} : \frac{(x-2)(x+2)}{x+1} = \frac{x-2}{x(x+1)} \cdot \frac{x+1}{(x-2)(x+2)} = \frac{1}{x(x+2)}$$

moltiplichiamo per il reciproco del divisore

C.E.: $\underbrace{x \neq 0 \wedge x \neq -1}_{\text{C.E. delle frazioni}} \wedge \underbrace{x \neq 2 \wedge x \neq -2}_{\text{divisore} \neq 0}$

POTENZA → Esercizi a pagina 409

DEFINIZIONE

La **potenza** di una frazione algebrica è una frazione algebrica in cui:
- il *numeratore* è la potenza del numeratore;
- il *denominatore* è la potenza del denominatore.

ESEMPIO

$$\left(\frac{a}{b}\right)^c = \frac{a^c}{b^c}, \text{ con } c \in \mathbb{Z}.$$

Come per i numeri razionali, l'esponente può essere negativo.
In questo caso, alle C.E. della frazione dobbiamo aggiungere quelle della sua reciproca.

ESEMPIO

a. $\left(\dfrac{x}{y}\right)^2 = \dfrac{x^2}{y^2}$, C.E.: $y \neq 0$; **b.** $\left(\dfrac{2a}{b}\right)^{-3} = \left(\dfrac{b}{2a}\right)^3 = \dfrac{b^3}{8a^3}$, C.E.: $a \neq 0 \wedge b \neq 0$.

ESERCIZI PER COMINCIARE

1 📱 **VIDEO** **Addizione e sottrazione di frazioni algebriche** Confronta il modo di semplificare $\dfrac{4}{15} + \dfrac{2}{5} - \dfrac{10}{21}$ e $\dfrac{9+x^2}{x^2-9} + \dfrac{9}{2x+6} - \dfrac{x}{x-3}$, per cercare analogie fra i due procedimenti.

Semplifica le seguenti espressioni.

2 📱  $\dfrac{5b^2-4a^2}{4a^2-4b^2} + \dfrac{a}{a+b} + \dfrac{b}{8b-8a}$

3 📱  $\dfrac{6a^2}{2a^2+a} \cdot \dfrac{2a^2+a-1}{4a^2-4} \cdot \dfrac{4a^2-1}{4a^2-4a+1}$

4 📱 ANIMAZIONE $\dfrac{3x^2+xy+3x+y}{x^3+3x^2+3x+1} : \dfrac{12x^2+4xy}{x^2y^2+2xy^2+y^2}$

5 📱 ANIMAZIONE $\left(\dfrac{x+1}{2x^2+x-3} - \dfrac{2x}{4x^2+6x}\right)^3 \cdot \left(\dfrac{4x^2+12x+9}{4}\right)^2$

ESERCIZI

1. CHE COS'È UNA FRAZIONE ALGEBRICA

→ Teoria a pagina **388**

1 VERO O FALSO?

a. $\frac{14a}{7a}$ *non* è una frazione algebrica.   V F

b. Una frazione algebrica può avere denominatore uguale a 1.   V F

c. a^{-3} è una frazione algebrica.   V F

d. La frazione $\frac{2a}{a-1}$ si annulla per $a = -2$.   V F

e. Il polinomio $5x^2 - 2x$ è una frazione algebrica.   V F

Condizioni di esistenza

2 INVALSI 2004   Per quale valore di x l'espressione $\frac{x-2}{3x+1}$ perde significato?

A $-\frac{1}{3}$

B   0

C $\frac{1}{3}$

D   2

3 INVALSI 2007   Per quali valori di a la frazione $\frac{a+1}{a^2+5a+6}$ perde significato?

A $a = 1$ e $a = 5$

B $a = -3$ e $a = -2$

C $a = 2$ e $a = 3$

D $a = 5$ e $a = 6$

ESEMPIO

Determiniamo le condizioni di esistenza delle seguenti frazioni algebriche.
Per ogni frazione dobbiamo porre il denominatore diverso da 0.

a. $\frac{3+a}{4x^2y} \rightarrow 4x^2y \neq 0 \rightarrow x^2 \neq 0$ e $y \neq 0 \rightarrow$ C.E.: $x \neq 0 \wedge y \neq 0$.

      legge di annullamento del prodotto

b. $\frac{1}{x^2-4x} \rightarrow x^2-4x \neq 0 \rightarrow x(x-4) \neq 0 \rightarrow x \neq 0$ e $x-4 \neq 0 \rightarrow$ C.E.: $x \neq 0 \wedge x \neq 4$.

      scomponiamo in fattori   legge di annullamento del prodotto

c. $\frac{2}{x^4+1} \rightarrow x^4+1 \neq 0 \rightarrow$ C.E.: $\forall x \in \mathbb{R}$.

      $x^4 + 1$ è sempre positivo

d. $\frac{x}{2x+y} \rightarrow 2x+y \neq 0 \rightarrow$ C.E.: $x \neq -\frac{y}{2}$.

Indica le condizioni di esistenza delle seguenti frazioni algebriche.

4 $\frac{3}{x}$; $\frac{9}{x-3}$.

5 $\frac{2}{6-a}$; $\frac{1}{y^2}$.

6 $\frac{x-1}{4x}$; $\frac{1}{3t-9}$.

7 $\frac{a+2}{9a^2}$; $\frac{2}{y(y-2)}$.

8 $\dfrac{6}{(x-1)(x+3)}$; $\dfrac{1}{4x^2+4}$.

9 $\dfrac{3}{3x-1}$; $\dfrac{x-5}{x+5}$.

10 $\dfrac{x-2}{x^2-1}$; $\dfrac{2}{x^3y^2z}$.

11 $\dfrac{2x-3}{2x+1}$; $\dfrac{3x-2}{x^2+6x+9}$.

12 $\dfrac{4x+3}{4x^2-9}$; $\dfrac{a}{6x^2y}$.

13 $\dfrac{y}{y+4}$; $\dfrac{x-5}{x^2-4x}$.

14 $\dfrac{1}{3x-2}$; $\dfrac{4}{5x^3y+5x^3}$.

15 $\dfrac{x^2}{3x-5}$; $\dfrac{x+1}{x^2+1}$.

16 $\dfrac{x}{x^2+2x+1}$; $\dfrac{3y}{3y^2-27}$.

17 $\dfrac{2a-3b}{a^2-4ab}$; $\dfrac{5y+3}{5y-3}$.

18 $\dfrac{x^2-1}{3xy^3}$; $\dfrac{2b}{b^2-7b+12}$.

19 $\dfrac{11x+y}{2xy}$; $\dfrac{9x-5}{x(8x-1)^2}$.

20 $\dfrac{1-6y^2}{(y-1)(y-3)}$; $\dfrac{10}{-y^2}$.

21 $\dfrac{4a}{1-a^4}$; $\dfrac{a^2+b^2}{a^2-b^2}$.

22 $\dfrac{3a}{\frac{1}{4}a^2-a+1}$; $\dfrac{9b^2}{b^2+9}$.

23 $\dfrac{5+y^2}{6y^2-4y}$; $\dfrac{x^2}{2x^2-2y+4xy-x}$.

24 $\dfrac{4}{x^4-y^4}$; $\dfrac{8}{x^3+2x^2}$.

25 $\dfrac{3ab^2}{(5b+1)^2}$; $\dfrac{12a^2}{12a^2(2a+b)^3}$.

26 $\dfrac{5}{a^3b}$; $\dfrac{3a-b}{(a+b)(a^2-9b^2)}$.

27 $\dfrac{a-4}{a^2-2a+ab-2b}$; $\dfrac{x^2+5x}{x^3-8}$.

28 $\dfrac{3x+4}{x^3+2x^2-5x-6}$; $\dfrac{1}{(2x^2-4x)(x+1)}$.

29 $\dfrac{2}{a^4-10a^2+9}$; $\dfrac{y^4}{y^4-8y^2+16}$.

30 Indica quali delle seguenti espressioni hanno come C.E.: $\forall x \in \mathbb{R}$. Motiva la risposta.

$$\dfrac{5}{2x} \qquad \dfrac{x}{x} \qquad \dfrac{3x}{2} \qquad \dfrac{x-5}{3} \qquad \dfrac{x+2}{x+2} \qquad \dfrac{1}{x^4+9} \qquad \dfrac{12}{x^9+1}$$

31 **FAI UN ESEMPIO** Scrivi cinque frazioni algebriche per le quali non sia necessario porre condizioni di esistenza.

32 **VERO O FALSO?** La frazione $\dfrac{x^2-6x}{x^3-4x}$:

a. si annulla per $x=0$ e per $x=6$.   V   F

b. assume valore $\dfrac{7}{3}$ per $x=-1$.   V   F

c. se $x=2$ o $x=-2$ perde significato.   V   F

d. ha come C.E.: $x \neq \pm 2$ e $x \neq 0$.   V   F

33 **VERO O FALSO?**

a. $\dfrac{2}{x^4+x^2}$ è definita $\forall x \in \mathbb{R}$.   V   F

b. $\dfrac{x}{x^3+x}$ e $\dfrac{1}{x}$ hanno le stesse C.E.   V   F

c. $\dfrac{a^4-2a^3}{a+2}$ si annulla per due valori di a.   V   F

d. $(a-3)^{-1}$ si annulla per $a=3$.   V   F

34 **TEST** Solo una delle seguenti frazioni algebriche ha come C.E. $x \neq 1$. Quale?

A $\dfrac{1}{x^2-x}$

B $\dfrac{7}{2x^2-2}$

C $\dfrac{6x^2}{x^4-2x^2-1}$

D $\dfrac{1}{x^3-x^2+x-1}$

35 **EUREKA!** **Quasi le stesse** Quale delle seguenti frazioni algebriche ha come C.E. $x \neq 2 \wedge x \neq -1$?

A $\dfrac{x^2-1}{(x+1)(x+2)}$

B $\dfrac{x^2-1}{(x^2+1)(2x^2-2x-4)}$

C $\dfrac{x}{x^3-x^2-2x}$

D $\dfrac{x^2+x-2}{(x^2-4)(x+1)}$

Frazioni algebriche come funzioni

Indica i valori per cui le seguenti funzioni perdono significato e quelli per cui si annullano.

36 $f(x) = \dfrac{2x-8}{2x-1}$; $\qquad$ $f(x) = \dfrac{5x}{x-5}$; $\qquad$ $f(x) = \dfrac{4-2x}{x(x-1)(2x+1)}$.

37 $f(x) = \dfrac{x^2}{10-4x}$; $\qquad$ $f(x) = \dfrac{9-x^2}{x^2-x}$; $\qquad$ $f(x) = \dfrac{4x^2-1}{x^3-x^2-2x}$.

38 Data la funzione $f(x) = \dfrac{2-x}{x+5}$, trova il suo dominio e calcola $f(0)$, $f(-1)$, $f(2)$. $\left[x \neq -5; \dfrac{2}{5}, \dfrac{3}{4}, 0\right]$

39 Determina il dominio di $f(x) = \dfrac{x-1}{x^2+x}$ e calcola $f(1)$, $f(-2)$, $f\left(\dfrac{1}{2}\right)$. $\left[x \neq 0 \wedge x \neq -1; 0, -\dfrac{3}{2}, -\dfrac{2}{3}\right]$

40 Determina il dominio di $f(x) = \dfrac{x-4}{4-x^2}$ e calcola $[3f(-1)+f(1)] : f(0)$. $[x \neq \pm 2; 6]$

41 ☐ **ESEMPIO DIGITALE** Considera le funzioni $f(x) = \dfrac{3x-1}{x^2-1}$ e $g(x) = \dfrac{2}{x^2+x}$.

 a. Determina il loro dominio. **b.** Trova $f(-2)$, $f(0)$, $g(2)$, $g\left(\dfrac{1}{2}\right)$. **c.** Calcola $3f(2) - \dfrac{1}{2}g(-2)$.

42 Data la funzione $f(x) = \dfrac{2-4x}{x^2-x}$ trova per quale valore del parametro k:

$f(-2) + 2k \cdot f(-1) = -\dfrac{1}{3}$. $\left[-\dfrac{1}{3}\right]$

43 Data la funzione $f(x) = \dfrac{5-x}{x^3+2}$, trova per quale valore del parametro m:

$m \cdot f(0) - \dfrac{17}{4}f(0,5) = m \cdot f(1) - 2$. $[6]$

2. PROPRIETÀ INVARIANTIVA E SEMPLIFICAZIONE

FRAZIONI EQUIVALENTI → Teoria a pagina 389

44 ☐ **VERO O FALSO?**

 a. $\dfrac{x}{2x+1}$ e $\dfrac{x^2-x}{2x^2-x-1}$ sono equivalenti se $x \neq -\dfrac{1}{2}$ e $x \neq 1$. V F

 b. $\dfrac{a-2}{a^2}$ e $\dfrac{2-a}{-a^2}$ non sono equivalenti. V F

 c. Due frazioni algebriche equivalenti hanno sempre le stesse condizioni di esistenza. V F

 d. Se due frazioni algebriche hanno le stesse condizioni di esistenza, allora sono equivalenti. V F

Indica se le seguenti coppie di frazioni sono equivalenti nel dominio comune.

45 $\dfrac{xy^2}{a}$; $\dfrac{a^2xy^4}{a^3y^2}$.

46 $\dfrac{a^2-9}{(a-3)^2}$; $\dfrac{(a+3)^2}{a^2-9}$.

47 $\dfrac{a+b}{x}$; $\dfrac{b^2-a^2}{ax-bx}$.

48 $\dfrac{2a-x}{xy}$; $\dfrac{4a^2x-x^3}{2ax^2y+x^3y}$.

49 $\dfrac{y}{ax+2x+a+2}$; $\dfrac{2xy-2y}{2ax^2+4x^2-2a-4}$.

50 $\dfrac{2a^2+2}{a^3+a}$; $\dfrac{2b^2+4}{a^2b^2+2a^2}$.

51 ASSOCIA a ogni frazione della prima riga la frazione della seconda a essa equivalente.

1. $\dfrac{1}{2x}$ **2.** $\dfrac{2x+4}{x^2+3x+2}$ **3.** $\dfrac{x+2}{x^2-4}$ **4.** $-x$

a. $\dfrac{-x^2-2x}{x+2}$ **b.** $\dfrac{2}{x+1}$ **c.** $\dfrac{x+3}{2x^2+6x}$ **d.** $\dfrac{-1}{2-x}$

COMPLETA applicando la proprietà invariantiva.

52 $\dfrac{3a}{5b+1} = \dfrac{\boxed{}}{5b^2+b}$; $\dfrac{x-3}{2x+4} = \dfrac{x^2-3x}{\boxed{}}$.   **54** $\dfrac{3x}{x-8} = \dfrac{6xy}{\boxed{}}$; $\dfrac{2x-1}{x+5} = \dfrac{\boxed{}}{(x+5)^2}$.

53 $\dfrac{x+1}{x-3} = \dfrac{x^2-1}{\boxed{}}$; $\dfrac{3xy}{x-2y} = \dfrac{\boxed{}}{4x^2-16y^2}$.   **55** $\dfrac{x+6}{x-3} = \dfrac{x^2+5x-6}{\boxed{}}$; $\dfrac{x-2}{3x} = \dfrac{x^3-8}{\boxed{}}$.

Segni e proprietà invariantiva

56 VERO O FALSO?

a. $\dfrac{1-x}{5-2x} = \dfrac{x-1}{2x-5}$ V F   **c.** $\dfrac{y+7}{2x-1} = -\dfrac{7+y}{-(1-2x)}$ V F

b. $\dfrac{-6a}{x-1} = -\dfrac{6a}{1-x}$ V F   **d.** $-\dfrac{bx}{4+y} = \dfrac{(-b)(-x)}{y+4}$ V F

COMPLETA le seguenti uguaglianze.

57 $\dfrac{a}{3x} = \dfrac{-a}{\boxed{}}$; $\dfrac{x-1}{y} = \dfrac{1-x}{\boxed{}}$.   **60** $-\dfrac{\boxed{}}{8b} = \dfrac{-3x-2}{-8b}$; $\dfrac{-81}{c^2+1} = \dfrac{\boxed{}}{-(c^2+1)}$.

58 $-\dfrac{8}{4-x^2} = \dfrac{-8}{\boxed{}}$; $\dfrac{t-9}{2-t^2} = \dfrac{\boxed{}}{-2+t^2}$.   **61** $\dfrac{1}{(a+1)^2} = -\dfrac{\boxed{}}{-(1+a)^2}$; $\dfrac{(x+1)^2}{4y^2} = -\dfrac{-(-x-1)^2}{\boxed{}}$.

59 $-\dfrac{bx}{b+x} = -\dfrac{-bx}{\boxed{}}$; $\dfrac{\boxed{}}{3+b} = -\dfrac{2a}{b+3}$.   **62** $\dfrac{x^3}{y-1} = \dfrac{(-x)^3}{\boxed{}}$; $-\dfrac{(1+x)^3}{(2-x)^2} = \dfrac{(\boxed{})^3}{-(x-2)^2}$.

SEMPLIFICAZIONE   ➔ Teoria a pagina **389**

> ESEMPIO
>
> Dopo aver determinato le condizioni di esistenza, semplifichiamo le frazioni algebriche indicate. Per ciascuna frazione applichiamo la proprietà invariantiva, dopo aver scomposto in fattori numeratore e denominatore, se necessario. Le C.E. devono essere determinate ponendo il denominatore diverso da 0 **prima** di semplificare.
>
> **a.** $\dfrac{7x^5y^2z}{35xy^4z}$ C.E.: $35xy^4z \neq 0 \rightarrow$ C.E.: $x \neq 0 \wedge y \neq 0 \wedge z \neq 0$
>
> $\dfrac{7x^5y^2z}{35xy^4z} = \dfrac{7\,x^{5\,4}\,y^2\,z}{35\,x\,y^{4\,2}\,z} = \dfrac{x^4}{5y^2}$
>
> dividiamo numeratore e denominatore
> per il loro MCD: $7xy^2z$
>
> **b.** $\dfrac{x^2-8x+16}{3x^2-48} = \dfrac{(x-4)^2}{3(x^2-16)} = \dfrac{(x-4)^2}{3(x-4)(x+4)}$ C.E.: $3(x-4)(x+4) \neq 0 \rightarrow$ C.E.: $x \neq \pm 4$
>
> scomponiamo in fattori
> numeratore e denominatore
>
> Semplifichiamo: $\dfrac{x^2-8x+16}{3x^2-48} = \dfrac{(x-4)^2}{3(x-4)(x+4)} = \dfrac{x-4}{3(x+4)}$.

13 FRAZIONI ALGEBRICHE

✓ **CHECKER** Semplifica, se possibile, le seguenti frazioni algebriche dopo averne determinato le condizioni di esistenza, che non indichiamo nei risultati.

63 $\dfrac{2a^2b^4c}{16b^2c^4}$; $\quad \dfrac{x^2+2x}{x^2}$.

64 $\dfrac{x-1}{1-x^2}$; $\quad \dfrac{xy+2y}{5ax+10a}$.

65 $\dfrac{3a^2-3}{-ab+b}$; $\quad \dfrac{ab+2a^2b}{-1-4a^2-4a}$.

66 $\dfrac{a^2xy+2a^2b}{ax^2y^2-4ab^2}$; $\quad \dfrac{16y-y^3}{16+4y}$.

67 $\dfrac{5x+6x^2}{ax+6bx}$; $\quad \dfrac{x^2b-x^2}{-b^2+1}$.

68 $\dfrac{abx}{a^2bx-4ab^2}$; $\quad \dfrac{12a^3-27ab^2}{3b^3+2ab^2}$.

69 $\dfrac{by+2y}{2bx+b^2x}$; $\quad \dfrac{4-b}{3b^2-48}$.

70 $\dfrac{3y^3+6y}{9y^2}$; $\quad \dfrac{8a^6x^5y^4}{18ax^5y^2}$.

71 $\dfrac{6a^2+2a}{2a}$; $\quad \dfrac{10^{-1}x^2y^2z}{10xy^2}$.

72 $\dfrac{-4^3b^3y^8}{(-2)^5b^2y^5}$; $\quad \dfrac{x^2-16x}{8x}$.

73 $\dfrac{5t^2-t}{-t}$; $\quad \dfrac{2xy-x^2y^2z}{x^2y^2z}$.

74 $\dfrac{a+2b}{-2b-a}$; $\quad \dfrac{a^2-1}{a+1}$.

75 $\dfrac{3x^2-x}{3x-1}$; $\quad \dfrac{y^2-4}{2-y}$.

76 $\dfrac{2b^3-4b}{6b}$; $\quad \dfrac{xy+y}{xy}$.

77 $\dfrac{x^3-4x}{x+2}$; $\quad \dfrac{by+5b}{5x+xy}$.

78 $\dfrac{2x-x^2}{x^2+3x}$; $\quad \dfrac{9a^2-1}{9a+3}$.

79 $\dfrac{2x^3-4x^2}{x^2-4}$; $\quad \dfrac{x^2y-x^2}{1-y}$.

80 $\dfrac{6x}{18x^3-2x}$; $\quad \dfrac{2a^5-a^6}{a^5-4a^3}$.

81 $\dfrac{a^5b^3-a^3b^5}{a^4b^4-a^3b^5}$; $\quad \dfrac{x^3y+xy^3}{x^3+y^3}$.

82 $\dfrac{a^2-3a-10}{a^4-16}$; $\quad \dfrac{3x^4-3x^2}{6x^2+6x}$.

83 $\dfrac{x^2-10x+25}{xy+x-5y-5}$; $\quad \dfrac{a^2-2a+1}{a^2-1}$.

84 $\dfrac{3-x}{x^2-6x+9}$; $\quad \dfrac{9a^2-b^2}{a^2-b^2}$.

85 $\dfrac{6x-xy+2y-12}{x-2}$; $\quad \dfrac{x^3-27}{x^2+3x+9}$.

86 $\dfrac{a+2}{a^2-a-6}$; $\quad \dfrac{2x^2+9x-5}{2x^2-x}$.

87 $\dfrac{a^2-4}{a^3-8}$; $\quad \dfrac{x^4-16}{4+x^2}$.

88 $\dfrac{2-a}{a^4-16}$; $\quad \dfrac{x^5-4x}{x^2-4}$.

89 $\dfrac{9-a^2}{-a^4+81}$; $\quad \dfrac{x^2+5x+6}{x^2+4x+4}$.

90 $\dfrac{x^2y-xy^2}{y^2-x^2}$; $\quad \dfrac{a^2-1-x^2+x^2a^2}{x^2+1}$.

91 $\dfrac{4a^2-b^2}{8a^3-b^3}$; $\quad \dfrac{2x^2-6x}{(3-x)(2x+6)}$.

92 $\dfrac{a^4-a^2}{a^4-1}$; $\quad \dfrac{x^2-4x+4}{x^2+6x-16}$.

93 $\dfrac{6x^2+3xy}{4x^2-y^2}$; $\quad \dfrac{x^3-x^2-x+1}{3x^2+9x+6}$.

94 $\dfrac{x^2y+xy^2}{x^2+y^2}$; $\quad \dfrac{a^6-a^2}{a+a^3}$.

95 $\dfrac{a^6-3a^4+3a^2-1}{a^4-2a^2+1}$; $\quad \dfrac{b^2-10b+21}{2b^3-54}$. $\qquad \left[a^2-1;\ \dfrac{b-7}{2(b^2+3b+9)}\right]$

96 $\dfrac{y^5-9y^3}{(y+3)(y^2-5y+6)}$; $\quad \dfrac{ay+by-4a-4b}{ax+ay+bx+by}$. $\qquad \left[\dfrac{y^3}{y-2};\ \dfrac{y-4}{x+y}\right]$

97 $\dfrac{9a^2-6a+1}{3a^2+2a-1}$; $\quad \dfrac{25+x^2-10x}{25-5x+5y-xy}$. $\qquad \left[\dfrac{3a-1}{a+1};\ \dfrac{5-x}{5+y}\right]$

98 $\dfrac{x^5-4x}{x^4+4+4x^2}$; $\quad \dfrac{2a^2-a-3}{8a^3-36a^2+54a-27}$. $\qquad \left[\dfrac{x^3-2x}{x^2+2};\ \dfrac{a+1}{(2a-3)^2}\right]$

99 $\dfrac{ax + x + 2a + 2}{a^2 x - ax + 2a^2 - 2a}$; $\dfrac{2x^3 - 3x^2 + 1}{3x^2 + 3 - 6x}$. $\left[\dfrac{a+1}{a(a-1)}; \dfrac{2x+1}{3}\right]$

100 $\dfrac{x^6 - 4x^2}{x^4 + 4x^2 + 4}$; $\dfrac{x^4 + 3x^2 - 4}{x^2 + x - 2}$. $\left[\dfrac{x^2(x^2-2)}{x^2+2}; \dfrac{(x^2+4)(x+1)}{x+2}\right]$

101 $\dfrac{27 - x^3}{x^2 - 9}$; $\dfrac{4x^4 - 16x^2}{2x^4 + 2x^3 - 12x^2}$. $\left[-\dfrac{x^2+3x+9}{x+3}; \dfrac{2(x+2)}{x+3}\right]$

102 $\dfrac{a^2 - x^2}{a^2 - 2ax + x^2}$; $\dfrac{x^4 + ax^2}{x^3 + ax - a^2 x^2 - a^3}$. $\left[\dfrac{a+x}{a-x}; \dfrac{x^2}{x-a^2}\right]$

103 $\dfrac{y^2 + 4 - 4y}{y^3 - 8}$; $\dfrac{(a+1)^2 - 4a^2}{3a^2 - 2a - 1}$. $\left[\dfrac{y-2}{y^2+4+2y}; -1\right]$

104  **ESEMPIO DIGITALE** $\dfrac{6x^5 - 4x^4 - 24x^3 + 16x^2}{3x^3 + 4x^2 - 4x}$; $\dfrac{x^3 - 2x - 1}{x^2 - x - 2}$.

105 $\dfrac{2x^2 + 4x + 6}{x^3 + 3x^2 + 5x + 3}$; $\dfrac{a^2 - x^2 - 9 + 6x}{a^2 - x^2 - 3a + 3x}$. $\left[\dfrac{2}{x+1}; \dfrac{a-x+3}{a-x}\right]$

106 $\dfrac{2x^2 + x - 3}{3x^3 - 3}$; $\dfrac{x^2 - y^2 - 2y - 1}{x^2 + y^2 + 2xy + x + y}$. $\left[\dfrac{2x+3}{3(x^2+x+1)}; \dfrac{x-y-1}{x+y}\right]$

107 $\dfrac{x^4 - 5x^2 + 4}{x^2 - 4}$; $\dfrac{9x^2 - 12x + 4}{9x^3 - 21x^2 + 16x - 4}$. $\left[(x+1)(x-1); \dfrac{1}{x-1}\right]$

108 **EUREKA!** **Interno fratto esterno** Ricava il rapporto tra l'area del quadrato interno e l'area del rettangolo esterno.

A $\dfrac{x+5}{4(2x+3)}$ C $\dfrac{(x+5)^2}{2(2x+3)}$ E Nessuna delle precedenti.

B $\dfrac{2x+3}{2(x+5)}$ D $\dfrac{2x+3}{4(x+5)}$

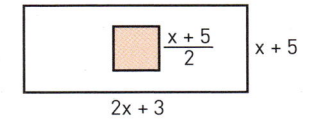

[USA Catawba College NCCTM Mathematics Contest, 2007]

---

109 **YOU & MATHS** **Phil's thinking** Phil replaced a with 4 to prove that when reduced to lowest terms $\dfrac{a+4}{a+8} = \dfrac{2}{3}$. Was he correct?

110 **INVALSI 2005** Quale affermazione fra le seguenti è vera per le espressioni $\dfrac{13}{13}xy$ e $\dfrac{13xy}{13xy}$, con x e y due numeri diversi da 0?

A La prima vale xy e la seconda vale 0.

B Entrambe valgono 1.

C Entrambe valgono xy.

D La prima vale xy e la seconda vale 1.

COMPLETA

111 $\dfrac{\boxed{}}{x - 2} = 2x$; $\dfrac{\boxed{}}{2a + 2} = 2(a - 1)$.

112 $\dfrac{8 - \boxed{}}{b^2 - 4} = -2$; $\dfrac{\boxed{}}{3a^4 - 3y^4} = \dfrac{3}{a^2 - y^2}$.

113 $\dfrac{\boxed{}}{x^2 - 4x + 3} = \dfrac{y}{x - 3}$; $\dfrac{a^2 - 1}{\boxed{}} = \dfrac{1}{a^3}$.

114 $\dfrac{\boxed{}}{2x^2 + 3x - 2} = \dfrac{x + 2}{1 - 2x}$; $\dfrac{2a - 3}{x + 1} = \dfrac{9 - 4a^2}{\boxed{}}$.

115 **CACCIA ALL'ERRORE**

a. $\dfrac{4a - x}{4a} = -x$ d. $\dfrac{8x^2 - 3y^2}{8x - 3y} = x - y$

b. $\dfrac{2x^8 y^2}{x^4 y} = 2x^2 y^2$ e. $\dfrac{a^4 + 1}{a^3} = a + 1$

c. $\dfrac{(x - 3)^2}{(3 - x)^2} = -1$ f. $\dfrac{2(y-1) - 4y}{(y-1)^2} = \dfrac{2 - 4y}{y - 1}$

116 **CHI HA RAGIONE?** Giorgio dice che $y = \dfrac{4(x-3)^2}{x-3}$ e $y = 4x - 12$ sono due espressioni analitiche della stessa funzione. Marta non è d'accordo. Chi ha ragione?

117 **IN FORMA GRAFICA** Rappresenta graficamente le seguenti coppie di funzioni, notando le analogie e le differenze.

a. $y = 3$, $y = \dfrac{3x}{x}$;

b. $y = \dfrac{1}{x}$, $y = \dfrac{x^2}{x}$;

c. $y = x^2$, $y = \dfrac{x^5}{x^3}$.

13 FRAZIONI ALGEBRICHE

Per ognuna delle seguenti funzioni:

a. determina il dominio;

b. semplifica l'espressione analitica;

c. determina gli zeri e gli intervalli in cui è positiva;

d. rappresenta il grafico.

118 ▪️ **ESEMPIO DIGITALE** $f(x) = \dfrac{x^3 + x^2 - 9x - 9}{x^2 - 2x - 3}$

119 $f(x) = \dfrac{x^3 - 4x}{2x^2 + 4x}$

120 $f(x) = \dfrac{4x^2 - 5x + 1}{x - 1}$

121 $f(x) = \dfrac{x^3 - 16x^2 + 64x}{x^2 - 8x}$

122 È vero che la funzione $f(x) = \dfrac{2x^2 - 2}{x^2 + 3x + 2}$ si annulla per $x = \pm 1$? Motiva la risposta.

123 **CHI HA RAGIONE?** Mario non ha dubbi: «La funzione $f(x) = \dfrac{x^2 - 4x}{x^3 - 16x}$ non ha zeri!». Lucia non è convinta: «Attento che il numeratore si annulla per $x = 0$ e $x = 4$». Chi ha ragione?

124 Data $f(x) = \dfrac{x^2 + kx}{x^2 - 2x - 3}$, con $k \in \mathbb{R}$, calcola:

a. il dominio di $f(x)$;

b. i valori di k per cui la frazione è irriducibile;

c. gli zeri di $f(x)$, quando $k = -1$.

[a) $x \neq 3 \wedge x \neq -1$; b) $k \neq -3 \wedge k \neq 1$; c) 0, 1]

COMPLETA trasformando ogni frazione in una frazione equivalente con denominatore assegnato.

125 $\dfrac{2a + 1}{x} = \dfrac{\boxed{}}{x^2}$; $\quad \dfrac{x - 1}{2a} = \dfrac{\boxed{}}{4a^2 x}$.

126 $\dfrac{7}{x^2 y^2} = \dfrac{\boxed{}}{x^6 y^6}$; $\quad 3x - 2 = \dfrac{\boxed{}}{3x^2}$.

127 $\dfrac{1}{a + 1} = \dfrac{\boxed{}}{2a(a^2 - 1)}$; $\quad 3x = \dfrac{\boxed{}}{a + x}$.

128 $\dfrac{8y}{x - 2} = \dfrac{\boxed{}}{x^2 y - 4y}$; $\quad \dfrac{a + 1}{a - 3} = \dfrac{\boxed{}}{a^2 - 5a + 6}$.

129 Trasforma ogni frazione in una frazione equivalente ma con denominatore opposto:

a. $\dfrac{4a - 1}{3 - a}$;

b. $\dfrac{2x}{(x - 1)^2}$;

c. $-\dfrac{y + 2}{a - b}$.

RIDUZIONE ALLO STESSO DENOMINATORE ➡️ Teoria a pagina **389**

Riduciamo allo stesso denominatore le seguenti frazioni algebriche.

a. $\dfrac{3x - 2}{4x^2 y}$; $\quad \dfrac{x - 2}{2x^3}$; $\quad 5x$.

Scriviamo le C.E. delle frazioni: $4x^2 y \neq 0$ e $2x^3 \neq 0 \rightarrow$ C.E.: $x \neq 0 \wedge y \neq 0$.
Utilizziamo come denominatore comune il mcm dei denominatori che è $4x^3 y$.
Le frazioni ridotte allo stesso denominatore sono:

$$\dfrac{3x - 2}{4x^2 y} = \overset{4x^3 y : (4x^2 y)}{\dfrac{x(3x - 2)}{4x^3 y}}; \quad \dfrac{x - 2}{2x^3} = \overset{4x^3 y : (2x^3)}{\dfrac{2y(x - 2)}{4x^3 y}}; \quad \dfrac{5x}{1} = \overset{4x^3 y : 1}{\dfrac{4x^3 y(5x)}{4x^3 y}} = \dfrac{20x^4 y}{4x^3 y}.$$

b. $\dfrac{x - 1}{x + 4}$; $\quad \dfrac{2x}{x^2 - 16}$. $\quad \curvearrowright \quad \dfrac{x - 1}{x + 4}$; $\quad \dfrac{2x}{(x - 4)(x + 4)}$. $\quad$ C.E.: $x \neq \pm 4$.

scomponiamo in fattori i denominatori

Il denominatore comune dei denominatori è $(x - 4)(x + 4)$.
Le frazioni ridotte allo stesso denominatore sono:

$$\dfrac{x - 1}{x + 4} = \overset{[(x-4)(x+4)] : (x+4)}{\dfrac{(x - 4)(x - 1)}{(x - 4)(x + 4)}} = \dfrac{x^2 - 5x + 4}{x^2 - 16}; \quad \dfrac{2x}{(x - 4)(x + 4)} = \overset{[(x-4)(x+4)] : [(x-4)(x+4)]}{\dfrac{1 \cdot 2x}{(x - 4)(x + 4)}} = \dfrac{2x}{x^2 - 16}.$$

Riduci allo stesso denominatore le seguenti frazioni algebriche ($n \in \mathbb{N}$).

130 $\dfrac{5}{a^2}$; $\quad \dfrac{2a-1}{a}$; $\quad 5a$.

131 $\dfrac{x-2}{3x}$; $\quad \dfrac{x+4}{9x^2}$; $\quad \dfrac{x}{4}$.

132 $\dfrac{x+4}{ab^2}$; $\quad \dfrac{3}{b^3}$; $\quad \dfrac{a-b}{a}$.

133 $\dfrac{x-2}{x}$; $\quad \dfrac{3}{x^3}$; $\quad \dfrac{x-1}{2x}$.

134 $\dfrac{x-3}{x^2-1}$; $\quad \dfrac{2}{x+1}$; $\quad \dfrac{x+5}{2x-2}$.

135 $\dfrac{y^3}{y+2}$; $\quad \dfrac{2}{3y+6}$; $\quad 5y$.

136 $\dfrac{x^2-3}{x^2+1}$; $\quad 8x^2$; $\quad \dfrac{4x}{3x^2+3}$.

137 $\dfrac{x-4}{x^2-3x}$; $\quad \dfrac{5}{2x-6}$; $\quad \dfrac{x+1}{x^2}$.

138 $\dfrac{3a^2}{a^2-4}$; $\quad \dfrac{a+1}{a-2}$; $\quad \dfrac{4}{3a+6}$.

139 $\dfrac{x+4}{x^2-5x}$; $\quad \dfrac{x}{x^2-25}$; $\quad 5$.

140 $\dfrac{1}{3x^n}$; $\quad \dfrac{4}{x^{n+1}}$.

141 $\dfrac{x}{x^n-1}$; $\quad \dfrac{4}{3x^{2n}-3}$.

3. OPERAZIONI

ADDIZIONE E SOTTRAZIONE → Teoria a pagina 390

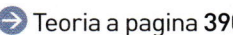

Denominatori uguali o opposti

ESEMPIO

a. $\dfrac{4-a}{a-3} - \dfrac{7-2a}{a-3} = \dfrac{4-a-(7-2a)}{a-3} = \dfrac{4-a-7+2a}{a-3} = \dfrac{a-3}{a-3} = 1$, con C.E.: $a \neq 3$.

il segno – riguarda tutto il numeratore

b. $\dfrac{2x}{x-4} + \dfrac{x+8}{4-x} = \dfrac{2x}{x-4} - \dfrac{x+8}{x-4} = \dfrac{2x-x-8}{x-4} = \dfrac{x-8}{x-4}$, con C.E.: $x \neq 4$.

cambiamo segno alla frazione per avere denominatore opposto

✓ **CHECKER** **Esegui le seguenti addizioni algebriche (qui e in seguito, per brevità, nei risultati non indichiamo le condizioni di esistenza).**

142 $\dfrac{2}{3x} - \dfrac{7}{3x} - \dfrac{1}{3x}$

143 $\dfrac{1-a}{a-2} + \dfrac{a+6}{a-2}$

144 $\dfrac{3y}{2b} - \dfrac{y-4}{2b}$

145 $\dfrac{2(x-8)}{x+1} - \dfrac{18}{x+1}$

146 $\dfrac{2}{b+2} - \dfrac{1-b}{2+b}$ $\quad \left[\dfrac{b+1}{b+2}\right]$

147 $\dfrac{3y}{2y-1} - \dfrac{4-y}{1-2y}$ $\quad \left[\dfrac{2(y+2)}{2y-1}\right]$

148 $\dfrac{3x}{x^2-1} - \dfrac{2x+1}{1-x^2}$ $\quad \left[\dfrac{5x+1}{x^2-1}\right]$

149 $\dfrac{8b-y}{y^2-b^2} + \dfrac{5b-4y}{b^2-y^2}$ $\quad \left[\dfrac{3}{y-b}\right]$

150 $\dfrac{2}{a-3y} + \dfrac{a-y+2}{3y-a}$ $\quad \left[\dfrac{y-a}{a-3y}\right]$

151 $\dfrac{1}{x+6} - \dfrac{x-1}{-x-6}$ $\quad \left[\dfrac{x}{x+6}\right]$

152 📱 **TEST** $\dfrac{x-2}{x-1} - \dfrac{x+1}{x-1} =$

A 1

B $\dfrac{2x}{x-1}$

C $\dfrac{x-3}{x-1}$

D $-\dfrac{3}{x-1}$

153 📱 **TEST** $\dfrac{a}{a-b} - \dfrac{b}{b-a} =$

A $a-b$

B $b-a$

C $\dfrac{a+b}{a-b}$

D 1

13 FRAZIONI ALGEBRICHE

Monomi a denominatore

$$\frac{2}{9x} - \frac{1}{6xy} = \frac{2y \cdot 2 - 3 \cdot 1}{18xy} = \frac{4y - 3}{18xy}, \quad \text{con C.E.: } x \neq 0 \land y \neq 0.$$

riduciamo le frazioni allo stesso
denominatore e sommiamo

✓ **CHECKER** Esegui le seguenti addizioni algebriche.

154 $2y - \dfrac{1}{2y}$ $\qquad \left[\dfrac{4y^2 - 1}{2y}\right]$ **158** $\dfrac{2}{x} - \dfrac{3}{2x} + \dfrac{2}{5x}$ $\qquad \left[\dfrac{9}{10x}\right]$

155 $\dfrac{1}{2} - \dfrac{x-6}{3x} - \dfrac{2}{x}$ $\qquad \left[\dfrac{1}{6}\right]$ **159** $-\dfrac{2y}{6y^2} - \dfrac{1}{y} + \dfrac{3}{4y}$ $\qquad \left[-\dfrac{7}{12y}\right]$

156 $4 + \dfrac{1}{x^2} + \dfrac{4-4x}{x}$ $\qquad \left[\dfrac{1+4x}{x^2}\right]$ **160** $\dfrac{1}{x^2y} - \dfrac{2}{xy^2} + \dfrac{1}{2xy}$ $\qquad \left[\dfrac{2y - 4x + xy}{2x^2y^2}\right]$

157 $\dfrac{3}{x^2} - \dfrac{1}{x^3} + \dfrac{4}{x}$ $\qquad \left[\dfrac{4x^2 + 3x - 1}{x^3}\right]$ **161** $\dfrac{5}{x^3y} - \dfrac{4}{3xy^2} + 2$ $\qquad \left[\dfrac{15y - 4x^2 + 6x^3y^2}{3x^3y^2}\right]$

162 📱 **TEST** $1 - \dfrac{a-1}{a} =$

A $\dfrac{1}{a}$ C $\dfrac{2a-1}{a}$

B $-\dfrac{1}{a}$ D $\dfrac{2a+1}{a}$

163 📱 **TEST** $\dfrac{x+1}{x}$ è la somma di $\dfrac{1}{x}$ con:

A 1. C $\dfrac{x}{2}$.

B $\dfrac{1}{x}$. D $\dfrac{2}{x}$.

164 Dato un numero naturale n diverso da zero, dimostra che la differenza fra il reciproco di n e il reciproco del suo successivo è uguale al reciproco del prodotto dei due numeri.

165 Dato un numero naturale n diverso da zero, dimostra che la somma dei reciproci di n e del suo doppio è uguale al rapporto fra 3 e il doppio di n.

Polinomi a denominatore

$$\frac{3}{y^2 - 9} - \frac{1}{2y - 6} = \frac{3}{(y+3)(y-3)} - \frac{1}{2(y-3)} = \frac{6 - y - 3}{2(y+3)(y-3)} = \frac{3 - y}{2(y+3)(y-3)} = \frac{-(y-3)}{2(y+3)(y-3)} =$$

scomponiamo in
fattori i denominatori

riduciamo allo stesso
denominatore e sommiamo

$$-\frac{1}{2(y+3)}, \qquad \text{con C.E.: } y \neq \pm 3.$$

✓ **CHECKER** Esegui le seguenti addizioni algebriche.

166 $\dfrac{2}{x} - \dfrac{4}{x^2 + 2x}$ $\qquad \left[\dfrac{2}{x+2}\right]$ **171** $\dfrac{y^2 - y}{xy - x} + \dfrac{xy^2}{x^2y} - \dfrac{xy + 2y}{x^2 + 2x}$ $\qquad \left[\dfrac{y}{x}\right]$

167 $\dfrac{bx}{2b^2} + \dfrac{2x^2 + 2x}{4bx + 4b}$ $\qquad \left[\dfrac{x}{b}\right]$ **172** $\dfrac{x^2 + 1 - x}{x - 2} - \dfrac{x^2 + 4 + 2x}{1 + x}$ $\qquad \left[\dfrac{9}{(x-2)(x+1)}\right]$

168 $\dfrac{7a}{3a - 3} - \dfrac{2a + 1}{a - 1}$ $\qquad \left[\dfrac{a-3}{3(a-1)}\right]$ **173** $\dfrac{8y}{2 - 3y} - \dfrac{4}{-3y^2 + 2y} + \dfrac{3y + 2}{y}$ $\qquad \left[-\dfrac{y}{2 - 3y}\right]$

169 $\dfrac{1}{2a - x} + \dfrac{1}{2a} + \dfrac{1}{x}$ $\qquad \left[\dfrac{4a^2 + 2ax - x^2}{2ax(2a - x)}\right]$ **174** $\dfrac{2}{3y} + \dfrac{x^2}{x^2y^2 - x^2y} - \dfrac{1}{3y - 3}$ $\qquad \left[\dfrac{y + 1}{3y(y - 1)}\right]$

170 $\dfrac{y+1}{3y - 6} - \dfrac{1}{3} - \dfrac{1}{y}$ $\qquad \left[\dfrac{2}{y(y - 2)}\right]$ **175** $\dfrac{x+5}{x - 5} - \dfrac{20}{2x - 10} + \dfrac{5 - x}{x + 5}$ $\qquad \left[\dfrac{10}{x + 5}\right]$

176 $\dfrac{2+2b}{a^2-b^2} - \dfrac{b-4}{a^2-ab} - \dfrac{4-b}{a^2+ab}$ $\left[\dfrac{2\,(a+ab+4b-b^2)}{a(a-b)(a+b)}\right]$

177 $\dfrac{y+2}{x} - \dfrac{x+y}{xy-x} + \dfrac{1}{y-1}$ $\left[\dfrac{y^2-2}{x(y-1)}\right]$

178 $4x - \dfrac{4x^2+1}{x} - \dfrac{4x^2+4x+1}{2x^2-x}$ $\left[-\dfrac{2\,(2x+3)}{2x-1}\right]$

179 $\dfrac{1}{ab-a^2b} + \dfrac{2}{a-1} - \dfrac{a+1}{ab}$ $\left[\dfrac{2b-a}{b(a-1)}\right]$

180 $\dfrac{a+2}{a^2+a} - \dfrac{2}{a^2-2a} - \dfrac{3}{a}$ $\left[\dfrac{1-2a}{(a+1)(a-2)}\right]$

181 $\dfrac{2+x}{xy-x^2y} + \dfrac{3}{xy} - \dfrac{5x-8}{xy-y}$ $\left[\dfrac{5\,(1-x)}{xy}\right]$

182 $\dfrac{x-3}{x+5} + \dfrac{1}{x-2} - \dfrac{x^2+1}{x^2+3x-10}$ $\left[\dfrac{2\,(5-2x)}{(x-2)(x+5)}\right]$

MATEMATICA INTORNO A NOI

Bimbi in festa!

Un gruppo di genitori decide di organizzare una festa per i bambini in un locale con animatore…

▶ Problema e risoluzione.

183 $\dfrac{x-3}{x^2-4} - \dfrac{x+1}{x^2+4x+4} + \dfrac{4}{(x+2)(x^2-4)}$ $[0]$

184 $2 + \dfrac{x+4}{x^2+3x} - \dfrac{5}{3+x} - \dfrac{1}{2x} - \dfrac{5}{2x^2+6x}$ $\left[\dfrac{4x+3}{2\,(x+3)}\right]$

185 $\dfrac{1}{8} - \dfrac{3}{x^2-1} + \dfrac{1}{1-x}$ $\left[\dfrac{x^2-8x-33}{8\,(x^2-1)}\right]$

186 $\dfrac{a-1}{a^2-1} + \dfrac{2a+2}{a^2+2a+1}$ $\left[\dfrac{3}{a+1}\right]$

187 $-\dfrac{2}{x-y} + \dfrac{3}{x+y} - \dfrac{5}{y^2-x^2}$ $\left[\dfrac{x-5y+5}{(x+y)(x-y)}\right]$

188 $\dfrac{5}{2a-b} - \dfrac{(-5b)}{4a^2-4ab+b^2}$ $\left[\dfrac{10a}{(2a-b)^2}\right]$

189 📱 **ESEMPIO DIGITALE**

$\dfrac{x-2}{x+1} - \dfrac{3x}{1-x} - \dfrac{3(x^2+1)}{x^2-1}$

190 $\dfrac{x^2-2}{x^2-5x+6} - \dfrac{x-3}{x-2} + \dfrac{4}{x-3}$ $\left[\dfrac{10x-19}{(x-2)(x-3)}\right]$

191 $\dfrac{a^2}{a^2-1} + \dfrac{1-a}{2a+2} + \dfrac{a+1}{2a-2} - \dfrac{4a-1}{a^2-1}$ $\left[\dfrac{a-1}{a+1}\right]$

192 $\dfrac{1}{x^2-3x+2} - \dfrac{2}{x^2-2x} + \dfrac{1}{x-1}$ $\left[\dfrac{1}{x}\right]$

193 $\dfrac{1}{2a+1} + \dfrac{1-4a}{2a^2-a-1} + \dfrac{1}{a-1}$ $\left[-\dfrac{1}{2a+1}\right]$

194 $\dfrac{-a}{a^2-9} + \dfrac{1}{3a+9} + \dfrac{1}{2a-6}$ $\left[\dfrac{-1}{6\,(a+3)}\right]$

195 $\dfrac{x+10}{4-x^2} - \dfrac{3x}{x+2} + \dfrac{x+1}{x-2}$ $\left[\dfrac{4-2x}{x+2}\right]$

196 $\dfrac{-7a}{a-1} + \dfrac{5a^2-9a-46}{a^2-4a+3} - \dfrac{5a-1}{3-a}$ $\left[\dfrac{3\,(a+5)}{a-1}\right]$

197 $\dfrac{-2x}{3x^2+4x+1} + \dfrac{1}{9x^2-1} + \dfrac{1}{x+1}$ $\left[\dfrac{3x}{9x^2-1}\right]$

198 $-\dfrac{1}{x^2-x} + \dfrac{1}{x^2-2x+1} - \dfrac{1}{x}$ $\left[\dfrac{2-x}{(x-1)^2}\right]$

199 $\dfrac{3a}{3a-9} - \dfrac{a^2+3a}{a^2-9} + \dfrac{a^2-3a}{(a-3)^2}$ $\left[\dfrac{a}{a-3}\right]$

200 $\dfrac{3}{x-5} + \dfrac{7-2x}{x^2-11x+30} - \dfrac{5}{6-x}$ $\left[\dfrac{6}{x-5}\right]$

201 $\dfrac{2+a}{2-a} - \dfrac{2-a}{2+a} - \dfrac{a\,(8-a)}{4-a^2}$ $\left[\dfrac{a^2}{4-a^2}\right]$

202 $\dfrac{2x-1}{4x^2+2x} - \dfrac{1}{2x} + \dfrac{4x-2}{4x^2-1}$ $\left[\dfrac{2x-1}{x\,(2x+1)}\right]$

203 $\dfrac{4ab}{a^2-b^2} - \dfrac{2a}{a-b} + \dfrac{1}{a+b}$ $\left[\dfrac{1-2a}{a+b}\right]$

204 $\dfrac{x+3}{x+4} - \dfrac{1}{3-x} - \dfrac{4x-5}{x^2+x-12}$ $\left[\dfrac{x}{x+4}\right]$

205 $\dfrac{x+2}{2x^2+2x} - \dfrac{3x}{x^2-1} + \dfrac{4x^2+x+1}{x^3-x}$ $\left[\dfrac{3}{2\,(x-1)}\right]$

206 $\dfrac{a}{a^2+2a+1} + \dfrac{1-a}{a^2-a-2} + \dfrac{1}{3a-6}$ $\left[\dfrac{a-2}{3\,(a+1)^2}\right]$

207 $\dfrac{a^2-4b^2}{a^3-b^3} + \dfrac{1}{a-b} - \dfrac{a+2b}{a^2+ab+b^2}$ $\left[\dfrac{a+b}{a^2+ab+b^2}\right]$

208 $\dfrac{2a}{a^2-4} + \dfrac{a-1}{2-a} - \dfrac{4a}{a^2+4a+4}$ $\left[-\dfrac{a^2+7a+2}{(a+2)^2}\right]$

209 $\dfrac{2x+4}{x-2} - \dfrac{x^2+4x+4}{x^2-4} - \dfrac{2x^2-8}{x^2-4x+4}$ $\left[-\dfrac{x+2}{x-2}\right]$

210 $\dfrac{1}{b^2+10b+25} - \dfrac{2}{b^2+7b+10} + \dfrac{1}{b^2+4b+4}$ $\left[\dfrac{9}{(b+5)^2(b+2)^2}\right]$

211 $-\dfrac{y^2x-yx^2}{y^2-x^2} + \dfrac{y^3+y^2x}{x^2+2xy+y^2} - \dfrac{y^2-2xy}{y-x}$ $\left[\dfrac{xy\,(3x-y)}{y^2-x^2}\right]$

212 $1 - \dfrac{a^2-2}{a^2-16} + \dfrac{4-a}{a^3-4a^2-16a+64}$ $\left[\dfrac{-15}{(a+4)(a-4)}\right]$

213 $\dfrac{1}{x^2 - x - 6} - \dfrac{2}{x^2 + 5x + 6} + \dfrac{3x - 5}{x^3 + 2x^2 - 9x - 18}$ $\left[\dfrac{2}{x^2 - 9}\right]$

214 $\dfrac{3x + 2}{x^2 - 2x + 1} - \dfrac{10}{x^2 - 1} - \dfrac{3x - 2}{x^2 + 2x + 1} - \dfrac{20}{(x^2 - 1)^2}$ $\left[\dfrac{6}{(x - 1)(x + 1)}\right]$

215 $\dfrac{x^2(x - 4y) - y^3}{x^3 + y^3} + \dfrac{x - y}{-x - y} + \dfrac{x^2 + xy + y^2}{x^2 - xy + y^2}$ $[1]$

216 $\dfrac{1 + x}{x + 2y + 1} + \dfrac{2(1 - x^2)}{x^2 - 4y^2 + 1 + 2x} - \dfrac{1 - x}{x - 2y + 1}$ $\left[\dfrac{2}{x + 2y + 1}\right]$

217 📱 **TEST** Qual è la frazione algebrica che equivale a $\dfrac{a + b}{a - b} - \dfrac{a - b}{a + b}$?

A $\dfrac{2b}{a^2 - b^2}$ B $\dfrac{4ab}{a^2 - b^2}$ C $\dfrac{2a + 2b}{a^2 - b^2}$ D 0

218 📱 **TEST** $\dfrac{x^2}{x^2 - 25}$ è la somma di $\dfrac{x}{x - 5}$ con:

A $-\dfrac{5x}{x^2 - 25}$ C $\dfrac{5x}{x^2 - 25}$

B $\dfrac{x}{x + 5}$ D $\dfrac{-x}{x + 5}$

219 Osserva la sequenza:

$$1 - \dfrac{1}{2}, \ \dfrac{1}{2} - \dfrac{1}{3}, \ \dfrac{1}{3} - \dfrac{1}{4}, \ \dots$$

a. Scrivi altri tre elementi e il termine generale sotto forma di unica frazione.

b. Calcola il valore del diciannovesimo termine. $\left[\text{b)} \ \dfrac{1}{380}\right]$

220 Considera la sequenza:

$$1 + 1, \ \dfrac{1}{2} + \dfrac{1}{4}, \ \dfrac{1}{3} + \dfrac{1}{9}, \ \dfrac{1}{4} + \dfrac{1}{16}, \ \dots$$

a. Scrivi altri due elementi e il termine generale sotto forma di unica frazione.

b. Calcola il valore del decimo termine. $\left[\text{b)} \ \dfrac{11}{100}\right]$

221 **EUREKA!** **Rapporti geometrici** Su un segmento AB di misura $x > 0$ sono costruiti un quadrato $ABCD$ e un rettangolo $ABC'D'$ la cui altezza $C'B$ supera di 2 unità la base AB. Detto $R(x)$ il rapporto tra l'area del rettangolo e l'area del quadrato, e detto $P(x)$ il rapporto tra i loro perimetri, esprimi la somma $R(x) + P(x)$ come frazione algebrica ridotta ai minimi termini. $\left[\dfrac{2x + 3}{x}\right]$

MATEMATICA AL COMPUTER

Operiamo con le frazioni algebriche

Con Wiris possiamo eseguire calcoli con le frazioni algebriche. Per esempio, se dobbiamo calcolare la somma di tre frazioni algebriche, dopo aver scritto i passaggi sul quaderno, li possiamo verificare al computer, uno dopo l'altro.

📱 ▸ Problema e risoluzione.
    ▸ 7 esercizi in più.

Date le funzioni $f(x)$ e $g(x)$, esprimi mediante una sola frazione $f(x) + g(x)$ e $f(x) - g(x)$. Calcola, quando è possibile, i valori delle funzioni ottenute per i valori di x indicati.

222 $f(x) = \dfrac{1}{x + 1}; \quad g(x) = \dfrac{1}{x - 1}.$ -2 -1 0 3

223 $f(x) = \dfrac{1}{x^2 + 3x + 2}; \quad g(x) = \dfrac{1}{x^2 + 5x + 6}.$ -2 0 1 2

---

224 Calcola il perimetro della figura a lato. $(a > 0)$

$$\left[\dfrac{7a^3 + 5a + 5}{a^2(a + 1)}\right]$$

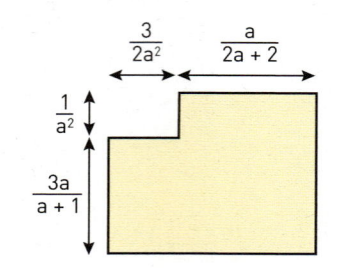

225 Calcola il perimetro della cornice quadrata colorata, che ha spessore costante di $\dfrac{y}{2y + 2}$ cm, con $y > 0$.

$$\left[\dfrac{4y + 16}{y + 1} \text{ cm}\right]$$

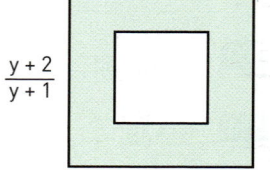

MOLTIPLICAZIONE → Teoria a pagina 390

$$\frac{a}{b} \cdot \frac{c}{d} = \frac{a \cdot c}{b \cdot d}$$

Monomi a numeratore e denominatore

ESEMPIO

$$\frac{3x}{5y^3} \cdot \frac{10xy^2}{4x} = \frac{3x}{5y^3} \cdot \frac{\overset{12}{10} x y^2}{4 x} = \frac{3x}{2y}, \quad \text{con C.E.: } x \neq 0 \wedge y \neq 0.$$

poniamo le C.E.
e semplifichiamo

moltiplichiamo i numeratori tra loro
e i denominatori tra loro

✓ **CHECKER** Esegui le seguenti moltiplicazioni.

226 $\dfrac{15x^4y^2}{8x} \cdot \dfrac{4y^3}{5xy}$ $\qquad \left[\dfrac{3x^2y^4}{2}\right]$

230 $\left(-\dfrac{2a^4}{b^5}\right) \cdot \left(-\dfrac{3a}{4b}\right) \cdot \dfrac{10ab}{a^5}$ $\qquad \left[\dfrac{15a}{b^5}\right]$

227 $\dfrac{2a^4b^5}{10ab^6} \cdot \dfrac{15a^2}{2b}$ $\qquad \left[\dfrac{3a^5}{2b^2}\right]$

231 $\dfrac{12a^5b^7c}{5} \cdot \dfrac{25}{24a^3c}$ $\qquad \left[\dfrac{5a^2b^7}{2}\right]$

228 $-\dfrac{3x}{x^4y^5} \cdot \dfrac{2y^2}{18x^2}$ $\qquad \left[-\dfrac{1}{3x^5y^3}\right]$

232 $\dfrac{x^2yz^3}{3a^3} \cdot \dfrac{9a}{xyz}$ $\qquad \left[\dfrac{3xz^2}{a^2}\right]$

229 $\dfrac{15x^4y^3}{45y} \cdot \dfrac{36xy^2}{2}$ $\qquad [6x^5y^4]$

233 $\left(-\dfrac{1}{3y}\right) \cdot \left(-\dfrac{y^3}{x^2a^5}\right) \cdot \dfrac{a^7}{2}$ $\qquad \left[\dfrac{y^2a^2}{6x^2}\right]$

Polinomi a numeratore e denominatore

ESEMPIO

$$\frac{x^2-9}{x^2-3x} \cdot \frac{x-2}{x^2-4x+4} \cdot \frac{3x}{2x+6} = \quad \text{⟩ scomponiamo in fattori}$$

$$\frac{(x-3)(x+3)}{x(x-3)} \cdot \frac{x-2}{(x-2)^2} \cdot \frac{3x}{2(x+3)} = \quad \text{⟩ scriviamo le C.E. e semplifichiamo}$$

C.E.: $x \neq 0 \wedge x \neq \pm 3 \wedge x \neq 2$

$$\frac{(x-3)(x+3)}{x(x-3)} \cdot \frac{x-2}{(x-2)^2} \cdot \frac{3x}{2(x+3)} = \frac{3}{2(x-2)}$$

✓ **CHECKER** Esegui le seguenti moltiplicazioni.

234 $\dfrac{4y-12}{y} \cdot \dfrac{y^2}{3y-9}$ $\qquad \left[\dfrac{4}{3}y\right]$

242 $\dfrac{a^2+4a+4}{2-a} \cdot \dfrac{2a^2-8a+8}{a^2-4}$ $\qquad [-2(a+2)]$

235 $\dfrac{6a}{a-2} \cdot \dfrac{a^2-2a}{a^2}$ $\qquad [6]$

243 $\dfrac{24}{xy+x-y-1} \cdot \dfrac{x^2-1}{6x+6}$ $\qquad \left[\dfrac{4}{y+1}\right]$

236 $\dfrac{2b-8}{b} \cdot \dfrac{-b^3}{3b-12}$ $\qquad \left[-\dfrac{2}{3}b^2\right]$

244 $\dfrac{x^2+5x+6}{4x^2+12x} \cdot \dfrac{x^3}{x^2-4}$ $\qquad \left[\dfrac{x^2}{4(x-2)}\right]$

237 $\dfrac{y(y-1)^2}{3-a} \cdot \dfrac{6-2a}{y^2-y}$ $\qquad [2(y-1)]$

245 $\dfrac{18x^2y^2-2}{4y-4} \cdot \dfrac{3y^2-3y}{3x^2y+3xy-1-x}$ $\qquad \left[\dfrac{3y(3xy+1)}{2(x+1)}\right]$

238 $\dfrac{x^2-2x+1}{3} \cdot \dfrac{12}{y(x-1)}$ $\qquad \left[\dfrac{4(x-1)}{y}\right]$

246 $\dfrac{x^3+x^2y+xy^2}{14x^2y} \cdot \dfrac{2xy-2y^2}{x^3-y^3}$ $\qquad \left[\dfrac{1}{7x}\right]$

239 $\dfrac{x^2y-xy^2}{a^3b^3} \cdot \dfrac{(ab)^4}{(x-y)^2}$ $\qquad \left[\dfrac{xyab}{x-y}\right]$

247 $\dfrac{x^2+1}{x^2-3xy-4y^2} \cdot \dfrac{2x-8y}{x-1}$ $\qquad \left[\dfrac{2(x^2+1)}{(x+y)(x-1)}\right]$

240 $\dfrac{a^3+a^2b}{a^2b+b^3} \cdot \dfrac{a^3b^2+ab^4}{a^2-b^2}$ $\qquad \left[\dfrac{a^3b}{a-b}\right]$

248 $\dfrac{a^4+ab^3}{a^2x^3-b^2x^3} \cdot \dfrac{x^4-x^3-2x^2}{3ax-6a}$ $\qquad \left[\dfrac{(a^2-ab+b^2)(x+1)}{3x(a-b)}\right]$

241 $\dfrac{x^2+3x+2}{x^2-4} \cdot \dfrac{x^3-1}{x^2-1}$ $\qquad \left[\dfrac{x^2+x+1}{x-2}\right]$

249 $\dfrac{5ax^2-ax}{a^3b^2(a-x)} \cdot \dfrac{(ab)^5}{1-25x^2}$ $\qquad \left[-\dfrac{a^3b^3x}{(a-x)(1+5x)}\right]$

250 $\dfrac{b+5}{b^2+3b} \cdot \dfrac{b^2-10b+25}{b-1} \cdot \dfrac{b^2+2b-3}{b^2-25}$ $\left[\dfrac{b-5}{b}\right]$

251 $\dfrac{1}{a} \cdot \dfrac{a-1}{3+3a} \cdot \dfrac{a^5+2a^4+a^3}{a^2-1}$ $\left[\dfrac{a^2}{3}\right]$

252 $\dfrac{x^3-2xy}{xy^2-2xy+x} \cdot \dfrac{y^3-y^2}{3x^2-6y} \cdot \dfrac{3-3y}{2x^2y^2}$ $\left[-\dfrac{1}{2x^2}\right]$

253 $\dfrac{x-3}{x-1} \cdot \dfrac{3x^2}{4x^2-12x} \cdot \dfrac{x^2-3x+2}{x-2}$ $\left[\dfrac{3}{4}x\right]$

254 $\dfrac{a^2-4a+3}{a-2} \cdot \dfrac{a^2-4a+4}{a^2-9} \cdot \dfrac{a+3}{a^2-1}$ $\left[\dfrac{a-2}{a+1}\right]$

255 $\dfrac{x^2y+12xy+35y}{y^2+8y+16} \cdot \dfrac{1}{y^2-4y} \cdot \dfrac{y^2-16}{x+5}$ $\left[\dfrac{x+7}{y+4}\right]$

256 $\dfrac{2a+6}{-a^2+2a+15} \cdot \dfrac{a^2-25}{2a^2+20a+50}$ $\left[\dfrac{-1}{a+5}\right]$

257 $\dfrac{x^3-x^2-x-2}{2x^2-4x} \cdot \dfrac{3x^3}{x^3-1} \cdot \dfrac{x^2+6x-7}{3x^2+21x}$ $\left[\dfrac{x}{2}\right]$

258 $\dfrac{y^2-3y}{y^2-2y-8} \cdot \dfrac{y^2+4y+4}{3y} \cdot \dfrac{y^2-3y-4}{y^2-y-6}$ $\left[\dfrac{y+1}{3}\right]$

259 $\dfrac{5-5x}{2x^3-3x^2+2x-3} \cdot \dfrac{x^4-1}{6-4x} \cdot \dfrac{4x^2-12x+9}{x^2-2x+1}$ $\left[\dfrac{5(x+1)}{2}\right]$

260 $\dfrac{b^3-8}{9-b^2} \cdot \dfrac{2b^2+5b-3}{b^2+2b+4} \cdot \dfrac{b^2-6b+9}{2b-4}$ $\left[\dfrac{(2b-1)(3-b)}{2}\right]$

261 $\dfrac{4a^2+4ab+b^2}{4a^2-b^2} \cdot \dfrac{6a-3b}{2a^2+3ab+b^2} \cdot \dfrac{a^2+2ab+b^2}{6b}$ $\left[\dfrac{a+b}{2b}\right]$

262 $\dfrac{a^6-a^3b^3}{a^4-b^2} \cdot \dfrac{5b}{a^2-ab} \cdot \dfrac{a^2+b}{a^4+a^3b+a^2b^2}$ $\left[\dfrac{5b}{a^2-b}\right]$

263 **ESEMPIO DIGITALE** $\dfrac{8-12x+6x^2-x^3}{9x^2-6x+1} \cdot \dfrac{-3x}{4-x^2} \cdot \dfrac{3x^2+5x-2}{x^2-4x+4}$

264 $\dfrac{x^4-16}{5x^3-25x^2+30x} \cdot \dfrac{15x^4-45x^3}{x^4+4x^2}$ $[3(x+2)]$

265 $\dfrac{x^4-1}{2x-x^2} \cdot \dfrac{x^2+3x-10}{x^2-1} \cdot \dfrac{x}{x^2+10x+25}$ $\left[-\dfrac{x^2+1}{x+5}\right]$

266 $\dfrac{16a^4-(4a+1)^2}{9a^3-9a} \cdot \dfrac{3a-3}{4a^2-4a-1} \cdot \dfrac{3a^3-3a}{2a+1}$ $[(2a+1)(a-1)]$

267 **YOU & MATHS** **Simplifying a product** Which of the following is a simplification of the product $\dfrac{2k}{k-3} \cdot \dfrac{k}{6}$?

A $\dfrac{2k^2}{k+3}$ ·· B $\dfrac{k^2}{2(k-3)}$ ·· C $\dfrac{k^2}{3(k-3)}$ ·· D $\dfrac{12}{k-3}$

268 **CACCIA ALL'ERRORE**

a. $\dfrac{5x^2-xy}{x^2} = 5-xy$ ·· b. $\dfrac{x^2+b^2}{x+b} = x+b$ ·· c. $\dfrac{a^{3n}}{a^n} = a^3 \ (n \in \mathbb{N})$ ·· d. $\dfrac{x+4y^2}{b^2} \cdot \dfrac{b}{4y^2} = \dfrac{x+1}{b}$

Espressioni con addizioni e moltiplicazioni

✓ **CHECKER** Semplifica le seguenti espressioni.

269 $\dfrac{4x-4}{1+2x} \cdot \left(x-\dfrac{x-1}{3}\right) \cdot \left(\dfrac{5x+x^2}{2-2x}-x\right)$ $[-2x(1+x)]$

270 $\left(\dfrac{2}{a+b}-\dfrac{1}{b}\right) \cdot \left(\dfrac{2}{a}+\dfrac{2}{b}\right) \cdot \dfrac{3b^2}{a^2-2ab+b^2}$ $\left[\dfrac{6}{a(b-a)}\right]$

271 $\dfrac{16x^2-12x^3}{16x^4-9} \cdot \left(x-\dfrac{3}{4x}\right) \cdot \left(x+\dfrac{3}{4x}\right)$ $\left[\dfrac{4-3x}{4}\right]$

272 $\dfrac{(3-x)^2}{x^2-4} \cdot \left(2-\dfrac{x}{x-3}\right) \cdot \left(2+\dfrac{x}{x-3}\right)$ $\left[\dfrac{3(x-6)}{x+2}\right]$

273 $\left(1-\dfrac{x}{x-1}\right) \cdot \left(1-\dfrac{x^2-x+1}{x^2+x+1}\right)$ $\left[\dfrac{-2x}{x^3-1}\right]$

274 $\dfrac{4a^2+4b^2}{a+b} \cdot \left(\dfrac{1}{2a^2}-\dfrac{1}{a^2+b^2}\right)$ $\left[\dfrac{2(b-a)}{a^2}\right]$

275 $\left(\dfrac{2}{x}-1\right) \cdot \left(\dfrac{2}{x}+1\right) \cdot \dfrac{6x^3-9x^2}{4x^2-16}$ $\left[\dfrac{-3(2x-3)}{4}\right]$

276 $\left(\dfrac{1}{y}-2\right) \cdot \dfrac{y^2+4y^3+4y^4}{1-4y^2}$ $[y(1+2y)]$

277 $\left(\dfrac{a-2}{a}+\dfrac{a}{a+1}\right) \cdot \dfrac{a^2+a}{4a^2-2a-4}$ $\left[\dfrac{1}{2}\right]$

278 $\left(\dfrac{3b}{2x+6b}+\dfrac{x}{6b}\right) \cdot \dfrac{2bx+6b^2}{x^3-27b^3}$ $\left[\dfrac{1}{3(x-3b)}\right]$

$2x -4x^2 -2 +4x$

279 $\left(\dfrac{1}{x} - \dfrac{3}{x+1}\right) \cdot \dfrac{x^2+x}{2-4x} - \dfrac{2}{x^2}$ $\qquad \left[\dfrac{x^2-4}{2x^2}\right]$

280 $\dfrac{(a+1)^2}{a^2-9} \cdot \left(\dfrac{6a+10}{a^2-1} + 1\right) + \dfrac{a^2-a-2}{a^2-4a+3}$ $\qquad \left[\dfrac{(a+1)(2a+1)}{(a-1)(a-3)}\right]$

281 $\left(\dfrac{x}{by} - 1\right) \cdot \left(\dfrac{b^2+by}{x^2-b^2y^2}\right) - \dfrac{1-y}{x+by}$ $\qquad \left[\dfrac{y^2+b}{y(x+by)}\right]$

282 $\left(\dfrac{2}{x} + \dfrac{1}{x^2} + 1\right) \cdot \left(\dfrac{x^3}{x^2-1}\right) - \dfrac{1+x^3}{x^2-1}$ $\qquad \left[\dfrac{2x-1}{x-1}\right]$

283 $\left(\dfrac{11-x}{x+1} - 1\right) \cdot \left(2 + \dfrac{8}{x-5}\right) + \dfrac{4+4x^2}{x^2-1}$ $\qquad \left[\dfrac{8x}{x^2-1}\right]$

284 $\left(\dfrac{4x}{x+y} - 2\right) \cdot \dfrac{x^2+y^2}{x^2-y^2} - 1$ $\qquad \left[\dfrac{(x-y)^2}{(x+y)^2}\right]$

285 $\left(\dfrac{a^3b^2+4a^2b+2a-a^3b}{b+1} + a^3b\right) \cdot \dfrac{4b^2-4}{16ab+16}$ $\qquad \left[\dfrac{a(ab+1)(b-1)}{2}\right]$

286 $\dfrac{b+1}{b-1} - \left[\dfrac{ab^2+ab^3}{b^5-b^3} \cdot \dfrac{(b+1)^2}{ab+a}\right]$ $\qquad \left[\dfrac{b+1}{b}\right]$

287 $\dfrac{1-25x^2}{60x+4} \cdot \left(\dfrac{1}{1-5x} + \dfrac{5x}{25x^2+10x+1}\right)$ $\qquad \left[\dfrac{1}{4(1+5x)}\right]$

288 $\left(1 - \dfrac{a^2}{b^2}\right) \cdot \left(1 + \dfrac{b^4}{a^4-b^4} - \dfrac{a^2}{a^2+b^2}\right)$ $\qquad \left[\dfrac{-a^2}{a^2+b^2}\right]$

289 📱 **ESEMPIO DIGITALE** $\left(\dfrac{1}{y^2+y} - \dfrac{1}{y^2-y-2} - \dfrac{1}{y^2+2y+1}\right) \cdot \dfrac{y^3+2y^2+y}{2+y^2}$

290 $\left(\dfrac{3a-1}{a} - \dfrac{a+1}{a^2}\right) \cdot \dfrac{5a^2}{9a^2-1}$ $\qquad \left[\dfrac{5(a-1)}{3a-1}\right]$

291 $\dfrac{a^2-4}{ax+a-2x-2} \cdot \left(\dfrac{1}{x} - \dfrac{1}{2x+1}\right)$ $\qquad \left[\dfrac{(a+2)}{x(2x+1)}\right]$

292 $\left(\dfrac{x-3}{x^2-2x} + \dfrac{1}{x^2-4}\right) \cdot \dfrac{x^2+7x+10}{4x^2-24}$ $\qquad \left[\dfrac{x+5}{4x(x-2)}\right]$

293 $\left(x - \dfrac{1}{x}\right)\left(x + \dfrac{1}{x}\right) \cdot \dfrac{3x}{x^3+2x^2-x-2}$ $\qquad \left[\dfrac{3(x^2+1)}{x(x+2)}\right]$

294 $\left(\dfrac{x+4}{x-2} + \dfrac{1}{x^2-4x+4}\right) \cdot \dfrac{x^2+x-6}{x^3+2x^2-7x}$ $\qquad \left[\dfrac{x+3}{x(x-2)}\right]$

295 $\left(\dfrac{1}{x^2+xy} + \dfrac{2}{x-y} - \dfrac{1}{x^2-xy}\right) \cdot \dfrac{x^3-2x^2y+xy^2}{x^2+xy-y}$ $\qquad \left[\dfrac{2(x-y)}{x+y}\right]$

296 $\left(\dfrac{2a^2-12a+3}{a^2-7a+12} - \dfrac{2a}{a-4}\right) \cdot \dfrac{a^2-6a+9}{3a-6a^2}$ $\qquad \left[\dfrac{a-3}{a(a-4)}\right]$

297 $\left(2 - \dfrac{a^2+b^2}{ab}\right) \cdot \dfrac{a^4+ab^3}{a^2-b^2} \cdot \dfrac{ab+b^2-3a-3b}{2a^2-2ab+2b^2}$ $\qquad \left[\dfrac{(3-b)(a^2-b^2)}{2b}\right]$

298 $\left(\dfrac{1}{b^2-2b} - \dfrac{1}{b^2+3b-10}\right) \cdot \dfrac{b^2-2b}{10} \cdot \dfrac{b^2+2b-15}{b+2}$ $\qquad \left[\dfrac{b-3}{2(b+2)}\right]$

299 $\left(1 + a - \dfrac{6}{a^2-a}\right) \cdot \dfrac{a^6-a^3}{a^4+2a^3+3a^2}$ $\qquad [(a-2)(a^2+a+1)]$

300 $\left[\dfrac{1-2a+x(x-3)}{2x^2+3ax-2a^2} - \dfrac{1}{a-2x}\right] \cdot \dfrac{x+x^3+2a+2ax^2}{x^4-1}$ $\qquad \left[\dfrac{x-1}{(2x-a)(x+1)}\right]$

301 $\left(\dfrac{1}{2-a} - \dfrac{2}{a^2-4a+4} + \dfrac{4a-1}{a^3-2a^2-4a+8}\right) \cdot \dfrac{a^3-6a^2+12a-8}{3a^2-6a+3}$ $\left[\dfrac{2-a}{3(a+2)}\right]$

302 $\left(\dfrac{x}{9x+3y} - \dfrac{3}{xy+3x^2}\right) \cdot \left(\dfrac{3y+9}{3x^2-27} + \dfrac{1}{x-3} + \dfrac{2}{x+3}\right)$ $\left[\dfrac{1}{3x}\right]$

Problemi

303 Considera le frazioni algebriche $\dfrac{a^2-4}{a^2+a-2}$ e $\dfrac{a^2-a}{a-2}$.

   a. Trova le C.E. e indica per quali valori di a si annullano.

   b. Determina il loro prodotto e i suoi zeri e, quando è possibile, calcola il prodotto per $a = \dfrac{1}{2}$, 2, 4.

DIVISIONE → Teoria a pagina 391

$$\frac{a}{b} : \frac{c}{d} = \frac{a}{b} \cdot \frac{d}{c} = \frac{a \cdot d}{b \cdot c}$$

Monomi a numeratore e denominatore

ESEMPIO

$a^m : a^n = a^{m-n}$

a. $6x^3y : (3x^5y^4) = 2x^{-2}y^{-3} = \dfrac{2}{x^2y^3}$) nell'insieme delle frazioni algebriche la divisione fra monomi è sempre possibile

   C.E.: $x \neq 0 \wedge y \neq 0$

b. $\dfrac{2a}{5b} : \dfrac{7a^3}{25c^2} = \dfrac{2\overset{1}{a}}{5b} \cdot \dfrac{\overset{5}{25}c^2}{7\overset{2}{a^3}} = \dfrac{10c^2}{7ba^2}$ $\qquad$ divisore $\neq 0$

   C.E.: $\underline{b \neq 0 \wedge c \neq 0 \wedge a \neq 0}$

   moltiplichiamo per il reciproco del divisore $\qquad$ C.E. delle frazioni iniziali

✓ CHECKER Esegui le seguenti divisioni.

304 $\dfrac{x^4y^2}{5} : \dfrac{3x^2y^4}{10}$

305 $5a^3b : (-2a^2b^4)$

306 $20a^4b^3 : (-3ab)$

307 $15x^3 : \left(-\dfrac{7}{5}xy\right)$

308 $-\dfrac{4}{3}x^3y : (-2x^5y^2)$

309 $\dfrac{3x^5}{2x} : \dfrac{5xy}{3y^2}$

310 $\dfrac{3}{2x} : \dfrac{2y}{4x^2}$

311 $\dfrac{1}{3}x^5y^4 : (2x^3y) : (6xy^2)$

312 $\dfrac{10x^4y^5}{12xy^8} : \dfrac{3x}{10x^2y} : \dfrac{2x^3}{y^4}$

313 $\dfrac{10x^4y^5}{12xy^8} : \left(\dfrac{3x}{10x^2y} : \dfrac{2x^3}{y^4}\right)$

Polinomi a numeratore e denominatore

314 📱 **VERO O FALSO?**

   a. Le condizioni di esistenza di $\dfrac{1}{x^2+1} : \dfrac{x}{2}$ sono: $x \neq 0$.   V   F

   b. Il risultato di $\dfrac{x^2-2x+1}{2x-2} : \dfrac{1-x}{2}$ è 1.   V   F

   c. $27 : \dfrac{1}{9(a-1)} = \dfrac{1}{3(a-1)}$.   V   F

   d. Le condizioni di esistenza di $\dfrac{x^2-1}{x+2} : \dfrac{3x-3}{2x}$ sono: $x \neq -2 \wedge x \neq 0$.   V   F

ESEMPIO

$$\frac{x^3 - 4x}{x^2 - 4x + 4} : \frac{x^2 - 3x - 10}{x - 5} = \quad \text{❭ scomponiamo in fattori}$$

$$\frac{x(x-2)(x+2)}{(x-2)^2} : \frac{(x-5)(x+2)}{x-5} = \quad \text{❭ scriviamo le C.E. e moltiplichiamo per il reciproco del divisore}$$

divisore ≠ 0

C.E.: $x \neq 2 \wedge x \neq 5 \wedge x \neq -2$

C.E. delle frazioni

$$\frac{x(x-2)(x+2)}{(x-2)^2} \cdot \frac{x-5}{(x-5)(x+2)} = \frac{x\cancel{(x-2)}(x+2)}{(x-2)^{\cancel{2}1}} \cdot \frac{\cancel{x-5}}{\cancel{(x-5)}\cancel{(x+2)}} = \frac{x}{x-2}$$

✓ **CHECKER** 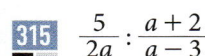 **Esegui le seguenti divisioni.**

315 $\dfrac{5}{2a} : \dfrac{a+2}{a-3}$

316 $\dfrac{2a-4b}{a+3} : \dfrac{a-2b}{2a+6}$

317 $\dfrac{2x+2}{3} : \dfrac{x^2+2x+1}{9}$

318 $\dfrac{x^2-1}{x} : \dfrac{2x+2}{3x}$

319 $\dfrac{x^2+5x}{x^2-25} : \dfrac{5x}{2x-10}$

320 $\dfrac{x-2}{x} : \dfrac{x+1}{2x} : \dfrac{x-2}{x+1}$

321 $\dfrac{x+3}{2} : \dfrac{x+5}{3} : \dfrac{2x}{6}$

322 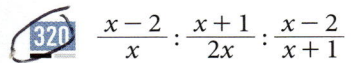 **ESEMPIO DIGITALE** $\dfrac{2x-3}{x+4} : \dfrac{6x-9}{2x+8} : \dfrac{1}{x}$

323 $\dfrac{a-3}{1+2b} : \dfrac{3-a}{1-2b}$

324 $\dfrac{2x+1}{2x} : \left(\dfrac{x^2-1}{4x} : \dfrac{x+1}{6x+3} \right) \quad \left[\dfrac{2}{3(x-1)} \right]$

325 $\dfrac{2x+1}{2x} : \dfrac{x^2-1}{4x} : \dfrac{x+1}{6x+3} \quad \left[\dfrac{6(2x+1)^2}{(x-1)(x+1)^2} \right]$

326 $\dfrac{xy+x^2y}{x^2-y^2} : \left(\dfrac{x^3-x}{x+y} : \dfrac{x^2+xy-x-y}{xy+y^2} \right) \quad \left[\dfrac{1}{x-y} \right]$

327 $\dfrac{x^2-4y^2}{x^3-x^2y} : \dfrac{x^2+2xy}{x-y} : \dfrac{3x-6y}{12x^2y} \quad \left[\dfrac{4y}{x} \right]$

328 $\dfrac{15x^3y^2}{3x^2y+3xy} : \dfrac{5x^2-20}{x^2-x-2} : \dfrac{xy^4}{2x+4} \quad \left[\dfrac{2x}{y^3} \right]$

329 $\dfrac{4x^2-9}{x^4+x^2+2x^3} : \left(\dfrac{3-2x}{2x} : \dfrac{x+1}{2x^2+3x} \right) \quad \left[-\dfrac{2}{x^2(x+1)} \right]$

330 $\dfrac{x^2-4a^2}{ax+a} : \left(\dfrac{x+2a}{x^2+1+2x} : \dfrac{a}{x-2a} \right) \quad [x+1]$

331 $\dfrac{24x^2y^3}{x^3-y^3} : \dfrac{3y^2}{x^2+xy+y^2} : \dfrac{2x^2}{x+y} \quad \left[\dfrac{4y(x+y)}{x-y} \right]$

332 $\dfrac{6y}{y^2-36} : \left(\dfrac{y^2+12y+36}{y^2-6y} : \dfrac{y+6}{3y^2} \right) \quad \left[\dfrac{2}{(y+6)^2} \right]$

---

333 📱 **TEST** Considera le frazioni algebriche $A(x) = \dfrac{x^2-2x+1}{x-2}$, $B(x) = \dfrac{x-1}{x^2-5x+6}$ e l'espressione $C(x) = \dfrac{A(x)}{B(x)}$. Quale tra le seguenti affermazioni è *falsa*?

A Le C.E. di $C(x)$ sono $x \neq 2 \wedge x \neq 3 \wedge x \neq 1$.

B $C(x) = \dfrac{x-1}{x-3}$, con $x \neq 3$.

C $C(x) = x^2 - 4x + 3$, se $x \neq 1, 2, 3$.

D $C(x)$ è una frazione algebrica.

334 📱 **YOU & MATHS** **Reducing to lowest terms**
When reduced to lowest terms, a fraction whose numerator is $x^2 - 3x + 2$ equals -1.
What is the denominator of the fraction?

MATEMATICA INTORNO A NOI

Il cartamodello

Per realizzare una gonna «a quattro teli» per la tua amica Chiara, devi tracciare un cartamodello con la forma della figura...

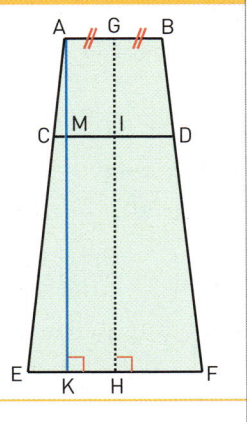

📱 ▸ Problema e risoluzione.

13 FRAZIONI ALGEBRICHE

Espressioni con addizioni, moltiplicazioni e divisioni

☑ **CHECKER** Semplifica le seguenti espressioni.

335 $\left(1 + \dfrac{1}{x}\right) : \left(x - \dfrac{1}{x}\right)$ $\qquad \left[\dfrac{1}{x-1}\right]$

336 $5 : \left(\dfrac{x}{y} + \dfrac{y}{z}\right)$ $\qquad \left[\dfrac{5yz}{xz + y^2}\right]$

337 $7 : \left(\dfrac{1}{x} + \dfrac{1}{x^2} - \dfrac{1}{xy}\right)$ $\qquad \left[\dfrac{7x^2 y}{xy + y - x}\right]$

338 $\left(1 - \dfrac{1}{x-1}\right) : \dfrac{x^2 - 4x + 4}{x^2 - x}$ $\qquad \left[\dfrac{x}{x-2}\right]$

339 📱 **ESEMPIO DIGITALE**

$$\dfrac{1}{x+5}\left(3 + \dfrac{4}{x-2}\right) : \left(\dfrac{9x^2 - 4}{x^2 + 3x - 10}\right)$$

340 $\left(\dfrac{a+b}{a-b} - \dfrac{a-b}{a+b}\right) : \left(\dfrac{a-b}{a+b} - 1\right)$ $\qquad \left[\dfrac{2a}{b-a}\right]$

341 $\left(\dfrac{1}{x+y} - \dfrac{xy}{x^3 + y^3}\right) : \dfrac{x-y}{x+y}$ $\qquad \left[\dfrac{x-y}{x^2 - xy + y^2}\right]$

342 $\dfrac{a^2 + a - 2}{2a^3} \cdot \dfrac{a^2 - a}{a+2} : \left(-\dfrac{1}{a} + 2 - a\right)$ $\qquad \left[-\dfrac{1}{2a}\right]$

343 $\left(\dfrac{2}{3x} - \dfrac{x+1}{x^2} + \dfrac{1}{2x}\right) : \dfrac{x^2 - 2x - 24}{5x^2 + 20x}$ $\qquad \left[\dfrac{5}{6x}\right]$

(annotazione manoscritta: -2 -24, +4 -6)

344 $\dfrac{3x^3 - 3y^3}{3x - y} : \dfrac{x^2 + y^2 + xy}{9x^2 + y^2 - 6xy} : \dfrac{9x^2 - 9y^2}{2x^2 + 2xy}$ $\qquad \left[\dfrac{2x(3x - y)}{3}\right]$

345 $\left(\dfrac{b}{b^2 + 2b} - \dfrac{1}{b} + \dfrac{1}{b+2}\right) : \left(-\dfrac{1}{b^2} + \dfrac{2}{b^3}\right)$ $\qquad \left[-\dfrac{b^2}{b+2}\right]$

346 $\left[2x - \dfrac{(x+y)(x-y)}{x}\right] : \left(\dfrac{y^2}{x^2} - 1 + \dfrac{1}{x^2 - xy} \cdot \dfrac{2x^3 - 2x^2 y}{x}\right)$ $\qquad [x]$

347 $\left(\dfrac{2a - x}{a + x} - \dfrac{a - x}{2a + x}\right) : \left(\dfrac{ax}{4a^3 - ax^2} + \dfrac{1}{2a + x}\right)$ $\qquad \left[\dfrac{3}{2} \cdot \dfrac{2a^2 - ax}{a + x}\right]$

348 $\left(\dfrac{2}{a+1} + \dfrac{1}{4a} - \dfrac{1}{4a^2}\right) : \dfrac{(3a+1)^2}{24a^3 + 8a^2}$ $\qquad \left[\dfrac{2(3a - 1)}{a + 1}\right]$

349 $\left(\dfrac{a+1}{a} - 2\right) \cdot \left[\left(\dfrac{a}{a-1} + a\right) : \dfrac{a^2 - a}{a + 1}\right]$ $\qquad \left[\dfrac{a+1}{1-a}\right]$

350 $\dfrac{3x + 6y}{x^2 - 2xy + y^2} : \left(\dfrac{2x + y}{x^2 - y^2} - \dfrac{1}{x + y}\right)$ $\qquad \left[3\dfrac{x + y}{x - y}\right]$

351 $\left(\dfrac{3x - 4y}{x} + \dfrac{x - 3y}{y}\right) \cdot \left(-x + \dfrac{x + 2xy}{2y^2 - xy} : \dfrac{1}{y}\right)$ $\qquad \left[-\dfrac{(x + 2y)(x + 1)}{y}\right]$

352 $\dfrac{a^2 - 5a + 6}{a^2 + 7a + 6} : \left(\dfrac{2a + 10}{a + 1} - a - 1\right)$ $\qquad \left[-\dfrac{a - 2}{(a + 6)(a + 3)}\right]$

353 $\dfrac{2}{x + 4} : \left(1 - \dfrac{2}{x + 4}\right) - \dfrac{2}{(x + 2)^2}$ $\qquad \left[\dfrac{2(x + 1)}{(x + 2)^2}\right]$

354 $\left(\dfrac{5}{x - 1} + \dfrac{1}{1 - 2x}\right) : \dfrac{1}{x} - \dfrac{5}{2x^2 - 3x + 1}$ $\qquad \left[\dfrac{9x + 5}{2x - 1}\right]$

355 $\left[\dfrac{20}{3(b - 2)} + \dfrac{5}{1 - b} + \dfrac{4}{3(1 + b)}\right] \cdot \dfrac{b - 1}{b + 1} + \dfrac{2 - 3b}{b^2 - b - 2}$ $\qquad \left[\dfrac{8}{(b + 1)^2 (b - 2)}\right]$

356 $\left(y - \dfrac{9y^2 - 16y}{y + 4}\right) \cdot \left(y + \dfrac{24y + 7y^2}{y - 4}\right) : \dfrac{16y^2 - 100}{y^2 - 16}$ $\qquad [-4y^2]$

357 $\dfrac{x^2 + 4x}{x^2 - 4} : \left(\dfrac{x}{x - 2} + \dfrac{x}{x + 2} - \dfrac{24}{3x^2 - 12}\right)$ $\qquad \left[\dfrac{x(x + 4)}{2(x^2 - 4)}\right]$

358 $\left(\dfrac{1}{x - 1} + \dfrac{3}{1 - x^2}\right) : \left(1 - \dfrac{1}{x - 1} + \dfrac{2}{2x + 2}\right) \cdot \dfrac{x^2 + 5x + 6}{x^3}$ $\qquad \left[\dfrac{(x + 3)(x^2 - 4)}{x^3 (x^2 - 3)}\right]$

359 EUREKA! **Un'espressione particolare** Semplifica la seguente espressione dopo averne determinato le condizioni di esistenza:

$$\frac{1}{1+\dfrac{1}{1+\dfrac{1}{x}}} - \frac{1}{1-\dfrac{1}{1-\dfrac{1}{x}}}.$$

$$\left[\text{C.E.: } x \neq 0 \wedge x \neq -\frac{1}{2} \wedge x \neq \pm 1; \ \frac{2x^2}{2x+1}\right]$$

POTENZA → Teoria a pagina 391

$$\left(\frac{a}{b}\right)^c = \frac{a^c}{b^c}, \ con \ c \in \mathbb{Z}$$

a. $\left(-\dfrac{a^3x}{3b^2}\right)^3 = -\left(\dfrac{a^3x}{3b^2}\right)^3 = -\dfrac{(a^3x)^3}{(3b^2)^3} = -\dfrac{a^9x^3}{27b^6}$, con C.E.: $b \neq 0$.

esponente dispari $\left(\dfrac{A}{B}\right)^n = \dfrac{A^n}{B^n}$

b. $\left(\dfrac{y-1}{y+3}\right)^{-2} = \left(\dfrac{y+3}{y-1}\right)^2 = \dfrac{(y+3)^2}{(y-1)^2}$, con C.E.: $y \neq -3 \wedge y \neq 1$.

$\left(\dfrac{A}{B}\right)^{-n} = \left(\dfrac{B}{A}\right)^n$

✓ CHECKER **Calcola le seguenti potenze.**

360 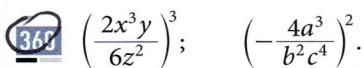 $\left(\dfrac{2x^3y}{6z^2}\right)^3$; $\left(-\dfrac{4a^3}{b^2c^4}\right)^2$.

361 $\left(\dfrac{3a^2b}{15abc^2}\right)^2$; $\left(-\dfrac{12x^3y^2}{8y^3z^2}\right)^3$.

362 $\left(\dfrac{2ax}{y-3}\right)^2$; $\left(-\dfrac{a+5}{a^2b^4}\right)^2$.

363 $\left[\dfrac{(x-1)^2}{2y^3}\right]^4$; $\left(\dfrac{x}{x-2}\right)^{-3}$.

364 $\left(\dfrac{3a^2-6a+3}{9-9a^2}\right)^4$; $\left(\dfrac{x^4-y^4}{2xy^2+2x^3}\right)^3$.

365 $\left(\dfrac{x+y}{3x^2-3y^2}\right)^3$; $\left(\dfrac{4a^3-4b^3}{a^2-b^2}\right)^2$.

366 $\left(1+\dfrac{y}{x-y}\right)^{-2}$; $\left(\dfrac{2a-2b}{6b^2-6a^2}\right)^3$.

367 $\left(\dfrac{3x^3y}{6xz}\right)^{-2}$; $\left(-\dfrac{a^2-4b^2}{2b-a}\right)^{-3}$.

368 EUREKA! **Alla meno uno** Data l'espressione $\left[\dfrac{x+1}{\left(\dfrac{x}{x-1}\right)^{-1}}\right]^{-1}$ ricava la frazione algebrica equivalente, dopo aver determinato le condizioni di esistenza.

$$\left[\frac{x-1}{x(x+1)}; \text{C.E.: } x \neq 0 \wedge x \neq \pm 1\right]$$

✓ CHECKER **Semplifica le seguenti espressioni.**

369 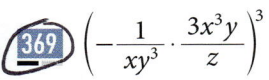 $\left(-\dfrac{1}{xy^3} \cdot \dfrac{3x^3y}{z}\right)^3$ $\left[-\dfrac{27x^6}{y^6z^3}\right]$

370 $\left(1-\dfrac{2a}{a+b}\right)^2$ $\left[\dfrac{(a-b)^2}{(a+b)^2}\right]$

371 $\left(\dfrac{2a^2-10a}{a^2-10a+25}-1\right)^5$ $\left[\dfrac{(a+5)^5}{(a-5)^5}\right]$

372 $\left(\dfrac{3x^3y-6x^2y^2}{4x^2y^2-x^4}\right)^3$ $\left[-\dfrac{27y^3}{(x+2y)^3}\right]$

373 $\left(\dfrac{a+b}{a-b}-1\right)^{-2} : \left(\dfrac{2ab}{a^2-b^2}\right)^{-1}$ $\left[\dfrac{a(a-b)}{2b(a+b)}\right]$

374 $\left(\dfrac{x^2-6x+9}{-y^2}\right)^{-1} \cdot \left(\dfrac{6-2x}{y}\right)^3$ $\left[\dfrac{8(x-3)}{y}\right]$

375 $\left(\dfrac{a^3+a^2b+ab^2}{a^3-b^3}\right)^2$ $\left[\dfrac{a^2}{(a-b)^2}\right]$

376 $\left(\dfrac{x^2-4x+4}{3-x}\right)^2 \cdot \left(\dfrac{x-3}{x^2-4}\right)^4$ $\left[\dfrac{(x-3)^2}{(x+2)^4}\right]$

COMPLETA **inserendo l'opportuna frazione algebrica.**

377 $\dfrac{\boxed{}}{\boxed{}} - \left(\dfrac{x+2}{x^2-1}+\dfrac{3}{x+1}\right) = \dfrac{6-x^2}{x^2-1}$

378 $\dfrac{1-x^2}{x^2-3x-4} \cdot \dfrac{\boxed{}}{\boxed{}} : \dfrac{5x-5}{x^2-4x} = -\dfrac{5}{x^2}$

13 FRAZIONI ALGEBRICHE

Espressioni di riepilogo

✓ **CHECKER** Semplifica le seguenti espressioni.

379 $\left(\dfrac{a+2}{a+3} - \dfrac{1}{2-a} - \dfrac{3a-1}{a^2+a-6} \right)^2 \cdot \dfrac{a^2-9}{3a^2}$ $\left[\dfrac{a-3}{3(a+3)} \right]$

380 $\left[\left(\dfrac{1}{a} + 2 \right) : \left(3 - \dfrac{1}{a} \right) \right]^{-1} \cdot \dfrac{a}{9a^2-1}$ $\left[\dfrac{a}{(1+2a)(1+3a)} \right]$

381 $\left(a + \dfrac{2a}{a+2} \right)^{-2} : \left[\left(\dfrac{6a^2+12a+8}{a^3} + 1 \right) \cdot \dfrac{1}{a+4} \right]$ $\left[\dfrac{a}{(a+2)(a+4)} \right]$

382 $\left(\dfrac{2x-1}{x+1} - 2 \right)^2 \cdot \left[\dfrac{4}{(x+1)^2} - \dfrac{2}{x+1} \right]^{-1}$ $\left[\dfrac{9}{2(1-x)} \right]$

383 $\left[\left(\dfrac{1-y}{xy+x} \right)^{-2} + \dfrac{x^2}{y-1} \right] : \left(\dfrac{xy^2}{2} \right)^2$ $\left[\dfrac{4(3+y)}{y^3(1-y)^2} \right]$

384 $\left(1 + \dfrac{1}{a^2} + \dfrac{2}{a} \right)^{-3} : \left(\dfrac{2a+3}{a} + 1 \right) \cdot \dfrac{27(1+a)^3}{a^4}$ $\left[\dfrac{9a^3}{(a+1)^4} \right]$

385 $\left(\dfrac{4b+3}{b-1} - 2 \right)^2 \cdot \left[1 - \dfrac{20}{(5+2b)^2} \right] + \left(\dfrac{2b}{b+1} - 1 \right)^{-1}$ $\left[\dfrac{5b^2+20b+4}{(b-1)^2} \right]$

386 $\left(\dfrac{2}{a^2-4a+4} + \dfrac{4}{a^3-6a^2+12a-8} \right)^{-3} : \dfrac{(a^2-4a+4)^2}{a^3}$ $\left[\dfrac{(a-2)^5}{8} \right]$

387 $\left[\left(\dfrac{1}{x} - 1 \right) : \left(1 - \dfrac{1}{x^2} \right) \right]^{-2} \cdot \left[1 - \dfrac{1+2x}{(1+x)^2} \right] + x$ $[1+x]$

388 📱 **ESEMPIO DIGITALE** $\left\{ \left(\dfrac{1}{by-1} - \dfrac{1}{by-b} \right)^{-1} \cdot \left[1 - \dfrac{1}{b} + \dfrac{(1-y)(1-b)}{1-by} \right] \right\} : (1-b^2)$

389 $\dfrac{\left(2 + \dfrac{1}{x} \right)^2}{1+x} - \left(1 - \dfrac{1}{x} \right)^2 : \left(x + \dfrac{1}{x} - 2 \right) - \dfrac{2x+1}{x^2+x}$ $\left[\dfrac{x+1}{x^2} \right]$

390 $\dfrac{(a^2-9)^3}{(a^2+14a+49)^2} \cdot \left[\left(\dfrac{5a-5}{a-3} - 4 \right) : \left(\dfrac{a-5}{a+7} + \dfrac{1}{2} \right) \right]^3 : \left(\dfrac{a^2+10a+21}{3a-3} \right)^2$ $\left[\dfrac{8(a+3)}{3(a-1)} \right]$

391 $\left[\left(\dfrac{a}{a+2} - 1 \right) \cdot \left(\dfrac{a-1}{a-2} + 1 \right) + \dfrac{2a^2-a-9}{a^2-4} \right] : \dfrac{a^2-6a+9}{a^2-a-6}$ $\left[\dfrac{2a+1}{a-2} \right]$

392 $\dfrac{1}{x^3y-x^2y^2} + \dfrac{1}{x^2y^2+xy^3} - \dfrac{2}{x^3y-xy^3}$ $\left[\dfrac{x-y}{x^2y^2(x+y)} \right]$

393 $\dfrac{3b^2-3b}{b^2+7b+12} : \dfrac{b^2-1}{b^2+6b+9} \cdot \dfrac{b^2+4b}{4b^2} - \dfrac{b+4}{2b+2}$ $\left[\dfrac{1}{4} \right]$

394 $\dfrac{4x+8}{x^3+2x^2-16x-32} : \left(\dfrac{x}{x^2+x-12} + \dfrac{1}{x^2-7x+12} - \dfrac{x}{x^2-16} \right)$ $[x-3]$

395 $\left(\dfrac{1}{2a+4b} + \dfrac{1}{a-2b} - \dfrac{3}{a^2-4b^2} \right) : \left(\dfrac{2}{a+2b} - \dfrac{2b-a+6}{a^2+4ab+4b^2} \right)$ $\left[\dfrac{a+2b}{2(a-2b)} \right]$

396 $\left(\dfrac{x^2-7x+6}{x^3+25-x^2-25x} : \dfrac{x^2-36}{x^2-6x+5} \right) : \left(\dfrac{x^2+11x+30}{x-1} \right)^{-2} \cdot \dfrac{x}{x+5}$ $\left[\dfrac{x^2+6x}{x-1} \right]$

397 $\left(\dfrac{a+4}{a-5} - \dfrac{3}{25-a^2} + \dfrac{2}{5+a} \right)^{-2} \cdot \dfrac{2a^2+22a+26}{(10-2a)^2}$ $\left[\dfrac{(a+5)^2}{2(a^2+11a+13)} \right]$

398 $\left(\dfrac{1}{x^3} - \dfrac{x^2+2}{x^3+1} + \dfrac{1}{x+1} \right) \left(\dfrac{4x^2+4}{3+3x^2-3x} \right)^{-1} : \left(-\dfrac{1}{2x} \right)^2 \cdot \left(\dfrac{1}{x} - 1 \right)^{-1}$ $[3]$

399 $\left[\left(\dfrac{3}{a+5} + a + 1 \right)^{-1} : \left(\dfrac{2a}{a+2} - \dfrac{2}{2a+1} \right) \right]^2 \cdot \left(\dfrac{16a+64}{2a^2+11a+5} \right)^2$ $\left[\dfrac{16}{(a^2-1)^2} \right]$

410

Problemi

400 ☐ **ESEMPIO DIGITALE** Considera le seguenti frazioni algebriche: $A = \dfrac{x}{x-1}$, $B = \dfrac{(x-1)^2}{x+1}$, $C = \dfrac{(x+1)^2}{x^3}$.

Dopo aver stabilito per quali valori di $x \in \mathbb{R}$ esistono tutte e tre le frazioni, calcola ed esprimi in forma semplificata $D = A^2 \cdot B \cdot C$.

Siano c e d due numeri reali. Determina le condizioni di esistenza e semplifica l'espressione che si ottiene traducendo in simboli le frasi seguenti. Calcola poi il valore che esse assumono per $c = 1$ e $d = -2$.

401 Dividi la differenza tra il reciproco di c e il reciproco della somma di c e d per il rapporto tra il quadrato di d e il doppio di c.
$$\left[\text{C.E.:} \ c \neq 0 \wedge d \neq 0 \wedge c \neq -d; \ \frac{2}{d(c+d)}; \ 1 \right]$$

402 Eleva alla -2 il rapporto tra l'opposto di c e la differenza tra c e d e dividi il risultato per il reciproco dell'opposto del prodotto tra c e d.
$$\left[\text{C.E.:} \ c \neq 0 \wedge d \neq 0 \wedge c \neq d; \ -\frac{d(c-d)^2}{c}; \ 18 \right]$$

403 Considera il polinomio $P(x) = x^2 - 2x + 3$. Calcola $\dfrac{P(a) - P(1)}{P(a+1) - P(0)}$ e trova le condizioni di esistenza.
$$\left[\frac{a-1}{a+1}; \ \text{C.E.:} \ a \neq \pm 1 \right]$$

404 ☐ **EUREKA!** **Frazioni atletiche** In un club di atletica il numero mensile (in centinaia) di nuovi iscritti, t mesi dopo l'apertura, è $\dfrac{t}{t+1}$, e il numero mensile (in centinaia) di disdette è $\dfrac{t}{t+2}$. Scrivi una frazione algebrica semplificata che esprima la differenza mensile tra nuove iscrizioni e disdette.

|A| $\dfrac{t}{(t+1)(t+2)}$

|B| $\dfrac{2t^2 + t}{(t+1)(t+2)}$

|C| $\dfrac{2t}{(t+1)(t+2)}$

|D| $\dfrac{1}{(t+1)(t+2)}$

|E| $\dfrac{3t}{(t+1)(t+2)}$

[USA Catawba College NCCTM Mathematics Contest, 2007]

405 ☐ **INVALSI 2005** Fra due numeri razionali positivi a e b può essere definita una particolare operazione, che si indica con $\Diamond$, che funziona così:

$$a \Diamond b = \frac{a \cdot b}{a + b}.$$

Dati due generici numeri razionali positivi a e b, quale delle seguenti relazioni è *falsa*?

|A| $a \Diamond 1 = 1$ |B| $\dfrac{1}{a} \Diamond \dfrac{1}{b} = \dfrac{1}{a+b}$ |C| $a \Diamond b = b \Diamond a$ |D| $a \Diamond a = \dfrac{a}{2}$

406 Verifica che il rapporto tra l'area della superficie totale e quella della superficie laterale di un parallelepipedo a base quadrata è uguale alla somma tra 1 e il rapporto tra il lato di base e il doppio dell'altezza.

408 Calcola l'area della figura a lato. ($b \geq 2$)
$$\left[\frac{4b^2 - 1}{b^2} \right]$$

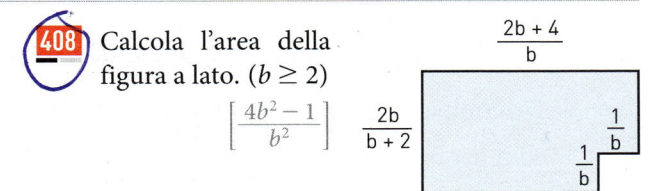

407 Un rettangolo ha un lato che misura $\dfrac{a+1}{3}$ cm e area $\dfrac{2a^2 + 2a}{3a+6}$ cm². Trova il lato mancante.
($a > 0$)
$$\left[\frac{2a}{a+2} \right]$$

409 Un cubo ha lato $\dfrac{x+1}{3+x}$ e una cavità cubica di lato $\dfrac{x}{2x+6}$. Calcola il volume del solido.
($x > 0$)
$$\left[\frac{7x^3 + 24x^2 + 24x + 8}{8(x+3)^3} \right]$$

VERIFICA DELLE COMPETENZE ALLENAMENTO

▶ Competenza **1** (abilità **3, 4**)

1 ☐ **VERO O FALSO?**

a. $\dfrac{1}{a} + \dfrac{1}{2a} = \dfrac{1}{3a}$ ☐V ☐F

b. $\dfrac{4x+4}{x^2+1}$ perde significato se $x = -1$. ☐V ☐F

c. $\dfrac{8a-16}{2a^2-8}$ è equivalente a $\dfrac{4}{a+2}$ solo se $a \neq \pm 2$. ☐V ☐F

d. $\left(\dfrac{-3a^3}{a-1}\right)^3 = -\dfrac{9a^9}{(a-1)^3}$ ☐V ☐F

e. $\dfrac{4}{x} \cdot \dfrac{2}{x} = \dfrac{8}{x}$ ☐V ☐F

2 **CACCIA ALL'ERRORE**

a. $2 \cdot \dfrac{x}{a} = \dfrac{2x}{2a}$

b. $\dfrac{\cancel{a^2}}{4}\left(\dfrac{1+b}{\cancel{a^2}}\right)^2 = \dfrac{(1+b)^2}{4}$

c. $\dfrac{\cancel{8}a+b}{\cancel{8}} = a+b$

d. $\dfrac{\cancel{y^2}(x+1)-b}{\cancel{y^2}} = x+1-b$

✔ **CHECKER** **Semplifica le seguenti espressioni dopo aver determinato le condizioni di esistenza.**

3 $\dfrac{2b^2+8b}{4ab^2+32ab+64a}$ $\left[\dfrac{b}{2a(b+4)}\right]$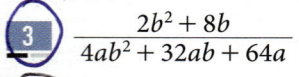

5 $\dfrac{a^2-a+2ax-2x}{a^2+3ax-a-3x}$ $\left[\dfrac{a+2x}{a+3x}\right]$

4 $\dfrac{b^2a^2-4b^2}{a^2b-5ab-14b}$ $\left[\dfrac{b(a-2)}{a-7}\right]$

6 $\dfrac{6b^2+2by-3b-y}{18b^2y-2y^3}$ $\left[\dfrac{2b-1}{2y(3b-y)}\right]$

7 $\left[(x^2-3x-10)\left(\dfrac{1}{x+2}+\dfrac{1}{x-5}\right):\dfrac{2x+1}{5x+1}\right]\cdot\dfrac{1}{10x^2-13x-3}$ $\left[\dfrac{1}{2x+1}\right]$

8 $\left[\left(\dfrac{x}{x-1}-\dfrac{x+1}{x}\right):\left(\dfrac{x}{x^2-1}-\dfrac{x}{x^2+1}\right)\right]\cdot\left(x-\dfrac{x}{x^2+1}\right)$ $\left[\dfrac{x(x+1)}{2}\right]$

9 $\left(\dfrac{9}{8x^2+8x-16}-\dfrac{3}{8x^2-8x}+\dfrac{1}{4x^2-8x}\right)\cdot\dfrac{x^3-4x}{x^2-2x+1}$ $\left[\dfrac{1}{x-1}\right]$

10 $\left(\dfrac{x}{y}-\dfrac{y}{x}\right):\left(\dfrac{x}{y}+\dfrac{y}{x}-2\right)-\left(\dfrac{3x^2-2xy+y^2}{x^2-xy}-\dfrac{2x}{x-y}\right):\left(\dfrac{y}{x}+\dfrac{x}{y}-2\right)$ $\left[\dfrac{x}{x-y}\right]$

11 $1-\left[\left(\dfrac{3a^2}{3a^2+2x^2}-1\right)\left(\dfrac{3a^2}{3a^2-2x^2}-1\right)\left(\dfrac{9a^4}{4x^4}-1\right)\right]^2$ $[0]$

▶ Competenza **3** (abilità **2, 4**)

12 È data l'espressione $\left(\dfrac{1}{x^2-1}-A\right)+\dfrac{x}{x-1}$.

a. Determina quale frazione occorre sostituire ad A per ottenere $\dfrac{3}{x^2-1}$.

b. Per quale valore di $x \in \mathbb{R}$ la frazione A perde significato?

c. Trova il valore di $x \in \mathbb{R}$ in corrispondenza del quale A vale 0.

$\left[\text{a) } \dfrac{x+2}{x+1}; \text{b) } -1; \text{c) } -2\right]$

13 Considera le frazioni algebriche
$$\dfrac{x^2-3x+2}{x^2-4} \text{ e } \left(\dfrac{2x+4}{2x-1}\right)^{-1}.$$

a. Sono equivalenti?

b. Per quale valore di x si annulla la prima frazione?

c. Quanto vale il loro quoziente?

$\left[\text{a) no; b) 1; c) } \dfrac{2(x-1)}{2x-1}\right]$

VERIFICA DELLE COMPETENZE PROVE

TUT⊙R   PROVA A (10 esercizi)   PROVA B (10 esercizi)   ⏱ IN MEZZ'ORA

PROVA C ▶ Competenze **1, 3**   ⏱ IN UN'ORA

1   Determina le condizioni di esistenza delle frazioni algebriche:

   a. $\dfrac{b-1}{4b-6}$;   **b.** $\dfrac{1}{x^4-4x^2}$;   **c.** $\dfrac{8x}{3ax^2}$.

2   Semplifica le frazioni algebriche:

   a. $\dfrac{9a^2-a}{9a^2}$;   **b.** $\dfrac{x^2-6x+8}{x^2-4x+4}$.

Semplifica le seguenti espressioni.

3 $\dfrac{x^2+x-6}{x^2+6x+9} \cdot \dfrac{x^2+ax+2x+2a}{3a+3} : \dfrac{x^2-4}{a^2+2a+1}$

4 $25y \cdot \left(\dfrac{x-y}{x^2-y^2}\right)^2 : \dfrac{25x-50}{x^2-2x+xy-2y} - \left(\dfrac{1}{x}-\dfrac{1}{y}\right) \cdot \dfrac{xy}{y^2-x^2}$

5   Data la funzione $f(x) = \dfrac{x^3-x^2-2x}{2x+2x^2}$:

   a. determina il dominio;

   b. semplifica l'espressione analitica di $f(x)$;

   c. trova gli zeri;

   d. trova i valori di x per i quali la funzione è positiva;

   e. traccia il grafico di $f(x)$.

PROVA D ▶ Competenze **1, 3**   ⏱ IN UN'ORA

1   Dopo aver determinato le condizioni di esistenza, semplifica le seguenti frazioni algebriche:

   a. $\dfrac{y^3-4y^2+4y}{y^3+3y^2-10y}$;   **b.** $\dfrac{x^3-3x^2+3x-1}{4x^2-8x+4}$;   **c.** $\dfrac{a^2-9}{3a^2b-9ab}$.

Semplifica le seguenti espressioni.

2 $\left(\dfrac{a}{a-2} - \dfrac{a+1}{1-a} - \dfrac{3+2a^2}{a^2-3a+2}\right) \cdot \dfrac{a^2-4}{2a+5}$

3 $\dfrac{x^3-3x+2}{x^2-4} \cdot \dfrac{x^2-4x+4}{3x^2+3x-6} : \left(\dfrac{x^2-3x+2}{3x+6}\right)^2$

4   Data la funzione $f(x) = \dfrac{x-3x^3-2x^2}{3x^2-x}$:

   a. determina il dominio;

   b. semplifica l'espressione analitica di $f(x)$;

   c. trova per quali valori di x si ha $f(x) < -1$;

   d. traccia il grafico della funzione.

5   Trova per quale valore del parametro b le frazioni $\dfrac{x-x^2-b+bx}{x^2-x}$ e $\dfrac{x^2-1}{x-x^2}$ sono equivalenti.

14 EQUAZIONI E DISEQUAZIONI FRATTE E LETTERALI

1. EQUAZIONI NUMERICHE FRATTE → Esercizi a pagina **420**

A **rational equation** is an equation in which the unknown appears in the denominator of *at least* one of the terms.

$$\frac{5}{x-1} = \frac{6}{x+2}$$

incognita al denominatore

C.E.:
$$x \neq 1, \, x \neq -2$$
…
$$x = 16$$
soluzione accettabile

Un'equazione **numerica** è **fratta** se l'incognita compare in almeno un denominatore dei suoi termini.

Per la risoluzione di un'equazione numerica fratta dobbiamo:

- determinare le condizioni di esistenza (C.E.) delle frazioni algebriche presenti nell'equazione che hanno l'incognita a denominatore;

- applicare i princìpi di equivalenza fino a trovare le soluzioni;

- controllare che le soluzioni siano accettabili, cioè soddisfino le C.E.; soltanto le soluzioni accettabili sono effettivamente soluzioni dell'equazione.

Anche le equazioni fratte, come quelle intere, possono essere determinate, indeterminate o impossibili.

Esaminiamo un esempio in cui un'equazione fratta risulta **determinata**.

ESEMPIO

Risolviamo l'equazione:

$$\frac{9}{x^2 + 3x} - \frac{1}{x} = \frac{2}{x+3}$$

⟩ scomponiamo in fattori il primo denominatore e determiniamo le C.E.

$$\frac{9}{x(x+3)} - \frac{1}{x} = \frac{2}{x+3}$$

C.E.: $x \neq 0, \, x \neq -3$

⟩ riduciamo allo stesso denominatore, mcm dei tre denominatori

$$\frac{9-(x+3)}{x(x+3)} = \frac{2x}{x(x+3)}$$

⟩ applichiamo il secondo principio, moltiplicando entrambi i membri per $x(x+3) \neq 0$ per le C.E.

$$x(x+3)\frac{9-(x+3)}{x(x+3)} = \frac{2x}{x(x+3)}x(x+3)$$

⟩ semplificando, otteniamo un'equazione intera

$$9-(x+3) = 2x$$

⟩ risolviamo l'equazione intera

$$6 = 3x \rightarrow x = \frac{6}{3} = 2$$

Controllo: $x = 2$ soddisfa le C.E., quindi è accettabile.

L'equazione è determinata, con soluzione $x = 2$.

Esaminiamo ora un'equazione numerica fratta che è **indeterminata** e ha quindi infinite soluzioni.

Anche in questo caso dobbiamo tener conto delle C.E. ed escludere dalle soluzioni i valori che non le soddisfano.

ESEMPIO

Risolviamo l'equazione:

$$\frac{x+2}{6x} + \frac{1}{12} = \frac{x+3}{4x} - \frac{5}{12x}$$ ⟩ determiniamo le C.E.

C.E.: $x \neq 0$ ⟩ riduciamo allo stesso denominatore, mcm dei denominatori

$$\frac{2x+4+x}{12x} = \frac{3x+9-5}{12x}$$ ⟩ applichiamo il secondo principio, moltiplicando entrambi i membri per $12x \neq 0$ per la C.E.

$$3x - 3x = -4 + 9 - 5$$ ⟩ risolviamo l'equazione intera

$$0 \cdot x = 0 \; \rightarrow \; \text{equazione indeterminata}$$

Controllo: per la C.E., la soluzione $x = 0$ *non* è accettabile.

L'equazione è indeterminata ed è risolta $\forall x \in \mathbb{R} \wedge x \neq 0$.

Esaminiamo anche un esempio di equazione fratta **impossibile**.

ESEMPIO

Risolviamo l'equazione:

$$\frac{4}{x} + \frac{x}{1+x} = \frac{x^2}{x(1+x)}$$ ⟩ scriviamo le C.E.

C.E.: $x \neq 0, \; x \neq -1$ ⟩ riduciamo allo stesso denominatore, mcm dei denominatori

$$\frac{4 + 4x + \cancel{x^2}}{x(1+x)} = \frac{\cancel{x^2}}{x(1+x)}$$ ⟩ eliminiamo i denominatori, moltiplicando entrambi i membri per $x(1+x) \neq 0$ per le C.E., e risolviamo l'equazione intera

$$4x = -4 \; \rightarrow \; x = -1$$

Controllo: $x = -1$ *non* soddisfa le C.E., quindi *non* è accettabile.

L'equazione è impossibile perché non ci sono soluzioni accettabili.

ESERCIZI PER COMINCIARE

Risolvi le seguenti equazioni.

1  **ANIMAZIONE** $\quad \dfrac{1}{2(x+1)} - \dfrac{2}{(1+x)(1-x)} = \dfrac{x}{2(1-x)^2}$

2 **ANIMAZIONE** $\quad \dfrac{x+16}{x^2 - 3x - 10} + 2 = \dfrac{x-2}{x-5} + \dfrac{x}{x+2}$

3 **VIDEO** **Equazioni fratte** $\quad \dfrac{x-2}{x^2 - x} - \dfrac{1}{x^2 - 3x + 2} = \dfrac{x-1}{x(x-2)}$

4 **ANIMAZIONE** In un trapezio rettangolo, le basi AB e CD e l'altezza AD sono lunghe rispettivamente 20 cm, 6 cm e 12 cm. Preso P su AB, determina PA in modo che il rapporto tra l'area del trapezio $APCD$ e quella del triangolo PBC sia $\dfrac{3}{2}$.

2. EQUAZIONI LETTERALI

EQUAZIONI LETTERALI INTERE ➲ Esercizi a pagina **424**

Un'equazione letterale contiene, oltre all'incognita, altre lettere, dette *parametri*. Per particolari valori numerici attribuiti ai parametri, un'equazione letterale diventa numerica e, in genere, le soluzioni dell'equazione dipendono dai valori attribuiti ai parametri.

Per risolvere un'**equazione letterale intera** dobbiamo arrivare, mediante i princìpi di equivalenza, alla forma $Ax = B$ e determinare poi per quali valori dei parametri l'equazione è determinata, indeterminata o impossibile.

incognita solo nei numeratori

$$\frac{x}{3a} = 2x + a$$

parametro

ESEMPIO

Risolviamo la seguente equazione nell'incognita x e con un solo parametro a.

$a^2x + 6x = 5ax - 2 + a$ ⟩ portiamo i termini con x al primo membro, quelli senza al secondo

$a^2x - 5ax + 6x = a - 2$ ⟩ raccogliamo x al primo membro per giungere alla forma $Ax = B$

$(a^2 - 5a + 6)x = a - 2$ ⟩ scomponiamo il coefficiente di x

$(a - 2)(a - 3)x = a - 2$ ⟩ osserviamo che il coefficiente di x si annulla per $a = 2$ e $a = 3$

Discussione

Se $a = 2 \rightarrow 0 \cdot x = 0 \rightarrow$ equazione indeterminata.

sostituiamo 2 ad a

Se $a = 3 \rightarrow 0 \cdot x = 1 \rightarrow$ equazione impossibile.

sostituiamo 3 ad a

Se $a \neq 2 \land a \neq 3 \rightarrow x = \dfrac{\cancel{a - 2}}{\cancel{(a - 2)}(a - 3)} = \dfrac{1}{a - 3} \rightarrow$ equazione determinata.

dividiamo entrambi i membri per $(a - 2)(a - 3) \neq 0$

In sintesi:

$a = 2$: equazione indeterminata; $a = 3$: equazione impossibile; $a \neq 2 \land a \neq 3$: $x = \dfrac{1}{a - 3}$.

Come si vede nell'esempio, risolvere un'equazione letterale significa arrivare, tramite la discussione, a uno schema che permette di determinare la soluzione dell'equazione per ogni valore attribuito ai parametri presenti.

▶ Quanto vale la soluzione dell'equazione $a^2x + 6x = 5ax - 2 + a$, se a vale 8? E se a vale 1? Oppure se vale 2?

Per rispondere, non è necessario risolvere le tre equazioni numeriche che si ottengono dopo aver sostituito ad a i tre valori 8, 1 e 2. Consultiamo invece lo schema ottenuto con la risoluzione precedente. Otteniamo:

se $a = 8$, $x = \dfrac{1}{8 - 3} = \dfrac{1}{5}$; se $a = 1$, $x = \dfrac{1}{1 - 3} = -\dfrac{1}{2}$;

se $a = 2$, l'equazione è indeterminata.

Risolvere un'equazione letterale è come risolvere infinite equazioni numeriche!

EQUAZIONI LETTERALI FRATTE 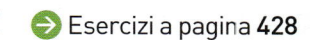 Esercizi a pagina **428**

Un'**equazione letterale fratta** ha l'incognita che compare in almeno uno dei denominatori dei suoi termini. Oltre alle eventuali C.E. per parametri presenti nei denominatori, dobbiamo quindi tener conto delle C.E. dovute alla presenza dell'incognita al denominatore.

$$\frac{5}{x+1} = \frac{4}{a}$$

incognita al denominatore — parametro

ESEMPIO

Risolviamo la seguente equazione.

$$\frac{3x}{a-1} - \frac{a}{x-2} = \frac{3x^2 - ax - 5a}{(x-2)(a-1)}$$

⟩ determiniamo le C.E.

C.E. parametro: $a \neq 1$;

C.E. incognita: $x \neq 2$

⟩ riduciamo allo stesso denominatore, m.c.m. dei denominatori

$$\frac{3x^2 - 6x - a^2 + a}{(a-1)(x-2)} = \frac{3x^2 - ax - 5a}{(a-1)(x-2)}$$

$$ax - 6x = a^2 - 6a$$

⟩ raccogliamo x e scomponiamo il secondo membro

$$(a-6)x = a(a-6)$$

Discussione

Se $a = 1 \rightarrow$ l'equazione non ha significato.

per la C.E. del parametro

Se $a = 6 \rightarrow 0 \cdot x = 0 \rightarrow$ l'equazione è indeterminata, con $x \neq 2$.

sostituiamo 6 ad a — per la C.E. dell'incognita

Se $a \neq 1 \wedge a \neq 6 \rightarrow x = \dfrac{a(a-6)}{a-6} \rightarrow x = a$; per la C.E. dell'incognita deve essere $x \neq 2$, quindi $a \neq 2$.

In sintesi:

$a = 1$: l'equazione perde significato;

$a = 6$: l'equazione è indeterminata ed è risolta $\forall x \in \mathbb{R} \wedge x \neq 2$;

$a \neq 1 \wedge a \neq 6 \wedge a \neq 2$: $x = a$.

ESERCIZI PER COMINCIARE

Risolvi e discuti le seguenti equazioni nell'incognita x, al variare del parametro in $\mathbb{R}$.

1 🔲 ANIMAZIONE $a^2(x-2) = 3(ax-6)$

2 🔲 ANIMAZIONE $2 - \dfrac{x}{b-2} = \dfrac{x+2}{b}$

3 🔲 VIDEO **Equazioni letterali intere** $\dfrac{2}{a-2} + \dfrac{x-2}{a^2-2a} = \dfrac{ax+4}{a-2}$

4 🔲 ANIMAZIONE $\dfrac{1}{x+1} = \dfrac{5}{4x} - \dfrac{a}{8x(x+1)}$

5 🔲 ANIMAZIONE $\dfrac{a+3}{3x} - \dfrac{4a}{a-3} = \dfrac{1-a}{x}$

3. DISEQUAZIONI FRATTE E LETTERALI

DISEQUAZIONI NUMERICHE FRATTE → Esercizi a pagina 431

Una disequazione è **fratta** se contiene l'incognita in almeno un denominatore.

Per risolverla, dobbiamo trasformarla, con i princìpi di equivalenza, in una delle seguenti forme, dette *forme normali*:

$$\frac{N(x)}{D(x)} > 0, \quad \frac{N(x)}{D(x)} \geq 0, \quad \frac{N(x)}{D(x)} < 0, \quad \frac{N(x)}{D(x)} \leq 0,$$

> If the unknown is in the denominator, the inequality is called a **rational inequality**.

con $N(x)$ e $D(x)$ funzioni dell'incognita x.

Ci occuperemo solo del caso in cui $N(x)$ e $D(x)$ sono polinomi (disequazione razionale fratta).

Vediamo un esempio con una disequazione numerica fratta in forma normale.

ESEMPIO

Risolviamo la disequazione:

$$\frac{5x + 7}{3 - 2x} < 0.$$

Per la regola dei segni, il segno di una frazione $\frac{N}{D}$ dipende dai segni del numeratore e del denominatore.

- Dobbiamo studiare separatamente il segno di N e quello di D.
- Poniamo sempre $N > 0$ e $D > 0$, indipendentemente dal simbolo $>, \geq, <, \leq$ della disequazione.

$$N > 0 \quad \rightarrow \quad 5x + 7 > 0 \quad \rightarrow \quad x > -\frac{7}{5};$$

$$D > 0 \quad \rightarrow \quad 3 - 2x > 0 \quad \rightarrow \quad x < \frac{3}{2}.$$

- Compiliamo il quadro dei segni, aggiungendo la riga $\frac{N}{D}$, ottenuta con la regola dei segni. Quando N si annulla, anche $\frac{N}{D}$ si annulla; quando si annulla D, $\frac{N}{D}$ non esiste e lo indichiamo con $\nexists$.

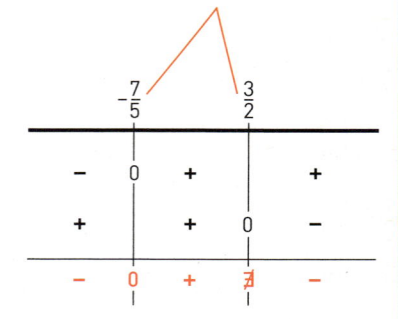

in ordine crescente come sulla retta orientata

La disequazione è verificata quando $\frac{N}{D} < 0$, quindi scegliamo come intervalli delle soluzioni quelli del quadro in cui il segno è $-$:

$$x < -\frac{7}{5} \ \vee \ x > \frac{3}{2}.$$

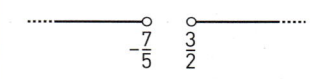

DISEQUAZIONI LETTERALI ➡ Esercizi a pagina **436**

Una disequazione è letterale se oltre all'incognita contiene altre lettere.
Limitiamo il loro studio alle **disequazioni letterali intere** di primo grado.
Per risolverle, dobbiamo trasformarle in una delle *forme normali*:

$$Ax > B; \quad Ax \geq B; \quad Ax < B; \quad Ax \leq B.$$

Con A e B indichiamo delle espressioni che non contengono l'incognita, ma possono contenere altre lettere.
Giunti a una di queste forme, studiamo il segno del coefficiente A di x, considerando separatamente i casi:

$$A > 0; \quad A < 0; \quad A = 0.$$

Questo studio va fatto perché, se in una disequazione si dividono ambo i membri per un numero negativo, è necessario cambiare il verso della disequazione.

ESEMPIO

Risolviamo la disequazione $a(x + 1) > 3x + 2$ nell'incognita x.

- Svolgiamo i calcoli e giungiamo alla forma normale:

$$a(x + 1) > 3x + 2 \quad \rightarrow \quad ax + a > 3x + 2 \quad \rightarrow \quad ax - 3x > 2 - a \quad \rightarrow \quad \underset{A}{(a - 3)}x > \underset{B}{2 - a}.$$

- Distinguiamo tre casi.

$A > 0$	$A < 0$	$A = 0$
Se $a - 3 > 0$, cioè $a > 3$:	Se $a - 3 < 0$, cioè $a < 3$:	Se $a - 3 = 0$, cioè $a = 3$:
$x > \dfrac{2 - a}{a - 3}.$	$x < \dfrac{2 - a}{a - 3}.$	$0 \cdot x > 2 - 3 \quad \rightarrow \quad 0 \cdot x > -1.$
	cambiamo verso perché dividiamo per il numero negativo $a - 3$	La disequazione è sempre verificata.

ESERCIZI PER COMINCIARE

Risolvi le seguenti disequazioni.

1 | ANIMAZIONE | **a.** $\dfrac{4 - x}{x + 7} > 0;$ **b.** $\dfrac{x^2 - 1}{x^2 + x} \geq 0.$

2 | ANIMAZIONE | $\dfrac{1 - 3x}{6 - 2x} + \dfrac{4}{x - 3} \geq \dfrac{3}{2}$

3 | VIDEO | **Sistema di disequazioni vs disequazione fratta** Spiega le differenze nella risoluzione del sistema di disequazioni e della disequazione fratta seguenti.

$$\begin{cases} x - 5 > 0 \\ x + 2 > 0 \end{cases}; \qquad \dfrac{x - 5}{x + 2} > 0.$$

Risolvi le seguenti disequazioni nell'incognita x.

4 | ANIMAZIONE | $(a - 1)(x - 2) < 2x(a - 1)$

5 | ANIMAZIONE | $\dfrac{x}{a - 5} + \dfrac{2}{a + 5} > \dfrac{ax - 8}{a^2 - 25}$

14 ESERCIZI

1. EQUAZIONI NUMERICHE FRATTE → Teoria a pagina 414

Condizioni di esistenza

1 **VERO O FALSO?** Hanno le stesse condizioni di esistenza:

a. $\dfrac{x}{x^2 - 2x + 1} = 3$ e $\dfrac{1}{x-1} = \dfrac{1}{2}$. V F

b. $\dfrac{2x+1}{x-3} = \dfrac{2x}{x+3}$ e $\dfrac{5x}{9-x^2} = 6$. V F

c. $\dfrac{11-x}{x^2+x-6} = x$ e $\dfrac{1}{x+2} + \dfrac{3x}{x-3} = 0$. V F

d. $\dfrac{1}{3x} - \dfrac{5x+2}{x^2+1} = 0$ e $\dfrac{3x-4}{x^3+x^2} = 5$. V F

2 **ASSOCIA** a ogni equazione le condizioni di esistenza.

1. $\dfrac{1}{8x^4} - \dfrac{2x+1}{x^4+3} = 0$ **a.** $x \neq -\dfrac{1}{2}$

2. $\dfrac{4x-1}{1-2x} - \dfrac{5x}{x+2x^2} = 4$ **b.** $x \neq \pm\dfrac{1}{2}$

3. $\dfrac{12}{0,25 - x^2} = 2x$ **c.** $x \neq 0$

4. $\dfrac{7x}{(2x+1)^2} = 5$ **d.** $x \neq 0,\ x \neq \pm\dfrac{1}{2}$

Scrivi le condizioni di esistenza delle seguenti equazioni.

3 $\dfrac{1}{3x} = \dfrac{8}{9x^2}$; $\dfrac{3}{2x-8} = \dfrac{1-x}{4x-x^2}$.

4 $\dfrac{x}{x-4} = \dfrac{1}{4x}$; $\dfrac{1}{x^2-9} + \dfrac{x}{x^2-6x+9} = 0$.

AL VOLO Le seguenti equazioni sono tutte impossibili. Spiega perché.

5 $\dfrac{2}{x+5} = 0$; $\dfrac{6x}{x^2-6x} = 0$.

6 $\dfrac{x-3}{9-x^2} = 0$; $4 = \dfrac{1}{4x} + 4$.

7 $\dfrac{10^4-1}{x^2-1} = 0$; $\dfrac{x+1}{2x^2-x-3} = 0$.

8 $\dfrac{7x-5}{x-2} = \dfrac{5x-1}{x-2}$; $\dfrac{x^2}{x^2-4x} = \dfrac{4}{x-4}$.

9 **INVALSI 2007** Quante sono le soluzioni dell'equazione $\dfrac{3x-1}{x+1} = 2$?

A 0   B 1   C 2   D Più di 2.

10 **YOU & MATHS** **Find it** Does there exist a number x such that $\dfrac{x-1}{x+2} = 4$? If so, find it; otherwise explain why not.

Risoluzione di equazioni

CHECKER Risolvi le seguenti equazioni.

11 $\dfrac{6}{x} - 1 = 0$

12 $\dfrac{1}{2x} + \dfrac{1}{4} = 0$

13 $5 + \dfrac{7}{x} = 0$

14 $\dfrac{x-5}{x+10} = 0$

15 $\dfrac{12}{12-x} = 0$

16 $\dfrac{7x-3}{x+1} = 0$

17 $\dfrac{2}{3} - \dfrac{1}{2x} = \dfrac{5}{9x}$

18 $\dfrac{3x-2}{x+4} = 5$

19 $\dfrac{2}{x-2} - \dfrac{x-4}{x-2} = 0$ $[6]$

20 $\dfrac{1}{x^2} - \dfrac{2}{3x} = \dfrac{7}{x}$ $\left[\dfrac{3}{23}\right]$

21 $\dfrac{12}{x-8} - \dfrac{6x}{8-x} = 0$ $[-2]$

22 $\dfrac{3}{4x} = \dfrac{3}{x} - \dfrac{5+x}{x^2}$ $[4]$

23 $5x + 100 = \dfrac{10\,000}{100 - 5x}$ $\qquad$ $[0]$

24 $\dfrac{x-3}{x+4} = \dfrac{5+x}{x-3}$ $\qquad$ $\left[-\dfrac{11}{15}\right]$

25 $\dfrac{5x}{x-2} = \dfrac{x+4}{2} - \dfrac{x^2}{2x-4}$ $\qquad$ $[-1]$

26 $\dfrac{x^2 - 2x + 1}{3x - 3} = 0$ $\qquad$ $[\text{impossibile}]$

27 $\dfrac{9}{x} + \dfrac{25}{2x} - \dfrac{1}{3x} = \dfrac{x+4}{2x}$ $\qquad$ $\left[\dfrac{7}{3}\right]$

28 $\dfrac{1}{x} = \dfrac{3x+4}{x^2}$ $\qquad$ $[-2]$

29 $\dfrac{1+4x}{4x-4} + \dfrac{3}{2x} = \dfrac{x+1}{x-1}$ $\qquad$ $[2]$

30 $\dfrac{4-x^2}{3-x} = 1 + x$ $\qquad$ $\left[\dfrac{1}{2}\right]$

31 $\dfrac{x+3(1-2x)}{x^2+4x+4} - \dfrac{3x}{x+2} = -3$ $\qquad$ $[-15]$

32 $2 + \dfrac{1-x}{x^2} = \dfrac{-x+3(x+2)}{x}$ $\qquad$ $\left[\dfrac{1}{7}\right]$

33 $\dfrac{13-6x}{2x+5} - \dfrac{8-3x}{x-1} = \dfrac{15x-1}{4x^2+6x-10}$ $\qquad$ $[5]$

34 $-\dfrac{8x+7}{2x+1} + \dfrac{2(4+7x+2x^2)}{(x-2)(1+2x)} + 2 = 0$ $\qquad$ $\left[-\dfrac{18}{17}\right]$

35 $\dfrac{9x^2+4}{6x^2-3x} = \dfrac{4x+1}{2x} - \dfrac{x+1}{2x-1}$ $\qquad$ $\left[-\dfrac{11}{12}\right]$

36 📱 **ESEMPIO DIGITALE**

$\dfrac{x+2}{2x} - \dfrac{4-x}{2x-x^2} = \dfrac{3x}{6x-12}$

37 $\dfrac{9x-2}{3x-3} + \dfrac{x+2}{1-x} = 0$ $\qquad$ $\left[\dfrac{4}{3}\right]$

38 $\dfrac{-5}{3x-6} - \dfrac{x+3}{x^2-4} = 0$ $\qquad$ $\left[-\dfrac{19}{8}\right]$

39 $\dfrac{7x-5}{x^2} - \dfrac{x^2-2x+1}{3x} = \dfrac{-x+2}{3}$ $\qquad$ $\left[\dfrac{3}{4}\right]$

40 $\dfrac{2x-5}{1-3x} = \dfrac{4x+15}{9x-3}$ $\qquad$ $[0]$

41 $\dfrac{3x+2}{x} = \dfrac{4x}{3x-1} + \dfrac{5x^2-2}{3x^2-x}$ $\qquad$ $[\text{impossibile}]$

42 $\dfrac{x-5}{x+3} - \dfrac{1}{2} = \dfrac{3}{4}$ $\qquad$ $[-35]$

43 $\dfrac{3x+1}{x} = \dfrac{9x+3}{3x+1}$ $\qquad$ $[\text{impossibile}]$

44 $\dfrac{x+5}{x-2} - 3 = \dfrac{11-2x}{x-2}$ $\qquad$ $[\text{ind.}, x \neq 2]$

45 $1 - \dfrac{2x+4}{x-1} = \dfrac{2}{1-x}$ $\qquad$ $[-3]$

46 $\dfrac{3}{5x} = \dfrac{1}{x-5} - \dfrac{4x+15}{10x^2}$ $\qquad$ $\left[-\dfrac{15}{7}\right]$

47 $\dfrac{2x+1}{3x} - \dfrac{1}{3x-x^2} = \dfrac{6x-5}{9x-27}$ $\qquad$ $[\text{impossibile}]$

48 $\dfrac{3}{x^2-2x} - \dfrac{1}{x} = -\dfrac{2}{2-x}$ $\qquad$ $\left[\dfrac{5}{3}\right]$

49 $\dfrac{3(x+5)}{x^2-9} - \dfrac{2x+5}{x+3} = \dfrac{2x-4}{3-x}$ $\qquad$ $[\text{impossibile}]$

50 $\dfrac{(x-3)^2}{x-2} + \dfrac{15}{3} = \dfrac{x^2-x-1}{x-2}$ $\qquad$ $[\text{ind.}, x \neq 2]$

51 $\dfrac{x+2}{x-1} - \dfrac{2x}{x^2-1} = 1 + \dfrac{3}{x-1}$ $\qquad$ $[0]$

52 $\dfrac{x(x-3)+2}{x-1} = x - 2$ $\qquad$ $[\text{ind.}, x \neq 1]$

53 $\dfrac{1}{3x+3} - \dfrac{2}{x-7} = \dfrac{16}{6x+7-x^2}$ $\qquad$ $[\text{impossibile}]$

54 $\dfrac{1}{2x^2} - \dfrac{x+3}{4x^2-1} = \dfrac{1+x}{3x-6x^2} - \dfrac{1}{12x}$ $\qquad$ $[2]$

55 $\dfrac{4-3x}{3x} = \dfrac{11-3x}{3x+12} - \dfrac{3(7-19x)}{2x^2+8x}$ $\qquad$ $\left[\dfrac{5}{11}\right]$

56 $\dfrac{1}{x-1} + \dfrac{x+4}{x^2+2x-3} = \dfrac{25+11x+2x^2}{(x-1)(x+3)^2}$ $\qquad$ $[2]$

57 $3 - \dfrac{2}{x} + \dfrac{1}{x^3} = \dfrac{(x-1)(3x+1)}{x^2}$ $\qquad$ $[-1]$

58 $\dfrac{x^2-3x+4}{3x^3+3x^2} - \dfrac{x^2-4x+8}{3+3x^3} = 0$ $\qquad$ $\left[\dfrac{4}{7}\right]$

59 $\dfrac{3x+1}{7x} - \dfrac{2}{21} = \dfrac{x^2-2x+1}{3x^2-3x}$ $\qquad$ $[\text{impossibile}]$

60 $\left(\dfrac{2-x}{2+x} - 1\right)\left(\dfrac{x+1}{2+x} - 1\right) = \dfrac{4}{x^2+4x+4}$ $\qquad$ $[2]$

61 $\dfrac{3x}{4x-2} - \dfrac{2x}{6x-3} = \dfrac{5}{2x-1}$ $\qquad$ $[6]$

62 $\dfrac{9}{x^2+4x+4} = 1 - \dfrac{x}{x+2}$ $\qquad$ $\left[\dfrac{5}{2}\right]$

63 $\dfrac{4x}{1+x} - 3 = \dfrac{3x-9}{3x+3}$ $\qquad$ $[\text{ind.}, x \neq -1]$

64 $\left(\dfrac{1+x}{1-x} + 1\right)\left(\dfrac{1+x}{1-x} - 1\right) = \dfrac{4x^2+x-1}{(x-1)^3}$ $\qquad$ $\left[\dfrac{1}{5}\right]$

65 $\dfrac{-2(1-3x)}{3x} - \dfrac{5x+1}{x+1} + \dfrac{3x^2-1}{x^2+x} = 0$ $\qquad$ $[5]$

66 $\dfrac{x-10}{x^2+5} - \dfrac{x-1}{x^2+5x} + \dfrac{4x+35}{(x+5)(x^2+5)} = 0$ $\qquad$ $\left[\dfrac{1}{4}\right]$

67 $\dfrac{x}{x^2-1} + \dfrac{3}{x} = \dfrac{4}{x+1} - \dfrac{1}{(x+1)(x-x^2)}$ $\qquad$ $[\text{impossibile}]$

68 $\dfrac{9x-4}{x-2} = \left(3 + \dfrac{2}{x-2}\right)\left(3 - \dfrac{2}{x-2}\right)$ $\qquad$ $\left[\dfrac{12}{7}\right]$

69 $\dfrac{1-x^2}{2x^3-16} = \dfrac{4x-3}{x^2+2x+4} + \dfrac{9}{4-2x}$ $\qquad$ $\left[-\dfrac{5}{8}\right]$

70 $\dfrac{x^2+x-2}{4x-4} = \dfrac{x^3+1}{4+4x^3}$ $\qquad$ $[\text{impossibile}]$

71 $\dfrac{5}{x^2-3x}+\dfrac{2}{x^2-9}=\dfrac{5}{3-x}+1-\dfrac{x^3-5x^2+1}{x^3-9x}$ $\left[-\dfrac{16}{31}\right]$

72 $\dfrac{1}{x^2+2x}-\dfrac{2}{x^2+x-2}=-\dfrac{1}{x^2-2x+1}$ $\left[-\dfrac{1}{2}\right]$

73 $\dfrac{3(1-2x)}{3x-1}-\dfrac{7(1+2x)}{3x^2-7x+2}=2+\dfrac{1-4x}{x-2}$ [impossibile]

74 $\dfrac{1}{2x-3x^2}-\dfrac{5}{4x^2+4x}=\dfrac{1}{3x^2+x-2}$ $\left[\dfrac{6}{23}\right]$

75 $\dfrac{1-3x}{x^2+x-6}+\dfrac{x-1}{x^2-4}+\dfrac{2x-3}{x^2+5x+6}=0$ $\left[\dfrac{1}{2}\right]$

76 $\dfrac{x-2}{x^2+2x}-\dfrac{x+2}{2x-x^2}=\dfrac{2x-4}{x^2+2x}+\dfrac{7}{x^2-4}$ [impossibile]

77 $\dfrac{1}{2x+3}-\dfrac{1}{x}=\left(\dfrac{1}{3}-\dfrac{1}{2x}\right)\left(\dfrac{3}{2x-3}-\dfrac{3}{2x+3}\right)$ $[-6]$

78 📱 **ESEMPIO DIGITALE** $\left(\dfrac{3x+5}{6x+4}-2\right):\left(\dfrac{3x+8}{3x+2}+\dfrac{2x-10}{9x+6}\right)=1$

79 $\dfrac{x+1}{2+3x}=\dfrac{2}{3x}+\dfrac{\frac{x}{3}}{x+\frac{2}{3}}+\dfrac{1}{3x+2}$ [impossibile]

80 $\dfrac{1}{2x-1}-\dfrac{3}{3x+6}=\dfrac{-2x^2-5x+9}{4x^3+8x^2-x-2}$ $\left[\dfrac{3}{5}\right]$

81 $\dfrac{1-2x}{x^2-6x+9}=\dfrac{7-3x}{x^2-2x-3}+\dfrac{1}{x+1}$ $\left[\dfrac{13}{11}\right]$

82 **CHI HA RAGIONE?** Loredana: «Ho risolto le due equazioni $\dfrac{x-5}{3}=\dfrac{1}{2}(x-3)$ e $\dfrac{2x^2+1}{x^2-1}=-\dfrac{6x}{-3-3x}+\dfrac{3+2x}{1-x^2}$ e ho visto che sono equivalenti». Simone: «Dopo aver risolto la prima, posso già dirti che ti sbagli!». Spiega perché Simone ha ragione.

83 Date le funzioni $f(x)=\dfrac{1}{x-2}$ e $g(x)=\dfrac{2}{4-x^2}$:

a. determina il loro dominio;

b. calcola il valore di x per cui $f(x)=g(x)$. [a) D_f: $x\neq 2$, D_g: $x\neq\pm 2$; b) -4]

84 Date le funzioni $f(x)=\dfrac{1}{x+7}$ e $g(x)=\dfrac{3}{x^2+6x-7}+\dfrac{1}{x}$:

a. determina il loro dominio;

b. trova gli zeri di $f(x)-g(x)$. $\left[\text{a) } D_f: x\neq -7, D_g: x\neq -7 \wedge x\neq 1 \wedge x\neq 0; \text{ b) } \dfrac{7}{10}\right]$

Particolari equazioni di grado superiore al primo

✓ **CHECKER** **Risolvi le seguenti equazioni.**

85 $\dfrac{x^2-2x}{x-1}=0$

86 $\dfrac{(x-4)(6-8x)}{4x-1}=0$

87 $\dfrac{3x^2+5x-2}{x^2+2x}=0$

88 📱 **ESEMPIO DIGITALE** $\dfrac{x^3-2x^2-9x+18}{x-3}=0$

89 $\dfrac{2x^3+x^2-2x-1}{x^2+4x-5}=0$

90 $\dfrac{(x-2)^2(x^2+2x)}{x^5-16x}=0$

91 $\dfrac{(2x-3)(x^2-25)}{2x-10}=0$

92 $x-4+\dfrac{4-x}{x^2}=0$

Problemi sui numeri

93 In un numero di due cifre, la cifra delle unità supera di 2 quella delle decine. Se si calcola il rapporto tra il numero che si ottiene scambiando le cifre tra loro e il numero iniziale, si ottiene una frazione equivalente a $\frac{25}{19}$. Trova il numero iniziale. [57]

94 Trova due numeri tali che la loro differenza sia 3 e il prodotto dei loro reciproci sia uguale alla somma dei loro reciproci. [2; −1]

95 Trova quale numero naturale si deve aggiungere sia al numeratore sia al denominatore delle frazioni $\frac{2}{5}$ e $\frac{34}{61}$ per ottenere due frazioni equivalenti. [2]

96 La somma fra il denominatore e il doppio del numeratore di una frazione è 40. Se si aumenta di 2 il numeratore e si diminuisce di 5 il denominatore si ottiene una frazione equivalente a $\frac{5}{3}$. Trova la frazione. $\left[\frac{13}{14}\right]$

97 **ESEMPIO DIGITALE** In una frazione a termini positivi il triplo del denominatore supera di 19 il doppio del numeratore. Trova la frazione, sapendo che diminuendo di 3 il numeratore e aumentando di 3 il denominatore si ottiene la frazione $\frac{5}{9}$.

98 La differenza fra due numeri naturali è 49 e il rapporto fra la loro semisomma e il minore dei due è uguale a $\frac{81}{32}$. Quali sono i due numeri? [16; 65]

99 In un numero naturale di tre cifre, la cifra delle centinaia è 2 e quella delle unità è 4. Il rapporto fra il numero e quello che si ottiene scrivendo le cifre in ordine inverso e incrementandolo di 6 è $\frac{1}{2}$. Trova il numero. [204]

100 Sono dati due numeri naturali di cui si sa che:
a. la loro somma è 28;
b. la somma fra il maggiore e il doppio del minore sta alla differenza fra il doppio del maggiore e il minore come 39 sta a 23.
Determina i due numeri. [17; 11]

Problemi geometrici

101 Marcello deve trovare l'area della «casetta» formata da un quadrato e da un triangolo isoscele e sa che la somma di ED con DC è uguale a 22 cm, e che il rapporto tra il perimetro della figura e DC è uguale a $\frac{14}{3}$. Come fa? [192 cm²]

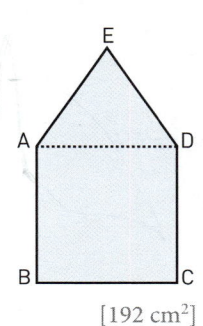

102 In una circonferenza di centro O e diametro AB la corda AD supera il raggio di 2 cm. Il raggio OC è parallelo ad AD e la corda DC misura 1 cm meno del raggio.
Sapendo che
$$\frac{\overline{AO}+\overline{AD}}{\overline{OC}+\overline{DC}}=\frac{5}{4},$$
determina il perimetro del quadrilatero $AOCD$. [27 cm]

103 Nel trapezio isoscele $ABCD$ la differenza fra la base maggiore AB e la minore DC misura 6 cm. Sapendo che
$$\frac{3\overline{AB}+2\overline{CD}}{\overline{AB}+\overline{CD}}=\frac{34}{13},$$
determina le misure delle basi del trapezio. [16 cm, 10 cm]

104 In un trapezio isoscele $ABCD$ il lato obliquo supera di 4 cm i $\frac{2}{5}$ della base minore DC e la base maggiore AB è i $\frac{5}{2}$ del lato obliquo.
Calcola il perimetro e l'area del trapezio, sapendo che:
$$\frac{\overline{AD}+\overline{DC}}{\overline{AB}-\overline{AD}-6}=\frac{8}{3}.$$
[74 cm; 272,7 cm²]

Problemi `INTORNO A NOI`

105 Un automobilista ha suddiviso un viaggio in due tratti, come indicato in figura.

Se il rapporto fra i tempi di percorrenza dei due tratti è $\frac{28}{15}$, quali sono state le corrispondenti velocità medie?

tratto 1: 150 km *tratto 2: velocità media inferiore di 30 km/h a quella tenuta nel tratto 1*

360 km

[120 km/h; 90 km/h]

106

Marta ha 3 anni in meno di Lucia

Lucia

rapporto fra le età $= \frac{5}{6}$

Quanti anni hanno le due sorelle? [18; 15]

107 Due corpi hanno i valori delle masse, la differenza dei volumi e il rapporto delle densità come indicato nel foglietto.

Quanto misurano i due volumi? [1,2 dm³; 1,25 dm³]

$m_1 = 1,8\,kg$ $m_2 = 2\,kg$

$V_1 = V_2 - 0,05\,dm^3$

$\frac{\delta_1}{\delta_2} = 0,9375$

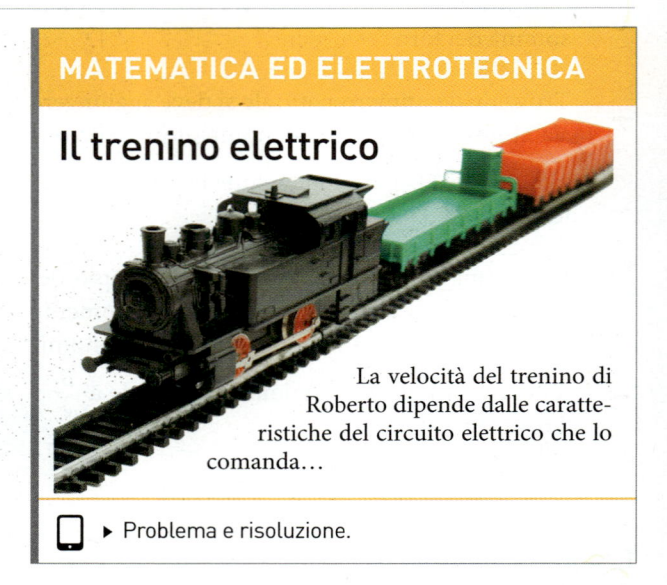

MATEMATICA ED ELETTROTECNICA

Il trenino elettrico

La velocità del trenino di Roberto dipende dalle caratteristiche del circuito elettrico che lo comanda…

▸ Problema e risoluzione.

2. EQUAZIONI LETTERALI

EQUAZIONI LETTERALI INTERE ⮕ Teoria a pagina 416

Equazioni con un parametro

Risolviamo la seguente equazione nell'incognita x.

$a^3 x - 3a = 25ax - 15$) portiamo l'equazione nella forma $Ax = B$

$(a^3 - 25a)x = -15 + 3a$) scomponiamo in fattori il coefficiente di x e il termine noto

$\boldsymbol{a(a-5)(a+5)x = 3(a-5)}$

Discussione

Se $a = 0 \to 0 \cdot x = 3 \cdot (-5) \to$ equazione impossibile.

Se $a = 5 \to 0 \cdot x = 0 \to$ equazione indeterminata.

Se $a = -5 \to 0 \cdot x = 3 \cdot (-10) \to$ equazione impossibile.

Se $a \neq 0 \wedge a \neq \pm 5 \to x = \dfrac{3(a-5)}{a(a-5)(a+5)} \to x = \dfrac{3}{a(a+5)} \to$ equazione determinata.

dividiamo entrambi i membri per $a(a-5)(a+5) \neq 0$

In sintesi: $a = 0 \vee a = -5$: impossibile; $a = 5$: indeterminata; $a \neq 0 \wedge a \neq \pm 5$: $x = \dfrac{3}{a(a+5)}$.

ESEMPIO

Risolvi le seguenti equazioni letterali nell'incognita x.

108 $bx - 5 = 0$ $\left[b = 0: \text{imp.}; \ b \neq 0: x = \dfrac{5}{b} \right]$

110 $2bx = 2b - b^2$ $\left[b = 0: \text{ind.}; \ b \neq 0: x = \dfrac{2-b}{2} \right]$

109 $ax = 4a^2$ $[a = 0: \text{ind.}; \ a \neq 0: x = 4a]$

111 $(2a - 6)x = 2a$ $\left[a = 3: \text{imp.}; \ a \neq 3: x = \dfrac{a}{a-3} \right]$

112 $(a - 1)(2a + 1)x = a - 1$ $\left[a = 1: \text{ind.}; \ a = -\dfrac{1}{2}: \text{imp.}; \ a \neq 1 \wedge a \neq -\dfrac{1}{2}: x = \dfrac{1}{2a+1} \right]$

113 $(k^2 - 2k)x = k^2 - 4$ $\left[k = 0: \text{imp.}; \ k = 2: \text{ind.}; \ k \neq 0 \wedge k \neq 2: x = \dfrac{k+2}{k} \right]$

114 📱 **ESEMPIO DIGITALE** $(b^2 - 2b - 3)x = b^2 - 3b - 4$

115 $(a - 4)x = 2a^2 - 9a + 4$ $[a = 4: \text{ind.}; \ a \neq 4: x = 2a - 1]$

116 $(a^2 - 4)x = 3a - 6$ $\left[a = 2: \text{ind.}; \ a = -2: \text{imp.}; \ a \neq \pm 2: x = \dfrac{3}{a+2} \right]$

117 $3ax + 2a = 0$ $\left[a = 0: \text{ind.}; \ a \neq 0: x = -\dfrac{2}{3} \right]$

118 $5ax + x - 3a = 0$ $\left[a = -\dfrac{1}{5}: \text{imp.}; \ a \neq -\dfrac{1}{5}: x = \dfrac{3a}{5a+1} \right]$

119 $2(x - a) = 5a + ax - 14$ $[a = 2: \text{ind.}; \ a \neq 2: x = -7]$

120 $ax - 2a = x + 1$ $\left[a = 1: \text{imp.}; \ a \neq 1: x = \dfrac{2a+1}{a-1} \right]$

121 $3ax - 4 = ax + 1$ $\left[a = 0: \text{imp.}; \ a \neq 0: x = \dfrac{5}{2a} \right]$

122 $(a + 3)x - 1 = a + x$ $\left[a = -2: \text{imp.}; \ a \neq -2: x = \dfrac{a+1}{a+2} \right]$

123 $2ax - x + \dfrac{a}{2} = 1 + 3(a - 1)x$ $\left[a = 2: \text{ind.}; \ a \neq 2: x = \dfrac{1}{2} \right]$

124 $-a^2(x - 1) - 4ax + 8(a + 1) = 24$ $\left[a = 0: \text{imp.}; \ a = 4: \text{imp.}; \ a \neq 0 \wedge a \neq 4: x = \dfrac{a^2 + 8a - 16}{a(a+4)} \right]$

125 $b[(b + x) - 2] = b^2 + bx$ $[b = 0: \text{ind.}; \ b \neq 0: \text{impossibile}]$

126 $4kx - 3 = 1 + kx + k$ $\left[k = 0: \text{imp.}: k \neq 0: x = \dfrac{4+k}{3k} \right]$

127 $7(kx + x - 1) = k(3x - 1) - 5 - x$ $\left[k = -2: \text{imp.}; \ k \neq -2: x = \dfrac{2-k}{4(2+k)} \right]$

128 $10a - 8 = 15a^2 x - 12ax$ $\left[a = 0: \text{imp.}; \ a = \dfrac{4}{5}: \text{ind.}; \ a \neq 0 \wedge a \neq \dfrac{4}{5}: x = \dfrac{2}{3a} \right]$

129 $ax - a + 3 = 2(a - x)$ $\left[a = -2: \text{imp.}; \ a \neq -2: x = \dfrac{3(a-1)}{a+2} \right]$

130 $k = 3kx - 8x - (2k + x)$ $\left[k = 3: \text{imp.}; \ k \neq 3: x = \dfrac{k}{k-3} \right]$

131 $k^2 - kx = k^2(2x - 4)$ $\left[k = 0: \text{ind.}; \ k = -\dfrac{1}{2}: \text{imp.}; \ k \neq 0 \wedge k \neq -\dfrac{1}{2}: x = \dfrac{5k}{2k+1} \right]$

132 $2x(a^2 - 1) = -a(a^2x - x - 1) - 1$ $\left[a = 1: \text{ind.}; \ a = -1 \vee a = -2: \text{imp.}; \ a \neq \pm 1 \wedge a \neq -2: x = \dfrac{1}{a^2 + 3a + 2} \right]$

133 $2x - a^2 = 2a(2 + x)$ $\left[a = 1: \text{imp.}; \ a \neq 1: x = \dfrac{a(4+a)}{2(1-a)} \right]$

134 $2a(x + 3) - x(a + 3) - 18 = 0$ $[a = 3: \text{ind.}; \ a \neq 3: x = -6]$

135 $2bx - b^2 - x = -1 + x$ $\left[b = 1: \text{ind.}; \ b \neq 1: x = \dfrac{b+1}{2} \right]$

136 $x(k+2) - k = -k(x-k)$

$$\left[k = -1: \text{ind.}; \ k \neq -1: x = \frac{k}{2} \right]$$

137 $2c(2cx - 1) - 1 = x$

$$\left[c = \frac{1}{2}: \text{imp.}; \ c = -\frac{1}{2}: \text{ind.}; \ c \neq \pm\frac{1}{2}: x = \frac{1}{2c-1} \right]$$

138 $[x(t-3) - 5]t = 0$

$$\left[t = 0: \text{ind.}; \ t = 3: \text{imp.}; \ t \neq 0 \wedge t \neq 3: x = \frac{5}{t-3} \right]$$

139 $14 + c(cx - 2) = 7cx$

$$\left[c = 0: \text{imp.}; \ c = 7: \text{ind.}; \ c \neq 0 \wedge c \neq 7: x = \frac{2}{c} \right]$$

140 $k[3x + (x-1)k - 2] = -2x$

$$\left[k = -1: \text{imp.}; \ k = -2: \text{ind.}; \ k \neq -1 \wedge k \neq -2: x = \frac{k}{k+1} \right]$$

141 📱 **ESEMPIO DIGITALE** $2\{[t + (t-1)^2]x + 1\} = 6x + t$

COMPLETA

142 indicando a fianco di ogni caso un opportuno coefficiente di x in modo che l'equazione ☐$x = 2a(a+1)$ nell'incognita x sia:

a. indeterminata se $a = 0$; ☐

c. indeterminata se $a = -1$ e impossibile per $a = 5$; ☐

b. impossibile se $a = 2$; ☐

d. indeterminata se $a = 0$ e $a = -1$. ☐

143 L'equazione $(a^2 - 9)x = 2a - 6$ nell'incognita x è:

a. impossibile se $a = $ ☐ ;

b. ☐ se $a = 3$;

c. determinata se a ☐ , con $x = $ ☐ .

Equazioni con due parametri

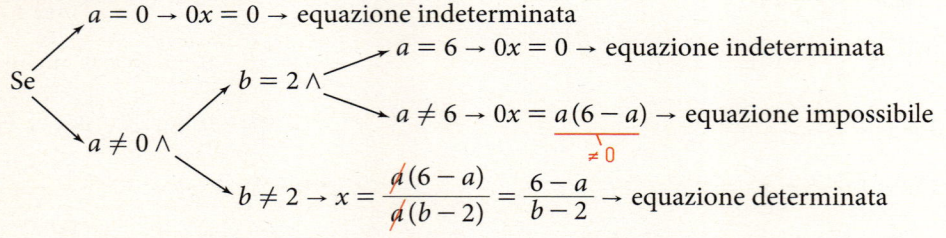

ESEMPIO

Risolviamo la seguente equazione nell'incognita x.

$a(b-2)x = 6a - a^2$ ⟩ portiamo l'equazione nella forma $Ax = B$, con A e B scomposti in fattori

$a(b-2)x = a(6-a).$

Discussione

Se $\begin{cases} a = 0 \rightarrow 0x = 0 \rightarrow \text{equazione indeterminata} \\ a \neq 0 \wedge \begin{cases} b = 2 \wedge \begin{cases} a = 6 \rightarrow 0x = 0 \rightarrow \text{equazione indeterminata} \\ a \neq 6 \rightarrow 0x = \underset{\neq 0}{a(6-a)} \rightarrow \text{equazione impossibile} \end{cases} \\ b \neq 2 \rightarrow x = \frac{\cancel{a}(6-a)}{\cancel{a}(b-2)} = \frac{6-a}{b-2} \rightarrow \text{equazione determinata} \end{cases} \end{cases}$

In sintesi: $a = 0$: ind.; $a = 6 \wedge b = 2$: ind.; $a \neq 0 \wedge b = 2 \wedge a \neq 6$: imp.; $a \neq 0 \wedge b \neq 2$: $x = \frac{6-a}{b-2}$.

Risolvi le seguenti equazioni nell'incognita x.

144 $(a-3)x = 2b - 4$

$$\left[a = 3 \wedge b = 2: \text{ind.}; \ a = 3 \wedge b \neq 2: \text{imp.}; \ a \neq 3: x = \frac{2b-4}{a-3} \right]$$

145 $2b(1-a)x = 3 - 3a$

$$\left[a = 1: \text{ind.}; \ a \neq 1 \wedge b = 0: \text{imp.}; \ a \neq 1 \wedge b \neq 0: x = \frac{3}{2b} \right]$$

146 $(a-3)x = 2a + b - 4$

$$\left[a = 3 \wedge b = -2: \text{ind.}; \ a = 3 \wedge b \neq -2: \text{imp.}; \ a \neq 3: x = \frac{2a+b-4}{a-3} \right]$$

147 $2ab^2 x = 2a + b$

$$\left[a = 0 \wedge b = 0: \text{ind.}; \ a = 0 \wedge b \neq 0: \text{imp.}; \ a \neq 0 \wedge b = 0: \text{imp.}; \ a \neq 0 \wedge b \neq 0: x = \frac{2a+b}{2ab^2} \right]$$

148 $ax - 2b = 4x + 3$

$$\left[a = 4 \wedge b = -\frac{3}{2}: \text{ind.}; \ a = 4 \wedge b \neq -\frac{3}{2}: \text{imp.}; \ a \neq 4: x = \frac{2b+3}{a-4} \right]$$

149 $3abx - 3ax + a = ab^2$

$$\left[a = 0 \vee b = 1: \text{ind.}; \ a \neq 0 \wedge b \neq 1: x = \frac{b+1}{3} \right]$$

Equazioni letterali intere con lettere al denominatore

Risolviamo la seguente equazione nell'incognita x.

$$\frac{3x-2}{2a} + \frac{3}{a} = \frac{x}{2}$$

C.E.: $a \neq 0$

⟩ mcm$(2a; a; 2) = 2a$; riduciamo allo stesso denominatore

$$\frac{3x-2}{2a} + \frac{2 \cdot 3}{2a} = \frac{a \cdot x}{2a}$$

⟩ 2° principio di equivalenza: moltiplichiamo entrambi i membri per $2a \neq 0$

$$3x - 2 + 2 \cdot 3 = a \cdot x$$

⟩ portiamo l'equazione nella forma $Ax = B$

$$(3-a)x = -4$$

Discussione

Se $a = 3 \to 0x = -4 \to$ equazione impossibile.

Se $a \neq 3 \wedge a \neq 0 \quad \to \quad x = -\dfrac{4}{3-a} \to$ equazione determinata.

per la C.E.

dividiamo entrambi i membri per $3 - a$

In sintesi: $a = 0$: perde significato; $a = 3$: impossibile; $a \neq 3 \wedge a \neq 0$: $x = -\dfrac{4}{3-a}$.

Risolvi le seguenti equazioni nell'incognita x.

150 $\dfrac{x-4}{3} - \dfrac{2}{a} = 0$
$$\left[a = 0 \text{: perde significato; } a \neq 0 \text{: } x = \frac{4a+6}{a} \right]$$

151 $\dfrac{2(x-3)}{5} - \dfrac{x}{a} = 2$
$$\left[a = 0 \text{: perde significato; } a = \frac{5}{2} \text{: imp.; } a \neq 0 \wedge a \neq \frac{5}{2} \text{: } x = \frac{16a}{2a-5} \right]$$

152 $\dfrac{3x}{a-1} - \dfrac{5}{2} = \dfrac{x+3}{1-a}$
$$\left[a = 1 \text{: perde significato; } a \neq 1 \text{: } x = \frac{5a-11}{8} \right]$$

153 $\dfrac{2x}{a^2-1} + \dfrac{3}{1-a} = \dfrac{2x}{a+1}$
$$\left[a = \pm 1 \text{: perde significato; } a = 2 \text{: imp.; } a \neq \pm 1 \wedge a \neq 2 \text{: } x = \frac{3a+3}{4-2a} \right]$$

154 $\dfrac{3x-18}{b^2-3b} + \dfrac{5}{b-3} = \dfrac{4+x}{b}$
$$[b = 0 \vee b = 3 \text{: perde significato; } b = 6 \text{: ind.; } b \neq 0 \wedge b \neq 3 \wedge b \neq 6 \text{: } x = 1]$$

155 $\dfrac{a+2x}{a+2} = \dfrac{2x}{2-a}$
$$\left[a = \pm 2 \text{: perde significato; } a = 0 \text{: ind.; } a \neq 0 \wedge a \neq \pm 2 \text{: } x = \frac{2-a}{4} \right]$$

156 $\dfrac{1+x}{2a} - \dfrac{1}{4a} = a$
$$\left[a = 0 \text{: perde significato; } a \neq 0 \text{: } x = \frac{4a^2-1}{2} \right]$$

157 $x - 1 + \dfrac{1}{3a+3} = \dfrac{x(a-2)}{a+1}$
$$\left[a = -1 \text{: perde significato; } a \neq -1 \text{: } x = \frac{3a+2}{9} \right]$$

158 $\dfrac{bx}{4b+4} + \dfrac{3}{4} = \dfrac{1}{b+1}$
$$\left[b = -1 \text{: perde significato; } b = 0 \text{: imp.; } b \neq -1 \wedge b \neq 0 \text{: } x = \frac{1-3b}{b} \right]$$

159 $\dfrac{x}{2} - \dfrac{x}{a+1} = 3$
$$\left[a = -1 \text{: perde significato; } a = 1 \text{: imp.; } a \neq \pm 1 \text{: } x = \frac{6(a+1)}{a-1} \right]$$

160 $\dfrac{x}{a} - \dfrac{x+1}{a-2} = 0$
$$\left[a = 0 \vee a = 2 \text{: perde significato; } a \neq 0 \wedge a \neq 2 \text{: } x = -\frac{a}{2} \right]$$

161 $\dfrac{3x}{a-1} + 2x = \dfrac{10a+5}{2a-2}$
$$\left[a = 1 \text{: perde significato; } a = -\frac{1}{2} \text{: ind.; } a \neq 1 \wedge a \neq -\frac{1}{2} \text{: } x = \frac{5}{2} \right]$$

162 $\dfrac{ax}{a+3} - \dfrac{1}{2a} = \dfrac{x+a^2x}{a(a+3)}$
$$\left[a = 0 \vee a = -3 \text{: perde significato; } a \neq 0 \wedge a \neq -3 \text{: } x = -\frac{3+a}{2} \right]$$

163 $\dfrac{x}{a-1} + \dfrac{a-3x}{a^2-1} = \dfrac{1-x}{a+1}$
$$\left[a = \pm 1 \text{: perde signficato; } a = \frac{3}{2} \text{: imp.; } a \neq 1 \wedge a \neq -1; a \neq \frac{3}{2} \text{: } x = \frac{1}{3-2a} \right]$$

164 $2x + \dfrac{x-2a}{2a-1} = \dfrac{x+2a}{2a+1}$ $\left[a = \pm\dfrac{1}{2}: \text{perde significato}; a = 0: \text{ind.}; a \neq 0 \wedge a \neq \pm\dfrac{1}{2}: x = 1 \right]$

165 $\dfrac{a^2-4a}{a^2-4}x = 4a$ $\left[a = \pm 2: \text{perde significato}; a = 0: \text{ind.}; a = 4: \text{imp.}; a \neq \pm 2 \wedge a \neq 0 \wedge a \neq 4: x = \dfrac{4(a^2-4)}{a-4} \right]$

166 $\dfrac{x+2a}{2a-a^2} - \dfrac{x}{4a} = \dfrac{1}{2}$ $[a = 0 \vee a = 2: \text{perde significato}; a = -2: \text{ind.}; a \neq 0 \wedge a \neq \pm 2: x = -2a]$

167 $\dfrac{b^3-b^2-4b+4}{2}x = \dfrac{b^2+b-2}{b-2}$ $\left[b = 2: \text{perde significato}; b = 1 \vee b = -2: \text{ind.}; b \neq 1 \wedge b \neq \pm 2: x = \dfrac{2}{(b-2)^2} \right]$

168 $\dfrac{2a^2+a-1}{a}x = a+1$

$\left[a = 0: \text{perde significato}; a = -1: \text{ind.}; a = \dfrac{1}{2}: \text{imp.}; a \neq 0 \wedge a \neq -1 \wedge a \neq \dfrac{1}{2}: x = \dfrac{a}{2a-1} \right]$

169 📱 **ESEMPIO DIGITALE** $\dfrac{ax-1}{a+3} - \dfrac{x-1}{2-a} = \dfrac{3(x-1)}{a^2+a-6}$

170 $\dfrac{1-2bx}{b-3} = \dfrac{2(4x-1)}{3b-b^2}$

$\left[b = 0 \vee b = 3: \text{perde significato}; b = 2: \text{ind.}; b = -2: \text{imp.}; b \neq 0 \wedge b \neq 3 \wedge b \neq \pm 2: x = \dfrac{1}{2(2+b)} \right]$

171 $\dfrac{x+b}{b-1} + \dfrac{x-1}{b} = 0$ $\left[b = 0 \vee b = 1: \text{perde significato}; b = \dfrac{1}{2}: \text{imp.}; b \neq 0 \wedge b \neq \dfrac{1}{2} \wedge b \neq 1: x = \dfrac{b^2-b+1}{1-2b} \right]$

172 $\dfrac{2}{1-k} = \dfrac{-x-2}{k^2-4k+3} - \dfrac{x+2k}{k^2-6k+9}$ $[k = 1 \vee k = 3: \text{perde significato}; k = 2: \text{ind.}; k \neq 1 \wedge k \neq 3 \wedge k \neq 2: x = -6]$

Problemi

173 In un rettangolo il semiperimetro è $5b$. Se si diminuisce uno dei lati di b e l'altro di $3b$, l'area diminuisce di $4b^2$. Trova le misure dei lati. $[b \text{ e } 4b, \text{ con } b > 0]$

174 Sul segmento $AB = 10$ cm determina un punto P in modo che la differenza $\overline{AP}^2 - \overline{PB}^2$ sia uguale a k, essendo k un numero reale. Quali sono i valori che può assumere k? Se $k = 20$, dove si trova il punto P? $[-100 \leq k \leq 100; AP = 6 \text{ cm}]$

EQUAZIONI LETTERALI FRATTE ➜ Teoria a pagina **417**

Equazioni con un parametro

Risolvi e discuti le seguenti equazioni letterali fratte nell'incognita x.

175 $\dfrac{x-5}{3x-2} - a = 0$ $\left[a = \dfrac{1}{3}: \text{imp.}; a \neq \dfrac{1}{3}: x = \dfrac{5-2a}{1-3a} \right]$

176 $\dfrac{2}{3x} + \dfrac{4a+1}{x} = 1$ $\left[a = -\dfrac{5}{12}: \text{imp.}; a \neq -\dfrac{5}{12}: x = \dfrac{12a+5}{3} \right]$

177 $\dfrac{b-2}{x-2} = 6b$ $\left[b = 0 \vee b = 2: \text{imp.}; b \neq 0 \wedge b \neq 2: x = \dfrac{13b-2}{6b} \right]$

178 $\dfrac{2k-4x}{x-2} = 0$ $\left[k = 4: \text{imp.}; k \neq 4: x = \dfrac{1}{2}k \right]$

179 $\dfrac{3}{5-x} - 2 = \dfrac{ax}{x-5}$ $\left[a = -2 \vee a = -\dfrac{3}{5}: \text{imp.}; a \neq -2 \wedge a \neq -\dfrac{3}{5}: x = \dfrac{7}{a+2} \right]$

180 $\dfrac{k-2x}{x+2} = 3k$
$$\left[k = -\dfrac{2}{3} \vee k = -4 : \text{imp.}; \; k \neq -\dfrac{2}{3} \wedge k \neq -4 : x = -\dfrac{5k}{3k+2}\right]$$

181 $\dfrac{2+2x}{x+5} + 2a = 0$
$$\left[a = -1 : \text{imp.}; \; a \neq -1 : x = -\dfrac{5a+1}{a+1}\right]$$

182 $\dfrac{4+3a}{2x+4} - \dfrac{a+x}{x+2} = \dfrac{1}{2}$
$$\left[a = -8 : \text{imp.}; \; a \neq -8 : x = \dfrac{a+2}{3}\right]$$

183 $\dfrac{9x+a+30}{x+3} = 0$
$$\left[a = -3 : \text{imp.}; \; a \neq -3 : x = -\dfrac{a+30}{9}\right]$$

184 $\dfrac{ax}{x-4} + 1 = \dfrac{a-7}{2x-8}$
$$\left[a = -1 : \text{ind.}; \; a \neq -1 : x = \dfrac{1}{2}\right]$$

185 $\dfrac{2}{x} + \dfrac{a-1}{x+1} = 0$
$$\left[a = -1 \vee a = 1 : \text{imp.}; \; a \neq -1 \wedge a \neq 1 : x = -\dfrac{2}{a+1}\right]$$

186 $\dfrac{1}{a} + \dfrac{1}{x} = \dfrac{1}{2}$
$$\left[a = 0 : \text{perde significato}; \; a = 2 : \text{imp.}; \; a \neq 0 \wedge a \neq 2 : x = \dfrac{2a}{a-2}\right]$$

187 $\dfrac{x-4}{x+1} = -k$
$$\left[k = -1 : \text{imp.}; \; k \neq -1 : x = \dfrac{4-k}{1+k}\right]$$

188 $\dfrac{a}{a+1} + 1 = \dfrac{2}{3x}$
$$\left[a = -1 : \text{perde significato}; \; a = -\dfrac{1}{2} : \text{imp.}; \; a \neq -1 \wedge a \neq -2 : x = \dfrac{2a+2}{2(2a+1)}\right]$$

189 $\dfrac{a}{x-1} + \dfrac{5}{a-1} = \dfrac{a^2}{(1-x)(1-a)}$
$$\left[a = 1 : \text{perde significato}; \; a = 0 : \text{imp.}; \; a \neq 1 \wedge a \neq 0 : x = \dfrac{5+a}{5}\right]$$

190 $\dfrac{a-x}{x} + \dfrac{a}{a+1} - \dfrac{2a^2}{2a+2} = 0$
$$\left[a = -1 : \text{perde significato}; \; a = 0 : \text{imp.}; \; a \neq -1 \wedge a \neq 0 : x = \dfrac{a(1+a)}{1+a^2}\right]$$

191 $\dfrac{3x+1}{a(x-3)} + \dfrac{1}{2a} - 2 = 0$
$$\left[a = 0 : \text{perde significato}; \; a = \dfrac{7}{4} : \text{imp.}; \; a \neq 0 \wedge a \neq \dfrac{7}{4} : x = \dfrac{12a-1}{4a-7}\right]$$

192 $\dfrac{1}{(a+1)(x+2)} = \dfrac{1}{2x+4} + \dfrac{1}{3a+3}$
$$\left[a = -1 : \text{perde significato}; \; a = 1 : \text{imp.}; \; a \neq -1 \wedge a \neq 1 : x = -\dfrac{3a+1}{2}\right]$$

193 $\dfrac{2-3b}{x+3} = \dfrac{b+1}{2x+6} - \dfrac{3}{2}$
$$\left[b = \dfrac{3}{7} : \text{imp.}; \; b \neq \dfrac{3}{7} : x = \dfrac{7b-12}{3}\right]$$

194 $\dfrac{9a}{x-4} + 2a = \dfrac{1}{x-4}$
$$\left[a = 0 \vee a = \dfrac{1}{9} : \text{imp.}; \; a \neq 0 \wedge a \neq \dfrac{1}{9} : x = \dfrac{1-a}{2a}\right]$$

195 $\dfrac{(a^2-4)x - a + 2}{(x+1)} = 0$
$$\left[a = 2 : \text{ind.} \, (x \neq -1); \; a = -2 \vee a = -3 : \text{imp.}; \; a \neq \pm 2 \wedge a \neq -3 : x = \dfrac{1}{a+2}\right]$$

196 📱 **ESEMPIO DIGITALE** $\dfrac{(a^2-9)x + 3a - a^2}{(a^2-a)x} = 0$

197 $\dfrac{x^2+3x-8a}{x^2-x} = 1$
$$\left[a = 0 \vee a = \dfrac{1}{2} : \text{imp.}; \; a \neq 0 \wedge a \neq \dfrac{1}{2} : x = 2a\right]$$

198 $\dfrac{x}{x+b+1} = \dfrac{x+b+1}{x}$
$$\left[b = -1 : \text{ind.} \, (x \neq 0); \; b \neq -1 : x = -\dfrac{b+1}{2}\right]$$

199 $\dfrac{x+1}{x-a-1} - \dfrac{a}{2} = 0$
$$\left[a = \pm 2 : \text{imp.}; \; a \neq \pm 2 : x = \dfrac{a^2+a+2}{a-2}\right]$$

200 $\dfrac{3ax}{x^2-a^2} - \dfrac{2}{x-a} = \dfrac{2}{x+a}$
$$\left[a = \dfrac{4}{3} : \text{ind.} \, \left(x \neq \pm \dfrac{4}{3}\right); \; a = 0 : \text{imp.}; \; a \neq \dfrac{4}{3} \wedge a \neq 0 : x = 0\right]$$

201 $\dfrac{b}{x} - \dfrac{b}{2-x} + \dfrac{1}{x^2-2x} = 0$
$$\left[b = 0 \vee b = \pm \dfrac{1}{2} : \text{imp.}; \; b \neq 0 \wedge b \neq \dfrac{1}{2} : x = \dfrac{2b-1}{2b}\right]$$

202 📱 **ESEMPIO DIGITALE** $\dfrac{2b}{x^2+x} + \dfrac{3}{x^2-x} = \dfrac{7}{1-x^2}$

203 $\dfrac{a-2}{x+2} + \dfrac{a+1}{a-1} = \dfrac{3a-4}{x+2}$

$\left[a = 1: \text{perde significato}; \; a = -1: \text{imp.}; \; a \neq \pm 1: x = \dfrac{2a^2 - 6a}{a+1} \right]$

204 $\dfrac{a+2}{x} - \dfrac{1}{a-2} = \dfrac{2-a}{x} + \dfrac{1}{a+2}$

$[a = \pm 2: \text{perde significato}; \; a = 0: \text{ind.} \; (x \neq 0); \; a \neq 0 \wedge a \neq \pm 2: x = a^2 - 4]$

Equazioni con due parametri

Risolvi e discuti le seguenti equazioni letterali fratte nell'incognita x.

205 $\dfrac{1}{b} + \dfrac{a+x}{b+x} = \dfrac{bx}{b^2 + bx}$

$[b = 0: \text{perde significato}; \; a = 0: \text{imp.}; \; b \neq 0 \wedge a \neq 0: x = -b(a+1)]$

206 $\dfrac{3x - 2a + b}{x^2 - 4a^2} = \dfrac{1}{x - 2a} + \dfrac{3}{x + 2a}$

$[b = 0 \vee b = -4a: \text{imp.}; \; b \neq 0 \wedge b \neq -4a: x = 2a + b]$

207 $\dfrac{b-a}{x-1} - 2a = 0$

$\left[a = 0 \wedge b = 0: \text{ind.} \; (x \neq 1); \; a = 0 \wedge b \neq 0: \text{imp.}; \; a \neq 0 \wedge b = a: \text{imp.}; \; a \neq 0 \wedge b \neq a: x = \dfrac{a+b}{2a} \right]$

Se cambiamo l'incognita

208 **TEST** In un moto uniformemente accelerato la velocità v, la velocità iniziale v_0, l'accelerazione a e il tempo t sono legati dalla seguente formula: $v = v_0 + at$.

Quale delle seguenti formule dà a in funzione delle altre variabili?

A $a = \dfrac{v}{v_0 t}$ B $a = \dfrac{v}{t} + v_0$ C $a = \dfrac{v}{t} - v_0$ D $a = \dfrac{v - v_0}{t}$

209 **YOU & MATHS** **Is it a line?** Solve for y in the equation $\dfrac{y-3}{y-2} = \dfrac{x+1}{x}$ and let $y = f(x)$. Draw a graph of the function f.

210 **EUREKA!** **Da un rapporto a un altro** Se $\dfrac{x-y}{x+y} = \dfrac{5}{2}$, ricava $\dfrac{x}{y}$.

$\left[\dfrac{x}{y} = -\dfrac{7}{3} \right]$

[USA Texas A&M University Math Contest, 2003]

Risolvi le seguenti equazioni considerando come incognita la lettera indicata a fianco.

211 $xy + 2y - x + 1 = 0$ $\quad y$

212 $y = \dfrac{x-3}{x-1}$ $\quad x$

213 $6x - 5abx + a = 0$ $\quad a$

214 $A = \dfrac{(a+b) \cdot h}{2}$ $\quad h \quad a$

215 $\dfrac{1}{a} + \dfrac{4}{b} = \dfrac{1}{x}$ $\quad a \quad x$

216 $A = \dfrac{d \cdot D}{2}$ $\quad d \quad D$

Problemi

217 Trova il numero tale che la somma tra il triplo del reciproco del numero aumentato di 1 e $\dfrac{2}{3}a$ diminuita di 2 sia uguale ad a.

$\left[a \neq -6: x = \dfrac{3-a}{a+6} \right]$

218 Sul lato $\overline{AB} = 2a$ di un quadrato determina un punto P tale che, congiungendolo con il punto medio del lato opposto, il quadrato resti diviso in due trapezi le cui aree hanno rapporto $\dfrac{3}{2}$.

$\left[\overline{AP} = \dfrac{7}{5}a \vee \overline{AP} = \dfrac{3}{5}a, \text{ con } a > 0 \right]$

219 **EUREKA!** **Un parametro in tasca** Marco dice ad Anna: «Ora io ho in tasca k euro e tu ne hai 10 in più di me. Se entrambi ricevessimo x euro, il rapporto tra la tua somma e la mia diminuirebbe di 2 rispetto a prima». Quanto vale x? Perché il problema non ha soluzione se $k \geq 5$? Quanto vale x se $k = 4$?

$\left[x = \dfrac{k^2}{5-k} \text{ per } 0 < k < 5; \; k > 5 \Rightarrow x < 0, \; k > 5 \Rightarrow \nexists x; \; x = 16 \right]$

3. DISEQUAZIONI FRATTE E LETTERALI

DISEQUAZIONI NUMERICHE FRATTE   → Teoria a pagina 418

220 📱 **TEST** Quale fra le seguenti disequazioni nell'incognita x è numerica fratta?

A $\dfrac{2}{x-1} < 16a$

C $x > 2 - \dfrac{x+1}{x}$

B $\dfrac{x}{4} - \dfrac{1}{3} > 1$

D $\dfrac{3x-1}{2+a} > 2$

221 📱 **TEST** I seguenti numeri, tranne uno, sono soluzioni della disequazione $\dfrac{1-x}{x+2} \le 1$. Quale?

A $-\dfrac{1}{2}$

C $-\dfrac{3}{2}$

B -3

D $\dfrac{1}{2}$

222 **COMPLETA** inserendo il segno della frazione:

$\dfrac{(-3)(-6)}{2(-4)}, \square$; $-\dfrac{-5}{2 \cdot (-8)}, \square$; $\dfrac{(-2)^3(-4)}{-5}, \square$; $-\dfrac{(-3)^5(-2)^4}{(-6)(-3)}, \square$.

Che cosa si può dire sul segno dei numeri reali a e b se sono vere le seguenti disuguaglianze?

223   **a.** $\dfrac{2}{a} < 0$;   **b.** $-\dfrac{6}{a^2} < 0$;   **c.** $\dfrac{(-a)^2}{-a} > 0$;   **d.** $\dfrac{-2a}{(-a)^3} > 0$;   **e.** $\dfrac{-5a^4}{3(-a)} < 0$.

224   **a.** $\dfrac{a}{b} > 0$;   **b.** $\left(\dfrac{a}{b}\right)^3 < 0$;   **c.** $\dfrac{b^2}{a} < 0$;   **d.** $\dfrac{ab}{2} \ge 0$;   **e.** $-\dfrac{a}{b} < 0$.

AL VOLO Risolvi le disequazioni senza eseguire calcoli.

225 $\dfrac{3}{x} < 0$; $\dfrac{2}{x-1} < 0$; $\dfrac{-4}{7-x} \ge 0$.

226 $\dfrac{9x^2}{x+1} > 0$; $\dfrac{8}{-x} > 0$; $\dfrac{-3}{x+3} > 0$.

227 📱 **EUREKA!** **Una sola è vera** Se $0 < \dfrac{x}{y} < 1$, quale tra le seguenti deve essere vera?

A $x < y < 0$.   B $x < 1$ e $y > 1$.   C $0 < xy < y$.   D $0 < x < y$.   E $1 < \dfrac{y}{x}$.

[USA North Carolina State High School Mathematics Contest, 2002]

Disequazioni in forma normale

✓ **CHECKER** Risolvi le seguenti disequazioni.

228 📱 **ESEMPIO DIGITALE** $\dfrac{x+3}{1-2x} \le 0$

229 $\dfrac{x}{2x-1} \ge 0$ $\left[x \le 0 \vee x > \dfrac{1}{2}\right]$

230 $-\dfrac{5-x}{3x} \le 0$ $[0 < x \le 5]$

231 $\dfrac{8x-36}{9-3x} \ge 0$ $\left[3 < x \le \dfrac{9}{2}\right]$

232 $\dfrac{4x-12}{15-5x} \le 0$ $[x \ne 3]$

233 $\dfrac{3-2x}{-4-4x} \le 0$ $\left[-1 < x \le \dfrac{3}{2}\right]$

234 $\dfrac{10x+5}{-10x+2} < 0$ $\left[x < -\dfrac{1}{2} \vee x > \dfrac{1}{5}\right]$

235 $\dfrac{6-(x-4)}{7-7x} \ge 0$ $[x < 1 \vee x \ge 10]$

236   Le disequazioni $(2x-7)(1-x) > 0$ e $\dfrac{2x-7}{1-x} > 0$ sono equivalenti?

E le disequazioni $(x+1)(x-4) \ge 0$ e $\dfrac{x+1}{x-4} \ge 0$?

Disequazioni fratte e scomposizione in fattori

✓ **CHECKER** **Risolvi le seguenti disequazioni.**

237 $\dfrac{-x^2 + 8x}{25 + x^2 - 10x} \geq 0$ $\qquad [0 \leq x \leq 8 \wedge x \neq 5]$

238 $\dfrac{x^2 - 4}{3x^2 - 18x} < 0$ $\qquad [-2 < x < 0 \vee 2 < x < 6]$

239 ▫ **ESEMPIO DIGITALE** $\dfrac{9 - x^2}{2x^2 + 4x} \geq 0$

240 $\dfrac{x^2 - x - 6}{x^2 - 3x + 2} > 0$ $\quad [x < -2 \vee 1 < x < 2 \vee x > 3]$

241 $\dfrac{(x + 2)^3}{-3x} \leq 0$ $\qquad [x \leq -2 \vee x > 0]$

242 $\dfrac{5x^2 + 3x}{x^3 + 2x^2 + 9x + 18} \leq 0$ $\left[x < -2 \vee -\dfrac{3}{5} \leq x \leq 0 \right]$

243 $\dfrac{(4x - 5)^2}{x^5(x^2 + 3)} \leq 0$ $\qquad \left[x < 0 \vee x = \dfrac{5}{4} \right]$

Disequazioni e funzioni

Determina il dominio delle seguenti funzioni.

244 $y = \sqrt{\dfrac{3x}{x - 4}}$ $\qquad [x \leq 0 \vee x > 4]$

245 $y = \sqrt{\dfrac{x^2 - 2x}{x - 4}}$ $\qquad [0 \leq x \leq 2 \vee x > 4]$

Trova il dominio e studia il segno delle seguenti funzioni.

246 $y = \dfrac{2x - 1}{x}$ $\left[D: x \neq 0; \ y > 0: x < 0 \vee x > \dfrac{1}{2} \right]$

247 $y = -\dfrac{1}{8 - x}$ $\qquad [D: x \neq 8; \ y > 0: x > 8]$

Disequazioni non ridotte a forma normale

Risolviamo la disequazione $\dfrac{x^2 + 1}{x^2 - 2x} - \dfrac{x}{x - 2} \geq \dfrac{4}{x}$.

Inizialmente, eseguiamo i calcoli come se fosse un'equazione fratta.

$$\dfrac{x^2 + 1}{x^2 - 2x} - \dfrac{x}{x - 2} \geq \dfrac{4}{x} \ \rightarrow \ \dfrac{x^2 + 1}{x(x - 2)} - \dfrac{x}{x - 2} \geq \dfrac{4}{x} \ \rightarrow \ \dfrac{x^2 + 1 - x^2}{x(x - 2)} \geq \dfrac{4x - 8}{x(x - 2)} \ \rightarrow$$

scomponiamo in fattori i denominatori

riduciamo al mcm dei denominatori

$$\dfrac{9 - 4x}{x(x - 2)} \geq 0$$ non possiamo eliminare il denominatore come nelle equazioni: il segno della frazione dipende anche dal denominatore

- Studiamo il segno della frazione, nella quale a denominatore chiamiamo D_1 e D_2 i fattori:

$$\dfrac{9 - 4x}{\underset{D_1 \qquad D_2}{x(x - 2)}}$$

ESEMPIO

- Studiamo separatamente il segno di N e il segno dei due fattori al denominatore:

$$N > 0 \quad \rightarrow \quad 9 - 4x > 0 \quad \rightarrow \quad x < \frac{9}{4};$$

$$D_1 > 0 \quad \rightarrow \quad x > 0; \quad D_2 > 0 \quad \rightarrow \quad x - 2 > 0 \quad \rightarrow \quad x > 2.$$

- Compiliamo il quadro dei segni.

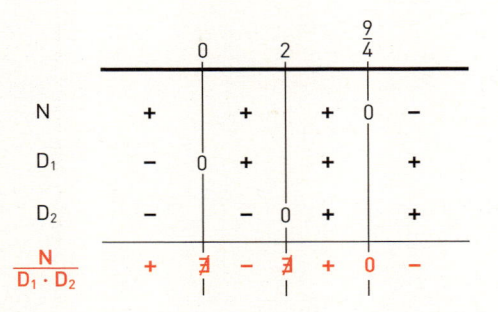

La disequazione è verificata quando $\frac{N}{D} \geq 0$, quindi abbiamo come soluzioni:

$$x < 0 \ \lor \ 2 < x \leq \frac{9}{4}.$$

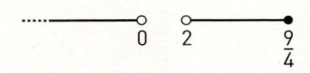

✓ **CHECKER** **Risolvi le seguenti disequazioni.**

248 📱 **ESEMPIO DIGITALE** $\dfrac{1}{5} + \dfrac{6}{x-3} \leq \dfrac{7}{5x-15}$

249 $\dfrac{x+3}{x-1} < -2$ $\left[-\dfrac{1}{3} < x < 1\right]$

250 $1 > \dfrac{9x+4}{x+1}$ $\left[-1 < x < -\dfrac{3}{8}\right]$

251 $\dfrac{2+3x}{3} \leq \dfrac{x^2-1}{x}$ $\left[-\dfrac{3}{2} \leq x < 0\right]$

252 $\dfrac{5-6x}{6-x} \leq 2 - \dfrac{1}{2x-12}$ $\left[-\dfrac{15}{8} \leq x < 6\right]$

253 $\dfrac{5}{6} < \dfrac{2x+1}{2x-1}$ $\left[x < -\dfrac{11}{2} \lor x > \dfrac{1}{2}\right]$

254 $\dfrac{x-5}{2x-8} \leq \dfrac{1}{2}$ $[x < 4]$

255 $\dfrac{4-x^2}{x} > \dfrac{1-2x}{2}$ $[0 < x < 8]$

256 $\dfrac{x+5}{x+1} - 3 \leq -\dfrac{4x-1}{2x+2}$ $[x < -1]$

257 $\dfrac{4}{3} > \dfrac{x-2}{2x-2} + \dfrac{1}{x-1}$ $\left[x < 1 \lor x > \dfrac{8}{5}\right]$

258 $\dfrac{2+x}{4x-2} + \dfrac{1}{2x-1} + \dfrac{2x+4}{3-6x} \geq 0$ $\left[\dfrac{1}{2} < x \leq 4\right]$

259 $\dfrac{13x+5}{2x+1} - 8 < 0$ $\left[x < -1 \lor x > -\dfrac{1}{2}\right]$

260 $-\dfrac{3x}{2x+8} > \dfrac{10-4x}{x+4}$ $[x < -4 \lor x > 4]$

261 $0 \leq \dfrac{x-1}{3x+4} - \dfrac{3x-2}{6x+8}$ $\left[-\dfrac{4}{3} < x \leq 0\right]$

262 $-2 + \dfrac{3}{4x+5} > -\dfrac{10x}{12x+15}$ $\left[-\dfrac{3}{2} < x < -\dfrac{5}{4}\right]$

263 $-\dfrac{1}{x} - 3 \geq \dfrac{2x+1}{2x}$ $\left[-\dfrac{3}{8} \leq x < 0\right]$

264 $\dfrac{3x-5}{2x-4} < \dfrac{x}{x-2} - 3$ $\left[2 < x < \dfrac{17}{7}\right]$

265 $-\dfrac{1}{3x-9} + \dfrac{x}{x-3} < -\dfrac{3x-1}{2x-6}$ $\left[\dfrac{1}{3} < x < 3\right]$

266 $-\dfrac{4x}{x-5} > \dfrac{3x+1}{3x-15}$ $\left[-\dfrac{1}{15} < x < 5\right]$

267 $\dfrac{7}{8x-10} - \dfrac{4x}{5-4x} < 0$ $\left[-\dfrac{7}{8} < x < \dfrac{5}{4}\right]$

268 $\dfrac{1-5x}{5+x} + 3 \leq 0$ $[x < -5 \lor x \geq 8]$

269 $\dfrac{2x-5}{-x+1} - \dfrac{3-x}{x-1} < 0$ $[x < 1 \lor x > 2]$

270 $0 \leq \dfrac{4x-5}{2-x} + 3$ $[-1 \leq x < 2]$

271 $\dfrac{6x-1}{2x-3} - \dfrac{2}{3-2x} \geq \dfrac{5}{6-4x}$ $\left[x \leq -\dfrac{7}{12} \lor x > \dfrac{3}{2}\right]$

272 $\dfrac{1}{4-x} \geq \dfrac{4+x}{4x-16}$ $[-8 \leq x < 4]$

273 $\dfrac{1}{7x-1} < \dfrac{7x}{14x-2}$ $\left[x < \dfrac{1}{7} \lor x > \dfrac{2}{7}\right]$

274 $\dfrac{x+2}{6-2x} < -\dfrac{x+4}{x-3}$ $\qquad\qquad [-6 < x < 3]$

275 $\dfrac{x^2}{5-x} + x > -1$ $\qquad\qquad \left[-\dfrac{5}{4} < x < 5\right]$

276 $\dfrac{1-7x}{6x+6} - \dfrac{2x+1-x^2}{3+3x} \le \dfrac{x}{3}$ $\qquad\qquad \left[x < -1 \vee x \ge -\dfrac{1}{13}\right]$

277 $\dfrac{x-1}{2} + \dfrac{6x}{x+1} > 3$ $\qquad\qquad [-7 < x < -1 \vee x > 1]$

278 $\dfrac{2}{2x-1} \le \dfrac{1}{x+3}$ $\qquad\qquad \left[-3 < x < \dfrac{1}{2}\right]$

279 $-\dfrac{1}{2} \ge \dfrac{x^3 - 6x^2 + 6x - 14}{2x^2 - 32}$ $\qquad\qquad [x < -4 \vee 4 < x \le 5]$

280 $\dfrac{11x}{3(2-3x)} - \dfrac{2x+1}{4-6x} > 3 + \dfrac{2}{9x-6}$ $\qquad\qquad \left[\dfrac{1}{2} < x < \dfrac{2}{3}\right]$

281 $\dfrac{-2}{x^2-2x+1} + \dfrac{3}{1-x} < \dfrac{x}{x-1} - 1$ $\qquad\qquad \left[x > \dfrac{1}{2} \wedge x \ne 1\right]$

282 $\dfrac{1}{38x}\left(3 + \dfrac{1}{6}\right) - \dfrac{4x-1}{x} \cdot \dfrac{1}{4} \le \dfrac{1}{6}$ $\qquad\qquad \left[x < 0 \vee x \ge \dfrac{2}{7}\right]$

283 $\dfrac{(x+2)^2 + (3-x)(3+x)}{x-7} - \dfrac{2x-11}{21-3x} < 0$ $\qquad\qquad [-2 < x < 7]$

284 $\dfrac{x(x+2)}{6x-3} + \dfrac{(x+1)^2}{5-10x} \le -\dfrac{2(1-x)(x+1)}{30x-15}$ $\qquad\qquad \left[\dfrac{1}{4} \le x < \dfrac{1}{2}\right]$

285 $-\dfrac{5}{4-2x} > \dfrac{9-x^2}{x^2+x-6}$ $\qquad\qquad \left[x < \dfrac{1}{2} \vee x > 2 \wedge x \ne -3\right]$

286 $\dfrac{x^3 - (1-x)^2 \cdot x}{2x+2} + \dfrac{x(x+4)}{1+x} \le 0$ $\qquad\qquad \left[x \le -\dfrac{7}{4} \vee -1 < x \le 0\right]$

287 $\dfrac{3x^3 + 4(x-3) - 9x^2}{2x^3 - 6x^2 + 8x - 24} > 1$ $\qquad\qquad [x < -2 \vee x > 2 \wedge x \ne 3]$

288 $\dfrac{2}{5x-1} - \dfrac{2}{3}x + \dfrac{4}{1-5x} \le \dfrac{1-2x}{3}$ $\qquad\qquad \left[x \le -1 \vee x > \dfrac{1}{5}\right]$

289 $\dfrac{5}{x-3} - \dfrac{2}{x-1} + \dfrac{3}{6-2x} \le 0$ $\qquad\qquad \left[x \le -\dfrac{5}{3} \vee 1 < x < 3\right]$

290 $\dfrac{2}{x^2-7x+12} + \dfrac{2x-1}{x-3} - \dfrac{x}{x-4} - 1 > 0$ $\qquad\qquad [3 < x < 4 \vee x > 6]$

291 Dati i seguenti polinomi, per quali valori di k il loro rapporto è minore o uguale a 2?

$$N(k) = 2k^2 + 5k + 3 \qquad D(k) = k^2 + 2k + 1$$

$\qquad\qquad [k < -1]$

Sistemi di disequazioni

Risolvi i seguenti sistemi di disequazioni.

292 **ESEMPIO DIGITALE** $\begin{cases} \dfrac{3}{5-2x} \le 0 \\ \dfrac{2x-3}{x+1} > 0 \end{cases}$

293 $\begin{cases} \dfrac{3}{4}x \ge -\dfrac{9}{2} \\ \dfrac{2}{x-2} > 1 \end{cases}$ $\qquad\qquad [2 < x < 4]$

294 $\begin{cases} \dfrac{4}{x} \geq 1 \\ 4x - 8 > 0 \end{cases}$ $[2 < x \leq 4]$

295 $\begin{cases} 2(x-3) \leq 5(x-1) + 2 \\ \dfrac{1}{x-1} < 0 \end{cases}$ $[-1 \leq x < 1]$

296 $\begin{cases} -\dfrac{1}{9-x} > 0 \\ -9(8-x) \geq 0 \end{cases}$ $[x > 9]$

297 $\begin{cases} \dfrac{x+3}{2-x} > 0 \\ -3x - 9 \leq 0 \end{cases}$ $[-3 < x < 2]$

298 $\begin{cases} \dfrac{3x-1}{x+1} < 3 \\ x(x-2) < (x-1)^2 + x \end{cases}$ $[x > -1]$

299 $\begin{cases} -2x > 0 \\ 2 < \dfrac{4}{1+x} \\ (x-1)(x+3) \geq -3 - x(5-x) \end{cases}$ $[\text{impossibile}]$

300 $\begin{cases} \dfrac{x-3}{2+x} \geq -1 \\ 5x \leq 2,5 \\ x(x+4) - (x+2)^2 > -5 \end{cases}$ $\left[x < -2 \vee x = \dfrac{1}{2} \right]$

301 $\begin{cases} \dfrac{4x^2 - 4x + 1}{x^2 - 4x} < 0 \\ \dfrac{1}{x} \leq 4 \\ 9 < x^2 \end{cases}$ $[3 < x < 4]$

302 $\begin{cases} \dfrac{1}{3}x - \dfrac{1}{2}(x-1) > -\dfrac{x+3}{6} \\ 1 \geq \dfrac{1}{x} \end{cases}$ $[x < 0 \vee x \geq 1]$

303 $\begin{cases} \dfrac{1}{1-x} + \dfrac{2}{x-1} > 1 \\ \dfrac{2}{1-x} \leq 0 \end{cases}$ $[1 < x < 2]$

304 $\begin{cases} 2 \leq \dfrac{4}{x} \\ \dfrac{3x^2 - 7x}{x^2 - 4x + 4} \leq 0 \end{cases}$ $[0 < x < 2]$

305 $\begin{cases} \dfrac{2-x}{x} \leq 0 \\ \dfrac{\frac{5}{2} - x}{4 - x} \geq 0 \end{cases}$ $\left[x < 0 \vee 2 \leq x \leq \dfrac{5}{2} \vee x > 4 \right]$

306 $\begin{cases} \dfrac{-12x + 4}{15x} > -1 \\ -\dfrac{x}{3-x} < 0 \end{cases}$ $[0 < x < 3]$

307 $\begin{cases} \dfrac{3x-1}{x^2 - 2x} < 0 \\ \dfrac{2x^2 + 3x}{x^3} > 0 \end{cases}$ $\left[-\dfrac{3}{2} < x < 0 \vee \dfrac{1}{3} < x < 2 \right]$

308 $\begin{cases} \dfrac{-5}{3x^2 + 3x} \leq 0 \\ \dfrac{3x^2(x-1)^3}{(x+2)^5} > 0 \end{cases}$ $[x < -2 \vee x > 1]$

309 $\begin{cases} \dfrac{x^2 - 1}{2x - 1} \leq 0 \\ \dfrac{4x - 8}{x^2 - x - 6} > 0 \end{cases}$ $\left[-2 < x \leq -1 \vee \dfrac{1}{2} < x \leq 1 \right]$

310 $\begin{cases} \dfrac{1}{2}(x+1) - x\left(x - \dfrac{1}{2}\right) < (1-x)(x-3) \\ \dfrac{x}{x-3} + \dfrac{2x-1}{2x-6} > 2 \end{cases}$ $[x > 3]$

311 $\begin{cases} \dfrac{1}{3}(2-x) > \dfrac{x}{2} + 1 \\ \dfrac{3x^2 + 1}{x^2 - 1} \leq 3 \\ 4x \leq -(x+3) \end{cases}$ $\left[-1 < x \leq -\dfrac{3}{5} \right]$

---

312 **CHI HA RAGIONE?** Andrea: «La disequazione $\dfrac{3x-2}{x+3} < 0$ si può anche risolvere utilizzando i sistemi di disequazioni».
Barbara: «Direi che di sistemi ne servono due…». Spiega a cosa stanno pensando Andrea e Barbara.

Problemi

313 Data la frazione $\dfrac{5}{6}$, si vuole ottenere una frazione minore di $\dfrac{1}{3}$ sommando sia al numeratore che al denominatore della frazione iniziale uno stesso numero k. Quali valori può assumere k?
$\left[-6 < k < -\dfrac{9}{2} \right]$

314 In un rettangolo la base supera di 4 cm il triplo dell'altezza. Sapendo che il loro rapporto non supera i 10 cm, quanto può misurare la base?
$\left[\text{almeno } \dfrac{40}{7} \text{ cm} \right]$

14 EQUAZIONI E DISEQUAZIONI FRATTE E LETTERALI

DISEQUAZIONI LETTERALI ➔ Teoria a pagina **419**

315 📱 **VERO O FALSO?**

a. Se $a \neq 0$, la disequazione $ax > 2a$ nell'incognita x ha come soluzione $x > 2$. V F

b. Se $a = 0$, la disequazione $ax \geq -4$ nell'incognita x ha come soluzione solo $x = 0$. V F

c. Le disequazioni $a^2x < a^2$ nell'incognita x e $x < 1$ sono equivalenti. V F

d. La disequazione $(a^2 + 1)x \geq 0$ nell'incognita x ha come soluzione $x \geq 0 \ \forall a \in \mathbb{R}$. V F

316 **CHI HA RAGIONE?** Paola: «La disequazione $8x < a$ ha per soluzione $x < \dfrac{a}{8}$».

Tony: «La disequazione $ax < 8$ ha per soluzione $x < \dfrac{8}{a}$». Chi ha ragione?

Risolvi le disequazioni nell'incognita x al variare del parametro in $\mathbb{R}$.

317 $4a - ax \leq ax$ $\left[a < 0: x \leq 2; a > 0: x \geq 2; a = 0: \forall x \in \mathbb{R}\right]$

318 $b^2x - b^2 + b < 0$ $\left[b \neq 0: x < \dfrac{b-1}{b}; b = 0: \text{imp.}\right]$

319 📱 **ESEMPIO DIGITALE** $a(4x + 7) < -4(x + 2)(a + 2) - a$

320 $(3x - 6)a \geq 3(2a - x)$ $\left[a > -1: x \geq \dfrac{4a}{a+1}; a < -1: x \leq \dfrac{4a}{a+1}; a = -1: \forall x \in \mathbb{R}\right]$

321 $a(2x - 1) - 6(x + 1) < -2$ $\left[a > 3: x < \dfrac{a+4}{2(a-3)}; a < 3: x > \dfrac{a+4}{2(a-3)}; a = 3: \forall x \in \mathbb{R}\right]$

322 $4x + b^2 > bx + 16$ $\left[b > 4: x < b + 4; b < 4: x > b + 4; b = 4: \text{imp.}\right]$

323 $2x \leq a(x - 1) + 8$ $\left[a > 2: x \geq \dfrac{8-a}{2-a}; a < 2: x \leq \dfrac{8-a}{2-a}; a = 2: \forall x \in \mathbb{R}\right]$

324 $-a^2x + a^2 - 2a \geq 0$ $\left[a \neq 0: x \leq \dfrac{a-2}{a}; a = 0: \forall x \in \mathbb{R}\right]$

325 $2a^2 - ax + 3a < 0$ $\left[a > 0: x > 2a + 3; a < 0: x < 2a + 3; a = 0: \text{imp.}\right]$

326 $1 \geq bx + x + b^2$ $\left[b > -1: x \leq 1 - b; b < -1: x \geq 1 - b; b = -1: \forall x \in \mathbb{R}\right]$

327 $ax - 3a > 4ax$ $\left[a > 0: x < -1; a < 0: x > -1; a = 0: \text{imp.}\right]$

328 $ax - 2a > 4x$ $\left[a > 4: x > \dfrac{2a}{a-4}; a < 4: x < \dfrac{2a}{a-4}; a = 4: \text{imp.}\right]$

329 $3x + a - ax > \dfrac{1}{3}$ $\left[a > 3: x < \dfrac{3a-1}{3(a-3)}; a < 3: x > \dfrac{3a-1}{3(a-3)}; a = 3: \forall x \in \mathbb{R}\right]$

330 $b(2x - 3) + 2x - 4 \leq (2 - 2b)(1 + x) - b$ $\left[b > 0: x \leq \dfrac{3}{2b}; b < 0: x \geq \dfrac{3}{2b}; b = 0: \forall x \in \mathbb{R}\right]$

331 $a(3x - 3) - 3 \geq 6x$ $\left[a > 2: x \geq \dfrac{a+1}{a-2}; a < 2: x \leq \dfrac{a+1}{a-2}; a = 2: \text{imp.}\right]$

332 $6x(3a - 4) + 12 \leq 3[4 + x(2a + 2)]$ $\left[a > \dfrac{5}{2}: x \leq 0; a < \dfrac{5}{2}: x \geq 0; a = \dfrac{5}{2}: \forall x \in \mathbb{R}\right]$

333 $x(a + 3) - 2x(a - 6) + 2a > 0$ $\left[a > 15: x < \dfrac{2a}{a-15}; a < 15: x > \dfrac{2a}{a-15}; a = 15: \forall x \in \mathbb{R}\right]$

334 $(5a + 2)x - 2(a^2 - 4 + 2x) > 4ax$ $\left[a > 2: x > 2(a + 2); a < 2: x < 2(a + 2); a = 2: \text{imp.}\right]$

335 $4a(1-x) > (2a-1)x - 4x(1-a) - a$ $\quad\left[a > \dfrac{1}{2}: x < \dfrac{a}{2a-1}; a < \dfrac{1}{2}: x > \dfrac{a}{2a-1}; a = \dfrac{1}{2}: \forall x \in \mathbb{R}\right]$

336 $(a-2)(3x-1) - (4x+3) > x(5a-4) - 3$ $\quad\left[a > -3: x < \dfrac{2-a}{2(3+a)}; a < -3: x > \dfrac{2-a}{2(3+a)}; a = -3: \forall x \in \mathbb{R}\right]$

Il parametro è a denominatore

Risolviamo la disequazione $\dfrac{x-2}{a+3} < 1$ nell'incognita x.

- Otteniamo la forma normale:

$$\frac{x-2}{a+3} < 1 \quad \rightarrow \quad \frac{x-2}{a+3} < \frac{a+3}{a+3} \quad \rightarrow \quad \frac{x}{a+3} < \frac{2+a+3}{a+3} \quad \rightarrow \quad \underset{A}{\boxed{\frac{1}{a+3}}} x < \underset{B}{\boxed{\frac{a+5}{a+3}}}.$$

- Distinguiamo tre casi.

$A > 0$	$A < 0$	$A = 0$
Se $\dfrac{1}{a+3} > 0$, cioè $a > -3$:	Se $\dfrac{1}{a+3} < 0$, cioè $a < -3$:	$\dfrac{1}{a+3}$ non può essere
$x < a + 5$	$x > a + 5$.	nullo, mentre per $a = -3$ la disequazione è priva di significato perché il denominatore si annulla.
moltiplichiamo i due membri per $a+3>0$, quindi il verso non cambia	moltiplichiamo i due membri per $a+3<0$, quindi cambiamo il verso	

Risolvi le seguenti disequazioni nell'incognita x al variare del parametro in $\mathbb{R}$.

337 $\dfrac{2x}{a-2} \geq 0$ $\qquad [a = 2:$ perde significato; $a > 2: x \geq 0; a < 2: x \leq 0]$

338 $\dfrac{k}{k+1}x < 0$ $\qquad [k = -1:$ perde significato; $k < -1 \lor k > 0: x < 0; -1 < k < 0: x > 0; k = 0:$ imp.$]$

339 $\dfrac{3a}{a-2}(x-1) \geq 0$ $\qquad [a = 2:$ perde significato; $a < 0 \lor a > 2: x \geq 1; 0 < a < 2: x \leq 1; a = 0: \forall x \in \mathbb{R}]$

340 $\dfrac{x+3}{a-9} < 0$ $\qquad [a = 9:$ perde significato; $a > 9: x < -3; a < 9: x > -3]$

341 $\dfrac{a^4x + 4a}{-a} < 0$ $\qquad \left[a = 0:$ perde significato; $a < 0: x < -\dfrac{4}{a^3}; a > 0: x > -\dfrac{4}{a^3}\right]$

342 📱 **ESEMPIO DIGITALE** $\dfrac{(5+b)x-3}{b} - 1 \geq \dfrac{6}{b}x$

343 $\dfrac{(a-2)x + 2a}{a+1} < 0$

$\left[a = -1:$ perde significato; $a < -1 \lor a > 2: x < -\dfrac{2a}{a-2}; -1 < a < 2: x > -\dfrac{2a}{a-2}; a = 2:$ imp.$\right]$

344 $\dfrac{8ax}{2a-4} > 0$ $\qquad [a = 2:$ perde significato; $a < 0 \lor a > 2: x > 0; 0 < a < 2: x < 0; a = 0:$ imp.$]$

345 $\dfrac{(3a-1)}{a}x < 3$ $\quad \left[a = 0:$ perde significato; $a < 0 \lor a > \dfrac{1}{3}: x < \dfrac{3a}{3a-1}; 0 < a < \dfrac{1}{3}: x > \dfrac{3a}{3a-1}; a = \dfrac{1}{3}: \forall x \in \mathbb{R}\right]$

346 $\dfrac{ax+1}{4a} + \dfrac{1-a}{2a} \geq 0$ $\qquad \left[a = 0:$ perde significato; $a \neq 0: x \geq \dfrac{2a-3}{a}\right]$

347 $\dfrac{3x+3}{2a-3} \geq -1$ $\qquad \left[a = \dfrac{3}{2}:$ perde significato; $a > \dfrac{3}{2}: x \geq -\dfrac{2}{3}a; a < \dfrac{3}{2}: x \leq -\dfrac{2}{3}a\right]$

348 $b(x+4) > -\dfrac{x}{b}$ $\qquad \left[b = 0:$ perde significato; $b > 0: x > -\dfrac{4b^2}{b^2+1}; b < 0: x < -\dfrac{4b^2}{b^2+1}\right]$

VERIFICA DELLE COMPETENZE ALLENAMENTO

▶ Competenza **1** (abilità **4**)

✓ CHECKER **Risolvi le seguenti equazioni.**

1 $\dfrac{(2x+1)^2}{x^2-25}-\dfrac{x-3}{x+5}=\dfrac{3x+2}{x-5}$ $\left[-\dfrac{24}{5}\right]$

3 $\dfrac{5x^2+7}{x-9}-5x+6=\dfrac{51x^2+4x-13}{x^2-7x-18}$ $\left[\dfrac{27}{17}\right]$

2 $\dfrac{3x-1}{25-10x+x^2}+\dfrac{2x}{x^2-25}=\dfrac{x}{x-5}-1$ $[-30]$

4 $-\dfrac{7}{x+6}=\dfrac{4}{5x-2}+\dfrac{11x+3}{12-5x^2-28x}$ $\left[-\dfrac{1}{4}\right]$

5 $\dfrac{2x-5}{x^2-3x}+\dfrac{2}{3-x}=\dfrac{5}{x^2-9}+1-\dfrac{x^3+12}{x^3-9x}$ $[\text{impossibile}]$

6 $\dfrac{5x-2}{2x-5}+4x-2-\dfrac{4x^2+3}{x}=\dfrac{x-7}{2x-5}+\dfrac{5}{x}$ $\left[\dfrac{10}{19}\right]$

Risolvi e discuti le seguenti equazioni nell'incognita x.

7 $4a^3x-4a^2x=(a-1)(x+2a+1)$ $\left[a=1\ \vee\ a=-\dfrac{1}{2}:\text{ind.};\ a=\dfrac{1}{2}:\text{imp.};\ a\neq1\ \wedge\ a\neq\pm\dfrac{1}{2}:x=\dfrac{1}{2a-1}\right]$

8 $(a^5-1)(x-3)=(a^3-1)(x-9)+6(a^5-1)$ $[a=0\ \vee\ a=\pm1:\text{ind.};\ a\neq0\ \wedge\ a\neq\pm1:x=9]$

9 $\dfrac{ax-2}{1-a}=\dfrac{a-2x}{a^2-1}$ $\left[a=\pm1:\text{perde significato};\ a=-2:\text{ind.};\ a\neq\pm1\ \wedge\ a\neq-2:x=\dfrac{1}{a-1}\right]$

✓ CHECKER **Risolvi le seguenti disequazioni numeriche fratte.**

10 $\dfrac{4x-3}{2x-6}+\dfrac{1-2x}{3-x}+2>0$ $\left[x<\dfrac{17}{12}\ \vee\ x>3\right]$

12 $\dfrac{x-3}{6-3x}<\dfrac{3-2x}{2x-4}-\dfrac{3x-5}{x-2}$ $\left[\dfrac{3}{2}<x<2\right]$

11 $\dfrac{3x+2}{3}<\dfrac{x-7}{1+2x}+\dfrac{6x^2+19}{6x+3}$ $\left[-1<x<-\dfrac{1}{2}\right]$

13 $\dfrac{6(x+1)}{9-x^2}+\dfrac{2}{x+3}>\dfrac{3}{3-x}$ $[x<3\wedge x\neq-3]$

Risolvi i seguenti sistemi di disequazioni.

14 $\begin{cases}\dfrac{3}{x+1}\leq0\\[2mm]3-\dfrac{x}{2+x}>0\end{cases}$ $[x<-3\vee-2<x<-1]$

15 $\begin{cases}\dfrac{x+3}{2-x}\leq0\\[2mm]\dfrac{x-4}{2x}>0\end{cases}$ $[x\leq-3\vee x>4]$

Risolvi le seguenti disequazioni letterali intere nell'incognita x al variare del parametro in $\mathbb{R}$.

16 $6x-a<2ax+3a+4$ $\left[a<3:x<\dfrac{2a+2}{3-a};\ a>3:x>\dfrac{2a+2}{3-a};\ a=3:\forall x\in\mathbb{R}\right]$

17 $(2a+5)x+5>a-(3a-15)x$ $\left[a>2:x>\dfrac{a-5}{5(a-2)};\ a<2:x<\dfrac{a-5}{5(a-2)};\ a=2:\forall\,x\in\mathbb{R}\right]$

▶ Competenza **3** (abilità **2, 4**)

18 Trova due numeri tali che la loro somma sia 5 e il rapporto tra il primo aumentato di a e il secondo diminuito di 2 sia $2,5\cdot a$.

$\left[a\neq-3\ \wedge\ a\neq-\dfrac{2}{5}:\dfrac{13a}{5a+2}\ e\ \dfrac{2(6a+5)}{5a+2}\right]$

19 Se al quadrato di un numero k si aggiunge il doppio del quadrato della somma di k con 3 e si divide l'espressione ottenuta per il prodotto della somma per la differenza del numero k con 2, per quali valori di k il quoziente ottenuto risulta maggiore o uguale a 3? $\left[-\dfrac{5}{2}\leq k<-2\vee k>2\right]$

VERIFICA DELLE COMPETENZE PROVE

 **TUTOR** | **PROVA A** (10 esercizi) | **PROVA B** (10 esercizi) | ⏱ **IN MEZZ'ORA**

PROVA C ▸ Competenze **1, 3** ⏱ **IN UN'ORA**

1 **TEST** L'equazione $a^2x + ax = a^2 + 2a + 1$ nell'incognita x è:

- **A** indeterminata se $a = 0$.
- **B** impossibile se $a = -1$.
- **C** determinata se $a \neq 0 \land a \neq -1$.
- **D** indeterminata se $a = 1$.

Risolvi le seguenti equazioni.

2 $\dfrac{x+4}{3x^2+x} = \dfrac{6x}{9x^2-1} + \dfrac{1}{1-3x}$

3 $\dfrac{x-1}{x^2-x} = 0$

4 $\dfrac{(x^2-4x)(x+2)}{x^2-8x+16} = 0$

5 Risolvi la seguente equazione nell'incognita x al variare di k:

$$3(k^2x + 2) - k(9x + 2) = 0.$$

6 Trova due numeri, sapendo che il maggiore supera il minore di 4 e il triplo del reciproco del loro prodotto è uguale alla somma dei loro reciproci.

PROVA D ▸ Competenze **1, 3** ⏱ **IN UN'ORA**

Risolvi le seguenti disequazioni.

1 $\dfrac{1-3x}{x-2} - 1 \geq 0$

2 $\dfrac{x^2+5x+6}{x^2-4} + 1 < \dfrac{2x-1}{x-2}$

3 Risolvi il sistema: $\begin{cases} \dfrac{x}{x-2} \geq 1 \\ 2 - \dfrac{1}{3}x < x + 1 \end{cases}$.

4 Risolvi la disequazione nell'incognita x al variare di a in $\mathbb{R}$.

$a(x-2) \leq 3(x-2)$

5 Sul lato DC del rettangolo $ABCD$ in figura considera un punto P.

- **a.** Posto $\overline{DP} = x$, quali valori può assumere $\overline{DP}$?
- **b.** Quali valori può assumere x affinché l'area del trapezio $ABPD$ non superi i $\dfrac{2}{3}$ dell'area del rettangolo $ABCD$?
- **c.** Quali valori può assumere x affinché $\dfrac{\overline{DP}}{\overline{PC}} \leq 2$?

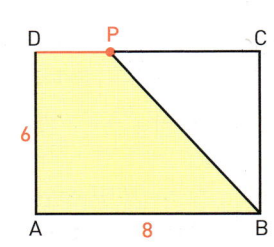

15 STATISTICA

1. RILEVAZIONE DEI DATI STATISTICI ➡ Esercizi a pagina **456**

Unità statistiche e popolazione

Scopo della statistica è studiare i **fenomeni collettivi** che sono **atipici**, in quanto si presentano con modalità diverse.

DEFINIZIONE

Chiamiamo **popolazione**, o **universo**, l'insieme delle **unità statistiche** che forniscono con la **rilevazione** le informazioni necessarie per lo studio del fenomeno.

Se non è possibile esaminare tutte le unità statistiche (rilevazione totale), si è costretti a considerare solo una parte della popolazione, cioè un **campione** che deve essere rappresentativo di tutta la popolazione (rilevazione campionaria).

ESEMPIO

Si effettua un'indagine presso un supermercato per valutare il consumo di cibi pronti. *Popolazione*: tutti i clienti che in un determinato giorno effettuano questo tipo di acquisto. *Unità statistiche*: i clienti. *Informazioni* che si vogliono ottenere: motivazione della scelta, numero di acquisti in una settimana, costo sostenuto. La *rilevazione* è *campionaria* perché è impossibile intervistare tutti i clienti.

Frequenza

Ogni informazione che si ottiene dalle unità statistiche rappresenta un **carattere** della popolazione, che viene descritto mediante **modalità qualitative** (aggettivi, nomi) o **modalità quantitative** (numeri interi o reali).

DEFINIZIONE

La **frequenza** è il numero delle unità statistiche che presentano una determinata modalità qualitativa o quantitativa.

ESEMPIO

Considerando l'acquisto di cibi pronti dell'esempio precedente, sono modalità:

- *qualitative*: mancanza di tempo, comodità, altri motivi (curiosità, cibo diverso);
- *quantitative*: numero settimanale di acquisti, costo sostenuto.

Se, su 300 clienti, 210 lo hanno fatto per mancanza di tempo, 60 per comodità e 30 per curiosità o per provare un cibo non usuale nella loro cucina, le frequenze sono 210, 60 e 30.

- Se, consideriamo la modalità quantitativa «numero settimanale degli acquisti», 1, 2, …, 6, le frequenze sono il numero delle unità statistiche corrispondenti; rileviamo: 215, 48, 18, 12, 5, 2.
- Per la modalità quantitativa «costo sostenuto» utilizziamo gli intervalli 0-5, 5-10, 10-15, oltre 15 e associamo a ogni intervallo la frequenza corrispondente: 65, 205, 20, 10.
  Per ogni intervallo consideriamo il primo estremo escluso e il secondo compreso.
  Per esempio, in 10-15, escludiamo 10 e includiamo 15.

Dato statistico e frequenza relativa

Chiamiamo **dato statistico** l'associazione di una modalità con la sua frequenza.
I dati statistici sono presentati con tabelle. Le più semplici sono formate da due colonne: nella prima compare la modalità, qualitativa o quantitativa, e nella seconda la frequenza. I dati possono essere anche organizzati in righe, anziché in colonne.
Spesso c'è una terza colonna nella quale è riportata la *frequenza relativa*, che può essere espressa in forma decimale o percentuale.

DEFINIZIONE

La **frequenza relativa** f è il rapporto tra la frequenza F di una modalità e il totale delle unità esaminate n.

$$f = \frac{F}{n}$$

ESEMPIO

Le tabelle relative all'indagine dell'esempio precedente sono le seguenti.

Motivi della scelta	Frequenza	Frequenza relativa
mancanza di tempo	210	70%
comodità	60	20%
altro	30	10%
Totale	300	100%

Numero settimanale acquisti	1	2	3	4	5	6	Totale
Frequenza	215	48	18	12	5	2	300
Frequenza relativa	71,67%	16,00%	6,00%	4,00%	1,67%	0,67%	100%

Costo sostenuto (€)	0-5	5-10	10-15	oltre 15	Totale
Frequenza	65	205	20	10	300
Frequenza relativa	21,67%	68,33%	6,67%	3,33%	100%

ESERCIZI PER COMINCIARE

Per ognuno dei fenomeni collettivi presentati negli esercizi 1, 2, 3 e 4, individua la popolazione, le unità statistiche e il tipo di rilevazione.

1 Si effettua un'indagine per conoscere come sono distribuiti gli agriturismi nelle regioni italiane e la loro capacità ricettiva.

2 Si vuole rilevare in un Comune il numero delle abitazioni sfitte e le motivazioni di questa condizione.

3 Per promuovere il nuoto in una scuola superiore, viene svolta un'indagine per conoscere i vari livelli di capacità in questa branca sportiva.

4 Una compagnia di assicurazioni vuole analizzare gli incidenti automobilistici dei suoi assicurati nel corso di un anno.

5 Per ognuno degli esercizi precedenti indica le possibili modalità qualitative e quantitative.

6 📱 **ANIMAZIONE** Chiamiamo x_1, x_2, x_3 e x_4 i valori che descrivono la modalità di una rilevazione. Sappiamo che $F_1 = 25$, $f_2 = 6\%$, $f_4 = 12\%$ e che il totale delle frequenze è 500. Determina le altre frequenze assolute e relative e compila la tabella con tutte le frequenze.

7 Un'impresa dolciaria ha una macchina che riempie sacchetti di caramelle che dovrebbero avere il peso di 200 g. Vuole controllarne il funzionamento e pertanto rileva il peso di 80 sacchetti. Qual è il tipo di rilevazione effettuata? Compila una tabella di frequenza del peso rilevato, con valori a piacere, dove il peso minore rilevato è 190 g e quello maggiore 210 g.

2. SERIE STATISTICHE

→ Esercizi a pagina 458

> 🎧 A **statistical series** is a set of data categories with their frequencies. The series can be represented graphically through different types of diagrams.

Serie statistica

> Una **serie statistica** (o **mutabile statistica**) è una tabella che presenta una successione di modalità *qualitative*, ognuna accompagnata dalla sua frequenza.

Una serie statistica determina una distribuzione di frequenze secondo una modalità qualitativa. Alle modalità qualitative del fenomeno esaminato possono corrispondere talvolta delle misure (intensità) che comunque sono considerate come frequenze.

Una serie statistica è detta **rettilinea** se le modalità hanno un ordine logico di successione da una posizione iniziale a una finale (per esempio i gradi di una gerarchia) ed è detta **sconnessa** quando la successione è arbitraria (per esempio un elenco di attività sportive).

Le serie **cicliche** presentano modalità vincolate da un ordine, ma non è possibile, a meno di una convenzione, stabilire una posizione iniziale (per esempio la direzione dei venti).

Una serie è detta **dicotomica** quando le frequenze sono raggruppate in due classi, una antagonista dell'altra (per esempio occupati e disoccupati).

Una serie statistica è rappresentata graficamente con rettangoli di base uguale sull'asse orizzontale e altezze proporzionali alle frequenze assolute o relative sull'asse verticale. Questa rappresentazione si chiama **diagramma a barre** o **ortogramma**.
Talvolta i rettangoli sono posti con la base sull'asse verticale. In questo caso si parla di **diagrammi a blocchi**.

ESEMPIO

Distribuzione di 40 dipendenti di un'impresa secondo la mansione.

Dipendenti	Frequenza
dirigenti	2
funzionari	5
impiegati	12
operai	21
Totale	40

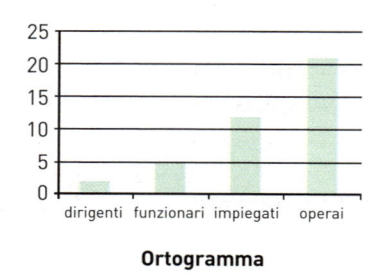

Ortogramma

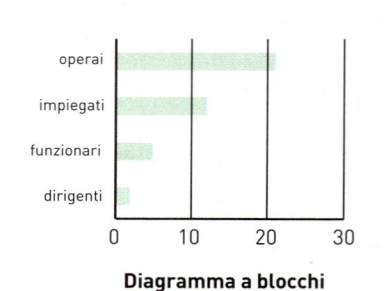

Diagramma a blocchi

Serie storica

Un caso frequente di serie statistica è la **serie storica**, dove la modalità qualitativa è rappresentata da una successione temporale (anni, mesi, …).
Queste serie sono importanti perché permettono di studiare l'andamento di un fenomeno nel tempo (trend), individuare componenti cicliche più o meno regolari e isolare elementi anomali o anormali.
L'individuazione del trend permette di formulare previsioni per il futuro.
Sono rappresentate con grafici a barre ma soprattutto con i **diagrammi cartesiani**.
Sull'asse delle ascisse mettiamo la modalità del tempo e su quello delle ordinate la frequenza.

ESEMPIO

Andamento della produzione di mais in un'azienda agricola.

Anni	Produzione di mais (t)
2008	540
2009	320
2010	610
2011	680
2012	590

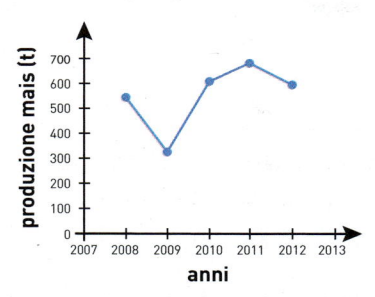
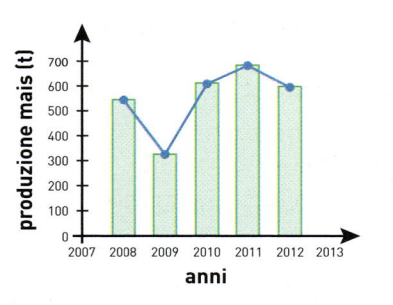

ESERCIZI PER COMINCIARE

1 ANIMAZIONE Un'agenzia utilizza 25 guide turistiche, ognuna specializzata in una sola lingua straniera: 9 in inglese, 6 in francese, 4 in tedesco e 6 in spagnolo. Rappresenta la serie statistica con una tabella, un ortogramma e un diagramma a blocchi.

2 La tabella presenta la distribuzione di 156 persone secondo il tipo di patente conseguita presso una scuola guida.
Effettua la rappresentazione grafica.

Categoria	A1	A	B	Totale
Frequenze	48	25	83	156

3 Sono stati interpellati 40 utenti di mezzi di trasporto pubblici sulla qualità del servizio. I livelli di valutazione considerati erano: I (insufficiente), S (sufficiente), B (buono), O (ottimo). Le risposte sono state: S, S, I, I, I, B, B, S, S, S, S, S, I, I, I, I, O, O, I, I, S, S, B, B, B, I, I, B, S, S, S, S, O, I, B, B, I, I, S, S, S.
Costruisci la serie statistica ed effettua la rappresentazione grafica.

4 Rappresenta graficamente la seguente serie statistica riguardante le frequenze relative delle varie attività sportive degli alunni di una scuola.

Sport	Frequenze
calcio	22%
pallavolo	26%
pallacanestro	13%
atletica	14%
nuoto	15%
altro	10%

5 Le seguenti coppie sono relative all'andamento annuale del numero dei residenti in un Comune: (2007; 8450), (2008; 8490), (2009; 8460), (2010; 8485), (2011; 8496), (2012; 8502).
Rappresenta la serie storica mediante una tabella e un diagramma cartesiano.

6 Rappresenta graficamente l'andamento, rilevato bimestralmente nel 2011, del consumo di acqua di una famiglia composta da 4 persone.

Bimestre	I	II	III	IV	V	VI
Consumo (m³)	35	42	38	48	40	36

7 Rappresenta graficamente con un diagramma a barre e con un diagramma cartesiano la seguente distribuzione delle giornate con precipitazioni nevose secondo i mesi nel periodo 2001-2010 in un Comune montano a 400 metri di altezza s.l.m.

Mesi	Numero giorni
gen	56
feb	35
mar	18
apr	8
mag	–
giu	–
lug	–
ago	–
set	5
ott	12
nov	32
dic	45

3. SERIAZIONI STATISTICHE

➔ Esercizi a pagina 459

> 🎧 A **variate** is a *quantity* which may take any of the values of a specified set with a specified relative frequency or probability.

Seriazione statistica

> **DEFINIZIONE**
>
> Una **seriazione statistica** (o **variabile statistica**) è una tabella che presenta una successione di modalità *quantitative*, ognuna accompagnata dalla sua frequenza.

Una seriazione statistica determina una distribuzione di frequenze secondo una modalità quantitativa.

Quando la modalità quantitativa assume valori *discreti* (numeri interi), la rappresentazione grafica utilizza un diagramma cartesiano.

I valori discreti sono posti sull'asse delle ascisse e le frequenze sull'asse delle ordinate. Si ottiene un insieme di punti (*nuvola di punti*) che possono essere collegati da una spezzata per visualizzare l'andamento del fenomeno.

ESEMPIO

Distribuzione di 50 persone in base al numero di caffè consumati in un giorno.

N. caffè x_i	N. persone F_i
1	28
2	12
3	6
4	3
5	1
Totale	**50**

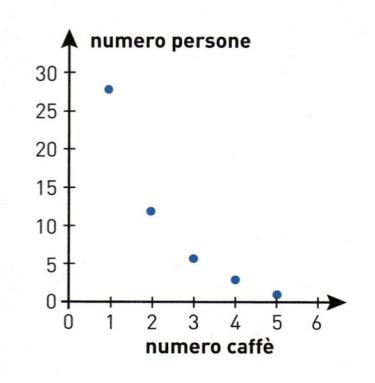
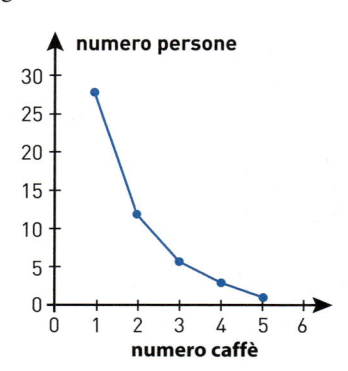

Istogramma

Quando la modalità quantitativa è *continua* (numeri reali), si utilizzano **classi di intervallo**.

Elementi che caratterizzano le classi di intervallo sono l'**ampiezza**, che può essere costante o variabile, e il **valore centrale**, dato dalla semisomma dei due estremi della classe.

La rappresentazione grafica utilizza il piano cartesiano e sull'asse delle ascisse si pongono gli estremi delle classi di intervallo.

Si ottengono dei segmenti che rappresentano l'ampiezza di ciascuna classe e costituiscono le basi di rettangoli la cui area è proporzionale alle frequenze.

La rappresentazione ottenuta è un diagramma areale che chiamiamo **istogramma**. Spesso l'ampiezza delle diverse classi è costante. In questo caso, è sufficiente prendere l'altezza proporzionale alle frequenze.

> 🎧 A **histogram** is a type of *statistical graph* in which rectangles proportional in area to the class frequencies are erected on sections of the horizontal axis. The width of each section represents the corresponding class interval of the variate.

In genere le classi di intervallo hanno tutte la stessa ampiezza e assegniamo i valori a una classe considerando compreso l'estremo inferiore ed escluso quello superiore.

Distribuzione di 50 imprese artigiane in base al fatturato.

Fatturato (€) x_i	N. imprese artigiane F_i
10 000-20 000	4
20 000-30 000	10
30 000-40 000	28
40 000-50 000	5
50 000-60 000	3
Totale	50

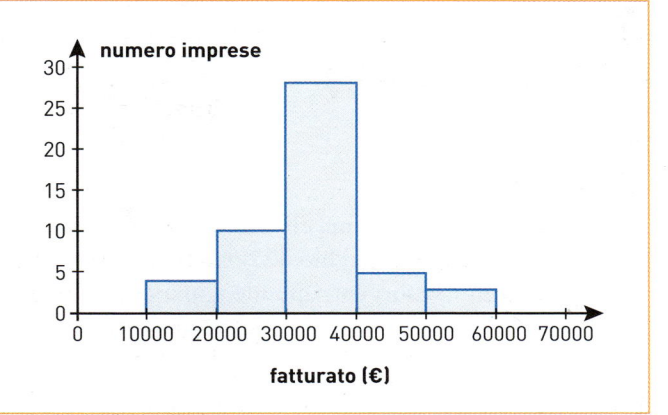

La spezzata che ha come vertici i punti con ascissa uguale al valore centrale di ogni classe e come ordinata l'altezza del relativo rettangolo costituisce il **poligono delle frequenze**.

È necessario considerare come vertici anche i punti con ascissa uguale al valore centrale di due classi poste agli estremi dei rettangoli aventi ordinata nulla.

La somma delle aree dei rettangoli è uguale all'area sottesa al poligono delle frequenze.

Nella figura è riportato il poligono delle frequenze relativo all'esempio precedente.

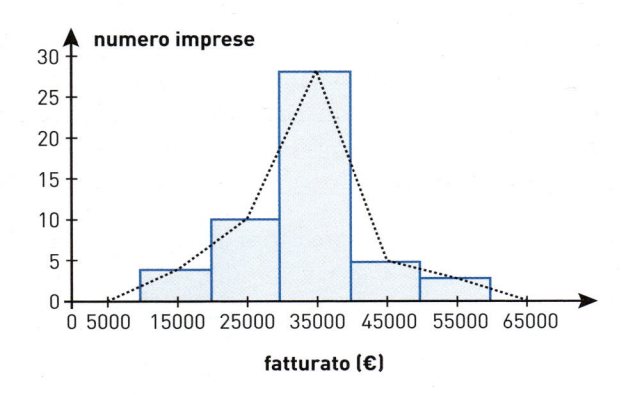

ESERCIZI PER COMINCIARE

1 Rappresenta graficamente la seguente seriazione statistica relativa al numero dei dipendenti di 40 consorzi caseari.

N. dipendenti	3	4	5	6	7
N. consorzi	7	6	15	8	4

2 ANIMAZIONE Abbiamo misurato l'altezza di piante di mais, a partire da 140 cm e fino a 180 cm. Con intervalli di ampiezza 10 cm, otteniamo le frequenze 20, 90, 150, 40. Rappresenta la seriazione con una tabella e con un istogramma. Traccia il poligono delle frequenze.

3 VIDEO **Un problema di rappresentazione dei dati statistici** Rappresenta i seguenti dati, relativi a consegne di pacchi per giorno lavorativo, con un istogramma che li raggruppi in modo efficace.

21, 26, 12, 18, 13, 13, 18, 26, 26, 21, 21, 13, 26, 21, 18, 16, 18, 21, 18, 16, 21, 18, 23, 16, 16, 16, 20, 25, 17, 20, 25, 13, 16, 18.

Confronta la tua soluzione con quella proposta nel video.

4 Una macchina che produce bulloni è tarata per la misura di 14,9 mm di diametro. Da una popolazione formata da 300 bulloni si sono rilevati i seguenti valori.

Diametro	Numero pezzi
14,6-14,8	45
14,8-15,0	180
15,0-15,2	40
15,2-15,4	30
15,4-15,6	5

Effettua la rappresentazione grafica mediante istogramma, tracciando anche il poligono delle frequenze, prima con le frequenze assolute e poi con quelle relative.

5 Rappresenta graficamente i seguenti dati.

N. figli	0	1	2	3	4
N. famiglie	5	12	7	4	2

4. AREOGRAMMI, IDEOGRAMMI, CARTOGRAMMI → Esercizi a pagina **460**

A **pie chart** is a diagram in which a circle is broken down into its constituent parts. A number of degrees out of the total of 360° is allocated *proportionally* to the total represented by each part.

Areogramma

L'**areogramma**, o **diagramma circolare** o **diagramma a torta**, è un diagramma areale che si presenta come un cerchio diviso in settori circolari.
Ognuno di questi settori corrisponde a una modalità qualitativa o quantitativa e ha un'ampiezza (e quindi una superficie) proporzionale alle frequenze.

Prezzo al kg delle ciliegie rilevato in 40 negozi di ortofrutta.

Prezzo (€/kg)	Numero negozi	Frequenze relative
5,0-5,5	8	20%
5,5-6,0	12	30%
6,0-6,5	14	35%
6,5-7,0	6	15%

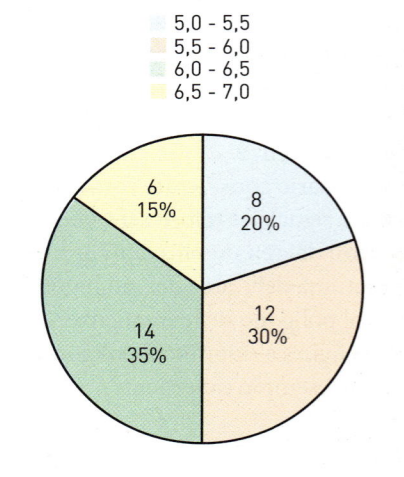

- 5,0 - 5,5
- 5,5 - 6,0
- 6,0 - 6,5
- 6,5 - 7,0

Gli angoli dei settori circolari si ottengono moltiplicando 360° per la frequenza relativa.

Per la prima classe abbiamo: $360° \cdot \dfrac{20}{100} = 72°$.

Per la seconda: $360° \cdot \dfrac{30}{100} = 108°$.

Per la terza: $360° \cdot \dfrac{35}{100} = 126°$.

Per la quarta: $360° \cdot \dfrac{15}{100} = 54°$.

Ideogramma

Gli **ideogrammi** utilizzano figure che rappresentano la modalità di cui si vuole illustrare l'andamento. Le loro superfici devono essere proporzionali alle frequenze della serie che si vuole rappresentare.

Lunghezza delle piste ciclabili in un Comune.

Anno	Lunghezza (km)
2008	12
2009	17
2010	25
2011	38

2011

2010

2009

2008

Cartogramma

I **cartogrammi** rappresentano, con colori diversi, sulla carta geografica di un territorio, le frequenze di un fenomeno.

Invece dei colori si possono usare segni diversi, come puntini più o meno fitti, tratteggi ecc. Una legenda accompagna la rappresentazione per consentire la lettura del fenomeno considerato.

Numero di operatori del settore formaggi DOP per regione (anno 2009).

Il cartogramma fa risaltare, più della serie da cui proviene, l'assenza di operatori in Liguria e Abruzzo. In effetti in queste regioni, secondo questa rilevazione, non esistono formaggi DOP.

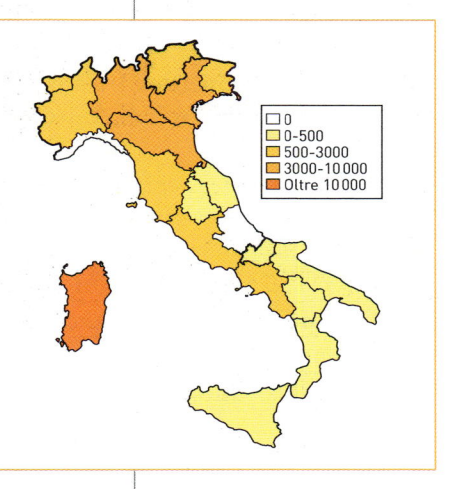

☐	0
☐	0-500
☐	500-3000
☐	3000-10 000
☐	Oltre 10 000

ESERCIZI PER COMINCIARE

1 ☐ **ANIMAZIONE** Rappresentiamo con un areogramma la seriazione statistica descritta nella tabella.

Durata vacanza (n. giorni)	N. persone
0-7	24
7-14	36
14-21	12
21-28	8
Totale	**80**

2 Rappresenta con un diagramma circolare la seguente distribuzione di frequenze relativa all'importo pagato dai contribuenti di un piccolo Comune per il servizio di smaltimento rifiuti.

Importo (€)	Numero contribuenti
0-50	230
50-100	645
100-200	280
200-300	120
oltre 300	40

3 Rappresenta i dati con un diagramma a torta.

Età	10-12	12-14	14-15	oltre 15
N. alunni	55	60	75	15

4 Si vuole rappresentare con un ideogramma la seguente serie storica, relativa alla produzione di uva da tavola (in quintali), da parte di un'azienda agricola.

Anni	2007	2008	2009	2010	2011
Produzione (q)	1200	1500	1400	1800	2100

Se per l'anno 2007 il grappolo d'uva dell'ideogramma può essere racchiuso in un rettangolo con dimensioni di 1,5 e 1 cm, quali saranno le dimensioni degli altri rettangoli?

(*Suggerimento.* Ricorda che il rapporto fra le aree di due rettangoli simili è il quadrato del rapporto fra due lati corrispondenti.)

[1,677 e 1,118 cm; 1,620 e 1,080 cm; 1,837 e 1,225 cm; 1,984 e 1,323 cm]

5 Disegna i confini di un territorio, inventandolo come credi. Suddividilo in 4 parti a piacere e, supponendo che la densità della popolazione (numero di abitanti per kilometro quadrato) sia rispettivamente 20, 35, 53, 83 per ogni regione, completa il cartogramma con colori o simboli diversi e con la legenda.

5. MEDIA, MEDIANA, MODA

→ Esercizi a pagina 461

Media aritmetica

Serie e seriazioni sono sintetizzate con indici. Consideriamo, come **indici di posizione centrale**, la media, la mediana e la moda.

DEFINIZIONE

La **media aritmetica** M, o semplicemente **media**, di una successione di termini $x_1, x_2, \ldots, x_n$ è il quoziente fra la somma dei termini e il loro numero.

$$M = \frac{x_1 + x_2 + \ldots + x_n}{n}$$

ESEMPIO

Un'impresa ha 18 operai e i salari annui lordi (in migliaia di euro) sono i seguenti.

Nome	Abate	Bianchi	Cioni	Dini	Elios	Fanti	Giunti	Incisi	Lolli
Salari	23	26	20	19	23	23	25	28	20
Nome	Monti	Neri	Orsi	Pini	Rossi	Santi	Terni	Unni	Vela
Salari	22	20	25	24	19	20	20	20	28

La media del salario annuo di un operaio dell'impresa è:

$$M = \frac{23 + 26 + 20 + 19 + 23 + 23 + 25 + \ldots + 20 + 20 + 28}{18} = \frac{405}{18} = 22,5.$$

Media aritmetica ponderata

Quando nel calcolo della media vi sono dei valori che compaiono più volte, possiamo effettuare il calcolo moltiplicando ogni termine per il numero di volte con cui compare. Questo numero di volte è la frequenza $F_1, F_2, \ldots, F_n$ del valore e rappresenta il **peso** del termine. La formula cambia aspetto e la media viene indicata come **media aritmetica ponderata**:

$$M = \frac{x_1 \cdot F_1 + x_2 \cdot F_2 + \ldots + x_n \cdot F_n}{F_1 + F_2 + \ldots + F_n}.$$

ESEMPIO

Consideriamo l'esempio precedente. Riassumiamo i dati con la seguente tabella.

Salari	19	20	22	23	24	25	26	28
Numero operai	2	6	1	3	1	2	1	2

$$M = \frac{19 \cdot 2 + 20 \cdot 6 + 22 \cdot 1 + 23 \cdot 3 + 24 \cdot 1 + 25 \cdot 2 + 26 \cdot 1 + 28 \cdot 2}{2 + 6 + 1 + 3 + 1 + 2 + 1 + 2} = \frac{405}{18} = 22,5.$$

Mediana

DEFINIZIONE

La **mediana** di una successione crescente di valori $x_1 \leq x_2 \leq \ldots \leq x_n$ è il valore M_e per il quale il numero dei termini che lo precedono è uguale a quello dei termini che lo seguono.
Quando il numero n dei valori è dispari, la mediana è il termine centrale.
Se n è pari, si assume come mediana la semisomma dei due termini centrali.

ESEMPIO

Nel corso di una settimana il consumo di pane in kg in una famiglia è stato il seguente: 1,2; 0,9; 1,1; 0,8; 1,2; 1,3; 1,0. Ordiniamo i valori in ordine crescente: 0,8; 0,9; 1,0; 1,1; 1,2; 1,2; 1,3. La mediana è il valore centrale 1,1, che si trova al quarto posto.

Se eliminiamo dalla successione il valore maggiore, la mediana assume il valore 1,05, semisomma di 1,0 e 1,1, terzo e quarto termine.

The **mode** is that value of the variate which is assumed by the greatest number of members of the population.

Moda

DEFINIZIONE

La **moda** (M_o) è la modalità, quantitativa o qualitativa, che ha la maggiore frequenza.

ESEMPIO

Consideriamo ancora i salari dei 18 operai del primo esempio del paragrafo, scritti in ordine crescente: 19, 19, 20, 20, 20, 20, 20, 20, 22, 23, 23, 23, 24, 25, 25, 26, 28, 28.

La moda è 20, in quanto questo termine si presenta il maggior numero di volte. Possiamo rilevare direttamente la moda esaminando la seriazione statistica già ottenuta nell'esempio della media ponderata, che pone in evidenza come 20 sia il valore con la frequenza maggiore.

ESERCIZI PER COMINCIARE

1 Sette amici si ritrovano in pizzeria.
I costi delle singole consumazioni sono esposti nella seguente serie statistica.

Nomi	Costo (€)
Gianni	8
Matteo	7,5
Luca	8
Luigi	8
Andrea	8,5
Carlo	9
Nicola	7

I ragazzi decidono di dividere in parti uguali il conto. Calcola la quota di ciascun ragazzo.   [8]

2 Un negozio di scarpe, durante il periodo dei saldi estivi, ha rilevato il numero dei giorni in cui vi è stato un certo flusso di clienti.

N. clienti	4	5	6	7	8	9	10
N. giorni	12	11	14	8	7	12	11

Calcola il numero medio giornaliero dei clienti che hanno effettuato acquisti nel periodo considerato.   [6,9]

3 Da una popolazione formata da 40 famiglie, si è ottenuta la seguente distribuzione relativa al numero dei componenti del nucleo familiare.

Numero componenti del nucleo familiare	1	2	3	4	Totale numero famiglie
Frequenze	4	14	19	3	40

Calcola la media (ponderata) del numero dei componenti del nucleo familiare.   [2,525]

4 I prezzi al minuto delle banane (in euro al kilogrammo), rilevati in un certo giorno al mercato di una città, erano i seguenti: 1,98; 1,90; 1,85; 1,95; 2,10; 1,80; 2,20. Calcola il valore della mediana e della media.   [1,95; 1,97]

5 **ANIMAZIONE** La seriazione statistica rappresentata nella tabella è relativa al numero di guasti meccanici riportati da 26 automezzi di un'impresa di spedizioni nei primi 30 000 km. Calcola la media aritmetica, la mediana e la moda.

Numero guasti	0	1	2	3	4
Numero automezzi	5	8	7	4	2

6. INDICI DI VARIABILITÀ ➡ Esercizi a pagina **464**

Campo di variazione

Per analizzare un fenomeno, oltre alla media, alla mediana e alla moda, è necessario sapere come i valori si distribuiscono intorno a questi indici.
Per indicare questa dispersione si usano gli **indici di variabilità**.

Il **campo di variazione** è la differenza fra il valore maggiore e il valore minore assunti dalla modalità quantitativa considerata.	Nel mese di giugno 2012 è stata rilevata ogni giorno la temperatura alle ore 6. La seriazione ottenuta è la seguente.

Temperatura (°C) x_i	18	19	20	21	22
Numero giorni F_i	8	13	5	3	1

Il campo di variazione è $K = 22 - 18 = 4$.
Per questo indice non prendiamo in considerazione le frequenze.

Scarti dalla media aritmetica

Data una successione di n valori $x_1, x_2, \ldots, x_n$, si chiamano **scarti** le differenze fra ogni valore e la media aritmetica di tutti i valori dati.

Data la media $M = \dfrac{x_1 + x_2 + \ldots + x_n}{n}$, gli scarti sono $(x_1 - M), (x_2 - M), \ldots, (x_n - M)$.

Essi sono alla base di alcuni indici di variabilità, ma non possono essere utilizzati con il loro segno. Infatti si può dimostrare che la loro somma è uguale a 0 (*prima proprietà della media aritmetica*).

Consideriamo l'esempio precedente relativo al campo di variazione.
La media aritmetica è 19,2. Gli scarti sono:

$(18 - 19,2) = -1,2; \quad (19 - 19,2) = -0,2; \quad (20 - 19,2) = +0,8; \quad (21 - 19,2) = +1,8; \quad (22 - 19,2) = +2,8.$

Possiamo costruire la seguente seriazione statistica.

Scarti $(x_i - M)$	$-1,2$	$-0,2$	$+0,8$	$+1,8$	$+2,8$
Frequenze F_i	8	13	5	3	1

Verifichiamo che la media aritmetica degli scarti è nulla:

$$M = \frac{-1,2 \cdot 8 - 0,2 \cdot 13 + 0,8 \cdot 5 + 1,8 \cdot 3 + 2,8 \cdot 1}{30} = \frac{-9,6 - 2,6 + 4 + 5,4 + 2,8}{30} = 0.$$

Per calcolare la media aritmetica degli scarti abbiamo usato la formula della media aritmetica ponderata in quanto per ogni scarto dobbiamo tenere presente il peso dato dalla frequenza corrispondente.

Scarto semplice medio

Per questo indice utilizziamo i valori assoluti degli scarti dalla media.

DEFINIZIONE

Lo **scarto** (o **scostamento**) **semplice medio** di una successione di valori x_1, x_2, ..., x_n, indicato con il simbolo S, è la media aritmetica dei valori assoluti degli scarti dei numeri stessi dalla loro media aritmetica M.

$$S = \frac{|x_1 - M| + |x_2 - M| + \dots + |x_n - M|}{n}$$

ESEMPIO

Riprendiamo la distribuzione precedente delle temperature nel mese di giugno 2012.
Utilizziamo il valore assoluto degli scarti che abbiamo calcolato e costruiamo la seguente distribuzione.

Valore assoluto degli scarti $|x_i - M|$	$|-1,2|$	$|-0,2|$	$|+0,8|$	$|+1,8|$	$|+2,8|$
Frequenze F_i	8	13	5	3	1

Calcoliamo la media aritmetica dei valori assoluti degli scarti utilizzando la formula ponderata:

$$S = \frac{1,2 \cdot 8 + 0,2 \cdot 13 + 0,8 \cdot 5 + 1,8 \cdot 3 + 2,8 \cdot 1}{30} = \frac{24,4}{30} = 0,81\bar{3}.$$

Deviazione standard

Questo indice si basa sulla *seconda proprietà della media aritmetica*: la somma dei quadrati degli scarti dalla media aritmetica è sempre minore della somma dei quadrati degli scarti da un valore diverso dalla media aritmetica: se si tiene come valore di riferimento la media aritmetica, la somma dei quadrati degli scarti assume il valore minimo.

Verifichiamo questa proprietà con un esempio.

▶ I valori 12, 18, 21, 29 hanno come media aritmetica $M = 20$.
Gli scarti sono rispettivamente -8, -2, $+1$, $+9$.
La somma dei loro quadrati, 64, 4, 1, 81, è 150.

Prendiamo un valore diverso $M' = 21$.
Gli scarti da M' sono -9, -3, 0, $+8$.
La somma dei loro quadrati, 81, 9, 0, 64, è 154.
Abbiamo ottenuto: $150 < 154$.

DEFINIZIONE

La **deviazione standard** (o **scarto quadratico medio**) di una successione di valori x_1, x_2, ..., x_n, indicata con il simbolo σ, è la radice quadrata della media aritmetica dei quadrati degli scarti dei numeri stessi dalla loro media aritmetica M.

$$\sigma = \sqrt{\frac{(x_1 - M)^2 + (x_2 - M)^2 + \dots + (x_n - M)^2}{n}}$$

Il valore che si ottiene sotto la radice quadrata, media aritmetica dei quadrati degli scarti, è chiamato **varianza** e viene indicato con il simbolo σ^2.

Utilizzando sempre la seriazione relativa alle temperature, consideriamo gli scarti dei valori dalla loro media aritmetica elevati al quadrato:

$$(18-19,2)^2 = 1,44; \ (19-19,2)^2 = 0,04; \ (20-19,2)^2 = 0,64; \ (21-19,2)^2 = 3,24; \ (22-19,2)^2 = 7,84.$$

Abbiamo la seguente tabella relativa alla distribuzione degli scarti al quadrato.

Scarti al quadrato $(x_i - M)^2$	1,44	0,04	0,64	3,24	7,84
Frequenze F_i	8	13	5	3	1

Tenendo conto della ponderazione delle frequenze, abbiamo:

$$\sigma = \sqrt{\frac{1,44 \cdot 8 + 0,04 \cdot 13 + 0,64 \cdot 5 + 3,24 \cdot 3 + 7,84 \cdot 1}{30}} = \sqrt{\frac{32,8}{30}} = \sqrt{1,09\overline{3}} \simeq 1,05.$$

Il valore della varianza σ^2 è $1,09\overline{3}$.

ESERCIZI PER COMINCIARE

1 I periodi di passaggio della cometa di Halley hanno intervalli diseguali a causa dell'effetto gravitazionale dei pianeti Giove e Saturno. I periodi, in anni, degli ultimi dodici passaggi sono stati:

75,8; 74,4; 76,9; 76,3; 74,9; 76,1; 75,2; 77,6; 77,0; 79,1; 77,4; 79,1.

Calcola la media aritmetica e il campo di variazione.   [76,65; 4,7]

2 Sono stati misurati i seguenti tempi in un esperimento nel quale una sfera è rotolata lungo un piano inclinato alto 5 cm e lungo 100 cm.

Tempo (s)	2,04	2,05	2,06	2,07	2,08
Frequenze	4	6	18	10	2

Verifica che la somma degli scarti dalla media aritmetica è nulla.

3 È stato rilevato per dieci giorni consecutivi il prezzo (in €/kg) della zucca «piacentina» in un mercato generale all'ingrosso di frutta e verdura:
1,25; 1,10; 1,10; 1,15; 1,10; 1,05; 1,00; 0,95; 0,90; 1,05.

Calcola lo scarto semplice medio.   [0,075]

4 In una classe di 28 alunni si sono rilevati i seguenti voti in una prova di inglese.

Voto	5	6	7	8	9
Numero alunni	4	8	9	5	2

Calcola lo scarto semplice medio.   [0,93]

5 ANIMAZIONE Calcola la deviazione standard della seguente seriazione statistica relativa a un test attitudinale di un gruppo di studenti in una prova di velocità di lettura.

Pagine lette in 30 minuti	10	12	16	18
Numero studenti	3	13	9	5

6 Un'azienda agricola in provincia di Bologna ha prodotto in sei anni le seguenti quantità di patate (espresse in quintali).

Anni	2007	2008	2009	2010	2011	2012
Produzione (q)	1500	1400	1600	1300	1200	1400

Calcola la deviazione standard della produzione negli anni considerati.   [129,1]

7 Un mensile di divulgazione scientifica ha avuto la seguente distribuzione di vendite nelle 45 edicole di una città.

Copie vendute	12	13	14	15	16	17	18
N. edicole	8	5	7	10	9	4	2

Calcola la deviazione standard.   [1,73]

7. DISTRIBUZIONE GAUSSIANA E CAMPIONAMENTO

→ Esercizi a pagina **465**

Distribuzione gaussiana o normale

La **distribuzione gaussiana** o **normale** è una distribuzione simmetrica che si presenta graficamente come una curva a forma di campana.

Come in tutte le distribuzioni simmetriche di questo tipo, si ha la coincidenza fra media, mediana e moda, ma in essa assume un ruolo importante la deviazione standard.
Il valore della deviazione standard dipende da come si distribuiscono le frequenze intorno alla media.
Una curva stretta indica un valore piccolo della deviazione standard e viceversa.

Aggiungendo e sottraendo alla media la deviazione standard moltiplicata per un numero opportuno, si ottengono intervalli contenenti una determinata percentuale delle frequenze.

Intervalli fondamentali sono:

$]M - \sigma; M + \sigma[$	68,27%
$]M - 2\sigma; M + 2\sigma[$	95,45%
$]M - 3\sigma; M + 3\sigma[$	99,74%

Altri intervalli utilizzati sono:

$]M - 1,96\sigma; M + 1,96\sigma[$	95%
$]M - 2,58\sigma; M + 2,58\sigma[$	99%
$]M - 3,29\sigma; M + 3,29\sigma[$	99,99%

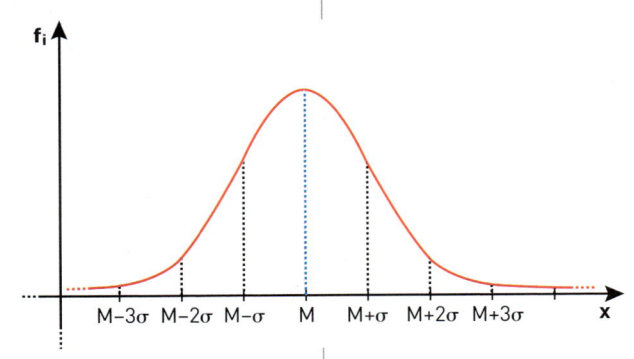

ESEMPIO

Sono state eseguite 80 misure dell'altezza di una torre. Le misure differiscono fra loro per cause accidentali e si distribuiscono secondo la curva gaussiana. La media aritmetica è $M = 34,8$ m e la deviazione standard è $\sigma = 0,3$ m. Quante misure sono comprese tra 34,5 m e 35,1 m e quante sono minori di 34,2 m? Entro quale intervallo si trova il 95% delle misure?

- Essendo $34,5 = 34,8 - 0,3$ e $35,1 = 34,8 + 0,3$, ci troviamo nel caso $]M - \sigma; M + \sigma[$. La percentuale delle frequenze è il 68,27% delle misure effettuate, che corrisponde a $80 \cdot \dfrac{68,27}{100} = 55$ misure.

- Essendo $34,2 = 34,8 - 2 \cdot 0,3 = M - 2\sigma$, la percentuale dei valori esterni all'intervallo $]M - 2\sigma; M + 2\sigma[$ è $100\% - 95,45\% = 4,55\%$. Data la natura simmetrica della distribuzione, la percentuale delle frequenze delle misure minori di 34,2 m è la metà, cioè 2,275%.
  Quindi $80 \cdot \dfrac{2,275}{100} = 2$ misure.

- Costruiamo l'intervallo $]M - 1,96\sigma; M + 1,96\sigma[$.
  Otteniamo:
  $$]34,8 - 1,96 \cdot 0,3; 34,8 + 1,96 \cdot 0,3[=]34,2; 35,4[.$$

Molti fenomeni caratterizzati da una distribuzione non simmetrica vengono comunque considerati come aventi una distribuzione gaussiana. Infatti si può dimostrare che, aumentando il numero delle rilevazioni, anche le distribuzioni non simmetriche tendono ad avvicinarsi a distribuzioni normali.

Errore standard e intervallo di confidenza della media

Se da una popolazione estraiamo tutti i possibili campioni e ne calcoliamo le medie, si dimostra che tali medie dei campioni hanno una distribuzione gaussiana.

La media di questa distribuzione, cioè la media di tutte le medie campionarie, è la media della popolazione.

La media di un campione $\overline{x}$ è pertanto una *stima corretta* della media M della popolazione.

Trattandosi di una stima, esiste un'incertezza che è valutata dall'**errore standard**:

$$s_{\overline{x}} = \frac{s}{\sqrt{n-1}},$$

dove s è la deviazione standard del campione e n la sua numerosità.

È più opportuno esprimere il valore della media mediante un intervallo, detto **intervallo di confidenza**, la cui ampiezza dipende dalla probabilità che tale intervallo ha di contenere la media M della popolazione.

Indicando con $\overline{x}$ la media del campione e con $s_{\overline{x}}$ l'errore standard, l'intervallo di confidenza si indica con $]\overline{x} - k \cdot s_{\overline{x}}; \overline{x} + k \cdot s_{\overline{x}}[$.

I valori di k da utilizzare dipendono dalle probabilità di attendibilità dell'intervallo. I più usati sono i seguenti.

Probabilità	90%	95%	95,45%	99%	99,74%	99,99%
k	1,645	1,96	2	2,58	3	3,29

ESEMPIO

Vogliamo determinare il consumo medio settimanale di acqua minerale e da un campione di 50 consumatori si rilevano una media $\overline{x} = 4,5$ litri e una deviazione standard $s = 0,9$ litri. Determiniamo l'intervallo di confidenza al 99%.

L'errore standard è: $s_{\overline{x}} = \dfrac{0,9}{\sqrt{49}} = 0,13$.

L'intervallo di confidenza è: $]4,5 - 2,58 \cdot 0,13; 4,5 + 2,58 \cdot 0,13[=]4,16; 4,84[$.

Intervallo di confidenza della percentuale

La frequenza relativa f con cui una caratteristica viene rilevata in un campione (di numerosità n) è una *stima corretta* della percentuale p con cui tale caratteristica compare nella popolazione da cui il campione è estratto. La sua incertezza è valutata dall'**errore standard**:

$$s_F = \sqrt{\frac{f \cdot (1-f)}{n}}.$$

Anche per questa stima è più opportuno costruire **intervalli di confidenza** in modo analogo a quanto indicato per la media: $]f - k \cdot s_F; f + k \cdot s_F[$.

ESEMPIO

Un sondaggio vuole verificare la popolarità di un uomo politico. In un campione di 400 persone intervistate, si è rilevato che 340 hanno espresso un giudizio positivo. Costruiamo un intervallo di confidenza al 95,45%.

La stima della percentuale p è $f = \dfrac{340}{400} = 0,85$ e l'errore standard è $s_F = \sqrt{\dfrac{0,85 \cdot (1 - 0,85)}{400}} = 0,0179$.

L'intervallo di confidenza risulta:

$]0,85 - 2 \cdot 0,0179; 0,85 + 2 \cdot 0,0179[=]0,8142; 0,8858[$.

Verifica di ipotesi

L'intervallo di confidenza può essere utilizzato per stabilire se un determinato valore ipotizzato per la media o per la percentuale di una caratteristica della popolazione può essere accettato (o meglio «non rifiutato»).

Avendo fissato un livello di confidenza e determinato il relativo intervallo, sarà sufficiente verificare se il valore ipotizzato è contenuto o meno in esso.

> **ESEMPIO**
>
> In una lavorazione il tempo impiegato per l'assemblaggio di due pezzi è stato fissato in 11 minuti. Mediante un campionamento di 40 osservazioni si è rilevato un tempo medio $\bar{x} = 12$ minuti, con una deviazione standard $\sigma = 1,5$ minuti.
>
> Determiniamo se il tempo ipotizzato può essere accettato a un livello di confidenza del 95%.
>
> L'intervallo di confidenza è $]11,53; 12,47[$ e quindi l'ipotesi formulata non è accettata.

ESERCIZI PER COMINCIARE

1 Abbiamo rilevato i costi sostenuti per le vacanze estive da 200 famiglie, costituite da due genitori e un figlio di cinque anni, e la media è risultata di € 2100, con una deviazione standard di € 400. Assumendo che la distribuzione dei costi sia normale, determina il numero di famiglie che hanno speso meno di € 1700. Quante famiglie hanno speso più di € 1300? [32; 195]

2 Per l'assunzione di nuovi dipendenti un'impresa effettua una preselezione mediante test con domande a risposta multipla. Per esperienza si sa che i punteggi sono distribuiti in modo gaussiano con una media di 80 e una deviazione standard di 12. Per avere la possibilità di accedere al colloquio, occorre ottenere almeno 104 punti. Se a una selezione i candidati sono 300, qual è il numero di coloro che hanno superato il test e possono così accedere al colloquio? [7]

3 📱 VIDEO **Distribuzione gaussiana** Il video che ti proponiamo aiuta a prendere confidenza con la distribuzione gaussiana attraverso un esempio. Dopo averlo esaminato, riassumi i concetti trattati.

4 Sono stati estratti a caso 40 sacchetti di funghi porcini del peso nominale, riportato in etichetta, di 200 g. Il loro peso medio è di 195 g, con una deviazione standard di 10 g. Determina l'intervallo di confidenza al 95% per il peso. Il peso nominale riportato sull'etichetta è corretto? $[\,]191,9; 198,1[; \text{no}]$

5 Vogliamo determinare la percentuale di alunni di una scuola superiore che utilizza la bicicletta per andare a scuola. Il numero dei ragazzi che hanno risposto affermativamente è 28. Sapendo che sono stati interpellati 70 studenti, determina la stima della percentuale della popolazione, l'errore standard e l'intervallo di confidenza al 95%. $[40\%; 0,059; \,]0,284; 0,516[\,]$

6 In un campione di 280 persone a cui è stato somministrato un vaccino antiinfluenzale, 86 hanno avuto effetti collaterali. Determina un intervallo di confidenza al 99% per la frazione della popolazione che potrebbe essere soggetta a questi effetti. $[\,]0,236; 0,378[\,]$

7 Si vuole verificare se il tempo di 7 minuti assegnato per l'esecuzione di una procedura è adeguato. I valori rilevati tramite un campione di 40 osservazioni hanno indicato una media di 8 minuti, con una deviazione standard di 2 minuti. Costruisci l'intervallo di confidenza con probabilità del 99,99%. Determina se il tempo assegnato è compreso in esso e se quindi può essere accettato. $[\,]6,95; 9,05[; \text{sì}]$

15 ESERCIZI

1. RILEVAZIONE DEI DATI STATISTICI → Teoria a pagina 440

ESEMPIO

Nel corso di una giornata sono state misurate le durate delle corse, da un capolinea all'altro, dei filobus di una certa linea. I valori rilevati, espressi in minuti, sono i seguenti:

48, 47, 49, 50, 49, 48, 47, 46, 48, 50, 51, 46, 48, 48, 49, 47, 47, 48, 50, 51, 52, 45, 46, 42, 45, 43, 41, 52, 51, 50, 51, 45, 42, 45, 46, 49, 44, 45, 54, 53.

Determiniamo le frequenze delle durate delle corse, le frequenze cumulate, il numero delle corse con una durata minore di 53 minuti, il numero delle corse con una durata compresa tra 45 e 53 minuti.

Costruiamo una tabella a classi di intervallo dei tempi rilevati. In genere le classi hanno tutte la stessa ampiezza e assegniamo i valori a una classe considerando compreso l'estremo inferiore ed escluso quello superiore.

Per ogni modalità quantitativa calcoliamo la somma della sua frequenza con quelle precedenti e otteniamo le **frequenze cumulate** e le **frequenze relative cumulate**.

Classi x_i	Frequenze F_i	Frequenze cumulate F_i'	Frequenze relative f_i	Frequenze relative cumulate f_i'
41-45	5	5	12,5%	12,5%
45-49	19	24	47,5%	60,0%
49-53	14	38	35,0%	95,0%
53-57	2	40	5,0%	100,0%
Totali	**40**		**100,0%**	

Per sapere quante sono le corse che durano meno di 53 minuti, leggiamo la frequenza cumulata della classe 49-53. Le corse sono 38, cioè il 95%.

Calcoliamo il numero delle corse con una durata compresa fra 45 e 53 minuti facendo la differenza tra le frequenze cumulate delle classi 49-53 e 41-45: otteniamo $38 - 5 = 33$, che corrisponde a $95,0\% - 12,5\% = 82,5\%$.

1 Esegui un'indagine campionaria fra i tuoi compagni di scuola per stabilire il mezzo di trasporto che utilizzano prevalentemente per venire a scuola e determina le frequenze relative.

2 Un gommista ha preso nota della durata degli pneumatici di una certa marca. Ha rilevato i seguenti valori in migliaia di kilometri: 31, 32, 43, 40, 37, 38, 33, 36, 38, 43, 41, 37, 37, 33, 35, 39, 38, 38, 39, 40, 41, 40, 39, 32, 34, 37, 34, 36, 36, 39.
Raggruppa i dati in 4 classi e determina:

a. le frequenze;

b. le frequenze relative;

c. le frequenze cumulate;

d. la percentuale degli pneumatici che hanno una durata inferiore ai 38 000 km;

e. la percentuale degli pneumatici che hanno una durata superiore o pari a 34 000 km. [d) 50%; e)83,3%]

3 In una località marina è stata rilevata giornalmente la forza del vento, classificata secondo tre livelli: livello I (forza 1-3), livello II (forza 4-6) e livello III (forza 7-9). I livelli rilevati nel corso del mese di ottobre 2012 sono stati:

III, III, II, II, II, I, II, II, II, I, I, I, I, I, II, II, III, II, II, II, III, III, II, II, II, I, I, II, III, II, III.

Determina le frequenze relative. [25,8%; 51,6%; 22,6%]

4 **INVALSI 2005** A un Esame di Stato i candidati hanno conseguito il diploma con i seguenti punteggi (in centesimi):

Punteggi	60	64	70	72	78	80	84	88	94	100
Numero di candidati	1	2	4	1	2	5	3	2	3	2

Per poter partecipare a un concorso occorre aver conseguito il diploma con un punteggio di almeno 80/100. Qual è la percentuale dei candidati che può partecipare al concorso?

A 20% **B** 50% **C** 60% **D** 80%

5 Dall'esame delle risposte fornite da 80 signore si è rilevato che il 30% usa il detersivo Bianco Ultrà, il 35% lo Splendente, il 15% il Massimo e la parte restante altre marche. Trova le frequenze. [24; 28; 12; 16]

6 **ESEMPIO DIGITALE** I cani pastori scozzesi (Collie) presentano fra le caratteristiche proprie della loro razza un'altezza media di 60 cm. In un allevamento sono state misurate le altezze e si sono ottenuti i seguenti valori espressi in cm.

58,1	60,8	61,7	60,5	61,4	60,1	60,2	55,5	63,5	59,3	56,2	59,3	58	60,2	55,3
55,5	58,9	59,2	53,0	59,7	58,9	59,1	56,2	57,7	58,3	59,6	61	61,7	57,7	62,1
58,8	56,3	64,9	59	56,2	54,9	54,8	61,2	62,7	59,4	63,6	59,5	60,2	61,7	62,9

a. Effettua lo spoglio delle unità statistiche con classi di ampiezza 2 cm.

b. Individua la classe che ha la frequenza maggiore.

c. Calcola quanti cani hanno un'altezza inferiore a 59 cm o superiore a 61 cm.

d. I valori esaminati confermano la caratteristica tipica dell'altezza? Motiva la tua risposta.

7 **EUREKA!** **È l'ora del caffè** Una macchina riempie scatole di cialde di caffè. Si effettua un controllo della quantità di caffè contenuta in 20 cialde confezionate singolarmente per verificare se è possibile indicare 240 g come il contenuto complessivo delle confezioni da 30 cialde. I valori rilevati in g sono:

8,1; 7,8; 8,8; 7,9; 7,9; 8,1; 8,0; 8,0; 7,7; 7,4; 8,1; 8,6; 8,3; 8,0; 7,9; 8,3; 8,3; 8,1; 7,9; 7,7.

a. Effettua lo spoglio dei dati utilizzando 4 classi di intervallo.

b. Determina le frequenze e le frequenze relative.

c. Ritieni che sia corretto indicare 240 g come contenuto della confezione?

8 La tabella presenta le frequenze relative delle abitazioni in un Comune, classificate in base al numero dei vani e suddivise tra abitazioni di proprietà (5668) e abitazioni in affitto (6652).

N. vani / Abitazioni	1	2	3	4	5	6 e oltre
di proprietà	0,05	0,09	0,15	0,08	0,06	0,03
in affitto	0,10	0,17	0,18	0,06	0,02	0,01

a. Determina le frequenze assolute.

b. Determina la tabella del numero delle abitazioni secondo il numero dei vani, con le frequenze relative.

c. Calcola la percentuale delle abitazioni che hanno un numero di vani superiore a 3.

[a) 616; 1109; 1848; …; 1232; 2094; …; c) 26%]

2. SERIE STATISTICHE → Teoria a pagina 442

IN FORMA GRAFICA

9 Data la seguente serie statistica relativa al numero di clienti che nel corso di una settimana hanno effettuato acquisti nel reparto abbigliamento sportivo di un centro commerciale, effettua la rappresentazione grafica delle frequenze relative.

Giorno	lunedì	martedì	mercoledì	giovedì	venerdì	sabato
Numero clienti	45	80	128	56	122	209

10 ▢ **ESEMPIO DIGITALE** Un'azienda avicola ripartisce la produzione di uova in quattro categorie. È stata cambiata la marca del mangime e viene confrontata la produzione prima del cambiamento con quella successiva, esaminando la produzione di 80 uova con entrambi i mangimi. Confronta graficamente le due produzioni.

Categoria	I	II	III	IV
Mangime A	12	25	30	13
Mangime B	8	30	36	6

11 La serie storica studia l'andamento del numero dei correntisti presso un'agenzia bancaria in un Comune dove quell'agenzia nei primi tre anni ha operato in condizioni di monopolio.

Anni	2005	2006	2007	2008	2009	2010	2011
Numero correntisti	63	89	115	72	95	118	125

Effettua la rappresentazione grafica dell'andamento con un diagramma cartesiano.

12 ▢ **TEST** I due ortogrammi riportati sotto rappresentano i valori medi annuali (ipotetici) della concentrazione di polveri sottili (PM10), in microgrammi/m³, nell'aria di quattro città italiane, in due anni successivi. In quale città si è verificato in un anno il maggior aumento percentuale della concentrazione di PM10?

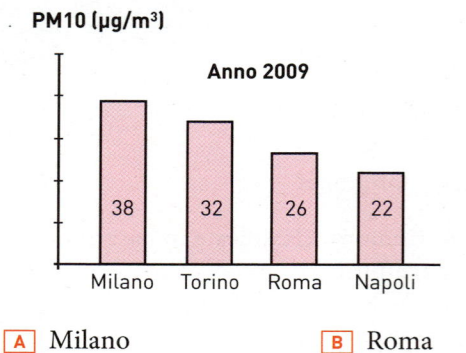
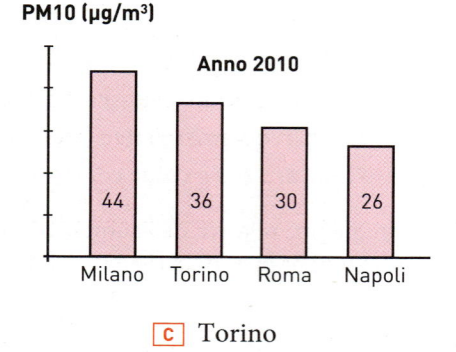

A Milano **B** Roma **C** Torino **D** Napoli

13 Una macchina produce ogni giorno dispositivi meccanici di precisione molto delicati e una percentuale variabile ogni giorno non è accettata in quanto difettosa. Sapendo che nel corso di una settimana lavorativa, dal lunedì al venerdì, i pezzi prodotti sono stati 150, 160, 200, 180 e 120, e che le percentuali di pezzi scartati sono state 20%, 15%, 25%, 15% e 10%, determina le serie delle frequenze assolute dei dispositivi conformi alle specifiche e di quelli non accettati ed effettua la rappresentazione grafica.

3. SERIAZIONI STATISTICHE → Teoria a pagina **444**

14 📱 **ESEMPIO DIGITALE** La seguente seriazione statistica presenta la distribuzione di 30 imprese artigiane secondo il numero dei dipendenti. Effettua la rappresentazione grafica con un diagramma a bastoni e con un istogramma.

Numero dipendenti	1	2	3	4	5	Totale
Numero imprese artigiane	12	8	5	3	2	30

15 Un'indagine ha coinvolto 120 persone per determinare il numero degli spazzolini da denti che vengono acquistati in un anno. La distribuzione ottenuta è stata la seguente.

Numero spazzolini	6	7	8	9	10	11	12
Numero persone	20	12	16	25	18	10	19

a. Rappresenta graficamente la seriazione.

b. Calcola le frequenze cumulate.

c. Rappresenta graficamente la seriazione delle frequenze cumulate.

16 Il latte fresco prodotto e imbottigliato da un'impresa casearia ha un prezzo di vendita consigliato per i consumatori di € 1,56 al litro. Da una verifica risulta che questa indicazione non è seguita da alcuni rivenditori e si sono rilevate presso 50 punti vendita variazioni di prezzo rispetto al valore consigliato.

Variazioni prezzo	− 5%	− 2%	+ 5%	+ 10%	+ 15%
Rivenditori	6	12	20	8	4

Effettua la rappresentazione grafica che ritieni più opportuna e determina:

a. il numero dei rivenditori che hanno contenuto il prezzo entro il +5%;

b. il numero dei rivenditori che hanno aumentato il prezzo oltre quello consigliato;

c. la percentuale dei rivenditori che hanno aumentato il prezzo di oltre il 5%.

[38; 32; 24%]

17 Rappresenta con un istogramma la seriazione statistica in tabella relativa al prezzo al kg delle albicocche rilevato presso 60 imprese ortofrutticole.

Prezzo (€/kg)	1,80-2,20	2,20-2,60	2,60-3,00	3,00-3,40	3,40-3,80
N. imprese	4	22	18	11	5

18 L'età dei 1500 pazienti di un medico di base ha la seguente distribuzione.

Età	16-31	31-46	46-61	61-76	76-91	91 e oltre
Numero pazienti	258	350	522	110	125	35

Effettua la rappresentazione grafica della seriazione statistica.

4. AREOGRAMMI, IDEOGRAMMI, CARTOGRAMMI

→ Teoria a pagina **446**

19 **IN FORMA GRAFICA** Un gruppo di 80 persone ha fornito le seguenti valutazioni su un romanzo che è risultato vincitore a un premio letterario. Rappresenta graficamente il risultato dell'indagine con un areogramma.

Valutazione	Ottimo	Discreto	Interessante	Banale	Negativo
Numero lettori	15	35	16	8	6

20 Le temperature rilevate alle ore 14 nel mese di maggio in una località balneare sono le seguenti.

Temperatura (°C)	18-23	23-28	28-33	33-38
Numero giornate	7	14	8	2

a. Rappresenta con un areogramma la rilevazione effettuata.

b. Qual è l'intervallo di temperatura che si è manifestato per il maggior numero di giorni?

c. Qual è la percentuale delle giornate in cui la temperatura è stata di almeno 23 °C?

[b) 23 °C-28 °C; c) 77,4%]

21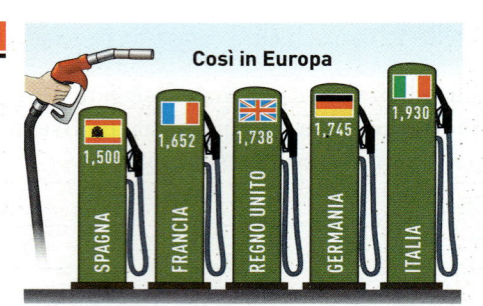

Così in Europa

Il giorno 3 settembre 2012 è stato rilevato il prezzo medio dei carburanti in euro in alcuni Stati e un quotidiano ha pubblicato l'ideogramma a lato.

a. Determina la serie statistica che ne deriva.

b. Possiamo ritenere corretta la rappresentazione grafica?

c. È possibile considerare questo ideogramma come un ortogramma?

[b) sì; c) sì]

22 **INVALSI 2004** La tabella mostra la superficie delle varie province della Campania. Quale dei seguenti diagrammi descrive graficamente i dati della tabella?

Provincia	Superficie (km²)	Legenda
Avellino	2792	
Benevento	2071	
Caserta	2639	
Napoli	1171	
Salerno	4922	

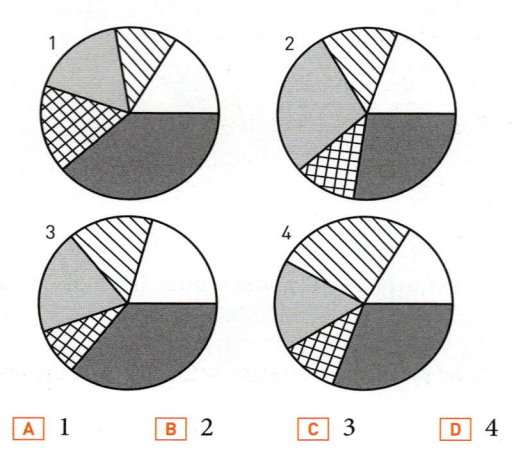

| A | 1 | B | 2 | C | 3 | D | 4 |

MATEMATICA AL COMPUTER

La valutazione di una verifica

Per valutare una verifica svolta da 20 studenti, imposta un foglio elettronico che:

a. permetta di registrare i voti ottenuti;

b. dia in uscita le frequenze dei voti raggruppati in classi;

c. rappresenti la situazione con un areogramma.

▸ Problema e risoluzione.
▸ 4 esercizi in più.

23 EUREKA! **Chi produce più grano?** I seguenti cartogrammi sono relativi alla resa per ettaro del grano duro e alla superficie coltivata a grano duro in Italia nel 2008. (Fonte: elaborazione BMTI su dati ISTAT.)

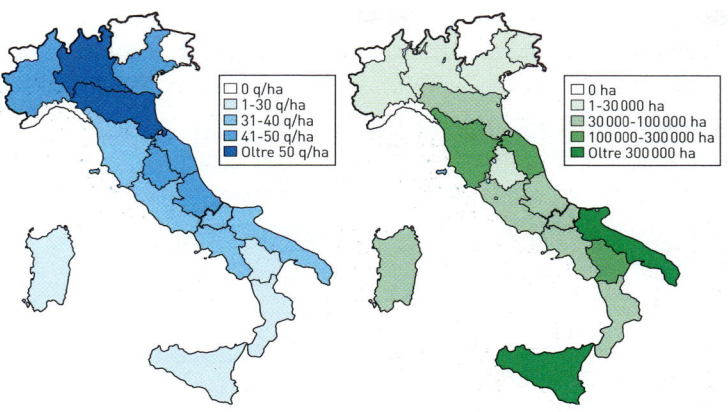

a. Quali regioni hanno una resa più alta di produzione per ettaro?

b. Compila una seriazione statistica del numero delle regioni secondo la produzione per ettaro.

c. Quali regioni hanno una superficie maggiore destinata alla coltivazione di grano duro?

d. Compila una seriazione statistica del numero delle regioni secondo la superficie destinata al grano duro.

e. Quale situazione apparentemente contraddittoria viene messa in evidenza?

5. MEDIA, MEDIANA, MODA → Teoria a pagina **448**

24 Le misure di una stessa grandezza sono soggette a errori che dipendono dal caso. Un tavolo è stato fatto misurare da 28 alunni e si sono ottenuti i seguenti risultati.

Lunghezza (cm)	120,4	120,6	121,6	121,2	121,7	122,0
Frequenze	6	12	6	2	1	1

Calcola la media aritmetica.

[120,903… arrotondata a 120,9]

25 In un'impresa cinque macchine che confezionano pacchetti di caramelle sono sottoposte a revisione. Il numero di pacchetti confezionati all'ora da ciascuna macchina, prima e dopo la revisione, è riportato nella seguente tabella.

Macchine	I	II	III	IV	V
Numero prima della revisione	430	390	400	360	390
Numero dopo la revisione	460	395	440	390	435

a. Effettua una rappresentazione grafica della produzione nelle due situazioni.

b. Determina il numero medio di pacchetti confezionati all'ora prima della revisione e dopo.

c. Possiamo affermare che la revisione è stata efficiente?

[b) 394; 424; c) sì]

26 EUREKA! **Togliendo 10**

a. ☐ La media aritmetica di 11 numeri è 4850. Se ciascuno degli 11 numeri viene diminuito di 10, la loro media diventa:

A 4740. B 4840. C 4830. D 4850. E i dati del problema non sono sufficienti a determinarla.

b. Generalizza la soluzione.

[Giochi di Archimede, 2012]

L'altezza di 28 bambini che frequentano una scuola materna ha la seguente distribuzione.

Altezza (cm)	90-100	100-105	105-110	110-120	120 e oltre
Numero bambini	2	8	12	4	2

Calcoliamo la media aritmetica.

Per calcolare la media aritmetica utilizziamo il *valore centrale* di ogni classe. L'ultima classe è aperta e la chiudiamo ponendo come limite superiore 130. Per effettuare il calcolo organizziamo i valori in una tabella. Nella terza colonna otteniamo i prodotti dei valori moltiplicati per i rispettivi pesi. La somma di questi prodotti è il numeratore della formula della media aritmetica ponderata.

x_i	F_i	$x_i \cdot F_i$
95	2	190
102,5	8	820
107,5	12	1290
115	4	460
125	2	250
Totale	28	3010

La media aritmetica è
$$M = \frac{3010}{28} = 107,5.$$

27 Per un anno vengono rilevati giornalmente i consumi di acqua potabile in un Comune di piccole dimensioni. Si è ottenuta la seguente distribuzione. Calcola la media del consumo giornaliero.

Consumo (m³)	0-200	200-300	300-500	500-800	800-1000
Numero giorni	40	88	156	47	34

[409,726]

28 **ESEMPIO DIGITALE** A un concorso 200 candidati hanno dovuto rispondere a 50 quesiti. Le risposte esatte hanno avuto la seguente distribuzione.

Risposte esatte	0-10	10-20	20-30	30-40	40-50
Numero candidati	8	25	34	95	38

Effettua la rappresentazione grafica e determina la media delle risposte esatte.

29 Il cambio fra euro e dollaro nel corso di nove giorni è stato 1,2874; 1,2796; 1,2805; 1,2834; 1,2812; 1,2798; 1,2932; 1,2897; 1,2936. Determina la mediana. [1,2834]

30 **INVALSI 2011** La seguente tabella riporta il peso alla nascita, suddiviso in 4 classi, di 30 neonati.

Classi di peso	Numero neonati
da 1 kg e fino a 2 kg	7
più di 2 kg e fino a 3 kg	8
più di 3 kg e fino a 4 kg	12
più di 4 kg e fino a 5 kg	3

Quale delle seguenti espressioni devi usare per trovare il peso medio dei 30 neonati?

A $\dfrac{1,5 + 2,5 + 3,5 + 4,5}{30}$

C $\dfrac{1,5 \cdot 7 + 2,5 \cdot 8 + 3,5 \cdot 12 + 4,5 \cdot 3}{30}$

B $\dfrac{7 + 8 + 12 + 3}{4}$

D $\dfrac{1,5 \cdot 7 + 2,5 \cdot 8 + 3,5 \cdot 12 + 4,5 \cdot 3}{4}$

31 **INVALSI 2012** In una stazione meteorologica sulle Alpi sono state registrate le temperature alle ore 8:00 per una settimana e riportate nella tabella qui a lato. Calcola la media aritmetica delle temperature riportate in tabella.

Giorno	Temperatura alle 8:00
lunedì	−7 °C
martedì	−3 °C
mercoledì	+1 °C
giovedì	−5 °C
venerdì	0 °C
sabato	+3 °C
domenica	−3 °C

32 **ESEMPIO DIGITALE** È data la seguente distribuzione del numero dei dipendenti di un'impresa industriale assenti per malattia nel corso del mese di maggio 2012. Determina la mediana.

Numero giorni assenza	2	3	4	5	6	7
Numero dipendenti	5	4	8	7	4	2

33 **YOU & MATHS** **Non-smoking mothers** Below is a table with the numbers of non-smoking mothers in one year at delivery in a small town called Pureville. Calculate the average age of the non-smoking mothers in Pureville. What is their median age?

Age	21	22	23	24	25	26	27	28	29	30	31	32	33	34	35
Number	7	8	9	10	12	3	2	5	4	5	2	4	2	0	1

34 Un venditore di auto usate ha classificato il numero delle autovetture del suo salone secondo l'anno di costruzione. Costruisci la seriazione relativa all'età delle auto usate al 2011 e determinane la media aritmetica e la mediana. Quante sono le vetture che hanno un usato maggiore di 4 anni?

Anno	2004	2005	2006	2007	2008	2009	2010
Numero vetture	7	10	6	3	4	2	2

[4,97; 5,5; 23]

35 Presso un hotel a tre stelle è stata rilevata, nel corso del mese di febbraio 2013, la durata del soggiorno di 91 clienti.

Durata (giorni)	1	2	3	4	5	6
Numero clienti	21	19	23	14	8	6

a. Determina la media aritmetica, la mediana e la moda.

b. Qual è la percentuale dei clienti che hanno soggiornato un numero di giorni maggiore della media? E della moda?

[a) 2,9; 3; 3; b) 56,1%; 30,8%]

▶ **LABORATORIO** **MATEMATICA E STORIA**

Quanti bambini nascevano a Londra nel 1700?

Una tabella che riporta il numero di battezzati a Londra all'inizio del '700 può sembrare solo un freddo elenco di numeri; invece noi la utilizziamo per ottenere informazioni e risolvere problemi.

 ▶ Problema e risoluzione. ▶ Un esercizio in più. ▶ Attività di ricerca: Eventi storici e popolazione.

36 Nel corso di un mese, presso una libreria della città, la richiesta relativa a cinque nuovi romanzi è stata la seguente.

Titolo	N. copie vendute
La compagnia degli altri	65
La moneta contraffatta	102
I fratelli indisciplinati	87
La corsa di cani e gatti	115
Strada in discesa	94

Determina la moda.

37 Agli abitanti di un piccolo Comune è stato chiesto un giudizio sul servizio di pulizia delle strade in base alla scala da 0 (pessimo) a 5 (ottimo). L'indagine ha fornito la seguente distribuzione.

Giudizio	0	1	2	3	4	5
Frequenze	115	165	198	156	125	24

Determina la media aritmetica, la mediana e la moda. [2,1; 2; 2]

6. INDICI DI VARIABILITÀ ➔ Teoria a pagina **450**

38 La durata in giorni del periodo di incubazione di una forma influenzale per 50 soggetti ha avuto la seguente distribuzione.

Giorni di incubazione	1	2	3	4	5	6
Numero ammalati	2	5	18	13	10	2

Calcola il campo di variazione e lo scarto semplice medio. [5; 0,96]

39 A un estremo di una molla lunga 20 cm viene applicato un peso di 100 g per 8 volte successive. Le misure degli allungamenti in cm sono: 3,4; 3,5; 3,3; 3,6; 3,5; 3,4; 3,5; 3,4.
Calcola il campo di variazione, lo scarto semplice medio e la deviazione standard. [0,3; 0,075; 0,0866]

40 ▢ **ESEMPIO DIGITALE** I tempi, in secondi, ottenuti in una gara di corsa dei 100 m tra 10 studenti sono stati i seguenti:

14,4; 13,5; 16,2; 15,8; 14,0; 15,2; 16,9; 15,6; 16,5; 15,0.

a. Verifica che la somma degli scarti dalla media è nulla e verifica con un esempio che la somma dei loro quadrati è minima.

b. Calcola la deviazione standard.

MATEMATICA ED ECONOMIA

La quotazione dell'oro

Il mercato dell'oro è sempre influenzato dalla situazione economica, ma il prezzo di acquisto di questo metallo...

▢ ▸ Problema e risoluzione.

41 Gli iscritti a una bocciofila sono stati classificati secondo l'età e si è ottenuta la seguente distribuzione.

Età	Fino a 30	30-40	40-50	50-60	60-70	oltre 70
Numero iscritti	5	8	13	20	35	14

Calcola lo scarto semplice medio e la deviazione standard.
[ponendo il limite inferiore della prima classe a 20 e il limite superiore dell'ultima a 80, $S = 11,2$ e $\sigma = 13,66$]

42 INVALSI 2012 **Martina ha ragione?** La professoressa Rossi vuole verificare il livello delle conoscenze in scienze nelle classi 1A e 1B. Decide di somministrare lo stesso test nelle due classi. Elaborando i punteggi del test, ottiene i seguenti risultati.

	Classe 1A	Classe 1B
Media aritmetica	6,5	6,5
Scarto quadratico medio (o deviazione standard)	1,1	2,3

La professoressa chiede a Martina, una sua alunna di 1B, di commentare i risultati ottenuti dagli alunni delle due classi. Martina afferma che i risultati indicano che gli alunni delle due classi hanno lo stesso livello medio di conoscenze, ma gli studenti della classe 1A hanno ottenuto complessivamente punteggi più vicini alla media. Martina ha ragione? Scegli una delle due risposte e completa la frase.

☐ Sì, perché ...... ☐ No, perché ......

7. DISTRIBUZIONE GAUSSIANA E CAMPIONAMENTO → Teoria a pagina **453**

43 Una prova di resistenza alla trazione, effettuata per 300 volte applicando pesi diversi a fili di acciaio omogenei, ha avuto come risultato un carico di rottura distribuito con andamento normale con una media di 60,2 kg/mm² e una deviazione standard di 0,8 kg/mm². Determina:
a. l'intervallo che contiene il 99,74% delle prove; **b.** il numero di volte in cui è avvenuta una rottura fra 58,6 e 61,8 kg/mm²; **c.** il numero di volte in cui il filo si è spezzato per una trazione inferiore a 59,4 kg/mm²; **d.** la probabilità che il filo si spezzi tra 59,4 e 61 kg/mm². [a)]57,8; 62,6[; b) 286; c) 48; d) 68,27%]

44 Si vuole determinare la durata media del prestito dei libri di una biblioteca comunale. Dall'esame di un campione formato da 120 casi si è rilevato che il tempo medio è 25 giorni, con una deviazione standard di 10 giorni. Determina l'intervallo di confidenza al 95% del tempo medio. []23,2; 26,8[]

45 In un tratto autostradale si è rilevato che la velocità media di 170 autovetture è stata di 110 km/h, con una deviazione standard di 20 km/h. Determina l'intervallo di confidenza al 99% per la velocità media. []106,04; 113,96[]

46 Un campione di 50 degli pneumatici presenta una carenza del 20% rispetto agli standard stabiliti. Costruisci un intervallo di confidenza al 99% della percentuale dell'intera popolazione degli pneumatici che soddisfano gli standard. L'intervallo di confidenza conferma una carenza ipotizzata del 12%? []0,654; 0,946[; sì]

47 EUREKA! **Il tempo più conveniente** In un campione formato da 50 lavoratori si è rilevato che il tempo impiegato per effettuare un certo lavoro è stato in media di 20 minuti, con una deviazione standard di 5 minuti. Dopo un mese, in seguito a una modifica del processo produttivo, è stata effettuata la stessa rilevazione su un campione con uguale numerosità e si è rilevato che il tempo medio è stato di 19 minuti, con una deviazione standard di 3 minuti. Determina i due intervalli di confidenza a livello del 95% e prova a formulare un'ipotesi sull'efficacia della modifica introdotta.

[]18,6; 21,4[;]18,2; 19,8[; la modifica potrebbe ritenersi positiva, non tanto per il minor valore medio, ma soprattutto per una maggiore efficienza indicata dalla diminuzione della deviazione standard]

MATEMATICA E BIOLOGIA

Il cuculo imbroglione

Una spedizione ha misurato la lunghezza (in mm) delle uova di cuculo deposte in nidi di pettirossi e di scriccioli…

📱 ▸ Problema e risoluzione.
▸ 4 esercizi in più.

VERIFICA DELLE COMPETENZE ALLENAMENTO

▶ Competenza **4** (abilità **1, 6**)

1 📱 **TEST** Nel diagramma è rappresentata la distribuzione percentuale dello stipendio mensile dei dipendenti impiegati in una data azienda. Qual è la miglior stima del reddito mensile medio dei dipendenti dell'azienda?

A € 1650		**C** € 1860	
B € 1580		**D** € 1450	

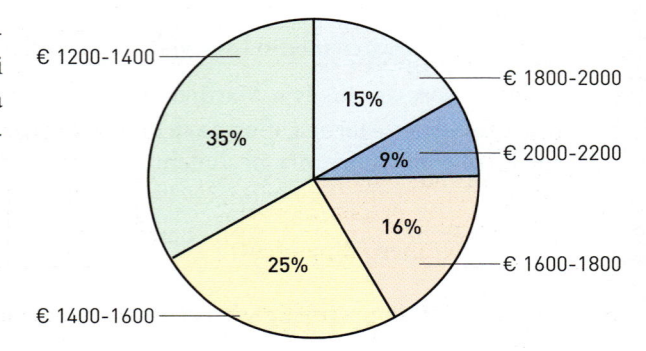

€ 1200-1400 — 35%
15% — € 1800-2000
9% — € 2000-2200
16% — € 1600-1800
25% — € 1400-1600

2 Una ditta farmaceutica produce un integratore alimentare che dovrebbe favorire una dieta dimagrante. Il numero di confezioni vendute in una regione negli ultimi 6 anni ha avuto il seguente andamento.

Anni	2007	2008	2009	2010	2011	2012
Numero confezioni	3820	4210	4340	3620	2903	2840

Rappresenta graficamente i dati. Calcola la media aritmetica e lo scarto semplice medio. [3622; 501]

3 L'età dei 425 dipendenti di un'impresa è distribuita con andamento gaussiano e la media è 42 anni, con una deviazione standard di 8 anni. Determina quanti dipendenti hanno un'età:

a. compresa tra 26 e 58 anni;

b. compresa tra 26 e 50 anni;

c. compresa tra 26 e 34 anni;

d. maggiore di 58 anni.

[a) 406; b) 348; c) 58; d) 10]

4 Fra le caratteristiche di un'automobile è indicato il consumo medio di 14,8 km per litro alla velocità costante di 90 km/h. Vengono effettuate 8 prove in autostrada a quella velocità e i km percorsi per litro sono risultati:
14,7; 16,0; 14,8; 14,7; 14,8; 15,5; 16,1; 15,8.
Ipotizzando che la distribuzione dei km percorsi per litro sia gaussiana, determina l'intervallo di confidenza al 99,99% della media del campione e verifica se il consumo pubblicizzato è corretto.

[]14,6; 16,0[; sì]

▶ Competenza **3** (abilità **1, 5**)

5 Un medico di base raccomanda sempre ai propri pazienti un limitato consumo di carni rosse. Ha proceduto a una rilevazione in occasione dell'attività ambulatoriale e, su 60 persone, 45 hanno dichiarato di consumare carne rossa più di tre volte la settimana. Sapendo che il numero dei pazienti a lui assegnato dall'USL è 800, determina a un livello di confidenza del 99% quante sono le persone che non si attengono alla sua raccomandazione.

[]485; 715[]

6 Si vuole determinare la percentuale di consumatori che per i beni di prima necessità effettua acquisti presso i supermercati. Viene estratto a sorte un campione di 100 persone e dopo averle intervistate si ottengono i seguenti risultati: 10 persone di sesso maschile e 60 di sesso femminile preferiscono recarsi al supermercato, mentre 18 maschi e 12 femmine preferiscono recarsi presso i negozi tradizionali. Determina gli intervalli a un livello di confidenza del 95% della frazione delle persone:

a. che preferiscono il supermercato; **b.** che preferiscono i negozi tradizionali;

c. di sesso femminile che preferiscono i negozi tradizionali.

[a)]0,61; 0,79[; b)]0,21; 0,39[; c)]0,056; 0,184[]

VERIFICA DELLE COMPETENZE PROVE

TUTOR **PROVA A** (10 esercizi) **PROVA B** (10 esercizi) ⏱ **IN MEZZ'ORA**

PROVA C ▶ Competenze **3, 4** ⏱ **IN UN'ORA**

1 Data la seguente tabella, effettua la rappresentazione grafica e calcola le frequenze relative.

Giorni di assenza per malattia (mese di febbraio 2014)	0	1	2	3	4	5
Numero dipendenti	9	4	7	5	4	3

2 Data la seriazione statistica dell'esercizio 1, calcola la media aritmetica e la deviazione standard.

3 Nel corso di un mese si è rilevata la temperatura alle ore 12. Sono stati ottenuti i seguenti dati statistici: per 4 giorni 18 °C, per 5 giorni 21 °C, per 6 giorni 22 °C, per 7 giorni 23 °C e per 8 giorni 25 °C. Determina il valore della mediana e il campo di variazione.

4 In un Comune, su 80 persone intervistate a caso, 60 hanno dichiarato di essere favorevoli a una maggiore liberalizzazione degli orari di apertura dei negozi. Determina l'intervallo di confidenza al 99,74% della percentuale degli abitanti del Comune favorevoli a questa proposta. Se le persone intervistate fossero state 800 e i favorevoli 600, l'intervallo di confidenza sarebbe mutato?

PROVA D ▶ Competenze **1, 3** ⏱ **IN UN'ORA**

I tentacoli delle meduse

La forma del corpo di una medusa è quella di un ombrello con un'apertura nella parte inferiore dalla quale l'acqua e le sostanze nutritive entrano in una cavità digerente. Da qui partono i canali radiali che trasportano il nutrimento in tutto l'organismo. Un campione formato da 50 meduse ha determinato la seguente distribuzione del numero dei canali radiali.

Numero canali radiali	2	3	4	5	6	7	8
Numero esemplari	2	4	8	18	12	4	2

a. Effettua la rappresentazione grafica della distribuzione delle frequenze.

b. Determina la media aritmetica, la mediana e la moda.

c. Calcola lo scarto semplice medio e la deviazione standard.

d. Supponendo che i canali radiali delle meduse abbiano una distribuzione normale, determina in base a questo campione l'intervallo di confidenza al 95% .

e. Indica per ciascuna delle seguenti affermazioni se è vera o falsa o se non si può ricavare dai dati conosciuti.

		V	F	Non si può ricavare
1.	38 meduse del campione hanno un numero di canali radiali che va da 4 a 6.			
2.	Gli indici di variabilità indicano una rilevante variabilità del fenomeno.			
3.	Nel campione le meduse con non più di 5 canali radiali sono 14.			
4.	Un campione da 100 meduse ha la stessa media aritmetica.			
5.	La distribuzione del numero dei canali radiali del campione è perfettamente simmetrica.			

16 ELEMENTI DI INFORMATICA

L'informatica ha una duplice natura di scienza e tecnologia. Come scienza è figlia della matematica e i suoi padri, Alan Turing e John von Neumann, sono illustri matematici del secolo scorso. Come tecnologia influenza ogni giorno di più la nostra vita e fornisce alla matematica nuovi strumenti di lavoro.

1. NUMERI E INFORMAZIONE DIGITALE

La rivoluzione digitale, che ha trasformato libri, fotografie, musica e filmati in contenuti fruibili con un computer, uno smartphone o un tablet, è basata sulla possibilità di rappresentare il testo, le immagini e l'audio mediante numeri.

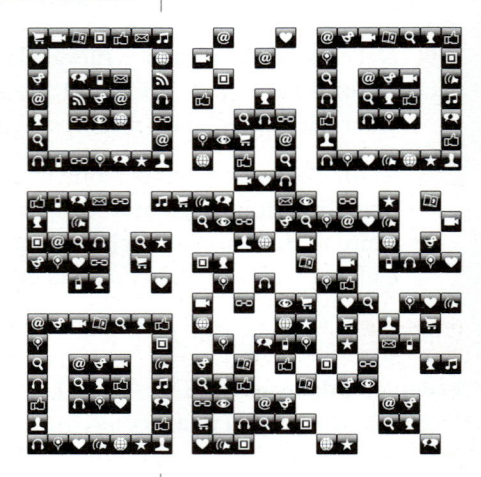

□ ▸ Paragrafo completo.
▸ Esercizi.

2. PROBLEMI E ALGORITMI

Un **algoritmo** è un insieme di istruzioni la cui esecuzione permette di risolvere un problema. Un algoritmo esprime un procedimento risolutivo in termini di azioni chiare e realizzabili da un esecutore che può essere anche una macchina, per esempio un computer.

□ ▸ Paragrafo completo.
▸ Esercizi.

3. PROGRAMMARE CON PYTHON

Per fare in modo che un algoritmo sia eseguito da un computer è necessario tradurlo in una sequenza di comandi adatti, cioè un **programma**. A questo scopo esistono numerosi linguaggi di programmazione che risultano più semplici da utilizzare rispetto al linguaggio nativo di un computer basato su codici numerici.

□ ▸ Paragrafo completo.
▸ Esercizi.

1. NUMERI E INFORMAZIONE DIGITALE

Il motto della scuola fondata da Pitagora a Crotone, nella quale l'insegnamento della matematica era ripartito tra aritmetica, geometria, musica e astronomia, era: *tutto è numero*. Dopo più di duemilacinquecento anni, questa affermazione è di nuovo attuale, almeno nel mondo digitale di testi, immagini, suoni e video, che sono indistintamente rappresentati in forma di **codici numerici**: gli unici memorizzabili, riproducibili e manipolabili da parte di un computer, di un tablet o di uno smartphone.

Oggi un solo dispositivo permette la fruizione di contenuti di forma diversa, ma fino a pochi anni fa erano necessari supporti materiali specifici come libri, stampe, dischi, pellicole, nastri magnetici… Che cosa ha permesso questa rivoluzione digitale?
La risposta è che, nonostante la varietà di forma, tutti i contenuti digitali sono costituiti da numeri. *Digitale* deriva infatti dal termine *digit*, che significa *cifra*.

Ogni singolo *pixel* di una fotografia digitale è codificato mediante uno o più valori numerici che ne rappresentano il colore o, nel caso di immagini in bianco e nero, la gradazione di grigio.
La parte di immagine evidenziata nell'ingrandimento del dettaglio è rappresentata numericamente dalla griglia numerica sottostante.

ESEMPIO

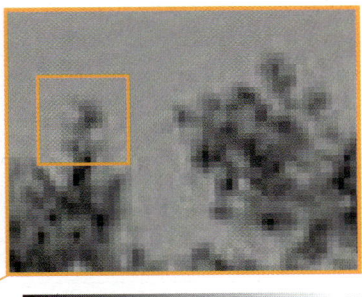

0   255

150	150	160	160	150	150	150	150	140	140
150	140	150	150	150	140	140	150	160	150
150	140	150	150	150	140	140	150	160	150
150	150	140	130	120	140	150	150	150	150
150	150	140	130	120	110	100	120	130	150
150	150	140	130	120	110	90	100	110	140
150	150	160	180	160	100	80	90	90	130
140	160	140	160	100	90	60	90	110	130
150	150	140	130	120	110	90	100	110	140
150	150	140	130	120	140	150	150	150	150

2. PROBLEMI E ALGORITMI

Ti abbiamo già proposto alcuni problemi di Alcuino di York.
Eccone ora uno dal quale deriva il modo di dire «Salvare capra e cavoli».

Un contadino deve trasportare da una riva all'altra di un fiume una capra, un lupo e un cavolo, ma ha un'unica barca con due soli posti. Non può lasciare la capra da sola con il lupo, perché esso la divorerebbe, e allo stesso modo non può lasciare il cavolo con la capra, perché questa se lo mangerebbe.

Una possibile soluzione del problema è data dal seguente **procedimento**.

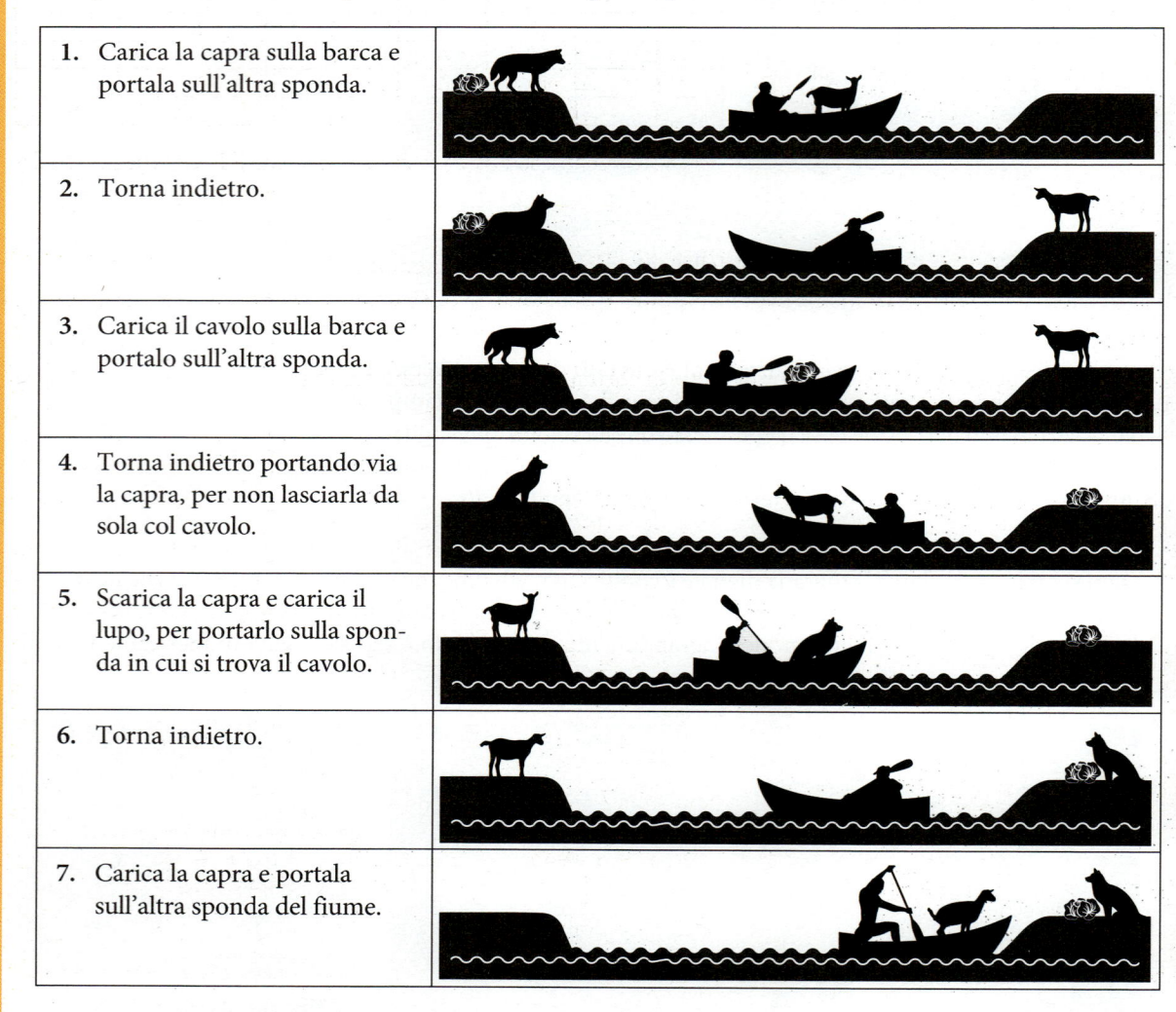

1. Carica la capra sulla barca e portala sull'altra sponda.	
2. Torna indietro.	
3. Carica il cavolo sulla barca e portalo sull'altra sponda.	
4. Torna indietro portando via la capra, per non lasciarla da sola col cavolo.	
5. Scarica la capra e carica il lupo, per portarlo sulla sponda in cui si trova il cavolo.	
6. Torna indietro.	
7. Carica la capra e portala sull'altra sponda del fiume.	

A partire dalla situazione iniziale, in cui il contadino, il lupo, la capra e il cavolo sono su una sponda, si arriva alla situazione finale, in cui il contadino, il lupo, la capra e il cavolo si trovano sulla sponda opposta.

Quello appena visto è un esempio di **algoritmo**, ossia un insieme di istruzioni la cui esecuzione risolve un problema.
Un algoritmo esprime un procedimento risolutivo in termini di azioni chiare, realizzabili da un **esecutore**, che può essere un uomo, ma anche una macchina, per esempio un computer.

Il termine «algoritmo» deriva dal nome del matematico al-Khuwarizmi, che abbiamo già incontrato in una scheda di laboratorio.

Vediamo ora come possiamo descrivere mediante un algoritmo il procedimento ideato da Euclide per la ricerca del MCD fra due numeri a e b, quando usiamo il metodo delle **divisioni successive**.

Consideriamo a e b, con $a > b$:

1. determiniamo il resto della divisione tra a e b;

2. se il resto è uguale a 0, allora b è il MCD tra a e b e ci fermiamo;

3. altrimenti, poniamo a uguale al valore di b;

4. poniamo b uguale al valore del resto e ripetiamo il procedimento dal passo 1.

ESEMPIO

Calcoliamo il MCD tra 42 e 24.

Istruzione	a	b	Resto divisione	Istruzione successiva	MCD
Inizio	42	24		1.	
1.	42	24	18	2.	
2.	42	24	18	3.	
3.	24	24	18	4.	
4.	24	18	18	1.	
1.	24	18	6	2.	
2.	24	18	6	3.	
3.	18	18	6	4.	
4.	18	6	6	1.	
1.	18	6	0	2.	
2.	18	6	0	Fine	6

Il procedimento risolutivo fa concludere che il MCD tra 42 e 24 è 6.

È possibile sperimentare il funzionamento dell'algoritmo di Euclide tenendo traccia delle variazioni dei valori variabili di a e b nel corso dell'esecuzione delle istruzioni che lo compongono.

L'algoritmo di Euclide può essere rappresentato in forma grafica mediante un **diagramma di flusso**.

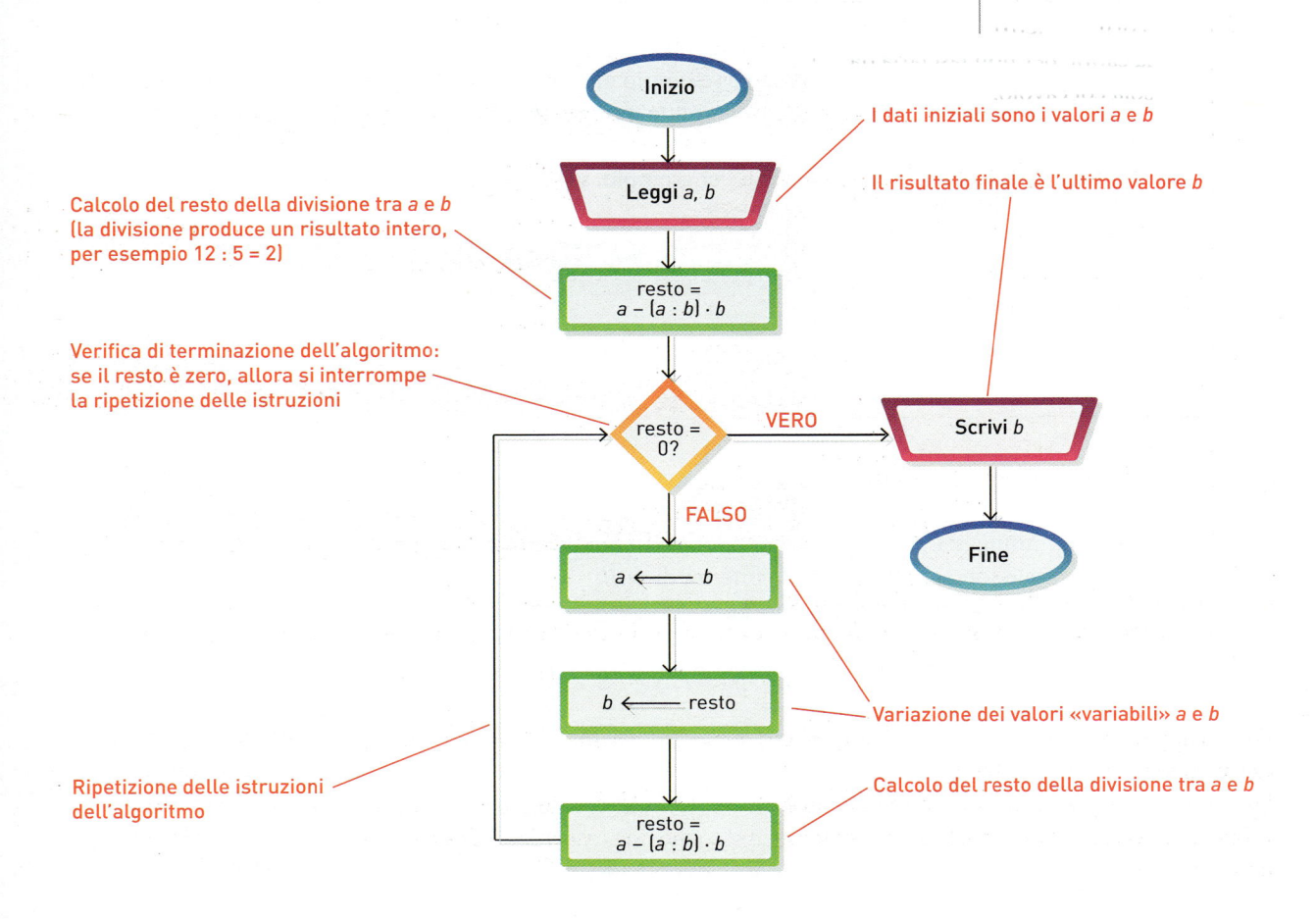

3. PROGRAMMARE CON PYTHON

Per fare in modo che un algoritmo sia eseguito da un computer è necessario tradurlo in una sequenza di comandi comprensibili da un calcolatore elettronico, cioè in un **programma**.

A questo scopo esistono numerosi linguaggi di programmazione che risultano più semplici da utilizzare rispetto al *linguaggio macchina* di un computer, basato su codici numerici.

I programmi scritti in questi linguaggi devono essere poi convertiti nel linguaggio macchina dal computer stesso, prima di essere eseguiti.

Python è uno di questi linguaggi. Le sue istruzioni sono abbastanza simili a un linguaggio naturale.

La finestra di *shell* di Python consente di inserire comandi che sono immediatamente eseguiti.

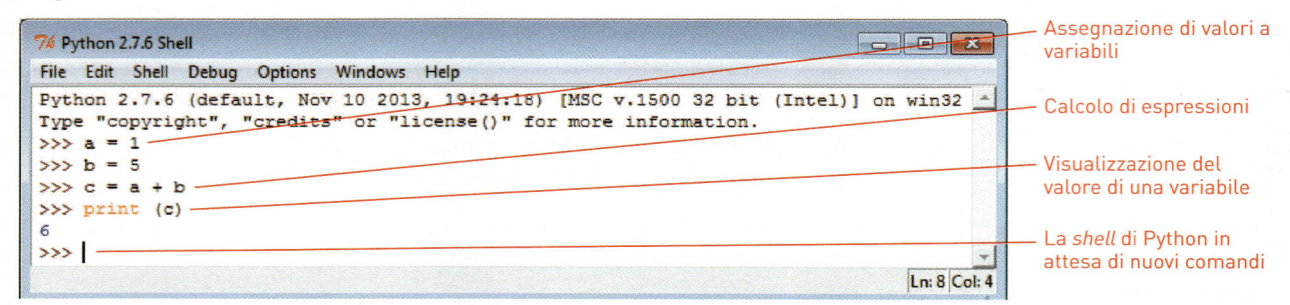

Per scrivere un vero e proprio programma che implementi un algoritmo si deve aprire una finestra di *editing* con il comando *New File* del menu *File*. Qui è possibile inserire le istruzioni che costituiscono l'algoritmo, come per esempio quelle per calcolare con l'algoritmo di Euclide il massimo comune divisore tra due numeri *a* e *b* forniti come dati.

Il simbolo // in Python calcola la divisione intera. Per esempio, se scriviamo 42 // 24, Python fornisce il valore 1, cioè la parte intera di 1,75.

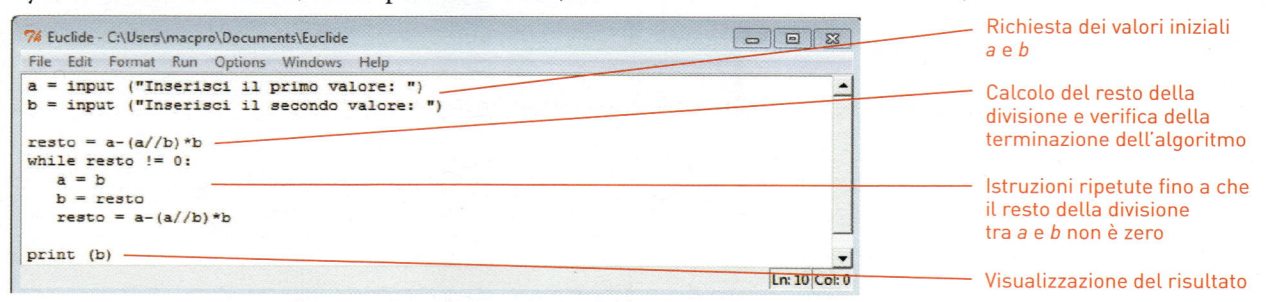

L'esecuzione del programma si avvia con il comando *Run module* del menu *Run*; i dati iniziali e il risultato finale sono gestiti tramite la finestra di *shell*.

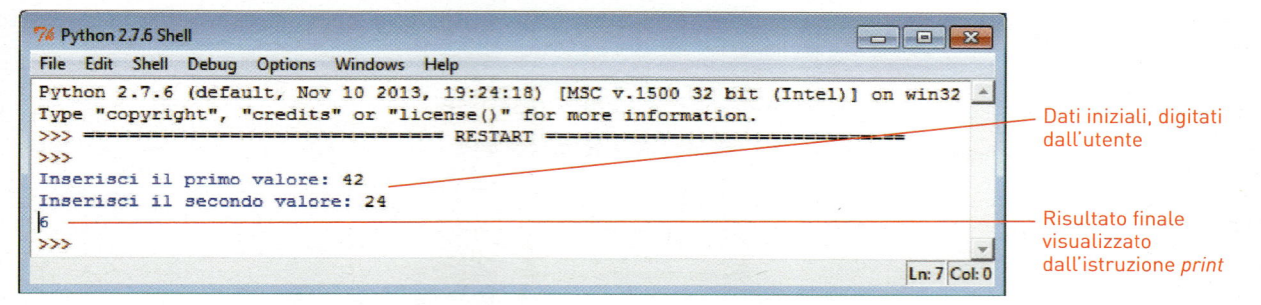

GEOMETRIA

- ▶ **Enti geometrici fondamentali**
- ▶ **Triangoli**
- ▶ **Rette perpendicolari e parallele**
- ▶ **Parallelogrammi e trapezi**

G1 ENTI GEOMETRICI FONDAMENTALI

1. GEOMETRIA EUCLIDEA

DEFINIZIONI E TEOREMI ➡ Esercizi a pagina **G20**

Definizioni ed enti primitivi

«Un triangolo è un poligono con tre lati.»

Questo è un esempio di **definizione**, cioè un modo per spiegare che cos'è un ente geometrico e associargli un nome.

Nel definire un ente facciamo riferimento ad altri enti, che devono essere già noti.

Per esempio, nella definizione di triangolo, abbiamo utilizzato la parola *poligono*.

Ma qualcuno potrebbe non sapere che cos'è un poligono.

Anche questo ente va allora definito, utilizzando, a sua volta, altri enti geometrici, anch'essi da definire…

Per interrompere questo procedimento, che potrebbe continuare all'infinito, supponiamo che esistano enti **primitivi**, ossia enti di cui non diamo la definizione.

Il **punto**, la **retta** e il **piano** sono enti primitivi.

Indichiamo i punti con lettere maiuscole, le rette con lettere minuscole, i piani con lettere minuscole dell'alfabeto greco.

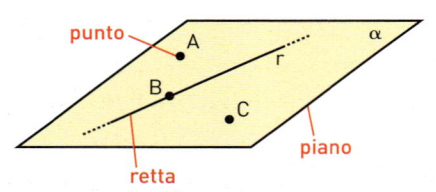

▶ Nella figura sono rappresentati un piano α, una retta r e tre punti A, B e C.

Quelle che tracciamo su un foglio sono soltanto *rappresentazioni*, perché gli enti geometrici sono *ideali*, cioè sono ottenuti con astrazioni dal mondo fisico che ci circonda.

Per esempio, il punto della geometria non ha dimensioni e può essere considerato come astrazione del segno che lasciamo con una matita per rappresentarlo.

I punti sono gli enti che costituiscono tutte le figure geometriche.

> **DEFINIZIONE**
>
> Una **figura geometrica** è un insieme di punti.

Se tutti i punti di una figura appartengono a uno stesso piano, la figura è **piana**, altrimenti la figura è **solida**.

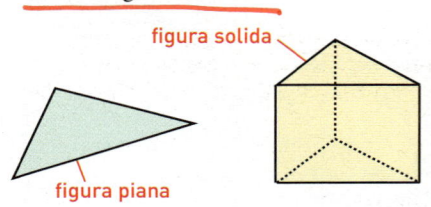

figura solida

figura piana

Lo **spazio** è l'insieme di tutti i punti.

Teoremi e postulati

Le proprietà delle figure geometriche sono descritte mediante *teoremi*.

Within a given theory, a **postulate** or **axiom** is a statement assumed to be *true*, while a **theorem** is a statement that can be proved.

> **DEFINIZIONE**
>
> Un **teorema** è una proprietà di cui si fa vedere la verità mediante una **dimostrazione**, cioè una sequenza di deduzioni che parte da quello che si suppone vero, l'**ipotesi**, e arriva a quello che si vuole dimostrare, la **tesi**.

ESEMPIO

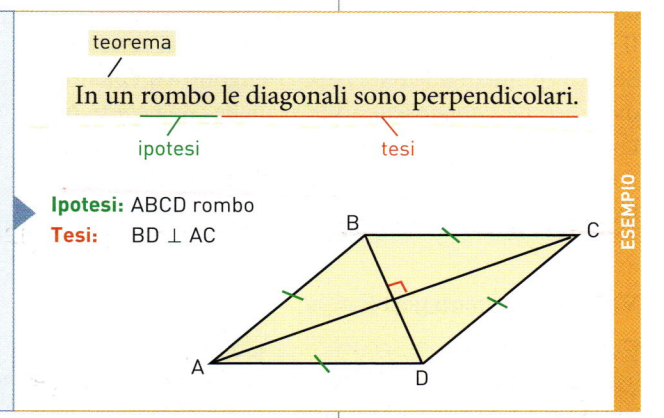

teorema

In un rombo le diagonali sono perpendicolari.

ipotesi — tesi

Ipotesi: ABCD rombo
Tesi: BD ⊥ AC

Nella dimostrazione, le deduzioni possono basarsi, oltre che su altri teoremi già dimostrati, anche su alcune proprietà che si chiede di accettare come vere senza darne dimostrazione. Queste proprietà sono dette **postulati** o **assiomi**.

Spesso, per chiarire meglio qual è l'ipotesi e qual è la tesi, si preferisce scrivere l'enunciato di un teorema nella forma:

se *ipotesi,* **allora** *tesi.*

▶ Il teorema dell'esempio precedente si può scrivere così:
  se un quadrilatero è un rombo, **allora** le sue diagonali sono perpendicolari.

Un teorema è **inverso** di un altro se le loro ipotesi e tesi sono scambiate.
In generale, non è detto che scambiando ipotesi e tesi di un teorema si ottenga una proposizione vera, ossia un altro teorema.

▶ Se scambiamo l'ipotesi e la tesi del teorema precedente otteniamo la proposizione:

  «**se** un quadrilatero ha le diagonali perpendicolari, **allora** è un rombo»,

  che non è un teorema, perché riusciamo a trovare esempi, come quello della figura a lato, in cui è vero che le diagonali sono perpendicolari, ma il quadrilatero non è un rombo.

Geometria euclidea

La geometria che studieremo si sviluppò per merito di matematici greci. In particolare, il metodo di ricavare tutte le proprietà dai postulati mediante deduzioni, detto **metodo ipotetico-deduttivo** o **metodo assiomatico**, venne utilizzato da Euclide negli *Elementi*, nel terzo secolo a.C.

POSTULATI DI APPARTENENZA
E D'ORDINE   ➡ Esercizi a pagina **G20**

In Euclidean geometry there are postulates describing relations between points, lines and planes.

Abbiamo detto che punto, retta e piano sono enti primitivi.
Ma se non li definiamo, come possiamo conoscerne le caratteristiche?
Ciò è possibile mediante dei postulati e, in particolare, mediante i postulati di appartenenza e d'ordine.

Postulati di appartenenza

Poiché la retta è un insieme di punti, possiamo utilizzare il concetto di appartenenza. Dire che un punto P *appartiene* a una retta r è equivalente a dire che P *sta su* r o anche che r *passa per* P.

Il concetto di appartenenza è utile anche per rette e piani. Se tutti i punti di una retta r appartengono a un piano α, diciamo che r *appartiene* ad α, o anche che r *sta su* α, o che α *passa per* r.

Diciamo poi che tre o più punti sono **allineati** se appartengono a una stessa retta.

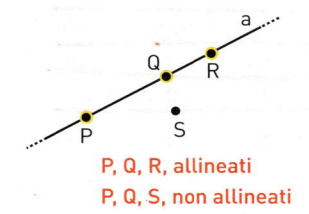

P, Q, R, allineati
P, Q, S, non allineati

Valgono i seguenti postulati.

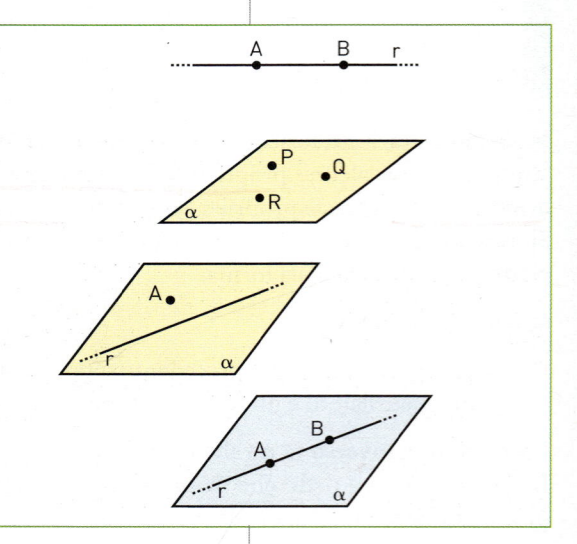

POSTULATO

Postulati di appartenenza

1. A una retta appartengono *almeno* due punti distinti e a un piano *almeno* tre punti distinti non allineati.

2. Due punti distinti appartengono a *una* retta e a *una sola*.

3. Tre punti distinti e non allineati appartengono a *un* piano e a *uno solo*.

4. Considerata una retta su un piano, c'è *almeno* un punto del piano che non appartiene alla retta.

5. Se una retta passa per due punti di un piano, allora appartiene al piano.

Il secondo postulato dice che, se disegniamo due punti distinti A e B, c'è sicuramente una retta che passa per A e B (appartengono a *una* retta) e tale retta è unica (appartengono a *una sola* retta). Diciamo allora che A e B *individuano* una retta, che chiamiamo *retta AB*.

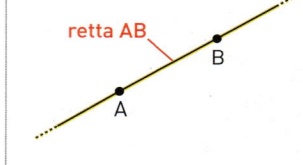

retta AB

Una conseguenza del secondo postulato è che due rette distinte possono avere al più un punto in comune.

In questo caso chiamiamo le rette **incidenti**.

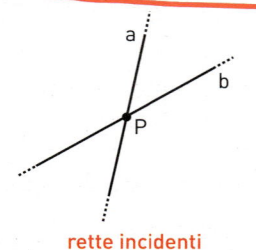

rette incidenti

Postulati d'ordine

Ogni retta può essere **orientata** stabilendo su di essa un verso di percorrenza. Nell'esempio della figura a lato, diciamo che A *precede* B, oppure che B *segue* A, perché, percorrendo la retta nel verso fissato, incontriamo prima A e poi B.

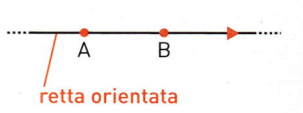

retta orientata

Valgono i seguenti postulati.

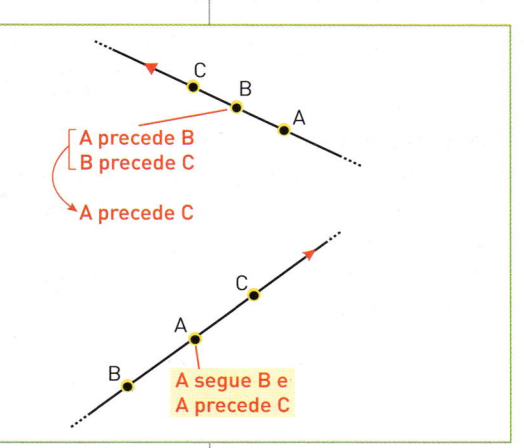

POSTULATO

Postulati d'ordine

1. Se A e B sono due punti distinti di una retta, o A precede B, o B precede A.

2. Se A precede B e B precede C, *allora* A precede C.

3. Preso un punto A su una retta, c'è *almeno* un punto che precede A e uno che segue A.

4. Presi due punti B e C su una retta, con B che precede C, c'è *almeno* un punto A della retta che segue B e precede C.

A precede B
B precede C
A precede C

A segue B e
A precede C

Per il postulato 1, non ci sono punti di una retta che non possono essere confrontati e vale la *proprietà antisimmetrica*; per il postulato 2, vale la *proprietà transitiva*, quindi la relazione considerata è una *relazione d'ordine totale*.

Il postulato 3 dice che una retta è **illimitata**: su una retta non esistono né un primo punto, né un ultimo.

Il postulato 4 afferma invece che la retta è un **insieme denso**: fra due punti distinti esiste sempre un altro punto.

Dai postulati d'ordine, considerati insieme a quelli di appartenenza, si può dedurre che:

- per un punto di un piano passano infinite rette:

- ogni piano contiene infiniti punti e infinite rette.

L'insieme delle infinite rette di un piano che passano per un punto P del piano stesso si chiama *fascio proprio di rette* e P è il *centro del fascio*.

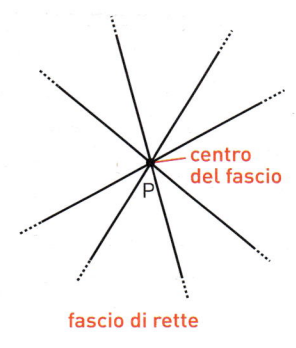

centro del fascio

fascio di rette

ESERCIZI PER COMINCIARE

1 Dopo aver individuato l'ipotesi e la tesi dei seguenti teoremi, scrivili nella forma: *se…, allora…*

   a. La somma di due numeri naturali dispari è un numero pari.

   b. In un quadrato le diagonali sono congruenti.

   c. Due numeri interi opposti hanno per somma 0.

   d. Due rettangoli con la stessa base e la stessa altezza hanno area uguale.

2 **ANIMAZIONE** Utilizzando i postulati di appartenenza, dimostra che per una retta r e un punto P che non le appartiene passa un piano e uno solo.

3 Spiega perché, se diciamo che fra due punti su una retta ce n'è almeno uno, possiamo anche dire che fra i due punti ce ne sono infiniti.

4 Due rette orientate r e s si intersecano nel punto P. I punti A, C, D appartengono alla retta r e i punti B e F appartengono alla retta s. Rappresenta graficamente le due rette, sapendo che B segue P ma non segue F, C precede P e segue D, A segue C ma non precede P.

2. FIGURE E PROPRIETÀ ➜ Esercizi a pagina **G21**

> 🎧 A **ray** is the set of points on a line that either all precede or all follow a given point.

Semirette

DEFINIZIONE

Su una retta orientata consideriamo un punto P: chiamiamo **semirette** di **origine** P l'insieme del punto P e di tutti i punti che lo precedono, e l'insieme del punto P e di tutti quelli che lo seguono.

ESEMPIO

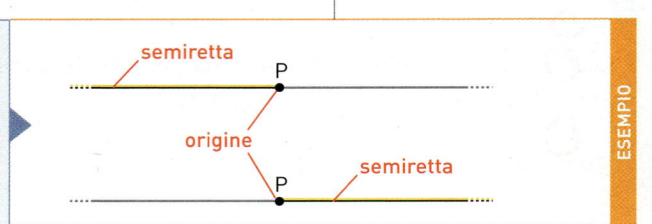

Le due semirette originate da un punto su una retta si dicono **opposte**. Il punto che è origine di entrambe le semirette è il loro unico punto di intersezione.

> 🎧 A **segment** is the set of points of a line contained between two points, the endpoints of the segment.

Segmenti

DEFINIZIONE

Su una retta orientata consideriamo i punti A e B, con A che precede B. Il **segmento** di **estremi** A e B è l'insieme dei punti A e B e dei punti della retta che seguono A e precedono B.

ESEMPIO

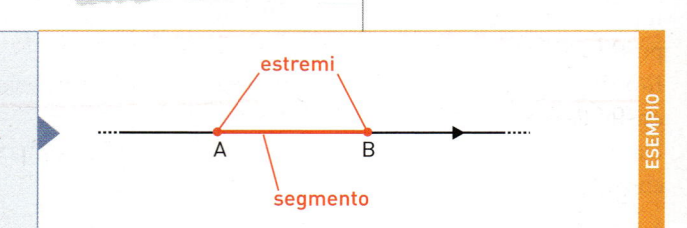

Un segmento è **nullo** se i suoi estremi coincidono, cioè è formato da un punto solo.
Due segmenti sono:

- **consecutivi** se hanno in comune solo un estremo;
- **adiacenti** se sono consecutivi e sulla stessa retta.

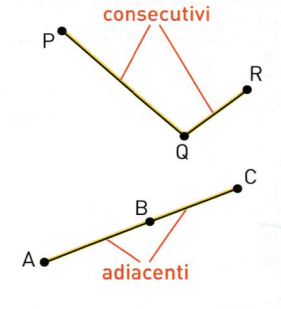

Semipiani

La definizione di semiretta è possibile perché un punto divide una retta in modo che, «muovendosi» sulla retta, per passare da una semiretta all'altra, bisogna «attraversare» il punto.
Il seguente postulato serve per introdurre un concetto analogo per il piano.

POSTULATO

Partizione del piano mediante una retta
Una retta di un piano divide i punti del piano che non le appartengono in due insiemi distinti, in modo che, se due punti appartengono allo stesso insieme, allora il segmento di cui sono estremi non interseca la retta; se appartengono a insiemi diversi, allora il segmento interseca la retta.

Il postulato dice che, se consideriamo, come nella figura, una retta r, essa divide i punti del piano in due insiemi α e β in modo che, per passare dall'insieme α all'insieme β, dobbiamo «attraversare» r, mentre questo non succede se «restiamo», per esempio, in β.

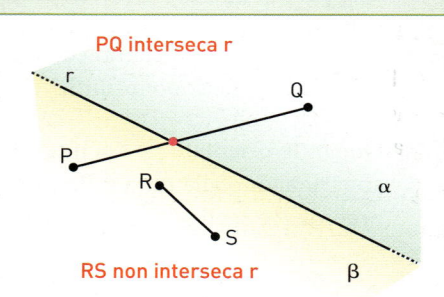

Considerata una retta r di un piano, un **semipiano** di **origine** r è l'insieme dei punti di r e di uno dei due insiemi in cui il piano è diviso da r.

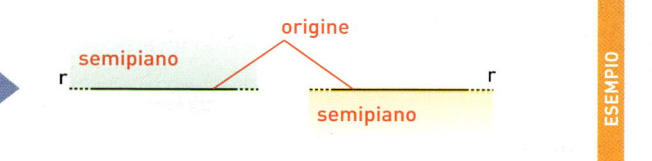

Diciamo che i due semipiani originati da una retta in un piano sono **opposti**. La retta origine di entrambi è la loro intersezione.

Figure convesse, figure concave

Una figura è **convessa** se due suoi punti qualsiasi sono estremi di un segmento tutto contenuto nella figura.
In caso contrario la figura è **concava**.

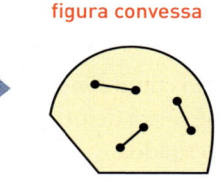
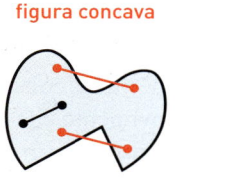

figura convessa   figura concava

Sono figure convesse una retta, una semiretta, un segmento, due segmenti adiacenti, mentre due segmenti consecutivi sono una figura concava.
Sono figure convesse anche i piani e i semipiani.

Angoli

> An **angle** can be considered as either of the two parts of the plane bordered by two rays with a common endpoint.

In un piano consideriamo le semirette a e b con la stessa origine V.
Un **angolo** di **vertice** V e **lati** a e b è l'insieme dei punti delle semirette a e b e di una delle due parti in cui esse dividono il piano.

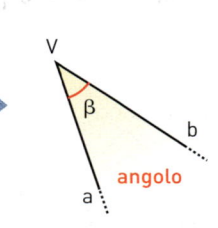
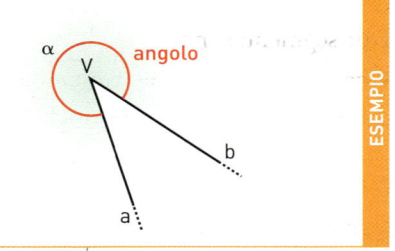

Nella figura della definizione puoi osservare che, fissati un vertice e due lati, si formano due angoli, di cui uno è una figura convessa, che chiamiamo **angolo convesso**, e l'altro è una figura concava, che chiamiamo **angolo concavo**.

Possiamo indicare un angolo in diversi modi.

▶ L'angolo della figura a fianco può essere indicato con:

α; $A\widehat{V}B$; $a\widehat{V}b$; $\widehat{ab}$.

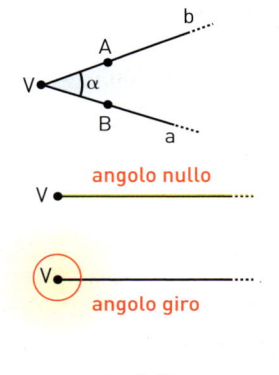

Se i lati di un angolo coincidono in una sola semiretta, chiamiamo:

- **angolo nullo** l'angolo di cui fanno parte soltanto i punti della semiretta;
- **angolo giro** l'angolo che ha per lati la semiretta ed è costituito da tutti i punti del piano.

Un **angolo piatto** è un angolo i cui lati sono semirette opposte. Un angolo piatto è quindi un semipiano. Di solito indicheremo un angolo piatto con π.

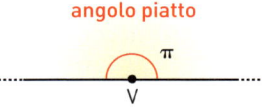

angolo piatto

Due angoli sono:

- **consecutivi** se hanno in comune solo il vertice e uno dei lati;
- **adiacenti** se sono consecutivi e i lati non in comune sono semirette opposte.

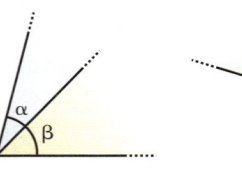

Due angoli convessi sono **opposti al vertice** se i lati di uno sono le semirette opposte dei lati dell'altro.

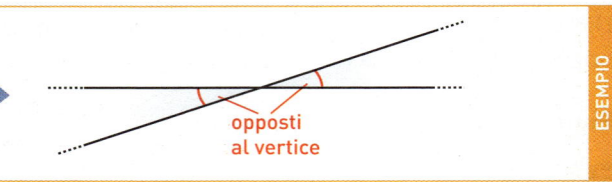

Figure congruenti

Per le figure geometriche, consideriamo come concetto primitivo quello di movimento rigido: è un movimento che avviene senza deformazioni, proprio come nel mondo reale succede se spostiamo un oggetto rigido.

In geometria diciamo che due figure sono *uguali* soltanto se coincidono punto per punto, mentre se per farle coincidere è necessario spostarle, diciamo che sono *congruenti*.

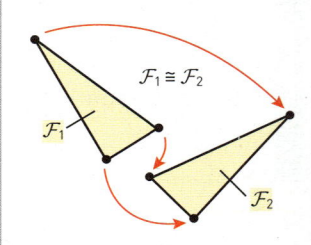

Due figure $\mathcal{F}_1$ e $\mathcal{F}_2$ sono **congruenti** se possono essere sovrapposte punto per punto con un movimento rigido. Per indicare la congruenza usiamo il simbolo $\cong$.

Valgono i seguenti postulati.

1. La congruenza tra figure è una relazione di equivalenza.

Proprietà riflessiva

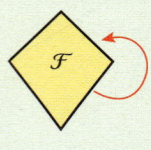

$\forall \mathcal{F}: \mathcal{F} \cong \mathcal{F}$

Proprietà simmetrica

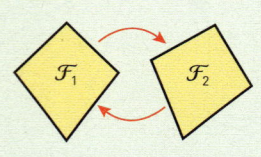

se $\mathcal{F}_1 \cong \mathcal{F}_2$, allora $\mathcal{F}_2 \cong \mathcal{F}_1$

Proprietà transitiva

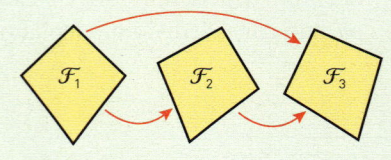

se $\mathcal{F}_1 \cong \mathcal{F}_2$ e $\mathcal{F}_2 \cong \mathcal{F}_3$, allora $\mathcal{F}_1 \cong \mathcal{F}_3$

2. Sono congruenti fra loro: due rette, due semirette, due piani, due semipiani.

Poiché i semipiani sono congruenti fra loro, tutti **gli angoli piatti sono congruenti fra loro**.

ESERCIZI PER COMINCIARE

1 **ANIMAZIONE** In un piano traccia due rette *a* e *b* che si intersecano in *O*. Considera le possibili intersezioni fra un semipiano di origine *a* e uno di origine *b*. Quali figure ottieni?

2 Verifica con un disegno che l'unione dei punti di due angoli opposti al vertice è una figura concava.

3 Verifica con un disegno che, se un angolo contiene i prolungamenti dei suoi lati, cioè le semirette opposte, è una figura concava, mentre in caso contrario è una figura convessa.

3. LINEE, POLIGONALI, POLIGONI

→ Esercizi a pagina **G24**

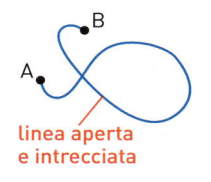

linea aperta
e intrecciata

Linee

Aggiungiamo agli enti primitivi che già conosciamo la **linea**.
Rappresentiamo una linea su un foglio se con la matita tracciamo un segno senza mai alzare la punta.
Fra le linee distinguiamo le **linee aperte** e le **linee chiuse**, quelle **intrecciate**, che intersecano se stesse in almeno un punto, e quelle **non intrecciate**.
Una linea chiusa e non intrecciata divide il piano in due insiemi: quello dei punti interni, che non contiene rette, e quello dei punti esterni alla linea.

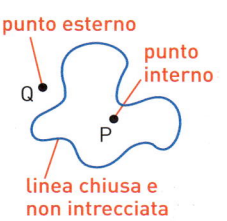

punto esterno

punto interno

linea chiusa e
non intrecciata

POSTULATO

Partizione del piano mediante una linea chiusa
Una linea che congiunge un punto interno e un punto esterno di una linea chiusa la interseca in almeno un punto.

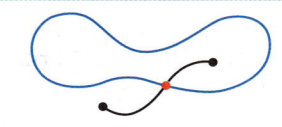

Consideriamo un punto C e tutti i punti P, Q, R, … tali che $CP \cong CQ \cong CR$…

> A **circle** can be defined as the set of points with the same distance from a point.

Diciamo anche che P, Q, R, … hanno distanza uguale da C. L'insieme di tali punti è una particolare linea chiusa non intrecciata: la circonferenza.

DEFINIZIONE

Dati su un piano i punti C e P, la **circonferenza** di **centro** C e **raggio** CP è l'insieme dei punti del piano che hanno da C distanza uguale a quella di P.

ESEMPIO

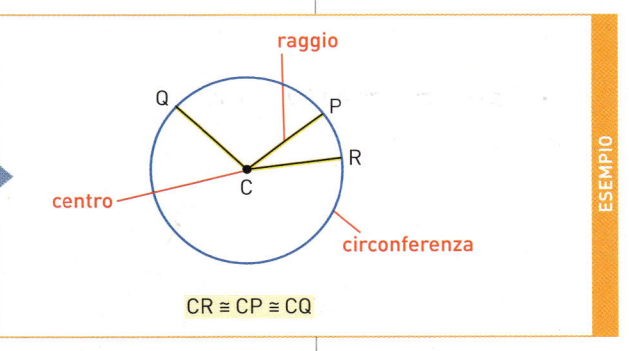

raggio

centro

circonferenza

$CR \cong CP \cong CQ$

La parte di circonferenza compresa fra due suoi punti è un **arco**.
L'insieme dei punti di una circonferenza e di tutti quelli interni a essa è un **cerchio**.

arco $\overset{\frown}{AB}$

cerchio

Poligonali

I concetti esaminati per le linee sono ripetibili in particolare per le poligonali.

DEFINIZIONE

Una **poligonale** o **spezzata** è una linea formata da segmenti a due a due consecutivi.

ESEMPIO

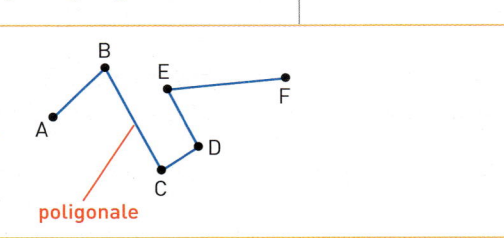

poligonale

Poligoni

Nello studio della geometria euclidea hanno particolare importanza le figure che si generano tracciando poligonali chiuse e non intrecciate.

DEFINIZIONE

Un **poligono** è l'insieme dei punti di una poligonale chiusa e non intrecciata e di tutti i suoi punti interni.

ESEMPIO

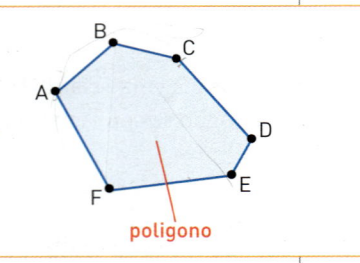
poligono

In generale, un poligono può essere convesso o concavo. Per brevità, se non faremo altre precisazioni, useremo il termine *poligono* per indicare un poligono convesso.

In un poligono:

- i segmenti che formano la poligonale sono i **lati**; i loro estremi sono i **vertici**;

- gli angoli convessi formati dalle semirette di lati consecutivi sono gli **angoli** del poligono, o **angoli interni**;

- gli angoli adiacenti agli angoli interni sono gli **angoli esterni**; a ciascun angolo interno corrispondono due angoli esterni;

- i segmenti che hanno per estremi due vertici del poligono che non appartengono allo stesso lato sono le **diagonali**.

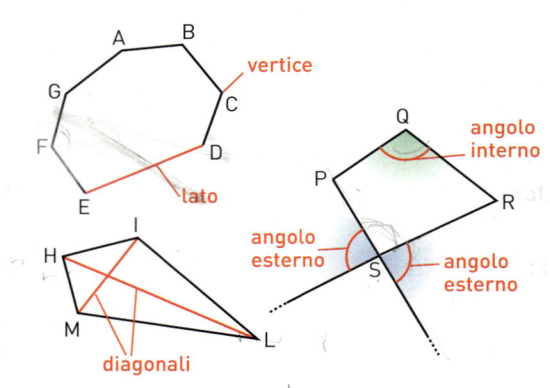

Un poligono con tutti i lati congruenti è **equilatero**, con tutti gli angoli congruenti è **equiangolo**.

Un poligono è **regolare** se è equilatero ed equiangolo.

Classifichiamo i poligoni in base al numero dei lati.

Un triangolo ha 3 lati, un quadrilatero 4, un pentagono 5, un esagono 6, un ettagono 7, un ottagono 8, un ennagono 9, un decagono 10.

Si può dimostrare che in un poligono di n lati il numero d delle diagonali è:

$$d = \frac{n(n-3)}{2}.$$

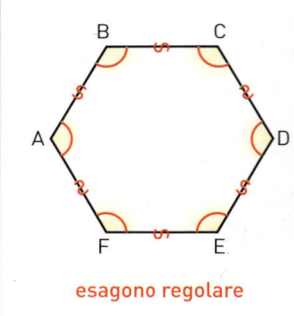
esagono regolare

ESERCIZI PER COMINCIARE

1 Una circonferenza, un arco di circonferenza, un cerchio sono figure concave o convesse? Accompagna le risposte con esempi.

2 Disegna sei punti A, B, C, D, E, F in modo che $ABCD$ sia un quadrilatero convesso, con A, B, C, D disposti in senso orario, E un punto interno ad $ABCD$ e F un punto esterno, con EF che interseca soltanto BC. Indica se sono figure concave o convesse i poligoni $DABE$, $DEBC$, $ABFCD$, $ABECD$.

3 ▢ **ANIMAZIONE** Abbiamo affermato che in un poligono di n lati il numero delle diagonali d è dato dalla formula $d = \frac{n(n-3)}{2}$. Verificalo per $n = 3, 4, 5, 6$. Dimostra la validità della legge per n qualsiasi.

4. OPERIAMO CON SEGMENTI E ANGOLI ➜ Esercizi a pagina G25

> It is always possible to construct a segment *congruent* to a given one on a ray.

Confronto di segmenti

Per confrontare segmenti è necessario poterli spostare con movimenti rigidi in una qualsiasi posizione del piano.

Ciò è garantito dal seguente postulato.

POSTULATO

Trasporto di un segmento
Considerati un segmento PQ e una semiretta di origine A, sulla semiretta c'è, ed è unico, il punto B tale che $AB \cong PQ$.

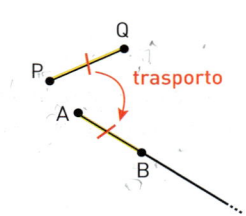

Per ottenere il punto B del postulato, possiamo prendere il compasso con apertura PQ, puntarlo in A e tracciare un arco, in modo che incontri la semiretta: il punto di intersezione B è tale che $AB \cong PQ$.

Dati i segmenti AB e PQ, sovrapponiamo AB a PQ con un movimento rigido, in modo che A coincida con P.

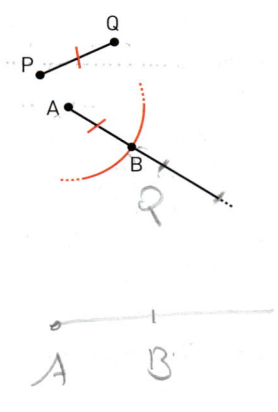

- $AB \cong PQ$ se B coincide con Q.

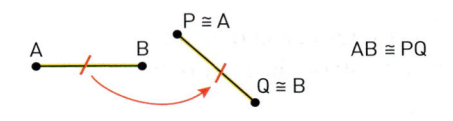

- $AB < PQ$ se B è interno a PQ, cioè appartiene a PQ, ma non coincide con Q.

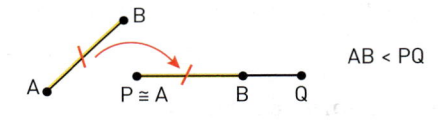

- $AB > PQ$ se B è esterno a PQ, cioè non appartiene a PQ.

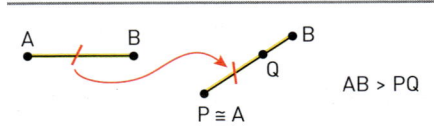

Addizione e sottrazione di segmenti

Se due segmenti AB e BC sono adiacenti, la loro **somma** è il segmento AC; scriviamo $AB + BC = AC$.

Se due segmenti non sono adiacenti, otteniamo la loro somma spostandoli con un movimento rigido, in modo che lo diventino.

Se $AB + BC = AC$, possiamo anche dire che BC è la **differenza** fra AC e AB; scriviamo $AC - AB = BC$.

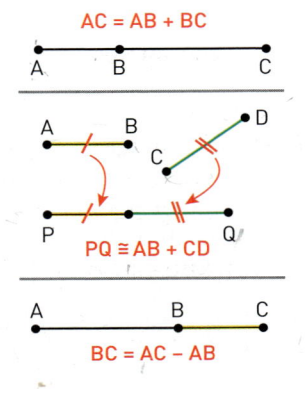

Valgono i seguenti postulati.

1. Somme di segmenti congruenti sono congruenti fra loro.
2. Differenze di segmenti congruenti sono congruenti fra loro.

Per l'addizione e la sottrazione di segmenti valgono proprietà analoghe a quelle delle operazioni negli insiemi numerici:

- *proprietà commutativa e associativa* per l'addizione,
- *proprietà invariantiva* per la sottrazione.

Il segmento nullo è l'*elemento neutro* dell'addizione.

Confronto di angoli

Trasporto di un angolo
Consideriamo un angolo α e un semipiano π.
Sulla retta che origina il semipiano prendiamo una semiretta a di origine V.
Nel piano c'è, ed è unico, l'angolo $\beta \cong \alpha$ con vertice V, un lato coincidente con a e l'altro appartenente al semipiano π.

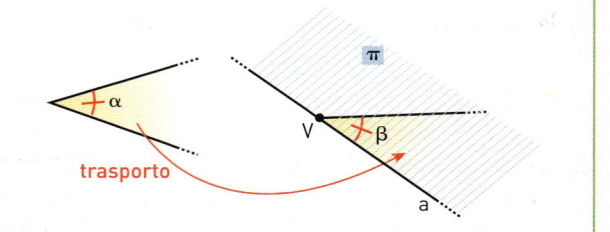

Dati gli angoli $\widehat{ab}$ e $\widehat{rs}$, sovrapponiamo il primo al secondo con un movimento rigido, in modo che abbiano il vertice in comune e a coincida con r.

- $\widehat{ab} \cong \widehat{rs}$ se b coincide con s.

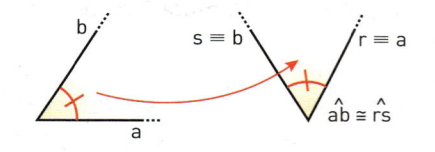

- $\widehat{ab} < \widehat{rs}$ se b è interna a $\widehat{rs}$.

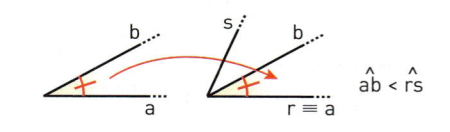

- $\widehat{ab} > \widehat{rs}$ se b è esterna a $\widehat{rs}$.

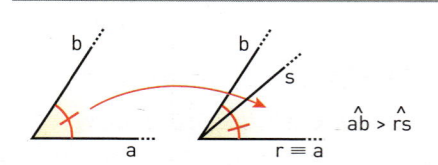

Addizione di angoli consecutivi

$$\hat{ac} = \hat{ab} + \hat{bc}$$

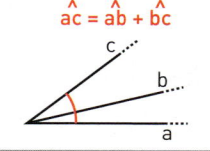

Addizione e sottrazione di angoli

La **somma** di due angoli consecutivi $\widehat{ab}$ e $\widehat{bc}$ è l'angolo $\widehat{ac}$; scriviamo $\widehat{ab} + \widehat{bc} = \widehat{ac}$.

Se due angoli non sono consecutivi, otteniamo la loro somma se spostandoli con un movimento rigido, possiamo considerare due angoli consecutivi e congruenti a quelli dati, come nell'esempio della figura a lato: $\widehat{pq} \cong \widehat{ab} + \widehat{cd}$.

Tuttavia, non sempre ciò è possibile, come puoi osservare nell'animazione dell'esercizio 1. Quindi, con la definizione di angolo che abbiamo dato, non è sempre possibile sommare due angoli. Nel paragrafo 5 vedremo una definizione diversa che permette di ottenere sempre la somma.

Addizione di angoli non consecutivi

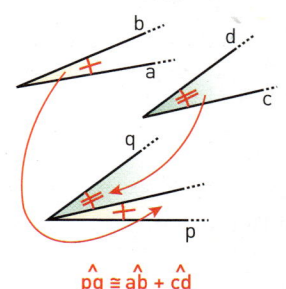

$$\hat{pq} \cong \hat{ab} + \hat{cd}$$

Se $\widehat{ab} + \widehat{bc} = \widehat{ac}$, diciamo anche che $\widehat{bc}$ è la **differenza** fra $\widehat{ac}$ e $\widehat{ab}$, e scriviamo $\widehat{ac} - \widehat{ab} = \widehat{bc}$.

Se gli angoli non sono uno interno all'altro e non hanno un lato in comune, procediamo in modo analogo a quello visto per la somma di angoli non consecutivi.
La differenza $\alpha - \beta$ non esiste se $\alpha < \beta$.

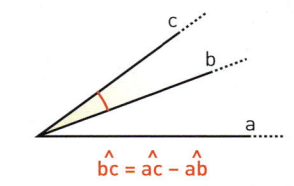

Valgono i seguenti postulati.

POSTULATO

1. Somme di angoli congruenti sono congruenti fra loro.
2. Differenze di angoli congruenti sono congruenti fra loro.

Per l'addizione fra angoli:

- valgono le *proprietà commutativa e associativa*,
- l'angolo nullo è l'*elemento neutro*.

Per la sottrazione vale la *proprietà invariantiva*.

ESERCIZI PER COMINCIARE

1 **ANIMAZIONE** L'addizione di due angoli non è sempre possibile. Spiega perché aiutandoti, per esempio, con gli angoli della figura.
Anche la sottrazione non è sempre possibile. Fai un esempio.

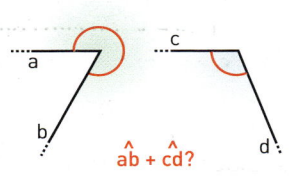

2 Con diversi esempi, verifica le proprietà commutativa e associativa dell'addizione, sia per i segmenti, sia per gli angoli.

3 **COMPLETA** inserendo uno dei simboli $<, \cong, >$. Esegui il confronto tra i segmenti con il compasso.

a. AB $<$ EF
b. FG $<$ DC
c. FQ $>$ FG
d. PF $\cong$ AB
e. AB $<$ EG

a

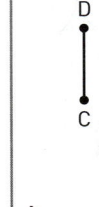

b

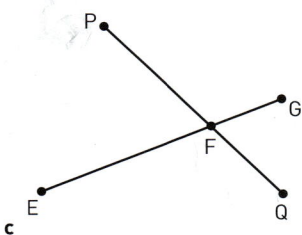

c

4 Con un esempio, verifica che, dati i segmenti AB, CD, EF:

a. $(AB + CD) + (AB - CD) \cong AB + AB$, con $AB \geq CD$;

b. se $AB > CD$, allora $AB + EF > CD + EF$ (legge di monotonia).

5 **ANIMAZIONE** Descrivi il procedimento, che puoi osservare nella figura, per la costruzione con riga e compasso di un angolo congruente a un angolo dato e utilizzalo con un angolo scelto da te. (Nell'animazione c'è anche la giustificazione della costruzione: la esamineremo nel prossimo capitolo.)

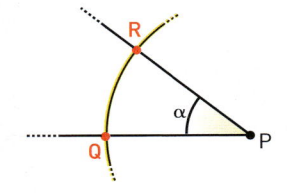
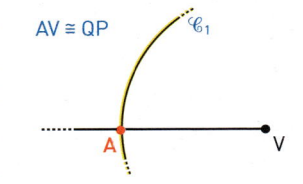
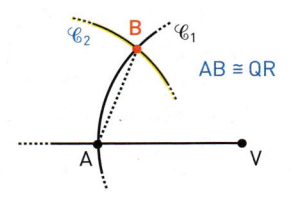
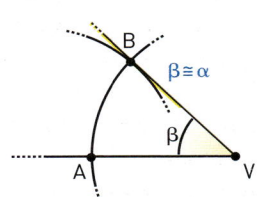

5. MULTIPLI E SOTTOMULTIPLI

→ Esercizi a pagina **G27**

Dati un numero naturale n e un segmento AB, il segmento CD multiplo di AB secondo n è:

- il segmento nullo, se $n = 0$;
- AB, se $n = 1$;
- la somma di n segmenti congruenti ad AB, se $n > 1$.

In simboli: $CD \cong nAB$, che si legge «CD è n volte AB».

Se $n \neq 0$, CD è diviso in n parti congruenti ad AB e diciamo anche che AB è sottomultiplo di CD secondo n.

In simboli: $AB \cong \frac{1}{n} CD$, che si legge «AB è un n-esimo di CD».

Con $PQ \cong \frac{m}{n} AB$ indichiamo $PQ \cong m\left(\frac{1}{n} AB\right)$, ossia che PQ è multiplo secondo m del sottomultiplo secondo n di AB.

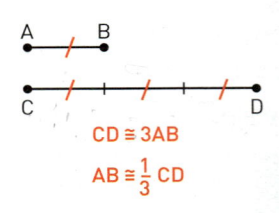

$$CD \cong 3AB$$
$$AB \cong \frac{1}{3} CD$$

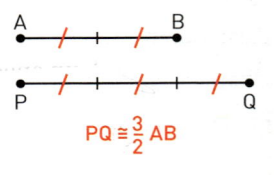

$$PQ \cong \frac{3}{2} AB$$

Il **punto medio** di un segmento è il punto che lo divide in due segmenti congruenti.

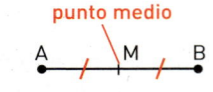

punto medio

$$AM \cong MB$$

$$AM \cong \frac{1}{2} AB$$
$$AB \cong 2AM$$

Per gli angoli valgono considerazioni analoghe a quelle appena viste per i segmenti, ma, per poter ottenere sempre i multipli, è necessario estendere il concetto di angolo in modo da poter ottenere angoli maggiori di un angolo giro.

Consideriamo un angolo $a\widehat{V}b$ e un verso di rotazione, per esempio quello antiorario, come nella prima figura a lato. L'angolo può essere pensato come l'insieme delle semirette che si ottengono facendo ruotare, nel verso scelto, la semiretta a fino a farla coincidere con b. Consideriamo ora tutte le semirette che si ottengono da una rotazione della semiretta a, come quella della seconda figura a lato: l'angolo $a\widehat{V}b$ ottenuto dal movimento di a fino a sovrapporsi a b dopo aver effettuato un giro completo è un angolo maggiore di un angolo giro.

La diversa e più ampia definizione di angolo che abbiamo esaminato permette di ottenere *sempre* la somma di due angoli. Vediamo un esempio.

▶ Considerati gli angoli $\widehat{ab}$ e $\widehat{cd}$ della figura, l'angolo $\widehat{pq} \cong \widehat{ab} + \widehat{cd}$ esiste ed è maggiore di un angolo giro.

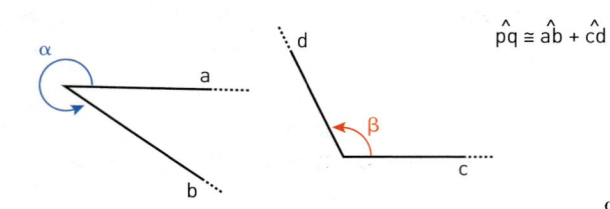

$$\widehat{pq} \cong \widehat{ab} + \widehat{cd}$$

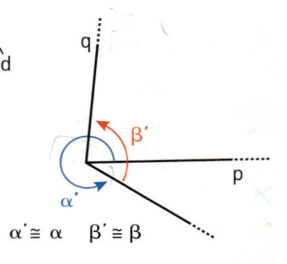

$$\alpha' \cong \alpha \quad \beta' \cong \beta$$

Questo modo di considerare gli angoli permette anche di definire un multiplo β di un angolo α secondo un numero n qualsiasi. β multiplo di α secondo n è:

- l'angolo nullo, se $n = 0$;
- α, se $n = 1$;
- la somma di n volte α, se $n > 1$.

In simboli: $\beta \cong n\alpha$.

Se $n \neq 0$, α è sottomultiplo di β secondo n: β è diviso in n parti congruenti ad α.

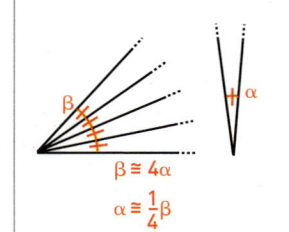

$$\beta \cong 4\alpha$$
$$\alpha \cong \frac{1}{4} \beta$$

In simboli: $\alpha \cong \dfrac{1}{n}\beta$.

Con $\delta \cong \dfrac{m}{n}\alpha$ indichiamo $\delta \cong m\left(\dfrac{1}{n}\alpha\right)$: δ è multiplo secondo m del sottomultiplo di α secondo n.

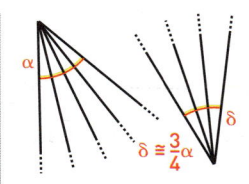

$\delta \cong \dfrac{3}{4}\alpha$

La **bisettrice** di un angolo è la semiretta che lo divide in due angoli congruenti.

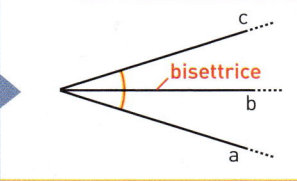

$a\hat{b} \cong b\hat{c}$

$a\hat{b} \cong \dfrac{1}{2}a\hat{c}$

$a\hat{c} \cong 2a\hat{b}$

Accettiamo come postulati l'esistenza e l'unicità del punto medio di un segmento e della bisettrice di un angolo.

✓ Dato un segmento qualsiasi, **esiste** ed è **unico** il suo punto medio.

✓ Dato un angolo qualsiasi, **esiste** ed è **unica** la sua bisettrice.

Accettiamo come postulati anche queste proprietà, che valgono sia per i segmenti sia per gli angoli.

1. Dati due segmenti (o due angoli) non nulli, è sempre possibile trovare un multiplo di uno dei due che supera l'altro.
2. Esiste, ed è unico, il sottomultiplo di un segmento (o di un angolo) secondo un numero naturale qualsiasi diverso da 0.
3. Multipli o sottomultipli secondo lo stesso numero di segmenti (o di angoli) congruenti sono congruenti.

Diamo le seguenti definizioni.

Un angolo:

- metà di un angolo piatto è **retto**; poiché indichiamo l'angolo piatto con π, spesso indichiamo l'angolo retto con $\dfrac{\pi}{2}$;
- minore di un angolo retto è **acuto**;
- maggiore di un angolo retto e minore di un angolo piatto è **ottuso**.

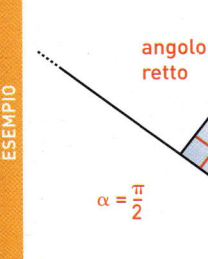

angolo retto

α

$\alpha = \dfrac{\pi}{2}$

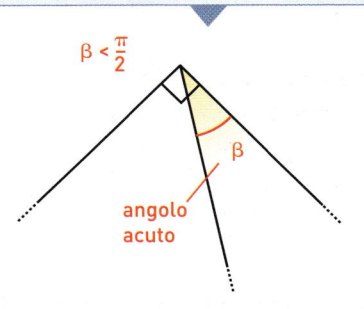

$\beta < \dfrac{\pi}{2}$

β

angolo acuto

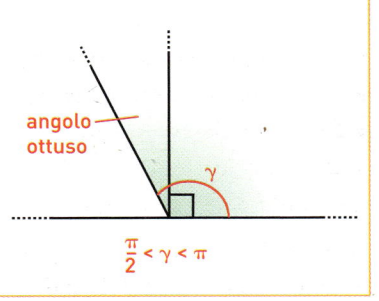

angolo ottuso

γ

$\dfrac{\pi}{2} < \gamma < \pi$

Due angoli sono:

- **complementari** se la loro somma è un angolo retto;
- **supplementari** se la loro somma è un angolo piatto;
- **esplementari** se la loro somma è un angolo giro.

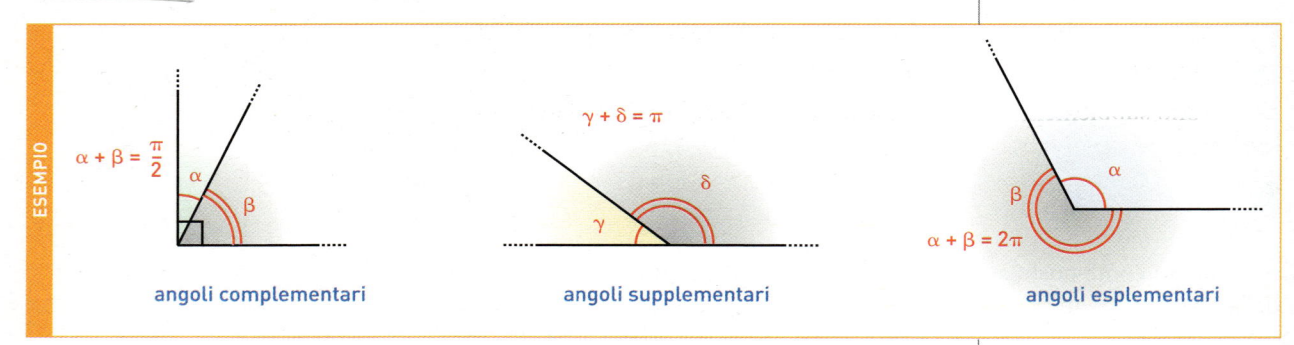

| angoli complementari | angoli supplementari | angoli esplementari |

Consideriamo due teoremi sugli angoli e dimostriamoli.

TEOREMA

Angoli supplementari di angoli congruenti sono congruenti.

Ipotesi: α e β supplementari
γ e δ supplementari
$\alpha \cong \gamma$

Tesi: $\beta \cong \delta$

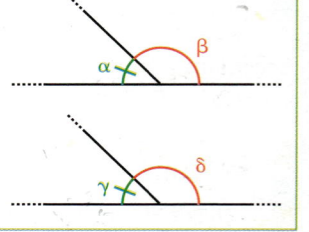

DIMOSTRAZIONE

$$\alpha + \beta \cong \pi \;\to\; \beta \cong \pi - \alpha; \quad \gamma + \delta \cong \pi \;\to\; \delta \cong \pi - \gamma.$$

α e β sono supplementari

γ e δ sono supplementari

Gli angoli β e δ sono differenze di angoli congruenti, quindi sono congruenti.

In modo analogo si dimostra che:

angoli complementari di angoli congruenti sono congruenti.

Se due angoli sono congruenti quando sono supplementari di angoli congruenti, lo sono, in particolare, se sono supplementari dello stesso angolo.
Possiamo allora dimostrare il seguente teorema.

You can prove that opposite angles are *congruent*.

TEOREMA

Angoli opposti al vertice sono congruenti.

Ipotesi: α e β opposti al vertice

Tesi: $\alpha \cong \beta$

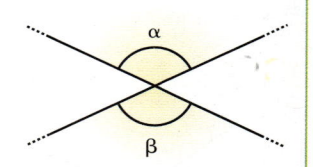

DIMOSTRAZIONE

ANIMAZIONE Poiché gli angoli sono opposti al vertice:

- $\alpha + \gamma \cong \pi$ perché le semirette AV e VC sono su una stessa retta e $A\widehat{V}C$ è un angolo piatto;
- $\beta + \gamma \cong \pi$ perché le semirette DV e VB sono su una stessa retta e $D\widehat{V}B$ è un angolo piatto.

α e β sono supplementari dello stesso angolo, quindi, per il teorema precedente, sono congruenti:

$\alpha \cong \beta$.

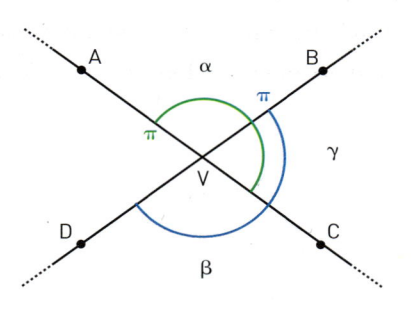

ESERCIZI PER COMINCIARE

1 **COMPLETA** Disegna gli angoli α, β, γ tali che $\alpha = 4\beta$ e $\gamma = \dfrac{1}{3}\alpha$.

$\alpha \cong \boxed{3}\ \gamma$; $\quad \beta \cong \boxed{\dfrac{1}{4}}\ \alpha$; $\quad \beta \cong \boxed{\dfrac{3}{4}}\ \gamma$; $\quad \gamma \cong \boxed{\dfrac{4}{3}}\ \beta$.

2 **ANIMAZIONE** Dati i segmenti MN, PQ, RS, tali che $PQ \cong \dfrac{2}{5}RS$ e $MN \cong \dfrac{3}{2}PQ$, dimostra che:

$$\dfrac{1}{2}PQ + \dfrac{4}{5}RS - MN \cong PQ.$$

3 **ANIMAZIONE** Verifica geometricamente la relazione dell'esercizio precedente.

4 Dimostra che tutti gli angoli retti sono congruenti.

5 Disegna tre angoli consecutivi, α, β e γ, in modo che β sia complementare sia di α sia di γ. Dimostra che $\alpha \cong \gamma$.

Descrivi il procedimento per ottenere con riga e compasso le seguenti costruzioni e utilizzale con angoli o segmenti scelti da te.
(Nei video forniamo anche le giustificazioni delle costruzioni: le esamineremo nei prossimi capitoli.)

6 **VIDEO** Individuazione del punto medio di un segmento

 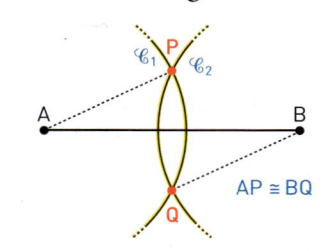 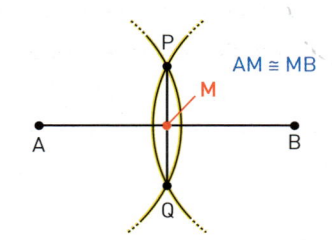

7 **VIDEO** Costruzione della bisettrice di un angolo

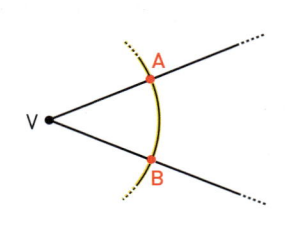 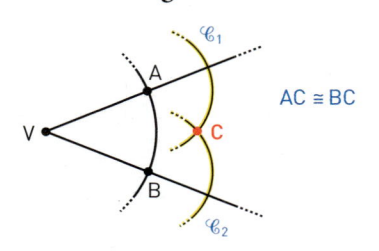 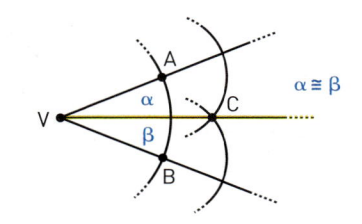

6. LUNGHEZZE, AMPIEZZE, MISURE

➡ Esercizi a pagina **G30**

Lunghezze e ampiezze

La relazione di congruenza fra segmenti è una relazione di equivalenza.
Possiamo allora dividere l'insieme dei segmenti in classi di equivalenza, ognuna contenente tutti i segmenti fra loro congruenti. Ogni classe di equivalenza indica una proprietà comune ai segmenti che le appartengono: la lunghezza.

DEFINIZIONE	
La **lunghezza** di un segmento è la classe di equivalenza, della relazione di congruenza fra segmenti, a cui appartiene il segmento.	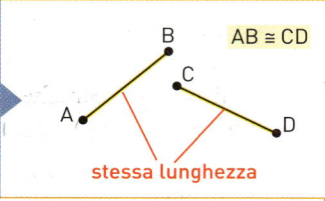

Due *segmenti congruenti* hanno *lunghezza uguale*.

Indichiamo una lunghezza con una lettera minuscola (a, b, c, …) o precisando gli estremi di un segmento che abbia quella lunghezza (AB, PQ, EF, …).

Le lunghezze si possono confrontare, sommare e sottrarre riferendosi ai segmenti relativi.

In particolare, in un poligono chiamiamo **perimetro** la lunghezza della somma dei suoi lati.

DEFINIZIONE	
La **distanza fra due punti** è la lunghezza del segmento che congiunge i due punti.	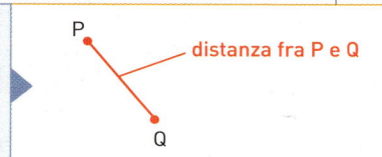

Quanto detto per segmenti e lunghezze può essere ripetuto per angoli e ampiezze.

DEFINIZIONE	
L'**ampiezza** di un angolo è la classe di equivalenza, della relazione di congruenza fra angoli, a cui appartiene l'angolo.	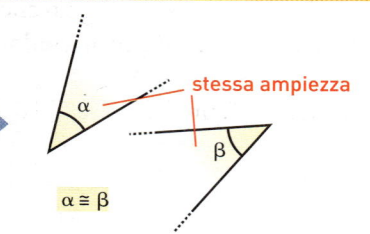

Due *angoli congruenti* hanno *ampiezza uguale*.

Indichiamo le ampiezze come gli angoli ($A\widehat{B}C$, $\widehat{ab}$, α, …).

Misure

Per misurare la lunghezza di un segmento PQ, fissiamo la lunghezza di un altro segmento AB, non nullo, come **unità di misura**: se $PQ = \dfrac{m}{n} AB$, con $\dfrac{m}{n}$ numero razionale positivo o nullo, diciamo che $\dfrac{m}{n}$ è la **misura** della lunghezza di PQ rispetto ad AB e che le lunghezze PQ e AB sono **commensurabili**.

Possiamo scrivere l'uguaglianza come rapporto

$$\frac{PQ}{AB} = \frac{m}{n}$$

e dire che il rapporto fra le lunghezze PQ e AB è $\frac{m}{n}$.

Indichiamo le misure con simboli come $\overline{PQ}$, $\overline{ED}$, $\overline{AC}$, ...
Le misure sono dei numeri, quindi questi simboli non vanno confusi con PQ, ED, AC, ..., che indicano segmenti o lunghezze.

▶ Se consideriamo i segmenti della figura e prendiamo come unità di misura la lunghezza di AB, indicandola con u:

$$PQ = \frac{3}{4} AB = \frac{3}{4} u \quad \rightarrow \quad \frac{PQ}{AB} = \frac{3}{4}; \quad \overline{PQ} = \frac{3}{4}.$$

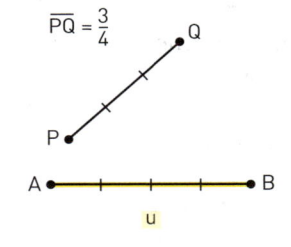

Di solito utilizziamo come unità di misura per le lunghezze il metro (m) e i suoi multipli o sottomultipli. Per esempio, il centimetro (cm) è il sottomultiplo del metro rispetto a 100.
Il concetto di misura può essere esteso anche al caso di lunghezze incommensurabili, tali cioè che la misura di una rispetto all'altra non è un numero razionale. In questo caso la misura è un numero reale di cui, nei problemi, si può utilizzare un valore approssimato.

▶ Calcoliamo la misura di BC, sapendo che ABC è un triangolo rettangolo e che $\overline{AB} = 3$ e $\overline{AC} = 4$.
Applichiamo il teorema di Pitagora:

$$\overline{BC} = \sqrt{\overline{AC}^2 - \overline{AB}^2} = \sqrt{4^2 - 3^2} = \sqrt{7} \simeq 2{,}6.$$

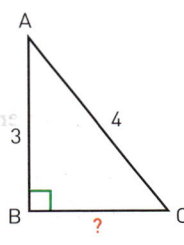

Per le misure delle ampiezze degli angoli valgono considerazioni analoghe a quelle viste per le lunghezze e le loro misure.

Se α e β sono le ampiezze di due angoli e $\alpha = \frac{m}{n}\beta$, con $\frac{m}{n}$ numero razionale positivo o nullo, diciamo che $\frac{m}{n}$ è la **misura** di α rispetto a β.

Indichiamo la misura dell'ampiezza α di un angolo ancora con α. Utilizziamo come unità di misura delle ampiezze degli angoli il grado sessagesimale, sottomultiplo rispetto a 360 dell'angolo giro.
Un angolo piatto ha ampiezza 180°, un angolo retto 90°.

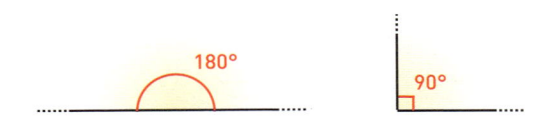

ESERCIZI PER COMINCIARE

1 ANIMAZIONE In un triangolo rettangolo il cateto AB è $\frac{3}{4}$ del cateto AC e la loro somma è 35 cm. Qual è la lunghezza in centimetri dell'ipotenusa? Quanto misura rispetto ad AB?

2 Determina le ampiezze di due angoli sapendo che la loro differenza è 30° e la loro somma è 66°. Qual è la misura dell'ampiezza del minore rispetto a quella del maggiore?

ESERCIZI

1. GEOMETRIA EUCLIDEA

DEFINIZIONI E TEOREMI 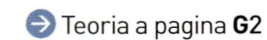 Teoria a pagina **G2**

1 📱 **VERO O FALSO?**

  a. Un ente primitivo è un ente che non viene definito. ☒V ☐F

  b. Un punto è una figura geometrica. ☒V ☒F

  c. La retta è un ente geometrico primitivo. ☒V ☐F

  d. Una figura geometrica può essere un ente geometrico primitivo. ☒V ☐F

2 📱 **VERO O FALSO?**

  a. Un teorema è una proposizione da dimostrare. ☒V ☐F

  b. Un postulato è una proprietà vera che non si dimostra. ☒V ☐F

  c. Assioma è sinonimo di postulato. ☒V ☐F

  d. Un teorema si può sempre scrivere nella forma «*se…, allora…*». ☒V ☐F

Trasforma le seguenti frasi nella forma «se…, allora…».

 **a.** Il prodotto di due numeri discordi è negativo.

  b. Per viaggiare sicuri occorre allacciare le cinture di sicurezza.

  c. Chi è vegetariano non mangia carne.

  d. Tutti i triangoli equilateri sono isosceli.

 **a.** In un quadrato le diagonali sono perpendicolari.

  b. Un numero multiplo di 4 è pari.

  c. La somma di due numeri dispari è un numero pari.

  d. Paolo andrà al mare a patto che ci sia bel tempo.

POSTULATI DI APPARTENENZA E D'ORDINE   Teoria a pagina **G3**

Postulati di appartenenza

5 📱 **VERO O FALSO?**

  a. Tre punti distinti definiscono sempre un piano. ☒V ☐F

  b. Esiste un solo piano che passa per due punti. ☐V ☒F

  c. Per due punti distinti passano una sola retta e un solo piano. ☐V ☒F

  d. Esiste sempre un solo piano che passa per una retta e per un punto che non appartiene alla retta. ☒V ☐F

Utilizza gli assiomi di appartenenza per giustificare le seguenti affermazioni.

 Tre punti non allineati individuano tre rette distinte.

 Una retta è un sottoinsieme proprio del piano.

 Due rette distinte che si intersecano in un punto appartengono allo stesso piano.

Postulati d'ordine

9 COMPLETA le seguenti affermazioni relative alla figura, inserendo le parole «precede» e «segue».

a. *A* ⌊_____⌋ *B.*   d. *D* ⌊_____⌋ *C.*

b. *B* ⌊_____⌋ *D.*   e. *E* ⌊_____⌋ *B.*

c. *A* ⌊_____⌋ *D.*   f. *C* ⌊_____⌋ *A.*

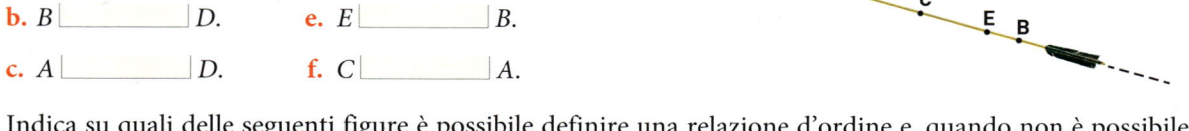

10 Indica su quali delle seguenti figure è possibile definire una relazione d'ordine e, quando non è possibile, mostra un esempio che giustifichi la tua risposta.

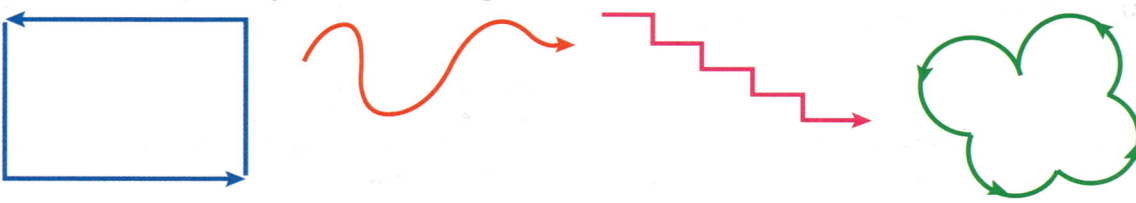

11 Rappresenta su una retta orientata i punti *A, B, C, D, E, F* in modo che: *A* preceda *F* ma non *B*; *C* segua *B* e preceda *A*; *E* segua *A* ma non preceda né *F* né *D*.

Utilizza i postulati di appartenenza e d'ordine per giustificare le seguenti affermazioni.

12 Date due rette incidenti, si può sempre trovare un punto che non appartiene a nessuna delle due rette.

13 Data una retta su un piano, si può sempre trovare un'altra retta del piano, distinta dalla precedente, che la interseca.

14 Una retta è costituita da infiniti punti ed è illimitata.

15 ESEMPIO DIGITALE Per un punto di un piano passano infinite rette.

16 Il piano contiene infiniti punti.

17 Il piano contiene infinite rette.

2. FIGURE E PROPRIETÀ → Teoria a pagina **G6**

Segmenti

18 CHI HA RAGIONE? Alessandro: «In un segmento ci sono infiniti punti».
Carlo: «Allora è illimitato!».
Spiega perché Alessandro ha ragione e Carlo no.

19 VERO O FALSO?

a. Se due segmenti sono adiacenti, allora sono anche consecutivi. V F

b. Due segmenti consecutivi non possono essere adiacenti. V F

c. Due segmenti che giacciono sulla stessa retta sono adiacenti. V F

d. Tre segmenti adiacenti appartengono alla stessa retta. V F

20 TEST A che ora la lancetta delle ore e quella dei minuti possono essere descritte come due segmenti *adiacenti*?

A Alle 17.   B Alle 18.   C Alle 19.   D Alle 20.

21 Osserva le tre figure e individua, tra i segmenti disegnati, quelli consecutivi e quelli adiacenti.

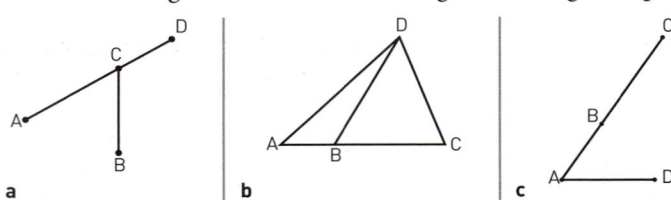

a   **b**   **c**

22 Individua, tra i segmenti della figura, quelli consecutivi e quelli adiacenti.

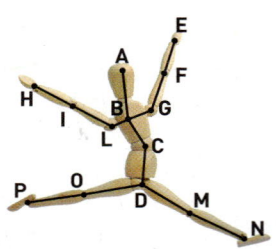

23 Disegna un segmento *AB* e:

   a. un segmento *AC* adiacente ad *AB*;

   b. due segmenti *BD* e *BE*, consecutivi ad *AB*;

   c. un segmento *BF* adiacente ad *AB*.

24 Disegna cinque segmenti, consecutivi a due a due, in modo che ci siano due coppie di segmenti adiacenti.

25 In ognuna delle seguenti figure completa il disegno seguendo le indicazioni date.

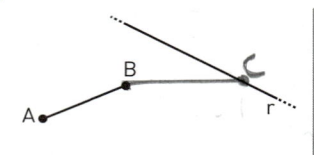 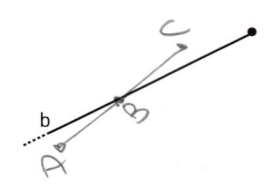 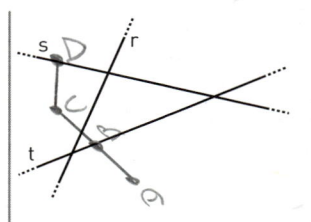

a. Disegna un segmento consecutivo ma non adiacente al segmento *AB* avente un estremo sulla retta *r*.

b. Disegna tre segmenti consecutivi, non adiacenti, in modo che gli estremi appartengano alle rette *r* e *s* e che il punto *P* appartenga a uno dei segmenti.

c. Disegna due segmenti adiacenti in modo che entrambi intersechino la semiretta *b*.

d. Disegna tre segmenti consecutivi, di cui due adiacenti, in modo che almeno un estremo di ciascun segmento appartenga a una delle tre rette.

26 Dato il seguente enunciato, stabilisci quale, tra le figure proposte, lo rappresenta correttamente e senza che si verifichino casi particolari non richiesti.

Dati due segmenti adiacenti *AB* e *BC*, considera la retta *r* che passa per un punto *P* di *AB*.

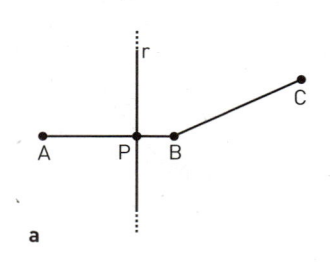 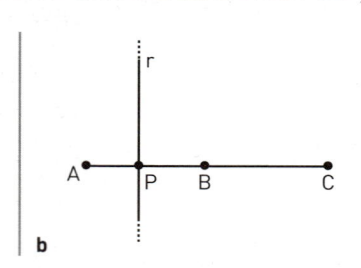 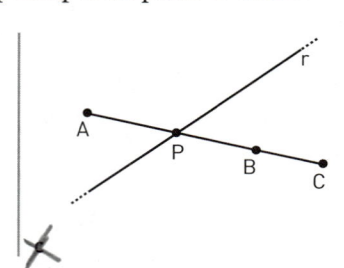

a   **b**

27 Su una retta *r* considera le semirette *a* e *b* rispettivamente di origini *A* e *B*. Disegna i casi in cui l'intersezione tra *a* e *b* è:

  a. l'insieme vuoto;   **c.** un segmento;

  b. un punto;   **d.** una semiretta.

Semipiani

28 Disegna due rette in modo che l'intersezione di due dei quattro semipiani originati dalle rette sia ancora un semipiano. Cosa puoi dire degli altri due semipiani?

Figure convesse, figure concave

29 Stabilisci se nelle seguenti immagini compaiono figure concave o convesse.

a CONCAVA **b** CONVESSA **c** CONCAVA **d** CONVESSA

30 Stabilisci se le seguenti figure sono concave o convesse.

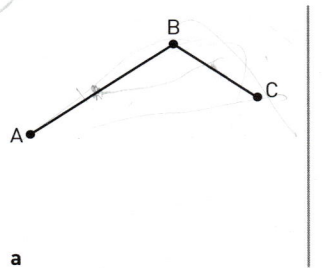 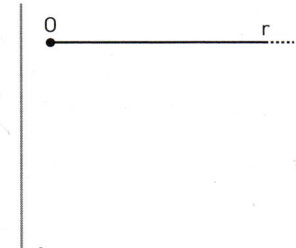 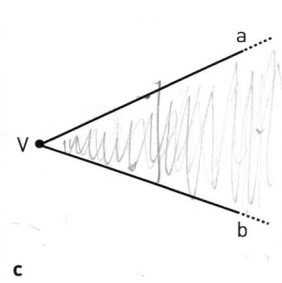 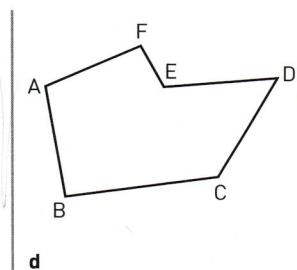

a **b** **c** **d**

31 Dimostra che una retta, una semiretta e un segmento sono figure convesse.

32 **FAI UN ESEMPIO** Con esempi, aiutandoti con un disegno, fai vedere che:

a. l'unione di due figure convesse può essere concava;

b. l'intersezione di due figure concave può essere convessa;

c. l'unione di due figure concave può essere convessa.

Angoli

33 Nella figura indica:

a. l'angolo concavo $a\widehat{O}c$;

b. l'angolo convesso $b\widehat{O}c$;

c. l'angolo concavo $b\widehat{O}a$.

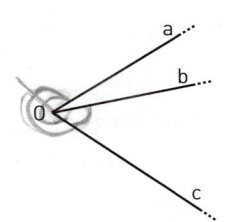

34 **TEST** Osserva la figura. Quali angoli sono consecutivi?

A $a\widehat{V}e$ ed $e\widehat{V}d$.

B $a\widehat{V}e$ e $a\widehat{V}d$.

C $e\widehat{V}d$ e $c\widehat{V}b$.

D $d\widehat{V}b$ e $c\widehat{V}b$.

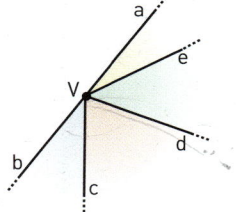

35 **TEST** Con riferimento alla figura dell'esercizio 34, l'angolo $a\widehat{V}d$ è:

A nullo.

B adiacente a $b\widehat{V}e$.

C consecutivo di $d\widehat{V}c$.

D concavo.

36 **TEST** Con riferimento alla figura dell'esercizio 34, quali angoli sono adiacenti?

A $a\widehat{V}e$ ed $e\widehat{V}d$.

B $a\widehat{V}e$ e $a\widehat{V}d$.

C $a\widehat{V}c$ e $c\widehat{V}b$.

D $e\widehat{V}d$ e $c\widehat{V}b$.

FAI UN ESEMPIO

37 Disegna due angoli con il vertice in comune che non siano né consecutivi né opposti al vertice.

38 Disegna due angoli consecutivi in modo che uno sia concavo e l'altro convesso. Possono essere adiacenti?

39 Disegna tre angoli, di cui il secondo adiacente al primo e il terzo consecutivo al secondo.

40 Disegna tre angoli, di cui il secondo adiacente al primo e il terzo adiacente al secondo.

41 Considera la coppia $a\widehat{O}b$ e $b\widehat{O}c$ di angoli consecutivi non adiacenti, con $a\widehat{O}c$ angolo convesso. Scegli un punto A sul lato a, un punto B sul lato b e un punto C sul lato c. Traccia i segmenti OA, AB, BC e CO. Come devono essere scelti i punti A, B, C in modo che la figura ottenuta tracciando i segmenti sia convessa? E perché sia concava?

3. LINEE, POLIGONALI, POLIGONI → Teoria a pagina **G9**

42 **VERO O FALSO?**

    a. L'insieme dei segmenti che costituiscono il bordo di un poligono è una poligonale.   **V** ☒F

    b. In un poligono il numero dei lati è uguale al numero dei vertici.   ☒**V** F

    c. In un poligono il numero degli angoli esterni è maggiore di quello degli angoli interni.   ☒**V** F

    d. Un poligono è equilatero se e solo se è equiangolo.   V ☒**F**

    e. I poligoni regolari sono convessi.   ☒**V** F

MATEMATICA E STORIA

Cos'è un angolo?

Andiamo a leggere alcune righe tratte dagli *Elementi* di Euclide…

Euclide ritratto nella «Scuola d'Atene» di Raffaello, con le sembianze di Donato Bramante (Vaticano, Stanza della Segnatura, 1508-1511).

▸ Problema e risoluzione.
▸ Un esercizio in più.
▸ Attività di ricerca: Angoli, astronomia, orologi.

43 In quale poligono le diagonali sono tante quanti i lati?

44 Determina il numero delle diagonali di un poligono di:

    a. 10 lati;   70   **c.** 12 lati;   108

    b. 11 lati;   88   **d.** 13 lati.   143

45 Riesci, deducendolo dai risultati ottenuti nell'esercizio precedente, a determinare il numero delle diagonali di un poligono di 14 lati senza applicare la formula?

46   **YOU & MATHS** **Equidistant** Given two different points A and B, describe how to construct 10 different points that are equidistant from A and B.

4. OPERIAMO CON SEGMENTI E ANGOLI
→ Teoria a pagina **G11**

Confronto di segmenti

47 Dato il segmento AB, disegna su r con il compasso un segmento $CD \cong AB$.

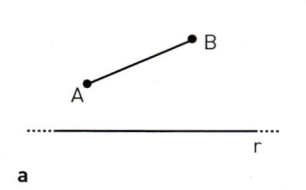
a

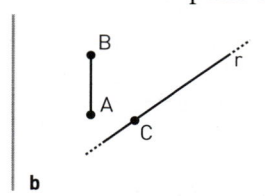
b

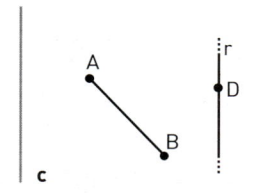
c

Addizione e sottrazione di segmenti

Gli esercizi 48, 49, 50 e 51 si riferiscono tutti alla figura riportata a lato. I segmenti contrassegnati con lo stesso simbolo sono tra loro congruenti.

48 **TEST** Il segmento somma $AB + BC$ è congruente a:

A $AB + CD$.

C $BC + CD$.

B $AB + CG$.

D FG.

49 **TEST** Il segmento $EC - CD$ è minore di:

A $CG - BC$.

C BC.

B AB.

D AD.

50 **TEST** Quale tra i seguenti segmenti *non* è congruente al segmento FG?

A $BC + CF$

C $AC + CF$

B $EC + CD$

D $EC + CF$

51 **TEST** Il risultato dell'espressione

$$EC - (CG + CD) + AB$$

è congruente al segmento:

A nullo.

C FC.

B BC.

D AB.

Costruzioni con i segmenti

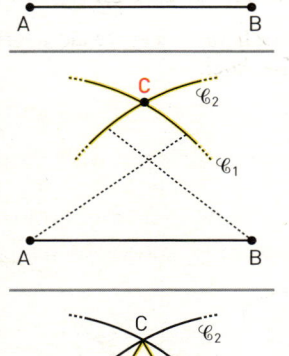

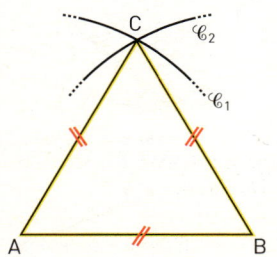

ESEMPIO

Quello che segue è un esempio di **costruzione con riga e compasso**.

In queste costruzioni, caratteristiche della geometria euclidea, il compasso serve per tracciare circonferenze o archi di circonferenza, la riga per congiungere punti e tracciare segmenti, mentre non può essere usata per misurare, come siamo abituati a fare.

Dato un segmento AB, con riga e compasso otteniamo un punto C in modo che ABC sia un triangolo equilatero.

- Puntiamo il compasso in A e con raggio AB tracciamo un arco di circonferenza $\mathscr{C}_1$.
- Puntiamo il compasso in B e sempre con raggio AB tracciamo un arco di circonferenza $\mathscr{C}_2$.
- I due archi si incontrano in C.
- Congiungiamo con la riga C con A e con B.

Abbiamo che:

$AC \cong AB$ perché entrambi raggi di $\mathscr{C}_1$.

$AB \cong BC$ perché entrambi raggi di $\mathscr{C}_2$.

Per la proprietà transitiva della congruenza $AC \cong AB \cong BC$, quindi ABC è equilatero.

Esegui, se possibile, le operazioni richieste (usa riga e compasso per effettuare il trasporto dei segmenti).

52

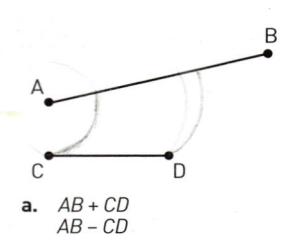

a. $AB + CD$
   $AB - CD$

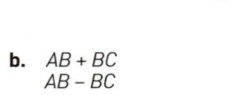

b. $AB + BC$
   $AB - BC$

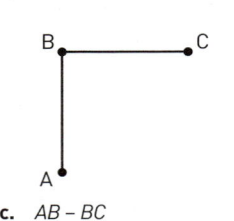

c. $AB - BC$
   $BC - AB$

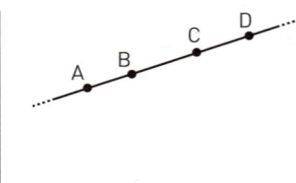

d. $AC + BD$
   $BD - CD$

53

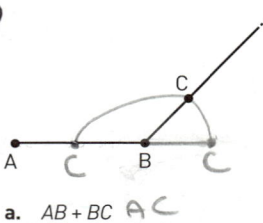

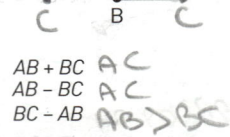

a. $AB + BC$ AC
   $AB - BC$ AC
   $BC - AB$ AB>BC
   AB>BC

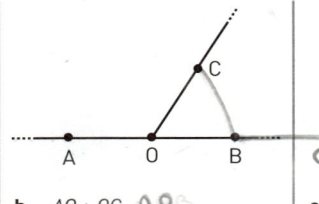

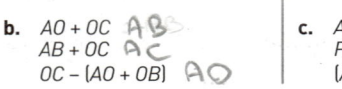

b. $AO + OC$ AB
   $AB + OC$ AC
   $OC - (AO + OB)$ AO

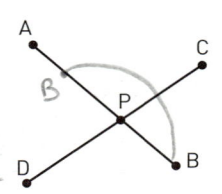

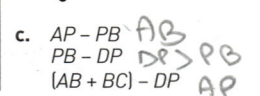

c. $AP - PB$ AB
   $PB - DP$ DP>PB
   $(AB + BC) - DP$ AP

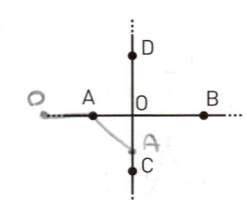

d. $AB + AO$ OB
   $DO - OC$ DO
   $DC + (AB - OB)$ DA

54 Disegna tre segmenti adiacenti in modo che la somma dei primi due sia congruente al terzo.

55 Su una semiretta orientata disegna tre segmenti AB, BC, CD consecutivi, tali che $AB < BC < CD$ e in modo che la differenza tra il maggiore e il minore sia congruente all'altro segmento.

56 Disegna tre segmenti AB, BD, AC in modo che sia verificata la relazione $AC + AB < BD - AB$.

Confronto e addizione e sottrazione di angoli

57 **COMPLETA** inserendo uno dei simboli $<, \cong, >$.

a. $\alpha \ \square \ \delta$

b. $\beta \ \square \ \gamma$

c. $\alpha \ \square \ \gamma$

d. $\delta \ \square \ \beta$

e. $\beta + \gamma \ \square \ \delta$

f. $\gamma \ \square \ \delta$

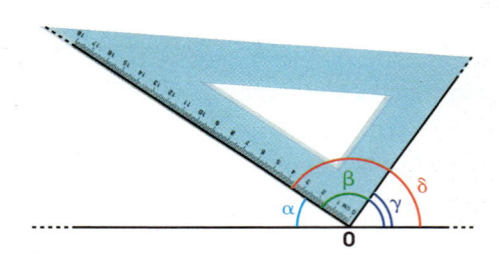

Costruzioni con gli angoli

In ognuna delle seguenti situazioni esegui, se possibile, le operazioni richieste (utilizza riga e compasso per effettuare il trasporto degli angoli).

58

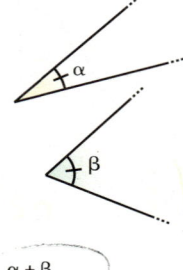

a. $\alpha + \beta$
   $\alpha - \beta$

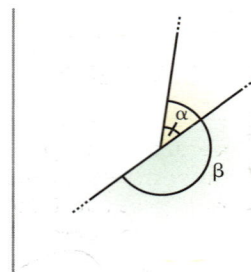

b. $\alpha + \beta$
   $\beta - \alpha$

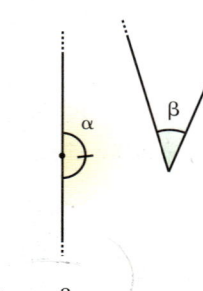

c. $\alpha - \beta$
   $\beta - \alpha$

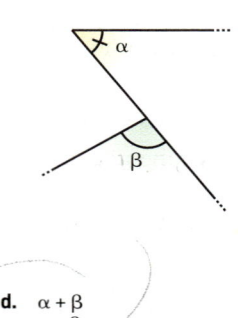

d. $\alpha + \beta$
   $\alpha - \beta$

59

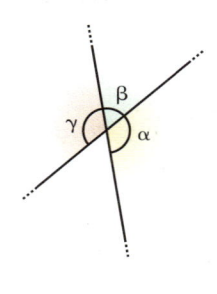 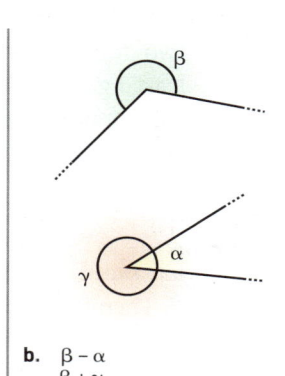 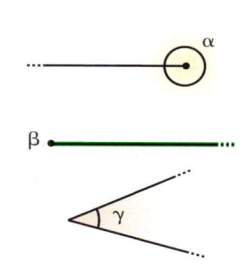

a. $\alpha + \beta$
$\alpha - \gamma$
$\beta + \gamma$

b. $\beta - \alpha$
$\beta + \gamma$
$\gamma - \alpha$

c. $\alpha - \beta$
$\beta - \alpha$
$\beta + \gamma$

d. $\alpha + \beta$
$\alpha - \beta$
$\beta + \gamma$

60 Disegna due angoli in modo che la loro somma sia un angolo piatto e che la loro differenza sia congruente a uno dei due.

61 Disegna tre angoli con il vertice in comune in modo che la loro somma sia un angolo giro e che la differenza tra il primo e il terzo angolo sia congruente al secondo angolo.

62 Disegna tre angoli α, β, γ in modo che sia verificata la relazione $\alpha + (\beta - \gamma) < \beta$.

5. MULTIPLI E SOTTOMULTIPLI → Teoria a pagina **G14**

Segmenti

63 **COMPLETA** osservando la figura.

a. $AB \cong$ ____ DB

b. $AC \cong$ ____ AB

c. ____ $\cong 2CD$

d. $EF \cong$ ____

e. $EF \cong$ ____ AB

f. $DB \cong \frac{1}{3}$ ____

g. $CD \cong \frac{3}{2}$ ____

64 **COMPLETA** osservando la figura.

a. $AB \cong$ ____ DE

b. $AC \cong$ ____ AB

c. ____ $\cong CB$

d. $EF \cong$ ____

e. $DE \cong$ ____ AC

f. $DF \cong \frac{2}{5}$ ____

g. ____ $\cong \frac{3}{5} AB$

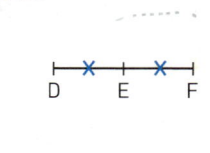

Costruzioni

65 Disegna due segmenti adiacenti e di ognuno determina il punto medio utilizzando riga e compasso.

66 Dato un segmento AB scelto a piacere, disegna i segmenti congruenti a $2AB$, $\frac{1}{3} AB$ e $\frac{2}{7} AB$.

67 Disegna quattro segmenti consecutivi ma non adiacenti tali che la somma dei primi due sia congruente alla differenza tra il doppio del terzo e la metà del quarto.

MATEMATICA E GIOCHI

Calcio a 5

Nicola e i suoi amici si allenano in un vecchio campo da calcio e decidono di rifare tutte le linee. Serve un compasso…

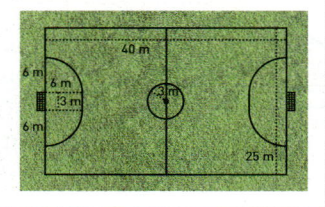

▶ Problema e risoluzione.

68 Disegna sulla stessa retta tre segmenti AB, CD e BF tali che C sia il punto medio del segmento AB, D sia il punto medio del segmento BF e valga $BF \cong \frac{2}{3} AB$. Esprimi CD come multiplo del segmento AB.

69 Sapendo che la differenza di due segmenti AB e CD è congruente alla somma tra i $\frac{2}{3}$ di AB e $\frac{1}{6}$ di CD, determina secondo quale numero n AB è multiplo di CD. Disegna poi i due segmenti AB e CD trovati e verifica graficamente la relazione del testo.

70 ☐ **YOU & MATHS** **Hunting for good points** Draw two non-coincident points A and B. Then find at least 3 good positions in which to place a point C such that $A\widehat{C}B$ is a right angle. You may find it easier to work with dynamic geometry software than with paper and pencil.

71 ☐ **YOU & MATHS** **Hunting for good points – advanced** Draw two non-coincident points A and B. Then find at least 3 good positions in which to place a point C such that $A\widehat{C}B$ is an angle of 60°. You may find it easier to work with dynamic geometry software than with paper and pencil.

Dimostrazioni

72 Dati i segmenti AB e PQ, con $AB > PQ$, costruisci il segmento somma $AB + PQ$ e il segmento differenza $AB - PQ$ e dimostra che la differenza tra il segmento somma e il segmento differenza è il doppio di PQ.

73 Considera due segmenti adiacenti e congruenti AB e BC. Detto P un punto qualunque interno al segmento AB, dimostra che $PB \cong \frac{1}{2}(PC - AP)$.

74 AB e BC sono due segmenti adiacenti. Detto P il punto medio del segmento AB, dimostra che PB è congruente alla metà della differenza tra AC e BC.

75 ☐ **ESEMPIO DIGITALE** Il segmento AC è diviso dal punto medio B in due segmenti AB e BC. Siano M e N i punti medi di questi segmenti. Dimostra che $MN \cong AM + NC$.

76 Fissa due punti C e D interni al segmento AB, con C più vicino ad A e D più vicino a B e tali che $AC \cong DB$.
Dimostra che il punto medio del segmento CD è anche il punto medio del segmento AB.

77 Su una semiretta orientata considera, nell'ordine, i punti A, B, C, D in modo che il punto medio del segmento AD coincida con il punto medio del segmento BC. Dimostra che $AB \cong CD$.

78 Considera su una retta orientata il segmento PQ e sia T un punto della retta esterno a PQ. Dimostra che il segmento che ha per estremi il punto T e il punto medio del segmento PQ è congruente alla metà della somma dei segmenti PT e QT.

79 Su una semiretta orientata considera, nell'ordine, i punti A, B, C, D. Detto M il punto medio del segmento AB e N il punto medio del segmento CD, dimostra che $2MN \cong AC + BD$.

80 Detti P e Q i punti medi, rispettivamente, dei segmenti adiacenti AB e BC, e detto O il punto medio del segmento AC, dimostra che $PO \cong QC$.

81 Considera su una retta orientata il segmento AB e sia P un punto interno ad AB, più vicino a B che ad A. Dimostra che il segmento che ha per estremi il punto P e il punto medio di AB è congruente alla metà della differenza $AP - PB$.

82 Considera due segmenti adiacenti e congruenti AB e BC, e fissa un punto P qualunque interno al segmento AB. Detto M il punto medio del segmento AP, dimostra che $MB \cong \frac{1}{2}(AC - AP)$.

83 Sulla retta r disegna nell'ordine tre punti A, B, C tali che $BC \cong 2AB$. Siano M e N i punti medi rispettivamente dei segmenti AB e BC, e sia P il punto medio del segmento MN. Dimostra che $AC \cong 4MP$.

Angoli

84 **COMPLETA** osservando la figura.

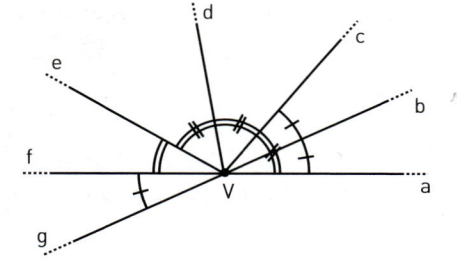

a. $a\widehat{V}c \cong \underline{\quad} a\widehat{V}b$

b. $a\widehat{V}c \cong \underline{\quad} a\widehat{V}e$

c. $f\widehat{V}g \cong \underline{\quad}$

d. $d\widehat{V}c \cong \underline{\quad} b\widehat{V}c$

e. $a\widehat{V}f - e\widehat{V}f \cong 6\underline{\quad}$

f. $f\widehat{V}g \cong \frac{1}{4}\underline{\quad}$

85 **VERO O FALSO?** Dalla figura deduciamo che:

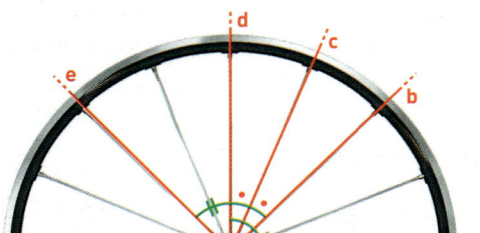

a. $a\widehat{O}b \cong d\widehat{O}c$. ☐V ☐F

b. c è bisettrice di $b\widehat{O}d$. ☐V ☐F

c. c è bisettrice di $a\widehat{O}e$. ☐V ☐F

d. $a\widehat{O}b - 2b\widehat{O}d$ è l'angolo nullo. ☐V ☐F

e. $b\widehat{O}d \cong \frac{1}{2}a\widehat{O}e$. ☐V ☐F

86 **VERO O FALSO?**

a. Due angoli supplementari sono entrambi convessi. ☐V ☐F

b. Due angoli consecutivi sono complementari. ☐V ☐F

c. Due angoli supplementari sono consecutivi. ☐V ☐F

d. Due angoli supplementari sono sempre uno acuto e uno ottuso. ☐V ☐F

87 **VERO O FALSO?** Rispondi osservando la figura.

a. α è complementare di γ. ☐V ☐F

b. $\gamma \cong \varepsilon$. ☐V ☐F

c. β è supplementare di δ. ☐V ☐F

d. $\varphi \cong \delta$. ☐V ☐F

e. δ è complementare di α. ☐V ☐F

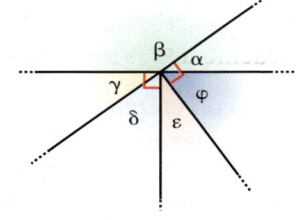

Costruzioni

88 Disegna un angolo convesso e un angolo concavo, poi disegna la bisettrice di ciascuno dei due.

89 Dati gli angoli α acuto e β ottuso, disegna gli angoli congruenti a 2α, $\frac{1}{3}\beta$, $\alpha + \frac{1}{2}\beta$ e $2(\beta - \alpha)$.

Dimostrazioni

90 Sapendo che $\alpha \cong 2\beta$, $\beta \cong \frac{2}{5}\delta$ e $\gamma - \delta \cong \alpha$, dimostra che $\alpha + \beta + \gamma \cong 3\delta$. Verifica poi le relazioni date rappresentando graficamente la situazione descritta.

91 Considera una coppia di angoli α e α', opposti al vertice, e i rispettivi angoli complementari β e β'. Dimostra che $\beta \cong \beta'$.

92 Considera in senso orario le semirette a, b, c, d di origine comune O e tali che $a\widehat{O}b$ e $c\widehat{O}d$ siano retti. Dimostra che gli angoli $b\widehat{O}c$ e $a\widehat{O}d$ sono supplementari.

93 Considera due angoli consecutivi $A\widehat{O}B$ e $B\widehat{O}C$ e sulla bisettrice b dell'angolo $B\widehat{O}C$ considera un punto P. Dimostra che $2A\widehat{O}P \cong A\widehat{O}C + B\widehat{O}C$.

94 Considera, in senso antiorario, le semirette r, s, t, p di origine comune V. Dimostra che la bisettrice b dell'angolo $r\widehat{V}p$ è anche bisettrice dell'angolo $s\widehat{V}t$ se e solo se gli angoli $r\widehat{V}s$ e $t\widehat{V}p$ sono fra loro congruenti.

95 Disegna due angoli consecutivi α e β e traccia le rispettive bisettrici. Dimostra che l'ampiezza dell'angolo formato dalle bisettrici è congruente alla semisomma di α e β.

96 Considera tre angoli consecutivi $A\widehat{O}B$, $B\widehat{O}C$, $C\widehat{O}D$ tali che $A\widehat{O}B \cong C\widehat{O}D$ e $B\widehat{O}C$ acuto. Dimostra che l'angolo formato dalle bisettrici di $A\widehat{O}B$ e di $C\widehat{O}D$ è congruente a $B\widehat{O}D$.

97 Dimostra che la bisettrice dell'angolo convesso $a\widehat{O}b$ è anche bisettrice dell'angolo concavo $c\widehat{O}d$, dove c è il prolungamento della semiretta b e d è il prolungamento della semiretta a.

98 Disegna tre angoli α, β, γ consecutivi congruenti in modo che la loro somma sia congruente all'angolo giro. Dimostra che il prolungamento di un lato di β è la bisettrice di uno degli altri due angoli.

99 **YOU & MATHS** **Deducing angle measures**
Knowing that $A\widehat{O}C$ and $B\widehat{O}D$ are right angles, as shown in the figure below, fill in the table and provide the missing reasons in order to prove that $A\widehat{O}B \cong C\widehat{O}D$.

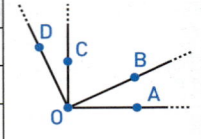

Statement	Reasons
$\boxed{} = A\widehat{O}C - B\widehat{O}C$	given
$A\widehat{O}B = \boxed{} - \boxed{}$	
$C\widehat{O}D = \boxed{} - \boxed{}$	

100 **ESEMPIO DIGITALE** Dimostra che se due angoli $m\widehat{V}n$ e $p\widehat{V}t$ sono tali che hanno il vertice in comune e che gli angoli $m\widehat{V}p$ e $n\widehat{V}t$ sono entrambi retti, allora o $m\widehat{V}n \cong p\widehat{V}t$ oppure la loro somma è un angolo piatto.

101 Le semirette Oa, Ob, Oc e Od, di origine comune O, considerate nell'ordine, individuano quattro angoli tali che $a\widehat{O}d$ è acuto e $a\widehat{O}c \cong c\widehat{O}d$. Dimostra che $b\widehat{O}c \cong \dfrac{b\widehat{O}d - a\widehat{O}b}{2}$.

6. LUNGHEZZE, AMPIEZZE, MISURE → Teoria a pagina **G18**

Segmenti

In ognuno dei seguenti esercizi calcola, se possibile, la misura dei segmenti indicati, usando le informazioni date.

102
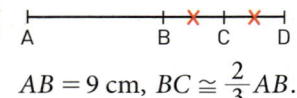

$AB = 9$ cm, $BC \cong \dfrac{2}{3}AB$.

$\overline{AD} = ?$

103
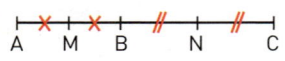

$AC = 64$ cm, $MB \cong \dfrac{3}{5}BN$.

$\overline{CN} = ?$ $\overline{AM} = ?$

104
A ──── B ──── C

$AC - BC \cong \dfrac{3}{2}BC$, $AB = 6$ cm.

$\overline{AC} = ?$

105 $AC \cong \dfrac{7}{4}AB$,

$AC + AB = 33$ cm.

$\overline{AB} = ?$

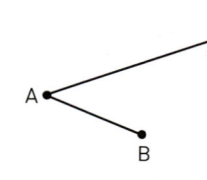

106 $AB \cong \dfrac{4}{5}CH$,

$CH - AB = 3$ cm.

$\overline{BC} = ?$

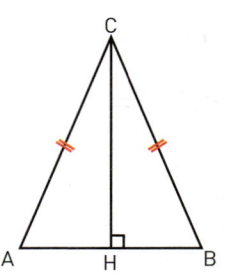

107 Su una semiretta orientata di origine O, considera, nell'ordine, i punti A, B, C, D. Sapendo che $OA \cong CD$, $AB \cong 2BC$, $BC + CD = 20$ cm e che $OD = 46$ cm, determina le lunghezze dei segmenti AC e OA. [$AC = 18$ cm; $OA = 14$ cm]

108 ☐ **ESEMPIO DIGITALE** I punti P e Q dividono il segmento AB in tre parti in modo che $AP \cong \frac{1}{3} PB$ e $AQ \cong PB$. Sapendo che $QB = 5,5\,\text{cm}$, trova la lunghezza di AB e di PQ.

109 Determina le lunghezze di due segmenti, sapendo che la loro somma è 34,5 cm e la loro differenza è 19,3 cm. [7,6 cm; 26,9 cm]

110 Due segmenti adiacenti sono uno i $\frac{5}{3}$ dell'altro. Sapendo che il segmento che ha per estremi i punti medi dei due segmenti è lungo 12,4 cm, determina i due segmenti. [9,3 cm; 15,5 cm]

111 Trova le lunghezze di due segmenti, sapendo che il primo è il triplo del secondo e che la loro differenza è 18 cm. [27 cm; 9 cm]

112 ☐ **TEST** Se D è il punto medio di AC e C è il punto medio di AB, sapendo che $BD = 12$ cm, qual è la lunghezza di AB?

- A 4 cm.
- D 32 cm.
- B 12 cm.
- E Nessuna delle precedenti.
- C 16 cm.

[USA Catawba College NCCTM Mathematics Contest, 2005]

113 La somma dei segmenti adiacenti AB, BC e CD è 49 cm. Trova le loro lunghezze, sapendo che AC è i $\frac{3}{4}$ di CD e che la differenza fra il triplo di CD e DB è 46 cm. [11 cm; 10 cm; 28 cm]

114 Siano AB, BC e CD tre segmenti adiacenti e M, N e O i rispettivi punti medi. Sapendo che $MO = 60$ cm, $MN \cong CD$ e $AB = 24$ cm, determina le lunghezze dei segmenti BC e CD. [33,6 cm; 28,8 cm]

115 Trova le misure di tre segmenti sapendo che il primo è $\frac{1}{5}$ del secondo, il secondo è i $\frac{7}{4}$ del terzo e la somma del primo e del terzo è 16,2 cm. [4,2 cm; 21 cm; 12 cm]

116 Disegna una poligonale chiusa composta da cinque segmenti, in modo che tre segmenti consecutivi siano tra loro congruenti e i restanti due siano uno il doppio e uno il triplo degli altri. Determina le lunghezze dei cinque segmenti, sapendo che la somma delle lunghezze è 40 cm. [5 cm; 5 cm; 5 cm; 10 cm; 15 cm]

117 **INTORNO A NOI** **I cm del metro** Un metro da falegname, se disteso completamente, è lungo 1,4 metri. Sapendo che i sette segmenti dei quali è composto sono tutti tra loro congruenti, determina la lunghezza in centimetri di ciascun segmento. (*Suggerimento*. Trascura la dimensione degli snodi.)

[20 cm]

Angoli

118 ☐ **TEST** Il tuo orologio da polso segna le 11:40. Qual è l'angolo tra la lancetta delle ore e quella dei minuti?

- A 90°
- B 100°
- C 110°
- D 120°

119 **EUREKA!** **Complementare e supplementare** Ricava la misura di un angolo tale che la differenza tra il suo supplementare e il doppio del suo complementare sia 48°. [48°]

[CAN John Abbott College, Final Exam, 2003]

120 ☐ **EUREKA!** **Un ventaglio di angoli** Se BD è la bisettrice dell'angolo $A\hat{B}C$ e BE è la bisettrice dell'angolo $A\hat{B}D$, sapendo che la misura dell'angolo $D\hat{B}C$ è 24°, qual è la misura dell'angolo $E\hat{B}C$?

- A 36°
- B 48°
- C 12°
- D 24°
- E Nessuna delle precedenti.

[USA Catawba College NCCTM Mathematics Contest, 2005]

121 INVALSI 2006 La lancetta delle ore di un orologio è passata dalle 3 alle 12. Qual è l'ampiezza dell'angolo descritto?

A 270° B 180° C 120° D 90°

122 YOU & MATHS **Maths in English** Translate the following statements from symbols to words:

a. $A\widehat{B}C = 45.9°$; **b.** $JK \cong AQ$.

123 COMPLETA inserendo la misura.

a. Il complementare di $\alpha = 27°$ è ☐.

b. La quarta parte di un angolo piatto è ☐.

c. Il supplementare di $\beta = 115°$ è ☐.

d. La metà della terza parte di un angolo piatto è ☐.

In ognuno dei seguenti esercizi calcola, se possibile, la misura degli angoli indicati.

124 $C\widehat{O}D = 40°$, $A\widehat{O}C \cong 4A\widehat{O}B$, $A\widehat{O}C$ e $C\widehat{O}D$ sono supplementari. $A\widehat{O}B = ?$

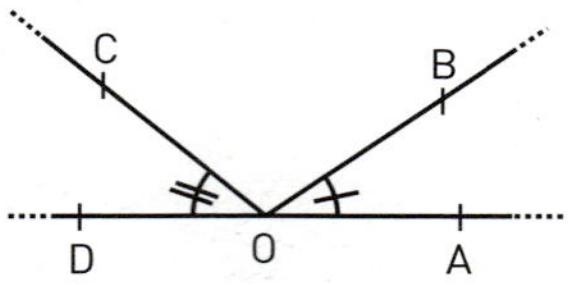

126 $\gamma \cong \frac{1}{3}\beta$, $\alpha = 60°$. $\beta = ?$ $\gamma = ?$

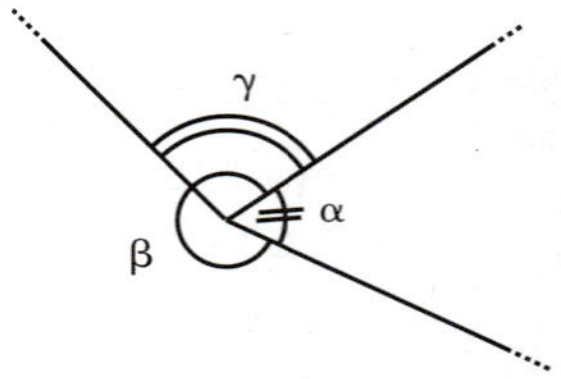

125 $C\widehat{V}D - B\widehat{V}C = 10°$. $A\widehat{V}B = ?$ $C\widehat{V}E = ?$

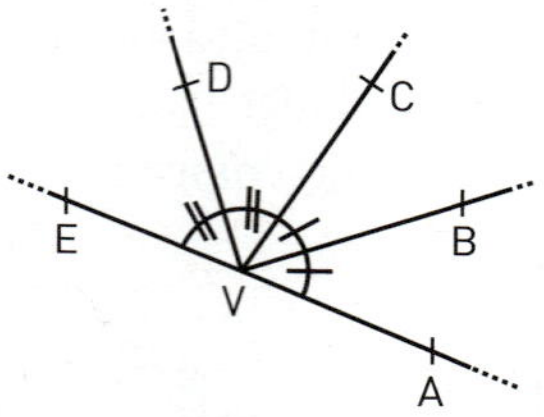

127 $\gamma \cong \frac{3}{4}\beta$. $\alpha = ?$ $\beta = ?$

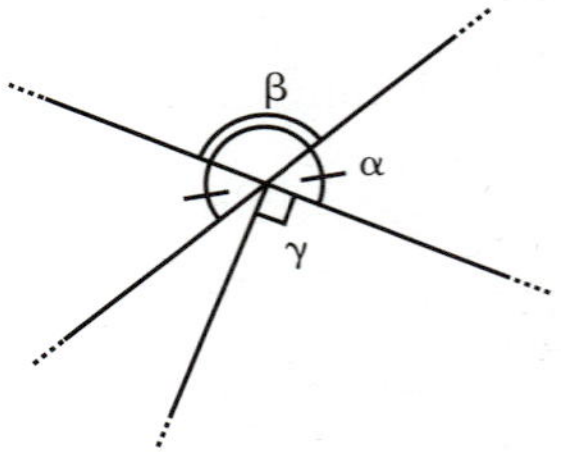

128 Trova le misure degli angoli adiacenti agli angoli: $\alpha = 38°$; $\beta = 150°$; $\gamma = 45°$; $\delta = 137°$.

129 YOU & MATHS **Opposite angles** Look at the figure and complete the statements by filling in the missing parts.

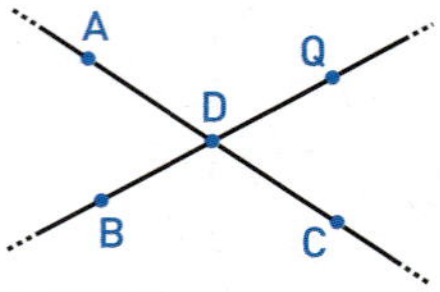

a. If $B\widehat{D}C = 65°$, then $B\widehat{D}A =$ ☐, since $B\widehat{D}C$ and $B\widehat{D}A$ are ☐.

b. If the measure of $C\widehat{D}Q$ is α, then $B\widehat{D}A =$ ☐, since $C\widehat{D}Q$ and $B\widehat{D}A$ are ☐.

COMPLETA

130 Se α e β sono complementari, β e γ sono complementari, γ e δ sono supplementari, allora $\alpha + \delta =$ ☐.

131 Osserva la figura.

Se $\alpha = 2\beta + 66°$, allora $\beta =$ ☐.

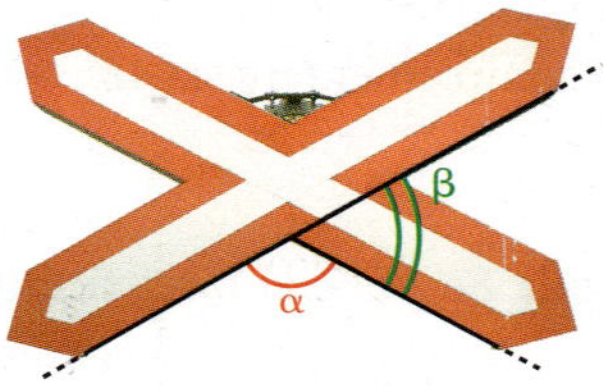

132 Se la differenza tra due angoli complementari α e β è 18°, allora $\alpha =$ ☐ e $\beta =$ ☐.

133 Quanto misura l'angolo formato dalle bisettrici di due angoli consecutivi complementari?

134 Due angoli adiacenti α e β sono tali che il primo supera il secondo di 20°. Quanto misurano α e β?

135 Determina le ampiezze di due angoli supplementari che differiscono di 46°.

136 Due angoli complementari sono tali che uno è i $\frac{2}{5}$ della metà dell'altro. Trova le loro ampiezze.   [75°; 15°]

137 ☐ **ESEMPIO DIGITALE**   Calcola le ampiezze di tre angoli consecutivi α, β e γ, sapendo che la loro somma è un angolo concavo che misura 290° e che α e γ sono entrambi supplementari di β.

138   **EUREKA!**   **Computer vs cervello**   Roberto ha scritto un programma A che, dato un angolo, ne restituisce il supplementare e un programma B che, dato un angolo, ne calcola il complementare. Per divertirsi, applica 1021 volte consecutivamente il programma A partendo da un angolo di 30° e successivamente applicando il programma al risultato ottenuto dall'applicazione precedente. Infine, al risultato ottenuto applica una volta il programma B. Che output avrà?

Osservando le figure, determina le misure degli angoli incogniti.

139

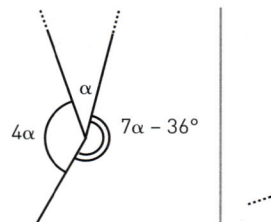

a

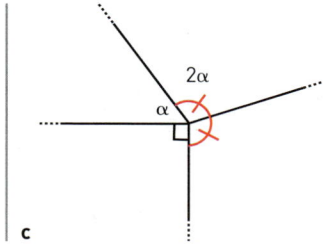

b

c

140

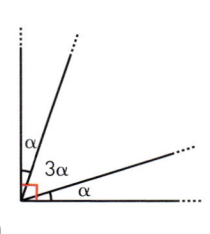

a

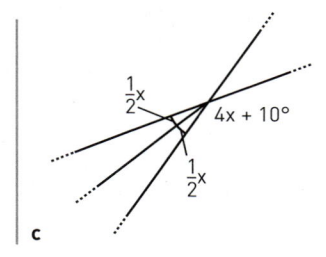

b

c

141 L'ampiezza della somma di due angoli consecutivi è 112°. Sapendo che un angolo è congruente ai $\frac{3}{4}$ dell'altro, determina le ampiezze dei due angoli e dei loro supplementari.

[64°; 48°; 116°; 132°]

142 Le semirette *a*, *b*, *c*, *d* hanno origine comune nel vertice O e sono disposte in modo tale che *b* sia la bisettrice dell'angolo $a\widehat{O}c$ e *c* sia la bisettrice dell'angolo $a\widehat{O}d$. Determina l'ampiezza dell'angolo formato dalle due bisettrici, sapendo che $a\widehat{O}b$ è il complementare di $c\widehat{O}d$.   [30°]

143 L'ampiezza della differenza di due angoli esplementari è 158°. Determina le loro ampiezze.

[101°; 259°]

MATEMATICA E TOPOGRAFIA

La mappa del tesoro

Camilla e Lorenzo trovano in soffitta una mappa del tesoro, eredità del bisnonno…

☐ ▸ Problema e risoluzione.
  ▸ 2 esercizi in più.

VERIFICA DELLE COMPETENZE ALLENAMENTO

▸ Competenza **2** (abilità **1, 2**)

1 È possibile disegnare un quadrilatero con due angoli ottusi? E un triangolo?

2 Disegna due pentagoni, uno concavo e l'altro convesso, con almeno un angolo retto e uno ottuso. Come sono gli altri tre angoli?

3 Considera un angolo α acuto. Rappresenta e confronta tra loro il suo complementare β, il suo supplementare γ e il suo esplementare δ.

4 AL VOLO Il supplementare del supplementare di un angolo ottuso è ottuso?

Utilizzando riga e compasso per effettuare eventuali costruzioni e trasporti, esegui le seguenti operazioni.

5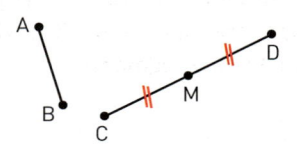

a. $\dfrac{1}{4}(CD - AB)$ **c.** $\dfrac{1}{4}(CD + AB)$

b. $\dfrac{1}{4}CD + AB$ **d.** $\dfrac{1}{2}CD + \dfrac{3}{4}AB$

6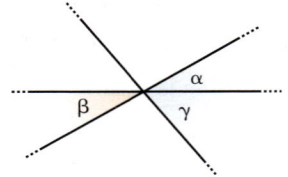

a. $\alpha + 2\gamma$ **c.** $2(\alpha + \beta)$

b. $3\alpha + \beta + \gamma$ **d.** $\dfrac{1}{2}\gamma + \beta$

▸ Competenza **2** (abilità **4**)

7 Dimostra che, se le bisettrici di due angoli acuti non consecutivi $m\widehat{O}n$ e $p\widehat{O}t$ formano un angolo retto, allora gli angoli $m\widehat{O}p$ e $n\widehat{O}t$ sono supplementari.

8 Considera su una semiretta orientata quattro punti, nell'ordine, P, Q, R, S tali che $PQ \cong RS$. Dimostra che $PR \cong QS$ e che il punto medio del segmento PS è anche il punto medio del segmento QR.

9 Disegna i segmenti adiacenti AB, BC, CD con $AB \cong CD$. Dimostra che $AC \cong BD$.

10 Disegna gli angoli consecutivi $a\widehat{O}b$, $b\widehat{O}c$, $c\widehat{O}d$, con $a\widehat{O}b \cong c\widehat{O}d$. Dimostra che $a\widehat{O}c \cong b\widehat{O}d$.

11 Siano α e β due angoli opposti al vertice e P e Q due punti sulle rispettive bisettrici. Dimostra che, se O è il vertice comune ad α e β, i punti O, P e Q sono allineati.

12 Considera un segmento AB e prendi un punto interno P in modo che $AP > PB$. Traccia il punto medio M di AB e dimostra che $MP \cong \dfrac{1}{2}(AP - PB)$.

13 Considera gli angoli consecutivi α, β, γ, δ tali che la loro somma sia congruente a un angolo piatto e che gli angoli $\alpha + \beta$, $\beta + \gamma$ e $\gamma + \delta$ siano tutti congruenti ad angoli retti. Dimostra che $\alpha \cong \gamma$ e $\beta \cong \delta$.

▸ Competenza **2** (abilità **3**) │ ▸ Competenza **3** (abilità **3**)

14 Considera, sulla stessa retta, nell'ordine indicato, i punti A, C, P, Q e i punti medi M, N dei segmenti AC e PQ. Sapendo che $MN \cong 3AC$ e che $PN \cong \dfrac{1}{3}AM$, esprimi CP come multiplo di NQ. Se la misura di NQ è 0,5 cm, qual è la misura di CP? $[CP \cong 14NQ; 7\ \text{cm}]$

15 Considera due angoli convessi e consecutivi $a\widehat{O}b$ e $b\widehat{O}c$ e traccia le rispettive bisettrici Op e Oq. Sapendo che $a\widehat{O}q \cong \dfrac{7}{5}a\widehat{O}b$, esprimi l'angolo $p\widehat{O}q$ come multiplo di $p\widehat{O}b$. Se l'ampiezza di $p\widehat{O}q$ è 45°, qual è l'ampiezza di $a\widehat{O}p$? E di $q\widehat{O}c$? $\left[p\widehat{O}q \cong \dfrac{9}{5}p\widehat{O}b; 25°; 20° \right]$

VERIFICA DELLE COMPETENZE PROVE

TUT🖱R **PROVA A** (10 esercizi) **PROVA B** (10 esercizi)

PROVA C ▸ Competenze **2, 3**   ⏱ **IN UN'ORA**

1 Considera il teorema «Il supplementare di un angolo acuto è ottuso».

  a. Scrivilo nella forma «Se… allora…» e indica ipotesi e tesi.

  b. Stabilisci se vale il teorema inverso.

  c. Cosa puoi concludere in base al teorema sul supplementare di un angolo *non* acuto?

2 Individua tutte le coppie di segmenti:

  a. adiacenti;

  b. consecutivi ma non adiacenti.

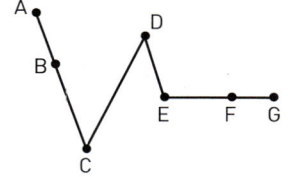

La poligonale in figura è aperta o chiusa? È intrecciata?

3 Dati due segmenti adiacenti AB e BC, indica con M e N i rispettivi punti medi e dimostra che il segmento MN è congruente alla metà di AC.

4 Due segmenti sono tali che la loro somma è 12 cm e uno è multiplo secondo 3 dell'altro. Determina le lunghezze dei due segmenti.

5 Due angoli α e β sono tali che $\alpha \cong 5\beta$. Determina le loro ampiezze nel caso siano:

  a. complementari;

  b. supplementari;

  c. esplementari.

PROVA D ▸ Competenze **2, 3**   ⏱ **IN UN'ORA**

1 **VERO O FALSO?**

  a. Il supplementare del complementare di un angolo acuto è ottuso.   V F

  b. Il complementare del supplementare di un angolo acuto è acuto.   V F

  c. Gli angoli complementari di due angoli opposti al vertice sono congruenti.   V F

  d. Due angoli complementari non possono essere congruenti.   V F

2 Nel piano considera una retta t e due segmenti consecutivi ma non adiacenti PQ e QT che intersecano entrambi in un loro punto interno la retta t. Spiega perché si può affermare che l'intersezione tra il segmento PT e la retta t è vuota.

3 Tre segmenti AB, CD ed EF sono tali che $AB \cong \frac{7}{2}CD$ ed $EF \cong \frac{1}{2}CD$. Esprimi AB come multiplo di EF e determina le lunghezze di CD ed EF se la lunghezza di AB è 14 cm.

4 Disegna una poligonale aperta non intrecciata di cinque lati, sapendo che, di essi, il primo, il terzo e il quinto sono tra loro congruenti, mentre il secondo è multiplo del primo secondo 4 e il quarto è sottomultiplo del secondo lato secondo 2. Determina quale deve essere la lunghezza del primo lato affinché la somma dei lati sia 18 cm.

5 Gli angoli $A\widehat{O}B$ e $C\widehat{O}D$ hanno il vertice in comune e le loro bisettrici sono tali che l'una è il prolungamento dell'altra.
Dimostra che $B\widehat{O}C \cong D\widehat{O}A$.

6 Determina α.

123°

$(\alpha - 37)°$

G2 TRIANGOLI

1. LATI, ANGOLI, SEGMENTI PARTICOLARI ➔ Esercizi a pagina G46

➔ Esercizi a pagina **G46**

A **triangle** is a polygon with three sides and three vertices.

Lati e angoli

Un **triangolo** è un poligono con tre lati e tre angoli. Valgono quindi tutte le definizioni relative a lati e angoli che abbiamo dato per i poligoni.
In particolare, un **angolo** interno è:

- **adiacente a un lato** se il suo vertice è un estremo del lato, altrimenti è **opposto al lato**;
- **compreso fra due lati** se essi appartengono ai lati dell'angolo.

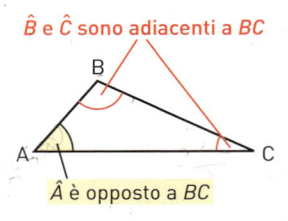

$\hat{B}$ e $\hat{C}$ sono adiacenti a BC

$\hat{A}$ è opposto a BC

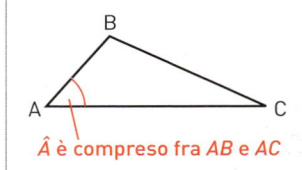

$\hat{A}$ è compreso fra AB e AC

Classificazioni

Classifichiamo i triangoli rispetto ai lati e rispetto agli angoli.
Rispetto ai lati, un triangolo è:

equilatero se ha i tre lati congruenti;	**isoscele** se ha due lati congruenti;	**scaleno** se non ha lati congruenti.

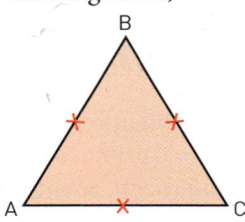 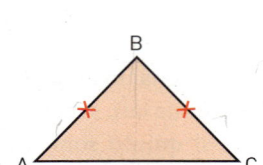 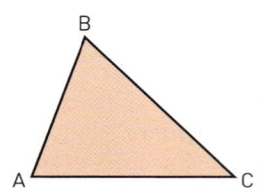

L'insieme dei triangoli equilateri è un sottoinsieme di quello dei triangoli isosceli, perché un triangolo equilatero è tre volte isoscele: si possono considerare tre coppie di lati congruenti.
Rispetto agli angoli, un triangolo è:

acutangolo se ha i tre angoli acuti;	**rettangolo** se ha un angolo retto;	**ottusangolo** se ha un angolo ottuso.

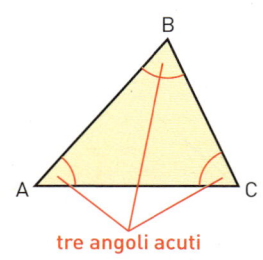

tre angoli acuti

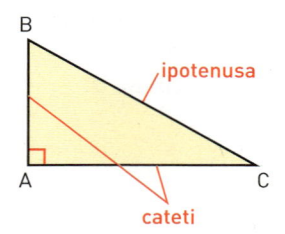

ipotenusa

cateti

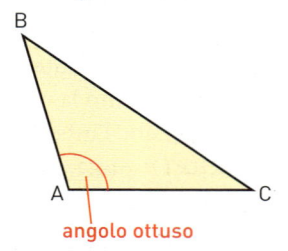

angolo ottuso

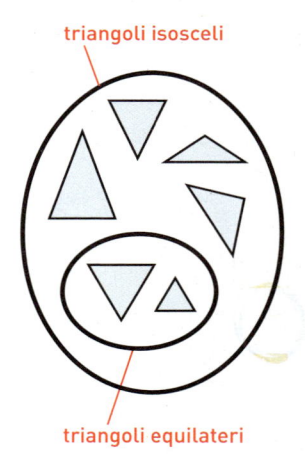

triangoli isosceli

triangoli equilateri

In un triangolo rettangolo i due lati adiacenti all'angolo retto sono i **cateti**, quello opposto all'angolo retto è l'**ipotenusa**.

Bisettrici, mediane, altezze

In un triangolo:

- la **bisettrice** di un angolo è il segmento formato dai punti della bisettrice dell'angolo che appartengono al triangolo;

- la **mediana** relativa a un lato è il segmento che ha per estremi il vertice opposto al lato e il punto medio del lato stesso;

- l'**altezza** relativa a un lato è il segmento che ha un estremo nel vertice opposto al lato e l'altro estremo sul lato stesso, o sul suo prolungamento, preso in modo da formare due angoli retti.

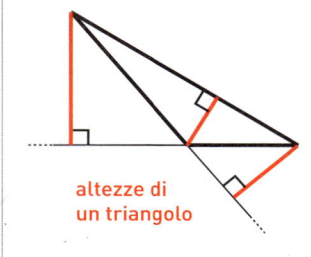

altezze di un triangolo

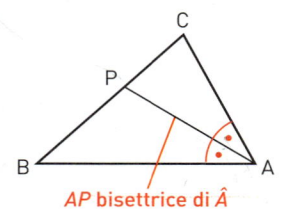

AP bisettrice di Â

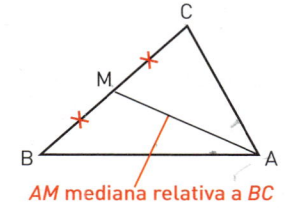

AM mediana relativa a BC

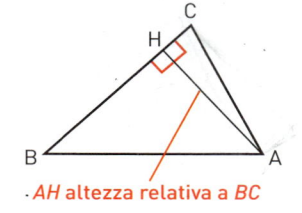

· AH altezza relativa a BC

ESERCIZI PER COMINCIARE

1 COMPLETA Nella figura:

- rispetto ai lati, il triangolo è _____;
- rispetto agli angoli, il triangolo è _____;
- $A\widehat{B}C$ è _____ al lato AC;
- $B\widehat{C}A$ è _____ al lato BC;
- $C\widehat{A}B$ è compreso fra i lati ____ e ____.

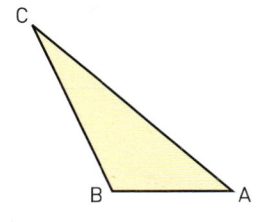

2 Ricopia più volte ognuno dei triangoli seguenti e traccia le bisettrici, le mediane e le altezze.

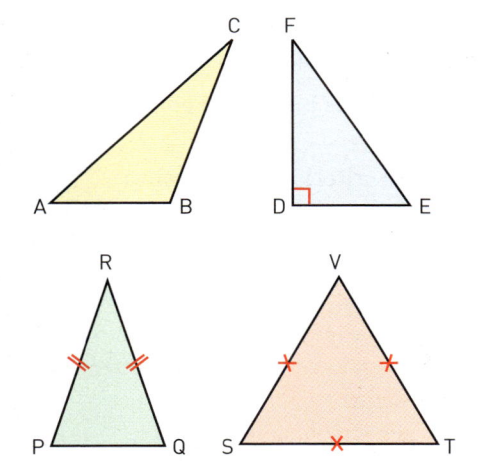

3 📱 ANIMAZIONE Un triangolo è l'intersezione di tre angoli convessi che hanno per vertici tre punti non allineati. Fai un esempio.

4 📱 VERO O FALSO?

a. Un triangolo ottusangolo non è mai isoscele.   V F

b. Un triangolo isoscele può essere equilatero.   V F

c. Un triangolo scaleno non è isoscele.   V F

d. Se un triangolo non è isoscele, non può essere equilatero.   V F

e. Un triangolo non scaleno è isoscele.   V F

2. PRIMO CRITERIO DI CONGRUENZA

> Two triangles are congruent if two of their sides and the angles between them are respectively congruent. This is sometimes called the **side-angle-side (SAS) criterion**.

➔ Esercizi a pagina **G47**

Se sappiamo che due triangoli ABC e $A'B'C'$ hanno congruenti

i lati AB e $A'B'$,   i lati AC e $A'C'$ e gli angoli $\widehat{A}$ e $\widehat{A'}$ compresi fra essi,

possiamo pensare di sovrapporre i triangoli, punto per punto:

spostiamo $A'B'C'$ con un movimento rigido in modo che A' coincida con A e si sovrappongano i lati $A'C'$ e AC e gli angoli $\widehat{A'}$ e $\widehat{A}$.

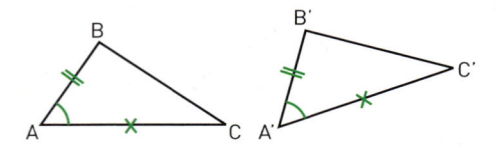 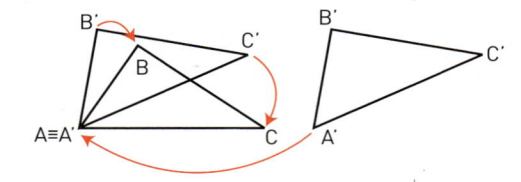

Osserviamo che:

- $AC \cong A'C'$, quindi il punto C' coincide con C;
- $\widehat{A} \cong \widehat{A'}$, quindi il lato $A'B'$ coincide con il lato AB;
- $AB \cong A'B'$, quindi il punto B' coincide con B.

Essendo sovrapposti i tre vertici dei triangoli, lo sono anche tutti i lati e tutti gli angoli: i triangoli sono congruenti.

Le considerazioni precedenti portano ad accettare come postulato il seguente criterio.

Primo criterio di congruenza
Due triangoli sono congruenti se hanno ordinatamente congruenti due lati e l'angolo compreso fra i due lati.

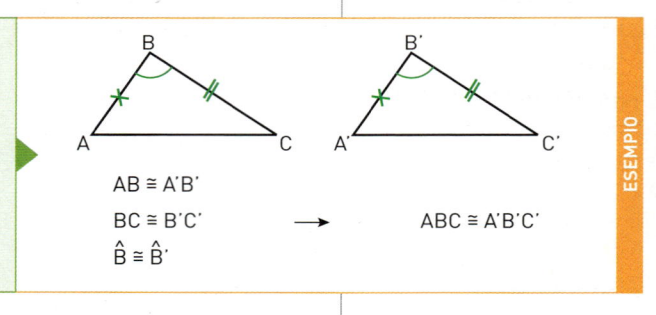

$AB \cong A'B'$
$BC \cong B'C'$
$\widehat{B} \cong \widehat{B'}$ $\longrightarrow$ $ABC \cong A'B'C'$

ESERCIZI PER COMINCIARE

1 📱 **ANIMAZIONE** Nel triangolo PQR, considera M, punto medio di QR.
Prolunga PM di un segmento MS, in modo che $PM \cong MS$, e traccia il segmento RS.
Dimostra che PQ e RS sono congruenti.

2 📱 **ANIMAZIONE** Dati due triangoli, se hanno ordinatamente congruenti due lati e un angolo che non sia quello compreso fra i lati, non è detto che i triangoli siano congruenti. Fai un esempio.

3 $A\widehat{V}B$ e $B\widehat{V}C$ sono due angoli consecutivi congruenti di vertice V. Sui lati non comuni AV e VC, considera i segmenti congruenti VA' e VC' e, fissato un punto P sul lato comune VB, dimostra che gli angoli $A'\widehat{P}V$ e $C'\widehat{P}V$ sono congruenti.

4 Due triangoli ABC e $A'B'C'$ sono tali che $AB \cong A'B'$, $AC \cong A'C'$ e hanno gli angoli esterni di vertici A e A' congruenti. Dimostra che i triangoli sono congruenti.

3. SECONDO CRITERIO DI CONGRUENZA

> Two triangles are congruent if a side and its two adjacent angles are respectively congruent. This is sometimes called the **angle-side-angle (ASA) criterion**.

→ Esercizi a pagina **G50**

Utilizzando il metodo di dimostrazione per assurdo, dimostriamo il secondo criterio di congruenza.

In una **dimostrazione per assurdo** consideriamo *vera la negazione della tesi* e arriviamo, con una *sequenza di deduzioni*, a una *contraddizione*. Questo permette di affermare che la *negazione della tesi è falsa* e, di conseguenza, la *tesi è vera*.

TEOREMA

Secondo criterio di congruenza
Due triangoli sono congruenti se hanno ordinatamente congruenti un lato e gli angoli adiacenti al lato.

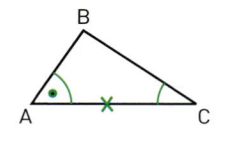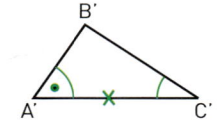

Ipotesi: $AC \cong A'C'$
$\hat{A} \cong \hat{A}'$
$\hat{C} \cong \hat{C}'$

Tesi: $ABC \cong A'B'C'$

DIMOSTRAZIONE

📱 ANIMAZIONE Ragioniamo per assurdo negando la tesi, supponendo cioè che i triangoli *non* siano congruenti. Deduciamo subito che non può essere $AB \cong A'B'$, altrimenti i triangoli sarebbero congruenti per il primo criterio.
Supponiamo poi che $AB < A'B'$.
Dovrebbe esistere un punto P, interno ad $A'B'$, con $A'P \cong AB$.

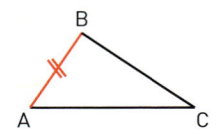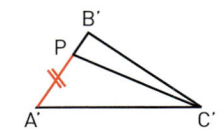

I triangoli $A'PC'$ e ABC sarebbero congruenti per il primo criterio, avendo
$A'P \cong AB$, $A'C' \cong AC$, $\widehat{A'} \cong \widehat{A}$.
In particolare, sarebbe $\widehat{PC'A'} \cong \widehat{BCA}$.
Ma per ipotesi $\widehat{BCA} \cong \widehat{B'C'A'}$, quindi per la proprietà transitiva: $\widehat{PC'A'} \cong \widehat{B'C'A'}$.

Poiché l'angolo $\widehat{B'C'A'}$ non può essere congruente a una sua parte, siamo giunti a una contraddizione.
Allora la negazione della tesi è falsa e i triangoli ABC e $A'B'C'$ sono congruenti.
Si procede in modo analogo se si suppone $AB > A'B'$.

ESERCIZI PER COMINCIARE

1 📱 **ANIMAZIONE** Dimostra che, se in un triangolo una bisettrice è anche altezza, allora il triangolo è isoscele.

2 📱 **ANIMAZIONE** Dimostra che in due triangoli congruenti le bisettrici di angoli congruenti sono congruenti.

3 📱 **VIDEO** **Dimostrazione per assurdo** Per comprendere meglio come si procede in una dimostrazione per assurdo, prova ad applicarla in questo esempio.
Su un'isola vivono soltanto persone che dicono sempre la verità e persone sempre bugiarde.
Sull'isola si trova un cartello con scritto: «Io sono un bugiardo!».
Dimostra che non può averlo scritto un abitante dell'isola.

4. PROPRIETÀ DEL TRIANGOLO ISOSCELE

→ Esercizi a pagina **G51**

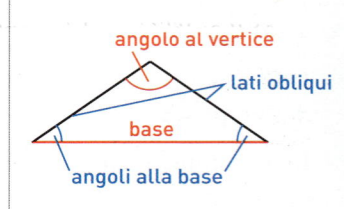

An **isosceles** triangle has two congruent sides and two congruent angles.

In un triangolo isoscele, chiamiamo:

- **lati obliqui** i lati congruenti;
- **base** l'altro lato;
- **angoli alla base** gli angoli adiacenti alla base;
- **angolo al vertice** l'altro angolo.

TEOREMA

Triangolo isoscele → due angoli congruenti
Un triangolo isoscele ha gli angoli alla base congruenti.

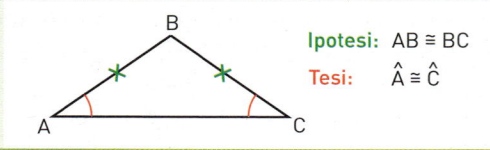

Ipotesi: $AB \cong BC$

Tesi: $\hat{A} \cong \hat{C}$

DIMOSTRAZIONE

Tracciamo la bisettrice BP dell'angolo al vertice $\widehat{B}$.
I triangoli ABP e BPC hanno:

- $AB \cong BC$ perché ABC è isoscele;
- BP in comune;
- $A\widehat{B}P \cong P\widehat{B}C$ perché BP è bisettrice dell'angolo $\widehat{B}$.

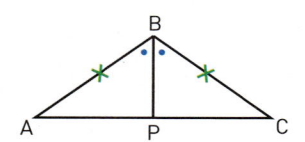

Quindi sono congruenti per il primo criterio.
In particolare: $\widehat{A} \cong \widehat{C}$.

Il teorema precedente esprime una *condizione necessaria* affinché un triangolo sia isoscele: perché un triangolo sia isoscele è necessario che abbia due angoli congruenti.

Vale anche il teorema inverso, che è una *condizione sufficiente* affinché un triangolo sia isoscele.

TEOREMA

Due angoli congruenti → triangolo isoscele
Se un triangolo ha due angoli congruenti, allora è isoscele.

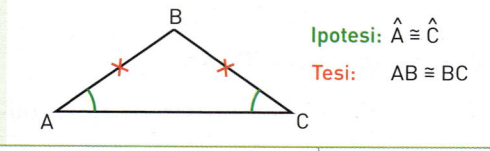

Ipotesi: $\hat{A} \cong \hat{C}$

Tesi: $AB \cong BC$

DIMOSTRAZIONE

ANIMAZIONE Tracciamo le bisettrici AS e CT.
I triangoli ATC e ASC hanno:

- AC in comune;
- $T\widehat{A}C \cong S\widehat{C}A$ per ipotesi;
- $A\widehat{C}T \cong S\widehat{A}C$ perché metà di angoli congruenti.

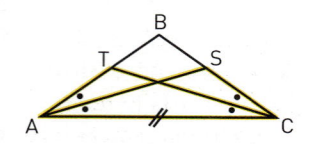

Quindi sono congruenti per il secondo criterio.
In particolare: $AS \cong CT$; $A\widehat{T}C \cong A\widehat{S}C$.

Consideriamo ora i triangoli ABS e CTB; hanno:

- $AS \cong CT$ per la dimostrazione precedente;
- $B\widehat{A}S \cong B\widehat{C}T$ perché metà di angoli congruenti;
- $A\widehat{S}B \cong B\widehat{T}C$ perché supplementari di $A\widehat{S}C \cong A\widehat{T}C$, congruenti per la dimostrazione precedente.

Quindi sono congruenti per il secondo criterio.

In particolare: $AB \cong BC$.

Pertanto il triangolo ABC è isoscele.

Il teorema precedente esprime una *condizione sufficiente* affinché un triangolo sia isoscele: perché un triangolo sia isoscele è sufficiente che abbia due angoli congruenti.

I due teoremi finora dimostrati in questo paragrafo si possono allora riassumere nel seguente.

Condizione necessaria e sufficiente per il triangolo isoscele
Affinché un triangolo sia isoscele è necessario e sufficiente che abbia due angoli congruenti.

In modo equivalente, si può dire che un triangolo è isoscele *se e solo se* ha due angoli congruenti.

Nel dimostrare che un triangolo isoscele ha due angoli congruenti, abbiamo tracciato la bisettrice BP dell'angolo al vertice $\widehat{B}$ e dimostrato che i triangoli ABP e BPC sono congruenti.

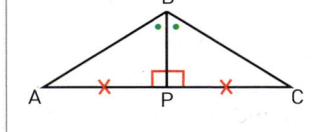

Da questo deduciamo che:

- $AP \cong PC$, quindi BP è anche mediana di AC;
- $A\widehat{P}B \cong B\widehat{P}C$; gli angoli sono adiacenti, quindi la loro somma è un angolo piatto; essendo congruenti, ognuno degli angoli è allora un angolo retto e BP è anche altezza di AC.

Riassumiamo queste proprietà con un teorema.

Bisettrice dell'angolo al vertice → mediana e altezza relativa alla base
In un triangolo isoscele la bisettrice dell'angolo al vertice è anche mediana e altezza relativa alla base.

Proprietà del triangolo equilatero

Utilizzando le proprietà del triangolo isoscele, si può dimostrare che:

- un triangolo è equilatero se e solo se ha tre angoli congruenti;
- in un triangolo equilatero, ogni bisettrice è anche mediana e altezza.

ESERCIZI PER COMINCIARE

1 **ANIMAZIONE** Nel triangolo isoscele ABC prolunga la base AB di due segmenti congruenti AD e BE. Dimostra che DCE è isoscele.

2 **VIDEO** **Condizione necessaria e condizione sufficiente** Fai un tuo esempio di condizione necessaria ma non sufficiente, uno di condizione sufficiente ma non necessaria e uno di condizione necessaria e sufficiente, dopo aver compreso quelli che proponiamo nel video.

5. TERZO CRITERIO DI CONGRUENZA

→ Esercizi a pagina **G54**

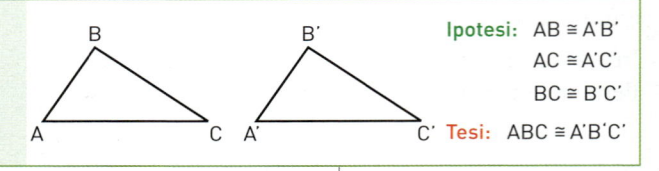

If two triangles have all three sides respectively congruent, they are congruent. This is sometimes called the **side-side-side (SSS) criterion**.

TEOREMA

Terzo criterio di congruenza
Due triangoli sono congruenti se hanno ordinatamente congruenti tre lati.

Ipotesi: $AB \cong A'B'$
$AC \cong A'C'$
$BC \cong B'C'$
Tesi: $ABC \cong A'B'C'$

DIMOSTRAZIONE

ANIMAZIONE Dato il triangolo ABC, con vertice A e lato AC, costruiamo dalla parte opposta rispetto a B un angolo congruente a $B'A'C'$. Prendiamo sulla semiretta ottenuta il punto D in modo che $AD \cong A'B'$.

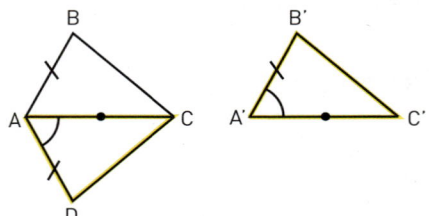

I triangoli ADC e $A'B'C'$ sono congruenti per il primo criterio. Quindi:

$AB \cong A'B' \cong AD$ e $BC \cong B'C' \cong DC$.

Tracciamo BD e osserviamo i triangoli isosceli ABD e CBD che si formano.

$A\widehat{D}B \cong A\widehat{B}D$ e $C\widehat{D}B \cong C\widehat{B}D$, quindi $A\widehat{B}C \cong A\widehat{D}C$ perché somme di angoli congruenti.

Per le considerazioni precedenti, i triangoli ABC e ADC hanno:

$AB \cong AD$, $BC \cong CD$,

$A\widehat{B}C \cong A\widehat{D}C$.

Quindi sono congruenti per il primo criterio.

Abbiamo dimostrato la congruenza delle coppie di triangoli

$ABC \cong ADC$ e $ADC \cong A'B'C'$,

quindi, per la proprietà transitiva:

$ABC \cong A'B'C'$.

La dimostrazione è analoga se i triangoli ABC e $A'B'C'$ non sono acutangoli come quelli che abbiamo disegnato ma ottusangoli, oppure rettangoli.

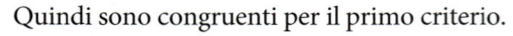

ESERCIZI PER COMINCIARE

Giustifica con il terzo criterio di congruenza le seguenti costruzioni, che abbiamo esaminato nel capitolo G1.

1 **VIDEO** Costruzione della bisettrice di un angolo

2 **ANIMAZIONE** Costruzione di un angolo congruente a un angolo dato

3 **VIDEO** **Criteri di congruenza dei triangoli** I criteri di congruenza sono le condizioni per poter disegnare un triangolo congruente a un triangolo dato. Riassumi i concetti contenuti nel video e costruisci con riga e compasso le figure proposte.

Utilizza i tre criteri di congruenza dei triangoli per le dimostrazioni seguenti.

4 **ANIMAZIONE** Nel triangolo ABC consideriamo la mediana BM e la semiretta di origine A che incontra il prolungamento di BM in D e tale che $D\widehat{A}C \cong A\widehat{C}B$. Dimostra che $AD \cong BC$.

5 **ANIMAZIONE** I triangoli ABC e DEF hanno congruenti: AB e DE; BC ed EF; le mediane AP e DQ dei lati BC ed EF. Dimostra che $ABC \cong DEF$.

6. DISUGUAGLIANZE NEI TRIANGOLI

➜ Esercizi a pagina **G57**

Angoli esterni e angoli interni

| TEOREMA | **Angolo esterno di un triangolo**
In un triangolo, un angolo esterno è maggiore di ognuno degli angoli interni che non gli sono adiacenti. | 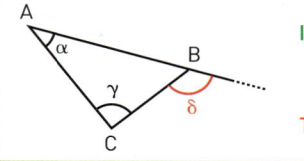 | **Ipotesi:** δ angolo esterno
α e γ angoli interni non adiacenti

Tesi: $\delta > \gamma;\ \delta > \alpha$ |

DIMOSTRAZIONE

ANIMAZIONE Dimostriamo che $\delta > \gamma$.
Consideriamo il punto medio D di CB. Prolunghiamo AD di un segmento DE in modo che $AD \cong DE$ e congiungiamo E con B.

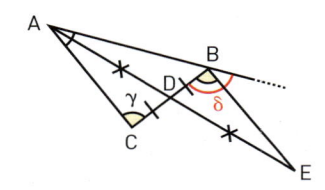

I triangoli DBE e DCA hanno:

- $DB \cong CD$ perché D è punto medio di CB;
- $DE \cong AD$ per costruzione;
- $E\widehat{D}B \cong A\widehat{D}C$ perché opposti al vertice.

Quindi sono congruenti per il primo criterio.
In particolare: $D\widehat{B}E \cong D\widehat{C}A$.
Essendo $D\widehat{B}E$ interno all'angolo δ, allora $\delta > D\widehat{B}E$ e di conseguenza anche $\delta > D\widehat{C}A$, cioè $\delta > \gamma$.

Dimostriamo che $\delta > \alpha$.
Ripetiamo il procedimento, ma consideriamo l'angolo esterno δ_1, con $\delta_1 \cong \delta$ perché opposti a vertice.

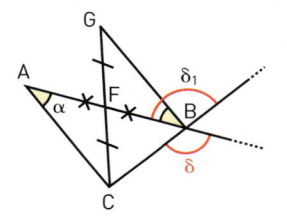

Prendiamo F, punto medio di AB, e prolunghiamo CF in modo che $FG \cong CF$.
Dalla congruenza dei triangoli BFG e CAF deduciamo che $G\widehat{B}F \cong C\widehat{A}F$.
Essendo $G\widehat{B}F$ interno all'angolo δ_1, allora $\delta_1 > G\widehat{B}F$ e quindi anche $\delta_1 > C\widehat{A}F$.
Concludiamo che $\delta > \alpha$.

Dal teorema precedente si deducono queste proprietà:

- in un triangolo, la somma di due angoli interni è sempre minore di un angolo piatto;
- almeno due angoli di un triangolo devono essere acuti;
- in un triangolo isoscele, gli angoli alla base sono sempre acuti.

Te ne proponiamo la dimostrazione negli esercizi 2, 3 e 4 a pagina G45.

Lato maggiore e angolo maggiore

| TEOREMA | **Lato maggiore → angolo opposto maggiore**
In un triangolo, a lato maggiore è opposto angolo maggiore. | 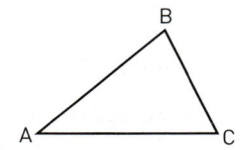 | **Ipotesi:** ABC triangolo
$AB > BC$

Tesi: $\widehat{C} > \widehat{A}$ |

DIMOSTRAZIONE

ANIMAZIONE Per ipotesi $AB > BC$, quindi possiamo considerare un punto D del segmento AB in modo che $BD \cong BC$.

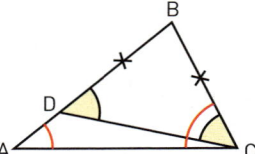

$B\widehat{C}A > B\widehat{C}D$ perché $B\widehat{C}D$ è interno a $B\widehat{C}A$.
$B\widehat{C}D \cong C\widehat{D}B$ perché il triangolo DBC è isoscele.
$C\widehat{D}B > D\widehat{A}C$ perché $C\widehat{D}B$ è angolo esterno del triangolo ADC e $D\widehat{A}C$ è un angolo interno non adiacente.
Abbiamo dimostrato che:
$B\widehat{C}A > B\widehat{C}D \cong C\widehat{D}B > D\widehat{A}C$, quindi
$B\widehat{C}A > D\widehat{A}C$, cioè $\widehat{C} > \widehat{A}$ nel triangolo ABC.

Vale anche il teorema inverso.

> **TEOREMA**
>
> **Angolo maggiore → lato opposto maggiore**
> In un triangolo, ad angolo maggiore è opposto lato maggiore.

Disuguaglianze fra i lati

> **TEOREMA**
>
> **Disuguaglianze triangolari**
> In un triangolo, un lato è:
> 1. minore della somma degli altri due;
> 2. maggiore della loro differenza.

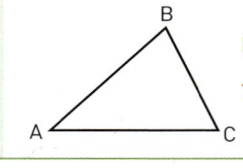

Ipotesi: ABC triangolo

Tesi: AB < AC + BC
AB > AC − BC (con AC ≥ BC)

DIMOSTRAZIONE

ANIMAZIONE Dimostriamo che $AB < AC + BC$.
Prolunghiamo AC di un segmento CD tale che $CD \cong BC$.

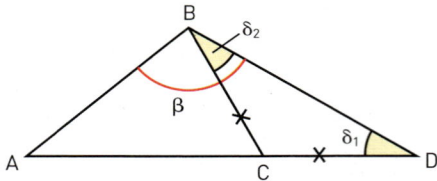

$\delta_1 \cong \delta_2$ perché angoli alla base del triangolo isoscele BDC.
$\beta > \delta_2$ perché BC è interno a β, quindi è anche $\beta > \delta_1$.
$AB < AD$ perché, nel triangolo ABD, $\delta_1 < \beta$, quindi AB è opposto ad angolo minore e AD ad angolo maggiore.
Essendo
$$AD \cong AC + CD \text{ e } CD \cong BC,$$
allora
$$AD \cong AC + BC.$$
$AB < AD$ e $AD \cong AC + BC$, quindi
$$AB < AC + BC.$$
Dimostriamo che $AB > AC - BC$.
Se $AC \cong BC$, allora la relazione della tesi diventa $AB > 0$, che è vera.
Dimostriamo poi la tesi se AC e BC non sono congruenti, con $AC > BC$.

Consideriamo D, punto interno di AC, tale che $CD \cong BC$.

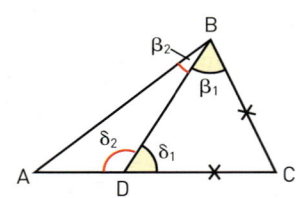

$\delta_1 \cong \beta_1$ perché angoli alla base del triangolo isoscele DBC.
$\delta_2 > \beta_1$ perché, nel triangolo DBC, δ_2 è angolo esterno e β_1 è angolo interno non adiacente, quindi è anche $\delta_2 > \delta_1$.
$\delta_1 > \beta_2$ perché, nel triangolo ABD, δ_1 è angolo esterno e β_2 è angolo interno non adiacente; quindi $\delta_2 > \beta_2$.
$AB > AD$ perché, nel triangolo ABD, AB è opposto ad angolo maggiore, δ_2, e AD è opposto ad angolo minore, β_2.
Essendo
$$AD \cong AC - CD \text{ e } CD \cong BC,$$
allora
$$AD \cong AC - BC.$$
$AB > AD$ e $AD \cong AC - BC$,
quindi $AB > AC - BC$.

La via più breve

La prima disuguaglianza triangolare descrive una proprietà geometrica che applichiamo spesso nella realtà: se i collegamenti in linea retta fra tre luoghi A, B, C sono dello stesso tipo, per andare più rapidamente da A a B scegliamo il collegamento diretto e non andiamo da A a C e poi da C a B.

Lunghezze e lati

Se di tre segmenti conosciamo la lunghezza, le disuguaglianze triangolari permettono di stabilire se con essi possiamo disegnare un triangolo.

▶ Tre segmenti di lunghezze 3 cm, 5 cm e 7 cm possono essere i lati di un triangolo, perché:

$$3 < 5+7; \quad 5 < 3+7; \quad 7 < 3+5; \quad 3 > 7-5; \quad 5 > 7-3; \quad 7 > 5-3.$$

▶ Tre segmenti di lunghezza 8 cm, 15 cm, 3 cm *non* possono essere i lati di un triangolo, perché:

$$8 < 15 - 3. \quad \text{è falsa la seconda disuguaglianza triangolare}$$

ESERCIZI PER COMINCIARE

1 ▢ **ANIMAZIONE** Nel triangolo isoscele ABC di base AB, considera il punto P interno al lato BC. Dimostra che $C\widehat{P}A > P\widehat{A}C$.

Dimostra le seguenti proprietà.

2 ▢ **ANIMAZIONE** La somma di due angoli interni di un triangolo è minore di un angolo piatto.

3 In un triangolo ci sono sempre due angoli acuti.

4 Gli angoli alla base di un triangolo isoscele sono acuti.

5 In un triangolo rettangolo, l'ipotenusa è maggiore di ognuno dei cateti.

6 In un triangolo ottusangolo, il lato opposto all'angolo ottuso è maggiore di ognuno degli altri due.

7 Disegna un triangolo ABC rettangolo in A e considera un punto D su AB. Dimostra che il triangolo CDB è ottusangolo.

8 ▢ **VERO O FALSO?**

    a. Se un lato di un triangolo è 42 cm, il perimetro può essere 84 cm.   V F

    b. Se un triangolo ha due lati lunghi 22 cm e 13 cm, il perimetro non può essere 43 cm.   V F

    c. Se un triangolo isoscele ha il perimetro che misura 27 cm, la base può misurare 7 cm.   V F

    d. Se un triangolo isoscele ha la base che misura 15,4 cm, il lato deve essere almeno 7,7 cm.   V F

9 Un triangolo isoscele di perimetro 47 dm può avere il lato obliquo lungo 12 dm? Perché?

10 La somma delle misure in centimetri di tre segmenti è 41 e i segmenti sono tali che il secondo è i $\frac{3}{2}$ del primo, mentre il terzo supera il secondo di 9. Calcola le misure in centimetri dei segmenti e stabilisci se con essi è possibile costruire un triangolo.

[8; 12; 21; no]

1. LATI, ANGOLI, SEGMENTI PARTICOLARI

→ Teoria a pagina **G36**

Lati e angoli

1 Nel triangolo della figura indica:

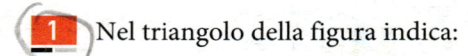

a. l'angolo opposto al lato AC;

b. l'angolo compreso tra i lati AC e CB;

c. gli angoli adiacenti al lato AC;

d. il lato opposto all'angolo $A\widehat{C}B$;

e. i due angoli esterni di vertice C.

2 In ogni triangolo a ogni angolo interno corrispondono due angoli esterni. Perché sono congruenti?

Classificazioni

3 Costruisci un triangolo equilatero su ogni segmento disegnato.

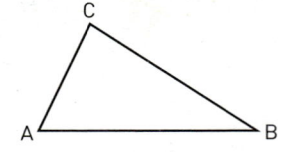

4 Costruisci un triangolo isoscele su ciascun segmento dell'esercizio precedente.

5 Disegna un triangolo scaleno ABC e traccia tutti gli angoli esterni. Quanti sono?

6 **FAI UN ESEMPIO** Disegna, se possibile, un triangolo:

a. ottusangolo isoscele;

b. acutangolo scaleno;

c. rettangolo isoscele;

d. scaleno isoscele;

e. rettangolo scaleno.

MATEMATICA E GIOCHI

Gli esaflexagoni

Gli *esaflexagoni*, strani oggetti geometrici costruiti con triangoli equilateri, sono stati inventati attorno agli anni '40 del secolo scorso da uno studente di Princeton, Arthur Stone, e da alcuni suoi colleghi fisici e matematici, tra cui il premio Nobel Richard Feynman.
Prova a capire le loro proprietà con le attività che proponiamo.

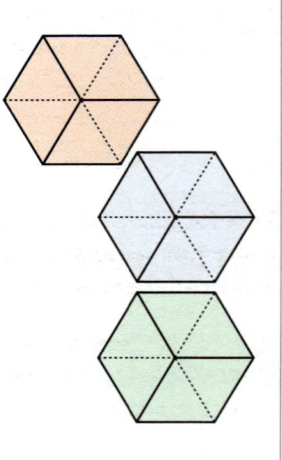

▶ Attività guidata.
▶ Un esercizio in più.

Bisettrici, mediane, altezze

7 Disegna un triangolo rettangolo e traccia le altezze relative ai tre lati. Dove si incontrano?

Disegna tre triangoli: a. acutangolo; b. rettangolo; c. ottusangolo. In ciascuno, traccia i seguenti elementi.

8 Le mediane.

9 Le altezze.

10 Le bisettrici.

Costruzioni

Esegui le costruzioni con riga e compasso.

11 Disegna un triangolo qualsiasi e costruisci le sue mediane.

12 Disegna un triangolo a piacere e traccia le bisettrici degli angoli interni.

Disegna le figure richieste nelle seguenti descrizioni.

13 Dato un segmento AB, conduci da parti opposte rispetto alla retta AB due semirette r e s con origine rispettivamente in A e in B e che formano angoli congruenti con AB. Considera su di esse due punti, rispettivamente C e D, e indica con P il punto di intersezione tra i segmenti CD e AB.

14 Sui prolungamenti dei lati AB e AC del triangolo isoscele ABC, con base BC, considera rispettivamente i punti D ed E tali che $BD \cong CE$. Indica con Q il punto di intersezione tra BE e CD.

15 Indica con M il punto medio dell'ipotenusa del triangolo rettangolo ABC, rettangolo in A. Considera sulla bisettrice dell'angolo $M\widehat{A}C$ il punto P tale che $AP \cong \frac{1}{3}AM$ e traccia i segmenti CP e PM.

Disegna una figura che rappresenti l'enunciato dei seguenti teoremi e scrivi ipotesi e tesi in simboli, senza eseguire la dimostrazione.

16 Due triangoli aventi ordinatamente congruenti due lati e la mediana relativa a uno di essi sono congruenti.

17 Due triangoli isosceli aventi la base e un lato congruenti sono congruenti.

18 In un triangolo ABC, isoscele sulla base BC, traccia le mediane BM e CN. Indicato con D il loro punto di intersezione, dimostra che AD è la bisettrice di $\widehat{A}$.

Scrivi l'enunciato del teorema rappresentato dalla figura e dalle ipotesi e tesi indicate.

19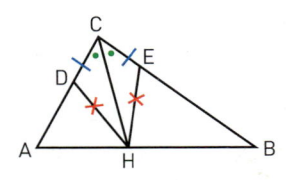

Ipotesi: $A\widehat{C}H \cong H\widehat{C}E$
$DC \cong CE$

Tesi: $DH \cong EH$

20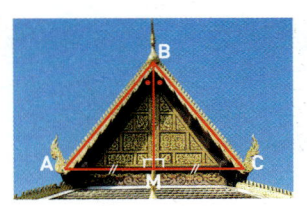

Ipotesi: $AM \cong MC$
$C\widehat{M}B \cong A\widehat{M}B$

Tesi: $A\widehat{B}M \cong C\widehat{B}M$

21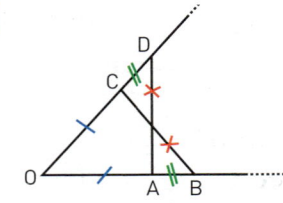

Ipotesi: $OA \cong OC$
$AB \cong CD$

Tesi: $AD \cong CB$

Con le misure

22 **COMPLETA**

a. Se un triangolo ha un angolo di 95°, allora gli angoli esterni adiacenti a esso misurano ☐.

b. Se un angolo esterno di un triangolo misura 128°, l'angolo interno misura ☐.

c. Se la bisettrice di un angolo interno divide l'angolo in due angoli di 20°, l'angolo esterno misura ☐.

2. PRIMO CRITERIO DI CONGRUENZA → Teoria a pagina **G38**

23 In ciascuna delle seguenti figure, utilizzando le informazioni segnate in colore, indica le coppie di triangoli che sono congruenti in base al primo criterio.

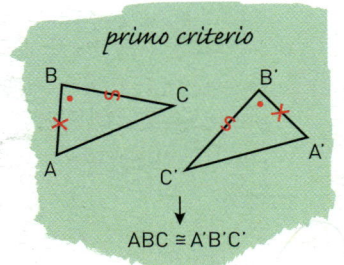

primo criterio

$ABC \cong A'B'C'$

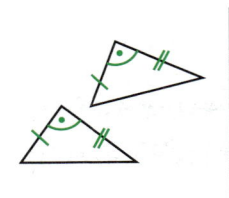

a

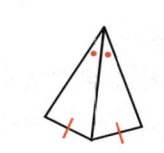

b

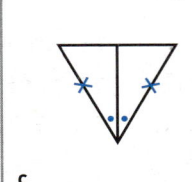

c

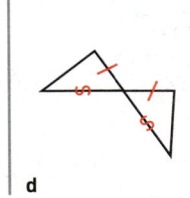

d

24 **AL VOLO** Due triangoli rettangoli hanno i cateti congruenti. Sono congruenti?

Dimostrazioni

ESEMPIO

Sui lati a e b di un angolo di vertice O considera rispettivamente i punti A e B, con $OA \cong OB$, e sui segmenti OA e OB i punti D ed E rispettivamente, con $OD \cong OE$.

Dimostriamo che: **a.** $O\widehat{D}B \cong O\widehat{E}A$; **b.** i triangoli DAB ed EBA sono congruenti.

Ipotesi: $OA \cong OB$ **Tesi:**   **a.** $O\widehat{D}B \cong O\widehat{E}A$

$OD \cong OE$ **b.** $DAB \cong EBA$

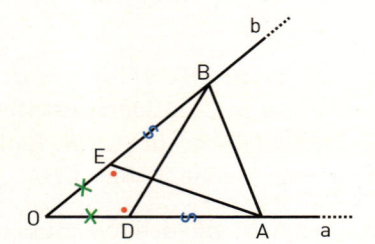

DIMOSTRAZIONE

a. Poiché i triangoli ODB e OEA hanno

- $OA \cong OB$ per ipotesi,
- $OE \cong OD$ per ipotesi,
- $A\widehat{O}B$ in comune,

essi sono congruenti per il primo criterio.

In particolare: $O\widehat{D}B \cong O\widehat{E}A$.

b. I triangoli DAB ed EBA hanno:

- $DA \cong EB$ perché differenze di segmenti congruenti per ipotesi;
- $B\widehat{E}A \cong A\widehat{D}B$ perché angoli supplementari di angoli congruenti;
- $DB \cong EA$ perché $ODB \cong OEA$ per la dimostrazione precedente.

Quindi $DAB \cong EBA$ per il primo criterio.

---

25 Traccia due segmenti AB e CD che si intersecano nel punto M, che è il punto medio di entrambi. Dimostra che i triangoli AMC e BMD sono congruenti.

26 Nel triangolo ABC traccia la mediana CM e prolungala di un segmento $MD \cong CM$.
Congiungi D con B e con A e dimostra che $AC \cong BD$ e che $CB \cong AD$.

27 Due segmenti AB e CD si intersecano nel loro punto medio M. Congiungi i punti C e D con A e con B e dimostra che i triangoli ABC e ABD sono congruenti.

28 Sui lati AC e $A'C'$ dei triangoli congruenti ABC e $A'B'C'$, considera i segmenti AQ e $A'Q'$ congruenti. Dimostra che:
a. $BQ \cong B'Q'$;
b. gli angoli $C\widehat{B}Q$ e $C'\widehat{B'}Q'$ sono congruenti.

29 Sono dati due triangoli congruenti ABC e $A'B'C'$. Prolunga i lati BC e $B'C'$ di due segmenti congruenti CD e $C'D'$ e dimostra che $AD \cong A'D'$.

30 Il triangolo ABC della figura è isoscele sulla base AC e inoltre è $DB \cong EB$. Dimostra che i triangoli DAC ed ECA sono congruenti.

31 Sulla bisettrice dell'angolo $\widehat{B}$ del triangolo ABC considera i punti P e Q tali che $BP \cong BC$ e $BQ \cong AB$. Dimostra che $AP \cong QC$.

32 Su una retta r considera ordinatamente tre punti O, A e B. Su una semiretta s di origine O, distinta da r, fissa i punti P e Q, in modo che $OQ \cong OB$ e $PQ \cong AB$. Dimostra che i triangoli OAQ e OPB sono congruenti.

33 Dimostra che in due triangoli congruenti le mediane relative a lati congruenti sono tra loro congruenti.

YOU & MATHS

The airport problem

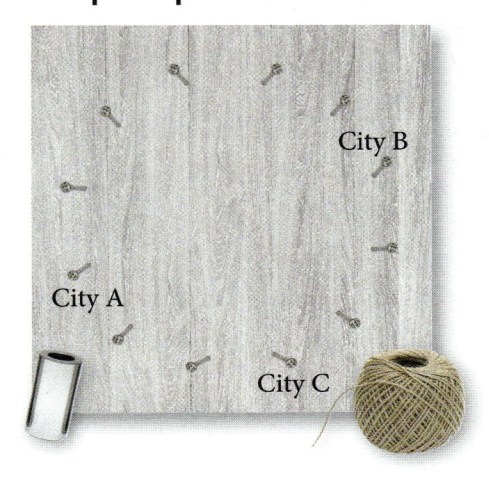

The administrations of three neighbouring cities, named A, B, and C, decided to build an airport dividing the costs of implementation…

📱 ▸ Problem and resolution.
▸ 5 more exercises.

---

34 📱 **ESEMPIO DIGITALE** Nel triangolo isoscele ABC di base BC prolunga i lati AB e AC dei segmenti congruenti AD e AE. Dimostra che $B\widehat{E}C \cong B\widehat{D}C$ ed $E\widehat{C}B \cong D\widehat{B}C$.

35 Dimostra che le mediane relative ai lati congruenti di un triangolo isoscele sono tra loro congruenti.

36 Prolunga la mediana AM del triangolo ABC di un segmento MD congruente ad AM. Dimostra che $C\widehat{A}B \cong C\widehat{D}B$.

37

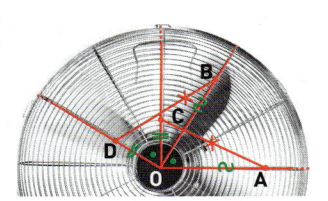

Nella figura è: $OA \cong OB$, $OC \cong OD$, $A\widehat{O}B \cong C\widehat{O}D$.

Dimostra che: $CA \cong DB$.

38 Considera sui lati di un angolo convesso di vertice A i punti P e Q tali che $AP \cong AQ$. Presi sulla bisettrice dell'angolo i punti B e C, con $AC > AB$, dimostra che:

a. $Q\widehat{B}C \cong P\widehat{B}C$;
b. AC è bisettrice di $Q\widehat{C}P$.

39 Sulla retta r, che divide l'angolo $A\widehat{V}B$ in due parti uguali, fissa un punto R in modo che $VR \cong VB$. Sulle rette s e t, bisettrici rispettivamente degli angoli $A\widehat{V}R$ e $R\widehat{V}B$, fissa due punti S e T in modo che $VS \cong VT$. Dimostra che gli angoli $V\widehat{B}T$, $V\widehat{R}T$ e $V\widehat{R}S$ sono tra loro congruenti.

40 📱 **YOU & MATHS** **A butterfly** Given $AB \cong BC$ and $BD \cong BE$, and knowing that A, B, and E are on a line, and that D, B, and C are also on a same line, prove that $ABD \cong CBE$.

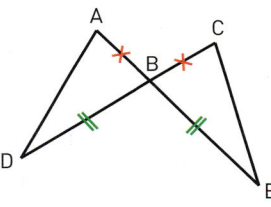

41 **EUREKA!** **Suppergiù** Dimostra che l'altezza massima raggiunta da due bambini che giocano sulla giostra raffigurata è la stessa.
(Il perno è posizionato nel punto medio dell'asse e il terreno è perfettamente orizzontale.)

3. SECONDO CRITERIO DI CONGRUENZA

→ Teoria a pagina **G39**

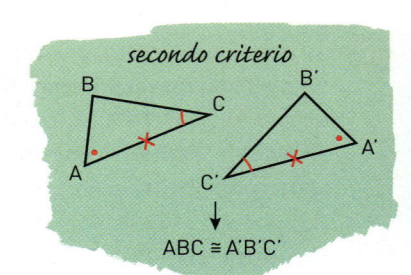

secondo criterio

ABC ≅ A'B'C'

La dimostrazione per assurdo

Dimostra per assurdo le seguenti proprietà.

42 Due rette distinte o hanno un punto in comune o non ne hanno nessuno.

43 Se un numero naturale è dispari, allora non è multiplo di 14.

44 Se il prodotto di due numeri naturali è dispari, allora i due numeri sono entrambi dispari.

45 Se il quadrato di un numero naturale diverso da 0 è pari, allora il precedente del numero è dispari.

46 In ciascuna delle seguenti figure, utilizzando le informazioni segnate in colore, indica le coppie di triangoli che sono congruenti in base al secondo criterio.

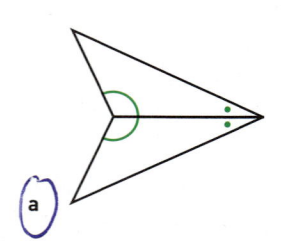

a

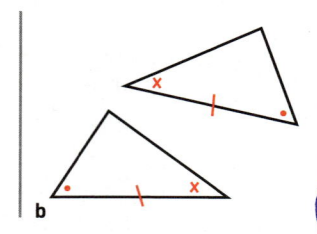

b

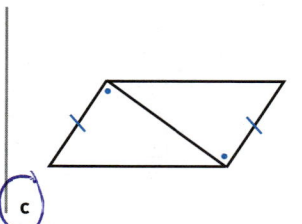

c

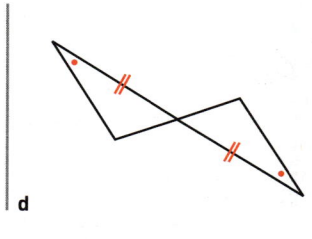

d

Dimostrazioni

Detto P un punto della bisettrice dell'angolo $A\widehat{O}B$, tracciamo da P i segmenti PC e PD in modo che $C\widehat{P}O \cong O\widehat{P}D$. Dimostriamo che:

a. $OC \cong OD$;

b. per ogni punto Q della bisettrice, con $OQ > OP$, i triangoli CPQ e PQD sono congruenti.

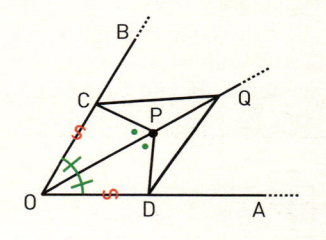

Ipotesi: $B\widehat{O}P \cong P\widehat{O}A$
$C\widehat{P}O \cong O\widehat{P}D$

Tesi: $OC \cong OD$
$CPQ \cong PQD$

DIMOSTRAZIONE

a. I triangoli CPO e OPD hanno:

- OP in comune;
- $C\widehat{O}P \cong P\widehat{O}D$ per ipotesi;
- $C\widehat{P}O \cong O\widehat{P}D$ per ipotesi.

Quindi sono congruenti in base al secondo criterio.

In particolare: $OC \cong OD$.

b. I triangoli CPQ e PQD hanno:

- PQ in comune;
- $C\widehat{P}Q \cong D\widehat{P}Q$ perché angoli supplementari di angoli congruenti;
- $CP \cong PD$ perché $CPO \cong OPD$ per la dimostrazione precedente.

Quindi sono congruenti per il primo criterio.

47 Le rette incidenti *a* e *b* formano in *H* quattro angoli retti. Da un punto *A* qualunque della retta *a*, conduci, da parti opposte rispetto alla retta stessa, due semirette, *r* e *s*, che formano con *a* angoli congruenti. Detti *R* e *S* i punti di intersezione delle semirette *r* e *s* o dei loro prolungamenti con la retta *b*, dimostra che i triangoli *AHR* e *AHS* sono congruenti.

48 Disegna un segmento *AB* e due semirette *a* e *b*, di origine *A* e *B* da parti opposte rispetto ad *AB*, che formano con *AB* angoli congruenti. Per il punto medio *P* di *AB* traccia una retta *r* che interseca *a* in *C* e *b* in *D*. Dimostra che:

a. $A\widehat{C}P \cong P\widehat{D}B$;

b. $P\widehat{C}B \cong A\widehat{D}P$.

49 Due triangoli *ABC* e *A'B'C'* hanno $BC \cong B'C'$ e gli angoli esterni dei vertici corrispondenti, *B*, *B'* e *C*, *C'*, ordinatamente congruenti. Dimostra che i triangoli sono congruenti.

50 Nella figura è $OE \cong EB \cong OD \cong DA$. Dimostra che i triangoli *ADC* e *BEC* sono congruenti.

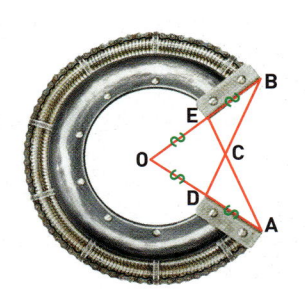

4. PROPRIETÀ DEL TRIANGOLO ISOSCELE

→ Teoria a pagina **G40**

a. Due triangoli isosceli sono congruenti se hanno congruenti un lato obliquo e l'angolo al vertice. V F

b. Un triangolo isoscele non può avere il lato obliquo congruente alla metà della base. V F

c. Un triangolo rettangolo non può essere isoscele. V F

d. La bisettrice dell'angolo al vertice di un triangolo isoscele divide il triangolo in due triangoli congruenti. V F

Se un triangolo è isoscele, gli angoli alla base sono congruenti

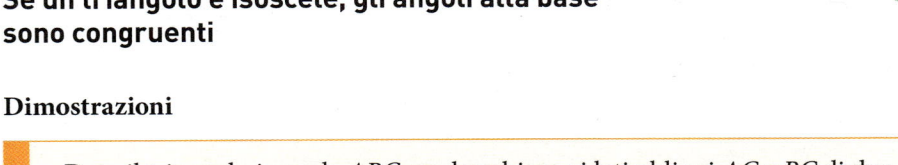

Dimostrazioni

Dato il triangolo isoscele *ABC*, prolunghiamo i lati obliqui *AC* e *BC* di due segmenti congruenti *CE* e *CD*. Dimostriamo che i triangoli *ABD* e *ABE* sono congruenti.

Ipotesi: $AC \cong CB$
$CE \cong CD$

Tesi: $ABD \cong ABE$

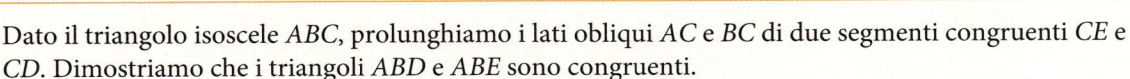

DIMOSTRAZIONE

I triangoli *ABD* e *ABE* hanno:

- *AB* in comune;
- $DB \cong AE$ perché somme di segmenti congruenti per ipotesi;
- $E\widehat{A}B \cong D\widehat{B}A$ perché *ABC* è un triangolo isoscele per ipotesi.

Quindi sono congruenti per il primo criterio.

ESEMPIO

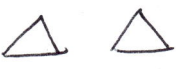  

52 Dimostra che, se due triangoli isosceli hanno congruenti la base e un angolo a essa adiacente, allora sono congruenti.

53 Considera M, N e L punti medi dei lati del triangolo isoscele ABC. Dimostra che il triangolo MNL è isoscele.

54 Sui lati obliqui AB e AC del triangolo isoscele ABC considera rispettivamente i punti E e F tali che $BE \cong CF$. Dimostra che:

a. i triangoli BEC e BFC sono congruenti;

b. i triangoli BAF e CEA sono congruenti.

55 Dimostra che in un triangolo isoscele le mediane relative ai lati obliqui sono congruenti.

56 Prolunga la base BC di un triangolo isoscele ABC dei segmenti congruenti BD e CE e prolunga i lati AB e AC dei segmenti congruenti BF e CG. Dimostra che i triangoli DFG ed EFG sono congruenti.

57 Dimostra che in un triangolo isoscele le bisettrici degli angoli adiacenti alla base sono congruenti.

58 ☐ **ESEMPIO DIGITALE** Sui lati obliqui AC e BC del triangolo isoscele ABC considera i punti D ed E in modo che $CD \cong CE$. Prolunga la base AB di due segmenti congruenti PA e BQ. Dimostra che:

a. $DP \cong EQ$;

b. $EP \cong DQ$.

59 Sulla base AB del triangolo isoscele ABC considera due punti D ed E tali che $AD \cong EB$. Prolunga poi la base di due segmenti congruenti AR e BS. Dimostra che i triangoli CRD e CES sono congruenti.

60 Nel triangolo ABC isoscele sulla base AB traccia le mediane AN e BM e prolungale dei segmenti congruenti NP e MQ. Dimostra che:

a. $QA \cong PB$;

b. $QC \cong CP$.

Se un triangolo ha due angoli congruenti, allora è isoscele

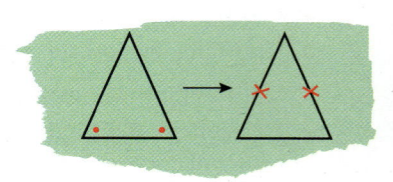

Dimostrazioni

ABC è un triangolo isoscele di vertice A. Sui lati obliqui fissiamo due punti P e Q in modo che $BP \cong CQ$. Detto G il punto di intersezione dei segmenti BQ e CP, dimostriamo che il triangolo GBC è isoscele.

Ipotesi: $BA \cong AC$
$BP \cong CQ$

Tesi: GBC isoscele

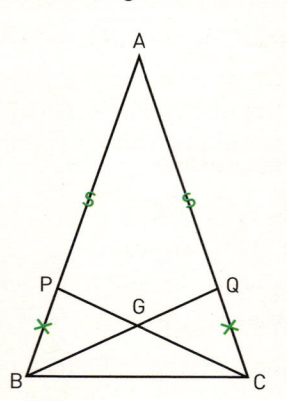

DIMOSTRAZIONE

I triangoli BCP e BCQ hanno:

- BC in comune;

- $P\widehat{B}C \cong B\widehat{C}Q$ perché ABC è un triangolo isoscele;

- $BP \cong CQ$ per ipotesi.

Quindi sono congruenti per il primo criterio.

In particolare: $Q\widehat{B}C \cong P\widehat{C}B$.

Consideriamo il triangolo GBC: poiché $G\widehat{B}C \cong G\widehat{C}B$ per quanto appena dimostrato, esso è isoscele.

61 I segmenti *AB* e *CD* si intersecano nel punto *H*, distinto dal loro punto medio, in modo che $AH \cong HD$ e $CH \cong HB$. Detto *K* il punto di intersezione delle rette *AC* e *BD*, dimostra che il triangolo *CKB* è isoscele.

62 Le bisettrici degli angoli alla base di un triangolo isoscele *ABC* di base *BC* si intersecano nel punto *P*.

a. Dimostra che il triangolo *PBC* è isoscele.

b. Detti *F* e *G* i punti di intersezione tra le bisettrici degli angoli alla base e i lati obliqui, dimostra che $PF \cong PG$.

63 Il triangolo *ABC* è isoscele sulla base *AB*, $DA \cong BE$ e $F\widehat{D}A \cong F\widehat{E}B$. Dimostra che i triangoli *DCE* e *AFB* sono isosceli.

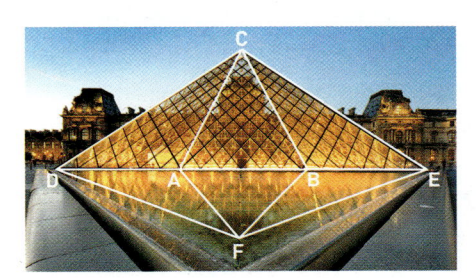

64 **ESEMPIO DIGITALE** Dimostra che, se in un triangolo la bisettrice di un angolo è anche la mediana del lato opposto, allora il triangolo è isoscele. (*Suggerimento.* Prolunga la bisettrice, oltre il lato opposto, di un segmento congruente al segmento di bisettrice e congiungi l'estremo ottenuto con uno dei vertici della base.)

65 **ESEMPIO DIGITALE** Sia *ABC* un triangolo isoscele di base *AB*, e siano *r* e *s* le rette perpendicolari ad *AB* passanti rispettivamente per i vertici *A* e *B*. Chiama *D* ed *E* i punti in cui le bisettrici degli angoli alla base $\widehat{B}$ e $\widehat{A}$ incontrano le rette *r* e *s*, e *F* il punto di incontro di tali bisettrici. Dimostra che:

a. i triangoli *FAD* e *FEB* sono congruenti;

b. i triangoli *CEA* e *DCB* sono congruenti;

c. il triangolo *DEC* è isoscele.

Bisettrice, mediana e altezza nel triangolo isoscele

66 *APQ* e *BPQ* sono due triangoli isosceli costruiti sulla stessa base *PQ* da parti opposte rispetto a essa. Dimostra che il segmento *AB* interseca la base *PQ* nel suo punto medio.

67 Fissa un punto *Q* sulla bisettrice dell'angolo al vertice del triangolo isoscele *ABC* di base *BC*. Detti *R* e *S* i punti di intersezione tra le semirette *BQ*, *CQ* e i lati obliqui del triangolo, dimostra che:

a. gli angoli $A\widehat{R}Q$ e $A\widehat{S}Q$ sono congruenti;

b. $BR \cong CS$;

c. $AR \cong AS$.

Triangolo equilatero

68 Dimostra che il triangolo *A'B'C'* è equilatero sapendo che anche *ABC* lo è.

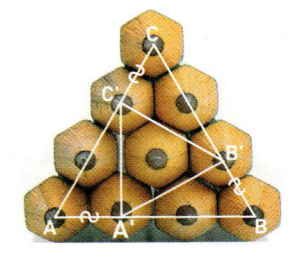

69 Chiama *O* il punto di intersezione delle bisettrici di due angoli di un triangolo equilatero *PQR*. Congiungi *O* con il terzo vertice e dimostra che $OPQ \cong OPR \cong OQR$.

70 Dimostra che le mediane di un triangolo equilatero sono tutte congruenti fra loro. Puoi dire lo stesso delle altezze? Perché? E per le bisettrici?

71 **EUREKA!** **Un triangolo... tossico!** Il tricloruro di boro BCl_3 ha una struttura planare tale per cui gli angoli di legame Cl—B—Cl sono di 120° e le distanze di legame B—Cl sono uguali. Dimostra che gli atomi di cloro sono i vertici di un triangolo equilatero.

Con le misure

72 Nella figura, OE è la bisettrice dell'angolo $A\widehat{O}B$, e i triangoli OAE e OBC sono isosceli.

a. Dimostra che il triangolo DCE è isoscele.

b. Sapendo che $A\widehat{O}B = 70°$, calcola la misura di $O\widehat{C}D$.

c. Il perimetro del triangolo OBC è 22 cm e la base supera di 4 cm il lato obliquo.
Sapendo che $BC \cong AD$ e $OA = 8\,\text{cm}$, calcola la lunghezza di CD.

[b) 145°; c) 2 cm]

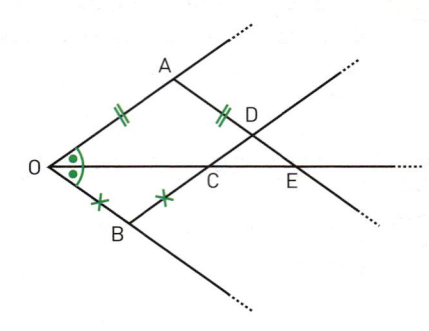

5. TERZO CRITERIO DI CONGRUENZA

→ Teoria a pagina **G42**

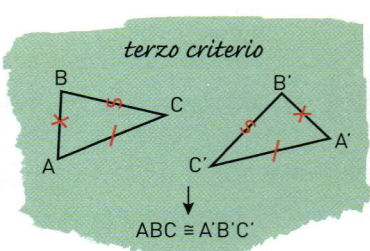

terzo criterio

ABC ≅ A'B'C'

In ciascuna delle seguenti figure, utilizzando le informazioni segnate in colore, indica le coppie di triangoli che sono congruenti in base al terzo criterio.

73

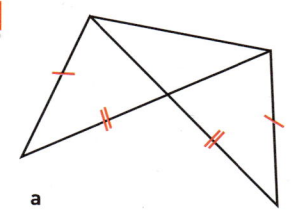

a

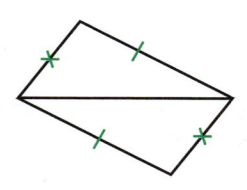

b

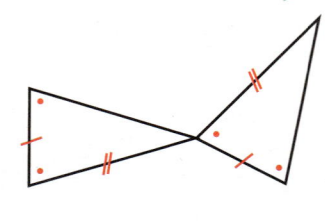

c

74

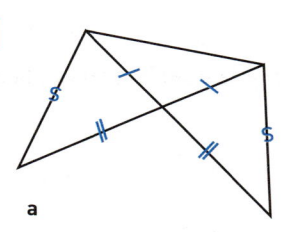

a

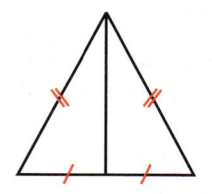

b

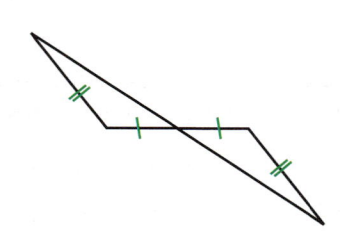

c

Dimostrazioni

AL VOLO Dimostra le seguenti affermazioni.

75 Due triangoli equilateri che hanno il lato congruente sono congruenti.

76 Due triangoli isosceli che hanno la base e un lato obliquo ordinatamente congruenti sono congruenti.

77 **YOU & MATHS** **Two triangles** In this figure $PL \cong RQ$ and $PQ \cong RL$.
Prove that $Q\widehat{P}L \cong L\widehat{R}Q$.

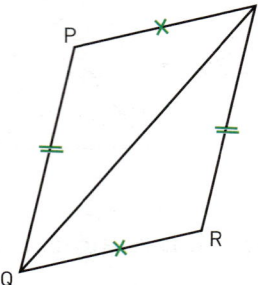

78 Nella figura è $AV \cong DV$ e $AB \cong DC$.
Dimostra che la retta VG è la bisettrice dell'angolo $D\widehat{V}A$.

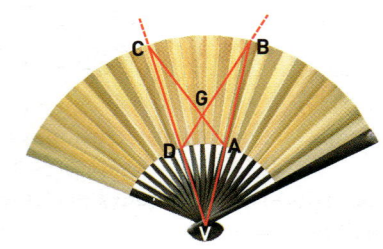

79 All'interno di un triangolo isoscele *ABC* di base *BC* considera un punto *D* tale che $DB \cong DC$. Dimostra che $B\widehat{A}D \cong D\widehat{A}C$.

80 Sul segmento *AB* costruisci da parti opposte rispetto ad *AB* due triangoli isosceli *ABC* e *ABC'* di base *AB*. Dimostra che *CC'* è bisettrice di $A\widehat{C}B$ e di $A\widehat{C'}B$.

RIEPILOGO: CRITERI DI CONGRUENZA

81 ☐ **TEST** Sono sicuramente congruenti due triangoli aventi congruenti:

  A tre elementi qualsiasi.

  B tre angoli.

  C due lati e un angolo adiacente al terzo lato.

  D due lati e l'angolo opposto al terzo lato.

82 ☐ **TEST** Due triangoli *ABC* e *A'B'C'* che hanno $AB \cong B'C'$ e $\widehat{A} \cong \widehat{B'}$:

  A non possono essere congruenti.

  B sono congruenti se $AC \cong A'C'$.

  C sono congruenti se $\widehat{C'} \cong \widehat{A}$ e *ABC* è isoscele di base *AB*.

  D sono congruenti se sono isosceli.

83 ☐ **YOU & MATHS** **Which criterion?** Tell whether the given information is enough to show that the triangles are congruent.

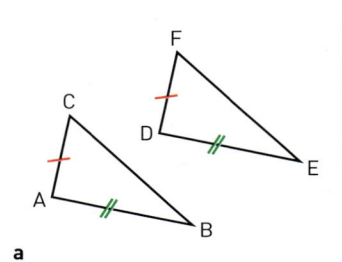
a

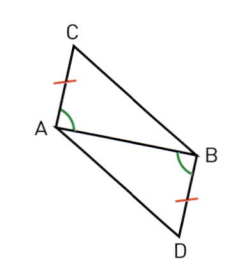
b

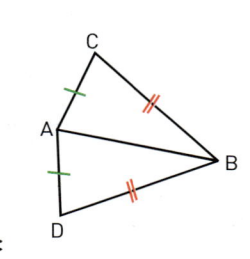
c

84 Stabilisci se le seguenti condizioni sono solo necessarie, solo sufficienti o necessarie e sufficienti per la congruenza di due triangoli. Avere ordinatamente congruenti:

  a. tre angoli;   **b.** tre lati.

85 ☐ **VERO O FALSO?** Sono congruenti due triangoli:

  a. rettangoli e isosceli aventi un cateto congruente.   V F

  b. equilateri aventi un angolo congruente.   V F

  c. isosceli aventi l'angolo al vertice e la base congruenti.   V F

  d. isosceli aventi il perimetro e la base congruenti.   V F

86 Utilizzando le informazioni segnate in colore, indica per quale criterio le seguenti sono coppie di triangoli congruenti.

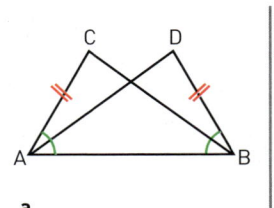
a

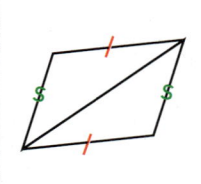
b

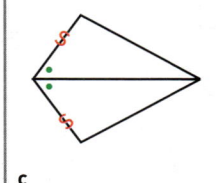
c

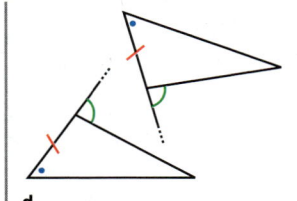
d

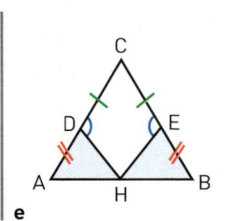
e

87 Quale criterio di congruenza dei triangoli viene applicato nella costruzione con riga e compasso della bisettrice di un angolo?

Stabilisci se le ipotesi indicate in colore nelle figure sono sufficienti per dimostrare la tesi.

88 **Tesi:** $P\widehat{S}R \cong S\widehat{R}Q$

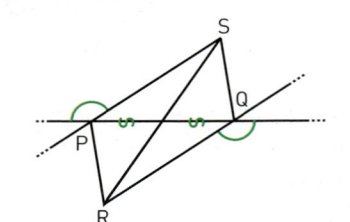

89 **Tesi:** $ABC \cong BDE$

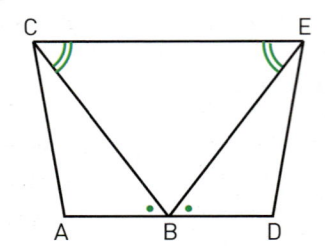

90 **Tesi:** $DBE \cong EBC$

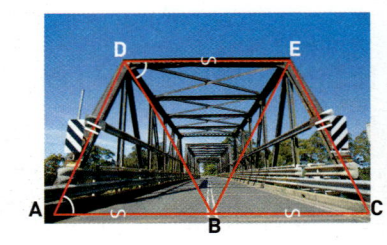

Dimostrazioni

91 Dimostra che, se in un triangolo la bisettrice di un angolo coincide con l'altezza relativa al lato opposto, allora il triangolo è isoscele.

92 Dimostra che, se in un triangolo l'altezza relativa a un lato è anche mediana, allora il triangolo è isoscele.

93 Dimostra che, se due triangoli isosceli hanno l'angolo al vertice e la mediana relativa alla base congruenti, allora sono congruenti.

94 I triangoli ABC e BDE in figura sono isosceli di basi AC ed ED, rispettivamente.
Sapendo che $A\widehat{B}C \cong E\widehat{B}D$, dimostra che ABE e CBD sono triangoli congruenti.

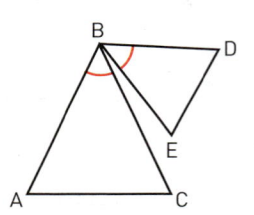

95 Sia ABC un triangolo isoscele di base AB. Dimostra che il triangolo che si forma congiungendo un qualsiasi punto P dell'altezza CK con A e con B è anch'esso isoscele.
Detti M il punto di intersezione della retta per P e B con il lato AC e N il punto di intersezione della retta per A e P con il lato CB, dimostra che $PM \cong PN$.

96 ABC è un triangolo isoscele sulla base BC. Le bisettrici degli angoli esterni degli angoli $A\widehat{B}C$ e $A\widehat{C}B$ incontrano i prolungamenti dei lati opposti rispettivamente nei punti P e Q. Dimostra che i triangoli BPC e BQC sono congruenti.

97 Dei due triangoli in figura sappiamo che:

$B\widehat{A}C \cong E\widehat{D}F$,

$A\widehat{B}C \cong D\widehat{E}F$,

$AB \cong DE$.

Puoi affermare che sono congruenti?
E che sono isosceli?

98 Considera i triangoli ABC e ABD costruiti sulla stessa base AB, con i vertici C e D da parti opposte rispetto ad AB e tali che $B\widehat{A}C \cong A\widehat{B}D$ e $AC \cong BD$. Fissa sul lato AC un punto E e sul lato BD un punto F in modo che $C\widehat{B}E \cong D\widehat{A}F$. Dimostra che i triangoli ADF e CEB sono congruenti.

99 Prolunga la base NM di un triangolo isoscele OMN di due segmenti NP e MQ congruenti ed esterni al triangolo.
Dimostra che $PMO \cong NQO$.

100 Sulla bisettrice b dell'angolo $A\widehat{O}B$ considera un punto P e conduci da P due rette, r e s, che intersecano i lati dell'angolo nei punti R e S in modo che $R\widehat{P}O \cong S\widehat{P}O$.
   a. Dimostra che i triangoli OPR e OPS sono congruenti.
   b. Prolunga PR e PS di due segmenti congruenti RH e SK e dimostra che $OH \cong OK$.

101 Sui tre lati di un triangolo isoscele ABC costruisci, esternamente al triangolo, tre triangoli equilateri ABP, BCQ, CAR. Dimostra che il triangolo PQR è isoscele.

102 Fissa un punto P sulla bisettrice dell'angolo al vertice A del triangolo isoscele ABC. Detti D ed E i punti di intersezione delle rette BP e CP con i lati obliqui AC e AB, dimostra che i triangoli BCD e BCE sono tra loro congruenti.

103 📱 **ESEMPIO DIGITALE** ABC è un triangolo isoscele sulla base BC. Prolunga i lati obliqui del triangolo dei segmenti BP e CQ, e indica con O il punto di intersezione dei segmenti BQ e CP. Dimostra che $BP \cong CQ$ se AO è la bisettrice dell'angolo $B\widehat{A}C$.

104 Nella figura, i tre triangoli congruenti, sono ruotati uno rispetto all'altro di $120°$. Dimostra che il triangolo individuato da A, B e C è equilatero.

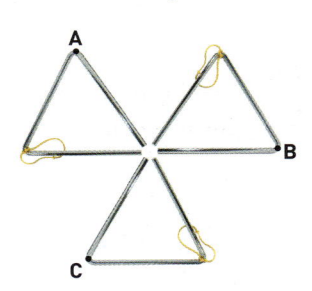

105 Utilizzando gli elementi colorati della figura, scrivi le ipotesi e dimostra che $E\widehat{C}A \cong F\widehat{D}B$.

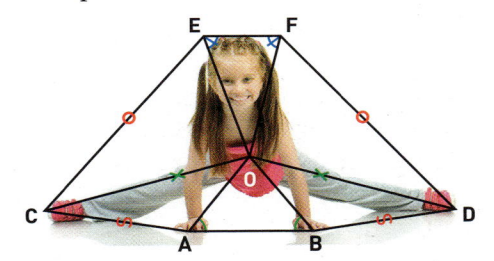

106 Nella figura a lato, gli elementi contrassegnati dallo stesso simbolo sono congruenti.

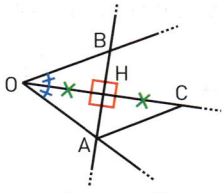

a. I triangoli OBH e OAH sono congruenti? Motiva la risposta.

b. $OH \cong HC$? Perché?

c. $AC \cong AO$? Perché?

107 Considera un triangolo PQR tale che $PQ > PR$. Prolunga il lato PR di un segmento $PK \cong PQ$ e il lato PQ di un segmento $PH \cong PR$. Detto S il punto di intersezione delle rette KH e RQ, dimostra che:

a. il triangolo SKQ è isoscele;

b. SP è bisettrice di $K\widehat{S}Q$.

108 Utilizzando gli elementi colorati della figura, scrivi le ipotesi e dimostra che $BF \cong CE$ e $AF \cong DE$.

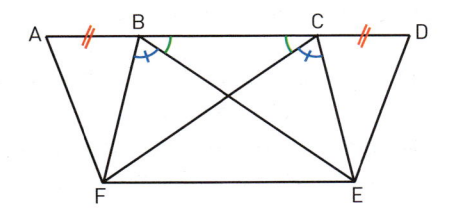

6. DISUGUAGLIANZE NEI TRIANGOLI ➡ Teoria a pagina **G43**

Angoli esterni e angoli interni

109 📱 **VERO O FALSO?** Un triangolo può avere:

a. più di un angolo esterno acuto. ☐V ☐F

b. più di due angoli esterni ottusi. ☐V ☐F

c. meno di due angoli interni acuti. ☐V ☐F

d. un angolo retto e un angolo esterno acuto. ☐V ☐F

110 📱 **VERO O FALSO?** Un triangolo può avere:

a. un angolo esterno retto e uno interno ottuso. ☐V ☐F

b. due angoli esterni ottusi e il terzo acuto. ☐V ☐F

c. due angoli esterni acuti e il terzo ottuso. ☐V ☐F

d. meno di due angoli esterni ottusi. ☐V ☐F

111 Dimostra che se in un triangolo un angolo esterno è congruente all'angolo interno adiacente, allora gli altri angoli interni sono acuti.

112 **AL VOLO** Dimostra che in un triangolo ABC ciascuno dei due angoli che la bisettrice AS forma con il lato BC è maggiore della metà dell'angolo $\widehat{A}$.

113 Sui lati a e b di un angolo acuto di vertice O, considera i punti A e C su a e B su b, tali che $OC > OA$ e $OA \cong OB$. Dimostra che $O\widehat{C}B < O\widehat{B}A$.

114 Dato un punto P interno al triangolo ABC dimostra che $C\widehat{B}A < C\widehat{P}A$.
(*Suggerimento*. Considera la retta BP e il suo punto di intersezione con il lato AC.)

115 Dimostra che, in ciascuna bandiera, $\alpha < \beta$.

Lato maggiore e angolo maggiore

116 **INVALSI 2006** In un triangolo ABC si ha: $\overline{AC} = 6$, $\overline{AB} = 7$, $\overline{BC} = 5$. Se confrontiamo tra loro i tre angoli del triangolo, quale tra le seguenti affermazioni è *vera*?

- **A** $C\widehat{A}B$ è l'angolo di misura maggiore e $A\widehat{B}C$ l'angolo di misura minore.
- **B** $B\widehat{C}A$ è l'angolo di misura maggiore e $A\widehat{B}C$ l'angolo di misura minore.
- **C** $B\widehat{C}A$ è l'angolo di misura maggiore e $C\widehat{A}B$ l'angolo di misura minore.
- **D** $A\widehat{B}C$ è l'angolo di misura maggiore e $C\widehat{A}B$ l'angolo di misura minore.

117 **INVALSI 2004** In un triangolo, le misure dei lati sono a, b, c, con $a = b < c$. Detti α, β, γ gli angoli interni del triangolo, rispettivamente opposti ai lati a, b, c, quale delle seguenti affermazioni è vera?

- **A** $\alpha = \gamma$
- **B** $\beta = \gamma$
- **C** $\gamma > \alpha$
- **D** $\alpha > \beta$

118 Sia ABC un triangolo isoscele di vertice A. Dimostra che, se P è un punto del lato AB, allora $CP > BP$.

119 Nel triangolo ABC la bisettrice AS dell'angolo al vertice A divide il lato BC nei due segmenti BS e SC. Dimostra che $BS < AB$ e $CS < AC$.

120 I triangoli ABC e ABD sono costruiti sulla base comune AB con i vertici C e D da parti opposte rispetto alla base. Sapendo che $A\widehat{D}B < D\widehat{B}A$ e che $A\widehat{C}B > C\widehat{B}A$, dimostra che $AD > AC$.

Disuguaglianze fra i lati

121 Sui lati del triangolo ABC scegli i punti A' su AB, B' su BC e C' su AC. Dimostra che la somma dei lati del triangolo $A'B'C'$ è minore della somma dei lati del triangolo ABC.

122 Dimostra che la semisomma dei lati di un triangolo qualsiasi è sempre maggiore:
a. di ciascuno dei lati;
b. di ciascuna delle altezze.

123 Sul lato AC del triangolo ABC fissa un punto P e sul prolungamento del lato AB, oltre B, fissa un punto Q. Dimostra che $PQ + BC > PC + BQ$.

124 Considera un triangolo qualsiasi PQR. Dimostra che, se S è un punto esterno a PQR, allora la somma tra PS, QS e RS è maggiore della semisomma dei lati del triangolo.

125 **ESEMPIO DIGITALE** Sia ABC un triangolo qualsiasi e siano H e K due punti di AB. Dimostra che il semiperimetro del triangolo CHK è minore di $AC + CB$.

MATEMATICA AL COMPUTER

Geometria dinamica con i triangoli

Costruisci la figura, con A, B e C punti liberi. Osserva le proprietà dei segmenti e dei triangoli e dimostrale.

▸ Problema e risoluzione.
▸ 5 esercizi in più.

126 Dimostra che, in un triangolo qualsiasi, il doppio della mediana relativa a un lato è minore della somma degli altri due lati.
(*Suggerimento*. Prolunga la mediana di un segmento congruente alla mediana stessa…)

127 Utilizzando la proprietà dimostrata nell'esercizio precedente, dimostra che la somma dei lati di un qualsiasi triangolo è maggiore della somma delle mediane.

128 Considera un triangolo acutangolo ABC e le altezze AH, CK, BE.
Dimostra che $AB + BC + CA < 2 \cdot (AH + CK + BF) < 2 \cdot (AB + BC + CA)$.

Con le misure

129 In un triangolo isoscele il lato obliquo è lungo 12 cm e la misura della base, in centimetri, è un numero intero. Quanto misura al massimo il perimetro?

130 ▢ **VERO O FALSO?** Un triangolo può avere lati che misurano in centimetri:

a. 15, 25, 10.   V ▢ F ▢
b. 8, 8, 14.   V ▢ F ▢
c. 22, 11, 13.   V ▢ F ▢
d. 12, 13, 21.   V ▢ F ▢
e. 7, 10, 12.   V ▢ F ▢
f. 17, 6, 12.   V ▢ F ▢

131 ▢ **INVALSI 2004** Matteo ha a disposizione alcune cannucce di diversa lunghezza e vuole utilizzarle per costruire dei triangoli. Con quale, tra le seguenti terne di misure, *non* riuscirà a costruire un triangolo?

A ▢ 6 cm; 6 cm; 6 cm.

B ▢ 7 cm; 7 cm; 4 cm.

C ▢ 3 cm; 4 cm; 5 cm.

D ▢ 2 cm; 7 cm; 12 cm.

132 ▢ **TEST** Quale delle seguenti terne di numeri *non* può rappresentare le misure dei tre lati di un triangolo?

A ▢ 7, 5, 10.   C ▢ 4, 5, 10.

B ▢ 4, 5, 7.   D ▢ 4, 7, 10.

133 Un triangolo ha due lati che misurano 6 cm e 10 cm. Il terzo lato è un numero intero. Quanti centimetri al massimo misura il perimetro del triangolo?   [31]

134 Se un triangolo ha i lati che misurano in centimetri 19 e 22, quali valori può assumere la misura in centimetri del terzo lato l?   [$3 < l < 41$]

135 **EUREKA!** **Il navigatore** Le misure in figura sono le distanze in kilometri fra i paesi A, B, C, D. Sapendo che anche la misura in kilometri della distanza fra A e B è un numero intero, quanto distano i paesi A e B?

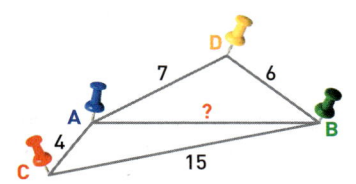

136 **CHI HA RAGIONE?** Enrico: «Vorrei che tu disegnassi la figura che vedi con le lunghezze in centimetri che ho segnato».
Valentina: «Con queste misure la figura non può esistere!».

Perché Valentina non può disegnare la figura che le chiede Enrico?

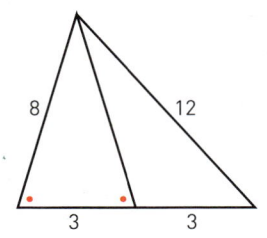

137 **EUREKA!** **Quattro lunghezze** Date le lunghezze $a = 3$ cm, $b = 4$ cm, $c = 6$ cm, $d = 8$ cm, quanti triangoli distinti non congruenti si possono formare utilizzando come lati tre segmenti non congruenti che hanno tre di tali lunghezze? E quanti se prendiamo anche lati di lunghezze uguali?   [3; 16]

VERIFICA DELLE COMPETENZE ALLENAMENTO

▶ Competenza **2** (abilità **1, 2, 4**)

1 □ **VERO O FALSO?**

a. Un triangolo rettangolo può essere equilatero. V F

b. Due triangoli isosceli sono congruenti se hanno congruenti la base e un angolo esterno a essa. V F

c. Se in un triangolo un angolo esterno è ottuso, allora il triangolo è acutangolo. V F

d. Gli angoli esterni di un triangolo isoscele possono non essere tutti ottusi. V F

Dimostrazioni

2 Disegna due triangoli ABC e $A'B'C'$ che hanno $AC \cong A'C'$ e $A\widehat{C}B \cong A'\widehat{C'}B'$, e traccia le bisettrici CE e $C'E'$ degli angoli $A\widehat{C}B$ e $A'\widehat{C'}B'$. Se $CE \cong C'E'$, dimostra che i triangoli ABC e $A'B'C'$ sono congruenti.

3 r e s sono due rette incidenti nel punto P. Fissa su ognuna delle due rette e da parti opposte rispetto a P due punti A, B su r e C, D su s, tali che $AP \cong PD$, $CP \cong PB$ e AP non congruente a PB. Indica con O il punto d'intersezione delle rette AC e DB. Dimostra che $OC \cong OB$ e che OP è la bisettrice dell'angolo $A\widehat{O}D$.

4 Prolunga i lati obliqui AC e CB del triangolo isoscele ABC, oltre la base AB, di due segmenti congruenti AP e BQ.

a. Detto M il punto medio della base AB, dimostra che i triangoli CMP e CMQ sono congruenti.

b. Dimostra che il prolungamento di CM interseca PQ nel suo punto medio.

5 Sulla base AB del triangolo isoscele ABC considera un punto D e sul prolungamento di AB un punto E. Dimostra che $CD < CB < CE$.

6 Dimostra che, se due triangoli isosceli sono congruenti, allora lo sono anche le altezze relative alle basi.

7 Prolunga la mediana AM relativa alla base BC di un triangolo isoscele ABC, oltre la base stessa. Fissato un punto K sul prolungamento di AM, dimostra che i triangoli AKB e AKC sono congruenti.

8 Nel triangolo isoscele ABC di base AB, prolunga le mediane AM e BN relative ai lati obliqui di due segmenti in modo che $MS \cong AM$ e $NT \cong BN$. Dimostra che:

a. $MS \cong NT$; **b.** $ABS \cong ABT$.

9 **COMPLETA** le ipotesi e dimostra la tesi, utilizzando la figura.

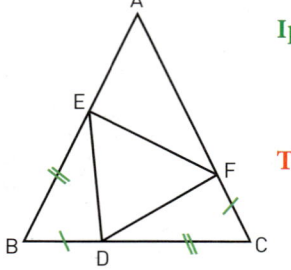

Ipotesi: **1.** $AB \cong AC$

2. ▭

3. ▭

Tesi: EDF triangolo isoscele.

▶ Competenza **2** (abilità **3**) │ ▶ Competenza **3** (abilità **3**)

10 □ **INVALSI 2005** Con tre bastoncini lunghi 12 cm, 4 cm, 3 cm, che cosa è possibile ottenere?

A Un triangolo isoscele.

B Un triangolo scaleno.

C Un triangolo rettangolo.

D Nessun tipo di triangolo.

11 Le lunghezze dei lati di un triangolo sono $AB = 15$ cm, $BC = 13$ cm, $AC = 22$ cm. Indica se il triangolo esiste e qual è l'angolo minore.

12 Le lunghezze di tre segmenti sono tali che il secondo supera il primo di 5 cm e il terzo è il doppio del primo. Possono essere lati di un triangolo?

VERIFICA DELLE COMPETENZE PROVE

TUT✔R   PROVA A (10 esercizi)   PROVA B (10 esercizi)   ⏱ IN MEZZ'ORA

PROVA C ▸ Competenze **2, 3**   ⏱ IN UN'ORA

1   **VERO O FALSO?**

a. Ogni triangolo non isoscele è scaleno.   V F

b. Ogni triangolo non scaleno è isoscele.   V F

c.

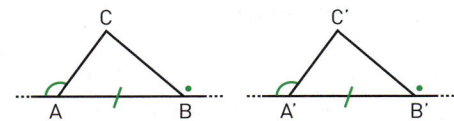

I triangoli della figura sono congruenti per il terzo criterio.   V F

d. Un triangolo non può avere due angoli retti.   V F

2   I triangoli ABC e $A'B'C'$ hanno $BC \cong B'C'$, $A\widehat{B}C \cong A'\widehat{B}'C'$, $A\widehat{C}B \cong A'\widehat{C}'B'$. Traccia i punti medi D e D' di AB e $A'B'$ e i punti medi E ed E' di AC e $A'C'$.
Dimostra che $DE \cong D'E'$.

3   Nel triangolo isoscele ABC di base BC prolunga i lati AB e AC di due segmenti congruenti AD e AE. Dimostra che i triangoli EBC e BDC sono congruenti.

4

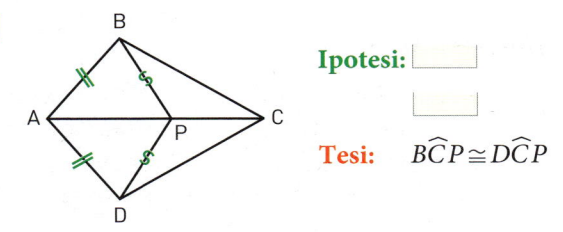

Ipotesi: ▭
▭

Tesi: $B\widehat{C}P \cong D\widehat{C}P$

Osservando la figura scrivi le ipotesi e dimostra la tesi.

5   Stabilisci se le seguenti terne possono rappresentare le misure in decimetri dei lati di un triangolo:

a. 13; 15; 28;   **b.** 12,2; 18; 26,3.

PROVA D ▸ Competenze **2, 3**   ⏱ IN UN'ORA

1   Nella figura,

$AB \cong AC$,

$BF \cong FC$,

$E\widehat{B}F \cong D\widehat{C}F$.

Dimostra che:

a. $EA \cong AD$;

b. $E\widehat{F}A \cong D\widehat{F}A$.

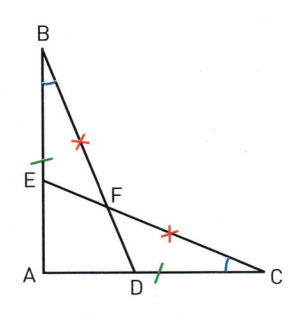

2 ABC è un triangolo qualsiasi e N è il punto di intersezione tra BC e la bisettrice dell'angolo di vertice A.
Prolunga AN fino al punto D tale che $ND \cong AN$, e prendi sulla semiretta NB il punto E tale che $NE \cong CN$.
F è il punto in cui la retta DE incontra la retta AB.
Dimostra che $FA \cong DF$.

3 ABC è un triangolo qualsiasi, con $AB > AC$, e D è il punto di AB tale che $AD \cong AC$.

a. Chiama H il punto in cui la bisettrice dell'angolo $C\widehat{A}D$ incontra il lato BC e dimostra che il triangolo CHD è isoscele.

b. F è il punto di intersezione delle rette AC e HD. Dimostra che i triangoli CHF e DHB sono congruenti.

4   **TEST**   Nel triangolo DEF, $DE = 8$ unità ed $EF = 12$ unità. Quale tra le seguenti non può essere la lunghezza di DF?

A   5 unità.   C   8 unità.   E   Nessuna delle risposte precedenti.

B   6 unità.   D   20 unità.

[USA Northern State University: 50th Annual Mathematics Contest, 2003]

G3 RETTE PERPENDICOLARI E PARALLELE

1. RETTE PERPENDICOLARI E PARALLELE

RETTE PERPENDICOLARI → Esercizi a pagina **G72**

Definizione di rette perpendicolari

DEFINIZIONE

Due **rette** incidenti sono **perpendicolari** se incontrandosi formano quattro angoli retti.

Diciamo anche che le rette sono **ortogonali**.

Per indicare che *a* e *b* sono perpendicolari, scriviamo $a \perp b$.

ESEMPIO

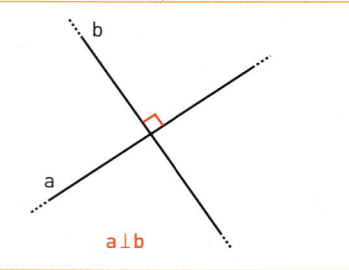

$a \perp b$

Esistenza e unicità

TEOREMA

Esistenza e unicità della perpendicolare
La retta passante per un punto e perpendicolare a una retta data *esiste* sempre ed è *unica*.

ANIMAZIONE Nell'animazione trovi la dimostrazione del teorema.

The **perpendicular bisector of a segment** is the straight line *perpendicular* to the segment and passing through the *midpoint* of the segment.

Asse di un segmento

DEFINIZIONE

L'**asse di un segmento** è la retta perpendicolare al segmento nel suo punto medio.

ESEMPIO

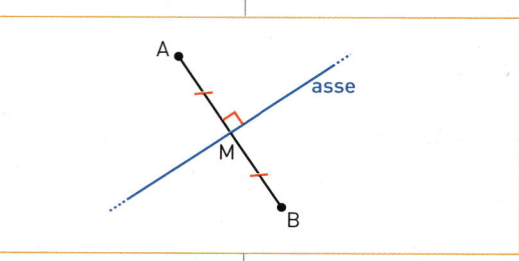

asse

Proiezioni ortogonali e distanza

DEFINIZIONE

- Dati un punto *P* e una retta *r*, il punto di intersezione tra *r* e la perpendicolare condotta da *P* a *r* è detto **proiezione ortogonale** di *P* su *r*, o **piede della perpendicolare** o più semplicemente **proiezione**.
- La **distanza di un punto da una retta** è la lunghezza del segmento con estremi il punto e la sua proiezione sulla retta.

ESEMPIO

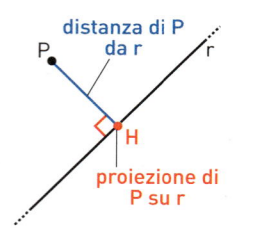

distanza di P da r

proiezione di P su r

DEFINIZIONE

- La **proiezione ortogonale di un segmento** AB su una retta r è il segmento formato da tutte le proiezioni dei punti di AB su r.

ESEMPIO

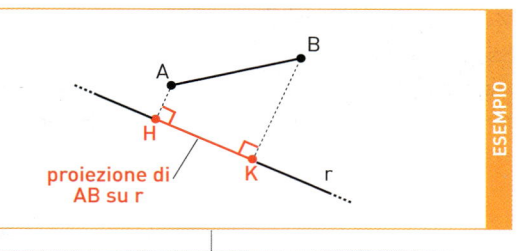

proiezione di AB su r

RETTE PARALLELE   ➡ Esercizi a pagina **G73**

Lines on a plane that have *no* points of intersection, or that coincide, are called **parallel lines**.

Rette parallele e rette tagliate da una trasversale

DEFINIZIONE

Due **rette** sono **parallele** se non hanno punti in comune oppure se coincidono.

Per indicare che a e b sono parallele scriviamo $a \parallel b$.

ESEMPIO

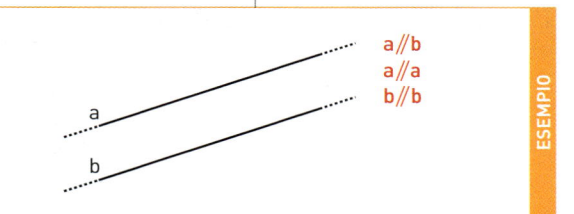

Se due rette a e b sono tagliate da una terza retta c, che viene detta **trasversale**, si formano otto angoli che chiamiamo **esterni** se sono esterni alla regione del piano delimitata da a e b, altrimenti **interni**. Nella figura a fianco gli angoli 1, 4, 6, 7 sono esterni, 2, 3, 5, 8 sono interni.

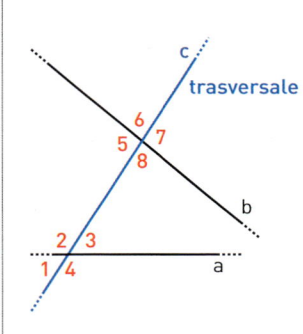

Consideriamo una coppia di angoli, uno formato da a e c, l'altro da b e c. Chiamiamo i due angoli:

- **alterni** se sono da parti opposte rispetto a c, ma entrambi interni o esterni; per esempio 3 e 5 sono alterni interni, 1 e 7 sono alterni esterni;

- **coniugati** se sono da una stessa parte rispetto a c, entrambi interni o esterni; per esempio, 2 e 5 sono coniugati interni, 4 e 7 sono coniugati esterni;

- **corrispondenti** se hanno posizione analoga rispetto ad a e c e rispetto a b e c; per esempio, 2 e 6 sono al di sopra rispettivamente di a e di b, e a sinistra di c.

Criterio di parallelismo

TEOREMA

Condizioni sufficienti per il parallelismo
Se due rette tagliate da una trasversale formano

- angoli alterni (interni o esterni) congruenti *oppure*
- angoli corrispondenti congruenti *oppure*
- angoli coniugati (interni o esterni) supplementari,

allora le rette sono parallele.

DIMOSTRAZIONE

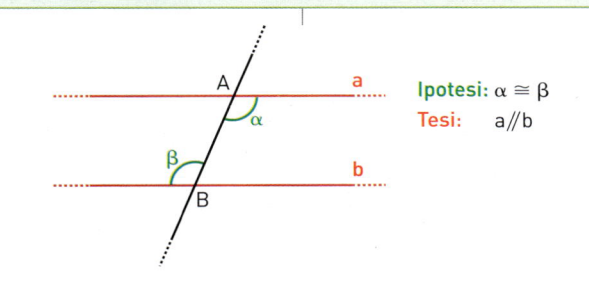

⬜ **ANIMAZIONE** Consideriamo il caso in cui siano *congruenti due angoli alterni interni*.

Ipotesi: $\alpha \cong \beta$
Tesi: $a \parallel b$

Ragioniamo per assurdo. Supponiamo che *a* non sia parallela a *b* (negazione della tesi). Allora *a* e *b* si incontrano in un punto *C*.

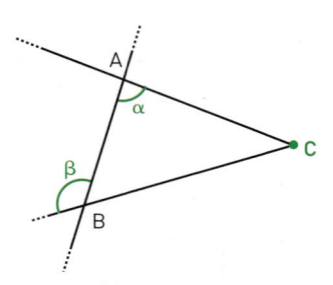

Poiché per ipotesi $\alpha \cong \beta$, nel triangolo *ABC* l'angolo esterno β è congruente all'angolo interno α. Ma ciò contraddice il teorema per cui ogni angolo esterno di un triangolo è *maggiore* di ogni angolo interno non adiacente.

È assurdo allora supporre che le rette si incontrino, quindi sono parallele.

Esistenza della parallela per un punto

TEOREMA

Esistenza della parallela
Dati una retta *r* e un punto *P* che non le appartiene, *esiste* sempre una retta passante per *P* e parallela a *r*.

ESERCIZI PER COMINCIARE

1 Per affermare che due rette sono perpendicolari è *sufficiente* dimostrare che incontrandosi formano *un* angolo retto. Spiega perché utilizzando la proprietà degli angoli opposti al vertice.

2 [ANIMAZIONE] Dimostra che le bisettrici di angoli adiacenti sono tra loro perpendicolari.

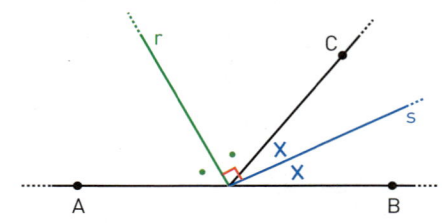

3 Disegna un segmento *AB* e la sua proiezione su una retta *r* considerando diversi casi e in particolare i seguenti: *AB* interseca *r*; *AB* ha un estremo su *r*; *AB* è su una retta perpendicolare a *r*.

4 [ANIMAZIONE] Dimostra che la distanza di un punto *P* da una retta *r* è la lunghezza minima fra quelle dei segmenti che hanno per estremi il punto *P* e un punto della retta *r*.

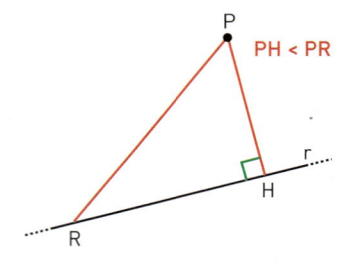

5 Considera un punto *P* esterno a una retta *r* e due punti *A* e *B* su *r*.
Come sono *AP* e *BP* se le loro proiezioni su *r* sono congruenti? Dimostralo.

6 [ANIMAZIONE] Dimostra il *criterio di parallelismo* nei casi della figura, riconducendoti a quello degli angoli interni congruenti.

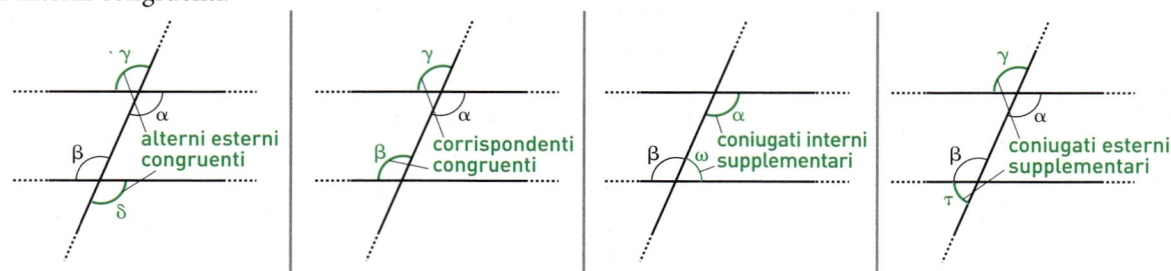

7 [ANIMAZIONE] Da parti opposte rispetto al segmento *PQ*, traccia $AP \cong QB$, in modo che $A\widehat{P}Q \cong P\widehat{Q}B$. Dimostra che $AP \parallel QB$ e $AQ \parallel PB$.

8 [VIDEO] **Costruzione di una retta parallela passante per un punto** Dimostra il *teorema di esistenza della parallela* mediante questa costruzione: considera per *P* una qualsiasi trasversale che intersechi *r* e utilizza la costruzione di un angolo congruente a un angolo dato. Sfrutta il criterio di parallelismo.

2. SE LE RETTE SONO PARALLELE

→ Esercizi a pagina **G74**

Unicità della parallela per un punto

Abbiamo dimostrato l'*esistenza* di una parallela per un punto esterno a una retta.
La sua *unicità*, invece, non è dimostrabile, e la assumiamo come **postulato**.

> **POSTULATO**
>
> **Postulato delle parallele (quinto postulato di Euclide)**
> Dati una retta *r* e un punto *P* che non le appartiene, è unica la retta passante per *P* e parallela a *r*.

Inverso del criterio di parallelismo

> **TEOREMA**
>
> **Condizioni necessarie per il parallelismo**
> *Se due rette sono parallele*, allora tagliate da una trasversale formano:
> - angoli alterni congruenti *e*
> - angoli corrispondenti congruenti *e*
> - angoli coniugati supplementari.

DIMOSTRAZIONE

ANIMAZIONE Dimostriamo che gli angoli alterni interni sono congruenti.

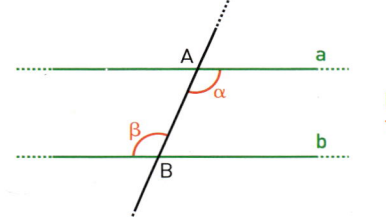

Ipotesi: a//b
Tesi: α ≅ β

Ragioniamo per assurdo.
Supponiamo che α non sia congruente a β (negazione della tesi).
Per *B* conduciamo la retta *b'* tale che β' ≅ α.
Per il criterio di parallelismo *b'* è parallela ad *a*, e quindi per *B* passano due parallele ad *a*.
Ciò è assurdo, perché contraddice il postulato delle parallele.
Non è vero che α e β non sono congruenti, quindi α ≅ β.

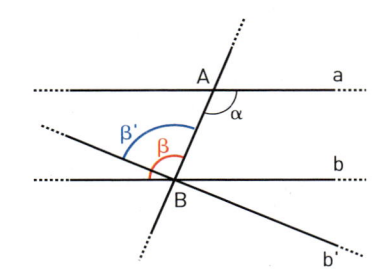

La dimostrazione degli altri casi della tesi è proposta nell'esercizio 1 a pagina G66.

Angoli con lati paralleli

> **DEFINIZIONE**
>
> Date due semirette parallele di origini *P* e *Q*, consideriamo i semipiani formati dalla retta *PQ*.
> Le **semirette** sono:
> - **concordi** se appartengono a uno stesso semipiano;
> - **discordi** se appartengono a semipiani diversi.

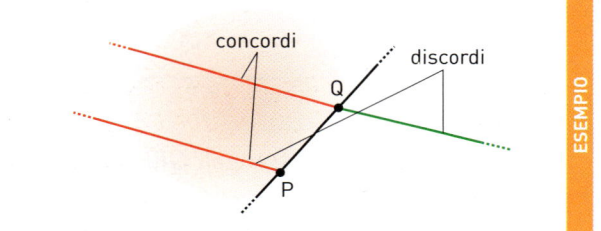

concordi   discordi

ESEMPIO

Le condizioni necessarie per il parallelismo esaminate nel precedente teorema permettono di dimostrare le proprietà degli angoli con i lati paralleli, concordi o discordi.

> **TEOREMA**
>
> **Angoli con lati paralleli**
> Due angoli con i *lati paralleli e concordi* oppure *paralleli e discordi* sono congruenti.
> Due angoli con i *lati paralleli due concordi e due discordi* sono supplementari.

Parallelismo ed equivalenza

Per la relazione di parallelismo è vero che:

a // a	**proprietà riflessiva;**
se *a // b*, allora *b // a*	**proprietà simmetrica;**
se *a // b* e *b // c*, allora *a // c*	**proprietà transitiva.**

Poiché gode delle proprietà riflessiva, simmetrica e transitiva, *la relazione di parallelismo è una relazione di equivalenza.*
Ogni classe di equivalenza è l'insieme di tutte le rette parallele fra loro, chiamato **fascio improprio** di rette. La proprietà caratteristica delle rette del fascio è la **direzione**.

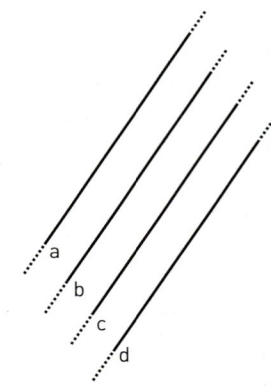

Diciamo che le rette *a*, *b*, *c* e *d* hanno la stessa direzione.

ESERCIZI PER COMINCIARE

1 **ANIMAZIONE** Dimostra l'*inverso del criterio di parallelismo* negli altri casi di tesi. Ti puoi ricondurre al caso degli angoli alterni interni congruenti mediante le proprietà che hai già utilizzato nell'esercizio 6 di pagina G64.

2 **ANIMAZIONE** Dato il triangolo isoscele *ABC* di base *BC*, dimostra che la retta passante per *A* e parallela a *BC* è bisettrice dell'angolo esterno di vertice *A*.

3 **VIDEO** **Rette parallele e trasversali** Nella figura, *AH // BF* e *AD // LF*.

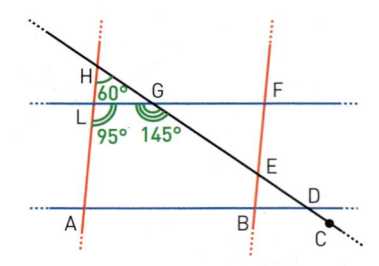

Qual è l'ampiezza degli angoli $G\widehat{F}E$, $B\widehat{D}C$, $D\widehat{B}E$ e $D\widehat{E}F$? Confronta la tua risoluzione con quella che proponiamo nel video.

4 Traccia due rette parallele *r* e *s*, tagliate da una trasversale *t*. Detti *R* e *S* i punti in cui *t* interseca le parallele, considera, da parti opposte rispetto al segmento *RS*, altri due punti $P \in r$ e $Q \in s$ in modo che $PR \cong QS$. Detto *M* il punto di intersezione dei segmenti *PQ* e *RS*, dimostra che *M* è il punto medio di entrambi i segmenti.

5 **ANIMAZIONE** Dimostra che due angoli con i *lati paralleli e concordi* sono congruenti.

6 **ANIMAZIONE** Dimostra che due angoli con i *lati paralleli e discordi* sono congruenti.

7 **ANIMAZIONE** Dimostra che due angoli con i *lati paralleli, due concordi e due discordi*, sono supplementari.

8 **ANIMAZIONE** Dimostra la *proprietà transitiva del parallelismo*, ragionando per assurdo.

3. PROPRIETÀ DEGLI ANGOLI DI UN POLIGONO

TEOREMA DELL'ANGOLO ESTERNO DI UN TRIANGOLO → Esercizi a pagina **G76**

> **TEOREMA**
>
> **Angolo esterno di un triangolo**
> In un triangolo ogni angolo esterno è congruente alla *somma degli angoli interni non adiacenti*.

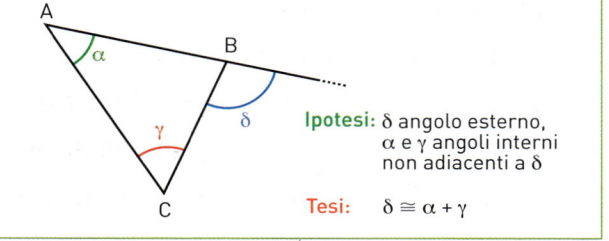

Ipotesi: δ angolo esterno, α e γ angoli interni non adiacenti a δ

Tesi: $\delta \cong \alpha + \gamma$

DIMOSTRAZIONE

📱 **ANIMAZIONE** Per B tracciamo la retta r parallela ad AC.

- $\delta_1 \cong \alpha$ perché angoli corrispondenti delle parallele AC e r tagliate da AB;
- $\delta_2 \cong \gamma$ perché angoli alterni interni delle parallele AC e r tagliate da BC;
- $\delta \cong \delta_1 + \delta_2$, quindi: $\delta \cong \alpha + \gamma$.

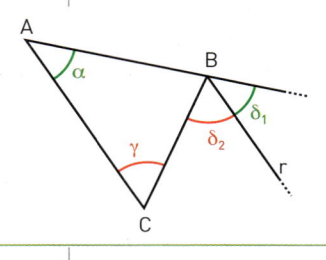

SOMMA DEGLI ANGOLI INTERNI DI UN TRIANGOLO → Esercizi a pagina **G77**

🎧 The sum of the internal angles of a triangle is a *straight angle*, that is an angle with sides on a straight line.

> **TEOREMA**
>
> **Somma degli angoli interni di un triangolo**
> In un triangolo la somma degli angoli interni è congruente a *un angolo piatto*.

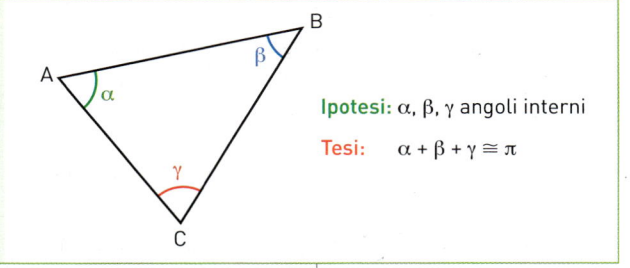

Ipotesi: α, β, γ angoli interni

Tesi: $\alpha + \beta + \gamma \cong \pi$

DIMOSTRAZIONE

📱 **ANIMAZIONE**

- In B, l'angolo esterno δ è adiacente all'angolo β, quindi: $\delta + \beta \cong \pi$.
- Per il teorema dell'angolo esterno: $\delta \cong \alpha + \gamma$.
- Sostituendo nella prima relazione: $\alpha + \gamma + \beta \cong \pi$.

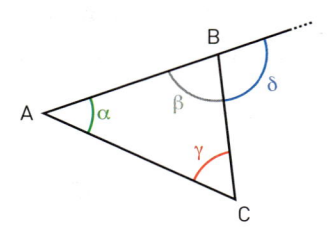

Secondo criterio di congruenza dei triangoli (forma generale)

Nel seguito, con *secondo criterio di congruenza* intenderemo una forma più generale di quella che conosci.
Per applicare il criterio in questa forma non è necessario che gli angoli congruenti siano quelli adiacenti al lato.

> **TEOREMA**
>
> **Secondo criterio di congruenza: forma generale**
> Due triangoli sono congruenti se hanno un lato e due angoli *ordinatamente* congruenti.

SOMMA DEGLI ANGOLI DI UN POLIGONO   → Esercizi a pagina **G78**

> **TEOREMA**
>
> **Somma degli angoli interni di un poligono**
> La somma degli angoli interni α, β, γ, ... di un poligono convesso che ha *n* lati è congruente a *n − 2 angoli piatti*.
>
> $$\alpha + \beta + \gamma + ... \cong (n-2)\pi$$

DIMOSTRAZIONE

Consideriamo un poligono convesso qualsiasi di *n* lati, un suo punto interno *O* e congiungiamo *O* con tutti i vertici.

Si formano *n* triangoli, quindi la somma di tutti i loro angoli interni è *n* angoli piatti. La somma degli angoli di vertice *O* è un angolo giro, cioè 2 angoli piatti. Per differenza, abbiamo che la somma dei soli angoli che hanno per vertici quelli del poligono è *n − 2* angoli piatti.

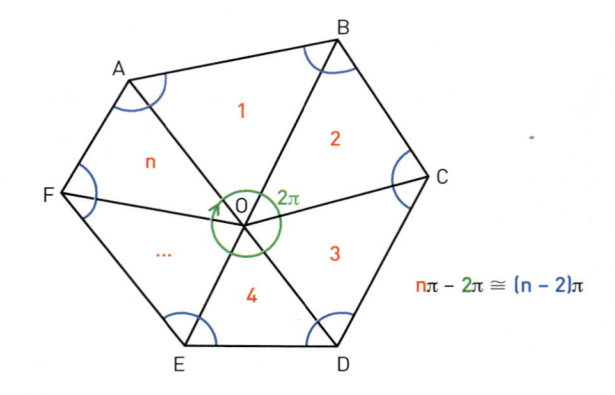

$$n\pi - 2\pi \cong (n-2)\pi$$

> **TEOREMA**
>
> **Somma degli angoli esterni**
> La somma degli angoli esterni di un poligono convesso è congruente a due angoli piatti.

ESERCIZI PER COMINCIARE

1 Dimostra che la somma degli angoli acuti di un triangolo rettangolo è un angolo retto.

2 📱 **ANIMAZIONE** Applicando il teorema della somma degli angoli interni, dimostra che, se due triangoli hanno congruenti due angoli, allora hanno congruente anche il terzo.
Dimostra poi il *secondo criterio di congruenza nella forma generale*.

3 Dimostra il *teorema della somma degli angoli esterni di un poligono* partendo dalla considerazione che in un poligono di *n* lati la somma degli angoli esterni e degli angoli interni è congruente a *n* angoli piatti.

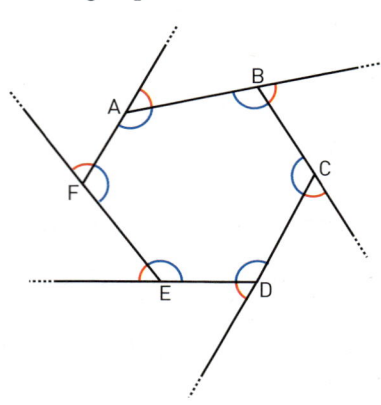

4. CONGRUENZA DI TRIANGOLI RETTANGOLI
➔ Esercizi a pagina **G79**

Primi tre criteri di congruenza dei triangoli rettangoli

Dai criteri di congruenza dei triangoli si ricavano tre criteri per i triangoli rettangoli. Li riassumiamo nel seguente teorema.

> **TEOREMA**
>
> **Primo, secondo e terzo criterio di congruenza dei triangoli rettangoli**
> Due triangoli rettangoli sono congruenti se hanno *ordinatamente* congruenti:
> 1. due cateti *oppure*
> 2. un cateto e un angolo acuto *oppure*
> 3. l'ipotenusa e un angolo acuto.

Quarto criterio di congruenza dei triangoli rettangoli

C'è anche un quarto criterio di congruenza, valido *solo* per i triangoli rettangoli, molto particolare perché nelle ipotesi troviamo due lati ordinatamente congruenti e un angolo (quello retto) che *non* è compreso fra i lati.

> **TEOREMA**
>
> **Quarto criterio di congruenza dei triangoli rettangoli**
> Due triangoli rettangoli sono congruenti se hanno *ordinatamente* congruenti l'ipotenusa e un cateto.

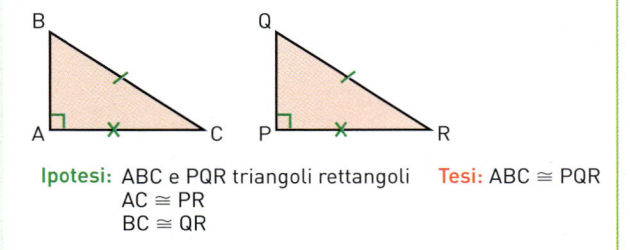

Ipotesi: ABC e PQR triangoli rettangoli
AC ≅ PR
BC ≅ QR

Tesi: ABC ≅ PQR

Mediana relativa all'ipotenusa

Utilizzando i criteri di congruenza dei triangoli rettangoli, si può dimostrare il seguente teorema.

> **TEOREMA**
>
> **Mediana relativa all'ipotenusa**
> In un triangolo rettangolo la *mediana* relativa all'ipotenusa è congruente a *metà ipotenusa*.

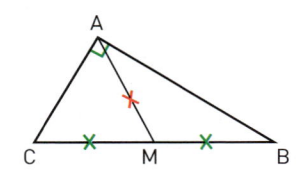

Ipotesi: ABC triangolo rettangolo
CM ≅ MB

Tesi: $AM \cong \frac{1}{2}CB$

Ti proponiamo la dimostrazione del teorema nell'esercizio 4 di pagina G71.

Distanza tra due rette parallele

Anche il prossimo teorema si può dimostrare con uno dei criteri di congruenza dei triangoli rettangoli.

TEOREMA

Rette parallele e distanza di punti da rette

Se due rette *r* e *s* sono parallele, la distanza di un punto di *r* da *s* e la distanza di un punto di *s* da *r* sono congruenti.

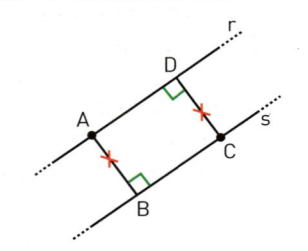

Ipotesi: r // s

AB distanza di A da s
CD distanza di C da r

Tesi: AB ≅ CD

Osserviamo che, per esempio, la distanza di *A* da *s* coincide con la distanza di *B* da *r*, perché *AB* è perpendicolare sia a *r* sia a *s*, quindi possiamo esprimere la proprietà appena dimostrata dicendo che tutti i punti di *r* hanno da *s* la stessa distanza che tutti i punti di *s* hanno da *r*.

Diamo allora la seguente definizione:

la **distanza tra due rette parallele** è la distanza di un qualsiasi punto di una delle rette dall'altra.

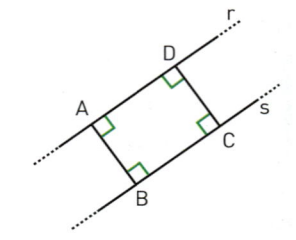

Luoghi geometrici e triangoli rettangoli

DEFINIZIONE

Il **luogo geometrico** della proprietà $\mathscr{P}$ è l'insieme di *tutti* e *soli* i punti del piano che godono di $\mathscr{P}$.

$\mathscr{P}$ è la **proprietà caratteristica** del luogo.

L'asse di un segmento e la bisettrice di un angolo sono esempi di particolari luoghi geometrici.

TEOREMA

Asse come luogo

L'asse di un segmento è il luogo dei *punti equidistanti dagli estremi.*

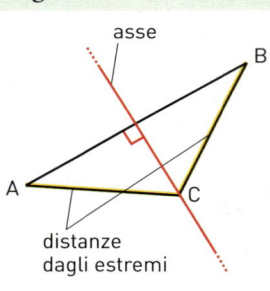

Bisettrice come luogo

La bisettrice di un angolo è il luogo dei *punti equidistanti dai lati.*

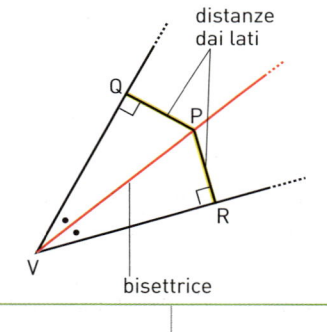

ESERCIZI PER COMINCIARE

1 Applicando i criteri di congruenza dei triangoli, dimostra i *primi tre criteri di congruenza dei triangoli rettangoli* aiutandoti con le figure, in cui sono segnate le ipotesi.

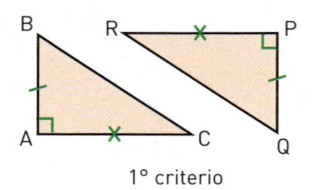

1° criterio

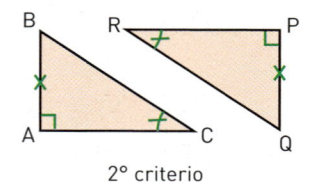

2° criterio

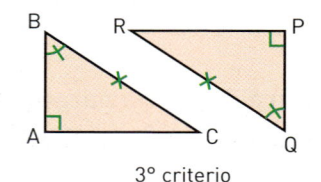

3° criterio

2 Utilizzando il secondo criterio di congruenza dei triangoli rettangoli, dimostra che in un triangolo isoscele l'altezza relativa alla base è anche mediana e bisettrice dell'angolo al vertice.

3 **ANIMAZIONE** Per dimostrare il *quarto criterio di congruenza dei triangoli rettangoli*, considera i triangoli rettangoli ABC e PQR, con $AC \cong PR$ e $BC \cong QR$. Prolunga AB di un segmento $AD \cong PQ$.
Dimostra che $PQR \cong ACD$ e $ACD \cong ABC$, quindi...

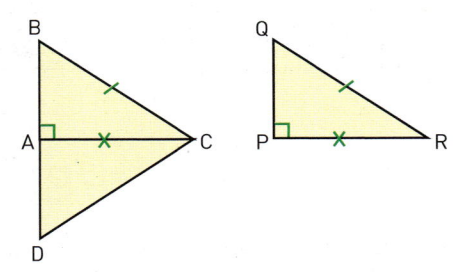

4 Per dimostrare il *teorema della mediana relativa all'ipotenusa*, prolunga AM di un segmento $MD \cong AM$.

Dimostra che:

- i triangoli AMC e BDM sono congruenti;
- l'angolo $A\widehat{B}D$ è retto;
- i triangoli ABC e BDA sono congruenti;
- poiché $AD \cong 2AM$ per costruzione, allora $CB \cong ...$, quindi...

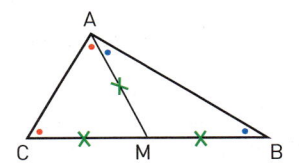

5 Scrivi il *teorema inverso di quello della mediana relativa all'ipotenusa*. Dimostralo aiutandoti con la figura e utilizzando il teorema della somma degli angoli interni di un triangolo.

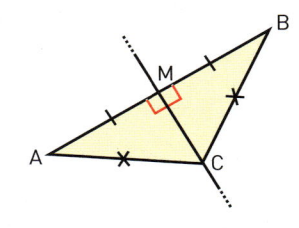

6 **ANIMAZIONE** Dimostra il *teorema delle rette parallele e distanza di punti da rette* che abbiamo enunciato a pagina G70.

7 **VIDEO** **Un luogo geometrico: l'asse di un segmento** Per dimostrare che l'*asse* di un segmento è il *luogo* dei punti equidistanti dagli estremi, dimostra che:

a. *tutti* i punti dell'asse hanno distanza uguale dagli estremi;

Ipotesi: $AM \cong MB$; $MC \perp AB$
Tesi: $AC \cong BC$

b. *solo* i punti dell'asse hanno distanza uguale dagli estremi.

Ipotesi: $AC \cong BC$; $MC \perp AB$
Tesi: $AM \cong MB$

Confronta la tua dimostrazione con quella che proponiamo nel video.

8 Per dimostrare che la *bisettrice* di un angolo è il *luogo* dei punti equidistanti dai lati, dimostra che:

a. *tutti* i punti della bisettrice hanno distanza uguale dai lati;

Ipotesi: $Q\widehat{V}P \cong P\widehat{V}R$; $PQ \perp VQ$; $PR \perp VR$
Tesi: $PQ \cong PR$

b. *solo* i punti della bisettrice hanno distanza uguale dai lati.

Ipotesi: $PQ \perp VQ$; $PR \perp VR$; $PQ \cong PR$
Tesi: $Q\widehat{V}P \cong P\widehat{V}R$

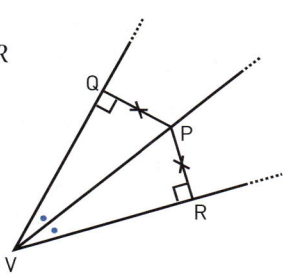

1. RETTE PERPENDICOLARI E PARALLELE

RETTE PERPENDICOLARI → Teoria a pagina G62

Costruzioni

1 Da P traccia le perpendicolari alle rette dei lati del triangolo.

2 Trova le proiezioni ortogonali del segmento AB sulle rette disegnate.

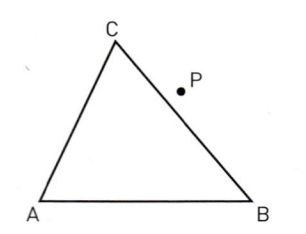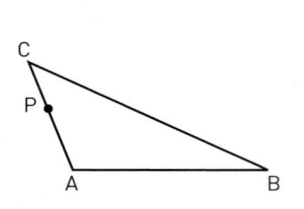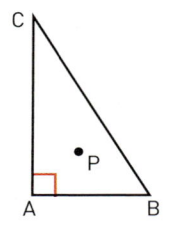

3 Disegna gli assi dei lati dei seguenti triangoli.

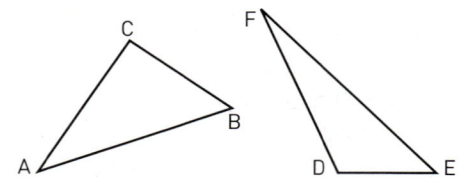

Dimostrazioni

4 Due segmenti, PQ e RS, sono perpendicolari tra loro e si dividono a metà.
Dimostra che $PR \cong RQ \cong QS \cong SP$.

5 Sui lati a e b di un angolo di vertice O considera rispettivamente un punto A e un punto B. Traccia gli assi dei segmenti OA e OB che si incontrano nel punto P. Dimostra che $AP \cong BP$.

6 ☐ **ESEMPIO DIGITALE** Sull'asse del segmento PQ, dalla stessa parte rispetto a PQ, considera i punti A e B. Dimostra che $P\widehat{A}B \cong B\widehat{A}Q$.

7 ☐ **ESEMPIO DIGITALE** Dimostra che, se il quadrilatero $ABCD$ è tale che il vertice A coincide con il punto di intersezione degli assi dei lati BC e CD, allora $A\widehat{B}D \cong A\widehat{D}B$.

Con le misure

8 Trova le ampiezze di tutti gli angoli della figura, in cui $a \perp c$ e $b \perp d$.

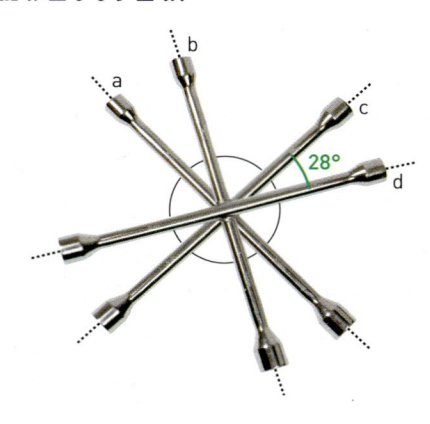

RETTE PARALLELE → Teoria a pagina **G63**

9 Indica tutte le coppie di angoli rispetto alla trasversale *t*:

a. alterni interni;
b. corrispondenti;
c. coniugati esterni.

10 Indica tutte le coppie di angoli rispetto alla trasversale *t*:

a. alterni esterni;
b. coniugati interni;
c. corrispondenti.

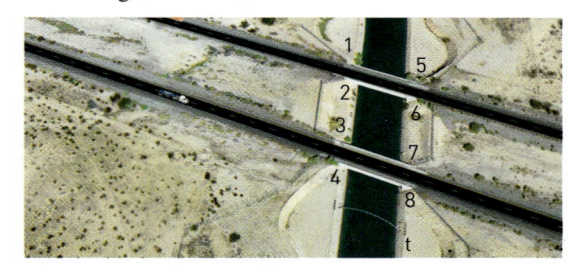

11 📱 **VERO O FALSO?**

a. Una retta è sempre parallela a se stessa. V F

b. Due rette incidenti possono essere parallele. V F

c. Due rette parallele non possono essere incidenti. V F

d. Due rette perpendicolari possono essere parallele. V F

MATEMATICA INTORNO A NOI

Origami

Gli origami sono soprattutto un prodotto artistico, ma la loro bellezza nasconde molta matematica…

📱 ▸ Problema e risoluzione.
▸ Un esercizio in più.

---

12 Riferendoti alla figura, indica quali coppie di rette sono parallele e la trasversale considerata se:

a. $A\widehat{C}B \cong C\widehat{B}D$;

b. $D\widehat{C}B$ supplementare di $C\widehat{B}E$;

c. $C\widehat{B}A \cong D\widehat{E}B$;

d. $C\widehat{D}B \cong D\widehat{B}E$.

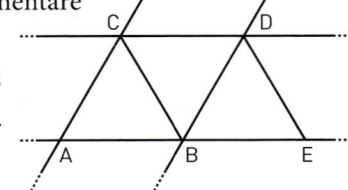

13 📱 **YOU & MATHS** **A carpenter's work** Frances is building a bench for her back yard. She has cut one end of the legs at an angle of 40°.
At what angle should she cut the other end to be sure that the top of the bench is parallel to the ground?

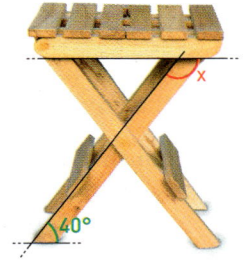

Dimostrazioni

14 Dato un segmento *AB*, traccia l'asse del segmento e due semirette di origine *A* che formano con *AB* angoli congruenti. Detti *C* e *D* i punti di intersezione delle semirette con l'asse, dimostra che *CB* è parallela a *AD*.

15 Dal punto medio *M* di un segmento *PQ* traccia una retta *r*, distinta da *PQ*. Fissa su *r*, da parti opposte rispetto a *M*, due punti *S* e *T* tali che $MS \cong MT$. Dimostra che la retta *PT* è parallela alla retta *QS*.

16 Nel triangolo *ABC*, isoscele sulla base *AB*, traccia le bisettrici *AE* e *BD* degli angoli alla base e indica con *P* il loro punto di intersezione. Dimostra che il triangolo *DEP* è isoscele e *DE // AB*.

17 Nel triangolo isoscele *ABC* traccia la mediana *AM* relativa alla base *BC* e considera il punto *Q* di intersezione tra il lato *AB* e l'asse del segmento *BM*. Dimostra che *QM* è parallela ad *AC*.

Costruzioni

18 In ogni figura traccia le parallele ad AC e ad AB passanti per P.

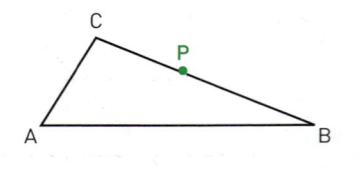 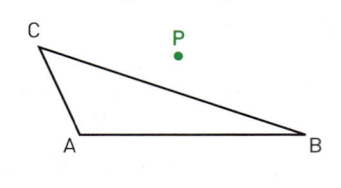 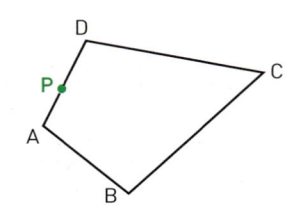

2. SE LE RETTE SONO PARALLELE → Teoria a pagina **G65**

Inverso del criterio di parallelismo

19 Nelle figure che rappresentano due rette parallele tagliate da una trasversale indica gli angoli richiesti.

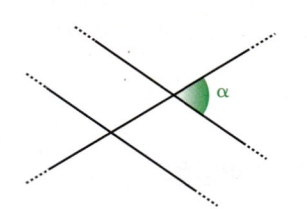 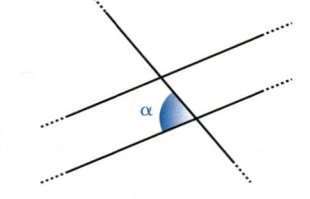 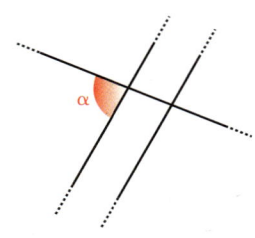

- Corrispondente di α.
- Alterno esterno di α.
- Coniugato esterno di α.

- Coniugato interno di α.
- Corrispondente di α.
- Alterno interno di α.

- Alterno esterno di α.
- Corrispondente di α.
- Coniugato esterno di α.

20 **YOU & MATHS** **Which angles are congruent?** Lines r and s are parallel.
Name all angles congruent to angle 1.

a. 2 **b.** 3 **c.** 4 **d.** 5 **e.** 6 **f.** 7 **g.** 8

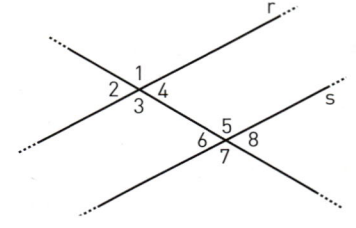

Dimostrazioni

21 Dato un triangolo ABC, sulla retta r parallela a BC passante per A considera, nel semipiano definito dalla retta AB che contiene il triangolo, il punto D tale che $AD \cong CB$.
Preso un punto T su r, da parte opposta a D rispetto ad A, dimostra che $C\widehat{D}A \cong B\widehat{A}T$.

22 **ESEMPIO DIGITALE** Nel triangolo ABC traccia la bisettrice dell'angolo $\widehat{A}$ e fissa su di essa un punto P. Per P conduci la parallela al lato AC che interseca AB o il suo prolungamento in Q. Dimostra che il triangolo APQ è isoscele.

23 Da un punto D del lato AC del triangolo ABC traccia le parallele ai lati CB e AB che li intersecano rispettivamente nei punti E e F.
Dimostra che $D\widehat{E}B \cong D\widehat{F}B$.

24 **ESEMPIO DIGITALE** Sulla coppia di rette parallele a e b, considera i segmenti congruenti AA' e BB', con AA' appartenente alla retta a e BB' alla retta b. Dimostra che i triangoli ABB' e $AA'B$ sono congruenti.

25 Dimostra che, se da ogni vertice di un triangolo qualsiasi si traccia la parallela al lato opposto, si ottengono quattro triangoli congruenti.

26 **YOU & MATHS** **Prove it!** Write a proof for the following statement.
If PQ and YZ are on parallel and non-coincident lines, and $PQ \cong ZY$, then $PY \cong QZ$.

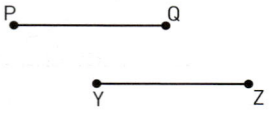

Con le misure

In ogni figura ci sono due rette parallele tagliate da una trasversale. Trova le ampiezze di α e β.

27

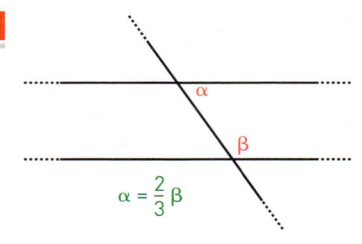

$$\alpha = \frac{2}{3}\beta$$

28

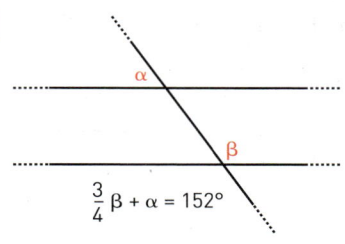

$$\frac{3}{4}\beta + \alpha = 152°$$

29

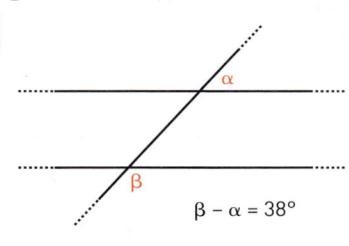

$$\beta - \alpha = 38°$$

In ogni figura tre matite sono parallele. Determina le ampiezze di tutti gli angoli utilizzando le informazioni.

30

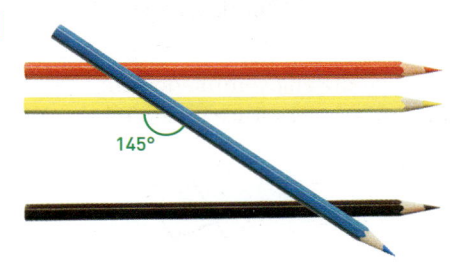

31

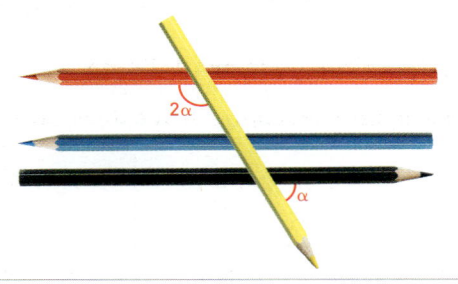

32 Le rette gialle in figura sono parallele. Determina x.

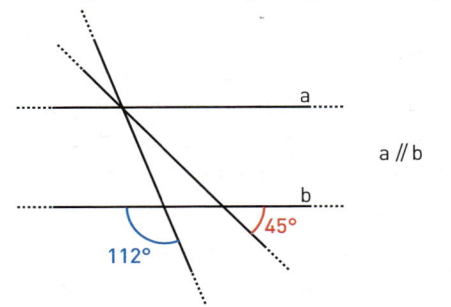

33 Trova le ampiezze di tutti gli angoli della figura.

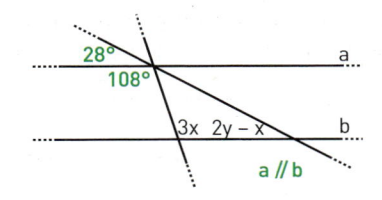

$a \parallel b$

34 ☐ **ESEMPIO DIGITALE** Determina x e y utilizzando le informazioni della figura.

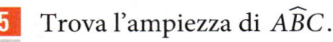

35 Trova l'ampiezza di $A\widehat{B}C$.

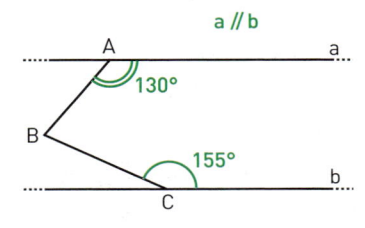

36 α e β sono una coppia di angoli coniugati interni formati da due rette parallele tagliate da una trasversale.

Sapendo che l'ampiezza di α supera di 40° i $\frac{3}{4}$ dell'ampiezza di β, determina le ampiezze di tutti gli altri angoli formati dalle intersezioni delle rette parallele con la trasversale. [80°; 100°]

37 Determina le misure degli angoli indicati con il punto interrogativo, sapendo che il triangolo ABC è isoscele e che la retta a è parallela al lato AB.

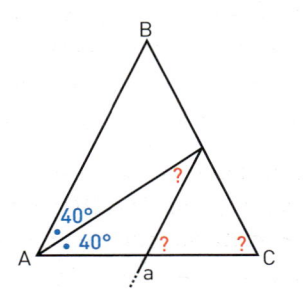

3. PROPRIETÀ DEGLI ANGOLI DI UN POLIGONO

TEOREMA DELL'ANGOLO ESTERNO DI UN TRIANGOLO ➔ Teoria a pagina **G67**

Dimostrazioni

38 Considera un triangolo isoscele in cui l'angolo al vertice è la metà di un angolo alla base. Dimostra che la bisettrice di un angolo alla base divide il triangolo in due triangoli isosceli.

39 Nel triangolo isoscele ABC di base AB, prolunga AC di un segmento $CD \cong AC$. Dimostra che:

a. il triangolo BCD è isoscele con gli angoli alla base che sono la metà di $A\widehat{C}B$;

b. l'angolo $A\widehat{B}D$ è retto.

40 ▢ **ESEMPIO DIGITALE**   In un triangolo ABC un angolo esterno è congruente alla somma dell'angolo interno a esso adiacente con uno degli altri due angoli. Dimostra che il triangolo è isoscele.

41 Dimostra che in ogni triangolo isoscele la bisettrice dell'angolo esterno adiacente all'angolo al vertice è parallela alla base.

Con le misure

Determina l'ampiezza di α e β.

42

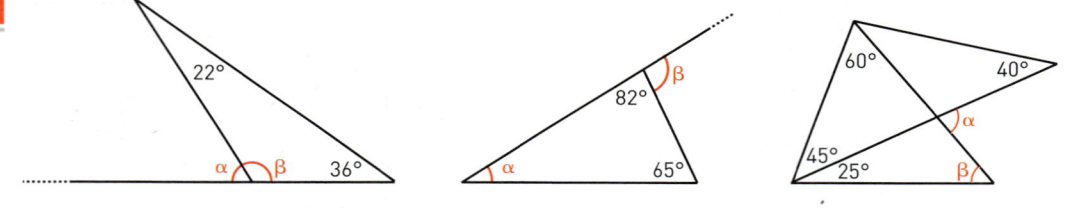

43 ▢ **ESEMPIO DIGITALE**

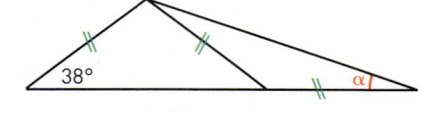 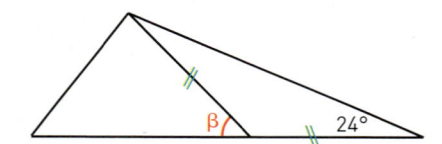

44

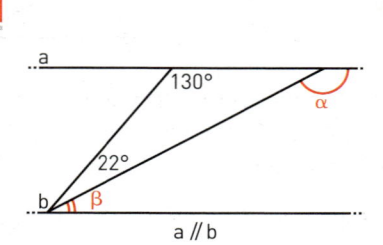

45

46

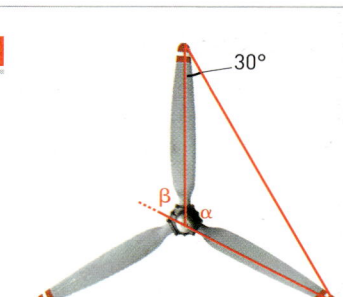

47 In un triangolo ABC l'angolo esterno di vertice B è 136°. Trova l'ampiezza degli angoli $\widehat{A}$ e $\widehat{C}$ interni, sapendo che $\widehat{C}$ supera $\widehat{A}$ di 20°.   [58°; 78°]

48 In un triangolo ABC l'angolo esterno di vertice C è 135°. Trova l'ampiezza degli angoli interni $\widehat{A}$ e $\widehat{B}$, sapendo che $\widehat{B} - \widehat{A} = 21°$.   [57°; 78°]

SOMMA DEGLI ANGOLI INTERNI DI UN TRIANGOLO → Teoria a pagina **G67**

Dimostrazioni

49 Dimostra che in un triangolo acutangolo la somma dei complementari degli angoli interni è un angolo retto.

50 Dimostra che due triangoli isosceli con le basi congruenti e l'angolo al vertice congruente sono congruenti.

51 Dimostra che in un triangolo acutangolo un angolo è uguale alla somma dei complementari degli altri due.

52 Dimostra che in un triangolo isoscele la somma degli angoli esterni agli angoli alla base è uguale alla somma dell'angolo al vertice con un angolo piatto.

53 Nel triangolo ABC traccia la bisettrice dell'angolo esterno di vertice B fino a incontrare l'asse del lato AB in D. Dimostra che $A\widehat{D}B \cong A\widehat{B}C$.

54 ☐ **ESEMPIO DIGITALE** Nel triangolo isoscele ABC, di base BC, disegna l'altezza BH relativa al lato obliquo AC. Dimostra che $B\widehat{A}C = 2H\widehat{B}C$.

Con le misure

Trova x e y.

55

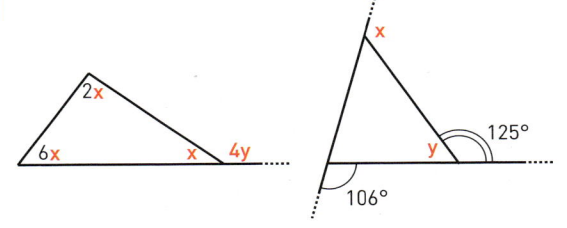

57 ☐ **ESEMPIO DIGITALE**

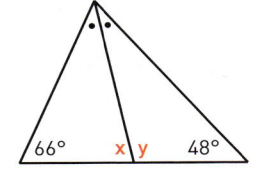

58

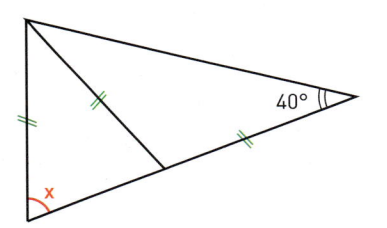

56

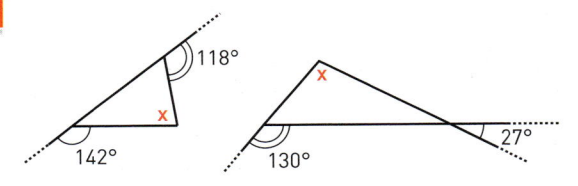

59 ☐ **YOU & MATHS** **Find the measures** Find the measures x and y, in degrees, knowing that $ED \parallel AB$.

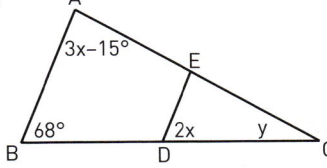

60 In un triangolo un angolo è doppio di uno degli altri due, mentre il terzo angolo supera di 28° il primo. Trova i tre angoli. [30,4°; 60,8°; 88,8°]

61 In un triangolo ABC, $\widehat{A} = 2\widehat{B}$. Se $\widehat{C} = 75°$, qual è l'ampiezza di $\widehat{A}$ e di $\widehat{B}$? [70°, 35°]

62 Un triangolo isoscele ottusangolo può avere un angolo alla base di ampiezza di 40°? E di 65°? Perché? [sì; no]

63 In un triangolo la differenza tra l'ampiezza di due angoli è uguale al terzo. Dimostra che il triangolo è rettangolo.

SOMMA DEGLI ANGOLI DI UN POLIGONO ➡ Teoria a pagina **G68**

64 ▢ **VERO O FALSO?**

a. In ogni quadrilatero convesso la somma degli angoli interni è uguale alla somma degli angoli esterni. V F

b. La somma degli angoli interni di un esagono convesso è 720°. V F

c. Non esistono quadrilateri con tutti gli angoli acuti. V F

d. Il poligono i cui angoli interni hanno per somma 1080° è un decagono. V F

e. In un poligono convesso di 20 lati la somma degli angoli interni è il doppio di quella di un poligono convesso di 10 lati. V F

65 In un quadrilatero $LMNP$, le bisettrici dei due angoli adiacenti $L\widehat{M}N$ e $M\widehat{N}P$ si intersecano nel punto Q. Dimostra che l'ampiezza di $M\widehat{Q}N$ è uguale alla semisomma delle ampiezze degli angoli $\widehat{L}$ e $\widehat{P}$.

66 **EUREKA!** **La minima ampiezza** In un quadrilatero convesso $ABCD$ l'ampiezza dell'angolo interno di vertice C supera di 30° l'ampiezza dell'angolo opposto al vertice A, mentre l'angolo in D ha ampiezza doppia di quella dell'angolo di vertice B. Sapendo che uno e uno solo degli angoli del quadrilatero è retto, qual è il valore minimo che può assumere uno degli angoli interni del quadrilatero?

67 Quanto misura la somma degli angoli interni di un poligono convesso con 7 lati? E quella degli angoli esterni? [900°; 360°]

68 La somma degli angoli interni di un poligono convesso è 2700°. Determina il numero dei lati del poligono. [17]

69 ▢ **ESEMPIO DIGITALE** Trova il numero dei lati di un poligono regolare in cui ogni angolo interno misura 135°.

70 Ripeti l'esercizio precedente nel caso in cui ogni angolo interno misuri 108°, 120°, 150°. [5; 6; 12]

71 Trova x.

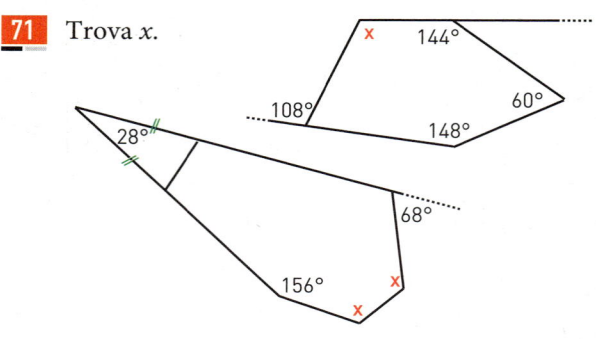

[116°; 122°]

72 La figura rappresenta un pentagono regolare. Trova le ampiezze di α, β, γ.

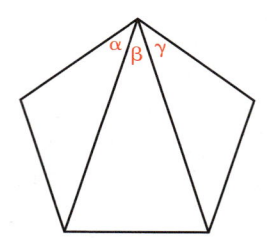

73 Nell'esagono regolare della figura determina le ampiezze di α, β, γ, δ, ω.

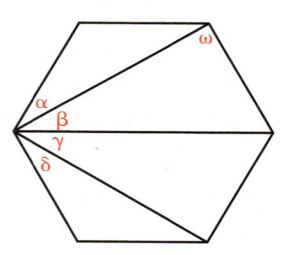

74 Trova x.

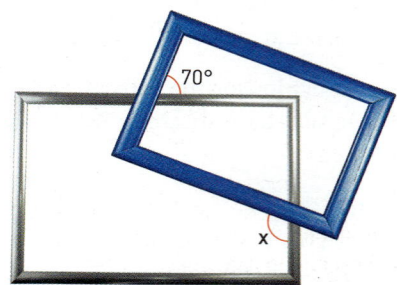

75 Trova x, y e z. (*Suggerimento*. Quanto misurano gli angoli delle due squadre?)

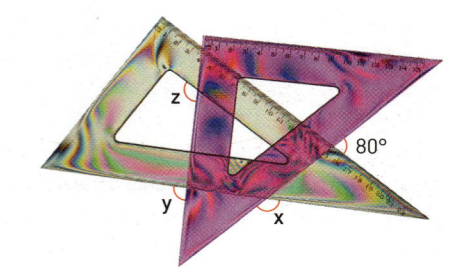

4. CONGRUENZA DI TRIANGOLI RETTANGOLI

→ Teoria a pagina **G69**

76 Le coppie di triangoli rettangoli rappresentati nelle seguenti figure hanno congruenti gli elementi segnati. Per quali coppie si può dimostrare che i due triangoli sono congruenti? Motiva il ragionamento e indica il criterio di congruenza utilizzato.

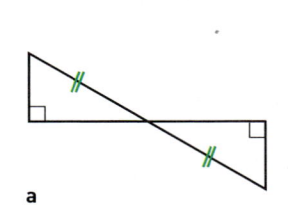

a

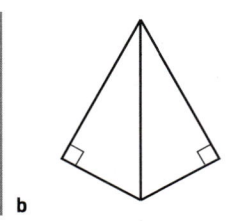

b

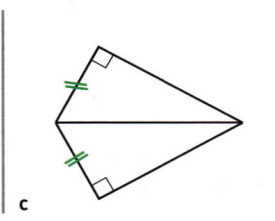

c

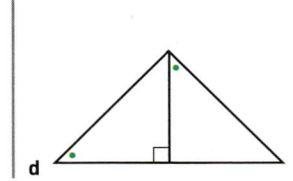

d

Dimostrazioni

77 Indica tutti gli angoli congruenti all'angolo evidenziato in rosso e motiva la risposta, scrivendo le ipotesi e le proprietà che utilizzi.

78 Dimostra che, se due triangoli rettangoli hanno un cateto e la mediana relativa a esso ordinatamente congruenti, allora sono congruenti.

79 **ESEMPIO DIGITALE** Dimostra che, se due triangoli rettangoli hanno un cateto e la mediana relativa all'altro cateto ordinatamente congruenti, allora sono congruenti.

80 Dimostra che, se due triangoli rettangoli hanno l'altezza relativa all'ipotenusa e la bisettrice dell'angolo retto ordinatamente congruenti, allora sono congruenti.

81 Dimostra che, se in un triangolo una mediana è anche altezza, allora il triangolo è isoscele.

82 **ESEMPIO DIGITALE** Considera le rette a e b incidenti nel punto O. Fissa su a, da parti opposte rispetto a O, due punti, A e B, e indica rispettivamente con C e D le loro proiezioni sulla retta b. Dimostra che, se $AO \cong OB$, allora i triangoli ACO e BDO sono congruenti.

83 Dimostra che, se due triangoli rettangoli hanno un cateto e la bisettrice dell'angolo acuto adiacente a esso ordinatamente congruenti, allora sono congruenti.

84 **ESEMPIO DIGITALE** Sulla base AB del triangolo isoscele ABC fissa due punti P e Q equidistanti dal punto medio M di AB. Dimostra che i due punti sono equidistanti dai lati obliqui.

85 Dimostra che due angoli che hanno rispettivamente i lati perpendicolari sono congruenti se sono acuti oppure ottusi, sono supplementari se uno è acuto e l'altro ottuso.

86 Dimostra che, se due triangoli rettangoli hanno ordinatamente congruenti un cateto e la sua proiezione sull'ipotenusa, allora sono congruenti.

87 Dimostra che in un triangolo ogni vertice si trova alla stessa distanza rispetto alla retta che congiunge i punti medi di due lati.

MATEMATICA AL COMPUTER

Geometria dinamica con due parallele e un asse

▸ Problema e risoluzione.
▸ 5 esercizi in più.

VERIFICA DELLE COMPETENZE ALLENAMENTO

▶ Competenza **2** (abilità **1, 4**)

1 📱 **TEST** Una delle seguenti proposizioni è *falsa*. Quale?

    A In un triangolo ottusangolo la somma dei due angoli acuti è minore di un angolo retto.

    B In un triangolo rettangolo la bisettrice dell'angolo retto è congruente alla metà dell'ipotenusa.

    C In un triangolo rettangolo gli angoli acuti sono complementari.

    D Due rette parallele tagliate da una trasversale formano angoli coniugati interni supplementari.

Dimostrazioni

2 Dal vertice A di un triangolo ABC traccia la parallela al lato opposto e fissa, da parti opposte rispetto al vertice A, due punti, P e Q, tali che $AP \cong AQ \cong BC$, con C e Q dalla stessa parte rispetto al lato AB. Dimostra che i triangoli ABP e CQA sono congruenti.

3 Dato il triangolo isoscele ABC di base AB, prolunga i lati AC e CB dei segmenti AP e BQ tra loro congruenti. Dimostra che PQ è parallelo ad AB.

4 Da un punto P di una retta r traccia una semiretta s e, preso su s un punto A, conduci da esso la perpendicolare AH alla retta r e la bisettrice t dell'angolo $P\widehat{A}H$. Determina poi su t un punto B in modo che il triangolo BPA sia isoscele con base AB e dimostra che PB è perpendicolare a r.

5 Dimostra che, se per ogni vertice di un triangolo qualsiasi ABC si traccia la parallela al lato opposto, con tali parallele si ottiene un triangolo con gli angoli congruenti a quelli di ABC e con i lati doppi di quelli di ABC.

6 Sia ABC un triangolo rettangolo in A e siano AM la mediana relativa all'ipotenusa BC e MH e MK le altezze dei triangoli ABM e ACM. Dimostra che:

    a. MH e MK sono perpendicolari;

    b. i triangoli CMK e BMH sono congruenti.

7 Dal piede H della perpendicolare condotta dal vertice del triangolo isoscele ABC sulla base AB, conduci le rette parallele ai lati obliqui del triangolo. Individua le coppie di triangoli congruenti.

▶ Competenza **2** (abilità **3**) | ▶ Competenza **3** (abilità **3**)

Con le misure

8 📱 **INVALSI 2008** Nella figura, la retta l è parallela alla retta m. La misura dell'angolo $D\widehat{A}C$ è 55°. Quanto misura la somma degli angoli: $x + y$?

    A 55°   **B** 110°   **C** 125°   **D** 135°

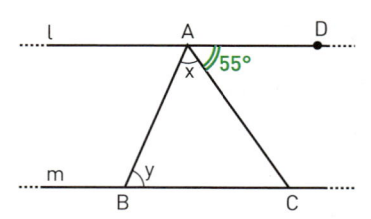

9 Nella figura, la retta ED è parallela alla retta AB e il lato BC è la bisettrice dell'angolo $P\widehat{C}D$.

Con le informazioni indicate, determina le ampiezze di ciascun angolo presente in figura.

    [63°; 52°; ...]

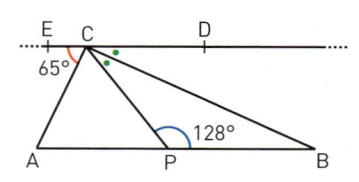

10 Nel triangolo ABC, $\widehat{B}$ è la metà di $\widehat{A}$. Fissa sul lato AB un punto T e traccia per T una retta che interseca il prolungamento del lato AC in un punto S tale che $AT \cong AS$, e il lato CB in un punto P. Indica con x l'ampiezza dell'angolo $\widehat{B}$ e scrivi in funzione di x gli angoli dei triangoli ABC, ATS e PTB. Determina x in modo che l'angolo $C\widehat{P}T = 80°$.

    [40°]

VERIFICA DELLE COMPETENZE PROVE

TUTOR   PROVA A (10 esercizi)   PROVA B (10 esercizi)   ⏱ IN MEZZ'ORA

PROVA C ▸ Competenze **2, 3**   ⏱ IN UN'ORA

1   **VERO O FALSO?**

a. Se in un triangolo le ampiezze di due angoli sono 50° e 65°, il triangolo è isoscele.   V F

b. Gli angoli acuti di un triangolo rettangolo sono complementari.   V F

c. Due rette parallele tagliate da una trasversale formano angoli corrispondenti congruenti e angoli coniugati supplementari.   V F

d. Due triangoli rettangoli sono congruenti se hanno congruenti un cateto e un angolo acuto.   V F

2   Considera l'angolo retto $R\widehat{P}S$, dove $PR \cong PS$. Sia r una retta passante per P che non interseca l'angolo, e neppure i suoi lati. Dette R' e S' le proiezioni dei punti R e S sulla retta r, dimostra che $R'S' \cong RR' + SS'$.

3   Disegna un angolo acuto di vertice O e lati a e b. Su a considera i punti A e C e su b i punti B e D in modo che $OA \cong OB$ e $OC \cong OD$. Dimostra che:

a. AB è parallelo a CD;   **b.** $AD \cong BC$.

4   Nel triangolo rettangolo ABC, la mediana AM relativa all'ipotenusa forma l'angolo $A\widehat{M}B$ di ampiezza 84°.
Determina le ampiezze degli angoli acuti di ABC.

5   Determina x e y sapendo che AB ed ED sono parallele e che ABC e DEC sono triangoli isosceli sulle basi AC e CE.

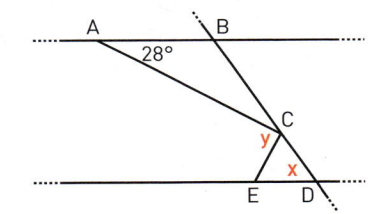

PROVA D ▸ Competenze **2, 3**   ⏱ IN UN'ORA

Il biliardo

La «regola del rimbalzo» nel biliardo stabilisce che una palla, colpita centralmente e senza effetti, rimbalza sulla sponda con un angolo di incidenza (per esempio $E\widehat{F}P$) uguale all'angolo di riflessione ($P\widehat{F}L$). In figura è rappresentata la traiettoria di una bilia. La palla, che si trovava nel punto E, si ferma nel punto H.

Con riferimento alla figura:

a. individua la relazione fra gli angoli $N\widehat{M}L$ ed $E\widehat{F}P$;

b. dimostra che il segmento MN è parallelo a EF.

NL è perpendicolare alla sponda per costruzione.

c. Dimostra che NH è parallela a MF.

d. Cosa puoi dire del triangolo NLM?

e. Dimostra che il triangolo NBH è congruente al triangolo PFL.

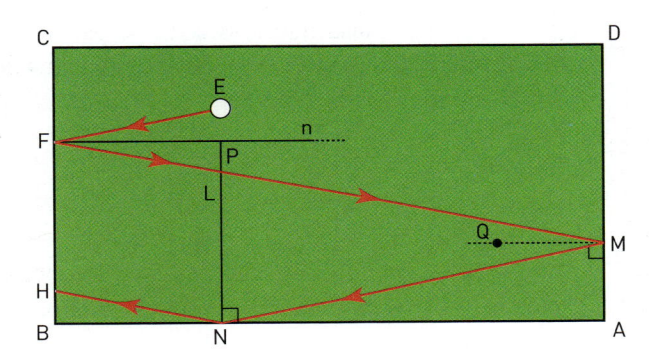

G4 PARALLELOGRAMMI E TRAPEZI

1. PARALLELOGRAMMI

DEFINIZIONE E PROPRIETÀ DEL PARALLELOGRAMMA

→ Esercizi a pagina **G91**

A **parallelogram** can be defined as a quadrilateral with two pairs of *parallel opposite sides*.

Iniziamo dai parallelogrammi lo studio dei quadrilateri che hanno particolari proprietà.

Un **parallelogramma** è un quadrilatero con i lati opposti paralleli.

$AB \parallel CD$
$BC \parallel AD$

Chiamiamo **centro** di un parallelogramma il punto di incontro delle sue diagonali. Il segmento che da un vertice del parallelogramma cade perpendicolare sul lato opposto, o sul suo prolungamento, si chiama **altezza**.

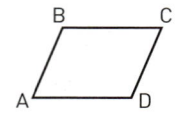

Se consideriamo le due rette parallele su cui giacciono due lati e prendiamo come trasversale la retta su cui giace uno degli altri due lati, deduciamo che gli angoli adiacenti a un lato di un parallelogramma sono supplementari, in quanto coniugati interni.

▶ In figura α e β sono supplementari.

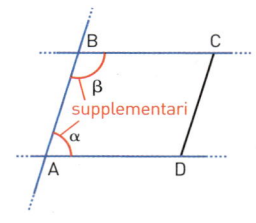

Esaminiamo ora altre proprietà dei parallelogrammi.

Proprietà di un parallelogramma

In un parallelogramma:
1. i lati opposti sono congruenti;
2. gli angoli opposti sono congruenti;
3. le diagonali si tagliano a metà.

DIMOSTRAZIONE

1. **ANIMAZIONE** In un parallelogramma i lati opposti sono congruenti.

Ipotesi: ABCD parallelogramma

Tesi: $AB \cong DC$
$AD \cong BC$

Nell'animazione trovi anche le dimostrazioni degli altri casi.

Tracciamo la diagonale AC.

I triangoli ABC e ADC hanno:

- AC in comune;

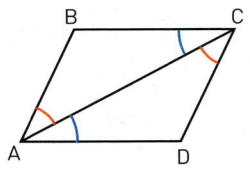

- $B\widehat{A}C \cong A\widehat{C}D$ perché alterni interni formati dalle rette parallele AB e CD tagliate da AC;
- $B\widehat{C}A \cong C\widehat{A}D$ perché alterni interni formati dalle rette parallele BC e AD tagliate da AC.

Pertanto i triangoli ABC e ADC sono congruenti per il secondo criterio.
In particolare: $AB \cong DC$ e $AD \cong BC$.

CONDIZIONI SUFFICIENTI → Esercizi a pagina **G93**

Vediamo ora che cosa è sufficiente verificare per poter dire che un quadrilatero è un parallelogramma.

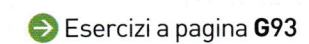

TEOREMA

Condizioni sufficienti
Un quadrilatero è un parallelogramma se ha:
1. i lati opposti congruenti, *oppure*
2. gli angoli opposti congruenti, *oppure*
3. le diagonali che si tagliano a metà, *oppure*
4. due lati paralleli e congruenti.

DIMOSTRAZIONE

1. ☐ **ANIMAZIONE** Se un quadrilatero ha i lati opposti congruenti, è un parallelogramma.

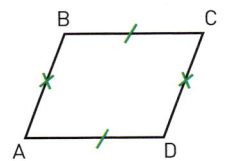

Ipotesi: $AB \cong DC$
$AD \cong BC$

Tesi: ABCD parallelogramma

Nell'animazione trovi anche le dimostrazioni degli altri casi.

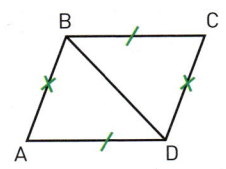

Tracciamo la diagonale BD. I triangoli ABD e BDC hanno: BD in comune; $AB \cong CD$ per ipotesi; $AD \cong BC$ per ipotesi.

I triangoli sono congruenti per il terzo criterio. In particolare:

- $A\widehat{B}D \cong B\widehat{D}C$, da cui $AB \parallel DC$, perché rette che, tagliate dalla trasversale BD, formano angoli alterni interni congruenti;
- $B\widehat{D}A \cong D\widehat{B}C$, da cui $AD \parallel BC$, perché rette che, tagliate dalla trasversale BD, formano angoli alterni interni congruenti.

$ABCD$ ha i lati opposti paralleli, quindi è un parallelogramma.

ESERCIZI PER COMINCIARE

1 ☐ **ANIMAZIONE** Dati due segmenti consecutivi e non adiacenti, costruisci con riga e compasso un parallelogramma che ha per lati i due segmenti.

2 ☐ **ANIMAZIONE** Nel parallelogramma $ABCD$, il centro è M. Prolunga i lati paralleli BC e AD di due segmenti congruenti CE e AF. Dimostra che FE passa per M.

3 Scegli un punto P sulla retta r e un punto Q sulla retta s, con $r \parallel s$. Per il punto medio M di PQ conduci una retta che interseca r e s, rispettivamente, in R e S. Dimostra che $PRQS$ è un parallelogramma.

2. RETTANGOLI, ROMBI, QUADRATI

RETTANGOLI ➔ Esercizi a pagina **G94**

🎧 A **rectangle** is a parallelogram with *four right angles*.

Definizione

Un **rettangolo** è un parallelogramma in cui gli angoli sono tutti retti.

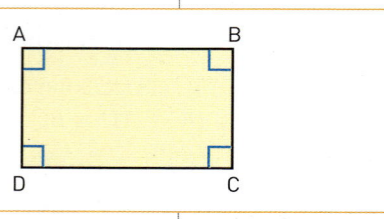

Proprietà delle diagonali

In un rettangolo le diagonali sono congruenti.

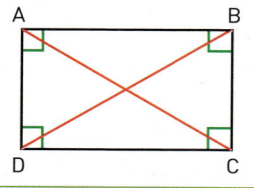

Ipotesi: ABCD rettangolo

Tesi: AC ≅ DB

DIMOSTRAZIONE

📱 **ANIMAZIONE** I triangoli *DAB* e *ADC* hanno:

- $AB \cong DC$ perché lati opposti di un parallelogramma;
- AD in comune;
- $\widehat{DAB} \cong \widehat{ADC}$ perché retti.

Quindi sono congruenti per il primo criterio.

In particolare: $DB \cong AC$.

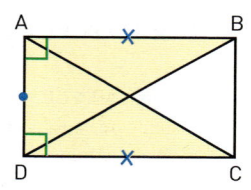

Condizioni sufficienti

Un parallelogramma ha gli angoli opposti congruenti e quelli adiacenti supplementari; quindi, per dimostrare che un parallelogramma è un rettangolo, è sufficiente far vedere che ha un angolo retto.

Se un parallelogramma ha le diagonali congruenti, allora è un rettangolo.

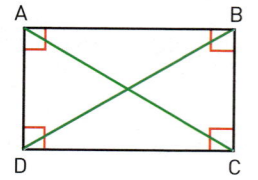

Ipotesi: ABCD parallelogramma
AC ≅ DB

Tesi: ABCD rettangolo

📱 **ANIMAZIONE** Nell'animazione trovi la dimostrazione del teorema, che si basa sul dimostrare che i triangoli *DAB* e *ADC* sono congruenti e sulla proprietà che in un parallelogramma gli angoli adiacenti a un lato sono supplementari.

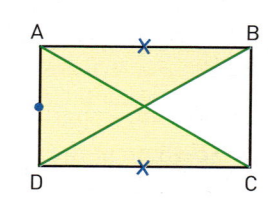

ROMBI → Esercizi a pagina G95

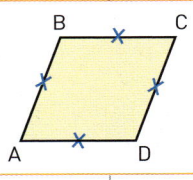
A **rhombus** is a parallelogram with *four congruent sides*.

Definizione

DEFINIZIONE	Un **rombo** è un parallelogramma in cui tutti i lati sono congruenti.	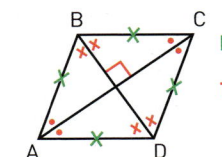 ESEMPIO

Proprietà delle diagonali

TEOREMA	In un rombo le diagonali sono perpendicolari tra loro e bisettrici degli angoli.	**Ipotesi:** ABCD rombo **Tesi:** AC ⊥ BD AC e BD bisettrici degli angoli

DIMOSTRAZIONE

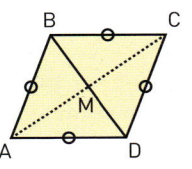

📱 **ANIMAZIONE** $ABCD$ è un parallelogramma, quindi le sue diagonali si tagliano a metà.

La diagonale BD divide il rombo in due triangoli isosceli perché i lati di $ABCD$ sono congruenti.

AM e MC, essendo mediane, sono anche altezze e bisettrici, quindi $AC \perp BD$ e AC è bisettrice di $B\widehat{A}D$ e $B\widehat{C}D$.

Procediamo analogamente con la diagonale AC, considerando i triangoli isosceli ABC e ADC, ottenendo ancora che $AC \perp BD$ e inoltre che BD è bisettrice di $A\widehat{B}C$ e $A\widehat{D}C$.

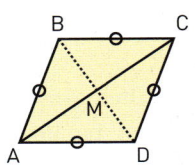

Condizioni sufficienti

Un parallelogramma ha i lati opposti congruenti; quindi, per dimostrare che un parallelogramma è un rombo, è sufficiente far vedere che ha due lati consecutivi congruenti.

TEOREMA	Un parallelogramma è un rombo se ha: **1.** le diagonali perpendicolari, *oppure* **2.** una diagonale bisettrice di un angolo.

DIMOSTRAZIONE

1. 📱 **ANIMAZIONE** Se un parallelogramma ha le diagonali perpendicolari, è un rombo.

$ABCD$ è un parallelogramma, quindi le diagonali si tagliano a metà.

I triangoli ABM e AMD hanno: AM in comune; $BM \cong MD$ perché M è punto medio; $A\widehat{M}B \cong A\widehat{M}D$ perché angoli retti per ipotesi.

Quindi sono congruenti per il primo criterio. In particolare: $AB \cong AD$.

Il parallelogramma ha due lati consecutivi congruenti, quindi è un rombo.

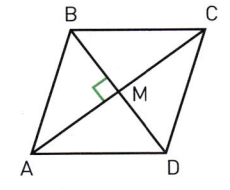

Ipotesi: ABCD parallelogramma
 AC ⊥ BD

Tesi: ABCD rombo

Nell'animazione trovi anche la dimostrazione del caso 2.

QUADRATI → Esercizi a pagina **G96**

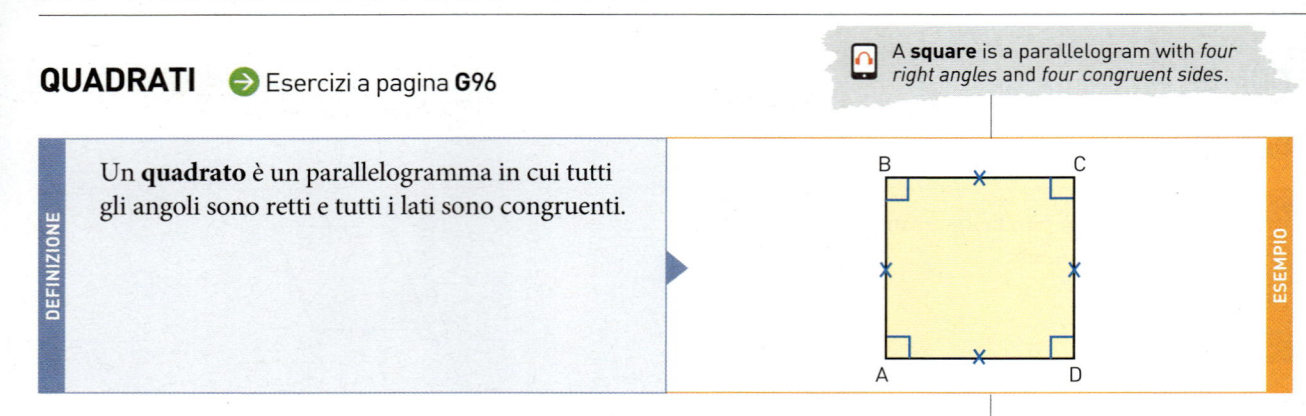

DEFINIZIONE

Un **quadrato** è un parallelogramma in cui tutti gli angoli sono retti e tutti i lati sono congruenti.

ESEMPIO

La definizione dice che un quadrato è *sia un rettangolo sia un rombo*, quindi valgono per questa figura tutte le proprietà del rettangolo e del rombo relative alle diagonali: in un quadrato le diagonali sono congruenti, perpendicolari tra loro e bisettrici degli angoli.

D'altra parte, per dimostrare che un parallelogramma è un quadrato dobbiamo far vedere che è un rettangolo e un rombo.

ESERCIZI PER COMINCIARE

1 ☐ **VIDEO** **Individuazione del punto medio di un segmento** Costruisci con riga e compasso il punto medio di un segmento.
Dimostra la validità della costruzione osservando che la figura che ottieni è un rombo e sfruttando una delle proprietà dei parallelogrammi.

2 ☐ **VIDEO** **Sintesi delle proprietà dei parallelogrammi** Riassumi le proprietà dei parallelogrammi. Puoi aiutarti utilizzando anche diagrammi di Venn, come quello della figura, che riprendiamo nel video che proponiamo.

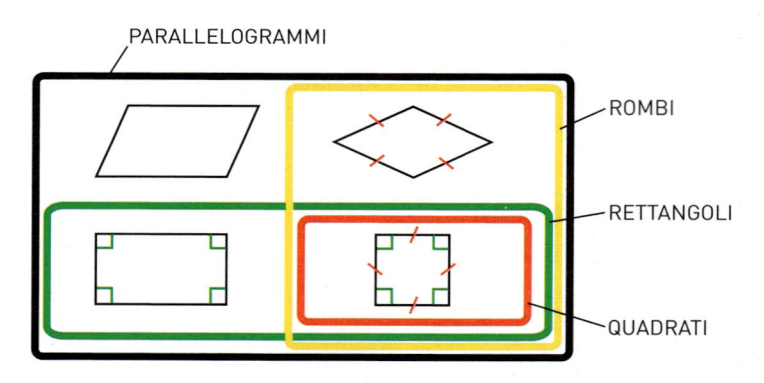

Nel video trovi anche un metodo per costruire parallelogrammi, rettangoli, rombi e quadrati utilizzando riga e compasso. Utilizzalo per disegnare un esempio di ognuno dei tipi di parallelogramma.

3 ☐ **ANIMAZIONE** Dimostra che, se un parallelogramma ha le altezze, relative a due lati consecutivi, congruenti, allora è un rombo.

4 ☐ **ANIMAZIONE** Dimostra che i punti di intersezione delle bisettrici degli angoli di un parallelogramma sono i vertici di un rettangolo.

5 ☐ **ANIMAZIONE** Nel quadrato $ABCD$ della figura abbiamo prolungato i lati di quattro segmenti congruenti AP, BQ, CR e DS.
Dimostra che $PQRS$ è un quadrato.

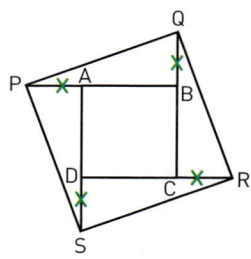

3. TRAPEZI → Esercizi a pagina **G98**

→ Esercizi a pagina **G98**

A **trapezium** is a quadrilateral with *one pair of parallel sides.*

Definizioni

DEFINIZIONE

Un **trapezio** è un quadrilatero che ha solo due lati paralleli.

ESEMPIO

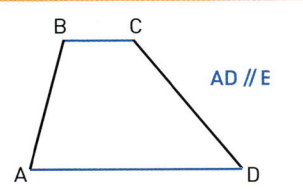

AD // E

I due lati paralleli sono la **base maggiore** e la **base minore**; i due non paralleli sono i **lati obliqui**.

Gli angoli adiacenti a un lato obliquo sono supplementari perché sono angoli coniugati interni fra le rette delle due basi, parallele, e la trasversale su cui giace il lato obliquo.

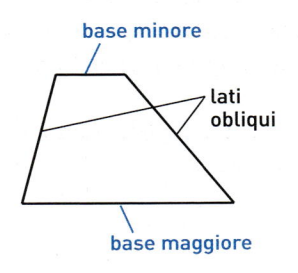

base minore

lati obliqui

base maggiore

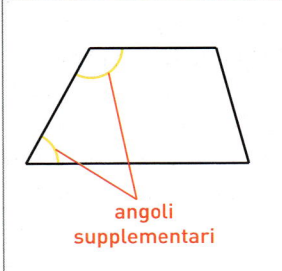

angoli supplementari

DEFINIZIONE

Un **trapezio** è **isoscele** se ha i lati obliqui congruenti.

ESEMPIO

AB ≅ CD

DEFINIZIONE

Un **trapezio** è **rettangolo** se uno dei lati obliqui è perpendicolare alle basi.

ESEMPIO

AB ⊥ AD
AB ⊥ BC

Proprietà del trapezio isoscele

TEOREMA

In un trapezio isoscele:

1. gli angoli adiacenti a ognuna delle basi sono congruenti;

2. le diagonali sono congruenti.

DIMOSTRAZIONE

1. 📱 **ANIMAZIONE** Dimostriamo che α ≅ δ.
Tracciamo le altezze *BE* e *CF*.
I triangoli rettangoli *ABE* e *FCD* hanno:

- *AB* ≅ *CD* per ipotesi;

- *BE* ≅ *CF* perché lati opposti del rettangolo *EBCF*.

Quindi sono congruenti perché hanno congruenti l'ipotenusa e un cateto.
In particolare: α ≅ δ.

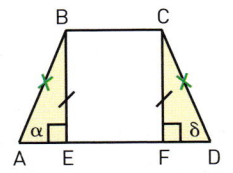

Dimostriamo che $\beta \cong \gamma$.

α e β sono supplementari perché coniugati interni formati dalle rette parallele AD e BC tagliate da AB; γ e δ sono supplementari perché coniugati interni formati dalle rette parallele AD e BC tagliate da CD; β e γ sono supplementari di α e δ, congruenti per la dimostrazione precedente, quindi $\beta \cong \gamma$.

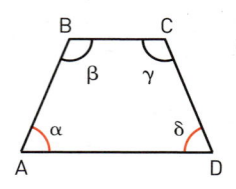

2. ☐ ANIMAZIONE I triangoli ABD e CAB hanno: AB in comune; $AD \cong BC$ perché lati congruenti del trapezio isoscele; $B\widehat{A}D \cong A\widehat{B}C$ perché angoli adiacenti alla stessa base del trapezio isoscele.

Quindi sono congruenti per il primo criterio. In particolare: $BD \cong AC$.

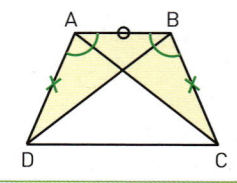

Condizioni sufficienti

TEOREMA

Se in un trapezio:
1. gli angoli adiacenti a una base sono congruenti, *oppure*
2. le diagonali sono congruenti,

allora il trapezio è isoscele.

DIMOSTRAZIONE

1. ☐ ANIMAZIONE Tracciamo le altezze BE e CF.

I triangoli rettangoli ABE e FCD hanno $\alpha \cong \delta$ per ipotesi e $BE \cong CF$ perché lati opposti del rettangolo $EBCF$.

Quindi sono congruenti perché hanno un angolo acuto e un cateto congruenti.

In particolare: $AB \cong CD$.

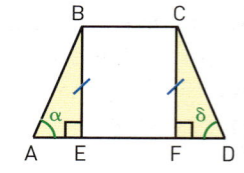

2. ☐ ANIMAZIONE Tracciamo le altezze AE e BF.

I triangoli rettangoli AEC e BFD hanno:
- $AE \cong BF$ perché lati opposti del rettangolo $AEFB$;
- $AC \cong BD$ per ipotesi.

Quindi sono congruenti perché hanno congruenti un cateto e l'ipotenusa.
In particolare: $A\widehat{C}D \cong B\widehat{D}C$.

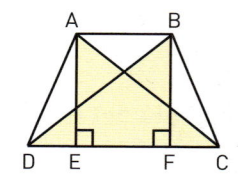

I triangoli ADC e BCD hanno:
- $AC \cong BD$ per ipotesi;
- DC in comune;
- $A\widehat{C}D \cong B\widehat{D}C$ per la dimostrazione precedente.

Quindi sono congruenti per il primo criterio.

In particolare: $AD \cong BC$.

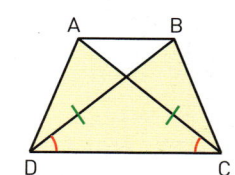

ESERCIZI PER COMINCIARE

1 Dimostra per assurdo che le due basi di un trapezio non possono essere congruenti.

2 ☐ ANIMAZIONE Nel triangolo isoscele ABV di base AB, le bisettrici di $\widehat{A}$ e $\widehat{B}$ incontrano BV e AV rispettivamente in C e D. Dimostra che $ABCD$ è un trapezio isoscele.

4. TEOREMA DI TALETE DEI SEGMENTI CONGRUENTI

→ Esercizi a pagina **G100**

Fascio di rette parallele

Consideriamo l'insieme di tutte le rette parallele fra loro, che chiamiamo **fascio improprio** di rette.

Una retta **trasversale** che interseca una retta di un fascio interseca anche tutte le altre. Se consideriamo due trasversali, come in figura, chiamiamo **corrispondenti**:

- i punti in cui ogni retta del fascio le interseca (A e A', B e B', C e C', …);
- i segmenti che hanno per estremi punti corrispondenti (AB e $A'B'$, BC e $B'C'$, AC e $A'C'$, …).

Chiamiamo *corrispondenza di Talete* la corrispondenza biunivoca così ottenuta.

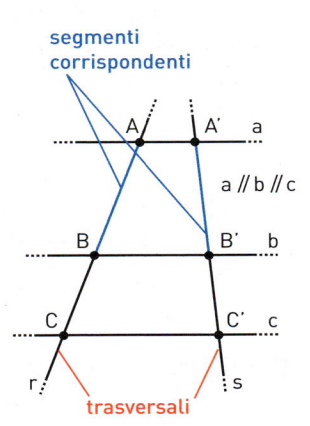

Teorema di Talete dei segmenti congruenti

TEOREMA

In un fascio di rette parallele tagliate da due trasversali, a segmenti congruenti su una trasversale corrispondono segmenti congruenti sull'altra.

Ipotesi: $a \parallel b \parallel c \parallel d$
$AB \cong CD$

Tesi: $A'B' \cong C'D'$

Utilizzando il teorema di Talete si possono dimostrare le seguenti proprietà.

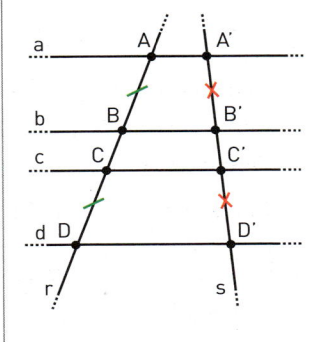

Il segmento con estremi nei punti medi di due lati di un triangolo è parallelo al terzo lato e congruente alla sua metà.

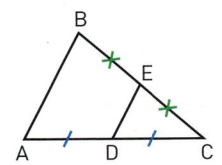

Ipotesi: $AD \cong DC$
$BE \cong EC$

Tesi: $DE \parallel AB$
$DE \cong \frac{1}{2}AB$

Il segmento con estremi nei punti medi dei lati obliqui di un trapezio è parallelo alle basi e congruente a metà della loro somma.

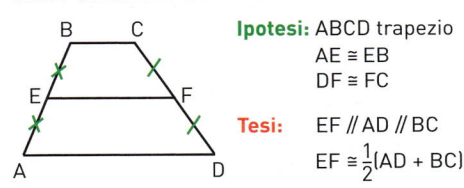

Ipotesi: $ABCD$ trapezio
$AE \cong EB$
$DF \cong FC$

Tesi: $EF \parallel AD \parallel BC$
$EF \cong \frac{1}{2}(AD + BC)$

ESERCIZI PER COMINCIARE

Nelle animazioni seguenti trovi le dimostrazioni dei teoremi che abbiamo enunciato. Dopo averle comprese, prova a ripeterle.

1 ☐ **ANIMAZIONE** Teorema di Talete dei segmenti congruenti

2 ☐ **ANIMAZIONE** Segmento con estremi nei punti medi dei lati di un triangolo

3 ☐ **ANIMAZIONE** Segmento con estremi nei punti medi dei lati obliqui di un trapezio

4 ☐ **VIDEO** Dividere un segmento in parti congruenti Dopo aver compreso il metodo proposto nel video, utilizzalo per dividere con riga e compasso un segmento in cinque parti congruenti.

5 ☐ **ANIMAZIONE** Dimostra che i punti medi dei lati di un quadrilatero sono i vertici di un parallelogramma.

6 Nella figura:
il parallelogramma $ABCD$ ha perimetro 55 cm; $AD \cong DF$; $FB = 13$ cm; $FD + FE = 14$ cm. Calcola il perimetro del triangolo ABF. [48 cm]

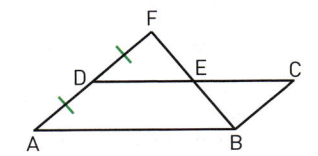

G4 ESERCIZI

1. PARALLELOGRAMMI

QUADRILATERI

Dimostrazioni

1 In un quadrilatero, ciascuna diagonale è minore della semisomma dei lati. Dimostralo.

2 In un quadrilatero la somma di due angoli interni è congruente alla somma degli angoli esterni non adiacenti. Dimostralo.

3 Dimostra che in ogni quadrilatero un lato è minore della somma di tutti gli altri.

4 **FAI UN ESEMPIO** Mostra, con un esempio, che *non* sono congruenti due quadrilateri che hanno ordinatamente congruenti solo:

a. i lati;

b. gli angoli.

Con le misure

Determina le ampiezze degli angoli indicati.

5 Trova *x*.

6 Trova β e γ.

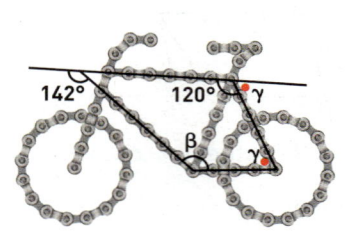

7 Trova α, β e γ.

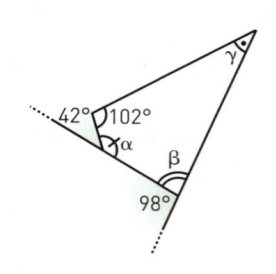

8 Trova le ampiezze degli angoli del quadrilatero.

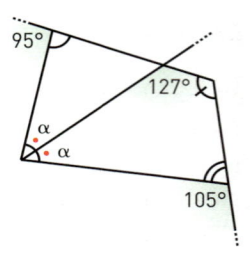

9 Un quadrilatero *ABCD* è tale che $\widehat{B}$ è il doppio di $\widehat{A}$, $\widehat{C}$ supera di 10° il doppio di $\widehat{B}$ e $\widehat{D}$ supera di 50° il triplo di $\widehat{A}$. Determina le ampiezze degli angoli del quadrilatero.

[$\widehat{A} = 30°$; $\widehat{B} = 60°$; $\widehat{C} = 130°$; $\widehat{D} = 140°$]

10 Considera il quadrilatero *PQRS* e la diagonale *PR*, che lo divide in due triangoli isosceli. Sapendo che $P\widehat{S}R = 98°$, $R\widehat{Q}P = 122°$, $QP = 33$ cm e $PS = 41$ cm, determina il perimetro del quadrilatero e le ampiezze degli angoli $S\widehat{P}Q$ e $Q\widehat{R}S$.

[148 cm; $S\widehat{P}Q = Q\widehat{R}S = 70°$]

11 **EUREKA!** **Quanti ottusi!** Quanti angoli maggiori di 90° può avere un quadrilatero (non intrecciato)?

A Ne ha sempre almeno uno.

B Ne ha al più uno.

C Ne ha al più due.

D Ne ha al più tre.

E Può averne quattro.

[Giochi di Archimede, 1996]

DEFINIZIONE E PROPRIETÀ DEL PARALLELOGRAMMA → Teoria a pagina **G82**

12 ☐ **VERO O FALSO?**

a. Un parallelogramma non può avere due lati consecutivi congruenti. ☐V ☐F

b. In un parallelogramma il punto di intersezione delle diagonali è punto medio di ciascuna di esse. ☐V ☐F

c. Un quadrilatero che ha una coppia di lati paralleli è un parallelogramma. ☐V ☐F

d. In un parallelogramma la somma degli angoli adiacenti a un lato è costante. ☐V ☐F

TEST Considera il parallelogramma *SPQR* in figura.

13 ☐ Quale, fra le seguenti, è una congruenza *falsa*?

A $SP + PQ \cong SR + RQ$

C $PQ - RQ \cong RS - PS$

B $SP \cong RQ$

D $SQ \cong PR$

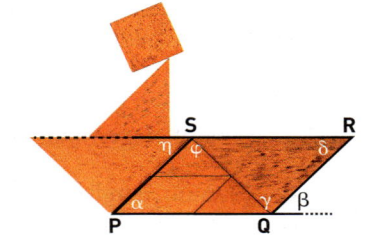

14 ☐ Quale, fra le seguenti, è una congruenza *vera*?

A $\gamma + \beta \cong \varphi + \alpha$

B $\varphi \cong \delta$

C $\eta \cong \gamma$

D $\varphi + \alpha \cong \delta + \beta$

Costruzioni

15 Nel parallelogramma in figura, disegna:

a. le altezze *CH* e *CK* relative ai lati *AB* e *AD*;

b. la bisettrice dell'angolo esterno all'angolo $\widehat{C}$.

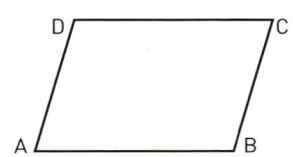

16 Con riga e compasso costruisci il parallelogramma di cui sono dati tre vertici *A*, *B*, *C*.

C•

A•

•B

17 Con i punti della figura dell'esercizio precedente costruisci il parallelogramma che ha *AB* come lato e *C* come punto di intersezione delle diagonali.

Dimostrazioni

Dai vertici *C* e *D* del parallelogramma *ABCD* tracciamo una coppia di rette parallele, distinte dai lati del parallelogramma, che intersecano il lato *AB*, o un suo prolungamento, nei punti *F* e *G*. Dimostriamo che i triangoli *AFD* e *BGC* sono congruenti.

Ipotesi: *ABCD* parallelogramma

DF // CG

Tesi: $AFD \cong BGC$

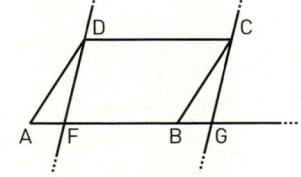

DIMOSTRAZIONE

I triangoli *AFD* e *BCG* hanno:

- $AD \cong BC$ perché lati opposti del parallelogramma *ABCD*;

- $A\widehat{F}D \cong B\widehat{G}C$ perché angoli corrispondenti formati dalle rette parallele (per ipotesi) *DF* e *CG* tagliate dalla trasversale *AG*;

- $D\widehat{A}F \cong C\widehat{B}G$ perché angoli corrispondenti formati dalle rette parallele *AD* e *BC* tagliate dalla trasversale *AG*.

Quindi sono congruenti per il secondo criterio.

ESEMPIO

18 Le diagonali del parallelogramma *ABCD* si intersecano nel punto *P*. Fissa sulla diagonale *AC* due punti, *R* e *S*, tali che $AR \cong CS$. Dimostra che i triangoli *DRP* e *BSP* sono congruenti.

19 Dimostra che in un parallelogramma le bisettrici dei due angoli adiacenti a un lato sono tra loro perpendicolari.

20 Nel parallelogramma *ABCD* conduci dal vertice *B* una retta *b* che interseca il lato opposto *CD* in *E*. Dimostra che il triangolo *BCE* è isoscele su *BE* se e solo se il segmento *BE* è bisettrice dell'angolo del parallelogramma di vertice *B*.

21 *ABCD* è un parallelogramma con gli angoli di vertici *B* e *D* acuti. Dimostra che $AC < BD$.

22 Sui lati opposti *AB* e *CD* del parallelogramma *ABCD*, costruisci, esternamente ad *ABCD*, due triangoli equilateri *ABP* e *CDQ*. Dimostra che:
- **a.** i punti *P*, *Q* e il centro del parallelogramma *ABCD* sono allineati;
- **b.** i segmenti *AQ* e *PC* sono paralleli.

23 Prolunga i lati opposti *SR* e *PQ* del parallelogramma *PQRS* di due segmenti *RR′* e *PP′* tali che $RR' \cong PP'$. Detto *V* il centro del parallelogramma, dimostra che i triangoli *VRR′* e *VPP′* sono congruenti.

24 Dimostra che in ogni triangolo isoscele, se da un punto della base si conducono le parallele ai lati, si ottiene un parallelogramma in cui la somma di due lati consecutivi è congruente al lato del triangolo.

25 Nel parallelogramma *ABCD* prolunga il lato *AB* di un segmento $BP \cong BC$. Indica con *Q* il punto di intersezione tra la retta *AD* e la retta *PC* e dimostra che il triangolo *APQ* è isoscele.

26 Ogni retta che passa per il centro di un parallelogramma individua due punti su una coppia di lati opposti del parallelogramma stesso. Dimostra che il centro del parallelogramma è punto medio del segmento avente per estremi tali punti.

Con le misure

Trova le ampiezze degli angoli dei parallelogrammi.

27

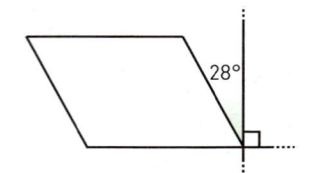

28

29

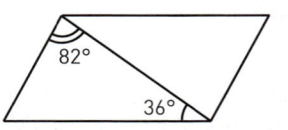

30

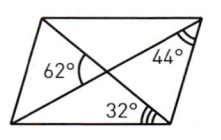

31

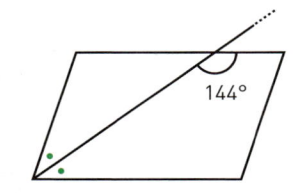

32

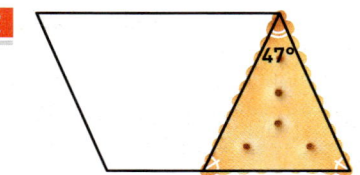

AL VOLO

33 Se in un parallelogramma le diagonali sono lunghe 10 cm e 16 cm, un lato può essere lungo 14 cm?

34 In un parallelogramma i lati sono lunghi 14 cm e 6 cm. Una diagonale può essere lunga 18 cm?

35 Se il parallelogramma *ABCD* ha i lati *AD* e *AB* congruenti alla diagonale *BD*, allora ha due angoli di 120°. Dimostralo.

CONDIZIONI SUFFICIENTI → Teoria a pagina **G83**

36 ☐ **VERO O FALSO?** Un quadrilatero è un parallelogramma se ha:

a. due angoli opposti congruenti. ☐V ☐F **c.** i lati a due a due congruenti. ☐V ☐F

b. le diagonali congruenti. ☐V ☐F **d.** gli angoli adiacenti a un lato supplementari. ☐V ☐F

Dimostrazioni

Prolunghiamo nello stesso verso i lati del parallelogramma $ABCD$ in modo che $AA' \cong CC'$ e $BB' \cong DD'$. Dimostriamo che il quadrilatero $A'B'C'D'$ è un parallelogramma.

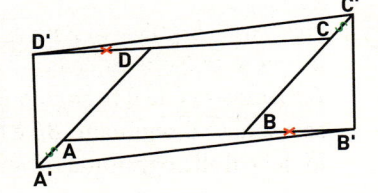

Ipotesi: $ABCD$ parallelogramma   **Tesi:** $A'B'C'D'$ parallelogramma
$AA' \cong CC'$
$BB' \cong DD'$

DIMOSTRAZIONE

Consideriamo i triangoli $A'DD'$ e $BC'B'$. Essi hanno:

• $DD' \cong BB'$ per ipotesi;

• $A'D \cong BC'$ perché somme di segmenti congruenti ($AA' \cong CC'$ per ipotesi e $AD \cong BC$ perché lati opposti del parallelogramma $ABCD$);

• $A'\widehat{D}D' \cong C'\widehat{B}B'$ perché angoli esterni di angoli congruenti ($C\widehat{D}A \cong C\widehat{B}A$ perché angoli opposti del parallelogramma $ABCD$).

Di conseguenza, $A'DD' \cong BC'B'$ per il primo criterio e, in particolare: $D'A' \cong C'B'$. Analogamente, considerando i triangoli $D'C'C$ e $A'AB'$, si dimostra che $D'C' \cong A'B'$. Poiché $D'A' \cong C'B'$ e $D'C' \cong A'B'$, il quadrilatero $A'B'C'D'$ ha i lati opposti congruenti, quindi è un parallelogramma.

37 Nel triangolo ABC prolunga la mediana AM di un segmento $MD \cong AM$. Dimostra che il quadrilatero $ABCD$ è un parallelogramma.

38 $ABCD$ e $ABC'D'$ sono due parallelogrammi con il lato AB in comune. Dimostra che il quadrilatero $CDD'C'$ è ancora un parallelogramma.

39 Su una coppia di rette parallele, a e b, considera i segmenti congruenti AA' sulla retta a e BB' sulla retta b. Dimostra che il quadrilatero, non intrecciato, $AA'B'B$ è un parallelogramma. Indica con M e M', rispettivamente, i punti medi di AB e $A'B'$. Dimostra che $A'MBM'$ è anch'esso un parallelogramma.

40 ABC è un triangolo isoscele sulla base BC. Sulla bisettrice dell'angolo esterno di vertice A fissa un punto D in modo che $BC \cong AD$. Dimostra che $BCDA$ è un parallelogramma.

41 Sui lati del parallelogramma $ABCD$ considera i punti, uno su ogni lato, A', B', C', D', in modo che $AA' \cong BB' \cong CC' \cong DD'$. Dimostra che $A'B'C'D'$ è un parallelogramma.

MATEMATICA E TECNOLOGIA

Il quadrilatero articolato

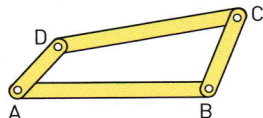

Gli elevatori a braccio pieghevole sono accomunati da un sistema di aste incernierate che ne determina la funzionalità…

☐ ▶ Problema e risoluzione.
▶ 3 esercizi in più.

42 ESEMPIO DIGITALE ABC è un triangolo isoscele di base BC. Fissa un punto P sul lato AB, prolunga il lato AC dalla parte di C di un segmento $CQ \cong BP$. Traccia per Q una retta r parallela a BA che interseca il prolungamento del lato BC nel punto S.
Dimostra che $SPBQ$ è un parallelogramma.

43 Nel triangolo ABC prolunga la mediana CM di un segmento MG congruente a CM. Fissa sul lato AB due punti, P e Q, tali che $AP \cong BQ$. Dimostra che $CQGP$ è un parallelogramma.

44 Nel parallelogramma $ABCD$ proietta i vertici opposti A e C sulla diagonale BD e i vertici B e D sulla diagonale AC. Dimostra che il quadrilatero che si ottiene unendo le proiezioni dei vertici è un parallelogramma.

45 Conduci dal vertice D del parallelogramma $ABCD$ una retta t esterna al parallelogramma, che interseca il prolungamento del lato AB in E. Dal vertice B conduci la parallela a t che interseca il prolungamento del lato CD in F. Dimostra che $BFDE$ è un parallelogramma.

2. RETTANGOLI, ROMBI, QUADRATI

RETTANGOLI → Teoria a pagina **G84**

46 VERO O FALSO?

a. In un rettangolo le diagonali sono congruenti e perpendicolari. V F

b. Se un quadrilatero è diviso da una diagonale in due triangoli rettangoli, allora è un rettangolo. V F

c. Un quadrilatero con tre angoli congruenti è un rettangolo. V F

d. Se un parallelogramma ha le diagonali congruenti, è un rettangolo. V F

47 INVALSI 2005 Quale fra le seguenti condizioni è sufficiente affinché un quadrilatero sia un rettangolo?

A I lati opposti siano uguali e un angolo sia retto.

B Le diagonali si dividano a metà.

C I lati opposti siano paralleli.

D Le diagonali siano uguali e un angolo sia retto.

48 CHI HA RAGIONE? Paolo: «Se ho un quadrilatero $PQRS$ tale che PQ è congruente a RS e SQ è congruente a RP, cosa posso aggiungere per essere sicuro che sia un rettangolo?».
Pietro: «SP è congruente a RQ!».
Marta: «PQ è parallelo a RS!».
Chi ha ragione? Motiva la risposta.

Dimostrazioni

49 ABC è un triangolo rettangolo di ipotenusa AB. Conduci per un punto E del cateto AC la retta parallela all'altro cateto che interseca l'ipotenusa in F. Detta G la proiezione di F sul cateto BC, dimostra che $EFGC$ è un rettangolo.

50 Se i punti di intersezione delle bisettrici degli angoli interni di un quadrilatero sono i vertici di un rettangolo, il quadrilatero è un parallelogramma? Dimostralo.

51 Dimostra che gli estremi di due segmenti congruenti che si intersecano nel loro punto medio sono i vertici di un rettangolo.

52 ESEMPIO DIGITALE Da un punto P qualsiasi del lato BC del rettangolo $ABCD$ conduci le parallele alle diagonali AC e BD. Dimostra che tali rette, intersecando le diagonali, formano un parallelogramma in cui la somma dei lati è congruente a una delle diagonali del rettangolo.

53 Dal centro del rettangolo *ABCD* traccia la bisettrice di due angoli opposti al vertice formati dalle diagonali. Dimostra che tale retta divide il rettangolo in due rettangoli tra loro congruenti.

54 Nel rettangolo *ABCD*, con $AB < BC$, fissa sul lato *AD* un punto *P* in modo che $CP \cong CB$, e sul lato *AB* un punto *Q* in modo che $QP \cong QB$. Dimostra che il triangolo *CPQ* è rettangolo e che $C\widehat{P}D \cong 2P\widehat{C}Q$.

55 Detto *P* il punto d'incontro delle diagonali del rettangolo *ABCD*, dimostra che la retta per *P* parallela a *BC* passa per i punti medi dei lati opposti *AB* e *CD*.

Con le misure

Nei seguenti rettangoli determina quanto richiesto.

56 Trova α e β.

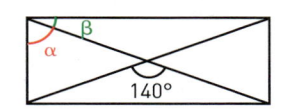

57 Trova il perimetro.

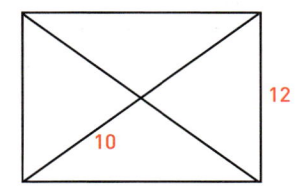

58 La diagonale *AC* del rettangolo *ABCD* divide l'angolo in *C* in due parti, delle quali una è i $\frac{7}{11}$ dell'altra. Determina le ampiezze dei quattro angoli formati dalle diagonali del rettangolo.

ROMBI ➡ Teoria a pagina **G85**

Dimostrazioni

La bisettrice dell'angolo $\widehat{A}$ di un triangolo *ABC* interseca il lato opposto *BC* nel punto *P*. Conduciamo per *P* le rette parallele ai lati del triangolo che intersecano *AB* in *Q* e *AC* in *R*.
Dimostriamo che *AQPR* è un rombo.

Ipotesi: $C\widehat{A}P \cong P\widehat{A}B$
$PR \parallel AB$
$PQ \parallel AC$

Tesi: *AQPR* rombo

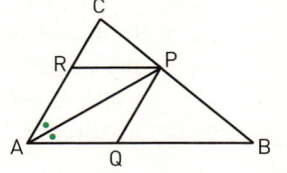

DIMOSTRAZIONE

AQPR è un parallelogramma perché $PR \parallel AB$ e $PQ \parallel AC$ per ipotesi.
Consideriamo la diagonale *AP*. Poiché *AP* è bisettrice di $R\widehat{A}Q$, per ipotesi, è verificata una condizione sufficiente affinché un parallelogramma sia un rombo, quindi *AQPR* è un rombo.

59 Dimostra che in ogni rettangolo congiungendo i punti medi dei lati si ottiene un rombo.

60 Dimostra che i punti medi dei lati di un rombo sono i vertici di un rettangolo.

61 Dal punto medio *D* della base *BC* del triangolo isoscele *ABC* conduci le parallele *DE* e *DF* ai lati *AB* e *AC*. Dimostra che *AEDF* è un rombo.

62 Dimostra che, se in un rombo due angoli interni consecutivi sono uno la metà dell'altro, allora la diagonale minore è congruente al lato.

63 Dimostra che il punto di intersezione delle diagonali di un rombo è equidistante dai lati.

64 Sapendo che *ABCD* è un rombo e che $AA' \cong CC'$, $BB' \cong DD'$, dimostra che *A'B'C'D'* è un rombo.

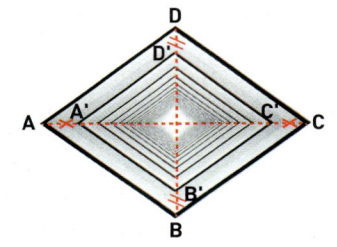

Con le misure

65 Trova tutti gli angoli del rombo della figura.

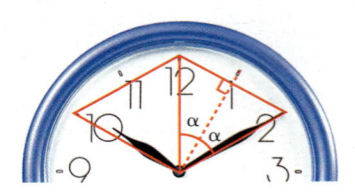

66 Considera il triangolo equilatero *ABC* di perimetro 24 cm e la bisettrice *BD* dell'angolo in *B*. Conduci da *D* le parallele ai lati *CB* e *AB* che incontrano i lati stessi in *E* e *F*. Determina il perimetro del rombo *DEBF*. [16 cm]

MATEMATICA INTORNO A NOI

Corde e canne di bambù

In alcune zone rurali dell'Africa, per tracciare la base di un edificio rettangolare si utilizzano materiali poveri e le proprietà dei quadrilateri.
Si realizza un parallelogramma utilizzando quattro canne di bambù, poi entra in gioco una corda…

▸ Problema e risoluzione.
▸ 3 esercizi in più.

QUADRATI ➡ Teoria a pagina **G86**

67 **VERO O FALSO?**

a. Un rombo che ha le diagonali congruenti è un quadrato. V F

b. Un quadrilatero che ha le diagonali congruenti e perpendicolari è un quadrato. V F

c. Ogni diagonale divide un quadrato in due triangoli rettangoli isosceli congruenti. V F

d. L'insieme dei quadrati è l'unione dell'insieme dei rettangoli e di quello dei rombi. V F

Dimostrazioni

68 Un parallelogramma con le diagonali perpendicolari e congruenti è un quadrato. Dimostralo.

69 I lati di un rettangolo *ABCD* sono le ipotenuse di quattro triangoli rettangoli isosceli costruiti esternamente al rettangolo stesso. Dimostra che i vertici degli angoli retti di tali triangoli costituiscono i vertici di un quadrato.

70 **ESEMPIO DIGITALE** Dato il triangolo rettangolo isoscele *ABC*, prolunga la mediana relativa all'ipotenusa *BM* di un segmento $MD \cong BM$. Dimostra che *A*, *B*, *C* e *D* sono i vertici di un quadrato.

71 Dimostra che anche i punti medi dei lati di un quadrato costituiscono i vertici di un quadrato. Quale condizione dovrebbero soddisfare altri quattro punti scelti a caso sui quattro lati del quadrato per formare ancora un quadrato?

72 Dai vertici *B* e *D* del quadrato *ABCD* traccia una coppia di rette *r* e *s* tra loro parallele e senza altri punti in comune con il quadrato. Dai vertici *A* e *C* conduci le perpendicolari a *r* e a *s* e dimostra che i punti di intersezione tra le quattro rette sono i vertici di un altro quadrato.

Con le misure

73 Costruisci, internamente al quadrato *ABCD*, il triangolo equilatero *BCP* e determina gli angoli dei quattro triangoli che si ottengono dal quadrato congiungendo *P* con i quattro vertici del quadrato.

74 In figura, *ABCD* è un quadrato e *DEF* un triangolo equilatero.

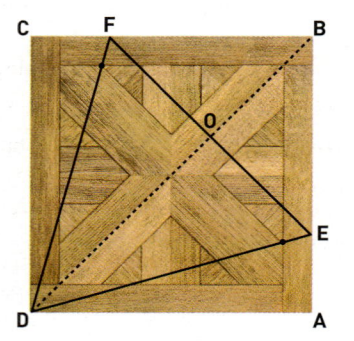

a. Calcola l'ampiezza di $A\widehat{E}D$.

b. Dimostra che i segmenti *DB* ed *EF* sono tra loro perpendicolari. [a) 75°]

Esercizi di riepilogo su parallelogrammi, rettangoli, rombi e quadrati

75 📱 INVALSI 2007 Quale delle seguenti affermazioni è *falsa*?

A Ogni rettangolo è anche un rombo.

B Ogni rettangolo è anche un parallelogramma.

C Ogni quadrato è anche un rombo.

D Ogni rettangolo ha le diagonali uguali.

Dimostrazioni

76 Dimostra che le bisettrici degli angoli formati dalle diagonali di un rombo intersecano i lati del rombo nei vertici di un quadrato.

77 Dimostra che, se i parallelogrammi $ABCD$ e $A'B'C'D'$ hanno $AC \cong A'C'$, $A\widehat{C}D \cong A'\widehat{C}'D'$ e $A\widehat{C}B \cong A'\widehat{C}'B'$, allora sono congruenti.

78 Dimostra che, se dal punto d'incontro delle diagonali di un rombo conduci le due rette perpendicolari ai lati, queste intersecano i lati del rombo in quattro punti che sono i vertici di un rettangolo.

79 Dimostra che, se la bisettrice di un angolo esterno di un parallelogramma è parallela a una delle due diagonali, allora il parallelogramma è un rombo.

80 Dal centro V del quadrato $ABCD$ conduci una retta r che interseca i lati BC e AD del quadrato nei punti P e Q. Dai vertici A e C del quadrato conduci due rette parallele a e c che intersecano la retta r, rispettivamente, nei punti R e S. Dimostra che $ASCR$ è un parallelogramma.

81 📱 ESEMPIO DIGITALE Nel parallelogramma $ABCD$ traccia le altezze DE e CF.

a. Dimostra che $EFCD$ è un rettangolo.

b. Considera su AD un punto P e su CB un punto Q in modo che $AP \cong BQ$. Dimostra che $EFQP$ è un parallelogramma.

82 Fissa sulla base BC di un triangolo isoscele ABC due punti qualsiasi H e K. Conduci per H le rette parallele ai lati del triangolo che intersecano AC in L e AB in M. Ripeti la stessa costruzione partendo da K, ottenendo i punti N e P. Dimostra che $HL + HM \cong KN + KP$.

83 Nel parallelogramma $ABCD$, esternamente a esso, traccia dai vertici A, C e B, D, rispettivamente, due coppie di rette parallele a, c e b, d. Indica rispettivamente con L, M, N e O i punti di intersezione di a con b, b con c, c con d e d con a. Dimostra che:

a. $LMNO$ è un parallelogramma;

b. $OA \cong CM$;

c. $BL \cong DN$.

84 I fiammiferi in figura formano un quadrato e quattro triangoli equilateri.
Dimostra che i vertici dei triangoli non appartenenti ai lati del quadrato iniziale sono i vertici di un secondo quadrato.

85 r e s sono una coppia di rette parallele tagliate dalla trasversale t, rispettivamente, nei punti A e B.

a. Indica con C e D le intersezioni tra le bisettrici di una coppia di angoli alterni interni e le rette r e s, e dimostra che $ACBD$ è un parallelogramma.

b. Traccia le bisettrici all'altra coppia di angoli alterni interni e indica con E e F i punti di intersezione delle quattro bisettrici. Dimostra che $AEBF$ è un rettangolo e che la diagonale EF è parallela alle rette r e s.

MATEMATICA INTORNO A NOI

Il pantografo

Come usare i parallelogrammi per ottenere immagini ingrandite?

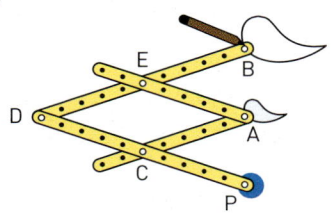

Il pantografo è basato su *parallelogrammi articolati*. Quando le aste sono fissate come in figura, ricalcando la figura che è in A, si ottiene in B una figura ingrandita due volte rispetto all'originale...

📱 ▸ Problema e risoluzione.
▸ Un esercizio in più.

3. TRAPEZI → Teoria a pagina **G87**

86 ☐ **VERO O FALSO?**

a. Il trapezio appartiene all'insieme dei quadrilateri ma non a quello dei parallelogrammi.   V F

b. Un trapezio con tre lati congruenti è isoscele.   V F

c. Un trapezio che ha soltanto due angoli congruenti è rettangolo.   V F

d. Un trapezio può essere rettangolo e isoscele.   V F

87 ☐ **YOU & MATHS** **Always, sometimes or never?** Complete the following sentences with always, sometimes, or never to make the sentences true.

a. The diagonals of a trapezium are _____ congruent.

b. The sum of the measures of the angles of a trapezium is _____ 360°.

c. One diagonal of a trapezium _____ bisects one of the angles of the trapezium.

d. Three sides of a trapezium are _____ congruent.

e. Two pairs of opposite sides of a trapezium are _____ congruent.

88 ☐ **INVALSI 2006** Una figura ha: due lati uguali, una coppia di lati paralleli e due angoli ottusi. Quale può essere tra le seguenti figure?

A Triangolo ottusangolo.

B Trapezio isoscele.

C Trapezio rettangolo.

D Parallelogramma.

Dimostrazioni

In un triangolo isoscele RST di base ST consideriamo le mediane SM e TN.
Dimostriamo che $STMN$ è un trapezio isoscele.

Ipotesi: $SR \cong RT$
$\qquad\qquad TM \cong MR$
$\qquad\qquad SN \cong NR$

Tesi: $STMN$ trapezio isoscele

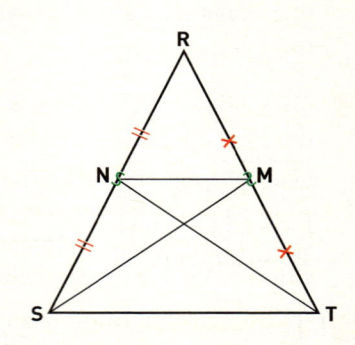

DIMOSTRAZIONE

$SR \cong RT$, $TM \cong MR$ e $SN \cong NR$ per ipotesi, quindi $TM \cong MR \cong SN \cong NR$ perché metà di segmenti congruenti.
Poiché $NR \cong MR$, il triangolo RNM è isoscele e quindi $R\widehat{M}N \cong R\widehat{N}M$.
Il triangolo RST è anch'esso isoscele, quindi $R\widehat{S}T \cong R\widehat{T}S$.
Poiché i triangoli isosceli RNM e RST hanno l'angolo al vertice $S\widehat{R}T$ in comune e la somma degli angoli interni di un triangolo è congruente a un angolo piatto, si ha:
$R\widehat{M}N \cong R\widehat{N}M \cong R\widehat{S}T \cong R\widehat{T}S$.
$R\widehat{M}N \cong R\widehat{T}S$, quindi le rette NM e ST formano con la trasversale RT angoli corrispondenti congruenti, ovvero sono parallele.
$NM \parallel ST$, dunque $STMN$ è un trapezio.
Poiché $SN \cong MT$, $STMN$ è un trapezio isoscele.

89 Dagli estremi C e D della base minore del trapezio isoscele $ABCD$ conduci le perpendicolari CK e DH alla base maggiore e dimostra che $AH \cong BK$.

90 Dai vertici della base BC del triangolo isoscele ABC conduci le perpendicolari BL e CN ai lati obliqui. Dimostra che $BCLN$ è un trapezio isoscele.

91 ABC e $A'B'C$ sono due triangoli isosceli di vertice comune C e tali che le basi giacciono su rette parallele. Dimostra che il quadrilatero $ABB'A'$ è un trapezio isoscele.

92 In un trapezio $ABCD$ le diagonali si intersecano nel punto O. Dimostra che, se i triangoli ABO e CDO sono isosceli, allora il trapezio è isoscele.

93 Dimostra che le diagonali di un trapezio isoscele lo dividono in quattro triangoli, di cui due sono isosceli con gli angoli congruenti e due sono congruenti.

94 📱 **ESEMPIO DIGITALE** Dimostra che, se due trapezi hanno i lati corrispondenti tra loro congruenti, allora sono congruenti.

95 Dimostra che in un trapezio isoscele $ABCD$ i prolungamenti dei lati obliqui e la retta passante per i punti medi F e G delle due basi si incontrano in uno stesso punto E.

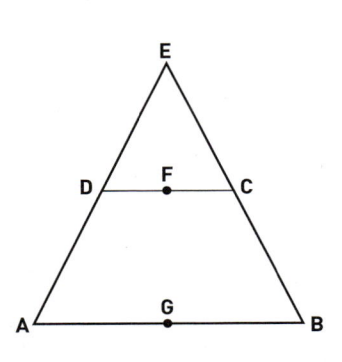

96 📱 **INVALSI 2006** In un triangolo isoscele ABC di base AB, si indichi con D l'intersezione della bisettrice di $C\widehat{A}B$ con BC e con E l'intersezione della bisettrice di $C\widehat{B}A$ con AC. Si consideri il trapezio isoscele $ABDE$. Quanto vale il rapporto tra la base minore e il lato obliquo?

- **A** $\dfrac{1}{2}$
- **B** 1
- **C** 2
- **D** Il rapporto dipende dall'ampiezza di $A\widehat{C}B$.

97 Scrivi la dimostrazione della proprietà relativa all'esercizio precedente.

Con le misure

98 Trova le misure degli angoli del trapezio della figura. [72°; 108°]

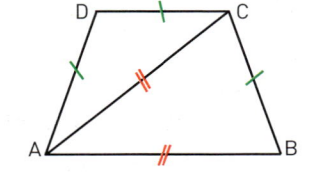

99 $ABCD$ è un trapezio rettangolo con gli angoli retti in A e D e tale che $A\widehat{C}B = 90°$.

- **a.** Esprimi in funzione di $x = C\widehat{A}B$ le ampiezze degli angoli dei due triangoli in cui la diagonale AC divide il trapezio.
- **b.** Sapendo che $AD \cong DC$, determina l'ampiezza di x e il rapporto tra AC e BC. [b) 45°; 1]

100 Un trapezio rettangolo ha le ampiezze degli angoli non retti che differiscono di 34°. Determina le loro ampiezze. [73°; 107°]

101 In un trapezio isoscele gli angoli adiacenti a un lato obliquo sono uno i $\dfrac{7}{3}$ dell'altro. Quali sono le ampiezze degli angoli del trapezio? [54°; 126°]

Determina le ampiezze degli angoli dei seguenti trapezi.

102

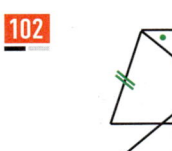

103

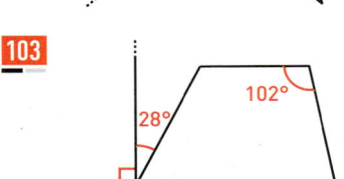

104

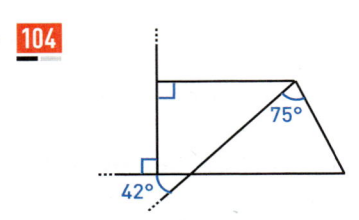

105

▶ **LABORATORIO**   **MATEMATICA AL COMPUTER**

Geometria dinamica con i quadrilateri

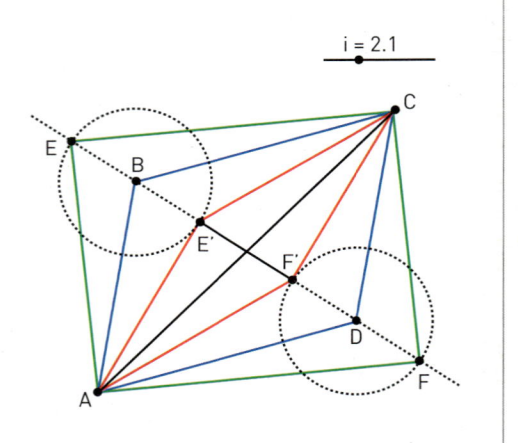

i = 2.1

Con un software di geometria dinamica realizza la figura a lato, tenendo conto che: *ABCD* è un parallelogramma; le circonferenze di centro *B* e *D* hanno lo stesso raggio, al più uguale alla metà della misura di *BD*. Muovi i punti *A*, *B*, *C* e varia il raggio delle circonferenze: osserva le proprietà geometriche che non variano.

Verifica che anche i quadrilateri *AECF* e *AE′CF′* sono parallelogrammi; per fare questo:

a. inserisci uno slider, variabile tra 0 e la metà della misura della diagonale *BD* e con passo 0,1, che utilizzerai per impostare il raggio delle circonferenze;

b. con l'aiuto della finestra algebrica, osserva le lunghezze dei lati opposti di *AECF* e *AE′CF′* e trai le tue conclusioni, motivandole.

Dimostra il teorema relativo a questa costruzione.

▢ ▶ Risoluzione. ▶ 6 esercizi in più.

---

106 Nella figura, *ABCD* è un trapezio isoscele, *CP* è parallelo a *DA*, *DP* è parallelo a *CB*. Trova le misure degli angoli interni del trapezio.

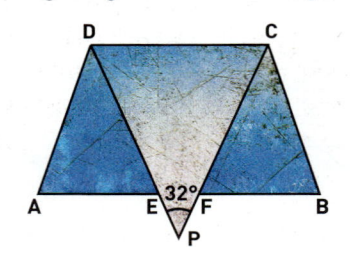

[74°; 106°]

107 ▢ **INVALSI 2003** Da un triangolo equilatero *MNO* di lato 6 cm viene tagliato via un triangolo equilatero di vertice in *O* e lato 2 cm. Il perimetro del quadrilatero rimanente è:

A 12 cm.

B 14 cm.

C 16 cm.

D 18 cm.

E 20 cm.

---

4. TEOREMA DI TALETE DEI SEGMENTI CONGRUENTI → Teoria a pagina G89

108 ▢ **VERO O FALSO?** Rispondi osservando la figura, nella quale le rette *a*, *b*, *c*, *d* ed *e* sono parallele.

a. *AD* e *IG* sono segmenti corrispondenti. V F

b. Se *BC* ≅ *IH*, allora *DE* ≅ *GF*. V F

c. Se *IH* ≅ *GF*, allora *BC* ≅ *DE*. V F

d. Se *BC* ≅ *DE*, allora *BC* ≅ *DE* ≅ *IH* ≅ *GF*. V F

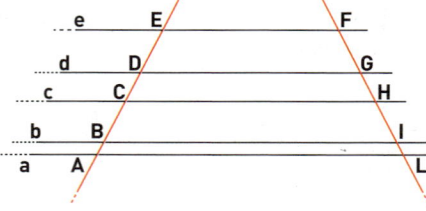

109 ▢ **INVALSI 2007** Dato un triangolo *ABC*, costruiamo un triangolo *A′B′C′* congiungendo i punti medi dei lati di *ABC*. Il rapporto fra il perimetro di *A′B′C′* e quello di *ABC* è:

A 1.

B $\frac{1}{2}$.

C $\frac{1}{3}$.

D $\frac{1}{4}$.

Dimostrazioni

ESEMPIO

In un triangolo ABC tracciamo l'altezza AH relativa al lato CB. Dimostriamo che i punti medi dei lati del triangolo costituiscono, insieme al punto H, i vertici di un trapezio isoscele.

Ipotesi: $AH \perp CB$ $AM' \cong M'C$

           $BM \cong MC$ $AM'' \cong M''B$

Tesi: $HMM'M''$ trapezio isoscele

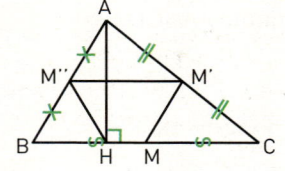

DIMOSTRAZIONE

Poiché congiungendo i punti medi di due lati di un triangolo si ottiene un segmento parallelo al terzo lato, si ha $M''M' \parallel BC$; in particolare, $M''M' \parallel HM$, ovvero $HMM'M''$ è un trapezio.

$M'M$ ha per estremi i punti medi dei lati AC e BC, quindi $M'M \cong \frac{1}{2}AB$.

Nel triangolo rettangolo ABH, HM'' è la mediana relativa all'ipotenusa AB, perciò $HM'' \cong \frac{1}{2}AB$.

Poiché $M'M \cong \frac{1}{2}AB$ e $\frac{1}{2}AB \cong HM''$, per la proprietà transitiva della congruenza si conclude che $M'M \cong HM''$, dunque $HMM'M''$ è un trapezio isoscele.

110 Detto M il punto medio del lato BC del triangolo isoscele ABC di base AB, e detta M' la proiezione di M su AB, dimostra che $BM' \cong \frac{1}{3}AM'$.

111 ABC è un triangolo isoscele rettangolo in C. Detto P il punto medio dell'ipotenusa AB, dimostra che il quadrilatero che ha per vertici C, P e le proiezioni di P sui due cateti è un quadrato.

112   **ESEMPIO DIGITALE** L e P sono i punti medi delle diagonali AC e BD del trapezio $ABCD$.

Dimostra che $LP \cong \frac{1}{2}(AB - CD)$.

113 Sui lati dell'angolo convesso $a\widehat{O}b$ considera i punti A sulla semiretta Oa e B sulla semiretta Ob. Detti M e N, rispettivamente, i punti medi dei segmenti OA e OB, dimostra che il quadrilatero $MNBA$ è un trapezio e che il segmento MN è la metà del segmento AB.

114 M e N sono i punti medi dei lati obliqui del trapezio.
Dimostra che il segmento MN incontra le diagonali del trapezio nei loro punti medi.

Con le misure

115 Dal centro V del parallelogramma $ABCD$ conduci la retta a parallela ad AB. Dal vertice D traccia, esternamente al parallelogramma, una retta b che incontra a in P e il prolungamento del lato AB in Q. Se $AB = 36$ cm e $AQ \cong \frac{4}{9}AB$, qual è la lunghezza di PV?   [26 cm]

116 I bastoncini della figura, tutti uguali, individuano il trapezio rettangolo $ABCD$.

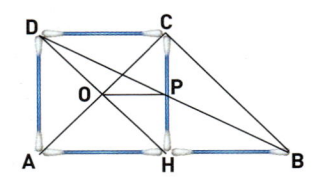

a. Dimostra che il segmento OP è parallelo alle basi e calcola il rapporto $\frac{OP}{AB}$.

b. Calcola il perimetro del triangolo DOP, sapendo che il perimetro del triangolo DHB è 36 cm. $\left[\text{a) } \frac{1}{4}; \text{ b) } 18 \text{ cm}\right]$

117   **AL VOLO**   Dal punto medio M della base AB di un triangolo isoscele traccia il segmento MH perpendicolare al lato CB. Se $MH = 12$ cm, qual è la lunghezza dell'altezza AK relativa a CB?

VERIFICA DELLE COMPETENZE ALLENAMENTO

▶ Competenza 2 (abilità 1, 2, 4)

1 Sui lati AD e BC del parallelogramma $ABCD$ fissa rispettivamente i punti P e Q in modo che $PD \cong BQ$. Dimostra che:

a. i triangoli APB e CDQ sono congruenti;

b. il quadrilatero $PBQD$ è un parallelogramma.

2 Conduci per il vertice D del parallelogramma $ABCD$ una retta t esterna al quadrilatero e proietta su t i vertici A, B e C, ottenendo rispettivamente i punti A', B' e C'. Dimostra che $BB' \cong AA' + CC'$.
(*Suggerimento.* Conduci per il vertice A la perpendicolare al segmento BB'.)

3 Considera il rombo $ABCD$ e prolunga il lato CB di un segmento BP tale che B sia il punto medio di CP. Dimostra che:

a. il triangolo CPA è rettangolo in A;

b. $AP \parallel DB$.

4 Da un punto P della base AB del triangolo isoscele ABC, tale che $AP < PB$, conduci la perpendicolare alla base che interseca AC in D e il prolungamento di BC in E. Detta H la proiezione del vertice C su AB, dimostra che $PD + PE \cong 2CH$.

5 Dimostra che, congiungendo i punti medi dei lati di un trapezio isoscele, si ottiene un rombo. Se il trapezio isoscele ha le diagonali tra loro perpendicolari, che quadrilatero si ottiene?

6 Prolunga i lati AB e AD del rombo $ABCD$, rispettivamente, dei due segmenti congruenti AP e AQ. Dimostra che il quadrilatero $DPQB$ è un trapezio isoscele.

7 Nel triangolo ABC prolunga, dalla parte di A, la mediana AM di un segmento $AK \cong AM$. Per K conduci le rette parallele ai lati AC e AB che intersecano i prolungamenti del lato BC nei punti F e G. Dimostra che $FM \cong GM$ e che il perimetro di KFG è il doppio del perimetro di ABC.

8 Traccia le bisettrici degli angoli del rettangolo in figura e dimostra che, intersecandosi, formano un quadrato.

9 Nel triangolo ABC considera i punti medi P e Q, rispettivamente dei lati AC e AB, e l'altezza AH relativa al lato BC. Dimostra che i triangoli APQ e HPQ sono congruenti.

▶ Competenza 2 (abilità 3) | ▶ Competenza 3 (abilità 3)

10 Un rettangolo $ABCD$ è tale che $AB \cong \frac{1}{3}CB$ e il perimetro è 80 cm. Un quadrato $PQRS$ è tale che $PQ \cong AB$. Determina il perimetro del rettangolo che si ottiene giustapponendo $ABCD$ e $PQRS$ in modo che RS coincida con DC.
[100 cm]

11 La diagonale AC di un quadrilatero lo divide in due triangoli: ADC, rettangolo in D, e ABC, isoscele sulla base BC. Se l'angolo $\widehat{B}$ ha ampiezza 55° e l'angolo $\widehat{A}$ è diviso da AC in due parti delle quali una è 20°, che quadrilatero è?

12 CACCIA ALL'ERRORE **Qualcosa non va...** Nelle seguenti figure un dato è in contraddizione con gli altri. Trovalo.

a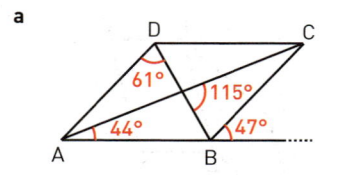

ABCD è un parallelogramma

b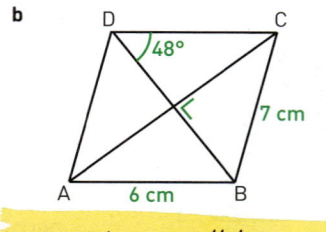

ABCD è un parallelogramma

c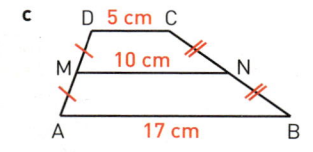

ABCD è un trapezio

VERIFICA DELLE COMPETENZE PROVE

TUTOR ✔   PROVA A (10 esercizi)   PROVA B (10 esercizi)   🕐 IN MEZZ'ORA

PROVA C ▶ Competenze **2, 3**   🕐 IN UN'ORA

1 **VERO O FALSO?** Indica se le seguenti proposizioni sono vere o false, motivando le risposte.

a. Un quadrilatero con tre angoli retti è un rettangolo.   V F

b. Un trapezio rettangolo può non avere alcun angolo acuto.   V F

c. Un parallelogramma con le diagonali perpendicolari è un quadrato.   V F

d. Un rombo che ha un angolo retto è un quadrato.   V F

2 Prolunga nello stesso verso i lati del rettangolo *ABCD* dei segmenti *AM*, *BN*, *CP*, *DQ* in modo che *AM* ≅ *CP* e *BN* ≅ *DQ*. Dimostra che *MP* e *NQ* si incontrano in un punto *O* tale che *QO* ≅ *ON* e *MO* ≅ *OP*.

3 Dai vertici della base *BC* del triangolo *ABC* traccia le bisettrici *BP* e *CQ*. Dimostra che, se *BCPQ* è un trapezio, allora *ABC* è isoscele sulla base *BC*.

4 Del parallelogramma *ABCD* determina:
a. le ampiezze degli angoli interni;
b. il perimetro, sapendo che quello di *DCGH* è 60 cm e che *EF* ha lunghezza 7 cm.

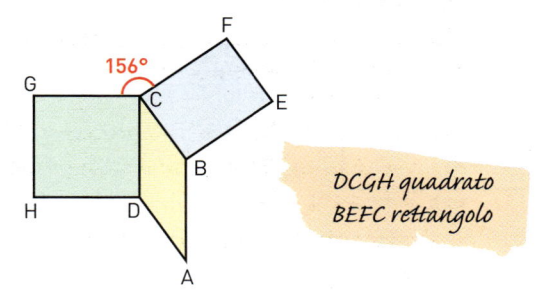

DCGH quadrato
BEFC rettangolo

PROVA D ▶ Competenze **2, 3**   🕐 IN UN'ORA

1 **VERO O FALSO?** Indica se le seguenti affermazioni sono vere o false, motivando le risposte.

a. Le diagonali di un trapezio si tagliano a metà.   V F

b. Un parallelogramma con due lati consecutivi congruenti è un rombo.   V F

c. Quadrato, rettangolo e trapezio rettangolo hanno le diagonali congruenti.   V F

d. Gli angoli adiacenti a un lato obliquo di un trapezio sono supplementari perché angoli corrispondenti.   V F

2 Il tovagliolo blu e quello giallo sono quadrati; quello rosso forma un rettangolo. Dimostra che:

a. i punti *G*, *D* e *F* sono allineati;

b. il quadrilatero *ACHE* ha due lati paralleli.

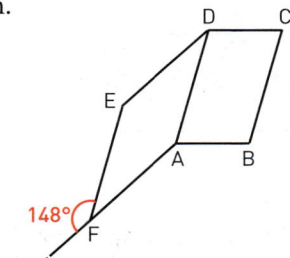

3 Del rombo *ADEF* determina:

a. le ampiezze degli angoli interni;

b. il lato, sapendo che il perimetro di *ABCD* è i $\frac{2}{3}$ di quello di *ADEF* e che la somma dei lati consecutivi del parallelogramma *ABCD* è 14 cm.

FORMULE DI GEOMETRIA PIANA

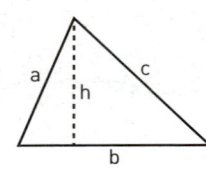

TRIANGOLO

$$A = \frac{bh}{2}$$

$$A = \sqrt{p(p-a)(p-b)(p-c)}$$

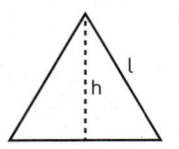

TRIANGOLO EQUILATERO

$$h = \frac{\sqrt{3}}{2}l \qquad A = \frac{\sqrt{3}}{4}l^2$$

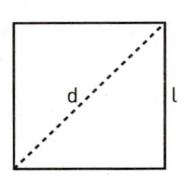

QUADRATO

$$d = \sqrt{2}\,l$$

$$A = l^2$$

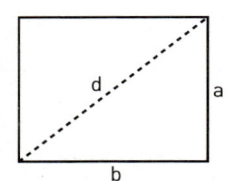

RETTANGOLO

$$d = \sqrt{a^2 + b^2}$$

$$A = ab$$

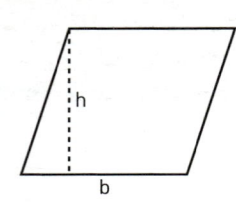

PARALLELOGRAMMA

$$A = bh$$

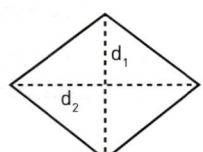

ROMBO

$$A = \frac{d_1 d_2}{2}$$

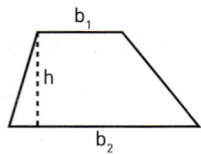

TRAPEZIO

$$A = \frac{(b_1 + b_2)h}{2}$$

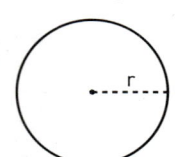

CIRCONFERENZA

$$C = 2\pi r$$

$$A = \pi r^2$$

TEOREMI FONDAMENTALI

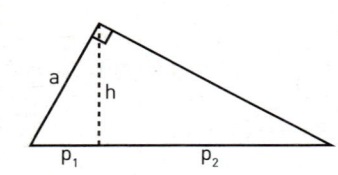

TEOREMI DI EUCLIDE

Primo: $\quad a^2 = p_1(p_1 + p_2)$

Secondo: $h^2 = p_1 p_2$

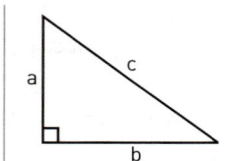

TEOREMA DI PITAGORA

$$a^2 + b^2 = c^2$$

FORMULE DI GEOMETRIA SOLIDA

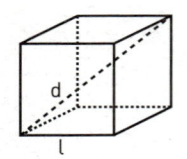

CUBO

$$A = 6l^2 \qquad V = l^3$$

$$d = \sqrt{3}\,l$$

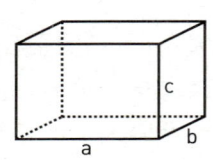

PARALLELEPIPEDO RETTANGOLO

$$A = 2(ab + ac + bc)$$

$$V = abc$$

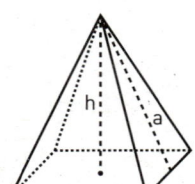

PIRAMIDE RETTA

$$A_{\text{laterale}} = pa$$

$$V = \frac{1}{3}A_{\text{base}}h$$

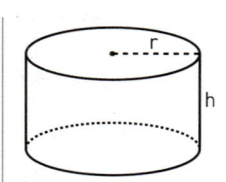

CILINDRO

$$A = 2\pi r^2 + 2\pi rh$$

$$V = \pi r^2 h$$

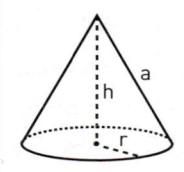

CONO

$$A = \pi r(a + r)$$

$$V = \frac{1}{3}\pi r^2 h$$

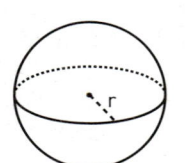

SFERA

$$A = 4\pi r^2$$

$$V = \frac{4}{3}\pi r^3$$